I0214151

www.ingramcontent.com/pod-product-compliance
Lightning Source LLC
Chambersburg PA
CBHW061956090426
42811CB00006B/957

* 9 7 8 0 9 8 9 1 6 7 9 7 0 *

מפתח האופנים

כרך שני

אופן מ"א: באותו יום חזרו כ"ד קשוטי כלה .... תריט

תיקון חטא אדם וחוה ע"י משה רבינו

אופן מ"ב: בשעת החורבן נסתלק אלף ....תרלט

ענין אהיה אשר אהיה וביחזקל היה היה דבר ה' דנסתלק האי שם א-היה

אופן מ"ג: זכה משה בז' ימים להשגת ז' רקיעים .... תרנג

ובהקמת המשכן א' שמעל הז' בסוד זעיר לכן א' זעירא

אופן מ"ד: במדרש על פסוק מאשר יקרת בעיני נכבדת ...... תרסה

זיו איקונין של יעקב חקוק בכסא הכבוד ומשה אדם על הכסא וזכה להאי דרגא על עסקי אהל מועד ויקרא אל משה באלף זעירא דהוא אדם אחד מאלף

אופן מ"ה: משה רבינו כלול מס' רבוא שהן כנגד ס' רבוא אותיות שבתורה....................... תרעט

משה תיקון נשמת אדם הראשון שהיה כלול מס' ריבוא פרצופין ונתמעט, דנשמת משה כלולה ס' ריבוא נשמות ישראל וזכה מאהל מועד היא התורה דאית בה ס' רבוא אותיות

ישרא"ל ר"ת י'ש ש'שים ר'בוא א'ותיות ל'תורה (תרפא) יעקב לא מת עד שראה ששים רבוא מבניו – והם כנגד ששים רבוא מזיקים שירדו לעולם וששים רבוא כלבים שהיו בבית לבן (תרפב) זכה משה לפנימיות אור הגנוז (תרפג) אמר הקב"ה הביאו כפרה עלי על שמיעטתי את הירח (תרפו) משה הוא גואל ראשון והוא גואל אחרון (תרפט)

אופן מ"ו: נקרא הקב"ה מלך שהוא בגי' צ'.................. תרצג

צ' אלפים רבבות מלאכים של מעלה, וכנגדם ס' רבוא נשמות בני ישראל

דמות דיוקנו של יעקב אבינו חקוקה בכסא הכבוד (תרחצ) ותחסרהו מעט מא-להים (שת) קודשא בריך הוא - אורייתא (תורה שבכתב) - וישראל (תורה שבעל פה) כולא חד (שבת) ט"ו דורות מאברהם עד שלמה (תשט) צדיק איקרי מאן דנטר ברית (שית) ביומוי דשלמה הוה סיהרא באשלמותא (תשט) רשות היחיד הוא יחידו של עולם ואוירו עולה עד לרקיע, רשות הרבים תמן הסיטרא אחרא אלהים אחרים ואוירו עולה עד עשרה טפחים ותו לא (תשיג)

אופן מ"ז: בכנפי יונה ג' שמות הן בג' עולמות.................תשיה

זכה משה באותה העת של הקמת המשכן לסוד כסא כבודו של השי"ת דהוא א"ל שד"י גימ' מש"ה

ששת אלפים שנה הוי עלמא (תשיז) סוד נסיון המן (תשיט) שבירת הלוחות (תשיט) אלף השביעי גלוי אור הכתר (תשכג) אלף אורות שזכה להן משה (תשכד)

אופן מ"ח: עיין בכנפי יונה שכתב שם ג' שמות שאמרנו שבג' עולמות בי"ע..תשכז

ויקר אל משה – חזר אותו היקר אל משה על עסקי אהל מועד

ג' השמות א"ל שד"י א"ל הוי' א"ל אדנ"י ועגינם (תשכט) סוד קרית ארבע (תשכט) סוד והסנ"ה (בוער) נוטריקון "סיני - נבו - הר ההר - והלבנן" גימ' ע"ה (747) "משה איש הא-להים" (תשכט) גלוי שם אהי"ה אל משה בסנה (תשכט) לעתיד לבוא כולו הטוב והמיטיב (תשל) חיות השדה אומרות ברוך הטוב והמיטיב (תשלא) עבודת ה' בחיות (תשלא) הצללים באדם (תשלד) משה ובצלאל (תשלג) משה הוא הדעת (תשלג) רציפי אומר נחמו נחמו עמי (תשלד) רמז ד"ן פרשיות התורה (תשלה)

אופן מ"ט: בהקמת המשכן נתקן קומה של אדם הראשון..... תשלז

זכה משה לא' זעירא דרגא דזעיר דמקנן ביצירה

מאה ברכות במלכות (תמש) תקון חטא חוה (תשמב) ויהי ביום כלות משה להקים את המשכן – המשכת עתיקא סתימאה (תשדמ) לעתיד לבוא יתעלו ו"ה לי"ה (תשמו)

אופן נ׳: בשעת החורבן פרחה א׳ של אהי״ה ....תשמז

ויקרא אל משה בא׳ זעירא לרמוז הסתלקות הא׳ משם אהי״ה בשני החורבנות

פנימיות הכתר תתגלה באלף השמיני (תשמט) חשב משה שהותר לו הנדר (תשן) דרא עקבתא דמשיחא (תשנב) ענין שמירת הברית (תשנג) תשובה תפלה צדקה (תשנד) ענין תשובה תפלה צדקה בדברי המהרש״א (תשנה) מקרה המלכים (תשנו) ישמח משה במתנת חלקו (תשנז) עשר ספירות בלימה וכ״ב אותיות יסוד (תשנז) עבודת ה׳ בשמחה (תשנז) אין הדין נמתק אלא בשרשו (תשנח)

אופן נ״א: דוד היה ממית בכל יום אלף בפעם אחת............תשסא

משה ביטל אלף קליפות ולכן אלף זעירא

אלפיים ושמונה מאות גויים יאחזו בציצית של יהודי (תשסו) בשג״ם נוטריקון ש׳כינה מ׳דברת ב׳תוך ג׳רונו (של משה) (תשעג) בזכות דם פסח דם מילה נגאלו ממצרים (תשעו)

אופן נ״ב: במדרש אמר שכרן של צדיקים נקרא יקר ....תשעז

שכרן של צדיקים על מה שמחדשין בתורה על כל קוץ וקוץ תילי תילים

ש״י עולמות (תשפ) בתואל אכל את הרעל ומת (תשפא) כמים הפנים לפנים כן לב האדם לאדם - הקב״ה כביכול מאמין בנו שנעשה רצונו (תשפב) זרע אדם וזרע בהמה (תשפג)

אופן נ״ג: יש בחללו של עולם תש״ך אלפים מלאכים ....תשצא

תש״ך צירופים בחללו של עולם - וכן באדם עולם קטן

את ה׳ א-להיך תירא - לרבות תלמידי חכמים (תשצד) צרופי צבאו״ת (תשצז) האותות שנתן הקב״ה למשה בסנה (תשצח) החדש הזה לכם (תשצט) פרק שירה (תתב)

אופן נ״ד: ענין הקרבנות הן על ניצוצות הנשמות...............תתה

אדם כי יקריב מכם - הנשמה שבבהמה יש להעלותה תחלה - ואז מיכאל כהן גדול מקריב אותה למעלה

רוח קודשו של רבינו (תתז) משה ואהרן סליקו לפנימיות הכתר (תתז) משר״ה נתהוו ישרא״ל (תתח) אדם שעשה מעשה בהמה רח״ל מתגלגל בבהמה (תתט) בספירת העומר מנחת שעורים מאכל בהמה, וביום החמשים מן החטים מאכל אדם (תתיא) יודע צדיק נפש בהמתו - תיקון חטא חוה (תתיב) בהעלותך את הנרות - העלאת נשמות ישראל לשרשן (תתיד) אהבה המסותרת בלב כל יהודי (תתטז)

אופן נ״ה: משה עלה אל הא-להים וכו׳ בשג״ם הו״א בש״ר.... תתיז

משה איש הא-להים שהמתיק שם א-להים - וחסר לו א׳ לכן א׳ זעירא

אברהם ויעקב ב׳ שלבים במיתוק שם א-להים (תתיט) מרדכ״י אסת״ר סוד גבי״ע דיוסף (תתכג) י״ג מדות דמשה ומיכה (תתכג) תלת קשרין קוב״ה אורייתא וישראל - שתמיד תהיה קדושה בעולם (תתכג) תכלית המיתוק - ונהפוך הוא דפורים (תתכה) ויקרא בהכאה - הארת הכתר (תתכה) כבוד הוי׳ (תתכו) חמס״י עליך נוטריקון ח׳ונה מ׳לאך י׳-ה-ו-ה ס׳ביב ליראיו (תתכו) בשג״ם נוטריקון ש׳כינה מ׳דברת ב׳תוך ג׳רונו (תתכז) הקמת המלכות ומחית עמלק (תתכט) ד״ן פרשיות התורה ממתקות הדין (תתלא) אמונה ובטחון (תתלד) מי לה׳ אלי (תתלח) משה הוא גואל ראשון והוא גואל אחרון (תתלט)

אופן ס"ג: יו"ד פ' א-להים נחלקין לב' חלוקות..............תתקעז

משה המתיק י' א-להים, א' זעירא צורת יוד

בעתה אחישנה (תתקעט) לעתיד לבוא יצחק ילמד סניגוריא על ישראל (תתקפה) תכלית הכל תחית המתים (תתקפז)

אופן ס"ד: קודם שחטאו ישראל קבלו כתר שלם הם תר"ך אותיות של דברות.. תתקצא

לאחר חטאם זכו לחצי כתר חושבן יק"ר - לכן ויקרא אל משה בא' זעירא

חצי הכתר (תתקצג) מחצית השקל (תתקצו) אני לדודי ודודי לי (תתקצז)

אופן ס"ה: זכה משה לש"ע נהורין.......................................א'ג

כתיב ויקרא אל משה היקר סוד ש"ע נהורין כנגד ח"י חוליות ועצם אחת זעירא היא עצם הלוז לכן א' זעירא

ח"י פעמים כאשר ציוה ה' את משה (א'ח) איש אמונות רב ברכות (א'יא) צדיק מושל יראת א-להים (א'טו) מסירות הנפש דאברהם משה ודוד (א'טו) עצם הלוז (א'יז)

אופן לו

הנה גאולת מצרים היה על ידי נוקבא שירה חדשה אבל לעתיד לבוא תהיה הגאולה על ידי דכורא גאולה שלימה על זה אמר ליל שמורים הוא לה׳ רוצה לומר עתה היתה על ידי ליל שהיא נוקבא אבל לעתיד לבא תהיה הגאולה על ידי דכורא הוא לה׳.

ולפי שהגאולה היתה מן נוקבא לא היה יכולת לבטל השר של מעלה רק ירד שר של מצרים ונעשה שר של גיהנם הוא דומה אבל לעתיד לבוא יהיה הגאולה על ידי שם של הוי״ה אז יבטל שר של גיהנם לגמרי שהוא מלאך המות כמ״ש בלע המות לנצח.

והטעם שכשיהיה הגאולה לעתיד אז יבולע המות לגמרי לפי שמחה ה׳ אלהים שהוא שם מלא וכן הוא אומר מחה אמחה זכר עמלק רוצה לומר מחה למעלה אמחה לפי שמלחמה לה׳ בעמלק רוצה לומר שם ה׳ שהוא מלא ולכן לא אמר כימי צאתך ממצרים אלא מארץ מצרים עיין באופן מ״א.

ולפי שגאולת מצרים היתה מתחילה הגאולה בפסח שהוא כנגד מלכות. ואח״כ בשבועות קבלו תורה הרי בתחלה נוקבא ואח״כ דכורא מתחילה ה׳ ואח״כ ו׳.

לכן שלטה עין הרע בלוחות ראשונות לכן לא קשרו הפסח רק בכרעי המטה עיין אופן מ״ג.

על דרך זה יהיה פירוש הפסוק ויקרא אל משה באלף זעירא
לפי שהיתה הקריאה מסיטרא דנוקבא לכן וידבר ה' אליו
מעסקי אוהל מועד דזמין לאתמשכנא בחובייהו דישראל
ואלו היה מסיטרא דדכורא לא אתחרב:

אופן לו

הנה גאולת מצרים היתה ע"י נוקבא [א]שירה חדשה אבל לעתיד לבוא תהיה הגאולה ע"י דכורא [ב]גאולה שלמה. על זה

גלא עמיקתא

הנה מביא המגלה עמוקות בתחלת דבריו הפסוק (שמות י"ב,מ"ב–בא):

"[ג]ליל שמרים **הוא** לה'" גימ' (728) "קרן משיחך" כדאמרינן באבינו מלכנו "אבינו מלכנו הרם קרן משיחך" ורמיזא הגאולה העתידה על ידי משיח צדקנו, דאז יהיה בס"ד יחוד הוי' וא–דני בשלמות.

והוא חושבן (728) ח' זימנין "הוי' א–דני" (91) גימ' **אמ"ן** רמיזא **אלף** השמיני, **א"נ** ח' **דהוא** למעלה מ–ז' דטבע. אתוון דתיבין ליל **הוא** לה' היינו **אה"ל** סופי תיבות **ויקרא אל משה**.

והפסוק כולו דהיינו (שמות י"ב,מ"ב–פרשת בא):

"[ד]ליל שמרים **הוא** לה' להוציאם מארץ מצרים, **הוא** הלילה הזה לה' שמרים לכל בני ישראל לדרתם"

[א] כדאמרינן בשחרית לפני שמונה עשרה שירה חדשה שבחו גאולים וכו' ובפיוט לברית מילה יום ליבשה נהפכו מצולים שירה חדשה שבחו גאולים **[ב] מובא בסדר רב עמרם גאון בתפלת ערבית בנוסח שאומרים בחו"ל: :** אמת ואמונה כל זאת קיים עלינו כי הוא ה' אלהינו ואנחנו ישראל עמו. אמת מלכנו ואין זולתו. הפודנו מיד מלכים הגואלנו מכף כל עריצים, האל הנפרע לנו מצרינו ומשלם גמול לכל אויבי נפשנו. השם נפשנו בחיים ולא נתן למוט רגלינו, המדריכנו על במות אויבינו וירם קרננו על כל שונאינו, העושה לנו נקמה בפרעה ואותות ומופתים באדמת בני חם. המכה בעברתו כל בכורי מצרים ויוציא עמו ישראל מתוכם לחירות עולם. המעביר בניו בין גזרי ים סוף ואת רודפיהם ואת שונאיהם בתהומות טבע, וראו בניו את גבורתו שבחו וכו' עד נורא תהלות עושה פלא. מפי עוללים ויונקים שירה שמעת על הים, יחד כלם הודו והמליכו ואמרו, ה' ימלוך וגו'. ויקיים לנו ה' אלהינו מלכותו כבודו ותפארתו קדושתו וקדושת שמו הגדול. הוא ה' אלהינו יחוס וירחם עלינו וירויח מהרה מכל צרותינו וימהר לגאלנו גאולה שלמה מקרוב. ברוך אתה ה' גאל ישראל. **[ג] של"ה מסכת פסחים מצה שמורה:** קסה. ועל זה אביא הקדמה קטנה. כתיב (שמות יב, מב) 'ליל שמרים הוא לה' וגו' הוא הלילה הזה לה' שמרים'. וקשה בזה הפסוק הכפל. וגם הלשון 'הוא הלילה', הוה ליה למימר 'היא הלילה'. ויש בזה סודות נפלאים, ביאר קצת מהם בזהר פרשת בא (ח"ב דף ל"ח ע"ב), והאריך בביאורו הפרדס, בשער האצילות פרק ב', עיין שם. והיו אלו החכמים השלמים עוסקים בסודות של 'אותו' הלילה, כלומר, תיבת 'הוא' הלילה, ובודאי גלו סודות נפלאות מה שגלו, עד שהגיע הרצון מהם שגם התלמידים יפלפלו בחכמה ויגידו לפי השגתם, כי כמה פנים לתורה. ואז אמרו, רבותינו הגיע זמן קריאת שמע של שחרית, זה לא היתה הודעה, רק תשובה על פלפולם. וכוונתם, הגיע זמן קריאת שמע של שחרית, כלומר, ליל נקרא בזמן קריאת שמע של ערבית, ובהגעת קרוב זמן קריאת שמע של שחרית, נקרא לילה, וגם לשון זכר, כנודע, מדת לילה נקבה, ומדת יום זכר. ואפשר כוונתם היה כמו שפירש בזהר (שם) וזה לשונו, כתיב (דברים כב, כג) 'כי יהיה נַעֲרָ בתולה', מאי טעמא, משום דכל זמן דלא קבילת זכר אתקריאת 'נער', מדקבלת זכר, איתקרי 'נערה'. אוף הכי, ליל, דעד לא קבילת זכר. ואף על גב דכתיב 'שמורים לה'', דכר הוה זמין לאתחבר עמה, ובשעתא דאתחבר עמה דכר, כתיב 'הוא הלילה הזה לידו"ד ליל שמורים', דכר ונוקבא, ובגין כך כתיב 'הוא הלילה הזה', ובתר דאשתכחו דכר ונוקבא לית לשבחא אלא לדכורא, עכ"ל. והפרדס שם האריך בביאורה, עיין שם. **[ד] עלי תמר כלאים פרק א:** פיטראסילינון. הגירסא הנכונה בכתי"ר ובר"ש כאן ובאו"ז ח"א רנ"ו "שומר וכרפס מה נפיק מביניהון

אמר (שמות י״ב,מ״ב) ליל שמרים הוא לה׳ ר״ל עתה היתה ע״י ליל שהוא נוק׳ אבל לעתיד לבוא תהיה ע״י דכורא

גלא עמיקתא

סליק לחושבן (3733) י״ב פעמים שב״ט (311) עם הכולל. והיינו י״ב שבטי י-ה דנגאלו ממצרים, [ה]וגזר להם הקב״ה הים ל-י״ב גזרים שישארו איש לפי שבטו- ברם היו מי הים שקופים וראו זה את זה דמורה על אחדות וכו׳.

פטרוסילינון״. ובפ״ט דשביעית ה״א מהו כרפס שבנהרות ר״י ב״ר אמר פטרוסילינון. מבואר כאן שכרפס שבנהרות היה מורכב משומר וכרפס. ומכאן נראה הטעם הכתוב בהגדות של פסח עתיקות שלוקחים לכרפס פעטרזייל, והוא מפני שהירק פעטרזייל הוא פטרוסילינון נקרא כרפס. וכבר נהגו ליקח כרפס לטיבול ראשון וכמ״ש האבודרהם נהגו בכרפס זכר לשישים ריבוא שנשתעבדו בעבודת הפרך כי כשתהפוך כרפס תמצא בו ס פרך והם סימן לשישים רבוא. והנה בחק יעקב תע״ג סקי״ב כתב ונהגו ליקח מה שקורין פיטרזייל וטוב ליקח כרפס שהוא נוטריקון ס רבוא עבדו עבודת פרך, וקורין בלשון אשכנז איפך וכ״כ האחרונים עכ״ל. אולם לפי האמור מנהג ישראל תורה כי גם פיטרזייל הוא מין כרפס ונקרא כרפס. ובהגדה שלימה ע׳ ס״ה מעתיק מספר המנוחה והא״ח סימן כ״ז ומהר״ם חלאוה דף ס״ב, והשומר טוב, וזכר לדבר ליל שימורים הוא לה׳ עכ״ל. נראה שנהגו ליקח לטיבול ראשון ירק שיש בו משום איזה סמל שהוא ליצ״מ ומטעם זה נראה ג״כ נכון מנהגנו שלוקחים צנוניות אדומות קטנות מפני שזה היה נקרא בפולין שלפני החורבן צנוניות ראש חדש (ראש חודש רעטערליך) מפני שממהרים לגדול ולחדשים יבכרו ויש בזה משום רמז כי בחודש הזה יצאתם ממצרים, אבל סתם ירק אין לקחת לטיבול אלא יש למצא בו מקודם איזה רמז ממאורע של יצ״מ, וכה״ג אוכלין בלילי ר״ה ירקות שיש בהם רמז של סימן טוב מדינה ומדינה כלשונה. [ה] **ספר כד הקמח - ערך פסח:** והנה המזמור מזכיר והולך נפלאות הש״י בנבראים ומדבר בעיקר בריאת העולם וביציאת מצרים ובקריעת ים סוף ובנפלאות המדבר ובארץ ישראל ובענין הגלות והגאולה ממנו, ובענין הפרנסה שהיא עיקר גדול עד מאד, ויש בו כ״ו פסוקים וכל אחד מסיים כי לעולם חסדו וזה כמספר השם המיוחד והמספר כ״ו דורות שמבריאות עולם עד מתן תורה, ובא לרמוז שהקב״ה זנם וכלכלם בחסד הגדול הזה הזכיר תחלה בריאת העולם אמר לעושה אורים גדולים כי הם קיום העולם ואין להם הפסק, את השמש לממשלת ביום כלומר נתן לשמש כח שיהיה מושל ביום לתועלת העולם להאיר ולהחם האויר והוא תועלת החיים והצמחים, וזהו חסד מאתו ית׳ והוא לעולם אין לו הפסק, את הירח וכוכבים לממשלות בלילה וכן הירח נותן בו כח למשול בלילה עם אור הככבים כי אור הירח והככבים צורך הולכי מדברות ויורדי הים וכחם שופע על הצמחים שנאמר (דברים לג) וממגד גרש ירחים, וידוע כי פעולות הירח במים וכתיב (איוב לח) התקשר מעדנות כימה או מושכות כסיל תפתח, לכל כוכב וכוכב יש לו כח הצמחים או באבנים ומתכות, ובכלל שני מאורים אלו קיום העולם כי בקור ובחום סבת היום אור החיים ואין להם הפסק לפיכך אמר כל״ח. ואחר שספר חסדו על כל העולם בכלל זכר בפרט חסדו על ישראל והראה בהם נפלאותיו והודיע שהוא לבדו אדון העולם ומשנה הטבעים כרצונו, והזכיר ענין יציאת מצרים אמר למכה מצרים בבכוריהם כי לעולם חסדו, הזכיר מכת בכורות כי על ידה יצאו ישראל ממצרים ולכך תפש המכה האחרונה, ויצא ישראל מתוכם כל״ח, ביד חזקה ובזרוע נטויה כל״ח, זה כלל לשאר המכות, וכל זה ודאי חסד גדול לישראל כי היו ישראל בארצם והם לקו בכל המכות וישראל ביניהם וניצלו מכלם. והזכיר קריעת ים סוף לגוזר ים סוף לגזרים כל״ח, גם זה חסד גדול כי בעבור שלא יראו מלחמה לא נחם אלהים דרך ארץ פלשתים ושנה בעבורם טבע המים כדי שיעברו בתוכם, וחסד גדול אחר עשה עמהם בקריעת הים שקרעו י״ב קרעים לי״ב שבטים כדי שלא יכנסו בערבוביא אלא כל שבט ושבט עבר בדרכו שנגזר לו והחסד הזה ראוי לספר לעולם. ונער פרעה וחילו וגו׳ שלא היה להם יכולת לשוב לאחוריהם וזה ודאי חסד גדול שראו בשונאיהם

הוא לה'. ולפי שהגאולה היתה מן הנוקבא לא היה יכולת לבטל השר של מעלה רק ירד שר של מצרים [ו]ונעשה שר של

גלא עמיקתא

וכיצד נגאלו– ע"י הארת הכתר [ז]אני ולא מלאך וכו' ולכן האי פסוקא סליק נמי לחושבן (3733) ו' פעמים "בכתר" (622) עם הכולל.

ובשני הפירושים הכולל משמע דזהו האי א' זעירא דויקרא דניתנה בהקמת המשכן אל משה בשלמות ועתידה לאתגלות בגאולתא שלמתא במהרה בימינו אמן בבחינת דכורא כדממשיך ומבאר המגלה עמוקות. והאי א' זעירא בחינת הכללות כנ"ל הולכת ומתגלה במהלך הפסוק כ–א' רבתי. דתיבין דפסוקא (שמות י"ב,מ"ב–פרשת בא): "ליל שמרים הוא לה'" גימ' (728) "קרן משיחך" כנ"ל. והמשך תיבין "להוציאם מארץ מצרים הוא הלילה הזה שמרים לכל" גימ' (1728) "קרן משיחך" בתוספת אלף (1000) דהיינו א' רבתי דאדם (דה"א א',א').

נקמה גדולה ולא פחדו מהם. למוליך עמו במדבר ארץ גזרה שלא עבר בה איש ולא היה שם דרך והוא בחסדו הוליך אותם בענן יומם ובעמוד אש לילה ומראה אותם הדרך ועוד שהיו במדבר ארץ ציה וצלמות ושם סיפק להם כל צרכיהם בחסדו. למכה מלכים גדולים זכרם בכלל ואח"כ פרט אותם להגדיל השבח. ויהרוג מלכים אדירים, לסיחון מלך האמורי ולעוג מלך הבשן, זה ודאי חסד גדול כי לא היו מניחין ישראל לעבור ויצאו להלחם עמם והם היו עם רב גבורים חזקים ונתנם הש"י ביד ישראל שהיו חלשים ולא היו מלומדי מלחמה והרגו אותם עד בלתי השאיר להם שריד ונתן ארצם לנחלה עוד חסד גדול מזה כי לא די שלא הכו אותם אלא שנתן להם ארצם לנחלה ולא באו שאר הגוים ולא נאספו עליהם להוציאם משם, ועוד חסד על חסד שהוסיף הקב"ה לישראל על מתנת אברהם שהרי לא נתן הקב"ה לאברהם אלא מעבר הירדן והלאה שהיו ארץ שבעה גוים והשלשה הנשארים והם קיני קניזי וקדמוני לא היתה להם והם עתידים שיירשום לעתיד לבא, וזו היא תוספת טובה שהוסיף הקב"ה בטובתו ונתן לישראל לנחלה ארץ סיחון שהיתה ממואב תחלה ונתן להם ארץ עוג מלך הבשן כי קיני מעשו וקנזי וקדמוני מעמון ומואב. ומה שלא זכר ולכל ממלכות כנען כמו שהזכיר למעלה לפי שכל פסוקי המזמור הזה חתומים שם במלת כי לעולם חסדו וממלכות כנען שנתן להם לא היה חסד כי אם אמת לפי שכבר ניתנה לאברהם אבינו אבל ארץ סיחון ועוג שלא ניתנה לאברהם וניתנה להם זה ודאי חסד. נחלה לישראל עבדו נטל מהם שהיו עובדי אלילים ונתנה לישראל שעובדים להקב"ה לבדו. שבשפלנו זכר לנו עוד חסד גדול כי כשיצאנו ממצרים הביאנו לארץ ואח"כ גלינו ממנה בעונינו והיינו בגלות ובשפלות וזכר לנו ברית אבות בגלות לחיותנו בין הגוים וזה יכלול גלות בבל גם הגלות הזה גלות ארם שהבטיחנו בו (ויקרא כו) ואף גם זאת וגו' ויפרקנו מצרינו כי חסדו הגדול עמנו בגלות לחיותנו בין הגוים, נותן לחם לכל בשר כל"ח הכתוב הזה מדבר בענין הפרנסה שהוא עיקר גדול וחסד הש"י על ברואיו שהוא מזמין לכל לכל בריה מזון. וכדי להודיע שהפרנסה ענין גדול ונורא אמרו רז"ל (ברכות פ"ק דף עב) כל האומר תהלה לדוד בכל יום ג"פ מובטח לו שהוא בן העולם הבא. [ו] **ספר מעולפת ספירים יום עשרים ושלשה:** אות א: כתב בספר שמות דף י"ח ע"א, אמר רבי יוחנן, כי בשעה שאמר משה רבינו ע"ה (שמות יב,יב) ובכל אלהי מצרים אעשה שפטים, היה שרו של מצרים דומה וקפץ ת' פרסה, אמר לו הקדוש ברוך הוא, כבר נגזרה גזרה לפני, דכתיב (ישעיה כד,כא) יפקד ה' על צבא המרום, באותה שעה נעשה דומה שר של גיהנם לדון נשמת הרשעים, ורבי יהודה אמר, דומה הוא שר המתים. [ז] **סדר רב עמרם גאון סדר פסח:** ויוציאנו ה' ממצרים, לא על ידי מלאך ולא על ידי שרף ולא על ידי שליח, אלא הקדוש ברוך הוא בכבודו ובעצמו. שנאמר ועברתי בארץ מצרים וכו'

ועברתי בארץ מצרים, אני ולא מלאך. והכיתי כל בכור, אני ולא שרף. ובכל אלהי מצרים אעשה שפטים, אני ולא שליח. אני ה', אני הוא ולא אחר. [ח] **של"ה פרשת וישב מקץ ויגש תורה אור:** ועל כן אמרו (סוכה נב ב) אם פגע בך מנוול [זה] משכהו לבית המדרש. ואז תורת ה' היא נקראת 'תורת האדם', כי קריאת שם 'אדם' הוא מלשון 'אדמה לעליון' (ישעיה יד, יד). והיה צודק בו שם אדם קודם שחטא, וישלם תיקון קריאת שם אדם בהשלמת אדם דוד משיח. וישראל הם נקראים אדם (יבמות סא א). ואדם וחוה שגרמו להיות הטפה סרוחה, ומכח החטא ק"ל שנה היה אדם מוציא קרי ונולדו רוחות ולילין (עירובין יח ב), הוצרך הצירוף והתיקון להיות במצרים שתסור הטומאה מזרע קודש, דהיינו זרע יעקב שהוא מעין שופריה דאדם (בבא מציעא פד א) קודם שחטא. [ט] **מאור ושמש שמות פרשת יתרו:** והנה

גלא עמיקתא

ובאור הענין דבצאתם מגלות מצרים החלו להיטהר לקראת מעמד מעמד הר סיני לקבל תורה ולהיות בחינת אדם [ח]**מלשון (ישעי' י"ד, י"ד) "אדמה לעליון". והוא ע"י עסק התורה דנמשלה למים בחינת מקוה והיא בחינת (משלי כ"ז, י"ט) "כמים הפנים לפנים כן לב האדם לאדם" וכו'** [ט]**ומבואר באריכות בספרים הקדושים וכן אצלנו** 21**בכמה**

1. הקדמה לבאור תהלים פרק כ' - המשכת אור הכתר: א' זעירא רמיזא הארת הכתר אלף אתוון פלא והוא פלאי אור הכתר, ובסוד מאן דאיהו זעיר איהו רב (זוה"ק תחלת חיי שרה), ובכוונות נענועי לולב ומיניו כתב- ימשיך אור רב מפלגותא דשערי דאריך- ובכתרא ממתקא כולא דינא. וזהו דבתר מזמורא י"ט תקון חוה (גימ' י"ט) סליק למזמורא כ' אור הכתר למתוק כולא דינרא דכתרא- וכדאמרו הני דרדקי (שבת קד.) אל"ף בי"ת אלף בינה- פרש"י למוד תורה וכו' ז"ח ט"י כ"ל ואם אתה עושה כן הקב"ה זן אותך וחן אותך ומיטיב לך ונותן לך ירושה "וקושר לך כתר לעולם הבא". והני תיבין דהיינו "וקושר לך כתר לעולם הבא" גימ' (1466): ב"פ "כמים הפנים לפנים כן לב האדם לאדם" (ע"ה) (733) (משלי כ"ז, י"ט) ועיין עוד מה שכתבנו לעיל אופן קל"ג פסוק י"א.

2. באור תהלים פרק כ"ה: נעביד להאי מזמורא כ"ה ציור בצורת חנוכיה בת י' קנים עם שמש באמצע- והוא לקביל י"ס באו"י וי"ס באו"ח ולכן נעביד תרין חנוכיות זו מול זו. והוא בסוד "כמים הפנים לפנים כן לב האדם לאדם" (משלי כ"ז, י"ט-כ"ז אתוון ממתקא לחוה גימ' י"ט) גימ' (732): "הנרות הללו" דהנרות עצמן מהללים לקוב"ה דיהיב לון אור הגנוז- דלכן אסור להשתמש לאורן אלא לראותן בלבד מחמת קדושתן הרבה. וכדוגמת הציצית והטלית- דהציצית קדש וטעונה גניזה או עכ"פ אין להשליכה לאשפה בעוד שהטלית קדושתה כל כך גבוהה עד שהיא חול. והפסוק מתחלק כך: "כמים הפנים לפנים" גימ' (505) "שרה", "כן לב" גימ' (102) "אמונה", "האדם לאדם" גימ' (125) "בענג". ויש לקשרו האי פסוקא לפסוקין דלעיל י"ט כ' דסליקו כ"ט פעמים "הנרות הללו אנו מדליקין" (י"ט פסוקין קדמאין) ב"פ "הנרות הללו אנו מדליקין" (פסוק כ') ויחד כ' פסוקין גימ' "אל" (31) פעמים "הנרות הללו אנו מדליקים". ובפסוק כמים הפנים וכו' גימ' (732) "הנרות הללו" דהיינו הללו להשי"ת, והוא גם חושבן (732) "הודו לה' קראו בשמו" (תהל' ק"ה,א'). ונעביד לתרי חנוכיות זו מול זו כאדם המסתכל במים ומשתקפים פניו- והן ב' חנוכיות י' קנים לקביל י"ס ושמש אמצעי פנימיות הכתר, והן בסדר א"ת ב"ש דהאי מזמורא, ולא נקפיד על א"ת ב"ש דתחלת הפס' שכן דוד דילג אתוון ק' ו' והכפיל אתוון פעמים ר' כדאמרינן בפרוש לפסוק ג'. ונבארם תחלה לקמן- ונציירם בס"ד נשא תפלה דנזכה לכוון לאמיתה של תורה: א'-כ"ב [א"ת] גימ' (2792) ד"פ "בכל לבבך ובכל נפשך ובכל מאודך". ב'-כ"א [ב"ש] גימ' (3036) ג"פ "ימות המשיח וחיי העולם הבא". ג'-כ' [ג"ר] גימ' (3382) ב"פ "אין ערוך לך ואין זולתך אפס בלתך ומי דומה לך". ד'-י"ט [ד"ק] גימ' (2963) "תהלת ה' ידבר פי ויברך כל בשר שם קדשו לעולם ועד". ה'-י"ח [ה"צ] גימ' (4161) "חוה" (19) פעמים "טהרה" (219). ו'-י"ז [ו"פ] גימ' (2740) י"פ "מרדכי" (274) שני השמשים זה מול זה. ז'-ט"ז [ז"ע] גימ' (3477) "חוה" (19) פעמים "הללו עבדי ה'" (183) (תהל' קל"ג,א'). ח'-ט"ו [ח"ס] גימ' (3237) ג"פ "צופיה הליכות ביתה" (משלי ל"א,כ"ז). ט'-י"ד [ט"נ] גימ' (2479) "ופדויי ה' ישובון ובאו ציון ברנה ושמחת עולם על ראשם" (ישעי' ל"ה,י'). י'-י"ג [י"מ] גימ' (4749) ג"פ "על דוד

גיהנם הוא דומ"ה. אבל לעתיד לבוא יהיה הגאולה ע"י שם הוי' אז יבטל שר של גיהנם לגמרי שהוא מלאך המות כמו שכתוב

גלא עמיקתא

[3]מקומות. ושאר תיבין עד סוף הפסוק דהיינו "בני ישראל לדרתם" סליקו לחושבן (1277) "[י]צדיק מושל יראת אלהים" (ש"ב כ"ג,ג') ובאור הענין דעל ידי יציאה מגלות מצרים ערות הארץ וזכו לקבל תורה קיבלו צורת אדם ובמעמד הר סיני הגיעו למדרגת אדם הראשון קודם החטא.

"המלך נעים זמירות ישראל" (ש"ב כ"ג,א' בתוספת תיבה המלך). י"א-י"ב [כ"ל] גימ' (2823) ג"פ "ולישרי לב שמחה" (תהל' צ"ז,י"א).

3. תכלית הידיעה שלא נדע: ונרמז בדברי רש"י על הפסוק (שם) וזלשה"ק: לא טוב היות וכו' "שלא יאמרו שתי רשויות הן" גימ' (2220): כ"פ אל"ף (111) - בסוד א' זעירא דויקרא אלופו של עולם והוא הכתר בסוד (זוה"ק פרשת חיי שרה) מאן דאיהו זעיר איהו רב, ולית כתר בלא כ'. ור"ת "שלא יאמר שתי" ש"ש כדאמר רבי עקיבא (חגיגה יד:) כשתגיעו לאבני שיש טהור אל תאמרו מים מים- דלא תאמרו שתי רשויות הן. אלא זהו כמים הפנים לפנים השתקפות מיניה וביה די"ס דאצילות משתקפות בפשיטות הא"ס בסוד מ"ן, וממשיכים מתמן מ"ד דרך כתרא עילאה.

השי"ת חוֹשֵׁב מַחֲשָׁבוֹת לְבִלְתִּי יִדַּח מִמֶּנּוּ נִדָּח, שולח לזה העולם בכל דור ודור צדיקים גדולים שיש להם נשמות קדושות וגבוהות עד למאד, והם בהשגה גדולה ובקדושה גדולה, ותמיד אֵשׁ הַמִּזְבֵּחַ תּוּקַד בָּהֶם בהתלהבות ביראה ואהבה רִשְׁפֵּי אֵשׁ שַׁלְהֶבֶת יָהּ. והנה אנחנו בני ישראל מצווים במצוה מן התורה - הִדָּבֵק בתלמידי חכמים, וכמו שפירש רש"י ז"ל, על פסוק (דברים יא כב) וּלְדָבְקָה בוֹ, אפשר לומר כן כו' - אלא הִדָּבֵק בתלמידי חכמים. והנה בנסוע האיש הישראלי אל הצדיקים שבדורו, ומקרב את עצמו בתשוקה ואהבה רבה אל הצדיק - אזי כַּמַּיִם הַפָּנִים אֶל פָּנִים, הצדיק משפיע אליו בקדושתו להיות לו יָתֵד נֶאֱמָן בהקדושה שלא יִפֹּל הַנּוֹפֵל מִמֶּנּוּ. והנה מצינו, כשיצאו ישראל ממצרים - השפיע עליהם השי"ת ברוב רחמיו וחסדיו הגדולים קדושה גדולה ובאו לידי השגות גדולות, ובפרט בבואם לים; כדאיתא בחז"ל (מכילתא בשלח) ראתה שפחה על הים מה שלא ראה יחזקאל. והנה אחר כך נפלו מזה בבואם למרה, וְלֹא יָכְלוּ לִשְׁתֹּת מַיִם מִמָּרָה כִּי מָרִים הֵם (שמות טו כג) כדאיתא במפרשים, ועיין ברבינו בחיי. ובבואם לרפידים - רפו ידיהם מתורה ומצות (תנחומא בשלח כה) ובא עליהם עמלק ימח שמו, ולא מצאו עזר לְשַׁעְבֵּד לִבָּן לאביהן שבשמים - כי אם על ידי משה, כדאיתא במסכת ראש השנה (כט א), עד וַיִּחַן שָׁם יִשְׂרָאֵל נֶגֶד הָהָר (שמות יט ב) - שבאו להר סיני ובאו לקבלת התורה, וְכַמָּה יַמְרוּהוּ בַמִּדְבָּר וגו' (תהלים עח מ)

[י] **פסיקתא זוטרתא דברים פרשת האזינו דף נד עמוד ב:** אמר רבי טוביהו ברבי אליעזר זצ"ל טובה תוכחה שהוכיח משה את ישראל כענין שנאמר אתם נצבים היום. מאהבה מסותרת מאהבה שהיה אוהבם כל השנים והיתה התוכחת מסותרת ולא היה מוכיחם ומתפלל עליהם כענין שנאמר (שם ט) ואתנפל לפני ה' את ארבעים היום ואת ארבעים הלילה וגו'. ד"א טובה תוכחת שהוכיח משה את ישראל לפני מותו כענין שנאמר הקהילו אלי. מאהבה מסותרת שהיו כל הזקנים אוהבין אותם ולא הוכיחום. גדולה היא תוכחה שלא נתוודע יוסף אל אחיו אלא מתוך תוכחה. ולפי שראה משה רבינו שהתוכחה טובה לישראל העיד בהם בגלוי לפני השמים והארץ שנאמר האזינו השמים ואדברה. האוזן לגוף כקנקן שבו מגמרין את הכלים שאדם מגמר תחתיו וכל הבגדים מתעשנין כך רמ"ח אברים שבאדם כלם חיים ע"י אוזן. שנאמר (ישעיה נה) שמעו ותחי נפשכם. אם שמע אדם דברי תורה הכל נשמעין לו. בוא וראה שמשה שמע את התורה. וכיון שפתח לדבר נשתתקו העליונים והתחתונים והאזינו לדבריו כמו שכתב בעני שנאמר האזינו השמים ואדברה. (מלמד) שהשמים מקלסין שנא' (תהלים יט) השמים מספרים כבוד אל. ותשמע הארץ אמרי פי. הארץ מקלסת. דכתיב (ישעיה כד) מכנף הארץ זמירות שמענו ושיתקם משה דכתיב האזינו השמים ואדברה ותשמע הארץ אמרי פי. בוא וראה כמה גדולים הצדיקים שהם מושלים במעשיו של

(ישעי׳ כ״ה,ח׳) בלע המות לנצח. והטעם שכשיהיה הגאולה לעתיד אז יבולע המות לגמרי לפי שמחה ה׳ אלהים [כמו שממשיך (שם): ומחה ה׳

גלא עמיקתא

והיו אז בבחינת צדיק מושל יראת אלהים [יא]מי מושל בי צדיק (מועד קטן ט״ז ע״ב) ועמך כולם צדיקים (ישעי׳ ס׳,כ״א) – **ובחטא העגל איבדו הצורה הנשגבה ההיא – ואנו עוסקים בתורה עד ביאת משיח צדקנו להשלים צורת אדם הנ״ל – ומשיח יבוא ויכה בפטיש וכפטיש יפוצץ סלע** (ירמי׳ כ״ג,כ״ט) **ויסלק כל הסטרין אחרנין המונעים ומעכבים הגאולה האמיתית והשלמה.**

וזהו חושבן הפסוק דמביאו המגלה עמוקות בתחלת האופן (ליל שמרים הוא לה׳) ״אלף משיחך, אלף קרן משיחך, צדיק מושל יראת אלהים״. וכל חושבן הפסוק י״ב פעמים שב״ט עם הכולל דיצאו כל י״ב השבטים ממצרים. ומביא הבחינות: ״ליל נוקבא״ גימ׳ (229) ״המים להם חומה״ (שמות י״ד,כ״ב). והוא בפסוקא מיד לאחר ב׳ התיבין ויבקע״ו המים (שם פסוק כ״א) אתוון יעק״ב עם ו׳ מהאי גיסא ומהאי גיסא– תתן אמת ליעקב. ובזוה״ק (תחלת ויקרא) 4[יב]**ו׳ דא אות אמת ודאי.**

הקדוש ברוך הוא וכן דוד אומר (ש״ב כג) אלהי ישראל לי דבר צור ישראל מושל באדם צדיק מושל יראת אלהים. שהרי יעקב אבינו עשה את היום לילה שנאמר (בראשית כח) וילן שם כי בא השמש כדי שילן שם בא השמש. יהושע עשה את הלילה יום שנא׳ (יהושע י) שמש בגבעון דום וירח בעמק אילון. משה עשה את הים יבשה שנאמר (שמות יד) (ויעברו) בני ישראל בתוך הים ביבשה. אלישע עשה את היבשה ים שנא׳ (מלכים ב ג) כה אמר ה׳ עשה את הנחל הזה גבים וגו׳. אליהו עשה את החרף קיץ שנא׳ (מלכים א יז) אם יהיה השנים האלה טל ומטר כי אם לפי דברי. שמואל הרואה עשה את הקיץ חרף שנאמר (שמואל א יב) הלא קציר חטים היום אקרא אל ה׳ ויתן קולות ומטר. לכך נאמר האזינו השמים ואדברה ותשמע הארץ אמרי פי. לפי שהצדיק מושל במעשה הגבורה ביראת אלהים עליו. ד״א האזינו השמים לשון ריבוי לפיכך הקדים השמים לארץ. וכן במעשה בראשית כתיב (בראשית א) בראשית ברא אלהים את השמים ואת הארץ. מפני שמעשה שמים גדולים ועצומים ממעשה הארץ.

4. באור על מגלה עמוקות ואתחנן אופן ה׳: ד׳. אַתָּה הָרְאֵתָ לָדַעַת כִּי יהוה הוּא הָאֱלֹהִים אֵין עוֹד מִלְּבַדּוֹ (דברים ד,לה) גימ׳ (1898) הוי׳ (26) פעמים חכמ״ה (73) כדכתיב (משלי ג׳,י״ט) ״הוי׳ בחכמה יסד ארץ״, ובפסוקא דנן אתה הראת- ראיה בחינת חכמה- ולכן כפלינן הוי׳ פעמים חכמה. ובמשלי הרי ״יסד ארץ״ במלוי כזה: ״יוד, סמך, דלת - אלף, ריש, צדי״ (1299) עם חכמ״ה בחכמ״ה (148) סליק לחושבן (1447) אלף (1000) ואמ״ת (447) אלף (1000) רמיזא אל״ף זעירא דויקרא, דלעתיד לבוא תגדל להיות אלף (1000) בסוד א׳ רבתי דאד״ם (תחלת דברי הימים) ואמ״ת כדכתיב (תהל׳ קי״ז,ב׳) ״ואמת הוי׳ לעולם הללויה״ וכדאיתא בזוה״ק ריש פרשת ויקרא: ו׳ דא אות אמת ודאי- והוא חושבן הפסוק כולו ״ה׳ בחכמה יסד ארץ, כונן שמים בתבונה״ (1447). וכאן

[יא] תלמוד בבלי מועד קטן דף טז עמוד ב: אמר רבי שמואל בר נחמני אמר רבי יונתן: מאי דכתיב נאם דוד בן ישי ונאם הגבר הקם על - נאם דוד בן ישי, שהקים עולה של תשובה. אמר אלהי ישראל לי דבר צור ישראל מושל באדם צדיק מושל יראת אלהים, מאי קאמר? אמר רבי אבהו, הכי קאמר: אמר אלהי ישראל: לי דבר צור ישראל, אני מושל באדם, מי מושל בי - צדיק. שאני גוזר גזרה ומבטלה. **[יב] זוהר פרשת ויקרא:** שאל לך אות אות ממש דכלהו הוו נטלין ברזא דאתוון, וכן ברחב מה כתיב (יהושע ב) ונתתם לי אות אמת, דא את ו׳ דדא אקרי אות אמת, ואי תימא שאר אתוון לאו אינון אמת, אין, אלא אות דא אות אמת אקרי, העמק שאלה, דא אות ה׳

אלהים דמעה מעל כל פנים] שהוא שם מלא. וכן הוא אומר (שמות י"ז,י"ד) מחה אמחה זכר עמלק ר"ל מחה למעלה אמחה למטה לפי שמלחמה לה'

גלא עמיקתא

ומיד בתר דא כתיב (שם פסוק כ"ב) "ויבאו בני ישראל בתוך הים ביבשה, והמי"ם להם חומה מימינם ומשמאלם" גימ' (2312) "דל" (34) פעמים "חיים" (68).

ובאור הענין דיצאו מדלות מצרים ערות הארץ (בראשית מ"ב,ט') לחיים- ואין חיים אלא תורה כדכתיב (דברים ל',י"ט) "ובחרת בחיים" וכו' "ובחרת" גימ' (616) "התורה" והוא רמז נפלא. וכן "בחיים" גימ' ע' דהן ע' פנים לתורה [עיין מה שכתבנו בזה [5] במקום אחר].

ובהאי פסוקא (שמות י"ד,כ"ב) "ויבאו בני ישראל בתוך הים" גימ' (1111) אלף (1000) אל"ף (111) וכן כל הראשי תיבות דכל הפסוק פרט לאות ו' (ומשמאלם) גימ' (111) אל"ף.

זאת ועוד, תיבין "ויבאו בני ישראל בתוך הים ביבשה והמים להם חומה" גימ' (1665) י"ה (15) פעמים "אלף" (111).

היטיב משה לומר אין עוד מלבדו, וזכה שהעידה עליו התורה הקדושה: ה'. וְלֹא קָם נָבִיא עוֹד בְּיִשְׂרָאֵל כְּמֹשֶׁה אֲשֶׁר יְדָעוֹ יהוה פָּנִים אֶל פָּנִים (דברים לד,י) גימ' (2236) ב' פעמים "שמע ישראל הוי' אלהינו הוי' אחד" (דברים ו',ד') (1118) דישראל מיחדים שמו יתברך ב' פעמים בכל יום כדכתיב שם "בשכבך ובקומך" גימ' (518) ב' פעמים "ויבא עמלק" (259) (שמות י"ז,ח'-סוף פרשת בשלח) דאנן דמיחדים שמו הגדול והקדוש ב' פעמים בכל יום- מכניעים שמו של עמלק- בבחינת "שבע יפול צדיק וקם" סופי תיבות עמלק כדאיתא בספה"ק. ובהקדמה לפרושנו על ואתחנן הבאנו י' לשונות שנקראת תפלה- ואחד מהם "נפול"- כדברי משה (דברים ט',כ"ה): "ואתנפל לפני ה' את ארבעים היום ואת ארבעים הלילה אשר התנפלתי" וכו', והאי "נפול" רמיזא בפסוקא "שבע יפול צדיק וקם" כנ"ל בחינת תפלה- ועל ידי זה מכניע לעמלק ומאבידו- כדכתיב לגבי עמלק (במדבר כ"ד,כ') "ראשית גוים עמלק, ואחריתו עדי אובד"- ואחריתו ענין אחרית וסוף- לכן נרמז בסופי תיבות דייקא. ומדייק המגלה עמוקות בתיבה עוד מדה כנגד מדה: האי דאמר משה: אין עוד מלבדו- העיד עליו הקב"ה: ולא קם נביא עוד בישראל כמשה, אך כאן שאמר: נוציא לכם מים- ולא אמר יוציא- אלא נוציא- אני והוא במשמע- אמר לו הקב"ה: רב לך- רמז לפגם הגאוה [כלומר לקחת לך רב וגדולה] אל תוסף דבר אלי עוד וכו', ומדייק המגלה עמוקות: דבר אלי עוד- בגלל ששם אמרת אין עוד מלבדו- ענין הביטול- ופה להיפך- ענין הגאוה, לכן אל תוסף דבר אלי עוד וכו'.

בתראה דבשמא קדישא, או הגבה למעלה דא את יו"ד, רישא דבשמא קדישא, ודא איהו רזא דכתיב שאל לך אות מעם יי' אלהיך אות משמא קדישא משמע דכתיב מעם יי' דדא איהו שמא דקודשא בריך הוא את חד דביה, ומשכנא קאים על דא, תא חזי כד סליק עננא על משכנא ושרא עלוי כל אינון רתיכין וכל [דף ב עמוד ב] אינון מאני משכנא דלעיל כלהו הוו גו עננא מה כתיב (שמות מ) ולא יכול משה לבוא אל אהל מועד כי שכן עליו הענן, וכתיב (שם כד) ויבא משה בתוך הענן ויהי משה בהר ארבעים יום וארבעים לילה, אי משה לא הוה יכיל לאעלא למשכנא אמאי הוה יתיב בטורא כל אינון ארבעין יומין, אלא (ס"א אינו) (בגין לקבלא אורייתא זמנא אחרא דהא תרין לוחין אתברו בקדמיתא השתא הוה בטורא כמלקדמין.

5. נר ה' נשמת אדם: אמר הקב"ה (דברים רבה ד',ד' ע"ש) נרי בידך (זו התורה) ונרך בידי (זו נפש) אם שמרת את נרי אני משמר את נרך. והנה "נרי התורה נרך הנפש" גימ' (1581): "החיים והמות נתתי לפניך" (דברים ל',י"ט) ע"ה, וממשיך הפסוק "ובחרת בחיים", והוא נפלא דחושבן "ובחרת" (616) כחושבן "התורה", והשי"ת יזכנו לעסוק בתורתו יוממא ולילא כל ימי חיינו אנחנו וזרענו עד עולם, אכי"ר.

בעמלק ר"ל שם ה' מלא. ולכן לא אמר (מיכה ז',ט"ו) [יג]כימי צאתך ממצרים אלא מארץ מצרים עיין אופן מ"א. ולפי

גלא עמיקתא

והוא נפלא דחזינן בהאי פסוקא דכתיב ביה הנס דעברו בני ישראל בתוך הים ביבשה– מופיע אלף י"ט פעמים. והוא דפסוק הקודם (כ"א) פותח "ויט משה את ידו על הים"– דמדכר י"ט בהדיא.

והוא פסוק השלישי מבין השלשה [יד]ויסע ויבא ויט דמהם יוצא שם בן ע"ב שבו קרע משה הים [כמ"ש רבינו [טו]בפירושו על התורה פרשת לך לך], ובארנוהו[6] במקום אחר בבאורנו לשיר השירים פרק ה'.

[יג] **מכילתא דרבי ישמעאל בשלח - מסכתא דשירה פרשה ח:** ד"א עושה פלא עשה עמנו פלא ועושה עמנו בכל דור ודור שנ' אודך על כי נוראות נפלאתי נפלאים מעשיך ונפשי יודעת מאד (תהלים קלט יד) ואומר רבות עשית אתה ה' אלהי נפלאותיך ומחשבותיך אלינו (שם מ ו). ד"א עושה פלא, עושה פלא עם אבות ועתיד לעשות עם בנים שנא' כימי צאתך מארץ מצרים אראנו נפלאות (מיכה ז טו) אראנו מה שלא הראתי אל אבות שהרי נסים וגבורות שאני עתיד לעשות עם הבנים יותר הם ממה שעשיתי לאבות וכה"א לעושה נפלאות גדולות לבדו כי לעולם חסדו, ואומר ברוך ה' אלהים אלהי ישראל עושה נפלאות לבדו וברוך שם כבודו לעולם וימלא כבודו את כל הארץ אמן ואמן. [יד] **זוהר סתרי תורה בראשית פרשת וירא דף קח עמוד ב:** ח שמים דאינון ע' רזא ידוד דא איהו ברזא דשבעין ותרין שמהן ואלין אינון דנפקי מן ויסע ויבא ויט והו ילי סי"ט על"ם מה"ש לל"ה אכ"א כה"ת הזי אל"ד לא"ו הה"ע, חלק ראשון יז"ל מב"ה "הרי הק"ם לא"ו כלי לו"ו פה"ל נל"ך ייי מל"ה חה"ו, חלק שני נת"ה הא"א יר"ת שא"ה ריי או"ם לכ"ב יש"ר יח"ו לה"ח כו"ק מנ"ד, חלק שלישי אנ"י חע"ם רה"ע ייי"ז הה"ה מי"ך וו"ל יל"ה סא"ל ער"י עש"ל מי"ה, חלק רביעי וה"ו דנ"י הח"ש עמ"ם ננ"א ני"ת מב"ה פו"י נמ"מ יי"ל הר"ח מצ"ר, חלק חמישי ומ"ב יה"ה ענ"ו מה"י דמ"ב מנ"ק אי"ע חב"ו רא"ח יב"מ הי"י מו"ם: חלק ששי ואלין אינון שבעין שמהן דשלטין על שבעין דרגין תתאין רזא וידוד אלין שבעין שמהן ידוד רזא דאקרי שמים, שבעא רקיעין אינון דסלקין לשבעין שמהן שמא קדישא ודא איהו וידוד המטיר, מאת ידוד מן השמים סתרא דסתרין לחכימין אתמסר. [טו] **מגלה עמוקות על התורה פרשת לך לך:** ז"ש הבט נא השמימה שאו מרום עיניכם וראו מי ברא אל"ה מול אל"ה וכן התורה הניתנה בלוחות ג"כ ו' טפחים על ו"ט מנין אלה וכאן הראה לו שבירת הלוחות ז"ש ויבתר אתם בתו"ך והוא עבר בין הגזרים ר"ל מדת אברהם שהוא חס"ד עבר בין הגזרים כי אלו לא נשתברו הלוחות לא הי' ח"ו תקומה לישראל גם בכאן הראה לו שגם שברי לוחות מונחים בארון והי' יוצא עמהם למלחמה ז"ש והוא עבר בין הגזרים

6. באור על שיר השירים פרק ה' פסוק א': הני ע"ב שמות (כדלעיל דמובאים בספר הבהיר לתנא הקדוש ר' נחוניא בן הקנה) נחלקים לו"ק ונעביד חושבנהון כדלקמן בסוד דין לרשעים ותשועה לבני ישראל: חסד: והו ילי סי"ט על"ם מה"ש לל"ה אכ"א כה"ת הזי אל"ד לא"ו הה"ע גימ' (1317) "אלף ויקרא"- דהיא א' זעירא דויקרא אל משה דעתידא בגאולתא למהפך לא' רבתי דאדם (תחלת דברי בימים) אתם קרויין אדם (יבמות ס"א ע"א). גבורה: יז"ל מד"ה הרי הק"ם לא"ו כלי לו"ו פה"ל נל"ך ייי מל"ה חה"ו סליקו לחושבן (932): "עץ הדעת טוב ורע" (בראשית ב',ט'). וכדאמרינן דמשה תקונא דחטא אדם קדמאה, ויהב לן אורייתא מן שמיא דאיהי עץ החיים כדכתיב (משלי ג',י"ח) "עץ חיים היא למחזיקים בה" וכו' ואנכי ולא יהיה לך מפי הגבורה שמענו ולכן ספי' הגבורה. והנה הוא נפלא מאד ד-י"א שמהן קדמאין לקביל האי חויא דמיניה אתעבידו י"א כתרין דמסאבותא בסוד המן ועשרת בניו המן מן התורה מנין המן העץ וכו'. וסליקו לחושבן (913) "בראשית", דמחזיר הכלל שרשו ותקונו, ושמא אחרינא דהיינו ה-י"ב אתוון חו"ה בשנוי סדר דאיהו אחר התקון. ויחד-

שגאולת מצרים היתה מתחילה הגאולה בפסח שהוא כנגד מלכות ואח"כ בשבועות קבלו תורה הרי בתחלה נוקבא

גלא עמיקתא

דבחנוכיה ששרטטנו שם קנים ימניים שם ע"ב בפשוט וקנים שמאליים בא"ת ב"ש, והוא לפי פסוקא דנן והמים להם חומה מימינם ומשמאלם.

והפסוק כולו דהיינו: "[טז]ויבאו בני ישראל בתוך הים ביבשה, והמים להם חומה מימינם ומשמאלם" סליק לחושבן (2312) ח' פעמים א' זעיר"א (289)

דהיינו תקון י"א סטרין אחרנין וחוה סליקו לחושבן "עץ הדעת טוב ורע"- דלאחר התקון יתגלה דהוא כולו טוב ויברכו על הרעה כמו על הטובה. תפארת: נת"ה הא"א יר"ת שא"ה רי"י או"מ לכ"ב יש"ר יח"ו לה"ח כו"ק מנ"ד סליקו כולהו לחושבן (2490) ה"פ "במלכות" (498). דהיינו דדוד מלכא משיחא דאתכניש בסיהרא, וזהו דכל תכלית התפראת להשפיע במלכות בחי' צנו"ר אתוון רצו"ן והיינו רצון העליון. וכדוגמת האי דאמרינן בשמהן דחסד דסליקו ה"פ "במשה רבינו"- וכאן ה"פ "במלכות" בסוד נרנח"י דדוד ונרנח"י דמשה ולכן כפלינן ה"פ. נצח: אנ"י חע"ם רה"ע יי"ז הה"ה מי"ך וו"ל ל"ה סא"ל ער"י עש"ל מי"ה גימ' (1479) ג"פ "ונפל פחד היהודים עליהם" (493) (אסתר ח',י"ז). רמיזא נצחון ליהודים על שונאיהם ולכן בספי' הנצח- ואיהו ניסא דפוריא ונהפוך הוא ולעתיד לבוא תכלית ענין ונהפוך הוא- תחית המתים. הוד: וה"ו דנ"י הח"ש עמ"ם ננ"א ני"ת מב"ה פו"י נמ"ם יי"ל הר"ח מצ"ר גימ' (1971) ג"פ "(ויצא) חטר מגזע ישי" (657) (ישעי' י"א,א') רמיזא משיחא-יבוא ויגאלנו בגאולה האמיתית והשלמה במהרה בימינו אמן. יסוד: ומ"ב יה"ה ענ"ו מח"י דמ"ב מנ"ק אי"ע חב"ו רא"ה יב"ם הי"י מו"ם גימ' (954) ו"פ "העולם הבא" (159) והוא ו"פ לקביל יסודא ספירה ו'- וצדיק איקרי מאן דנטר ברית (זוה"ק חלק א' דף נ"ט ע"ב) והוא "בן העולם הבא".

גם קריעת י"ס הרא' לו לגוזר י"ס לגזרי"ם על י"ב גזרים מנין הו"א ובשם של ע"ב קרע את הים שהוא שם חסד והתחלתו וה"ו ז"ש והו"א עבר בין הגזרים וי"י אמר המכס"ה אנ"י מאברה"ם ס"ת הי"ם שהראה לו הקב"ה קריעת י"ס אש"ר אנ"י עוש"ה שה"ס יר"ה בים שגם לס"א יש שם של ירה "כי "גר "יהי' זרעך תחת קליפת מצרים שהיא חסירה אחת מן רי"ו ז"ש כפל לשון המכסה אנ"י מאברהם אשר אנ"י עושה כפל אנ"י אנ"י כי שם של אנ"י הוא אמצע השם וה"ו התחלה ובתיקונים איתא עיקר וכלל שם של ע"ב הוא אנ"י והו"א וז"ש אם אנ"י כאן הכל כאן ר"ל כשזה השם הוא כאן הכל כאן כי הוא כלל כל השם כי אנ"י אנ"י הו"א ז"ש במדרש מן אני של בשר ודם אתה יודע אני של הקב"ה אני פרעה ונעשה יוסף שלטון ז"ש עשו ברכני גם אנ"י כי לי יש אנ"י כמו בקדושה. [טז] **מכילתא דרבי שמעון בר יוחאי פרק יד פסוק כב:** (כב) ויבואו בני ישראל בתוך הים ביבשה. ר' מאיר אומרו דבר אחד ור' יהודה אומרו ד"א ר' מאיר אומרו משבאו שבטים ועמדו על הים זה אומ' אני ארד וזה אומ' אני ארד מתוך שצוחקין זה עם זה קפץ שבט בנימן ונפל לו לתוך גלי הים שנא' שם בנימן צעיר רודם (תה' סח כח) אל תקרא רודם אלא רד ים התחילו ש[רי] יה[ודה] לרגם אותן באבנים שנא' שרי יהודה רגמתם (שם) מוש[לו משל] למה הדבר דומה למלך בשר ודם שהיו לו שני בנים [אחד] גדול ואחד קטן אמ' לגדול הנראה שתעמידני לשלש שעות אמ' לקטן הנראה שתעמידני עם הנץ החמה בא קטן והעמידו עם הנץ החמה ולא הניחו גדול אמ' לו אני לא אמר לי אלא עד שלש שעות אמ' לו אני לא אמר לי אלא עם הנץ החמה מפני שצוחבין זה עם זה נעור אביהן (אביהן) אמ' להן יודע אני ששניכם לא נתכונתם אלא לכבודי אף אני אינ[י] מקפיח שכרכם מה שכר נטלו שבט בנימן שרת שכינה בחלקו שנא' ובין כתפיו שכן (דב' לג יב) מה שכר נטלו שבטו של יהודה נטל מלכות שנא' שרי יהודה רגמתם (תה' סח כח) אין רגימה אלא מלכות כענין שנא' באדין אמר בלשאצר והלבישו וגומ' (דנ' ה כט) שרי זבולון (ו)שרי נפתלי (תה' סח כח) מגיד הכת' שכשם שנעשו נסים ליש' על ידי שבט יהודה ובנימן על הים כך נעשו נסים ליש' על ידי שבט זבולן ושבט נפתלי בימי דבורה וברק

כן הוא אומ' ותשלח ותקרא לברק וגומ' (שופ' ד ו) ואומ' זבולון עם חרף נפשו וגומ' (שם ה יח) ר' יהודה אומ' כשבאו שבטים ועמדו על הים זה אומ' אני ארד זה אומ' אני ארד שנא' סבבוני בכחש אפרים וגומ' (הושע יב א) קפץ נחשון בן עמינדב ונפל לו לתוך הים וגליו שנא' ויהודה עוד רד עם אל (וגומ') (שם) אל תקרא רד אלא רד ים ועליו מפרש בקבלה הושיעני אלקים כי באו מים וגומ' טבעתי ביון מצולה וגומ' (תה' סט ג) אל תשטפני וגו' (שם טז) אמ' לו הקדוש ברוך הוא למשה ידידי משוקע בים ואתה עומד ומרבה בתפלה לפני מה תצעק אלי וגומ' ואתה הרם את מטך וגומ' (שמ' יד טז) מה אמרו שבטים על הים מקדש ייי כוננו ידיך (שם טו יז) באותה שעה [אמ' לו] הקדוש ברוך הוא למשה מי ש[ק]ידש שמ[י] על הים הוא מושל [על יש'] שנא' ב[צ]את יש' ממצ' וגומ' (תה' קיד א) יהודה שקידש את שמי על [הים] ימשול על יש' וכבר היה ר' טרפון ותלמידיו יושבין בכרם [ביב]נה אמ' להן ר' טרפון לתלמידיו אשאל לפניכן שאלה אמ' לו [יל]מדנו השותה מים לצמאו מה הוא מברך שאני אומ' בורא נפשות

וחסרונן אמ' לו למדתנו רבינו הרי הוא אומ' וישבו לאכל לחם וגומ' (בר' לז כה) להודיע זכותן שלצדיקים עד היכן היא מקדמת שאילו ירד יוסף למצ' חביב הוא עם הערביין לא היו הורגין אותו בריח רע שלהן אלא זימן לו הקדוש ברוך הוא שקים מלאים בשמים והרוח מנשבת בהן מפני ריחן שלערביים אמ' להן באי זה זכות נטל יהודה את המלכות אם משום שנא' צדקה ממני (שם לח כו) דיה להודאה שתכפר על הביאה אם מש' שנ' מה בצע כי נהרג את אחינו (שם לז כו) דייה להצלה שמכפרת על המכירה אם משום שאמר כי [ע]בדך ערב את הנער וגומ' (שם מד לב) והלא ערב הוא ובכל מקום ערב משלם אמ' לו למדינו אמ' להן שכשבאו שבטים ועמדו על הים זה אומ' אני יורד וזה אומ' אני יו[ר]ד קפץ נחשון בן עמינדב ונפל לו לתוך הים כדכת' לע[י]ל. והוא ימשל על יש'. והמים להם חומה עשאן כמין חומה מימינם ומשמאלם מימינם בזכות תורה ומשמאלם בזכות תפילין ולמה מימינם בשביל תורה שניתנה מימין שנא' מימינו אש דת למו (דב' לג ב). ד"א מימינם זו מזוזה ומשמאלם זו

ואח"כ דכורא מתחלה ה' ואח"כ ו'. לכן שלטה עין בלוחות ראשונות, לכן לא קשרו הפסח רק בכרעי המטה עיין אופן מ"ג. על דרך זו יהיה

גלא עמיקתא

ורמיזא לגאולה העתידה באלף השמיני דאז יתגלה פנימיות אור הגנוז דרמיזא בא' זעירא אל משה מאן דאיהו זעיר [ונחנו מה] איהו רב [משה איש האלהים].

וזהו דכתב המגלה עמוקות וזה לשונו הקדוש: ולעתיד לבוא "דכורא לה'" סליק לחושבן [עם ב' התיבות] (289) "א' זעירא".

והוא במכוון חושבן ב' התיבין קודם לפסוקא "ויבקעו המים" גימ' (289) "א' זעירא" במכוון, והוא נפלא- דהן ב' תיבות אחרונות מ-ג' הפסוקים ויסע ויבא ויט כנ"ל.

והפסוק כולו (שמות י"ד,כ"ב) "ויבאו בני ישראל בתוך הים ביבשה, והמים להם חומה מימינם ומשמאלם" (2312) דסליק לחושבן ח' פעמים "א' זעירא", עם ב' תיבין הקודמין לו "ויבקעו המים" גימ' (289) "א' זעירא"- סליקו יחד לחושבן (2601) ט' פעמים "א' זעירא" (289) דסליק לחושבן (2601) ק' פעמים שם הוי' ב"ה (26) עם הכולל.

ורמיזא האי חושבן להארת הכתר ששרתה בים סוף דהוא ק' פעמים שם הוי' ב"ה ועוד כולל בחינת כתר שבכתר. וכדכתיב (שמות י"ב,י"ב) "ועברתי בארץ מצרים בלילה

פירוש הפסוק ויקרא אל משה בא' זעירא לפי שהיתה הקריאה מסטרא דנוק' לכן וידבר ה' אליו מעסקי אהל

גלא עמיקתא

הזה והכיתי כל בכור וכו' **אני ה'**" [יז]ופירש רש"י "**אני בעצמי ולא על ידי שליח**" גימ' (782) "**אלהי אברהם אלהי יצחק ואלהי יעקב**". וכדאמרינן בהגדה של פסח: "ועברתי בארץ מצרים– [יח]אני ולא מלאך. והכיתי כל בכור מארץ מצרים– אני ולא שרף. ובכל אלהי מצרים אעשה שפטים– אני ולא שליח. אני ה'– אני הוא ולא אחר". ונבארו אי"ה באופן מיוחד ואין כאן מקום להאריך. ורק נביא רמז קטן בס"ד מהפסוק הנ"ל (שמות י"ב,י"ב): "[יט]ועברתי בארץ מצרים בלילה הזה [עד כאן גימ' (1455) "**ויקרא אל משה וידבר ה' אליו מאהל מועד לאמר**" וכן גימ' (1455) **אלף** (1000) **משה במלוי יודין** "מם שין הי" (455)] והכיתי כל בכור בארץ מצרים מאדם ועד בהמה ובכל אלהי מצרים אעשה שפטים אני ה'" גימ' (4660) י' פעמים "כי קדוש ה'" כדכתיב (ויקרא י"ט,ב') קדושים תהיו כי קדוש **אני ה'**.

וממשיך המגלה עמוקות דלפי שהגאולה ממצרים היתה מבחינת נוק' לא נתבטל לחלוטין שר של מצרים אלא רק ירד ונהיה שר של גיהנם דומ"ה שמיה. והרי כתיב (שמות י"ד,ל'-בשלח) "וירא ישראל את מצרים מת"– מתים לא נאמר– כי ראו את שרו של מצרים מת– [7]וכמו שנתבאר אצלנו בבאור

7. באור על מגלה עמוקות ויקרא אופן ס"ב: ומביא הפסוק (תהל' ע"ה,ג'): כי אקח מועד אני מישרים אשפט גימ' (1310) י"פ "סמאל" (131) ענין הדין והמשפט דעתידא קוב"ה למעבד בס"מ. וכמו שראה ישראל את מצרים מת על שפת הים- מצרים זהו רהב שרו של מצרים- לא מת ממש שכן ירד להיות שרו של גיהנם וכל ירידה בעולמות היא בחינת מיתה [כמו במיתת המלכים בראשית ל"ו וימלך וימת וכו' ז' פעמים ובמלך ה-ח' לא כתיב מיתה כבאור האר"י הקדוש שכל ירידה ממדרגה נקראת מיתה]. ולעתיד לבוא ישחט קוב"ה למלאך המות כדבארנו בחד גדיא (אופן רמ"ב עשרת המכות בפסוק י"ח והפליתי וכו' שם בארנו כל פיוט חד גדיא עיין שם). ואז כתיב (ישעי' כ"ה,ח') "ובלע המות לנצח" דהיינו תבטל המציאות מכל וכל בגאולתא שלמתא במהרה בימינו אמן. ורמיזא תיבה "אשפט" סלקת לחושבן (390) י"פ "טל" דהיינו טל תחית המתים כדכתיב בתחית המתים (ישעי' כ"ו,י"ט): "יחיו מתיך נבלתי יקומון הקיצו ורננו שוכני עפר כי טל אורות טלך וכו'" והוא לאחר שישחוט לס"מ דכולא פסוקא סליק לחושבן י"פ שמיה.

תפלה. סל' פסו' [יז] **רש"י שמות פרק יב פסוק יב:** ועברתי - כמלך העובר ממקום למקום, ובהעברה אחת וברגע אחד כולן לוקין: כל בכור בארץ מצרים - אף בכורות אחרים והם במצרים, ומנין אף בכורי מצרים שבמקומות אחרים, תלמוד לומר (תהלים קלו) למכה מצרים בבכוריהם. מאדם ועד בהמה - מי שהתחיל בעבירה ממנו מתחלת הפורענות. ובכל אלהי מצרים - של עץ נרקבת, ושל מתכת נמסת ונתכת לארץ. אעשה שפטים אני ה' - אני בעצמי ולא על ידי שליח. [יח] **סדר רב עמרם גאון סדר פסח:** ויוציאנו ה' ממצרים, לא על ידי מלאך ולא על ידי שרף ולא על ידי שליח, אלא הקדוש ברוך הוא בכבודו ובעצמו. שנאמר ועברתי בארץ מצרים וכו' ועברתי בארץ מצרים, אני ולא מלאך. והכיתי כל בכור, אני ולא שרף. ובכל אלהי מצרים אעשה שפטים, אני ולא שליח. אני ה', אני הוא ולא אחר. [יט] **פסיקתא דרב כהנא (מנדלבוים) פיסקא ז - ויהי בחצי הלילה:** [ג] מקים דבר עבדו ועצת מלאכיו ישלים האומר לירושלם תושב ולערי יהודה

מועד [כ]דזמין לאתמשכנא בחובייהו דישראל ואילו היה מסטרא דדכורא לא אתחרב.

גלא עמיקתא

[כא]מגלה עמוקות ויקרא אופן ס"ב עיי"ש. ויש לבאר על פי מה שכתב האר"י הקדוש בכמה מקומות [עיין [כב]עץ חיים

תבנינה וחרבותיה אקומם (ישעיה מד: כו). ר' ברכיה בשם ר' לוי, מי שהוא מקים דבר עבדו ועצת מלאכיו ישלים אין אנו יודעין שהוא אומ' לירושלם תושב ולערי יהודה תבנינה, אלא מלאך אחד נגלה על אבינו יעקב ואמ' לו מה שמך, ויאמ' יעקב, ויאמר לא יעקב יאמר עוד שמך כי אם ישראל (בראשית לב: כח, כט). נגלה הקדוש ברוך הוא על אבינו יעקב לקיים גזרתו של אותו מלאך, ויאמר לו אלהים שמך יעקב וגו' (שם /בראשית/ לה: ט, י). ירושלם שכל הנביאי' מתנבאי' שנבנית על אחת כמה וכמה. ד"א מקים דבר עבדו (ישעיה שם /מ"ד/), זה משה, לא כן עבדי משה (במדבר יב: ז). עצת מלאכיו ישלים (ישעיה שם /מ"ד/), זה משה, וישלח מלאך ויוציאנו ממצרים (במדבר כ: טז). אמ' הב"ה למשה, לך אמור להם לישראל ועברתי בארץ מצרים בלילה הזה (שמות יב: יב). הלך משה ואמ' לישראל, כה אמר יי' כחצות הלילה אני יוצא בתוך מצרים (שם /שמות/ יא: ד). אמ' הקדוש ברוך הוא כבר הבטחתי למשה ואמרתי לו לא כן עבדי משה בכל ביתי נאמן הוא (במדבר יב: ז), יהא עבדי משה כזבן, אלא מה אמ' משה כחצי הלילה, אף אני כחצי הלילה, לפי' ויהי בחצי הלילה (שמות יב: כט). [כ] **זוהר פרשת ויקרא דף ד עמוד ב:** תא חזי בההוא יומא דאשתכלל בי משכנא קודשא בריך הוא אקדים ושארי ביה מיד ויקרא אל משה וידבר יי' אליו מאהל מועד לאמר, וידבר יי' אליו ואודע ליה דזמינין ישראל למיחב קמיה ולאתמשכנא האי אהל מועד בחובייהו ולא יתקיים בידייהו (ס"א בהדייהו) הדא הוא דכתיב וידבר יי' אליו מאהל מועד לאמר, מאי א"ל, מאהל מועד מעסקי אהל מועד דזמין לאתמשכנא בחובייהו דישראל ולא יתקיים בקיומיה אבל אסוותא להאי אדם כי יקריב מכם קרבן ליי' הרי לך קרבנין דאגין על כלא. [כא] **מגלה עמוקות על א' זעירא דויקרא אופן ס"ב:** בהר סיני קבלו ישראל ס' רבוא כתרים באוהל מועד איתמר בעטרה שעטרה לו אמו ויש הפרש בין כתר לעטרה כתר דכורא עטרה נוקבא והנה בשעת מתן תורה קיבל משה תר"ך אותיות של דברות שאז זכה לעלמא דדכורא (משלי כא) עיר גבורים עלה חכם דרגא דדכורא בשעת אוהל מועד ויקרא בא' זעירא שהיא עטרה שעטרה לו אמו עלמא דנוקבא ז"ש וידבר ה' אליו מאוהל מועד שאז הדיבור היה אליו מאוהל מועד לכן א"ל מ"שה ו"ידבר ר"ת אמ"ו ב"עטרה ש"עטרה ל"ו אמו ר"ת לב"ש ב"יום ש"מחת ל"בו ר"ת לב"ש וזה היה היקר לבש יקר בהר סיני קבלו תורה שבכתב (תהלים צב) ה' עוז התאז"ר בגי' תרי"ג באוהל מועד אף ערכה שלחנה אף תיכון תבל שאז קבלו תורה שבע"פ והיה העולם מלא שקול כמעשה שמים וארץ שנעשה רגל השלישי בעולם נמצא טרסקל ז"ש בל תמוט שכן ס"א מסכתות יש בתורה שבע"פ שעליה' אמר (תהלים עה) כי אקח מועד ביום שהוקם אוהל מועד אני משרים אשפוט אני דייקא שכן אני בא"ת ב"ש תמ"ט וכן מסכתא באת בש בגי' תמ"ט וכן מלוי של משה כזה מם שין הה שהוא חשבון לוחות רק שהיא חסר א' כי משה עלה לחשבון (משלי ט) תן לחכם ויחכם עוד ושם חסר אלף ז"ש ויקר אל משה מן אותו היקר שהיה למשה שהוא סוד לוחות ובכאן בתורה שבע"פ הוא תמ"ט לכן חסר אלף וזה אלף זעירא מן אותו היקר שהיה למשה בכאן אלף זעירא לפי שהדיבור הוא מאוהל מועד שהוא סוד מסכתא ולפי שמשה במילואו הוא עולה י"פ אדם זה הוא היקר אל משה מה הוא היקר אלף זעירא שהיא צורת יוד ומהיכן בא לו אות יוד מאוהל מועד שהוא יוסף וזה לך האות נמצא שהוא כלול מיוד פעמי' אדם לכן אמר אדם כי יקריב. [כב] **ספר עץ חיים שער ט פרק ב:** והענין כי מן האדר"ז נראה שלא ירדו רק הז' מלכים בלבד וממדרשים אחרים בס' הזהר משמע כי גם באו"א יש ביטול ופגם וכמעט אפי' בכתר. ואמנם הענין הוא כי ודאי שמכל י' נקודות נפלו מהם בחי' ובכולם היה ביטול רק זו"נ נפלו כולם בין בבחי' היותן אב"א ובין בבחי' היותן פב"פ והנה זו נקרא מיתה כי הכל ירד לגמרי אבל אבא ואמא שלא ירד מהם רק בחי' אחוריים יקרא ביטול ולא מיתה וכתר שלא נפלו ממנו רק בחינת נצח הוד יסוד שלו

גלא עמיקתא

שער ט' פרק ב'] דכל ירידה מעולם לעולם איקרי מיתה- והא שירד [כג]מאיגרא רמא לבירא עמיקתא לשאול תחתית וזה נקרא לגביו מיתה. ואף על פי שהוא ענין רוחני- דהיינו מלאך שיורד לשאול תחתית וכו'- זיכו מן השמים את ישראל לראות זאת בעיניהם- דהיא נחמה. וכן יהיה בס"ד לעתיד לבוא [כד]כמבואר בספה"ק דגאולת מצרים בעין גאולה דתהיה

שנכנסו בסוד מוחין דאבא ואמא כנזכר לעיל אשר אין בחינת זו נכנסה אפי' בערך אחוריים לכן לא נקרא ביטול בכתר רק פגם בעלמא. עוד יש טעם אחר והוא כי אינו נקרא מיתה רק מי שהולך מעולם לעולם ונבדל מעולמו ולכן שבעה מלכים שהיו באצילות וירדו אל הבריאה יקרא מיתה ממש כמ"ש באדרא קל"ה לא תימא דמיתו אלא כל מאן דנחית מדרגא קדמאה דהוי ביה קרי ביה מיתה כמו שכתוב וימת מלך מצרים. אמנם אחורי או"א אע"פ שנפלו לא ירדו בבריאה אלא נשארו בעולם האצילות עצמו לכן להיותן שלא במקומן יקרא ביטול אבל לא יקרא מיתה. ונבאר עתה שם מ"ב הנ"ל והוא כי שם אבגית"ץ הוא בספי' חסד כנודע לפי שממנו מתחיל (ביטול) מיתת המלכים כנ"ל לכן בשם זה נרמז מיתת שבעה מלכים וזהו פי' אבגית"ץ כמו אבג"י ת"ץ כי אבג"י גימ' י"ו והם סוד ז' מלכים כי י' הוא במלכות שהיא נקודה א' לבד והוא י' של אבג"י ואותיות אב"ג הם ו' בגימ' והם ו"ק דז"א והרי הם ז' מלכים. וז"ס שארז"ל כי רה"ר רחבו י"ו אמה כי הרי אלו הז' מלכים הם הנקראים רה"ר בהיותן קודם התיקון ואמנם אחר התיקון נקרא רה"י. והנה הז' מלכים הנקרא אבג"י הלא הם נתצו ונשברו ומתו וז"ס ת"ץ של אבגית"ץ ויען שמן החסד התחיל מיתת המלכים כנ"ל לכן נרמזו בשם זה הראשון. ויש מפרשים אבגית"ץ מלשון הגמ' ההיא אבגא דבי רב פי' השטן שהיה נמצא בבה"מ ההוא ונמצא כי אב"ג (נ"א אבגית"ץ) הוא ממש ע"ד מ"ש לעיל באותיות שעטנ"ז ג"ץ שצירופי שט"ן ע"ז ג"ץ. והנה השם ב' הוא קר"ע שט"ן הוא בגבורה שהוא המלך הב' אשר במיתתו נפלו אחורי דאמא גם כן ולכן נרמז ביטול אחורי או"א בשם זה וזהו ביאורו קר"ע ר"ל כי כאן לא היתה מיתה ונתיצה ממש כמו ז' מלכים רק קריעה ושבירה בעלמא ונשאר במקומה אבל בנתיצה היא הפלת אבן בכח ממקומה למקום אחר כנ"ל וע"י קריעה זו יצאה הקליפה הנקרא שטן וזהו קר"ע שט"ן והנה

או"א בחי' פב"פ הוא הוי"ה דיודין באבא ואהי"ה דיודין באמא ושניהן גימ' רג"ל והוא גימ' זכור כי הזכירה בה מצד פנים ובחי' אב"א הם אחוריים של ב' שמות הנ"ל שהם אחוריים דהוי"ה כזה יו"ד יו"ד ה"י יו"ד ה"י וי"ו יו"ד ה"י וי"ו ה"י באבא ואחורי אמא כזה אל"ף אל"ף ה"י אל"ף ה"י יו"ד אל"ף ה"י יו"ד ה"י אשר שניהן גי' תשכ"ח כי השכחה מצד אחוריים ואמנם קר"ע שט"ן גי' תשכח עם הכולל כמנין האחוריים לרמז על נפילת אחורי אבא ואמא. ונחזור לענין ראשון כי הנה כאשר עדיין לא מת שליש ת"ת עדיין לא נגמר ירידת ונפילת אחורי דאבא ואמא לגמרי וכאשר היו המלכים האלו נכנסים בכלי שלהם היו מגולין באור גדול אבל אחר שמת שליש עליון דת"ת אשר אז נפלו שם האחוריים דאו"א הנה כאשר יצאו שם שאר האורות הנשארים כדי לכנוס בכלי שלהם היו מלובשים באלו האחוריים שנפלו ונשארו באצילות כנ"ל והיו יוצאין המלכים האחרונים מלובשים באחורי או"א וזה נשאר להם (נ"א ועד"ז נעשים) תמיד עד שיכלו כל הברורים לצאת עד לע"ל ב"ב וז"ס העלאת מ"ן אשר מעלין זו"נ אל אבא ואמא והוא מסוד אלו האחוריים דאו"א שירדו שם למטה באצילות עצמו כנ"ל אשר לקחום הם.

[כג] רש"י איכה פרק ב פסוק א: איכה יעיב - יאפיל כד"א (מלכים א יח) והשמים התקדרו בעבים: משמים ארץ - לאחר שהגביהם עד לשמים השליכם לארץ בבת אחת ולא מעט מעט מאיגרא רמא לבירא עמיקתא

[כד] מכילתא דרבי ישמעאל בשלח - מסכתא דשירה פרשה ח: ד"א עושה פלא עשה עמנו פלא ועושה עמנו בכל דור ודור שנ' אודך על כי נוראות נפלאתי נפלאים מעשיך ונפשי יודעת מאד (תהלים קלט יד) ואומר רבות עשית אתה ה' אלהי נפלאותיך ומחשבותיך אלינו (שם מ ו). ד"א עושה פלא, עושה פלא עם אבות ועתיד לעשות עם בנים שנא' כימי צאתך מארץ מצרים אראנו נפלאות (מיכה ז טו) אראנו מה שלא הראתי אל אבות שהרי נסים וגבורות שאני

גלא עמיקתא

לעתיד לבוא ויזכונו לראות את הבורא יתברך שמו נוקם נקמתנו ושחטיה למלאך המות במהרה בימינו אמן. וכדמביא המגלה עמוקות הפסוק (ישעי' כ"ה,ח'): "[כה]**בלע המות לנצח ומחה א-דני הוי'** (בניקוד אלהים **והוא בספירת הבינה**– [כו]**דאין הדין נמתק אלא בשרשו והיינו בבינה** [כז]**דמינה דינין מתערין) דמעה מעל כל פנים וחרפת עמו יסיר מעל כל הארץ כי ה' דבר"** גימ' (3208) ח' פעמים **"מאין יבא עזרי"** (401) (תהל' קכ"א,א') **והוא גופא סופי תיבות אי"ן – מאין יבא עזרי –** [כח]**דישועת ה' כהרף עין מבחינת כתר עליון**, ורמיזא דכפלינן ח' פעמים א' מעל ז' **בינה כתרא דז"א שמינית מתתא לעילא, והוא גופא "בלע המות"** גימ' (553) **"מחיה מתים", "בלע המות לנצח"** גימ' (731) **טו"ב** (17) **פעמים כ"ב אהי"ה** (43) **דיתגלה לעתיד לבוא טוב הוי' וטוב**

עתיד לעשות עם הבנים יותר הם ממה שעשיתי לאבות וכה"א לעושה נפלאות גדולות לבדו כי לעולם חסדו, ואומר ברוך ה' אלהים אלהי ישראל עושה נפלאות לבדו וברוך שם כבודו לעולם וימלא כבודו את כל הארץ אמן ואמן. **[כה] תלמוד בבלי מסכת פסחים דף סח עמוד א:** עולא רמי: כתיב בלע המות לנצח, וכתיב כי הנער בן מאה שנה ימות! לא קשיא: כאן - בישראל, כאן - בנכרים. ונכרים מאי בעו התם? - דכתיב ועמדו זרים ורעו צאנכם ובני נכר אכריכם וכרמיכם. רב חסדא רמי: כתיב וחפרה הלבנה ובושה החמה וכתיב והיה אור הלבנה כאור החמה ואור החמה יהיה שבעתים כאור שבעת הימים! לא קשיא: כאן - לעולם הבא, כאן - לימות המשיח. ולשמואל, דאמר: אין בין העולם הזה לימות המשיח אלא שיעבוד מלכיות בלבד, מאי איכא למימר? אידי ואידי לעולם הבא, ולא קשיא: כאן במחנה שכינה, כאן במחנה צדיקים. רבא רמי: כתיב אני אמית ואחיה וכתיב מחצתי ואני ארפא, השתא אחויי מחיי - מרפא לא כל שכן? אלא אמר הקדוש ברוך הוא: מה שאני ממית אני מחיה, כמו שמחצתי ואני ארפא. תנו רבנן: אני אמית ואחיה יכול מיתה באחד וחיים באחד כדרך שהעולם נוהג - תלמוד לומר מחצתי ואני ארפא מה מכה ורפואה באחד - אף מיתה וחיים באחד. מכאן תשובה לאומרים אין תחיית המתים מן התורה. דבר אחר: בתחלה מה שאני ממית אני מחיה, והדר מה שמחצתי ואני ארפא. **[כו] ליקוטי מוהר"ן תורה מא:** ואין דין נמתק אלא בשרשו, ושרש הדינים בבינה, כמ"ש (בזוהר ויקרא י' ע"ב) בינה דינין מתערין מינה, אני בינה לי גבורה (משלי ח'). ושם מ"ב בבינה. נמצא כשממשיך שם מ"ב לתוך עמודים, אזי הדינין נמתקין בשרשם. וזה פי' (שמות כ"ז) ווי עמודים וחשוקיהם כסף, פי' ע"י חשיקה והתחברות ווי עם עמודים, נעשה פשר, חסד, שנמתקין הדינין. **[כז] דגל מחנה אפרים בראשית פרשת מקץ:** או יאמר והנה שבע שבלים עולות בקנה אחד וגו', יש בכאן סוד המתקת הדינין בשורשן כי ידוע שורש כל הדינים הוא מבינה כי מינה דינין מתערין וכשמעלין הדינים לשורשן שהוא עולם הבינה שם נמתקו כל הדינים, ויש להסביר הדבר כי ידוע שהדינים הם בסוד ל"ט מלאכות ונגד זה יש ל"ט קללות והיינו כי כל מלאכה הוא צמצום כי קודם שעושה המלאכה מחשבתו מתפשטת בכמה ענינים וכשעושה כל דבר מלאכה אזי מצמצם מחשבתו כולו בתוך אותו הדבר וזהו דרך משל. **[כח] ספר מדרש שמואל על אבות - פרק ה - משנה ד:** הנס הח' עומדים צפופים ומשתחוים רווחים הודיע בנס הזה כי כמו שהעומדים בעזרה היו עומדין צפופין כלומר זה בצד זה דוחקין ולוחצין זה את זה וכשהיו משתחוין היו רווחין, כן ישראל כאשר יהיו הצרות לוחצין אותם ישובו בתשובה בעת צרתם ויקדו וישתחוו לאלהים ותכף יצאו מצרה לרוחה כי תשועת ה' כהרף עין, ובמה שפירש"י ז"ל צפופין מלשון צף על פני המים שמרוב הקהל היו נדחקים איש באחיו עד שהיו רגליהם נטולות מן הארץ ועומדין באויר ירמוז לדבר אחר כי בהיות שהרשע אין לו ישיבה בעולם כמ"ש הכתוב כשבת המלך אחשורוש וכאלו רגליו נטולות מן הארץ ואם ישוב אל אלהיו וישתחוה אז יהיה לו ישיבה בעולם.

גלא עמיקתא

כ"ב אתוון דאורייתא קדישא. בלע המות לנצח ר"ת הב"ל, דכתב רבינו במקום אחר ([כט]מגלה עמוקות על ואתחנן אופן רל"ח) משה גלגול הב"ל, יתרו הקיני גלגול קין, וממילא תקונא שלים יהא אך לעתיד לבוא – ולכן אמר ליה השי"ת ר"ב ל"ך אל תוסף – כעת – דבר אלי עוד בדבר הזה. והוא במזומרא קכ"א רמיזא הכאת י"א סטרין אחרנין לעתיד לבוא ואחריתו עדי אובד י"א פעמים י"א גימ' קכ"א, וד"ל. אי נמי – "בלע המות" גימ' (553) "שמעון בן יוחאי". דהוריד להאי עלמא תורת הסוד דהיא מאורייתא דעתיקא סתימאה בחינת הכתר, והוא גימ' (553) "מחיה מתים". וכל התיבין עד הוי' בנקוד אלהים, דהיינו: בלע המות לנצח ומחה א-דני הוי' (והוא בנקוד הוי' אלהים) סליק לחושבן (881) "כי שמש ומגן הוי' אלהים" (תהל' פ"ד, י"ב). וחזינן דהאי אלהים איהו הוי' בנקוד אלהים, דקרינן אלהים בחינת בינה עילאה. ובתוספת התיבה "דמעה" דהיינו: בלע המות לנצח ומחה א-דני הוי' דמעה גימ' (1000) "אלף". והוא דכיום בזמן הגלות [ל]דשית אלפי שנין א' זעירא, ולעתיד לבוא א' רבתי (1000) דאדם (בריש דברי הימים "אדם שת אנוש" אדם ב-א' רבתי). וכמ"ש (יחזקאל ל"ד, ל"א) אדם את"ם אתוון אדם אמ"ת ולא כבגלות ובחז"ל (בבא בתרא נח.) [לא]כל נשי עלמא בפני שרה בקוף בפני אדם שרה לפני חוה כקוף בפני אדם וכו' ואם בדורות קודמים וכו' הרי אנו כחמורים ולא כחמורו של רבי פנחס בן יאיר

[כט] מגלה עמוקות על ואתחנן אופן רל"ח: הנה כשראה משה העניין זה שכשמקיימים ג' אבות ביחד אזי יכולין לקרב הגאולה, לזה אמר ואתחנן אל ה' בעת ההיא, מה שיהיה בימי רבי רצה לתקן הוא, לאמר מה שיהיה לדורות, לזה אמר אתה החלות, מתחלת שליחותו ששלח למשה א"ל אנכי אלהי אביך אלהי אברהם ואלהי יצחק ואלהי יעקב (שמות ג' [ו]), שאמר אביך על ג' גלגולין של אביו, שהוא אדם קדמאה בסוד גלגול הבל שהוא משה בנו של אדם הראשון, ואמר אחר כך בכל אחד אלהי, היה לו לומר אלהי אברהם ויצחק ויעקב. אבל בא להורות זה העניין שצריך להקים כל אחד בפני עצמו, שאלו היו כל הקמותיו ביחד הוי מייתי משיח בלא זמנא דנפישי ברחמי. ולדעתי זה סוד כוונת הפסוק וזכרתי את בריתי יעקב אף את בריתי יצחק ואף את וגו' (ויקרא כו [מב]), כשאני זוכר שלשה בריתות יחד, אזי הארץ אזכור. ולכן ביקש עתה מאחר שהחלות להראות ג' אבות כל אחד ואחד בפני עצמו, את גדלך זה אברהם כמ"ש אלהי אברהם, את ידך החזקה ז"ש אלהי יצחק, אשר מי אל ז"ש אלהי יעקב, והראת לי כל אחד מג' אבות בפני עצמו, לכן אעברה נא, מבקש אני ליכנס לארץ ישראל ושם יהיו תלת קטרין ביחד, הארץ הטובה לקביל אברהם, כמ"ש אל הארץ אשר אראך (בראשית יב [א]), כי לו לבדו ניתנה הארץ (איוב טו יט). ההר הטוב לקביל יצחק, ששם נעקד על הר המוריה. והלבנון לקביל יעקב, שהוא בחיר שבאבות ונחלתו בלי מצרים (שבת קי"ח ע"א), עולה למעלה לסוד לבנון, ונמצא שיהיו שם ג' קטרין ביחד.

[ל] תלמוד בבלי ראש השנה דף לא עמוד א: וקמיפלגי בדרב קטינא. דאמר רב קטינא: שיתא אלפי שני הוה עלמא וחד חרוב, שנאמר ונשגב ה' לבדו ביום ההוא. אביי אמר: תרי חרוב, שנאמר יחיינו מימים.

[לא] תלמוד בבלי מסכת בבא בתרא דף נח עמוד א: אמר רבי בנאה: נסתכלתי בשני עקיביו, ודומים לשני גלגלי חמה; הכל בפני שרה כקוף בפני אדם, שרה בפני חוה - כקוף בפני אדם, חוה בפני אדם - כקוף בפני אדם, אדם בפני שכינה - כקוף בפני אדם. שופריה דרב כהנא (מעין שופריה דרב, שופריה דרב) מעין שופריה דרבי אבהו, שופריה דר' אבהו מעין שופריה דיעקב אבינו, שופריה דיעקב אבינו מעין שופריה דאדם הראשון.

[לב] **תלמוד בבלי מסכת שבת דף קיב עמוד ב:** תנן התם: כל כלי בעלי בתים - שיעורן כרמונים. בעי רבי חזקיה: ניקב כמוציא זית, וסתמו, וחזר וניקב כמוציא זית, וסתמו, עד שהשלימו למוציא רימון, מהו? - אמר ליה רבי יוחנן: רבי, שנית לנו סנדל שנפסקה אחת מאזניו ותיקנה - טמא מדרס, נפסקה שניה ותיקנה - טהור מן המדרס אבל טמא מגע מדרס, ואמרינן לך: מאי שנא ראשונה - דהא קיימא שניה, שניה נמי - מתקנה ראשונה! ואמרת לן עליה: פנים חדשות באו לכאן. הכא נמי - פנים חדשות באו לכאן. קרי עליה: לית דין בר אינש! איכא דאמרי: כגון דין בר אינש! אמר רבי זירא אמר רבא בר זימונא: אם ראשונים בני מלאכים - אנו בני אנשים, ואם ראשונים בני אנשים - אנו כחמורים, ולא כחמורו של רבי חנינא בן דוסא ושל רבי פנחס בן יאיר, אלא כשאר חמורים.

גלא עמיקתא

וכו' [[לב]כדאיתא בגמרא (שבת קיב:)]. ובתוספת ז' תיבין נוספים דהיינו: בלע המות לנצח ומחה א-דני הוי' דמעה מעל כל פנים וחרפת עמו יסיר מעל גימ' (2600) ק' פעמים שם הוי' ב"ה. ויהי רצון דנזכה ל"ונגלה כבוד הוי' וראו כל בשר יחדו כי פי ה' דבר" (ישעי' מ,ה') בגאולתא שלמתא ב"ב אכי"ר.

אופן לז

בפרק קמא דברכות שלשה דברים ביקש משה מהקב"ה ונתן לו ביקש שתשרה שכינה על ישראל ונתן לו ביקש שלא תשרה שכינה על אומות העולם ונתן לו, ביקש להודיע דרכיו ונתן לו.

ושלשתן בזה הפסוק ויקרא אל משה אלף זעירא קרי ביה ויקר ומה הוא היקר כמו שכתוב ולי מה יקרו רעיך אל שהראה הקב"ה כל הצדיקים ודורו של רבי עקיבא שהיה נתעצב במיתתו צדיק ורע לו שעליו אמר הודיעני נא את דרכיך ואחר כך שתשרה שכינה על ישראל וידבר ה' אליו דייקא ולא לאומות העולם מאוהל מועד על עסקי אוהל מועד דזמן לאתמשכנא וכל מקום שגלו שכינה עמהם הרי שג' דברים אלו רמוזים בזה הפסוק:

[א] **תלמוד בבלי ברכות דף ז עמוד א:** ואמר רבי יוחנן משום רבי יוסי: שלשה דברים בקש משה מלפני הקדוש ברוך הוא ונתן לו; בקש שתשרה שכינה על ישראל ונתן לו, שנאמר: הלא בלכתך עמנו, בקש שלא תשרה שכינה על אומות העולם ונתן לו, שנאמר: ונפלינו אני ועמך, בקש להודיעו דרכיו של הקדוש ברוך הוא ונתן לו, שנאמר: הודיעני נא את דרכיך; אמר לפניו: רבונו של עולם! מפני מה יש צדיק וטוב לו ויש צדיק ורע לו, יש רשע וטוב לו ויש רשע ורע לו? אמר לו: משה, צדיק וטוב לו - צדיק בן צדיק, צדיק ורע לו - צדיק בן רשע, רשע וטוב לו - רשע בן צדיק, רשע ורע לו - רשע בן רשע. [ב] **ילקוט שמעוני תהלים רמז תתנט:** יודיע דרכיו למשה. דכתיב ועתה וגו' הודיעני נא את דרכך, א"ל הקדוש ברוך הוא על דרכי אתה מבקש לעמוד, חייך שאני מודיעך, שנאמר יודיע דרכיו למשה. דבר אחר יודיע דרכיו למשה, שהקב"ה בלבד היה יודע קץ של גלות מצרים, שנאמר וירא אלהים את בני ישראל וידע אלהים, ולמי הודיע למשה, שנאמר יודיע דרכיו למשה, ואומר ומשה היה רועה. לבני ישראל עלילותיו, לא כשם שנאמר ושם לה עלילות דברים, א"ר שמואל בר נחמני הוי בר נשא מה הויין עלילותיה דרחמנא עלך. [ג] **פירוש הרמח"ל (רבי משה חיים לוצאטו) על התורה - בראשית - פרשת לך לך:** ואח"כ שאל לו, "במה אדע", כלומר באיזה זכות, והשיבו, בזכות הקרבנות, כמ"ש רז"ל. והענין הוא, ארץ ישראל היא סוד מלכות, ועד שהמלכות עומדת למטה, הקליפות יונקים ממנה ח"ו. ולכך התיקון הוא להעלותה עליה אחר עליה, שאז הקליפות אינם יכולים לה. זה היה כח הקרבן שהיה מעלה המלכות, כמ"ש בזהר פ' צו, ולכך בזכות הקרבנות ישראל עומדים על אדמתם, לפי שגורמים עליה למלכות למעלה, ולארץ ישראל למטה, ואומות העולם אז אין להם שליטה על ארץ ישראל.

אופן לז

[א]בפרק קמא דברכות (ז' ע"א) שלשה דברים ביקש משה מהקב"ה ונתן לו: א'. ביקש שתשרה שכינה על ישראל

גלא עמיקתא

והנה הני ג' דברים שבקש משה מהקב"ה הן לקביל אות א' דצורתה י' ו' י': י' למעלה שכינה בישראל. י' לתתא שלא תשרה באומות העולם. ו' בחינת דרך ה'. ובאר"י הקדוש דר"ך גימ' ב' פעמים יב"ק יחוד הוי' אלהים – והוא דרך לעילא ודרך לתתא ושניהם נרמזים בפסוק דאמר שלמה (משלי ל', י"ט): "דרך נשר בשמים"– דרך לעילא, "דרך אניה בלב ים"– דרך לתתא. והני ג' דברים הכתובים בפסוק (שמות ל"ג, י"ג): "[ב]ועתה אם נא מצאתי חן בעיניך הודעני נא את דרכך ואדעך למען אמצא חן בעיניך, וראה כי עמך הגוי הזה" גימ' (3231) ט' פעמים "משיחא" (359) – והוא לקביל ו' דאת א' זעירא, דהיא בחינת ז"א דתמן ט' תקוני דיקנא– ומהאי טעמא כפלינן ט' זימנין "משיחא". ובפסוק ט"ז (שם) שתי בקשותיו לקביל י' עילאה שכינה בישראל ו–י' תתאה שלא תשרה שכינה באומות העולם– והן מובדלות באות ו' כנ"ל ט' פעמים משיחא: "ובמה יודע אפוא כי מצאתי חן בעיניך אני ועמך הלא בלכתך עמנו (לקביל י' עילאה) ונפלינו אני ועמך מכל העם אשר על פני האדמה (לקביל י' תתאה)" גימ' (3329) ד' פעמים "ארץ ישראל" (832) עם הכולל. והיינו מלכותא קדישא [ג]דארץ ישראל בחינת מלכות כמבואר בספרים] ובה שורה השכינה על עם ישראל ולא על אומות העולם. וכפלינן ד' זימנין לקביל ד' אתוון דשמא קדישא– והוא עם הכולל בחינת א' זעירא– ז"א דמשפע בנוק' בחינת ארץ ישראל בסוד טיפה. ושני הפסוקים

ונתן לו. ב׳. ביקש שלא תשרה שכינה על אומות העולם. ג׳. ביקש להודיע דרכיו ונתן לו. ושלשתן בזה הפסוק ויקרא אל

גלא עמיקתא

יחד– דכוללין הני ג׳ דברים שבקש משה מהקב״ה ונתן לו. סליקו לחושבן (6560) ח׳ פעמים ״[1][ד]ואהבת לרעך כמוך (820) (ויקרא י״ט,י״ח) [ה]דאמר רבי

[ד] **ויקרא רבה פרשת קדושים פרשה כד:** ה תני ר׳ חייא פרשה זו נאמרה בהקהל מפני שרוב גופי תורה תלויין בה ר׳ לוי אמר מפני שעשרת הדברות כלולין בתוכה אנכי ה׳ אלהיך וכתיב הכא אני ה׳ אלהיכם לא יהיה לך וכתיב הכא ואלהי מסכה לא תעשו לכם לא תשא וכתיב הכא ולא תשבעו בשמי זכור את יום השבת וכתיב הכא את שבתתי תשמורו כבד את אביך ואת אמך וכתיב הכא איש אמו ואביו תיראו לא תרצח וכתיב הכא לא תעמוד על דם רעך לא תנאף וכתיב הכא מות יומת הנואף והנואפת לא תגנוב וכתיב הכא לא תגנובו לא תענה וכתיב הכא לא תלך רכיל לא תחמוד וכתיב הכא ואהבת לרעך כמוך ר׳ יודן בשם ר״ש בן יוחאי אמר ג׳ פרשיות הכתיב לנו משה רבינו בתורה וכל אחת ואחת מהן יש בה משישים ששים מצות ואלו הן פרשת פסחים ופרשת נזיקין ופרשת קדושים ר׳ לוי בשם ר׳ שילא דכפר תמרתא אמר משבעים שבעים א״ר תנחומא ולא פליגי מאן דעבד פ׳ פסחים ע׳ כלל עמה פרשת תפילין מאן דעביד פרשת נזיקין ע׳ כלל עמה פרשת שמטה ומאן דעבד פרשת קדושים ע׳ כלל עמה פרשת עריות. [ה] **תלמוד ירושלמי מסכת נדרים פרק ט:** אמר ר״מ פותחין לו מן הכתוב שבתורה ואומר לו אילו היית יודע שאתה עובר על [ויקרא יט יז יח] לא תקום ועל לא תטור ועל לא תשנא את אחיך בלבבך ואהבת לרעך כמוך וחי אחיך עמך שמא יעני ואין את יכול לפרנסו ואמר אילו הייתי יודע שהוא כן לא הייתי נודר הרי זה מותר: גמ׳ כתיב לא תקום ולא תטור את בני עמך. היך עבידא הוה מקטע קופד ומחת סכינא לידוי תחזור ותמחי לידיה. [ויקרא יט יח] ואהבת לרעך כמוך. רבי עקיבה אומר זהו כלל גדול בתורה. בן עזאי אומר [בראשית ה א] זה ספר תולדות אדם זה כלל גדול מזה. שמא יעני לא כנולד הוא. אמר רבי זעירא עניות מצויה. כהדא חד בר נש הוה בעל דיניה עתיר אתא בעי מידון קומי רב. שלח רב בתריה אמר עם ההוא אנא בעי מיתי מידון כך אין אתון גמלייא דערבייא לא טענין קורקסייא דאפותיקי דידי שמע ומר מהו מתגאה דלא ליה תהא פחתה בה. מן יד נפקת קלווסים מן מלכותא דייעול הוא ומדליה לטימיון אתא גבי רב א״ל צילי עלי דו נפשי תחזור. צלי עלוי וחזר עלה. רש״י ויקרא פרק יט ואהבת לרעך כמוך - אמר רבי עקיבא זה כלל גדול בתורה.

---

1. הקדמת הזוה״ק - פתח ר׳ חזקיה כשושנה בין החוחים: א׳ זעירא רמיזא מצות אהבת ישראל כמו שאמר רבי עקיבא ואהבת לרעך כמוך זה כלל גדול בתורה. והנה פותח הזוה״ק רבי חזקיה פתח כתיב (שה״ש ב׳,ב׳) כשושנה בין החוחים, והוא מכוון להפליא שכן ״כשושנה בין החוחים״ גימ׳ (820) ״ואהבת לרעך כמוך״, פתח רבי חזקיה ״ריש בית יוד, חית זין קוף יוד הה״ גימ׳ (1640) ב״פ ״ואהבת לרעך כמוך״, וממשיך שם ר׳ חזקיה- מה שושנה אית בה תליסר עלין, אוף כנסת ישראל אית בה ״תליסר מכילן דרחמי״ גימ׳ (1112) ״נר ה׳ נשמת אדם״ עם הכולל- וזהו דכשמקיימים את מצות ואהבת לרעך כמוך מתחזקים באהבת ה׳, ומקשר גם לעניין אלף זעירא בפס׳ נר ה׳ נשמת אדם אלף אל״ף אלופו ש״ע אל״ף, ומרע״ה דאיקרי אדם על שם אלף אורות שזכה להן משה במתן תורה וכו׳. וממשיך דאילין תליסר עלין אית להון חמש עלין תקיפין ואינון חמש תרעין, דהן שרש ל-נ׳ שערי בינה דהן שרש לחמשה חומשי תורה, ומביא הפס׳ (תהל׳ קט״ז,י״ג) ״כוס ישועות אשא״ גימ׳ (1180) ״שמיני עצרת״ עם האותיות והכולל- עניין שלמות קבלת התורה כמבואר בספה״ק. וממשיך דהאי כוס ישועות אשא דא כוס של ברכה דאצטריך למיהוי על חמש אצבעות ולא יתיר- ונכפיל ה״פ ״אצבע״ (163) גימ׳ (815) עם ה׳ כוללים (820) ״ואהבת לרעך כמוך״- דכשאדם עושה קדוש בליל שבת בביתו עם משפחתו סביבו- נוטע בלבות משפחתו עניין שלום בית והוא ואהבת לרעך כמוך- וכששאל החיד״א הק׳ לנועם אלימלך הק׳ בעלית נשמה שעשה כיצד מכתביו שלו אין עניין גדול כל כך

משה א' זעירא קרי ביה ויקר ומה הוא היקר כמ"ש (תהל' קל"ט,י"ז) ולי מה יקרו רעיך אל. [ו]שהראה הקב"ה כל הצדיקים

גלא עמיקתא

עקיבא "ואהבת לרעך כמוך" זה כלל גדול בתורה, ואכמ"ל. והוא חושבן "אם" (41) פעמים "מים יין" (160) [כדכתיב (ישעי' נ"ה,א') הוי כל צמא לכו למים ואשר אין לו כסף לכו שברו בלא כסף ובלא מחיר יין וחלב] – בסוד מתוק הדינים – מתוק היין במים [כדכתיב ביעקב ויבא לו יין וישת (בראשית כ"ז,כ"ה) ותרגומו וארמיה ליה מיא ביינא [ז]כמובא בספה"ק]. ובהני תרין פסוקין אינון "אם" (41) תיבין– ערך ממוצע דכל תיבה "מים יין" כנ"ל. מים

כמו שנעשה רעש אדיר מתורתו של הנעם אלימלך– וענהו שכל ימיו בערב שבת דאג שכל בני ביתו וגם המשרתים וכל אנשי הכפר ימחלו זה לזה, והפיץ במלא עוזו בעם ישראל עניין אהבת ישראל. והאי דאמר "דא כוס של ברכה" עולה גימ' (648) "אברהם יצחק ויעקב"– והוא ג"פ "גבורה" דנאמר שם על הני ה' עלין תקיפין דסחרין לשושנה. וכאשר נכפיל ה"פ "גבורה" גימ' (1080) "אף" כמ"ש אף עשיתיו. ומסיים רבי חזקיה מאמרו ה"פ אור דמוזכר ביום א' דמעשה בראשית, דהאי אור אפיק בה (בשושנה) זרעא– בסוד א' זעירא, ואומר ודא איקרי "עץ עושה פרי" גימ' ע"ה (832) "ארץ ישראל"– והוא "ואהבת לרעך כמוך" עם י"ב שבטי י–ה בהתכללות אהבת ישראל דילהון אע"פ שהם בגלות עושים בכל מקום שהם בחי' "ארץ ישראל", ויהי רצון שהקדוש ברוך הוא יקבץ נדחי עמו ישראל, ונזכה לראות עין בעין בקבוץ גלויות ובנין בית המקדש, בגאולה האמיתית והשלמה וביאת משיח צדקנו במהרה בימינו אכי"ר.

קצור: א' זעירא רמיזא ואהבת לרעך כמוך וכמו שאמר רבי חזקיה בפתיחת הזוהר הקדוש בענין תליסר עלי שושנה י"ג גימ' אהב"ה.

[ו] **תלמוד בבלי מסכת סנהדרין דף לח עמוד ב**: ואמר רב יהודה אמר רב: אדם הראשון בלשון ארמי ספר שנאמר ולי מה יקרו רעיך אל. והיינו דאמר ריש לקיש: מאי דכתיב זה ספר תולדת אדם - מלמד שהראהו הקדוש ברוך הוא דור דור ודורשיו, דור דור וחכמיו. כיון שהגיע לדורו של רבי עקיבא שמח בתורתו ונתעצב במיתתו, אמר ולי מה יקרו רעיך אל. ואמר רב יהודה אמר רב: אדם הראשון מין היה, שנאמר ויקרא ה' אלהים אל האדם ויאמר לו איכה - אן נטה לבבך. רבי יצחק אמר: מושך בערלתו היה, כתיב הכא והמה כאדם עברו ברית וכתיב התם את בריתי הפר. רב נחמן אמר: כופר בעיקר היה, כתיב הכא עברו ברית וכתיב התם (את בריתי הפר) ואמרו על אשר עזבו (את) ברית ה' אלהיהם.

[ז] **ספר בית עולמים - דף קל"ח ע"א ד"ה ד"ו ו' בנקב**: וז"ס המרכא כפולה שבתי' לא צוה אותם כמ"ש בזוהר פ' תולדות ע"פ ויבא לו יין וישת חנוך מט"ט אמר דארמי' ליה מיא ביינא כו' והם סוד ב' ווין ב' יסודות דאו"א שהם חו"ג והוא מיזוג יין במים שעי"ז הוא הזיוג משא"כ נדב ואביהוא שרצו לתקן הנוק' ע"י אימא לבד לא נתמזג במים לכן אמרו שהיו שתויי יין ושיכור אסור בעבודה ונק' האי אשא דאכלא כל שאר אישין שכל הגבורות נכללין בגבורות דחוטמא וכן כתיב כי ה' אלהיך אש אוכלה הוא אל קנא בסוד כע"ס רוגזא דחוטמא כמש"ל ואמר האי אשא לא אתבסים אלא בתננא דקרבנא כו' זה כבר נת' למעלה שרזא דקרבנות הם גבורות של שם ב"ן העולים בסוד הבירור למעלה למו"ס ועיילין לחוטמא דע"ק ששם הוא הארת מו"ס ולכן כתיב בקרבנות אשה ריח ניחוח לה' ר"ל אש ה' ה' אותיות אלהים ה"ג דחוטמא פז"א שהוא בסוד אש ועולים להתבסם בריח דחוטמא ששם נייחא דרוחא טבא וכאן נרמז ביסום כל הדינין התלויים בשם אלהים שאלקים דיודין הוא א"ש ע"ה וה' אותיות אלהים ה' דאשה אלהים באחוריים א' א"ל אל"ה אלה"י אלהי"ם הוא ר' דרי"ח וט"ו אותיות דאחוריים הנ"ל עם ג' שלהובין דגו חוטמא כמש"ל הרי ג"י רי"ח וג' התיבות אש"ה רי"ח ניח"ח הם ג"י אלקים דיודין ואלקים דאחוריים עם ט"ו אותיות ואלקים פשוט ע"ה.

ודורו של רבי עקיבא שהיה נתעצב במיתתו [כל זה במדרש על הפסוק ולי מה יקרו רעיך אל] [ח]צדיק ורע לו אמר (שמות ל"ג,י"ג) הודיעני נא את דרכיך.

גלא עמיקתא

בחינת י' עילאה דאת א' זעירא, יין בחינת אות ו' רקיע המבדיל, ואות י' תתאה בחינת אומות העולם מים הזדונים. וכדכתיב (שיר השירים ח',ז') "מים רבים לא יוכלו לכבות את האהבה" וכו' והן העכו"ם. ומביא דהיקר דהראה הקב"ה למשה כל הצדיקים בסוד הפסוק (תהל' קל"ט,י"ז) "ולי מה יקרו רעיך אל, מה עצמו ראשיהם" גימ' (1545) י"ה (15) פעמים "נחמה" (103) ולכן בקש השלשה דברים ונענה. ויש לקשרו לתרין הפסוקין דלעיל: א'. "ועתה אם נא מצאתי חן בעיניך הודעני נא את דרכך ואדעך למען אמצא חן בעיניך, וראה כי עמך הגוי הזה" (שמות ל"ג,י"ג) ב'. "ובמה יודע אפוא כי מצאתי חן בעיניך אני ועמך הלא בלכתך עמנו, ונפלינו אני ועמך מכל העם אשר על פני האדמה" (שם פסוק ט"ז) דסליקו לחושבן (6560) ח' פעמים "ואהבת לרעך כמוך" (820) (ויקרא י"ט,י"ח). דהוא בין אדם לחברו, אך גם בין אדם למקום כדכתיב: "רעך ורע אביך אל תעזוב" (משלי כ"ז,י') גימ' (1114) ז' פעמים "בעולם הבא" ע"ה. [ט]ופרש"י רעך ורע אביך: הקב"ה שנקרא רע לישראל ורע אביך שחיבב את אבותיך. וזהו "מה יקרו רעיך אל" אלו הצדיקים שנקראו רעים לקב"ה והן כלל ישראל "[2]ועמך כלם צדיקים" וכו' (ישעי'

[ח] **תלמוד בבלי מסכת ברכות דף ז עמוד א:** ואמר רבי יוחנן משום רבי יוסי: שלשה דברים בקש משה מלפני הקדוש ברוך הוא ונתן לו; בקש שתשרה שכינה על ישראל ונתן לו, שנאמר: הלא בלכתך עמנו, בקש שלא תשרה שכינה על אומות העולם ונתן לו, שנאמר: ונפלינו אני ועמך, בקש להודיעו דרכיו של הקדוש ברוך הוא ונתן לו, שנאמר: הודיעני נא את דרכיך; אמר לפניו: רבונו של עולם! מפני מה יש צדיק וטוב לו ויש צדיק ורע לו, יש רשע וטוב לו ויש רשע ורע לו? אמר לו: משה, צדיק וטוב לו - צדיק בן צדיק, צדיק ורע לו - צדיק בן רשע, רשע וטוב לו - רשע בן צדיק, רשע ורע לו - רשע בן רשע. [ט] **רש"י משלי פרק כז:** (י) רעך ורע אביך - הקדוש ברוך הוא שנקרא רע לישראל ורע אביך שחיבב את אבותיך:

2. באור על מגלה עמוקות ואתחנן אופן ס"א: ר'. אֶעְבְּרָה נָּא וְאֶרְאֶה אֶת הָאָרֶץ הַטּוֹבָה אֲשֶׁר בְּעֵבֶר הַיַּרְדֵּן הָהָר הַטּוֹב הַזֶּה וְהַלְּבָנֹן (דברים ג,כה) גימ' (2702) ז' פעמים "ולכל המורא הגדול" (386) ממשיך האמור לעיל אות ה', דהוא פסוקא אחריתי דאורייתא קדישא, דזכה משה רבינו בזכות י"ד פעמים אי"ן דמסר נפשו בעד ישראל באופן שאמר עליהם לשון הרע לשם שמים [כמבואר לעיל], דהרי קל שבקלים לא יאמר לשון הרע על כלל ישראל, וקל וחומר ובן בנו של קל וחומר בנוגע למשה רבינו רעיא מהימנא נשמה הכללית של ישראל- וכי הוא יאמר לשון הרע כזה, והרי זה מתחייב בנפשו, וכל שכן בעמדו לפני הקב"ה במעמד הסנה בגלוי נפלא כדוגמת הגלוי שיהיה רק בעת הגאולה [כן משמע במדרש דאמר משה לקב"ה הראני נא את כבודך אמר לו כשאני רציתי (בסנה) אתה לא רצית (ויסתר משה פניו כי ירא מהביט אל האלהים) עכשיו שאתה רוצה אני איני רוצה] ומוכרח שאין זה כי אם סוף מעשה במחשבה תחלה דמסר נפשו בשביל בני ישראל- דזכויותיו יעברו אליהם ועבירותיהם יזקפו לחובתו- ובזה האופן יגאלו ישראל ביתר קלות- אמנם בלעדיו כי אז יהיה בגדר של פושעי ישראל דלא יכול לצאת מהם משיח, אלא רק מ-א' מן הצדיקים. והקב"ה שהוא מפליא לעשות ובוחן כליות ולב בחר בו דייקא להיות גואל ראשון וגואל אחרון-

ואח"כ שתשרה שכינה על ישראל וידבר ה' אליו דייקא ולא לאומות העולם. מאהל מועד על עסקי אהל מועד (כלומר מועד מלשון זמן)

גלא עמיקתא

ס',כ"א). והנה יש לקשר האי אופן לאופן הקודם במגלה עמוקות (אופן ל"ו) – דחזינן בכמה אופנים דהן מקושרין דא בדא. כשנחבר שני הפסוקים: א'. "ועתה אם נא מצאתי חן בעיניך הודעני נא את דרכך ואדעך למען אמצא חן בעיניך, וראה כי עמך הגוי הזה" (שמות ל"ג,י"ג) ב'. "ובמה יודע אפוא כי מצאתי חן בעיניך אני ועמך הלא בלכתך עמנו, ונפלינו אני ועמך מכל העם אשר על פני האדמה" (שם פסוק ט"ז) עם פסוקא דמביא המגלה עמוקות מתהלים כנ"ל (קל"ט,י"ז): ג'. ולי מה יקרו רעיך אל מה עצמו ראשיהם (1545) סליקו כולהו תלת פסוקין לחושבן (8105) ה' פעמים "ליל שמרים הוא לה' להוציאם מארץ מצרים" (1621) (שמות מ"ב,י"ב) וכנודע [י]ד' משום ברכה לבטלה כיון שמסדרין שם הברכות בפני בקיאין ושאינן בקיאין ודומה למה שנהגו

שכן הפסוק הבא לאחר והן לא יאמינו לי וכו' (שמות ד',ב'): "ויאמר אליו ה' מזה בידך, ויאמר מטה" סליק לחושבן (786) ו' פעמים "ענוה" (131) והוא כחושבן (משלי ל',ד'-לעיל אות ג'): "בחפניו מי צרר מים" כנ"ל- דכתבנו דעולה גימ' ו' פעמים סמא"ל (131) וממילא ו' פעמים "ענוה" דחושבנא דדין כחושבנא דדין (131) וכולא פסוקא סליק לחושבן ו' פעמים קר"ע שט"ן כנ"ל.

ובאור הדברים דמשה רבינו הענו מכל האדם [ענוה] מכניע הס"מ [סמא"ל] המקטרג הגדול, והקב"ה מוסיף עצמו בסוד א' זעירא- אלופו של עולם- שניתנה למשה, ומטה הכף לכף זכות- ד"ענוה" עם א' גימ' (132) י"ב פעמים י"א, דהן י"ב שבטי י"ה דמכניעים י"א כתרין דמסאבותא, והכל מכחו של משה רבינו שהוריד תורה מן השמים, והשלים מה שהחלו האבות הקדושים, והוא תיקון לחטא אדם הראשון, דקודם החטא היה בבחינת עולם האצילות כתנות אור כתיב בספרא דרבי מאיר- ובתחית המתים ישוב הכל לקדמותו כאדם הראשון קודם החטא, ואם כן מה היתרון והרווח בדבר- אלא י"ל דמעלת בני ישראל בתחית המתים תהיה גבוהה משל אדם הראשון קודם החטא ללא שיעור, וכל זה בכוחן של הנבראים בני בכורי ישראל (שמות ד',כ"ב) דעלו במחשבה, דעל ידי יגיעתן דורות רבים בתורה הקדושה ובמצוות השיגו כל המדרגות הנשגבות עוד בחייהן כתנאים ואמוראים וצדיקי הדורות, וכתיב (ישעי' ס',כ"א) ועמך כלם צדיקים לעולם יירשו ארץ, וזהו א"ת האר"ץ דאמר משה, דהוא בחינת כ"ב אתוון דעולם האצילות- רצה להמשיך כבר עתה לארץ ישראל ולבני ישראל, ואמר לו הקב"ה: רב לך- רק לך אני נותן זכות זאת והוא בהסתלקותך, דלא יראני האדם וחי (שמות ל"ג,כ'), ובני ישראל יזכו לכל זאת רק לעתיד לבוא בגאולה השלמה, ואז אתה כונס לארץ ישראל בראש כל הדור ההוא.

[י'] **ספר כלבו סימן נ:** למנחה הולכים לבית הכנסת ואומרים אשרי ואומר קדיש זוטא ומתפללין כמו ואין אומרים תחנה, ואם הוא שבת מתפללין כמו בשאר שבתות ואין אומרים צדקתך כמו שכתוב למעלה, לערבית קורין קריאת שמע בברכותיה ומתפללים אבות וגבורות וקדושת השם ואומר אתה בחרתנו יעלה ויבא והשיאנו רצה ומודים ושים שלום קדיש שלם ונפטרין לבתיהן, ואין מקדשין בבית הכנסת בלילי פסח הראשונים ואפילו במקומות שנהגו לקדש בשאר ימות השנה שהשאירו מנהג הקדמונים במקומו ואף על פי שבטלה הסיבה שעליה היתה התקנה כמו שאנחנו עושין היום שאומרים ברוך ה' לעולם אחר השכיבנו ואף על פי שנראה הפסק בין גאולה לתפלה להשאיר מנהג היה על דבר ואף על פי שבטל הדבר התקנה לא זזה ממקומה, וכן הדין בענין קדוש בבית הכנסת והטעם לפי שיש בזה פרסום גדול לשם יתברך וקדוש שמו כשמברכין אותו במקהלות ואין בזה

להדליק נרות חנוכה בבית הכנסת לפרסום הנס בפני כל העם ולסדר הברכות בפניהם גם שיצאו ידי חובתן הרואין שאין להם בית לברך שם, אבל בלילי פסחים לא נהגו לעולם לקדש בבית הכנסת לפי שאין שם אורחים שאפילו עני שבישראל לא יאכל עד שיסב דרך גדולה וקביעות וחירות כדי שיזכור החירות ויתן הודאה לשם יתברך ולא יפחתו לו מחלקי הצדקה מד' כוסות של יין כנגד ד' לשונות של גאולה והוצאתי והצלתי וגאלתי ולקחתי הכתוב בפרשת וארא על גאולת מצרים, ובאור הדבר כך הוא שיש כאן ד' ענינים גדולים של גאולה שעל כל אחד לעצמו יש להרבות שבח והודאה אל השם יתברך, הראשון הוא והוצאתי אתכם מתחת סבלות מצרים (שמות ו, ו) שבתחלה לרוב סבל העבודה הקשה היה מספיק לנו אם יקל מעלינו עול העבודה אפילו נשאר תחת ידו וממשלתו ובזה יהיה לנו גאולה אחת של והוצאתי כלומר שיוציאנו מתחת העול הכבד והוא יתברך הוציאנו מתחת ידו ושחררנו מכל עבודתו וזהו לשון והצלתי שהיא גאולה שניה, ואלו הוציאנו מתחת ידו וממשלתו ולא דכאם והממם דיינו והוא יתברך דכאם והממם בשפטים גדולים וזהו לשון וגאלתי שהיא גאולה שלישית, ואלו עשה כל זה ולא הגיע לנו יתרון רק לגופות לבד דיינו והוא יתעלה לקחנו לו לעם סגולה והותיר לנו שריד לנפש בתתו לנו תורתו הנכבדת וזהו לשון גאולה רביעית באמרו ולקחתי אתכם לי לעם, ולפיכך לא נהגו העולם לקדש בלילות אלו בבית הכנסת שאין שם לעולם שיצטרך אל הקדוש, ואם חל להיות בשבת פותח ויכלו אחר התפלה ואחריו אומר קדיש שלם ואחריו במה מדליקין כמו בשאר שבתות, קדיש ועל ישראל, ואין אומרים ברכה אחת מעין שבע לפי שכבר בארנו שנתקנה מפני המתאחרין לבא לבית הכנסת שלא ישארו שם יחידים ובלילה הזה אין לחוש לכך לפי שהיא לילה משומרת מן המזיקין כמו שבארו ז"ל שלכך נקראת ליל שמורים, ואחר הקדיש ילכו איש לאהליו וימצא מטה מוצעת ונר דלוק ויין מזוג לעשות סדר הלילה דרך כבוד וחרות על דרך שאמרו רז"ל כמו שנבאר בע"ה, ויעשה סדרו כמצוה וכתורה וירבה לספר בנסים ונפלאות שנעשו לאבותינו כפי כחו.

[יא]דזמין לאתמשכנא [יב]וכל מקום שגלו שכינה עמהם הרי שג' דברים אלו רמוזים בזה הפסוק.

גלא עמיקתא

לשונות של גאולה [והוצאתי – והצלתי – וגאלתי – ולקחתי] כנגדם שותים ד' כוסות ואף מוזגין כוס חמישית כוס של אליהו הנביא זכור לטוב יהי רצון דיבוא במהרה בימינו ויבשר לנו ביאת משיח צדקנו במהרה בימינו אמן.

[יא] זוהר פרשת ויקרא דף ד עמוד ב: תא חזי בההוא יומא דאשתכלל בי משכנא קודשא בריך הוא אקדים ושארי ביה מיד ויקרא אל משה וידבר יי' אליו מאהל מועד לאמר, וידבר יי' אליו ואודע ליה דזמינין ישראל למיחב קמיה ולאתמשכנא האי אהל מועד בחובייהו ולא יתקיים בידייהו (ס"א בהדייהו) הדא הוא דכתיב וידבר יי' אליו מאהל מועד לאמר, מאי א"ל, מאהל מועד מעסקי אהל מועד דזמין לאתמשכנא בחובייהו דישראל ולא יתקיים בקיומיה אבל אסוותא להאי אדם כי יקריב מכם קרבן ליי' הרי לך קרבנין דאגין על כלא. **[יב] ספרי במדבר פרשת בהעלותך פיסקא פד:** וכן אתה מוצא כל זמן שישראל משועבדים כביכול שכינה משתעבדת עמהם שנאמר ויראו את אלהי ישראל ותחת רגליו כמעשה לבנת הספיר (שמות כד י) וכה"א בכל צרתם לו צר (ישעיה סג ט) אין לי אלא צרת צבור צרת יחיד מנין ת"ל יקראני ואענהו עמו אנכי בצרה (תהלים צא טו) וכן הוא אומר ויקח אדני יוסף אותו וגו' ויהי ה' את יוסף (בראשית לט כ - כא) וכן הוא אומר מפני עמך אשר פדית לך ממצרים גוי ואלהיו (שמואל ב' ז כג). ר' אליעזר אומר עבודה זרה עברה בים עם ישראל ואיזה זה פסלו של מיכה ר' עקיבא אומר אלמלא מקרא שכתוב אי אפשר לאומרו אמרו ישראל לפני המקום פדית את עצמך וכן את מוצא שכל מקום שגלו שכינה עמהם שנ' הנגלה נגליתי אל בית אביך בהיותם במצרים בבית פרעה (שמואל א' ב כז) גלו לבבל שכינה עמהם שנ' למענכם שולחתי בבלה (ישעיה מג יד) [גלו לעילם שכינה עמהם שנ' ושמתי כסאי בעילם (ירמיה מט לח)] גלו לאדום שכינה עמהם שנ' מי זה בא מאדום

גלא עמיקתא

והנה באופן זה מבאר רבינו ענין רבי עקיבא ומיתתו שהוא בסוד ולי מה יקרו רעיך אל (תהל' קל"ט, י"ז) שדרשוהו חז"ל בענין מיתת רבי עקיבא, ויעויין עוד בדברי רבינו [יג] בפירושו על ואתחנן אופן ע"ב מה שכתב בזה, ובמה שבארנו דבריו הקדושים שם.

חמוץ בגדים מבצרה (ישעיה סג א) וכשהם חוזרים שכינה חוזרת עמהם שנאמר ושב ה' אלהיך את שבותך (דברים ל ג) והשיב לא נאמר אלא ושב ה' ואומר אתי מלבנון כלה אתי מלבנון תבואי (שיר השירים ד ח). רבי אומר כאן אתה אומר קומה ה' וכאן אתה אומר שובה ה' כיצד יתקיימו שני כתובים הללו מגיד הכתוב כשהיו ישראל נוסעים היה עמוד הענן מקופל [ועומד ולא היה מהלך עד שמשה אמר לו קומה ה' וכשהם חונין היה עמוד ענן מקופל ועומד] ולא היה פורס עד שהיה אומר שובה ה' נמצית מקיים קומה ה' ונמצית מקיים שובה ה'.

[יג] **מגלה עמוקות על ואתחנן אופן ע"ב:** ראה משה רבינו שהראה לו הקב"ה ר' עקיבה שהוא סוד תורה שבעל פה, כדאיתא בגמרא דמנחות (דף מ"ג [מנחות כ"ט ע"ב]). וכן כשעלה משה למרום, היה דורש הקב"ה את הלכה בשם אמרו, ואמר משה יהי רצון שיצא זה מחלצי (במ"ר פי"ט ז'). עליהם אמר אתה החלות להראות את עבדך את גדלך סיטרא דימינא, זה רבי אליעזר בן הורקנוס שנקרא כן מסיטרא דאל שהוא חסד, עליו קאמר מי אל אשר יעשה כמעשיך, שכן בתנור של עכנאי, יצא בת קול מן השמים ונעשו נסים גדולים באותו יום כדאיתא (בב"מ דף נ"ט [ע"ב]). את ידך החזקה כנגד רבי עקיבה שהיה מצד שמאל, כמבואר בכנפי יונה שהוא סוד ב' פעמים אלהי"ם עק"ב של רבי עקיבה, עליו קאמר כגבורתך שהיה נתעצב במיתתו, כמו שנאמר (תהלים קלט יז) ולי מה יקרו רעיך אל (כדאיתא במנחות דף מ"ג [סנהדרין ל"ח ע"ב]), לכן אמר גם כן אשר מי אל דייקא. וזה נרמז במלת אעברה, רוצה אני להעביר מדת הדין שיהיה בימי ר' אליעזר ורבי עקיבה, במלת אעבר"ה הסתכל תמן, ותמצא ר"בי אל"יעזר ב"ן ה"ורקנוס ע"קיבה, שהוא ר"ת אעבר"ה נ"א, נוטריקון א"ל נ"קמות ה"ופיע (תהלים צד א) ב"הריגת ר' ע"קיבה, שרצה משה לנקום נקמת רבי עקיב' שיצאה נשמתו באחד כדאיתא (בברכות דף ס"א [ע"ב]). השיב לו הקב"ה רב לך, והוא על דרך מה שהשיב הקב"ה למלאכים ולמשה שתוק כך עלה במחשבה לפני כדאיתא (במנחות דף מ"ג [מנחות כ"ט ע"ב]). ז"ש אל תוסף דבר, כי בהריגה זו יזכה לסוד מחשבה, ז"ש עלה ראש הפסגה. גם אחר שנתקררה דעתו של משה כששמע לסוף י"ח שורות ולא היה יכול להבין אותם, עד שאמרו כך שמענו הלכה למשה מסיני נתיישבה דעתו. על זה אמר גם כן רב לך, הלא אתה הוא רבן שמשמך אומרים הלכה זו, הטעם י"ח שורות אלו רמז משה במ"ש אשר מי אל בשמים ובארץ, במדרש רבה פרשת ויצא (ב"ר פס"ט ז') וזה שער השמים (בראשית כח יז), אין בין בית המקדש שלמטה ובין בית המקדש שלמעלה כי אם י"ח מילין כמניין ו"זה, ו"זה בגימטריא י"ח. ולכן אמר משה לפי זה כשהראה הקב"ה את רבי עקיב' שדרש על כל קוץ תילי תילין והיה שמח בתורתו (כדאיתא במנחות שם), ולכן אמר אתה החלות להראות את גדלך, א"ת דייקא, שהיה דורש כל אותיות שבתורה מא' ועד ת', והיה שמח בתורתו, ואחר כך הראה לו את מיתתו אמר את ידך החזקה, וכשהראה לו הקב"ה את רבי עקיב' בסוף י"ח שורות, היה מצטער על שלא הבין אותם, ולכן נתאוה ליכנס לארץ ישראל שם מקום המקדש שהוא מכוון למטה, אין זה כי אם בית אלהים למטה, כנגד וזה שער השמים למעלה מנין ו"זה, שהוא מנין י"ח, אם כן בלי ספק באותן י"ח טורי דאפרסמונא דכיא דסלקין נשמתין דצדיקיא, שם יבין וישיג כל ההשגות, וזה הוא סוד י"ח נסיעות של נשמות שנוסעים מיציאת זה העולם עד מקום מחצבה. ולדעתי זה סוד מזמור שיר ליום השבת (תהלים צב א) שאומרת הנשמה בשעת יציאתה מגוף, דמסיים שם (שם תהלים צב יג) צ"דיק כ"תמר יפרח, דייקא על ח"י נענועין שבלולב, ח"י ח"י יודוך כמוני היום (ישעיה לח יט), כנתינתה כך נטילתה (כתובות דף י"ז [ע"א]), שדרך י"ח דרגין ירדה נשמתו לזה העולם, כך דרך י"ח טורי דאפרסמונא סלקא לעילא. לכן אחר ח"י ברכאין דצלותא, צריך למסור גרמיה למיתה בשעת נפילת אפים. השיב הקב"ה רב לך, הלא הכל שלך הוא הלכה למשה מסיני.

אופן לח

ברעיא מהימנא משפטים בג׳ דברים נתקשה משה ונרמזים בשם משה מנורה שקלים החודש והם סוד ג׳ יחודין שסימנם יתד שהכל תלוי בו יסוד תפארת דעת.

מנורה הוא יחוד הדעת שקלים תפארת החודש הוא יחוד יסוד עם מלכות כנגד הדעת אמר ויקר אל משה כלי יקר שפתי דעת כנגד תפארת וידבר ה׳ אליו כנגד יסוד אמר מאוהל מועד שהוא דרגיה דיוסף אהל מועד בגי׳ יוסף.

במלת ויקר נרמז שנתקשה בהם תרגום של קושי הוא יקר אל משה ג׳ אלו שנרמזים בשם משה לכן אלף זעירא שבג׳ אלו לא היה לו הבנה בלימודם:

אופן לח

[א] א מהימנא משפטים בשלשה דברים נתקשה משה ונרמזים בשם מש"ה מ'נורה

גלא עמיקתא

בתחלת דבריו מביא המגלה עמוקות מהזוה"ק ברעיא מהימנא משפטים והוא גם כן [ב] בגמרא מנחות (כט.) רק שם מחליף שקלים בשרצים: **תנא דבי רבי ישמעאל שלשה דברים היו קשין לו למשה עד שהראה לו הקב"ה באצבעו ואלו הן מנורה וראש חדש ושרצים.** א'. **מנורה** דכתיב (במדבר ח', ד') "וזה מעשה המנורה". ב'. **ראש חדש** דכתיב (שמות י"ב, ב') "החודש הזה לכם ראש חדשים". ג'. **שרצים** דכתיב (ויקרא י"א, כ"ט) "וזה לכם הטמא". **ויש אומרים אף:** ד'. **הלכות שחיטה** דכתיב (שמות כ"ט, ל"ח) "וזה אשר תעשה על המזבח.

והאריכו בספה"ק לבאר ההבדל בין המדרשים השונים ואכמ"ל. ורק נביא את דברי הגמ' חולין מב. דאמר בגמ' [ג] **זאת החיה מלמד שתפס הקב"ה כל מין ומין והראה למשה וכו'.** ומקשים שם התוספות: [ד] **זאת החיה מלמד שתפס הקב"ה כל מין ומין והראה למשה. והא דלא חשיב ליה בהקומץ רבה (מנחות דף כט.) גבי** [ה] **שלשה דברים שנתקשה משה מנורה ראש חדש ושרצים ולא חשיב נמי הא דאמר במדרש** [ו] **כמין**

[א] **זוהר - רעיא מהימנא כרך ב (שמות) פרשת תרומה דף קנז עמוד ב:** ובגין דא מני לישראל (שמות ל', י"ג) זה יתנו, קם תנא חדא ואמר (ודאי) רעיא מהימנא ודאי הכי הוא ולך מני למעבד כלהו הדא הוא דכתיב ועשית מנורת, ועשית שלחן, והכי בכלא וראה ועשה ומכלא לא אתקשי לך למעבד אלא תלת מלין דרשימין באתוון דשמך מ"נורה ש"קלים ה"חדש אמאי אתקשי לך.

[ב] **תלמוד בבלי מנחות דף כט עמוד א:** א"ר חייא בר אבא אמר ר' יוחנן: גבריאל חגור כמין פסיקיא היה, והראה לו למשה מעשה מנורה, דכתיב: וזה מעשה המנורה. תנא דבי רבי ישמעאל: שלשה דברים היו קשין לו למשה, עד שהראה לו הקדוש ברוך הוא באצבעו, ואלו הן: מנורה, וראש חדש, ושרצים. מנורה, דכתיב: וזה מעשה המנורה; ראש חודש, דכתיב: החודש הזה לכם ראש חדשים; שרצים, דכתיב: וזה לכם הטמא; ויש אומרים: אף הלכות שחיטה, שנאמר: וזה אשר תעשה על המזבח.

[ג] **תלמוד בבלי חולין דף מב עמוד א:** ואידך האי זאת מאי עביד ליה? מיבעי ליה לכדתנא דבי רבי ישמעאל, דתנא דבי רבי ישמעאל: זאת החיה אשר תאכלו - מלמד, שתפס הקדוש ברוך הוא מכל מין ומין והראה לו למשה ואמר לו: זאת אכול וזאת לא תיכול.

[ד] **תוספות חולין דף מב עמוד א:** זאת החיה מלמד שתפס הקדוש ברוך הוא כל מין ומין והראה למשה - והא דלא חשיב ליה בהקומץ רבה (מנחות דף כט.) גבי שלשה דברים שנתקשה משה מנורה ראש חדש ושרצים ולא חשיב נמי הא דאמר במדרש כמין מטבע אש הראה הקדוש ברוך הוא למשה דכתיב (שמות ל', י"ג) זה יתנו שמא לא חשיב אלא מידי דנתקשה אבל הני אף על פי שהראהו לא נתקשה בהן אלא שתמה על הדבר מה יוכל אדם ליתן כופר נפשו הראהו הקדוש ברוך הוא להבחין היטב ולהודיע לישראל וכן הכא להראות לישראל איזו היא אסורה ואיזו היא מותרת.

[ה] **תלמוד בבלי מנחות דף כט עמוד א:** א"ר חייא בר אבא אמר ר' יוחנן: גבריאל חגור כמין פסיקיא היה, והראה לו למשה מעשה מנורה, דכתיב: וזה מעשה המנורה. תנא דבי רבי ישמעאל: שלשה דברים היו קשין לו למשה, עד שהראה לו הקדוש ברוך הוא באצבעו, ואלו הן: מנורה, וראש חדש, ושרצים. מנורה, דכתיב: וזה מעשה המנורה; ראש חודש, דכתיב: החודש הזה לכם ראש חדשים; שרצים, דכתיב: וזה לכם הטמא; ויש אומרים: אף הלכות שחיטה, שנאמר: וזה אשר תעשה על המזבח.

[ו] **במדבר רבה פרשת נשא פרשה יב:** א"ר

ש'קלים ה'חדש. והם סוד ג' יחודים שסימנם ית"ד שהכל תלוי בו י'סוד ת'פארת ד'עת: א'. מנורה הוא יחוד הדעת. ב'.

גלא עמיקתא

מטבע אש הראה הקדוש ברוך הוא למשה דכתיב גבי מחצית השקל (שמות ל', י"ג) "זה יתנו" וכו'.

ומתרצים: שמא לא חשיב אלא מידי דנתקשה אבל הני אע"פ שהראהו לא נתקשה בהן אלא שתמה על הדבר מה יוכל אדם ליתן כופר נפשו הראהו הקב"ה להבחין היטב ולהודיע לישראל וכן הכא להראות לישראל איזו אסורה ואיזו מותרת. עד כאן דבריהם הקדושים של התוספות בחולין.

והנה המגלה עמוקות מרמז בשמיה דמשה לאת א' זעירא– כידוע את א' י'ו'י'– וא"כ נמשך מדבריו: **מ'** למעלה בסוד ד' מוחין חו"ב חו"ג סוד תפלין לקביל **י' עילאה**. **ש'** לקביל **ד'**– דאתכלילת כולא גונין תפארת ישראל. **ה'** דמשה לקביל **י' תתאה**– מלכות. והן "**מנורה שקלים החדש**" ראשי תיבות **מש"ה** וגם סופי תיבות **מש"ה**, וכדאיתא בזוהר הקדוש (פרשת נשא דף קל"ח ע"א) [ז] משה משה לא פסיק טעמא בגויה, דהיה בחינת נרנח"י שלם בלי הפסק של גשמיות חוצצת.

אמנם בסופי תיבות דמנורה שקלים החדש נתחלף הסדר: א'. **שקלים** לקביל **י' עילאה** מטבע של אש הראה לו. ב'. **החדש** לקביל **ד'** י"ב חדשים דאינון ו' ו'. ג'. **מנורה** לקביל **י' תתאה** מלכותא קדישא בת שבע. והני ג' יחודים דרמז המגלה עמוקות הן בסוד יחוד נ"ר. כידוע מכונת להדליק נר חנוכה מהאר"י הקדוש. דהן ע"ב קס"**א** – ס"ג **א**-להים – מ"ה **א**-דני. סליקו כולהו לחושבן (250) נ"ר.

ובהשגחה פרטית אנן באופן רג"ל ובאר"י הקדוש ע"ב קס"א גימ' (233) רג"ל לרמז שגם חנוכה נקרא רגל עכלשה"ק ומצות הדלקה עד שתכלה רגל מן השוק ופירשו בגמ'

יהודה בר סימון בשם ר' יוחנן ג' דברים שמע משה מן הקדוש ברוך הוא והרתיע לאחוריו כיון שאמר לו ונתנו איש כופר נפשו אמר משה מי יוכל ליתן כופר נפשו (איוב ב) עור בעד עור וכל אשר לאיש יתן בעד נפשו ועדיין אינו מגיע שנאמר (תהלים מט) אח לא פדה יפדה איש לא יתן לאלהים כפרו ויקר פדיון נפשם אמר לו הקדוש ברוך הוא איני מבקש לפי כחי אלא לפי כחן (שמות ל', י"ג) זה יתנו, א"ר מאיר נטל הקדוש ברוך הוא כמין מטבע של אש מתחת כסא הכבוד והראה לו למשה זה יתנו כזה יתנו.

[ז] **זוהר - האדרא רבא כרך ג פרשת נשא דף קלח עמוד א:** והיינו רזא דתנינן (שמות לד) ה' ה' פסיק טעמא בגווייהו, בכלהו אתר דשמא אדכר תרי זמני פסיק טעמא בגווייהו כגון (בראשית כב) אברהם אברהם (שם מ"ו) יעקב יעקב (שמואל א ג) שמואל שמואל כלהו פסיק טעמא בגווייהו חוץ ממשה משה דלא פסיק טעמא בגווייהו, מ"ט אברהם אברהם בתראה שלים קדמאה לא שלים דהשתא שלים בעשר נסיוני, ובגין כך פסיק טעמא בגווייהו דהשתא לא הוה איהו כדקדמיתא, יעקב יעקב בתראה שלים קדמאה לא שלים דהשתא אתבשר ביוסף ושראת עליה שכינתא, ועוד דהשתא אשתלים בארעא אילנא קדישא כגוונא דלעילא בתריסר תחומין בשבעין ענפין מה דלא הוה בקדמיתא, ובגיני כך בתראה שלים קדמאה לא שלים ופסיק טעמא בגווייהו, שמואל שמואל טעמא פסיק בגויה, מ"ט, בתראה שלים קדמאה לא שלים דהשתא הוא נביאה וקודם לכן לא הוה נביאה, אבל משה משה לא אפסיק טעמא בגויהו דמיומא דאתיליד שלים הוה דכתיב (שמות ב) ותרא אותו כי טוב הוא, אוף הכא ה' ה' פסיק טעמא בגווייהו קדמאה שלים בתראה שלים בכלהו.

[ח] **תלמוד בבלי שבת דף כא עמוד ב:** עד שתכלה רגל מן השוק, - ועד כמה? - אמר רבה בר בר חנה אמר רבי יוחנן: עד דכליא ריגלא דתרמודאי. [ט] **קדושת לוי ויקרא פרשת צו:** ענין חטאת ועולה, חטאת קודמת לעולה (זבחים פט, ב). כי 'חטאת' הוא אור ישר מעולם העליון לעולם התחתון, ו'עולה' הוא אור חוזר מעולם התחתון לעולם העליון (עי' זוה"ק ח"א רמו, א), ולכן עולה כולה כליל. וזהו 'ויקרב את העולה ויעשה כמשפט' (ויקרא ט, טז), היינו כמו ראש חודש תשרי האותיות הם למפרע בסוד אור חוזר (חסר). ודו"ק. [י] **תלמוד בבלי בבא בתרא דף עה עמוד א:** ואש בחופה למה? אמר רבי חנינא: מלמד שכל אחד ואחד נכוה מחופתו של חבירו, אוי לה לאותה בושה, אוי לה לאותה כלימה. כיוצא בדבר אתה אומר: ונתתה מהודך עליו - ולא כל הודך, זקנים שבאותו הדור אמרו: פני משה כפני חמה, פני יהושע כפני לבנה, אוי לה לאותה בושה, אוי לה לאותה כלימה. [יא] **תלמוד בבלי יבמות דף סה עמוד ב:**

שקלים תפארת. ג'. החדש הוא יחוד יסוד עם מלכות. א'. כנגד הדעת אמר ויקר אל משה, כלי יקר שפתי דעת (משלי כ',ט"ו).

גלא עמיקתא

(שבת כב:) [ח]עד דכליא רגלא דתרמודאי. והנה תרין אלפין זעירין דרשימן בראשי תיבות וסופי תיבות דמשה הן ב' יהודי נ"ר מעילא לתתא בראשי תיבות ומתתא לעילא בסופי תיבות. וכדמביא המגלה עמוקות "מנורה שקלים החדש" גימ' (1098) "תורה שבעל פה". וכפלינן ב"פ בסוד [ט]אור ישר ואור חוזר (ובכללות הן ב' בחינות באור חוזר עצמו– ולכן נתקשה בהן משה שהוא תורה שבכתב בחינת אור ישר). סליקו לחושבן (2196) "בנו בחרת ואותנו קדשת מכל העמים". ורמיזא גאולתא שלמתא דהוא נמי חושבן (2196) "והיה ביום ההוא יתקע בשופר גדול ובאו האובדים בארץ אשור" עם הכולל (ישעי' כ"ז,י"ג). והנה ב"פ "משה" (345) (היוצאים מר"ת וס"ת **מנורה שקלים החדש** כנ"ל) גימ' (690) **"ה' חונן לאדם דעת"** עם הכולל דאיהו אלופו של עולם כדאמרינן בצלותא אתה חונן לאדם דעת ס"ת מתנ"ה.

ויש לרמוז דמשה הוא הדעת דישראל והוא בס"ת אתוון **מתנ"ה** כדכתיב מתנ"ה טובה יש לי בבית גנזי ושבת שמה רמיזא הארת בחינת אור הגנוז בשבת. ושאר אתוון ד"**מנורה שקלים החדש**" לאחר שהוצאנו הר"ת וס"ת ב"פ "משה" סליקו לחושבן (408) "טובה הארץ מאד מאד" (במדבר י"ד,ז'). דאמרו יהושע בן נון וכלב בן יפנה לישראל כדי שלא ישמעו לעצת המרגלים. וחזינן דבפנימיותן של "**מנורה שקלים החדש**" קיימין יהושע וכלב דתרוויהו בחינת נוק' [י]דפני יהושע כפני לבנה (ב"ב עה.) וכלב גימ' ב"ן שם הנוק'. והחיצוניות משה דכורא ר"ת וס"ת **מש"ה**– דהן כפל אותיותיו מם עם המלוי הה עם המלוי ושין נתהוה ש"ש כדכתיב במשה "כי בשש משה" וכו' הרי ש"ש.

ולכן נתקשה משה להבין מנורה שקלים החדש כי בפנימיותם הם בחינת ארץ ישראל "טובה הארץ מאד מאד" כנ"ל ונגזר דמשה לא יכנס לישראל משה מת ויהושע מכנים לארץ ישראל. דארץ ישראל בחינת מלכותא קדישא– בחינתם של "**יהושע בן נון וכלב בן יפנה**" גימ' (804) "בית דוד משיחך" (עיין אופן קצ"ט בחנוכיה). והן ב' בחינות בנוקבא: א'. דכורא דנוקבא בחינת "**יהושע בן נון**" גימ' (549) "אמת ואמונה" דכבש את הארץ וחלקה– [יא]ודרכו של איש לכבש וכו' (יבמות סה:). ב'. נוק' שבנוק'

ב׳. כנגד תפארת וידבר ה׳ אליו. ג׳. כנגד יסוד אמר מאהל מועד, שהוא דרגיה דיוסף ״אהל מועד״ גימ׳ ״יוסף״. במלת

גלא עמיקתא

״**כלב בן יפנה**״ גימ׳ (249) ״צמח דוד עבדך״ עם הכולל. **א״נ שרשו בתשובה** תשוב–ה׳ דחושבן ״עשרת ימי תשובה״ סליק לחושבן (1743) ז״פ ״כלב בן יפנה״ (249) בסוד בת שבע מלכות שבמלכות. **א״נ** כל״ב גימ׳ ב״ן שם הנוק׳ וכדכתיב כל״ב ב״ן יפנה דהיינו נוק׳ דנוק׳ כי כל״ב גימ׳ ב״ן וב״ן יפנה הרי ב״פ ב״ן, **ואילו** ביהושע ב״ן **א׳ דכורא** דנוק׳ כנ״ל. ובמשה **דכורא** דדכורא ר״ת **מנורה שקלים החדש**, נוק׳ שבדכורא ס״ת שקלי**ם** החד**ש** מנור**ה** והוא בסוד (תהל׳ קל״ט,ה׳) ״אחור וקדם צרתני״.

ובאור הענין **דאיהו תקונא דאדם** קדמאה דו פרצופין **נברא ונסרו** הקב״ה בסוד הנסירה **דראש השנה ועשרת ימי** תשובה. **וזהו** דהני תרין **א׳ זעירא** דאמרינן דהן ראשי תיבות וסופי תיבות **מנורה שקלים החדש** שמיה **דמשה** הן בסוד **איש אשה** דאתכלילו ביה, [1] ובמקום אחר בארנו ד–א׳ **זעירא** בסוד אש״ה גימ׳ דב״ש ובסוד מה שכתב רבינו **האבן עזרא** פרשנו רעבתן דבדבש נתבער ונשרף עיין שם. **דהגיע** בחיי חיותו לשלמותו של **אדם הראשון** קודם **החטא** וקודם הנסירה דהיה דו פרצופין הוה כדכתיב בחלוקת הארץ (יהושע

1. אופן רפ״ו: פרשנו רעבתן שבדבש נתבער ונשרף. הנה לעיל אופן ט״ו הבאנו דברי המשנה בנדרים גדולה מילה שנכרתו עליה י״ג בריתות, י״ג פעמים ״ברית״ גימ׳ (7956) ״אב הרחמים״ (306) פעמים הוי׳ (26) ועולה מכאן ד-א׳ זעירא מרמז ענין שמירת הברית. ״אב הרחמים״ גימ׳ (306) ״דבש״, מרמז ענין שמירת הברית- כנודע ״דבש״ גימ׳ (306) ״אשה״, וכתיב ״ומתוק האור וטוב לעינים״ (קהלת י״א,ז׳) עולה גימ׳ (998) ״בריתי שלום״ כדלעיל אופן ט׳-בריתי שלום ו׳ קטיעה-יעקב ועשו, ודבש מלא ״דלת בית שין״ גימ׳ (1206) ״אור״ כנודע, רמיזא א׳ זעירא מאן דאיהו זעיר איהו רב היינו אל״ף (1000).

ורבינו אברהם אבן עזרא נתבקש לפסוק האם עכבר שנפל לתוך דבש ונימוח וכד׳ - האם הדבש כשר, ופסק ב״הן״ (אז הדבש היה חזק יותר) וכדרכו בפיוטים כתב הפלא ופלא: ״פרשנו רעבתן שבדבש נתבער ונשרף״, והוא בן כ״ה אותיות רבוע של 5 ונציירו

פ ר ש נ ו
ר ע ב ת נ
ש ב ד ב ש
נ ת ב ע ר
ו נ ש ר פ

והוא נקרא בארבע כיוונים: ימין, שמאל, מעלה, מטה, ובדרכינו נפרש - מאחר והמילה המרכזית היא ״שבדבש״, וביארנו שמרמז על ברית קדש כנ״ל - נבאר את הביטוי כולו, וכדלקמן: ״שבדבש״ גימ׳ (608) ״שמחו צדיקים״ (תהלים צ״ז) - היינו שומרי בריתי וכו׳, ״רעבתן״ ״נתבער״ גימ׳ (722) ״יעקב אבינו לא מת״ (בראשית מ״ט,ל״ג ברש״י) ב״פ גימ׳ (1444) ״האש על המזבח תוקד בו לא תכבה״ (ויקרא ו׳,ה׳) ״פרשנו״ גימ׳ (636) ״שמחו צדיקים בה׳״ (תהלים צ״ז,י״ב), ב״פ (פרשנו ונשרף) גימ׳ (1272) ״רבבות אלפי ישראל״ (במדבר י׳,ל״ו-פ׳ בהעלתך), מרמז על ב׳ אלפים ״א״ זעיר״א״ וביניהם זעיר, ואין כאן מקום להאריך. והנה הוא פלא דברי האבן עזרא ״פרשנו רעבתן שבדבש נתבער ונשרף״ עולים גימ׳ (3324) י״ב פעמים ״זרע״, ומרומז בדיוק ב-א׳ זעירא בהכאה - נוציא א׳ י׳ א׳ ישאר ״זרע״, וכשנכה בהם זה בזה היינו י״ב פעמים ״זרע״ יתקבל הביטוי הנ״ל דאמר רבינו האבן עזרא, ועולה יסוד- דמאן דנטר ברית- כל הקלי׳ כולן נשרפים ומתבערים ללא כל זכר והיו כלא היו, וכמץ פני רוח וכו׳, וזמש״כ ״והיה בית יעקב אש ובית יוסף להבה ובית עשו לקש״ (עובדיה א׳, י״ח) גימ׳ (2770) י״פ ״זרע״, ויהי

רצון דהשי"ת יזכנו לשמירה בשלמות, ושמירת המחשבה בקדושה וטהרה, ולהידבק בו יתברך אנחנו וצאצאינו לעד ולנצח נצחים, אמן כן יהי רצון.

קצור: א' זעירא מרמז שמירת הברית ובזהר (ח"א נט:) מאן דנטר ברית איקרי צדיק, "ברית צדיק" גימ' (816) "כב" אותיות התוה"ק פ' "הבל" (37) עם ב' כוללים, דהוא הבל הלב הקודם לכ"ב אותיות (ה' מוצאות הפה) בסוד "קול שופר" גימ' "יעקב אבינו לא מת", והוא גימ' האלכסון ברבוע דלעיל העולה לשמאל וכדוגמת אות ו' דבתוך ה-א', והן אותיות ו'ת'ד'ו'ת' גימ' (816) "ברית צדיק", ובאלכסון השני העולה משמאל

גלא עמיקתא

י"ד): "ויגשו בני יהודה אל יהושע בגלגל ויאמר אליו כלב בן יפנה הקנזי: אתה ידעת את הדבר אשר דבר ה' אל **משה איש הא-להים** על אדותי ועל אדותיך בקדש ברנע" [וכן "וזאת הברכה אשר ברך משה **איש הא-להים**" (דברים ל"ג)]. וזהו דאיקרי "**משה איש הא-להים**" שלמותא דדכורא ונוקבא- כדכתיב (שמות ט"ו) "ה' איש מלחמה"- בחינת דכורא, וא-להים בחינת נוק' כנודע. ומדכר בחד פסוקא הני ד' בחינות: משה איש הא-להים דכורא ונוקבא דדכורא (מ"ה וב"ן דמ"ה), יהושע וכלב דכורא ונוקבא דנוקבא (מ"ה וב"ן דב"ן).

והנה משה בחינת דכורא דממתקא לדיני הנוק'- ולכן "משה איש הא-להים" גימ' (747) "מדת הרחמים"- פנימיותו דיעקב אבינו עמודא דאמצעיתא: חסד- אברהם כנודע דמדתו חסד. ג"פ "חסד" גימ' "גבורה"- יצחק. ג"פ "גבורה" גימ' "תרחם"- דהיינו "מדת הרחמים-משה איש הא-להים". ויחד עם ב' בחינות הנוק' דהיינו: **משה איש הא-להים** (747) **יהושע בן נון** (549) **כלב בן יפנה** (249) סליקו לחושבן (1545) "ולי מה יקרו רעיך א-ל, מה עצמו ראשיהם" (תהל' קל"ט).

ומקשרא באופן נפלא לאופן הקודם רל"ב דהביא המגלה עמוקות המדרש מהו היקר דהראה הקדוש ברוך הוא למשה צדיקי כל הדורות שנאמר "ולי מה יקרו רעיך א-ל" וכו' עיין שם. ולכן פירש משה מן האשה- כאמרם (שבת פז.) [יב]תניא ג' דברים עשה משה מדעתו והסכים הקדוש ברוך הוא עמו: א'. הוסיף יום אחד מדעתו. ב'. ופירש מן האשה. ג'. ושבר את הלוחות. ומביאה הגמ' פסוקים לכל דבר ודבר. וזהו "**פירש מן**

מתני'. האיש מצווה על פריה ורביה, אבל לא האשה; רבי יוחנן בן ברוקה אומר, על שניהם הוא אומר: ויברך אותם אלהים ויאמר להם [אלהים] פרו ורבו. גמ'. מנא הני מילי? אמר ר' אילעא משום ר' אלעזר בראשית שמעון, אמר קרא: ומלאו את הארץ וכבשוה, איש דרכו לכבש, ואין אשה דרכה לכבש. אדרבה, וכבשוה תרתי משמע! אמר רב נחמן בר יצחק: וכבשה כתיב. רב יוסף אמר, מהכא: אני אל שדי פרה ורבה, ולא קאמר פרו ורבו. ואמר רבי אילעא משום ר' אלעזר בראשית שמעון: כשם שמצוה על אדם לומר דבר הנשמע, כך מצוה על אדם שלא לומר דבר שאינו נשמע. רבי אבא אומר: חובה, שנאמר: אל תוכח לץ פן ישנאך הוכח לחכם ויאהבך. וא"ר אילעא משום רבי אלעזר בראשית שמעון: מותר לו לאדם לשנות בדבר השלום, שנאמר: אביך צוה וגו' כה תאמרו ליוסף אנא שא נא וגו'. ר' נתן אומר: מצוה, שנאמר: ויאמר שמואל איך אלך ושמע שאול והרגני וגו'. דבי רבי ישמעאל תנא: גדול השלום, שאף הקדוש ברוך הוא שינה בו, דמעיקרא כתיב: ואדוני זקן, ולבסוף כתיב: ואני זקנתי וכו'.

[יב] **תלמוד בבלי שבת דף פז עמוד א**: דתניא: שלשה דברים עשה משה מדעתו והסכים הקדוש ברוך הוא עמו: הוסיף יום אחד מדעתו, ופירש מן האשה, ושבר את הלוחות. הוסיף יום אחד מדעתו. מאי דריש? היום ומחר - היום כמחר, מה למחר - לילו עמו,

אף היום - לילו עמו. ולילה דהאידנא נפקא ליה. שמע מינה - תרי יומי לבר מהאידנא. ומנלן דהסכים הקדוש ברוך הוא על ידו - דלא שריא שכינה עד צפרא דשבתא. ופירש מן האשה. מאי דריש? נשא קל וחומר בעצמו, אמר: ומה ישראל שלא דברה שכינה עמהן אלא שעה אחת, וקבע להן זמן, אמרה תורה והיו נכונים וגו׳ אל תגשו, אני שכל שעה ושעה שכינה מדברת עמי, ואינו קובע לי זמן - על אחת כמה וכמה! ומנלן דהסכים הקדוש ברוך הוא על ידו - דכתיב לך אמר להם שובו לכם לאהליכם וכתיב בתריה ואתה פה עמד עמדי, ואית דאמרי פה אל פה אדבר בו. שבר את הלוחות. מאי דריש? אמר: ומה פסח שהוא אחד מתרי״ג מצות, אמרה תורה וכל בן נכר לא יאכל בו, התורה כולה [כאן], וישראל משומדים - על אחת כמה וכמה! ומנלן דהסכים הקדוש ברוך הוא על ידו - שנאמר אשר שברת ואמר ריש לקיש: יישר כחך ששיברת. [יג] **רש״י שמות פרק לא:** ויתן אל משה וגו׳ - אין מוקדם ומאוחר בתורה. מעשה העגל קודם לצווי מלאכת המשכן ימים רבים היה, שהרי בשבעה עשר בתמוז נשתברו הלוחות, וביום הכפורים נתרצה הקדוש ברוך הוא לישראל, ולמחרת התחילו בנדבת המשכן והוקם באחד בניסן: ככלתו - ככלתו כתיב חסר, שנמסרה לו תורה במתנה ככלה לחתן, שלא היה יכול ללמודם כולה בזמן מועט כזה. דבר אחר מה כלה מתקשטת בעשרים וארבעה קשוטין, הן האמורים בספר ישעיה (ישעיה ג יח - כד) אף תלמיד חכם צריך להיות בקי בעשרים וארבעה ספרים.

ויקר נרמז שנתקשה בהם תרגום של קושי הוא יקר, אל משה בג׳ דברים אלו שנרמזים בשם מש״ה, ולכן א׳ זעירא- שבג׳ אלו לא היה לו הבנה בלמודם.

גלא עמיקתא

האשה״ (נוטריקון **מש״ה**) גימ׳ (991) ״על יד בן ישי בית הלחמי״. והוא בפיוט לכה דודי דחברו הרה״ק שלמה אלקבץ זיע״א.

ואצלנו מבואר היטב בס״ד [2] באופן קט״ז-לכה דודי עיין שם באריכות. וכתבנו שם דהאי חרווא לקביל ספירת התפארת. דאמרינן התם דכולא האי חרווא דהיינו: ״התנערי מעפר קומי לבשי בגדי תפארתך עמי **על יד בן ישי בית הלחמי** קרבה אל נפשי גאלה״ גימ׳ (4671) ט״פ ״חתן וכלה״ (519) והוא השלמות דהגיע אליה משה. וכדכתיב (שמות ל״א,י״ח): ״ויתן אל משה ככלתו לדבר אתו בהר סיני שני לחת העדת לחת אבן כתבים באצבע א-להים״ גימ׳ (4789) ג״פ ״**מזמור שיר ליום השבת**״ (1596) ע״ה (תהל׳ צ״ב) ר״ת **למש״ה**. ופרש״י ככלתו: [יג]ככלתו כתיב חסר

לימין- פרט לאות ד׳ אמצעית ברבוע, הרי הן אתוון פ״ע פ״ע, והן לקביל תרין יודין דהאי אלף דאלכסונים, שכן י׳ היינו גוף ה-י׳ (גימ׳ 10) קוץ עליון וקוץ תחתון היינו תרין, כללות שלשתם הרי תלת, סלקין כולהו (י׳ ועוד ב׳ ועוד ג׳) ט״ו, וכלולים מ-י׳, הרי פ״ע יוד עילאה פ״ע יוד תתאה דהאי א׳ דאלכסונין, ורמיזא: אבן עזרא גימ׳ (331) ״אשל״ והוא אשל שנטע אברהם אבינו עליו השלום, וכן ״אברהם אבן״ גימ׳ (301) ״אש״. ומרמז האי נתבער ונשרף- דיכלו וישרפו כל הקלי׳ שבדבש תורתנו הקדושה, בגאולה האמיתית והשלמה.

2. התנערי מעפר קומי וכו׳- תפארת: והוא בישעי׳ (נ״ב) ״עורי עורי לבשי עוזך ציון, לבשי בגדי תפארתך ירושלים [הוא מפורש תפארת] וכו׳, התנערי מעפר קומי שבי ירושלים, התפתחי מוסרי צוארך שביה בת ציון [צווארך היינו שביה היינו ויקרא (317)]״. וכולי האי פסוקא דמביא הרה״ק אלקבץ זיע״א (פס׳ ב׳ דהיינו מ״התנערי״ ואילך) סליק לחושבן (4274) ב״פ (במדבר ו׳,כ״ז) ״ושמו את שמי על בני ישראל ואני אברכם״ ע״ה (2137) והוא ב״פ דהן ב׳ דעות בש״ס קוב״ה מברך לכהנים והם לישראל, ודעה ב׳ קוב״ה מברך

לכהנים ולישראל, וישראל אקרון תפארת וכגון (ישעי׳ מ״ו,י״ג) ונתתי וכו׳ לישראל תפארתי, ועוד רבים. והרה״ק אלקבץ היפך הסדר והקדים לפס׳ ב׳ לא׳ התנערי מעפר וא״כ לבשי בגדי תפארתך דעיקר כונתינו לאקמא שכינתא מעפרא ובתר דא לבשי והוא מתתא לעילא והנביא דיבר מעילא לתתא. והאי חרוז על יד בן ישי בית הלחמי והוא מב׳ פסוקים (שמואל א׳ כ׳ ל״א, ט״ז א׳) הראשון סיים לגבי דוד כי בן מות הוא ח״ו- ונמשך לבסוף דוד מלך ישראל חי וקים, ובפסוק השני - ה׳ אומר אל שמואל (ט״ז,א׳) ״מלא קרנך שמן ולך אשלחך אל ישי בית הלחמי - כי ראיתי בבניו לי מלך״- ״אשלחך״ גימ׳ ״משיחא״ דדוד מלכא משיחא הוא, וסליק האי פסוקא לחושבן (2953) כ״ד פ׳ ענג ע״ה (123) והוא בסוד ענג שבת בכל כ״ד שעות דיליה. והחרוז האחרון מתהלים (ס״ט,י״ט) דשם הפסוק כולו ״קרבה אל נפשי גאלה, למען איבי פדני״ עולה גימ׳ (1174) ״לכבוד שבת קדש״ וכל האי חרוזא ״התנערי מעפר קומי לבשי בגדי תפארתך עמי על יד בן ישי בית הלחמי קרבה אל נפשי גאלה״ סליק לחושבן (4671) ט״פ ״חתן וכלה״ (519) דנוק׳ קדישא מקבלת מז״א, והוא ט״פ כי ז״א איהו ט׳ ספי׳ תלת גו תלת, כדאיתא בזוה״ק.

גלא עמיקתא

שנמסרה לו תורה במתנה ככלה לחתן וכו׳. והיינו דאמרינן לעיל ב״פ **״משה״** (דהן ר״ת וס״ת **מנורה שקלים החדש** כנ״ל) גימ׳ (690) ״ה׳ (י-ה-ו-**ה**) **חונן לאדם דעת**״ ע״ה, דהוא ס״ת **מתנ״ה**. **והוא נפלא** דכתב המגלה עמוקות דהני ג׳ דברים שנתקשה בהם **מש״ה** ר״ת **מנורה שקלים החדש**. וממשיך דהם סוד ג׳ יחודים שסימנם ית״ד **שהכל תלוי בו** ר״ת **שב״ת**. וכדאמרינן לעיל דמשה הוא בחינת שבת **מזמור שיר ליום השבת** ר״ת **למש״ה**. ורמיזא אלף השביעי גאולתא שלמתא בעגלא דידן ובזמן קריב ונאמר אמן.

והנה בדברי המגלה עמוקות ית״ד ״שהכל תלוי בו״ גימ׳ (809) ״[יד] גדול יהיה כבוד הבית הזה האחרון (מן הראשון)״ (חגי ב׳,ט׳) דבבית שני איתמר בסוד כתי״ת- דעמד בית שני ת״ך ובית ראשון ת״י שנה. **ואיהו חושבן** (809) ״אברהם יגל יצחק ירנן״ **והוא בגאולתא** שלמתא לעתיד לבוא. וביחזקאל (ט״ו,ג׳) ״יתד לתלות עליו כל כלי״ וכו׳.

והנה הני ספיראן ר״ת **ית״ד** דהן ג׳ יחודים: ״יסוד **תפארת דעת**״ גימ׳ (1635) ג״פ ״**למשה מסיני**״ (545). **וכאמרם** כל מה שתלמיד ותיק עתיד לחדש כבר ניתן **למשה מסיני**. **והוא** [טו] **בויקרא** רבה אחרי מות פרשה כ״ב וזה לשון המדרש: לוי אמר ועליהם ככל הדברים, וכתיב (דברים ח׳,א׳) ״כל המצוה אשר אנכי״ וכו׳ כל ככל דברים הדברים מצוה המצוה, מקרא משנה הלכות תלמוד תוספתות אגדות **ואפילו**

[יד] תלמוד בבלי בבא בתרא דף ג עמוד א: למימרא, דבגזית דכל ד׳ אמות גובה, אי הוי פותיא חמשא קאי, אי לא - לא קאי, והא אמה טרקסין דהואי גבוה תלתין אמהתא, ולא הוה פותיא אלא שית פושכי, וקם! כיון דאיכא טפח יתירא קאי. ובמקדש שני מ״ט לא עבוד אמה טרקסין? כי קאי - בתלתין קאי, טפי לא קאי. ומנלן דהוה גבוה טפי? דכתיב: גדול יהיה כבוד הבית הזה האחרון מן הראשון.

[טו] ויקרא רבה פרשת אחרי מות פרשה כב: רבי נחמיה אמר ויתרון ארץ בכל היא אפי׳ דברים שאתה רואה אותן יתרון למתן תורה כגון הלכות ציצית תפילין ומזוזה אף הן בכלל מתן תורה שנאמר (דברים ט) ויתן ה׳ אלי את שני לוחות האבנים כתובים באצבע אלהים ועליהם ככל הדברים ריב״ל אמר ועליהם ככל הדברים וכתיב כל המצוה אשר אנכי וגו׳ כל ככל דברים הדברים מצוה המצוה מקרא משנה הלכות תלמוד תוספתות אגדות ואפי׳ מה שתלמיד ותיק עתיד לומר לפני רבו כלן נאמרו למשה בסיני שנאמר (קהלת א) יש דבר שיאמר ראה זה חדש הוא חבירו משיב עליו כבר היה לעולמים.

[טז] **זוהר - רעיא מהימנא כרך ב (שמות) פרשת תרומה דף קנז עמוד ב:** ובגין דא מני לישראל (שמות ל׳,י״ג) זה יתנו, קם תנא חדא ואמר (ודאי) רעיא מהימנא ודאי הכי הוא ולך מני למעבד כלהו הדא הוא דכתיב ועשית מנורת, ועשית שלחן, והכי בכלא וראה ועשה ומכלא לא אתקשי לך למעבד אלא תלת מלין דרשימין באתוון דשמך מ״נורה ש״קלים ה״חדש אמאי אתקשי לך. [יז] **פתח אליהו תקו״ז הקדמה דף יז עמוד ב:** עלאין שמעו אינון דמיכין דחברון ורעיא מהימנא אתערו משנתכון הקיצו ורננו שוכני עפר אלין אינון צדיקייא דאינון מסטרא דההוא דאתמר בה אני ישנה ולבי ער ולאו אינון מתים ובגין דא אתמר בהון הקיצו ורננו וכו׳

גלא עמיקתא

מה שתלמיד ותיק עתיד לומר לפני רבו כלן נאמרו למשה בסיני. ומביא הפסוק: שנאמר (קהלת א׳,י׳) יש דבר שיאמר ראה זה חדש הוא, חברו משיב עליו (שם) כבר היה לעולמים וכו׳. והיינו דאמרינן בתחלת האופן ״מנורה שקלים החדש״ סליקו לחושבן (1098) ״תורה שבעל פה״ והיא בחינת כל מה שתלמיד ותיק עתיד לחדש וכו׳. ״תלמיד ותיק״ גימ׳ (1000) ״אלף״– והיא אלף רבתי.

ובאור הענין דמשה דאיהו בחינת תורה שבכתב–[טז] נתקשה בהני ג׳ דברים– דבתורה שבעל פה ביגיעות של אלפי שנים מתלבנות הלכות ועובדין דאורייתא קדישא. וזהו דכולהו תיבין יחד דהיינו: ״**מנורה–דעת שקלים–תפארת החדש–יסוד**״ כבאור המגלה עמוקות סליקו לחושבן (2733) ג״פ ״ראשית״ (911). והיינו דערך ממוצע דכל אחד ואחד מהם הוא ״ראשית״. והם שלשתם ג׳ בחינות של ראשית: **א׳. החדש:** ״**החדש** הזה לכם **ראש** חדשים״ (שמות י״ב,ב׳) גימ׳ (1287) ״ביום ההוא יתקע בשופר גדול״ עם הכולל (ישעי׳ כ״ז,י״ג) רמיזא הגאולה העתידה. ב׳. **שקלים:** במצות מחצית השקל כתיב ״כי תשא את **ראש** בני ישראל לפקדיהם״ גימ׳ (2505) ה״פ ״ראש״ והיינו ראשית, ומיד ״זה יתנו וכו׳ מחצית **השקל**״. ג׳. **מנורה:** דכתיב (זכריה ד׳,ב׳) ״ראיתי והנה **מנורת זהב** כלה וגלה על **ראשה**״ גימ׳ (1415) ״אברהם יצחק יעקב משה אהרן יוסף ודוד״ ז׳ הרועים דעם ישראל עד ביאת משיח צדקנו במהרה בימינו אמן. ותיבין ״מנורת זהב כלה וגלה״ גימ׳ (809) ״אברהם יגל יצחק ירנן״ כדאמרינן ורמיזא תיבה כלה חסר כתיב וכגון ככלתו כדאמרינן לעיל.

והנה ג׳ הפסוקין יחד דהן ג׳ הדברים דמביא המגלה עמוקות לקביל הספירות דהן מתיחדים יחודא דקוב״ה ושכינתיה בעשות ישראל הני ג׳ מצוות עם הפסוקים דבהם מוזכר בחינת ראשית דהיינו: א׳. ״**החדש** הזה לכם **ראש** חדשים״ ב׳. ״כי תשא את **ראש** בני ישראל לפקדיהם״ (ומיד זה יתנו וכו׳ מחצית **השקל**) ג׳. ״ראיתי והנה **מנורת זהב** כלה וגלה על **ראשה**״ סליקו כולהו לחושבן עם הכולל (5208) כ״ד פעמים ״לחיי העולם הבא״ (217) וכפלינן כ״ד פעמים בסוד כ״ד קשוטי כלה (עיין באריכות [3] אופן יב״ק).

והוא חושבן (5208) ח״י פעמים ״א׳ זעירא״ (289) עם ו׳ האותיות של ״א׳ זעירא״ ורמיזא אור הגנוז דמתמן [יז] טל תחיה דעתידא קוב״ה להחיא ביה מתיא כמבואר אצלנו בכמה מקומות בגאולתא שלמתא בעגלא דידן ובזמן קריב ונאמר אמן.

3. הבאנו דברי הזוה״ק דף ח׳ ע״א בהקדמה: רבי שמעון הוה יתיב ולעי באורייתא בליליא דכלה אתחברת בבעלה (היינו ליל שבועות) וכו׳ ולמיחדי עמה בתקונא דאיהי אתתקנת למלעי באורייתא מתורה לנביאים ומנביאים לכתובים וכו׳ ותכשיטא (השמות דנפרט לקמן יוצאים מר״ת וס״ת של המלה השניה מהתחלה ושניה מהסוף של כל פסוק אחרון בכל ספר וכמובא בפע״ח דרוש חה״ש,

וכדוגמא הפס׳ האחרון בס׳ בראשית ״וימת יוסף בן מאה ועשר שנים, ויחנטו אתו ויישם בארון במצרים״ קישוט הכלה הראשון יהיה י״פ ב״ן שהוא ר״ת ס״ת המלה השניה מתחלת הפס׳ ״יוסף״ - י״פ, ור״ת ס״ת המלה השניה מסוף הפסוק ״בארון״- ב״ן, ועי״ז הדרך בכל ה-כ״ד ספרים יש כ״ד קשוטי כלה דנבאר לקמן אי״ה חשבונם) וממשיך שם- ואיהי ועולמתא עאלת וקיימת על רישיהון ואתתקנת בהו וחדת בהו (שלומדים בליל שבועות) כל ההוא לילא וליומא אחרא (יום חה״ש) לא עאלת לחופה אלא בהדייהו ואלו אקרון בני חופתה וכיון דעאלת לחופתה קב״ה שאיל עליהו ומברך לון ומעטר לון בעטרא דכלה זכאה חולקהון, והוה רבי שמעון וכלהו חבריא מרנניין ברנה דאורייתא ומחדשן מלין דאורייתא (הינו חדושי תורה) כל חד וחד מניהו, והוה חדי רבי שמעון, אמר הני זכאה חולקהון וכו׳ וזהו ויקרא אל משה ב-א׳ זעירא דאיהו היקר הני תכשיטין דמקשטאן לכלה- דאיהי האי שכינתא קדישא, האי רעיא מהימנא אנת ואבהן הקיצו ורננו לאתערותא דשכינתא דאיהי ישנה בגלותא דעד כען צדיקייא כלהו דמיכין ושינתא בחוריהן מיד שכינתא יהיבת תלת קלין לגבי רעיא מהימנא ויימא ליה קום רעיא מהימנא דהא עלך אתמר קול דודי דופק לגבאי בארבע אתוון דיליה ויימא בהון פתחי לי אחותי רעיתי יונתי תמתי דהא תם עונך בת ציון לא יוסיף להגלותך שראשי נמלא טל מאי נמלא טל אלא אמר קודשא בריך הוא אנת חשיבת דמיומא דאתחרב בי מקדשא דעאלנא בביתא דילי ועאלנא בישובא לאו הכי דלא עאלנא כל זמנא דאנת בגלותא הרי לך סימנא שראשי נמלא טל ה״א שכינתא בגלותא שלימו דילה וחיים דילה איהו ט״ל ודא איהו יו״ד ה״א וא״ו וה״א איהי שכינתא דלא מחושבן ט״ל אלא יו״ד ק״א וא״ו דסליקו אתוון לחשבן ט״ל מלייא לשכינתא מנביעו דכל מקורין עלאין מיד קם רעיא מהימנא ואבהן קדישין עמיה עד כאן רזא דיחודא.

אלף זעירתא- דאזעירת גרמה בסוד: לכי ומעטי את עצמך (לעיל אופן ס׳) בליל חופתה ליל חג השבועות. והנה הוא הפלא ופלא, כד נעביד חושבן כ״ד קישוטין, וכ״ד זוגות התיבין דמאינון נפקי כ״ד קישוטין, ולבתר כ״ד פסוקין גופייהו דכתיב בהו כ״ד קישוטין:

א׳. **בראשית: י״פ ב״ן** (142=בק״ם ס״ת אברם יצחק יעקב) [יוסף, בארון (415)] ״וימת **יוסף** בן מאה ועשר שנים ויחנטו אתו ויישם **בארון** במצרים״ (3189)

ב׳. **שמות: ע״נ ב״ל** (152=צמח דוד) [ענן, בכל (222)] ״כי **ענן** ה׳ על המשכן יומם ואש תהיה לילה בו לעיני כל בית ישראל **בכל** מסעיהם״ (3097)

ג׳. **ויקרא: ה״ת ב״ר** (607=משה ואהרן) [המצות, בהר (748)] ״אלה **המצות** אשר צוה ה׳ את משה אל בני ישראל **בהר** סיני״ (2922)

ד׳. **במדבר: ה״ת י״ן** (465=י״ה פעמים א״ל) [המצות, ירדן (805)] ״אלה **המצות** והמשפטים אשר צוה ה׳ ביד משה אל בני ישראל בערבת מואב על **ירדן** ירחו״ (4001)

ה׳. **דברים: ה״ד כ״ל** (59=כי טוב הוא) [היד, כל (69)] ״ולכל **היד** החזקה ולכל המורא הגדול אשר עשה משה לעיני **כל** ישראל״ (2598) (עד כאן החומש)

ו׳. **יהושע: ב״ן ב״ר** (254=אלהי יצחק) [בן, בהר (259)] ״ואלעזר **בן** אהרן מת ויקברו אתו בגבעת פנחס בנו אשר נתן לו **בהר** אפרים״ (4111)

ז׳. **שופטים: ה״ם ב״ו** (53=ההם עם האותיות) [ההם, בעיניו (198)] ״בימים **ההם** אין מלך בישראל איש הישר **בעיניו** יעשה״ (2205)

ח׳. **שמואל: ש״ם מ״ל** (410=קדוש) [שם, מעל (480)] ״ויבן **שם** דוד מזבח לה׳ ויעל עולות ושלמים ויעתר ה׳ לארץ ותעצר המגפה **מעל** ישראל״ (4196)

ט׳. **מלכים: א״ת י״י** (421=מלחמה לה׳ בעמלק) [ארחת, ימי (669)] ״וארחתו **ארחת** תמיד נתנה לו מאת המלך דבר יום ביומו כל **ימי** חיו״ (ע״כ נביאים ראשונים) (3221)

י׳. **ישעיהו: ו״ו ל״ל** (72=חסד) [וראו, לכל (293)] ״ויצאו **וראו** בפגרי האנשים הפשעים בי כי תולעתם לא תמות ואשם לא תכבה והיו דראון **לכל** בשר״ (5072)

י״א. **ירמיהו: א״ת י״י** (421=מלחמה לה׳ בעמלק) [ארחת, ימי (669)] ״וארחתו **ארחת** תמיד נתנה לו מאת מלך בבל דבר יום ביומו עד יום מותו כל **ימי** חיו״ (3842)

י״ב. **יחזקאל: ש״ה י״ה** (320=נער) [שמנה, י-ה-ו-ה (421=מלחמה בה׳ בעמלק)] ״סביב **שמנה** עשר אלף ושם העיר מיום **י-ה-ו-ה** שמה״ (2248)

י"ג. **תרי עשר: ל"ב ה"ץ** (127=מלך הכבוד [לב, הארץ (328)] "והשיב **לב** אבות על בנים ולב בנים על אבותם פן אבוא והכיתי את **הארץ** חרם" (3191) (ע"כ נביאים)

י"ד: **תהלים: ה"ה י"ה** (25=יהי) [הנשמה, י-ה (415=הקדוש)] "כל **הנשמה** תהלל **י-ה** הללוי-ה" (1016)

ט"ו. **משלי: ל"ה ב"מ** (77=הודו לה') [לה, בשערים (657)] "תנו **לה** מפרי ידיה ויהללוה **בשערים** מעשיה" (1989)

ט"ז. **איוב: א"ב ו"ע** (79=בן דוד יבא) [איוב, ושבע (397)] "וימת **איוב** זקן **ושבע** ימים" (1110=י' פעמים אלף)

י"ז. **שיר השירים: ד"י ה"י** (29=טוב הוא) [דודי, הרי (239=כי יד על כס י-ה)] "ברח **דודי** ודמה לך לצבי או לעפר האילים על **הרי** בשמים" (1661=אלף האיש משה)

י"ח. **רות: ה"ד א"ת** (410=קדוש) [הוליד, את (456)] "ועובד **הוליד** את ישי וישי הוליד **את** דוד" (1654)

י"ט. **איכה: א"ם ע"ד** (115=אני לדודי) [אם, עד (115)] "כי **אם** מאס מאסתנו קצפת עלינו **עד** מאד" (1684)

כ'. **קהלת: א"ת ו"ם** (447=ואמת) [את, ואם (448)] "כי **את** כל מעשה הא-להים יבא במשפט על כל נעלם אם טוב **ואם** רע" (2146)

כ"א. **אסתר: מ"י ל"ל** (110=דוד עבדך) [מרדכי, לכל (354)] "כי **מרדכי** היהודי משנה למלך אחשורוש וגדול ליהודים ורצוי לרב אחיו דרש טוב לעמו ודבר שלום **לכל** זרעו" (4021)

כ"ב. **דניאל: ל"ך ל"ץ** (170=י' פעמים טוב [לך, לקץ (270)] "ואתה **לך** לקץ ותנוח ותעמד לגרלך **לקץ** הימין" (2290)

כ"ג. **עזרא ונחמיה: ה"מ א"י** (56=להוי') [העצים, א-להי (261)] "ולקרבן **העצים** בעתים מזמנות ולבכורים זכרה לי **א-להי** לטובה" (2352)

כ"ד. **דברי הימים: א"ר ע"ו** (277=זרע) [אמר, עמו (357)] "כה **אמר** כורש מלך פרס כל ממלכות הארץ נתן לי ה' א-להי השמים והוא פקד עלי לבנות לו בית בירושלים אשר ביהודה מי בכם מכל עמו ה' א-להיו **עמו** ויעל" (6108) (ע"כ כתובים)

סליקו הני כ"ד קישוטין דהיינו **י"פ ב"ן - ע"נ ב"ל - ה"ת ב"ר - ה"ת י"ן - ה"ד כ"ל - ב"ן ב"ר - ה"ם ב"ו - ש"ם מ"ל - א"ת י"י - ו"ו ל"ל - א"ת י"י - ש"ה י"ה - ל"ב ה"ץ - ה"ה י"ה - ל"ה ב"מ - א"ב ו"ע - ד"י ה"י - ה"ד א"ת - א"ם ע"ד - א"ת ו"ם - מ"י ל"ל - ל"ך ל"ץ - ה"מ א"י - א"ר ע"ו** לחושבן (5298): ר' פעמים "**אישי הראשון**" (883)

כמו שכתוב בנביא (הושע ב',ט') "ורדפה את מאהביה ולא תשיג אותם ובקשתם ולא תמצא, ואמרה אלכה ואשובה אל **אישי הראשון** כי טוב לי אז מעתה"

ומבואר שם בנביא התרחקות עם ישראל מהקדוש ברוך הוא ותוכחת הנביא על עבודה זרה המשולה לזנות, והקב"ה מייסר את עם ישראל כדי שישובו אליו כמשל אישה השבה לבעלה הראשון.

וכמו שכתוב שם בהמשך הפרק (שם פסוק י"ח) "והיה ביום ההוא תקראי אישי ולא תקראי לי עוד בעלי" והיינו שישובו אל ה' ויסירו העבודה זרה מקרבם כמו שממשיך (שם פסוק י"ט) "והסירותי את שמות הבעלים מפיה ולא יזכרו עוד בשמם". הרי הקשר בין אשה לבעלה משל לקשר בין ישראל לקב"ה והקשר שבין אשה לבעלה בא על ידי קידושין ונישואין כמ"ש (דברים כ"ד,א') "כי יקח איש אשה" וכו'.

ובמקום אחר אומר ישעיהו הנביא לעם ישראל (ישעי' נ',א'):

"כה אמר ה' אי זה ספר כריתות אמכם אשר שלחתיה וכו' הן בעוונותיכם נמכרתם ובפשעיכם שולחה אמכם" שוב מדמה הנביא התרחקות עם ישראל מהקב"ה לאשה שבעלה גירשה מביתו וכתב לה ספר כריתות.

וכן מבואר בדברי הגמרא בסנהדרין קה. וזה לשון הגמרא:

שמואל אמר: באו עשרה בני אדם וישבו לפניו, אמר להן: חזרו בתשובה. אמרו לו: עבד שמכרו רבו, ואשה שגרשה בעלה, כלום יש לזה על זה כלום? אמר לו הקדוש ברוך הוא לנביא: לך אמור להן, אי זה ספר כריתות אמכם אשר שלחתיה או מי מנושי אשר מכרתי אתכם לו הן בעונותיכם נמכרתם ובפשעיכם שלחה אמכם.

ומדה טובה מרובה: כאשר עם ישראל חוזר בתשובה הרי הקשר בינם לבין הקב"ה כאיש המקדש אשה ומיחדה לו כמו שכתוב (ישעי' ס"ב,ה'):

"ומשוש חתן על כלה ישיש עליך א-להיך" ובכוונות האריז"ל איתא אשר ברא "**ששון** (עתיק דכורא) **ושמחה** (נוק' דעתיק) **חתן** (א"א דכורא) **וכלה** (נוק' דא"א) **גילה** (אבא) **ורנה** (אמא)

דיצה (יש"ס) **וחדוה** (תבונה) **אהבה** (ז"א) **ואחוה** (נוק' דז"א) **שלום** (יעקב) **ורעות** (רחל)" סליק לחושבן (3078) ו"פ "**חתן כלה**" (513) והוא ג"כ גימ' (3078) ו"פ "**מדת הדין**" דעביד דינא בסט"א וחילותיו, דכל רצונם לעשות פירוד בין קוב"ה לשכינתיה ובין ישראל לאביהם שבשמים, וכמו שכתוב ונרגן מפריד אלוף, וכתיב כי יד על כס י-ה, דאין השם שלם ואין הכסא שלם עד שימחה שמו של עמלק, ואנן עבדינן יחוד עליון גם בקדושין חתן עם הכלה בגשמיות, ואף למעלה מזו- בתקון ליל שבועות, דעבדינן יחוד עליון בשמי שמיא, שותפין אנן ביחוד דקוב"ה ושכינתיה דמתן תורה, וע"ע לעיל אופן נ"ו,י"ח,ל"ח בענין המתקת הדינים בשרשם וכמ"ש אין הדין נמתק אלא בשרשו.

והנה הוא פלא בתוך פלא, כד נחברא הני תיבין דבסוגריים דהיינו **יוסף, בארון - ענן, בכל - המצות, בהר - המצות, ירדן - היד, כל - בן, בהר - ההם, בעיניו - שם, מעל - ארחת, ימי - וראו, לכל - ארחת, ימי - שמנה, י-ה-ו-ה - לב, הארץ - הנשמה, י-ה - לה, בשערים - איוב, ושבע - דודי, הרי - הוליד, את - אם, עד - את, ואם - מרדכי, לכל - לך, לקץ - העצים, א-להי - אמר, עמו**

דמהן נמשכו הני כ"ד קשוטי כלה סליקו כולהו לחושבן עם הכולל (9546):

אל"ף (111) פעמים **אלהי"ם** (86) בסוד מיתוק הדין בשרשו על ידי אל"ף זעירא דויקרא דאיהו סוד אל"ף דאהי"ה שרש הדינים בבינה כתרא דזעיר.

וכד נחברא כולהו כ"ד פסוקין סיפא דכ"ד ספרים דמתמן נפקי כ"ד קישוטי כלה כנ"ל סליקו כולהו כ"ד פסוקין עם הכולל לחושבן (69925):

כ"ה פעמים "הראיני את מראיך השמיעיני את קולך כי קולך ערב ומראיך נאוה" (2797) כמו שכתוב (שה"ש ב,י"ד) "יונתי בחגוי הסלע בסתר המדרגה, הראיני את מראיך השמיעיני את קולך, כי קולך ערב ומראיך נאוה".

ועיין בפירוש רש"י שמפרש על פי תרגום יונתן באריכות דקאי איציאת מצרים כאשר עמדו בני ישראל מול הים המצרים מאחוריהם והים לפניהם ומשל ליונה שבורחת מהנץ ונכנסת לנקיק הסלע אם חוזרת לאחוריה הרי טורף אותה הנץ ואם נכנסת לנקיק הרי שם הנחש וזהו יונתי בחגוי הסלע בסתר המדרגה ואז אמר הקב"ה הראיני את מראיך השמיעיני את קולך וזה מה שכתוב ביציאת מצרים (שמות י"ד,י') "ויצעקו בני ישראל אל הוי'".

ומה שמביא רש"י משל מ"יונה נץ נחש" גימ' (569) "בינה ומלכות" ועיין מה שכתבנו באופן שע"ה בבאורנו לואתחנן אופן פ"ח דחושבן כולהו פסוקין דשירת הים ושירת דבורה סליקו (145254): "על מים חיים" (258) פעמים "בינה מלכות" (563) בסוד אחד ומחצה (פסחים קיח:) ואף כאן נץ ונחש בחינת אחד יונה בחינת מחצה וכדכתיב "זה יתנו וכו' מחצית השקל" (שמות ל',י"ג)

והוא חושבן (569) בנפלאו"ת, ב' נפלאות, וכדכתיב (מיכה ז',ט"ו) "כימי צאתך מארץ מצרים אראנו נפלאות" בביאת משיח צדקנו במהרה בימינו אמן.

אופן לט

בהאי קרא אשלים אתריה דמשה במרכבה כמו שכתוב בזוהר ויחי על פסוק ויקרא יעקב אל בניו דאשלים דוכתיה באותו קריאה וכתב האר"י משכן סוד לאה מקדש רחל להקים את המשכן ר"ת לאה אלה פקודי בהיפך אתוון לאה ומשה יקח את האהל תפלה למשה איש האלהים ר"ת לאה.

וזה סוד שלקח יעקב את לאה קודם לרחל שכן המשכן קודם למקדש וכשעה שאמר לבן לא כן יעשה במקומינו מיכאל בא באותו פרק לטובותנו כי יעקב רצה ליכנוס מיד אל ארץ ישראל.

זה שאמר הבה לי אשתי זו רחל כדי שיבנה בית המקדש מיד בביאת הארץ. אשתי בגימטריא ארץ הקדושה ואבואה אליה קל שבקלים לא אמר כן אבל קרי אל יה שכן נקראת ארץ המוריה שמורה על השם יה ששם עלו שבטי יה עיין לעיל פ' ויצא לא כן בגימטריא מיכאל.

מיכאל גרם לומר כן יעשה בגימטריא שכינה שהיא רחל שמיכאל גרם שיהיה השכינה במקומינו שהוא ארץ ישראל בית ראשון ת"י שני ת"ך שניהם יחד מנין לת"ת אבל במדבר תהיה הבכירה שהיא לאה לפני הצעירה שהיא רחל במקדש.

נמצא שרמז כאן ויקרא אל משה ס"ת לאה דאשלים דוכתיה שהמשכן בסוד לאה אלף זעירא קרי ביה ויקר שזה הענין שנבנה המשכן בסוד לאה בא לנו מבלעם שהוא גלגול לבן דאיתמר ביה ויקר אל בלעם שנתן לאה ליעקב קודם לרחל ועל זה אמר בלעם מה טובו אהליך יעקב, אני הוא הגורם מן ארם ינחני בלק שהוא לבן הארמי, שהוא גרם אהליך יעקב מתחילה היה אהל במדבר, ואחר כך משכנותיך ב' בתי מקדשים שבארץ ישראל הוא גרם הטובה.

זה שכתוב וידבר ה' אליו מאוהל מועד, על עסקי אוהל מועד שגרם בלעם במדבר, כנרמז במלת ויקר כמו שכתבתי, נמצא שהוא השלים אתריה, בסוד ויאמר המלך להמן מהר קח את הלבוש, וכן מלאך המות מלביש את הצדיק ליתן לו שכר לעולם הבא.

במלת מסעיהם נרמז גם כן תרין סטרין, אומות העולם ויקר, ונבואת משה ויקרא, מסעיהם נוטריקון מיכאל סמאל עשו יעקב המן מרדכי, זה לעומת זה מסיטרא דויקר אשלים דוכתיהו דויקרא:

אופן לט

בהאי קרא [א]אשלים אתריה דמשה במרכבה כמו שכתוב [ב]בזוהר ויחי על פסוק (בראשית מ"ט,א') ויקרא יעקב

גלא עמיקתא

עכד"ק וכאן הוא מעט יותר באריכות מאופנים אחרים שנותרו בידינו מאלף פירושיו על א' זעירא דויקרא בסייעתא דשמיא.

[א] **זוהר פרשת ויצא דף קנה עמוד ב:** ת"ח בהאי עלמא תתאה צדיק (שמות רנ"ט א) ביה עייל ומניה נפיק כד עייל איהו ברזא דיוסף הצדיק כד נפיק ברזא דבנימן הדא הוא דכתיב ויהי בצאת נפשה כי מתה מאן נפשה דא צדיק דנפיק מנה ודא בנימן נקרא בן אוני דחשיבת דאולידת לתתא בעלמא דפרודא ואשתארו חד סרי באינון לעילא מה כתיב ואביו קרא לו בנימן, בן ימין דהא אסתלק לעילא בעלמא עלאה דכד אתאביד יוסף בנימן (קנ"ג ב) אשלים אתריה, ועל דא צדיק בעלמא תתאה עייל ונפק בגין כך יוסף ובנימן וכלהו תריסר כגוונא דלעיל' ביחודא חד, הפעם (קע"ח ב) אודה את יי', רבי שמעון פתח ואמר (תהלים קי"א) אודה יי' בכל לבב בסוד ישרים ועדה, בכל לבב, בכל לב מבעי ליה, אלא דוד ברזא עלאה דשמא קדישא קא בעי ליה לאודאה ליה לקודשא בריך הוא, אודה יי' בכל לבב, ביצר טוב וביצר רע ואלין תרין סטרין חד ימינא וחד שמאלא, בסוד ישרים ועדה אלין אינון שאר סטרין דהאי עלמא דהא לבב כגוונא דדרום וצפון, בסוד ישרים אלין אינון שאר סטרי עלמא דאינון שית כגוונא דלעילא, ועדה, דא הוא אתר דיהודה וכתיב (שם קל"ב) ועדותי זו אלמדם, וכתיב (הושע י"ב) ויהודה עוד רד עם אל וגו', כתיב (תהלים קל"ח) אודך בכל לבי נגד אלהים אזמרך, הכא באתר חד קאמר דכתיב נגד אלהים אזמרך, דהא לגבי האי דרגא קאמר שירתא לחברא ליה בימינא, ת"ח יהודה אחיד בכל סטרין אחיד בדרום ואחיד במזרח, דהא איהו מסטר שמאלא קא אתיא (שמות רכ"ג א) ושירותיה בצפון ואחיד בדרום בגין דאיהו אזיל לימינא ואתאחיד בגופא בגין כך הפעם אודה את יי', ותעמוד מלדת ותעמוד דקיימא בקיומא דקיימא כדקא יאות דהא אתתקן כלא רתיכא קדישא, רבי שמעון נפק לקרייתא אזדמן ליה רבי אבא ורבי חייא ורבי יוסי כיון דחמא לון אמר חדתותי דאורייתא אצטריך הכא, יתבו תלתא אלין (ס"א יומין) כד בעא למיזל פתח כל חד וחד קרא רבי אבא פתח ואמר וי"י אמר אל אברם אחרי הפרד לוט מעמו וגו' שא נא עיניך וראה וגו' וכי לפום חיזו דאברהם ירית ארעא ולא יתיר, עד כמה חמי ב"נ תלת פרסי או ארבע או חמש פרסי ואיהו אמר כי את כל הארץ אשר אתה רואה וגו' אלא כיון דארבע סטרין דעלמא חמי כל ארעא חמי

[ב] **זוהר פרשת ויחי דף רלד עמוד א:** ויקרא יעקב אל בניו ויאמר האספו וגו' רבי אבא פתח ואמר (תהלים ק"ב) פנה אל תפלת הערער ולא בזה את תפלתם האי קרא אוקמוה ואקשו ביה חברייא (אלא תו אית ביה סטר קורדיטא) פנה הקשיב מבעי ליה או שמע מאי פנה אלא כל צלותין דעלמא צלותין, וצלותא דיחיד לא עאל קמי מלכא קדישא אלא בחילא תקיפא דעד לא עאלת ההיא צלותא לאתעטרא בדוכתה אשגח בה קודשא בריך הוא ואסתכי בה ואסתכי בחובוי ובזכותיה דההוא ב"נ מה דלא עביד כן בצלותא דסגיאין, דצלותא דסגיאין כמה אינון צלותין דלא (מבני) מן זכאין אינון ועאלין כלהו קמי קודשא בריך הוא ולא אשגח בחוביהו בג"כ פנה אל תפלת הערער מהפך ואסתכי בה (בזכותיה) ואסתכי בה במה רעותא אתעביד ומאן ההוא ב"נ דצלי צלותא דא ומאן אינון עובדוי בג"כ ליבעי ליה לב"נ דלצלי צלותא בצבורא מאי טעמא בגין דלא בזה את תפלתם אף על גב דלאו כלהו בכוונה ורעותא דלבא, ד"א פנה אל תפלת הערער דא יחידאי דאתכליל בסגיאין ומאן הוא יחידאי דאתכליל בסגיאין הוי אימא דא יעקב דאיהו כליל בתרין סטרין וקרא לבנוי וצלי צלותיה עלייהו מאן צלותא דיתקבלון בשלימו לעילא צלותא דלא ישתצון בגלותא בהאי שעתא דיעקב קרא לון אסתלק מניה שכינתא והא אוקמוה, ות"ח בשעתא דיעקב הוה קארי לבנוי אזדמנו אברהם ויצחק תמן ושכינתא על גבייהו ושכינתא הוה חדי ביה ביעקב לאתחברא באבהן לאתקשרא עם נפשייהו כחד למהוי רתיכא, בשעתא דפתח יעקב ואמר האספו ואגידה לכם את אשר יקרא אתכם באחרית הימים באחרית דא שכינתא כביכול

יהב עציבו ביה ואסתלק ולבתר אהדרו לה בנוי ביחודי דמילייהו ופתחו ואמרו (דברים ו׳) שמע ישראל וגו׳ בההיא שעתא קאים לה יעקב ואמר בשכמל״ו ואתיישבת שכינתא בדוכתה, ויקרא יעקב מאי קריאה הכא אלא קריאה לקיימא דוכתייהו לקיימא לון לעילא ותתא, ת״ח בכל אתר קריאה בהאי גוונא דכתיב (במדבר י״ג) ויקרא משה להושע בן נון יהושע לקיימא דוכתיה באתר דאצטריך ולקשרא ליה וכן (בראשית כ״ה) ויקרא שמו יעקב וכתיב (שם ל״ג) ויקרא לו אל אלהי ישראל קודשא בריך הוא קיים ליה לאתר דא בשמא דא קריאה לקיומא קא אתיא אי תימא (יונה ג׳) ויקראו אל אלהים (שם ב׳) קראתי מצרה לי אל יי׳ הכי הוא ודאי לקשרא ולקיימא קיומא לעילא ומאן איהו סדורא דשבחא דמאריה וכל אינון מלין דבעאן קמי מאריה קיומא יהיב ליה למאריה דאחזי דביה תליא כלא ולא באתר אחרא הא כלא קיים קיומא, כה״ג ויקרא יעקב אל בניו קיים לון בקיומא שלים כגוונא דא ויקרא אל משה אתקיים בקיומיה, אמר רבי יצחק א׳ דויקרא אמאי היא זעירא א״ל אתקיים משה בשלימו ולא בכלא דהא אסתלק מאתתיה, בספרי קדמאי אמרי לשבחא ואנן הכי תנינן מאי דאסתלק לעילא יתקשר לעילא ולתתא וכדין איהו שלים, תו אל״ף זעירא מאתר זעירא הוה זעירא דאיהו רב באתחברותיה לעילא (נ״א לעילא ותתא וכדין שלים), ויאמר מאי ויאמר הא אוקמוה (נ״א כמה דאת אמר ויאמר בלבו) (ישעיה מ״ט) ואמרת בלבבך אמירה בחשאי, האספו אספו מבעי ליה כמה דאת אמר (תהלים נ׳) אספו לי חסידי אלא (ס״א קיים לון) קים לן האספו מאתר דלעילא הוא האספו בקשורא שלים ביחודא חד, ואגידה לכם מאי ואגידה רזא דחכמתא איהו,

אל בניו דאשלים דוכתיה באותו קריאה. וכתב האר״י [ג]משכן סוד לאה מקדש רחל: ל׳הקים א׳ת ה׳משכן (במדבר

גלא עמיקתא

והנה מביא המגלה עמוקות דבהאי קרא אשלים משה אתריה במרכבה וכדמביא בסוף האופן את זה לעומת זה– מרכבת הקדושה ולעומתה מרכבת הטומאה.

וזהו רצדיקיא דאשלימו דוכתייהו במרכבת הקדושה דהיינו:

״מיכאל – יעקב – משה – מרדכי״ סליקו כולהו לחושבן (902) **י״א** (11) פעמים **״אבדו גוים״** (82) כדכתיב (תהל׳ י׳,ט״ז) ״[ד]ה׳ מלך עולם ועד **אבדו גוים** מארצו״.

[ג] **חומת אנך שמות פרשת פקודי:** אלה פקודי המשכן. אלה אותיות לאה כי המשכן בסוד לאה וז״ש ביום כלות משה להקים את המשכן ר״ת לאה ומשה בסוד לאה ספר קדמון כ״י. ואפשר לומר דבעשיית העגל יש מקום לומר כמו שטען מרע״ה לי ציוית להם לא ציוית אבל לפ״ז נמצא דישראל עע״ז ח״ו. ולכן הקדוש ברוך הוא צוה תכף המשכן להורות דהם לא כיונו לעע״ז ח״ו רק כונתם לאמצעימח) ולכך צוה הקדוש ברוך הוא המשכן להודיע שמשרה שכינתו כביכול ואין צריך אמצעי. ומ״מ מה שהיו ישראל ראויים להיות כהנים כמו שאמרו רז״ל על פסוק ואתם תהיו לי ממלכת כהנים ובפרט הבכורות. עתה ניטל מהם והכהונה נתנה לאהרן ובניו והלויים במקום הבכורות. וזה רמז אלה רמז לעגל שאמרו אלה אלהיך. דע שטעותם לא היה אלא לאמצעי. והראיה פקודי המשכן שהשרה שכינתו לומר שאינו חפץ באמצעי ולא תימא שטעותם היה שעע״ז שלא נצטווה אלא מרע״ה וכמ״ש מרע״ה להליץ בעדם לי צוית. לא היה אלא אשר פוקד לישראל על פי משה כי ידעו שהיו באחדות גמור ולכל ישראל אמר אנכי ה׳ אלהיך רק שטעו באמצעי. ועם כל זה המעלה שהיה לבכורות אזדא לה וז״ש עבודת הלויים. גם מה שהיו ראויים לכהנים ניתן לאהרן ולבניו וזה רמז ביד איתמר בן אהרן הכהן:

[ד] **תלמוד בבלי מסכת ראש השנה דף לב עמוד ב:** גמרא. מלכיות כגון חי אני נאם ה׳ [אלהים] אם לא ביד חזקה ובזרוע נטויה ובחמה שפוכה אמלוך עליכם. ואף על גב דאמר רב נחמן: כל כי האי ריתחא לירתח קודשא בריך הוא עלן, וליפרוקינן. כיון דבריתחא אמור - אדכורי ריתחא בריש שתא לא מדכרינן. זכרון - כגון ויזכר כי בשר

ז,א') ראשי תיבות לא"ה אל"ה פקודי המשכן (שמות ל"ח,כ"א-תחלת פרשת פקודי) בהפוך אתוון לא"ה משה יקח

גלא עמיקתא

וכפלינן **י"א** פעמים לקביל [ה]**י"א כתרין דמסאבותא** דיאבדו בגאולתא כדכתיב (במדבר כ"ד,כ') "ראשית גוים עמלק ואחריתו עדי אובד" ולכן בלעומת זה:

"סמא-ל – עשו – בלעם – המן"

גימ' (744) "אני ישנה ולבי ער" (שיר השירים ה',ב') והיינו בגלות כדאמר המן

המה וגו'. שופר - כגון תקעו שופר בגבעה וגו'. אבל אם בא לומר מלכות זכרון ושופר של פורענות של נכרים - אומר: מלכות - כגון ה' מלך ירגזו עמים, וכגון ה' מלך עולם ועד אבדו גוים מארצו, זכרון - כגון זכר ה' לבני אדום וגו', שופר - כגון וה' אלהים בשופר יתקע והלך בסערות תימן, וכתיב ה' צבאות יגן עליהם. אין מזכירין זכרון של יחיד ואפילו לטובה, כגון זכרני ה' ברצון עמך, וכגון זכרה לי אלהי לטובה. פקדונות הרי הן כזכרונות, כגון וה' פקד את שרה, וכגון פקוד פקדתי אתכם, דברי רבי יוסי. רבי יהודה אומר: אינן כזכרונות. ולרבי יוסי, נהי נמי דפקדונות הרי הן כזכרונות - וה' פקד את שרה, פקדון דיחיד הוא! - כיון דאתו רבים מינה - כרבים דמיא. שאו שערים ראשיכם והנשאו פתחי עולם ויבוא מלך הכבוד. מי (הוא) זה מלך הכבוד ה' עזוז וגבור ה' גבור מלחמה. שאו שערים ראשיכם ושאו פתחי עולם ויבא מלך הכבוד מי הוא זה מלך הכבוד ה' צבאות הוא מלך הכבוד סלה. ראשונה - שתים, שניה - שלש, דברי רבי יוסי. רבי יהודה אומר: ראשונה - אחת, שניה - שתים. זמרו אלהים זמרו זמרו למלכנו זמרו כי מלך כל הארץ אלהים - שתים, דברי רבי יוסי. רבי יהודה אומר: אחת. ושוין במלך אלהים על גוים אלהים ישב על כסא קדשו שהיא אחת. זכרון שיש בו תרועה, כגון שבתון זכרון תרועה מקרא קדש - אומרה עם הזכרונות ואומרה עם השופרות, דברי רבי יוסי. רבי יהודה אומר: אינו אומרה אלא עם הזכרונות [בלבד]. מלכות שיש עמו תרועה, כגון ה' אלהיו עמו ותרועת מלך בו - אומרה עם המלכיות ואומרה עם השופרות, דברי רבי יוסי. רבי יהודה אומר: אינו אומרה אלא עם המלכיות בלבד. תרועה שאין עמה לא כלום, כגון יום תרועה יהיה לכם - אומרה עם השופרות, דברי רבי יוסי. רבי יהודה אומר: אינו אומרה כל עיקר. [ה] **אגרא דכלה בראשית**

פרשת לך לך: ד, ותוכל להבין בכאן סוד אור ישר ואור חוזר, בהגיע האדם למדריגת אנ"י יוכל להתבונן סוד אי"ן, והמשכילים יבינו ברמז מועט בדברי האר"י ז"ל בסוד מוסף שהוא ענין תוספת כתובה ואז אומרים כתר יתנו וכו', והנה מקובל לחכמי האמת בסוד האי"ן הנקרא כתר יש תר"ך עמודי אור (על כן נקרא כת"ר, ומהם משתלשלים למטה סוד תר"ך מצות תרי"ג דאורייתא וז' דרבנן, וכן יש תר"ך אותיות בעשרת הדברות) ובתוכם מאיר אור אין סוף ב"ה אשר אי אפשר לתארו בשום אות ונקודה, והנה זה לעומת זה עשה אלקים, כמו שיש עשר ספירות בקדושה כן בס"א, ובקדושה הוא עשר ולא אחד עשר, פירוש שאין לחשוב אור אין סוף ב"ה המאיר בהם, כי אי אפשר לכנותו בשם ענין והבן כי יראתי בפצותי פי, מה שאין כן בסט"א קא מחשבינן אחד עשר כל המוסיף גורע, והוא סוד הביטול שלהם בי"א סממני הקטרת ועשתי עשרה יריעות עזים, כי גם הפנימיות יוחשב לאחד, והוא כנגד המן ועשרת בניו, וכנגדן י"א ארורים בתורה, והבן. והנה כן הוא לדעתי בענין הכת"ר דקדושה תר"ך עמודי אור, ובס"א יוחשב עם הפנימיות לתרכ"א כל המוסיף גורע. והוא לדעתי ענין נמרוד ודור הפלגה שרצו להגביר כח הס"א כנודע, ומפני כך נקרא אותו המקום מאו"ר כשדי"ם בגימטריא תרכ"א, על כן נמרוד שהיה כ"כ גדול דקליפ' המריד את כל העולם כולו [עירובין נג א], ונתגלגל בסנחרב ובלבל גם כן את כל העולם [ברכות כח א], וכן בנבוכדנצר והוא גוג לעתיד שירצה להתגבר על ד' ועל משיחו [סנהדרין צה ב]. והנה תדע מעלת ארץ ישראל הוא בחינת המלכות דקדושה כנודע סוד לבנ"ה בגימטריא אנ"י הוי"ה, הן ג' שמות הנ"ל, והבן. והנה נמרוד המריד את כל העולם כולו במלכותו שמלך באו"ר כשדי"ם והבן, ורצה להטות את אברהם אחריו ח"ו, והש"י הוציאו משם על ידי

התעוררת מסירת נפשו של אברהם כנודע, וכבר קדם מאמרינו כמה פעמים שעל ידי מסירת הנפש מתגברין על הקליפה, כידוע ענין עשרה הרוגי מלכות והבן. [ו] **תלמוד בבלי מגילה דף יג עמוד ב:** ישנו עם אחד אמר רבא: ליכא דידע לישנא בישא כהמן. אמר ליה: תא ניכלינהו! - אמר ליה: מסתפינא מאלהיו, דלא ליעביד בי כדעבד בקמאי. - אמר ליה: ישנו מן המצות. - אמר ליה: אית בהו רבנן. - אמר ליה: עם אחד הן. שמא תאמר קרחה אני עושה במלכותך - מפוזרין הם בין העמים, שמא תאמר אית הנאה מינייהו - מפורד, כפרידה זו שאינה עושה פירות. ושמא תאמר איכא מדינתא מינייהו - תלמוד לומר בכל מדינות מלכותך. ודתיהם שונות מכל עם - דלא אכלי מינן, ולא נסבי מינן, ולא מנסבי לן. ואת דתי המלך אינם עשים - דמפקי לכולא שתא בשה״י פה״י. ולמלך אין שוה להניחם - דאכלו ושתו ומבזו ליה למלכות. ואפילו נופל זבוב בכוסו של אחד מהן - זורקו ושותהו. ואם אדוני המלך נוגע בכוסו של אחד מהן - חובטו בקרקע ואינו שותהו. אם על המלך טוב יכתב לאבדם ועשרת אלפים ככר כסף וגו׳ אמר ריש לקיש: גלוי וידוע לפני מי שאמר והיה העולם שעתיד המן לשקול שקלים על ישראל, לפיכך הקדים שקליהן לשקליו. והיינו דתנן: באחד באדר משמיעין על השקלים ועל הכלאים [ז] **רש״י שמות פרק י״ז פסוק ט״ז:** כי יד על כס יה - ידו של הקדוש ברוך הוא הורמה לישבע בכסאו להיות לו מלחמה ואיבה בעמלק עולמית, ומהו כס, ולא נאמר כסא, ואף השם נחלק לחציו, נשבע הקדוש ברוך הוא שאין שמו שלם ואין כסאו שלם עד שימחה שמו של עמלק כולו, וכשימחה שמו

גלא עמיקתא

(אסתר ג׳,ח׳) ״ישנו **עם אחד**״ ודרשו חז״ל (מגילה י״ג ע״ב) [ו]מלשון שינה ישנים מן המצוות [והוא חושבן (744) ד׳ פעמים ״מקום״ (186)]

וסופי תיבות למפרע דהני ד׳ סטרין אחרנין דהיינו: סמא-ל עשו בלעם המן **נמו״ל**- דכשם שבמילה כורתים ומלים הערלה כן השי״ת ימול אותם ואת שריהם למעלה ויכרית אותם בשמים ממעל ועל הארץ מתחת בגאולה האמיתית והשלמה במהרה בימינו אמן.

ומקשר דא לאופן ר״א במגלה עמוקות על ואתחנן וזה לשונו הקדוש:

ומשה עלה אל הא-להים ויקרא אליו ה׳ (שמות י״ט,ג׳) – פתח בשם א-להים ומסיים בשם של הוי׳.

אבל תרוויהו איתנהו שיש בשם משה סוד הוי׳ וסוד א-להים- הוי׳ כזה- שם של ד׳ ברבוע- י״פ י׳ ק׳, ה״פ ה׳ הרי כ״ה, ו״פ ו׳ הרי ל״ו, ה״פ ה׳ כ״ה הרי קפ״ו.

ולכן נקרא הקב״ה מקו״ם שהוא מקומו של עולם (ב״ר פס״ח,ט׳).

לכן רמז יעקב אכן יש ה׳ במקו״ם הזה (בראשית כ״ח,ט״ז) במקו״ם דייקא, רוצה לומר בתיבת מקו״ם תמצא שם של הוי׳.

ובד׳ מלויי שם הוי׳ ב״ה ע״ב ס״ג מ״ה ב״ן (רל״ב) במלוי המלוי קנ״ט אותיות- תצרף קנ״ט עם מקו״ם, הרי מש״ה.

עכלשה״ק בבאורו בספר רנ״ב אופנים על ואתחנן, אופן ר״א ״פה אל פה״ סימן.

וזהו דהני ד׳ סטרין אחרנין סמא-ל עשו בלעם המן סליקו לחושבן ד״פ מקו״ם כנ״ל- דהמקום ב״ה ישלם להם כגמולם ויאבידם במהרה בימינו אמן.

והוא חושבן ד״פ ״על הכסא״ (186) – [ז]דאין השם שלם ואין הכסא שלם עד שימחה שמו של עמל״ק- ובשמיה **עמל״ק** רמיזין הני ד׳ סטרין אחרנין:

עשו בלעמ סמא-**ל** המ״ן עם ה׳ אתוון מנצפ״ך הרי **ק** דעמל״ק, דמינהון דינין מ״ן בהדיא בשמיה- ואות ה׳ דהמ״ן רמיזא כללות ה׳ דמנצפ״ך- וכתיב ביה **בעמלק**

גלא עמיקתא

(במדבר כ"ד,כ') "ראשית גוים עמלק ואחריתו עדי אובד" – נמצא דעמל"ק כולל כולם כנ"ל.

[ח]ובלעם מקשרא לעמלק כמבואר בספרים הקדושים בשם ר' שמשון מאוסטרופולי דבלעם ועמלק ענין אחד הם וכשתכתוב בלעם עמלק שתי אותיות הראשונות מכל שם יוצרות שוב בלעם ועמלק הרי שדבר אחד הם, ככה:

ב ל ע ם

ע מ ל ק

וזהו דמביא המגלה עמוקות הפסוקים ראשי תיבות לא"ה (במדבר ז',א'):

א'. "[ט]**ויהי ביום כלות משה להקים את המשכן וימשח** (אתוון משיח"ו) **אתו ויקדש אתו ואת כל כליו ואת המזבח ואת כל כליו וימשחם ויקדש אתם**"

יהיה השם שלם והכסא שלם, שנאמר (תהלים ט ז) האויב תמו חרבות לנצח, זהו עמלק שכתוב בו (עמוס א יא) ועברתו שמרה נצח, (תהלים שם) וערים נתשת אבד זכרם המה, מהו אומר אחריו (תהלים ט ח) וה' לעולם ישב, הרי השם שלם, (תהלים שם) כונן למשפט כסאו, הרי כסאו שלם. [ח] **בני יששכר מאמרי חודש אדר מאמר ג - מלחמה לה', דרוש ה:** ופירש בו הקדוש מהר"ש מאוסטרפאליא הי"ד בקשר אחד תמצאנו, היינו לאורכם ולרוחבם, כשתכתבם בשורה זה תחת זה כזה בלעם עמלק יהיו מקושרים גם לרחבם בלעם עמלק, זה יורה דלשניהם שורש אחד [זוה"ק בראשית כ"ה ע"א], ובלעם היה מתפאר בעצמו ויודע דעת עליון [במדבר כד טז], ועל כן אמרו רז"ל ולא קם נביא עוד בישראל כמשה אשר ידעו י"י וכו' [דברים לד י], ודרשו בישראל לא קם אבל באומות העולם קם ומנו בלעם [במד"ר פי"ד י"ט], ואמרו בזוהר שמות דף כ"א [ע"ב] כד אתא ר' שמעון בן יוחאי אתו שאילו קמיה האי מלה (שהוא באמת תימה גדולה) פתח ואמר, קטיפא דקרנטי אתערבא באפרסמונא טבא ח"ו, אלא ודאי כך הוא, באומות העולם קם ומנו בלעם, משה עובדוי לעילא ובלעם לתתא, משה אשתמש בכתרא קדישא דמלכא עילאה לעילא, ובלעם אשתמש בכתרין תתאין דלא קדישין לתתא, ובההוא גוונא ממש כתיב [יהושע יג כב] ואת בלעם בן בעור הקוסם הרגו בחרב, ואי סלקא דעתך יתיר זיל שאיל לאתניה, עכ"ל, הרי לך מבואר דבלעם היה שורשו מן הדעת דס"א, והנה עמלק הוא עמו בקשר אחד אחיזת שורשו הוא גם כן בדעת דס"א (עיין בדברי הקדוש הרמ"ע ז"ל [מאמר חיקור דין ח"ה פ"ח], כתב בלעם ועמלק בקליפה הוא כמו להבדיל בין טומאה וטהרה יעקב ומשה בקדושה, משה לגו ויעקב לבר [תיקו"ז כ"ט ע"א], כמו כן בדעת דטומאה בלעם לגו עמלק לבר, עיין שם).

[ט] **פסיקתא רבתי (איש שלום) פיסקא ה - ויהי ביום כלות משה:** דבר אחר ויהי ביום כלות משה זה שאמר הכתוב אשמעה מה ידבר האלהים כי ידבר שלום אל עמו ואל חסידיו (תהלים פ"ה ט'), אתה מוצא בשעה שעשו ישראל אותו המעשה וכעס עליהם הקדוש ברוך הוא כדכתיב ראיתי את העם הזה וגו' (שמות ל"ב ט') מיד עמד משה וביקש רחמים מלפני הקדוש ברוך הוא שיתרצה לישראל כמה שכתב ויחל משה את פני ה' אלהיו [ויאמר למה ה' וגו' (שם שם /שמות ל"ב/ י"א), מיד נתרצה להם הקדוש ברוך הוא כמה שכתב וינחם ה' על הרעה אשר דבר לעשות לעמו (שם שם /שמות ל"ב/ י"ד), [כיון שנעשה המשכן א"ר יהודה בר סימון] הלך משה והיה מרבץ ראשו במשכן תאמר שיש בלבו של הקדוש ברוך הוא על ישראל כמה שכתב אשמעה מה ידבר האלהים, מה (ידבר) האל, תאמר עד עכשיו הוא עומד בכעסו כנגדם, אלא ה' אומר, אלא רחמים הוא נוהג עמהם ה' ה' אל רחום וחנון (שם /שמות/ ל"ד ו'), מיד פייסו הקדוש ברוך הוא שאין בלבו על ישראל כמה שכתב ויעבור ה' על פניו ויקרא ה' ה' אל רחום וחנון (שם /שמות ל"ד/), אמר רבי סימון למה כתב שני פעמים ה' ה' אלא שפייסו האלהים ואמר לו משה לשעבר הייתי נוהג עמהם במדת רחמים עד שלא עשו אותו מעשה כך אף עכשיו אני נוהג עמהם במידת רחמים, והיה משה עומד והיה הדיבור בא לתוך אזנו כמין סילון ולא היה אחד

את האה"ל (שמות ל"ג,ז') תפלה ל'משה א'יש ה'א-להים (תהל' צ',א') ראשי תיבות לא"ה. וזה סוד שלקח יעקב את לאה קודם

גלא עמיקתא

גימ' עם הכולל (6270) "יהיה" (30) פ' "[י]יד על כס י-ה" (209) (שמות י"ז,ט"ז) וכדכתיב (זכריה י"ד,ט') "[יא]ביום ההוא **יהיה** ה' אחד ושמו אחד" דהיינו שם שלם.

מישראל שומע אבל כשהיה פניו של משה מאדימות היו יודעים שהדיבור בא אצלו, אמר רבי ברכיה הכהן בשם רבי יהודה בר רבי סימון אמר לו הקדוש ברוך הוא משה לשעבר הייתה איבה בני ובין בניי שנאה ביני ובין בניי תחרות ביני לבין בניי אבל עכשיו אהבה ביני ובין בניי אחוה ביני ובין בניי ריעות ביני ובין בניי הוי כי ידבר שלום אל עמו ואל חסידיו. דבר אחר כי ידבר שלום אל עמו אמר רבי יהושע הכהן בי רבי נחמיה כך אמר רבי אלעזר עד שלא (היה) הוקם המשכן הייתה תחרות בעולם אבל משהוקם נעשה שלום בעולם מניין כי ידבר שלום אל עמו ואל חסידיו אימתי אך קרוב ליראיו ישעו לשכון כבוד בארצינו (שם /תהלים פ"ה/ י'), אמר ריש לקיש מה לי ולספר תהילים דבר תורה [היא] ישא ה' פניו אליך וישם לך שלום אימתי ויהי ביום כלות משה להקים את המשכן. דבר אחר ויהי ביום כלות משה אמר רבי יהושע בן לוי ברמז אמר הקדוש ברוך הוא לישראל כשיעשו את המשכן שהוא נותן להם את הברכות מניין הוא שכתב מזבח אדמה תעשה לי [וגו'] בכל מקום אשר אזכיר את שמי אבא אליך וברכתיך (שמות כ' כ"א) לפיכך כשעשו המשכן נתן להם הקדוש ברוך הוא את הברכות יברכך ה' וישמרך אימתי ויהי ביום כלות משה. [דבר אחר ויהי ביום כלות משה להקים את המשכן] אמר רבי סימון בשעה שאמר הקדוש ברוך הוא לישראל להקים את המשכן רמז שהוקם המשכן למטה הוקם המשכן למעלה שנאמר ויהי ביום כלות משה [וגו'] להקים המשכן אין כתיב כאן אלא את המשכן זה המשכן של מעלה (ויהי ביום כלות משה להקים את המשכן), אמר הקדוש ברוך הוא בעולם הזה כשעמד המשכן צויתי את אהרן ובניו שיהיו מברכים אתכם אבל לעתיד לבא אני בכבודי מברך אתכם שכן כתב יברכך ה' מציון עושה שמים וארץ (תהלים קל"ד ג'). [י] **מכילתא דרבי ישמעאל בשלח - מסכתא דעמלק פרשה ב:** ויאמר כי יד על כס יה מלחמה לה' וגו', ר' יהושע אומר לכשישב הקדוש ברוך הוא על כסא מלכותו ותהי ממלכתו באותה שעה מלחמה לה' בעמלק ר' אלעזר המודעי או' נשבע הקדוש ברוך הוא בכסא הכבוד שלו אם אניח נין ונכד של עמלק תחת מפרס כל השמים שלא יאמרו גמל זה של עמלק אם אניח נין ונכד לעמלק. ר' אליעזר אומר נשבע המקום בכסא הכבוד שלו שאם יבא אחד מכל אומות העולם להתגייר שיקבלוהו ולעמלק ולביתו לא יקבלוהו שנ' ויאמר דוד אל הנער המגיד לו אי מזה אתה ויאמר בן איש גר עמלקי אנכי (שמואל ב' א יג) נזכר דוד באותה שעה מה שנאמר למשה רבינו אם יבא אחד מכל האומות שבעולם להתגייר שיקבלוהו ומביתו של עמלק שלא יקבלוהו מיד ויאמר אליו דוד דמך על ראשך כי פיך ענה בך לכך נאמר מדור דור. ד"א מדור דור ר' יהושע אומר מדור אלו חיי העולם הזה דור אלו חיי העולם הבא ר' אלעזר המודעי אומר מדורו של משה ומדורו של שמואל ר' אליעזר אומר מדורו של משיח שהם ג' דורות ומנין לדורו של משיח שהן ג' דורות שנ' ייראוך עם שמש ולפני ירח דור דורים (תהלים עב ה). סליקא מסכתא וכולא סידרא שבח לאלהי תקיף וגברא. [יא] **ספרי דברים פרשת ואתחנן פיסקא לא:** [שמע ישראל], מיכן אמרו הקורא קריית שמע ולא השמיע לאזנו לא יצא. ה' אלהינו, למה נאמר והלא כבר נאמר ה' אחד, מה תלמוד לומר אלהינו עלינו החל שמו ביותר. כיוצא בו (שמות לד כג) שלש פעמים בשנה יראה כל זכורך את פני האדון ה' אלהי ישראל, מה אני צריך והלא כבר נאמר את פני האדון ה', מה תלמוד לומר אלהי ישראל, על ישראל החל שמו ביותר. כיוצא בו (ירמיה לב יד) כה אמר ה' צבאות אלהי ישראל, מה אני צריך והלא כבר נאמר (שם פסוק כז) אני ה' אלהי כל בשר הממני יפלא כל דבר, מה תלמוד לומר אלהי ישראל, על ישראל החל שמו ביותר. כיוצא בו אתה אומר (תהלים נ ז) שמעה עמי ואדברה ישראל ואעידה בך אלהים אלהיך אנכי, עליך הוחל שמי ביותר דבר אחר ה' אלהינו עלינו ה' אחד על כל באי העולם, ה' אלהינו

לרחל שכן המשכן קודם למקדש ובשעה שאמר לבן (בראשית כ"ט,כ"ו) לא כן יעשה במקומנו מיכאל בא באותו

גלא עמיקתא

ואמרו חז"ל (פסחים נ.) [יב]**אטו האידנא לאו אחד הוא? ותירצו על ה' אחד: לא כעולם הזה העולם הבא וכו' ועל שמו אחד תירצו: עכשיו לא כשאני נכתב אני נקרא נכתב בשם הוי' נקרא בשם א-דני ולעתיד נכתב ונקרא בשם הוי' ב"ה. עיין סוד אדם כי ימות באוהל דמקרב פני השכינה**[1].

ועיין מה שכתבנו לעיל אופן קנ"א-פרק שירה חיות השדה אומרים ברוך הטוב והמטיב, "חיות השדה" גימ' "ברוך דין האמת" דהן כבר בבחינת לעתיד לבוא, עיין שם באריכות כל האופן וקשרהו לכאן כיצד כל הבריאה

1. אופן ק"ג - אדם כי ימות באהל: במגלה עמוקות אופן כ"ב מביא מהגמ' דהתורה יקרה מכה"ג הנכנס לפני ולפנים, שנ' (משלי ג',ט"ו) "יקרה היא מפנינים וכל חפציך לא ישוו בה" (1215) גימ' "נר מצוה ותורה אור" (שם ו',כ"ג), ועולה בהדיא מן שווין החושבן יקרות התורה והמצוות, ושהיא חיינו ואורך ימינו שכן כתיב באדם (שם כ',כ"ז) "נר ה' נשמת אדם" גימ' (1111) אלף אל"ף, ומקושר להאי אופן כ"ב במג"ע דאומר וזל"ש- ויקר אל משה שנתן הקב"ה למשה מהו היקר אל"ף הלמוד שהוא לומר כתר תורה ז"ש וידבר אליו ואח"כ מפרש מאהל מועד לאמר האמירה יותר חשובה מאהל מועד מכהן גדול הנכנס לפנים מאהל מועד כי יקרה היא מפנינים, ע"כ. והנה כתיב בפרשתינו (חקת תשע"ד) "זאת התורה אדם כי ימות באהל" (במדבר י"ט,י"ד) גימ' (1593) "אין ערוך לך ה' א-להינו בעולם הזה, ואין זולתך מלכנו לחיי העולם הבא" דאמרינן קדם א-ל אדון בצלותא דשחרית בשב"ק, ורמיזא דעסק התורה ביגיעה יממא ולייליא זכיין לתרין עלמין- "אדם"- רמיזא האי עלמא- כדאמרו חז"ל - אתם קרוין אדם ואין עכו"ם קרוין אדם, "כי ימות"- רמיזא עוה"ב- דבהאי עלמא ימות אך בעלמא דאתי חיה יחיה ויזכה לראות פני השכינה, שכן האי פסוקא "זאת התורה אדם כי ימות באהל" (1593) סליק ג"פ (531) "פני השכינה" ע"ה, וכן "באהל" במלוי "בית-אלף-הי-יוד" (612) "ברית", דאיהי ברית בין הקב"ה לעם ישראל- התוה"ק, כדכתיב (שמ' כ"ד,ד') "ויכתב משה את כל דברי ה'" וכו' וממשיך שם (פס' ז') "ויקח את ספר הברית ויקרא באזני העם, ויאמרו כל אשר דבר ה' נעשה ונשמע" גימ' (3320) ה"פ (664) "באלפי ישראל" (במ' י"א,ל"ו-פ' ויהי בנסע הארן) ומרמז דבכאו"א מישראל טמונה האי א' זעירא דהיינו יכולתו לשקוד יומם ולילה בלמוד התוה"ק ובעיקר עניין חדושי תורה לפי שרש נשמתו וכדאיתא בזוה"ק דהני חדושי תורה עושים נחת רוח גדולה לרבש"ע, וכמשל בן שעושה רצונו של אביו באופנים מאופנים שונים, ובאותם אופנים עושה מעבר לצוויי הפשוט של אביו דגורם נחת רוח מיוחדת לאביו, וכן האי בר-נש דעביד לאביו שבשמים, וכדוגמת רשב"י וחבריו דכל צבא השמים ירדו לשמוע חדושיהם. וזהו דאמר ריש לקיש (בגמ' ברכות דף סג: ע"ש)

בעולם הזה ה' אחד לעולם הבא וכן הוא אומר (זכריה יד ט) והיה ה' למלך על כל הארץ ביום ההוא יהיה ה' אחד ושמו אחד סליק פיסקא

[יב] תלמוד בבלי פסחים דף נ עמוד א: והיה ה' למלך על כל הארץ ביום ההוא יהיה ה' אחד ושמו אחד, אטו האידנא לאו אחד הוא? - אמר רבי אחא בר חנינא: לא כעולם הזה העולם הבא; העולם הזה, על בשורות טובות אומר ברוך הטוב והמטיב, ועל בשורות רעות אומר ברוך דין האמת. לעולם הבא - כולו הטוב והמטיב. ושמו אחד, מאי אחד, אטו האידנא לאו שמו אחד הוא? - אמר רב נחמן בר יצחק: לא כעולם הזה העולם הבא; העולם הזה - נכתב ביו"ד ה"י ונקרא באל"ף דל"ת, אבל לעולם הבא כולו אחד - נקרא ביו"ד ה"י, ונכתב ביו"ד ה"י. סבר רבא למדרשה בפירקא. אמר ליה ההוא סבא: לעלם כתיב, רבי אבינא רמי: כתיב, זה שמי לעלם, וזה זכרי לדר דר. אמר הקדוש ברוך הוא: לא כשאני נכתב אני נקרא, נכתב אני ביו"ד ה"א, ונקרא אני באל"ף דל"ת.

פרק לאבותינו. כי יעקב רצה לכנוס מיד אל ארץ ישראל שאמר (שם פסוק כ"א) הבה לי אשתי זה רחל כדי שיבנה בית

גלא עמיקתא

שרה את הלעתיד לבוא[2] והפסוק שמביא המגלה עמוקות כנ"ל (במדבר ז',א') נחלק כדלקמן:

"**ויהי ביום**" גימ' (89) "חנוכה"- רמיזא אלף ח' וכן המשכן הוקם ביום ח' למלואים. "**ויהי ביום כלות משה**" גימ' (890) י' פעמים "חנוכה"

דהיינו דתיבין "**כלות משה**" סליקו לחושבן (801) ט' פעמים "חנוכה" (89) והוא בסוד א"ט ב"ח בנין הנוק' כדאיתא בכתבי האר"י הקדוש.

"**ויהי ביום כלות משה להקים**" גימ' (1075) "שיר השירים" רמיזא קוב"ה

מנין שאין התורה מתקיימת אלא במי "שממית עצמו עליה" (שנא' אדם כי ימות באהל וכו') גימ' (1111) "נר ה' נשמת אדם" דאמרינן לעיל בתחלת האי אופן בבי' דברי המג"ע הק', ורמיזא בהאי א' זעירא דסליק לחושבן אלף אל"ף, והוא "נעשה ונשמע" (891) עם י"פ כ"ב (22) אותיות התוה"ק, דגלוי וידוע לפני אבינו שבשמים דרצוננו לעשות רצונך ולקיים מש"כ אין התורה מתקיימת אלא במי שממית עצמו עליה, אמנם שאור שבעיסה מעכב, וכדאמר דוד המלך ע"ה (בתהלים קט"ז,ט"ו) "יקר בעיני ה' המותה לחסידיו" גימ' (1062) ב"פ (531) "פני שכינה" ע"ה, וכדאמרינן לעיל מפרשתינו "זאת התורה אדם כי ימות באהל" גימ' (1593) ג"פ "פני השכינה" (531) דהוי חזקה, ועם הני ב"פ דדוד כנ"ל הן ה"פ "פני השכינה" בכל ה' בחי' נרנח"י דכללות נשמות ישראל, דנזכה לראות פני השכינה בגאולה האמיתית והשלמה בב"א, והיינו דאמר שלמה המלך ע"ה (דה"ב ו',כ"א) "ושמעת אל תחנוני עבדך ועמך ישראל אשר יתפללו אל המקום הזה, ואתה תשמע ממקום שבתך מן השמים ושמעת וסלחת"- וזהו דהמלים "ואתה תשמע ממקום שבתך מן השמים" גימ' (2655) ה"פ "פני שכינה" כנ"ל, דהיינו "זאת התורה אדם כי ימות באהל" (1593) עם "יקר בעיני ה', המותה לחסידיו" (1062), והוא יגאלנו בעגלא ובזמן קריב ונאמר אמן.

קצור: ויקרא א' זעירא אדם כי ימות באהל, והנה איתא בכונות האריז"ל ק"ש דשחרית, מנחה דשב"ק, ק"ש שעל המטה, ועוד מקומות - יקבל על עצמו ד' מיתות בי"ד וכו', והנה הוא פלא- הני ד' מיתות בי"ד- "סקילה, שריפה, הרג, חנק" גימ'

(1166) "כ"ב (אותיות התוה"ק) פ' נ"ג (פרשיות)" והני ד' מיתות בי"ד בא"ת ב"ש סליקו לחושבן (665) "באלפי ישראל" ע"ה, כדאמרינן לעיל בפס' "ויקח את ספר הברית וכו'" גימ' ה"פ "באלפי ישראל", וכשנחברם להני ד' מיתות בי"ד פשוט וא"ת ב"ש סליקו לחושבן (1831) "ולא חשכת את בנך את יחידך ממני" - (בראשית כ"ב,ט"ז-פ' העקדה) דבעקדת יצחק קבלו כלל ישראל הכח למסירות נפש, ונכללא אשא (דיצחק) במיא (דאברהם) ומהתכללות זו נולד יעקב אבינו ע"ה- עמודא דאמצעיתא- עמודא דאורייתא, וזהו בתחלת פ' העקדה (בר' כ"ב) "ויבקע" (עצי עולה) אותיות ו'-יעקב, והני תרין "לשחט את בנו"- דהיינו הרגע דמסירות הנפש- סליק לחושבן (806) "א-ל פ' הוי'", דהתכללות פנימיות הגבורה (א-ל זעם) עם פנימיות החסד (הוי'-שם העצם, דטבע הטוב להיטיב- תכלית הרחמים), והאי "לשחט את בנו" בא"ת ב"ש בסוד או"ח גימ' (922) "מלכות בית דוד" דדוד המלך ע"ה איהו הוא דאמר "המותה לחסידיו" כדלעיל ומסר נפשו ממש בשביל כלל ישראל, והני "לשחט את בנו" פשוט וא"ת ב"ש סליקו לחושבן (1728) כ"ז (אותיות התוה"ק יחד עם מנצפ"ך) פ' "דין" (64), דבזכות מסירות נפשם דכלל ישראל בכל הדורות נמתק הדין בשרשו וזוכין לכ"ז אתוון דאורייתא דעתיקא סתימאה, דיתגלה בגאולה האמיתית והשלמה וביאת משיח צדקנו, במהרה בימינו אמן.

2. אופן קנ"א - פרק שירה

איתא במגלה עמוקות אופן ע"ח ד-א' זעירא צורת י'- ובגמ' הק' (פסחים קיז.) אמר רבי יהושע בן לוי: בעשרה מאמרות של שבח נאמר ספר תהלים

המקדש מיד בביאת הארץ אשתי בגימ' ארץ הקדושה. ואבואה אליה [יג]**קל שבקלים לא אמר כן אבל קרי אל י"ה**

גלא עמיקתא

וכנסת ישראל לאחר גלוי כבוד הוי' ונגלה כבוד הוי' וראו כל בשר יחדו כי פי הוי' דבר, בתחית המתים כנרמז בענין [יד]ונהפוך הוא דפורים, **שיר**

"בנצוח, בנגון, במשכיל, במזמור, בשיר, באשרי, בתהלה, בתפלה, בהודאה, בהללויה" גימ' (3069) י"א פ' "אנכי מנחמכם" (279) (ישעי' נ"א,י"ב). ואתמר בעולם הבא בתחית המתים כד נחזי בקוב"ה ומשיח צדקנו יכלו הני י"א כתרין דמסאבותא ולכן כפלינן בי"א, ומקשרא לאופן קמ"ט-תהלים י"ח דסליק כולהו לחושבן "אנכי מנחמכם" (279) פ' "מלחמה בעמלק" (365) עיין שם. ובהני עשרה לשונות דשירה לקביל האי דכפלינן ב-י"א דאינון י"א כתרין דמסאבותא ובסוד כל המוסיף גורע, עיין מה שכתבנו לעיל בסוף אופן קמ"א-תהלים י"א.

והנה יסדו דוד ושלמה בנו פרק שירה, שירת הבריאה דמהללא ומשבחא לקוב"ה- ואיהי הנשמה דנתלבשה בגוף- ושלמה המלך ע"ה יסד וכתב שיר השירים כאמרם כל השירים קדש ושיר השירים קדש קדשים- ואיהו אהבת קוב"ה לכנס"י, ואעסיק בנשמות ישראל קודם שירדו לגופים בהאי עלמא דהיינו כשעלו במחשבה וכו'.

ואנן נעביד חושבן דפרק שירה נשמות ישראל בגופים- בטבע בהאי עלמא, וברצות השי"ת בתר דא באופן אחר נעביד חושבן דשיר השירים- נשמות ישראל כד סליקו במחשבה הקדומה דקוב"ה בעצמות כששיער בכח כל מה שיהיה בפועל.

ובאופן אחר בעזהי"ת נסדר כולהו לחד א' זעירתא- י' עילאה- שה"ש, י' תתאה- פרק שירה, ו'- רקיע המבדיל בין עליונים ותחתונים בין קדש לחול. ונבאר דלעתיד לבוא איהו חותם המתהפך- תתגלה מעלת האי עלמא על עולם המחשבה דסוף מעשה במחשבה תחלה- בימות המשיח (ישעי' ל') "והיה אור הלבנה כאור החמה ואור החמה יהיה שבעתיים כאור שבעת הימים" ובתחית המתים (ישעי' כ"ד) "וחפרה הלבנה ובושה החמה" וכו' מהארת אור הגנוז וכליון כל הקלי' והתפשטות הגשמיות, ויאיר אור כבוד ה' בתחית המתים ויורו באצבע וכו'.

וכעת אמרינן ד-ו' דהאי א' זעירא (שה"ש- י' עילאה מחשבה, פרק שירה- י' תתאה מעשה) איהי הרקיע המבדיל, ברם בסוף חבורינו דהשי"ת יזכנו לסיימו ולכוון לאמיתה של תורה נאמר דהאי ו' איהי ספר תהלים דאיהו ממוצע המחבר בין האי עלמא לעלמא דאתי- ונעביד אי"ה חושבן ג' ספרים: שה"ש, תהלים, פרק שירה. ובהאי אופן נתחיל בעז"ה בפרק שירה מתתא לעילא- ונביא ככתבם וכלשונם דברי רבינו שמואל בן האר"י הק' דבאר ברוח קדשו האי כלבים אומרים וכו' וכדלקמן:

אמר שמואל רציתי לסמוך אל הנז' מאמר אחר נמצא בביאור פרק שירה וז"ל גמור בכל לבבך ובכל נפשך לדעת את דרכי כו' סימן שמי"ם אר"ץ מי"ם ל"ויתן ד"גים י"מים מ"עינות ש"רצים א"לים שמים מה הם אומרים השמים מספרים כבוד אל כו' וכל העוסק בפ' שירה זו זוכה ללמוד וללמד כו'. וזוכה לימות

[יג] **רש"י בראשית פרק כט פסוק כא:** מלאו ימי - שאמרה לי אמי. ועוד מלאו ימי, שהרי אני בן שמונים וארבע שנה ואימתי אעמיד שנים עשר שבטים, וזהו שאמר ואבואה אליה, והלא קל שבקלים אינו אומר כן,ו אלא להוליד תולדות אמר כן. [יד] **אגרא דכלה מדרשים ותרגומים ביאורי מדרש רבה לפרשת בראשית:** ובהו, זה מלכות מדי. לפי הקדמה הנ"ל נמצא גלות מדי נגד בינה דקדושה, וגלות מדי בהיפוך בקליפה, וכבר ידעת שמבינה יצאו ה"ו הם זו"נ, ומרמז בקדושה ב"ו ה"ו, ובקליפה זה לעומת זה לשון שממון בהו, וכבר נודע מכתבי האר"י ז"ל שהנס על ידי אסתר שהוא בחינת מלכות דיסוד דתבונה והבן, על כן לדעתי לזה היו גליות בבל ומדי תכופין זה לזה בלי הפסק, כי בקדושה הם גם כן רעים דלא מתפרשין, והנה הראיה מלשון ויבהיל"ו [אסתר ו יד], בגימטריא במד"י בה"ו, והש"י יצילנו משגיאות. והנה להיות בקדושה אם הבנים כנודע, על כן נגדה בקליפה היינו בגלות מדי נגזר על שונאי ישראל להרג ולאבד מנער וכו' טף ונשים וכו', והש"י הצילנו ונהפוך הוא אשר ישלטו היהודים המה בשונאיהם, והבן.

המשיח ולחיי העה"ב כו': דע כי הנה כל הנבראים שבעוה"ז יש על כל אחד מהם מלאך אחד ושוטר ושר עליו בשמים וזהו סוד מ"ש רז"ל אין עשב למטה שאין מזל עליו למעל' מכה בו ואומר לו גדל ועל ידי השר ההוא הממונה עליו נמשך החיות והשפע אל הנברא ההוא. והנה השר ההוא אינו יכול להשפיע בו עד שהוא יאמר לפני השי"ת השירה הראויה אליו כפי מקורו ועל ידי כן ישפיעו בו ואח"כ הוא ישפיע חיות ומזון אל הנברא ההוא ונמצא כי כל אותן השירות הנז' בפרק שירה הנז' הם מה שמשוררים השרים והמזלות העליונים הממונים על כל התחתונים. והנה מה שאמרו שם בפ' שירה כי כל האומר פרק זה בכל יום זוכה לכל כך המעלות הגדולות הנכתבות שם. הטעם הוא לפי שנודע כי בצלם א-להים עשה את האדם ולכן כמו שכל העליו' תלויים ונאחזים בשיעור קומתו ית' הנק' אדם העליון היושב על הכסא כן כל הנבראי' התחתו' שבעה"ז הם תלוים ונאחזים בשיעור קומת אדם התחתון וכולם מתברכין על ידו ולכן כשהאדם אומר בכל יום אותם השירות ויודע לכוון כל אלו הנבראים התחתונים איך נרמזים בו ונתלים באיבריו ויאמר אותן השירות הראויות לכל אחד ואחד הנה הוא גורם שפע ומזון (דף ס"ב ע"א) לכל הנבראים התחתונים כי כולם תלויין בו ולכן זוכה לכל המעלות ההם. ונבאר ענין שירה אחת מאתן השירות כדי שממנה תבין איך צודקת השירה ההיא עם הנברא הפרט ההוא הנה שם אמרו וז"ל כלבים מה הם אומרים בואו נשתחוה ונכרעה נברכה לפני ה' עושנו. והענין הוא במה שהודעתיך כמו שיש הוי"ה דההיין דב"ן בעולם העשיה שהיא כנגד הנקב' והוי"ה זו נקראת נפש הנקבה כך יש בקליפה בנקבה הטמאה אשר שם בחי' המיין נוקבין שלה והיא הנק' כל"ב שהוא בגמטריא ב"ן גם כן ונמצא כי הכלבים הם יונקים מן המיין נוקבין שבקליפו' העשיה המכוונת כנגד מיין נוקבין דקדושה וזהו סוד פסוק והכלבים (ד"ש דס"א ע"א) עזי נפש כי הם מבחינת העשיה הנקראת נפש שהיא הוי"ה דב"ן אלא שהם מבחינת הנפש של הקליפה העזה של העשיה וז"ש עזי נפש. האמנם נודע כי אפילו הקליפות ניזונים משפע הבורא ית' בסוד ומלכותו בכל משלה ונמצא כי אפילו הכלבים שהם טמאים עכ"ז תחילת יניקת שפע שלהם הוא מן הויה דב"ן הנקרא נפש של עשיה דקדושה ומשם נמשך אל נפש קליפה דעשיה הנקראת כלב בסוד הצילה מחרב נפשי מיד כלב יחידתי ומשם נמשך אל הכלבי' התחתונים שבעוה"ז ולכן שר הכלבים אומר פסוק זה לפניו ית' ולכן כתיב נברכה לפני ה' עושנו ולא אמר בוראנו או יוצרנו כי אינן אלא מבחי' העשיה ולכן האומר פרק שירה יכוין כשיאמר לפני ה' עושנו כי זו הוי"ה היא בההיי"ן העולה ב"ן שהיא נפש העשי"ה. עד כאן דברי קדשו עיין שם.

שכן נקראת (בראשית כ"ב,ב') ארץ המוריה שמורה על השם י"ה (תהל' קכ"ב,ד') ששם עלו שבטים שבטי י"ה עיין לעיל

ונאמר בבאור דבריו דהאומר כלבים אומרים וכו' יכוון דיותן להני כלבים יניקה די צרכם ולא יותר, וכדוגמת חייב אינש לבסומי בפוריא עד דלא ידע וכו' דיתן יניקה לקלי' די חיותם ולא יותר ח"ו, וכך גם לכל שאר החיות בין טמאות ובין כשרות ושאר הטבע- די חיותו, ולא יהפוך הקערה על פיה ח"ו לעשות טפל עיקר- דעיקר חיותנו וכל הויתנו ימות המשיח ועלמא דאתי, וכל העולם כולו גשר צר מאד וכו' ואינו עיקר כלל, וכאמרם אלפים תהו אלפים תורה אלפים ימות המשיח ואלף השביעי יום שכולו שבת ימות המשיח ותחית המתים.

וכמו דחזינן דתכלית הכל היא שבת קודש, ומי שהכין בערב שבת יאכל בשבת, דששת ימי החול הכנה לשבת כמ"ש בספה"ק, כך בשית אלפי שנין וחד חרוב- ימות המשיח ותחית המתים- ולכן מסיים י"ג עיקרים ימות המשיח ותחית המתים.

ובטרם נעיין בעז"ה בהאי פרק שירה ונבאר כאו"א בפני עצמו וכולם יחד, נקשרו לא' זעירא דויקרא- ונאמר: **פרק שירה** סליק לחושבן (895) **וידבר ה' אל משה לאמר** והוא מהפסוק הראשון (ויקרא) אל משה וידבר ה' (אליו מאהל מועד) לאמר. ושאר התיבות, דהיינו "ויקרא אליו מאהל מועד" סליקו לחושבן (560) מ"פ "דוד" וכד א' אגדילת גרמיה לאלף סליק לחושבן (1559): "אלף" (111) פ' "דוד" (14) עם התיבות והכולל, והרי מ"פ עם אל"ף פעמים דוד יחד קנ"א פ' "דוד" (14). ורמיזא האי אופן קנ"א, והוא א-היה דההין דמתחלק ג"כ אל"ף ואחר כך הה יוד הה דסליקו מ' יחד קנ"א והוא שם הכתר, והאי דנעמידו בי' תתאה והוא כדאיתא בזוה"ק כתר עליון אוכם הוא לגבי עילת העילות, ונבארו אי"ה באופנים הבאים.

פרשת ויצא. לא כן בגימ' מיכא"ל מיכאל גרם לומר כן יעשה בגימטריא שכינ"ה שהיא רחל שמיכאל גרם שיהיה

גלא עמיקתא

השירים אשר לשלמה ראשי תיבות גימ' (336) **פורי"ם**, דכולא שיר השירים עסיק בזמן התחיה יחוד קוב"ה וישראל לפני ולפנים בחינת קדש הקדשים– כאמרם [טו]כל השירים קדש ושיר השירים קדש קדשים.

והוא חושבן (1075) "ישראל" במלוי "יוד שין ריש אלף למד"– אשר תיבין אלו עצמן נחלקות למלוי ישר א-ל:

"יוד שין ריש" גימ' (890) י"פ "חנוכה" (89) היינו "ויהי ביום כלות משה" כנ"ל, ו"א-ל" במלוי "אלף למד" גימ' (185) "להקים".

והיינו **"ויהי ביום כלות משה להקים"** גימ' (1075) "שיר השירים" כנ"ל והוא נפלא מאד.

ונמשך דענין שיר השירים– שי"ר אתוון יש"ר, דהיינו שי"ר במלוי סליק לחושבן (890) "ויהי ביום כלות משה" היינו י' פעמים **"חנוכה"** כנ"ל, בחינת גילוי [טז]**אור הגנוז באלף השמיני המרומז בשמונת נרות חנוכה**

[טו] מדרש תנחומא פרשת תצוה: (ה) [כז, כ] ואתה תצוה, זש"ה הנך יפה רעיתי הנך יפה (שיר השירים/ א) א"ר עקיבא לא היה כל העולם כולו כדאי כיום שניתן בו שיר השירים לישראל שכל הכתובים קדש ושיר השירים קדש קדשים, א"ר אליעזר בן עזריה למה הדבר דומה למלך שנטל סאה של חטים ונתנה לנחתום וא"ל הוצא ממנו כך וכך סולת כך וכך סובין כך וכך מורסן וסלית לי מתוכה גלוסקא אחת יפה מנופה ומעולה כך כל הכתובים קדש ושיר השירים קדש קדשים, ראה מה הקדוש ברוך הוא מקלס לישראל בתוכו הנך יפה רעיתי הנך יפה, הנך יפה במעשים הנך יפה במעשי אבותיך הנך יפה בבית והנך יפה בשדה, בבית במזוזה וכתבתם על מזוזות ביתך (דברים ו), בשדה בתרומות ובמעשרות בלקט בשכחה ופאה, הנך יפה בבית הנך יפה בגג שנאמר (שם /דברים/ כב) כי תבנה בית חדש ועשית מעקה לגגך, הנך יפה בעולם הזה הנך יפה בעולם הבא, הנך יפה רעיתי, אר"ש בן פזי הקדוש ברוך הוא מקלסה בלשון כפול והיא מקלסתו בלשון פשוט למה מקלסו הקדוש ברוך הוא בלשון כפול שאם אינה עושה רצונו יכול הוא להמירה באחרת, והיא מקלסתו בלשון פשוט לפי שאינה יכולה להמירו באחר הוי הנך יפה דודי אף נעים לפיכך הנך יפה רעיתי הנך יפה במה בעיניך יונים אלו סנהדרין שנמשלו כיונה, עיניך יונים מה העינים הללו כל הגוף מהלך אחר העינים אף ישראל כלם מהלכין אחר סנהדרין על כל מה שאומר להם על הטמא טמא ועל הטהור טהור הוי עיניך יונים, דבר אחר מה היונה הזו כל אחת ואחת מכרת חלונה ושובכה כך ישראל כל אחד ואחד מן התלמידים מכיר את מקומו, דבר אחר עיניך יונים מה היונה הזו משהיא מכרת את בן זוגה אינה זזה ממנה כך ישראל משהכירו להקב"ה שוב אינם זזים ממנו ואין מניחין אותו, דבר אחר מה יונה זו כל העופות כשהן נשחטין הן מפרכסין אבל היונה הזו פושטת צוארה כך אין אומה בעולם נהרגת על קדושת שמו ומוסרת עצמה להריגה אלא ישראל שנאמר כי עליך הורגנו כל היום וגו' (תהלים מד), עיניך יונים, אמר רבי יצחק אמר להם הקדוש ברוך הוא דוגמא שלך דומה ליונה מי שמבקש ליקח חטים מחברו הוא אומר לו הראני דוגמתן אף אתה דוגמא שלך דומה ליונה כיצד כשהיה נח בתבה כתיב שם וישלח את העורב ויצא יצא ואח"כ שלח את היונה ותבא אליו היונה וגו' (בראשית ח) אמר הקדוש ברוך הוא מה היונה הביאה אורה לעולם אף אתם שנמשלתם כיונה הביאו שמן זית והדליקו לפני את הנר שנאמר ואתה תצוה ויקחו אליך שמן.

[טז] תלמוד בבלי חגיגה דף יב עמוד א: ואור ביום ראשון איברי? והכתיב ויתן אתם אלהים ברקיע השמים וכתיב ויהי ערב ויהי בקר יום

השכינה במקומנו שהוא ארץ ישראל בית ראשון ת"י שני ת"ך שניהם יחד כמנין לת"ת אבל במדבר תהיה הבכורה

גלא עמיקתא

וכן ראשי תיבות **שיר השירים אשר לשלמה** סליקו לחושבן (336) "**פורים**", בחינת תחית המתים לעתיד לבוא- ונהפוך הוא- מתים קמים לתחיה

ונרמז בכאן בתיבת **להקי"ם** דהיינו "ויהי ביום כלות משה" גימ' י"פ "חנוכה" כנ"ל גילוי י' ספירות הגנוזות ומלאה הארץ דעה את הוי', ומיד כתיב **להקי"ם** בחינת תחית המתים, ומה להקים- את המשכן

בבחינת ועשו לי מקדש ושכנתי בתוכם (שמות כ"ה,ח') בתוכו לא נאמר אלא בתוכם בתוך כל אחד ואחד מהם

והיינו השכינה הקדושה השוכנת בתוך כל יהודי כדכתיב השוכן אתם בתוך טומאתם (ויקרא ט"ז,ט"ז) ופירשו חז"ל אפילו כשהן טמאים שכינה עמהם- בחינת [יז]שכינתא בגלותא

רביעי! - כדרבי אלעזר. דאמר רבי אלעזר: אור שברא הקדוש ברוך הוא ביום ראשון - אדם צופה בו מסוף העולם ועד סופו, כיון שנסתכל הקדוש ברוך הוא בדור המבול ובדור הפלגה וראה שמעשיהם מקולקלים - עמד וגנזו מהן, שנאמר וימנע מרשעים אורם. ולמי גנזו - לצדיקים לעתיד לבא שנאמר וירא אלהים את האור כי טוב, ואין טוב אלא צדיק, שנאמר אמרו צדיק כי טוב. כיון שראה אור שגנזו לצדיקים שמח, שנאמר אור צדיקים ישמח. כתנאי: אור שברא הקדוש ברוך הוא ביום ראשון אדם צופה ומביט בו מסוף העולם ועד סופו, דברי רבי יעקב. וחכמים אומרים: הן הן מאורות שנבראו ביום ראשון ולא נתלו עד יום רביעי.

[יז] **זוהר פרשת ויקהל דף רטז עמוד ב:** ורזא דא יהיה כמה דאת אמר (זכריה יד) יהיה יי' אחד ברזא דיהיה, י' ליחדא ולאתדבקא בה' דאיהו היכלא פנימאה לאתר (נ"א אתר) גניזו דהאי נקודה עלאה דאיהי י' ודא איהו רזא (צח א) ידו"ד אלהינו, אלין תרין אתוון (נ"א שמהן) דאינון י"ה, ולאכללא כל שייפין בההוא אתר דנפקו מניה דאיהו היכלא פנימאה לאתבא מלין לאתריה לעקרא ויסודא ושרשא דלהון עד ההוא אתר דשרשא דברית, ולבתר אינון תרין אתוון אחרנין (דאיהו יה) ליחדא ולאתדבקא י' בה', י' איהו רזא דברית קדישא, והאי ה' איהו היכלא, אתר גניזו דהאי רזא דברית קדישא דאיהו י', ואף על גב דאוקימנא דאיהו ו' תניינא, אבל י' רזא דיליה ליחדא לון כחדא, אחד לייחדא מתמן ולעילא כלא כחדא ולסלקא רעותא לאתקשרא כלא (מתתא לעילא) בקשורא חד לסלקא רעותיה בדחילו ורחימו לעילא לעילא עד אין סוף ולא ישתבק רעותא מכל אינון דרגין ושייפין אלא בכלהו יסתלק רעותיה לאדבקא לון ולמיהוי כלא קשורא חדא באין סוף ודא הוא יחודא דרב המנונא סבא דאוליף מאבוי ואבוי מרביה עד פומא דאליהו ושפיר איהו ויחודא בתקונא, ואף על גב דאנן אוקימנא להאי בכמה רזין כלהו רזין סלקין לחד, אבל רזא דא אשכחנא בספריה ושפיר איהו ויחודא בתקונא, והא אנן ביחודא דרזא אחרא אתערנא מלין ואיהו שפיר ויחודא כדקא חזי והכי הוא, אבל יחודא דא יחודא בתקונא ודא איהו יחודא דרב המנונא סבא, ותו הוה אמר מאן דרעותיה לאכללא כל רזין דיחודא במלה דאחד שפיר טפי, ולהכי אנן מאריכין באחד לסלקא רעותיה מעילא לתתא ומתתא לעילא למהוי כלא חד, אבל ברזא דא יהי"ה סימנא (נ"א בעלמא) איהו להאי, והא דתנינן אחד (למהוי ד') רזא עילא ותתא וארבע סטרין דעלמא הכי הוא ליחדא עילא ותתא כמה דאתמר (ס"א ולארבע) וארבע סטרין דעלמא אלין אינון רזא רתיכא עלאה עלאה לאתכללא כלא כחדא בקשרא חדא ביחודא חדא עד אין סוף כמה דאוקימנא, רזא לאדכרא יציאת מצרים לבתר בגין דהות שכינתא בגלותא ובזמנא דאיהי בגלותא לאו איהו חבורא לאתחברא דא בדא עלמא תתאה בעלמא עלאה ולאחזאה חירו דההיא גאולה דהות בכמה אתין בכמה נסין דעבד קודשא בריך הוא ואצטריך ההוא פורקנא לאתדכרא ולאתחזאה דאף על גב דהות בגלותא השתא חירו

שהיא לאה לפני הצעירה במקדש. נמצא שרמז כאן ויקר"א א"ל מש"ה ראשי תיבות לא"ה דאשלים דוכתיה

גלא עמיקתא

ולעתיד לבוא יקוים מאמר חז"ל [יח]לאקמא שכינתא מעפרא בחינת (ישעי' כ"ו,י"ט) הקיצו ורננו שוכני עפר [עיין אופן קנ"ה-שלוש משמרות הוי הלילה בקיצור][3]

3. אופן קנ"ה - שלש משמרות הוי הלילה (ברכות ג.): א' זעירא רמיזא לילה- והוא בסוד הלבנה דאמר לה הקב"ה לכי ומעטי את עצמך ולעתיד לבוא "והיה אור הלבנה כאור החמה" (ישעי' ל',כ"ו) בסוד סיהרא בשלמותא.

והנה בגמ' (ברכות ג.) תניא רבי אליעזר אומר: **שלש משמרות הוי הלילה** ועל כל משמר ומשמר יושב הקב"ה ושואג כארי שנאמר (ירמי' כ"ה,ל') "ה' ממרום ישאג וממעון קדשו יתן קולו שאג ישאג על נוהו" גימ' (2675) ע"ה: "נזכה ונחיה ונירש טובה וברכה לשני ימות המשיח ולחיי העולם הבא"- דאמרינן בסוף ובא לציון גואל.

והני תרי ימות המשיח הם ג"כ בצורת א' זעירא דהתכללות צורתה י'- דעולם הבא נברא ב-י' והם י' תתאה ו-י' עילאה חיי העולם הבא ותחית המתים, ולכן האי חושבן סליק (2675) ה"פ "בי-ה ה' צור עולמים" (ישעי' כ"ו,ד') דמכאן דרשו עוה"ז נברא בה' (בהבראם) ועוה"ב ב-י' [עיין לעיל אופן קנ"ד-בי-ה ה' צור עולמים].

ולומד ר' אליעזר מג"פ ישאג שאג ישאג דהן ג' משמרות- ואינון לקביל א' זעירא דויקרא- דשרש שאג לשון קריאה וכו', ב"פ ישאג לקביל י' עילאה ו-י' תתאה, ברית המעור (י' תתאה) וברית הלשון (י' עילאה) ד"ישאג" גימ' (314) "ש-די" שם היסוד, ו"שאג" לקביל ו' ד"שאג" גימ' (304) ב"פ "צמח דוד" (152) ונבארו אי"ה לקמן.

ונותן הש"ס (שם בגמ' ברכות ג.) סימן לדבר מתתא לעילא:

א'. **חמור נוער** גימ' (580) ב"פ "למען דוד עבדי" (290) (מ"ב י"ט,ל"ד) י' תתאה.

ב'. **כלבים צועקים** גימ' (418) "צדיק חי עולמים" לקביל ו'- יסוד.

ג'. **תינוק יונק משדי אמו ואשה מספרת עם בעלה** והוא לקביל י' עילאה תרין מימרות: "תינוק יונק משדי אמו" גימ' (1133): י"א פ' "מזון" (103) ועיין עוד לעיל אופן ו'-סעודות שבת. "ואשה

אית לה מיומא דאינון קשרין במצרים אשתריאו, אינון אתין ונסין אתעברו, ואצטריך לאחזאה חירו דילה בגין דאתחברא בבעלה ובגין לאסמכא גאולה לתפלה למהוי כלא חד בלא פרודא ולא לאתחזאה תרוכין וסימנך (ויקרא כא) ואשה גרושה מאישה לא יקחו, ואי תימא והא בגלותא איהי והא אתתרכת, לאו הכי אלא ודאי בגלותא איהי לדיירא עמהון דישראל ולאגנא עלייהו אבל לא אתתרכת, והא שכינתא לא אתחזי בבית ראשון ובבית שני עד דלא גלו ישראל סלקא לעילא ולבתר איהי שויאת מדורה עמהון אבל תרוכין לא הות לעלמין ובגין דא בעי לאחזאה פורקנא דאית ביה ארבע גאולות ורזא הכא בשעתא דנפקא שכינתא בגלותא דמצרים תבעת מקודשא בריך הוא דיפרוק לה השתא ד' זמנין דאינון ד' גאולות לקבל ארבע גליות, בגין דתהא בת חורין ולא תהא מתתרכא ובההיא שעתא קיימא ואתפרקת ארבע גאולות בההיא יציאת מצרים והשתא דאצטריכת בתקונהא לאתחברא בבעלה אצטריך לאחזאה ההיא גאולת מצרים דאית בה ארבע גאולות

[יח] שו"ת איש מצליח חלק ג (או"ח, יו"ד) סימן ד: והנה עפ"מ שנתבאר בחלק הזה בס"ד שלימוד הקדוש הזה שהוא בחכמת הקבלה הוא הוא הגורם בקיצור הגלות והצערים והגזרות שסובלים עמנו בנ"י, וקירוב הגאולה שתהיה בעגלא ובזמן קריב ואמרו אמן, מתבאר טעם אחר בחיוב וצורך לימוד חכמה הקדושה הלזו, כי הנה לעיל בח"א אות ד' נתבאר שהטעם הוא מפני שזה הוא בכלל מ"ע ללמוד תורה, ואולם עפה"א נתבאר טעם אחר שהוא לאקמא שכינתא מעפרא ולתברא בית אסורין דילה ולפרקא לה מגלותא שהיא הולכת עמנו בגלות מיום שנחרב בהמ"ק עד היום הזה והמתרשל בזה הרי הוא ממש בכלל כל מי שלא חס על כבוד קונו וכו'. וכן ראיתי בהסכמת מהר"ץ הירש (מחבר ס' דרכי תשובה על יו"ד) לספר איפה שלמה (ביאור על ספר אוצרות חיים לרבינו ז"ל) שהביא מאמר הזוה"ק ח"ב דף רמ"ז ע"ב שהבאתי לעיל בח"א

שהמשכן בסוד לא"ה אלף זעירא קרי ביה ויקר. שזה הענין שנבנה המשכן בסוד לאה בא לנו מבלעם שהוא גלגול לבן

גלא עמיקתא

דכאשר יהודי רח"ל מסתלק מן העולם ונקבר בעפרא דארעא הרי הוא אבי אבות הטומאה [יט]ואיתא במדרש דאית חד גרמא לוז שמיה ובמותו כל גופו נרקב מלבד עצם הלוז דממנו הקב"ה מחיה את האדם בתחית המתים [ובלשון המדרש שממנו מציץ הקב"ה את האדם לעתיד לבוא]

אות ד' (ועמ"ש שם בשם רבינו מהרח"ו ז"ל), וכתב עליו וזו לשונו: והטעם פשוט הוא כי כל הת"ח שיש כח בידם ללמוד חכמה זו ומתרשלים ומניחים חיי עולם ועוסקים בחיי שעה (ע' לעיל בח"א אות ח' ותבין) ואינם משתדלים ללמדה כדי לקרב הגאולה עי"ז כנ"ל, עליהם נאמר מאמר חז"ל כל מי שלא נבנה ביהמ"ק בימיו כאלו נחרב בימיו, כי עליו מיללת השכינה וצועקת שהיה בידו להושיע לה ולא חמל עליה, צעקה הנערה המאורסה ואין מושיע לה, וע' בתיקוני זוה"ק בריש ההקדמה (ד"א ע"ב והביאותיו לקמן בח"ג אות ז' ע"ש): אבל אפרוחין לית גדפין דילהון שלימין וכו' ועי"ש בביאורנו באר לחי רואי שביארנו כי הת"ח הם נקראין מגדפין דשכינתא להעלותה מן הגלות וכמ"ש רבינו בפע"ח פי"ב משער הק"ש בסוד תנו עוז לאלקים, אבל תנאי הותנה בזה דלא נקראו הת"ח גדפין דשכינתא להעלות השכינה ע"י למודם למעלה רק מארי קבלה שהם בבחינת בנים למקום (וכמ"ש בתיקונים שם) אבל אותן שהם לומדים רק נגלות התורה הם רק בבחינת אפרוחים דאף שיש להם גדפין קצת אבל לית גדפין דלהון שלימין כיון שאינם יודעים הכוונות הנצרכים לקיום התורה והמצות ע"כ אין כח בלימודיהם וקיום מצותיהם להעלות השכינה מן הארץ [ע"ש בנדפס דף ז' ע"ב בד"ה אבל ובד"ה בגין דמארי מקרא וכו'], וע"ש עוד בביאורנו דבע"כ כל מה דקיי"ל דישראל העובדים השי"ת בתורה ומצות הם גדפין דשכינתא כנ"ל, הוא רק אם עושים בכוונה ע"פ חכמת הקבלה ונכנס לפני ולפנים בפנימיות זו החכמה בבחינת בן המשמש לאביו ולאמו ע"ש באורך. ומה לי להאריך בדבר שהאריכו כבר רבותינו, וביחוד שני רבותינו הנ"ל (מהר"ץ מזידיטשוב ומהרצ"א מדינוב) בספר סור מרע ועשה טוב. וכבר סתרו את כל הטענות המונעים מלימוד חכמה זו וכן בשאר ספרים הקדושים, עכ"ל הרב הנ' ע"ש. ודבריו נאמנו מאד. **[יט] בראשית רבה פרשת בראשית פרשה כח:** ג ויאמר ה' אמחה את האדם, ר' לוי בשם ר' יוחנן אמר אפי' אסטרובלין של רחיים נמחה, ר"י בר סימון בשם ר' יוחנן אמר אפי'

מספרת עם בעלה" גימ' עם המלים (1313): "תחית המתים" והוא תכלית הכל- וחזינן ד-י' עילאה נחלקת ל-ב' גוף ה-י', וקוץ ה-י' לקביל תחית המתים- ושניהם יחד גימ' (2446) ב"פ "אתערותא דלעילא" (1223).

וכולם יחד בסוד האי א' זעירא- דלעתיד לבוא תהיה סיהרא באשלמותא- דהיינו: "חמור נוער, כלבים צועקים, תינוק יונק משדי אמו ואשה מספרת עם בעלה" סליקו כולהו לחושבן (3444): "דוד" (14) פ' "זה ה' קוינו לו" (246) (ישעי' כ"ה,ט'). והוא דעתידא מתוך חשך הגלות הנמשל ללילה להתגלות דוד מלכא משיחא- ונגלה כבוד ה' וראו כל בשר יחדו כי פי ה' דבר בגאולה האמיתית והשלמה, בב"א.

קצור: בעל המימרא (ברכות ג.) "רבי אליעזר" גימ' (530): "אימתי בן דוד בא", ויחד עם מימרא דיליה "שלש משמרות הוי הלילה" (1717) סליק כולהו לחושבן (2247): "א-היה" (21) פ' "אנכי ה'" (107) ורמיזא התגלות אור הכתר לעתיד לבוא בגאולה האמיתית והשלמה וביאת משיח צדקנו, בב"א.

ועם "חמור נוער, כלבים צועקים, תינוק יונק משדי אמו ואשה מספרת עם בעלה" סליקו כולהו לחושבן (5691): "א-היה" (21) פ' "הריון" (271), דהגלות הממושך נמשל בנביא להריון, והגאולה ותחית המתים נמשל ללידה, והוא בישעי' (כ"ו,י"ז) "כמו הרה תקריב ללדת תחיל תזעק בחבליה" וכו' ואחר כך "הקיצו ורננו שוכני עפר כי טל אורות טלך" בגאולה האמיתית והשלמה וביאת משיח צדקנו, בב"א.

דאיתמר ביה (במדבר כ"ג,ד') ויקר אל בלעם שנתן לאה ליעקב קודם לרחל. ועל זה אמר בלעם הרשע (שם פסוק ה') מה

גלא עמיקתא

ומקשרא להשוכן אתם בתוך טומאתם היינו בתוך האי בר נש דאיהו אבי אבות הטומאה והוא בסוד הבלא דגרמי דחפיף על עצם הלוז דאיהי בחינת שכינתא קדישא השוכנת אתם בתוך טומאתם דממנה יקום האדם בתחית המתים, ובזה מבואר סוד אמרם לאקמא שכינתא מעפרא והוא סוד הקיצו ורננו שוכני עפר כנ"ל במהרה בימינו אמן.

ובמשה רבינו כתיב (שמות ט"ו,א'-פרשת בשלח) "אז ישיר משה ובני ישראל" ודרשו חז"ל (סנהדרין תחלת פרק חלק) [כ]שר לא נאמר אלא ישיר מכאן לתחית המתים מן התורה.

"השירים" במלוי "הי שין יוד ריש יוד מם" גימ' (1005) "י-ה" (15) פ' "בינה" (67)

"שיר השירים" במלוי גימ' (2080) הוי' (26) פ' "יסוד" (80) דהוא יהודא תפארת יסוד בסוד (בראשית ל"ז,ב') אלה תולדות יעקב יוסף.

"**ויהי ביום כלות משה להקים את המשכן**" גימ' (1891) יהי"ה (30) פעמים ס"ג (63) דהוא שם הוי' במילוי א' יוד הי ואו הי- שם הבינה, והוא חושבן (1891) "אלף (1000) משה אהרן מרים (891)" כדכתיב (מיכה ו',ד') ואשלח לפניך את משה אהרן ומרים

והנה באופן סח' בארנו על פי דברי רבינו בחיי בספר חובת הלבבות דמשה רבינו אמר לשון הרע לשם שמים בסנה כפרש"י, ומרים ואהרן אמרו לשון הרע על משה רבינו גם כן לשם שמים כדכתיב (במדבר י"ב,א') [כא]ותדבר מרים במשה על אודות האשה הכושית אשר לקח כי אשה כושית לקח

עפרו של אדם הראשון נמחה, כד דרשה ר"י בציפורי בצבורא ולא קיבלו מיניה, רבי יוחנן בשם ר"ש בן יהוצדק אמר אפילו לוז של שדרה, שממנו הקדוש ברוך הוא מציץ את האדם לעתיד לבוא נמחה, אדריאנוס שחיק עצמות שאל את רבי יהושע בן חנניא א"ל מהיכן הקדוש ברוך הוא מציץ את האדם לעתיד לבא, א"ל מלוז של שדרה א"ל מנין אתה יודע א"ל איתיתיה לידי ואנא מודע לך, טחנו ברחים ולא נטחן, שרפו באש ולא נשרף, נתנו במים ולא נמחה, נתנו על הסדן והתחיל מכה עליו בפטיש נחלק הסדן ונבקע הפטיש ולא חסר כלום. **[כ] תלמוד בבלי סנהדרין דף צא עמוד ב**: תניא, אמר רבי מאיר: מניין לתחיית המתים מן התורה שנאמר אז ישיר משה ובני ישראל את השירה הזאת לה׳, שר לא נאמר, אלא ישיר - מכאן לתחיית המתים מן התורה. **[כא] רש"י במדבר פרק יב פסוק א**: ותדבר - אין דבור בכל מקום אלא לשון קשה, וכן הוא אומר (בראשית מב, ל) דבר האיש אדוני הארץ אתנו קשות, ואין אמירה בכל מקום אלא לשון תחנונים, וכן הוא אומר (בראשית יט, ז) ויאמר אל נא אחי תרעו, (במדבר יב, ו) ויאמר שמעו נא דברי, כל נא לשון בקשה: ותדבר מרים ואהרן - היא פתחה בדבור תחילה, לפיכך הקדימה הכתוב תחלה, ומנין היתה יודעת מרים שפרש משה מן האשה, רבי נתן אומר, מרים היתה בצד צפורה בשעה שנאמר למשה אלדד ומידד מתנבאים במחנה, כיון ששמעה צפורה, אמרה אוי לנשותיהן של אלו אם הם נזקקים לנבואה שיהיו פורשין מנשותיהן כדרך שפרש בעלי ממני, ומשם ידעה מרים והגידה לאהרן. ומה מרים שלא נתכוונה לגנותו, כך נענשה, קל וחומר למספר בגנותו של חבירו: האשה הכשית - מגיד שהכל מודים ביפיה, כשם

טבו אהליך יעקב אני הוא הגורם (שם פסוק ז') מן ארם ינחני בלק שהוא לבן הארמי שהוא גרם אהליך יעקב.

גלא עמיקתא

והא כתיב [כב]המספר לשון הרע אין לו חלק לעולם הבא– מה לי לשם שמים מה לי שלא לשם שמים "לשון הרע" גימ' (661) "האיש משה" זה לעומת זה כלומר להפקיע מלשון הרע– וקשה הרי הוא עצמו סיפר לשון הרע וכן מרים ואהרן דסיפרו לשון הרע על משה רבינו כנ"ל ד"מרים אהרן" גימ' (546) "הבל בני אדם כזב בני איש" (תהל' ס"ב,י') ענין לשון הרע כזב ושקר בהבל פיהם של בני אדם והם סיפרו לשון הרע על **האיש** משה רמיזא בתיבין כזב בני **איש** כחושבן שמותם (546).

ויש לומר על פי מה שכתוב [כג]גדולה עבירה לשם שמים ממצוה

שהכל מודים בשחרותו של כושי: כושית - בגימטריא יפת מראה: על אדות האשה - על אודות גירושיה: כי אשה כשית לקח - מה תלמוד לומר, אלא יש לך אשה נאה ביפיה ואינה נאה במעשיה, במעשיה ולא ביפיה, אבל זאת נאה בכל: האשה הכשית - על שם נויה נקראת כושית כאדם הקורא את בנו נאה כושי, כדי שלא תשלוט בו עין רעה: כי אשה כשית לקח - ועתה גרשה: **[כב] פרקי דרבי אליעזר פרק נג:** כָּל הַמַּלְשִׁין אָדָם בַּסֵּתֶר [נ"א: כל המספר לשון הרע] אֵין לוֹ חֵלֶק לָעוֹלָם הַבָּא, שֶׁנֶּאֱמַר [תהלים קא, ה] מְלָשְׁנִי בַסֵּתֶר רֵעֵהוּ אוֹתוֹ אַצְמִית. וְכָתוּב אֶחָד אוֹמֵר אָרוּר מַכֵּה רֵעֵהוּ בַּסָּתֶר [דברים כז, כד]. תֵּדַע לְךָ שֶׁהוּא כֵן, בא וראה מן הנחש שהלשין לאדם ולעזרו [נ"א: בין אדם להקדוש ברוך], וארור הקדוש ברוך הוא שיהא מאכלו עפר, שנאמר [בראשית ג, יד] ועפר תאכל כל ימי חייך. רבן גמליאל אומר ישראל אמרו לשון הרע על הקדוש ברוך הוא, ואמרו היש בה' כח לזון אותנו במדבר, [תהלים עח, יט - כ] שנאמר וידברו באלהים אמרו היוכל אל לערך שלחן במדבר הן הכה צור ויזובו מים ונחלים ישטפו. וראה הקדוש ברוך הוא שהלשינו בכבודו, וכבודו הוא אש אוכלה, שלח בהם אש ואכלה אותם סביב, שנאמר [ויהי העם כמתאוננים רע בעיני ה'] ותבער בם אש ה' ותאכל בקצה המחנה [במדבר יא, א]. הלכו להם זקני ישראל אצל משה ואמרו לו, משה רבנו, תננו כצאן לטבחה ולא לאש אוכלה. וראה משה בצרתן של ישראל עמד והתפלל עליהם ונעתר לו, שנאמר [שם ב] ויצעק משה אל ה' ותשקע האש

[כג] תלמוד בבלי מסכת הוריות דף י עמוד ב: אמר רבה בר בר חנה אמר רבי יוחנן, מאי דכתיב: כי ישרים דרכי ה' וצדיקים ילכו בם ופושעים יכשלו בם? משל לשני בני אדם שצלו פסחיהם, אחד אכלו לשום מצוה ואחד אכלו לשום אכילה גסה, זה שאכלו לשום מצוה - צדיקים ילכו בם, זה שאכלו לשום אכילה גסה - ופושעים יכשלו בם. א"ל ריש לקיש: רשע קרית ליה? נהי דלא עביד מצוה מן המובחר, פסח מי לא קאכיל? אלא משל לשני בני אדם, זה אשתו ואחותו עמו בבית וזה אשתו ואחותו עמו בבית, אחד נזדמנה לו אשתו ואחד נזדמנה לו אחותו, זה שנזדמנה לו אשתו - צדיקים ילכו בם, וזה שנזדמנה לו אחותו - ופושעים יכשלו בם. מי דמי? אנן קאמרינן חדא דרך, והכא שני דרכים! אלא משל ללוט ושתי בנותיו, הן שנתכוונו לשם מצוה - צדיקים ילכו בם, הוא שנתכוון לשם עבירה - ופושעים יכשלו בם. ודלמא הוא נמי לשם מצוה הוא מכוין! א"ר יוחנן, כל הפסוק הזה לשם עבירה נאמר: וישא לוט - ותשא אשת אדניו את עיניה, את עיניו - ויאמר שמשון [וגו'] אותה קח לי כי היא ישרה בעיני, וירא - וירא אותה שכם בן חמור, את כל ככר הירדן - כי בעד אשה זונה עד ככר לחם, כי כלה משקה - אלכה אחרי מאהבי נותני לחמי ומימי צמרי ופשתי שמני ושקויי. והא מינס אניס! תנא משום רבי יוסי בר רבי חוני: למה נקוד על וי"ו שבקומה של בכירה? לומר לך, שבשכבה לא ידע אבל בקומה ידע. ומאי ה"ל למעבד? מאי דהוה הוה! נפקא מינה - דלפניא אחרינא לא איבעי ליה למישתי. דרש רבה, מאי דכתיב: אח נפשע מקרית עוז ומדינים כבריח ארמון? אח נפשע מקרית עוז - זה לוט שפירש

מתחלה היה אהל המדבר ואחר כך משכנותיך ב' בתי מקדשים שבארץ ישראל הוא גרם הטובה. זה שכתוב וידבר

גלא עמיקתא

שלא לשם שמים– וכאן מסרו משה אהרן ומרים נפשם בשביל עם ישראל בסוד (ויקרא ט"ז,ט"ז) "השוכן אתם בתוך טומאתם" למען הקל מהגזירה דהאומר לשון הרע אינו קם בתחית המתים דאמרו חז"ל (בבא בתרא קסה.) [כד]רובן בעריות מיעוטן בגזל וכולן באבק לשון הרע דחמור מלשון הרע עצמו

"אבק לשון הרע" גימ' (764) "סלחתי כדבריך" כדכתיב (במדבר י"ד,כ') [כה]"ויאמר ה' סלחתי כדברך"

והא כתיב "האיש משה" מיד בתר לשון הרע דמרים ואהרן [כדכתיב (במדבר י"ב,א') ותדבר מרים ואהרן במשה וכו' ושם בפסוק ג' ממשיך והאיש משה ענו מאד וכו'] "האיש משה" גימ' (661) "לשון הרע" דשלשתם בחדא מחתא הוו דסיפרו לשון הרע לשם שמים

מאברהם, ומדינים כבריח ארמון - שהטיל מדינים בין ישראל לעמון, שנאמר: לא יבא עמוני ומואבי בקהל ה'. דרש רבא ואיתימא ר' יצחק, מאי דכתיב: לתאוה יבקש נפרד (ובכל) [בכל] תושיה יתגלע? לתאוה יבקש נפרד - זה לוט שנפרד מאברהם, (ובכל) [בכל] תושיה יתגלע - שנתגלה קלונו בבתי כנסיות ובבתי מדרשות, דתנן: עמוני ומואבי אסורין איסור עולם. ואמר עולא: תמר זנתה וזימרי זינה, תמר זנתה - יצאו ממנה מלכים ונביאים, זימרי זינה - נפלו כמה רבבות מישראל. אמר רב נחמן בר יצחק: גדולה עבירה לשמה ממצוה שלא לשמה, שנאמר: תבורך מנשים יעל אשת חבר הקיני מנשים באהל תבורך, מאן נינהו נשים באהל? שרה, רבקה, רחל ולאה. איני? והאמר רב יהודה אמר רב: לעולם יעסוק אדם בתורה ובמצות אפילו שלא לשמה, שמתוך שלא לשמה בא לשמה! אימא: כמצוה שלא לשמה. אמר רבי יוחנן: שבע בעילות בעל אותו רשע באותה שעה, שנאמר: בין רגליה כרע נפל שכב וגו'. והא קא מיתהניא מעבירה! אמר רבי יוחנן משום רבי שמעון בן יוחאי: אפילו טובתם של רשעים רעה היא אצל צדיקים. אמר רב יהודה אמר רב: לעולם יעסוק אדם בתורה ובמצות אפילו שלא לשמה, שמתוך שלא לשמה בא לשמה; שבשכר מ"ב קרבנות שהקריב בלק הרשע, זכה ויצתה ממנו רות, דאמר רבי יוסי ברבי חנינא: רות בת בנו של עגלון בן בנו של בלק מלך מואב.

[כד] תלמוד בבלי מסכת בבא בתרא דף קסה עמוד א: אמר רב יהודה אמר רב: רוב בגזל, ומיעוט בעריות, והכל בלשון הרע. בלשון הרע סלקא דעתך? אלא, אבק לשון הרע.

[כה] תלמוד בבלי מסכת ברכות דף לב עמוד א: זכר לאברהם ליצחק ולישראל עבדיך אשר נשבעת להם בך. מאי בך - אמר רבי אלעזר: אמר משה לפני הקדוש ברוך הוא: רבונו של עולם, אלמלא נשבעת להם בשמים ובארץ הייתי אומר כשם ששמים וארץ בטלים - כך שבועתך בטלה. ועכשו שנשבעת להם בשמך הגדול, מה שמך הגדול חי וקיים לעולם ולעולמי עולמים - כך שבועתך קיימת לעולם ולעולמי עולמים. ותדבר אלהם ארבה את זרעכם ככוכבי השמים וכל הארץ הזאת אשר אמרתי. האי אשר אמרתי? אשר אמרת מיבעי ליה! - אמר רבי אלעזר: עד כאן דברי תלמיד מכאן ואילך - דברי הרב. ורבי שמואל בר נחמני אמר: אלו ואלו דברי תלמיד, אלא כך אמר משה לפני הקדוש ברוך הוא: רבונו של עולם, דברים שאמרת לי לך אמור להם לישראל, בשמי, הלכתי ואמרתי להם בשמך, עכשו מה אני אומר להם? מבלתי יכלת ה', יכול ה' מיבעי ליה! - אמר רבי אלעזר, אמר משה לפני הקדוש ברוך הוא: רבונו של עולם, עכשיו יאמרו אומות העולם: תשש כחו כנקבה ואינו יכול להציל. אמר הקדוש ברוך הוא למשה: והלא כבר ראו נסים וגבורות שעשיתי להם על הים! - אמר לפניו: רבונו של עולם, עדיין יש להם לומר: למלך אחד - יכול לעמוד, לשלשים

ואחד מלכים - אינו יכול לעמוד. אמר רבי יוחנן: מנין שחזר הקדוש ברוך הוא והודה לו למשה - שנאמר ויאמר ה' סלחתי כדבריך. תני דבי רבי ישמעאל: כדבריך עתידים אומות העולם לומר כן. אשרי תלמיד שרבו מודה לו. ואולם חי אני. אמר רבא אמר רב יצחק: מלמד, שאמר לו הקדוש ברוך הוא למשה: משה, החייתני בדבריך.

ה' אליו מאהל מועד על עסקי אהל מועד שגרם בלעם במדבר דנרמז במלת ויקר כמו שכתבנו נמצא שהוא השלים

גלא עמיקתא

ויש לומר דשלשתם- משה אהרן ומרים- סיפרו לשון הרע בסוד "השוכן אתם בתוך טומאתם" בחינת שכינתא בעפרא כנ"ל ואמרו לקב"ה אם עם ישראל אינם קמים כנ"ל כי המספר לשון הרע אין לו חלק לעולם הבא- גם אנחנו כמותם

וכעין מה שהתפלל משה לקב"ה (שמות ל"ב,ל"ב) "ועתה אם תשא חטאתם ואם אין מחני נא מספרך אשר כתבת" ומיד כתיב ויאמר ה' "סלחתי כדבריך" גימ' (764) "**אבק לשון הרע**" כנ"ל

דמשה אהרן ומרים שלשתם נטעו שורש ויסוד למסירות נפש בעם ישראל- דכל ישראל ערבים זה לזה

ועולה מדברינו חידוש דמרים ואהרן סיפרו לשון הרע לשם שמים על משה רבינו- ולמדו ממשה רבינו עצמו שסיפר לשון הרע לשם שמים על עם ישראל.

ועיין מה שבארנו באופן סח' בענין משה אמר לשון הרע לשם שמים על עם ישראל[4]

4. אופן סח' - משה אמר לשון הרע לשם שמים על בני ישראל "ויקר(א)" א' זעירא, וכמאן דבטלה דמי, וכתיב "ויקר" לשון קרי, וכד הוה משה בסנה, ופניו בוערות כלפידים וכו', וצופה ומביט מסוף העולם ועד סופו כאדה"ר קודם החטא, ידע כי בנ"י ירדו מצרימה מסיבת חטא אדה"ר וכתוב באריז"ל שה"כ דע"ט ע"ב וזלה"ק בקצור: "ולכן ישראל שבאותו הדור שהם מן הדעת אלא שהיו בסוד הפגם שהיו בחי' הנצוצות קרי" (דאדה"ר ק"ל שנה וכו') ולכן דבר עליהם מרע"ה (כביכול) לשה"ר כדי שנצוצי הקרי שבחלקם יעברו אליו, וקדושתו וטהרתו וזכויותיו אליהם, וסוף מעשה במחשבה תחילה, ובמס"נ גמורה, וזהו "ויקר אל משה" גימ' (692) "ברית-יסוד", היינו דויתר על טהרתו וקדושתו לטובתם, ושכל הפגמים בברית שלהם היינו כללות נצוצות הקרי דילהון יהון דיליה רח"ל, ומביא הבחיי הק' בספרו חובת הלבבות ש' הכניעה פ"ז וז"ל: "כשבני אדם באים לפני בי"ד של מעלה וכו' מוצאים מצוות שלא עשו וכו' ועונים להם- מצוות אלה עשה פלוני ופלוני והם נזקפו לזכותכם מפני שדברו עליכם וספרו בגנותכם, ואילו אלה שדברו לשה"ר מוצאים את ההפך ח"ו- שחסר להם המצוות שכן עשו וכו', וכן יש בעלי לשה"ר שמוצאים בין העבירות שלהם עבירות שלא עשו, ואומרים להם- עבירות האלה נזקפו לחובת פלוני, ונזקפו לחובתכם מפני שדברתם עליהם, (ומביא הפס' תהלים ע"ט,י"ב) "והשב לשכנינו שבעתים אל חיקם חרפתם אשר חרפוך אד-ני" עכ"ל, הפס' עד אדנ-י ולא עד בכלל דהיינו ללא המילה אדנ-י גימ' (3333) ג"פ דהוי חזקה "נר ה' נשמת אדם" (1111) דמרמז בא' זעירא: אלף אל"ף, ועם המילה אדנ-י גימ' (3398) ב"פ "רצה לזכות את ישראל" דאמרינן "רבי חנניא בן עקשיא אומר רצה הקב"ה לזכות את ישראל לפיכך וכו'", וכאן עולה ב"פ רצה לזכות את ישראל, מבלי להזכיר "רצה הקב"ה" כי תרי נפקו מחד, בהדי הדדי, היינו רצונו של משה רבינו ע"ה יחד עם רצונו של הקב"ה, ומאחר ויודע תעלומות וצפונות הלב, וראה מסירות נפשו ממש עליהם, שלחו להיות להם למנהיג, אכן לא לפני שקיבל עונשו עפ"י דין מצורע מוציא רע כדאמרו חז"ל, כדכתיב (שמות ד',ו') "ויבא ידו בחיקו, ויוצאה והנה ידו מצרעת כשלג", והוא בגימ' (1522) ב"פ "לעיני כל ישראל" - הפס' המסיים תורתינו הק', דאיהי חיינו ואורך ימינו, ותחילת הפסוק "ולכל היד החזקה" וכו'- היא היא ידו שהיתה מצורעת בגין לשה"ר דיליה, שלא היה מעולם ולא יהיה לשה"ר כזה- לשם שמים ובמסירות נפש

אתריה בסוד (אסתר ו,י) ויאמר המלך להמן מהר קח את הלבוש [עיין אצלנו באופן ל"ג-י' פעמים שרש יק"ר

גלא עמיקתא

ובאופן קי"ט ענין לשון הרע לשם שמים דמרים ואהרן כדי שיתגדל שמו של משה רבינו [ובארנו שם דלכן מיד כתיב "והאיש משה ענו מאד" בסוד א' זעירא דויקרא] עיין שם[5]

נוראה, ומעתה יובן היטב ד"האיש משה" גימ' (661) "לשון הרע", ורש"י הק' פי' על הפסוק הנ"ל "והאיש משה ענו מאד מכל האדם אשר על פני האדמה" - ענו-"שפל (ו)סבלן" גימ' 552 "הוציאך ממצרים" (שמות י"ג), וזהו שבפסוק הנ"ל (שם) "והיה לך לאות על ידך"- היא היא ידו המצורעת כשלג, וממשיך "כי ביד חזקה הוציאך ה' ממצרים" ביד משה, וזהו ששלח לו הקב"ה ג' סימנים לרמזו שנתקבל הסדר לרצון [והיינו דאמרינן בתר הגדה של פסח "נרצה" גימ' (345) "משה"] ואלו הן:

א'. "**נחש**" - גימ' "משיח" רמז לו דהוא הוא מושיען של ישראל.

ב'. "**צרעת**" - על לשון הרע [וכמו שביארנו לעיל], רמז לו שגלוי וידוע לפניו ית' דהוא "האיש משה" גימ' "לשון הרע" כדלעיל ענו מאד מכל האדם וכו', וגם לרמזו שהוא ביחד עם כלל ישראל תקון פגם אדם הראשון ותנתן תורה על ידו ויתגלה כבוד מלכות שמים על ידו, וכמו כן "אדם שת אנוש" (תחילת דה"י) גימ' (1102) "ברוך שם כבוד מלכותו", ונרמזים שתי אותיות מהסימנים בכ"א מהם אדם- דם, שת- ס"ת נחש צרעת, אנוש- שתי אותיות מנחש.

ג'. "**דם**" - יש לרמוז למש"כ, כי מדמינן בכ"מ לשה"ר לשפיכות דמים.

ובישר לו הקב"ה ב-ג' סימנים אלו דלא קם נביא עוד בישראל כמשה וכו', ואיהו הצדיק שכן "נחש צרעת דם" גימ' (1162) בדיוק "צדיק כתמר יפרח" (תהל' צ"ב,י"ג) וכן "כתמר" ע"ה גימ' (661) "האיש משה" (במדבר י"ב,ג').

ולכן משה מעומקא דליביה אמר "ויקר(א)" בא' זעירא, ורמז לפס' "ולי מה יקרו רעיך (בנ"י) א-ל מה עצמו ראשיהם" (תהלים קל"ט,י"ז), "יקרו" היינו ויקר(א) שמסר נפשו ופגם לשם שמים בתכלית בלשה"ר [וכמו שביארנו], ע"מ למשוך אליו נצוצי הקרי דילהון ולשפוך עליהם מים טהורים מדיליה - כדאמר "יוסף עליכם ככם אלף פעמים" (דברים א,י"א) וכמו שהבאנו לעיל.

והפס' הנ"ל "ולי מה יקרו" וכו', עולה גימ' (1545) האי דהתפללה חנה (ש"א ב',ב') "אין קדוש כה' כי אין בלתך ואין צור כא-להינו".

והיינו דמביא פי' פלאי המגלה עמוקות הק' באופן נ"ד וזלשה"ק "ויקר(א) אל משה - להוציא יקר מזולל" וכו' עיין שם לשונו הזהב, ובידינו רק פ"ד פירושים מדיליה על א' זעירא, וחסרו "תתקטז" ולא שבעה נפשנו "אש התורה" דיליה, וכאיל תערוג וכו' ועינינו בוכיות ו"חבל על דאבדין" ו"נקוה לך" להתגלותם מפי עליון, במהרה בימינו אמן.

5. אופן קי"ט - עשרה לשונות נקראת הנבואה ב"ר לך לך פמ"ד: ויקרא אל משה וידבר וכו' א' זעירא צורת י' (מג"ע אופן ע"ח), ורמיזא הני י' לישנא דנבואה (ב"ר לך לך פרק מ"ד) ואלו הן: **נבואה** (64 היינו "דין") **חזון** (71 היינו "הגנוז" רמיזא אור הגנוז) **הטפה** (99 היינו "גדלו לה'") **דבור** (212 היינו "אהיה להם לא-להים") **אמירה** (256 היינו "מלך עליון") **צווי** (112 הוי' א-להים יב"ק) **משא** (341 היינו "פרה אדומה") **משל** (370 היינו "דברי א-להים חיים") **מליצה** (175 היינו "הענן") **חידה** (27 היינו כ"ז אתוון דאורייתא קדישא) - סליקו כולהו לחושבן (1727) והן ע"ה (1728) ל"ב (32) פ' "דן" (54) וחזינן דכולהו לישנא דדין, היינו "דן", ואמרינן לישנא דאורייתא דמתחלא ב' ומסיימא ל' ולכן ל"ב פ' "דן", והיינו הני לישני דנבואה אינון בחינות "דין תורה" גימ' (675) "אין לנו מלך אלא אתה" (כדאמרינן אבינו מלכנו אין לנו מלך אלא אתה), וזהו "משל" בא"ת ב"ש גימ' ל"ב. וכולהו לישני דנן בא"ת ב"ש גימ' (3464) ח"פ "במשה (ב)עבדי" (433) (במ' י"ב,ח'), והוא נפלא דשם הוא התוכחה של הקב"ה לאהרן ומרים בענין נבואתו, דמשה הוה גדול הנביאים וכולל כולם בנבואתו, והפס' כולו (שם) "פה אל פה אדבר בו ומראה ולא בחידת ותמנת ה' יביט ומדוע לא יראתם לדבר **בעבדי במשה**" סליק לחושבן (3561) ג"פ (דהוי חזקה) (1187) "יקראני ואענהו עמו אנכי בצרה" (תהל' צ"א,ט"ו) [עיין

במגילת אסתר] וכן מלאך המות מלביש את הצדיק ליתן לו שכר לעולם הבא [כמ"ש (איוב כ"ז,י"ז) יכין וצדיק ילבש

גלא עמיקתא

"ויהי ביום כלות משה להקים את המשכן ויקדש אתו" גימ' (2662) ב' פעמים י"א פעמים י"א

והוא הכאת י"א כתרין דמסאבותא דינקין מג' עולמות בי"ע- וכפלינן ב' זימנין דאינון רל"א שערים פנים ואחור היינו ב' זימנין

והוא בסוד מה שאמרו חז"ל [כו] בכל מקום שאתה מוצא גדר ערוה שם אתה מוצא קדושה, והוא סוד פנימיות וחיצוניות אור הגנוז כנ"ל, דהני י"א כתרין דמסאבותא יענשו מנה אחת אפיים

דהמשיכו בני ישראל [כז] בשעה שהקדימו נעשה לנשמע את שני

[**כו**] **ויקרא רבה פרשת קדושים פרשה כד: ו** א"ר יהודה בן פזי מפני מה נסמכה פרשת עריות לפרשת קדושים אלא ללמדך שכל מקום שאתה מוצא בו גדר ערוה אתה מוצא קדושה ואתיא כהדא דר' יהודה בן פזי דאמר כל מי שהוא גודר עצמו מן הערוה נקרא קדוש רבי יהושע בן לוי מייתי מן שונמית הה"ד (מלכים ב ד) ותאמר אל אישה הנה נא ידעתי כי איש אלהים קדוש הוא אמר רבי יונה הוא קדוש ואין משרתיו קדושים הדא הוא דכתיב (שם) ויגש גיחזי להדפה א"ר יוסי בר חנינא שהדפה בהוד יפיה על דדיה רבי איבון אמר מלמד שלא הביט בה מימיו ורבנן אמרי שלא ראתה טפת קרי מימיה על סדין שלו, אמתיה דרבי ישמעאל בר רב יצחק אמרה אנא הוינא משמשא למנוי דמרי ולא מן יומוי חמית מלה בישא על מנוי דמרי, אמר רבי יהושע בן לוי מפני מה נסמכה פרשת עריות לפרשת קדושים אלא ללמדך שכל מקום שאתה מוצא גדר ערוה אתה מוצא קדושה ואית ליה קריין סגיין, אשה זונה וחללה וקדשתו כי את לחם אלהיך הוא מקריב, אלמנה וגרושה וחללה זונה וגו' ולא יחלל זרעו, והדין דבר אל כל עדת בני ישראל. [**כז**] **תלמוד בבלי מסכת שבת דף פח עמוד א:** דרש רבי סימאי: בשעה שהקדימו ישראל נעשה לנשמע, באו ששים ריבוא

לקמן אופן קמ"ט-תהלים ח"י הני מ"ז פסוקין]. וכד נעביד חושבן הני י' לישני דנבואה פשוט וא"ת ב"ש בסוד או"י ואו"ח סליק כולהו לחושבן (5288) ח"פ (**א' זעירא** ר"ת **א"ז** היינו ח') "האיש משה" (661) והוא נפלא ביותר, דהוא פסוק (במ' י"ד,ג') דהתורה מזכירה ענותנותו דמשה מיד אחרי מש"כ שם ותדבר מרים ואהרן במשה על אדות האשה הכשית וכו' (שם פס' א'), ולאחר האי פסוקא ד"האיש משה" דסליק ח"פ איהו חושבן הני י' לישני דנבואה פשוט וא"ת ב"ש, ושם (פס' ח') היינו מש"כ לעיל פה אל פה וכו' "בעבדי במשה" דכפלינן ב-ג' יקראני ואענהו וכו' ומראה גודל כח נבואתו דמרע"ה. ושם הפסוק כולו (במדבר י"ב,ג') "והאיש משה ענו מאד מכל האדם אשר על פני האדמה" גימ' (1774) ב"פ "הוי שפל רוח בפני כל אדם", ומרמז ר"ת שרה ס"ת חיל, בסוף משלי אשת חיל, ובהמשך אשה יראת ה' אותיות שניות שרה כסדר, דבזמנה דשרה שכינתא קדישא אקרי שרה וכן בשאר האמהות. וזהו דמשה רעיא מהימנא איהו שושבינא דמלכא כדכתיב "ואתה פה עמוד עמדי" (דב' ו',כ"ח-ואתחנן) גימ' (735) "איש וביתו" דכתיב "ה' איש מלחמה", וכתיב אשתו זו ביתו, וכן "ואתה" גימ' "בית", ואהרן איהו שושבינא דמטרוניתא השכינה הקדושה אות ה' אחרונה דשם, ואהרן ללא ה' דאיהי השכינה הקדושה היינו "ארן" סליק לחושבן (1250) שמותן של האמהות הקדושות דהיינו "שרה רבקה רחל לאה בלהה זלפה".

והנה הני תרין פסוקין דהבאנו בענין גדולת משה בנבואה "פה אל פה אדבר בו וכו'" כל הפסוק (3561) עם "והאיש משה ענו מאד וכו'" כל הפסוק (1774) סליק לחושבן (5335) ה"פ "וכל אדם לא יהיה באהל מועד בבאו לכפר בקדש" (1067) (ויק' ט"ז,י"ז), ויהי רצון מלפני אבינו שבשמים דיגאלנו מכל צרותינו ויחזיר לנו בית מקדשנו משכן כבודו בגאולה האמיתית והשלמה, במהרה בימינו אמן.

ודרשו חז"ל [כח]**יכין רשע וילבש צדיק] במלת מסעיה"ם [כדכתיב בתחלת פרשת מסעי (במדבר ל"ג,ב') ואלה מסעיהם**

גלא עמיקתא

הכתרים אחד כנגד נעשה ואחד כנגד נשמע: נעשה- חיצוניות **אור הגנוז** חיצוניות הכתר, ונשמע- פנימיות **אור הגנוז** פנימיות הכתר.

דאז זכו בני ישראל לאלף אורות כדנרמז בחושבן תיבין **"ויהי ביום כלות משה להקים את המשכן"** גימ' (1891) "אלף (1000) נעשה ונשמע (891)" כנ"ל, וכשחטאו בעגל נלקחו מהן אותן אלף אורות דאמרו (שמות ל"ב,ד') "אלה אלהיך ישראל" והפקיעו מענין "נעשה ונשמע" חושבנא דדין כחושבנא דדין (891)

ואותן אלף אורות ניתנו למשה בסוד אל"ף זעירא דויקרא אל משה כמו שכתב המגלה עמוקות במקום אחר

וזהו "נעשה ונשמע" גימ' (891) "משה (345) – **אור גנוז** (273) – **אור גנוז** (273)" בסוד שני הכתרים שנלקחו מישראל בחטא העגל כנ"ל, דהחיצוניות **אור הגנוז** בחינת נרות חנוכה דמצות הדלקתן בחוץ משום פרסומי דניסא והוא בחינתו של **אהרן** כהנא רבא בספירת **הוד** בחינת (דניאל י',ח') והודי נהפך עלי למשחית- דבני ישראל זכו במעמד הר סיני לכתר של הוד וכשאמרו אלה אלהיך ישראל נתקיים בהם והודי נהפך עלי למשחית.

ופנימיות **אור הגנוז** בחינת תחית המתים ונהפוך הוא דפורים- בחינתו **דמשה** רבינו בספירת **נצח** דאמרו חז"ל (שמות ל"ב,ט"ז) חרות על הלוחות [כט]**אל תיקרי חרות אלא** חירות ממלאך המות- דאלמלא חטאו היו חיים לנצח נצחים דנרמז בספירת **נצח**- ועכשיו שאמרו אלה אלהיך ישראל ונהפוך הוא לגריעותא וימותו כאחד העם.

של מלאכי השרת, לכל אחד ואחד מישראל קשרו לו שני כתרים, אחד כנגד נעשה ואחד כנגד נשמע. וכיון שחטאו ישראל, ירדו מאה ועשרים ריבוא מלאכי חבלה, ופירקום. שנאמר ויתנצלו בני ישראל את עדים מהר חורב. אמר רבי חמא ברבי חנינא: בחורב טענו, בחורב פרקו. בחורב טענו - כדאמרן, בחורב פרקו - דכתיב ויתנצלו בני ישראל וגו'. אמר רבי יוחנן: וכולן זכה משה ונטלן, דסמיך ליה ומשה יקח את האהל. אמר ריש לקיש: עתיד הקדוש ברוך הוא להחזירן לנו, שנאמר ופדויי ה' ישבון ובאו ציון ברנה ושמחת עולם על ראשם - שמחה שמעולם על ראשם.

[כח] תלמוד בבלי בבא מציעא דף סא עמוד ב: ואיזהו תרבית המרבה בפירות, כיצד לקח הימנו חטים בדינר זהב וכו'. אטו כל הני דאמרינן עד השתא לאו רבית הוא? - אמר רבי אבהו: עד כאן של תורה, מכאן ואילך של דבריהם. וכן אמר רבא: עד כאן של תורה, מכאן ואילך של דבריהם. עד כאן יכין רשע וילבש צדיק. - עד כאן ותו לא? - אלא, אפילו עד כאן יכין רשע וילבש צדיק. עד כאן רבית קצוצה, מכאן ואילך אבק רבית. אמר רבי אלעזר: רבית קצוצה - יוצאה בדיינין, אבק רבית - אינה יוצאה בדיינין. רבי יוחנן אמר: אפילו רבית קצוצה נמי אינה יוצאה בדיינין. אמר רבי יצחק: מאי טעמא דרבי יוחנן - דאמר קרא בנשך נתן ותרבית לקח וחי לא יחיה את כל התעבות האלה עשה - למיתה ניתן ולא להישבון. רב אדא בר אהבה אמר: אמר קרא אל תקח מאתו נשך ותרבית ויראת מאלהיך - למורא ניתן ולא להשבון. רבא אמר: מגופיה דקרא שמיע ליה - מות יומת דמיו בו יהיה - הוקשו מלוי רבית לשופכי דמים, מה שופכי דמים לא ניתנו להשבון - אף מלוי רבית לא נתנו להשבון.

[כט] שיר השירים רבה (וילנא) פרשה ח: א [ו] שימני כחותם, א"ר מאיר אמרו ישראל לפני הקדוש ברוך הוא רבש"ע מה שחשבת בלבך לעשות לנו עשה דאמר ר' יוחנן בשם ר'

למוצאיהם] נרמז ג"כ תרין סטרין אומות העולם ויקר ונבואת משה ויקרא הם נוטריקון מ'יכאל – ס'מא-ל

גלא עמיקתא

וזהו דאמר דוד מלך ישראל חי וקים (תהל' פ"ב,ו') "[ל]אני אמרתי אלהים אתם ובני עליון כלכם, אכן כאדם תמותון וכאחד תפלו"

והנה גם בחטא העגל פגם עבודה זרה חזינן מסירות נפשם של אהרן ומשה על עם ישראל באותו ענין בסוד (ויקרא ט"ז,ט"ז) השוכן אתם בתוך טומאתם כנ"ל:

דאהרן עשה העגל כדכתיב באהרן (שמות ל"ב,ד') "[לא]ויקח מידם ויצר אתו בחרט ויעשהו עגל מסכה"

אליעזר בנו של רבי יוסי הגלילי בשעה שעמדו ישראל לפני הר סיני ואמרו נעשה ונשמע, באותה שעה קרא הקדוש ברוך הוא למלאך המות ואמר לו, אף על פי שמניתיך קפוקליטור קוזמוקרוטור על בריותי אין לך עסק באומה זו, הה"ד (דברים ה') ויהי כשמעכם את הקול מתוך החשך, וכי יש חשך למעלה והא כתיב (דניאל ב') ונהורא עמה שרא, ומהו מתוך החשך, זה מלאך המות שקרוי חשך שנא' (שמות ל"ב) והלוחות מעשה אלהים המה והמכתב מכתב אלהים הוא חרות על הלוחות אל תקרי חרות אלא חירות, רבי יהודה ור' נחמיה ורבנן, רבי יהודה אומר חירות ממלאך המות, ר' נחמיה אמר חירות מן המלכיות, ורבנן אמרי חירות מן היסורין. [ל] **שמות רבה (וילנא) פרשת משפטים פרשה לב:** ז ד"א הנה אנכי שולח מלאך הה"ד (תהלים פב) אני אמרתי אלהים אתם ובני עליון כלכם כשעמדו ישראל בסיני וקבלו את התורה אמר הקדוש ברוך הוא למלאך המות על כל עובדי כוכבים יש לך רשות בהם ועל אומה זו אין לך רשות בה שהם חלקי כשם שאני חי וקיים כך בני קיימין שנא' (דברים לב) בהנחל עליון גוים וכתיב (שם /דברים ל"ב/) כי חלק ה' עמו יעקב חבל נחלתו ולא רציתם אלא חבלתם מעשיכם ואמרתם לעגל אלה אלהיך ישראל, ולכך (תהלים פב) אכן כאדם תמותון מה עובדי כוכבים משתמשים בשרים אף אתם כן שנאמר הנה אנכי שולח מלאך, וכן אתה מוצא שהראה הקדוש ברוך הוא ליעקב שרי כל מלכות ומלכות שנאמר (בראשית כח) ויחלום והנה סולם מוצב ארצה הראה לו כמה אומות וכמה איפרכין וכמה שילטונין עומדים מכל מלכות ומלכות וכשם שהראה לו אותן עומדים כך הראה לו אותן נופלין שנאמר והנה מלאכי אלהים עולים ויורדים בו, אמר לו הקדוש ברוך הוא עלה אף אתה אמר לו יעקב מתיירא אני שמא ארד כשם שירדו אלו, א"ל הקדוש ברוך הוא אל תתירא כשם שאיני יורד מגדולתי כך לא אתה ולא בניך יורדים מגדולתם שנאמר והנה ה' נצב עליו אי מתי בשעה שהם עושים רצוני, ובשעה שאמרתם אלה אלהיך ישראל ועזבתם אותי והלכתם בדרכי עובדי כוכבים מה עובדי כוכבים בשרים אף אתם בשרים שנאמר הנה אנכי שולח מלאך. [לא] **רש"י שמות פרק לב פסוק ד:** ויצר אותו בחרט - יש לתרגמו בשני פנים האחד, ויצר לשון קשירה, בחרט לשון סודר, כמו (ישעיה ג כא) והמטפחות והחריטים, (מלכים ב ה כג) ויצר ככרים כסף בשני חריטים. והשני, ויצר לשון צורה, בחרט כלי אומנות הצורפין, שחורצין וחורטין בו צורות בזהב כעט סופר החורט אותיות בלוחות ופנקסין, כמו (ישעיה ח א) וכתוב עליו בחרט אנוש. וזהו שתרגם אונקלוס וצר יתיה בזיפא, לשון זיוף הוא כלי אומנות שחורצין בו בזהב אותיות ושקדים, שקורין בלעז ניאי"ל [תצריב שחור] ומזייפין על ידו חותמות: עגל מסכה - כיון שהשליכו לכור, באו מכשפי ערב רב שעלו עמהם ממצרים ועשאוהו בכשפים ויש אומרים מיכה היה שם שיצא מתוך דמוסיר בנין שנתמעך בו במצרים, והיה בידו שם, וטס שכתב בו משה עלה שור, עלה שור, להעלות ארונו של יוסף מתוך נילוס, והשליכו לתוך הכורש ויצא העגל: מסכה - לשון מתכת. דבר אחר מאה עשרים וחמשה קנטרין זהב היה בו, כגימטריא של מסכה: אלה אלהיך - ולא נאמר אלה אלהינו, מכאן שערב רב שעלו ממצרים, הם שנקהלו על אהרן, והסת שעשאוהו, ואחר כך הטעו את ישראל אחריו:

ע'שו – י'עקב ה'מן – מ'רדכי זה לעומת זה מסטרא דויקר אשלים דוכתייהו דויקרא.

גלא עמיקתא

גימ' (1775) "והאיש משה ענו מאד מכל האדם אשר על פני האדמה" עם הכולל (במדבר י"ב,ג') והרי כורך משה ואהרן בחדא מחתא כדכתיב (שמות ו',כ"ו) "הוא משה ואהרן וכו' הוא אהרן ומשה" וכשאהרן עשה מעשה העגל כאילו משה עשאו דנצח והוד כחדא אזלן וכחדא שריין

ויש לומר דמשה ואהרן תרוויהו בחינת מושיען של ישראל– דבאותו זמן שאהרן עושה את העגל אומר הקב"ה למשה (שמות ל"ב,י') ועתה הניחה לי ואכלם ושם מתפלל משה לקב"ה (פסוק ל"ב) ועתה אם תשא חטאתם ואם אין מחני נא מספרך אשר כתבת– והכל הוא באותו זמן– וקשה [לב]דהעובד עבודה זרה בסקילה ומדוע משה רבינו מתנגד להמיתם דהרי דבר ברור הוא שהקב"ה לא ימית צדיק עם רשע כמו שהתפלל אברהם אבינו בסדום (בראשית י"ח,כ"ג) "ויגש אברהם ויאמר האף תספה צדיק עם רשע וכו' חלילה לך מעשות כדבר הזה להמית צדיק עם רשע והיה כצדיק כרשע חלילה לך השופט כל הארץ לא יעשה משפט"

ועוד יש להקשות דגם במעשה המקושש התפלל משה רבינו לקב"ה והורה לו עונש סקילה והרי שם [לג]מקושש זה צלפחד וגם הוא [לד]לשם שמים נתכוון ומדוע פה התפלל למנוע עונשם של בני ישראל

[לב] **תלמוד בבלי מסכת סנהדרין דף פא עמוד א:** בעא מניה אחוה דרב יוסף בר חמא מרבה בר נתן: מנא הא מילתא דאמור רבנן מי שנתחייב שתי מיתות בית דין נידון בחמורה? - דכתיב והוליד בן פריץ שפך דם וגו' אל ההרים אכל, ואת אשת רעהו טמא ואל הגלולים נשא עיניו. והוליד בן פריץ שפך דם - בסייף, את אשת רעהו טמא - זו אשת איש, בחנק. ואל הגלולים נשא עיניו - זו עבודה זרה, בסקילה. וכתיב מות יומת דמיו בו יהיה - בסקילה. מתקיף לה רב נחמן בר יצחק: אימא כולהו בסקילה: והוליד בן פריץ שפך דם - זה בן סורר ומורה, דבסקילה. אשת רעהו טמא - זו נערה המאורסה, דבסקילה. ואל הגלולים נשא עיניו - זו עבודה זרה, דבסקילה. - אם כן מאי קא משמע לן יחזקאל? - דלמא תורה קא מהדר? - אם כן איבעי ליה לאהדורה כי היכי דאהדרה משה רבינו. דרש רב אחא ברבי חנינא: מאי דכתיב אל ההרים לא אכל - שלא אכל בזכות אבותיו. ועיניו לא נשא אל גלולי בית ישראל - שלא הלך בקומה זקופה. ואת אשת רעהו לא טמא - שלא ירד לאומנות חבירו. ואל אשה נדה לא יקרב שלא נהנה מקופה של צדקה, וכתיב צדיק הוא חיה יחיה. כשהיה רבן גמליאל מגיע למקרא הזה היה בוכה, ואמר מאן דעביד לכולהו - הוא דחיי, בחדא מינייהו - לא. אמר ליה רבי עקיבא: אלא מעתה אל תטמאו בכל אלה הכי נמי, בכולהו אין, בחדא מינייהו לא? אלא: באחת מכל אלה, הכי נמי: באחת מכל אלה. [לג] **תלמוד בבלי מסכת שבת דף צו עמוד ב:** תנו רבנן: מקושש זה צלפחד, וכן הוא אומר ויהיו בני ישראל במדבר וימצאו איש וגו' ולהלן הוא אומר אבינו מת במדבר, מה להלן צלפחד, אף כאן צלפחד, דברי רבי עקיבא. אמר לו רבי יהודה בן בתירא: עקיבא, בין כך ובין כך אתה עתיד ליתן את הדין. אם כדבריך, התורה כיסתו ואתה מגלה אותו! ואם לאו - אתה מוציא לעז על אותו צדיק. [לד] **שלל דוד במדבר פרק טו:** מעתה בזה נחלקו ר"ע ור' יהודה בן בתירא, דר"ע סבר מקושש זה צלפחד וכוונתו לשם שמים, דאזיל לשיטתו דהך פרשה דאל משה

גלא עמיקתא

ויש לומר דהתם עבד צלפחד לשם שמים להראות חומרא דשבת וללמד את בני ישראל דעונשו של מחלל שבת בסקילה, ברם הכא היתה זו מזימה דס"מ [כאמרם [לה]בא השטן ועירבב את העולם והראה להם דמות מיטתו של משה רבינו שיחשבו שכבר נסתלק ח"ו] להכרית ולאבד את שונאיהם של ישראל, וגם הוא שורש ויסוד למחשבת המן בן המדתא האגגי להשמיד להרוג ולאבד את כל היהודים ביום אחד (אסתר ג', י"ג) דשורשו מחטא העגל- דהס"מ עורר חרון אף גדול כל כך- עד שהקב"ה אמר הרף ממני ואכלם כלומר את כל עם ישראל- הרי שהיה פה מעשה שטן להכרית את כל עם ישראל ולא צלח.

[לו]וכן בבלעם ידע לכוין רגע זעמו של השי"ת, וברגע זה אמר תיבת **כלם**- וגם פה- הרף ממני **ואכלם**.

אמר קודם מתן תורה היה הכל הברית והזאה ונעשה ונשמע, וא"כ יש להם מודעא ורק מכח הבטחת הארץ חייבים כמ"ש הרשב"א, מעתה שראו שלא יכנסו לארץ פטורים המה, ולכך עשה זה צלפחד כדי ללמוד ממנו דטעו ואין פטורים מן המצוות. ויליף ר"ע זה מיתורא דויהיו בני ישראל במדבר וכמ"ש, ולא ס"ל לר"ע דמעביר הוה ולהכי נכתב במדבר, אלא במדבר נכתב כדי להורות מקום טעותם, וא"כ הדבר מוכרח מעצמו, וקאמר וכן הוא אומר כלומר עוד ראיה אחרת מגז"ש. ור' יהודה בן בתירא לשיטתו דלאחר מתן תורה חזרו וקיימו הברית, וא"כ אין מקום למודעא ואי אפשר שיטעו ישראל שיהיו פטורים מן המצוות, וא"כ לא היה מקום לצלפחד לעשות עבירה זו לשמה, וא"כ בודאי מקושש לאו היינו צלפחד, ואפילו לפי דברי ר"ע התורה כסהו וגז"ש לא גמיר. ואי משום יתורא דבמדבר, ס"ל דמעביר הוה ולהכי כתיב במדבר דמשום הכי היה חייב, דאילו לא היו בני ישראל במדבר ולא הוה רה"ר לא היה חייב כמ"ש.

[לה] **תלמוד בבלי מסכת שבת דף פט עמוד א**: ואמר רבי יהושע בן לוי: מאי דכתיב וירא העם כי בשש משה, אל תקרי בושש אלא באו שש. בשעה שעלה משה למרום אמר להן לישראל: לסוף ארבעים יום, בתחלת שש, אני בא. לסוף ארבעים יום בא שטן ועירבב את העולם, אמר להן: משה רבכם היכן הוא? אמרו לו: עלה למרום. אמר להן: באו שש - ולא השגיחו עליו. מת - ולא השגיחו עליו. הראה להן דמות מטתו. והיינו דקאמרי ליה לאהרן כי זה משה האיש וגו'.

[לו] **תלמוד בבלי מסכת ברכות דף ז עמוד א**: ואמר רבי יוחנן משום רבי יוסי: מנין שאין מרצין לו לאדם בשעת כעסו - דכתיב: פני ילכו והנחתי לך; אמר לו הקדוש ברוך הוא למשה: המתן לי עד שיעברו פנים של זעם ואניח לך. ומי איכא רתחא קמיה דקודשא בריך הוא? - אין, דתניא: ואל זועם בכל יום. וכמה זעמו? - רגע. וכמה רגע? - אחד מחמשת רבוא ושמונת אלפים ושמנה מאות ושמנים ושמנה בשעה, וזו היא רגע, ואין כל בריה יכולה לכוין אותה שעה, חוץ מבלעם הרשע, דכתיב ביה: ויודע דעת עליון. השתא דעת בהמתו לא הוה ידע - דעת עליון הוה ידע? אלא: מלמד, שהיה יודע לכוין אותה שעה שהקדוש ברוך הוא כועס בה, והיינו דאמר להו נביא לישראל: עמי זכר - נא מה - יעץ בלק מלך מואב וגו'. מאי למען דעת צדקות ה'? אמר רבי אלעזר: אמר להם הקדוש ברוך הוא לישראל: דעו כמה צדקות עשיתי עמכם שלא כעסתי בימי בלעם הרשע, שאלמלי כעסתי - לא נשתייר משונאיהם של ישראל שריד ופליט; והיינו דקאמר ליה בלעם לבלק: מה אקב לא קבה אל ומה אזעם לא זעם ה', מלמד, שכל אותן הימים לא זעם. וכמה זעמו? - רגע. וכמה רגע? - אמר רבי אבין ואיתימא רבי אבינא: רגע כמימריה. ומנא לן דרגע רתח? - שנאמר: כי רגע באפו חיים ברצונו. ואי בעית אימא, מהכא: חבי כמעט רגע עד יעבר זעם. ואימת רתח? אמר אביי: בהנך תלת שעי קמייתא, כי חיורא כרבלתא דתרנגולא וקאי אחד כרעא. כל שעתא ושעתא נמי קאי הכי! כל שעתא אית ביה שורייקי סומקי, בההיא שעתא לית ביה שורייקי סומקי. ההוא מינא דהוה בשבבותיה דרבי יהושע בן לוי, הוה קא מצער ליה טובא בקראי.

גלא עמיקתא

ובכאן אהרן עשה העגל לשם שמים ומשה רבינו ביטל את רוע הגזירה– דהוה כשותף למעשה העגל כיון שלא מיחה ולא זו בלבד אלא אמר בפה מלא אני עמם– והוא בסוד (ויקרא ט״ז,ט״ז) ״השוכן אתם בתוך טומאתם״

וחזינן דבמעשה העגל היה מעין בדקות שבדקות בחינה של עבודה זרה לשם שמים כמו שנתבאר ובדומה למה שכתבנו לעיל בענין לשון הרע לשם שמים.

ותיבין ״**ויהי ביום כלות משה להקים את המשכן וימשח אתו ויקדש אתו ואת כל כליו ואת המזבח ואת כל כליו**״ גימ׳ (5004) י״ב פעמים ״יום הכפורים״ (417)

ובאור הענין דבזכות המשכן נתכפר לישראל וכן בכל שנה ביום הכפורים– ולכן כפלינן י״ב פעמים לרמוז י״ב שבטי י–ה, א״נ י״ב חודשי השנה– ודרשו חז״ל [לז]כפורים איהו כיום פורים ב–כ׳ הדמיון דאף יום הכפורים הוא בחינת תחית המתים דפורים [לח]דאין אכילה ושתיה לעתיד לבוא והוא ב–כ׳ הדמיון דבפורים עיקר הוא ימי משתה ושמחה (אסתר ט׳,כ״ב)

יומא חד שקל תרנגולא ואוקמיה בין כרעיה דערסא ועיין ביה, סבר: כי מטא ההיא שעתא אלטייה. כי מטא ההיא שעתא ניים. אמר: שמע מיניה לאו אורח ארעא למעבד הכי , ורחמיו על כל מעשיו כתיב, וכתיב: גם ענוש לצדיק לא טוב. תנא משמיה דרבי מאיר: בשעה שהחמה זורחת, וכל מלכי מזרח ומערב מניחים כתריהם בראשיהם ומשתחוים לחמה, מיד כועס הקדוש ברוך הוא. ואמר רבי יוחנן משום רבי יוסי: טובה מרדות אחת בלבו של אדם יותר מכמה מלקיות, שנאמר: ורדפה את מאהביה וגו׳ ואמרה אלכה ואשובה אל אישי הראשון כי טוב לי אז מעתה; וריש לקיש אמר: יותר ממאה מלקיות, שנאמר: תחת גערה במבין מהכות כסיל מאה. [לז] **ר׳ צדוק הכהן מלובלין - פרי צדיק דברים פרשת וילך ושבת תשובה:** ובזה יש להבין הרמז שנזכר בתיקונים (תיקון כ״א) על יום כפורים כמו פורים שהדוגמא הוא כמו בנס פורים היה מבורר לכל שהזדונות נהפכו לזכויות כידוע שעיקר החטא היה שנהנו מסעודתו של אותו רשע. ובזה עצמו היה הנס על ידי משתה היין כמו שנזכר מיד במגילה תוקפו של אחשורוש שעשה משתה לכל שריו ועבדיו. ועל ידי זה הדר קיבלוהו עלייהו התורה מאהבת הנס מפני שראו שזה החטא עצמו שנהנו מסעודתו נתהפך לזכות לכן בא המצוה לבסומי עד דלא ידע וכו׳ שאין שום הבחנה בדעת גם אם נתערב עמהם ונתחבר עמם יש יקרות זה

לישראל שעם כל זה הוא מקושר בשורש למעלה מן הדעת: [לח] **תלמוד בבלי מסכת ברכות דף יז עמוד א:** מרגלא בפומיה דרבי מאיר: גמור בכל לבבך ובכל נפשך לדעת את דרכי ולשקוד על דלתי תורתי, נצור תורתי בלבך ונגד עיניך תהיה יראתי, שמור פיך מכל חטא וטהר וקדש עצמך מכל אשמה ועון, ואני אהיה עמך בכל מקום. מרגלא בפומייהו דרבנן דיבנה: אני בריה וחברי בריה, אני מלאכתי בעיר והוא מלאכתו בשדה, אני משכים למלאכתי והוא משכים למלאכתו, כשם שהוא אינו מתגדר במלאכתי כך אני איני מתגדר במלאכתו, ושמא תאמר: אני מרבה והוא ממעיט - שנינו: אחד המרבה ואחד הממעיט ובלבד שיכוין לבו לשמים. מרגלא בפומיה דאביי: לעולם יהא אדם ערום ביראה, מענה רך משיב חמה ומרבה שלום עם אחיו ועם קרוביו ועם כל אדם, ואפילו עם נכרי בשוק, כדי שיהא אהוב למעלה ונחמד למטה, ויהא מקובל על הבריות. אמרו עליו על רבן יוחנן בן זכאי שלא הקדימו אדם שלום מעולם ואפילו נכרי בשוק. מרגלא בפומיה דרבא: תכלית חכמה תשובה ומעשים טובים; שלא יהא אדם קורא ושונה ובועט באביו ובאמו וברבו ובמי שהוא גדול ממנו בחכמה ובמנין, שנאמר: ראשית חכמה יראת ה׳ שכל טוב לכל עושיהם. לעושים לא נאמר אלא לעושיהם - לעושים לשמה, ולא לעושים שלא לשמה. וכל העושה שלא לשמה נוח לו שלא נברא. מרגלא בפומיה דרב: [לא כעולם הזה העולם

גלא עמיקתא

והיינו סעודת פורים דהיא כעין הסעודה דעתידא קוב"ה למעבד לצדיקיא סעודת שור הבר ויין המשומר בענביו משׁשת ימי בראשית בצילא דמהימנותא בסוכת עורו של לויתן ודרשו חז"ל [לט]דיאמר הקב"ה לצדיקיא טול בריך ויאמרו איני כדאי עד שיבא דוד מלכא משיחא ויאמר לי נאה לברך [ועיין מה שבארנו לעיל אופן כ"א ענין המן ועשרת בניו לקביל י"א כתרין דמסאבותא כמו שנתגלגלו בפורים בהמן ועשרת בניו ומה שבארנו שם ענין סעודת שור הבר לויתן ויין המשומר][6]

ב'. ומביא המגלה עמוקות את הפסוק (שמות ל"ח,כ"א-תחלת פרשת פקודי):

"[מ]אלה פקודי המשכן משכן העדות אשר פקד על פי משה"

הבא], העולם הבא אין בו לא אכילה ולא שתיה ולא פריה ורביה ולא משא ומתן ולא קנאה ולא שנאה ולא תחרות, אלא צדיקים יושבין ועטרותיהם בראשיהם ונהנים מזיו השכינה, שנאמר: ויחזו את האלהים ויאכלו וישתו. **[לט] תלמוד בבלי מסכת פסחים דף קיט עמוד ב:** דרש רב עוירא, זימנין אמר ליה משמיה דרב, וזימנין אמר ליה משמיה דרב אסי: מאי דכתיב ויגדל הילד ויגמל - עתיד הקדוש ברוך הוא לעשות סעודה לצדיקים ביום שיגמל חסדו לזרעו של יצחק. לאחר שאוכלין ושותין נותנין לו לאברהם אבינו כוס של ברכה לברך, ואומר להן: איני מברך, שיצא ממני ישמעאל. אומר לו ליצחק: טול וברך! אומר להן: איני מברך, שיצא ממני עשו. אומר לו ליעקב: טול וברך! אומר להם: איני מברך, שנשאתי שתי אחיות בחייהן, שעתידה תורה לאוסרן עלי. אומר לו למשה: טול וברך, אומר להם: איני מברך, שלא זכיתי ליכנס לארץ ישראל לא בחיי ולא במותי. אומר לו ליהושע, טול וברך! אומר להן: איני מברך, שלא זכיתי לבן, דכתיב: יהושע בן נון נון בנו יהושע בנו. אומר לו לדוד: טול וברך! אומר להן: אני אברך, ולי נאה לברך, שנאמר כוס ישועות אשא ובשם ה' אקרא. **[מ] של"ה פרשת תרומה תורה אור:** ה. ועתה יש לנו להודיעך, כי השכינה מיוחדת לישראל לבד, והיינו דכתיב (שמות כה, ח) 'ועשו לי מקדש ושכנתי בתוכם', וכתיב (שם כט, מו) 'אשר הוצאתי אתם מארץ מצרים לשכני בתוכם', וכתיב (ויקרא כו, יא) 'ונתתי משכני בתוככם'. והסוד כבר הודענוך כי זה הוא היכל ששם ידו"ד [יתברך] שוכן בתוכו, וה' יתברך אמר לישראל קחו לכם משכני שאני שוכן בו ולא אפרד מכם לעולם. ואף על פי שאתם מקבלים טומאה, אין שכינתי נבדלת מכם

6. אופן כ"א - י' ספירות דקלי' לקביל עשרת בני המן א' זעירא דויקרא לקביל י' היינו מש"כ "עשרת בני המן בן המדתא צרר היהודים" (אסתר ט',י') גימ' (2199) "רחם נא ה' א-להינו על ישראל עמך ועל ירושלים עירך" (ברכת המזון) ע"ה, והם י' ספירות דקלי'.

ובתוספת המן הרשע הם י"א כמבואר בספה"ק דאינון י"א כתרין דמסאבותא שורש הקלי' בסוד עשתי עשר יריעות עיזים שהיו במשכן ובסוד י"א ארורים שבפרשת כי תבוא וכנגדם בקטרת י"א סממנים וכו'.

והנה כל אחד מעשרת בני המן לקביל ולעומת זה דקדושה, וכדלקמן:

א'. **פרשנדתא** גימ' (1035) ה"פ "אור" דמעשה בראשית - לקביל **חכמה.**

ב'. **דלפון** גימ' (170) י"פ "טוב" דמעשה בראשית - **בינה.**

ג'. **אספתא** גימ' (542) ישראל עם הכולל - **דעת.**

ושלשתם יחד, בסוד **חב"ד**, גימ' (1747) "דעת קנית מה חסרת".

ד'. **פורתא** גימ' (687) רל"ב-תנ"ה מלויי הוי' ואהי"ה וכן "פרדשקא" - **חסד.**

ה'. **אדליא** גימ' (46) מלוי דשם ע"ב - **גבורה.**

ו'. **ארידתא** גימ' (616) "התורה" - **תפארת.**

ושלשתם יחד, בסוד **חג"ת** גימ' (1349) "ה' צב-אות עמנו משגב לנו א-להי יעקב".

ז'. **פרמשתא** גימ' (1021) "ביאת משיח צדקנו" - **נצח.**

ח'. **אריסי** גימ' (281) "אפר" כדאמר אברהם (בראשית י"ח,כ"ז) ואנכי עפר ואפר - **הוד.**

ט'. **ארידי** גימ' (225) "גדול ה' ומהלל מאד" (תהלים קמ"ה, ג') - **יסוד.**

י'. **ויזתא** גימ' (424) "משיח בן דוד" - לקביל **מלכות.**

וארבעתם יחד בסוד **נהי"מ** סליקו לחושבן (1951) "ותעביר ממשלת זדון מן הארץ" כדאמרינן בתפלת ראש השנה.

והנה א' זעירא נהפכת לי' מרמזת עניין הגאולה בב"א במחית זרעו של עמלק מיוצג בי' בני המן והוא כתר ע"ג, וכדלקמן: "אלף זעירא" במלוי [אלף למד פא, זין עין יוד ריש אלף] גימ' (1104) "כאור שבעת הימים" (ישעי' ל') פסוק המבשר את הגאולה לעתיד לבוא, י' במלוי, מלוי דמלוי, ומלוי דמלוי דמלוי גימ' (1970): "הנה ברכו את ה' כל עבדי ה' העמדים בבית ה' בלילות" (תהלים קל"ד) ובמזמור הזה רמז ברור לגאולה - במזמור ג' פסוקים - תיבה ראשונה ואחרונה דבכל פסוק, דהיינו: "שיר-בלילות, שאו-ה', יברכך-וארץ" גימ' (1870):

שור הבר [גימ' (713) "תשובה"]

לויתן [גימ' (496) "מלכות"]

יין המשומר [גימ' (במדבר י"ב,ג') "האיש משה" (661)]

ורמיזא סעודה הגדולה דיעביד קוב"ה לצדיקיא לעתיד לבוא והיא סעודת שור הבר ויין המשומר בענביו משׁשת ימי בראשית בצילא דמהימנותא בסוכת עורו של לויתן

והוא כאמרם מרדכי בדורו כמשה בדורו, ומרומז ג' העניינים "תשובה", "מלכות" -היינו קבלת עומ"ש, הכוללת ג' הקוים תורה עבודה וגמ"ח, והתקשרות ל"האיש משה" שבדור, הוא הצנור אותיות רצון מבואר באופן ט"ו היטב, וזהו "ויקרא" במלוי גימ' (829) "צמצום הראשון" ע"ה, והוא גימ' "היטיבו נגן בתרועה" (תהלים ל"ג,ג') שרש הנגון בסתר עליון בחביון עז עצמותו יתברך ויתעלה לעד ולנצח נצחים, ויגלה משיח צדקינו דילחם מלחמות ה' ויסיר מעלינו קליפת המן-עמלק שבדורינו, ויבנה את בית מקדשנו בגאולה האמיתית והשלמה וביאת משיח צדקנו, במהרה בימינו אמן.

גלא עמיקתא

גימ' (2760) ח' פעמים "משה" (345) ונמשך מכאן דתיבין "אלה פקודי המשכן משכן העדות אשר פקד על פי" סליקו לחושבן ז' פעמים "משה"

ורמיזא הצדיק הכולל משה רבינו [זהו מש"ה אחד] דמתקן ז' בחינות בעם ישראל הנכללים בצדיק הכולל [זהו ז' פעמים מש"ה] כדאיתא בספה"ק בענין (במדבר ח',ב') אל מול פני המנורה [דא

(יומא נו ב; במדבר רבה פ"ז ס"ח), והיינו דכתיב (ויקרא טז, טז) 'השכן אתם בתוך טמאתם'. וכשנתן השם יתברך לישראל המתנה הזאת ושרתה שכינה ביניהם, נמצאו כל אוצרות השם יתברך וגנזיו וחדריו וכל מיני שפע וכל אצילות ברכה נמצאו ביד ישראל. ומסר ביד ישראל מפתחות כל אוצר ואוצר לפתוח ולקבל כל שפע וברכה מאת השכינה, וזהו שנאמר (שם כו, יא - יב) 'ונתתי משכני בתוככם, והתהלכתי בתוככם והייתי לכם לאלהים', וכאילו השכינה משכנו ומשכונו של הקדוש ברוך הוא יתברך ביד ישראל. וכשחטאו ישראל לפניו ונחרב הבית, הרי [זה] המשכון שלו ממשכנו ביד ישראל ומוליכו עמהם בגלות, והסוד 'אלה פקודי המשכן משכן העדת' (שמות לח, כא). והיינו דאמרינן (ספרי מסעי קס"א) חביבין ישראל שבכל מקום שגלו שכינה עמהם. גלו למצרים שכינה עמהם, שנאמר (שמואל - א ב, כז) 'הנגלה נגליתי [אל] (ל)בית אביך בהיותם במצרים', וכתיב (בראשית מו, ד) 'אנכי ארד עמך מצרימה'. גלו לבבל שכינה עמהם, שנאמר (ישעיה מג, יד) 'למענכם שלחתי בבלה'. גלו לעילם שכינה עמהם, שנאמר (ירמיה מט, לח) 'ושמתי כסאי בעילם' [וגו']. גלו לאדום שכינה עמהם, שנאמר (ישעיה סג, א) 'מי זה בא מאדום' וגו'. וכשהם חוזרים שכינה עמהם, שנאמר (דברים ל, ג) 'ושב ה' אלהיך את שבותך ורחמך', 'והשיב' לא נאמר אלא 'ושב'. ואומר (שיר השירים ד, ח) 'אתי מלבנון כלה' [וגו']. רבי מאיר אומר, משל למלך שאמר לעבדו אם תבקשני הריני אצל בני, שנאמר (ויקרא טז, טז) 'השכן אתם בתוך טמאתם', 'בטמאם את משכני [אשר בתוכם]' (שם טו, לא), ואומר (במדבר ה, ג) 'ולא יטמאו את מחניהם [אשר אני שכן בתוכם]', ואומר (שם לה, לד) 'ולא תטמא [את] הארץ אשר אתם ישבים בה וגו' כי אני ה' שכן בתוך בני ישראל', עכ"ל (ספר שערי אורה).

קצור: אתפשטותא דמשה בכל דרא ודרא (תקו"ז ס"ט קיב.) ומרדכי בדורו כמשה בדורו הכניע את עמלק דהיינו המן ועשרת בניו.

[מא] ילקוט שמעוני תורה פרשת כי תשא רמז שצג: ומשה יקח את האהל [לג, ז] כתיב וישמע משה ויפול על פניו מה שמועה שמע, אמר רבי שמואל בר נחמני אמר רבי יונתן שמע שחשדוהו מאשת איש שנאמר ויקנאו למשה במחנה מלמד שכל אחד ואחד קנא לאשתו ממשה שנאמר ומשה יקח את האהל, והיה כל מבקש ה' מלמד שכל מי שרואה פני זקן כאילו מקבל פני שכינה. ומשה יקח את האהל אמר מנודה לרב מנודה לתלמיד א"ל הקדוש ברוך הוא תרתין אפין מרתחין חזור בך והכנס למחנה שנאמר ודבר ה' אל משה פנים אל פנים [לג, יא], איני יודע מקרא זה מהו כשהוא אומר ושב אל המחנה מלמד שהתיר לו נדרו והכניס את האהל למחנה:

[מב] ויקרא רבה פרשת אמור פרשה כו: א [כא, א] אמור אל הכהנים בני אהרן ר' תנחום בר' חנילאי פתח (תהלים יב) אמרות ה' אמרות טהורות אמרות ה' אמרות טהורות אמרות בשר ודם אינן אמרות טהורות בנוהג שבעולם מלך ב"ו נכנס למדינה כל בני המדינה מקלסין אותו וערב לו קילוסן אמר להם למחר אני בונה לכם דימוסיאות ומרחצאות למחר אני מכניס לכם אמה של מים ישן לו ולא עמד היכן הוא והיכן אמרותיו אבל הקדוש ברוך הוא אינו כן אלא (ירמיה י') וה' אלהים אמת למה הוא אמת א"ר אבין שהוא אלהים חיים ומלך עולם, אמרות טהורות רבי יודן בשם ר' יוחנן ור' ברכיה בשם רבי אלעזר ור' יעקב דכפר חנין ואמרין לה בשם

גלא עמיקתא

צדיק] **יאירו שבעת הנרות** [ז' בחינות דישראל]

ותיבין "אלה פקודי המשכן" גימ' (651) "איתמר"– וכדממשיך הפסוק "עבדת הלוים ביד **איתמר** בן אהרן" גימ' (1662) "אלף בכתר" דהיא א' זעירא דנן וכו'.

ועם רישא סליק כולא פסוקא לחושבן דהיינו "**אלה פקודי המשכן משכן העדות אשר פקד על פי משה עבדת הלוים ביד איתמר בן אהרן הכהן**" (שמות ל"ח,כ"א)

גימ' (4382) "דוד" (14) פ' "מאור גנוז" (313) דבגאולתא שלמתא יתגלה אור הגנוז ויקיצו וירננו שוכני עפר במהרה בימינו אמן.

והנה חושבן שני הפסוקים יחד דהיינו:

א'. **ויהי ביום כלות משה להקים את המשכן וימשח אתו ויקדש אתו ואת כל כליו ואת המזבח ואת כל כליו וימשחם ויקדש אתם** (במדבר ז',א') (6269)

ב'. **אלה פקודי המשכן משכן העדת אשר פקד על פי משה עבדת הלוים ביד איתמר בן אהרן הכהן** (שמות ל"ח,כ"א) (4382)

סליקו תרוויהו לחושבן (10651) "י-ה" (15) פ' "על ידי דוד משיח צדקך" (710) עם הכולל– רמיזא ענין הגאולה העתידה וכנודע "משה דוד" גימ' (359) "משיחא".

ג'. ומביא הפסוק (שמות ל"ג,ז') "[מא]**ומשה יקח את האהל** (אתוון לאה) **ונטה לו מחוץ למחנה הרחק מן המחנה וקרא לו אהל מועד**" וכו'

גימ' (2304) "אהל" (36) פעמים "דין" (64) וכדממשיך הפסוק שם "והיה כל מבקש ה' יצא אל אהל מועד" וכו' היינו ענין דין.

וכתבנו לעיל אופן קמ"ח דתמן ב-ה' פסוקים י"א פ' תיבה "אהל" (36) גימ' (396) "[מב]א-להים חיים ומלך עולם" (ירמי' י',י') וכדברי רש"י דאפילו מלאכי השרת כשהיו שואלים מקום השכינה אומרים להם הרי הוא באהלו של משה ושם הארכנו בענין י"א פעמים אהל דכתיב בפרשת כי תשא ומשה יקח את האהל וכו' דסליקו כולהו לחושבן

7. והנה הוא הפלא ופלא דאינון י"א פעמים אה"ל (שם) בתוך ה' פסוקין, ואפשר שזהו הריכוז הגדול ביותר בכ"ד ספרים בתיבת "אהל", ורמיזא אבדם של הני י"א כתרין דמסאבותא- והאי א' דאהל איהי א' זעירא דנוק', ד"ויקרא אל משה" - ס"ת אה"ל. ונעביד חושבן דהני י"א "אהל", דהיינו: "האהל אהל אהל (שמות ל"ג,ז') האהל אהלו האהלה (פס' ח') האהלה האהל (פס' ט') האהל אהלו (פס' י') האהל (פס' י"א)" גימ' (453) "מלך המשיח" והוא נפלא דדוד מלכא משיחא ימגר ויאביד לנצח הני י"א קלי' דלקביל להון הני י"א אהל- ואינון י"א יריעות עזים מעל האהל וכדכתיב "וסרח העדף ביריעת האהל" (שמות כ"ו,י"ב) גימ' (1166) כ"ב (אתוון דאורייתא קדישא) פ' ג"ן (פרשיות התורה), וד"ל.

8. "ויקרא אל משה וידבר ה' אליו מאהל מועד לאמר" גימ' (1455) "קודשא בריך הוא ושכינתיה" ע"ה, פרש"י לשון חיבה ע"ש, וכמו שכתוב באברהם (בראשית י"ח,ט') "ויאמרו אליו איה שרה אשתך ויאמר הנה באהל", וכן ביצחק (בראשית כ"ד,ס"ז) "ויבאה יצחק האהלה שרה אמו ויקח את רבקה ותהי לו לאשה ויאהבה" וכן ביעקב (בראשית ל"א,ל"ג) "ויבא באהל יעקב ובאהל לאה ובאהל שתי השפחת ויצא מאהל לאה ויבא באהל רחל" ה"פ אהל, ולאה אותיות אהל הרי ו"פ "אהל" גימ' (216) "יראה" עניין הנוק' וכן במשלי (ל"א "אשה יראת ה' היא תתהלל" [עיין עוד לקמן אופן ס"ב בעניין "אשה יראת ה'" גימ' "רשות היחיד" מבואר שם היטב]. ובתוספת ב"פ אהל בפסוקים דאברהם אע"ה ויצחק אע"ה גימ' (288) "רפח" והן רפ"ח נצוצין שנפלו לקלי' בשבירת הכלים, ועיין באריז"ל שער רפ"ח נצוצין. "אהל" בא"ת ב"ש גימ' (510) "מלכות דוד" עם הפשוט גימ' "תלדי בנים" דאמר קוב"ה לחוה לאחר החטא "בעצב תלדי בנים ואל אישך תשוקתך והוא ימשל בך" (בראשית ג',ט"ז) ורמז מרע"ה ב-א' זעירא לענין השתוקקות בנ"י לבעלה הקב"ה

גלא עמיקתא

(453) "מלך המשיח" והן לקביל י"א בחי' הקלי' בסוד י"א יריעות עיזים מעל האהל וסרח העדף וכו' עיין שם באורנו באריכות[7]

ובאופן י"ח אהל אצל אברהם ויצחק, וביעקב כתיב ז"פ אה"ל כולל ב"פ לא"ה אתוון אה"ל בחד פסוקא (בראשית ל"א,ל"ג) עיין שם[8]

ד'. ומביא הפסוק (תהל' צ',א') "[מג]**תפלה למשה איש הא–להים**

ריב"ל מצינו שעיקם הקדוש ברוך הוא ח' אותיות ולא הוציא דבר מגונה מפיו שנאמר (בראשית ז) מן הבהמה הטהורה ומן הבהמה אשר איננה טהורה ובמקום אחר עקם שתים ושלש תיבות בתורה כדי שלא להוציא דבר של טומאה מתוך פיו הה"ד (שם /בראשית ז'/) מכל הבהמה אשר לא טהורה (הטמאה) [אשר טמאה היא] אינו אומר אלא אשר לא טהורה היא אמר רבי יודן בן מנשה אף כשבא לפתוח להם בסימני בהמה טמאה לא פתח אלא בטהרה (ויקרא יא) את הגמל כי לא מפריס פרסה הוא אין כתיב כאן אלא כי מעלה גרה את השפן כי לא מפריס פרסה הוא אינו אומר אלא כי מעלה גרה וכן הארנבת וכן החזיר. [**מג**] **זוהר פרשת וישלח דף קסח עמוד ב:** ויאמר אם יבא עשו אל המחנה האחת והכהו והיה המחנה הנשאר לפליטה, ת"ח מה כתיב ויחץ את העם אשר אתו ואת הצאן ואת הבקר והגמלים לשני מחנות, אמאי לשני מחנות בגין דאמר אם יבא עשו אל המחנה האחת והכהו והיה המחנה הנשאר לפליטה, תא חזי שכינתא לא עדיאת מאהל לאה ומאהל רחל אמר יעקב ידענא דהא נטירו לון לאלין מן קודשא בריך הוא מה עבד וישם את השפחות ואת ילדיהן ראשונה אמר אם יקטיל עשו לאלין יקטיל אבל אלין לא מסתפינא מנייהו בגין דשכינתא עמהון ועל דא והיה המחנה הנשאר לפליטה, כיון דעביד האי אתקין צלותיה עלייהו מה כתיב ויאמר יעקב אלהי אבי אברהם ואלהי אבי יצחק יי' האומר אלי שוב לארצך ולמולדתך ואטיבה עמך, רבי יוסי פתח ואמר (תהלים ק"ב) תפלה לעני כי יעטוף ולפני יי' ישפוך שיחו, האי קרא אוקמוה בכמה אתר, אלא דוד מלכא אמר דא כד אסתכל וחמא במלי דמסכנא ואסתכל ביה כד הוה אזיל וערק מקמי חמוי אמר דא תפלה לעני, דא הוא צלותא דבעי מסכנא קמי קודשא בריך הוא ודא צלותא דאקדימת לכל צלותהון דעלמא, כתיב הכא תפלה לעני וכתיב התם (שם צ') תפלה למשה איש האלהים מה בין האי להאי אלא דא תפלה של יד ודא תפלה של

גלא עמיקתא

(ראשי תיבות אה"ל) א-דני מעון אתה היית לנו בדר ודר" גימ' (2856) כ"ד פעמים "כסא הכבוד" (119) ובאור הענין דהן [מד]כ"ד קשוטי

ראש ולית לאפרשא בין האי תפלה לעני ובין תפלה למשה איש האלהים ותרווייהו שקילין כחד ועל דא צלותא דעני אקדימת קמי קודשא בריך הוא מכל צלותין דעלמא בגין דכתיב (שם כ"ב) כי לא בזה ולא שקץ ענות עני וגו', ת"ח תפלה לעני דא תפלה של יד דעני אתדבק במסכנותיה, כמאן דלית ליה מגרמיה כלום, דבר אחר תפלה דא משה, לעני דא דוד, כי יעטוף כד אתכסיא סיהרא ואתכסי שמשא מינה, ולפני יי' ישפוך שיחו בגין לאתחברא בהדי שמשא, ת"ח צלותא דכל בני נשא צלותא, וצלותא דמסכנא איהי צלותא דקיימא קמיה דקודשא בריך הוא ותבר תרעין ופתחין ועאלת לאתקבלא קמיה הדא הוא דכתיב (שמות כ"ב) והיה כי יצעק אלי ושמעתי כי חנון אני וכתיב שמוע אשמע צעקתו, ולפני יי' ישפוך שיחו כמאן דמתרעם על דינוי דקודשא בריך הוא **[מד] ספר פנים יפות לרבי פנחס הלוי הורוויץ בעל ההפלאה שמות פרק לא:** (יח) ויתן אל משה וגו'. כתב הרמב"ן מה שלא הזכיר השם הנותן דקאי על האלהים בסוף הפ', ויותר נראה דעת רש"י ז"ל שכתב פרשה זו נאמרה קודם לציווי מלאכת המשכן דהיינו בסוף אלה משפטים [כד, טז - יז] דכתיב וישכון כבוד ה' וגו' ומראה כבוד ה' וגו' ויהי משה בהר וגו' ועל זה קאי ויתן אל משה, אלא שהקדים הכתוב פר' תרומה שהוא מ"ש חז"ל [מגילה יג ב] שהקב"ה מקדים רפואה למכה, וכבר עלה בדעת הש"י הרפואה שהוא מלאכת המשכן קודם למכה: ויש לפרש מה שפירש"י ככלתו על ישראל שהם מקושטין בכ"ד ספרים שהם נגד כ"ד קשוטי כלה, והנה משמעות דברי חז"ל [תנחומא עקב יא] שע"י שבירת הלוחות היו נעשים כפנויה, משמע שהלוחות הם הקידושין כמו שיבואר לפנינו וקאי ככלתו חסר על ישראל שהם ככלה ע"י קידושין, והוא הענין מה שתקנו בברכת אירוסין מקדש עמו ישראל ע"י חופה וקידושין. ויש לפרש מ"ש ככלתו לדבר אתו מפני דקי"ל [קידושין ה ב] דבעינן בקידושין נתינה ואמירה דבנתן הוא ולא אמר הוא אינה מקודשת, וכאן לא מצינו אמירה בשעת נתינה דאף דכתיב בסוף פרשת משפטים [כד, יב] עלה אלי ההרה והיה שם ואתנה לך את לוחות האבן, מ"מ זה היה קודם ארבעים יום לנתינה, אלא כיון דקי"ל בקידושין [ו א] היה מדבר עמה על עסקי גיטין וקידושין, ונתן לה ולא פירש הוי קידושין והוא שעסוקין באותו ענין, וכיון שכל התורה שלמד במ' יום הוא באותו ענין שהוא צרכי זיווג, ותיכף שכלה לדבר אתו מסר לו הלוחות הוי כאלו אמר בשעת נתינה, כדקי"ל כר' יוסי שם ולר"י י"ל דס"ל דקידושין אלו הם קדושי שטר, וס"ל דקדושי שטר א"צ אמירה וכן דעת קצת פוסקים, ועיין ב"ש סימן ל"ג [סק"ב] ובחידושי אה"ע סימן כ"ז הארכנו בזה: אך קשה לי דאי נימא שהיה קידושי שטר והרי אמרו [אבות פ"ה מ"ו] שבין השמשות נבראו הלוחות והכתב והמכתב וקי"ל [קידושין ט ב] בקידושי שטר בעינן מדעתה דבעינן דעתו ודעת מקנה, וצ"ל כענין שאחז"ל [זוהר ח"ג שז א] שכל הנשמות שהיו בשעת מ"ת הן היו בתחילת הבריאה, וכמ"ש חז"ל [ר"ה יא א] כל הבריאות לצביונם נבראו כדכתיב [בראשית ב, א] וכל צבאם וכ"ש נשמת ישראל, וכיון שאמרו [שבת פח א] שהקב"ה התנה במעשה בראשית ע"מ שיקבלו ישראל את התורה, כמ"ש חז"ל [שם] יום הששי הרי שהיה בתחילת בריאתם מדעתם לקבל התורה, והיינו דכתיב והלוחות מעשה אלהים המה והמכתב מכתב אלהים הוא שהיה בו רמז קדושי כסף שע"י הלוחות שהם מעשה אלהים, ורמז לקידושי שטר ע"י מכתב אלהים, לפ"ז י"ל דהא דאמר ר' יוסי בפרק ר"ע [פז א] משה שיבר הלוחות מדעתו שלמד ק"ו מפסח, לפי שאחז"ל [תנחומא עקב יג] שראה משה שהיו אותיות פורחות ואח"כ שיבר אותן וא"כ אי אפשר לומר שהיה קדושי שטר ע"י המכתב שכבר נתבטל הקידושין משפרחו האותיות ולמה שברם, אלא דר"י לשיטתו דס"ל שהיה קידושי כסף כיון שהיו עסוקים באותו ענין כנ"ל: ויש לפרש מ"ש ויתן אל משה ככלותו, מפני שבאמת משעה שמסר לו הלחות ככלות יום ארבעים כדכתיב ככלותו לדבר אתו, כבר עשו את העגל כמשמעות הכתוב שמשה ירד למחרתו אלא שלא הודיע למשה עד בקר יום המחרת, א"כ כיון שהקב"ה ידע ונתן לו מה היה דעת משה ששיבר את הלוחות מק"ו מפסח כדאיתא בשבת פרק ר"ע [פז א] והלא הש"י ידע שעשו ונתן לו, אמנם הענין הוא שהקב"ה לא חזר מדיבורו

שאמר עלה אלי ההרה ואתנה לך את לוחות האבן [כד, יב], והיתה הכוונה ליתן למשה לבדו כמ"ש הניחה לי וגו' ואעשה אותך לגוי גדול [לב, י], אלא שמשה לא רצה בזה כמ"ש ואם אין מחני נא מספרך [לב, לב], והיינו דכתיב ויתן אל משה ככלותו לדבר שהיה כוונת הש"י ליתן למשה עבדו: [מה] עיין לעיל אות ד'.:

[מו] מדרש שכל טוב בראשית פרשת ויצא פרק ל: ז) וירא והנה באר בשדה. זה סיני: ג' עדרי צאן. אלו כהנים לויים וישראלים: כי מן הבאר ההוא ישקו. שמשם שומעין עשרת הדברות: והאבן גדולה. זו גילוי שכינה: ונאספו שמה כל העדרים וגללו את האבן. ר' שמעון אומר אלו היו ישראל חסרים איש אחד לא היו כדאי לקבל את התורה: והשיבו את האבן. אתם ראיתם כי מן השמים דברתי עמכם (שמות כ יט): וישא את קולו ויבך. למה בכה שראה שאינה נכנסת עמו לקבורה, שכך היא אמרה ללאה, לכן ישכב עמך (פסוק טו), עמך לעולם ולא עמי: ועיני

גלא עמיקתא

כלה דלעתיד לבוא- [מה] שם שלם וכסא שלם.

ומתחלק: "תפלה למשה" גימ' (890) י"פ "חנוכה" (89) כחושבן "ויהי ביום כלות משה" כנ"ל. והוא חושבן (2856) "דוד" (14) פ' "צדיק" (204) דהוא משיח צדקנו יבוא ויגאלנו בגאולה האמיתית והשלמה במהרה בימינו אמן.

וארבעת הפסוקים יחד דמביאם המגלה עמוקות זה לצד זה כביכול כלאחר יד ובדרך אגב, אך חזינן בהו כונה עמוקה, דהיינו:

א'. **ויהי ביום כלות משה להקים את המשכן וימשח אתו ויקדש אתו ואת כל כליו ואת המזבח ואת כל כליו וימשחם ויקדש אתם** (במדבר ז',א')

ב'. **אלה פקודי המשכן משכן העדת אשר פקד על פי משה עבדת הלוים ביד איתמר בן אהרן הכהן** (שמות ל"ח,כ"א)

ג'. **ומשה יקח את האהל ונטה לו מחוץ למחנה הרחק מן המחנה וקרא לו אהל מועד והיה כל מבקש ה' יצא אל אהל מועד אשר מחוץ למחנה** (שמות ל"ג,ז')

ד'. **תפלה למשה איש הא-להים א-דני מעון אתה היית לנו בדר ודר** (תהל' צ')

סליקו כולהו לחושבן (15811) "יהיה" (30) פ' "א-להים אמת" (527) עם הכולל.

ובאור הענין דלעתיד לבוא תתגלה אמיתת שמו יתברך דאף הנהגות הטבע היו על פי השגחת כתר עליון וזהו א-להים אמת דיתגלה כי הוי' הוא הא-להים וכו'.

והוא חושבן (15811) י"ה (15) פעמים "ראשו כתם פז" (1054) עם הכולל (שיר השירים ה',י"א)

אתוון אמצעיים "ר**א**שו כ**ת**ם פ**ז**" **אש"ת** כדמפרש ואזיל המגלה עמוקות דיעקב בקש מלבן הבה את אשתי ואבואה אלי"ה נוטריקון א"ל י"ה, וכאן כפלינן י"ה פעמים "ראשו כתם פז"

דיעקב בריח התיכון מבריח מן הקצה אל הקצה- רחל בחינת מלכות- אל הקצה- כתר עליון בחינת כתם פז.

וזהו דפסוקא בתהלים (צ',א') "**תפלה למשה איש הא-להים א-דני מעון אתה היית לנו בדר ודר**" סליק לחושבן (2856) **י"ב** פעמים "רחל" (238)

ובאור הענין די"**ב** שבטי י-ה בחינת מלכותא קדישא בחינת **רחל** עקרת הבית [כדאיתא במדרש [מו] דעם ישראל נקראו על שמה של רחל שנאמר (ירמי' ל"א,י"ד) רחל מבכה על בניה] וזה שכתוב הבה את אשתי זו רחל כדי שיבנה בית המקדש מיד בביאתו לארץ כנ"ל.

גלא עמיקתא

ולכן כתב המגלה עמוקות "אשתי" גימ' (711) "ארץ הקדושה".

והנה "אשתי" במלוי "אלף שין תיו יוד" גימ' (907) "ואהבת לרעך כמוך אני ה'" (ויקרא י"ט, י"ח) דאמרו חז"ל (יבמות סב:) [מז]אוהבה כגופו, וכתיב (בראשית כ"ט, י"ח) "[מח]ויאהב יעקב את רחל".

ונביא מדברי **האדמו"ר מקאמרנא זצוק"ל** בפירושו על התורה וזה לשונו הקדוש:

לאה רכות. שהיתה בוכה ודומעת עד שנישרו ריסי עיניה ומתפללת שלא תנשא לעשו: ויאמר נקבה שכרך. שכרך אתה ממני שלא עסקת בפריה ורביה לשם שמים, אלא שבדעתך למכור בנותיך לאישות, שכך דרכן של רשעים, וכן הוא אומר וכי ימכור איש את בתו לאמה (שמות כא ז), שמגלגלין זכות ע"י זכאי, וחובה ע"י חייב, זה שלא עסק בפריה ורביה לשם שמים סופו יעני ומוכר את בתו: וירא ה' כי שנואה לאה. שעשתה מעשי השנואים שהיתה אמורה לשונא, ורחל עקרה. אמר רב (אבהו) [אבא] בר כהנא רוב מסובין של לאה היו, לפיכך עושה רחל עיקר, כי היא היתה עיקר הבית, א"ר שמואל בר נחמני לפי שהדברים אמורים ברחל לכך נקראו על שמה, שנאמר ורחל מבכה על בניה (ירמיה לא יד), ולא לשמה אלא לשם בנה, שנאמר אולי יחנן ה' צבאות שארית יוסף (עמוס ה טו), ולא לשם בנה כל כך, אלא לשם בן בנה, שנאמר הבן יקיר לי אפרים (ירמיה לא יט): הפעם אודה את ה'. ר' ברכיה בשם ר' לוי לכהן שירד לגורן ובא אחד ונתן לו כור של מעשר ולא החזיק לו טובה, ובא אחד ונתן לו קומץ של חולין והחזיק לו טובה, כך האמהות היו סבורות כל חדא להעמיד שלשה בנים, כיון שילדה לאה בן רביעי, אמרה אודה את ה'. הה"ד וקח מאתם מטה מטה (במדבר יז יז), ר' לוי אומר עלו מהן שני שבטים, שבט כהונה ושבט מלכות, מה שכתוב בזה כתוב בזה, משיחה בזה ובזה, ברית מלח בזה ובזה, פעם בזה ובזה, נזר, קריבה, שלשלת יוחסין, וציץ, בזה ובזה, א"ר לוי לא יגרע מצדיק עינו (איוב לו ז), רגימר דידיה. לאה תפשה פלך הודאה, ועמדו מבניה בעלי הודאה, יהודה הודה במעשה תמר, דוד אמר הודו לה' כי טוב (תהלים קו א), דניאל אמר [אלה אבהתי מהודא ומשבח אנה] (דניאל ב כג). רחל תפשה פלך שתיקה, ועמדו מבניה בעלי מסטורין, וסימן לדבר בנימין ישפה יש פה שיודה במכירתו של יוסף אחיו ושותק. שאול, ואת דבר המלוכה לא הגיד לו (ש"א י טז). אסתר, אין אסתר מגדת מולדתה (אסתר ב כ): ותעמוד מלדת. א"ר אמי מי מעמיד רגלה של אשה בתוך ביתה, בניה: נפתולי אלהים נפתלתי. נופיתי פתיתי. תליתי אחותי עלי. א"ר יוחנן נינפי היה לי לעשות לפני אחותי, שהרי בעלי לא בא אלא בשבילי, ואני מסרתי לאחותי סימנין שמסר לי בעלי כדי שלא לביישה. בלהה זלפה על מעשי הגבירות הן קרואות, בלהה על שם הבלהות, ודומה לו לעת ערב והנה בלהה (ישעיה יז יד), כי היתה מצטערת ומתבהלת על עקירות גבירתה, זלפה שגם היא עיניה מזלפות דמעות, על שהיתה גבירתה אמורה לעשו: ירויחו דורשי הפרשה וישכילו וסמוך לה פרשה שכר שביעה, זש"ה שביעים בלחם [נשכרו] (ש"א ב ה), לאה שהיתה שביעה בד' בנים נשכרה עוד וילדה את יששכר וזבולון, ורעבים חדלו (שם), ורחל שהיתה חדלה ורעבה לבניה מלהוליד עד שלאה היתה עיקרה מן הבית ילדה שבעה, ו' בנים א' נקבה: [ורבת בנים אומללה] (שם) ורבת בני רחל שהייתה ראויה להעמיד רובן של בנים, אומללה:

[מז] תלמוד בבלי יבמות דף סב עמוד ב: ת"ר: האוהב את אשתו כגופו, והמכבדה יותר מגופו, והמדריך בניו ובנותיו בדרך ישרה, והמשיאן סמוך לפירקן, עליו הכתוב אומר: וידעת כי שלום אהלך וכו'

[מח] מדרש תנחומא (בובר) פרשת וישב: [יט] [ד"א ויוסף הורד מצרימה]. זש"ה כי עזה כמות אהבה (שיר השירים ח ו), אהבה שאהב יעקב לרחל, שנאמר ויאהב יעקב את רחל (בראשית כט יח) קשה כשאול קנאה (שיר השירים ח ו), שקנאת רחל באחותה, ומה תעשה אהבה בצד קנאה. ד"א כי עזה כמות אהבה, אהבת יונתן ודוד, שנאמר ונפש יונתן נקשרה בנפש דוד ויאהבהו יונתן כנפשו (שמואל א' יח א), קשה כשאול קנאה, שקינא שאול בדוד, ומה תעשה אהבה בצד קנאה. ד"א כי עזה כמות אהבה, אהבה שאהב יעקב ליוסף, שנאמר וישראל אהב את יוסף (בראשית לז ג), קשה כשאול קנאה שקינאו בו אחיו, ומה תעשה אהבה בצד קנאה, ומי גרם ליוסף לבוא לידי שנאה,

גלא עמיקתא

הפסוק (בראשית כ"ט,כ') **"ויעבד יעקב ברחל שבע שנים, ויהיו בעיניו כימים אחדים באהבתו אתה" גימ'** (2476): **"שמע ישראל ה' א-להינו ה' אחד, ברוך שם כבוד מלכותו לעולם ועד". והן הן ימים אחדים שאמרה לו אמו הבה במלרע.** עד כאן לשונו הקדוש של **האדמו"ר מקאמרנא** זצוק"ל.

וממשיך המגלה עמוקות ויקר**א אל** מש**ה** ס"ת **לא"ה** דבמדבר תהיה הבכירה לפני הצעירה, שהמשכן בסוד לאה **בא** לנו מבלעם שהוא גלגול לבן.

וזהו דחושבן "בלעם גלגול לבן" גימ' (296) "וידבר ה' **אליו**" עם הכולל– דמבלעם הרשע קבלנו האי נבואה (במדבר כ"ד,ה') "מה טבו אהליך יעקב משכנתיך ישראל"

[ועיין היטב [מט]בילקוט שמעוני על פסוקא דנן ויקרא אל משה וידבר ה' אליו **מאהל** מועד מה שמקשרו לנבואת בלעם מה טבו **אהליך** יעקב]

גימ' "חוה" (19) פעמים "חנוכה" (89) דאהל לאה תקון חטא חוה, וכמו שיתגלה לעתיד לבוא באלף השביעי והשמיני בסוד אור הגנוז ד"חנוכה".

וממשיך המגלה עמוקות דתחלה היה משכן ואחר כך משכנתיך– ב' מקדשות– מקדש ראשון ומקדש שני

"משכן מקדש מקדש" גימ' (1298) י"א פ' "[נ]הדו לה' כי טוב" (118) (תהל'

שהאהבה שאהב אותו אביו יותר מדאי. **[מט] ילקוט שמעוני תורה פרשת ויקרא רמז תלב:** ויקרא מאהל מועד [א, א] אמר רבי אלעזר אף על פי שנתנה תורה סייג לישראל בסיני לא נענשו עליה עד שנשנית להן באהל מועד, דיטגמא כתובה ומחותמת ונכנסת למדינה אין בני המדינה נענשין עליה עד שתפרש להן בדימוסיא של מדינה, כך אף על פי שנתנה תורה לישראל בסיני לא נענשו עליה עד שנשנית להן באהל מועד. הדא הוא דכתיב עד שהביאתיו אל בית אמי, זה סיני. ואל חדר הורתי, זה אהל מועד שמשם נצטוו ישראל בהוראה. אמר רבי יהושע בן לוי אילו היו האומות יודעין מה אהל מועד יפה להן אהליות וקסטריאות היו מקיפין אותו, אתה מוצא עד שלא הוקם המשכן היו אומות העולם שומעין קול הדבור ונתרזין מתוך פניקטיהן הה"ד כי מי כל בשר אשר שמע קול אלהים חיים מדבר מתוך האש כאשר שמעת אתה ויחי, אמר רבי סימון דו פרצופין היה הדבור יוצא אחד סם חיים לישראל, ואחד סם המות לאומות העולם הה"ד כאשר שמעת אתה ויחי, אתה שומע וחיה ואומות העולם שומעין ומתין. אמר רבי יצחק עד שלא הוקם המשכן היתה נבואה מצויה באומות העולם, משהוקם המשכן נסתלקה מהן, שנאמר אחזתיו ולא ארפנו, אמרו ליה הרי בלעם נתנבא, א"ל לטובתן של ישראל נתנבא, שנאמר מי מנה עפר יעקב, לא הביט און ביעקב, כי לא נחש ביעקב, מה טבו אהליך יעקב, דרך כוכב מיעקב, וירד מיעקב, מה בין נביאי ישראל לנביאי אומות העולם, ר' חמא בר חנינא אמר אין הקדוש ברוך הוא נגלה על אומות העולם אלא בחצי דבור, מה בין משה לכל הנביאים, ר"י בר ר' אילעאי אמר כל הנביאים ראו מתוך שבע אספקלריות, הדא הוא דכתיב וכמראה המראה אשר ראיתי וגו' ומשה ראה מתוך אספקלריא אחת, שנאמר במראה ולא בחידות, ורבנן אמרין כל הנביאים ראו מתוך אספקלריא מלוכלכת הדא הוא דכתיב ואנכי חזון הרביתי וביד הנביאים אדמה, ומשה ראה מתוך אספקלריא מצוחצחת, הדא הוא דכתיב ותמונת ה' יביט, רבי פנחס בשם ר' הושעיא אמר למלך שנגלה לבן ביתו באופנין שלו לפי שבעולם הזה שכינה נגלית על היחידים, אבל לעתיד לבא ונגלה כבוד ה' וראו כל בשר יחדו כי פי ה' דבר: **[נ] ילקוט שמעוני תהלים רמז תתסו:** קז,א הודו לה' כי טוב כי לעולם חסדו, יאמרו גאולי ה' אשר גאלם מיד צר. למה אשר גאלם מיד צר ז"ש הכתוב למעני למעני אעשה. למה למעני למעני שני פעמים אמר הקדוש ברוך

הוא כשהייתם במצרים גאלתי אתכם בשביל שמי, שלא יתחלל בגוים, הה"ד וידעתם כי אני ה', אף מאדום איני עושה אלא למען שמי, שנאמר ויושיעם למען שמו, אמר רבי הונא הכהן הוא שמשה מוכיחן בסוף משנה תורה (וידעת כי) לא בצדקתך וביושר לבבך, הרי שאמר הקדוש ברוך הוא לא עשיתי לא בזכות אברהם יצחק ויעקב אלא בשביל שמי הגדול. אמר דוד הואיל ובשביל שמו עשה נקלס להקב"ה הודו לה' כי טוב. יאמרו גאולי ה', אלו ישראל, וכן ישעיה אומר ופדויי ה' ישובון, לא פדויי אליהו ולא פדויי המשיח, אלא ופדויי ה': **[נא] שמות רבה פרשת פקודי פרשה נב:** ד כמה חכמים היו שם ובאו להם אצל משה ולא היו יכולין להקימו אלא אמר שלמה (משלי לא) רבות בנות עשו חיל ואת עלית על כלנה, שמשה היה מעולה מכולם, ואת עלית על כולנה למה שעשו את המשכן ולא היו יודעין ליישבו מה עשה נטלו כל אחד ואחד מלאכתו ובאו להם אצל משה ואומרים הרי קרשים הרי בריחין כיון שראה משה אותם מיד שרתה עליו רוה"ק והקימו ולא תאמר משה העמידו אלא המשכן נעשו בו נסים ועמד מעצמו שנאמר הוקם המשכן ואם תמה את על זה הרי שלמה כשבנה בית המקדש הוא נבנה מעצמו, אמר רב הונא בשם רבי יוסי הכל מסייעין אותו כשבנה את בית האלהים הבריות והרוחות, מנין שכתוב (מלכים א' ו) והבית בהבנותו אבן שלמה מסע נבנה ומקבות והגרזן כל כלי ברזל לא נשמע בבית בהבנותו, מעצמו היה נבנה לפיכך במעשה נסים נבנה, וכן כשהוקם המשכן במעשה נסים עמד הוי ויביאו את המשכן.

גלא עמיקתא

ק"ז) דלעתיד לבוא גם הקלי' יודו ויברכו לה' בסוד חיל בלע ויקיאנו.

וכדברך לבן הארמי לרבקה (בראשית כ"ד,ס') "אחותנו את היי לאלפי רבבה" בסוד א' זעירא א' רברבא.

ומסיים המגלה עמוקות ברמז תיבה **מסעיה"ם** נוטריקון **מ'יכאל-ס'מא-ל ע'שו-י'עקב ה'מן-מ'רדכי גימ'** (1159) "לא כן עבדי משה בכל ביתי נאמן הוא" (במדבר י"ב,ז') דמשה רעיא מהימנא איהו ברזא דכתיב (משלי ל"א,כ"ט) "ואת עלית כולנה" [נא]כמבואר במדרש

ונוסיף על הרמז שכתב במלה מסעיה"ם ונרמוז **מ'שה-ב'לעם** ראשי תיבות **מ"ב המסעות** דבני ישראל במדבר בסוד מיתוק הקלי' הקשה עד גאולתא שלמתא [ועיין מה שבארנו באריכות לעיל **אופן צ"ו**-מ"ב מסעות][9]

9. אופן צ"ו - מ"ב מסעות: א' זעירא דויקרא רמיזא **מסעי בני ישראל במדבר** והן מ"ב מסעות- א' איהי מ"ב ד-א' צורתה י' ו' י' יו"ד יו"ד הרי מ' וו' בלשון יווני ב' הרי מ"ב.

וכשנחבר יחד הני **מ"ב מסעות** דהיינו:

א'. **רעמסס** [430=**נפש**]

ב'. **סכת** [480=**לילי"ת**]

ג'. **אתם** [441=**אמת**]

ד'. **פי החירת** [713=**תשובה**]

ה'. **מרה** [245=**אדנ"י מי יעמד** כדכתיב אם עוונות תשמר י"ה אדנ"י מי יעמד (תהל' ק"ל,ג')]

ו'. **אילמה** [86=שם **אלהי"ם**]

ז'. **ים סוף** [196=**בצדק** כדכתיב אני בצדק אחזה פניך (תהל' י"ז,ט"ו)]

ח'. **מדבר סין** [366=ג"פ **א"ל האלהי"ם** כדכתיב הודו לאלה"י האלהי"ם כי לעולם חסדו (תהל' קל"ו,ב')]

ט'. **דפקה** [189-כגון (בראשית ל"ג,י"ג) "**ודפקום יום אחד ומתו כל הצאן**"]

י'. **אלוש** [337=אתוון **שאול** המלך]

י"א. **רפידם** [334=**אני הוי' אלהיכ"ם ואין עוד** (יואל ב',כ"ז)]

י"ב. **מדבר סיני** [376=**עשו** הרשע]

י"ג. **קברות התאוה** [1119=**אימה חשכה גדולה נופלת עליו** שכתוב לגבי אברהם אבינו וכן הוא גימ' **אברה"ם** במילוי]

י"ד. **חצרות** [698=**בלכתך בדרך** (דברים ו',ז')]

ט"ו. **רתמה** [645=**הוי שפל רוח** כמ"ש מאד מאד הוי שפל רוח (אבות פ"ד,מ"ד)]

ט"ז. **רמן פרץ** [660=**כי יד על כס י"ה מלחמה להוי' בעמלק** (שמות י"ז,ט"ז)]

י"ז. **לבנה** [87=**לבנה** דאמר הקב"ה ללבנה לכי ומעטי את עצמך (חולין ס:)] י"ח. **רסה** [265=**מודים אנחנו לך**] י"ט. **קהלתה** [540=**אדם עפר**

מן האדמה (בראשית ב׳,ז׳) א״נ **ב׳** פעמים **ר״ע** כ׳. **הר שפר** [785=**שמור וזכור** בפיוט לכה דודי שמור וזכור בדבור אחד וכו׳ עיין מה שבארנו באריכות באופן קט״ז-לכה דודי]

כ״א. **חרדה** [217=לשון ״**יראה**״ עם הכולל]

כ״ב. **מקהלת** [575=**יצר הרע**]

כ״ג. **תחת** [808=**צדקתך צדק** כדכתיב (תהל׳ קי״ט,קמ״ב) צדקתך צדק לעולם ותורתך אמת]

כ״ד. **תרח** [608=**בבקר בבקר** כמ״ש במן ״וילקטו אתו בבקר בבקר״ (שמות ט״ז,כ״א)]

כ״ה. **מתקה** [545=**אשר יאהב ה׳** כמ״ש (משלי ג׳,י״ב) כי את אשר יאהב ה׳ יוכיח והיינו יסורים של אהבה ועיין באופן הקודם בענין שלש מתנות וכו׳ דנתן הקב״ה על ידי יסורים, ושם מבואר ענין מיתוק הדין על ידי הייסורים וכאן מתקה לשון מיתוק]

כ״ו. **חשמנה** [403=**אבן ספיר** כמ״ש (יחזקאל א׳,כ״ו) כמראה אבן ספיר דמות כסא]

כ״ז. **מסרות** [706=**ויצעקו אל הוי׳ בצר להם** (תהל׳ ק״ז,ו׳)]

כ״ח. **בני יעקן** [292=(אחת) **דבר אלהי״ם** (שתים זו שמעתי) (תהל׳ ס״ב,י״ב) והיינו אנכי ולא יהיה לך מפי הגבורה שמענום]

כ״ט. **חר הגדגד** [227=**יצח״ק חו״ה**]

ל׳. **יטבתה** [426=**לבדד ישכון** כמ״ש הן עם לבדד ישכון (במדבר כ״ג,ט׳)]

ל״א. **עברנה** [327=**ונסו הצללים** כמ״ש (שיר השירים ב׳,י״ז) עד שיפוח היום ונסו הצללים]

ל״ב. **עצין גבר** [425=גימ׳ ר״ת **כל הנשמה תהלל** י״ה הללוי״ה (סוף תהלים)]

ל״ג. **קדש** [404=**דת** ענין התורה הקדושה שנקראת קדש ונקראת דת כמ״ש מימינו אש דת למו (דברים ל״ג,ב׳)]

ל״ד. **הר ההר** [415=**אהרן העולם הבא** דאהרן הכהן מת בהר ההר במיתת נשיקה בחינת עולם הבא כדכתיב (במדבר כ׳,כ״ח) ״ויעלו אל הר ההר וכו׳ וימת שם אהרן בראש ההר״ ולומדים בגזירה שוה שם שם ממשה רבינו דכתיב ביה וימת שם על פי ה׳ והיינו מיתת נשיקה]

ל״ה. **צלמנה** [215=**ההרה** כדאמר הקב״ה למשה רבינו (שמות כ״ד,י״ב) עלי אלי ההרה והיה שם ואתנה לך את לוחות האבן והתורה והמצוה אשר כתבתי להורותם ודרשו חז״ל על פסוק זה (ברכות ה.) לוחות אלו עשרת הדברות והתורה זה מקרא והמצוה זו משנה אשר כתבתי אלו נביאים וכתובים להורותם זו גמרא מלמד שכולם ניתנו למה מסיני וכמ״ש במקום אחר אפילו מה שתלמיד ותיק עתיד לחדש כבר נאמר למשה מסיני]

ל״ו. **פונן** [186-**ו׳** פעמים שם **א״ל** א״נ שם **א״ל** במילוי עם הכולל]

ל״ז. **אבת** [403=**חשמנה**=**אבן ספיר**]

ל״ח. **עיי העברים** [417=**המדבר והלבנון הזה** כמ״ש (יהושע א׳,ד׳) מהמדבר והלבנון הזה עד הנהר הגדול נהר פרת]

ל״ט. **דיבן גד** [73=**יגדל הוי׳** (תהל׳ ל״ה,כ״ז)]

מ׳. **עלמן דבלתימה** [681=״**זרע קדש**״ (ישעי׳ ו׳,י״ג)]

מ״א. **הרי העברים** [542=״**ויהי אחר הדברים האלה**״ והאלהי״ם נסה את אברהם וכו׳ (בראשית כ״ב,א׳) ענין העקדה הרי העברים מלשון עברי דאברהם היה העברי הראשון]

מ״ב. **ערבת מואב** [721=**עמוד הענן עמוד האש** כמ״ש ״לא ימיש עמוד הענן יומם ועמוד האש לילה״ וכו׳ (שמות י״ג,כ״ב-פרשת בשלח)]״ סליקו כולהו לחושבן (18608):

מ״ב (42) פעמים **באמת** (443) עם שני הכוללים דערך ממוצע דכל אחד מאלו מ״ב מסעות הוא ״באמת״ רמיזא ב׳ אמת כדכתיב בתחלת הפרשה (במדבר ל״ג,ו׳) ״ויכתב משה את מוצאיהם למסעיהם וכו׳ ואלה מסעיהם למוצאיהם״ אחד כנגד מוצאיהם למסעיהם ואחד כנגד מסעיהם למוצאיהם

וכאן הרמז בתיבת ״מוצאיהם״ ב׳ פעמים- כאמרם (עירובין נד:) כי חיים הם למוצאיהם (משלי ד׳,כ״ב) אל תיקרי למוצאיהם אלא למוציאיהם בפה.

והיא התורה הקדושה תורת אמת [כדכתיב (מלאכי ב׳,ו׳) **תורת אמת** היתה בפיהו] שצריך להגות בה יומם ולילה על ידי דיבור בפה ואז זוכים לחיים נצחיים כדכתיב (משלי ח׳,ל״ה) ״כי מוצאי מצא חיים״.

וכאן **באמ״ת** נוטריקון **ב׳ אמ״ת** אחד כנגד תורה שבכתב ואחד כנגד תורה שבעל פה - [כדכתיב (נחמיה ט׳,י״ג) **ותורות אמת** - ב׳ תורות במשמע - תורה שבכתב ותורה שבעל פה]

ורמיזא התם בגמרא בענין כי חיים הם למוציאיהם- דמהאי טעמא אמר ליה שמואל לרב יהודה: פתח פומך וקרי פתח פומך ותני [פתח פיך ותקרא, פתח פיך ותשנה כלומר לימוד תורה על ידי דיבור בפה ולא במחשבה בלבד] - פתח פומך וקרי - היינו

[נב] ילקוט שמעוני תורה פרשת אמור רמז תרנא: ביום הראשון [כג, מ] זה חמשה עשר ואת אמרת ביום הראשון. רבי מני דשאב ורבי יהושע דסיכנין בשם רבי לוי משל למדינה שהיתה חייבת ליפס למלך והלך המלך לגבותה, יצאו בתוך חמשה עשר מיל גדולי המדינה לקראתו וקילסו אותו, והתיר המלך שליש מדימוסיא שלהן. בתוך חמשה מיל יצאו פטרופלי המדינה וקילסו אותו והתיר להם שליש מדימוסיא שלהן. וכיון שנכנס המלך למדינה יצאו כל בני המדינה לקראתו וקילסו אותו א"ל מלכא מה דאזל אזל מכאן ולהלן חושבנא, כך באין ישראל בראש השנה ועושין תשובה, והקב"ה מתיר להם שליש של עונותיהם, באין עשרת ימי תשובה ומתענין הכשרים והקב"ה מתיר להן רוב עונותיהן, כיון שבא יוהכ"פ וכל ישראל מתענין הקדוש ברוך הוא סולח לכל עונותיהן. אמר רבי כתיב כי עמך הסליחה למען תורא הסליחה מופקדת אצלך מר"ה, וכל כך למה, למען תורא ליתן אימתך על הבריות מיוהכ"פ עד החג כל ישראל עסוקין במצות זה עוסק בסוכתו וזה עוסק בלולבו וביום טוב הראשון של חג הם נוטלין לולביהן ואתרוגיהן בידיהן, ומקלסין להקב"ה, והקב"ה אומר להן כבר מחלתי לכם על מה שעבר מכאן ואילך חשבו עונותיכם [לפניכם]. לפיכך אמר ביום הראשון ראשון לחשבון עונות מיום הראשון של מועד ואילך. ביום הראשון ביום ולא בלילה. ביום הראשון ואפילו בשבת. אין דוחין את השבת אלא יום הראשון של חג בלבד. פרי עץ הדר עץ שטעם עצו ופריו שוה זה אתרוג, בן עזאי אומר הדר זה הדר באילנו משנה, לשנה, תירגם עקילס הדר [הידור] שהוא דר על פני המים, כפות תמרים ר' טרפון אומר כפות ולא פרוד שאם היה פרוד יכפתנו וענף עץ עבות עץ שענף עצו דומה לקליעה זה הדס. וערבי נחל אין לי אלא של

גלא עמיקתא

וחושבן כולם יחד- אלו דהביא בהמגלה עמוקות ואלו דהוספנו מדידן:

מ'יכאל-ס'מא-ל ע'שו-י'עקב ה'מן-מ'רדכי מ'שה-ב'לעם

סליקו כולהו לחושבן (1646) ב"פ "אמת ושלום" (823)

ובאור הענין דלעתיד לבוא ובלע המות לנצח ויכלו כל הני סטרין אחרנין לזיניהון כמוץ אשר תדפנו רוח, ואז יקוים (זכריה ח', י"ט):

"[נב]כה אמר ה' צב-אות צום הרביעי וצום החמישי וצום השביעי וצום העשירי יהיה לבית יהודה לששון ולשמחה ולמועדים טובים, והאמת והשלום אהבו"

מקרא תורה שבכתב, פתח פומך ותני - היינו משנה תורה שבעל פה.

וחזינן דהני מ"ב מסעות הן רובן ככולן ענין דינים וגבורות, ובכללות זהו מיתוקן ותכליתן להביא את בני ישראל לערבות מואב ושם משה באר את התורה כדכתיב בתחלת ספר דברים (פסוק ה') בעבר בירדן בארץ מואב הואיל משה באר את התורה הזאת פרש"י "בשבעים לשון פירשה להם" גימ' (1480) "הרחמן הוא יזכנו לימות המשיח ולחיי העולם הבא" דאמרינן בסוף ברכת המזון- והוא תכלית חיינו וקיומנו- ורצה הקב"ה להכניסם לארץ ישראל לתקן חטא אדם הראשון שנצטוה לעבדה ולשמרה וחטא, והם יעבדו את האדמה ויוציאו לחם מן הארץ- ויברכו לבסוף ברכת המזון עם הבקשה הרחמן הוא יזכנו כנ"ל, דנתאוה הקב"ה לתפלתן של צדיקים (חולין ס' ע"ב).

והנה הבאנו הפסוק מתחלת פרשת מסעי (במדבר ל"ג,ו') "מוצאיהם למסעיהם על פי ה', ואלה מסעיהם למוצאיהם"

גימ' (1152) **ד' פעמים רפ"ח** (288) והוא ענין מסעיהם של בני ישראל במדבר כדי לברר הרפ"ח נצוצין דנפלו במקרה המלכים דמיתו, וזהו ד"מקרה" המלכים רמיזא "ויקר" לשון מקרה, והוא בסוד ענין או"י ואו"ח העלאת נצה"ק לשרשם זהו תכלית הברור, ולכן נחשב הני מ"ב מסעות בא"ת ב"ש, סליקו לחושבן (13937) ז"פ (1991) "אין דומה לך מושיענו לתחית המתים" דאמרינן בצלותא בשבת קדם א-ל אדון על כל המעשים, וסליק האי חושבנא דכולא דרא מיתו במשך הני מ' שנין ב-ט' באב, ועיין אופן צ"ג דשמהן ד-ט' מרגלים סליקו לחושבן "ט' באב" פ' "אלף" ע"ש.

וחזינן דבא"ת ב"ש דייקא דהוא או"ח סליק ענין תחית המתים דאמרו חז"ל דבתחית המתים יקומו

מתי מדבר ויכנסו לא"י ומשה בראשם וכו', ובאו"י מלמעלמ"ט סליק לחושבן הוי' פ' "יושב שמים" א"נ "שמך בכל הארץ".

וכשנחבר הפשוטים עם הא"ת ב"ש נראה מס' מעניין- שכאן לא נרצה לחלקו אלא לתרגמו לאותיות- והוא (32345) ובאותיות- מש"ה ל"ב, והן ל"ב נתיבות חכמה (ס"י פ"א מ"א), והן אות ראשונה ואחרונה בתוה"ק. ונמלא ל"ב מש"ה דהיינו "למד בית מם שין הי" וסליק לחושבן (941) "דין וחשבון לפני מלך מלכי המלכים"- עיין לעיל אופן צ"א בעניין המשנה באבות (פ"ג,מ"א) הסתכל בשלשה דברים וכו' והג' ולפני מי אתה עתיד ליתן "דין וחשבון לפני מלך מלכי המלכים" הקדוש ברוך הוא כנ"ל, וזהו דביאר הבעש"ט הק' דמ"ב מסעות עוברים על כל אדם מישראל במשך ימי חייו, והן עניין הבירורים כנ"ל, ועלה בידינו שיש להזהר בהם מאד מאד שלבסוף יוצא רמז חושבן "דין וחשבון לפני מלך מלכי המלכים", והמתוק הוא בהתקשרותינו לתורה הק' ולצדיק ודרכם לממ"ה הקב"ה, שהוא יושיענו ויעזרנו שיהיו כל מ"ב מסעותינו בהאי עלמא כולם שוים לטובה, ונזכה לגאולה האמיתית והשלמה, בב"א [ובשם ר' פנחס זלמן הורוויץ זצ"ל דהזכרנו באופנים הקודמים דהוא בעהמח"ס אהבת תורה דבמסעות אין ז' רמז דלא נסעו בשבת ודלא נזקקו לכלי זין במסעיהם].

גלא עמיקתא

גימ' (5712) כ"ד פ' "רחל" לקביל כ"ד קשוטי כלה דיעקב אהב את רחל יעקב בחינת אמת ורחל בחינת שלום כדכתיב לעתיד לבוא (זכרי' ח', י"ט)

נחל של בקעה ושל הרים מנין. ת"ל וערבי נחל. (ב' ערבות) אבא שאול אומר וערבי שתים ערבה ללולב וערבה למקדש רבי ישמעאל אומר פרי עץ הדר אחד וכפות תמרים אחד וענף עץ עבות שלשה וערבי נחל שתי דליות ואחת שאינה קטומה. רבי טרפון אומר אפילו שלשה קטומין, רבי עקיבא אומר פרי עץ הדר זה הקדוש ברוך הוא דכתיב ביה הוד והדר לבשת, כפות תמרים זה הקדוש ברוך הוא דכתיב [ביה] צדיק כתמר יפרח וענף עץ עבות זה הקדוש ברוך הוא דכתיב ביה והוא עומד בין ההדסים, וערבי נחל זה הקדוש ברוך הוא דכתיב ביה סולו לרוכב בערבות, ד"א פרי עץ הדר זה אברהם אבינו שהידרו הקדוש ברוך הוא בשיבה טובה דכתיב ואברהם זקן בא בימים כפות תמרים זה יצחק אבינו שהיה כפות על גבי המזבח וענף עץ עבות זה יעקב אבינו מה הדס הזה רחוש בעלים כך היה יעקב רחוש בבנים, וערבי נחל זה יוסף מה ערבה זו כמושה ויבשה לפני שלשת המינין כך מת יוסף לפני אחיו, ד"א פרי עץ הדר זו אמנו שרה שהידרה הקדוש ברוך הוא בשיבה טובה דכתיב ואברהם ושרה זקנים, וכפות תמרים זו אמנו רבקה מה תמרה זה יש בה אוכל ויש בה קוצים כך העמידה רבקה צדיק ורשע. וענף עץ עבות זו אמנו לאה מה הדס רחוש בעלים, כך היתה לאה רחושה בבנים ערבי נחל, זו אמנו רחל, מה ערבה זו כמושה ויבשה לפני שלשת המינין כך מתה רחל לפני אחותה. דבר אחר פרי עץ הדר זו סנהדרי גדולה של ישראל שהידרם הקדוש ברוך הוא (בשיבה) דכתיב מפני שיבה תקום והדרת פני זקן, כפות תמרים אלו תלמידי חכמים שהן כופין עצמן ללמוד תורה אלו מאלו. וענף עץ עבות, אלו שלש שורות של תלמידי חכמים שיושבין לפני סנהדרין. וערבי נחל אלו סופרי הדיינין שהן עומדין לפני סנהדרין אחד מימין ואחד משמאל דבר אחר פרי עץ הדר אלו ישראל, מה אתרוג זה יש בו ריח ויש בו אוכל, כך ישראל יש בהן בני אדם שהן בעלי תורה ובעלי מעשים טובים, כפות תמרים אלו ישראל. מה תמרה זו יש בה אוכל ואין בה ריח. כך ישראל יש בהן בעלי תורה ואין בהן מעשים [טובים]. וענף עץ עבות אלו ישראל, מה הדס הזה יש בו ריח ואין בו אוכל. כך ישראל יש בהם בני אדם שיש בידיהם מעשים טובים ואין בהן תורה. וערבי נחל אלו ישראל, מה ערבה זו אין בה [לא] טעם ולא ריח, כך ישראל יש בהן בני אדם שאינם לא בעלי תורה ולא בעלי מעשים, אמר הקדוש ברוך הוא לאבדן אי אפשר אלא יעשו כולן אגודה אחת והן מכפרין אלו על אלו, לפיכך משה מזהיר את ישראל ואומר להם ולקחתם לכם. אמר רבי ברכיה בשם רבי אבא בר כהנא בזכות ולקחתם לכם ביום הראשון אני נגלה לכם ראשון ופורע לכם מן הראשון ובונה לכם את הראשון ומביא לכם את הראשון. אני נגלה לכם ראשון זה הקדוש ברוך הוא דכתיב אני ה' ראשון, ופורע לכם מן הראשון זה עשו הרשע דכתיב ויצא הראשון אדמוני, ובונה לכם את הראשון זה בית המקדש דכתיב כסא כבוד מרום מראשון מקום מקדשנו, ומביא לכם את הראשון, זה

מלך המשיח דכתיב ביה ראשון לציון הנה הנם ולירושלים מבשר אתן, תניא לולב בין שאגוד בין שאינו אגוד כשר. רבי יהודה אומר אגוד כשר שאינו אגוד פסול. מאי טעמא דרבי יהודה יליף לקיחה לקיחה כתיב הכא ולקחתם לכם ביום הראשון [כג, מ] וכתיב התם ולקחתם אגודת אזוב מה להלן אגודה אף כאן אגודה, ורבנן לא ילפי לקיחה לקיחה. מאן תנא להא דתנו רבנן לולב מצוה לאגדו ואם לא אגדו כשר מנו אי כרבי יהודה כי לא אגדו אמאי כשר אי כרבנן מאי מצוה, לעולם רבנן ומאי מצוה משום זה אלי ואנוהו. תנו רבנן ולקחתם שתהא לקיחה לכל אחד ואחד. לכם משלכם להוציא את השאול ואת הגזול, מכאן אמרו אין אדם יוצא ידי חובתו ביום טוב הראשון בלולבו של חברו אלא אם כן נותנו לו במתנה. ומעשה ברבן גמליאל ורבי יהושע ורבי אלעזר בן עזריה ורבי עקיבא שהיו באין בספינה ולא היה לולב אלא לר"ג שלקחו באלף זוז לידע כמה מצות חביבות עליהן נטלו רבן גמליאל ויצא בו ונתנו לרבי יהושע ויצא בו והחזירו לרבן גמליאל וכו'. מילתא אגב אורחיה קמ"ל דמתנה על מנת להחזיר שמה מתנה. אמר רבי אלעזר ברבי צדוק כך היה מנהגן של אנשי ירושלים אדם יוצא מביתו ולולבו בידו [הולך לב"ה לולבו בידו] קורא קרית שמע לולבו בידו קורא בתורה ונושא את כפיו מניחו ע"ג הקרקע הולך לנחם אבלים ולבקר חולים לולבו בידו הולך לבית המדרש משגרו ביד בנו ביד עבדו להודיעך כמה הם זריזין במצות. ד' מינין שבלולב מעכבין זה את זה דכתיב ולקחתם לקיחה תמה, אמר (רבה בר חנן) [ר' חנן בר רבא] לא שנו אלא שאין לו אבל יש לו אין מעכבין. מיתיבי ארבעה מינין שבלולב שנים מהן עושין פירות ושנים מהן אין עושין פירות העושין פירות יהו זקוקין לשאין עושין פירות ושאין עושין פירות יהו זקוקין לעושין פירות. ואין אדם יוצא ידי חובתו בהן עד שיהו כולן באגודה אחת. וכן ישראל לא ישובו לארצם עד שיהו כולן באגודה אחת שנאמר הבונה בשמים מעלותיו ואגודתו על ארץ יסדה, תנאי היא דתניא לולב בין אגוד בין שאינו אגוד כשר וכו'. אמר (רבא) [רבה] לא לינקט איניש הושענא בסודרא דבעינא לקיחה תמה. אמר רבי אסי אתרוג של מעשר שני לדברי רבי מאיר אין אדם יוצא בו ידי חובתו ביום טוב. מצה של מעשר שני לדברי רבי מאיר אין אדם יוצא בה ידי חובתו בפסח. עיסה של מעשר שני לדברי רבי מאיר פטורה מן החלה. מתקיף לה רב פפא בשלמא עיסה דכתיב ראשית עריסותיכם, אתרוג נמי לכם משלכם, אלא מצה מי כתיב מצתכם אמר רב יימר בר שלמיא אתיא להם לחם כתיב הכא לחם עוני וכתיב התם והיה באכלכם מלחם הארץ, מה התם לכם משלכם ולא משל מעשר הכא נמי משלכם ולא משל מעשר. ת"ר ולקחתם לכם שתהא לקיחה ביד כל אחד ואחד. לכם משלכם להוציא את השאול ואת הגזול. ביום ואפי' בשבת. ראשון ואפי' בגבולין. [הראשון] הא מלמד שאינו דוחה אלא יום טוב הראשון בלבד. אמר מר ביום ואפילו בשבת מכדי טלטול בעלמא הוא איצטריך קרא למישרי טלטול דרבנן אמר רבא לא נצרכא אלא למכשירי לולב ואליבא דרבי אליעזר. דתניא לולב וכל מכשיריו דוחין את השבת דברי רבי אליעזר מאי טעמא [דר"א] אמר קרא ביום ואפילו בשבת. ורבנן ביום ולא בלילה. ורבי אליעזר נפקא ליה מסיפיה דקרא ושמחתם לפני ה' שבעת ימים ימים ולא לילות. ורבנן אי מהתם הוה אמינא נילף ימים ימים מסוכה מה להלן ימים ואפילו לילות אף כאן ימים ואפילו לילות כו' קא משמע לן. לולב הגזול פסול דכתיב ולקחתם לכם [כג, מ] משלכם ויבש פסול דכתיב הדר, תנו רבנן פרי עץ הדר עץ שטעם עצו ופריו שוה הוי אומר זה אתרוג, ואימא פלפלין כדתניא היה רבי מאיר אומר ממשמע שנאמר ונטעתם וגו' איני יודע שעץ מאכל הוא מה תלמוד לומר עץ מאכל עץ שטעם עצו ופריו שוה הוי אומר זה פלפלין. התם משום דלא אפשר היכי נעביד נינקוט חד לא מינכרה לקיחה. לינקוט תרי או תלת פרי אחד אמר רחמנא ולא שנים ושלשה פירות הילכך לא איפשר. רבי אומר אל תקרי הדר אלא הדיר מה דיר זה עד שבאו קטנים עדיין גדולים קיימין ויש בו תמימים ובעלי מומין אף הכא נמי כשבאו קטנים עדיין גדולים קיימין ויש בו תמימין ובעלי מומין. רבי אבהו אמר מהו הדר, הדר באילנו משנה לשנה, זה אתרוג. בן עזאי אומר אל תקרי הדר אלא הידור שכן בלשון יוני קורין למים הידור ואיזה פרי גדל על כל מים הוי אומר זה אתרוג כפות תמרים ר' יהודה אומר משום רבי טרפון אם היה פרוד יכפתנו. וממאי דהאי כפות תמרים לולב אימא חרותא, בעינן כפות וליכא. ואימא אופתא, כפות מכלל שהוא פרוד והאי כפות ועומד לעולם. אימא כופרא, אמר אביי דרכיה דרכי נועם וכל נתיבותיה שלום, ואימא תרתי כפי דתמרי, כפת כתיב, ואימא חדא כפתא, ההוא כף קרו ליה. תנו רבנן וענף עץ עבות שענפיו חופין

את עציו זה הדס. ואימא זיתא, בעינן עבות וליכא. ואימא דולבא, בעינן עץ עבות וענפיו חופין את עציו וליכא. ואימא הירדוף, דרכיה דרכי נועם וליכא, רבא אמר מהכא והאמת והשלום אהבו, תנו רבנן קלועה כמין קליעה דומה לשלשלת זהו הדס. תנא עבות כשר שאינו עבות פסול. היכי דמי עבות, דקאי תלתא טרפי בקינא. רבינא אמר אפילו תרי [וחד]. אמר רב כהנא להא הדס שוטה קרי ליה נשרו רוב עליו ונשתיירו מעוטן כשר ובלבד שתהא עבותו קיימת. ומשכחת לה באסא מצראה דקיימי שבעה טרפי בחד קינא ש"מ האי אסא מצראה כשר להושענא. [פשיטא] מהו דתימא הואיל ואית ליה שם לווי לא נתכשר תלמוד לומר וענף עץ עבות אמר רחמנא מכל מקום. תנו רבנן ערבי נחל שגדלות על הנחל. דבר אחר שעלה שלה משוך כנחל. אין לי אלא ערבי נחל, של בעל ושל הרים מנין, תלמוד לומר ערבי נחל מ"מ. אבא שאול אומר ערבי נחל ב' אחת ללולב ואחת למקדש. ורבנן למקדש מנא להו. הילכתא גמירי לה. ערבי נחל פרט לצפצפה שגדלה בהרים. איזהו ערבה ואיזהו צפצפה, ערבה קנה שלה אדום ועלה שלה משוך ופיה חלק. צפצפה קנה שלה לבן ועלה שלה עגול ופיה דומה למגל. רבי ישמעאל אומר פרי עץ הדר א' כפת תמרים אחד ענף עץ עבות שלשה ערבי נחל ב' [אפילו ב'] קטומים וא' אינו קטום. ר' טרפון אומר אפילו שלשתן קטומין. ר' עקיבא אומר כשם שלולב אחד ואתרוג אחד כך הדס אחד וערבה אחת. יכול יהא אתרוג עמהן באגודה אחת. אמרת וכי נאמר וכפת והלא לא נאמר אלא כפת, ומנין שמעכבין זה את זה תלמוד לומר ולקחתם לכם שתהא לקיחה תמה:

[נג] **זוהר - השמטות כרך א (בראשית) דף רסד עמוד א:** נר תורה שבע"פ אף על פי שהיא נר צריכה לה תורה לפרק קושיותיה ולבאר סודותיה ומאי ניהו יראת יי' זה האור הראשון דאמר ר' מאיר מ"ד ויאמר אלהים יהי אור ויהי אור ולא אמר ליה ויהי כן מלמד שהאור ההוא גדול ואין כל בריה יכולה להסתכל בו גנזו הקדוש ברוך הוא לצדיקים לעתיד לבא והיא מדת כל סחורה שבעולם והוא כח אבן יקרה שקורין סוחרת ודר ועל מה היא מדת דר אלא מלמד שלקח הקדוש ברוך הוא מזיוה אחת מאלפים ובנה ממנה אבן יקרה נאה ומקושטת וכלל בה כל המצות בא אברהם ובקש כחו לתת לו נתנו לו אבן יקרה זו ולא רצה אותה זכה ונטל מדתו שנאמר (מיכה ז') תתן אמת ליעקב חסד לאברהם בא יצחק ובקש כחו ונתנו לו ולא רצה בה זכה ונטל מדתו שהיא מדת הגבורה דהיינו הפח"ד דכתיב (בראשית ל"א) וישבע יעקב בפחד אביו יצחק, בא יעקב ורצה בה ולא נתנוהו לו א"ל הואיל ואברהם מלמעלה ויצחק למטה אתה תהיה באמצע ותכלול שלשתם דכתיב תתן אמת ליעקב ומאי אמצע היינו שלום והא כתיב תתן אמת ליעקב אמת ושלום חד הוי כמה דאת אמר (אסתר ט') דברי שלום ואמת (ישעיה ל"ט) כי שלום ואמת יהיה בימי והיינו דכתיב (שם נ"ח) והאכלתיך נחלת יעקב אביך, דהיינו נחלה גמורה דאית ליה החס"ד והפחד והאמת והשלום ולפיכך אמר (תהלים קי"ח) אבן מאסו הבונים היתה לראש פנה, אבן מאסו אברהם ויצחק שבנו את העולם היתה עתה לראש פנה.

גלא עמיקתא

"[נג]והאמת והשלום אהבו" כנ"ל ויתגלה בגאולתא שלמתא במהרה בימינו אמן.

אופן מ

יש לא' ה' צורות כנגד זה ה' פעמים אור ביום א' של בראשית כל אחת שיש לה אור יש לה צורה בפני עצמה ובאותן ה' אורות נבראו כל היצורים.

זה סוד אלה תולדות השמים והארץ בה' בראם, אלה דייקא שאו מרום עיניכם וראו מי ברא אלה. ה' פעמים אור הוא סוד אלה אלף ל"ה.

וידוע שאלה מול אלה שגם בקלי' ה' תהו ובהו חשך רוח תהום והם עשו תולדה דתהו אמרו אלה אלהיך ישראל.

תולדות השמים והארץ ר"ת תהו בה' בראם ה' אומין סימן נג"ע ר"ע, בשעת הקמת המשכן הוצרכו לתקן אלה של עגל לא אמר המשכן בה' כי על אלה בעגל חשכו עינינו והביאו ה' מיני חשך באיוב כנגדן ה' פעמים נגה ביחזקאל.

ובכאן ויקרא אל משה ס"ת אלה אלף זעירא כדי לדרוש על תרין סטרין, על סטרא דקדושה ויקרא, יקרא אל השמים מעל, שאו מרום עיניכם וראו מי ברא אלה, ובסטרא אחרא בו סלק אלף, הוא ויקר אלהים אל בלעם, שגרם העגל, אלהא די שמיא וארקא לא עבדו יאבדו מארעא ומתחות שמיא אלה, על אלה אני בוכיה סטרא דקדושה וידבר ה' אליו, סטרא אחרא מאהל מועד דזמין לאתמשכנא.

אופן מ

יש לא' ה' צורות כנגד זה ה"פ אור ביום א' של בראשית כל אחת שיש לה אור יש לה צורה בפני עצמה ובאותן ה' אורות נבראו כל היצורים. ז"ס (בראשית ב',ד') אלה תולדות השמים והארץ [א]בה' בראם–

גלא עמיקתא

והנה ה' צורות דאות א' ניתן לבאר בכמה אופנים, ונבארם ע"פ המילוי: א'. א': הפשוט (1) ב'. אל"ף: המלוי (111) ג'. אלף למד פא: מלוי דמלוי (266) ד'. א אל אלף: רבוע המלוי (143) ה'. אלף אלף למד אלף למד פא: מלוי דרבוע המלוי (562) סליקו כולהו ה' צורות לחושבן (1083) ב' פעמים "ישראל" (541) עם הכולל דאיהו אלופו של עולם [ב]קוב"ה

[א] תלמוד בבלי מסכת מנחות דף כט עמוד ב: אמר רב יהודה אמר רב: בשעה שעלה משה למרום, מצאו להקב"ה שיושב וקושר כתרים לאותיות, אמר לפניו: רבש"ע, מי מעכב על ידך? אמר לו: אדם אחד יש שעתיד להיות בסוף כמה דורות ועקיבא בן יוסף שמו, שעתיד לדרוש על כל קוץ וקוץ תילין תילין של הלכות. אמר לפניו: רבש"ע, הראהו לי, אמר לו: חזור לאחורך. הלך וישב בסוף שמונה שורות, ולא היה יודע מה הן אומרים, תשש כחו; כיון שהגיע לדבר אחד, אמרו לו תלמידיו: רבי, מנין לך? אמר להן: הלכה למשה מסיני, נתיישבה דעתו. חזר ובא לפני הקדוש ברוך הוא, אמר לפניו: רבונו של עולם, יש לך אדם כזה ואתה נותן תורה ע"י? אמר לו: שתוק, כך עלה במחשבה לפני. אמר לפניו: רבונו של עולם, הראיתני תורתו, הראני שכרו, אמר לו: חזור [לאחורך]. חזר לאחוריו, ראה ששוקלין בשרו במקולין, אמר לפניו: רבש"ע, זו תורה וזו שכרה? א"ל: שתוק, כך עלה במחשבה לפני. אמר רבא: שבעה אותיות צריכות שלשה זיונין, ואלו הן: שעטנ"ז ג"ץ. אמר רב אשי: חזינא להו לספרי דווקני דבי רב, דחטרי להו לגגיה דחי"ת ותלו ליה לכרעיה דה"י; חטרי להו לגגיה דחי"ת, כלומר חי הוא ברומו של עולם; ותלו ליה לכרעיה דה"י, כדבעא מיניה רבי יהודה נשיאה מר' אמי, מאי דכתיב: בטחו ביי' עדי עד כי ביה יי' צור עולמים? אמר ליה: כל התולה בטחונו בהקב"ה - הרי לו מחסה בעולם הזה ולעולם הבא, אמר ליה: אנא הכי קא קשיא לי, מאי שנא דכתיב ביה ולא כתיב יה? כדדרש ר' יהודה בר ר' אילעאי: אלו שני עולמות שברא הקדוש ברוך הוא, אחד בה"י ואחד ביו"ד, ואיני יודע אם העולם הבא ביו"ד והעולם הזה בה"י, אם העולם הזה ביו"ד והעולם הבא בה"י, כשהוא אומר: אלה תולדות השמים והארץ בהבראם, אל תקרי בהבראם אלא בה"י בראם, [הוי אומר: העולם הזה בה"י, והעולם הבא ביו"ד]. ומפני מה נברא העולם הזה בה"י? מפני שדומה לאכסדרה, שכל הרוצה לצאת יצא; ומ"ט תליא כרעיה? דאי הדר בתשובה מעיילי ליה. וליעייל בהך! לא מסתייעא מילתא; כדריש לקיש, דאמר ריש לקיש, מאי דכתיב: אם ללצים הוא יליץ ולענוים יתן חן? בא לטהר מסייעין אותו, בא לטמא פותחין לו. ומ"ט אית ליה תאגא? אמר הקדוש ברוך הוא: אם חוזר [בו] אני קושר לו קשר. מפני מה נברא העולם הבא ביו"ד? מפני שצדיקים שבו מועטים. ומפני מה כפוף ראשו? מפני שצדיקים שבו כפוף ראשיהם, מפני מעשיהן שאינן דומין זה לזה. אמר רב יוסף: הני תרתי מילי אמר רב בספרים. ותניא תיובתיה; חדא, הא דאמר רב: ס"ת שיש בו שתי טעיות בכל דף ודף - יתקן, שלש - יגנז, ותניא תיובתיה: שלש - יתקן, ארבע - יגנז. תנא: אם יש בו דף אחת שלימה - מצלת על כולו. א"ר יצחק בר שמואל בר מרתא משמיה דרב: והוא דכתיב רוביה דספרא שפיר. א"ל אביי לרב יוסף: אי אית בההוא דף שלש טעיות מאי? א"ל: הואיל ואיתיהיב לאיתקוני מיתקן. וה"מ חסירות, אבל יתירות לית לן בה. חסירות מ"ט לא? אמר רב כהנא: משום דמיחזי כמנומר. **[ב] זוהר ויקרא פרשת אחרי מות:** ובגין דאיהי גניזא עלאה יקירא שמיה ממש אורייתא כלא סתים וגליא ברזא דשמיה, ועל דא ישראל בתרין דרגין אינון סתים וגליא דתנינן ג' דרגין אינון מתקשרן דא בדא

אלה דייקא (ישעי' מ',כ"ו) שאו מרום עיניכם וראו מי ברא אלה. ה"פ אור הוא סוד אל"ה אל"ף למ"ד ה"א [ה"פ או"ר גימ' אל"ה במילוי אל"ף למ"ד ה"א]

גלא עמיקתא

אורייתא וישראל חד (זוה"ק אחרי דף ע"ג ע"א).

ומביא המגלה עמוקות דבתחלת תורתנו הקדושה ה' פעמים אור כנודע דמרמז הני ה' צורות אלף דהן עם התיבות הסמוכות להן, דהיינו (בראשית א',ג'-ה'): [פסוק ג] ויאמר אלהים (א') יהי אור (ב') ויהי אור. [פסוק ד] וירא אלהים (ג') את האור כי טוב ויבדל אלהים בין (ד') האור ובין החשך. [פסוק ה] ויקרא אלהים (ה') לאור יום ולחשך קרא לילה ויהי ערב ויהי בקר יום אחד.

ונבאר כל אחד ואחד מן הלשונות: א'. יהי אור גימ' (232) רל"ב ד' מלויי שם הוי' ב"ה. ב'. ויהי אור גימ' (238) "רחל" (מבכה על בניה) (ירמי' ל"א) כאמרם (מגילה י:) [ג]אין ויהי אלא לשון צער וכו' עיין שם בסוגיא. ג'. את האור גימ' (613) "בתורה" [ד]כמו שכתב בעל הטורים שם וזלשה"ק: את האור בגימטריא בתורה ועולה מנין תרי"ג. עכלשה"ק. וגימ' "משה רבינו" כמ"ש [ה]המגלה עמוקות

קודשא בריך הוא אורייתא וישראל, וכל חד דרגא על דרגא סתים וגליא, קודשא בריך הוא דרגא על דרגא סתים וגליא, אורייתא הכי נמי סתים וגליא, ישראל הכי נמי דרגא על דרגא, הדא הוא דכתיב מגיד דבריו ליעקב חקיו ומשפטיו לישראל, תרין דרגין אינון יעקב וישראל חד גליא וחד סתים, מאי קא מיירי, אלא כל מאן דאתגזר ואתרשים בשמא (נ"א ברשימא) קדישא יהבין ליה באנון מלין דאתגליין באורייתא כלומר מודיעין ליה ברישי אתוון ברישי פרקין יהבין עליה חומרא דפקודי אורייתא ולא יתיר עד דיסתלק בדרגא אחרא. [ג] **תלמוד בבלי מגילה דף י עמוד ב:** ויהי בימי אחשורוש. אמר רבי לוי ואיתימא רבי יונתן: דבר זה מסורת בידינו מאנשי כנסת הגדולה: כל מקום שנאמר ויהי אינו אלא לשון צער. ויהי בימי אחשורוש - הוה המן, ויהי בימי שפט השפטים - הוה רעב, ויהי כי החל האדם לרב - וירא ה' כי רבה רעת האדם. ויהי בנסעם מקדם - הבה נבנה לנו עיר. ויהי בימי אמרפל - עשו מלחמה. ויהי בהיות יהושע ביריחו - וחרבו שלופה בידו. ויהי ה' את יהושע - וימעלו בני ישראל. ויהי איש אחד מן הרמתים - כי את חנה אהב וה' סגר רחמה. ויהי כאשר זקן שמואל - ולא הלכו בניו בדרכו. ויהי דוד לכל דרכו משכיל [וה' עמו] - ויהי שאול עוין את דוד. ויהי כי ישב המלך בביתו - רק אתה לא תבנה הבית. - והכתיב ויהי ביום השמיני, ותניא: אותו היום היתה שמחה לפני הקדוש ברוך הוא כיום שנבראו בו שמים וארץ, כתיב הכא ויהי ביום השמיני, וכתיב התם ויהי ערב ויהי בקר יום אחד! - הא שכיב נדב ואביהוא. והכתיב ויהי בשמונים שנה וארבע מאות שנה! והכתיב ויהי כאשר ראה יעקב את רחל! והכתיב ויהי ערב ויהי בקר יום אחד! והאיכא שני, והאיכא שלישי, והאיכא טובא! אמר רב אשי: כל ויהי - איכא הכי, ואיכא הכי. ויהי בימי אינו אלא לשון צער. חמשה ויהי בימי הוו: ויהי בימי אחשורוש, ויהי בימי שפט השפטים, ויהי בימי אמרפל, ויהי בימי אחז, ויהי בימי יהויקים. [ד] **בעל הטורים בראשית פרק א פסוק ד:** את האור. בגימטריא בתורה ועולה מנין תרי"ג: את האור כי טוב. ס"ת ברית כדכתיב (שמות לד כז) כי על פי הדברים האלה כרתי אתך ברית, ועל פי היינו התורה שבעל פה (גיטין ס ב): וירא אלהים את האור כי טוב. ויבדל. רמז למה שאמרו ז"ל (ברכות נא ב), אין מברכין על הנר עד שיאותו לאורו. וכמנין ויבד"ל מבדילין בשנה במוצאי שבתות: ויבדל. ג' במסורת. רמז למה שאמרו ז"ל (פסחים קג ב) הפוחת לא יפחות משלש הבדלות. [ה] **מגלה עמוקות על ואתחנן אופן נ"ח:** איתא בכנפי יונה (חלק ג' סימן נו) שרפ"ח ניצוצים, הם שברי כלים שנפלו לתהומא

רבא, והרמז רוח אלקים מרחפ"ת על פני המים (בראשית א ב), כי המים הזדונים הן הקליפות, וסימנך מרחפ"ת רפח מת, כי שבירתן זו היא מיתתן, וישראל כשהיו במצרים העלה משה מהם ר"ב ניצוצים, אבל פ"ו לתשלום רפ"ח לא היה יכולת למשה להוציא מכור הברזל, ז"ש גם ערב ר"ב עלה אתם (שמות יב לח), ר"ב דייקא ולא יותר הם אותיות המעורבין, אבל משה עלה אל האלהי"ם (שם שמות יט ג), שהם סוד פ"ו ניצוצים הנשארים. וזה שאמר הכתוב וחוש"ך ע"ל פנ"י תהו"ם, ס"ת כלים, שהם רפ"ח, ומהם לא היו ישראל יכולין לעלות פ"ו מנין אלקים, זה שאמר הכתוב ורוח אלקים מרחפת, ר"ל שנשארו מנין אלהים מן רפ"ח מת, ובא משה שנקרא מים, ז"ש על פני המים שהוא משה, כתיב ביה כי מן המים משיתיהו (שם שמות ב י), שעלה אל אלקים לקבל התורה, ז"ש ויאמר אלקים יהי אור (בראשית א ג), שהוא קבלת התורה, אז וירא אלהים את האור (בראשית א ד), את האור בגימטריא משה רבינו, שהוא כולל תרי"ג מצות, שכן משה במילואו מ"ם שי"ן ה"ה, עולה תרי"ג, כתיב גביה (שמות ב ב) ותרא אותו כי טוב הוא, ויבדל אלקים שרצה להבדיל ניצוצות שהם כמנין אלקים, ולא היה יכולת בידו רק ותחסרהו מעט מאלהים (תהלים ח ו), וענין רפ"ח הם ד' פעמים ע"ב, ומזה הטעם רצה משה ליכנס לארץ ישראל כדי להוציא פר"ח, כמו שנאמר יציץ ויפרח ישראל (ישעיה כ"ז [כז ו]), ורצה לתקן ימי שנת החמה, שהם עולים לחשבון רפ"ח כשתסלק ימים שמקריבין מוסף, וכן אמר במזמור שיר ליום השבת, שאותו המזמור אומרת הנשמה ביום יציאתה מן הגוף כדאיתא בספר התמונה, צדיק כתמר יפרח (תהלים צב יג). מה שביקש משה ליכנס לארץ ישראל, היתה כוונתו שיפרח כתמר, ר"ל להעלות ניצוצי רפ"ח.

וידוע שאלה מול אלה שגם בקלי' ה' תהו ובהו חשך רוח תהום והם עשו תולדה דתהו אמרו אלה אלהיך ישראל

גלא עמיקתא

בפירושו על ואתחנן אופן נ"ח "משה רבינו" גימ' תרי"ג. ד'. האור גימ' (212) "לחיי העולם הבא". ה'. לאור גימ' (237) "ירא הוי'" (תהל' קכ"ח,א'). סליקו כולהו לחושבן (1532) ד"פ "האור העליון" (383). והאי חושבן דה"פ אור עם תיבין סמוכין (1532) מתחלק: ג' אור הראשונים דהיינו "יהי אור – ויהי אור – את האור" סליקו לחושבן במכוון (1083) ה' צורות ה–א' דלעיל, והוא נפלא. ו–ב' אור האחרונים דהיינו "האור – לאור" גימ' (449) המקד"ש. דהיינו דה"פ אלף דלעיל דסליקו לחושבן ג"פ אור דמעשה בראשית אתכנישו לבחינת המקד"ש דהאור הראשון נגנז– ושורה בגלוי אך ורק בבתי המקדשות ובזמנים מיוחדים כגון חנוכה ופורים– ומקצתו בשבת ויום טוב. והן ה"פ אור שרש לחמשה חומשי תורה כמ"ש (משלי ו') "כי נר מצוה ותורה אור" ונחבר כל אחד מהלשונות לחומש שרומז לו דהיינו: בראשית – יהי אור גימ' (1145) "וראו כל בשר יחדו כי פי ה' דבר" (ישעי' מ',ה'). שמות – ויהי אור גימ' (984) ח"פ "ענג" (123) רמיזא אלף השמיני– ענג עליון יחוד קוב"ה וכנסת ישראל. ויקרא – את האור גימ' (930) "כל הנשמה תהלל י–ה" (סוף תהלים) וזהו ויקרא דנן אלף זעירא ותיבין "את האור" גימ' (613) "משה רבינו". במדבר – האור גימ' (460) "ה' איש מלחמה" (שמות ט"ו,ג') דבמדבר עבד קוב"ה מלחמותיהן של ישראל– אי"ש מלחמ"ה בדלוג אות תיבין אשל"ם ימח"ה. דברים – לאור גימ' (493) "באר מרים"– דמים ואור כחדא אזלין– נהר יאור וכדומה הן לישני דאור, וכן התורה נמשלה לאור "כי נר מצוה ותורה אור", ונמשלה למים– "הוי כל צמא

(שמות ל"ב,ד') ת'ולדות ה'שמים ו'הארץ (בראשית ב',ד') ר"ת תה"ו בה' בראם ה' אומין [ו]סימן נג"ע ר"ע. בשעת

גלא עמיקתא

לכו למים" (ישעי' נ"ה,א'). והני חמשה חומשי תורה עם ה' לשונות אור דמעשה בראשית: סליקו לחושבן (4012) ב"פ "ויבן ה' אלהים את הצלע אשר לקח מן האדם לאשה ויביאה אל האדם" (2006) (בראשית ב',כ"ב). והוא ב"פ **אדם ואשתו**– נזר הבריאה דכל העולמות לא נבראו אלא בשביל האדם. א"נ הוא חושבן (4012) ד"פ "אברהם יצחק וישראל" (1003) [והוא כדכתיב (דברי הימים א' כ"ח,י"ט) "ה' א-להי אברהם יצחק וישראל אבותינו שמרה זאת לעולם" וכו', א"נ כדכתיב (שמות ל"ב,י"ג) "זכור לאברהם ליצחק ולישראל עבדיך" וכו']. והוא ד"פ דהן ג' אבות ל–ד' אמהות [כאמרם (ברכות טז:) [ז]אין קורין אבות אלא לשלשה ואין קורין אמהות אלא לארבעה] ורמיזין

[ו] **זוהר בראשית פרשת בראשית דף כה עמוד א**: בגין דלא קבילו לאת ה' בדחילו דיו"ד וברחימו דה' נחית איהי מדרגיה דאיהו ו', ואת ו' נחתת עמיה בגין דלא יתאביד בינייהו דעתיד איהו ברזא דגלגולא לאתערבא בינייהו בגלותא בין ערב רב דאנון נשמתייהו מסטרא דאלין דאתמר בהון (ישעיה נ"א) כי שמים כעשן נמלחו וגו' ואלין אנון דלא בעא נח רחמי עלייהו, ואתמר בהון וימחו מן הארץ בגין דהוו מאלין דאתמר בהון (דברים כ"ה) תמחה את זכר עמלק ומשה לא אסתמר מנייהו ואפיל ה' בינייהו ובגין דא איהו לא יעול לארעא דישראל עד דיתוב ה' לאתרה ובגין דא נחת איהו מדרגיה ונחית ביה ו' ובגין דא ה' נפלת ו' יוקים לה ו' דמשה ובגין דה"א זעירא ה' דאברהם דאיהי דהבראם אתעזר איהו בגינה ואתמר ביה (ישעיה ס"ג) מוליך לימין משה וגו' ואפיק לה מתמן בחילא דו' ואייתי לה עמיה, מיד שריא עליה י"ה ואשתלים אומאה (דאתמר) (שמות י"ז) כי יד על כס יה מלחמה ליי' וגו', מאי מדר דר דא משה דאתמר ביה (קהלת א') דור הולך ודור בא, והא אוקמוה דלית דור פחות מס' רבוא ודא משה דאתמר ביה דאנתתא חדא ילדה ס' רבוא בכרס אחת (במדבר קנ"ט) וחמש מינין אנון בערב רב ואנון (סי' נג"ע ר"ע) נ"פילים ג"בורים ע"נקים ר"פאים ע"מלקים ובגינייהו נפלת ה' זעירא מאתרהא, בלעם ובלק מסטרא דעמלק הוו, טול ע"ם מן בלעם ל"ק מן בלק אשתאר בבל (בראשית י"א) כי שם בלל ה' שפת כל הארץ ואלין אנון דאשתארו מאלין דאתמר בהון (שם ז') וימח את כל היקום ומאלין דאשתארו מנהון בגלותא רביעאה אנון רישין בקיומא סגי ואנון קיימין על ישראל כלי חמס, ועלייהו אתמר (שם ו') כי מלאה הארץ חמס מפניהם אלין אנון עמלקים, נפילים עלייהו אתמר (שם) ויראו בני האלהים את בנות האדם כי טובות הנה ואלין אינון מינא תניינא מאלין נפילים מלעילא, דכד בעא קודשא בריך הוא למעבד אדם דאמר נעשה אדם בצלמנו וגו' בעא למעבד ליה רישא על עלאין למהוי איהו פקיד על כלהו ולמהוי אנון פקידין על ידוי כגוונא דיוסף דאתמר ביה (שם מ"א) ויפקד פקידים על הארץ אנון (לעיל כ"ג א') בעו לקטרגא ליה ואמרו (תהלים ח') מה אנוש כי תזכרנו וגו' דעתיד למחטי קמך אמר לון קודשא בריך הוא אי אתון הויתון לתתא כותיה יתיר הויתון חבין מניה מיד ויראו בני האלהים את בנות האדם וגו' חשקו בהון וקודשא בריך הוא אפיל לון לתתא בשלשלאן

[ז] **תלמוד בבלי ברכות דף טז עמוד ב**: תנו רבנן: אין קורין אבות אלא לשלשה, ואין קורין אמהות אלא לארבע. אבות מאי טעמא? אילימא משום דלא ידעינן אי מראובן קא אתינן אי משמעון קא אתינן - אי הכי, אמהות נמי - לא ידעינן אי מרחל קא אתינן אי מלאה קא אתינן! אלא: עד הכא - חשיבי, טפי - לא חשיבי. תניא אידך: עבדים ושפחות אין קורין אותם אבא פלוני ואמא פלונית, ושל רבן גמליאל היו קורים אותם אבא פלוני ואמא פלונית. מעשה לסתור? - משום דחשיבי.

הקמת המשכן הוצרכו לתקן אלה של עגל לא אמר המשכן בה' כי על אלה בעגל חשכו עינינו [כמו שכתוב (איכה ה',י"ז) "על זה היה דוה לבנו על אלה חשכו עינינו"] והביאו ה'

גלא עמיקתא

האמהות דכפלינן ד"פ. א"נ רמיזין ד' זוגות דקבורים במערת המכפלה יחד עם אדם וחוה דרמיזין לעיל. והאי חושבן (4012) יחד עם ה' צורות ה-א' שמהן נברא הכל סליק לחושבן (5095) ה"פ "אות ברית" (1019) (בראשית ט',י"ב). רמיזא דכולא תליא בשמירת הברית והוא כללות ותכלית הכל. וכן רמיזא ה"פ "אדם וחוה" דאדם רמיזא אלף רבתי (1000) דפותח דברי הימים "אדם שת אנוש" באלף רבתי, ו"חוה" גימ' (19) הרי חושבן (1019). והן ה"פ לקביל נרנח"י דילהון, ופגמו ב"אות ברית" כחושבן שמהן- וממילא פגמו בתורה כולה ובבריאה כולה ונקנסה מיתה לעולם וכו'.

וזהו דממשיך ומבאר המגלה עמוקות: וז"ס אלה תולדות השמים והארץ בהבראם ביום עשות ה' אלהים ארץ ושמים גימ' (3462) ו"פ "על פי ה' ביד משה" (577) (במדבר ד',ל"ז ועוד) והוא ו"פ לקביל ו"ק. ומקשרם רבינו לפסוקים בתחלת התורה הקדושה בהם מזכיר ה' פעמים אור (בראשית פרק א',ג'-ה'): (פסוק ג') "ויאמר אלהים יהי אור ויהי אור (813) (פסוק ד') וירא אלהים את האור כי טוב ויבדל אלהים בין האור ובין החשך (1776) (פסוק ה') ויקרא אלהים לאור יום ולחשך קרא לילה ויהי ערב ויהי בקר יום אחד" (2141) גימ' (4730) ה' פעמים "נפש" (430) וכמ"ש רבינו ובאותן ה' אורות נבראו כל היצורים. וכן כאמרם (בראשית רבה י"ד,ט') [ח]ה' שמות נקראו לה לנפש בסוד ה' ברכי נפשי דאמר דוד (בתהלים ק"ג-ק"ד) ואלו הן: נפש, רוח, נשמה, חיה, יחידה. וזה לשון המדרש: חמשה שמות נקראו לה: נפש, רוח, נשמה, חיה, יחידה. א'. נפש זה הדם שנאמר (דברים י"ב,כ"ג) "כי הדם הוא הנפש". ב'. רוח שהיא עולה ויורדת שנאמר (קהלת ג',כ"א) "מי יודע רוח בני אדם העולה היא למעלה" וכו'. ג'. נשמה זו האופיא, דבריתא אמרין האופיתא טבא. ד'. חיה שכל האברים מתים והיא חיה בגוף. ה'. יחידה

[ח] בראשית רבה פרשת בראשית פרשה יד: חמשה שמות נקראו לה, נפש, רוח, נשמה, יחידה, חיה, נפש, זה הדם שנאמר (דברים יב) כי הדם הוא הנפש, רוח, שהיא עולה ויורדת שנאמר (קהלת ג) מי יודע רוח בני האדם העולה היא למעלה, נשמה, זו האופיה, דברייתא אמרין האופיתא טבא, חיה, שכל האברים מתים והיא חיה בגוף, יחידה, שכל האברים משנים שנים, והיא יחידה בגוף, הה"ד (איוב לד) אם ישים אליו לבו רוחו ונשמתו אליו יאסוף, רבי יהושע בר נחמיה ורבנן, רבי יהושע בר נחמיה אמר אם ישים אלהים לבו על האדם הזה רוחו כבר היה בידו (שנאמר) ונשמתו אליו יאסוף בגופו כבר יגוע כל אדם, אלא בשעה שאדם ישן, נשמה מחממת את הגוף שלא יצטנן וימות, רבנן אומרים אם ישים אלהים לבו לאדם הזה רוחו כבר הוא בידו ונשמתו אליו יאסוף למעלה כבר יגוע כל אדם יחד אלא בשעה שאדם ישן נשמה מחממת הגוף שלא יצטנן וימות הה"ד (משלי כ) נר ה' נשמת אדם, רבי ביסני ורבי אחא ור' יוחנן בשם ר"מ אומרים הנשמה הזו ממלאה את כל הגוף, ובשעה שאדם ישן היא עולה ושואבת לו חיים מלמעלה, ר' לוי בשם ר' חנינא אמר על כל נשימה ונשימה שאדם נושם צריך לקלס לבורא מ"ט (תהלים קנ) כל הנשמה תהלל יה כל הנשימה תהלל יה.

גלא עמיקתא

שכל האברים משנים שנים והיא יחידה בגוף. הדא הוא דכתיב (איוב ל"ד,י"ד) "אם ישים אליו לבו רוחו ונשמתו אליו יאסף" [ע"כ לשון המדרש]. וכשנוסיף לחושבן הנ"ל (4730) חושבן הפסוק הבא שמביאו המגלה עמוקות (בראשית ב',ד'): [ט]אלה תולדות השמים והארץ בהבראם ביום עשות ה' אלהים ארץ ושמים סליקו תרוויהו לחושבן (8192) "לב" (32) פעמים "אהרן" (256) וכדכתיב (שמות כ"ח,ל') "והיו על לב אהרן בבאו לפני ה'" גימ' (622) "בכתר" דבאורים ותומים איתמר, ורמיזא הארת הכתר דמתמן כל הבריאה ומתמן גאולתא שלמתא. וכנודע אהר"ן אתוון נרא"ה ענין אור ראה נ' שער ה–נ'. וכפלינן ל"ב פעמים דהיא התורה דמתחלא ומסיימא באתוון ל"ב.

ומביא המגלה עמוקות הפסוק (ישעי' מ',כ"ו): [י]שאו מרום עיניכם וראו מי ברא אלה גימ' (1295) ה"פ "ויבא עמלק" (259) (שמות י"ז,ח') [1]עיין באורנו בזה במקום אחר. ובאור הענין דאת

[ט] **אבות דרבי נתן נוסחא א פרק לא:** בעשרה מאמרות נברא העולם וכי מה צריך לבאי עולם בכך אלא ללמדך שכל העושה מצוה אחת וכל המשמר שבת אחד וכל המקיים נפש אחת [מישראל] מעלה עליו הכתוב כאלו קיים עולם מלא שנברא בעשרה מאמרות. וכל העובר עבירה אחת וכל המחלל שבת אחד וכל המאבד נפש אחת [מישראל] מעלה עליו הכתוב כאלו איבד עולם מלא שנברא בעשרה מאמרות. שכן מצינו בקין שהרג את הבל אחיו שנאמר קול דמי אחיך [צועקים אלי] (בראשית ד' י'). דם אחד שפך דמים רבים נאמר. אלא מלמד שדם בניו ובני בניו וכל תולדותיו עד סוף כל הדורות שעתידין לצאת ממנו כולם היו עומדין וצועקין לפני הקדוש ברוך הוא. הא למדת שאדם אחד שקול כנגד מעשה בראשית כולו. רבי נחמיה אומר מנין שאדם אחד שקול כנגד כל מעשה בראשית שנאמר זה ספר תולדות אדם [וגו'] (בראשית ה' א') ולהלן הוא אומר אלה תולדות השמים והארץ בהבראם (שם ב' ד') מה להלן בריאה ועשייה אף כאן בריאה ועשייה: מלמד שהראהו הקדוש ברוך הוא כל הדורות שעתידין לצאת ממנו כאלו הם עומדין ומשחקין לפניו. ויש אומרים לא הראהו אלא צדיקים בלבד שנאמר כל הכתוב לחיים בירושלים (ישעיה ד' ג'). רבי יהושע בן קרחה אומר הרי הוא אומר גלמי ראו עיניך ועל ספרך כולם יכתבו (תהלים קל"ט ט"ז) מלמד שהראהו הקדוש ברוך הוא לאדם הראשון דור דור ודורשיו. דור דור ופרנסיו. דור דור ומנהיגיו. דור דור ונביאיו. דור דור וגבוריו. דור דור ופושעיו. דור דור וחסידיו. בדור פלוני עתיד להיות מלך פלוני. בדור פלוני עתיד להיות חכם פלוני: [י] **ילקוט שמעוני תורה פרשת ואתחנן רמז תתלה:** דבר אחר שמע ישראל [ו, ד] למה קורין שמע בבקר ובערב, קורין בערב שהנפשות עולות למעלה, וקורין בבקר על חזרתן שנאמר להגיד בבקר חסדך ואמונתך בלילות, זש"ה יש אחד ואין שני משל למלך בשר ודם שהזקין ממליך בנו תחתיו, אבל הקדוש ברוך הוא אינו כן אלא הוא אחד ושמו אחד, ד"א אמר יעקב הקבצו ושמעו בני יעקב אמר להם אני מתירא שמא לאחר מותי תשתחוו לאלילים לפי שאתם בנים של ד' אמהות, א"ל אינו אומר למשפחותם לבית אמותם אלא לבית אבותם, כשם שאתה אחד ועובד לאחד כך אין אנו עובדין אלא לאחד, הה"ד הלוא אב אחד לכלנו הלוא אל אחד בראנו, נענה ואמר ברוך שם כבוד מלכותו לעולם ועד, ד"א משל לחכם שהיה לו בן והיה מעלה לו שתי סעודות בכל יום אחת בבקר ואחת בערב, אחר ימים ראה החכם את בנו שהעני ולא היה יכול לעשות כשם שהיה למוד, קרא לו אביו וא"ל בני יודע אני שאין בך כח לאותן שתי סעודות שהיית מביא לי, איני מבקש ממך אלא שתהא שומע אותי דורש בבית הכנסת ב' פעמים ביום והוא ערב לי כאותן שתי סעודות

1. באור שיר השירים פרק ז': הני י' פסוקין יחד גימ' (29479) "אם" (41) פ' "עץ החיים בתוך הגן" דאיהי אורייתא קדישא דאית בה ג"ן פרשיות, וכפלינן א"ם פעמים דאיהי אמא עילאה דמתמן אתערו אתוון דאורייתא כדכתיב (משלי א',ח') "ואל תטש תורת אמך". וסליק לחושבן (1813) ז"פ "ויבא עמלק" (259) דע"י אורייתא קדישא מכניעים לעמלק ומאבידים אותו כדכתיב (במ' כ"ד,כ') "ואחריתו עדי אובד".

מיני חשך באיוב כנגדן ה"פ נגה ביחזקאל. ובכאן ויקרא אל משה ס"ת אל"ה אלף זעירא כדי לדרוש על תרין סטרין:

גלא עמיקתא

זה לעומת זה עשה אלהים (קהלת ז', י"ד): **א'.** ענין האמונה באל אחד בסוד קריאת שמע: כמאמר חז"ל בגמ' (ברכות ו' ע"א) [יא]אתם עשיתוני חטיבה אחת בעולם אף אני אעשה אתכם חטיבה אחת שנאמר מי כעמך ישראל גוי אחד בארץ דכתיב בתפלין דמרי עלמא. **ב'.** או דלית להו אמונה – ואית בהו ספ"ק גימ' עמל"ק כאמרם [יב]היש הוי' בקרבנו אם אין– ומיד– ויבא עמלק. וכאן הוא חושבן ה"פ ויבא עמלק לקביל ה"פ אור דמעשה בראשית– את זה לעומת זה עשה האלהים כנ"ל.

ומביא המגלה עמוקות הפסוק שאו וכו' מי ברא אל"ה– וכתב הבני יששכר בכונת נרות חנוכה אל"ה גימ' ה"פ "אור" (1035) באלף רבתי.

ובבני יששכר מקטין האלף (1000) לאלף (1) ואז חוזר ה"פ אור לחושבן ל"ו נרות חנוכה עיין שם בדרושי חנוכה באריכות וקשרהו לכאן. ואמרתי לפני כ"ק אדמו"ר מדינוב ביתר שליט"א [דהוא נכד הבני יששכר הק'] דהאי אלף (1000) הוא אותו הנר מצוה דכל יומא ויומא מימי החנוכה דבהדלקתו אמשיך האור הגנוז בחי' אלף אורות דזכה להן משה רבינו – וייטב בעיניו.

שהיית מעלה לי, כך אמר הקדוש ברוך הוא לישראל לשעבר הייתם מקריבין לי שתי פעמים ביום את הכבש אחד תעשה בבקר וגו', וגלוי וידוע לפני שבית המקדש עתיד ליחרב ומכאן ואילך אי אתם יכולין להקריב קרבנות, אלא מבקש אני תמורתן של קרבנות שמע ישראל בבקר שמע ישראל בערב ועולה לפני יותר מכל הקרבנות, דבר אחר שמע ישראל משל למלך בשר ודם שהיה מכתיב לגיונות והן מתים במלחמה והוא מכתיב אחרים והן נהרגין, אבל הקדוש ברוך הוא משהכתיב לגיונות לא חלפן שכן הוא אומר שאו מרום עיניכם וראו וגו', **[יא] תלמוד בבלי ברכות דף ו עמוד א:** אמר רבי אבין בר רב אדא אמר רבי יצחק: מנין שהקדוש ברוך הוא מניח תפילין - שנאמר נשבע ה' בימינו ובזרוע עזו; בימינו - זו תורה, שנאמר: מימינו אש דת למו, ובזרוע עזו - אלו תפילין, שנאמר: ה' עז לעמו יתן. ומנין שהתפילין עוז הם לישראל - דכתיב: וראו כל עמי הארץ כי שם ה' נקרא עליך ויראו ממך, ותניא, רבי אליעזר הגדול אומר: אלו תפילין שבראש. אמר ליה רב נחמן בר יצחק לרב חייא בר אבין: הני תפילין דמרי עלמא מה כתיב בהו? אמר ליה: ומי כעמך ישראל גוי אחד בארץ. ומי משתבח קודשא בריך הוא בשבחייהו דישראל? - אין, דכתיב: את ה' האמרת היום (וכתיב) וה' האמירך היום. אמר להם הקדוש ברוך הוא לישראל: אתם עשיתוני חטיבה אחת בעולם, ואני אעשה אתכם חטיבה אחת בעולם; אתם עשיתוני חטיבה אחת בעולם, שנאמר: שמע ישראל ה' אלהינו ה' אחד. ואני אעשה אתכם חטיבה אחת בעולם, שנאמר: ומי כעמך ישראל גוי אחד בארץ. אמר ליה רב אחא בריה דרבא לרב אשי: תינח בחד ביתא, בשאר בתי מאי? - אמר ליה: כי מי גוי גדול ומי גוי גדול אשריך ישראל או הנסה אלהים ולתתך עליון. **[יב] ספר תפארת שלמה על התורה - פרשת ואתחנן:** כי רוצה ד' בעמו יפאר ענוים בישועה (שם קמט, ד). פי' עיקר הרצון וההשתוקקות של הצדיק להיות לו דביקות בהש"י ב"ה. וז"פ (שם לד, י) כי אין מחסור ליראיו פי' מדת האין א"ס ב"ה הוא להם למחסור כי חפצם בכל עת להשיג יותר ויותר במדת האין ודביקות הנעלה. ובזה פירשנו סמיכות הפסוקים בפ' בשלח (שמות יז, ז) ועל נסותם את ד' לאמור אם יש ד' בקרבנו אם אין ויבא עמלק כמובא בזוה"ק שזה הי' הפגם מה שחקרו בזה אם הוא בבחי' יש או בחי' אין ע"ש.

א׳. על סטרא דקדושה ויקרא יקרא אל השמים מעל (תהלים נ׳,ד׳) שאו מרום עיניכם וראו מי ברא אלה (ישעי׳ מ׳,כ״ו)

גלא עמיקתא

אמנם כתב כאן במגלה עמוקות אלה אל״ף למ״ד ה״א וכונתו לחושבן (1035) ה״פ ״אור״ כנ״ל- ברם מלוי זה שהביא אל״ף למ״ד ה״א סליק עצמו לחושבן (191) י״פ ״חוה״ (19) עם הכולל דהוא אלופו של עולם.

דהוא נורא עלילה על בני אדם (תהל׳ ס״ו,ה׳) וכל מה שסיבב היה סוף מעשה במחשבה תחלה- ואמנם היו צריכים אדם הראשון וחוה לעמוד בנסיון. אך משחטאו- נתהוה מציאות דגלות דשית אלפי שנין עד ביאת משיח צדקנו, ואמנם בגלות נתקיים ״ה׳ חפץ למען צדקו יגדיל תורה ויאדיר״ (ישעי׳ מ״ב,כ״א). [יג]וכדאמרו חז״ל (סנהדרין כ״ד ע״א) הושיבני במחשכים כמתי עולם (תהל׳ קמ״ג,ג׳) זה תלמוד בבלי- ועיין [2]במקום אחר מה שכתבנו בענין תלמוד בבלי וירושלמי. וכן חידש ר׳ יוסף חיים זוננפלד זצוק״ל ״ציון במשפט תפדה״ (ישעי׳ א׳,כ״ז) גימ׳ ״תלמוד ירושלמי״ וממשיך ״ושביה בצדקה״ גימ׳ ״תלמוד בבלי״ והוא נפלא.

[יג] **תלמוד בבלי מסכת סנהדרין דף כד עמוד א**: גופא; אמר ריש לקיש: פה קדוש יאמר דבר זה? תני עדו. איני? והאמר עולא: הרואה את ריש לקיש בבית המדרש כאילו עוקר הרים וטוחנן זה בזה! - אמר רבינא: והלא כל הרואה רבי מאיר בבית המדרש כאילו עוקר הרי הרים וטוחנן זה בזה! - הכי קאמר: בא וראה כמה מחבבין זה את זה. כי הא דיתיב רבי, וקאמר: אסור להטמין את הצונן. אמר לפניו רבי ישמעאל ברבי יוסי: אבא התיר להטמין את הצונן. אמר להם: כבר הורה זקן. אמר רב פפא: בא וראה כמה מחבבין זה את זה! דאילו רבי יוסי קיים - היה כפוף ויושב לפני רבי, דהא רבי ישמעאל ברבי יוסי ממלא מקום אבותיו הוה - והיה כפוף ויושב לפני רבי, וקא אמר כבר הורה זקן. אמר רבי אושעיא: מאי דכתיב ואקח לי (את) שני מקלות לאחד קראתי נועם ולאחד קראתי חובלים, נועם - אלו תלמידי חכמים שבארץ ישראל, שמנעימין זה לזה בהלכה. חובלים - אלו תלמידי חכמים שבבבל, שמחבלים זה לזה בהלכה. ויאמר (אלי) אלה [שני] בני היצהר העמדים וגו׳ ושנים זיתים עליה. יצהר אמר רבי יצחק: אלו תלמידי חכמים שבארץ ישראל, שנוחין זה לזה בהלכה כשמן זית, ושנים זיתים עליה - אלו תלמידי חכמים שבבבל שמרורין זה לזה בהלכה כזית. ואשא עיני וארא והנה שתים נשים יוצאות ורוח בכנפיהם ולהנה כנפים ככנפי החסידה ותשאנה האיפה בין השמים ובין הארץ ואמר אל המלאך הדבר בי אנה המה מולכות את האיפה ויאמר אלי לבנות לה בית בארץ שנער. אמר רבי יוחנן משום רבי שמעון בן יוחאי: זו חנופה וגסות הרוח שירדו לבבל. - וגסות הרוח לבבל נחית? והאמר מר: עשרה קבין גסות ירדו לעולם, תשעה נטלה עילם - ואחת כל העולם כולו! - אין, לבבל נחית, ואישתרבובי דאישתרבב לעילם. דיקא נמי, דכתיב לבנות לה בית בארץ שנער - שמע מינה. והאמר מר: סימן לגסות הרוח עניות, ועניות לבבל נחית! - מאי עניות - עניות תורה. דכתיב אחות לנו קטנה ושדים אין לה אמר רבי יוחנן: זו עילם שזכתה ללמוד ולא זכתה ללמד. - מאי בבל? אמר רבי יוחנן: בלולה במקרא, בלולה במשנה, בלולה בתלמוד. במחשכים הושיבני כמתי עולם אמר רבי ירמיה: זה תלמודה של בבל.

2. תלמוד בבלי וירושלמי: וזהו דאמרו חז״ל (סנהדרין כד.) ״הושיבני במחשכים״ זה תלמוד בבלי, ולכן מתחיל הש״ס תמיד בדף ב׳ וכן בבלי מתחיל ב׳, דשם הפלפול והיגיעה עצומים, אמנם תלמוד ירושלמי הוא בחי׳ אור וירושלמי מתחיל ביו״ד דהיינו א׳ זעירא דצורתה יו״ד, ולכן תלמוד ירושלמי מתחיל בדף אל״ף, והוא בחינת עשרת הדברות דמתחילים אל״ף אנכי, והוא בחינת אור- חכמה- לשון קצרה דתלמוד ירושלמי, הלכות הלכות, והן בחינת חכמה- ירושלמי, בינה- בבלי.

ב'. ובסטרא אחרא בו סלק אלף הוא ויקר אלהים אל בלעם (במדבר כ"ג,ד') שגרם העגל אלקא די ארקא ושמיא לא עבדו יאבדו מארעא ומתחות

גלא עמיקתא

ולעתיד לבוא יתברר בעזרת ה' יתברך דכל הני גלויות לא היו אלא שעשועי המלך בעצמותו ויתברר לעתיד לבוא דכולו טוב- וכדברי רבי עקיבא (ברכות דף ס' ע"ב) [יד]3כל דעביד רחמנא לטב עביד. וזהו דתורה שבכתב בחינת אור כדכתיב (משלי ו',כ"ג) "ותורה אור" ותורה שבעל פה בחינת חשך כדהבאנו דברי הגמרא במחשכים הושיבני זה תלמוד בבלי. וזהו דהקדים תיבה חשך לתיבה אור בתחלת התורה: תיבה י"ב מתחלת התורה "חשך" ותיבה כ"ה "אור". ובגמ' הקדושה (שבת ע"ז

3. כל דעביד רחמנא לטב עביד: במג"ע הק' כתב ד-א' זעירא צורת י'. וכנודע לסופרי סת"ם י' כתיב גוף ה-י' קוץ עליון קוץ תחתון וסליק לחושבן ל', שכן כל קוץ איהו י' בזעיר אנפין בסוד נקודה, וגוף ה-י' הרי תלת יודין ל', ועם י' תתאה הרי ס', וה-וו' י"ב סליק כולהו (ל' וו' ל') גימ' (72) "חסד", ורמיזא דמה שנראה היום כדין לעתיד לבא יתברר דהיה חסד גמור. ובגמ' (ברכות ס:) אמר רב הונא אמר רב משום רבי מאיר וכן תנא משמיה דרבי עקיבא- לעולם יהא אדם רגיל לומר "כל דעביד רחמנא לטב עביד" בגימ' (566) ב"פ "האור הגנוז" (283), ויתגלה לעתיד לבא ביום שכולו שבת, וגימ' ד' בעלי המימרא "הונא רב מאיר עקיבא" עולה גימ' (עם השמות) (702) "שבת", ושמותיהן דהני ד' צדיקים בא"ת ב"ש גימ' ע"ה (2087) "בו שבת מכל מלאכתו אשר ברא א-להים לעשות" (בראשית ב',ג'). וחזינן דהאי מימרא והני ד' צדיקים בעלי המימרא יש לקשר לן לעלמא דאתי דלית ביה מותא, וזהו דעת-התקשרות כמ"ש "והאדם ידע את חוה אשתו" (בראשית ד',א') גימ' עם האותיות (1278) "רחמן (עם) ואתם הדבקים בה' א-להיכם חיים כלכם היום" (דברים ד',ד'), דהם "דעת" במלוי (980) "ואתם הדבקים בה' א-להיכם חיים כלכם היום", וא"ת ב"ש דהאי מלוי גימ' (298) "רחמן"- ואין מרחמין אלא על מי שיש בו דעת כדכתיב (סנהדרין צב.) כל מי שאין בו דעת אסור לרחם עליו שנאמר "כי לא עם בינות הוא על כן לא ירחמנו עושהו ויוצרו לא יחוננו" (ישעי' כ"ז,י"א), וביחד סליק לחושבן האי פסוקא "והאדם ידע את חוה אשתו" (בראשית ד',א) וכמו שכתבנו לעיל. והנה האי מימרא- דאמרינן ד-א' זעירא דאיהי יוד- תכלית הצמצום- נקודה- איהי חסד- דהיינו "כל דעביד רחמנא לטב עביד" בא"ת ב"ש גימ' (1896) ד"פ "דעת" (474)- וכאן לקביל או"ח דהני ב' תנאים

[יד] **תלמוד בבלי ברכות דף ס עמוד ב**: חייב אדם לברך כו'. מאי חייב לברך על הרעה כשם שמברך על הטובה? - אילימא: כשם שמברך על הטובה הטוב והמטיב, כך מברך על הרעה הטוב והמטיב - והתנן: על בשורות טובות אומר הטוב והמטיב, על בשורות רעות אומר ברוך דיין האמת! - אמר רבא: לא נצרכה אלא לקבולינהו בשמחה. אמר רב אחא משום רבי לוי: מאי קרא - חסד ומשפט אשירה לך ה' אזמרה, אם חסד - אשירה, ואם משפט - אשירה. רבי שמואל בר נחמני אמר: מהכא - בה' אהלל דבר באלהים אהלל דבר; בה' אהלל דבר - זו מדה טובה, באלהים אהלל דבר - זו מדת פורענות. רבי תנחום אמר: מהכא כוס ישועות אשא ובשם ה' אקרא, צרה ויגון אמצא ובשם ה' אקרא. ורבנן אמרי מהכא ה' נתן וה' לקח יהי שם ה' מברך. אמר רב הונא אמר רב משום רבי מאיר, וכן תנא משמיה דרבי עקיבא: לעולם יהא אדם רגיל לומר כל דעביד רחמנא לטב עביד. כי הא, דרבי עקיבא דהוה קאזיל באורחא, מטא לההיא מתא, בעא אושפיזא לא יהבי ליה. אמר: כל דעביד רחמנא לטב. אזל ובת בדברא, והוה בהדיה תרנגולא וחמרא ושרגא. אתא זיקא כבייה לשרגא, אתא שונרא אכליה לתרנגולא, אתא אריה אכלא לחמרא. אמר: כל דעביד רחמנא לטב. ביה בליליא אתא גייסא, שבייה למתא. אמר להו: לאו אמרי לכו כל מה שעושה הקדוש ברוך הוא הכל לטובה

שמיא אלה (ירמי' י', י"א) על אלה אני בוכיה (איכה א', ט"ז) סטרא דקדושה וידבר ה' אליו סטרא אחרא מאהל מועד [טו]דזמין לאתמשכנא.

גלא עמיקתא

ע"ב) הקשו: [טז]מאי טעמא עיזי מסגי ברישא והדר אימרא ותירצו: כבריתו של עולם דכתיב (בראשית א', ה') ויהי ערב ויהי בקר יום אחד – ברישא חשוכא והדר נהורא.

ובאור הענין דעל ידי במחשכים הושיבני דא תלמוד בבלי נתהוה יגדיל תורה (שבכתב) ויאדיר, וכיתרון האור (שבא) מן החושך. וזהו דממשיך המגלה עמוקות שגם הקלי' הן ה': "(א') תהו (ב') ובהו (ג') וחשך (ד') ורוח (ה') תהום" גימ' (1435) ה' פעמים "בן דוד עבדך יבוא ויגאלנו" (287) [ובארנוהו 4 במקום אחר]. והוא מפיוט צור משלו אכלנו "ובן דוד עבדך יבוא ויגאלנו רוח אפינו משיח ה'" וכו'. וזהו דמתוך חשכת הגלות, דבני ישראל אינון בחינת [יז]עולימתא

מקורות

[טו] **זוהר פרשת ויקרא דף ד עמוד ב:** תא חזי בההוא יומא דאשתכלל בי משכנא קודשא בריך הוא אקדים ושארי ביה מיד ויקרא אל משה וידבר יי' אליו מאהל מועד לאמר, וידבר יי' אליו ואודע ליה דזמינין ישראל למיחב קמיה ולאתמשכנא האי אהל מועד בחובייהו ולא יתקיים בידייהו (ס"א בהדייהו) הדא הוא דכתיב וידבר יי' אליו מאהל מועד לאמר, מאי א"ל, מאהל מועד מעסקי אהל מועד דזמין לאתמשכנא בחובייהו דישראל ולא יתקיים בקיומיה אבל אסוותא להאי אדם כי יקריב מכם קרבן ליי' הרי לך קרבנין דאגין על כלא. [טז] **תלמוד בבלי שבת דף עז עמוד ב:** רבי זירא אשכח לרב יהודה דהוה קאי אפיתחא דבי חמוה, וחזייה דהוה בדיחא דעתיה, ואי בעי מיניה כל חללי עלמא הוה אמר ליה. אמר ליה: מאי טעמא עיזי מסגן ברישא והדר אימרי? אמר ליה: כברייתו של עולם, דברישא חשוכא והדר נהורא. [יז] **זוהר פרשת משפטים דף צה עמוד א:** מהו עולימתא שפירתא ולית לה עיינין וגופא טמירתא ואתגליא איהי נפקת בצפרא ואתכסיאת ביממא, אתקשטת בקשוטין דלא הוו, כל דא שאיל בארחא

עיונים

ב' אמוראים, דתורה שבע"פ היא בסוד או"ח, וכאן שמותיהן של ג' הראשונים "הונא רב מאיר" גימ' (515) "תפלה" ועם עקיבה (בה') גימ' (702) "שבת"- ובשבת הכל חוזר לשרשו והוא מעין עולם הבא, בסוד עלית העולמות בכתבי האריז"ל [ובאור הענין של ה' מתחלפת לא' בעקיבה יש להוכיח ממלוי ההין אפשר למלא הא ואפשר הה, וכתוב בספה"ק דאותיות הגרוניות האחע הן מתחלפות ויכולות לבוא אחת במקום השניה]. וכשנחבר כל הני ד' תנאים ואמוראים "הונא רב מאיר עקיבה (בה')" פשוט וא"ת ב"ש (2788) עם האי מימרא דילהון "כל דעביד רחמנא לטב עביד" פשוט וא"ת ב"ש סליק לחושבן (5250) י"פ "עולם שכולו טוב" (525) דהוא שלימותא דכולא ב-י' ספי', ויהי רצון דנזכה לעולם שכולו טוב בגאולה האמיתית והשלמה, בב"א.

קצור: לעתיד לבוא יתגלה עולם שכולו טוב, ויברכו על הרעה כשם שמברכין על הטובה הטוב והמטיב- "הטוב" גימ' כ"ב אותיות התוה"ק ו"המטיב" גימ' "חסד", וכשנכה אותם זב"ז "הטוב" פ' "והמטיב" סליק לחושבן (1584) "והקימתי את בריתי", ועי' לעיל באופן פ"ו בסופו כ"ב פ' "והקימתי את בריתי" סליק לחושבן הני ז' שמותיו ית' דאינם נמחקים באתוון זעירין ורברבין פשוט וא"ת ב"ש בסוד ענין "שתים שהן ארבע" (תחלת מסכת שבת) - ואיהו שמא שלים, ואיהו הטוב והמטיב היה הוה ויהיה לעד ולנצח נצחים, אמן כן יהי רצון.

4. באור על מגלה עמוקות ויקרא אופן ל"ו: הנה מביא המגלה עמוקות בתחלת דבריו הפסוק (שמות י"ב, מ"ב-בא) "ליל שמרים הוא לה'" גימ' (728) "קרן משיחך". והוא כדאמרינן באבינו מלכנו "אבינו מלכנו הרם קרן משיחך" ורמיזא הגאולה העתידה במהרה בימינו אמן, דאז יהיה בס"ד יחוד הוי' וא-דני

בשלמות. וגימ' (728) ח"פ "הוי' א-דני" (91) רמיזא אלף השמיני, א"נ ח' דהוא למעלה מז'. אתוון דתיבין ליל הוא לה' היינו סופי תיבות ויקרא אל משה אתוון אה"ל.

גלא עמיקתא

שפירתא דלית לה עינין (זוה"ק משפטים צה.) דמאמינים בני מאמינים בו יתברך ובתורתו הקדושה, יביאו משיח צדקנו ויגאלנו בעגלא דידן ובזמן קריב ונאמר אמן. וזהו דכולא פסוקא דה' גלויות ה' קליפין (בראשית א',ב'): [יח]והארץ היתה תהו ובהו וחשך על פני תהום ורוח אלהים מרחפת על פני המים גימ' (3546) ו' פעמים [יט]מ"ם סתומ"ה (591) דהיא האות היחידה בכ"ד ספרים אות מנצפ"ך באמצע תיבה "[כ]לםרבה המשרה"

ואצטערנא, והשתא אית לי נייחא דאילו הוינא כחדא אתעסקנא במלי דאורייתא מה דהוינן במלין אחרנין דתהו, אמר רבי חייא וההוא סבא טייעא ידעת ביה כלום, אמר ליה ידענא דלית ממשו במלוי וכו' **[יח] תלמוד בבלי מסכת חגיגה דף יב עמוד א:** ואמר רב יהודה אמר רב: עשרה דברים נבראו ביום ראשון, ואלו הן: שמים וארץ, תהו ובהו, אור וחשך, רוח ומים, מדת יום ומדת לילה. שמים וארץ - דכתיב בראשית ברא אלהים את השמים ואת הארץ, תהו ובהו - דכתיב והארץ היתה תהו ובהו, אור וחשך, חשך דכתיב וחשך על פני תהום, אור - דכתיב ויאמר אלהים יהי אור. רוח ומים - דכתיב ורוח אלהים מרחפת על פני המים. מדת יום ומדת לילה - דכתיב ויהי ערב ויהי בקר יום אחד. תנא: תהו - קו ירוק שמקיף את כל העולם כולו, שממנו יצא חשך. שנאמר ישת חשך סתרו סביבותיו, בהו - אלו אבנים המפולמות המשוקעות בתהום, שמהן יוצאין מים, שנאמר ונטה עליה קו תהו ואבני בהו. ואור ביום ראשון איברי? והכתיב ויתן אתם אלהים ברקיע השמים וכתיב ויהי ערב ויהי בקר יום רביעי! - כדרבי אלעזר. דאמר רבי אלעזר: אור שברא הקדוש ברוך הוא ביום ראשון - אדם צופה בו מסוף העולם ועד סופו, כיון שנסתכל הקדוש ברוך הוא בדור המבול ובדור הפלגה וראה שמעשיהם מקולקלים - עמד וגנזו מהן, שנאמר וימנע מרשעים אורם. ולמי גנזו - לצדיקים לעתיד לבא שנאמר וירא אלהים את האור כי טוב, ואין טוב אלא צדיק, שנאמר אמרו צדיק כי טוב. כיון שראה אור שגנזו לצדיקים שמח, שנאמר אור צדיקים ישמח. כתנאי: אור שברא הקדוש ברוך הוא ביום ראשון אדם צופה ומביט בו מסוף העולם ועד סופו, דברי רבי יעקב. וחכמים אומרים: הן הן מאורות שנבראו ביום ראשון ולא נתלו עד יום רביעי. **[יט] זוהר פרשת וילך דף רפה עמוד ב:** ר"ש אמר אלף עמיקא דבירא דכל ברכאן מתמן נבעין ונפקין ומשתכחין מ"ם פתוחה נהרא דנגיד ונפיק ואקרי מ"ם והוא רזא דתנינן מ"ם פתוחה מ"ם סתומה כמה דאוקימנא לםרבה המשרה נון פשוטה כללא דתרין נונין נון כפופה כללא דאת וא"ו כללא דנון כפופה (ס"א פשוטה) (ס"א מם פתוחה כללא דתרין נונין נון פשוטה נון כפופה, נון פשוטה כללא דאת וא"ו) בגין כך כלא אקרי נון ואו נון וברזא דמתניתא הכי תאנא ו' דכר ן' פשוטה כללא דדכר ונוקבא, נון כפופה בכללא דפשוטה היא, ובספרא דרב המנונא סבא מם דהכא היא נוטריקון מל"ך והיינו אמן אמ"ן נוטריקון א"ל מ"לך נ"אמן כללא דכלא ושפיר הוא והא אתמר. **[כ] של"ה תולדות אדם רמזי אותיות לחתימת ההקדמה:** שעג. והנה אמרו רבותינו ז"ל (קידושין ל ב), ברא הקדוש ברוך הוא יצר הרע, ברא תבלין נגדו, והיא התורה. דהיינו מכח התורה סותמין רוח צפונית, אשר פתוח לרעה, דהיינו ב'סור מרע ועשה טוב', שהוא לא תעשה ועשה. ויתהפך הרוח לטוב, על דרך שאמרו רבותינו ז"ל (מגילה כח ב) צריכה שמעתתא צילותא כיומא דאסתנא, רוח צפונית, לכך ניתנה התורה מפי הגבורה, שהוא בצפון, כנודע. וכמו שפירש רש"י בעשר דברות 'וידבר אלהים' (שמות כ, א), אין 'אלהים' בכל מקום אלא דיין אמת. כי שורש התורה חסד, כמו שנאמר (משלי לא, כו) 'ותורת חסד על לשונה', כי לקוחה היא מ'חכמה' עילאה, שהוא חסד עליון, כנודע למקובלים. ועל זה נרמז 'מימינו אש דת למו' (דברים לג, ב), מכל מקום נתינתה בקולות וברקים, על ידי הגבורה, שהיא בשמאל. וזהו 'ארך ימים בימינה בשמאולה עשר וכבוד' (משלי ג, טז), ועל עושר זה אמרו רבותינו ז"ל (בבא בתרא כה ב), הרוצה להעשיר יצפין, כי אין עני אלא בעניות תורה. ועל זה נאמר (איוב לז, כב) 'מצפון זהב יאתה'. ובבראשית רבה (פט"ז ס"ד) 'וזהב הארץ ההוא טוב' (בראשית ב, יב), אין תורה כתורת ארץ ישראל. והרוצה להחכים ידרים (בבא בתרא כה ב), זהו חלק ההשכלה מהתורה בסודותיה, שקראו רבותינו ז"ל

(סוכה כח א), דבר גדול מעשה מרכבה, מה שאינו נוגע למצות עשה ולא תעשה, אבל מצד הצפון, שם 'סור מרע ועשה טוב' כדפירשתי, ואז צדיקים מהפכין מדת הדין לרחמים. על כן 'צפון' שהוא פתוח מצד הדין, כדפירשתי, סתם בתורה. על כן שם דגל דן (במדבר ב, כה), שנקרא על שם הדין, כמו שאמרה רחל (בראשית ל, ו) 'דנני אלהים'. והסוד 'יהי דן נחש' (שם מט, יז), כי משם יונק כח הנחש, ואם פגע בך מנוול משכהו לבית המדרש (קידושין ל ב). במתן תורה נשלמו ארבע רוחות ונעשו מ' סתומה, והיא מ' סתומה בפסוק (ישעיה ט, ו) 'לםרבה המשרה ולשלום אין קץ'. והנה, האדם הוא סלם מוצב ארצה, וראשו מגיע השמימה, רצה לומר, גוף האדם לקח הקדוש ברוך הוא האדמה, ממקום מזבח האדמה (בראשית רבה פי"ד ס"ח), כדי שיתקדש. וראשו, דהיינו הנשמה, היא מרום המעלות, ואנחנו אומה ישראלית נקראים אדם (יבמות סא א). הרי לך סוד ששה קצוות, האדם. מעלה ומטה, וארבע רוחות סובבות אותו, המורים על הקדושות הנזכרים לעיל, ושכינה למעלה מראשו. **[כא] תלמוד בבלי מסכת סנהדרין דף צד עמוד א:** אמר רבי תנחום דרש בר קפרא בציפורי מפני מה כל מ"ם שבאמצע תיבה פתוח וזה סתום ביקש הקדוש ברוך הוא לעשות חזקיהו משיח וסנחריב גוג ומגוג אמרה מדת הדין לפני הקדוש ברוך הוא רבונו של עולם ומה דוד מלך ישראל שאמר כמה שירות ותשבחות לפניך לא עשיתו משיח חזקיה שעשית לו כל הנסים הללו ולא אמר שירה לפניך תעשהו משיח לכך נסתתם מיד פתחה הארץ ואמרה לפניו רבונו של עולם אני אומרת לפניך שירה תחת צדיק זה ועשהו משיח פתחה ואמרה שירה לפניו שנאמר מכנף הארץ זמירות שמענו צבי לצדיק וגו' אמר שר העולם לפניו רבונו של עולם צביונו עשה לצדיק זה יצאה בת קול ואמרה רזי לי רזי לי אמר נביא אוי לי אוי לי עד מתי יצאה בת קול ואמרה בוגדים בגדו ובגד בוגדים בגדו ואמר רבא ואיתימא רבי יצחק עד דאתו בזוזי ובזוזי דבזוזי משא דומה אלי קורא משעיר שומר מה מלילה שומר מה מליל וגו' אמר רבי יוחנן אותו מלאך הממונה על הרוחות דומה שמו נתקבצו כל הרוחות אצל דומה אמרו לו שומר מה מלילה שומר מה מליל אמר שומר אתא בקר וגם לילה אם תבעיון בעיו שובו אתיו תנא משום רבי פפייס גנאי הוא לחזקיה וסייעתו שלא אמרו שירה עד שפתחה הארץ ואמרה שירה שנאמר מכנף הארץ זמירות שמענו צבי לצדיק וגו' כיוצא בדבר אתה אומר ויאמר יתרו ברוך ה' אשר הציל אתכם תנא משום רבי פפייס גנאי הוא למשה וששים ריבוא שלא אמרו ברוך עד שבא יתרו ואמר ברוך ה' ויחד יתרו רב ושמואל רב אמר שהעביר חרב חדה על בשרו ושמואל אמר שנעשה חדודים חדודים כל בשרו אמר רב היינו דאמרי אינשי גיורא עד עשרה דרי לא תבזה ארמאי קמיה לכן ישלח האדון ה' צבאות במשמניו רזון מאי במשמניו רזון אמר הקדוש ברוך הוא יבא חזקיהו שיש לו שמונה שמות ויפרע מסנחריב שיש לו שמונה שמות חזקיה דכתיב כי ילד יולד לנו בן ניתן לנו ותהי המשרה על שכמו ויקרא שמו פלא יועץ אל גבור אבי עד שר שלום והאיכא חזקיה שחזקו יה דבר אחר חזקיה שחיזק את ישראל לאביהם שבשמים סנחריב דכתיב ביה תגלת פלאסר פלנאסר שלמנאסר פול סרגון (סרגין) אסנפר רבא ויקירא והאיכא סנחריב שסיחתו ריב דבר אחר שסח וניחר דברים כלפי מעלה אמר רבי יוחנן מפני מה זכה אותו רשע לקרותו אסנפר רבא ויקירא מפני שלא סיפר בגנותה של ארץ ישראל שנאמר עד בואי ולקחתי אתכם אל ארץ כארצכם רב ושמואל חד אמר מלך פקח היה וחד אמר מלך טיפש היה למאן דאמר מלך פקח היה אי אמינא להו עדיפא מארעייכו אמרו קא משקרת ומאן דאמר מלך טיפש היה אם כן מאי רבותיה להיכא אגלי להו מר זוטרא אמר לאפריקי ורבי חנינא אמר להרי סלוג אבל ישראל ספרו בגנותה של ארץ ישראל כי מטו שוש אמרי שויא כי ארעין כי מטו עלמין אמרו כעלמין כי מטו שוש תרי אמרי על חד תרין ותחת כבודו [יקד] יקוד כיקוד אש אמר רבי יוחנן תחת כבודו ולא כבודו ממש כי הא דרבי יוחנן קרי ליה למאני מכבדותי רבי אלעזר אמר תחת כבודו ממש כשריפת בני

גלא עמיקתא

(ישעי' ט',ו'). [כא]דדרשו חז"ל **בגמרא** (סנהדרין צד.) מפני מה בכל התורה כולה מ' שבאמצע תיבה פתוחה וזו סתומה? **אלא** ביקש הקב"ה לעשות חזקיהו משיח וסנחריב גוג ומגוג **אמרה** מדת הדין וכו' עיין שם בסוגיא. **וכן הוא** חושבן (3546) עם ב' כוללים (3548): ב'

גלא עמיקתא

פעמים "[כב]והאיש משה ענו מאד מכל האדם אשר על פני האדמה" (1774) (במדבר י"ב,ג'). ובזוה"ק (ויחי ר"מ ע"א) [כג]ורוח אלהים מרחפת על פני המים "דא רוחו של משיח" סליק לחושבן (913) "בראשית".

[כד]וכתב רבינו בפירושו על התורה פרשת שמות דמשה רבינו נקרא ראשית כמ"ש בברכת שבט גד (דברים ל"ג,כ"א) "וירא ראשית לו כי שם חלקת מחוקק ספון" ופרש"י [כה]שראה שעתיד להיקבר שם משה ולכן רצה לקחת את אותו החלק מעבר הירדן המזרחי וכו', הא למדת דמשה איקרי ראשית. וכתיב ביה במשה (שמות ב',י') "כי מן המים משיתיהו"– דמחשבת גלות מצרים אתא מושיען של ישראל. וכנודע מדברי ר' שמשון מאוסטרופולי [כו]ד–י' מכות

אהרן מה להלן שריפת נשמה וגוף קיים אף כאן שריפת נשמה וגוף קיים. **[כב] תלמוד בבלי מסכת ברכות דף נד עמוד ב:** אמרי: כי חלפי ישראל הכא נקטלינון, ולא הוו ידעי דארון הוה מסגי קמייהו דישראל והוה ממיך להו טורי מקמייהו; כיון דאתא ארון, אדבקו טורי בהדי הדדי וקטלינון, ונחת דמייהו לנחלי ארנון. כי אתו את והב, חזו דמא דקא נפיק מביני טורי, אתו ואמרי להו לישראל ואמרו שירה, היינו דכתיב: ואשד הנחלים אשר נטה לשבת ער ונשען לגבול מואב. אבני אלגביש - מאי אבני אלגביש? תנא: אבנים שעמדו על גב איש וירדו על גב איש; עמדו על גב איש - זה משה, דכתיב: והאיש משה ענו מאד, וכתיב: ויחדלו הקלות והברד ומטר לא נתך ארצה. ירדו על גב איש - זה יהושע, דכתיב: קח לך את יהושע בן נון איש אשר רוח בו, וכתיב: ויהי בנוסם מפני בני ישראל הם במורד בית חורון וה' השליך עליהם אבנים גדלות. **[כג] זוהר פרשת ויחי דף ר"מ עמוד א:** הכי נמי מלכא משיחא יחזי חדו לישראל וכוליה דינא לעמין עעכו"ם, כתיב (בראשית א') ורוח אלהים מרחפת על פני המים דא רוחא דמלכא משיחא ומן יומא דאתברי עלמא אסחי לבושיה בחמרא עלאה חמי מה כתיב בתריה חכלילי עינים מיין ולבן שנים מחלב דא חמרא עלאה וכו' **[כד] מגלה עמוקות על התורה פרשת שמות:** ותקרא שמו משה כי מן המים משיתהו כאן נרמז רזא עילא' בענין יחזקאל שראה ד' מיני מים יוצאים מן המקדש (יחזקאל מז) בצאת האיש קדים וקו בידו וימד אלף באמה ויעברני מי אפסים וימד אלף ויעברני במים מים ברכים וימד אלף ויעברני מי מתנים וימד אלף נחל אשר לא אוכל לעבור כי גאו המים מי שחו נחל אשר לא יעבר. ד' מיני מים לדעתי רזא דד' אתוון דשמא קדישא על ה' אחרונ' של השם אמר מי אפסים ר"ל מי קרסולין שמגיעין עד עקב כי שם ידו אוחזת בעקב ועל הנחש איתמר אתה תשופנו עקב כי (משלי ה) רגליה יורדת מות. ועל ו' של השם אמר מי ברכים דתמן המלך שלמה ברוך כל הכורע כורע בברוך דאיהו צדיק משך הו'. ועל ה' ראשונה של שם אמר מי מתנים בסוד והי' (ישעי' כ) צדיק אזור מתניו והאמונ' אזור חלציו דאיתא בזוהר מסיטרא דאמא דעד הוד מתפשטא דתמן מתניכם חגורים אבל על יוד של שם דאיתמר גבי משה (דברים ל"ג) וירא ראשית לו דאיהו ראשית חכמה י' של שם מתמן זכה לתורה קדומ' עליה אמר וימד אלף נחל נובע מקור מחכמ' אשר לא אוכל לעבור כי גאו המים. מי שחו ה"מים מ"י ש"חו ר"ת משה כי משה הי' י' אמין כי נשמתו מי' של שם מיסוד אבא בסוד חשופי ש"ת דפרחא יוד מן בראשית בגלגולא קדמא' דילי' ומטה שבידו י' אמין לקביל מי מתנים ושוור י' אמין לקבל מי ברכים ומחה לעוג מלך הבשן עד קרסולא הוא סוד מי אפסים שהוא מי קרסולים. ולדעתי ד' עלמין אינון עולם העשי' הוא מי אפסים שהם מי קרסולים כי עד שם מתפשטין רגלי האריך. מי ברכים רזא העולם היציר' דתמן עבד אברהם דאיתמר ביה ויברך את הגמלים וכל העולם כלול מעשר וכל עשר ממאה הרי אלף. **[כה] רש"י דברים פרק ל"ג:** וירא ראשית לו - ראה ליטול לו חלק בארץ סיחון ועוג שהיא ראשית כבוש הארץ. כי שם חלקת מחוקק ספון - כי ידע אשר שם בנחלתו חלקת שדה קבורת מחוקק והוא משה. **[כו] כותב ר' שמשון מאוסטרופולי באגרת שהיא באור ענינים בהגדה של פסח:**: מביא הפסוק: ולהכות

באגר"ף רשע (ישעי' נ"ח,ד') כי אגר"ף ר"ת ג' אלפים ר"פ. וכותב שם בבאור: י' המכות וכו' עולין לחשבון ג' אלפים ר"פ ממש. **[כז] ספרי דברים פרשת האזינו פיסקא שו:** דבר אחר יערף כמטר לקחי, וכן היה רבי סימיי אומר לא נאמרו ארבע רוחות אלו אלא כנגד ארבע רוחות השמים צפונית בימות החמה יפה ובימות הגשמים קשה דרומית בימות החמה קשה ובימות הגשמים יפה מזרחית לעולם קשה מערבית לעולם יפה צפונית יפה לחטים בשעה שמכניסים שליש וקשה לזיתים בשעה שחונטים דרומית קשה לזיתים בזמן שמכניסים שליש ויפה לחטים בשעה שחונטים. וכן היה ר' סימיי אומר כל בריות שנבראו מן השמים נפשם וגופם מן השמים וכל בריות שנבראו מן הארץ נפשם וגופם מן הארץ חוץ מאדם זה שנפשו מן השמים וגופו מן הארץ לפיכך אם עשה אדם תורה ועשה רצון אביו שבשמים הרי הוא כבריות של מעלה שנאמר -תהלים פב ו- אני אמרתי אלהים אתם ובני עליון כלכם לא עשה תורה ולא עשה רצון אביו שבשמים הרי הוא כבריות של מטה שנאמר -שם /תהלים/ פב ז- אכן כאדם תמותון. וכן היה רבי סימיי אומר אין לך פרשה שאין בה תחית מתים אלא שאין בנו כח לדרוש שנאמר -שם /תהלים/ נ ד- יקרא אל השמים מעל ואל הארץ לדון עמו, יקרא אל השמים מעל זו נשמה, ואל הארץ לדון עמו זה הגוף מי דיין עמו ומנין שאין מדבר אלא בתחית המתים שנאמר -יחזקאל לז ט- מארבע רוחות בואי הרוח ופחי בהרוגים האלה כי שם ה' אקרא, מצינו שלא הזכיר משה שמו של הקדוש ברוך הוא אלא לאחר עשרים ואחד דבר ממי למד ממלאכי השרת שאין מלאכי השרת מזכירים את השם אלא לאחר שלש קדושות שנאמר -ישעיה ו ג- וקרא זה אל זה ואמר קדוש קדוש קדוש ה' צבאות אמר משה דיי שאהיה בפחות משבעה כמלאכי השרת והרי דברים קל וחומר ומה משה שהוא חכם חכמים וגדול שבגדולים ואבי הנביאים לא הזכיר שמו של מקום אלא לאחר עשרים ואחד דבר המזכיר שמו של מקום בחנם על אחת כמה וכמה. רבי שמעון בן יוחי אומר מנין שלא יאמר אדם לה' עולה לה' מנחה לה' שלמים אלא עולה לה' מנחה לה' שלמים לה' תלמוד לומר -ויקרא א ב- קרבן לה' והלא דברים קל וחומר ומה אלו שהם מוקדשים לשמים אמר הקדוש ברוך הוא לא יוחל שמי עליהם עד שיקדשו המזכיר שמו של הקדוש ברוך

גלא עמיקתא

שלקו המצרים סליקו יחד לחושבן (3280) י"פ "חשך" (328) דערך ממוצע דכל מכה ומכה הוא "חשך".

ובאור הענין דנתהוה כיתרון האור מן החשך ובמגלה עמוקות כאן הביא ה' מיני חשך- ולקו המצרים כפליים י' מיני חשך דהן י' המכות שלקו כנ"ל.

ומסכם רבינו האופן: **ויקרא אל משה ס"ת אל"ה א' זעירא לדרוש תרין סטרין: א'. על סטרא דקדושה איתמר** (תהל' נ',ד') **"יקרא אל השמים מעל ואל הארץ לדין עמו"** גימ' (1420) ה"פ "מה רב טובך" [[5]עיין באורנו במקום אחר וקשרהו לכאן] דבאור הגנוז איתמר "מה רב טובך אשר צפנת ליראיך" (תהל' ל"א,כ'). **ב'. ובסטרא אחרא א' זעירא וכאילו כתיב "ויקר אלהים אל בלעם"** (במדבר כ"ג,ד'). **וזהו את זה לעומת זה עשה האלהים** (קהלת ז',י"ד) – דהאי פסוקא דמביא הגאון המחבר ברוח קדשו לסטרא דקדושה: "[כז]**יקרא אל השמים מעל ואל הארץ לדין עמו"** גימ' (1420) י"פ "בלעם" (142) דמכניע ב-י' ספירות דיליה. וזהו דכתיב בפסוק השני: **"ויקר אלהים אל בלעם"** וכו' כנ"ל.

5. באור על שיר השירים פרק ז' פסוק ג': וראשי תיבות דהני תלת תיבין "אשה", וכדאמר אדה"ר (בראשית ב',כ"ג) "לזאת יקרא אשה כי מאיש לקחה זאת" סליק לחושבן עם הכולל (1988) ז"פ "מה רב טובך" (284) כדכתיב (תהל' ל"א,כ') "מה רב טובך אשר צפנת ליראיך" וכו'. ויתגלה לעתיד לבוא בגלוי אור הגנוז דכולו טוב כדכתיב (פסחים נ.) לא כעולם הזה עולם הבא עולם הזה על בשורות ולעולם הבא כולו הטוב והמטיב. והנה תיבה "יקרא" גימ' (311) "איש", וכאילו כתיב לזאת איש אשה, ומשם נשתלשלו ענין כי יקח איש אשה לישנא דמאיש לוקחה זאת ואכמ"ל.

גלא עמיקתא

ומביא רבינו האגרת ששלח ירמיהו לבני הגולה, שאם יאמרו להם הכשדים עבדו עכו"ם יענו כך והפסוק כתוב בלשון ארמי (ירמי' י',י"א): [כח]כדנה תאמרון להום (להון) אלהיא די שמיא וארקא לא עבדו יאבדו מארעא ומן תחות שמיא אלה גימ' (3322) י"א פעמים "ה' ימלך לעולם (ועד)" (302) (שמות ט"ו,י"ח). ובאור הענין דלעתיד לבוא אף [כט]י"א כתרין דמסאבותא

הוא חנם ובמקום בזיון על אחת כמה וכמה. **[כח] משנה שכיר נביאים ירמיהו:** מקצפו תרעש הארץ ולא יכלו גוים זעמו [ירמיה י, י] ירמיה הנביא באגרתו ששלח ליכניה וגלותו בגולה להשיב לכשדיים בלשון ארמית תשובה אם אומרים להם לעבוד ע"א כתב בזה"ל, כדנה תאמרון להום אלהיא די שמיא וארקא לא עבדו יאבדו מארעא ומן תחות שמיא אלה, וה' אלקים אמת הוא הוא אלקים חיים ומלך עולם נבער כל אדם מדעת הוביש כל צורף מפסל כי שקר נסכו ולא רוח בם, לא כאלה חלק יעקב כי יוצר הכל הוא, וישראל שבט נחלתו ה' צבאות הוא. נראה לי דבפסוק "נבער כל אדם מדעת הוביש כל צורף מפסל כי שקר נסכו ולא רוח בם", נרמז דברי אדונינו הרמב"ם באגרת תימן שכתב בזה"ל, וכולם אין חפצם אלא לדמות שקריהם לדת ה', ולא תדמה המלאכה אלקית למלאכה אנושיות אלא לתינוק שאין לו ידיעה באחד מהן, ואין הפרש בין דתנו זאת לשאר דתות שרוצים לדמות אליה, אלא כמו שיש הפרש בין אדם החי המרגיש ובין הצלם שפסלו האומן מעץ או שיצקו ממתכת כלומר מכסף או מזהב או שפתח מאבן גלל כלומר מאבני שיש וזולתו, עד שתקנו וציירו בצורת אדם, שהכסיל שאינו יודע החכמה האלקית והחכמה ההיא, בראותו הצלם ההוא בדמות אדם בכל משטחו הגלוי וכתבניתו ובדמותו ובמראהו, יחשוב שנעשה כמו שנעשה האדם, לפי שאינו יודע הפנימיות של שניהם, אבל החכם היודע הפנימיות של זה ושל זה אז יודע שהפנימיות של זה הצלם אין שם תקון מלאכה, וכן ידע שהפנימיות של אדם יש בה נפלאות האמיתיות והמלאכות המורות על חכמת הבורא יתברך. כן הדבר בכסיל שאינו יודע סתרי כתבי קודש ופנימיות המצות, ועוד האריך שם רבינו בדברי אלקים חיים. עכ"פ דימה רבינו החילוק בין דת האמת של אלקינו יתברך לבין שאר דתות העמים המדומות לחילוק בין אדם חי המרגיש לצלם דמות אדם הנפסל מעץ ואבן. כן ממש הוא דברי ירמיה הנביא באומרו וה' אלקים אמת הוא אלקים חיים ומלך עולם, ולגבי עבודה זרה הוא אומר נבער כל אדם מדעת הוביש כל צורף מפסל כי שקר נסכו ולא רוח בם, היינו כמו שיש חילוק בין אדם החי שיש בו דעת, לפסל שהצורף מנסכו שהוא שקר וכל רוח אין בם, כמו כן יש חילוק בין דתות העמים לדת אלקים, וזה שאמר וה' אלקים אמת הוא אלקים חיים והבן, ובזה יובן המדרש [ויק"ר כו, א] על זה הפסוק "וה' אלקים אמת", למה הוא אמת לפי שהוא אלקים היינו מלך עולם ע"כ, וכדברי הרמב"ם הנ"ל ודו"ק. **[כט] אגרא דכלה בראשית פרשת לך לך:** ויאמר עוד, ונברכו ב"ך בגימטריא תק"ב בהחשב הך' רבתי דאותיות מנצפ"ך לת"ק כנודע, כמו מנין שנות האבות, והנה כתוב אצלינו בפסוק תהלת ד' ידבר פי ויברך כל בשר [תהלים קמה כא], דהנה אמרו רז"ל חייב אדם לבסומי בפוריא עד דלא ידע בין ארור המן לברוך מרדכי [מגילה ז ב], והנה כתבו התוס' דלא ידע לחשוב החשבון כי המספר שוה ארו"ר המ"ן, ברו"ך מרדכ"י, כל אחד בגימטריא תק"ב, והנה כתב האר"י ז"ל להיות המן ובניו הם י"א כתרין דמסאבותא, ושם גם כן גנוז ניצוץ הק' המחיה את כולם, וצריכין אנחנו להחיות את ניצוץ הק' הלז, ואם כן צריכין אנחנו לומר בדרך השילוח גם לשם ברוך, אך אי אפשר לומר כן בדיעה מיושבת, כי הנה הוא מברך הקליפה, וצריך לומר זה בלא דעת רק בשכרות. והנה ברו"ך מרדכ"י שהוא בגימטריא בש"ר קודש (וידוע דבחינת היסוד נקרא כל בשר [תיקו"ז מ"א ע"ב] והבן), ובהיפך בסט"א ארו"ר המ"ן בגימטריא בש"ר טמא, ולעתיד במהרה בימינו ימלא כבוד השם את כל הארץ, והניצוצות הקדושות שבקליפות יתפרדו ויוכללו בקדושה והס"א תתבטל, ואז תהלת השם ידבר פי, דיבור ממש בדיעה שלימה, ויברך כל בשר שם קדשו, והבן כי אי אפשר להרחיב הביאור בזה. וכמנין זה היו שני חיי האבות, להיותן עיקר היחוד בעולם, וזה יבואר ונברכו מלשון הברכ"ה, ב"ך כמנין תק"ב

בהחשב הך' לת"ק בגימטריא דאי"ק בכ"ר שהוא בגימטריא בש"ר, כל משפחות האדמה אפילו מה שהוא בבחינת אדמה תוקף הדין של הקליפות יתבטל, רק מה שהוא משפחות האדמה, ר"ל שמחובר לאדמה היינו הניצוץ המחיה, משפחות לשון חיבור מלשון ונספחו על בית יעקב [ישעיה יד א] יוכללו בקדושה על ידי זרע אברהם אוהבו. [ל] **מגלה עמוקות על התורה פרשת מקץ**: כי את אלקים אני ירא ז"ס אדם א' מאלף מצאתי שהוא ר"ע ב"א יחיד השם בסוד ז"ש שיצאת נשמתו באחד וצריך להאריך באחד בד' שיעלה למעלה והוא פלא ז"ס ואד יעלה מן הארץ שיעלה במחשבתו עד רזא דאלף והטעם שנהרג ר"ע שהוא הי' מן י' ניצוצין שיצאו מיוסף בלי נוקבא ויפוזו זרועי ידיו שיצא הזרע שלו ז"ש מידי אבי"ר יעק"ב שהוא אותיות ר' עקיב"א באלף ע"ד שאמר מביהו בן גמלה על מות אחאב לא (מלכים א) אדונים לאלה ישובו איש לביתו לשלום כי בזמן שאדונים אשר בעלוני זולתי ית' ספו תמו מן בלהות אלהא די שמיא (וארקא) [וארעא] לא עבדו יאבדו תחות כל שמיא אלה אז ישובו הדיקונאות למקומן ויחודן לשלום ז"ש שלום לכם אל תיראו ר"ל כשמורא לא עלה עליכם מן האדונים זולתו ית' אזי שלום י"י יתן לכם מטמון שכל הדיקונאות יהי' אצליכם.

גלא עמיקתא

יזעקו ויודו ה' ימלך לעולם ועד, ואז יאבדו– כדכתיב (במדבר כ"ד,כ') **"ראשית גוים עמלק, ואחריתו עדי אבד".** ופירוש הפסוק בירמיהו (י',י"א) כך **תאמרו להם – אלהים אשר שמים וארץ לא עשו, יאבדו מהארץ ומתחת השמים האלה** [ועיין עוד [ל]מגלה עמוקות על התורה פרשת מקץ]. והביאו בעיקר להשמיע תיבה אחרונה אל"ה סופי תיבות ויקרא אל משה כנ"ל.

ובסדור האר"י הקדוש בקריאת שמע שעל המטה מביא הפסוק הנ"ל "כדנה תאמרון להום" וכו' ומיד אחריו הפסוק ממזמור ל"א כנ"ל (דהביא פסוק כ') פסוק י' "בידך אפקיד רוחי פדית אותי ה' אל אמת"– ונבארו במקומו אי"ה. והנה בס"ד נתבארו מעט דברי הגאון המחבר ר' נתן נטע שפירא זצוקללה"ה באופן מ' דיליה.

אופן מא

באותו יום חזרו כ״ד קשוטי כלה שכנגדה הביא הנחש כ״ד זיני דמסאבותא זה שכתוב ויקר אל משה, מה הוא היקר אלף שהיא השכינה סוד אדנ״י שיש לו כ״ד צרופים לקביל כ״ד תכשיטין. וכלי יקר שפתי דעת רוצה לומר מה היה הכלי יקר שנתן הקב״ה למשה חוזר ואומר כ״ד צרופי אדנ״י שהם בגימטריא ב״פ שפת, בסוד אדנ״י שפתי תפתח שיש באותו פסוק כ״ד אותיות ב׳ פעמים שפת. זה שכתוב שפתי דעת וחוזר ומפרש מה הוא אלף זעירא והיקר שהיה למשה שהלבישוהו בתכשיטי כלה זה שכתוב וידבר ה׳ אליו מאהל מועד על עסקי אהל מועד שהוא סוד אדנ״י.

אופן מא

באותו יום חזרו [א]כ"ד קשוטי כלה שכנגדה הביא הנחש [ב]כ"ד זיני דמסאבותא זה שכתוב ויקר אל משה, מה הוא היקר- אלף שהיא השכינה

גלא עמיקתא

והנה פותח רבינו האופן דיזה לעומת זה כ"ד קשוטי כלה דקדושה מול כ"ד זיני דמסאבותא דהטיל נחש בחוה. והן כ"ד אלפין דצרופי שם אדנ"י ולעומתן כ"ד אלפין דנחש ולכאורה צריך ביאור.

והנה בפרשת בראשית מופיע הנחש לראשונה: "והנחש היה ערום מכל חית השדה" (בראשית ג',א') ותרגם אונקלוס וחויא הוה חכים מכל וכו' ודרשו חז"ל [ג]ערום מכל ארור מכל וכו'. ואדם וחוה לאחר שאכלו מן העץ אשר צוו לבלתי אכל ממנו כתיב בהו (בראשית ג',ז') "וידעו כי עירומים הם" ושם תרגם אונקלוס ערטילאין. והשרש המשותף ערום ערומים אומר דרשני. וי"ל דהנחש גם הוא אכל מן העץ ועשה זאת לעיני חוה ולכן כתיב ביה והנחש היה ערום ואח"כ אכלו אדם וחוה וכתיב בהו ג"כ

[א] **רבינו בחיי שמות פרק לא:** ככלותו. "ככלתו" כתיב שנמסרה לו תורה במתנה ככלה זו הנמסרה לחתן, שאם לא כן לא היה יכול ללמוד התורה במ' יום. ובמדרש: (תנחומא כי תשא טז) וכי כל התורה כלה למד משה, במ' יום, והלא כתיב: (איוב יא, ט) "ארוכה מארץ מדה ורחבה מני ים", אלא כללים למדו הקדוש ברוך הוא, אמר ריש לקיש כל מי שמוציא דברי תורה ואינם ערבים על שומעיהם ככלה זו שהיא ערבה על בעלה נוח לו שלא אמרם, שבשעה שנתן הקדוש ברוך הוא תורה לישראל היתה חביבה על ישראל ככלה זו שהיא חביבה על בעלה. אמר רבי שמעון מה כלה זו צריכה כ"ד מיני קשוטין, שנאמר: (בראשית ב, כב) "ויבאה אל האדם", מנין "ויבא"ה" ללמד שקשטה הקדוש ברוך הוא לחוה בכ"ד מיני קשוטים והם אמורים בישעיה, כך תלמיד חכם צריך שיהיה בקי ומקושט בכ"ד ספרים. וכן השבת שהיא נקראת כלה מצינו שחבר רב אשי במסכת שבת כ"ד פרקים, ומה שנקראת שבת "כלה" לפי שהשבת סוף ששת ימי בראשית ותכלית מעשה שמים וארץ, כי כן השבת של מעלה סוף האצילות, וכן מנהגו של עולם הגופני הזה שמבקשים הכלה באחרונה, וכן צוה שלמה ע"ה: (משלי כד, כז) "ועתדה בשדה לך אחר ובנית ביתך", ומלת "אחר" צווי, כמו: (תהלים נה, י) "פלג לשונם" [ב] **ספר אבן יקרה ח"א שיר השירים ג ח קמט:** אמנם בשלמים שאין באים על חטא אלא לנדבה הקריבו מן הבקר שנים שנים כדי שיעלה סך הכל כ"ד כנגד כ"ד קשוטי כלה שהם כ"ד צרופים שם אדנ"י שיהיו נמתקים בשלימות ועי"ז יתפרדו כ"ד זיני דמסאבותא שהטיל נחש בחוה שהם כמנין ואיב"ה כמ"ש על פסוק (בראשית ג') ואיבה אשית בינך ובין האשה כידוע ואז הנפש נטהרת מן כ"ד זיני דמסאבותא ותתקשט בכ"ד קישוטי כלה ועל זה עשו הרמז במספר כ"ד קרבנות הנז' בבקר שהביאו אותם בתורת השלמים ולכך היה זה בבקר שהם לשון בקר ולשון בקור ורמז זה שייך לעילוי הנפש. [ג] **ילקוט שמעוני קהלת רמז תתקסז:** כי ברוב חכמה רב כעס ויוסיף דעת יוסיף מכאוב, מכאן על ידי שאדם מרבה עליו חכמה מרבה עליו כעס, ועל ידי שמוסיף דעת מוסיף מכאוב, אמר שלמה על ידי שהוספתי חכמה הרביתי להכעיס, ראית מימיך חמור יוצא צנה עליו כמה חככים באה עליו, היכן הם היסורין מצויין בבני אדם, רב אמר חבר אין צריך התראה, אמר רבי יוחנן כלי פשתן הדקין הבאין מבית שאן אם מתפחמין הם קימעא הם אבודין, אבל כלי פשתן הארבלין כמה הם וכמה דמיהן, תנא רבי ישמעאל לפום גמלא שיחנא, ובנוהג שבעולם שני בני אדם נכנסין לקפלין, חד אמר אייתי קופר צלי ופת נקיה וחמר טב, והרינא אמר אייתי פתא ותרדין, דין אכל ומתנזיק, ודין אכל ולא מתנזיק, תנא בשם רבי מאיר לפי גדולתו של נחש היתה מפלתו ערום מכל, ארור מכל:

[ד] **אסתר רבה פרשה ח:** ה ויגד לו מרדכי את כל אשר קרהו, אמר להתך לך אמור לה בן בנו של קרהו בא עליכם הה"ד (דברים כ"ה) אשר קרך בדרך, ד"א אשר קרהו בחלום מלמד שהזכיר לה את החלום אשר חלם כענין זה, בשנה השנית למלך אחשורוש וירא והנה רעש גדול וחזק ובהלה על הארץ ופחד ורעד לכל יושביה, והנה שני תנינים גדולים ויריעו זה לקראת זה ויערכו מלחמה וינוסו לקולם כל גויי הארץ, והנה ביניהם גוי אחד קטן ויקומו כל הגוים על הגוי הקטן לאבד זכרו מעל הארץ, ויהי היום ההוא חושך לכל העולם ויצר לגוי הקטן מאד ויזעקו אל ה', והתנינים נלחמים באכזריות חמה ואין מפריד ביניהם, וירא מרדכי והנה מעין מים אחד קטן עבר בין שני התנינים האלה ויפריד ביניהם מן המלחמה אשר היו נלחמים והמעין גבר (נגר) ויהי לנחל שוטף כשטף ים הגדול והולך ושוטף בכל הארץ, וירא והנה זרחה השמש לכל הארץ ויאור העולם, ויתרומם הגוי הקטן והגבוהים הושפלו ויהי שלום ואמת בכל הארץ, ויהי מהיום ההוא ומעלה וינצור מרדכי את החלום אשר חלם ובעת אשר הצר לו המן אמר לאסתר ע"י שלוחה הנה החלום אשר ספרתי לך בימי נעוריך, ועתה קומי ובקשי רחמים מאת הקדוש ברוך הוא ובאי לפני המלך והתחנני על עמך ועל מולדתך. [ה] **תלמוד בבלי מסכת מגילה דף טז עמוד א:** אמר רבי אסי: דרש רבי שילא איש כפר תמרתא: ומה כתב שלמטה שלזכותן של ישראל אינו נמחק - כתב שלמעלה לא כל שכן? לא נעשה עמו דבר, אמר רבא: לא מפני שאוהבין את מרדכי, אלא מפני ששונאים את המן. הכין לו, תנא: לו הכין.

סוד א-דני שיש לו כ"ד צרופים לקביל כ"ד תכשיטין. וכלי יקר שפתי דעת (משלי כ',ט"ו) ר"ל מה היה הכלי יקר שנתן הקב"ה

גלא עמיקתא

ערומים ולכן שרש זה כתוב בשניהם. ונעביד חושבן הפסוקים מהופעת והנחש היה ערום דהיינו (בראשית ג',א'-ז'): פסוק א': **והנחש היה ערום מכל חית השדה אשר עשה ה' אלהים ויאמר אל האשה אף כי אמר אלהים לא תאכלו מכל עץ הגן** גימ' (4348) ד' פעמים "**בכור פרעה הישב על כסאו**" (1087) (שמות י"ב,ה') מרכבה דמלכות דסטרא אחרא, כ"ב תיבין דפסוקא לקביל ולעומת זה ד-כ"ב אתוון דאורייתא קדישא. ובפסוקא כולהו אתוון בר מן שית: "ב ז ט ס צ ק" סליקו לחושבן (268) ד' פעמים "בינה" (67) והיא בינה דסיטרא אחרא בסוד (ישעי' כ"ד,כ"ג) "**וחפרה הלבנה**" וכפלינן ד' פעמים לקביל ד' פעמים "**בכור פרעה הישב על כסאו**". פסוק ב': **ותאמר האשה אל הנחש מפרי עץ הגן נאכל** גימ' (2001) ג' פעמים "**הפיל פור הוא הגורל**" (667) (אסתר ג',ז') דמשורש **נחש יצא צפע** (ישעי' י"ד,כ"ט) ואיתא בספה"ק דאיהו המן האגגי מזרע עמלק צפ"ע גימ' (240) עמל"ק כדאמרינן בקרובץ (ר"ת קול רנה וישועה באהלי צדיקים) לפורים בקום עלינו אדם רשע נצר זדון מזרע עמלק ואמרו חז"ל (אסתר ד',ז') **אשר קרהו** [ד]**בן בנו של קרהו בא עליכם** דכתיב בעמלק (דברים כ"ה,י"ח) **אשר קרך בדרך** - ובאור הענין דהמן הרשע כפר בגורל דיום הכיפורים ותמן שעיר לעזאזל ובסופו של דבר הוא עצמו היה השעיר לעזאזל דתלו אותו ואת בניו על העץ [ה]**אשר הכין לו** לעצמו (כדאיתא בגמרא מגילה טז.) ורמיזא מפר"י אתוון פרי"ם חסר כמו שכתוב במגילה (אסתר ט',ל"א) "**לקים את ימי הפרים האלה בזמניהם**" פרי"ם חסר כתיב. הני ב' פסוקין יחד סליקו לחושבן (6349) ז' פעמים "**ואהבת לרעך כמוך אני ה'**" (907) (ויקרא י"ט,י"ח) דפרש"י **רעך דא קוב"ה** כדכתיב (משלי כ"ז,י') **רעך ורע אביך אל תעזוב**, וכאן חוה פגמה באהבת ה' וביראתו

[ו] **תלמוד בבלי מסכת תענית דף ה עמוד ב:** רב נחמן ורבי יצחק הוו יתבי בסעודתא, אמר ליה רב נחמן לרבי יצחק: לימא מר מילתא! אמר ליה, הכי אמר רבי יוחנן: אין מסיחין בסעודה, שמא יקדים קנה לושט ויבא לידי סכנה. בתר דסעוד אמר ליה: הכי אמר רבי יוחנן: יעקב אבינו לא מת. - אמר ליה: וכי בכדי ספדו ספדניא וחנטו חנטייא וקברו קברייא? - אמר ליה: מקרא אני דורש, שנאמר ואתה אל תירא עבדי יעקב נאם ה' ואל תחת ישראל כי הנני מושיעך מרחוק ואת זרעך מארץ שבים, מקיש הוא לזרעו, מה זרעו בחיים - אף הוא בחיים.

[ז] **פסיקתא רבתי פיסקא יב - זכור:** ד"א זכור אמר ר' ברכיה בי ר' למה הדבר דומה למלך שהיה לו פרדס והיה לו כלב אחד יושב ומשמר את הפרדס, בא בנו של אוהבו של מלך לגנוב מתוך הפרדס עמד אותו הכלב ונושכו, כשהיה המלך מבקש לבנו שלא להזכיר לבנו של אוהבו שרצה לגנוב מתוך הפרדס שלו, היה אומר לו זכור מה שעשה לך אותו הכלב, כך ישראל חטאו ברפידים ואמרו היש ה' בקרבנו (שם /שמות/ י"ז ז'), ומיד בא הכלב ונשכו זה היה עמלק שנאמר ויבא עמלק וילחם עם ישראל ברפידים (שם שם /שמות י"ז/ ח'),

למשה- חוזר ואומר כ"ד צרופי א-דני שהם בגימ' ב"פ שפת בסוד (תהל' נ"א,י"ז) א-דני שפתי תפתח שיש באותו פסוק

גלא עמיקתא

דשינתהה מציווי ה'. פסוק ג': ומפרי העץ אשר בתוך הגן אמר אלהים לא תאכלו ממנו ולא תגעו בו פן תמתון גימ' (3989) ועם הכולל (3990) י' פעמים "אלף זעירא" (399) ואיהי האי אל"ף זעירא דנן דויקרא אל משה- וזכה לה משה רעיא מהימנא בסוד תחית המתים- ונהפוך הוא דפורים- דהוא עיקר ענין ונהפוך הוא דמתים קמים לתחיה- והקדים הקב"ה תרופה למכה, דתיבה אחרינא תמתו"ן רמיזא ענין המיתה- ותחית המתים רמיזא בתיבה קדמאה ומפר"י אתוון פורי"ם [כדכתיב (אסתר ט',כ"ו) על כן קראו לימים האלה פורי"ם על שם הפור וכו' פורי"ם מלא] והוא ענין תחית המתים תכלית הונהפוך הוא דפורים כמו שבארנו. וחושבן ג' הפסוקים יחד (10,338) גימ' ו' פעמים "אלף (1000) יעקב אבינו לא מת ע"ה (723)" בסוד נצחיות בית ישראל כאמרם (תענית ה:) [ו]יעקב אבינו לא מת – מה זרעו בחיים אף הוא בחיים. א"נ סליק לחושבן (10,338) ו"פ "אלף (1000) יעקב ישראל (723)" וכפילת ו"פ לקביל ספירת התפארת – ישראל אשר בך אתפאר (ישעי' מ"ט,ג'). פסוק ד': ויאמר הנחש אל האשה לא מות תמתון גימ' (2335) ו' פעמים אל"ף זערא (389) עם הכולל בסוד תחית המתים כנ"ל בפסוק ג'. ארבעת הפסוקים יחד גימ' (12,673) "חוה" (19) פעמים "הפיל פור הוא הגורל" (667) ולעיל בפסוק ב' "ותאמר האשה אל הנחש מפרי עץ הגן נאכל" סליק לחושבן ג' פעמים "הפיל פור הוא הגורל". ונמשך דשלשת הפסוקים א' ג' ו-ד' סליקו לחושבן ט"ז פעמים "הפיל הוא הגורל" בסוד אי"ה גימ' (16) ט"ז- ענין אי"ה מקום כבודו להעריצו- דנתגלה בפורים ענין כבוד השי"ת מתוך ההסתרה דייקא- כאמרם (חולין קלט:) אסתר מן התורה מנין ואנכי הסתר אסתיר פני ביום ההוא (דברים ל"א,י"ח) – הסתרה בתוך הסתרה. פסוק ה': כי ידע אלהים כי ביום אכלכם ממנו ונפקחו עיניכם והייתם כאלהים ידעי טוב ורע גימ' (1949) עם הכולל (1950) הוי' (26) פעמים "בהניח" (75) כדכתיב במצות מחית עמלק (דברים כ"ה,י"ט): "[ז]והיה בהניח לך הוי' אלהיך מכל אויביך מסביב בארץ אשר הוי' אלהיך נותן לך נחלה לרשתה תמחה את זכר עמלק מתחת השמים לא תשכח" וכפלינן בשם הוי' ברוך

וכשהיה הקדוש ברוך הוא מבקש להזכיר ישראל החטא שחטאו ברפידים היה אומר זכורים אתם לאותו עמלק שבא עליכם זכור את אשר עשה לך עמלק. אשר קרך ר׳ יהודה ור׳ נחמיה ורבותינו, ר׳ יהודה אומר אשר קרך בדרך מה עשה עמלק הרשע סיפר ייחוס שמותם של ישראל ממצרים והיה עומד לו לחוץ ענני כבוד וקורא לכל אחד ואחד בשמו ואומר פלוני בן פלוני צא שאני מבקש לעשות עמך סחורה (ומיד ויצא) [והיה יוצא] והוא הורגו זה אשר קראך, ורבי נחמיה אומר אשר קירך אשר טימאך כעניין שנאמר אשר לא יהיה טהור מקרה לילה (דברים כ״ג י״א), ורבותינו אמרה אשר קירך הפשירך עשה אותך קר כמים כעניין שנאמר מים קרים על נפש עיפה (משלי כ״ה כ״ה), א״ר הונא למה״ד לאמבטי רותחת שהיו הכל בורחים הימנה בא אחד וקפץ לתוכה והפשירה מיד באו הכל ורחצו (לתוכה) [בתוכה], כך ישראל כיון שיוצאים ממצרים היו בורחים מהם שמעו עמים ירגזון אז נבהלו וגו׳ (שמות ט״ו י״ד וט״ו) בא עמלק והפשירם. [ויזנב בך] מהו ויזנב בך, מכת הזנב לשון נקי, משמואל אתה למד וישסף שמואל את אגג (שמואל א׳ ט״ו ל״ג) ר׳ יצחק אמר סירסו כאשר שיכלה נשים חרבך כך /כן/ תשכל מנשים אמך (שם /שמואל א׳ ט״ו/), אמר לו כשם שעשית לישראל במצרים כך עשיתי לך (שהייתי) [שהיית] מסרס אותם ומושיב את נשיהם עגונות. ד״א וישסף ר׳ אבא בר כהנא אומר היה מחתך מגופו כזתים ומאכיל לנעמיות הוא שכתב אומר יאכל בדי עורו יאכל בדיו בכור מות (איוב י״ח י״ג) שהבכיר לו מיתה, ור׳ לוי אומר מהו וישסף שקבע ארבע קונדיסים וקשר את שתי ידיו ואת שתי רגליו הוא שכתב אכן סר מר המות (שמואל שם /א׳ ט״ו/ ל״ב) (הוא שכתב ממך סר), ורבותינו דורשים אותו שאין סר, אמר לו אגג לשמואל וכי כך ממיתים את השרים אמר לו שמואל כאשר שכלה נשים. כל הנחשלים אחריך ר׳ יהודה ור׳ נחמיה אחד מהם אומר כל מי שהיה הענן מניחו ומשילו [ואחד מהם אומר כל מי שהיה הענן פלטון] וחבטו, [ורבותינו אמרו הענן היה פולט] שבטו של דן שהיו עובדי עכו״ם שכתב בהם לאחרונה יסעו לדגליהם (במדבר ב׳ ל״א), ר׳ יצחק אומר מהו כל הנחשלים אחריך כל מי שהיה קורא תגר אחר הקדוש ברוך הוא היש ה׳ בקרבנו (שמות י״ז ז׳). ואתה עיף ויגע ולא ירא אלהים ר׳ תנחומא בי רבי אומר כאן חמש פנים, למה נזדווג יהושע שהוא בן בנו של יוסף הצדיק לעמלק שהוא בן בנו של עשו, שזה נקרא קטן וזה נקרא קטן עשו הנה קטן נתתיך בגוים (עובדיה א׳ ב׳) ויוסף והוא נער (בראשית ל״ז ב׳), זה גדל בין שני צדיקים ולא למד ממעשיהם בין יצחק ורבקה וזה גדל בין שני רשעים ולא למד ממעשיהם בין פרעה לפוטיפרע, עשו בא על העבירה ויוסף ברח מן העבירה, עשו ביזה על אמו שנאמר ושיחת רחמיו (עמוס א׳ י״א) ויוסף חס על כבוד אמו שנאמר ואחר נגש יוסף ורחל (בראשית ל״ג ז׳), יוסף ירא אלהים שנאמר את אלהים אני ירא (שם /בראשית/ מ״ב י״ח) ועשו הרשע לא ירא אלהים. והיה בהניח ה׳ אלהיך לך מכל אויביך מסביב רבי עזריה ורבי יהודה בי רבי סימון בשם רבי יהודה בי רבי אלעי שלשה דברים נצטוו ישראל בכניסתן לארץ להקים עליהם מלך ולבנות להם את בית המקדש ולמחות את זכר עמלק. [תמחה את זכר עמלק וגו׳] אמרו ישראל לפני הקדוש ברוך הוא, רבון העולמים אתה אומר לנו הוו זכורים [למחות] את זכר עמלק, בשר ודם אנו, לשעה אנו, אתה שאתה חי וקיים לעולמי עולמים הוי זכור, אמר להם הקדוש ברוך הוא בני אין לכם אלא להיות (קוראות) [קוראים] פרשת עמלק בכל שנה ומעלה אני (עליהם) [עליכם] כאילו אתם מוחים שמו מן העולם, אמר רבי יצחק אנו מוצאים שביקש יהושע למחות את זכר עמלק שנאמר ויחלוש יהושע את עמלק ואת עמו לפי חרב (שמות י״ז י״ג) אמר הקדוש ברוך הוא חייך עד עכשיו שאול המלך עתיד לעמוד מבנימין ולשרש ביצתו של עמלק שנאמר מני אפרים שרשם בעמלק אחריך בנימן בעממיך וגו׳ (שופטים ה׳ י״ד).

גלא עמיקתא

הוא דאמרו חז״ל [ח] אין השם שלם ואין הכסא שלם עד שימחה שמו של עמלק.

[ח] **רש״י שמות פרק יז פסוק טז:** כי יד על כס יה - ידו של הקדוש ברוך הוא הורמה לישבע בכסאו להיות לו מלחמה ואיבה בעמלק עולמית, ומהו כס, ולא נאמר כסא, ואף השם נחלק לחציו, נשבע הקדוש ברוך הוא שאין שמו שלם ואין כסאו שלם עד שימחה שמו של עמלק כולו, וכשימחה שמו יהיה השם שלם והכסא שלם, שנאמר (תהלים ט ז) האויב תמו חרבות לנצח, זהו עמלק שכתוב בו (עמוס א יא) ועברתו שמרה נצח, (תהלים שם) וערים נתשת אבד זכרם המה, מהו אומר אחריו

כ"ד אותיות ב"פ שפת. זה שכתוב שפתי דעת והוזר ומפרש מה הוא אלף זעירא והיקר [ויקרא אל משה א'

גלא עמיקתא

חמשת הפסוקים יחד גימ' (14622) כ' (20) פעמים פרע"ה במילוי ההין "פה ריש עין הה" (731) עם ב' הכוללים – דפרעה הרשע בחינת כתר דקלי' דאמר (יחזקאל כ"ט,ג') "לי יאורי ואני עשיתיני" ועיין מה שכתוב [ט]במכילתא דרבי ישמעאל מסכתא דעמלק בענין פרעה הרשע התנין הגדול הרובץ בתוך יאוריו האומר לי יאורי ואני עשיתיני– חזינן דענין אחד לפרעה ולעמלק. וכפלינן כ' פעמים ד-כ' בחינת כתר והוא סוד אנכ"י נוטריקון [י]אני כ' כדאמר פרעה (בראשית מ"א,מ"ד) "אני פרעה" וכו' ענין כתר מלכות דסיטרא אחרא. פסוק ו': ותרא האשה כי טוב העץ למאכל וכי תאוה הוא לעינים ונחמד העץ להשכיל ותקח מפריו ותאכל ותתן גם לאישה עמה ויאכל גימ' (5323) ו' פעמים "אמת דין ושלום" (887) עם הכולל כמו שאמרו חז"ל (אבות פ"א,מי"ח) על שלשה דברים העולם עומד: על הדין, ועל האמת, ועל השלום שנאמר (זכרי' ח',ט"ז) "אמת ומשפט שלום שפטו בשעריכם"– רמיזא דהוה פגמה ב-ג' קוין אמת דין ושלום. ששת הפסוקים יחד סליקו לחושבן (19945) ה' פעמים "ומפרי (אתוון פורים כנ"ל) העץ אשר בתוך הגן אמר אלהים

(תהלים ט ח) וה' לעולם ישב, הרי השם שלם, (תהלים שם) כונן למשפט כסאו, הרי כסאו שלם. **[ט] מכילתא דרבי ישמעאל יתרו - מסכתא דעמלק פרשה א:** ויאמר יתרו ברוך ה' וגו'. אמר ר' פפיס, בגנות ישראל הכתוב מדבר, שהרי יש שם ששים רבוא בני אדם ולא עמד אחד מהם לברך למקום, עד שבא יתרו וברך למקום, שנא' ויאמר יתרו ברוך ה'. אשר הציל אתכם מיד מצרים ומיד פרעה. מיד התנין הגדול ההוא, שנאמר בו (יחזקאל כט ג) התנין הגדול הרובץ בתוך יאוריו אשר אמר לי יאורי ואני עשיתיני. - מתחת יד מצרים, מתחת שעבוד ההוא של מצרים. עתה ידעתי כי גדול ה' מכל האלהים. עד עכשיו לא הודה לו בדבר כי גדול ה', אמר, מתחלה לא היה עבד יכול לברוח ממצרים שהיתה סוגרת ומסוגרת, ועכשיו הוציא ששים ריבוא בני אדם ממצרים, לכך נאמר כי גדול ה'. ומה ת"ל מכל האלהים, אמרו: לא הניח יתרו עבודה זרה בכל העולם, שלא חזר עליה ועבדה, שנאמר מכל האלהים. ונעמן הודה בדבר יותר ממנו, שנאמר (מלכים ב' ה טו) הנה נא ידעתי כי אין אלהים בכל הארץ כי אם בישראל. וכן רחב הזונה אומרת (יהושע ב יא) ה' אלהיכם הוא אלהים בשמים ממעל ועל הארץ מתחת. כי בדבר אשר זדו עליהם. אמר: מכירו הייתי לשעבר ועכשיו ביותר שנתגדל שמו בעולם, שבמה שחשבו מצרים לאבד את ישראל, בו בדבר נפרע מהם המקום, שנאמר כי בדבר אשר זדו עליהם **[י] סידורו של שבת חלק א שורש ט ענף א:** יא. ולא כן הוא בחי' האך שבא למעט כי ענין בחי' מיעוט האך הוא בהיפוך ממש מזה בדרך שכתב האר"י ז"ל בכוונת יוצר אור ובורא חושך. כי עולם היצירה לפי שהוא רחוק מהמאציל ויכולין אנחנו ליהנות מאורה נקרא אור. ועולם הבריאה שקרוב יותר אל המאציל ואורה גדול ואין אנו יכולין לראות וליהנות מאור' נקראת חושך כי מחשיך עיני הראות מלהסתכל בה וזה הוא מיעוט האך כי א"ך מורה על גודל אור עליון והאלף מורה על פלא העליון שהוא דבר המופלא ומכוסה מבאי עולם ברוב האור שאין יכולין להביט בהבהקת האור כי רוב האורה מכהה את הראיה והכ' הנה הוא מורה על בחי' כתר עליון הרומז בתורה בחי' אנכי ה' אלהיך שהוא אני כ' המור' על בחי' זו. וע"כ נקראת לפעמים בשם חושך בבחי' שם המושאל ע"ד הקרא ישת חושך סתרו. והכל מורה על גודל האור המחשיך לתחתונים. מצד פחיתת מהותם. ובזה אך הוא מיעוט כי מתמעט הוא מאתנו:

זעירא כאילו כתיב ויקר] שהיה למשה- שהלבישוהו בתכשיטי כלה- זה שכתוב וידבר ה' אליו מאהל מועד על עסקי אהל

גלא עמיקתא

לא תאכלו ממנו ולא תגעו בו פן תמתון" (3989) – פסוק ג' דנן והוא נפלא ביותר – דפסוק ג' כתיב בהדיא ושאר ה' פסוקין (א' ב' ד' ה' ו') סליקו לחושבן ד' פעמים האי פסוקא. וחזינן דהני ו' פסוקין קדמאין דהתם נעשתה העברה במעשה בפועל כדכתיב ותאכל ותתן ויאכל וכו' סליקו לחושבן חמש פעמים האזהרה שלא לאכול מפרי עץ הדעת. פסוק ז': ותפקחנה עיני שניהם וידעו כי עירמם הם ויתפרו עלה תאנה ויעשו להם חגרת גימ' (4066) ב' פעמים "חוה" (19) פעמים "אנכי הוי'" (107) דפגמה בכללות עשרת הדברות וכפלינן ב' פעמים כנגד שני לוחות הברית- דפגמה בשתי בחינות דשני לוחות הברית- הלוח הימני ענין מצוות שבין אדם למקום [דשינתה מציווי ה'] והלוח השמאלי ענינו מצוות שבין אדם לחברו [ענין פגם המידות]. וכולהו פסוקין דמעשה הנחש (בראשית ג',א'-ז') סליקו לחושבן (24011): כ"ד אלף (24,000) י"א (11)

באור הענין: דהן [יא]כ"ד זיני דמסאבותא יחד עם [יב]י"א כתרין

[יא] **ספר אמרי נועם - פורים - אות א**: אמרו חז"ל [מגילה י ע"ב], תחת הסרפד יעלה הדס זו אסתר. כי ידוע אשר המן פתח ב'אף', שהוא א'ל"ף פ"א לעורר ה' פעמים גבור"ה, והוא מספר תתר"ף רגעים בשעה [עיין בברכ"ע מאמר הסתר אסתר פרק לג]. והוא ע"ד שאמרו חז"ל [ברכות ז ע"ב] רשע שהשע"ה משחקת לו, וביארנו במקום אחר [במאמר ה לפרשת זכור], אשר תתר"ף עולה כ"ד פעמים אד"ם, היינו, בקדושה בכל שעה ושעה שולט שם הוי"ה ב"ה, ובמילואו הוא אד"ם שם מ"ה, וכנגד זה בקליפה הוא אדם רע השולט ואוחז בכ"ד זיני דמסאבותא, כמספר ואיב"ה כידוע [עיין בזוהר ח"ג דף עט.]. והמן שהיה אדם רע, כמו שדרשו חז"ל [מגילה יא.] "בקום עלינו אדם" זה המן, ואחז בכ"ד זיני דמסאבותא, לזה פתח בא"ף, שהוא כ"ד פעמים אד"ם כנ"ל, ובצירוף כ"ד עם אד"ם עולה הד"ס. והנה האותיות שהם תחת אותיות הסרפ"ד - היינו, אותיות שאחריו - הם עש"ו עם צ"ה, שהוא המ"ן הבא מזרעו, אשר כח שניהם כ"ד [עם] אד"ם דקליפה, כמ"ש הלעיטני נא מן האדם [בראשית כה ל], ונגד זה יעלה הד"ס, כ"ד עם אד"ם. ועש"ו עם המ"ן עולה כ"ף שמא"ל, וזה שרמז במלחמות עמלק מח"ר אנכ"י נצ"ב [שמות יז ט], עולה במספר עש"ו המ"ן. והשם הקדוש אדרירו"ן הרומז על חודש אדר עולה ככה במספרו, כפי מה דאיתא בסידור בכוונות שירת הים [בסידור ר' קאפיל ח"א דף סג.], שעולה תע"א כמספר עש"ו המ"ן להכניעם. וזהו שאיתא במדרש [בראשית רבה פרשה צט אות ג] יעקב אבינו רמז בברכת השבטים "בנימין זאב יטרף" זה שאול, "ולערב יחלק שלל" זהו מרדכי ואסתר, כי תיבות בנימי"ן זא"ב יטר"ף עולה עש"ו המ"ן כמספר האותיות שאחר האותיות הסרפ"ד כנ"ל. ומספר ההרוגים שהיו בשושן היו תת"י, שהוא עשר פעמים א"ף כדאיתא בספרים?, עולה לער"ב יחל"ק של"ל, ועל כן אמרו חז"ל זהו מרדכי. וכל זה רמוז במלחמת עמלק, כי מח"ר אנכ"י נצ"ב עולה בנימי"ן זא"ב יטר"ף, ומש"ה אהר"ן חו"ר עולה ולער"ב יחל"ק של"ל [כי מש"ה נחשב למספר רצו"ן, עיין בליקוטי תורה פרשת שמות ד"ה ותקרא שמו משה], ונרמז מפלתו לעתיד על ידי מרדכי ואסתר. ולזה תמצא רמז נכון, כי אסת"ר בתפלתה על מפלת המן נקראת איל"ת השח"ר, כמ"ש למנצח על אילת השחר [תהלים כב א], ונרמז זאת בקרא ושי"ם באזנ"י יהוש"ע כ"י מח"ה אמח"ה [שמות יז יד], עולה איל"ת השח"ר, לרמז על מפלת המן על ידי איל"ת השח"ר כנ"ל. [יב] **אגרא דכלה בראשית פרשת לך לך**: ויאמר עוד, ונברכו ב"ך בגימטריא

מועד שהוא סוד א-דני.

גלא עמיקתא

דמסאבותא בראשם, דהן ו"ה דתיבה קדמאה והנחש ו"ה גימ' י"א והן לקביל ו"ה דשמא קדישא – דכל ענינו של עמלק לבטל ענין ו"ה דשם הוי' ב"ה – דלא יהא חבור השי"ת לעולם – לכן פתח והנחש לרמז על הפרדת ו"ה כנ"ל.

והוא כ"ד אלף דייקא לרמז על אלופו של עולם ונרמז באות אל"ף זעירא דויקרא וכמ"ש (משלי ט"ז,כ"ח) "ונרגן מפריד אלוף" [יג]ופרש"י מסלק ממנו אלופו של עולם וזלשה"ק: ועל ידי ריגונו ותרעומתו מפריד ממנו אלופו של עולם, וכן בפסוק (שם י"ז,ט') "ושונה בדבר מפריד אלוף" פרש"י מפריד ממנו אלופו של עולם שהוא הקב"ה עכד"ק. ומכל זה יוצא שאלף משמע אלופו של עולם.

וזהו דאמרו חז"ל (עיין [יד]רש"י שמות י"ז,ט"ז) ויאמר כי יד על כס י"ה – מכאן שאין השם שלם ואין הכסא שלם עד שימחה שמו של עמלק. וכלשון רש"י שם: נשבע הקב"ה שאין שמו שלם ואין כסאו שלם עד שימחה שמו של עמלק וכו'.

והיינו "כס" בלבד ולא "כסא" וכן י"ה בלבד ולא ו"ה [גימ' י"א כתרין דמסאבותא כנ"ל] דענינו של עמלק לסלק השכינה שלא יהיה לה דירה בתחתונים כלשון רש"י מפריד ממנו אלופו של עולם וכן להחסיר מכבוד השי"ת בעולם שלא יהיה שם הוי' שלם, אבל לעתיד לבוא יהיה גילוי כבוד

תק"ב בהחשב הך' רבתי דאותיות מנצפ"ך לת"ק כנודע, כמו מנין שנות האבות, והנה כתוב אצלינו בפסוק תהלת ד' ידבר פי ויברך כל בשר [תהלים קמה כא], דהנה אמרו רז"ל חייב אדם לבסומי בפוריא עד דלא ידע בין ארור המן לברוך מרדכי [מגילה ז ב], והנה כתבו התוס' דלא ידע לחשוב החשבון כי המספר שוה ארו"ר המ"ן, ברו"ך מרדכ"י, כל אחד בגימטריא תק"ב, והנה כתב האר"י ז"ל להיות המן ובניו הם י"א כתרין דמסאבותא, ושם גם כן גנוז ניצוץ הק' המחיה את כולם, וצריכין אנחנו להחיות את ניצוץ הק' הלז, ואם כן צריכין אנחנו לומר בדרך השילוח גם לשם ברוך, אך אי אפשר לומר כן בדיעה מיושבת, כי הנה הוא מברך הקליפה, וצריך לומר זה בלא דעת רק בשכרות. והנה ברו"ך מרדכ"י שהוא בגימטריא בש"ר קודש (וידוע דבחינת היסוד נקרא כל בשר [תיקו"ז מ"א ע"ב] והבן), ובהיפך בסט"א ארו"ר המ"ן בגימטריא בש"ר טמא, ולעתיד במהרה בימינו ימלא כבוד השם את כל הארץ, והניצוצות הקדושות שבקליפות יתפרדו ויוכללו בקדושה והס"א תתבטל, ואז תהלת השם ידבר פי, דיבור ממש בדיעה שלימה, ויברך כל בשר שם קדשו, והבן כי אי אפשר להרחיב הביאור בזה. וכמנין זה היו שני חיי האבות, להיותן עיקר היחוד בעולם, וזה יבואר ונברכו מלשון הברכ"ה, ב"ך כמנין תק"ב בהחשב הך' לת"ק בגימטריא דאי"ק בכ"ר שהוא בגימטריא בש"ר, כל משפחות האדמה אפילו מה שהוא בבחינת אדמה תוקף הדין של הקליפות יתבטל, רק מה שהוא משפחות האדמה, ר"ל שמחובר לאדמה היינו הניצוץ המחיה, משפחות לשון חיבור מלשון ונספחו על בית יעקב [ישעיה יד א] יוכללו בקדושה על ידי זרע אברהם אוהבו.

[יג] **רש"י משלי פרק טז:** ונרגן מפריד אלוף - וע"י ריגונו ותרעומתו מפריד ממנו אלופו של עולם.

[יד] **רש"י שמות פרק יז פסוק טז:** כי יד על כס יה - ידו של הקדוש ברוך הוא הורמה לישבע בכסאו להיות לו מלחמה ואיבה בעמלק עולמית, ומהו כס, ולא נאמר כסא, ואף השם נחלק לחציו, נשבע הקדוש ברוך הוא שאין שמו שלם ואין כסאו שלם עד שימחה שמו של עמלק כולו, וכשימחה שמו יהיה השם שלם והכסא שלם, שנאמר (תהלים ט ז) האויב תמו חרבות לנצח, זהו עמלק שכתוב בו (עמוס א יא) ועברתו שמרה נצח, (תהלים שם) וערים נתשת אבד זכרם המה, מהו אומר אחריו (תהלים ט ח) וה' לעולם ישב, הרי השם שלם, (תהלים שם) כונן למשפט כסאו, הרי כסאו שלם.

גלא עמיקתא

השי"ת בעולם כולו ונגלה כבוד ה' וראו כל בשר יחדו כי פי ה' דבר (ישעי' מ',ה') **ואז יקוים מאמר הנביא** (ירמי' ג',י"ז) **בעת ההיא יקראו [אתוון ויקר"א אל משה] לירושלים כסא הוי'- שם שלם (י-ה-ו-ה) וכסא שלם (כסא) ברם עתה עדיין אין השם שלם ואין הכסא שלם- והוא כ"ס י"ה- תרוויהו יחד גימ' (95) "המן", ודרשו חז"ל (חולין קל"ט ע"ב) [טו]המן מן התורה מנין? ומביאים הפסוק (בראשית ג') "המן העץ" וכו' דאמר הקב"ה לאדם אחר החטא- המן העץ רמז להמן הרשע. והפסוק בשלמותו:** *ויאמר מי הגיד לך כי עירם אתה המן העץ אשר צויתיך לבלתי אכל ממנו אכלת* **סליק לחושבן (3542) "דוד" (14) פעמים "מוצא פי הוי'" (253) [כדכתיב (דברים ח',ג')** *כי לא על הלחם לבדו יחיה האדם, כי על כל מוצא פי הוי' יחיה האדם*]. **ובאור הענין דדוד בשירות ותשבחות דיליה תקן לישנא בישא דחויא ודהמן הרשע- כאמרם (מגילה י"ג ע"ב) [טז]לית מאן דידע לישנא בישא כהמן, ודוד מלך ישראל חי וקים קישר כל מוצא פינו למוצא פי הוי'. ונמשך מדברינו דהני ז' פסוקין דלעיל (בראשית ג',א'-ז') והנחש היה ערום וכו' ללא ו"ה דברישא סליקו לחושבן (24000) כ"ד אלף במכוון. והן כ"ד אלפין זיני דמסאבותא זה לעומת זה: לעומת כ"ד אלפין קדישין דשם א-דני דאית ליה כ"ד צרופין לקביל כ"ד שעות היום דסדר זמנים. והוא בסוד כ"ד אלף שמתו במגפה במעשה זמרי עד שבא פנחס וכו' כדמסיים פרשת בלק "ויהיו המתים במגפה ארבעה ועשרים אלף" ומיד כתיב פינחס בן אלעזר בן אהרן הכהן וכו', וכן [יז]כ"ד אלף תלמידים שמתו בימי רבי עקיבא. והאי דמוסיף ו"ה לקביל י"א כתרין דמסאבותא הוא**

[טו] **תלמוד בבלי מסכת חולין דף קלט עמוד ב:** אמרי ליה פפונאי לרב מתנה וכו' משה מן התורה מנין? בשגם הוא בשר (בראשית ו') המן מן התורה מנין? המן העץ (בראשית ג') אסתר מן התורה מנין? ואנכי הסתר אסתיר (דברים ל"א) מרדכי מן התורה מנין? דכתיב (שמות ל') מר דרור ומתרגמינן: מירא דכיא.

[טז] **תלמוד בבלי מגילה דף יג עמוד ב:** ישנו עם אחד אמר רבא: ליכא דידע לישנא בישא כהמן. אמר ליה: תא ניכלינהו! - אמר ליה: מסתפינא מאלהיו, דלא ליעביד בי כדעבד בקמאי. - אמר ליה: ישנו מן המצות. - אמר ליה: אית בהו רבנן. - אמר ליה: עם אחד הן. שמא תאמר קרחה אני עושה במלכותך - מפוזרין הם בין העמים, שמא תאמר אית הנאה מינייהו - מפורד, כפרידה זו שאינה עושה פירות. ושמא תאמר איכא מדינתא מינייהו - תלמוד לומר בכל מדינות מלכותך. ודתיהם שנות מכל עם - דלא אכלי מינן, ולא נסבי מינן, ולא מנסבי לן. ואת דתי המלך אינם עשים - דמפקי לכולא שתא בשה"י פה"י. ולמלך אין שוה להניחם - דאכלו ושתו ומבזו ליה למלכות. ואפילו נופל זבוב בכוסו של אחד מהן - זורקו ושותהו. ואם אדוני המלך נוגע בכוסו של אחד מהן - חובטו בקרקע ואינו שותהו. אם על המלך טוב יכתב לאבדם ועשרת אלפים ככר כסף וגו' אמר ריש לקיש: גלוי וידוע לפני מי שאמר והיה העולם שעתיד המן לשקול שקלים על ישראל, לפיכך הקדים שקליהן לשקליו. והיינו דתנן: באחד באדר משמיעין על השקלים ועל הכלאים

[יז] **תלמוד בבלי יבמות דף סב עמוד ב:** אמרו: שנים עשר אלף זוגים תלמידים היו לו לרבי עקיבא, מגבת עד אנטיפרס, וכולן מתו בפרק אחד מפני שלא נהגו כבוד זה לזה, והיה העולם שמם, עד שבא ר"ע אצל רבותינו שבדרום, ושנאה להם ר"מ ור' יהודה ור' יוסי ורבי שמעון ורבי אלעזר בן שמוע, והם הם העמידו תורה אותה שעה. תנא: כולם מתו מפסח ועד עצרת. אמר רב חמא בר אבא, ואיתימא ר' חייא בר אבין: כולם מתו מיתה רעה. מאי היא? אמר רב נחמן: אסכרה.

גלא עמיקתא

סוד [יח]כל המוסיף גורע בסוד עשתי עשר יריעות עזים– ובקדושה הן א' יותר מסטרא אחרא ומכניעו. כגון "סניגור" (329) א' יותר מ"קטיגור" (328). **ואף נפלא** יותר חזינן בפרשת וארא (שמות ז',י"א–י"ב): בפסוק י"א לקביל י"א כתרין דמסאבותא כתיב: ויקרא גם פרעה לחכמים ולמכשפים ויעשו גם הם חרטמי מצרים בלהטיהם כן גימ' (2687) **א' פחות** מהפסוק הבא י"ב (בסוד י"ב שבטי י-ה י"ב גבולי אלכסון שלמות מרכבת הקדושה): וישליכו איש מטהו ויהיו לתנינם ויבלע מטה אהרן את מטתם גימ' (2688) **א' יותר** מפסוקא דחרטמים– ובולע אותם ומאבידם– וכן יעשה לעתיד לבוא על ידי משיח צדקנו יבוא ויגאלנו ויאבידם לקלי' במהרה בימינו אמן כדכתיב (במדבר כ"ד,כ') "[1]ראשית גוים עמלק ואחריתו עדי אובד".

1. יומא דהילולא רבא של האר"י הק' - שער הפסוקים דברים סימן א': א' זעירא דויקרא רמיזא תוספת אלף אורות דמשה לבני ישראל, ומיבעי לה למהוי א' רבתי, דלאחר מנצפ"ך אלף רבתי- אלף, והוא בסוד מאן דאיהו זעיר איהו רב (זוה"ק תחלת פרשת חיי שרה). ובשער הפסוקים ספר דברים סימן א' כתב האר"י הק' וז"ל כבר ידעת מ"ש חז"ל (דברים רבה א',י"א) כי אמרו לו ישראל קצבה אתה נותן בברכותיך וכו' א"ל ע"כ משלי מכאן ואילך ויברך אתכם כאשר דבר לכם והענין הוא מש"ה בגימ' א"ל שד"י (345) ובהיותם מלאים כזה אל"ף למ"ד - שי"ן דל"ת יו"ד עם הכולל יעלו בגימ' אלף והיא האל"ף של בינה כי שם הם שני שמות הנז' בסוד אלף בית אלף בינה, והנה כחו של משה היה עד אמא ולכן ברכן באלף פעמים וזה שאמר להם עד כאן משלי (דהיינו מבינה) מכאן ואילך ויברך אתכם מבחי' אבא עילאה. עד כאן לשון האר"י הקדוש ומה נוכל להוסיף אפילו קוצא דאת י' על דבריו הקדושים. ברם עת לעשות לה' בצוק העתים, ונאמר כדלקמן: אל ש-די (דאמר האר"י הק' דהוא בגימ' משה) ברבוע כזה "א אל אל ש אל ש-ד אל ש-די" סליק לחושבן (1043) "אדם" ע"ה א' אגדילה לאלף, ומתחלק כך: א: א' זעירא דויקרא. א אל: היינו ל"ב נתיבות חכמה- דהתוה"ק מתחלא באת ב' ומסיימא ל' כנודע. א אל ש: היינו אש"ל דאברהם, דכד יהיב מרע"ה אורייתא מסיני צר קלסתר פניו כפני אברהם אבינו עליו השלום. א אל שד: גימ' (335) "הר סיני" דמרע"ה יהב לנו אורייתא מסיני, והוא ג"כ חושבן "הקטן יהיה לאלף" (ישעי' ס') רמיזא א' זעירא למהוי אלף ברכאן מדיליה דמשה. אל שדי: גימ' (345) "משה" כנ"ל בדברי קדשו של האריז"ל, והן ש' אות אמצעית במלה "משה", והוא ג"כ אות אמצעית במלים "אל שד-י" לקביל כללות ג' אבהן כנודע בזוה"ק, והאותיות הנותרות דהיינו "אל די" מהוה השלמה באופן דשלוב א' עם ד' היינו אות ה', ל' עם י' היינו אות מ', ויחד עם האמצעית דהיינו אות ש' - הוא "משה", ויחד הם כללות הקומה: א' ד'- היינו בינה ומלכות, ל' י'- היינו חב"ד (ל' בסוד דליים), יסוד אבא והמלוי יסוד ז"א כללות הנה"י, והרי דברי קדשו דהאריז"ל דמשה גימ' אל שד-י הם בסוד פרצוף. וזהו דאמר משה (במ' י"א,כ"א) "שש מאות אלף רגלי העם אשר אנכי בקרבו" גימ' (2408) י"פ "עמלק" (240) עם ח' המילים דפסוקא (דהיינו "שש מאות אלף" ח' מילים וכו'), ורמיזא דמשה כללות קומת עם ישראל הצדיק הכולל וכאשר ירים משה ידו וגבר ישראל וכו' במלחמת עמלק- ורמיזא ח' יתירים ענין האלף השמיני- דאחריתו עדי אובד כדכתיב "ראשית גוים עמלק ואחריתו עדי אובד" (במ' כ"ד,כ'). וכד נעביד אל ש-די במלואו ברבוע כזה: "אלף

[יח] **כלי יקר דברים פרק ד פסוק ב:** לא תוסיפו על הדבר וגו'. בשלמא לא תוסיפו שפיר קאמר כי סלקא דעתך אמינא שיש בכלל מאתים מנה אבל לא תגרעו למה לי כי הגורע אחת מכל מצוות ה' כבר הוא מצווה ועומד שלא לגרוע אפילו אחת מכל המצות. ובחיבורינו עוללות אפרים מאמר שפ"ה פירשנו שלא תגרעו אינו ציווי אלא פירושו דוגמת שאמרו חז"ל (ברכות כט ב) לא תרוי ולא תחטא, כי לא תחטא אינו ציווי כי פשוט הוא אלא פירושו לא תרוי כדי שלא תחטא, כך פירוש לא תוסיפו ואז ממילא לא תגרעו הא כל המוסיף גורע כי מאן דעביד הא נפיל בהא והוא כמו נתינת טעם על לא תוסיפו ושם הארכנו.

גלא עמיקתא

ומביא המגלה עמוקות והוא בכונות האר"י הקדוש כ"ד צרופי שם אדנ"י סליקו לחושבן (1560) ב' פעמים "שפת" (780). והוא בסוד הפסוק (תהל' נ"א,י"ז): [יט]א-דני שפתי תפתח ופי יגיד תהלתך גימ' (2721) ג' פעמים "ואהבת לרעך

[יט] זוהר - רעיא מהימנא פרשת משפטים דף קיח עמוד א: קום רעיא מהימנא לסדרא דינין בהלכות נזיקין בסדורא דשמא דא הוי"ה דאיהו (תהלים סח) רכב אלהים רבותים אלפי שנאן דאינון שור נשר אריה אדם דהא מסטרא דימינא דתמן יהו"ה ד' חיוון הכי איהו סדורא דלהון אדם אריה נשר שור וכפום שנויין דהויין הכי איהו תנועה וסדורא דחיון, וחיוון דסטרא אחרא דאינון נזיקין דשמאלא הכי סדורייהו שנאן ובגין דא התחלה דלהון השור קשור בד' אבות נזיקין השור והבור והמבעה וההבער וסיומא דלהון אדם מועד, קום אתער בדינין, פתח רעיא מהימנא ואמר (שם נא) אדני שפתי תפתח ופי יגיד תהלתך, אדנ"י בהפוך אתוון דינ"א ובג"ד אמרו מארי מתניתין דינ"א דמלכותא דינא כל דינין בהאי שמא אתדנו, (ס"א בה' בד' וכו') בד' בג', בד' שכינתא (ס"א בית דין בג' בית דין שכינתא, בג') לקבל תלת אבהן עמודא דאמצעיתא דיין אמת והוא דיין לדון מסטרא דאדנ"י דתמן איהו דיין אמת ומסטרא דשם אלהים שופט, הדא הוא דכתיב (שם עה) כי אלהים שופט, ומה דינין אינון, חד לדון בנזקי שור, תניינא לדון בנזקי בור, תליתאה לדון בנזקי אש, רביעאה לדון בנזקי אדם, ואבתרייהו לדון בדיני ארבע שומרים, שומר חנם ושומר שכר, והשואל, ונושא שכר (ס"א והשוכר), לקבלייהו דינין ארבעה, דין חלוקת השותפים, דין חלוקת קרקעות, דיני עבדים ושפחות, דיני תובע ונתבע, בכמה מיני תביעות דחיוב ממון וגזל ואבדה או שמזיק לחברו והורגו באחד מארבע מיתות בית דין, אדון איהו קודשא בריך הוא באדנ"י לדון בכל מיני דינין לשפחה בישא כי תירש גבירתה, דמינה כל נזיקין אשתכחו

(111), אלף למד (185), אלף למד שין (545), אלף למד שין דלת (979), אלף למד שין דלת יוד (999)" גימ' (2819) ע"ה: ד"פ "אחד מאלף מצאתי" (705) (קהלת ז',כ"ח) ואיתא במדרש שזהו משה, היינו דאותו לבד מצא הקב"ה ראוי שתנתן תורה על ידו, ולכן האי דאמר האר"י הק' משה בגימ' אל שד-י ובמלואו גימ' אלף והרי הוא (999) אלף עם הכולל, והוא אלף חסר אחד ורמיזא האי א' זעירא דאתמר על משה עצמו, ענו מכל האדם וכו', ולכן זכה לאלף אורות דייקא, וכן החושבן ד"פ לקביל ד' עולמות אבי"ע, א"נ ד' אתוון דשמא קדישא הוי' ב"ה. ושם בקהלת כתיב "ואשה בכל אלה לא מצאתי"- ולכן פירש משה מן האשה ואיהו שושבינא דמלכא וכו' וכדכתיב "ואתה פה עמוד עמדי" וכו' (דב' ה',כ"ז). והפסוק כולו בקהלת (ז',כ"ח) "אשר עוד בקשה נפשי ולא מצאתי, אדם אחד מאלף מצאתי, ואשה בכל אלה לא מצאתי" גימ' (3728) ד"פ "עץ הדעת טוב ורע" (932) (בר' ב',ט') - דמשה יהיב לן אורייתא לתקנא חטא אדה"ר דאכל מעץ הדעת טוב ורע שנצטוה דלא לאכול ממנו, ומשה הצדיק הכולל נותן כח בעם ישראל לתקן מה שקלקל אדה"ר, ולכן עולה ד"פ "עץ הדעת טוב ורע" כנ"ל. והיינו דאמר משה לעם ישראל "ה' אלהי אבותיכם יוסף עליכם ככם אלף פעמים" (דב' א',י"א), והן אותן אלף אורות דניתנו לו ונלקחו בחטא העגל, ומקבלם בחזרה בכל שב"ק ונותנן לישראל וכדאמרינן בצלותא דשחרית בשב"ק "ישמח משה במתנת חלקו" גימ' (1739) ע"ה י"פ "חיי עולם" (174) דאמרינן בברכת התורה "וחיי עולם נטע בתוכנו", והוא לקביל תורה שבע"פ, ישמ"ח היינו אתוון משי"ח, "ישמח משה" גימ' (703) "שבתא", "ישמח" בא"ת ב"ש עולה גימ' יב"ק (112)- יחוד הוי' אלהים דהוא שם הדעת- ובלקוטי מוהר"ן בכ"מ משה הוא הדעת. "משה" בא"ת ב"ש גימ' "אמונה" (102), דאיהו רעיא מהימנא, ויחד "ישמח משה" בא"ת ב"ש גימ' (214) "טהר", "ישמח משה" פשוט (703) וא"ת ב"ש (214) גימ' (917) "קחו עמכם דברים ושובו אל ה'" (הושע י"ד,ג'), וכעת ביומא דהילולא רבא של האר"י הק' נשא תפלה דנזכה לשוב אל ה' בכל לבבנו ולעשות לו ית' נחת רוח והשי"ת יחיש הגאולה האמיתית והשלמה וביאת משיח צדקנו, בב"א.

קצור: כתיב במן (דב' ח',ג') "ויענך וכו' כי לא על הלחם לבדו יחיה וכו' כי על כל מוצא פי ה' יחיה האדם", ובס' הלקוטים בד"א נצוץ קדוש שבתוך האוכל דמעלין אותו למקומו באכילה שבקדושה ובברכה וכו', ונרמז בדבריו הקדושים: "מוצא פי ה'" סליק לחושבן (253) "האר"י ז"ל".

גלא עמיקתא

כמוך אני ה'" (907) (ויקרא י"ט,י"ח) [כ]**דאמר רבי עקיבא זה כלל גדול בתורה** (ירושלמי ומובא ברש"י עה"ת שם). **ובשפתי חכמים מוסיף דכל המקיים אהבת אדם לחברו יקיים אהבת המקום – דבשחרית אמרינן ואהבת את ה' אלהיך בכל לבבך וכו'** (דברים ו',ה'), **ובתר דא בעמידה פתחינן "א-דני שפתי תפתח" וכו'** [כא]**דכתפלה אריכתא דמיא**

דאינון (כל) מלאכי חבלה דמנייהו נשמתהון של רשעים כמה דאוקמוה מארי מתני' (בראשית כט א) נשמות הרשעים הן הן המזיקים בעולם, אל אחר מזיק גזלן רשע, ובת זוגיה סם המות, נזק שבת ובשת ורפוי לשכינתא ובנהא, שבת דבטול' דאורית' דבטילת לבנהא, ורפוי דגרמת לון דמתרפין מדברי תורה, נזק בכמה נזקין דמלאכי חבלה מארי משחית אף וחמה, ובשת דהוו מבזין לשכינתא בכו"ם שקרא דלהון והוו אמרין איה אלהיך, וכמה גזלות מן שפחה בישא דאתמר בה (ישעיה ג) גזלת העני בבתיכם, כמה ברכאן גזלת לשכינתא שפחא בישא בכובד המס ובכובד כמה דינין משונים על בנהא וכמה קרבנין דבי מקדשא דבטילת למטרוניתא, ובשת דמטרוניתא דאשתארת ערומה מד' בגדי זהב דנהרין מד' טורי אבן בי"ב אבנין מרגלן, מעיל בכמה זגין ורמונים, וארבע בגדי לבן דבהון הות מטרוניתא מתקשטא קדם מלכא הדא הוא דכתיב (בראשית ט) וראיתיה לזכר ברית עולם, וגזלת לה לגברתה כמה מאכלין דקרבנין, שור מועד בעלה עאל לבי מלכא רבוניה (קצא א) בארבע אבות נזיקין דיליה (דאינון (יחזקאל א) ופני שור מהשמאל לארבעתן) דאינון עון ומשחית אף וחמה דכלהו מועדין לקלקל, בגופא דיליה הרביץ על הכלים מזבח מנורה שלחן ושאר מאנין רבץ עלייהו ושברתן, ובשן דיליה אכיל כל קרבנין דמאכלים דפתורא ושארא ברגלוי רפסא (ומדקא כלא, ושארא דאינון אמורין ופדרין ושירי מנחות ברגלוי רפסא), ובקרן דיליה קטל כהני וליואי

[כ] תלמוד ירושלמי מסכת נדרים פרק ט הלכה ד: אמר ר"מ פותחין לו מן הכתוב שבתורה ואומר לו אילו היית יודע שאתה עובר על [ויקרא יט יז יח] לא תקום ועל לא תטור ועל לא תשנא את אחיך בלבבך ואהבת לרעך כמוך וחי אחיך עמך שמא יעני ואין את יכול לפרנסו ואמר אילו הייתי יודע שהוא כן לא הייתי נודר הרי זה מותר: גמ' כתיב לא תקום ולא תטור את בני עמך. היך עבידא הוה מקטע קופד ומחת סכינא לידוי תחזור ותמחי לידיה. [ויקרא יט יח] ואהבת לרעך כמוך. רבי עקיבה אומר זהו כלל גדול בתורה. בן עזאי אומר [בראשית ה א] זה ספר תולדות אדם זה כלל גדול מזה. שמא יעני לא כנולד הוא. אמר רבי זעירא עניות מצויה. כהדא חד בר נש הוה בעל דיניה עתיד אתא בעי מידון קומי רב. שלח רב בתריה אמר עם ההוא אנא בעי מיתי מידון כך אין אתון גמלייא דערבייא לא טענין קורקסייא דאפותיקי דידי שמע ומר מהו מתגאה דלא ליה תהא פחתה בה. מן יד נפקת קלווסים מן מלכותא דייעול הוא ומדליה לטימיון אתא גבי רב א"ל צילי עלי דו נפשי תחזור. צלי עלוי וחזר עלה. ועיין רש"י ויקרא פרק יט פסוק יח ואהבת לרעך כמוך - אמר רבי עקיבא זה כלל גדול בתורה.

[כא] תלמוד בבלי ברכות דף ד עמוד ב: אמר מר: קורא קריאת שמע ומתפלל. מסייע ליה לרבי יוחנן, דאמר רבי יוחנן: איזהו בן העולם הבא? - זה הסומך גאולה לתפלה של ערבית. רבי יהושע בן לוי אומר: תפלות באמצע תקנום. במאי קא מפלגי? אי בעית אימא קרא, אי בעית אימא סברא. אי בעית אימא סברא, דרבי יוחנן סבר: גאולה מאורתא נמי הוי, אלא גאולה מעלייתא לא הויא אלא עד צפרא; ורבי יהושע בן לוי סבר: כיון דלא הויא אלא מצפרא, לא הויא גאולה מעלייתא. ואיבעית אימא קרא - ושניהם מקרא אחד דרשו, דכתיב: בשכבך ובקומך, רבי יוחנן סבר: מקיש שכיבה לקימה - מה קימה קריאת שמע ואחר כך תפלה, אף שכיבה נמי קריאת שמע ואחר כך תפלה; רבי יהושע בן לוי סבר: מקיש שכיבה לקימה - מה קימה קריאת שמע סמוך למטתו, אף שכיבה נמי קריאת שמע סמוך למטתו. מתיב מר בריה דרבינא: בערב מברך שתים לפניה ושתים לאחריה; ואי אמרת בעי לסמוך, הא לא קא סמך גאולה לתפלה, דהא בעי למימר השכיבנו! אמרי: כיון דתקינו רבנן השכיבנו, כגאולה אריכתא דמיא. דאי לא תימא הכי - שחרית היכי מצי סמיך? והא אמר רבי יוחנן, בתחלה אומר: ה' שפתי תפתח, ולבסוף הוא אומר: יהיו לרצון אמרי פי! אלא: התם כיון דתקינו רבנן למימר ה' שפתי תפתח - כתפלה אריכתא דמיא,

גלא עמיקתא

(ברכות ד:). והוא חושבן ג״פ דהוי חזקה ״ואהבת לרעך כמוך אני ה׳״. והאי פסוקא דמביא המגלה עמוקות – א-דני שפתי תפתח וכו׳ – ומאריך בבאורו האר״י הקדוש וכן בסדור הרש״ש עיין שם באריכות – נחלק כדלקמן: ״א-דני שפתי״ גימ׳ (855) ״תהלתך״– וכמ״ש [כב]האר״י הקדוש ״א-דני שפתי תפתח״ ר״ת אש״ת דהיא הנוק׳ קדישא, וכן הוא בר״ת ״א-דני שפתי תהלתך״. והן רישא וסיפא דפסוקא באותו חושבן (855) ה״פ ״כסא מלך״ (171). דהוא כסא שלם- ה״פ ברישא ה״פ בסיפא היינו י״פ ״כסא מלך״ (171) – דהוא כתר דבריאה [כג]עולם הכסא דעולה במלכות דאצילות ולכן הוא י״פ ״כסא מלך״– כסא [עולם הכסא] עולה למלכות דאצילות [מלך]. תיבה ״תפתח״ גימ׳ (888) ח׳ פעמים ״אלף״ (111) רמיזא אלף השמיני– התגלות אור הגנוז ותחית המתים במהרה בימינו אמן [2ועיין באור שה״ש

הכא נמי, כיון דתקינו רבנן למימר השכיבנו - כגאולה אריכתא דמיא. [כב] **שער רוח הקדש דף טו עמוד א:** לשנים האחרים, ובערבית לאדנ״י החמישי, וזה סדרם בשחרית באדנ״י שפתי תפתח תכוין כי הם ר״ת אש״ת ועם ו׳ שלו, פי יהיה אשת״ו, ר״ל אשת ו׳, פי׳ כי ע״י העון הנז׳ הפריד נוק׳ דז״א הנקרא אדנ״י מבעלה שהוא ז״א הנקרא ו׳, ועתה יחבר אותם יחד האשה הנז׳, עם אות ו׳ שהוא בעלה, ובמלת אדנ״י יכוין בשתי שמות אדנ״י שהם בגי׳ ק״ל, ותמתקם בה׳ הויו״ת העולים בגי׳ ק״ל גם תכוין במלת אדנ״י לב׳ שמות של אדנ״י שהם בגי׳ ק״ל כנז׳, ותכוין שאלו הב׳ שמות שעולים ק״ל הם בחי׳ החמש גבורות שבה, שהם ה׳ הויו״ת (אחרות) העולים ק״ל כנודע, ולכן תכוין ג״כ להמתיקם בה׳ חסדים שהם ה׳ הויו״ת אחרות העולים ג״כ ק״ל, ובתפלת מנחה יכוין ג״כ (בפי׳) [במלת] אדנ״י שפתי תפתח לב׳ שמות אחרים של אדנ״י ע״ד שחרית, ובתפלת ערבית יכוין באדנ״י אחד החמישי ובזה נשלמו ה׳ שמות אדנ״י שהם שכ״ה כנז׳. גם בכל ימי תעניותיך השכ״ה. כשתאמר הי״ג מדות אחר העמידה. שהם ויעבור אל רחום וחנון וגו׳. כשתגיע בתיבת נושא עון תכוין באלו הכונות שנכתוב. והוא שתכוין להמתיק השכ״ה דינים שהם ה׳ שמות אדנ״י. ע״י הוי״ה א׳ פשוטה. וכל זה הוא בגי׳ נשא. וזהו נשא עון. גם תכוין למה שנודע. כי נשא עון הוא מדה שנייה שבפסוק מי אל כמוך וגו׳. והוא בתקונא תניינא דדיקנא דא״א שהיא בחי׳ השפה העליונה שעל פומא. (דע״ה ואעפ״י שהוא אומ׳ י״ג מדות דויעבר ונשא עון ופשע הם השערות דחפיין אגרונא ושקילן ואיך תפיס נהורא דסתרי דנשא עון ופשע דמי אל כמוך הם אורחא שתחות חוטמא ושערי דמכאן ומכאן כבר באד״ר אתקיימו באתר אחרא וקאי התם משום דמלייא אורחא שערי והענין שאריך אנפין מאיר לז״א מההוא ארחא כי הוא פנוי בלתי שער ולפי שבז״א מלא שערי לא שייך לאעברא ולפיכך במקום שהיה ראוי להיותם במקום הזה אתקיימו באתר אחרא בשערי דחפיין אגרונא ולא נפקי כי כן נשא עון ועובר על פשע אחים שלא יתפרדו לפיכך לא הונחו בשפה ואורחא שאין לומר נשא וכו׳ שאדרבא גזיר גיזרין אלא רחום וחנון בדין וגם ארך אפים שמאריך אפיה כנז׳ ולפי׳ אתקיימו בדחפיין ושקילן ולא שייך בהם דין כלל וא״כ כאלו כאן מקומם). [כג] **ספר אדם ישר - ארבע עולמות בקיצור שהן אבי״ע:** (בע״ח שער כללות אבי״ע שבתוך שער מ״ב פרק א׳) אחר שנתבאר בדרושים שעברו ענין

2. באור שיר השירים פרק ב׳: פסוק ג׳: כתפוח בעצי היער כן דודי בין הבנים בצלו חמדתי וישבתי ופריו מתוק לחכי גימ׳ (3468): י״ב פעמים ״א׳ זעירא״ (289) א״נ טו״ב (17) פעמים ״צדיק״ א״נ ד״ל (34) פעמים ״אמונה״ (102) א״נ סליק לחושבן נ״א (51) פעמים ״לחכי״ היינו ״חיים״ (68). כתפוח כתפוח בעצי כתפוח בעצי היער כתפוח בעצי היער כן כתפוח בעצי היער כן דודי כתפוח בעצי היער כן דודי בין כתפוח בעצי היער כן דודי בין הבנים כתפוח בעצי היער כן דודי בין הבנים בצלו כתפוח בעצי היער כן דודי בין הבנים בצלו חמדתי כתפוח בעצי היער כן דודי בין הבנים בצלו חמדתי וישבתי כתפוח בעצי היער כן דודי בין הבנים בצלו חמדתי וישבתי ופריו כתפוח בעצי היער כן דודי בין

הבנים בצלו חמדתי וישבתי ופריו מתוק כתפוח בעצי היער כן דודי בין הבנים בצלו חמדתי וישבתי ופריו מתוק לחכי כתפוח גימ׳ (524) ״נחלת ה׳״ כדכתיב (תהל׳ קכ״ז,ג׳) ״הנה נחלת ה׳ בנים״ וכו׳ ואף בפסוקא דנן ״כן דודי בין הבנים״. כתפוח בעצי גימ׳ (686) ״ובחרת בחיים״ (דב׳ ל׳,י״ט) וכדאמרינן תיבה אחרינא דפס׳ ״לחכי״ גימ׳ ״חיים״, ואינון עצי ב׳ עצים עץ החיים ועץ הדעת, וסליק לחושבן ״ובחרת בחיים״ דהיינו בעץ החיים דאיהי אורייתא קדישא פרד״ס התורה כדכתיב ״עץ חיים היא למחזיקים בה ותמכיה מאשר״ (משלי ג׳,י״ח). כתפוח בעצי היער גימ׳ (971) ״שראשי נמלא טל״ (שה״ש ה׳,ב׳) ואיהו טל תחיה דעתידא קוב״ה להחיא ביה מתיא כדכתיב (ישעי׳ כ״ו) ״כמו הרה תקריב ללדת וכו׳ יחיו מתיך נבלתי יקומון הקיצו ורננו שוכני עפר כי טל אורות טלך וארץ רפאים תפיל״ ואיהו ר״ת שט״ן כהוא גירא בעינא דשטנא (סוכה ל״ח ע״א עיין שם). כתפוח בעצי היער כן גימ׳ (1041): ג״פ ״הריעו לה׳״ (תהל׳ ק׳,א׳) דכל הבריאה תריע ותהלל לקוב״ה בהתגלות בהאי עלמא למטה מעשרה טפחים- ורמז לדתקנו חז״ל להניח נר חנוכה ג״כ למטה מעשרה טפחים. כתפוח בעצי היער כן דודי גימ׳ (1065): ה״פ ״לחיי העולם הבא״ והוא בתוספת תיבת דודי גימ׳ כ״ד רמיזא כ״ד קשטי כלה (עיין לעיל אופן יב״ק תקון ליל שבועות) א״נ תיבין כן דודי ר״ת כ״ד כדבארנו לעיל. כתפוח בעצי היער כן דודי בין גימ׳ (1127): ז״פ קס״א דהוא מלוי שם א-היה דיודין רמיזא הארת הכתר דמתלבשא בז׳ מדות תחתונות דז״א כמיא דאשקי לאילנא. כתפוח בעצי היער כן דודי בין הבנים גימ׳ (1234): ״סכת רחמים וחיים ושלום״ דאמרינן קדם צלותא דערבית דשבת קודש, רמיזא דיפרוש עלינו כפיו לקראת אלף השביעי יום שכולו שבת. כתפוח בעצי היער כן דודי בין הבנים בצלו גימ׳ (1362): ב״פ ״בית המקדש״- והוא בתוספת תיבה בצלו בצל סוכתו- וסליק בית המקדש דהיינו בית דירת קבע- ולא כסוכה דהיא דירת עראי, וכאמרם בריש גמ׳ סוכה, ועיין באופן ב׳ באריכות. ועכ״פ תיבה בצלו מקרבא לסוכה- רמיזא דכל האי עלמא הוא בחי׳ סוכה בחי׳ דירת עראי לגבי עוה״ב דהוא דירת קבע ובנין בית המקדש השלישי דלא יחרב עוד ח״ו ובלע המות לנצח וננוחם בשיבת ציון ובגלוי כבוד השי״ת- וזהו דסוכה נקראת צלא דמהימנותא- צל האמונה- ותיבת ״הבנים״ גימ׳ (107) ״האמונה״. והנה הוא

העשר ספירות דעולם האצילות בפרטות, צריכים אנו לבאר עתה בכללות כל בחינת ד׳ עולמות הנקראים אבי״ע. וצריך לבאר ג״כ כללות עולם האצילות, אעפ״י שאין זה מקומו, אמנם להיות שורש להבין הג׳ עולמות בי״ע אשר תחתיו, קבענו ביאור כללותו בדרוש זה: והנה היות בחינת ד׳ עולמות אלו הנקראים אבי״ע הוזכרו בהרבה מקומות בספר הזוהר ובתיקונים מפוזרים, (מע״ח - אמנם) אלו הב׳ מקומות נזכרים שם ע״ד כללות על תיקונים, הראשון הוא בהקדמת התיקונים (דף ג׳), ועילת על כלא הוא נחית בי״ס דאצילות ובי״ס דבריאה ונהיר בעשר כתות דמלאכייא ובעשר גלגלי דרקיעא וכו׳. וכן בפרשת בא בר״מ (דף מ״ב ע״ב) ענין הי״ס דאצילות דאינון מקור ומעין וי׳ ספירן וז׳ נחלין ולבתר עבד משמשין לאלין מאנין כורסייא בד׳ סמכין ושית דרגין [לכרסייא] הרי עשר [וכו׳], ולבתר תקין לשמשא לכרסייא עשר כתות (מע״ח והזוהר - מלאכים) אראלים וכו׳ ולבתר עבד לאלין שמשין דאינון סמא״ל וכו׳. וביאורם הוא כי תחילה הם י״ס דאצילות שהם מתחילות מן עתיק יומין עד סיום נוקבא דז״א (מע״ח - דאצילות) כנזכר במ״א, ואחריהם עולם הבריאה ובו י״ס ג״כ דוגמת י״ס דאצילות, ונקרא עולם הכסא הכבוד יען הם למטה מנוקבא דז״א הנקראת כבוד, והבריאה היא כסא תחתיה, ולכן נקרא כסא הכבוד עולם הבריאה, ואחריהם עולם היצירה והוא י״ס ג״כ, ובזה העולם הוא מטטרו״ן שר הפנים עם עשר כתות אראלים שהם מלאכים, ואחריהם עולם העשיה והם עשרה גלגלי רקיעים הסובבים עלינו אשר בתוכם הארץ התחתונה הזו. וכבר ידעת כי כמו שי״ס דבריאה נעשים בסוד שבעה היכלות, כי היכל הראשון העליון נקרא ק״ק כולל ג״ר, כן בעשיה הם ז׳ רקיעים, והרקיע הראשון (נ״א - העליון) הנקרא ערבות כולל ג״ר, ואמנם כל העשרה גלגלים של הז׳ כוכבי לכת והי״ב מזלות ממנו (נ״א מע״ח - שמנו) חכמי התכונה כולם קבועים ברקיע השני מתתא לעילא כמ״ש [בראשית א׳ י״ז] ויתן אותם אלהי״ם ברקיע השמים, שהוא דמיון היסוד הנקרא כל וכולל כולם (נ״א - אותם) בו. ותחתיו הוא וילון כנגד מלכות דעשיה [צמח - בספר אוצרות חיים כתוב שוילון הוא מלכות של תבונה. ואינו קושיא, שכל עולם כלול מד׳, וגם כי לעולם הוא מלכות מאיזה עולם שיהיה.] שאינו משמש כלום אלא נכנס שחרית ויוצא ערבית כמאמרם ז״ל [חגיגה י״ב ב׳]. ובתוך וילון זה הם

גלא עמיקתא

פ״ב בפסוק ג׳ שם ריבוע דתיבין דפסוקא מתיבת כתפו״ח עד תיבת בצל״ו סליק לחושבן (8000) ח׳ פעמים ״אלף״ (1000) עיין שם וקשרהו לכאן. וכד חשבינן ״א-דני שפתי תפתח ופי״ גימ׳ (1839) ״גל עיני ואביטה נפלאות מתורתך״ (תהל׳ קי״ט,י״ח), ויהי רצון דהשי״ת יגל עינינו ויראנו מנפלאותיו, [כד]וכדכתיב בגאולתא שלמתא (מיכה ז׳,ט״ו) ״כימי צאתך מארץ מצרים אראנו

ד׳ יסודות ארמ״ע והארץ וכל אשר בה. וכללות כל אלו הז׳ רקיעים עליונים והארץ שבתוכם נקרא עולם העשיה, ששם נגמר החומר והכלים להתגשם כמו שביארנו במ״א, כי התחלת הכלים הם מעולם הניקודים שהם י״ס דאצילות שהם בחינת מאנין וכלים כנזכר בר״מ פרשת בא כנז״ל, וכאן בעולם העשיה נגמר מלאכת הכלים והוא תכלית החומריות ובקצה האחרון, ולכן פה נתגלו בחינת הקליפות לגמרי ולכן עולם זה נקרא עולם הקליפה עם היות בתוכו י״ס דעשיה קדושות. וזהו שאמרו לעיל פרשת בא בר״מ ולאלין עביד שמשיך סמא״ל וכל כתות דיליה וכו׳. הרי נתבאר בקיצור ד׳ עולמות אבי״ע. **[כד] מכילתא דרבי ישמעאל בשלח - מסכתא דשירה פרשה ח:** ד״א עושה פלא עשה עמנו פלא ועושה עמנו בכל דור ודור שנ׳ אודך על כי נוראות נפלאתי נפלאים מעשיך ונפשי יודעת מאד (תהלים קלט יד) ואומר רבות עשית אתה ה׳ אלהי נפלאותיך ומחשבותיך אלינו (שם מ ו). ד״א עושה פלא, עושה פלא עם אבות ועתיד לעשות עם בנים שנא׳ כימי צאתך מארץ מצרים אראנו נפלאות (מיכה ז טו) אראנו מה שלא הראתי אל אבות שהרי נסים וגבורות שאני עתיד לעשות עם הבנים יותר הם ממה שעשיתי לאבות וכה״א לעושה נפלאות גדולות לבדו כי לעולם חסדו, ואומר ברוך ה׳ אלהים אלהי ישראל עושה נפלאות לבדו וברוך שם כבודו לעולם וימלא כבודו את כל הארץ אמן ואמן.

הפלא ופלא, כד נעביד רבוע דתיבין דנן- דאינון ח׳ תיבין, דהיינו: כתפוח כתפוח בעצי כתפוח בעצי היער כתפוח בעצי היער כן כתפוח בעצי היער כן דודי כתפוח בעצי היער כן דודי בין כתפוח בעצי היער כן דודי בין הבנים כתפוח בעצי היער כן דודי בין הבנים בצלו סליקו כולהו לחושבן (8000): - ח״פ אל״ף (1000), רמיזא אלפא תמינאה דאז יהיה גלוי אלהות והתפשטות הגשמיות בגאולה האמיתית והשלמה וביאת משיחא בב״א וכדכתב הכלי יקר הקדוש בריש פרשת שמיני וזלשה״ק: ״ויהי ביום השמיני- ומה שיום השמיני זה נטל עשר עטרות, רמז למש״כ (ערכין יג:) כינור של ימות המשיח יהיה ח׳ נימין ושל העוה״ב י׳ נימין לפי שלימות המשיח ונגלה כבוד ה׳ וראו כל בשר כי ה׳ אחד רוכב על ז׳ כוכבי לכת מנהיגי העולם הזה. וממשיך: אבל לעולם הבא שיהיו מופשטים מן החומר לגמרי יתוסף בהם השגה שיכירו כח מלכותו ית׳ על כל נבדלים העליונים הכלולים במספר ט׳ בסוד ארון ט׳ וכפורת טפח ואז השמיני יעלה למספר י׳. על כן בא הרמז ביום שמיני זה שנטל י׳ עטרות לומר כי יש בו מעין של העולם הבא כי שם יראו את כבוד ה׳ עין בעין וכן ביום זה נאמר כי היום ה׳ נראה אליכם״. עכלשה״ק של הכלי יקר הק׳, והוא מרומז בפסוקא דנן בח׳ תיבין קדמאין דיליה ברבוע-אחוריים דסליקו לחושבן ח׳ אלפין. כתפוח בעצי היער כן דודי בין הבנים בצלו חמדתי גימ׳ (1824): ״אשה יראת ה׳ היא תתהלל״ (סוף משלי) והוא נפלא דהאי פסוקא בסוף משלי דחברו שלמה הע״ה הוא באות ש׳- ״שקר החן והבל היופי אשה יראת ה׳ היא תתהלל״, ויש לקשרו להאי חבורא יקירא דשיר השירים את קדמאה ש׳ רבתי, וכנ״ל בהקדמה לאופן דנן, עיי״ש. כתפוח בעצי היער כן דודי בין הבנים בצלו חמדתי וישבתי גימ׳ (2552): ח״פ ״יונה מצאה בו מנוח״ (פיוט לשבת קודש). והוא ח״פ אלפא תמינאה ובתוספת תיבה וישבתי רמיזא מנוחה ונחמה (אתוון דדין כאתוון דדין) דיהיב לן קוב״ה בגאולה האמיתית והשלמה במהרה בימינו אמן. א״נ סליק לחושבן (2552): ד״פ ״אברהם יצחק יעקב״ (638), וכדאמרינן בהקדמה לאופן בק״צ-שה״ש פ״א (מהזוה״ק על שה״ש) דשיר השירים פתח ש׳ רבתי לקביל ג׳ אבהן דהוו מרכבתא לאמא עילאה עיין שם. א״נ סליק לחושבן (2552): ״(מזמור לדוד) ה׳ רעי לא אחסר (בנאות דשא ירביצני) על מי מנוחות ינהלני״ (1427) [תהל׳ כ״ג-עיין באורנו באריכות לעיל אופן קע״ה] ואיהו תאור דלע״ל דננוחם בגאולה האמיתית

גלא עמיקתא

נפלאות" והיינו דתהיה כעין גאולת מצרים בעגלא דידן ובזמן קריב ונאמר אמן, וכן בארנוהו [3] במקום אחר בסוד: "תורה, תשובה, תפלה" (1839) עיין שם. ונחבר יחד שני הפסוקים שמביא המגלה עמוקות: יש זהב ורב פנינים וכלי יקר שפתי דעת [2412=ד"פ "בני ישראל" (603)] (משלי כ',ט"ו) **א-דני שפתי תפתח ופי יגיד תהלתך** [2721=ג"פ **ואהבת לרעך כמוך אני ה'**"] (תהל' נ"א,י"ז) **סליקו תרוויהו לחושבן** (5133) **ב' פעמים "שמח תשמח רעים האהובים כשמחך יצירך בגן עדן מקדם"** עם הכולל (2566), **והוא ב' פעמים דערך ממוצע דכל פסוק הוא "שמח תשמח" וכו'. ונתבאר מעט בס"ד אופן מ"א לרבינו**

והשלמה במהרה בימינו אמן. כתפוח בעצי היער כן דודי בין הבנים בצלו חמדתי וישבתי ופריו גימ' (2854): ב"פ "(מזמור לדוד) ה' רעי לא אחסר (בנאות דשא ירביצני) על מי מנוחות ינהלני" (1427) [תהל' כ"ג כנ"ל עיין לעיל אופן קע"ה-תהלים כ"ג]. והוא בהמשך ל-י' תיבין קדמאין כנ"ל- וכאן הוא ב"פ ומחסיר תיבין "בנאות דשא ירביצני"- דרמיזא בתיבה ופריו- כדכתיב (ברכות לז.) על הירקות אומר בורא פרי האדמה רבי יהודה אומר בורא מיני דשאים. כתפוח בעצי היער כן דודי בין הבנים בצלו חמדתי וישבתי ופריו מתוק גימ' (3400): ק"פ "דל" (34) כדאמרינן לעיל, והוא בתוספת תיבה מתו"ק. והבאור דהמתיקות בתורה הק' ובתפלה ובמצוות היא כשהן באין ביגיעה עצומה ומתוך דלות ודחקות ודוד מלכא משיחא דאתכניש בסיהרא ואיהו מלכותא דלה ועניה ולית לה מגרמה כלום, וזהו דסליקו הני י"ב תיבין לחושבן ק"פ ד"ל. כולא פסוקא דהיינו: כתפוח בעצי היער כן דודי בין הבנים בצלו חמדתי וישבתי ופריו מתוק לחכי גימ' (3468): ב"פ "אף על פי שיתמהמה עם כל זה אחכה לו בכל יום שיבא". והוא עיקר ה-י"ב מ-י"ג עיקרי האמונה- והוא בתוספת תיבה "לחכי" גימ' (68) "חיים" כנ"ל דכל חיינו מצפים לביאת משיח צדקנו יבא ויגאלנו במהרה בימינו אמן.

"נבטל" אותה, נקבל "ויקר וידבר ה' אליו" גימ' (611) תורה, לרמז כי התורה נקנית ע"י בטול. ולעיתים, כשאין בטול, עולה גימ' "ברית" לרמז ענין שמירת הברית. "ויקרא ה' אליו מועד" בתוספת ה'- כפי שמגלה באופן מ' למג"ע וזלש"ק: "יש לאלף ה' צורות כנגד ה"פ אור בפ' בראשית" וגו' עיין שם, עולה בגימ' (515) תפלה, ושאר מילות הפסוק דהיינו "אל משה וידבר מאהל לאמור", גימ' (951) "קדוש ישראל", וכן "שמירת" הנ"ל עם הכולל - לרמז עניין ההתקדשות בעת התפלה. ועתה "גל עיני ואביטה נפלאות מתורתך" גימ' (1839) תורה תשובה תפלה. והנה בריש גמ' סוכה (ב' ע"א) ג' אמוראים מנה"מ: "רבה" גימ' "אור" "למען ידעו דורותיכם" לקביל תורה ("תורה אור"), רבי זירא אמר "וסוכה תהיה לצל יומם" (ישעיהו ד', ו'), לקביל תשובה דיתיב מאה תעניתא דלשתכח גמרא בבלאה מיניה כי היכי דלא נטרדיה וכו' (עיין ב"מ פ"ה ע"א), ורבא לקביל תפלה דאמר בסוכות תשבו שבעת ימים, אמרה תורה כל שבעת הימים צא מדירת קבע ושב בדירת עראי וכו' וכתיב מניחים חיי עולם ועוסקים בחיי שעה זו תפלה. והנה, הפלא ופלא כאשר נחשב א' של רבי זירא לאלף (כמו שמביא המג"ע מהאריז"ל) אזי יהיו ג' האמוראים הנ"ל רבה, רבי זירא, רבא עולים לגימ' (1839) תורה, תשובה, תפלה וכאמור ג"כ "גל עיני ואביטה נפלאות מתורתך", המרמז ג"כ ג' ענינים אלו שהוריד משה רבינו לישראל: "גל עיני" לקביל תשובה כמובא בנביא (ישעי' ו',י') "השמן לב העם הזה...ועיניו השע, פן יראה בעיניו...ושב ורפא לו". "ואביטה" (גימ' "גל") לקביל תפלה כדכתיב (תהל' י"ג, ד') "הביטה ענני ה' אלקי", ו"נפלאות מתורתך" לקביל תורה, והוא חושבן (1839) ג"פ "משה רבינו" (613).

3. תורה - תשובה - תפלה: א' זעירא מרמזת על אלופו של עולם ה' אחד: י"ג אותיות ראשונות (אחד גימ' י"ג) של הפס' "ויקרא אל משה ויד" גימ' (713) תשובה. השאר- כ"ב אותיות לקביל כ"ב אותיות התוה"ק גימ' (742) "אספקלריא דנהרא", מדרגת משה, כמאמרם ז"ל כל הנביאים נתנבאו ב"כה" ומשה רבנו עליו השלום ב"זה". א' זעירא מרמזת על בטול בעצם, בטול במציאות, וכאשר

גלא עמיקתא

המחבר דכתבו בקצור והוא בבחינת מעט המחזיק את המרובה, ויהי רצון דנזכה לכוון לדעתו הקדושה. והנה באופן זה מבאר רבינו ענין כ"ד זיני דמסאבותא, ואם כן ראוי לעיין עוד בדבריו הקדושים בפירוש רנ"ב אופנים על ואתחנן [כה]אופן מ"ג מה שביאר הפסוק ואיב"ה אשית בינך ובין האשה (בראשית ג',ט"ו) ואיב"ה גימ' כ"ד זיני דמסאבותא שהטיל נחש בחוה, ומבאר דהוא בסוד נח"ש הנחוש"ת שטעו אחריו ישראל דביטלו חזקיה וקרא לו נחושת"ן (עיין מלכים ב' י"ח,ד'), [4]ובמה שכתבנו בבאור דבריו הקדושים שם.

[כה] **מגלה עמוקות על ואתחנן אופן מ"ג:** רצה משה לבטל את הנחוש"ת שטעו בו ישראל, וביטל אותה חזקיה (ברכות י' ע"ב). והנה נרמז בפסוק "ואתחנן "אל "ידוד "בעת "ההיא, ר"ת ואיב"ה. שטעו ישראל, וגרמו גם כן אותה ואיב"ה בשעת נחשים ששלח הקב"ה בהם, כמבואר גם כן שם בפסוק (במדבר כא ו) ו"ישלח י"דוד ב"עם א"ת ה"נחשים, שהוא ר"ת ואיב"ה. ולכן שלח הקב"ה בהם את הנחש, בסוד ואיב"ה אשית (בראשית ג טו), בלשון הרע שלהם גרמו כ"ד זיני דמסאבותא מה שתעוררו עליהם בשעת מכירת יוסף "ויאמר "אליהם "יוסף "ביום "השלישי (שם בראשית מב יח). ועל זה אמר יוסף מרגלים אתם (שם שם בראשית מב ט), שהם גרמו גם כן לראות את ערות הארץ, דאיתמר גבי מרגלים (במדבר יד לב) ופגריכם "אתם "יפלו "במדבר "הזה. וזה היתה גרם גלות מצרים "היום "אתם "יוצאים "בחדש "האביב (שמות יג ד), הוא האיב"ה הידוע שגרמה גם כן וכל "אשר "יגע "בו "הטמא יטמא (במדבר יט כב), וגבי חורבן הבית איתמר (איכה א א) "איכה "ישבה "בדד "העיר "רבתי "עם "היתה כדדרש ר' לוויטס בזוהר איכה (נ"ד ע"א), וכן בשעת בנין בית המקדש ו"יבן א"ת בי"ת יע"ר ה"לבנון (מלכים א' ז ב). גם בתחילת משיחת דוד איתמר ביה (שמואל א' טז א) עד מתי אתה מתאבל וגו', לך אשלחך א"ל י"שי ב"ית ה"לחמי. וכן למשיחו לדוד ולזרעו א"ז י"אמרו ב"גוים ה"גדיל ה' לעשות (תהלים קכו ב). והנה הקב"ה לא צוה למשה לעשות נחושתן, ולמה עשה משה נחש נחושת (במדבר כא ט), רז"ל אמרו (ב"ר פל"א ח') לשון נופל על לשון. אבל רזא דמלה הקב"ה אמר למשה עשה לך שרף (שם שם במדבר כא ח), לך דייקא דרגא דילך תעשה אותה, דהיינו דרגא דמשה שהוא נחושת, כי משה הוא תפאר"ת שהוא סוד נחושת, אברהם הוא סוד כסף, יצחק זהב, יעקב הוא נחושת, (כדאיתא במדרש

4. באור על מגלה עמוקות ואתחנן אופן מ"ג: אקדמות מילין: הנה באופן זה מעמיק מה שהחל לפרש לעיל אופן ל"ט ענין הפסוקים בראשי תיבות איב"ה וכן ענין כ"ד זיני דמסאבותא דנמשכו מחטא אדם הראשון [דכתיב תמן ואיב"ה אשית בינך ובין האשה וכו' (בראשית ג',ט"ו) ואיב"ה גימ' כ"ד] עיין שם באריכות.

והנה האי פרשתא (במדבר כ"א,א'-כ') הוא אחר מות אהרן ומלחמת הכנעני מלך ערד דנתנו השי"ת ביד ישראל- ויוציאו המרגלים דיבה בהשי"ת ובמשה עבדו כמו שמאריך ומבאר רש"י וזלשה"ק ונפשנו קצה בלחם הקלוקל- לפי שהמן נבלע באיברים קראוהו קלוקל, אמרו עתיד המן הזה שיתפח במעינו- כלום יש ילוד אשה שמכניס ואינו מוציא? עכד"ק.

ובכאן ירדו למדרגת קטנות דהשוו עצמן ליתוש דמכניס ואינו מוציא, וכתיב ביה (סנהדרין לח.) לפיכך נברא יתוש לפני האדם לומר לאדם יתוש קדמך וכו' "יתוש" גימ' (716) "ה' אלהי אברהם יצחק ויעקב"- וכפרו בהשי"ת ובמשה עבדו (כפרש"י השוו עבד לקונו) וממילא באבות הקדושים דמשה רבינו כליל מ-ג' אבהן. ומיד כתיב (במדבר כ"א,ו') "וישלח ה' בעם את הנחשים השרפים וינשכו את העם וימת עם רב מישראל" גימ' (4198) ג' פעמים "אלף (1000) אלף זעירא (399)" עם הכולל - דהכה אותם מבחינת פנימיות הכתר רמיזא באלף זעירא דזכה לה משה רבינו באהל מועד- ויקרא אל משה ב-א' זעירא. ולכן בהתפללו להשי"ת כד עבידו בני ישראל תשובה (שם פסוק ח') ויאמר ה' אל משה עשה לך שרף ושים אותו על נס וכו' שרף במילוי "שין ריש פא" גימ' (951) ג' פעמים "ויקרא" רמיזא האי א' זעירא דויקרא, ואז (ויעש) "משה נחש נחשת" גימ' (1461) ג' פעמים "בתהלים" (487) ענינו דדוד מלכא משיחא, "משה דוד" גימ' (358) "נחש" עם

הכולל, "משה נחש" גימ' (703) "שבתא" רמיזא אלף השביעי שני ימות המשיח בסוד ישמ"ח [אתוון משי"ח] מש"ה במתנת חלקו (מנחה לשבת). והנה נחשת במילוי "נון חית שין תיו" גימ' (1300) ק' פעמים י"ג בסוד כתר עליון, והוא חושבן נ' פעמים שם הוי' ברוך הוא (26) בסוד שער ה-נ' בחינתו של משה רבינו דרצה לזכות לה בחיי חיותו ולהביא גאולה לעולם. ואמר לו הקב"ה כי לא יראני האדם וחי (שמות ל"ג,כ') ולכן עלה ראש הפסגה הוא הר נב"ו נוטריקון נ' בו- ושם תזכה לראות פני בהסתלקותך. והנה נחש במילוי "נון חית שין" גימ' (884) ד' פעמים "ארך" (221) רמיזא י"ג תיקוני דיקנא דאריך מלובש ב-ד' אותיות שם הוי' ברוך הוא דז"א דהיינו ט' תיקוני דיקנא דז"א. ושניהם יחד- נחש במילוי (884) ונחשת במילוי (1300) סליקו לחושבן (2184) ח' פעמים "אור גנוז" (273) - כדכתיב (שם פסוק ט') והביט אל נחש הנחשת וחי- והוא בחינת גילוי אור הגנוז לעתיד לבוא ותחית המתים בחינת (ישעי' כ"ה,ח') בלע המות לנצח- והוא סוד ו' רבתי דגחון (ויקרא י"א,מ"ב) אמצע התורה באותיות- דמהאי ו' רבתי דייקא ירד אור הגנוז לתורה ומשיח יבארו בבחינת אור הגנוז- ומהאי ו' רבתי דגחון אמצע התורה תתפשט האורה כאמרם קוב"ה אסתכל באורייתא וברא עלמא. והנה האי פרשתא נמשכה מפרשתא דחטא אדם הראשון דהכשילו הנחש- דתמן כולהו פסוקים (בראשית ג' א'-ח') סליקו לחושבן (24,011) כ"ד אלף עם י"א- דהן כ"ד זיני דמסאבותא עם י"א כתרין דמסאבותא [כמו שבארנו במקום אחר]. ובכאן הן ו' פסוקין (במדבר כ"א ד'-ט') דנמשכו מפרשתא דחיויא, וכפרש"י וינשכו את העם: יבא נחש שלקה על הוצאת דבה ויפרע ממוציאי דבה, יבא נחש שכל המינין נטעמים לו טעם אחד (טעם עפר) ויפרע מכפויי טובה שדבר אחד (מן) משתנה להם לכמה מטעמים" עכד"ק.

רבה ויקהל פרשה מ"ט [שמו"ר פמ"ט ב']). זה שאמר לבן (בראשית ל כז) נחשתי ויברכני ה' בגללך דייקא, שהוא מתוקן בדרגא דיליה נחושת של קליפה של לבן. וידוע (תיקו"ז יג כ"ט ע"א) כי משה ויעקב בחדא דרגא משה מלגאו יעקב מלבר, ואם כן לפי זה גילה הקב"ה למשה לעשות הנחש מן נחושת, שאמר עשה ל"ך דייקא, וכן כתוב (שמות כז יט) נחושת ואתה תצוה (שמות כז כ), כרוך ותני אתה הוא הנחושת. ולזה אמר בכאן מאחר שאתה החלות להראות לי דרגא דג' אבות, גדלך זה אברהם שהוא כסף, ידך החזקה שהוא יצחק הוא זהב, אשר מי אל יעקב הוא נחושת, ולכן צריך אני להעביר אותו נחש נחושת מן העולם, מה שיעשה יחזקיהו אחר כך, רוצה אני להעביר עתה גילולים מן הארץ. השיב הקב"ה רב לך, זהו דרגא דילך, צו את יהושע אין צו אלא עבודה זרה, כמו שאמר הלך אחר צו (הושע ה' [יא, סנהדרין נ"ו ע"ב]), וכן איתא במדרש (בראשית פי"ו [ב"ר פט"ז ו']). וחזקהו, מה שיעשה יחזקיהו בדורו, יעשה יהושע, ולכן כשלא ביער יהושע את עבודה זרה, אז קפיד עליו קרא בימי עזרא (ערכין ל"ב ע"ב), כי הב"ה צוה לו לבער עבודה זרה. ולפי זה מתורצת הקושיא של תוספות במסכת שבת (דף נ"ו ע"ב) אפשר בא אסא ולא ביערם וכו', אלא מקיש ראשונים לאחרונים, מקשה שם בתוספות (ד"ה מה) לא שייך לומר הכא הניח לו אבותיו להתגדר בו, כדאמרינן בפרק קמא דחולין (ז' ע"א) גבי נחושתן של חזקיהו, ותירץ שם דהתם לא ביערו אבותם משום שנעשה על פי הדבור, אבל הכא מאי טעמא לא ביערו. אבל לדידי ניחא, שהקב"ה גילה למשה וחזקהו, שחזקיה יעשה אותו וזהו חלק שלו, לכן שפיר קדייקי גבי חזקיה שהניחו לו אבותיו מקום להתגדר בו, לפי ששמו כתוב בתורה, אבל לא גבי יהושע.

ואם כן נעביד חושבן כולא פרשתא כדעבדינן בפרשתא דחיויא: "וַיִּסְעוּ מֵהֹר הָהָר דֶּרֶךְ יַם סוּף לִסְבֹב אֶת אֶרֶץ אֱדוֹם וַתִּקְצַר נֶפֶשׁ הָעָם בַּדָּרֶךְ [פסוק ד'] (3431) וַיְדַבֵּר הָעָם בֵּאלֹהִים וּבְמֹשֶׁה לָמָה הֶעֱלִיתֻנוּ מִמִּצְרַיִם לָמוּת בַּמִּדְבָּר כִּי אֵין לֶחֶם וְאֵין מַיִם וְנַפְשֵׁנוּ קָצָה בַּלֶּחֶם הַקְּלֹקֵל [פסוק ה'] (3926) וַיְשַׁלַּח יהוה בָּעָם אֵת הַנְּחָשִׁים הַשְּׂרָפִים וַיְנַשְּׁכוּ אֶת הָעָם וַיָּמָת עַם רָב מִיִּשְׂרָאֵל [פסוק ו'] (4198) וַיָּבֹא הָעָם אֶל מֹשֶׁה וַיֹּאמְרוּ חָטָאנוּ כִּי דִבַּרְנוּ בַיהוה וָבָךְ הִתְפַּלֵּל אֶל יהוה וְיָסֵר מֵעָלֵינוּ אֶת הַנָּחָשׁ וַיִּתְפַּלֵּל מֹשֶׁה בְּעַד הָעָם [פסוק ז'] (4135) וַיֹּאמֶר יהוה אֶל מֹשֶׁה עֲשֵׂה לְךָ שָׂרָף וְשִׂים אֹתוֹ עַל נֵס וְהָיָה כָּל הַנָּשׁוּךְ וְרָאָה אֹתוֹ וָחָי [פסוק ח'] (3737) וַיַּעַשׂ מֹשֶׁה נְחַשׁ נְחֹשֶׁת וַיְשִׂמֵהוּ עַל הַנֵּס וְהָיָה אִם נָשַׁךְ הַנָּחָשׁ אֶת אִישׁ וְהִבִּיט אֶל נְחַשׁ הַנְּחֹשֶׁת וָחָי [פסוק ט'] (5149)" סליקו כולהו לחושבן (24576) כ"ד פעמים "אות הברית" (1024) - והוא לעומת זה ע"י כ"ד קישוטי כלה היוצאים מ-כ"ד ספרי הקודש מכניעים ל-כ"ד זיני דמסאבותא. והוא חושבן (24576) כ"ה פעמים "אברהם יצחק יעקב משה" (983) עם הכולל- בסוד ש' רבתי דשיר השירים- כמבואר בזוה"ק

תחלת שיר השירים. ואמנם תמן לא מדכר יהושע- אלא כתיב ויתפלל משה בעד העם- ברם ד׳ פסוקין קדמאין (שם ד׳-ז׳) סליקו לחושבן (15690) י״ה (15) פעמים ״הקדוש ברוך הוא יהושע״ (1046) והוא נפלא דאמרו חז״ל ויקרא משה להושע בן נון יהושע (במדבר י״ג,ט״ז) - שהתפלל עליו י״ה יושיעך מעצת מרגלים- וזהו דכפלינן י״ה פעמים הקדוש ברוך הוא - יהושע. וכדאמרינן לעיל בסוף האופן הקודם דהוא בסוד ומשרתו יהושע בן נון נער לא ימיש מתוך האהל (שמות ל״ג,י״א) - והן ד׳ פסוקים בסוד מלכות דאיהי דלה ועניה דלית לה מגרמה כלום. ושני הפסוקים הבאים (שם ח׳-ט׳) סליקו לחושבן (8886) ו׳ פעמים ״והיו למאורת ברקיע השמים״ (בראשית א׳,ט״ו) (1481) מאורת חסר כתיב- דהוציא ו׳ דמאורות להיות המכפלה ו׳ פעמים דאות ו׳ בסוד משה, והאי דכתיב ללא ו׳ רמיזא בדקות שאין משה דהוא אות ו׳ מכניסם אלא המאור הקטן דווקא, ומנו- יהושע- דהוא פני לבנה- בסוד מה שאמר הקב״ה ללבנה לכי ומעטי את עצמך- דאז דייקא זכתה הלבנה לפנימיות אור הגנוז הטמון בהעלם שאינו במציאות בשמש- אור אינסוף ב״ה, ורק היא לבדה מכל הנבראים יכולה להוציא האי אור הגנוז טיפין טיפין בבחינת טלא דנטיף מעט מעט ולמגר ולהכניע חשכת העכו״ם בגלותא דדמי ללייליא. וזהו דכולא פסוקא (בראשית א׳,ט״ו) ״והיו למאורת ברקיע השמים להאיר על הארץ ויהי כן״ סליק לחושבן (2224) ח׳ פעמים ״אור הגנוז״ (278) דעתיד להתגלות במלואו באלף השמיני- והחל כבר באלפיים משיח ובאלף השביעי שני ימות המשיח ביתר שאת ויתר עוז על ידי משיח צדקנו דאתא לאתבא לצדיקיא בתיובתא- ויבאר התורה באופן מחודש מאורייתא דעתיקא סתימאה וכו׳. וכשנחבר ב׳ הפרשיות- האי דחטא אדם הראשון (בראשית ג׳ א׳-ח׳) (24011) עם פרשתא דנן (במדבר כ״א ד׳-ט׳) (24576) סליקו לחושבן (48587) ק׳ פעמים ״תהלים״ (48500) ״לבנה״ (87) רמיזא סוף הגלות על ידי דוד מלכא משיחא דאיהו פני לבנה ויהב לן ספרא דתהלים מכתרא עילאה לאפקא לן מגו גלותא במהרה בימינו אמן.

והנה רמיזא בהני ב׳ פרשיות דיהושע יכניע הני י״א כתרין דמסאבותא דחושבן (48587) סליק: י״א פעמים ״וילכו אל יהושע אל המחנה הגלגל, ויאמרו אליו ואל איש ישראל מארץ רחוקה באנו ועתה כרתו לנו ברית״ (יהושע ט׳,ו׳) - והרה״צ הבני יששכר מדינוב בספר אגרא דכלה (פרשת לך לך) האריך בענין י״א כתרין דמסאבותא דהן בסוד המן ועשרת בניו. ונגש לבאר אופן מ״ג למגלה עמוקות ויהי רצון דהשי״ת יאיר עינינו ברזין דרזין דאורייתא להרים אבן אחר אבן מאבנים טובות ומרגליות דאורייתא קדישא וירוה נפשנו ונשמותינו מהני גילויים דחבויים תמן- בבחינת צפנת פענח- ונקרב ביאת משיח צדקנו מזרע דוד מלכא משיחא דיבא ויגאלנו מחשכת גלותנו בעגלא דידן ובזמן קריב אמן.

אופן מב

בשעת החורבן נסתלק אלף שלא היה לאלף מיחזקאל היה היה דבר ה' לקבל אהי"ה אשר אהי"ה שהראה הקב"ה למשה בתחלת שליחותו זה שכתוב ויקר אל משה אותו היקר שהראה למשה מתחילה שהוא אהיה אלף זעירא הראה לו מאוהל מועד שיחרב לעתיד.

ואז באותו פרק האלף לך שלמה שנסתלקו לעילא שלמה אהיה כעוטיה דייקא על רזא דא קאמר וכשתחזור האלף למקומו אזי אלופינו מסובלים אין פרץ וגו' ותחזור העטרה ליושנה:

1. והנה הן מ"ה מקומות דכתב רש"י איני יודע ובארנום לעיל בס"ד בסוד הכתר דיתגלה לעתיד לבוא בגאולה האמיתית והשלמה בב"א.

ונחבר כל המראי מקומות ואחר כך נחבר כל האיני יודע דרש"י על הש"ס וכמו שהביאם כאמור הגאון רבי עקיבא איגר בחדושיו על הש"ס ברכות כ"ה.

ולבסוף נחבר בס"ד המראי מקומות יחד עם דברי רש"י מקבילות הלולאות למהוי יחודא שלים כמים הפנים לפנים בין דברי רש"י דחזינן דאינן מלין בעלמא כלל אלא מכוונים ומרמזים ברוח קדשו על הגאולה, וכדלקמן:

חבורא דכולא מ"ה מראי מקומות דהביא רש"י דהיינו "מאן שמעת ליה (ברכות כ"ה) לא זזו משם (שבת מ"ט) וכו' וכו' עד ולוי הסדר (יומא פ"ה)"

סליקו כולהו מראי מקומות יחד לחושבן (32466):

א'. "דוד" (14) פ' "אשר יחדו נמתיק סוד בבית א-להים נהלך ברגש" (2319) (תהל' נ"ה,ט"ו) ותרגם יונתן בן עוזיאל: בבית מקדשא דא-להא נהלך בסרהוביא, ורמיזא הארת

אופן מב

בשעת החורבן נסתלק אלף שלא היה לאלף מיחזקאל (א',ג') היה היה דבר ה' לקביל אהי"ה אשר אהי"ה (שמות

גלא עמיקתא

והנה מקביל המגלה עמוקות ברמז חזיון דיחזקאל למראה אשר הראה משה בסנה- דביחזקאל (א',ג') כתיב:

[א]**היה היה דבר ה' אל יחזקאל בן בוזי הכהן בארץ כשדים על נהר כבר, ותהי עליו שם יד ה'**

גימ' (2777) ח' פעמים "במשה" (347) עם הכולל.

ורמיזא אלף השמיני לאחר כל הגלויות רחמנא ליצלן ושני ימות המשיח- ונגלה כבוד הוי' וכו' וכמו שנגלה הקב"ה למשה בסנה כן יתגלה בס"ד לכל יהודי בבחינה שלו [ב]לפום מאי דמשער בליביה [ועיין מה שבארנו לעיל אופן קצ"ה-תכלית הידיעה שלא נדע בסוף האופן[1]]

[א] **אליהו רבה (איש שלום) פרשה ז:** דבר אל בני ישראל [ואמרת אלהם אדם] (ויקרא א' ב'), זה לשון אחוה לשון עתירה לשון ריעות, אמר לו הקדוש ברוך הוא ליחזקאל בן בוזי הכהן, בן אדם (יחזקאל ב' א'), בן אנשים כשרים, בן אנשים צדיקים, בן גומלי חסדים, בן שמבזין את עצמן על כבודי ועל כבודן של ישראל כל ימיו [ימיהן]. דבר אחר בן אדם, משל למה הדבר דומה, למלך בשר ודם שסרחה עליו אשתו ובניו, ועמד ודחפן (מתוך ביתו) והוציאן מתוך ביתו, לאחר מיכן שלח והביא בן אחד מאצלה, אמר לו, בן פלוני' בא ואראך ביתי ובית שבניתי לאמך, כלום פחות כבודי ובית שבניתי לאמך, לכך נדמה יחזקאל, שנאמר ויהי בשלשים שנה ברביעי [וגו'] בחמשה לחדש היא השנה החמישית וגו' היה היה דבר ה' אל יחזקאל וגו' (יחזקאל א' א' ב' וג') זו שיטה ראשונה, ובשנייה מהו אומר, וארא והנה רוח סערה באה מן הצפון וגו' (יחזקאל א' ד'), מאחר שהראהו אמר לו, בן אדם זהו כבודי שהגבהתי אתכם למעלה מאומות העולם, כלום פחות כבודי ובית שבניתי לכם, שנאמר אם נכלמו מכל אשר עשו צורת הבית ותכונתו וגו' (יחזקאל מ"ג י"א), שמא תאמר [אין] לי מי שעובד אותי, והלא כבר (נאמר) יש לי ארבע מאות ותשעים וששה אלפים רבבות של מלאכי השרת שהן עומדין לפני ומקדישין את שמי הגדול בכל יום תמיד מיציאת החמה ועד שקיעת החמה ואומרים לפני קדוש קדוש קדוש, ומשקיעת החמה ועד יציאת החמה אומרים ברוך כבוד ה' ממקומו, ואין צריך לומר שבעים לשונות שבארץ, מפני מה אתם עושים דרכים מכוערין ודברים שאינן ראוין, מבעטין אתם ביסורין הבאים עליכם, אבל מה אעשה, הריני עושה למען שמי הגדול שנקרא עליכם, שנאמר ואעשה למען שמי לבלתי החל וגו' (יחזקאל כ' י"ד)

[ב] **ר' צדוק הכהן מלובלין - פרי צדיק שמות פרשת שמות:** עוד כתב הרמב"ן בשם תרגום אונקלוס שתרגם שני השמות אהא עם מאן דאהא ולפנינו בתרגום אונקלוס לא תרגם כלל רק כתב השמות

כצורתן ובודאי היה לו גירסא זו בתרגום אונקלוס. והנה יש להבין שעל שאלת משה רבינו ע"ה ואמרו לי מה שמו השיבו אהיה אשר אהיה ואחר כך כה וגו' אהיה שלחני ואחר כך כתיב כה תאמר וגו' ונזכר שם הוי"ה. אך הענין בשאלת מה שמו היינו שכיון שהם ידעו שאינם ראוים עוד לגאולה לפי מעשיהם גם שהוא קודם הזמן כמו שאמרו (שיר השירים רבה ב', כ"א) על פסוק (שיר השירים ב', ח') קול דודי הנה זה בא עיין שם. ועל זה ישאלו מה שמו והיינו באיזה מדה ממדותיו יגאלם ועל זה השיבו ה' יתברך שם אהיה אשר אהיה דשם אהיה מורה דאנא זמין וכו' ואמר ה' יתברך למשה אהיה אשר אהיה אהא עם מאן דאהא עם מי שאני עתיד להיות כבר נרגש בהווה על דרך מה שנאמר (שמות ל"ג, י"ט) וחנותי את אשר אחון (כמו שנתבאר פרשת לך מאמר ו') ועל כן אמר שיאמר להם שם אהיה שמורה על העתיד והיינו התגלות עתיקא שיזכו לזה בשעת קריעת ים סוף כמו שמובא בזוה"ק (ח"ב נ"ב ב) וראתה שפחה על הים וכו'. וכן במתן תורה דכתיב (דברים ה', ד') פנים בפנים וגו' חמו ישראל הכא מה דלא חמא יחזקאל כמו שמובא בזוהר (ח"ב פ"ב ריש ע"א) ועל ידי שיאמר להם שם אהיה ירגישו תיכף מעין קדושה זו וכמו שאמרו אהא עם מאן דאהא ועל ידי כן יוכל לומר להם שם הוי"ה שהוא כולל כל העשר ספירות כמו שמובא (זוהר ח"ג רנ"ח א) יו"ד חכמה ה' בינה ו' תפארת כליל שית ספיראן ה' מלכות. וקוצא דיו"ד דלעילא רמיזא לאין שהוא כתר עליון (שם ס"ה ב) שהוא ההתגלות בסוד הדעת. ואף דשם הוי"ה אינו נהגה בעולם הזה. שאין תפיסה להשיג היחוד איך הוא בעולם הזה גם כן כמו עד שלא נברא העולם מכל מקום על ידי קדושת שבת שהוא מעין עולם הבא יוכל כל אדם לזכות להרגיש כל חד לפום מאי דמשער בליביה כמו שמובא (זוהר ח"א ק"ג ריש ע"ב) נודע בשערים בעלה דא קודשא בריך הוא דאיהו אתידע לפום מה דמשער בליביה:

אור הכתר לעתיד לבוא בבנין בית המקדש במהרה בימינו אמן.

וכן בפסוק לשון עתיד "נמתיק נהלך" סליק לחושבן (705): "יהיו כמץ לפני רוח ומלאך ה' דחה" (תהל' ל"ה,ה'-ובאופן ק"פ חושבן ט' פסוקין קדמאין) והוא ביעור הקלי' לעתיד לבוא על ידי דוד מלכא משיחא במהרה בימינו אמן.

ב'. "א-היה" (21) פ' "זרעך כחול הים אשר לא יספר מרוב" (1546) (בר' ל"ב,י"ג).

דהזכיר יעקב משהשיבוהו המלאכים ששלח וגם הלך לקראתך וארבע מאות איש עמו, שהבטיחו על כך וכו'. וכעת הצילני נא וכו'.

ויהי רצון דהקב"ה יגאלנו מפנימיות הכתר כשיגלה אור הגנוז שם א-היה כדאמר למשה בסנה (שמ' ג',י"ד) "א-היה אשר א-היה" (ברכות ט:) אהיה עמם בצרה זו ובצרה אחרת ורמיזא מיניה וביה דכפלינן א-היה פ' כחול הים **אשר**.

ג'. "א-לוה" (42) פ' **"מי כעמך ישראל גוי אחד בארץ"** (דה"א י"ז,כ"א) דכתיב בתפלין דמרי עלמא, כאמרם (ברכות ו.) אתם עשיתוני חטיבה אחת בארץ שנאמר שמע ישראל וכו' אף אני איחד אתכם שנאמר מי כעמך ישראל גוי אחד בארץ וכו'. וזהו דהני ג' פרושים לקביל תורה עבודה וגמילות חסדים.

יעקב דאיהו עמוד התורה עמודא דאמצעיתא בריח התיכון המבריח מן הקצה אל הקצה אמר זרעך וכו' וכפלינן א-היה פעמים וכדאמרינן דאיהו שם הכתר. דוד איהו עמוד העבודה איזוהי עבודה שבלב הוי זוהי תפלה, והוא בחי' מלכותא קדישא **דלה ו**עניה **דלית לה** מגרמה **כ**לום ר"ת דו"ד מל"ך, והוא ג"כ מבריח מן הקצה אל הקצה אך באופן של דלוג והוא בסוד כתר-מלכות דהוה ליה חריץ בראשו דכתר המלוכה מתאים אך ורק לו.

והפירוש ה-ג' הקב"ה הוא עמוד גמילות חסדים דכל תכלית הבריאה דעלה ברצונו להיות חסדן ואם אין נבראים מי יכנסו בשם חסדן, וכדהבאנו באות ל"ז ד"ה לשני ימים ולילה אחד מתחלת אוצרות חיים לאר"י הקדוש עיין שם.

וזהו "הקדוש ברוך הוא - יעקב - דוד" גימ' (851): "בעתה אחישנה" (ישעי' ס',כ"ב) ועתה חלפה אחישנה וגם בעתה כבר איננה ויה"ר שהקב"ה ברחמיו יחיש גאולתנו.

ונעביד חושבן לכל מ"ה פרושי רש"י דאמר בלשונות שונים איני יודע וכו' ומרמז כתרא עילאה בחינת תכלית הידיעה שלא נדע כדאמרינן בכותרת, וכדלקמן:

כולהו מ"ה פרושי רש"י, דהיינו: "לא ידעתי היכן היא (ברכות כ"ה) לא ידענא היכא איתמר (שבת מ"ט) וכו' וכו' עד לא פורש לי מהו (יומא פה.)"

סליקו כולהו לחושבן (50180):

א'. כ"פ "וירא ישראל את היד הגדלה אשר עשה ה' במצרים" (שמ' י"ד) (2509) רמיזא דמפלת הקלי' לעתיד לבוא מאור הכתר ולכן כפלינן כ"פ דלית כתר בלא כ'.

ב'. "הוי'" (26) פ' "יערוף כמטר לקחי תזל כטל אמרתי" (1930) (דברים ל"ב) - ורמיזא טל תחיה דעתידא קוב"ה להחיא ביה מתיא בב"א.

ג'. "ויבדל" (52) פ' "קומה ה' ויפצו איביך וינסו משנאיך" (965) (במדבר י',ל"ה).

ובמגלה עמוקות על התורה פרשת וארא ראה הקב"ה שאור גדול מאיר ויאיר לעולם וברא חושך ולכן ברא חשך שהוא ענן מיסך ומבדיל וז"ס וירא א-להים את האור כי טוב ויבד"ל בסוד שם ב"ן שהוצרך הקב"ה לברוא נ"ב עננים על כל שם, עכלשה"ק.

ולעתיד לבוא דיהיה גלוי אור הגנוז וראו כל בשר ויבדיל הקדושה מהקלי' דאחריתם עדי אובד ויפוצו כמץ אשר תדפנו רוח בגאולה האמיתית והשלמה בב"א.

ד'. "א-דני" (65) פ' אעשה לו עזר כנגדו" (בר' ב',י"ח).

והוא בסוד כתר עליון ודברה תורה בלשון בני אדם ואין לו גוף ואין לו דמיון כלל כדכתיב (ישעי' מ',כ"ה) "ואל מי תדמיוני ואשוה יאמר קדוש".

והוא כביכול דשם א-דני שכינתא קדישא בחי' נוק' לשם הוי' ב"ה וזהו אעשה לו- לאדם העליון- עזר כנגדו- אומר כתר עליון.

ונרמז בדברי רש"י על הפסוק (שם) וזלשה"ק:

לא טוב היות וכו' "שלא יאמרו שתי רשויות הן" גימ' (2220): כ"פ אל"ף (111) - בסוד א' זעירא דויקרא אלופו של עולם והוא הכתר בסוד (זוה"ק פרשת חיי שרה) מאן דאיהו זעיר איהו רב, ולית כתר בלא כ'.

ור"ת "**ש**לא **י**אמר **ש**תי" **שי"ש** כדאמר רבי עקיבא (חגיגה יד:) כשתגיעו לאבני **שיש** טהור אל תאמרו מים מים- דלא תאמרו שתי רשויות הן.

אלא זהו כמים הפנים לפנים השתקפות מיניה וביה די"ס דאצילות משתקפות בפשיטות הא"ס בסוד מ"ן, וממשיכים מתמן מ"ד דרך כתרא עילאה.

ה'. "עני" (130) פ' "דוד בן ישי" (386) וכדכתיב "תפלה לעני כי יעטף" (תהל' ק"ב) גימ' (874): "שם כבוד מלכותו" ענין מלכותא קדישא בחי' יחודא תתאה, ולמעלה בחי' חותם המתהפך אשת חיל עטרת בעלה.

באור נוסף לדברי רש"י חושבן מ"ה דבריו בכל הש"ס דהביאו הגאון רבי עקיבא איגר (בחידושיו ברכות דף כ"ה) ואיהו חושבן:

ו'. י"פ הוי' (260) פ' "בכסא דוד עבדך" (193) כדאמרינן בשמו"ע וכסא דוד עבדך מהרה לתוכה תכין, דקוב"ה יביא משיח צדקנו דילחם מלחמות ה' והקב"ה ימחה שמו של עמלק בשרשו אריך דקלי' וישחט למלאך המות ובלע המות לנצח בב"א.

וחזינן דברי הגמ' הקדושה דמביאם רש"י בד"ה דמבאר דאינו יודע פרושו הן ג' לקביל חב"ד דכתר, ודבריו של רש"י הן ב-ו' באורים לקביל ו"ק דכתר. ושניהם יחד בסוד המשכת מוחין חב"ד לז"א דאיהו ו"ק הן ב-ד' באורים והן מלכותא קדישא דכתר בסוד כסא שלם בן ארבעה רגלים.

וסליקו דהיינו כל הדבורים המתחילים בגמ' (32466) יחד עם דברי רש"י (50180) סליקו יחד לחושבן (82646):

א'. "א-ל" (31) פ' "אני ברב חסדך אבא ביתך אשתחוה אל היכל קדשך ביראתך" (2666) (תהל' ה',ח') ועיין באור להאי פסוקא באופן קכ"ה-תהלים ה' בהקדמה, "היכל" גימ' (65) "א-דני" מלכותא קדישא.

ב'. "בא גואל" (43) כדכתיב "ובא לציון גואל" (ישעי' נ"ט,כ') פ' "ה' הפיר עצת גוים הניא מחשבות עמים" (1922) (תהל' ל"ג,י') ותרגם יונתן בן עוזיאל ה' תבר מלכת עממיא, והוא על דרך במי נמלך בנשמותיהן של צדיקים.

וזהו דבבוא גואל צדק מזרע דוד יפיר ה' עצת ומלכות עממיא ותשאר עצתו בלחודוהי כדכתיב (ישעי' ח',י') "עוצו עצה ותופר דברו דבר ולא יקום" וכו'.

ובאור נוסף לחושבן מלוי דרש"י:

ג'. "מה טוב" (62) כדכתיב "הנה מה טוב ומה נעים שבת אחים" וכו' (תהל' קל"ג,א') פ' "לא טוב היות האדם לבדו אעשה לו עזר כנגדו" (1333) (בר' ב',י"ח).

ובארנוהו לעיל באור ד', וכאן הוא בסוד מלכות דא"ס י' ספירות הגנוזות בסוד מה שכתוב (תהל' ל"א,כ') "מה רב טובך אשר צפנת ליראיך".

ובאור ה-ד' בחי' רגל רביעי דמלכותא קדישא בחושבן:

ד'. "א-להים" (86) פ' "אליך ה' אקרא ואל ה' אתחנן" (961) (תהל' ל') והוא עם ב' הויות

[ג] **אור החיים פרשת ויחי ד"ה אוסרי לגפן:** ולא יקשה בעיניך שאנו מחלקים דברי הכתוב חלק בימי משה וחלק בימי המשיח, כי הלא ידעת דברי הזוהר הקדוש (ח"ב קכ.) כי משה הוא הגואל אשר גאל את אבותינו הוא יגאל אותנו וישיב בנים לגבולם דכתיב (קהלת א') מה שהיה הוא שיהיה ר"ת משה. ולא יקשה בעיניך דבר זה באומרך הלא מלך המשיח משבט יהודה מזרעו של דוד המלך ע"ה וי"א (סנהדרין צח:) דוד עצמו מלך המשיח דכתיב (יחזקאל ל"ז) ועבדי דוד מלך עליהם כמשמעו ואם כן היאך אנו אומרים שהוא משה הבא משבט לוי. יש לך לדעת כי בחינת נשמת משה רבינו עליו השלום היא כלולה מי"ב שבטי ישראל כי כל הס' ריבוא היו ענפיה ע"ה וענף שבטו של דוד במשה הוא. ולזה תמצאנו בארץ מדבר שהיה מלך וכהן ולוי ונביא וחכם וגבור שהיה כולל כל הענפים שבקדושה ולעתיד לבא תתגלה בעולם שורש המלכות שבמשה שהוא עצמו מלך המשיח והוא דוד והוא ינון ושילה.

ג', י"ד) שהראה הקב"ה למשה בתחלת שליחותו. ז"ש ויקר אל משה אותו היקר שהראה למשה מתחלה שהוא א-היה

גלא עמיקתא

דמשה רבינו בחינת משיח כאמרם [ג]דמשה הוא גואל ראשון והוא גואל אחרון [עיין אור החיים פרשת ויחי ד"ה אוסרי לגפן]

ובכאן מקשרא יחזקאל למשה- דשמיה "**יחזקאל**" סליק לחושבן (156) "**יוסף**" וכתיב (שמות י"ג, י"ט) "ויקח **משה** את עצמות **יוסף** עמו" אל תיקרי עצמות אלא בחינת העצמות והיינו דהשיג בחינת מהותו ועצמותו של יוסף הצדיק וכן יחזקאל נתנבא חזון העצמות היבשות (עיין יחזקאל פרק ל"ז) ודו"ל.

ובפסוק דמקביל המגלה עמוקות משה בסנה (שמות ג', י"ד) כתיב:

[ד]**ויאמר א-להים אל משה אהיה אשר אהיה, ויאמר כה תאמר לבני ישראל אהיה שלחני אליכם גימ' עם הכולל (3339) אהי"ה (21) פעמים העול"ם הב"א (159) ובאור הענין דלעתיד לבוא יתגלה אור הכתר ונרמז בהאי חושבן והוא חסר א' בסוד א' זעירא- דניתנה כבר למשה באותו מעמד- ותינתן בס"ד לכל ישראל לעתיד לבוא כדכתיב (סנהדרין תחלת פרק חלק)** [ה]כל ישראל יש להם חלק לעולם הבא- והיא האי א' דניתנה כבר למשה בסוד כולל.

עיונים

כדמופיע בסידורים והוא כהוראת האר"י הק' דאמר בסדור יש לכתוב ב"פ שם הוי' ב"ה להשלים המזמור לעשר הויות.

ובתהלים מופיע השם השני א-דני ואז סליק כולא פסוקא לחושבן אלף (1000) בסוד א' רבתי דאדם ובארנוהו לעיל אופן ק"ץ למזמור ל', ושמנוהו בציור החנוכיה כשמש בחושבן אלף בסוד א' זעירא דלעתיד לבוא תהא א' רבתי דאדם בב"א.

[ד] **ילקוט שמעוני ישעיהו רמז תעה:** ויהמו גליו ה' צבאות שמו. אמר רבה אשתעו לי נחותי ימא האי גלא דאתי לטבועי ספינתא אית ליה ברישא צוציתא דנורא חיוורתי ואית לן אלוותא דחקיק עלייהו אהיה אשר אהיה יה ה' צבאות מחינן ליה בגווה ונייח, ואמר רבה אשתעו לי נחותי ימא בין גלא לגלא תלת מאה פרסי ורומיה דגלא תלת מאה פרסי, זימנא חד הוה קאזלינן בספינתא ודלינן גלא לעילאי עד דחזינן בי מרבעתא דכוכבא זוטא כמבדר בזרא ארבעין גריוי דחרדלא אלמלי דלינן טפי הוה קלינן מהבליה, רמא ליה קלא גלא לחבריה שבקת מידי בעלמא דלא איחריב אחריבתיה, אמר ליה תא חזי גבורתא דמרך דאפילו מלא חוטא דחלא לא עברי דכתיב האותי לא תיראו נאם ה' אם מפני לא תחילו אשר שמתי חול גבול לים חק עולם ולא יעברנהו ויתגעשו ולא יוכלו והמו גליו ולא יעברנהו:

[ה] **תלמוד בבלי סנהדרין דף צ עמוד א:** כל ישראל יש להם חלק לעולם הבא, שנאמר ועמך כלם צדיקים לעולם יירשו ארץ נצר מטעי מעשה ידי להתפאר.

אלף זעירא הראה לו מאהל מועד שיחרב לעתיד ואז באותו פרק (שיר השירים ח',י"ב) האלף לך שלמה שנסתלק

גלא עמיקתא

ועיין עוד אופן קצ"ז לשיר השירים פ"ד דהיינו ג' פעמים "א-היה אשר א-היה" (543) סליקו לחושבן (1629) "ואשא אתכם על כנפי נשרים" (שמות י"ט,ד')

ומקשרא לפסוקא דיחזקאל- דתמן החושבן דכולא פסוקא ח"פ "במשה" עם הכולל ובכאן "א-היה אשר א-היה" גימ' (543) "בישראל"

והוא כפתור ופרח- דמשה רבינו נמצא בישראל דכל אחד ואחד מישראל יש בו ניצוץ מנשמת משה רבינו כדאיתא בזוהר הקדוש (תקו"ז ס"ט קיב.) [ו]**אתפשטותא דמשה בכל דרא ודרא.**

וזהו דשמח המן הרשע דנפל פור ביום שבו מת משה, ולא ידע דביום שבו מת משה נולד משה- והיינו בכל אחד ואחד מישראל באופן של כפל כפלים.

וכדרמזו בגמרא (תענית ה:) בענין [ז]יעקב אבינו לא מת- מה זרעו בחיים אף הוא בחיים- וכן הוא במשה, וכן בחיי חיותו ישראל "במשה" כאמרם (שהש"ר א',ס"ד) [ח]אשה אחת היתה וילדה ששים רבוא בכרס אחת- זה משה ששקול לכל ישראל.

"[ט]יש ששים רבוא אותיות לתורה" [ר"ת ישרא"ל כדאיתא בספה"ק] גימ' (2633) ז"פ "שלום" (376) עם הכולל.

[ו] **תיקוני זוהר תקונא שתין ותשע דף קיב עמוד א:** אשרי העם שככ"ה לו בגימטריא מש"ה אשרי העם שי"י אלקי"ו דעליה אתמר דור הולך ודור בא ולית דור פחות משתים רבוא ועליה אתמר דבר צוה לאלף דור ואתפשטותיה הוא בכל דרא ודרא בכל צדיק וחכם דמתעסק באורייתא עד שתין רבוא לאשלמא לכלהו מפגימו דלהון ורזא דמלה והוא מחולל מפשעינו דאיהו שקיל לכלהו כמה דאוקמוה מארי מתניתין אשה אחת ילדה ששים רבוא ומנו משה דשקיל לששים רבוא ובגין דא אתמר עליה דור הולך ודור בא לההוא עלמא ודור בא איהו ייתי כמלקדמין ועוד כי שת לי אלקי"ם זרע אחר שת אתפשטותיה הוה עד יעקב דפרח ביה י' מן שית ואשתאר שת ואשתאר יעקב עקב דיעקב דיוקניה דאדם קדמאה הוה כמה דאוקמוהו שופריה דיעקב כעין שופריה דאדם הראשון.

[ז] **תלמוד בבלי תענית דף ה עמוד ב:** רב נחמן ורבי יצחק הוו יתבי בסעודתא, אמר ליה רב נחמן לרבי יצחק: לימא מר מילתא! אמר ליה, הכי אמר רבי יוחנן: אין מסיחין בסעודה, שמא יקדים קנה לושט ויבא לידי סכנה. בתר דסעוד אמר ליה: הכי אמר רבי יוחנן: יעקב אבינו לא מת. - אמר ליה: וכי בכדי ספדו ספדניא וחנטו חנטייא וקברו קברייא? - אמר ליה: מקרא אני דורש, שנאמר ואתה אל תירא עבדי יעקב נאם ה' ואל תחת ישראל כי הנני מושיעך מרחוק ואת זרעך מארץ שבים, מקיש הוא לזרעו, מה זרעו בחיים - אף הוא בחיים.

[ח] **שיר השירים רבה פרשה א:** רבי היה יושב ודורש ונתנמנם הציבור, בקש לעוררן אמר ילדה אשה אחת במצרים ששים רבוא בכרס אחת, והיה שם תלמיד אחד ורבי ישמעאל ברבי יוסי שמו אמר ליה מאן הות כן, אמר ליה זו יוכבד שילדה את משה ששקול כנגד ששים רבוא של ישראל, הה"ד (שמות ט"ו) אז ישיר משה ובני ישראל (במדבר א') ויעשו בני ישראל ככל אשר צוה ה' את משה, (דברים ל"ד) ולא קם נביא עוד בישראל כמשה.

[ט] **דגל מחנה אפרים שמות פרשת וארא:** וזה יש לומר הפירוש וארא אל האבות באל שדי שאז היה שם הוי"ה ברוך הוא שהוא סוד כל התורה כולה על דרך שמי עם י"ה שס"ה ו"ה עם זכרי רמ"ח היה אז מצומצם באל שדי שהוא רזא דברית קדישא כנ"ל ומשם היו

לעילא (שם ז׳,א׳) **שלמה אהיה בעוטיה דייקא. על רזא דא קאמר וכשתחזור האלף למקומו אזי אלופינו מסובלים**

גלא עמיקתא

וכאמרם (סוף עוקצין) [י]לא מצא הקב״ה כלי מחזיק ברכה לישראל אלא השלום.

ובתוספת שמיה [יא]דמשה רעיא מהימנא ״משה – יש ששים רבוא אותיות לתורה״ גימ׳ (2978) ב״פ ״שים שלום טובה וברכה חיים חן וחסד ורחמים״ (1489).

דאמרינן בברכת שים שלום בסיפא דצלותא תלת זימנין בכל יום– וכאן כפלינן ב׳ זימנין: חדא לקביל משה וחדא לקביל לישראל.

והנה שני הפסוקים דמקבילים המגלה עמוקות ביחזקאל ובמשה בסנה:

היה היה דבר ה׳ אל יחזקאל בן בוזי הכהן בארץ כשדים על נהר כבר ותהי עליו שם יד ה׳ (יחזקאל א׳,ג׳)

ויאמר א-להים אל משה אהיה אשר אהיה ויאמר כה תאמר לבני ישראל א-היה שלחני אליכם (שמות ג׳,י״ד)

מסתכלין בשם הוי״ה ברוך הוא לקיים כל פרטי מצוות התורה שהוא שמו של הקדוש ברוך הוא ואור נשמת האדם כי אורייתא וקודשא בריך הוא ונשמותיהון דישראל כולהו חד (זוהר ח״ג ע״ג א) ולכך היה אז שמו של הקדוש ברוך הוא גם כן בסוד צמצום בשם שדי כמו אורייתא ונשמותיהון דישראל עד אחר כך שבא משה רבינו ע״ה וכבר הוליד יעקב שנים עשר שבטים ונתפשט שם הוי״ה ברוך הוא לשנים עשר צירופים ואחר כך מהם יצאו ששים ריבוא ישראל שהיו במצרים ואז נתפשט השם הוי״ה ברוך הוא שהוא סוד כל התורה כנ״ל יותר בכל צדדיו ונעשה מזה ששים ריבוא אותיות התורה שכל אחד מישראל היה לו אחיזה באות אחת של התורה כידוע שם ישראל מורה ראשי תיבות יש ששים ריבוא אותיות לתורה וזהו בחינת גדלות שיצא השם הוי״ה ברוך הוא שהוא סוד כל התורה כולה מן הצמצום לבחינת התפשטות ששים ריבוא אותיות התורה שהם כלל כל התרי״ג מצוות שהם שם הוי״ה ממש כנ״ל, והבן איך כל התורה כולה הוא שמו של הקדוש ברוך הוא, וזהו הכל על ידי הדעת שנתפשט כידוע שהדעת הוא מעלה כל הבחינות קטנות אל בחינת גדלות, ולכן כשבא משה ומצא ששים ריבוא ישראל והוא היה שורש כולם שהיו כולם נכללין בו כידוע אז הוציאם ממצרים שהוא בחינת קטנות לבחינת הגדלות שהיא נתינת התורה הקדושה בהתפשטות רמ״ח מצוות עשה ושס״ה מצוות לא תעשה המפורשים בששים ריבוא אותיות התורה וזה היה מאמר הראשון למשה בהוציאך את העם ממצרים (שמות ג׳, י״ב) בחינת קטנות תעבדון את האלהים על ההר הזה היינו הר סיני שעליו ניתנה התורה בבחינת גדלות, וזהו וארא אל האבות באל שדי כי משם היה כל בחינת עבודתם כנ״ל בסוד הצמצום ושמי ה׳ לא נודעתי להם היינו שעדיין לא הגיע לבחינת התפשטות כנ״ל כי בדעת חדרים ימלאו ואם אין חדר מי ימלא והבן, לכן אמור לבני ישראל אני הוי״ה שעתה יצאו מגדר הצמצום והקטנות ויתפשט שמי הוי״ה ברוך הוא בסוד הגדלות והתפשטות הדעת בנתינת התורה בכל פרטיה ושורשיה ותרי״ג מצוות שבה והבן כי יש בזה שער התורה ועבודה, וה׳ יכפר בעדי ואם שגיתי חס ושלום פשיטא יכפר בעדי אמן.

[י] **משנה מסכת עוקצין פרק ג:** אמר ר׳ יהושע בן לוי עתיד הקדוש ברוך הוא להנחיל לכל צדיק וצדיק שלש מאות ועשרה עולמות שנאמ׳ (משלי ח) להנחיל אוהבי יש ואוצרותיהם אמלא אמר רבי שמעון בן חלפתא לא מצא הקדוש ב״ה כלי מחזיק ברכה לישראל אלא השלום שנאמר (תהלים כ״ט) ה׳ עוז לעמו יתן ה׳ יברך את עמו בשלום. [יא] **זוהר כרך א פרשת וירא דף קו עמוד א:** ועל דא לא הוה בעלמא בר נש דיגין על דריה כמשה דאיהו רעיא מהימנא.

אין פרץ וכו' (תהל' קמ"ד, י"ד) [יב]ותחזור העטרה ליושנה.

גלא עמיקתא

סליקו תרוויהו לחושבן עם הכולל (6116) כ"ב פעמים "[יג]אור הגנוז" (278) דעתידא לאתגלאה וגנזו הקב"ה בכ"ב אתוון דאורייתא קדישא בחילופים ותמורות האותיות. וכדכתב בעל הטורים וירא א-להים "את האור" גימ' (613) "בתורה".

ודייק מדבריו דלא אמר גימ' תרי"ג מצוות וכדומה אלא בתור"ה דייקא

[יב] **תלמוד בבלי מסכת יומא דף סט עמוד ב:** והיכא איתמר דרב חסדא - אהא. מיתיבי דתניא: היכן קורין בו - בעזרה, רבי אליעזר בן יעקב אומר: בהר הבית, שנאמר ויקרא בו לפני הרחוב אשר לפני שער המים. ואמר רב חסדא - בעזרת נשים. ויברך עזרא את ה' האלהים הגדול, מאי גדול? אמר רב יוסף אמר רב: שגדלו בשם המפורש. רב גידל אמר: ברוך ה' אלהי ישראל מן העולם ועד העולם. אמר ליה אביי לרב דימי: ודילמא שגידלו בשם המפורש? - אמר ליה: אין אומרים שם המפורש בגבולים. - ולא? והכתיב ויעמד עזרא הספר על מגדל עץ אשר עשו לדבר ואמר רב גידל: שגדלו בשם המפורש! - הוראת שעה היתה. ויצעקו אל ה' אלהים בקול גדול מאי אמור? - אמר רב ואיתימא רבי יוחנן: בייא, בייא! היינו האי דאחרביה למקדשא, וקליה להיכליה, וקטלינהו לכולהו צדיקי, ואגלינהו לישראל מארעהון, ועדיין מרקד בינן. כלום יהבתיה לן אלא לקבולי ביה אגרא - לא איהו בעינן. ולא אגריה בעינן. נפל להו פיתקא מרקיעא, דהוה כתב בה אמת. אמר רב חנינא, שמע מינה: חותמו של הקדוש ברוך הוא אמת. אותיבו בתעניתא תלתא יומין ותלתא לילואתא, מסרוהו ניהליהו. נפק אתא כי גוריא דנורא מבית קדשי הקדשים. אמר להו נביא לישראל: היינו יצרא דעבודה זרה, שנאמר ויאמר זאת הרשעה. בהדי דתפסוה ליה אשתמיט ביניתא ממזייא, ורמא קלא, ואזל קליה ארבע מאה פרסי. אמרו: היכי נעביד? דילמא חס ושלום מרחמי עליה מן שמיא. אמר להו נביא: שדיוהו בדודא דאברא, וחפיוהו לפומיה באברא, דאברא משאב שאיב קלא, שנאמר ויאמר זאת הרשעה וישלך אתה אל תוך האיפה וישלך את אבן העופרת אל פיה. אמרו: הואיל ועת רצון הוא נבעי רחמי איצרא דעבירה. בעו רחמי ואמסר בידייהו. אמר להו: חזו דאי קטליתו ליה להוא - כליא עלמא. חבשוהו תלתא יומי, ובעו ביעתא בת יומא בכל ארץ ישראל ולא אשתכח. אמרי: היכי נעביד? נקטליה - כליא עלמא! ניבעי רחמי אפלגא - פלגא ברקיעא לא יהבי. כחלינהו לעיניה, ושבקוהו. ואהני דלא מיגרי ביה לאיניש בקריבתה. במערבא מתנו הכי: רב גידל אמר: גדול שגדלו בשם המפורש, ורב מתנא אמר: האל הגדול הגבור והנורא. והא דרב מתנא מטייא לדרבי יהושע בן לוי, דאמר רבי יהושע בן לוי: למה נקרא שמן אנשי כנסת הגדולה - שהחזירו עטרה ליושנה. אתא משה אמר האל הגדל הגבר והנורא, אתא ירמיה ואמר: נכרים מקרקרין בהיכלו, איה נוראותיו? לא אמר נורא. אתא דניאל, אמר: נכרים משתעבדים בבניו, איה גבורותיו? לא אמר גבור. אתו אינהו ואמרו: אדרבה, זו היא גבורת גבורתו שכובש את יצרו, שנותן ארך אפים לרשעים. ואלו הן נוראותיו - שאלמלא מוראו של הקדוש ברוך הוא היאך אומה אחת יכולה להתקיים בין האומות? ורבנן היכי עבדי הכי ועקרי תקנתא דתקין משה! - אמר רבי אלעזר: מתוך שיודעין בהקדוש ברוך הוא שאמתי הוא, לפיכך לא כיזבו בו.

[יג] **תלמוד בבלי חגיגה דף יב עמוד א:** ואור ביום ראשון איברי? והכתיב ויתן אתם אלהים ברקיע השמים וכתיב ויהי ערב ויהי בקר יום רביעי! - כדרבי אלעזר. דאמר רבי אלעזר: אור שברא הקדוש ברוך הוא ביום ראשון - אדם צופה בו מסוף העולם ועד סופו, כיון שנסתכל הקדוש ברוך הוא בדור המבול ובדור הפלגה וראה שמעשיהם מקולקלים - עמד וגנזו מהן, שנאמר וימנע מרשעים אורם. ולמי גנזו - לצדיקים לעתיד לבא שנאמר וירא אלהים את האור כי טוב, ואין טוב אלא צדיק, שנאמר אמרו צדיק כי טוב. כיון שראה אור שגנזו לצדיקים שמח, שנאמר אור צדיקים ישמח. כתנאי: אור שברא הקדוש ברוך הוא ביום ראשון אדם צופה ומביט בו מסוף העולם ועד סופו, דברי רבי יעקב. וחכמים אומרים: הן הן מאורות שנבראו ביום ראשון ולא נתלו עד יום רביעי.

[יד] **זוהר פרשת ויחי דף ר"מ עמוד א:** הכי נמי מלכא משיחא יחזי חדו לישראל וכוליה דינא לעמין עעכו"ם, כתיב (בראשית א') ורוח אלהים מרחפת על פני המים דא רוחא דמלכא משיחא ומן יומא דאתברי עלמא אסחי לבושיה בחמרא עלאה חמי מה כתיב בתריה חכלילי עינים מיין ולבן שנים מחלב דא חמרא עלאה וכו' [**טו**] **זוהר - הקדמה דף ב עמוד ב:** בראשית רב המנונא סבא אמר אשכחן אתוון בהפוכא, בי"ת בקדמיתא ולבתר, ב' בקדמיתא היינו בראשית, ברא לבתר, אל"ף בקדמיתא ולבתר, אל"ף בקדמיתא היינו אלהים, את לבתר, אלא כד בעא קודשא בריך הוא למעבד עלמא כל אתוון הוו סתימין ותרין אלפין שנין עד דלא ברא עלמא הוה מסתכל קודשא בריך הוא ואשתעשע בהו, כד בעא למברי עלמא אתו (מקץ ר"ד א, ויגש ר"ה ב) כל אתוון קמיה מסופא ארישייהו, שריאת את ת' למיעל ברישא אמרה רבון עלמין ניחא קמך למברי בי עלמא וכו'

גלא עמיקתא

לרמוז דגנוז הקב"ה בתור"ה ועתידא לאתגלאה תורתו של משיח אורייתא דנפקת מעתיקא סתימאה.

וכדכתיב לעתיד לבוא (ישעי' נ"א,ד') "**הקשיבו אלי עמי ולאומי אלי האזינו, כי תורה מאתי תצא ומשפטי לאור עמים ארגיע**" סליק לחושבן (3506) ב' פעמים "תורת משה **איש הא**-להים" (1753)

וכדכתיב (דברי הימים ב' ל',ט"ז) "ויעמדו על עמדם כמשפטם **כתורת משה איש הא-לחים** הכהנים זורקים את הדם מיד הלויים"

וכתיב במשה (תחלת פרשת וזאת הברכה) "וזאת הברכה אשר ברך **משה איש הא-להים** את בני ישראל לפני מותו" וכו'

ועיין אופן קנ"ג ואופן קפ"ו לאחר המנורה דבארנו שם דמשה זכה למדרגת איש הא-להים. וראשי תיבות **תורת משה איש הא**-להים למפרע **האמ"ת**- וסופי תיבות למפרע **מש"ה**- וכדאמרו בני קרח ממעמקי השאול- משה **אמת** ותורתו **אמת.**

והיא נצחית- ומשיח יבארו על פי רוח קדשו- [יד]**ורוח א-להים מרחפת על פני המים דא רוחו של משיח** (זוה"ק פרשת ויחי דף ר"מ ע"א).

2. ויקרא א' זעירא אמת יחידו של עולם, וכמ"ש בהקדמת הזוה"ק (דף ב:) "רב המנונא סבא אמר וכו' אלא כד בעא קב"ה למעבד עלמא "כל אתוון הוו סתימין" [גימ' (1100) נ' (שערי בינה) פ' כ"ב, דהיינו כ"ב אותיות התוה"ק היו סתומות ונעלמות בעמקי הבינה וכו'] אתו כל אתוון קמיה" ומונה האותיות מסיפא לרישא בסדר תשר"ק, וממשיך וזלה"ק "עאלת את ב' אמר לה הקב"ה הא ודאי בך איברי עלמא וכו' את א' לא עאלת. אמר לה קב"ה אלף אלף למה לית אנת עאלת וכו' אמרה קמיה וכו' אמר לה הקב"ה את תהא ריש לכל אתוון וכל יחודא לא הוי אלא באות אלף" עכ"ל עיי"ש.

ויהיה מרגוע לנפשנו ולנפשות העולם כולו כדמסיים בנבואה "ומשפטי לאור עמים ארגיע"- ארגי"ע גימ' (284) "מה רב טובך" (תהל' ל"א,כ')

דהוא האור הגנוז- מה רב טובך אשר צפנת ליראיך- וכשיתגלה וראו כל בשר וכו'- וירגיע נפשותינו ויאיר עינינו ויגל לבנו בישועתו במהרה בימינו אמן.

וזהו דממשיך באופן מ"א דנן למגלה עמוקות וכותב ויקר אל משה והוא אותו היקר שהראה למשה מתחלה שהוא א-היה א' זעירא.

וי"ל דהיא ה-א' דאנכי כדאמר הקב"ה לאות א':

[בהקדמת הזוה"ק [טו]**דסלקו אתוון קמיה דקוב"ה בסדר תשר"ק למברי בהון עלמא- והוא** [2] **באופן** ט"ל עיין שם וקשרהו לכאן].

גלא עמיקתא

[טז]אלף אלף כל יחודא לא יהא אלא בך– שנאמר אנכי ה' א–להיך.

ולכן האי דכתב כאן ובכמה מקומות "ויקרא אל משה" בלא האי א' זעירא סליק לחושבן (692) ב"פ "אנכי ה' א–להיך" (173).

דהוו לוחות ראשונות ושניות ובתרוויהו הוה כתיב "אנכי ה' א–להיך" ולכן "ויקרא אל משה" סליק לחושבן תרין זימנין "אנכי ה' א–להיך".

ומקשרא דהראה לו מאהל מועד ורמז לו שיחרב המקדש.

ולכן "ויקרא אל משה מאהל מועד" גימ' (888) ח' פעמים "אלף" (111)

רמיזא אלף השמיני ה–א' שרוכב על ז' ([יז]כמבואר בכלי יקר תחלת פרשת שמיני) גלוי [יח]אור הגנוז ותחית המתים באלף השמיני אחר בנין בית המקדש השלישי הנצחי

ואז יפתח הקב"ה השפע האינסופי

[3]וכמו שכתבנו באופן הקודם בענין "א–דני שפתי תפתח" דהביאו המגלה עמוקות שם:

3. ומביא המגלה עמוקות והוא בכונות האר"י הקדוש כ"ד צרופי שם א-דני סליק לחושבן (1560) ב"פ "שפת" (780).

ומביא דהוא בסוד הפסוק (תהל' נ"א,י"ז): א-דני שפתי תפתח ופי יגיד תהלתך גימ' (2721) ג"פ "ואהבת לרעך כמוך אני ה'" (907) (ויקרא י"ט,י"ח).

דאמר רבי עקיבא זה כלל גדול בתורה (רש"י שם).

ובשפתי חכמים מוסיף דכל המקיים אהבת אדם לחברו יקיים אהבת המקום- ואהבת את ה' א-להיך בכל לבבך וכו' דאמרינן בקריאת שמע, ובתא דא בעמידה פתחינן "א-דני שפתי תפתח" וכו' דכתפלה אריכתא דמיא (ברכות ד:).

והאי פסוקא דמביא המגלה עמוקות - א-דני שפתי תפתח וכו' - ומאריך בבאורו האר"י הקדוש וכן בסדור הרש"ש עיין שם באריכות - נחלק כדלקמן:

"א-דני שפתי" גימ' (855) "תהלתך"- וכמו שאומר האר"י הקדוש "א-דני שפתי תפתח" ר"ת אש"ת דהיא הנוק' קדישא, וכן הוא בר"ת "א-דני שפתי תהלתך".

והן רישא וסיפא דפסוקא באותו חושבן (855) ה"פ "כסא מלך" (171).

דהוא כסא שלם- ה"פ ברישא ה"פ בסיפא היינו י"פ "כסא מלך" (171) - דהוא כתר דבריאה עולם הכסא דעולה במלכות דאצילות ולכן הוא י"פ "כסא מלך"- כסא (עולם הכסא) עולה למלכות דאצילות (מלך).

תיבה "תפתח" גימ' (888) ח"פ "אלף" (111)

[טז] **זוהר - הקדמה דף ג עמוד ב:** יהיבתא לאת בי"ת נבזבזא רברבא דא ולא יאות למלכא עלאה לאעברא נבזבזא דיהב לעבדו ולמיהב לאחרא, אמר לה קודשא בריך הוא אל"ף אל"ף אף על גב דאת בי"ת בה אברי עלמא את תהא ריש לכל אתוון לית בי יחודא אלא בך, בך ישרון כל חושבנין וכל עובדי דעלמא וכל יחודא לא הוי אלא באת אל"ף, ועבד קודשא בריך הוא אתוון עלאין רברבן ואתוון תתאין זעירין, ובגין כך בי"ת בי"ת בראשית ברא אל"ף אל"ף אלהים את, אתוון מלעילא ואתוון מתתא, וכלהו כחדא הוו מעלמא עלאה ומעלמא תתאה. [יז] **כלי יקר ויקרא פרק ט פסוק א:** ומה שיום שמיני זה נטל עשר עטרות, רמז למה שאמרו חז"ל (ערכין יג ב) כינור של ימות המשיח יהיה שמונה נימין ושל העולם הבא עשרה נימין לפי שלימות המשיח ונגלה כבוד ה' וראו כל בשר כי ה' אחד רוכב על שבעה כוכבי לכת מנהיגי העולם הזה, אבל לעולם הבא שיהיו מופשטים מן החומר לגמרי יתוסף בהם השגה שיכירו כח מלכותו יתברך על כל נבדלים העליונים הכלולים במספר ט' בסוד ארון ט' וכפורת טפח ואז השמיני יעלה למספר עשר, על כן בא הרמז ביום שמיני זה שנטל עשר עטרות לומר כי יש בו מעין של העולם הבא כי שם יראו את כבוד ה' עין בעין וכן ביום זה נאמר כי היום ה' נראה אליכם. [יח] **תלמוד בבלי חגיגה דף יב עמוד א:** ואור ביום ראשון איברי? והכתיב ויתן אתם אלהים ברקיע השמים וכתיב ויהי ערב ויהי בקר יום רביעי! - כדרבי אלעזר. דאמר רבי אלעזר: אור שברא הקדוש ברוך הוא ביום ראשון

גלא עמיקתא

תפת"ח גימ' (888) ח' פעמים אל"ף (111) כנ"ל

וכולא דא הוה "במשה" וכדאמרינן בריש דברינו דכולא פסוקא דיחזקאל (א',ג') דהביאו בתחלת האופן המגלה עמוקות דהיינו:

היה היה דבר ה' אל יחזקאל בן בוזי הכהן בארץ כשדים על נהר כבר, ותהי עליו שם יד ה'

סליק לחושבן **ח'** פעמים **במש"ה** (347)

ומשה עצמו אתפשט בכל אחד ואחד מישראל כדהבאנו לעיל דברי הזוהר הקדוש (תקו"ז ס"ט קיב.) [יט]אתפשטותא דמשה בכל דרא ודרא.

ובסוד "[כ]ישמח משה במתנת חלקו" (מנחה לשבת) ונותנה מיד לכאו"א מישראל בכניסת שבת קודש בסוד תוספת נשמה "וראך ושמח בלבו" (שמות ד') כמו שכתב המגלה עמוקות בכמה מקומות.

ואז מתקיים "א-היה אשר א-היה" (שמות ג') כנ"ל סליק לחושבן (543) "בישראל" ויתגלה א-להותו בכל אחד מישראל נשמות בגופים, וכגון (חולין קלט:) [כא]משה מן התורה מנין **בשג"ם** הוא בשר "(בראשית ו',ג') ר"ת "**ש**כינה **מ**דברת **ב**תוך **ג**רונו" דמשה רבינו.

רמיזא אלף השמיני- התגלות אור הגנוז ותחית המתים במהרה בימינו אמן.

וכד חשבינן "א-דני שפתי תפתח ופי" גימ' (1839) "גל עיני ואביטה נפלאות מתורתך"- ויהי רצון דהשי"ת יגל עינינו ויראנו מנפלאותיו.

וכדכתיב בגאולתא שלמתא (מיכה ז') "כימי צאתך מארץ מצרים אראנו נפלאות" והיינו דתהיה כעין גאולת מצרים בעגלא דידן ובזמן קריב ונאמר אמן.

- אדם צופה בו מסוף העולם ועד סופו, כיון שנסתכל הקדוש ברוך הוא בדור המבול ובדור הפלגה וראה שמעשיהם מקולקלים - עמד וגנזו מהן, שנאמר וימנע מרשעים אורם. ולמי גנזו - לצדיקים לעתיד לבא שנאמר וירא אלהים את האור כי טוב, ואין טוב אלא צדיק, שנאמר אמרו צדיק כי טוב. כיון שראה אור שגנזו לצדיקים שמח, שנאמר אור צדיקים ישמח. כתנאי: אור שברא הקדוש ברוך הוא ביום ראשון אדם צופה ומביט בו מסוף העולם ועד סופו, דברי רבי יעקב. וחכמים אומרים: הן הן מאורות שנבראו ביום ראשון ולא נתלו עד יום רביעי. **[יט] תיקוני זוהר תקונא שתין ותשע דף קיב עמוד א:** אשרי העם שככ"ה לו בגימטריא מש"ה אשרי העם שי"י אלקי"ו דעליה אתמר דור הולך ודור בא ולית דור פחות משתים רבוא ועליה אתמר דבר צוה לאלף דור ואתפשטותיה הוא בכל דרא ודרא בכל צדיק וחכם דמתעסק באורייתא עד שתין רבוא לאשלמא לכלהו מפגימו דלהון ורזא דמלה והוא מחולל מפשעינו דאיהו שקיל לכלהו כמה דאוקמוה מארי מתניתין אשה אחת ילדה ששים רבוא ומנו משה דשקיל לששים רבוא ובגין דא אתמר עליה דור הולך ודור בא לההוא עלמא ודור בא איהו ייתי כמלקדמין ועוד כי שת לי אלקי"ם זרע אחר שת אתפשטותיה הוה עד יעקב דפרח ביה י' מן שית ואשתאר שת ואשתאר יעקב עקב דיעקב דיוקניה דאדם קדמאה הוה כמה דאוקמוהו שופריה דיעקב כעין שופריה דאדם הראשון. **[כ] אמרי נועם יום ד' דסוכות:** וזהו ישמח משה במתנת חלק"ו, עולה ג' פעמים כוכ"ב, שהוא ג' פעמים יה"ו דע"ב ס"ג מ"ה, אשר בכחו נתחלק הכל בשוה, וכל מדה נותנת חלק לבנות קומת המלכות להיות הכל בשוה. וזהו והנכם היו"ם ככוכב"י השמים, היינו, לעשות מן שש פעמים יו"ם שהם הספירות, יתחלקו על ד' פעמים כוכ"ב, ולבנות קומת המלכות שם ב"ן, ונשלם היחוד של רל"ב שהוא ע"ב ס"ג מ"ה ב"ן. על כן פירש רש"י ז"ל 'זו משלי', כי הכל מכחו, שיהא גם המלכות נקראת כוכ"ב, כמו שהבאתי למעלה במספר העשרונים, אשר ביומו של משה היה מספר כוכ"ב. על כן שפיר אמר 'זו משלי'. **[כא] תלמוד בבלי חולין דף קלט עמוד ב:** אמרי ליה פפונאי לרב מתנה וכו' משה מן התורה מנין? בשגם הוא בשר

(בראשית ו׳) המן מן התורה מנין? המן העץ (בראשית ג׳) אסתר מן התורה מנין? ואנכי הסתר אסתיר (דברים ל״א) מרדכי מן התורה מנין? דכתיב (שמות ל׳) מר דרור ומתרגמינן: מירא דכיא.

[**כב**] **תלמוד בבלי מסכת ברכות דף יז עמוד א**: כי הוו מפטרי רבנן מבי רבי אמי, ואמרי לה מבי רבי חנינא, אמרי ליה הכי: עולמך תראה בחייך, ואחריתך לחיי העולם הבא, ותקותך לדור דורים. לבך יהגה תבונה, פיך ידבר חכמות ולשונך ירחיש רננות, עפעפיך יישירו נגדך, עיניך יאירו במאור תורה ופניך יזהירו כזוהר הרקיע, שפתותיך יביעו דעת וכליותיך תעלוזנה מישרים, ופעמיך ירוצו לשמוע דברי עתיק יומין. כי הוו מפטרי רבנן מבי רב חסדא ואמרי לה מבי רבי שמואל בר נחמני, אמרו ליה הכי: אלופינו מסובלים וגו׳. אלופינו מסובלים רב ושמואל, ואמרי לה רבי יוחנן ורבי אלעזר, חד אמר: אלופינו בתורה, ומסובלים במצות. וחד אמר: אלופינו בתורה ובמצות, ומסובלים ביסורים. וממשיכה הגמרא בעמוד ב אין פרץ - שלא תהא סיעתנו כסיעתו של דוד שיצא ממנו אחיתופל, ואין יוצאת - שלא תהא סיעתנו כסיעתו של שאול שיצא ממנו דואג האדומי, ואין צוחה - שלא תהא סיעתנו כסיעתו של אלישע שיצא ממנו גחזי, ברחובותינו - שלא יהא לנו בן או תלמיד שמקדיח תבשילו ברבים.

גלא עמיקתא

״שכינה מדברת בתוך גרונו״ גימ׳ עם הכולל (1725) ה״פ ״משה״ (345).

וחותם האופן: וכשתחזור האלף אזי אלופינו מסובלים– ותחזור העטרה ליושנה.

והאי פסוקא (תהל׳ קמ״ד, י״ד) דחותם בו המגלה עמוקות:

[כב]**אלופינו מסבלים אין פרץ ואין יוצאת ואין צוחה ברחבתינו**

גימ׳ (2224) ח״פ ״אור הגנוז״ (278)

דעתידא לאתגלאה באלפא תמינאה בשלמות נשמות בגוף– ולכן סליק לחושבן ח״פ ״אור הגנוז״ בגאולתא שלמתא בעגלא דידן ובזמן קריב ונאמר אמן.

״ותחזור העטרה ליושנה״ גימ׳ (1317) ״אלף ויקרא״ (317) ב–א׳ רבתי כדפתח דברי הימים ״**א**דם שת אנוש״ באלף רבתי. וזהו ״אלף ויקרא״ היינו אלף זעירא של ויקרא, וכן ״א׳ זעירא״ גימ׳ (289) העטר״ה.

אופן מג

זכה משה בז׳ ימים להשגות ז׳ רקיעים ורקיע שעל ראשי החיות נקרא הררי אל זה חלק של משה אז פרגטוטין של משה באז זה שכתוב ויקר אל משה מה הוא היקר אלף זעירא שהוא סוד זעיר חלוק של תפארת בז׳ ימים לקביל ז׳ של אז ועתה ביום ח׳ אלף של אז שהיא רקיע ח׳ שעל ראשי החיות כעין קרח הנורא שהוא סוד זעיר לכן אלף זעירא:

1. ז' רקיעים - מתוק דין בשרשו: א' זעירא דויקרא מרמז הרקיעים כאמרם (חגיגה יב:) אמר רב יהודה שני רקיעין הן שנ' וכו', ר"ל אמר שבעה והן וילון רקיע שחקים זבול מעון מכון ערבות וכו' והן מתתא לעילא, ואמר רב אחא בר יעקב עוד רקיע למעלה וכו' והוא א' למעלה ז' ר"ת א"ז אלף זעירא כנ"ל, באופן נ"א בעניין א"ז ישיר משה עיי"ש, דהוה בקריעת ים סוף דאז נקרעו הרקיעים ובארנוהו שם. והנה הני ז' רקיעים דלעיל סליק לחושבן (1975) ה"פ "השמים" (395) וכן "השמים" גימ' "נשמה" (395) כנודע, ובגמ' חמשה שמות נקראו לנשמה וכו' לקביל ה"פ ברכי נפשי את ה', וכתיב "מן השמים דברתי עמכם" גימ' (1271) "ויאמר אלהים יהיה רקיע בתוך המים", והיינו דבר ה' אל חמש בחינות הנשמה, וכמו כן אמר מרע"ה "האזינו השמים ואדברה" (דברים ל"ב,א') סליק לחושבן (692) "עוטה אור כשלמה" (תהלים ק"ד), דדבר משה מה' בחי' נשמתו, ובאריז"ל הן בחינת "נפש רוח נשמה חיה יחידה" גימ' (1099) הפס' "ברכי נפשי את ה'" והאי נשמה דאיהי בחי' השמים, וכמ"ש בגמ' אע"ג דאיהו לא חזי מזליה חזי, דהיינו נשמתו, ונרמוז דהני ה' בחינות "נפש רוח נשמה חיה יחידה" בא"ת ב"ש עולה גימ' ע"ה (792) "האל ה' בורא השמים ונוטיהם" (ישעי' מ"ב,ה'), פשוט וא"ת ב"ש גימ' (1890) י"פ "המלך הטוב והמטיב" דאמרינן ברכה ד' דברכת המזון, דאכילה דקדושה מחברא לגופא ונפשא, וכמבואר בלקוטי מוהר"ן סי' ס"ב ובמקומות נוספים, דהני נרנח"י [גימ' (318) "שיח" היינו ג"פ קו- ימין שמאל אמצע] דמתחלקים לפנים ואחור והן עשר כחות הנפש לקביל י' ספירות דמבשרי אחזה אלו-ה, וכדכתיב "אחור וקדם צרתני" (תהלים קל"ט,ה'), דהיינו יחידה- חכמה, חיה- בינה, נשמה- דעת, רוח- חסד, נפש- גבורה נרנח"י דפנים לקביל י' ספירות עליונות, יחידה- תפארת, חיה- נצח, נשמה- הוד, רוח- יסוד, נפש- מלכות נרנח"י דאחור לקביל ה' ספירות תתאין, ואכמ"ל ונבארו אי"ה באופנים הבאים, והוא סוד מיעוט הלבנה, ד-ה"ס עליונות תמיד מלאים פב"פ עם החמה, ובה"ס תתאין הוא המיעוט, וע"ע לעיל אופן ס'.

2. ז' אושפיזין דחג הסוכות: אברהם גימ' (248) "צמח דוד עבדך" דמקרבין ע"י מצות סוכה. אברהם יצחק גימ' (456) "לבית דוד" דהתכללותם יחד בעקדה מקרבא לגאולה. אברהם יצחק יעקב גימ' (638) "בן דוד משיח צדקך" ד-ג' אבהן היינו שלמותא דכולא ודוד רגל רביעי ועביד כסא שלם ב-א' זעירא דהות רשימא בידו. אברהם יצחק יעקב משה גימ' (983) "קומה ה' ויפוצו אויביך וינוסו משנאיך" (במדבר י',ל"ה) דהוספת משה מקרבא לגאולתא שלמתא. אברהם יצחק יעקב משה אהרן גימ' (1239) "אלף" (1000) פעמים (שמות י"ז,ט"ז) "כי יד על כס י-ה" (239) וזהו דבתוספת שמיה דאהרן כהנא רבא סליקו שמהן לחושבן הנ"ל, והאי אלף (1000) איהי האי אלף דמחסרא למהוי כסא שלים ומחית זרעו של עמלק- והוא נפלא דנתהוה האי חושבן בהוספת שמיה דאהרן רמיזא דאיהו יהיב ג"כ א' זעירא. אברהם יצחק יעקב משה אהרן יוסף גימ' (1395) "לא" (31) פעמים "אדם" (45) כדכתיב "כי לא אדם הוא להנחם" (ש"א ט"ו,כ"ט) וזהו דבתוספת יוסף דאיהו צדיק יסוד עולם- וכנודע מהאר"י הק'

אופן מג

זכה משה בז' ימים להשגות ז' רקיעים, ורקיע שעל ראשי החיות נקרא הררי אל [כמ"ש (תהל' ל"ו,ז') צדקתך כהררי אל]

גלא עמיקתא

כדי לבאר הענין באר היטב [1] מצורף כאן בהארה מה שכתבנו במקום אחר בפירוש ענין מיתוק הדין בשרשו, וכאן נוסיף באור על הנ"ל.

והנה יש לבאר דמשה זכה ב-ז' ימים ל-ז' רקיעים דהיינו ז' מקיפי בינה, וכדוגמת הארת בינה ב-ז' ימי סוכות- עיין בכונות האר"י הקדוש דכל יום נכנסת בחינת מקיף פרטי- והוא הטעם להזמנת ז' אושפיזין: אברהם בחינת מקיף החסד וכן על זה הדרך [ומבואר באר היטב [2] במקום אחר בפירוש ענין שבעת האושפיזין דחג הסוכות].

זה חלק של משה אז פרגטוטין של משה באז. ז"ש ויקר אל משה- מה הוא היקר אלף זעירא שהוא סוד זעיר חלוק של

גלא עמיקתא

ושמותיהן של ז' האושפיזין דסוכות דמרמז על ז' רקיעים: אברהם יצחק יעקב משה אהרן יוסף ודוד גימ' (1415) ה' פעמים "[א]האור הגנוז" (283) רמיזא הארת כתרא בינה כתרא דז"א. ולעתיד לבוא יאיר אור הגנוז מפנימיות הכתר דרך בינה אל הזעיר ואל העולמות בגלוי- וזהו ענינו דרקיע השמיני דבינה היא ספירה שמינית מתתא לעילא. וזהו א' הרוכב על ז' [ב]אמא עילאה דמסככא על בנין- וביום השמיני הוא יום הקמת המשכן זכה משה לבחינה זו של פנימיות אור הגנוז ורמיזא ב-א' זעירא.

והנה הפסוק דמביא המגלה עמוקות מיחזקאל (א',כ"ב): [ג]ודמות על ראשי החיה רקיע כעין הקרח הנורא נטוי על

[א] של"ה - מסכת פסחים - מצה עשירה - דרוש שלישי: שעח. וזהו סוד 'ישמח משה במתנת חלקו כו' כליל תפארת' (שחרית לשבת), וכבר פירשו (אבודרהם, סדר שחרית לשבת), ישמח על יום השבת, שבחר במצרים לנוח בו ישראל. ושבת סוד אור הגנוז, וזהו סוד תיבת 'חלקו' - לשון חלוק. ואמר כליל תפארת, כי חלוק לבן של משה נשפע מסוד חלוק של תפארת, ונקרע בחרבן, כמו שכתוב (איכה ב, א) 'השליך משמים ארץ תפארת ישראל', ועתיד יוחזר 'אז ימלא שחוק' (תהלים קכו, ב) בטובו ובמלואו. והנה 'חטא חטאה ירושלם' (איכה א, ח), 'והבגד אשר בו הנגע' (ע' ויקרא יג, נד), עיין בפתיחה דאיכה רבתי (סכ"ג), מה שכתב אפסוק (ויקרא יג, מה) 'והצרוע אשר בו הנגע', שפירשו על החורבן כו'. עיין שם. ואז יש רמז בתיבת 'והבגד', ו' ד'גחון' (ויקרא יא, מב), והיא ו' 'עוין את דוד' (שמואל - א יח, ט), אחר כך 'בגד"ה יהודה', כמו שכתוב בירמיה (ג, יא). והנה, מעלת דוד 'וילבש שאול את דוד מדיו' (שמואל - א יז, לח). ובפרק הערל (יבמות עו ב) מאי מדיו - כמדתו כו'. עיין שם. זה היה סימן על מלכות דוד. אחר כך 'ויכסוהו בבגדים ולא יחם' (מלכים - א א, א) רומז על 'בגדה יהודה'. ולעתיד יוחזר לטוב 'משורש נחש יצא צפע' (ישעיה יד, כט), כדפירשתי (אות שעז), 'עור' יהיה 'אור'. וצמר ופשתים סוד כלאים מותר בכהנים, וכתיב (שמות יט, ו) 'ואתם תהיו לי ממלכת כהנים'. [ב] ליקוטי מוהר"ן תורה רסו: דע שמיתות בהמות וחיות בלא זמנן, הוא ע"י שאינן נזהרין במצות סוכה כראוי, כי סוכה בחינות אמא דמסככא על בנין (תיקונים ד"ג) בחינות אם לבינה תקרא (משלי ב). וזהו בחינות ההבדל שבין גדר אדם לגדר בהמה, כמו שארז"ל (ברכות יוד) ברכי נפשי את ה' ואל תשכחי כל גמוליו, שעשה לה דדים במקום בינה, אבל הבהמה יונקת מדדי בהמה למטה, וזהו ההפרש שבין גדר אדם לבהמה, שהאדם יונק מדדי אדם שהוא במקום בינה, בחינות אם לבינה תקרא בחינות סוכה. אבל הבהמה יונקת מדדי בהמה שהם למטה, ועל כן כשפוגם במצות סוכה, אזי נופל מבחינות דדי אדם שהם במקום בינה, בחינות סוכה, ואזי נופל לבחי' דדי בהמה, ויונק משם, נמצא שיונק משפע של הבהמה, ועל כן יונק את חיותם, ועל ידי זה הם מתים, על ידי שנוטל מהם את השפעתם, ולפי הפגם שפגם בסוכה כן הוא נפילתו, וכן נוטל את השפע של הבהמות, וכמו כן גורם מיתות הבהמות והחיות, וזהו בחי' ולמקנהו עשה סוכות (בראשית לג) כי הסוכה הוא בשביל מקנהו כנ"ל. [ג] תלמוד בבלי מסכת חגיגה דף יג עמוד א: ואמר רב אחא בר יעקב: עוד רקיע אחד יש למעלה מראשי החיות, דכתיב ודמות על ראשי החיה רקיע כעין הקרח הנורא. עד כאן יש לך רשות לדבר,

דיסודא סליק עד א"ס, וזהו דבתוספת יוסף סליקו כולהו אושפיזין לרזא דא"ס, ומקרבין הגאולה האמיתית והשלמה, בב"א. אברהם יצחק יעקב משה אהרן יוסף דוד גימ' (1409) "חג הסוכות זמן שמחתנו" כדאמרינן בתפלת שלש רגלים "את יום חג הסוכות הזה זמן שמחתנו" וכו'. והנה נמשך מדברינו דשבעת אושפיזין הן שלימותא דחג הסוכות דהוא מעין עולם הבא כאשר נחסה בצל סוכתו של לויתן שיערוך לנו הקב"ה, ונאכל משור הבר ונשתה מיין המשומר, בגאולה האמיתית והשלמה.

תפארת בז' ימים לקביל ז' של אז. ועתה ביום ח' אלף של אז שהיא רקיע ח' שעל ראשי החיות כעין הקרח הנורא

גלא עמיקתא

ראשיהם מלמעלה סליק לחושבן (3146) י"א פעמים שם הוי' ברוך הוא (26) רמיזא מתוק הדין בשרשו דהן [3][ד]י"א כתרין דמסאבותא בהכאה ב' פעמים עם שם הוי' והוא בהכאה אחר

3. באור תהלים פרק ג': פסוק ג': רבים אמרים לנפשי אין ישועתה לו באלהים סלה: סליק לחושבן (2084) ד"פ "כי תצא" (521) והוא מכוון ודבר פלא שכן בכ"ד ספרים איתא ד"פ "כי תצא": כי תצא אש ומצאה קוצים (שמ' כ"ב), ואיש כי תצא ממנו שכבת זרע (ויק' ט"ו,ט"ז), כי תצא למלחמה על איביך (דב' כ"א,י'), כי מציון תצא תורה (ישעי' ב',ג'), והנה הני תיבין דסמיכין לתיבין כי תצא, דהיינו: "אש ומצאה קוצים (689), ואיש ממנו שכבת זרע (1452), למלחמה על איביך (296), מציון תורה (807)" סליקו כולהו לחושבן (3244) ד"פ (811) "שקר החן והבל היפי" (משלי ל"א,ל'), וכד מוספינן להאי חושבן הממוצע- חושבן "כי תצא", דהיינו "כי תצא" (521) עם "שקר החן והבל היפי"(811) דאיהו ממוצע דהני ד' צרופי אתוון סביבות כי תצא בכ"ד ספרים, סליק הכל לחושבן (1332): י"ב פעמים "אלף" (111), רמיזא בפסוק ג' בהאי מזמורא ג' לשמירה על י"ב שבטי י-ה, שרש כללות נשמות ישראל- ורמיזא בהאי א' זעירא דויקרא, ורמז דהני תיבין ואיש כי תצא ממנו שכבת וכו' "ואיש" גימ' (317) "ויקרא" "שכבת" גימ' (722) "יעקב אבינו לא מת" (תענית ה:), ושם מה זרעו בחיים אף הוא בחיים, וד"ל. והנה הוא פלא דהני תלת פסוקין קדמאין דהאי מזמורא דהיינו מזמור לדוד וכו' (1172), ה' מה רבו צרי וכו' (1131), רבים אמרים וכו' (2084), סליקו כולהו לחושבן (4389) י"א פעמים "אלף זעירא" עם ב' הכוללים, וזהו דהאי א' זעירא רמיזא משה להכנעת הני צוררים ונגעים פגעים רעים דאינון י"א כתרין דמסאבותא, ועי' לעיל אופן ל"ז בענין י"א סממני הקטרת, ולעיל אופן כ"א בענין המן ועשרת בניו.

מכאן ואילך - אין לך רשות לדבר, שכן כתוב בספר בן סירא: במופלא ממך אל תדרוש ובמכוסה ממך אל תחקור, במה שהורשית התבונן, אין לך עסק בנסתרות. תניא, אמר רבן יוחנן בן זכאי: מה תשובה השיבתו בת קול לאותו רשע, בשעה שאמר אעלה על במתי עב אדמה לעליון - יצתה בת קול ואמרה לו: רשע בן רשע, בן בנו של נמרוד הרשע, שהמריד כל העולם כולו עליו במלכותו! כמה שנותיו של אדם - שבעים שנה, שנאמר ימי שנותינו בהם שבעים שנה ואם בגבורת שמונים שנה. והלא מן הארץ עד לרקיע מהלך חמש מאות שנה, ועוביו של רקיע מהלך חמש מאות שנה, וכן בין כל רקיע ורקיע. למעלה מהן חיות הקדש; רגלי החיות כנגד כולם. קרסולי החיות כנגד כולן, שוקי החיות כנגד כולן, רכובי החיות כנגד כולן, ירכי החיות כנגד כולן, גופי החיות כנגד כולן, צוארי החיות כנגד כולן, ראשי החיות כנגד כולן, קרני החיות כנגד כולן. למעלה מהן כסא כבוד; רגלי כסא הכבוד כנגד כולן, כסא הכבוד כנגד כולן, מלך אל חי וקים רם ונשא שוכן עליהם. ואתה אמרת אעלה על במתי עב אדמה לעליון אך אל שאול תורד אל ירכתי בור. **[ד] אגרא דכלה בראשית פרשת לך לך:** ויאמר עוד, ונברכו ב"ך בגימטריא תק"ב בהחשב הך' רבתי דאותיות מנצפ"ך לת"ק כנודע, כמו מנין שנות האבות, והנה כתוב אצלינו בפסוק תהלת ד' ידבר פי ויברך כל בשר [תהלים קמה כא], דהנה אמרו רז"ל חייב אדם לבסומי בפוריא עד דלא ידע בין ארור המן לברוך מרדכי [מגילה ז ב], והנה כתבו התוס' דלא ידע לחשוב החשבון כי המספר שוה ארו"ר המ"ן, ברו"ך מרדכ"י, כל אחד בגימטריא תק"ב, והנה כתב האר"י ז"ל להיות המן ובניו הם י"א כתרין דמסאבותא, ושם גם כן גנוז ניצוץ הק' המחיה את כולם, וצריכין אנחנו להחיות את ניצוץ הק' הלז, ואם כן צריכין אנחנו לומר בדרך השילוח גם לשם ברוך, אך אי אפשר לומר כן בדיעה מיושבת, כי הנה הוא מברך הקליפה, וצריך לומר זה בלא דעת רק בשכרות. והנה ברו"ך מרדכ"י שהוא בגימטריא בש"ר קודש (וידוע דבחינת היסוד נקרא כל בשר [תיקו"ז מ"א ע"ב] והבן), ובהיפך בסט"א ארו"ר המ"ן בגימטריא בש"ר טמא, ולעתיד במהרה בימינו ימלא כבוד השם את

(יחזקאל א׳,כ״ב) שהוא סוד זעיר לכן אלף זעירא.

גלא עמיקתא

הכאה [ה]דאין שם שלם- הכאה א׳, ואין כסא שלם- הכאה ב׳ עד שימחה שמו של עמלק- ואז מכה בהם שם הוי׳ שלם. וסליק לחושבן האי פסוקא רקיע ה-ח׳ שמעל ראשי החיות- ומתמן נחיתו [ו]כ״ב אתוון דאורייתא קדישא בסוד מתוק הדינים על ידי עסק התורה הקדושה. והפסוק מתחלק כדלקמן: ״ודמות על ראשי״ גימ׳ (1067) ״אלף בינה״ (67) רמיזא חכמה המלובשת בבינה ומתגלה בזעיר. ״ודמות על ראשי החיה רקיע כעין הקרח הנורא״ גימ׳ (2200) ק׳ פעמים כ״ב אתוון דאורייתא קדישא. ובתוספת התיבה הבאה ״נטוי״ סליקו הני ט׳ תיבין קמאין בסוד [ז]ט׳ ת״ד דזעיר לחושבן (2275) ה״פ תנ״ה (455) דהן ג׳ מלויי שם אהי״ה שם הבינה. ורמיזא במראה הסנה ג״פ שם אהי״ה, ואין שם קדוש זה במקום אחר בכ״ד ספרים דזכה לו משה כבר בסנה שכן

כל הארץ, והניצוצות הקדושות שבקליפות יתפרדו ויכללו בקדושה והס״א תתבטל, ואז תהלת השם ידבר פי, דיבור ממש בדיעה שלימה, ויברך כל בשר שם קדשו, והבן כי אי אפשר להרחיב הביאור בזה. וכמנין זה היו שני חיי האבות, להיותן עיקר היחוד בעולם, וזה יבואר ונברכו מלשון הברכ״ה, ב״ך כמנין תק״ב בהחשב הך׳ לת״ק בגימטריא דאי״ק בכ״ר שהוא בגימטריא בש״ר, כל משפחות האדמה אפילו מה שהוא בבחינת אדמה תוקף הדין של הקליפות יתבטל, רק מה שהוא משפחות האדמה, ר״ל שמחובר לאדמה היינו הניצוץ המחיה, משפחות לשון חיבור מלשון ונספחו על בית יעקב [ישעיה יד א] יוכללו בקדושה על ידי זרע אברהם אוהבו. [ה] **רש״י שמות פרק יז פסוק טז:** כי יד על כס יה - ידו של הקדוש ברוך הוא הורמה לישבע בכסאו להיות לו מלחמה ואיבה בעמלק עולמית, ומהו כס, ולא נאמר כסא, ואף השם נחלק לחציו, נשבע הקדוש ברוך הוא שאין שמו שלם ואין כסאו שלם עד שימחה שמו של עמלק כולו, וכשימחה שמו יהיה השם שלם והכסא שלם, שנאמר (תהלים ט ז) האויב תמו חרבות לנצח, זהו עמלק שכתוב בו (עמוס א יא) ועברתו שמרה נצח, (תהלים שם) וערים נתשת אבד זכרם המה, מהו אומר אחריו (תהלים ט ח) וה׳ לעולם ישב, הרי השם שלם, (תהלים שם) כונן למשפט כסאו, הרי כסאו שלם. [ו] **זוהר בראשית פרשת בראשית דף מב עמוד ב:** היכלא תליתאה היכלא דא איהו היכלא דההוא רוחא דאקרי נגה רוחא דא איהו דכייא בריר מכלהו לית גוון דאתחזי ביה לאו חוור ולאו ירוק ולאו אוכם ולא סומק ובגין כך אקרי טוהר דכייא ברירא מכל אלין תתאין ואף על גב דאיהו דכייא מכלא לא אתחזי עד דאלין תתאי מתגלגלן ואחידן (נ״א וכראן) ביה ועאלין בגויה (נ״א ביה) כיון דעאלין בגויה כדין אחזי נהוריה ולא גוון חד מכלהו כד אשתלים האי רוחא מכלהו תתאי אפיק מניה נהורא דכליל בתלת נהורין אינון תרין נהורין סלקין ונחתין ונצצין, בההוא נצוצא אתחזון עשרין ותרין נהורין משניין דא מן דא, וכלהו חד נהורא ועאלין בגו ההוא חד נהורא, וההוא נהורא כליל לון ולא נהיר בר בזמנא דאלין נהורין דלתתא סלקין וההוא רעותא דצלותא נטיל לכלהו, כדין ההוא נהורא נפיק מגו ההוא רוחא אתנהיר ההוא נהורא ואפיק אלין תרין נהורין נצצין ואתחזון כחושבן כ״ב אתוון דאורייתא, לבתר מתהדרין וכלילן בההוא נהורא כל אינון נהורין תתאי (באינון נהורין) כלהון כלילן בהני נהורין (תתאין) וכלהו בנהורא דא, האי נהורא איהו כליל בגו ההוא רוחא וההוא רוחא קיימא בהיכלא תליתאה דא, ולא קאים לאתישבא אלא בגו היכלא רביעאה דתיאובתיה לסלקא לגויה. [ז] **הון עשיר מסכת נזיר הקדמה:** נזיר יש בו ט׳ פרקין, כנגד ט׳ פרקין דסוטה, דלהכי נסמך אליו, כדאיתא בש״ס (סוטה ב א) כל הרואה סוטה בקלקולה יזיר עצמו מן היין. והא דהקדימו לסוטה, הוא כדי לסמכו לנדרים הדומה לו (שם), כי נזירות נדר הוא, ועוד כתיב ביה (במדבר ו, ה) קדוש יהיה. וקדוש הוא ת״ת, בקבלתו מקדש דהוא חכמה, ולו ט׳ תיקוני דיקנא, דהנזיר אסור לגלח.

גלא עמיקתא

משה במלוי יודין ״מם שין הי״ גימ׳ (455) תנ״ה דהן ג׳ מלויי שם אהי״ה כנ״ל. וזהו כשעלה משה למרום קטרגו המלאכים ואמרו קמיה קוב״ה תנ״ה הודך על השמים (תהל׳ ח׳,ב׳) ואמר לו הקב״ה למשה החזר להם תשובה [[ח]כדאיתא בגמרא (שבת פח:)] שכן אתה הוא בחינת תנ״ה ג׳ מלויי שם אהי״ה ויכול להחזירם תשובה וכו׳.

וזהו דהאי רקיע ה-ח׳ הוא בחינת תנ״ה בחינתו דמשה והוא שמו במלוי יודין על שם החכמה- י׳ היינו חכמה- בפיוט בר יוחאי ״בר יוחאי יוד חכמה קדומה״ [ועיין עוד מה שכתבנו בזה [4]במקום אחר בבאור ענין י׳ זעירא פינחס-תשי].

4. י׳ זעירא פינחס - תשי: במגלה עמוקות על א׳ זעירא דויקרא אופן ע״ח כתב: א׳ זעירא צורת י׳. והנה בפינחס נתוספה י׳ זעירא, ויש לדרוש מאי היא אותה י׳ זעירא - שהרי י׳ היא הקטנה באותיות, ואינה אלא נקודה - דהיינו ללא כל שטח וללא מציאות ואיך היא אותה י׳ זעירא בפינחס, ועיין האי קושיא בנ״א באופן ל״ד בעניין י׳ רבתי דיגדל. וי״ל דכידוע לסופרי סת״ם דאות י׳ מורכבת מג׳: גוף הי׳, קוץ עליון וקוץ תחתון. והאי י׳ זעירא אינה אלא ״קוצא דאת י׳״ גימ׳ (612) ״ברית״, והיינו דכתיב ביה ״בריתי שלום״ [עי׳ לעיל אופן ט׳] גימ׳ (998) עם שתי המילים (1000) אלף, ומרומז הני תרי אלף זעירא דמשה ודדוד [כנ״ל באופן ג׳] היא סוד י׳ זעירא דפנחס בסוד הכתר כנ״ל. והנה ״אלף זעירא״ (399) עם ״י׳ זעירא״ (298) גימ׳ (697) ״ברית מילה״, והוא פינחס דכתיב ביה ״השיב את חמתי״ ״השיב״ סליק לחושבן (317) ״ויקרא״, ומרמז הקשר בין א׳ זעירא דויקרא ל-י׳ זעירא דפינחס. והנה כתיב ״צור ילדך תשי ותשכח אל מחללך״ גימ׳ (1963) ״בראשית ברא א-להים לעיני כל ישראל״ תחילת וסיום התורה, והוא כללות התורה בסוד מגיד מראשית אחרית, והאי תשי ופינחס - הן ב׳ היו״דין הזעירין בכל כ״ד ספרים, ואכן ״פינחס תשי״ גימ׳ (918) ״בריאה יצירה עשיה״ כללות עולמות התחתונים דשם יש אחיזה ויניקה לקליפה, דזכה פינחס להיות קיים בשלושתם, ולמתקם, דפינחס הוא אליהו מלאך הברית כנודע, וד״ל. וכמבואר אצלינו לעיל אופן ג׳ בעניין מחיית עמלק ע״י אותה הא׳ זעירא ״כי יד על כס י-ה״ עם א׳ גימ׳ ״עמלק״ ושוברו, וכאשר ירים משה ידו וכו׳, והאי א׳ זעירא הות מכשכשא על דרועיה דדוד וכו׳, והנה הפלא ופלא ״פינחס בן אלעזר בן אהרן הכהן״ עולה גימ׳ (956) ד״פ ״כי יד על כס י-ה״, והוא מכניע הקלי׳ עמלק בד׳ בחינותיו, וכמ״ש בשמואל ״וישסף את אגג״ ואמרו חז״ל חתכו לד׳, הכניע כל קומתו לד׳ בחינות אבי״ע דקלי׳ כנודע בשער אבי״ע בכתבי אר״י הקדוש [ועיין לקמן אופן קל״ו-תהלים י׳ פסוק י״ג]. והנה ״זמרי כזבי״ פשוט וא״ת ב״ש עם ״סלוא״ פשוט גימ׳ (956) כנ״ל ד״פ ״כי יד על כס י-ה״, ואת צור אין מונים לפי שהיה ראש אומות בית אב למדין, אולם נקשרו לצור דקדושה הקב״ה כמ״ש בהאי פסוקא ״צור ילדך תשי ותשכח א-ל מחללך״, והוא בגימ׳ ״קנא פ׳ אחד״ [151x13] וזהו דפינחס ״קנא״ לא-להיו היינו ״קנא״ לא-ל ״אחד״ והוא מלוי א-היה בההין.

[ח] תלמוד בבלי מסכת שבת דף פח עמוד ב: ואמר רבי יהושע בן לוי: בשעה שעלה משה למרום אמרו מלאכי השרת לפני הקדוש ברוך הוא: רבונו של עולם, מה לילוד אשה בינינו? אמר להן: לקבל תורה בא. אמרו לפניו: חמודה גנוזה שגנוזה לך תשע מאות ושבעים וארבעה דורות קודם שנברא העולם, אתה מבקש ליתנה לבשר ודם? מה אנוש כי תזכרנו ובן אדם כי תפקדנו ה׳ אדנינו מה אדיר שמך בכל הארץ אשר תנה הודך על השמים! - אמר לו הקדוש ברוך הוא למשה: החזיר להן תשובה! - אמר לפניו: רבונו של עולם, מתיירא אני שמא ישרפוני בהבל שבפיהם. - אמר לו: אחוז בכסא כבודי, וחזור להן תשובה, שנאמר מאחז פני כסא פרשז עליו עננו. ואמר רבי נחום: מלמד שפירש שדי מזיו שכינתו ועננו עליו. אמר לפניו: רבונו של עולם, תורה שאתה נותן לי מה כתיב בה - אנכי ה׳ אלהיך אשר הוצאתיך מארץ מצרים. אמר להן: למצרים ירדתם, לפרעה השתעבדתם, תורה למה תהא לכם? שוב מה כתיב בה - לא יהיה לך אלהים אחרים, בין הגויים אתם שרויין וכו׳.

גלא עמיקתא

וכד נעביד חושבן ח' פעמים תנ"ה סליק לחושבן (3640) ב"פ אלף תת"כ (1820) וחושבן זה הוא מספר הפעמים שמופיע שם הוי' ב"ה בתורה כולה [כמו שכתב רבי פנחס זלמן הורוויץ זצוק"ל בספרו הק' אהבת תורה] והוא חושבן "סוד" (70) פעמים "הוי'" (26) כמו שכתוב (תהל' כ"ה,י"ד) "סוד הוי' ליראיו" וכו'. וכפלינן ב' פעמים בסוד [ט]אור ישר ואור חוזר: אור ישר– התורה כפי שניתנה לנו מן השמים. ואור חוזר– התורה כפי שאנו משיגים בה ומחזירים אותה לקב"ה עם [י]חידושים וכו' של

מקורות

[ט] של"ה מסכת פסחים מצה עשירה - דרוש שלישי (ב): תא. ומתחילה אקדים ענין אור ישר ואור חוזר, שהוזכר בארוכה בפרדס (שער ט"ו), שהאור החוזר הוא כמו חותם המתהפך. ועוד האריך (שער א' פ"ח, שער י"ג פ"ו) בביאור הפסוק (דברי הימים - א כט, יא) 'לך ה' הגדולה והגבורה וגו' כי כל בשמים ובארץ'. ופירש הפסוק, 'לך' היא הבינה, ששם חמשים שערים ומתפשטים עד הוד, ושם מתהפך תיבת 'לך' נעשה 'כל'. ואז 'נון' הפוכה לטובה סוד התאחדות האור הישר והתהפכות האור. ונראה שאלו המאה, דהיינו 'לך' 'כל', הם סוד מאה ברכות. ומצינו (בראשית רבה פל"ט סי"א) שהקדוש ברוך הוא אמר לאברהם 'והיה ברכה' (בראשית יב, ב), הברכות יהיו מסורות בידך, 'וה' ברך את אברהם בכל' (שם כד, א), ומסרם ליצחק ויצחק ליעקב, והם 'בכל מכל כל'. ו'כל' הוא 'לך'. ורמז הקדוש ברוך הוא סוד המאה לאברהם אבינו - 'לך לך' (שם יב, א), עולה מאה, ומסרה ליצחק סוד 'מאה שערים ויברכהו ה'' (שם כו, יב), ויצחק ליעקב סוד 'מאה קשיטה' (שם לג, יט), ורומזים למאה קישוטין דשכינה מסוד מאה ברכות. זהו סוד 'והיה ברכה' - בך חותמין (פסחים קיז ב), כי הברכות מסורות בידך, והם מאה בסוד החותם המתהפך מה'נון' שנתקנה על ידי אברהם אבינו, זהו בך חותמין. הכלל העולה, אברהם אבינו הובטח להיות זרעו במצרים, כדי שתתפרסם האמונה האמיתית 'בכל מכל כל'

[י] זוהר - הקדמה דף ד עמוד ב: בראשית ר' שמעון פתח (ישעיה נ"א) ואשים דברי בפיך כמה דאית ליה לבר נש לאשתדלא באורייתא יממא ולילא בגין דקודשא בריך הוא ציית לקלהון דאינון דמתעסקי באורייתא ובכל מלה דאתחדש באורייתא על ידא דההוא דאשתדל באורייתא עבד רקיעא חדא, תנן בההיא שעתא דמלה דאורייתא אתחדשת מפומיה דבר נש ההיא מלה סלקא ואתעתדת קמיה דקודשא בריך הוא וקודשא בריך הוא נטיל לההיא מלה ונשיק לה ועטר לה בשבעין עטרין גליפין ומחקקן, ומלה

עיונים

והוא בהכאה כמ"ש "ושם איש ישראל המכה וכו' ושם האשה המכה וכו' עיי"ש בפסוקים פ' פינחס, ופירש"י שם וז"ל "ראה מעשה ונזכר הלכה, אמר לו למשה מקובלני ממך הבועל ארמית קנאין פוגעין בו א"ל קריינא דאיגרתא איהו ליהוי פרוונקא" עיי"ש. והנה פינחס היה בקנאות ודבקות בה', היינו "שויתי ה' לנגדי תמיד" (תהלים ט"ז) גימ' (1303) "איש ישראל המכה האשה המכה" והיה מקושר באור הכתר בשעה קשה זו, וזכה להאי י' זעירא בשמו שכן "רחמנא" גימ' (299) "י' זעירא" ע"ה והאי י' זעירא מרמזת לקוצא דאות י' היינו הכתר, ואכן "פנחס" (198) עם "י' זעירא" (298) גימ' (496) "מלכות", וחזינן דמלכות וכהונה הא בהא תליא בפס' (בראשית י"ד,י"ח) "ומלכי צדק מלך שלם הוציא לחם ויין והוא כהן" (לא-ל עליון) גימ' (1119) אברהם מלא כזה "אלף בית ריש הא מם" ובתוספת שתי המילים "לא-ל עליון" הפס' כולו גימ' (1346) ב"פ "אלף שנים בעיניך" (תהלים צ',ד'), לרמז אלפיים תורה דהתחילו באברהם אבינו ע"ה [ועיין לקמן אופן ק"כ-אלפים תהו אלפים תורה וכו']. וזהו דמרמז משה דאיהו מלך וכהן גדול כנ"ל, בהאי א' זעירא דאיהי יו"ד, לאותה י' זעירא דפנחס- דאיהי קוצא דאות י' דויקרא כנ"ל, ומשה איהו מלך בסוד כתר, ופינחס דאיהו מלכות מזרע אהרן אחוהי, ובזוה"ק ובכ"מ בספה"ק כתיב דהמלכות איהי "דלה ועניה דלית לה מגרמא כלום" גימ' (1039) ע"ה "כשמן הטוב על הראש" (תהלים קל"ג,ב') בסוד "כתר-מלכות" גימ' (1116) "תורת פיך" (תהלים קי"ט,ע"ב), ויהי רצון דהשי"ת יזכנו להידבק בתורתו הק', ויקדשנו במצוותיו, וישלח לנו משיח צדקנו בגאולה האמיתית והשלמה, בב"א.

גלא עמיקתא

תורה שבעל פה כל אחד לפי השגתו וכיתרון האור (הבא) מן החושך [יא]במחשכים הושיבני (תהל' קמ"ג,ג') זה תלמוד בבלי (סנהדרין כ"ד ע"א). **ואז** מתקיים הפסוק (ישעי' מ"ב,כ"א) ה' חפץ למען צדקו – ולכן נתן לנו גם התורה שבעל פה בחינת וחיי עולם נטע בתוכנו– יגדיל תורה ויאדיר– בחינת תורה שבעל פה שמגדילה ומאדירה את תורה שבכתב. ולכן ח"פ תנ"ה נכפל ב' פעמים אלף תת"כ (1820) שמותיו דקוב"ה בתורה כולה– ב' פעמים א' לקביל **אור** ישר ו–א' לקביל **אור** חוזר– בסוד האי דאמר אלישע לאליהו "[יב]5יהי **נא** פי שנים ברוחך אלי" (מלכים ב' ב',ט') ואין כאן מקום להאריך. ומבליט בסוף האופן דעתה זכה משה לסוד זעיר דהן תיבין "כעין הקרח הנורא" גימ' (725) "ועץ החיים בתוך הגן" (בראשית ב',ט'). וכל הפסוק

5. באור על מגלה עמוקות ואתחנן אופן ל"ו: ג'. וָאֶתְחַנַּן אֶל יהוה בָּעֵת הַהִוא לֵאמֹר (דברים ג,כג) גימ' (1332) י"ב פעמים "אלף" (111) בסוד י"ב גבולי אלכסון- והוא בחינת שם שלם- ולכן רצה משה להיכנס לממש ההבטחה בכח א' זעירא דקיבל באותה העת, וכמו שכתב המגלה עמוקות שיאיר שמשא בסיהרא, ואמר לו עלה ראש הפסגה, לך רב הרבה יותר בבחינת ואור החמה יהיה שבעתיים כאור שבעת הימים (ישעי' ל',כ"ו). וזהו (שיאיר) "שמשא בסיהרא" גימ' (919) ו' פעמים "הפסגה" (153) עם הכולל, דאות ו' היא בסוד משה- ולכן כפלינן ו' פעמים "הפסגה" דתמן מקומו בכתרא עילאה. והאי דאמרת אעברה נ"א - והרי הצדיק גוזר והקב"ה מקיים - האי בחינה תתקיים בכניסתו של יהושע - דאמרינן דהוא פני לבנה - ואתה חזקהו ואמצהו ב' פעמים בבחינת (מלכים ב' ב',ט') פי שנים ברוחך אלי, ויהא הוא פני חמה ואתה תהיה שבעתים כאור שבעת הימים. הדא הוא דכתיב (ישעי' ל',כ"ו) "והיה אור הלבנה כאור החמה, ואור החמה יהיה שבעתים כאור שבעת הימים ביום חבש ה' את שבר עמו ומחץ מכתו ירפא" גימ' (5151) "נא" (51) פעמים "מלוכה" (101) - וכדכתיב (תהל' כ"ב,כ"ט) "כי לה' המלוכה ומושל בגויים". ורמיזא דלגבי אור הלבנה כתיב והי"ה אור הלבנה וכו' שם שלם י-ה-ו-ה היינו גאולתא דיהושע ודוד, ולקביל אור החמה דאיהו משה כתיב יהי"ה- דלעתיד לבוא ו"ה יעלו לבחינת י"ה כדכתיב ביום ההוא יהי"ה ה' אחד (זכרי' י"ד,ט') דשמא קדישא י-ה-ו-ה יהפוך לשם יהי"ה והוא מעלה גבוהה יותר.

דחכמתא דאתחדשא סלקא ויתבא על רישא דצדיק חי עלמין וטסא מתמן ושטא בשבעין אלף עלמין וסליקת לגבי עתיק יומין, וכל מלין דעתיק יומין מלין דחכמתא אינון ברזין סתימין עלאין, וההיא מלה סתימא דחכמתא דאתחדשת הכא כד סלקא אתחברת באנון מלין דעתיק יומין וסלקא ונחתא בהדייהו ועאלת בתמניסר עלמין גניזין (שם ס"ד) דעין לא ראתה אלהים זולתך, נפקי מתמן ושטאן ואתיין מליאן ושלמין ואתעתדו קמי עתיק יומין, בההיא שעתא ארח עתיק יומין בהאי מלה וניחא קמיה מכלא, נטיל לההיא מלה ואעטר לה (שמות י"ד) בתלת מאה ושבעין אלף עטרין, ההיא מלה טסת וסלקא ונחתא ואתעבידא רקיעא חדא, וכן כל מלה ומלה דחכמתא (ס"א) רקיעין קיימין בקיומא שלים קמי עתיק יומין והוא קרי לון שמים חדשים מחודשים סתימין דרזין דחכמתא עלאה וכל אינון שאר מלין דאורייתא דמתחדשין קיימין. **[יא] תלמוד בבלי מסכת סנהדרין דף כד עמוד א**: מאי בבל? אמר רבי יוחנן: בלולה במקרא, בלולה במשנה, בלולה בתלמוד. במחשכים הושיבני כמתי עולם אמר רבי ירמיה: זה תלמודה של בבל. **[יב] תלמוד בבלי מסכת סנהדרין דף מז עמוד א**: לא היו קוברין כו'. וכל כך למה - לפי שאין קוברין רשע אצל צדיק, דאמר רבי אחא בר חנינא: מנין שאין קוברין רשע אצל צדיק - שנאמר - ויהי הם קברים איש והנה ראו את הגדוד וישליכו את האיש בקבר אלישע ויגע האיש בעצמות אלישע ויחי ויקם על רגליו. אמר ליה רב פפא: ודילמא לאיקיומא ויהי נא פי שנים ברוחך אלי? - אמר ליה: אי הכי, היינו דתניא: על רגליו

עמד, ולביתו לא הלך, אלא ויהי נא פי שנים היכי משכחת לה דאחייא? - אמר ליה רבי יוחנן: שריפא צרעת נעמן, שהיא שקולה כמת, דכתיב אל נא תהי כמת. וכשם שאין קוברין רשע אצל צדיק כך אין קוברין רשע חמור אצל רשע קל. - וליתקון ארבע קברות! - שני קברות גמרא גמירי לה. [יג] **ילקוט שמעוני תורה פרשת בראשית רמז כ:** וכל שיח השדה [ב, ה] הכא אומר וכל שיח השדה ולהלן הוא אומר ויצמח ה' אלהים מן האדמה [ב, ד] להלן לג"ע וכאן לישובו של עולם אלו ואלו לא צמחו עד שירדו עליהן גשמים, וכל שיח השדה כל האילנות כאלו משיחין אלו עם אלו וכאלו משיחין עם הבריות כל האילנות להנאתן של בריות נבראו, מעשה באדם א' שבצר את כרמו ולן בתוכו ובא הרוח ופגעתו, כל שיחתן של הבריות אינן אלא על הארץ עבדא ארעא לא עבדא, כל תפלתן של ישראל אינו אלא על בית המקדש כי לא המטיר מטר משקה ומרוה מזבל ומעדן וממשיך מאי קראה תלמיה רוה נחת גדודיה וגו' צמחה תברך: [יד] **תלמוד בבלי שבת דף קיח עמוד ב:** אמר רב יהודה אמר רב: אלמלי שמרו ישראל שבת ראשונה לא שלטה בהן אומה ולשון, שנאמר ויהי ביום השביעי יצאו מן העם ללקט וכתיב בתריה ויבא עמלק. אמר רבי יוחנן משום רבי שמעון בן יוחי: אלמלי משמרין ישראל שתי שבתות כהלכתן - מיד נגאלים, שנאמר כה אמר ה' לסריסים אשר ישמרו את שבתותי וכתיב בתריה והביאותים אל הר קדשי וכו' [טו] **זוהר בראשית פרשת וירא דף קו עמוד א:** ועל דא לא הוה בעלמא בר נש דיגין על דריה כמשה דאיהו רעיא מהימנא.

גלא עמיקתא

שם: [יג]ויצמח ה' אלהים מן האדמה כל עץ נחמד למראה וטוב למאכל ועץ החיים בתוך הגן ועץ הדעת טוב ורע סליק לחושבן עם ב' כוללים (2808) ד' פעמים "שבת" (702), ובאור הענין דאדם וחוה היו צריכים להשמר מכל רע וכך היו מוסיפים כל אחד כולל אחד לפסוק והיה עולה לחושבן ד"פ שב"ת כנ"ל ב"פ לאדם ב"פ לחוה בסוד (שבת קיח:) [יד]לו משמרין ישראל ב' שבתות מיד נגאלין. וזכה [טו]משה רעיא מהימנא להאי שלמותא ד"פ שבת בסוד ד' אתוון דשמא קדישא כל אחת כלולה מחושבן שב"ת כדכתיב בעשרת הדברות (שמות כ',י') "ויום השביעי שבת להוי' אלהיך" וכו' דהיינו ל-ד' אותיות שם הוי' ב"ה שבת לכל אחת ואחת. ומשה זכה להאי בחינה דאמר (דברים א',י"א) "ה' אלהי אבותכם יסף עליכם ככם אלף פעמים ויברך אתכם כאשר דבר לכם" גימ' (2802) ד"פ "שבת" (702) והשלים להני ב' כוללים ב' אלפין זעירין שהיו צריכים להשלים אדם הראשון וחוה. ואז היה חושבן הפסוק הנ"ל (בראשית ב',ט') נמי כחושבן ד"פ שב"ת. ונרמז בפסוק הבא שם (פסוק י') "ונהר יצא מעדן להשקות את הגן, ומשם יפרד והיה לארבעה ראשים"- דהן הן הני ד' בחינות שב"ת כנ"ל דזכה להן משה ביום השמיני בסוד זעיר [6עיין במקום אחר בפירוש ענין הקדמת הזוהר הקדוש פתח רבי שמעון].

6. הקדמת הזוה"ק - פתח רבי שמעון: א' ריש לכל אתוון, א' זעירא ציורא דאת י' כמ"ש המג"ע הק', ואיהי גולם- דכולא אתוון אתחילו מהאי י' דאיהי א' זעירא רישא דילהון. ובהקדמת הזוה"ק (דף ד:) רבי שמעון פתח בפסוק "ואשים דברי בפיך" (ישעי' נ"א) כמה אית ליה לבר נש "לאשתדלא באורייתא יממא ולילייא" גימ' (1574) "לא ימיש עמוד הענן יומם ועמוד האש לילה לפני העם" (שמות י"ג,כ"ב), ואיהו חושבן "כי אלף שנים בעיניך כיום אתמול כי יעבור" (תהלים צ',ד')- ורמיזא להאי א' זעירא- בסוד מאן דאיהו זעיר איהו רב (זוה"ק תחלת פרשת חיי שרה) ואיהו אלף אורות דזכה להן משה וכו', דהאי בר נש דעסיק באורייתא יממא ולליא חד יומא דיליה איהו כיומא דקוב"ה דאיהו שותף עמו במע"ב, דהיינו אלף שנה. וממשיך בזוה"ק (שם) על ידא (ע"י)

ההוא דאשתדל באורייתא "עביד רקיע חדא" גימ' (480) "לילית", וכמו שיבואר לקמן כל רקיע כזה דמתעביד מכל מלה דמחדש באורייתא מציל מההיא פלונית. וממשיך ומבאר בזוה"ק (שם) דהאי מלה דאורייתא אתחדשת מפומיה דבר נש ההיא מלה סלקא ואתעבדת קמיה דקוב"ה נטיל לההיא מלה ונשיק לה ו"עטר לה בשבעין עטרין" [גימ' (1258) "קו אחד ישר" (יחד עם) (629) אות היא ביני ובינכם (629)" כמ"ש לעיל באופן ט"ו עיי"ש] וטסא מתמן ושטא ב"שבעין אלף עלמין" גימ' (743) "אלהי השמים והארץ" (בראשית כ"ד,ג') ובסוד ז"ת דא"א דאיהו אלפים- ובסוד העניין דהאי א' זעירא דרמיזא לא"א, דאיהו היקר דקוב"ה, וממשיך בזוה"ק וסליקת לגבי עתיק יומין וכו' ואתעטרת באינון מלין דעתיק יומין וסלקא ונחתא בהדייהו ובההיא שעתא ארח עתיק יומין בהאי מלה וניחא קמיה מכלא, נטיל לההיא מלה ואעטר לה ב"ש"ע אלף עטרין" והוא בדיוק גימ' (820) "ואהבת לרעך כמוך" וההיא מלה טסת וסלקא ונחתא ו"אתעבידא רקיעא חדא" גימ' (882) "ואהבת לרעך כמוך" ע"ה, הה"ד לעיל אופן ע"א "רבי שמעון" פשוט וא"ת ב"ש בהכאה אות באות סליק לחושבן (1640) ב"פ "ואהבת לרעך כמוך", והן חושבן בהאי מימרא דרשב"י "ש"ע אלף עטרין" (820) עולה גימ' עם המלים "אתעבידת רקיעא חדא" (822). והאי פסוקא דמביא רשב"י הק' בריש דבריו בהקדמת הזוה"ק (ישעי' נ"א,ט"ז) "ואשים דברי בפיך ובצל ידי כסיתיך, לנטע שמים וליסד ארץ ולאמר לציון עמי אתה" סליק לחושבן (8216) ו"פ "סוד שמעון" (536) והיינו ג"כ ח"פ "פי אלף" (201), רמיזא לאלף השמיני דתחית המתים, וזהו "ויקרא אל משה"- א' זעירא ושאר האותיות במספר קטן ח', ורמיזא היא ח"פ "פי אלף" גימ' האי פסוקא דסליק ו"פ "סוד שמעון" דר"ת ס"ש היינו ו' כלול מ-ו' כלול מ-י', וד"ל.

ועונה רשב"י לר' אלעזר בנו דהאי מלה דסלקא קמיה קוב"ה איהו כפי על האי מלה וכסי על ההוא בר נש "דלא ישתמודע לגבייהו אלא קוב"ה" גימ' (1620) "אלף כתר"- היינו אור מקיף נמשך על חדושיו ועליו בעצמו, ומבאר שם בזוה"ק הדא הוא דכתיב "ובצל ידי כסיתיך לנטע שמים וליסד ארץ" (1620) (ישעי' נ"א,ט"ז) חושבנא דדין כחושבנא דדין, והיינו גמ' (1620) "אלף כתר".

ומוסיף בדבריו רשב"י הק' שם דאם אין הוא חדוש אמת נפיק לההיא מלה "איש תהפכות" (משלי ט"ז,כ"ח) גימ' (1222) י"א פעמים "אלף" (111) ע"ה, והוא לקביל י"א כתרין דמסאבותא, וכל הפס' "איש תהפכות ישלח מדון, ונרגן מפריד אלוף" ובנרגן יש נ' סופית זעירא למעט היניקה דיליה, והאי "איש תהפכות" נפיק מגו "נוקבא דתהומא רבא" גימ' (818) "תורה אור" זה לעומת זה, וממשיך בזוה"ק ודלג חמש מאה פרסי ונטיל לה ואזיל ההיא מלה לגו נוקביה, ועביד בה "רקיעא דשוא דאקרי תהו" גימ' ע"ה (1419) "תכלית הידיעה שלא נדע" וכמ"ש במד"ר עה"פ ויקראו שמו עשו [גימ' (1045)- א' אדם] "הא שוא שבראתי בעולמי" גימ' (1348) ב"פ "עשו"- ולקביל ד' עולמות אבי"ע, וכן אותיות שבראתי הן בראשית, והכל ביחד "ויקראו שמו עשו הא שוא שבראתי בעולמי" גימ' ע"ה (2430) י"פ "גמר" דפירש"י שם "הכל קראו לו כן, לפי שהיה נעשה ונגמר בשערו כבן שנים הרבה" גימ' (2894) י"פ "אלף זעירא" (289)- יחד עם ד' כוללים דאבי"ע כנ"ל. וממשיך בזוה"ק שם וטס בההוא רקיעא ההוא איש תהפוכות שיתא אלפי פרסי בזימנא חדא, וזהו- דהאי פסוקא דמביא רשב"י הק' ברישא "ואשים דברי בפיך ובצל ידי כסיתיך" וכו' כל הפסוק סליק לחושבן של ו"פ "סוד שמעון" וכמ"ש לעיל, והוא לקביל ולהציל מהני שיתא אלפי פרסי דטס ס"מ שהשי"ת יצילנו ממזימתו ומעלליו, וממשיך- כיוון דהאי רקיעא דשוא קאים, נפקת מיד "אשת זנונים" גימ' "לב" (32) פעמים "זך" (27) דנוכל להינצל מידה על ידי זכוך לבנו בתכלית, וממשיך ומתמן נפקת וקטלת כמה אלפין ורבוון, ומרמז לההוא פגם, וכל זה נגרם על ידי חדושי תורה שלא כהוגן או שהיו עם פניות ה' יצילנו וישמרנו מכל נגיעות ופניות, ומביא שם הפס' (ישעי' ה',י"ח) "הוי משכי העון בחבלי השוא (דדכורא) וכעבות העגלה חטאה (דנוקבא)", "העון" גימ' (131) במכוון "סמאל", "הוי משכי העון בחבלי השוא" גימ' (886) "מלכות שמים" היינו זה לעומת זה, "וכעבות העגלה חטאה" גימ' (640) י"פ "דין" (64), וכל האי פסוקא דס"מ ונוק'- "הוי משכי העון בחבלי השוא וכעבות העגלה חטאה"- עולה גימ' (1526) "ועת צרה היא ליעקב וממנה יושע" (ירמי' ל'), ורמיזא "העגלה" עולה גימ' "באלף" (113) דהיינו בהאי אלף זעירא, דרמיזא להני חדושי אמת לש"ש בתוה"ק דעל ידם נקרב ביאת גואל צדק, דיצילנו מהנגע שפשט במחוזותינו בתוך קדשי הקדשים בלב קדושי

ישראל ומפילים חללים השכם והערב והם ס"מ וזוגתו היינו "איפון אינטרנט" גימ' (476) "בדעת", ופוגמין בפנימיות הדעת בנשמותיהן של ישראל, וכנגדם יש (משלי י"ג,ט"ז) "כל ערום יעשה בדעת" גימ' ע"ה "שמע קולנו ה' אלהינו חוס ורחם עלינו" והוא גימ' ג"פ דהוי חזקה הפס' (409) "אבדו גוים מארצו" (תהלים י',ט"ז) ויקויים בנו "ועלו מושיעים בהר ציון לשפוט את הר עשו והיתה לה' המלוכה" כדפירש"י הקדוש (בראשית ט"ו,י"ט) דלעתיד לבוא נכבוש כל הגוים, בגאולה האמיתית והשלמה במהרה בימינו אמן.

קצור: על ידי חדושי תורה לש"ש עושים "שמים חדשים" עולה גימ' (752) "(ויעל יהושע מן הגלגל) הוא וכל עם המלחמה עמו וכל גבורי החיל" (יהושע י') יהושע בחי' תורה שבע"פ, והוא חי' "שמים חדשים" (שם פסוק י"ב) ויאמר לעיני ישראל "שמש בגבעון דום וירח בעמק אילון" סליק לחושבן (1356) "משיח" עם הכולל- אלף אזעיר גרמיה לאל"ף בסוד מעוט הלבנה (בחולין ס: לכי ומעטי את עצמך)- אף פה נחשיב אלף לאל"ף גימ' א' דמאן דאיהו רב איהו זעיר (זוהר פרשת חיי שרה).

אופן מד

במדרש על פסוק מאשר יקרת בעיני נכבדת אמר הקב"ה ליעקב במה אתה יקר בעיני שקבעתי זיו אקונין שלך בכסא כבודי. מזה הפעם ט' פעמים עבדי יעקב בקרא כי ט' מראות הכבוד מזה הפעם ט' פעמים נראה הקב"ה לאבות ולכן ט' תיבות בכתוב של ויקרא. קרי ביה ויקר אל משה שאותו היקר שנתן הקב"ה ליעקב שנותן הקב"ה את דיוקנו הכתוב בכסא נתן למשה. והוא סוד ומשה יקח את האהל יקח בגימ' כסא הכבוד ששעור קומתו של כסא הכבוד הוא כמנין כסא הכבוד שהוא קי"ח אלפים רבבות פרסאות.

לכן א' זעירא, שסוד כסא הכבוד הוא אלף אלפין ישמשוניה והוא סוד אדם אחד זה משה מאלף מצאתי שזכה ליקח מתנות באדם. באדם דייקא על דמות הכסא דמות כמראה אדם עליו מלמלעלה. נמצא מעלתו של משה הוא יותר גבוה מיעקב כי דיוקנא של יעקב חקוקה בכסא הכבוד אבל משה על הכסא מאחז פני כסא פרש שד"י זיו עננו עליו עליו דייקא כמראה אדם עליו מלמעלה. זה שכתוב וידבר ה' אליו מאהל מועד על עסקי אהל מועד דאיתמר תמן ומשה יקח את האהל זה שכתוב אדם כי יקריב שלקח אז מתנות באדם, שזכה לדמות כסא שהוא כמראה אדם.

[א] **ילקוט שמעוני פרשת במדבר רמז תרצב:** ובמה סמכה דעתו של רבן שמעון בן גמליאל לדברי תורה לפי שאין הבכורות נפדין אלא לאחר שלשים יום, [שנאמר] ופדויו מבן חדש תפדה, זה שאמר הכתוב מאשר יקרת בעיני, אמר הקדוש ברוך הוא (לישראל) [ליעקב] הרבה אתה יקר בעיני, למה כביכול שקבעתי איקונין שלך בכסא כבודי, ובשמך המלאכים מקלסין אותי ואומרים ברוך ה' אלהי ישראל [הוי מאשר יקרת בעיני], ד"א אמר הקדוש ברוך הוא יקר אתה בעיני שכביכול אני ומלאכי נצבים עליך בשעה שיצאת לילך לפדן ארם ובביאתך, [ביציאתך מנין] שנאמר ויצא יעקב וגו' ויפגע במקום וגו' והנה ה' נצב עליו וכו'. [ב] **רש"י שמות פרק יז פסוק טז:** כי יד על כס יה - ידו של הקדוש ברוך הוא הורמה לישבע בכסאו להיות לו מלחמה ואיבה בעמלק עולמית, ומהו כס, ולא נאמר כסא, ואף השם נחלק לחציו, נשבע הקדוש ברוך הוא שאין שמו שלם ואין כסאו שלם עד שימחה שמו של עמלק כולו, וכשימחה שמו יהיה השם שלם והכסא שלם, שנאמר (תהלים ט ז) האויב תמו חרבות לנצח, זהו עמלק שכתוב בו (עמוס א יא) ועברתו שמרה נצח, (תהלים שם) וערים נתשת אבד זכרם המה, מהו אומר אחריו (תהלים ט ח) וה' לעולם ישב, הרי השם שלם, (תהלים שם) כונן למשפט כסאו, הרי כסאו שלם. [ג] **תלמוד בבלי מסכת סנהדרין דף נו עמוד ב:** אלא ויצו זו עבודה זרה, מאי משמע? רב חסדא ורב יצחק בר אבדימי; חד אמר: סרו מהר מן הדרך אשר צויתם עשו להם וגו'. וחד אמר עשוק אפרים רצוץ משפט כי הואיל הלך אחרי צו. מאי בינייהו - איכא בינייהו נכרי שעשה עבודה זרה ולא השתחוה לה. למאן דאמר עשו - משעת עשייה מיחייב, למאן דאמר כי הואיל הלך - עד דאזיל בתרה ופלח לה.

אופן מד

[א]במדרש על פסוק (ישעי' מ"ג,ד') מאשר יקרת בעיני נכבדת אמר הקב"ה ליעקב במה אתה יקר בעיני

גלא עמיקתא

ויש להקדים דהנה כתיב "ויאמר כי יד על כס י-ה מלחמה בה' בעמלק מדר דר" [ב]ודרשו חז"ל (מובא ברש"י שמות י"ז,ט"ז) מכאן שאין השם שלם ואין הכסא שלם עד שימחה שמו של עמלק מן העולם. ובאור הדברים דעמלק הוריד א' מן כס"א למהוי כ"ס. וכמ"ש ר' פנחס מקאריץ בספרו ברית כהונת עולם (מאמר הסתר אסתיר) דהביא דברי האר"י הקדוש המ"ן עם הכולל גימ' (96) צ"ו – [ג]ואין צו אלא עבודה זרה (עיין סנהדרין נ"ו ע"ב) – דהמן עשה עצמו עבודה זרה. ותהה הברית כהונת עולם על הכולל דהוסיף האר"י הקדוש דבכל על פנים הוא מספר לא גדול צ"ה ומהיכי תיתי להוסיף לו האי א'. ותירץ וזה לשונו הקדוש: דהמן לקח אותה הא' מכסא הכבוד והוסיפה לשמו וכך נהיה חושבנו צ"ו. עכד"ק. וזהו כי יד על כס י"ה אין השם שלם ואין הכסא שלם עד שימחה שמו של עמלק– וזהו שלקח המן [שהיה מזרע עמלק] ה–א' מכסא, ולעתיד לבוא במחית עמלק כסא שלם עם א'. ומשה מחזירה למקומה בהאי א' זעירא דויקרא להפקיע מן "ויקר אלהים אל בלעם" וכו'– ואז משלים להני תיבין "כי יד על כס י-ה" (239) עם א' לחושבן (240) "עמלק" ומכניעו כי את זה לעומת זה עשה האלהים (קהלת ז,י"ד). וכשנהיה החשבון שווה בין הקדושה לסטרא אחרא הקדושה גובר כי הקב"ה אלופו של עולם מוסיף עצמו בסוד א' זעירא ומכריע את הכף לטובה. וכגון כאן– ויקרא אל משה ובסטרא אחרא ויקר אלהים אל בלעם (במדבר כ"ג,ד') א' פחות– ובארנוהו במקום אחר בפירוש ענין א' זעירא דהות רשימא בדרועיה דדוד. והנה מביא המגלה עמוקות מילקוט שמעוני על

[ד]שקבעתי זיו אקונין שלך בכסא כבודי. מזה הפעם ט"פ

גלא עמיקתא

הפסוק (ישעי' מ"ג,ד') "מאשר יקרת בעיני נכבדת" והוא מתחלק כדלקמן: "מאשר" גימ' (541) "ישראל"– והוא אתוון מרא"ש כדאמר בלעם (במדבר כ"ג,ט') "כי מראש צורים אראנו"– והיינו את עם ישראל כדממשיך "כי מראש צורים אראנו ומגבעות אשורנו, הן עם לבדד ישכון ובגוים לא יתחשב". "יקרת בעיני"– ב' אתוון קדמאין דכל תיבה היינו אתוון יעק"ב– ושאר אתוון ר"ת ינ"י גימ' (670) ב' פעמים "הקטן יהיה לאלף" (ישעי' ס',כ"ב), ויעקב אבינו עליו השלום אמר "קטנתי מכל החסדים" וכו' (בראשית ל"ב,י"א), [ה]ונקרא בדברי רבותינו יעקב הקטן (עיין חולין ס:).

[1]ועיין עוד באורנו במקום אחר בפירוש ענין י"ב עצות בעבודת ה': דכל

[ד] **רבינו בחיי במדבר פרק א:** (ג) מבן עשרים שנה ומעלה. לפי שאינו חזק כל כך למלחמה אלא מבן עשרים, וכמו שאמרו רז"ל: (אבות ה, כא) "בן עשרים לרדוף": כל יוצא צבא. כל הראוי לצאת בצבא. בישראל. להוציא ערב רב: תפקדו אותם. לא אמר "תספרו אותם" כי לא היו ישראל נמנין לגלגלותם, אבל הזכיר לשון פקידה שהוא ענין השגחה, כלומר שישגיחו עליהם לידע כמה הם, וההשגחה הזו על ידי חצאי השקלים. לצבאותם. כי היו צבאות רבות ויש לכל שבט ושבט צבא גדול. ובמדרש: (תנחומא יט) "תפקדו אותם לצבאותם", זהו שאמר הכתוב: (ישעיה מג, ד) "מאשר יקרת בעיני נכבדת ואני אהבתיך", אמר לו הקדוש ברוך הוא ליעקב: יקר אתה בעיני שקבעתי איקונין שלך בכסא כבודי, ובשמך המלאכים מקלסין אותו ואומרים: (תהלים קו, מח) "ברוך ה' אלהי ישראל מן העולם ועד העולם", יקר אתה בעיני שלכל אומה לא נתתי להם מנין, ולך נתתי מנין, משל למלך שהיו לו גרנות הרבה והיו כולן מלאין תבן וקשין ולא היה מדקדק במנינן, היתה לו גורן אחת מלאה חטין, אמר לבן ביתו: מנה לי כמה כורין יש בו, כמה מודיאות [נ"א מדות] יש בו. המלך זה הקדוש ברוך הוא, הגורן, אלו ישראל, שנאמר: (ישעיה כא, י) "מדושתי ובן גרני". התבואה זה עם קדשו, שנאמר: (ירמיה ב, ג) "קדש ישראל לה' ראשית תבואתה", בן ביתו, זה משה, שנאמר: (במדבר יב, ז) "בכל ביתי נאמן הוא", כך העכו"ם נמשלים לתבן וקש, שנאמר: (איוב כא, יח) "יהיו כתבן לפני רוח וכמוץ גנבתו סופה", וכתיב: (עובדיה א, יח) "ובית עשו לקש", אבל ישראל חטים ברורים הם, צדיקים הם, שנאמר: (ישעיה ס, כא) "ועמך כלם צדיקים לעולם יירשו ארץ", לפיכך הוא מדקדק במנין כלם. [ה] **תלמוד בבלי מסכת חולין דף ס עמוד ב:** רבי שמעון בן פזי רמי, כתיב: ויעש אלהים את שני המאורות הגדולים וכתיב: את המאור הגדול ואת המאור הקטן! אמרה ירח לפני הקדוש ברוך הוא: רבש"ע, אפשר

1. י"ב עצות בעבודת ה': ואם כן: י' עילאה ד-א' זעירא מרמז ג' ראשונות דשמונה עשרה, י' תתאה ג' אחרונות ו' נחלקת לתרין ווין: י"ב אמצעיות- בקשת צרכיו - והנה הן י"ב עצות לקריעת המסכים דעמלק ובדומה לקריעת ים סוף נקרע הים לי"ב השבטים, ומקשר י"ב הברכות דשמונה עשרה לי"ב נביאים דתרי עשר אחד לאחד בהתאמה ולי"ב טעמים י' ע"י תנאים ו-ב' ע"י אמוראים בגמ' מגילה טו: בענין מה ראתה אסתר שזימנה את המן אל המשתה וכו' והן בכללות י"ב עצות בעבודת ה' וכנגד י"ב שבטי י-ה וכדנבאר בעזהי"ת לקמן אחד לאחד וכו'. והנה הפלא ופלא- דברי התנאים והאמוראים בגמ' דנן מכוונים להפליא עד לאות האחרונה, ועולים בגימ' (דהיינו "יהי שלחנם לפניהם לפח", "אם רעב שונאך האכילהו לחם", "כדי שלא יטול עצה וימרוד" וכו' כל דבריהם) (14,794) "הוי" פעמים "קטנתי" (62x 569), והנה ע"י עניין קטנתי היינו אלף זעירא מגיעים לשם הוי' השלם ובאופן של הכאה - הכפלה - המרמז להכאת ומפלת "המן-עמלק" גימ' (335) "הקטן יהיה לאלף" בב"א. [מבואר לעיל אופן ו' בעניין סעודת דוד מלכא משיחא ד"רבי חידקא" גימ' (335) "הקטן יהיה לאלף" עיי"ש].

לשני מלכים שישתמשו בכתר אחד? אמר לה: לכי ומעטי את עצמך! אמרה לפניו: רבש"ע, הואיל ואמרתי לפניך דבר הגון, אמעיט את עצמי? אמר לה: לכי ומשול ביום ובלילה, אמרה ליה: מאי רבותיה, דשרגא בטיהרא מאי אהני? אמר לה: זיל, לימנו בך ישראל ימים ושנים, אמרה ליה: יומא נמי, אי אפשר דלא מנו ביה תקופותא, דכתיב והיו לאותות ולמועדים ולימים ושנים, זיל, ליקרו צדיקי בשמיך: יעקב הקטן שמואל הקטן דוד וכו' הקטן. חזייה דלא קא מיתבא דעתה, אמר הקדוש ברוך הוא: הביאו כפרה עלי שמיעטתי את הירח! והיינו דאמר ר"ש בן לקיש: מה נשתנה שעיר של ראש חדש שנאמר בו לה' - אמר הקדוש ברוך הוא: שעיר זה יהא כפרה על שמיעטתי את הירח.

גלא עמיקתא

המימרות של התנאים והאמוראים יחד בגמרא מגילה טו: בענין מה ראתה אסתר שזימנה את המן וכו' סליקו לחושבן הוי' פעמים קטנתי- עיין שם כל האופן וקשרהו לכאן.

ומביא המגלה עמוקות: דעל כן אינון ט' פעמים "עבדי יעקב" גימ' (2412) ד' פעמים "בני ישראל" (603). והאי חושבן גופא הוא כחושבן (2412) "ממחרת הפסח יצאו בני ישראל ביד רמה לעיני כל מצרים" (במדבר ל"ג,ג'-ריש פרשת מסעי). וזהו דמדכר "בני ישראל" א' בהדיא, ונותרו תיבין "ממחרת הפסח יצאו ביד רמה לעיני כל מצרים" דהן חושבן ג' פעמים "בני ישראל" (1809) חושבן ט' פעמים "בצדקה". וכדכתיב (ישעי' א',כ"ז) "ציון במשפט תפדה ושביה בצדקה" [וחידש ר' יוסף חיים זוננפלד זצוק"ל "ציון במשפט תפדה" גימ' (1076) "תלמוד ירושלמי", "ושביה בצדקה" (524) גימ' "תלמוד בבלי"]. וממשיך המגלה עמוקות לכן הן ט' תיבין בפסוקא דנן: ויקרא אל משה וידבר ה' אליו מאהל מועד לאמר גימ' (1455) אלף תנ"ה- מלוי משה ביודין כנ"ל. ורמיזא א' זעירא (דויקרא) דהות לבסוף א' רבתי (דאדם) וכבר זכה להאי א' רבתי באותו מעמד של הקמת המשכן. דכולא פסוקא חושבן (1455) "אלף (1000) מם שין הי (455)" כנ"ל. והוא חושבן (1455) ה' פעמים "א' זעירא" (289) כל אחד עם ב' כוללים דהיינו (291) ה' פעמים אר"ץ – ומקשרו להרב הקדוש בעל הנועם אלימלך דפסוקא דנן סליק לחושבן ה' פעמים "נעם אלימלך" (291) הקדוש זכותו יגן עלינו ועל כל ישראל אכי"ר. וכאשר נחבר חושבן פסוקא דנן (1455) עם חושבן ט' פעמים "עבדי יעקב" (2412) דמביאו המגלה עמוקות – סליקו תרוויהו לחושבן (3867): ג' פעמים "לא ימיש עמוד הענן יומם ועמוד האש לילה" (1289) (שמות י"ג,כ"ב – פרשת בשלח), והן בחינת משה ויעקב כדאיתא בזוה"ק (תקו"ז י"ג כט.) [1]משה מלגאו יעקב מלבר. משה מלגאו: פנימיות התפארת בחינת עמוד האש. ויעקב מלבר: חיצוניות התפארת בחינת עמוד ענן. וכדכתיב (שמות כ"ד,י"ח) "ויבא משה בתוך הענן" – דאיהו פנימיות הענן. וכדכתיב (דברים ה',י"ט) "את הדברים האלה דבר ה' וכו' מתוך האש" בחינתו דמשה. וממשיך

[ו] **תיקוני זוהר תקונא תליסר**: ודא איהו את קשתי נתתי בענן דאיהו ברית ויעקב בההיא ירכא אתמר ביה והוא צולע על ירכו דפרח מניה י' ואשתאר עקב ורזא דמלה הוא ישופך ראש ואתה תשופנו עקב כד אשתלימת סוכה בירך דילה אתמר ביעקב ויבא יעקב שלם ויעקב ודאי איהו דיוקנא דעמודא דאמצעיתא מסטרא דלבר והא משה תמן הוה אלא מסטרא דלגאו הוה דא מגופא ודא מנשמתא ובגין דא תרין ירכין דעמודא דאמצעיתא אינון נצח והוד ומתי יהיה עמודא דאמצעיתא שלים כד אתחבר בשכינתא הדא הוא דכתיב ויעקב נסע סכתה ויבן לו בית הדא הוא דכתיב ויבן י"י אלקי"ם את הצלע בההוא זמנא דאתחבר עמה ויבא יעקב שלם בההוא זמנא תהא סוכה שלימתא.

עבדי יעקב בקרא כי ט' מראות הכבוד מזה הפעם ט"פ נראה הקב"ה לאבות ולכן ט' תיבות בכתוב (בפסוק) של ויקרא. קרי

גלא עמיקתא

הפסוק: "הענן"– בחינתו דיעקב. "והערפל" – גימ' (391) "יהושע". ושלשתם יחד רמיזא מלכותא קדישא– עצם המלכות: "האש הענן והערפל" גימ' (872) ח' פעמים "דוד המלך" (109) בחינת מלכותא קדישא [ז]דשציא כולא ואכלא כולא (זוה"ק תצוה דף קפ"ז ע"א). ו–ג' הצדיקים "יעקב משה יהושע" גימ' (918) ב' פעמים "זרע יעקב" (459) וכאמרם (תענית ה:) [ח]יעקב אבינו לא מת וכו' מה זרעו בחיים אף הוא בחיים עד גאולתא שלמתא בעגלא דידן ובמן קריב ונאמר אמן. ומביא המגלה עמוקות הפסוק (שמות ל"ג,ז'): "ומשה יקח את האהל" סליק לחושבן (911) "ראשית".

ויש לקשרו לעיל [ט]מנורה שקלים החדש ראשי תיבות מש"ה– [י]בשלשתן נתקשה משה (מנחות כט.) דסליקו שלשתם לחושבן (1098) "תורה שבעל פה". ומשה איהו בחינת תורה שבכתב ולכן נתקשה בהם עיין שם באורנו באריכות. [2]ואמרינן התם דבשלשתם כתיב "ראש" עיין שם וקשרהו לכאן, ועיין עוד

2. ג' דברים נתקשה משה - מנורה, שקלים, החדש: והם שלשתם ג' בחינות של ראשית: א'. החדש: "החדש הזה לכם ראש חדשים" (שמות י"ב,ב') גימ' (1287) "ביום ההוא יתקע בשופר גדול" עם הכולל (ישעי' כ"ז,י"ג) רמיזא הגאולה העתידה. ב'. שקלים: במצות מחצית השקל כתיב "כי תשא את ראש בני ישראל לפקדיהם" גימ' (2505) ה"פ "ראש" והיינו ראשית, ומיד "זה יתנו וכו' מחצית השקל". ג'. מנורה: דכתיב (זכריה ד',ב') "ראיתי והנה מנורת זהב כלה וגלה על ראשה" גימ' (1415) "אברהם יצחק יעקב משה אהרן יוסף ודוד" ז' הרועים דעם ישראל עד ביאת משיח צדקנו במהרה בימינו אמן. ותיבין "מנורת זהב כלה וגלה" גימ' (809) "אברהם יגל יצחק ירנן" כדאמרינן ורמיזא תיבה כלה חסר כתיב וכגון ככלתו כדאמרינן לעיל. והנה ג' הפסוקין יחד דהן ג'

[ז] **זוהר שמות פרשת תצוה:** מה בין דינא עילאה להאי דינא, דינא עילאה שירותא וסופא קשה ולית מאן דיקום ביה וכל מה דאזיל אתתקף ובתר דשארי לא סליק מניה עד דאכיל ושצי כלא דלא אשתאר כלום. [ח] **תלמוד בבלי תענית דף ה עמוד ב:** רב נחמן ורבי יצחק הוו יתבי בסעודתא, אמר ליה רב נחמן לרבי יצחק: לימא מר מילתא! אמר ליה, הכי אמר רבי יוחנן: אין מסיחין בסעודה, שמא יקדים קנה לושט ויבא לידי סכנה. בתר דסעוד אמר ליה: הכי אמר רבי יוחנן: יעקב אבינו לא מת. - אמר ליה: וכי בכדי ספדו ספדניא וחנטו חנטייא וקברו קברייא? - אמר ליה: מקרא אני דורש, שנאמר ואתה אל תירא עבדי יעקב נאם ה' ואל תחת ישראל כי הנני מושיעך מרחוק ואת זרעך מארץ שבים, מקיש הוא לזרעו, מה זרעו בחיים - אף הוא בחיים. [ט] **תלמוד בבלי מנחות דף כט עמוד א:** א"ר חייא בר אבא אמר ר' יוחנן: גבריאל חגור כמין פסיקיא היה, והראה לו למשה מעשה מנורה, דכתיב: וזה מעשה המנורה. תנא דבי רבי ישמעאל: שלשה דברים היו קשין לו למשה, עד שהראה לו הקדוש ברוך הוא באצבעו, ואלו הן: מנורה, וראש חדש, ושרצים. מנורה, דכתיב: וזה מעשה המנורה; ראש חודש, דכתיב: החודש הזה לכם ראש חדשים; שרצים, דכתיב: וזה לכם הטמא; ויש אומרים: אף הלכות שחיטה, שנאמר: וזה אשר תעשה על המזבח. [י] **זוהר - רעיא מהימנא שמות פרשת תרומה דף קנז עמוד ב:** ובגין דא מני לישראל (שמות ל',י"ג) זה יתנו, קם תנא חדא ואמר (ודאי) רעיא מהימנא ודאי הכי הוא ולך מני למעבד כלהו הדא הוא דכתיב ועשית מנורת, ועשית שלחן, והכי בכלא וראה ועשה ומכלא לא אתקשי לך למעבד אלא תלת מלין דרשימין באתוון דשמך מ"נורה ש"קלים ה"חדש אמאי אתקשי לך

הדברים דמביא המגלה עמוקות לקביל הספירות דהן מתיחדים יחודא דקוב"ה ושכינתיה בעשות ישראל הני ג' מצוות עם הפסוקים דבהם מוזכר בחינת ראשית דהיינו: א'. "החדש הזה לכם ראש חדשים" ב'. "כי תשא את ראש בני ישראל לפקדיהם" (ומיד זה יתנו וכו' מחצית השקל) ג'. "ראיתי והנה מנורת זהב כלה וגלה על ראשה" סליקו כולהו לחושבן עם הכולל (5208) כ"ד פעמים "לחיי העולם הבא" (217) וכפלינן כ"ד פעמים בסוד כ"ד קשוטי כלה (עיין אופן יב"ק).

ביה ויקר אל משה שאותו היקר שנתן הקב"ה ליעקב שנותן הקב"ה את דיוקנו הכתוב בכסא נתן למשה. והוא

גלא עמיקתא

[יא]ברבינו בחיי פרשת בהעלותך דכתב על הפסוק "מקש"ה תיעשה המנורה" (שמות כ"ה,ל"א) – מקש"ה ר"ת "מנורה קרבן שקלים החדש" והן יחד בגימ' (1450) נ"פ "טוב הוא" (29) דאיתמר במשה ותרא אותו כי טוב הוא (שמות ב',ב'), וזכה בהסתלקותו לשער הנון כאמרם ז"ל (נדרים ל"ח ע"ב) [יב]נ' שערי בינה נבראו בעולם וזכה משה לכולן עיין שם. וכן בקרבן כתיב ראש: "וסמך ידו על ראש העולה" וכו' (ויקרא א',ד').

[**יא**] **רבינו בחיי במדבר פרק ח פסוק ב:** שבעת הנרות. ענין המנורה נעלם מאד והוא פלאי, כבר רמזתיו בסדר "ויקחו לי תרומה" ושם תבין מתוך הנר האמצעי פלאי אל, עדות לישראל. ובמדרש: (תנחומא ו) "שבעת הנרות", משל למה הדבר דומה למלך שהיה לו אוהב ואמר לו המלך: הוי יודע שאצלך אני סועד, התקן לי מקום, הלך והתקין כפי כחו, כיון שבא המלך בא עמו שמשין וסנקליטין מכאן ומכאן, ומנורות של זהב מכאן ומכאן, כיון שראה אוהבו את כל הכבוד הזה נתבייש והטמין כל מה שהתקין לו, א"ל המלך: לא אמרתי לך שאצלך אני סועד, ולמה לא התקנת לי כלום. א"ל: אדוני המלך ראיתי כל הכבוד הזה שבא עמך ונתביישתי והטמנתי כל מה שהתקנתי, א"ל המלך: חייך שאני מניח את כל כלי שהבאתי עמי ואיני משתמש אלא בשלך בשביל אהבתך. כך הקדוש ברוך הוא כולו אורה, והוא מצוה לישראל לעשות לפניו מנורה ולהדליקה תמיד כיון שעשה משה משכן ומנורה ובאה השכינה, מה כתיב שם (שמות מ, לה) "ולא יכול משה לבא אל אהל מועד", מיד: (ויקרא א, א) "ויקרא אל משה" (במדבר ז, פט) "ובבא משה אל אוהל מועד לדבר אתו וישמע את הקול מדבר אליו", ומהו הדבר: "בהעלותך את הנרות". אמרו ישראל: הקדוש ברוך הוא ברא חמה ולבנה שמאירים את העולם כולו והוא חפץ שנדליק לפניו נרות. כשחרב בהמ"ק נגנזה המנורה בשביל כח קדושתה כמו שדרשו רז"ל (תנחומא שם) שנתקשה משה במלאכתה וצוהו המקום שישליך ככר זהב לתוך האש ויצתה עשויה מאליה, שנאמר: (שמות כה, לא) "תיעשה המנורה", מאליה, וכתיב: (שמות כה, לא) "מקשה" כלומר מה קשה עשייתה, וזה מעשה המנורה, גובהה של מנורה י"ח טפחים, כמנין "וז"ה", מקשה, מלמד שנתקשה משה, וכן דרשו רז"ל: בארבעה דברים נתקשה משה עד שהוצרך הקדוש ברוך הוא להראות לו באצבע ואלו הן: המנורה, שנאמר: "וזה מעשה המנורה", הקרבנות, שנאמר: (ויקרא ו, יג) "זה קרבן אהרן", השקלים, שנאמר: (שמות ל, יג) "זה יתנו", הירח, שנאמר: (שם יב, ב) "החדש הזה לכם", וזהו לשון "מקשה", מ'נורה, ק'רבן, ש'קלים, ה'חדש. ואף על פי שאמרו רז"ל: (חולין מד) תפשו הקדוש ברוך הוא למשה ואמר לו: את זה תאכלו ואת זה לא תאכלו, ובשרצים שכתוב: (ויקרא יא, כט) "וזה לכם הטמא", לא אמרו נתקשה אלא בארבעה דברים.

[**יב**] **תלמוד בבלי מסכת נדרים דף לח עמוד א:** אמר רבי יוסי בר' חנינא: לא ניתנה תורה אלא למשה ולזרעו, שנאמר: כתב לך פסל לך, מה פסולתן שלך אף כתבן שלך, משה נהג בה טובת עין ונתנה לישראל, ועליו הכתוב אומר: טוב עין הוא יבורך וגו'. מתיב רב חסדא: ואותי צוה ה' בעת ההיא ללמד אתכם! ואותי צוה, ואני לכם. ראה למדתי אתכם חוקים ומשפטים כאשר צוני ה' אלהי! אותי צוה, ואני לכם. ועתה כתבו לכם את השירה הזאת! השירה לחודה. למען תהיה לי השירה הזאת לעד בבני ישראל! אלא פילפולא בעלמא. אמר ר' יוחנן: אין הקדוש ברוך הוא משרה שכינתו אלא על גבור ועשיר וחכם ועניו,

סוד (שמות ל"ג) ומשה יקח את האהל יקח בגימ' כסא הכבוד ששעור קומתו של כסא הכבוד הוא כמנין כסא הכבוד שהוא קי"ח אלפים רבבות פרסאות לכן א' זעירא. שסוד כסא

גלא עמיקתא

ברם תמן בארנו בדברי המגלה עמוקות [יג]באופן ל"ח ענין מנורה שקלים החדש ר"ת וס"ת מש"ה ואולי יזכנו השי"ת לבאר ע"פ הפסוקים את פירוש רבינו בחיי על התורה.

ובהאי פרשתא י"א פעמים "אהל" ובארנוהו במקום אחר דהוא לקביל [יד]י"א כתרין דמסאבותא עשתי עשר יריעות עיזים (שמות כ"ו,ז') – עזות

וכולן ממשה. גבור, דכתיב: ויפרוש את האהל על המשכן, ואמר מר: משה רבינו פרסו, וכתיב: עשר אמות ארך הקרש וגו'. אימא: דאריך וקטין! אלא מן הדין קרא, דכתיב: ואתפוש בשני הלוחות ואשליכם מעל שתי ידי ואשברם, ותניא: הלוחות - ארכן ששה ורחבן ששה ועביין שלשה. עשיר, פסל לך - פסולתן שלך יהא. חכם, רב ושמואל דאמרי תרוייהו: חמשים שערי בינה נבראו בעולם, וכולם נתנו למשה חסר אחת, שנאמר: ותחסרהו מעט מאלהים. עניו, דכתיב: והאיש משה עניו מאד. אמר ר' יוחנן: כל הנביאים עשירים היו, מנלן? ממשה ומשמואל מעמוס ומיונה. משה, דכתיב: לא חמור אחד מהם נשאתי, אי בלא אגרא, לאפוקי מאן דשקל בלא אגרא? אלא דאפי' באגרא. דילמא משום דעני הוה! אלא מן פסל לך - פסולתן יהא שלך. שמואל, דכתיב: הנני ענו בי נגד ה' ונגד משיחו את שור מי לקחתי וחמור מי לקחתי, אי בחנם, לאפוקי מאן דשקל בחנם? אלא דאפילו בשכר. דלמא דעני הוה! אלא מהכא: ותשובתו הרמתה כי שם ביתו, ואמר רבא: כל מקום שהלך ביתו עמו. אמר רבא: גדול מה שנאמר בשמואל יותר משנאמר במשה, דאילו במשה רבינו כתיב: לא חמור אחד מהם נשאתי דאפי' בשכר, ואילו גבי שמואל אפי' ברצון לא שכרו, דכתיב: ויאמרו לא עשקתנו ולא רצותנו וגו'. עמוס, דכתיב: ויען עמוס ויאמר אל אמציה לא נביא אנכי ולא בן נביא אנכי כי בוקר אנכי ובולס שקמים, כדמתרגם רב יוסף: ארי מרי גיתי אנא ושקמין לי בשפלתא וגו'. יונה, דכתיב: ויתן שכרה וירד בה, וא"ר יוחנן: שנתן שכרה של ספינה כולה. אמר ר' רומנוס: שכרה של ספינה הויא ד' אלפים דינרי דהבא. וא"ר יוחנן: בתחלה היה משה למד תורה ומשכחה, עד שניתנה לו במתנה,

שנאמ': ויתן אל משה ככלתו לדבר אתו. [יג] **מגלה עמוקות על א' זעירא דויקרא אופן ל"ח:** ברעיא מהימנא משפטים בג' דברים נתקשה משה בשם משה מ"נורה ש"קלים ונרמזים בשם משה מ"נורה ש"קלים ה"חודש והם סוד ג' יחודין שסימנם ית"ד שהכל תלוי בו י"סוד ת"פארת ד"עת מנורה הוא יחוד הדעת שקלים תפארת החודש הוא יחוד יסוד עם מלכות כנגד הדעת אמר ויקר אל משה כלי יקר שפתי דעת כנגד תפארת וידבר ה' אליו כנגד יסוד אמר מאוהל מועד שהוא דרגיה דיוסף אהל מועד בגי' יוסף במלת ויקר נרמז שנתקשה בהם תרגום של קושי הוא יקר אל משה ג' אלו שנרמזים בשם משה לכן אלף זעירא שבג' אלו לא היה לו הבנה בלימודם. [יד] **אגרא דכלה בראשית פרשת לך לך:** ויאמר עוד, ונברכו ב"ך בגימטריא תק"ב בהחשב הך' רבתי דאותיות מנצפ"ך לת"ק כנודע, כמו מנין שנות האבות, והנה כתוב אצלינו בפסוק תהלת ד' ידבר פי ויברך כל בשר [תהלים קמה כא], דהנה אמרו רז"ל חייב אדם לבסומי בפוריא עד דלא ידע בין ארור המן לברוך מרדכי [מגילה ז ב], והנה כתבו התוס' דלא ידע לחשוב החשבון כי המספר שוה ארו"ר המ"ן, ברו"ך מרדכ"י, כל אחד בגימטריא תק"ב, והנה כתב האר"י ז"ל להיות המן ובניו הם י"א כתרין דמסאבותא, ושם גם כן גנוז ניצוץ הק' המחיה את כולם, וצריכין אנחנו להחיות את ניצוץ הק' הלז, ואם כן צריכין אנחנו לומר בדרך השילוח גם לשם ברוך, אך אי אפשר לומר כן בדיעה מיושבת, כי הנה הוא מברך הקליפה, וצריך לומר זה בלא דעת רק בשכרות. והנה ברו"ך מרדכ"י שהוא בגימטריא בש"ר קודש (וידוע דבחינת היסוד נקרא כל בשר [תיקו"ז מ"א ע"ב] והבן), ובהיפך בסט"א ארו"ר המ"ן בגימטריא

הכבוד הוא (דניאל ז׳) אלף אלפין ישמשוניה והוא סוד אדם אחד זה משה מאלף מצאתי שזכה ליקח מתנות

גלא עמיקתא

דקלי, [טו]וישראל קבלו תורה מפני שהן עזים שבאומות (ביצה כה:) – עזות דקדושה. וזהו [טז]עיזי מסגי ברישא (שבת עז:) ישרא״ל אתוון לריש״א. וזהו (שם) ברישא חשוכא- תורה שבעל פה, והדר נהורא- תורה שבכתב. דעל ידי ישראל דיגעים יממא ולילא במלין חדתין דאורייתא קדישא עבדין הדר נהורא- מאיר אור התורה שבכתב דהיא כולה שמותיו יתברך את העולם כולו. וזהו ומשה יק״ח את האהל- יק״ח מלא "יוד קוף חית" גימ׳ (624) י״ב פעמים "בן" (52) י״ב שבטי י-ה דהן בחינת מלכותא קדישא כסא הכבוד- דדוד התחנן דיהא הוא רגל רביעי וזכה לכך- והוא שם ב״ן במלכות- והן י״ב בני״ם. וכדכתיב (דברים י״ד,א׳) "בנים אתם לה׳ אלהיכם" וכו׳.

[יז]ומכאן לומד רבי יהודה בזמן שאתם נוהגים מנהג בנים אתם קרויים בנים אין אתם נוהגים מנהג בנים אין אתם קרויים בנים (קדושין ל״ו ע״א). כסא הכבוד במלוי: "כף סמך אלף (331) הי כף וו בית דלת (961)" גימ׳ (1292)

בש״ר טמא, ולעתיד במהרה בימינו ימלא כבוד השם את כל הארץ, והניצוצות הקדושות שבקליפות יתפרדו ויוכללו בקדושה והס״א תתבטל, ואז תהלת השם ידבר פי, דיבור ממש בדיעה שלימה, ויברך כל בשר שם קדשו, והבן כי אי אפשר להרחיב הביאור בזה. וכמנין זה היו שני חיי האבות, להיותן עיקר היחוד בעולם, וזה יבואר ונברכו מלשון הברכ״ה, ב״ך כמנין תק״ב בהחשב הד׳ לת״ק בגימטריא דאי״ק בכ״ר שהוא בגימטריא בש״ר, כל משפחות האדמה אפילו מה שהוא בבחינת אדמה תוקף הדין של הקליפות יתבטל, רק מה שהוא משפחות האדמה, ר״ל שמחובר לאדמה היינו הניצוץ המחיה, משפחות לשון חיבור מלשון ונספחו על בית יעקב [ישעיה יד א] יוכללו בקדושה על ידי זרע אברהם אוהבו. [**טו**] **תלמוד בבלי ביצה דף כה עמוד ב:** תנא משמיה דרבי מאיר: מפני מה נתנה תורה לישראל - מפני שהן עזין. תנא דבי רבי ישמעאל: מימינו אש דת למו, אמר הקדוש ברוך הוא: ראויין הללו שתנתן להם דת אש. איכא דאמרי: דתיהם של אלו אש, שאלמלא (לא) נתנה תורה לישראל אין כל אומה ולשון יכולין לעמוד בפניהם. והיינו דאמר רבי שמעון בן לקיש: שלשה עזין הן: ישראל באומות, כלב בחיות, תרנגול בעופות. ויש אומרים: אף עז בבהמה דקה, ויש אומרים: אף צלף באילנות [**טז**] **תלמוד בבלי שבת דף עז עמוד ב:** רבי זירא אשכח לרב יהודה דהוה קאי אפיתחא דבי חמוה, וחזייה דהוה בדיחא דעתיה, ואי בעי מיניה כל חללי עלמא הוה אמר ליה. אמר ליה: מאי טעמא עיזי מסגן ברישא והדר אימרי? אמר ליה: כברייתו של עולם, דברישא חשוכא והדר נהורא. [**יז**] **תלמוד בבלי קידושין דף לו עמוד א:** ובין לאביי ובין לרבא, האי בנים אתם מאי דרשי ביה? האי מיבעי לכדתניא: בנים אתם לה׳ אלהיכם, בזמן שאתם נוהגים מנהג בנים - אתם קרוים בנים, אין אתם נוהגים מנהג בנים - אין אתם קרוים בנים, דברי ר׳ יהודה; רבי מאיר אומר: בין כך ובין כך אתם קרוים בנים, שנאמר: בנים סכלים המה, ואומר: בנים לא אמון בם, ואומר: זרע מרעים בנים משחיתים, ואומר: והיה במקום אשר יאמר להם לא עמי אתם יאמר להם בני אל חי. מאי ואומר? וכי תימא, סכלי הוא דמקרי בני, כי לית בהו הימנותייהו לא מיקרו בני, ת״ש, ואומר: בנים לא אמון בם; וכי תימא, כי לית בהו הימנותא הוא דמיקרו בנים, כי פלחו לעבודת כוכבים לא מיקרו בנים, ת״ש, ואומר: זרע מרעים בנים משחיתים; וכ״ת, בנים משחיתים הוא דמיקרו, בני מעלייא לא מיקרו, ת״ש, ואומר: והיה במקום אשר יאמר להם לא עמי אתם יאמר להם

באדם (כדכתיב במשה תהל' ס"ח עלית למרום שבית שבי לקחת מתנות באדם וכו'). באד"ם דייקא על דמות הכסא דמות כמראה אדם עליו מלמלעלה (יחזקאל א'). נמצא

גלא עמיקתא

"וביום ההוא יתקע בשופר גדול" דאיתמר בגאולתא (ישעי' כ"ז, י"ג) "[יח]והיה ביום ההוא יתקע בשופר גדול ובאו האובדים בארץ אשור והנדחים בארץ מצרים, והשתחוו לה' בהר הקודש בירושלים". והוא חושבן (1292) ב' פעמים "בבלי וירושלמי" (646) כדהבאנו לעיל מהגרי"ח זוננפלד "ציון במשפט תפדה" גימ' "תלמוד ירושלמי", "ושביה בצדקה" גימ' "תלמוד בבלי". ובאור הענין [יט]דעל ידי עסק התורה שבעל פה מקרבים הגאולה. ועיין עוד בענין זה [3]במקום אחר בפירוש ענין תלמוד בבלי וירושלמי.

בני אל חי. [יח] **תלמוד בבלי מסכת ברכות דף נו עמוד ב:** אמר רבי יהושע בן לוי: הרואה נהר בחלום ישכים ויאמר הנני נטה אליה כנהר שלום, קודם שיקדמנו פסוק אחר - כי יבא כנהר צר. הרואה צפור בחלום ישכים ויאמר כצפרים עפות כן יגן וגו', קודם שיקדמנו פסוק אחר - כצפור נודדת מן קנה וגו'. הרואה קדרה בחלום ישכים ויאמר ה' תשפת שלום לנו, קודם שיקדמנו פסוק אחר - שפת הסיר שפת. הרואה ענבים בחלום ישכים ויאמר כענבים במדבר, קודם שיקדמנו פסוק אחר - ענבמו ענבי רוש. הרואה הר בחלום ישכים ויאמר מה נאוו על ההרים רגלי מבשר, קודם שיקדמנו פסוק אחר - על ההרים אשא בכי ונהי. הרואה שופר בחלום ישכים ויאמר והיה ביום ההוא יתקע בשופר גדול, קודם שיקדמנו פסוק אחר - תקעו שופר בגבעה. הרואה כלב בחלום ישכים ויאמר ולכל בני ישראל לא יחרץ כלב לשנו, קודם שיקדמנו פסוק אחר - והכלבים עזי נפש. הרואה ארי בחלום ישכים ויאמר אריה שאג מי לא יירא, קודם שיקדמנו פסוק אחר - עלה אריה מסבכו, הרואה תגלחת בחלום ישכים ויאמר ויגלח ויחלף שמלתיו, קודם שיקדמנו פסוק אחר - (כי) אם גלחתי וסר ממני כחי. הרואה באר בחלום ישכים ויאמר באר מים חיים, קודם שיקדמנו פסוק אחר - כהקיר ביר מימיה. הרואה קנה בחלום ישכים ויאמר קנה רצוץ לא ישבור, קודם שיקדמנו פסוק אחר - הנה בטחת לך על משענת הקנה הרצוץ. תנו רבנן: הרואה קנה בחלום - יצפה לחכמה, שנאמר קנה חכמה, קנים - יצפה לבינה, שנאמר ובכל קנינך קנה בינה. אמר רבי זירא: קרא, קורא, קירא, קניא - כולהו מעלו לחלמא. תניא: אין מראין דלועין אלא למי שהוא ירא שמים בכל כחו. הרואה שור בחלום ישכים ויאמר בכור שורו הדר לו, קודם שיקדמנו פסוק אחר - כי יגח שור את איש. תנו רבנן, חמשה דברים נאמרו בשור: האוכל מבשרו - מתעשר, נגחו - הויין ליה בנים שמנגחים בתורה, נשכו - יסורין באים עליו, בעטו - דרך רחוקה נזדמנה לו, רכבו - עולה לגדולה. והתניא: רכבו - מת! - לא קשיא; הא - דרכיב הוא לתורא, הא - דרכיב תורא לדידיה. [**יט**] **זוהר - הקדמה דף ד עמוד ב:** בראשית ר' שמעון פתח (ישעיה נ"א) ואשים דברי בפיך כמה דאית ליה לבר נש לאשתדלא באורייתא יממא ולילא בגין דקודשא בריך הוא ציית לקלהון דאינון דמתעסקי באורייתא ובכל מלה דאתחדש באורייתא על ידא דההוא דאשתדל באורייתא עבד רקיעא חדא, תנן בההיא שעתא דמלה דאורייתא אתחדשת מפומיה דבר נש ההיא מלה סלקא ואתעתדת קמיה דקודשא בריך הוא וקודשא בריך הוא נטיל לההיא מלה ונשיק לה ועטר לה בשבעין עטרין גליפין ומחקקן, ומלה דחכמתא דאתחדשא סלקא ויתבא על רישא דצדיק חי עלמין וטסא מתמן ושטא בשבעין אלף עלמין וסליקת לגבי עתיק יומין,

3. תלמוד בבלי וירושלמי: וזהו דאמרו חז"ל "הושיבני במחשכים" זה תלמוד בבלי, ולכן מתחיל הש"ס תמיד בדף ב' וכן בבלי מתחיל ב', דשם הפלפול והיגיעה עצומים, אמנם תלמוד ירושלמי הוא בחי' אור וירושלמי מתחיל ביו"ד דהיינו א' זעירא דצורתה יו"ד, ולכן תלמוד ירושלמי מתחיל בדף אל"ף, והוא בחינת עשרת הדברות דמתחילים אל"ף אנכי, והוא בחינת אור- חכמה- לשון קצרה דתלמוד ירושלמי, הלכות הלכות, והן בחינת חכמה- ירושלמי, בינה- בבלי.

וכל מלין דעתיק יומין מלין דחכמתא אינון ברזין סתימין עלאין, וההיא מלה סתימא דחכמתא דאתחדשת הכא כד סלקא אתחברת באנון מלין דעתיק יומין וסלקא ונחתא בהדייהו ועאלת בתמניסר עלמין גניזין (שם ס"ד) דעין לא ראתה אלהים זולתך, נפקי מתמן ושטאן ואתיין מליאן ושלמין ואתעתדו קמי עתיק יומין, בההיא שעתא ארח עתיק יומין בהאי מלה וניחא קמיה מכלא, נטיל לההיא מלה ואעטר לה (שמות י"ד) בתלת מאה ושבעין אלף עטרין, ההיא מלה טסת וסלקא ונחתא ואתעבידא רקיעא חדא, וכן כל מלה ומלה דחכמתא (ס"א) רקיעין קיימין בקיומא שלים קמי עתיק יומין והוא קרי לון שמים חדשים מחודשים סתימין דרזין דחכמתא עלאה וכל אינון שאר מלין דאורייתא דמתחדשין קיימין. [כ] **דגל מחנה אפרים בראשית פרשת בראשית:** ויש לפרש כי ידוע תורה שבכתב ותורה שבעל פה הכל אחד ואין אחד נפרד מחבירו כלל כי אי אפשר לזה בלא זה דהיינו התורה שבכתב מתגלה צפונותיה על ידי תורה שבעל פה ותורה שבכתב בלא תורה שבעל פה אינו תורה שלימה והוא רק כמו חצי ספר עד שבאו חז"ל ודרשו התורה וגילו דברים הסתומים ופעמים הם עוקרין דבר מן התורה והיינו בענין מלקות שכתוב בתורה ארבעים ובאו רבנן ובצרו חדא (מכות כ"ב ב) והכל על ידי הופעת רוח קדשם שהופיע עליהם והיה כח בידם לעשות זה נמצא תלוי שלימות תורה שבכתב בתורה שבעל פה ולכן האומר אין קל וחומר מן התורה או שחולק על מאמר אחד מחז"ל כאילו כופר בתורת משה רבינו ע"ה (סנהדרין צ"ט א) כי הכל תלוי בדרושי חז"ל והם עיקר

מעלתו של משה הוא יותר גבוה מיעקב– כי דיוקנא של יעקב חקוקה בכסא הכבוד אבל משה על הכסא (איוב כ"ו)

גלא עמיקתא

ובספר דניאל (ז' ט'–י') "עתיק יומין יתיב" וכו' ושופט להני מלכויות דסטרא אחרא דפסוקים הקודמים, ראשי תיבות אדנ"י א'ריה ד'ב נ'מר וחיה עם י' קרניים וביניהון קרן אחרי זעירא עיין באורנו בזה במקום אחר בפירוש ענין חלום דניאל – קרן אחרי זעירא.

ומביא המגלה עמוקות המשך הפסוקים שם: אלף אלפים ישמשוניה גימ' עם הכולל (984): ח' פעמים "ענג" (123) רמיזא אלפא תמינאה– גלוי בחינת עתיק יומין וראו כל בשר יחדו כי פי ה' דבר. ומביא דמשה בחינה גבוהה יותר מיעקב: דיעקב חרות דיוקנו בכסא, ומשה בחינת (יחזקאל א',כ"ו): "ועל דמות הכסא דמות כמראה אדם עליו מלמעלה" סליק לחושבן (1734): ו' פעמים "א' זעירא" (289), וזהו דפותח ויקר"א: ו' יקר א' זעירא: מהו היקר ו' פעמים א' זעירא כנ"ל, ומשה בסוד אות ו', דהביא דהלוחות ארכן ורחבן ו', וכתיב (שמות ל"ב,א') "וירא העם כי בושש משה" וכו' בושש נוטריקון בו שש, דהוא חושבן הפסוק "ועל דמות הכסא דמות כמראה אדם עליו מלמעלה". ותיבין "ועל דמות הכסא דמות כמראה" גימ' (1358) "ברוך שם כבוד מלכותו לעולם ועד" בחינת מלכותא קדישא יחודא תתאה בחינת כסא הכבוד כנ"ל. ומשה הוא הדעת עליון בחינת "שמע ישראל ה' אלהינו ה' אחד" גימ' (1118) "אחד" פעמים "אלהים" וכדמפרש אלהינו אחד בהדיא. ותרוויהו יחד: שמע ישראל ה' אלהינו ה' אחד ברוך שם כבוד מלכותו לעולם ועד גימ' (2476): ב' פעמים "ומלאה הארץ דעה את ה' כמים לים מכסים" (1238) דאיתמר בגאולתא (ישעי' י"א,ט') "לא ירעו ולא ישחיתו בכל הר קדשי כי מלאה הארץ דעה את ה' כמים לים מכסים". והוא בגלוי יחודא שלים דקוב"ה – ברוך שם כבוד מלכותו לעולם ועד, יחד עם בני ישראל – שמע ישראל ה' אלהינו ה' אחד – [כ]יחוד

[כא]מאחז פני כסא (המשך הפסוק: פרשז עליו עננו) פרש ש-די זיו עננו עליו עליו דייקא כמראה אדם עליו מלמעלה (יחזקאל א'). ז"ש וידבר ה' אליו

גלא עמיקתא

תורה שבכתב עם תורה שבעל פה. וזהו דתיבין דהאי פסוקא: "כי מלאה הארץ דעה את ה' כמים לים" גימ' (1098) "תורה שבעל פה". ובמקום אחר [באור על [כב]מגלה עמוקות על א' זעירא דויקרא אופן ל"ח] בארנו דהני [כג]ג' דברים שנתקשה בהם מש"ה "מנורה שקלים החדש" ר"ת מש"ה גימ' (1098) "תורה שבעל פה". ולעתיד לבוא כבר לא יתקשה בהן כדאיתא בזוהר הקדוש [כד]משה רבינו לא מית אלא אתכניש לעילא ואנהיר לסיהרא מתמן. ובאור הענין דהגיע ליחודא שלים של תורה שבכתב בתוך תורה שבעל פה בחינת "ויבא משה בתוך הענן" (שמות כ"ד,י"ח) כנ"ל.

שלימות התורה שבכתב. **[כא] תלמוד בבלי סוכה דף ה עמוד א:** ותניא, רבי יוסי אומר: מעולם לא ירדה שכינה למטה, ולא עלו משה ואליהו למרום, שנאמר השמים שמים לה' והארץ נתן לבני אדם. - ולא ירדה שכינה למטה? והכתיב וירד ה' על הר סיני! למעלה מעשרה טפחים. - והכתיב ועמדו רגליו ביום ההוא על הר הזיתים! - למעלה מעשרה טפחים. ולא עלו משה ואליהו למרום? והכתיב ומשה עלה אל האלהים! - למטה מעשרה. - והכתיב ויעל אליהו בסערה השמים! - למטה מעשרה. - והכתיב מאחז פני כסא פרשז עליו עננו, ואמר ר' תנחום מלמד שפירש שדי מזיו שכינתו ועננו עליו! - למטה מעשרה. - מכל מקום מאחז פני כיסא כתיב! - אישתרבובי אישתרבב ליה כסא עד עשרה, ונקט ביה. **[כב] מגלה עמוקות על א' זעירא דויקרא אופן ל"ח:** ברעיא מהימנא משפטים בג' דברים נתקשה משה בשם משה מ"נורה ש"קלים ונרמזים בשם משה מ"נורה ש"קלים ה"חודש והם סוד ג' יחודין שסימנם ית"ד שהכל תלוי בו י"סוד ת"פארת ד"עת מנורה הוא יחוד הדעת שקלים תפארת החודש הוא יחוד יסוד עם מלכות כנגד הדעת אמר ויקר אל משה כלי יקר שפתי דעת כנגד תפארת וידבר ה' אליו כנגד יסוד אמר מאוהל מועד שהוא דרגיה דיוסף אהל מועד בגי' יוסף במלת ויקר נרמז שנתקשה בהם תרגום של קושי הוא יקר אל משה ג' אלו שנרמזים בשם משה לכן אלף זעירא שבג' אלו לא היה לו הבנה בלימודם. **[כג] זוהר - רעיא מהימנא שמות פרשת תרומה דף קנז עמוד ב:** ובגין דא מני לישראל (שמות ל',י"ג) זה יתנו, קם תנא חדא ואמר (ודאי) רעיא מהימנא ודאי הכי הוא ולך מני למעבד כלהו הדא הוא דכתיב ועשית מנורת, ועשית שלחן, והכי בכלא וראה ועשה ומכלא לא אתקשי לך למעבד אלא תלת מלין דרשימין באתוון דשמך מ"נורה ש"קלים ה"חדש אמאי אתקשי לך **[כד] זוהר פרשת בראשית דף לז עמוד ב:** ויאמר ה' לא ידון רוחי באדם לעולם בשגם הוא בשר וכו' רבי אחא אמר בההוא זמנא הוה ההוא נהרא דנגיד ונפיק אפיק רוחא עלאה מאילנא דחיי ואריק באילנא (דשרייא ביה מותא) (מאילנא דמותא) ואתמשכן רוחין בגווייהו דבני נשא יומין (זמנין) סגיאין עד דסלקו בישין ואתעתדו לפתח, כדין אסתלק רוחא עלאה מהוא אילנא בשעתא דפרחו נשמתין בבני (מבני) נשא הדא הוא דכתיב לא ידון רוחי באדם לעולם למיהב לעולם בשעתא דפרחו נשמתין בבני נשא, בשגם הוא בשר רבי אלעזר אמר (לקמן צח.) בשגם דא משה דאיהו נהיר לסיהרא ומחילא דא קיימין בני נשא בעלמא יומין (זמנין) סגיאין, והיו ימיו מאה ועשרים שנה רמז למשה דעל ידיה תורה אתיהיבת וכדין יריק (ס"א זריק) חיין לבני נשא מההוא אילנא דחיין וכך הוה אלמלא דחבו ישראל הדא הוא דכתיב (שמות ל"ב) חרות על הלחות חרות ממלאך המות, דהא אילנא דחיי הוה משיך לתתא ועל דא בשג"ם דאיהו בשר קיימא מלה לארקא (לאתרחקא) רוחא דחיי בשגם אחיד לתתא אחיד לעילא, ועל דא תנינן משה לא מית אלא אתכניש מעלמא והוה נהיר לסיהרא וכו'

מאהל מועד על עסקי אהל מועד דאיתמר תמן (שמות ל"ג) ומשה יקח את האהל ז"ש אדם כי יקריב שלקח אז מתנות באדם, שזכה לדמות כסא שהוא כמראה אדם.

גלא עמיקתא

ומביא בסיום האופן (מ"ד במגלה עמוקות) דזכה לומשה יק"ח את האהל וזכה למתנות באדם בחינת (ויקרא א',ב'): אדם כי יקריב מכם קרבן לה' גימ' (895) ה' פעמים "ונהפוך הוא" (179) (אסתר ט',א') רמיזא תחית המתים האלף השמיני ב"ב אבי"ר. והוא חושבן פסוקא "וידבר ה' אל משה לאמר" דמקשר האי אדם כי יקריב לבחינת משה וכדפירש המגלה עמוקות בסוף האופן הפסוק (תהל' ס"ח,י"ט): עלית למרום שבית שבי לקחת מתנות באדם גימ' (3331) "יהיה" (30) פעמים "אלף" (111) עם הכולל. כדכתיב לעתיד לבוא (זכרי' י"ד,ט') "ביום ההוא יהיה ה' אחד ושמו אחד". ודרשו (פסחים נ.) מאי אחד אטו האידנא לאו אחד הוא? א"ר אחא בר חנינא לא כעולם הזה העולם הבא– העולם הזה על בשורות טובות אומר ברוך הטוב והמטיב ועל בשורות רעות אומר ברוך דיין האמת, ולעולם הבא כולו הטוב והמטיב. ומקשה עוד הגמרא: מאי אחד האידנא לאו שמו אחד הוא? ותירצו: בעולם הזה נכתב בי"ה ונקרא א–דני, אבל לעולם הבא נקרא בי"ה ונכתב בי"ה. וזהו ביום ההוא "יהיה" דו"ה יעלו למדרגת י"ה וכאמרם אין השם שלם וכו'. וזהו "יהיה" פעמים "אלף" היינו א' רמיזא ביום ההוא יהיה ה' אחד א' היינו אחד. וכן "אלף" רמיזא אלופו של עולם כמבואר [כה]בדברי רש"י במשלי על הפסוק "ונרגן מפריד אלוף" דפירש: על ידי ריגונו ותרעומתו מפריד ממנו אלופו של עולם (משלי ט"ז,כ"ח ובפרוש רש"י שם) ובספה"ק מובא במקום ונרגן מפריד אלוף ונרגן מפריד אלף עיין לדוגמא [כו]בספר תיבת גמא פרשת נח [כז]ובשל"ה הקדוש (פסחים דרוש ג') כתב להדיא ונרגן

[כה] רש"י משלי פרק טז: ונרגן מפריד אלוף - וע"י ריגונו ותרעומתו מפריד ממנו אלופו של עולם. **[כו] ספר תיבת גמא פרשת נח:** שופך דם האד"ם באדם דמו ישפך, שרצו בארץ ורבו בה [ט, ו]. כי נרגן מפריד אלף, פירשו המפרשים, אדם נשאר דם, אמת נשאר מת. ואיש נשאר יש, כי הצדיק אדון הנפש על הגוף ואוסף לעצמו, משא"כ רשע משרת לאחרים כמ"ש (ב"ב יא א) מונבז המלך, וצדיק הגוף שפל בעיניו כלא היה, ורשע הגוף יש ואדון על הנפש ח"ו, עיין בקונקרדנסיס בשרש איש וחזקת והיית לאיש. וחכמת המסכ"ן בעל אוצרות, עיין במאיר נתיב בשרש סכן, בזויה שיבזה הגוף ושפל. נמצא ד' תחבושת להנצל מיצר הרע עם הגוף, א' בדד שלא להתחבר עם בני אדם, ב' תפלה בכוונה לבעי רחמי, ג' לזלזל את עצמו ולהרחיק מגאוה, ד' תורה תבלין, ז"ש (ב"ב י א) ה"ר קשה יצר הרע [שנדמה] לצדיק כהר, ברז"ל מחתכו נוטריקון ב"דד ר"נה תפלה ז"לזול ושפלות ל"ימוד התורה, א"כ נרגן מפרוד אלף נשאר יש, משא"כ צדיק כאילו אינו בארץ. סבאך מהול במים (ישעיה א, כב) מפרשים מלה הפוכה סאב טומאה מהול מעורב במים של תורה, כי בעו"ה לומד ומתפלל הכל לגוף ח"ו ליוהרא, וז"ש שופך דם האדם דם הוא החיות האדם הגוף בה"א יתירה, עוה"ז נברא בה"א (מנחות כט ב), עיין תוס' יבמות (סא א) אתם קרוים אדם ועכו"ם כו' באדם מתלבש הגוף בחיות של הנפש כי הוא באמת עיקר אדם נעשה אדם דמו ישפך משא"כ הלומד תורה לשמה ועיקרו לתת חיות לנפש ואגב זוכה הגוף אז טוב לו. עיין פ' וישב לאור יקום רוצח יע"ש. **[כז] ספר של"ה (שני לוחות הברית)** - מסכת

פסחים - דרוש ג׳ לשבת הגדול שחל בפרשת מצורע: כתיב מי יתן טהור מטמא לא אחד (איוב יד, ד), ופסוק זה על דרך פסוק ויתרון לאור מחשך (קהלת ב, יג), והארכתי מאד בדרושים אחרים מענין זה, כי סבת החשך גורם יתרון האור ממה שהיה קודם שנתחשך. וארז״ל חוה סחטה אשכול של ענבים בענבים מעורבים בשמרים ואינם נכרים רק מתבטלים, וכשנסחט ונעשו שמרים אחר כך נשאר היין משומר, רצה לומר מסולק מהשמרים. [ענין השמרים הוא כח הבחירה הנתונה לאדם לבחור בטוב או רע, ולעתיד יהיה הטוב הכרחיי ונצחיי, כמו הנשמה קודם בואה לעולם טהורה, ובחזירתה ביותר. והוא זך ובהיר יותר ממה שהיה קודם סחיטה. וזהו ענין עולם הבא יין המשומר בענביו, כמו שארז״ל (ברכות לד, ב), עין לא ראתה אלהים זולתיך זהו יין המשומר. והענין כי היה כתנות אור ונגנז ונעשה כתנות ע ור ב׳עין׳, שהוא עור היפך אור. ובהתם החטאת לעתיד, אור חדש יהיה, לזה העור יתרון ׳עין׳ שגרמה עיור, עיור יתהפך ל׳עין׳ ב׳עין׳ יראה ה׳ וגו׳, עין רואה עין כו׳ זה יין המשומר כו׳. וזהו ענין ׳ע׳ דשמע ישראל רבתי. ובדברי הימים ׳א׳ דאדם רבתי. הנה ׳אדם׳ מעשר של ׳אמת׳, והעולם נברא באמת, בראשית בר א אלהי ם א ת סופי תיבות ׳אמת׳. ונרגן מפריד ׳אלף׳, הוא הנחש בהוצאת דיבת שקר גרם שנפרד ׳א׳ מן אמת ונשאר מת, וכן ׳א׳ מן אדם ונשאר דם, ואז נסתלקה ׳אלף׳ מכתנות א ור ונעשית עור. ועל כן ׳א׳ דויקרא זעירא, ונשאר ויקר לשון קרי, היא לילית שהולידה מן אדם ק״ל שנה, ובא זוהמא לעולם. ואמר אדם כי יקריב, דאינו קרוב עתה צריך להקריב, ואח״כ הפרשיות של תורת כהנים הארכתי במקום אחר שסובבים על זה הענין. וכל הטומאות נמשכות מזה, אדם כי יהיה בעור בשרו, מחמת שנעשית כתנות עור ובשר בחטא אדם הראשון, ולא היה מטת אדם שלימה רק קרי, ומזה הזיבות ודם נידה כו׳. עד בא יעקב שופריה מעין שופרא דאדם, והיתה מטתו שלימה, ויצאו ממנו ע׳ נפש קדושות לתקן ׳ע׳. ואת יהודה שלח לפניו רומז על דוד המלך ע״ה, בסוד אדם דוד משיח, והוא זכה לע׳ שנים המובחרים של אדם הראשון, כי תלמידי חכמים כל זמן שמזקינים מוסיפין חכמה, נמצאו ע׳ שנים אחרונים שנתן אדם לדוד כמו שארז״ל הם המובחרים. ובימי שלמה בן דוד היה אור הלבנה במילואה, על דרך דאיתא במדרש רבה בפסוק החדש הזה לכם ע״ש לעתיד בביאת משיח כתיב קומי אורי כי בא אורך, אור הלבנה כאור החמה גו׳ כאור שבעת ימים, שהוא אור הגנוז שהיה משמש אז, ומה שהיה ׳עין׳ לא ראתה יתהפך ל׳עין׳ לא ראתה אלהים זולתך, דהיינו לרוב הבהירות. וכל זה בא מכח ביטול השמרים הקליפות, ומעז יצא מתוק וזדון נתהפך לזכות.

גלא עמיקתא

מפריד אל״ף זהו הנחש שהפריד א׳ מתיבת אמ״ת ונשאר מ״ת. והוא בתוספת א׳ בסוד כולל- ענין פנימיות אור הגנוז דתשפיע בגלוי בהאי עלמא נשמות בגופים דיקומו לתחיה. ותיבין ״עלית למרום שבית שבי לקחת״ גימ׳ (2388) י״ב פעמים ״צדקה״ (199) והוא שיבת ציון לי״ב שבטי י-ה ״ושביה בצדקה״ (ישעי׳ א׳,כ״ז) כנ״ל. ותיבה ״מתנות״ גימ׳ (896) ״אדם כי יקריב מכם קרבן לה״ עם הכולל. ולכן כורכם יחד המגלה עמוקות ברוח קדשו, ובס״ד נתבאר מעט אופן מ״ד למגלה עמוקות.

אופן מה

משה כלול מס׳ רבוא שהם כנגד ס׳ רבוא אותיות שבתורה, ועל ידי זה יהיה פירוש הפסוק ויקר אל משה ויקר פדיון נפשו וחדל לעולם, שבתחלה אדם ביקר בל ילין, אדם הראשון שהיה כלול מכל ס׳ רבוא נפשות ואח״כ העמידו על ק׳ אמה, והיו תלויין בו כל הנשמות.

והנה עתה זכה משה לאותן העטרות והיה כלול מכל ס׳ רבוא נשמות, זהו שאמר ויקר אל משה, ובא׳ זעירא מורה שהיקר בא לו מן אתוון שבתורה, שהם ס׳ רבוא, א׳ היא ראש לכל האותיות, ובאהל רמוז שהיקר בא לו מן אתוון שבתורה. לכן אמר אדם כי יקריב מכם שבזה זכה לס׳ רבוא פרצופין שבאדם, מתנות באדם אותן השתנות שהיו לו לאדם הראשון. ובצורת א׳ יש בו צורת יוד, ובזה באה לרמוז שהכוונה של היקר שהיה לו הוא שהיה כלול מס׳ רבוא, שכן משה עולה לחשבון ס׳ רבוא, בזה האופן: מ׳ פעמים ש׳ הוא י״ב אלפים, ה׳ פעמים י״ב אלפים הרי ס׳ אלף, ומשה כמה הוי י׳ אמין, מטעם שמעולם לא ירדה שכינה פחות מי׳ ומעולם לא זזה ידה מתוך ידו, כשתצרף י׳ שהיתה עם משה עם ס׳ אלף, הרי ס׳ רבוא.

לזה יהיה פירוש הפסוק ויקר א׳ זעירא שהוא צורת יוד שהיתה תמיד עם משה, ובזה זכה לאותו יקר שהוא ס׳ רבוא, כשתצרף י׳ שהיתה עם משה עם ס׳ אלף הרי ס׳ רבוא. זה שאמר וידבר ה׳ אליו מאוהל מועד, שכן אוהל מועד היה גם כן י׳ אמות אורך המשכן.

אופן מה

[א]משה כלול מס' רבוא שהם כנגד [ב]ס' רבוא אותיות שבתורה. ועי"ז יהיה פירוש הפסוק ויקר אל משה (תהל'

גלא עמיקתא

[ג]ואיתא בספה"ק ישרא"ל ראשי תיבות: "יש ששים רבוא אותיות לתורה" גימ' (2633) ז' פעמים שלו"ם (376) עם הכולל – רמיזא שלמות ז' ספירות דכאו"א מישראל ע"י הקב"ה אלופו של עולם [כנרמז בהוספת הכולל]. והוא נמי חושבן "כי טוב" (47) פעמים "להוי'" (56), וכגון "טעמו וראו כי טוב הוי'" (תהל' ל"ד,ט'). [והנה באופן זה מרבה המגלה עמוקות לבאר ענין ס' ריבוא,

[א] ספר יונת אלם (לרמ"ע מפאנו) - פרק יח: וממה שהיו עם זה חכמה ובינה שני מלכים יונקים מכתר א' ולא עוד אלא שצפיית הבינה תמיד בכתר ובחכמה יהיה בטול גמור לדינה. לפיכך החמירו עליה כדכתיב צאי לך בעקבי הצאן והכונה שתפנה לשמאלה כי מאן דאכיל דלאו דיליה בהית לאסתכולי ביה והוא סוד ועיני לאה רכות והרמז באות דלת שהיא בבינה והעוקץ שלאחריה מורה נטייתה לצדדין. ועדיין דבוק אחוריה באחורי החכמה וקורבתה למעלה יצילו אותה מן השבירה אלמא שבו ג' ראשונות כעין סגולתא שהיא תחילה לסוד המתקלא ודוקא בעולם הנקודות כי הכא וכל דאתי מחמתיה יש פניית אחורים אם מעט ואם הרבה בין חכמה לבינה אבל אחרי גמר התקון הן לעולם פנים בפנים כאותה ששנינו ריעין דלעילא לא מתפרשין לעלמין ודע כי בצאת הנקודות התחתונות מבינה לא נשאר צד מחשבה לחסד לנטות מן הבינה לקבל מלמעלה כמו שהבינה נטתה מחכמה שהרי חסד יצא באחרונה ומה לו לנטות עוד שהרי חברתה מעכבת עליו וגם בהארת עצמות שקדמה לחסד תחלה לא הוזקק לכך כי קדימת התחתונות כצאת כליהן לאויר העולם גורמת לעליונה היותה נקשרת עם התחתונה שקדמה לה לרדת. ואיך תוכל לנטות והרי חברתה מעכבת עליה לפיכך היו שבע נקודות בשלשלת זו למטה מזו אלא שיש לשביעית סגולה גנוזה שהיא עתידה להיות שקולה כנגד כלם ויש כאן סוד ו' בכרס א' שהיו יולדת במצרים והמקור העליון היה מאציל נשמותיהן לפחות בסוד כלילות הקצוות זה מזה ומאן דאמר שנים עשר הורה כלילותן ג"כ משש קצוות שבנקודה השביעית. וי"א ששים בסוד כלילותן מעשר עד שהגיע הפלא לאשה אחת דוגמת הבינה עלמא דאתי ממש היא יוכבד שילדה ס' ריבוא זה משה בסוד הדעת שהוא כולל נצוצות אלה המתפשטים מאימא עילאה לפיכך אמרו שקול משה ככל ישראל כי הוא הגואל הראשון שהקיץ את השכינה משנת הגלות והשעבוד דכתיב בה אני ישנה. לפיכך כשראה רבי הקהל מתנמנם הקיצם ומשה עמו.

[ב] שו"ת חתם סופר קובץ תשובות סימן נב: ראשון תחלה תדע כי אמרם ס' רבוא אותיות התורה הכוונה לומר, כמספר בני ישראל שנשמת כל א' יונק מאות מאותיות התורה אף על פי שיתרבה עם ה' אלה עד אין מספר, מ"מ שרש נשמתם אינם יותר מששים רבוא שהי' על הר סיני, ובם הי' כלולים נשמת כל חי, וא"כ על כרחך צריך לומר כי ס' רבוא לאו דוקא, שהרי בכל המספרים שבתורה הי' ס' רבוא ופרוטרוט, מלבד נשי בני ישראל שנשמתם מנוקבא כידוע ליודעים.

[ג] דגל מחנה אפרים שמות פרשת וארא: וזה יש לומר הפירוש וארא אל האבות באל שדי שאז היה שם הוי"ה ברוך הוא שהוא סוד כל התורה כולה על דרך שמי עם י"ה שס"ה ו"ה עם זכרי רמ"ח היה אז מצומצם באל שדי שהוא רזא דברית קדישא כנ"ל ומשם היו מסתכלין בשם הוי"ה ברוך הוא לקיים כל פרטי מצוות התורה שהוא שמו של הקדוש ברוך הוא ואור נשמת האדם כי אורייתא וקודשא בריך הוא ונשמותיהון דישראל כולהו חד (זוהר ח"ג ע"ג א) ולכך היה אז שמו של הקדוש ברוך הוא גם כן בסוד צמצום בשם שדי כמו אורייתא ונשמותיהון דישראל עד אחר כך שבא משה רבינו ע"ה וכבר הוליד יעקב שנים עשר שבטים ונתפשט שם הוי"ה ברוך הוא לשנים עשר צירופים ואחר כך מהם יצאו ששים ריבוא ישראל שהיו במצרים ואז נתפשט השם הוי"ה ברוך הוא שהוא סוד כל התורה כנ"ל יותר בכל צדדיו ונעשה מזה ששים ריבוא אותיות

מ"ט) ויקר פדיון נפשו וחדל לעולם שבתחלה (שם) אדם ביקר בל ילין אדם הראשון שהיה כלול מכל ס' רבוא

גלא עמיקתא

ועיין בדבריו הקדושים בבאורו על ואתחנן [ד]אופן רל"ה שמבאר ענין יעקב לא מת עד שראה ס' ריבוא מבניו, ס' ריבוא מזיקים שירדו לעולם בחורבן בית המקדש ו–ס' ריבוא כלבים שהיו בבית לבן].

והנה מביא המגלה עמוקות הפסוק (תהל' מ"ט,ט'): [ה]ויקר פדיון נפשם וחדל לעולם גימ' (1160) ה' פעמים רל"ב (232) [ו]כמבואר בספרים ד–ד' מלויי שם הוי' ברוך הוא – ע"ב ס"ג מ"ה ב"ן – עולים

התורה שכל אחד מישראל היה לו אחיזה באות אחת של התורה כידוע שם ישראל מורה ראשי תיבות יש ששים ריבוא אותיות לתורה וזהו בחינת גדלות שיצא השם הוי"ה ברוך הוא שהוא סוד כל התורה כולה מן הצמצום לבחינת התפשטות ששים ריבוא אותיות התורה שהם כלל כל התרי"ג מצוות שהם שם הוי"ה ממש כנ"ל, והבן איך כל התורה כולה הוא שמו של הקדוש ברוך הוא, וזהו הכל על ידי הדעת שנתפשט כידוע שהדעת הוא מעלה כל הבחינות קטנות אל בחינת גדלות, ולכן כשבא משה ומצא ששים ריבוא ישראל והוא היה שורש כולם שהיו כולם נכללין בו כידוע אז הוציאם ממצרים שהוא בחינת קטנות לבחינת הגדלות שהיא נתינת התורה הקדושה בהתפשטות רמ"ח מצוות עשה ושס"ה מצוות לא תעשה המפורשים בששים ריבוא אותיות התורה וזה היה מאמר הראשון למשה בהוציאך את העם ממצרים (שמות ג', י"ב) בחינת קטנות תעבדון את האלהים על ההר הזה היינו הר סיני שעליו ניתנה התורה בבחינת גדלות, וזהו וארא אל האבות באל שדי כי משם היה כל בחינת עבודתם כנ"ל בסוד הצמצום ושמי ה' לא נודעתי להם היינו שעדיין לא הגיע לבחינת התפשטות כנ"ל כי בדעת חדרים ימלאו ואם אין חדר מי ימלא והבן. [ד] **מגלה עמוקות על ואתחנן אופן רל"ה:** : ועל דא השיב הקב"ה רב לך, די לך בס' רבוא שאתה כלול מכולם לך לגרמך, (איתא בילקוט פרשת וישלח) על פסוק (איוב ה יט) שש צרה יצילך (איוב ה כה) וידעתי כי רב זרעך, לא נפטר יעקב אבינו עד שראה ס' רבוא מבני בניו. הרי שדרש רב על ס' רבוא. וכן אמרו (במ"ר פט"ז כ"ה) על פסוק (דברי הימים א' כג יז) ובני רחביה רבו למעלה, מס' רבוא. ולדעתי על זה קמכוין יעקב שהיה בביתו של לבן, ואמר ה' מה רבו צרי (תהלים ג א), על ס' רבוא כלבים שהיו בביתו של לבן (כדאיתא במדרש רבה [ב"ר פע"ג י"א]) על פסוק (בראשית לא כה) ויעקב תקע את אהלו, והם כנגד ס' רבוא קליפות שאמרו במדרש רבה (פרשת דברים [דב"ר פ"א י"ז]) ס' רבוא מזיקים באו אל מקדש בשעת החורבן, (שהוא סוד קשר של רשעים (סנהדרין כ"ו ע"א), קש"ר נוטריקון 'קליפות 'ששים 'רבוא), ועליהם אמר מה רבו צרי שהם ס' רבוא, וכן ראה אויבי כי הם רבו (תהלים כה יט), נמצא שבמלת רב נרמזו ס' רבוא. לכן אמר הקב"ה די לך שאתה כלול מס' רבוא, ואתה רוצה שכל אחד מישראל יהיה כלול מס' רבוא, לכן אל תוסף דבר אלי עוד. [ה] **ספרי דברים פרשת האזינו פיסקא שכט:** ואין מידי מציל, אין אבות מצילים את הבנים לא אברהם מציל את ישמעאל ולא יצחק מציל את עשו אין לי אלא אבות שאין מצילים את הבנים אחים את אחים מנין תלמוד לומר (תהל' מט,ח) אח לא פדה יפדה איש לא יצחק מציל את ישמעאל ולא יעקב מציל את עשו ואפילו נותן אדם לו כל ממון שבעולם אין נותנין לו כפרו שנאמר (שם) אח לא פדה יפדה איש ויקר פדיון נפשם יקרה היא נפש זו שכשאדם חוטא בה אין לה תשלומים סליק פיסקא [ו] **שער הכונות דרושי יום הכפורים - דרוש ג:** התקועי' בהם הם רי"ו כמנין ארי"ה וכן למטה החניכי' התחתונים הם שם אלהים בריבועו העולה ר' ועם י"ו שינים התחתונים התקועים שם הרי רי"ו ב' כמנין ארי"ה והרי כי בחי' השיני' והחניכי' הם בחי' ב' אריות. וזהו ממעונות אריות דא אינון שיני'. ואמנם להבין איך ב' אותיות ש"ר מן שארה הם ב' החניכים צריך שנבאר באופן אחר והוא כי החניכי' העליונים הם שם אלהים במילוי יודי"ן העולה בגי' ש' של שאר

נפשות ואח"כ העמידו על ק' אמה והיו תלויין בו כל הנשמות והנה עתה זכה משה לאותן העטרות והיה כלול מכל ס' רבוא נשמות. ז"ש ויקר אל משה ובא' זעירא מורה שהיקר בא לו מן אתוון שבתורה שהם ס' רבוא א' היא ראש לכל

גלא עמיקתא

בגימ' (232) 1[ז]רל"ב. וזהו דבפסוקא אינון ה' תיבין - דערך ממוצע דכל תיבה הוא רל"ב. והפסוק מתחלק כדלקמן: "ויקר פדיון נפשם" גימ' (936) י"ג פעמים חס"ד (72)

1. באור על מגלה עמוקות ואתחנן אופן קמ"ט: אקדמות מילין: רצה משה רבינו להשיג סוד ד' מלויי שם הוי' ב"ה דעולים בגימ' רל"ב והן בסוד אבי"ע נוטריקון "אצילות בריאה יצירה עשיה" גימ' (1455) "ויקרא אל משה, וידבר הוי' אליו מאהל מועד לאמר" (ויקרא א',א') תמן זכה משה רבינו ל-א' זעירא בסוד פנימיות אור הגנוז גבוה מעולמות הנבראים ואף מאצילות, וקיימא לן בכלל מאתיים מנה, ומדוע יבקש סוד עסמ"ב אם זכה למעלה מכך בחיי חיותו בסוד רל"ב, דהוא רד"ו שנים שהיו בני ישראל במצרים עם כ"ב שנים דהוה תמן יוסף הרי רל"ב שנים, וביקש לתקן תיקון הכללי דחטא אדם הראשון בגינו ירד יוסף למצרים ובני ישראל בעקבותיו. ולכן ביקש על ענין ההר הטוב הזה וכו' הה"ר גימ' (210) רד"ו שנה דבני ישראל במצרים, הטו"ב גימ' (22) כ"ב שנין דיוסף צדיקא, דיסודא איקרי טוב, וזכה לכולהו משה כבר בלידתו ותרא אותו כי טוב הוא (שמות ב',ב') יבא טוב [משה] ויקבל טוב [תורה] מטוב [הקב"ה] לטובים [ישראל] (מנחות נג:) דבזכותיה דמשה דאיקרי טוב - איקרו כל ישראל טובים. ולכן אמר ליה קוב"ה: ר"ב ל"ך - תמן רל"ב עם ך' רבתי בסוד הכתר כדאזיל ומסיים המגלה עמוקות: וזהו ר"ב ל"ך ב-כ' רבתי (500) גימ' (732) "כמים הפנים לפנים כן לב האדם לאדם" (משלי כ"ז,י"ט). ולכן עלה ראש הפסגה לכתרא עילאה, וכפי שירד הקב"ה כביכול כדכתיב (שמות י"ט,כ'): "וירד ה' על הר סיני אל ראש ההר, ויקרא ה' אל משה אל ראש ההר ויעל משה" גימ' (3344) ח' פעמים "ימי משיח" (418), ויחד עם חושבן "כמים הפנים לפנים כן לב האדם לאדם" (732) סליק לחושבן (4076) כ"ה פעמים "ויהי ידיו אמונה" (163) - כ"ה היא השכינה הקדושה [כדכתיב בברכת כהנים (במדבר ו',כ"ג)

והחניכי' התחתונים הם שם אלהים בריבועו העולה כמנין ר' של שארה וכדי ליישב ב' דרושי' אלו צריכין אנו לבאר עניינם יותר והוא כי למע' יש בחי' ש' באופן זה כי הרי"ו שבה' מקומם בחניכי' העליוני' וכנגד' רי"ו ב' בחניכי' התחתונים מריבוע אלהים עם י"ו שיניי' והרי יצדק מאמר הזו' על ממעונות אריות. ואמנם הפ"ד החסרי' על הרי"ו שבחניכיי' העליונים לתשלו' ש' הם בחי' אותיות אחע"ה שבגרון לפי שמן החניכי' שהם קצה וסוף החיך שהוא חכמ' נמשכי' אחע"ה אלו אל הגרון שהוא בינה ונמצא כי נשארו רי"ו לבד בחניכיים העליונים כמספר הרי"ו שבחניכיים התחתונים והנה עדיין לא נשלם החשבון היטב כי הנה החניכיים התחתונים הם ר' עם י"ו שיניים הם רי"ו אבל בחניכיי' העליוני' יש רי"ו מלבד י"ו שינים העליונים. ועמהם הם רל"ב אבל הענין הוא כי כל הל"ב שינים הם כנגד ל"ב נתיבות חכמ' ולכן יש שם שם אלהים בריבועו העול' ר' ועוד יש שם כללות ושרש כל ל"ב שינים ואח"כ נחלקים וחצים שהם י"ו נשארים למעלה בחכמה וחצים י"ו התחתו' יורדים למטה בבינה. עוד טעם אחר כי הנה חניכיים העליונים הם בחכמ' לפי שהם בסיום החיך העליון שהוא חכמה כנ"ל ולכן יש שם בחי' רל"ב כנגד ד' הויות ע"ב ס"ג מ"ה ב"ן העולים רל"ב כי שורש ארבעתם הם בחכמה אבל בחניכיים התחתונים שהוא בחיך התחתון שהוא בינה והם סמוכי' אל הגרון לכן הם בבינה ואין שם רק חציים שהם י"ו שיניים התחתונים והרי נתבאר בחי' האכילה הנקרא שארה ונתבאר מאמר הסבא בענין שארה. [ז] **שער הכונות - דרושי ציצית - דרוש ג:** וזה סדר כל אלו המוחין בקיצור נמרץ מוח חכמ' דאבא כולל ד' מוחין והם ע"ב ס"ג מ"ה ב"ן. חכמה יוד ה"י וי"ו ה"י. בינה יו"ד ה"י וא"ו

האותיות ובאהל רמוז שהיקר בא לו מן אתוון שבתורה. לכן אמר אדם כי יקריב מכ"ם שבזה זכה לס' רבוא פרצופין

גלא עמיקתא

[ח]ובפרי עץ חיים שער פורים כתב האר"י הקדוש דהוא חושבן מרדכי אסתר עם הכולל דבמסירת נפשם חוללו הנס דפורים והיה גלוי אור עליון דאריך- י"ג מכילן דרחמי כולן הוו בבחינת שם ע"ב דחכמה. והיא הארת מרדכי יסוד אבא דבוקע ומאיר בגלוי ומחולל נהפוך הוא דפורים, ולעתיד לבוא תכלית הונהפוך הוא דמתים קמים לתחיה. ורמיזא דהני ג' תיבין אות

מקורות

ה"י. חסד יו"ד ה"א וא"ו ה"א. גבורה יו"ד ה"ה ו"ו ה"ה [רל"ב] מוח בינה דאבא הוא ג"כ על סדר הנז' אלא שהן מן ג' אותיות חכמה יו"ד ה"י וי"ו בינה יו"ד ה"י וא"ו. חסד יו"ד ה"א וא"ו. גבורה יו"ד ה"ה ו"ו [מקו"ם] מוח חסד דאבא הוא שם אהו"ה ע"ד המילוים הנז' אלא שהשם הד' ביודין והוא"ו שבו חסרה כזה. [תר"ו] חכמה אלף הי ויו ה"י בינה אל"ף ה"י וא"ו ה"י. חסד אלף הא ואו הא. גבורה אלף הי וו הי: מוח גבורה דאבא הוא שם אהו"ה ג"כ וסי' מילויו הוא יהא"ה ר"ל יודין ההין אלפין ההין אלא שג' וין הא' שבג' השמות הם חסרים והואו האחרו' שבשם הד' היא מלאה באלף, כזה. [תקע"ה] חכמה אלף ה"י ו"ו ה"י. בינה אל"ף ה"ה ו"ו ה"ה. חסד אלף ה"א ו"ו ה"א. גבורה אלף ה"ה וא"ו ה"ה וזה חשבונם כדי שלא תטעה מוח חכמה הם ע"ב ס"ג מ"ה ב"ן גימ' רל"ב. מוח בינה הם נ"ז מ"ח ט"ל מ"ב סך הכל גי' קפ"ו. מוח חסד הם קס"ג קנ"ד קל"ו קנ"ג גי' תר"ו. מוח גבורה הם קנ"ג קמ"ג קל"ה קמ"ד גימ' תקע"ה. וסך כללות כל הי"ו מוחין דאבא הם אלף תקצ"ט: וזה סדר מוחין דאימא. מוח חכמה דאימא ד' אהיה ב' דיודין וא' דאלפין וא' דההין כזה. [תרי"ו]. חכמה אלף ה"י יו"ד ה"י. בינה אלף ה"י יו"ד ה"י. חסד אלף ה"א יו"ד ה"א, גבורה אלף ה"ה יו"ד ה"ה: מוח בינה דאימא הם על סדר הנז' אלא שהם מן ג' אותיות אה"י כזה. [תק"ע]. חכמה אלף ה"י יו"ד. בינה אלף ה"י יו"ד. חסד אלף ה"א יו"ד. גבור' אלף ה"ה יו"ד. [ח] **ספר פרי עץ חיים -שער ראש חודש חנוכה ופורים - פרק ו:** ולהיות שמרדכי ואסתר היו מבחי' אלו י"ג ת"ד, ואלו י"ג ת"ד הם י"ג הויות דשמות ע"ב כמנין תתקל"ו, שכן הוא מנין מרדכי ואסתר ע"ה, ומרדכי מצד ה"ח, ואסתר מצד ה"ג, ולזה הם כולל ביחד י' הויות, וה' הויות שהם ה"ח, כולם בניקוד קמץ, והם כ' קמצין, וקמץ הוא י"ו, ס"ה הקמצין של הכ' אותיות, גי' ש"ך, וה' הויות עצמן גי' ק"ל, הרי הכל ת"ן, וז"ס י"י יתן הטוב, ר"ל - שגם זה הויה שהוא בז"א, כשהוא מלא מן המוחין, שהם בסוד יודי"ן, בסוד ג' טפין, אזי הוא מקבל ה"ס, שהם ה' הויות הנ"ל עולים ת"ן, והם בחי' טוב, שהוא היסוד, והיינו שאמר ה' יתן הטוב, וטוב גי' י"ז, היינו היסוד: וה"ג הם ה' הויות בניגוד אלהים, גי' שי"ן, ועם ה' הויות עצמן העולין ק"ל, עולה תלמוד, שהוא מצד הגבורות, איסור והיתר, קלים וחמורים. ושניהם יחד הם ה"ח וה"ג, שהם ת"ן ות"פ, ושורש החסדים שממתקין הה"ג, הכל עולה תתקל"ה, כמנין מרדכי ואסתר.

עיונים

כ"ה תברכו את בני ישראל כמבואר בספרים] דהתאחד עמה משה רבינו בשלמות כמ"ש (חולין קלט:) משה מן התורה מנין? בשג"ם הוא בשר (בראשית ו',ג') - בשג"ם נוטריקון "שכינה מדברת בתוך גרונו" גימ' ע"ה (1725) ה' פעמים מש"ה דאיקרי איש האלהי"ם (דברים ל"ג,א') והוה שלים מכולהו בני נשא בהאי עלמא. ולכן אמר ליה קוב"ה: רב לך וכו' וצו את יהושע - דיהושע יכניסם לארץ ישראל כדמסיים רבינו האופן: "חזקהו - ע"ב, ואמצהו - ס"ג, כי הוא יעבור - מ"ה, והוא ינחיל - ב"ן" גימ' (956) "אש - רוח - מים - עפר" ע"ה לקביל ד' המילויים ע"ב ס"ג מ"ה ב"ן, "אש מים" גימ' (391) "יהושע", "רוח עפר" גימ' (564) "בינה מלכות" ע"ה דיחברם יהושע יחדיו ותהיה המציאות למעלה מזמן ומקום, כדאמר שמש בגבעון דום וירח בעמק אילון (יהושע י',י"ב), דשמש וירח אתבריאו לסדר זמנים, ומשהאירה הארת אור הגנוז למעלה מהזמן - אם כן למה ישמשו - ונעמדו.

שבאדם מתנות באדם אותן השתנות שהיו לו לאדה"ר ובצורת א' יש בו צורת יו"ד.

גלא עמיקתא

שלישית דכל תיבה קי"ש כסדר: ויקר פדיון נפשם. והוא קיש סבו של מרדכי כדכתיב (אסתר ב',ה'): "איש יהודי היה בשושן הבירה ושמו מרדכי בן יאיר בן שמעי בן קיש" וכו', ורמיזא הארת מרדכי בפורים כנ"ל [ובגמרא ([ט]מגילה יב:) דרשו כל אחד מהשמות יאיר, שמעי, קיש עיין שם].

ובמצודות בתהלים שם פירש, וזה לשונו הקדוש: [י]ויקר– להפדות את הנפש הוא דבר יקר, ולא סוף דבר שיקר הוא אלא אפילו שחדל הוא לעולם ואינו נמצא כלל [עכלשה"ק של המצודות בתהלים קפיטל מ"ט]. ולכן הני ג' תיבין מרמזין שיעור ההארה מבחינת רעוא דרעוין כדי לפדות את הנפש מחטאיה, וכדמבאר ואזיל המגלה עמוקות בענין חטא אדם קדמאה. "וחדל לעולם" סליק לחושבן (224) "אחד מני אלף", וכדביאר המגלה עמוקות בכמה אופנים דאיהו משה, דכתיב גביה אדם אחד מאלף מצאתי (קהלת ז',כ"ח). ומביא מאותו מזמור פסוקא תנינא (תהל' מ"ט,י"ג): ואדם ביקר בל ילין, נמשל כבהמות נדמו גימ' (1493) ג' פעמים במלכו"ת (498). ובאור הענין: דתחלה היה אדם הראשון כלול מכל ס' רבוא נפשות ואחר כך נתמעט וכו' והוא בסוד מיעוט הלבנה דאמר לה הקב"ה (חולין ס:) [יא]לכי ומעטי את עצמך [2עיין באורנו במקום אחר בפירוש ענין מיעוט

2. מיעוט הלבנה: ויקרא א' זעירא עניין קטרוג הלבנה רמיזא א' זעירא כדאמר לה הקב"ה ללבנה (חולין ס: עיי"ש הסוגיא) "לכי ומעטי את עצמך" גימ' (816) ב"פ "זאת" (408) דהיינו כתר-מלכות לפני ואחרי הקטרוג, כתר מרומז במלה זאת כמ"ש (במדבר י"ט,י"ד) "זאת התורה אדם כי ימות באהל" גימ' (1599) "עיר וקדיש מן שמיא נחית" (דניאל ד',י') ר"ת שמעון מרמז רשב"י דהלולת ל"ג בעומר קרב ובא עלינו לטובה, ומרמז בעל המימרא בגמ' רבי שמעון בן פזי, וכן אדם במלוי "אלף דלת מם" גימ' (625) "הכתר", ונעשה אדם נאמר בעבורך דהיינו רשב"י כידוע. זאת הב' מרמז מלכות כמו שכתוב בפרק שירה לויתן אומר "הודו לה' כי טוב כי לעולם חסדו" (תהלים ק"ז,א') גימ' (408) "זאת", ופשוט. ובעל המימרא הנ"ל בש"ס (חולין ס:) דאיהו מקשה לה ואיהו מפרק לה דהיינו "רבי שמעון בן פזי" עולה גימ' ע"ה (828) "בסתר עליון" דכל הסוגיא הנ"ל היא מהנסתרות לה', והסיפא דמימרא דיליה (אמר הקב"ה) "הביאו כפרה עלי על שמיעטתי את הירח" גימ' (1898) "אתה הראת לדעת כי ה' הוא האלהים אין עוד מלבדו" (דברים ד',ל"ה) דאמרינן בשבת קודם פתיחת ארון הקדש, וזהו דלהוציא מלבן של המינים דשתי רשויות הן ח"ו, והוא גימ' "חכמה" (73) פעמים "הוי'" (26) וכמ"ש (שמות ל"ו,ה') "אשר נתן ה' חכמה" וכתיב "ה' בחכמה

[ט] תלמוד בבלי מסכת מגילה דף יב עמוד ב: תנא: כולן על שמו נקראו; בן יאיר - בן שהאיר עיניהם של ישראל בתפלתו, בן שמעי - בן ששמע אל תפלתו, בן קיש - שהקיש על שערי רחמים ונפתחו לו. קרי ליה יהודי - אלמא מיהודה קאתי, וקרי ליה ימיני - אלמא מבנימין קאתי! - אמר רב נחמן: מרדכי מוכתר בנימוסו היה. אמר רבה בר בר חנה אמר רבי יהושע בן לוי: אביו מבנימין ואמו מיהודה. ורבנן אמרי: משפחות מתגרות זו בזו, משפחת יהודה אומרת: אנא גרים דמתיליד מרדכי, דלא קטליה דוד לשמעי בן גרא. ומשפחת בנימין אמרה: מינאי קאתי. רבא אמר: כנסת ישראל אמרה לאידך גיסא: ראו מה עשה לי יהודי ומה שילם לי ימיני, מה עשה לי יהודי. **[י] מצודת דוד תהלים פרק מט:** ויקר - להפדות את הנפש הוא דבר יקר ולא סוף דבר שיקר הוא אלא אפי' שחדל הוא לעולם ואינו נמצא כלל. **[יא] תלמוד בבלי מסכת חולין דף**

ס עמוד ב: רבי שמעון בן פזי רמי, כתיב: ויעש אלהים את שני המאורות הגדולים וכתיב: את המאור הגדול ואת המאור הקטן! אמרה ירח לפני הקדוש ברוך הוא: רבש"ע, אפשר לשני מלכים שישתמשו בכתר אחד? אמר לה: לכי ומעטי את עצמך! אמרה לפניו: רבש"ע, הואיל ואמרתי לפניך דבר הגון, אמעיט את עצמי? אמר לה: לכי ומשול ביום ובלילה, אמרה ליה: מאי רבותיה, דשרגא בטיהרא מאי אהני? אמר לה: זיל, לימנו בך ישראל ימים ושנים, אמרה ליה: יומא נמי, אי אפשר דלא מנו ביה תקופותא, דכתיב והיו לאותות ולמועדים ולימים ושנים, זיל, ליקרו צדיקי בשמיך: יעקב הקטן שמואל הקטן דוד הקטן. חזייה דלא קא מיתבא דעתה, אמר הקדוש ברוך הוא: הביאו כפרה עלי שמיעטתי את הירח! והיינו דאמר ר"ש בן לקיש: מה נשתנה שעיר של ראש חדש שנאמר בו להי - אמר הקדוש ברוך הוא: שעיר זה יהא כפרה על שמיעטתי את הירח. [יב] **תלמוד בבלי מסכת סוכה דף ה עמוד א:** ותניא, רבי יוסי אומר: מעולם לא ירדה שכינה למטה, ולא עלו משה ואליהו למרום, שנאמר השמים שמים לה' והארץ נתן לבני אדם. - ולא ירדה שכינה למטה? והכתיב וירד ה' על הר סיני! למעלה

ובזה באה לרמוז שהכוונה של היקר שהיה לו הוא שהיה כלול מס' רבוא שכן משה עלה לחשבון ס' רבוא. ובזה האופן מ"פ ש' הוא י"ב אלפים ה"פ י"ב אלפים הרי ס' אלף ומשה כמה הוי י' אמין מטעם [יב] שמעולם

יסד ארץ" (משלי ג',י"ט) ועוד רבים, ומוסיף בסוגיא דנן דאמר רבי שמעון בן לקיש מה נשתנה וכו' אמר הקב"ה "שעיר זה יהא כפרה עלי על שמיעטתי את הירח" גימ' (2476) "שמע ישראל ה' אלהינו ה' אחד ברוך שם כבוד מלכותו לעולם ועד" והוא בכונות האריז"ל "יחוד תפארת ומלכות" עולה גימ' (1611) "א' תורה" דקוב"ה ואורייתא וישראל כולא חד, והוא בגימ' (1611) "שובה ה' רבבות אלפי ישראל" והני תרי מימרות הן יסוד ושרש לעבודת התשובה, ומרומז באותה א' זעירא דויקרא, עניין תשובה מעומקא דליבא תוך הקטנת עצמו, וכמו שמביא הש"ס (שם) יעקב הקטן שמואל הקטן דוד הקטן- "יעקב שמואל דוד" עולה גימ' (573) "רצון יראיו" (תהלים קמ"ה,י"ט) ר"ת ש-די, ופי' בדרך חסידות בנועם אלימלך הק' (פרשת תולדות ד"ה או יאמר ויזרע יצחק) וזלשה"ק "פרוש- על ידי שאני מרומם אותך וגורם השפעה בעולמות, על ידי זה "ואברכה שמך לעולם"- אני גורם שיתברך שמך להשפיע על ידי השם הקדוש" עיי"ש, ומובן שם מדבריו בעניין של "רצון יראיו" שהקב"ה מוסיף ועושה רצון ויראה ליראיו המשפיעים לזולתם, וכשנוסיף "הקטן" להני ג' צדיקיא, דהיינו "יעקב שמואל דוד הקטן" גימ' (737) "בכל לבבך ובכל נפשך ובכל מאדך" (דברים ו',ה') לקביל הני צדיקיא, ונרמז בכל נפשך לקביל דוד דאמר הני ה' ברכי נפשי וכמו שדרשו חז"ל, ותן לחכם ויחכם עוד, ואין כאן מקום להאריך.

הני תרי אמוראי- רבי שמעון בן פזי ורבי שמעון בן לקיש, דשמותיהם רמיזא בהאי פסוקא (ר"ת שמעון) "עיר וקדיש מן שמיא נחית"- ב"פ "שמעון" גימ' (932) "עץ הדעת טוב ורע", ומרמז על תשובת אדה"ר דחטא, ואין שרש חטאו אלא בעניין קטרוג הלבנה, וכביכול- ואם אינה גמ' מפורשת א"א היה לומר כן- בחטאו של הקב"ה ית' וית' לעד ולנצח נצחים, דאיהו החטא לש"ש הראשון, וכדי לתת כח לעמו ישראל בני בכרי ישראל לעבודת התשובה.

והנה מרומז בשמותיהם של שני בעלי המימרא האי "אלף זעירא" דויקרא, שכן ה"פ "אלף זעירא" (עם ב' המלים) גימ' (1997) "רבי שמעון בן פזי רבי שמעון בן לקיש", והן לקביל ה' פרצופים דכללות שם הוי' ב"ה עם קש"י, דעל ידי "הביאו כפרה עלי" וכו' מיעט את עצמו בכל הקומה ורמיזא בשמות האמוראים כנ"ל.

ונשא תפלה לאל עליון דאליו נשואות עינינו וכמה לבנו, וכדאמרינן במוסף דר"ה "ומלוך על כל העולם כולו ביקרך" גימ' (1609) "עיר וקדיש מן שמיא נחית", ונזכה לשוב בתשובה שלמה כמ"ש "השיבנו ה' אליך ונשובה" וכו' (סוף איכה) וכמ"ש האריז"ל דהקו מגיע לרגלי העשיה- וכמו שהוא מגיע מטה מטה שנזכה להגיע אליו מעלה מעלה בחיי חיותנו- ושנזכה לראות בבנין ביהמ"ק עין בעין, אמן כן יהי רצון.

לא ירד"ה שכינה פחות מי' ומעולם לא זזה ידה מתוך ידו כשתצרף י' שהיתה עם משה

גלא עמיקתא

הלבנה] בחינת מלכותא קדישא – ומהאי טעמא כפלינן במלכו"ת זימנין. "ואדם ביקר בל ילין" גימ' (500) "[יג]פרו ורבו" המצוה הראשונה שנצטוה. וכל הפסוק ללא תיבה אחרונה: ואדם ביקר בל ילין, נמשל כבהמות (נדמו) סליק לחושבן (1393) ז' פעמים צדק"ה (199) דכל ז' מדות דיליה הוו בחינת צדקה ונתינה. דאדם נקרא כן [יד]מלשון (ישעי'

מעשרה טפחים. - והכתיב ועמדו רגליו ביום ההוא על הר הזיתים! - למעלה מעשרה טפחים. ולא עלו משה ואליהו למרום? והכתיב ומשה עלה אל האלהים! - למטה מעשרה. - והכתיב ויעל אליהו בסערה השמים! - למטה מעשרה. - והכתיב מאחז פני כסא פרשז עליו עננו, ואמר ר' תנחום מלמד שפירש שדי מזיו שכינתו ועננו עליו! - למטה מעשרה. - מכל מקום מאחז פני כיסא כתיב! - אישתרבובי אישתרבב ליה כסא עד עשרה, ונקט ביה. בשלמא ארון תשעה - דכתיב ועשו ארון עצי שטים אמתים וחצי ארכו ואמה וחצי רחבו ואמה וחצי קומתו. אלא כפורת טפח מנלן? - דתני רבי חנינא: כל הכלים שעשה משה נתנה בהן תורה מדת ארכן ומדת רחבן ומדת קומתן. כפורת מדת ארכה ומדת רחבה נתנה, מדת קומתה לא נתנה. צא ולמד מפחות שבכלים, שנאמר ועשית לו מסגרת טפח סביב, מה להלן טפח - אף כאן טפח. - ונילף מכלים גופייהו! תפשת מרובה - לא תפשת, תפשת מועט - תפשת. ונילף מציץ, דתניא: ציץ דומה כמין טס של זהב, ורחב שתי אצבעות, ומוקף מאזן לאזן, וכתוב עליו שתי שיטין: יו"ד ה"א מלמעלה, וקדש למ"ד מלמטה, ואמר רבי אליעזר ברבי יוסי: אני ראיתיו ברומי, וכתוב עליו קדש לה' בשיטה אחת. - דנין כלי מכלי, ואין דנין כלי מתכשיט. - ונילף מזר, דאמר מר: זר משהו! - דנין כלי מכלי, ואין דנין כלי מהכשר כלי. - אי הכי, מסגרת נמי הכשר כלי הוא! - מסגרתו למטה היתה. - הניחא למאן דאמר מסגרתו למטה היתה, אלא למאן דאמר מסגרתו למעלה היתה, מאי איכא למימר? האי הכשר כלי הוא! אלא: דנין דבר שנתנה בו תורה מדה, מדבר שנתנה בו תורה מדה, ואל יוכיחו ציץ וזר שלא נתנה בהן תורה מדה כלל. רב הונא אמר מהכא. על פני הכפרת קדמה - ואין פנים פחות מטפח. [יג] **ספר יראים סימן תיג**: פרו ורבו. בארבעה מקומות הזהירה תורה על פריה ורביה בפרשת בראשית כתיב פרו ורבו ומלאו את הארץ וכתיב ואתם פרו ורבו שרצו בארץ ורבו בה ותנן ביבמות פרק הבא על יבמתו [ס"א ב'] לא יבטל אדם מפריה ורביה אא"כ יש לו בנים ב"ש אומרים שני זכרים וב"ה אומרים זכר ונקבה ואף על גב דפליגי תנאי בברייתא [ס"ב א'] ואית דאמרי דב"ה או זכר או נקבה כסתם מתניתין לב"ה קי"ל ותנן התם [ס"ד א'] נשא אשה ושהה עמה עשר שנים ולא ילדה אינו רשאי ליבטל מפריה ורביה ותניא בגמרא אף על פי שאין ראיה לדבר זכר לדבר ויהי מקץ עשר שנים לשבת אברם בארץ ללמדך שאין ישיבת חו"ל עולה לו מן המנין פי' שיש לתלות בעון חוצה לארץ ואף על פי שבימי אברהם לא נתקדשה ארץ ישראל עדיין מ"מ חפצי הבורא היו בה שהרי הסולם בה היה קבועה כדכתיב ויחלום והנה סולם מוצב ארצה וראשו מגיע השמימה ואיתמר [ס"ב א'] היו לו בנים ונתגייר ר' יוחנן אמר קיים פריה ורביה ר"ל אמר לא קיים והלכתא כר' יוחנן ואיתמר היו לו בנים ומתו רב הונא אמר קיים פריה ורביה ור' יוחנן אמר לא קיים ומסקינן כר' יוחנן ומסקינן [שם ע"ב] בני בנים הרי הן כבנים אפילו ברתא לברא ותרי מחד לא. [יד] **של"ה פרשת וישב מקץ ויגש תורה אור**: ועל כן אמרו (סוכה נב ב) אם פגע בך מנוול [זה] משכהו לבית המדרש. ואז תורת ה' היא נקראת 'תורת האדם', כי קריאת שם 'אדם' הוא מלשון 'אדמה לעליון' (ישעיה יד, יד). והיה צודק בו שם אדם קודם שחטא, וישלם תיקון קריאת שם אדם בהשלמת אדם דוד משיח. וישראל הם נקראים אדם (יבמות סא א). ואדם וחוה שגרמו להיות הטפה סרוחה, ומכח החטא ק"ל שנה היה אדם מוציא קרי ונולדו רוחות ולילין (עירובין יח ב), הוצרך הצירוף והתיקון להיות במצרים שתסור הטומאה מזרע קודש, דהיינו זרע יעקב שהוא מעין שופריה דאדם (בבא מציעא פד א) קודם שחטא.

עם ס' אלף הרי ס' רבוא. לזה יהיה פירוש הפסוק ויקר א' זעירא שהוא צורת יו"ד שהיתה תמיד עם משה ובזה זכה לאותו

גלא עמיקתא

י"ד, י"ד) "אדמה לעליון", ובשמיא אין קבלה אלא רק נתינה, ולכן היה גדול הנס השני מן הראשון [טו] במעשה ר' חנינא בן דוסא, שנקלטה בחזרה רגל שולחנו של ר' חנינא בן דוסא שהורידו המלאכים מגן עדן להאי עלמא. ועתה זכה משה לכל אותן בחינות נשגבות דאדם הראשון קודם החטא כדמבאר ואזיל המגלה עמוקות. וזכה להן כולן עתה בהקמת המשכן- דמשה היה גבהו י' אמות [כדאיתא [טז] במדרש] כגובה המשכן- ולכן ששים אלף דהוו מ' פעמים ש' אלף מאתיים פעמים ה' הרי ס' אלפים. וכלולים מ-י' דמשה גבהו י' אמות וכן המשכן ארכו י' אמות.

[טו] **תלמוד בבלי תענית דף כד עמוד ב:** אמר רב יהודה אמר רב: בכל יום ויום בת קול יוצאת ואומרת: כל העולם כולו ניזון בשביל חנינא בני וחנינא בני דיו בקב חרובים מערב שבת לערב שבת. הוה רגילא דביתהו למיחמא תנורא כל מעלי דשבתא ושדייא אקטרתא, תלמוד בבלי מסכת תענית דף כה עמוד א משום כיסופא, הוה לה הך שיבבתא בישתא. אמרה: מכדי, ידענא דלית להו ולא מידי, מאי כולי האי? אזלא וטרפא אבבא, איכספא ועיילא לאינדרונא, איתעביד לה ניסא דחזיא לתנורא מלא לחמא, ואגנא מלא לישא. אמרה לה: פלניתא, פלניתא! אייתי מסא, דקא חריך לחמיך. אמרה לה: אף אנא להכי עיילי. תנא: אף היא להביא מרדה נכנסה, מפני שמלומדת בנסים. אמרה ליה דביתהו: עד אימת ניזיל ונצטער כולי האי? אמר לה: מאי נעביד? - בעי רחמי דניתבו לך מידי, בעא רחמי, יצתה כמין פיסת יד ויהבו ליה חד כרעא דפתורא דדהבא. חזיא בחלמא עתידי צדיקי דאכלי אפתורא דדהבא דאית ליה תלת כרעי ואיהו אפתורא דתרי כרעי, אמר לה ניחא לך דמיכל אכלי כולי עלמא אפתורא דמשלם ואנן אפתורא דמיחסר? אמרה ליה: ומאי נעביד? - בעי רחמי דנשקלינהו מינך. בעי רחמי ושקלוהו, תנא: גדול היה נס אחרון יותר מן הראשון. דגמירי: דמיהב יהבי, מישקל - לא שקלי. [טז] **ילקוט שמעוני תורה פרשת חקת רמז תשסה:** ויאמר ה' אל משה אל תירא אותו, מכדי סיחון ועוג אחי הוו דאמר מר סיחון ועוג בני אחייה ושמחזאי היו, מאי שנא מסיחון דלא מסתפי ומעוג קא מסתפי, אמר רבי יוחנן משום רבי שמעון בן יוחאי מתשובתו של אותו צדיק אתה יודע מה היה בלבו, אמר שמא תעמוד לו זכות של אברהם אבינו דכתיב ויבא הפליט ויגד לאברם העברי, ואמר רבי יוחנן זה עוג שפלט מדור המבול, זש"ה שני רשעים שברת א"ת שברת אלא שרבבת, שנו רבותינו הרואה אבן שזרק עוג מלך הבשן חייב לברך, אמר מחנה ישראל כמה הוי תלתא פרסי איזיל ואיעקר טורא בר תלתא פרסי ואישדי עלייהו ואיקטלינון, אזל ועקר טורא בר תלתא פרסי ואייתי על רישיה בהדי דדרי ליה ואתא אייתי הקדוש ברוך הוא קמצי ונקביה ונחית (ברישיה) בצואריה ובעי למישלפה משכו שיניה להאי גיסא ולהאי גיסא ולא מצי למשלפיה, משה כמה הוי עשר אמות שקל נרגא בת עשר אמות שוור עשר אמות ומחייה בקרסוליה וקטליה והיינו דכתיב אל תירא אותו, תניא אבא שאול אומר קובר מתים הייתי פעם אחת רצתי אחר צבי ונכנס (לי) בקולית של מת ורצתי אחריו שלש פרסאות וצבי לא הגעתי וקולית לא כלתה כשחזרתי לאחורי אמרו לי של עוג מלך הבשן היה, פעם אחת נפתחה מערה מתחתי ועמדתי בגלגל עינו של מת עד חוטמי [כשחזרתי לאחורי] אמרו לי עין של אבשלום היה, ושמא תאמר אבא שאול ננס היה, אבא שאול ארוך בדורו היה ורבי טרפון מגיע לכתפו, ורבי טרפון ארוך בדורו היה ורבי עקיבא מגיע לכתפו, רבי עקיבא ארוך בדורו היה ורבי מאיר מגיע לכתפו, רבי מאיר ארוך בדורו היה ורבי מגיע לכתפו, רבי ארוך בדורו היה ורבי חייא מגיע לכתפו, רבי חייא ארוך בדורו היה ורב מגיע לכתפו, רב ארוך בדורו היה ורב יהודה מגיע לכתפו, רב יהודה ארוך בדורו היה ואדא דיילא מגיע לכתפו, אדא דיילא ארוך

יקר שהוא ס' רבוא כשתצרף י' שהיתה עם משה עם ס' אלף הרי ס' רבוא. ז"ש וידבר ה' אליו מאוהל מועד שכן אוהל מועד הי' ג"ב י' אמות אורך המשכן.

גלא עמיקתא

ובמקום אחר כתב רבינו [יז]ד-א' זעירא צורת י' – ואינון הני י' אמין דאיתכללו ב-ס' למיהוי ס' רבוא. וזהו דכתב בתחלת האופן: משה כלול כנגד ס' רבוא אותיות שבתורה גימ' (2513) ז' פעמים "משיחא" (359) וכפלינן ז' פעמים רמיזא אלף השביעי ימות המשיח. וכד כפלינן ס' (60) פעמים "רבוא" (209) סליק לחושבן (12,540): כ"ב (אתוון דאורייתא) פעמים "יצר רע" (570), כדכתיב (קדושין ל:) [יח]כך אמר הקב"ה לישראל: "בראתי יצר הרע, ובראתי לו תורה תבלין" גימ' (2946) ו' פעמים "אחכה לו בכל יום שיבא" (491) דהוא עיקר ה-י"ב מ-י"ג עיקרי האמונה. וזהו דאמרו בגמ' בראתי יצר הרע וכו' "בראתי" גימ' (613) "משה רבינו", דמשה הוא גואל ראשון והוא גואל אחרון. כמבואר בדברי [יט]האור החיים

בדורו היה פושתבינא דפומבדיתא קאי לאדא דיילא עד חרציה וכולי עלמא קאי לפושתבינא עד פלגיה, עוג הוא אליעזר ופרסות רגליו ארבעים מיל ואברהם היה טומנו בכף ידו, פעם אחת גער בו ומיראתו נפל שינו ממנו ונטלו אברהם ועשאו מטת שן והיה ישן שם, ויש אומרים כסא עשאו וישב בו כל ימי חייו, ומי נתנו לאברהם נמרוד והלך עוג ובנה ששים עירות, הקטן שבהן היה גבהו ששים מיל שנאמר ששים עיר כל חבל ארגוב וגו', ומה היתה אכילתו אלף שוורים וכן מכל חיה ושתיתו אלף וטיפת זרעו ל"ו ליטרא, אמרו חכמים קשין היו סיחון ועוג יותר מפרעה וחיילותיו, וכשם שאמרו שירה על מפלת פרעה כך היו ראויין לומר שירה על מפלתו, אלא שבא דוד ואמר עליהן שירה שנאמר למכה מצרים בבכוריהם וגו' למכה מלכים גדולים כי לעולם חסדו וגו'. **[יז] מגלה עמוקות על א' זעירא דויקרא אופן ע"ח**: רמז הקב"ה בכאן בצורת א' שהיא צורת י' סוד המקוה שהוא סוד שיעור קומה בהיפך אתוון הוקם המשכן אז נשלמה המקוה של מעלה. שיש ר"ם קבין במקוה. לכן היו ישראל ד' פעמים ס' רבוא שהם ר"ם רבוא. **[יח] תלמוד בבלי קידושין דף ל עמוד ב**: ת"ר: ושמתם - סם תם, נמשלה תורה כסם חיים; משל, לאדם שהכה את בנו מכה גדולה והניח לו רטיה על מכתו, ואמר לו: בני, כל זמן שהרטיה זו על מכתך, אכול מה שהנאתך ושתה מה שהנאתך, ורחוץ בין בחמין בין בצונן ואין אתה מתיירא, ואם אתה מעבירה הרי היא מעלה נומי; כך הקדוש ברוך הוא אמר להם לישראל: בני, בראתי יצר הרע ובראתי לו תורה תבלין, ואם אתם עוסקים בתורה - אין אתם נמסרים בידו, שנאמר: הלא אם תטיב שאת, ואם אין אתם עוסקין בתורה - אתם נמסרים בידו, שנא': לפתח חטאת רובץ, ולא עוד, אלא שכל משאו ומתנו בך, שנאמר: ואליך תשוקתו, ואם אתה רוצה אתה מושל בו, שנאמר: ואתה תמשל בו. **[יט] אור החיים פרשת ויחי ד"ה אוסרי לגפן**: ולא יקשה בעיניך שאנו מחלקים דברי הכתוב חלק בימי משה וחלק בימי המשיח, כי הלא ידעת דברי הזוהר הקדוש (ח"ב קכ.) כי משה הוא הגואל אשר גאל את אבותינו הוא יגאל אותנו וישיב בנים לגבולם דכתיב (קהלת א') מה שהיה הוא שיהיה ר"ת משה.

ולא יקשה בעיניך דבר זה באומרך הלא מלך המשיח משבט יהודה מזרעו של דוד המלך ע"ה וי"א (סנהדרין צח:) דוד עצמו מלך המשיח דכתיב (יחזקאל ל"ז) ועבדי דוד מלך עליהם כמשמעו ואם כן היאך אנו אומרים שהוא משה הבא משבט לוי. יש לך לדעת כי בחינת נשמת משה רבינו עליו השלום היא כלולה מי"ב שבטי ישראל כי כל הס' ריבוא היו ענפיה ע"ה וענף שבטו של דוד במשה הוא. ולזה תמצאנו בארץ מדבר שהיה מלך וכהן ולוי ונביא וחכם וגבור שהיה כולל כל הענפים שבקדושה ולעתיד לבא

גלא עמיקתא

פרשת ויחי ד"ה אסרי לגפן [וכלשון האור החיים: שהוא [משה] עצמו מלך המשיח עבד"ק]. והוא נמי חושבן (2946): "ועלו מושיעים בהר ציון לשפוט את הר עשו והיתה לה' המלוכה" (עובדיה א',כ"א) [כ]דכתיב לעתיד לבוא בגאולתא שלמתא, כד אסתלק סיטרא אחרא מעלמא. ולכן כתיב ויקר א' רישא דכולהו אתוון דביה יהודא ד"אנכי ה' אלהיך" (שמות כ',ב') אל משה [כא]דמשה קיבל תורה מסיני, דזכה לכל אותן בחינות דכלל ישראל יזכו להן רק לעתיד לבא בשני ימות המשיח ובתחית המתים בביאת משיחא מזרעיה דדוד מלכא משיחא בגאולתא שלמתא בעגלא דידן ובזמן קריב ונאמר אמן.

וכד נעביד חושבן דהכאת אהל מועד באופן דעבד הגאון המחבר במשה מ"פ ש' י"ב אלפים ה"פ י"ב אלפים ס' אלף כלולין מ–י' אמין דמשה הרי ס' רבוא. אה"ל: א"פ ה' הרי ה'. ה"פ ל' הרי ק"נ. מוע"ד: מ"פ ו' הרי ר"מ. ר"מ פעמים ע' הרי ט"ז אלפים ת"ת. ד"פ ט"ז אלפים ת"ת הרי ס"ז אלפים ומאתיים. ועם ק"נ הכאת אהל הרי ס"ז אלפים ושלש מאות וחמשים. ונחלקם נ' פעמים בסוד משה דזכה לשער ה–נ' בהסתלקותו [בהר נב"ו [כב]נוטריקון נ' בו]: הרי (67,350) נ' פעמים "אלף במשה" (1347), וזהו ויקר א' אל משה [א' היינו אלף ואל משה היינו במשה] מאה"ל מוע"ד דמשה יק"ח את האהל (שמות ל"ג,ז'), מאהל מועד דארכו היה ג"כ י' אמות כגובהו של משה זכה להני אלף אורות דשער ה–נ' דהקב"ה גנוז ויתגלה לעם ישראל רק בעת הגאולה השלמה.

מקורות

תתגלה בעולם שורש המלכות שבמשה שהוא עצמו מלך המשיח והוא דוד והוא ינון ושילה. [כ] **מכילתא דרבי שמעון בר יוחאי פרק יד:** ואכבדה בפרעה כשהקב"ה נפרע מן הרשעים שמו מתגדל בעולם וכן הוא אומר ושמתי בהם אות ושלחתי מהם פליטים אל הגוים תרשיש פול ולוד מושכי קשת תובל ויון האיים הרחוקים אשר לא שמעו את שמעי ולא ראו את כבודי מהוא אומר והגידו את כבודי בגוים (ישעי' סו יט). כיוצא בו אתה אומר ונשפטתי אתו בדבר ובדם וגשם שוטף מהוא אומ' והתגדלתי והתקדשתי ונודעתי לעיני גוים רבים (יחזקאל לח כב). כיוצא בו אתה אומר ה' עזי ומעזי ומנוסי ביום צרה מהוא אומר אליך גוים יבואו מאפסי ארץ ויאמרו אך שקר נחלו אבותינו הבל ואין בם מועיל (ירמי' טז יט). כיוצא בו אתה אומר כה אמר ה' יגיע מצרים וסחר כוש וסבאים אנשי מדה עליך יעבורו ולך יהיו אחריך ילכו ובזקים יעבורו ואליך ישתחוו אליך יתפללו מהוא אומר אך בך אל ואין עוד אפס אלהים (ישעי' מה יד). כיוצא בו אתה אומר ועלו מושיעים בהר ציון לשפוט את הר עשו מהוא אומר והיתה לה' המלוכה (עובדיה כא) ואומר ה' מלך עולם ועד אבדו גוים מארצו (תהל' י טז) ואומר יתמו חטאים מן הארץ ורשעים עוד אינם ברכי נפשי את ה' הללויה (תהל' קד לה). ואומר ה' שומר את גרים יתום ואלמנה יעודד ודרך רשעים יעות מהוא אומר ימלוך ה' לעולם אלקיך ציון לדור ודור הללויה (תהל' קמו י). [כא] **משנה מסכת אבות פרק א משנה א:** משה קבל תורה מסיני ומסרה ליהושע ויהושע לזקנים וזקנים לנביאים ונביאים מסרוה לאנשי כנסת הגדולה הם אמרו שלשה דברים הוו מתונים בדין והעמידו תלמידים הרבה ועשו סייג לתורה. [כב] **ספר קהלת יעקב ערך מש:** י"א. משה זכה מתחילה לכל נ' שערי בינה, רק אחר כך כשחטאו ישראל בערב רב שקיבל, נעלם ממנו שער הנ', וזה (שמות ל"ב ז') לך רד שתרד מגדולתך (ברכות ל"ב.) ותחסר שער הנ' כמניין לך, ועל כן אמרו רז"ל (ראש השנה כ"א ע"ב נדרים ל"ח.) בלשונם נ' שערי בינה ניתנו למשה חסר א', ולא אמרינן מ"ט שערי בינה ניתנו למשה, רק שמתחילה ניתנו לו כל הנון, ואחר כך נחסר אחד על ידי העגל שעשו

ישראל, ואחר כך בשעת פטירתו זכה לכל הנ׳ שערי בינה, ועל כן נאמר (דברים ל״ד א׳) אל הר נב״ו נון בו, שיש בו שער הנ׳ ונכנס הנ׳ בשמו, ונעשה ממשה אותיות נשמה, וידוע כי נשמה בבינה, גם זה מהרח״ו שם, והנה נודע דשער הנ׳ כולל כולם, ועל כן רמוז בתיבת לך על שער הנון, לך ראשי תיבות כולל לכולם.

אופן מו

איתא בספר סודי רזא נקרא הקב"ה מלך שהוא בגי' צ' שאין השכינה שורה פחות מצ' אלפים רבבות מלאכים, תני ר' חייא כסא שעשה שלמה היה בו צ' אלף קטדראות והיו יושבין בו ע' סנהדרין כסא א' מימין לגד החוזה משמאל לנתן הנביא ומלפניו כסא אחד שישבה עליו בת שבע אמו.

והנה נרמז ענין זה והיה י"י למלך על כל הארץ שאין הקב"ה נקרא מלך בפחות מהמרכבה שנרמז במלת ארץ שהיא צ' אלפים רבבות, ה' אדונינו מה אדיר שמך בכל הארץ דייקא, כסא שמים ובכמה משיירין מכסה הודו לזה אמר תהלתו מלאה ארץ דהיינו מנין ארץ נוטריקון צ' אלפים רבבות.

וכן אומרים בנשמת המלך היושב על כסא רם ונשא חוזר ומפרש בכמה שכינתו על הכסא שוכן עד מרום וקדוש שמו קאי על מלך שאמר מתחילה, דהיינו כמנין שם מלך שהוא צ', כן הוא שוכן עד לא פחות מצ' אלף רבבות. ונתן טעם למה דווקא שכינתו בצ' חוזר ואמר רננו צדיקים בי"י לפי שהקב"ה צדיק וישר מזה הטעם צדיק אתה ה' רוצה לומר השם של ה' הוא שוכן למעלה לא פחות מצ' אלפים רבבות אבל למטה אין אוכלסו פחותה מס' רבוא זה שכתוב וישר

משפטיך, במלת ישר נרמז חשבן ס' רבוא בזה האופן: י' פעמים ש' ג' אלפים, ר' פעמים ג' אלפים הרי ס' רבוא.

זה סוד שנקראת התורה ספר הישר לפי שאותיות התורה הם ס' רבוא, והם רמוזים בב' תיבות ספר הישר ספר נוטריקון ס' רבוא פרצופים. זה ספר תולדות אדם, שהיה אדם כלול מתחילה מס' רבוא פרצופין, ודוד שהיה גלגול אדם אמר במגילת ספר כתוב עלי מזה מתפשטין בספר ס' רבוא פשטים נוטריקון ספר. יש"ר הוא חשבון ס' רבוא, כי האלהים ברא את האדם מתחילה שהיה כלול מס' רבוא נשמות, נרמז במלת יש"ר, זה שכתוב צדיק וישר הוא, צדיק על חשבון צבא של מעלה שסביב הכסא, וישר על אוכלוסו שהוא אינו פחותה למטה מס' רבוא. וכן אמר רננו צדיקים בי"י, לקבל החשבון צ' אלפים רבבות של מעלה, בד' דייקא, לישרים על חשבון ישר שלמטה.

והנה צריך ליתן טעם הלא על כסא שלמטה לא היו יושבין רק ע' סנהדרין, והוא אומר וישב שלמה על כסא ה' שהוא ממש לכסא שלמעלה, והלא רחוקה מהם כרחוק מזרח מן המערב. אבל רזא עילאה הוא, ומכון לשבתך פעלת ה' שאמר משה, ומכון שבתך עולמים שאמר שלמה, מכוון ענין זה בפסוק אדם אחד מאלף מצאתי ואשה בכל אלה

לא מצאתי, והענין כי ע׳ סנהדרין היו לקביל ע׳ אלפים, כי כל אחד הוא כלול מאלף ואח״כ היו ב׳ כסאות לגד ונתן, והם היו נביאים והנבואה הוא בסוד י׳, נמצא כל אחד מהם הי׳ כלול מי׳ אלפים. נמצא שגד החוזה לקבלו היו י׳ אלפים קטדראות ונתן הנביא גם כן לקבלו היו י׳ אלפים קטדראות, שכל אחד מהם מאחר שהיתה לו הנבואה שהוא בסוד יו״ד י׳ לשונות של נבואה, לכן כל אחד מהם כלול מי׳ אלפים וע׳ סנהדרין והיו לקבליהון ע׳ אלפים קטדראות להודיע שכל אחד מהם כלול מאלף, איכה ירדופו אחד אלף, ונמצא שהיו הקטדראות מכוונים צ׳ אלפים לקבליהון והם לקביל צ׳ אלפים רבבות שסביב הכסא למעלה שאין הקב״ה שוכן פחות מהם אבל למעלה הם רבבות, אבל למטה נוצר חסד לאלפים לא היו רק אלפים.

וזה פירוש הפסוק בדניאל אלף אלפין ישמשוניה ורבוא רבבן קדמוהי יקומון וקשה ליערבינהו וליתנינהו אלף אלפין ורבוא רבבן, אבל האלפים הם למטה שעשו דוגמתן לשמש אצלינו כדמות המשמשין במרום אבל הרבבות הם למעלה. ומשה התפלל שובה ה׳ שיהיו רבבות אלפי ישראל שגם אלפי ישראל יהיו רבבות. וכן את היי לאלפי רבבה שיהיה רבבה כצמח השדה.

ואם כן לזאת יהיה פירוש הפסוק אדם א' מאלף מצאתי שאמר קהלת על המרכבה של מעלה שהיא דיוקנא של יעקב בכסא הכבוד, כשראה דמות כסא הכבוד של מעלה שישב שלמה למטה מכוון על כסא ה' של מעלה, אדם אחד מאלף מצאתי, שאדם אחד מסנהדרין כלול מאלף. נמצא שהיו מכוונין הקתדראות של מטה שהם האלפים לקבל כסאות של מעלה שהם רבבות, שגד החוזה ונתן הנביא כל אחד היה כלול לקבל רבבות של מעלה, אבל הכסא שעשה שלמה לבת שבע אמו לא מצא כנגדו כסא מכוון למעלה. זה שאמר אשה בכל אלה לא מצאתי, אלה דייקא, שאו מרום עיניכם וראו מי ברא אלה, אלה ראשי אבות.

ולפי זה יהיה פירוש הפסוק ויקר אל משה, שהראה הקב"ה למשה כסא הכבוד שלמעלה דתמן אלף אלפין ישמשוניה וריבוא ריבבן, אבל למטה אלף זעירא רומזת שאין למטה רק אלף אבל למעלה רבבות. גם נרמז בו שהנבואה הרמוזה במלת יקר, הנבואה היא כלול י' אלפים, שכן א' הוא צורת יו"ד, שמזה הטעם היו כל אחד מב' נביאים גד החוזה [ונתן הנביא] כלול מי' אלפים, וזה נרמז באלף זעירא קרי ביה ויקר, רוצה לומר מי שהוא נביא שדבר ה' יקר בו הוא כלול מי' אלף, כי כלל אין השכינה למטה מי', זה שאמר יוסף ה' עליכם ככם אלף פעמים.

אופן מו

איתא בספר סודי רזא נקרא הקב"ה מלך שהוא בגי' צ' שאין השכינה שורה פחות מצ' אלפים רבבות מלאכים.

גלא עמיקתא

והוא באור אריכות דברי המגלה עמוקות, ומתבארים דבריו מיניה וביה, ורק נרמוז חושבן גימטריות הפסוקים שמביא ונקשרם לדבריו הקדושים: הפסוק הראשון דמביא הגאון המחבר (זכרי' י"ד,ט'): [א]**והיה ה' למלך על כל הארץ ביום ההוא יהיה ה' אחד ושמו אחד** גימ' (1127) ז' פעמים קס"א (161) **דהוא** מלוי שם אהי"ה דיודין "אלף הי יוד הי" (161), **והיינו עולם הכסא** (כסא-קסא ק'-כ' מתחלפים – [ב]בת ק' כבת כ') **דאמא אוזיפת מנא לברתא** [עיין [ג]בזוה"ק בהקדמה (דף ב' ע"א)] בחינת ז"ת דמלכות בסוד מלבוש – ז'

[א] **תלמוד בבלי מסכת פסחים דף נ עמוד א:** והיה ה' למלך על כל הארץ ביום ההוא יהיה ה' אחד ושמו אחד, אטו האידנא לאו אחד הוא? - אמר רבי אחא בר חנינא: לא כעולם הזה העולם הבא; העולם הזה, על בשורות טובות אומר ברוך הטוב והמטיב, ועל בשורות רעות אומר ברוך דיין האמת. לעולם הבא - כולו הטוב והמטיב. ושמו אחד, מאי אחד, אטו האידנא לאו שמו אחד הוא? - אמר רב נחמן בר יצחק: לא כעולם הזה העולם הבא; העולם הזה - נכתב ביו"ד ה"י ונקרא באל"ף דל"ת, אבל לעולם הבא כולו אחד - נקרא ביו"ד ה"י, ונכתב ביו"ד ה"י. סבר רבא למדרשה בפירקא. אמר ליה ההוא סבא: לעלם כתיב, רבי אבינא רמי: כתיב, זה שמי לעלם, וזה זכרי לדר דר. אמר הקדוש ברוך הוא: לא כשאני נכתב אני נקרא, נכתב אני ביו"ד ה"א, ונקרא אני באל"ף דל"ת. הדרן עלך אלו עוברין. [ב] **ילקוט שמעוני תהלים רמז תשל:** חרבם תבא בלבם נע ונד תהיה בארץ. ד"א זה חנון בן נחש, כיצד כיון שמת אביו ושלח דוד אצלו לנחמו מיד נטל עבדי דוד ועשה אותם פדרגימטא, שנאמר ויקח חנון את עבדי דוד ויגלח חצי זקנם, מיד שלח לארם נהרים ושכר שנים ושלשים אלף חוץ מכמה אוכלוסין שהיו לו, ועמדו יואב ואבישי והרגו כל אותן אוכלוסין. ד"א אלו ארבעה מלכים אמרפל וחבריו, שעד עכשו לא היה מלחמה בעולם ועמדו ופתחו, שנאמר עשו מלחמה. חרבם תבא בלבם, שעמד אברהם והרגן, שנאמר ויחלק עליהם לילה. יודע ה' ימי תמימים כשם שהם תמימים כך שנותיהם תמימים, בת ק' כבת כ' לנוי, בת עשרים כבת שבע לחטא. בר חטיא אמר כל מי שנאמר בו תמים השלים שניו אפילו למדת שבוע. לא יבושו בעת רעה זה יצחק ברעתו של אבימלך. ובימי רעבון ישבעו ויהי רעב בארץ. [ג] **זוהר - הקדמה דף ב עמוד א:** א"ר שמעון על דא שמיא וחיליהון במ"ה אתבריאו דכתיב (תהלים ח') כי אראה שמיך מעשה אצבעותיך וגו' וכתיב (שם) מ"ה אדיר שמך בכל הארץ אשר תנה" הודך" על" השמים" על השמים איהו לסלקא בשמא בגין דברא נהורא לנהוריה ואתלבש דא בדא וסליק בשמא עלאה ועל דא בראשית ברא אלהים דא אלהים עלאה, דהא מ"ה לא הוי הכי ולא אתבני אלא בשעתא דאתמשכן אתוון אלין (מאילין) אל"ה מלעילא לתתא ואמא אוזיפת לברתא מאנהא וקשיטא לה בקישוטהא, ואימתי קשיטא לה בקושיטהא כדקא חזי, בשעתא דאתחזון קמה כל דכורא, דכתיב (שמות כ"ג) אל פני האדון יי' ודא אקרי אדון כמה דאת אמר (יהושע ג') הנה ארון הברית אדון כל הארץ, כדין נפקת ה' ואעילת י' ואתקשיטת במאני דכורא לקבליהון דכל דכר בישראל ואתוון אחרנין משכן לון ישראל מעילא לגבי אתר דא (תהלים מ"ב) אלה אזכרה, אדכרנא בפומאי ושפיכנא דמעאי (ברעות נפשי בגין לאמשכא אתוון אלין) וכדין אדדם מעילא עד בית אלהים למהוי אלהים כגוונא דיליה, ובמאי, (שם) בקול רנה ותודה המון חוגג, א"ר אלעזר שתיקה דילי בנא מקדשא לעילא ובנא מקדשא לתתא ובודאי מלה בסלע משתוקא בתרין, מלה בסלע מה דאמרנא ואתערנא ביה, משתוקא בשתים מה דשתיקנא דאברו ואיבנו תרין עלמין כחדא, א"ר שמעון מכאן ולהלאה שלימו דקרא דכתיב (ישעיה

[ד]תני ר׳ חייא כסא שעשה שלמה היה בו צ׳ אלף קטדראות והיו יושבין בו ע׳ סנהדרין כסא א׳ מימין לגד החוזה משמאל לנתן הנביא [כמ״ש (דה״א כ״ט,כ״ט) ועל דברי נתן הנביא ועל דברי גד החוזה] ומלפניו כסא אחד שישבה עליו בת שבע אמו [כמ״ש (מ״א א׳,י״א) ויאמר נתן

גלא עמיקתא

פעמים ״מלבוש״ (378) גימ׳ (2646) ו׳ פעמים ״אמת״ (441) ובסדר הספירות אמת מקבלת מהתפארת. והיה ה׳ למלך על כל הארץ ביום ההוא יהיה גימ׳ (723) ״יעקב ישראל״ [ה]דיעקב אבינו דמות דיוקנו חקוקה בכסא הכבוד. ולומד המגלה עמוקות מר״ת אר״ץ: צ׳ אלפים רבבות גימ׳ (861) ״בית המקדש״. ״אלפים״ גימ׳ (161) קס״א כנ״ל. ורמיזא גאולתא שלמתא ובנין בית המקדש בירושלים עיה״ק תבנה ותכונן ב״ב אכי״ר.

מ׳) המוציא במספר צבאם, תרין דרגין אינון דאצטריך למהוי רשים כל חד מנייהו, חד דא דאתמר מ״ה, וחד מ״י, דא עלאה ודא תתאה, דא עלאה רשים ואמר המוציא במספר צבאם, המוציא ההוא דאשתמודע ולית כוותיה, כגוונא דא המוציא לחם מן הארץ המוציא ההוא דאשתמודעא דא דרגא תתאה וכלא חד. [ד] **חכמת אדם שער השמחה סיום בעניני סוכות:** בפסוק והם רבבות אפרים והם אלפי מנשה (דברים ל״ג, י״ז). להבין למה לא אמר סתם והם רבבות אפרים ומנשה וכן כשברכו את רבקה כתיב (בראשית כ״ד, ס׳) את היי לאלפי רבבה ופירש רש״י הברכה שבירך לאברהם עיין שם ולשון זה לא מצינו בברכת אברהם ועוד דלכאורה לשון הפסוק משמע שהכל אחד אלפי רבבה ואם כן קשה למה נתנו קצבה לברכתה ולכך באמת תרגם אונקלוס לאלפין ולרבבין והם שני דברים ואם כן גם בזה קשה למה לא אמרו סתם היי כעפר הארץ או ככוכבים ועוד צריך להבין מה היה כוונת הנשים שאמרו הכה שאול באלפיו ודוד ברבבותיו ושאול קינא על זה ולכאורה שאול בחיר ה׳ יתקנא בדברי נשים אבל דבר גדול דברו הנשים על פי מה שכתב במגלה עמוקות ויקרא אופן מ״ו ואופן נ״א בשם סודי רזא שאין שכינה שורה פחות מתשעים אלפים רבבות מלאכים תני ר׳ חייא כסא שעשה שלמה היה בו תשעים אלף קתדראות שבעים לסנהדרין ואחד לגד ואחד לנתן ופירש הוא כי כל אחד מסנהדרין הוא נגד אלף אבל נביא כיון שהנבואה מעשר דרגין הוא נגד רבבה ואם כן הוא נגד תשעים אלפים רק שלמעלה הם רבבות ולמטה אלפים ובזה פירש הפסוק אלף אלפין ישמשוניה רצה לומר למטה וריבוא רבוון קדמוהי רצה לומר למעלה ומשה התפלל שובה ה׳ רבבות אלפי ישראל שיהיה גם כן רבבות עיין שם דבר נפלא ובזה נראה לי כוונת הנשים שאמרו ששאול הוא שקול כאלף ולדוד היו עושין כנביא ששקול נגד רבבה ולזה נתקנא שאול כמו שאמרו חז״ל בסנהדרין (דף צ״ג ב) שנתקנא בו כשאמר דואג וה׳ עמו שהלכה כמותו וזה נראה לי פירוש הפסוק והם רבבות אפרים שהוא יהושע שהיה נביא ואלפי מנשה שהוא גדעון ובזה מדוייק שאמרו לדוד כי עתה כמונו עשרה אלפים (שמואל - ב י״ח, ג׳) וזה שברכו לרבקה שיצא ממנה מי ששקול כאלף ומי ששקול כרבבה. [ה] **מדרש ילמדנו ילקוט תלמוד תורה - בראשית אות קכט:** דף פ״א, ע״א (לבר׳ כ״ח, י״ב). עולים ויורדים בו. מיום שברא הב״ה את העולם היו המלאכים משבחים להב״ה ואומרים ברוך י״י אלהי ישראל, ולא היו יודעין מי הוא ישראל, כיון שבא יעקב לבית אל, עלו המלאכים שלווהו למרום ואמרו להם למלאכי מרום: אתם מבקשים לראות האיש שאנו משבחים להב״ה על שמו, רדו וראו הנה אותו האיש. והיו המלאכים יורדים ורואין את דמותו ואומ׳: בודאי זה הצורה וזה הדמות חקוקה בכסא הכבוד, וענו כולם ואמרו: ברוך י״י אלהי ישראל.

גלא עמיקתא

הפסוק השני דמובא בדבריו הקדושים (תהל׳ ח׳,י׳): [ו]ה׳ אדוננו מה אדיר שמך בכל הארץ גימ׳ ע״ה (1116) י״ב פעמים "[ז]הטוב הגנוז" (93). וכפלינן י״ב זימנין לקביל י״ב שבטי י״ה שרש לנשמות ישראל, דבהם צפון "הטוב הגנוז" כדכתיב ועשו לי מקדש ושכנתי בתוכם (שמות כ״ה,ח׳) - ודרשו חז״ל [ח]בתוכו לא נאמר אלא בתוכם בתוך כל אחד ואחד מהם [1עיין באור שיר השירים פ״ב פסוק י״ד]. ומביא הפסוק

1. באור שיר השירים פרק ב׳: פסוק י״ד: יונתי בחגוי הסלע בסתר המדרגה הראיני את מראיך השמיעני את קולך כי קולך ערב ומראיך נאוה סליק לחושבן (4376): ד״פ "אני ישנה ולבי ער קול דודי דופק" (1094) (שה״ש ה׳,ב׳). והוא נפלא-דממשיך (שם) בפסוק- פתחי לי אחותי רעיתי יונתי תמתי וכו׳ ד׳ בחי׳ בהתקרבות כנס״י לאביהם שבשמים. ובמדרש רבה (פ״ב) אחותי שנתאחו לי במצרים עם דם הפסח ומילה, רעיתי שריעו אותי בים ואמרו זה אלי ואנוהו, יונתי במרה שמשם נצטוו ונצטיינו כל המצוות ומע״ט כיונה זו שמצויינת וכו׳, תמתי שנתממו עמי בסיני ואמרו כל אשר דבר ה׳ נעשה ונשמע, רבי ינאי אומר תאומתי, רבי יהושע דסכנין בשם ר׳ לוי תאומתי מה התאומים הללו חושש אחד בראשו אף השני מרגיש כך כביכול

[ו] תוספתא מסכת סוטה פרק ו הלכה ה: באותה השעה הציצו מלאכי השרת שקשרו קטיגור לפני הקדוש ברוך הוא בשעה שברא הקדוש ברוך הוא אדם הראשון ואמרו לפניו רבונו של עולם מה אנוש כי תפקדנו וגו׳ ותחסרהו מעט מאלהים וגו׳ תמשליהו במעשה ידיך צונה ואלפים וגומר צפור שמים וגומר באותה שעה אמר להם הקדוש ברוך הוא למלאכי השרת בואו וראו שירה שבני אומרין לפני אף הן כיון שראו אמרו שירה מה שירה אמרו ה׳ אדוננו מה אדיר שמך בכל הארץ מפי עוללים ויונקים וגו׳ ה׳ אדוננו ר׳ שמעון בן מנסיא אומר לא נאמרה פרשה זו אלא על יצחק בן אברהם לעניין עקד׳

[ז] זוהר - רעיא מהימנא - במדבר - פרשת נשא דף קכג עמוד א: בכל יומא תשכח נטירא, ואינון נטירין אינון כגון קוצים לכרם, ואית נטירין אחרנין כגון נחשים ועקרבים ושרפים ונטרין ההוא טוב דלא ייעול תמן דלאו איהו ראוי למיעל, ואי לאו, כל חייביא הוו עאלין ברזין דאורייתא, ובג״ד מאן דאיהו חייבא ויעול למנדע רזין דאורייתא כמה מלאכי חבלה דאתקריאו חשך ואפלה נחשים ועקרבים חיות ברא אתקריאו ומבלבלין מחשבתיה דלא ייעול לאתר דלאו דיליה, אבל מאן דאיהו טוב כל אלין נטירין אינון לממריה וקטיגור נעשה סניגור, וייעלון (ליה) לטוב הגנוז ויימרון ליה מרנא הא בר נש טוב וצדיק ירא שמים בעי לאעלא קדמך ואמר לנו (תהלים קיח) פתחו לי שערי צדק אבא בם אודה יה ההוא טוב הגנוז יימא לון פתחו ליה בהאי תרעא דאתקרי אהבה או בהאי תרעא דאיהי תשובה, כל צדיק ייעול כפום דרגא דיליה ורזא דמלה (ישעיה כו) פתחו שערים ויבא גוי צדיק וגו׳ כען צריך לאהדרא על פתח התשובה, וכי מכמה מינין איהו תשובה דעבדין בני נשא כלהו טבין אבל לאו כל אפייא שוין, אית ב״נ דאיהו רשע גמור כל ימיו ואיהו עובר על כמה פקודין דלא תעשה ומתחרט ומודה עלייהו ולבתר כן לא עבד לא טב ולא ביש, לדא ודאי ימחול ליה קודשא בריך הוא, אבל לא דיזכה לתשובה עלאה, אית ב״נ לבתר דייתוב מחטאיו ומתכפר ליה איהו אזיל בדרך מצוה ומתעסק בכל כחו בדחילו ורחימו דקודשא בריך הוא, דא זכי לתשובה תתאה דאתקרי ה׳, ודא איהו תשובה תתאה, ואית ב״נ לבתר דמתחרט מחוביו ויעביד תשובה ויתעסק באורייתא בדחילו ורחימו דקודשא בריך הוא ולא ע״מ לקבל פרס, דא זכי לאת ו׳ ואיהו בן י״ה ועל שמיה אתקרי בינה, ודא גרים דתשוב ו׳ לגבי ה׳, ומלת תשובה כך היא תשוב ו׳ לה׳ **[ח] אין לו מקור רק מובא באלשיך פרשת כי תשא ובשל״ה מסכת תענית דף ס׳ ויש מהמפרשים מביאים בשם המדרש:** אלשיך שמות פרק לא ואם כן כיון שהמשכן אין השראת שכינה בו מצד עצמו כי אם באדם כמה דאת אמר (לעיל כה ח) ועשו לי מקדש ושכנתי בתוכם, כי בתוכו לא נאמר אלא בתוכם שהוא כי היכל ה׳ הוא האדם וממנו יתפשט אל המשכן. ואם כן אמור מעתה איך בשבת שהאדם הוא היכל ה׳ יעשה מלאכה במשכן שהוא עצמו מצד עצמו אין בו שכינה אלא ממה שנמשך לו מן האדם, שעל ידי היות האדם היכל ה׳ נמשך אל המשכן.

הקב"ה וכנס"י וכו'. והנה כאן בפסוק פותח יונתי היינו המדרגה ה-ג', ובאופן קנ"א-פרק שירה ביארנו- יונה אומרת וכו' רבש"ע יהיו מזונותי מרורים כזית בידיך ואל יהיו מתוקים כדבש על ידי בשר ודם, ולכן במדרש רבה הנ"ל אמר יונתי- במרה וכו'. ויחד דהיינו "יונתי (476) במרה (247)" סליקו לחושבן (723): "יעקב ישראל"- דמשתנים מקטנות לגדלות והם שליחיו דקוב"ה בהאי עלמא. והוא בחי' "תכלית ירידה עליה" גימ' (1204): "תתקדש", ותיבה "תכלית" גימ' (860) י"פ "אלהים" (86) דמשה כמעט והשיג התכלית כד' משה איש האלהים. ובמג"ע הק' אופן מ"ה על א' זעירא הבאנו לעיל אופן כ"ג כתב עה"פ (תהל' ח',ו') "ותחסרהו מעט מאלהים" י"פ אלהים גימ' תת"פ משה מן התורה מנין (חולין קלט) "בשגם הוא בשר" (בר' ו',ג') גימ' תתנ"ט א' חסר מי"פ אלהים.

וממשיך בדבריו שם: וזהו "ותחסרהו מעט מאלהים" היה חסר האי א' זעירא להגיע לשלמות קומת י"פ אלהים בחי' תכלית, עד כאן תמצית דבריו הקדושים עיין שם. והנה תיבין "ומראיך" גימ' (277) "זרע" ענין פריה ורביה כדכתיב מה נטיעה פרה ורבה אף דברי תורה פרין ורבין, והוא ענין תורה שבע"פ- ישראל- דקוב"ה אורייתא (תורה שבכתב) וישראל (תורה שבע"פ) כולא חד, וכדמברכינן אשר נתן לנו תורת אמת (תורה שבכתב) וחיי עולם נטע בתוכנו (תושבע"פ) מה נטיעה וכו' כנ"ל. תיבה "מראיך" גימ' (271) "הריון", תיבה "השמיעיני" גימ' (485) "תהלים", והוא נפלא- השמיעיני את קולך- באמירת תהלים, דכל התפלות שתקנו לנו מחכמים מלאים במזמורי תהלים כרמון. תיבה "קולך" גימ' (156) "יוסף"- וכתיב (בר' ל') ב' פירושים: א'. אסף אלהים את "חרפתי" גימ' (698) "ברית מילה" עם הכולל. ב'. יוסף ה' לי בן אחר- מוסיף והולך- דהיינו השמיעיני את קולך התחזקות בשמירת הברית שמירת עינים וכו' בחי' סור מרע, והוספה בתורה תפלה גמ"ח בחי' עשה טוב, וזהו "השמיעיני את" גימ' (886): ב"פ "באמת"- לקביל תורה ותפלה. תיבין "השמיעיני את קולך" גימ' (1042): "צאינה וראינה בנות ציון" (שה"ש ג',י"א) ונבארו במקומו אי"ה- ורק נכתוב ד"ציון" היינו "יוסף" היינו "קולך". ונשאר "צאינה וראינה בנות" כחושבן "השמיעיני את" והוא ב"פ "באמת" כדאמרן- ראינה בחי' תורה דכורא, בנות בחי' תפלה נוק', "צאינה" גימ' יוסף ג"כ היינו ציון, והוא ב' בחי' יוסף צאינה סור מרע ציון ועשה טוב. ואמנם זהו קוב"ה דאומר לכנס"י הראיני את מראיך וכו' והוא בסתר המדרגה כדכתיב ביום ההוא הסתר אסתיר בחי' אסתר מן התורה וכו'. ברם כל הפסוק כולו הוא בחי' אור חוזר בבחי' מיניה וביה בקוב"ה עצמו- והוא בחי' במי נמלך (דהיינו למברי עלמא) בנשמותיהן של צדיקים וכו'. ולכן נעביד "רבוע-אחוריים" גימ' (553) (אור הגנוז-באור גנוז) "אל מול פני המנורה" (במ' ח',ב'-בהעלתך) בחי' אור חוזר מיניה וביה "יאירו שבעת הנרות" (שם). והרי הן ששה דמאירים לנר האמצעי, וכיצד שבעת הנרות, אלא כולהו מנרתא מאירה בסוד אור חוזר לקוב"ה עצמו מיניה וביה וכמו שבארנו לעיל ולכן אל מול פני המנורה דא רשב"י דא קוב"ה (בזוה"ק). ונעביד להני אחוריים מסיפא לרישא להראות האי בחי' יקירא דאור חוזר מיניה וביה בסוד א' זעירא ויקרא אל משה דבכאן משה הוא בחי' קוב"ה והיא קריאה מיניה וביה ולכן לא כתיב מי הוא הקורא וכו', וכדלקמן: נאוה ומראיך נאוה ערב ומראיך נאוה קולך ערב ומראיך נאוה כי קולך ערב ומראיך נאוה קולך כי קולך ערב ומראיך נאוה את קולך כי קולך ערב ומראיך נאוה השמיעיני את קולך כי קולך ערב ומראיך נאוה מראיך השמיעיני את קולך כי קולך ערב ומראיך נאוה את מראיך השמיעיני את קולך כי קולך ערב ומראיך נאוה הראיני את מראיך השמיעיני את קולך כי קולך ערב ומראיך נאוה המדרגה הראיני את מראיך השמיעיני את קולך כי קולך ערב ומראיך נאוה בסתר המדרגה הראיני את מראיך השמיעיני את קולך כי קולך ערב ומראיך נאוה הסלע בסתר המדרגה הראיני את מראיך השמיעיני את קולך כי קולך ערב ומראיך נאוה בחגוי הסלע בסתר המדרגה הראיני את מראיך השמיעיני את קולך כי קולך ערב ומראיך נאוה יונתי בחגוי הסלע בסתר המדרגה הראיני את מראיך השמיעיני את קולך כי קולך ערב ומראיך נאוה נאוה גימ' (62): ב"פ אל בסוד ב' פאות הראש שרש לדיקנא קדישא, ומשה עבידו כאן- בסוד מאן דאיהו רב איהו זעיר (זוה"ק תחלת פרשת חיי שרה) - ובספה"ק כת' מה שבשרש גבוה יותר נופל כביכול למטה יותר א"נ רחוק יותר- ורמיזא "נאוה" נחלק נ"א גימ' (51) "בגלוי", ו"ה ר"ת "והנגלות לנו ולבנינו" וכו' (דב' כ"ט,כ"ח). ומראיך נאוה גימ' (339): "נר חנוכה" בסוד אור הגנוז- והני ח' נרות חנוכה- דאנו היום ב"זאת חנוכה" ה'תשע"ה

בחי׳ פני המנורה דאמרינן. ד-ז׳ נרות דמנורת המקדש הן המאירים אל מול פני המנורה ד-ח׳ נרות של חנוכה, והן בחי׳ ומראיך נאוה דאין לנו רשות להשתמש בהם ״אלא לראותן בלבד״ גימ׳ ע״ה (758): ״(ו)יצא חטר מגזע ישי״ (ישעי׳ י״א,א׳) רמיזא ביאת משיח צדקנו בב״א. ״לראותן״ גימ׳ (687): רל״ב עם תנ״ה דהיינו ד׳ מלויי שם הוי׳ ב״ה עם ס״ג מלויי שם א-היה, בסוד יחודא שלים דאבהן ואמהן קדישין- והוא חותם המתהפך כמים הפנים לפנים דחזינן ד׳ מלויי הוי׳ דכורא ו-ג׳ מלויי א-היה נוק׳ והרי הן ג׳ אבות ו-ד׳ אמהות. אך בשרש ונהפוך הוא נקבה תסובב גבר ואשת חיל עטרת בעלה, וכדוגמת אברהם ושרה כל אשר תאמר אליך שרה דהיא היתה בחי׳ משפיע לגביו בחי׳ גדולה ממנו ברוח הקודש, ולכן הני ד׳ הוי׳ ג׳ א-היה. ובכללות הן ז׳ קני המנורה, והני ח׳ קנים בחנוכיה דחנוכה דאמרנו דהן הן פני המנורה והן ״שבעה רעים ושמונה נסיכי אדם״ (מיכה ה׳,ד׳) גימ׳ (1273) ״ימין ושמאל תפרוצי״ מפיוט לכה דודי- לעיל אופן קט״ז. ושם אמרינן דהאי חרוזא לקביל ספי׳ הכתר, ומעתה יובן פרש״י עה״פ במיכה (שם) וזלשה״ק- שבעה ושמונה רבותינו פרשו במסכת סוכה ואיני יודע מהיכן למדו עכ״ל. ורמז לנו רש״י הק׳ דהאי פרושא משרשא בספירת הכתר ואין לו רשות לומר לנו שם, דניקוד הכתר קמץ מלשון קמוץ פיך מדבר, וכן כתיב והחכמה מאין תמצא, דלגבי הנבראים התחתונים הכתר הוא בחי׳ אין. וכדאמרינן לגבי נרות חנוכה דהן בחי׳ הכתר- ואין לנו רשות להשתמש בהם וכו׳ וכדאמר משה לקב״ה כשראה סופו דר׳ עקיבא זו תורה וזו שכרה וענה לו ית׳ שתוק כך עלה במחשבה, וכן בפ׳ ואתחנן (דב׳ ג׳,כ״ו) ״רב לך מדבר אלי עוד בדבר הזה״. ובארו המגלה עמוקות הק׳ לרנ״ב אופנים דב״ה נשתמרו במלואם והוא רנ״ב כמנין ״רב לך״ מהפסוק הנ״ל ״רב לך אל תוסף דבר אלי עוד בדבר הזה״ כנ״ל. ומעתה יובנו דברי רש״י הק׳ הנ״ל: ״ואיני יודע מהיכן למדו״ גימ׳ (372): ״בן ישי״ דהיינו מבחי׳ כתרא עילאה ומתמן אתא משיחא והוא סוד הגאולה. וכמו שהשבטים בקשו מיעקב אבינו שיגלה להם הקץ ונסתם ממנו ועוד רבים, ובגמ׳ (סוכה נב:) פרש רש״י הק׳ המימרא בלישנא אחרינא: שבעה רועים ושמונה נסיכים- ״לא ידעתי בהם טעם״ גימ׳ (691): ״עד בוא משיח צדקנו״ במהרה בימינו אמן. ושניהם יחד, דהיינו: ״ואיני יודע מהיכן למדו, לא ידעתי בהם טעם״ גימ׳

(1063): ״אליהו הנביא אליהו התשבי אליהו הגלעדי״. וזהו דאליהו א״נ משיח (דתרוויהו בשמונה נסיכי אדם) יגלו לנו סוד הני שבעה רועים ושמונה נסיכי אדם, ונרמוז שמותיהן בצורת ב׳ מנורות בסוד (במ׳ ח׳,ב׳-בהעלתך) ״אל מול פני המנורה יאירו שבעת הנרות״. ערב ומראיך נאוה סליק לחושבן (611): ״תורה״, וכדאמרינן לעיל ״השמיעיני״ סליק לחושבן (485) ״תהלים״ עמוד התפלה. ובתיבין הסמוכין ערב ומראיך נאוה חושבן תפלה- עמוד התורה, דעל שלשה דברים העולם עומד וכו׳ וכאמרם דרך ארץ קדמה לתורה ״דרך ארץ״ גימ׳ (515): ״תפלה״. ובסדר הפסוק דנן כך הוא תיבה השמיעיני בחי׳ תפלה (חושבן תהלים) קודמת לתיבין ערב ומראיך נאוה חושבן תורה. ברם בשרש בסוד אור חוזר דמגיעה עד לשרש ואף למעלה מכך לעצמותו ית׳ הוא חותם המתהפך וכדאמרינן לעיל בענין רל״ב ותנ״ה אבהן ואמהן קדישין ואסתכל באורייתא וברא עלמא (זוה״ק פרשת תרומה ח״ב דף קס״א ע״א). ובעצמותו ית׳ ונהפוך הוא דנמלך בנשמותיהן של צדיקים דישראל קדמו לכל דבר וישראל היינו תפלה א״נ תורה שבעל פה דבשרשה גבוהה אף מן התורה שבכתב. והוא בסוד ״אשת חיל עטרת בעלה״ (משלי י״ב,ד׳) - ובסוד ״אברהם ושרה״ גימ׳ (759): ״ישמחו השמים״ (תהל׳ צ״ו,י״א) ר״ת י-ה הנסתרות וכו׳, והוא בסוד חנוכה דלא ניתן להיכתב דהוא כולו תורה שבעל פה- אור הגנוז.

ונמשך מדברינו שתפלה עולה על הכל דהיא ההימלכות מיניה וביה בעצמותו ית׳ עם נשמות ישראל (דהן המיניה וביה ולא כדבר נוסף) ועוד לפני עלית הרצון לעולמות ומילא לתורה דאסתכל באורייתא וברא עלמא, והנה: ״תורה שבכתב (1335) תורה שבעל פה (1098)״ גימ׳ (2433) ״כי אתה שומע תפלת עמך ישראל״. והנה כתיב (אבות) על שלשה דברים העולם עומד על התורה ועל העבודה ועל גמילות חסדים, והוא פלא ״גמילות חסדים״ גימ׳ (611): ״תורה״ בסוד חותם המתהפך כנ״ל- וחסידים הראשונים שהו שעה אחת לפני התפלה וכו׳ היינו תפלה. וזהו דחושבן ״תורה-תפלה-גמילות חסדים (היינו תורה)״ סליק (1737): ג״פ ״מצמיח ישועה״ (579), א״נ ג״פ ״נוצר חסד ונקה״ דאינון תרין מזלין ח׳ י״ג בדיקנא קדישא דא״א דמהן ינקין או״א עילאין. וממילא המשיכו מתמן הני חסידים ראשונים השפע לאו״א ומתמן מלכולי עלמא למקרבא למשיח צדקנו

בגאולה האמיתית והשלמה ב"ב אכי"ר.
קולך ערב ומראיך נאוה גימ' (767): י"ג פעמים "חומה" (59) ואמרו חז"ל השרוי בלא אשה כשרוי בלא חומה, והוא ענין המוחין דחומה הוא שלוב ו'. ובסוד מדות ו' מ"ח בסוד י-ה או"א עילאין מוחין מ' בסוד נוק' כדהבאנו מהזוה"ק בהקדמה לשה"ש ח' ר"ת חכמה, וכפלינן י"ג פעמים בסוד כתר י"ג ת"ד דמשפיע לזו"ן. כי קולך ערב ומראיך נאוה גימ' (797): "חיי עולם נטע בתוכנו" וכדאמרינן לעיל דהוא בסוד תורה שבעל פה דבשרש גבוהה יותר אף מן התורה שבכתב אע"פ שמקבלת ממנה, דאין קיום לתורה שבע"פ בלי תורה שבכתב. והוא ענין קולך ערב דאין העולם מתקיים אלא מהבל פיהם של תשב"ר שלא חטאו, ותיבה ערב אתוון ערב בצירה דזמן תושבע"פ בלילה דלא איברי לילה אלא לגירסא. קולך כי קולך ערב ומראיך נאוה גימ' (953): "בית ישראל" היינו כנסת ישראל דלע"ל יתגלה היחוד הגדול דקוב"ה וישראל כמ"ש קוב"ה אורייתא וישראל כולא חד. ורמיזא "קולך" גימ' (156) "יוסף"- והוא ב"פ קולך (כי) קולך, יוסף ויוסף, ב"פ יוסף גימ' (312) "חדש", דאיהו חושבן י"ב פעמים הוי' לקביל כלל קומת ישראל, והוא ר"ת שי"ב י"ב שבטים, י"ב פעמים "שבט" (311) גימ' (3732): ד"פ "יעקב איש תם". והוא ד"פ דהוו ד' מחנות שכינה דסבבו ארונו כשהעלוהו ממצרים בסוד דגלי מדבר שסבבו המשכן במסעי בני ישראל במדבר ארבעים שנה. את קולך כי קולך ערב ומראיך נאוה גימ' (1354): י"א פעמים "ענג" (123) ע"ה והוא לעו"ז דסט"א די"א כתרין דמסאבותא דמשמיעים קולם בהבלי הבלים ורעות רוח- ואנו משמיעים לו ית' את קולנו בתורה ותפלה ועבדין נחת רוח לבוראנו ב"ה. השמיעיני את קולך כי קולך ערב ומראיך נאוה סליק לחושבן (1839): "גל עיני ואביטה נפלאות מתורתך" (תהל' קי"ט,י"ח). והוא נפלא כד מוספינן תיבת "השמיעיני" דאיהו חושבן "תהלים" סליקו הני תיבין לחושבן גל עיני וכו' דאיהו פסוקא מתהלים- ומחזק לבאורנו דהשמיעיני הוא בצלותא דמלאה במזמורי תהלים- דכל ענג קוב"ה הוא דמהללים לו ועסקין בתורתו.

ועיין באופן ב' בענין ג' אמוראין בתחלת גמ' סוכה "רבה רבי זירא רבא" סליקו לחושבן (1839): "גל עיני ואביטה נפלאות מתורתך" עיין שם וקשרהו לכאן. מראיך השמיעיני את קולך כי קולך ערב ומראיך נאוה גימ' (2110): י"פ "בן העולם הבא" (211) וסליק להאי חושבן כד מוספינן תיבת "מראיך" גימ' (271) "הריון". דהאי עלמא בחי' הריון והלידה היא בחזרת הנשמה אל העולם הבא- והגוף יורד לקבר, וכן מקור האשה מכונה בחז"ל בשם קבר דמתמן הולדה, וד"ל. את מראיך השמיעיני את קולך כי קולך ערב ומראיך נאוה גימ' (2511): ג"פ "צור ישראל" (837) והוא חזקה דה' מבטחנו- כדאמרינן הוא אלהינו הוא אבינו וכו'. ויש לקשרו לא' זעירא דויקרא דתיבה "צור" גימ' (296) "וידבר ה' אליו" ע"ה פסוקא דנפ דפותח ספר ויק', והוא עם הכולל בסוד א' זעירא דויקרא רמיזא כתר עליון כנ"ל. הראיני את מראיך השמיעיני את קולך כי קולך ערב ומראיך נאוה גימ' (2787): "והפכתי אבלם לששון ונחמתים ושמחתים מיגונם" (ירמי' ל"א,י"ב). והוא דאינון י"א תיבין לקביל י"א סטרין אחרנין בסוד י"א יריעות עזים- ולע"ל יהפוך לנו הקב"ה אבל לששון וכו' כדמאריך הנביא שם- וזהו דתשעה באב יהפך ליום טוב כי בו בעזהי"ת יבנה בית המקדש השלישי הנצחי ובלע המות לנצח בב"א. המדרגה הראיני את מראיך השמיעיני את קולך כי קולך ערב ומראיך נאוה גימ' (3044): "לעיני כל ישראל" (761) דאינון תיבין בתראין דאורייתא קדישא. והני ר"ת לעיני כל ישראל- לויים כהנים ישראל- ר"ת כל"י- דישראל דעסקין בהאי עלמא באורייתא וצלותא ומע"ט אינון כלי לקב"ה בעולמו, דאלמלא הם היה צריך לשכון כביכול בעצים ואבנים- וכאמרם ושכנתי בתוכם בתוכו לא נאמר אלא בתוכם. בסתר המדרגה הראיני את מראיך השמיעיני את קולך כי קולך ערב ומראיך נאוה גימ' (3706): ב"פ "ולא אבה ה' אלהיך לשמוע אל בלעם ויהפוך ה' אלהיך לך את הקללה לברכה" (דב' כ"ג,ו') [עיין לעיל אופן קמ"ד-תהלים י"ד פסוק ו']. והוא בסוד הכתר דתמן אתהפכא חשוכא לנהורא- ובפסוקא דנן בסתר וכו' אינון כאן י"ג תיבין בסוד הכתר והוא בסתר רמיזא "מרדכי אסתר" גימ' י"ג פעמים ע"ב (חסד) ע"ה והוא הנס ונהפוך הוא דפורים- וכדכתיב ויהפוך וכו' את הקללה לברכה. הסלע בסתר המדרגה הראיני את מראיך השמיעיני את קולך כי קולך ערב ומראיך נאוה גימ' (3871): י"פ "בשכינה" (387) ע"ה, והוא לקביל י"ס דמלכות ואלופו של עולם דמשפיע בהן ומגדילן בסוד א"ט ב"ח לפרצוף שלם ביחוד הגדול דלע"ל, וכדוגמת יחודא דמ"ת- עיין לעיל אופן יב"ק-תקון ליל שבועות. בחגוי הסלע בסתר המדרגה הראיני את

אל בת שבע אם שלמה]. והנה נרמז ענין זה (זכרי' י"ד,ט') והיה י"י למלך על כל הארץ שאין הקב"ה נקרא מלך בפחות מהמה שנרמז במלת ארץ שהיא צ' אלפים רבבות (תהל' ח',ב') ה' אדונינו מה אדיר שמך בכל הארץ דייקא כסא

גלא עמיקתא

דתמן תיבה אר"ץ ר"ת צ' אלפים רבבות (חבקוק ג',ג'): [ט]אלוה מתימן יבוא וקדוש מהר פארן סלה, כסה שמים הודו ותהלתו מלאה הארץ גימ' (3403) ו' פעמים "נפלאות" (567) עם הכולל. דמדבר נפלאות העבר ומדבר על העתיד, וכדכתיב בגאולתא שלמתא (מיכה ז',ט"ו): "כימי צאתך מארץ מצרים אראנו נפלאות".

מראיך השמיעיני את קולך כי קולך ערב ומראיך נאוה גימ' (3900): ק"פ "טל" (39) דאיהו טל תחיה דעתידא קוב"ה להחיא ביה מתיא לעתיד לבוא, כדכתיב "יחיו מתיך נבלתי יקומון הקיצו ורננו שוכני עפר כי טל אורות טלך וארץ רפאים תפיל" (ישעי' כ"ו,י"ט). ואיהו ק"פ רמיזא אור הכתר, וכדכתב האר"י הקדוש בשני חיי שרה דמאה שנה היינו כתרא. יונתי בחגוי הסלע בסתר המדרגה הראיני את מראיך השמיעיני את קולך כי קולך ערב ומראיך נאוה דהיינו כולא פסוקא גימ' (4376): ד"פ "פדותנו תצמיח" (1094) בגאולה האמיתית והשלמה במהרה בימינו אמן.

[ט] מדרש תנחומא פרשת תרומה: (ט) [כו, ז] ועשית יריעות עזים, זש"ה (מלאכי א) אהבתי אתכם אמר ה' ואמרתם במה אהבתנו, הפסוק הזה אמרו מלאכי בשעה שהיה מוכיח את ישראל א"ל (שם /מלאכי ג'/) היקבע אדם אלהים כי אתם קובעים אותי, והם משיבים ואומרים לו במה קבענוך, אז"ל דורו של מלאכי היה מוכיחן והן משיבין אותו, מהו קבענוך אמר רבי לוי לשון ערבי הוא ערבי כשהוא משיח עם חברו ואומר לו מה אתה גוזלני אומר לו מה אתה קובעני, הוי במה קבענוך, אמר להם המעשר והתרומה שאין אתם מוציאין מעשרותיכם ותרומותיכם כראוי, חזר ואמר להם אהבתי אתכם, אמרו לו במה אהבתנו, אמר להם הלא אח עשו ליעקב ואוהב את יעקב שהוא אוכל בעולם הזה ונוחל לעולם הבא, בנוהג שבעולם אדם שיש לו שני בנים אחד בכור ואחד פשוט מי נוטל שני חלקים הבכור, ועשו יצא תחלה שנאמר (בראשית כה) ויצא הראשון אדמוני, הוא היה ראוי ליטול שני חלקים ולא עשיתי כן אלא יעקב נטל שני חלקים, וכן עשו אמר ליעקב (שם /בראשית/ לג) נסעה ונלכה ואלכה לנגדך א"ל עשו נהלך שנינו ביחד, א"ל יעקב טול עולמך ועבור שנאמר (שם /בראשית ל"ג/) יעבור נא אדוני לפני עבדו עד אשר אבוא אל אדוני שעירה, א"ר יעקב ב"ר חזרתי על כל המקרא ולא מצאתי שהלך יעקב לשעיר ואימתי הוא הולך לעולם הבא שנאמר (עובדיה א) ועלו מושיעים בהר ציון וגו' לפיכך ואוהב את יעקב שהוא שותף עם עשו ואוכל בעה"ז אבל לעה"ב (דברים לב) ישאהו על אברתו ה' בדד ינחנו וגו', וכן אמר שלמה (משלי ה) יהיו לך לבדך ואין לזרים אתך, אהבתי אתכם אמר הקדוש ברוך הוא ראו כמה חבבתי אתכם מן הארץ עד לרקיע מהלך ת"ק שנה ומן הרקיע הראשון לשני מהלך ת"ק שנה ועביו של כל רקיע ורקיע מהלך ת"ק שנה נמצאו כולם מהלך שבעת אלפים שנה, וטלפי החיות מהלך ת"ק שנה וט"ו שנה אין צריך לשער למעלה מטלפי החיות, והכסא למעלה מכולם, וראו כמה חבבתי אתכם שהנחתי את הכל ואמרתי לכם ועשית יריעות עזים עשו לי יריעות עזים ואבא לשכון אצליכם, לאהל אני עשיתי לכם עננים שיהו מגינים עליכם כאהל דכתיב (תהלים קה) פרש ענן למסך, ואף אתם עשו מסך לפתח האהל, אמר רבי יהושע בן לוי אלו היו האומות יודעים מה היה המשכן והמקדש יפים להם באהליות וקסטריות היו מקיפין אותן לשומרן, למה שעד שלא הוקם המשכן היה הדבור יוצא ונכנס לתוך בתיהם של או"ה והן נתרזין, מנין שכך כתיב (דברים ה) כי מי כל בשר אשר שמע קול אלהים חיים מדבר מתוך האש כמונו ויחי, אתה היית שומע קולו וחיית אבל האומות שומעים ונתרזים בתוך אהליהם ומתים, ולא

תאמר במשכן אלא אף בבית המקדש היה יפה להם מנין שכן שלמה היה מסדר בתפלתו ואומר (מלכים א ח) וגם אל הנכרי אשר לא מעמך ישראל הוא ובא מארץ רחוקה למען שמך, כי ישמעון את שמך הגדול ואת ידך החזקה וזרועך הנטויה ובא והתפלל אל הבית הזה, אתה תשמע השמים מכון שבתך ועשית ככל אשר יקרא אליך הנכרי למען ידעון כל עמי הארץ את שמך ליראה אותך כעמך ישראל ולדעת כי שמך נקרא על הבית הזה אשר בניתי, אבל ישראל כשהוא מתפלל לפניך בבית הזה ונתת לאיש ככל דרכיו אשר תדע את לבבו כי אתה ידעת לבדך את לבב כל בני האדם, אם הוא תובע בנים ואתה יודע שיהיו מכעיסין לפניך אל תתן לו, וכן אם תבע נכסים ואתה יודע שעתיד לבעט בהן אל תתן לו, אבל נכרי ועשית ככל אשר יקרא אליך הנכרי למען ידעון וגו׳ אבל ישראל מכירין שמך וכבודך ואתה צופה מראש מה יהיה בסוף כי אתה ה׳ כאשר חפצת עשית ולא תאמר בה״מ היה יפה להם, אלא אפילו ישראל, שאלולי הם לא היה מטר יורד לעולם ולא השמש זורחת, שבזכותן הקדוש ברוך הוא מזריח בעולם הזה, ולעתיד לבא או״ה רואים היאך הקדוש ברוך הוא מתדבק עם ישראל והם באים להדבק בהם שנאמר (זכריה ח) נלכה עמכם כי שמענו אלהים עמכם, א״ר שמואל בר נחמן עד שלא נבנה בית המקדש היה העולם עומד על תרונוס של שתי רגלים, משנבנה נתבסס העולם ועמד בישובו, מנין שכן הקדוש ברוך הוא אומר לגד הנביא שיאמר לדוד לך ואמרת אל עבדי אל דוד כה אמר ה׳ האתה תבנה לי בית לשבתי (שמואל ב ז) וכתוב אחד אומר לא אתה תבנה הבית כי אם בנך היוצא מחלציך הוא יבנה הבית לשמי ואלו אתה בונה שנאמר (שם /שמואל ב׳ ז׳/) ושמתי מקום לעמי ישראל ונטעתיו ושכן תחתיו ונטעתים אין כתיב כאן אלא ונטעתיו לעולם שהעולם יהיה מתבסס, עד שלא נעשה בית המקדש היה העולם עומד על תרונוס של שתי רגלים משנבנה בהמ״ק נתבסס העולם, ולא תאמר שבבה״מ נתבסס העולם אלא אף המשכן היה יפה לאו״ה למה שעד שלא הוקם המשכן היו או״ה שומעין קול הדבור ונתרזין לתוך אהליהם לפיכך א״ל הקדוש ברוך הוא למשה עשו לי משכן שאהיה מדבר עמך בתוכו, ולא עוד אלא שאני מתאוה לשכון אצל בני, כיון ששמעו מלאכי השרת כך התחילו אומרים רבש״ע למה אתה מניח לעליונים ויורד לתחתונים ה׳ אדונינו מה אדיר שמך בכל הארץ אשר תנה הודך על השמים (תהלים ח) כך הוא שבחך שתהא בשמים, אמר להן הקדוש ברוך הוא חייכם שאני עושה כמו שאמרתם לי, אמר חבקוק (חבקוק ג) אלוה מתימן יבוא וקדוש מהר פארן סלה כסה שמים הודו ותהלתו מלאה הארץ, בתחלה כסה שמים הודו ואח״כ ותהלתו מלאה הארץ, אמר להם דוד שוחק הוא עליכם הודו נותן על הארץ שנאמר (תהלים קמח) יהללו את שם ה׳ כי נשגב שמו לבדו הודו על ארץ ואח״כ על שמים, אמר להם הקדוש ברוך הוא ומה אתם תמהים על זו ראו מה אני מחבב את התחתונים שאני יורד ושוכן בתוך יריעות עזים שנאמר ועשית יריעות עזים, רבי יהודה ורבי נחמיה, ר׳ יהודה אומר חיה טהורה גדולה היתה במדבר וממנו עשו יריעות, ורבי נחמיה אמר מעשה נסים היתה ולשעה נבראת ונגנזה, תדע לך שכתוב ועשית יריעות עזים ארך היריעה האחת שלשים מהיכן אתה מביא יריעות של שלשים אמה מכאן את למד כדברי רבי נחמיה, ולא תאמר ביריעה אלא אפילו בקרשים היה מעשה נסים, ומהיכן היו הקרשים יעקב אבינו נטע אותם בשעה שירד למצרים, אמר לבניו בני עתידים אתם להגאל מכאן והקב״ה עתיד לומר לכם משאתם נגאלין שתעשו לו את המשכן אלא עמדו ונטעו ארזים מעכשיו שבשעה שיאמר לכם לעשות לו את המשכן יהיו הארזים מתוקנים לכם, מיד עמדו ונטעו ועשו כן, ארז״ל והבריח התיכון בתוך הקרשים ירד מיד יעקב אבינו למצרים שהיה קשה שישמש מן הקצה אל הקצה, ולא עוד אלא שאותן הארזים היו אומרים שירה לפני הקדוש ברוך הוא, היאך שירה אומרים שנאמר (שם /תהלים/ צו) אז ירננו עצי היער מלפני ה׳, ואין אז אלא שירה שנאמר (שמות טו) אז ישיר משה, ואימתי כשנעשה מהן המשכן כשאמר הקדוש ברוך הוא למשה על המשכן א״ל ועשית את הקרשים למשכן עצי שטים עומדים, ועשית קרשים לא נאמר אלא ועשית הקרשים אותן שהתקין להן אביהם, עומדין אותן שהועמדו קודם לכן, א״ר שמואל בר נחמן כ״ד מיני ארזים היו ומכלם לא נבחר אלא ז׳ שנא׳ (ישעיה מא) אתן במדבר ארז שטה והדס ועץ שמן אשים בערבה ברוש תדהר ותאשור יחדו, ברוש אלטין, תדהר איספו נרמוז, תאשור פקטנין ונקרא תאשור שהוא מאושר מכל מיני ארזים, ומכלם לא נבחר אלא השטה בלבד שנאמר עצי שטים, למה קורא אותם עצי שטים כדי לרפאות מה שעתידין לעשות בשטים שנאמר (במדבר כה) וישב ישראל

2. באור על מגלה עמוקות ואתחנן אופן נ"ד: ה'. אֶעְבְּרָה נָּא וְאֶרְאֶה אֶת הָאָרֶץ הַטּוֹבָה אֲשֶׁר בְּעֵבֶר הַיַּרְדֵּן הָהָר הַטּוֹב הַזֶּה וְהַלְּבָנֹן (דברים ג,כה) גימ' (2702) ז' פעמים "ולכל המורא הגדול" (386) (סיום התורה הקדושה) אעבר"ה גימ' (278) "אור הגנוז"– דבהתגלותו נתמלא יראה ופחד מעוצם אמיתות ה' דתאיר בעולם בחסד ולא בדין, ובא הרמז בכפילת ז' פעמים דיתלבש המורא בז"ת עד למטה מעשרה טפחים ביום הדין הגדול הנורא.

שמים ובבמה משיירין מכסה הודו לזה אמר תהלתו מלאה ארץ [כמ"ש (חבקוק ג',ג') כסה שמים הודו ותהלתו מלאה הארץ] דהיינו מנין ארץ נוטריקון צ' אלפים רבבות. וכן אומרים בנשמת המלך היושב על כסא רם ונשא חוזר ומפרש

גלא עמיקתא

ומביא הפסוק מתהלים (ל"ג,א'): [י]רננו צדיקים בה', לישרים נאוה תהלה גימ' (1680) ה' פעמים "פורים" (336) רמיזא ונהפוך הוא (אסתר ט',א') דלעתיד לבוא – תחית המתים. והוא מתוק הדין אותיות שניות: "רננו צדיקים בי-ה-ו-ה" אי"ה– בחינת כתר עליון, "לישרים נאוה תהלה" אי"ה מקום כבודו וכו' ענין התגלות [2]אור הגנוז בגאולה. ומאריך בענין כסא שלמה

בשטים, ולא תאמר בארון שעשה משה אלא אפילו כל ארון שישראל עושין צריכין ליתן ארז של שטה בו, דבר אחר חטאו בשטים ולקו בשטים ומתרפאין בשטים, חטאו בשטים שנאמר וישב ישראל בשטים, לקו בשטים שנאמר (שם /במדבר כ"ה/) ויהיו המתים במגפה, ומתרפאין בשטים שנאמר עצי שטים, אתה מוצא שלא זזו משם עד שעמד פנחס והשיב את החמה שנאמר (שם /במדבר כ"ה/) פנחס בן אלעזר בן אהרן הכהן וגו', אמר הקדוש ברוך הוא לעוה"ב אני מרפא את השטים שנאמר (יואל ד') והיה ביום ההוא יטפו ההרים עסיס והגבעות תלכנה חלב וכל אפיקי יהודה ילכו מים ומעין מבית ה' יצא והשקה את נחל השטים.

[י] **ילקוט שמעוני תורה פרשת אחרי מות רמז תקצא:** את משפטי תעשו [יח, ד] אלו דברים הכתובים בתורה שאילו לא נכתבו בדין היה לכתבם [כגון הגזלות], ללכת בהם עשם עיקר ואל תעשם טפלה שלא יהא משאך ומתנך אלא בהם שלא תערב בהם דברים אחרים, שמא תאמר למדתי חכמת ישראל אלך ואלמד חכמת העולם, ת"ל ללכת בהם שלא תפטר מתוכן, וכן הוא אומר יהיו לך לבדך ואין לזרים אתך, בהתהלכך תנחה אותך בשכבך תשמור עליך והקיצות היא תשיחך, בהתהלכך תנחה אותך בעולם הזה, בשכבך תשמור עליך בשעת מיתה, והקיצות היא תשיחך לעולם הבא, וכן הוא אומר הקיצו ורננו שוכני עפר כי טל אורות טלך, ושמא תאמר אבד סברי ובטל סיכויי ת"ל אני ה', אני סברך אני סיכוייך ועלי בטחונך, ואומר ועד זקנה אני הוא ועד שיבה אני אסבול אני עשיתי ואני אשא ואני אסבול ואמלט, ואומר כה אמר ה' מלך ישראל וגואלו ה' צבאות אני ראשון ואני אחרון ומבלעדי אין אלהים, ואומר אני ה' ראשון ואת אחרונים אני הוא, ושמרתם את חקותי אין לי אלא מה שפרט הכתוב, שאר דקדוקי פרשה מנין ת"ל ושמרתם את חקותי, אשר יעשה אותם כהנים לוים וישראלים לא נאמר אלא האדם וכו' (כדלקמן), וכן הוא אומר וזאת תורת האדם אדני אלהים, תורת כהנים ולוים וישראלים לא נאמר אלא וזאת תורת האדם, וכן הוא אומר פתחו שערים ויבואו כהנים לוים וישראלים לא נאמר אלא פתחו שערים ויבא גוי צדיק שומר אמונים, וכה"א זה השער לה' כהנים לוים וישראלים יבואו בו לא נאמר אלא זה השער לה' צדיקים יבואו בו, וכן הוא אומר רננו כהנים לוים וישראלים לא נאמר אלא רננו צדיקים בה' לישרים נאוה תהלה, וכן הוא אומר הטיבה ה' לכהנים ללוים ולישראלים לא נאמר אלא הטיבה ה' לטובים ולישרים בלבותם, הא אפילו גוי (ועשה את התורה) [העוסק בתורה] הרי הוא ככהן גדול, וחי בהם ולא שימות בהם, היה ר"ש אומר מנין שאם אמרו לו לאדם בינו לבין עצמו עבוד עבודה זרה ואל תהרג שיעבור ואל יהרג ת"ל וחי בהם ולא שימות בהם, או אפילו אמרו לו ברבים ת"ל ולא תחללו את

בכמה שכינתו על הכסא שוכן עד מרום וקדוש שמו [כמ"ש ישעי' נז,טו כי כה אמר רם ונשא שוכן עד וקדוש שמו מרום וקדוש אשכון] קאי על מלך שאמר מתחילה דהיינו כמנין שם מלך שהוא צ' כן הוא שוכן עד לא פחות מצ' אלף רבבות.

גלא עמיקתא

שהוא ממש לקביל כסא של מעלה, והכא נמי רמיזא בנין [3][יא]בית המקדש השלישי הנצחי יבנה ויכונן בגאולה האמיתית והשלמה ב"ב אכי"ר.

ומביא הפסוק בענין כסא שלמה (דה"א כ"ט,כ"ג): [יב]וישב שלמה על כסא ה' למלך תחת דוד אביו ויצלה,

---

שם קדשי ונקדשתי אם מקדישים אתם את שמי אף אני אקדש את שמי על ידכם, כשם שעשו חנניה מישאל ועזריה שהיו כל אוה"ע שטוחים לפני הצלם והן עומדין ודומין לתמרים, ועליהם מפורש בקבלה זאת קומתך דמתה לתמר אמרתי אעלה בתמר אחזה בסנסניו, היום אני מתעלה בהם לפני אוה"ע, היום אני נפרע להם משונאיהם היום אני מחיה להם את המתים, אני ה' דיין ליפרע ונאמן לשלם שכר

[יא] ר' צדוק הכהן מלובלין - דובר צדק עמוד לו: ופירוש אדם ובהמה על דרך שאמרו בפרק קמא דחולין (ה' ב) שדומין וכו' ומיתה היינו בידי שמים (שבת ק"ח א) ושחיטה היא פעולת האדם להנאתו כי רשעים הם לצורך הצדיקים וניכר מסופן. וכדרך שאמרו (ראש השנה י"ז א) אפר תחת כפות רגלן כדי שיהא רך לילך. וכדרך שאמרו (חגיגה ט"ו א) זכה נוטל חלקו וחלק חבירו וכו' ולכך נברא לצורך הצדיק ועל ידי זה הוא התעלות גם לרשעים על ידי שזה נהנה ממנו והעלאת נפש בהמה בשחיטה שאדם נוטל חלקה. והכל למיתה וכו' היינו בעולם הזה רק אשרי וכו' דזוכה לסוף רצה לומר סוף הכל דהיינו בעולם הבא זהו על ידי שם טוב. כטעם ונתתי להם בביתי ובחומותי שם טוב וגו' (ישעיה נ"ו, ה') פירוש ביתי היינו בית המקדש השלישי שהוא לעולם הבא וכמו שאמרו בריש פרק חלק (סנהדרין צ' א) דארץ נקרא עולם הבא [וזה מבנים ובנות נוחלי הארץ זה לוקח מהם] ובשכר שמירת שבת שהיא מעין עולם הבא (ברכות נ"ז ב). וזהו שם עולם נצחי אשר לא יכרת כאן רמוז שם הכתר דבריאה כנודע. וכנודע דראש לשועלים הוא זנב לאריות שהיא סוד הארץ כנודע ואין כאן מקום להאריך.

[יב] מדרש תנחומא פרשת וארא: ד"א מי הוא זה מלך הכבוד. מי הוא זה המלך שחילק כבוד ליראיו, ה' צבאות וגו', כיצד מלך בשר ודם אין יושבין על כסאו, והקב"ה הושיב שלמה על כסאו, שנאמר וישב

---

3. באור על מגלה עמוקות ואתחנן אופן ל': ה'. אֶעְבְּרָה נָּא וְאֶרְאֶה אֶת הָאָרֶץ הַטּוֹבָה אֲשֶׁר בְּעֵבֶר הַיַּרְדֵּן הָהָר הַטּוֹב הַזֶּה וְהַלְּבָנֹן (דברים ג,כה) גימ' (2702) ל"ז פעמים חכמ"ה (73) [עם הכולל] דמשה רבינו בחינת חכמה- וכן ל"ז גימ' (37) הב"ל גלגולו הראשון של משה רבינו דמזכיר המגלה עמוקות באופנים הקודמים.

והאי ל"ז גימ' ג' מילויי ה' ה"י ה"א ה"ה עם ו' בסוד משה בשש [כדכתיב (שמות ל"ב,א') וירא העם כי בשש משה לרדת מן ההר] נוטריקון בו שש- וסליקו לחושבן ל"ז בחינת מילוי שם ס"ג בבינה- דמשה בחינת חכמה, ורצה על ידי כניסתו לארץ ישראל בחינת ג' מילויי שם ה' כנ"ל להשיג יחודא שלים דחכמה ובינה, וכמו שמרומז בפסוק דמביא המגלה עמוקות באות ד': "זה הים" גימ' (67) ואי"ן וכן גימ' בינ"ה "זה הים גדול ורחב ידים שם" גימ' (730) י' פעמים חכמ"ה וכשתוסיף ג' תיבין נוספים דהיינו "זה הים גדול ורחב ידים שם רמש ואין מספר" סליקו לחושבן (1717) טו"ב (17) פעמים מלוכ"ה (101) דהיא בחינת משה ותרא אותו כי טוב הוא (שמות ב',ב') ודרשו חז"ל מלמד שנתמלא כל הבית אורה- וכאן רצה משה להמשיך שפע רב לארץ ישראל דתתמלא אורה זו תורה, ויקים את בית המקדש השלישי והנצחי- ואמר לו הקב"ה רב לך- מגנזי מרומים תוכל להמשיך שפע רב שבעתיים כאור החמה, ובני ישראל יכנסו בראשות יהושע לעשות בה עבודת הברורים ולקיים מצוות התלויות בארץ.

ונתן טעם למה דווקא שכינתו בצ' חוזר ואמר (תהל' ל"ג,א') רננו צדיקים בי"י לפי שהקב"ה צדיק וישר [כמ"ש (דברים לב,ד) צדיק וישר הוא] מזה הטעם [בתהל' קיט,קלז צדיק אתה ה' וישר משפטיך] צדיק אתה ה' ר"ל השם של ה' הוא

גלא עמיקתא

וישמעו אליו כל ישראל גימ' (3085) ה' פעמים "הברית" (617) ענין קדושת הברית – וכדמונה [יג]רש"י (בדברי הימים שם) הני ט"ו דורות מאברהם ועד שלמה. דהצד השווה בכולם דאיקרו צדיקים ענין שמירת הברית בשלמות כדאיתא בזוהר הקדוש (ח"א נ"ט ע"ב) [יד]דצדיק איקרי מאן דנטר ברית [ולהבדיל [טו]ארבעה אבות נזיקין – דהצד השוה שבכולן פגם הברית]. וכגון

שלמה על כסא ה' (דברי הימים א' כט כג), מלך בשר ודם אין רוכבין על סוסו, והקב"ה הרכיב לאליהו על סוסו, ומהו סוסו של הקדוש ברוך הוא סופה וסערה, שנא' ה' בסופה ובשערה דרכו וגו' (נחום א ג), מלך בשר ודם אין משתמשין בשרביטו, ומשה נשתמש בשרביטו של הקדוש ברוך הוא, שנאמר ויקח משה את מטה האלהים בידו (שמות ד כ), מלך בשר ודם אין לובשין עטרה שלו, והקב"ה נתן עטרות למלך המשיח, שנאמר תשית לראשו עטרת פז (תהלים כא ד). מלך בשר ודם אין לובשין לבושו, וישראל לבשו לבושו של הקדוש ברוך הוא עוז, שנאמר עורי עורי לבשי עז זרוע ה' (ישעיה נא ט), ונתנו לישראל שנאמר ה' עוז לעמו יתן (תהלים כט יא), מלך בשר ודם, אין קוראין בשמו כמו קיסר אגוסתוס, בסילואוס, ואם קרא אדם אחד באחד מהם אין לו חיים, תדע לך שאדם קורא לחבירו אגוסטה פלוני, אבל הקדוש ברוך הוא אמר למשה הרי עשיתי אותך כמותי לפרעה, אני נקרא אלהים, ובו בשם בראתי את העולם, שנאמר בראשית ברא אלהים את השמים ואת הארץ (בראשית א א), והרי עשיתי אותך כמותי לפרעה אלהים, שנאמר ראה נתתיך אלהים לפרעה (שמות ז א), הוי מי הוא זה מלך הכבוד, שחלק מכבודו ליראיו **[יג] רש"י דברי הימים א פרק כט פסוק כג:** וישב שלמה על כסא ה' למלך - כאן נופל לומר מלך על כסא ה' שהכסא של ה' הוא להמליך עליו מי שירצה ובמדרש מפורש כסאו היה מלא כמו הלבנה בט"ו בחדש כי מאברהם עד שלמה ט"ו דורות אברהם יצחק יעקב יהודה פרץ חצרון רם עמינדב נחשון שלמה בועז עובד ישי דוד שלמה וזהו שכתוב כסאו כשמש נגדי (תהלים פט) שאינו נחסר לעולם ואם אתה רוצה לדמותו לירח יהיה כירח שיכון לעתיד לבא ומשלמה ואילך נתמעטו המלכים מגדולתם כלבנה המחסרת והולך עד צדקיהו ועיני צדקיהו עור: וישמעו אליו כל ישראל - מיד מה שאין כן בשאול כדכתיב (שמואל א' י') ובני בליעל אמרו מה יושיענו זה וגם דוד לא מלך מתחלה כי אם בחברון שבע שנים. **[יד] זוהר פרשת נח דף נט עמוד ב:** אלה תולדות נח רבי חייא פתח (ישעיה ס') ועמך כלם צדיקים לעולם יירשו ארץ נצר מטעי מעשה ידי להתפאר זכאין אינון ישראל דמשתדלי באורייתא וידעי ארחין דאורייתא דבגינה יזכון לעלמא דאתי, ת"ח כל ישראל אית לון חולקא לעלמא דאתי מאי טעמא בגין דנטרין ברית דעלמא אתקיים עליה כמה דאת אמר (ירמיה ל"ג) אם לא בריתי יומם ולילה חקות שמים וארץ לא שמתי, ועל דא ישראל דנטרי ברית וקבילו ליה אית לון חולקא בעלמא דאתי, ולא עוד אלא בגין כך אקרון צדיקים, מכאן אוליפנא כל מאן דנטיר האי ברית דעלמא אתקיים עליה, אקרי צדיק, מנא לן מיוסף בגין דנטר ליה לברית עלמא זכה דאקרי צדיק ועל כך ועמך כלם צדיקים לעולם יירשו ארץ. **[טו] תלמוד בבלי מסכת בבא קמא דף ב עמוד א:** מתני'. ארבעה אבות נזיקין: השור, והבור, והמבעה, וההבער. לא הרי השור כהרי המבעה, ולא הרי המבעה כהרי השור. ולא זה וזה שיש בהן רוח חיים, כהרי האש שאין בו רוח חיים. ולא זה וזה שדרכן לילך ולהזיק, כהרי הבור שאין דרכו לילך ולהזיק. הצד השוה שבהן - שדרכן להזיק

ושמירתן עליך. וכשהזיק, חב המזיק לשלם תשלומי נזק במיטב הארץ. גמ'. מדקתני אבות - מכלל דאיכא תולדות, תולדותיהן כיוצא בהן או לאו כיוצא בהן? גבי שבת תנן: אבות מלאכות ארבעים חסר אחת; אבות - מכלל דאיכא תולדות, תולדותיהן כיוצא בהן, לא שנא אב - חטאת, ולא שנא תולדה - חטאת, לא שנא אב - סקילה, ולא שנא תולדה - סקילה. ומאי איכא בין אב לתולדה? נפקא מינה, דאילו עביד שתי אבות בהדי הדדי, אי נמי שתי תולדות בהדי הדדי - מחייב אכל חדא וחדא, ואילו עביד אב ותולדה דידיה - לא מחייב אלא חדא. ולרבי אליעזר דמחייב אתולדה במקום אב, אמאי קרי ליה אב ואמאי קרי לה תולדה? הך דהוה במשכן חשיבא - קרי ליה אב, הך דלא הוי במשכן חשיבא - קרי לה תולדה. **[טז] תפארת שלמה לקוטים:** עתה ידעתי כי אשה יפת מראה את וגו'. ופרש"י עד עכשיו לא הכיר בה כו'. הפי' בזה לא שלא ראה אותה. כי באמת ראה אותה אך לא הרגיש כלל בענין היופי. וזה מדריגה גדולה משל איוב שלא ראה באשה כלל (כמ"ש ומה אתבונן על בתולה) וזה ראה ולא הזיק אותו כלל. אך כאשר הקריב לבא מצרימה נפל קצת ממדריגתו והכיר בה וק"ל: (מכתי"ק). **[יז] של"ה פרשת ויחי תורה אור:** ט. אבל יש עוד סוד בענין השבועה. כבר נודע מה שכתבו חכמי המקובלים (זהר ח"ב דף צ"א ע"ב), כי השבועה הוא סוד שבעה, והרמז לשבעת ימי הבנין ששרשם הוא מדת יעקב, שהוא גוף, ויוסף יסוד הברית משך

שוכן למעלה לא פחות מצ' אלפים רבבות אבל למטה אין אוכלסו פחותה מס' רבוא ז"ש וישר משפטיך במלת ישר נרמז חשבן ס' רבוא בזה האופן י"פ ש' ג' אלפים ר"פ ג' אלפים הרי ס' רבוא. זה סוד שנקראת התורה ספר הישר [כמ"ש (ש"ב א,יח) ללמד בני יהודה קשת הלוא כתובה על ספר הישר] לפי שאותיות התורה הם ס' רבוא והם רמוזים בב' תיבות

גלא עמיקתא

באברהם דאמר לשרה בזקנותו (בראשית ל"א, י"א) "עתה ידעתי כי אשה יפת מראה את"- [טז]מכלל דעד עתה לא נתן בה עינו, וכן יעקב [יז]דמטתו שלמה, וכן כל שאר הצדיקים דמבואר בכמה מקומות כל אחד ואחד מהם מדת הצדקות שלו. א"נ חושבן (3085) י"ב פעמים "[יח]אור הגאולה" (257) עם הכולל.

הגוף, וגוף וברית חשבינן כחד (שם ח"ג דף רכ"ג ע"ב; רל"ו ע"א). ומזה יתבאר הענין שאנחנו עוסקים בו, ונקדים פסוק אחד (מיכה ז, כ) 'תתן אמת ליעקב חסד לאברהם אשר נשבעת לאבתינו מימי קדם'. ויש להקשות, למה לא הזכיר את יצחק. עוד קשה, למה הזכיר יעקב מתחילה ואחר כך אברהם. הענין הוא על דרך דכתיב (ישעיה כט, כב) 'יעקב אשר פדה את אברהם', שאמרו רבותינו ז"ל (בראשית רבה פס"ג ס"ב) לא ניצול אברהם מאור כשדים אלא בשביל יעקב. אין הפירוש שזכות של יעקב גדול מזכות אברהם, כי אדרבה אברהם אבינו הוא הכולל. אלא הענין, שאדרבה זכות גדול הוא לחסיד קדוש ה' ומת בקידוש השם, ומה שעשה הקדוש ברוך הוא נס לאברהם ונשאר חי, הוא בשביל שיצא ממנו יעקב אבינו שהיה מטתו שלמה, ויצאה אומה ישראלית, והם סוד שלמות הבנין של מעלה. זהו 'יעקב אשר פדה את אברהם', וכבר כתבתי זה במקומו (פרשת ויצא אות יג). **[יח] פענח רזא שמות פרשת שמות:** ובעזרת האל בתעצומות, נתחיל ספר וסדר ואלה שמות: ואלה" שמות" בני" ישראל", ס"ת תהי"ל לומר שלבסוף יהיל אורם אור הגאולה בזכות ואלה שמות שלא שינו את שמם כדאיתא במדרש, שמות יש בו אותיות שמת"ו, כלומר אף על גב שמנאם בחיים חזר ומנאן לאחר מותן, "שמות "בני "ישראל "הבאים ר"ת שבי"ה, לומר שאז כשמת יוסף וכל הדור ההוא הי' ראש שבים וגלותם, לכן בא הרמז בראשי תיבות.

ספר הישר ספר נוטריקון ס׳ ר׳בוא פ׳רצופים זה ספר תולדות אדם (בראשית ה׳,א׳) **שהי׳ אדם כלול מתחילה מס׳ רבוא פרצופין. ודוד שהיה גלגול אדם אמר** (תהל׳ מ׳,ח׳) **במגילת ספר כתוב עלי מזה מתפשטין בספר ס׳ רבוא פשטים נוטריקון ספ״ר יש״ר הוא חשבון ס״ר. כי האלהים ברא את האדם מתחילה שהיה כלול מס״ר נשמות נרמז במלת י״ש״ר** [כמ״ש (קהלת ז,כט) **אשר עשה האלהים את האדם ישר והמה בקשו חשבונות רבים**] **ז״ש** (דברים ל״ב,ד׳) **צדיק וישר הוא צדיק על חשבון צבא של מעלה שסביב הכסא וישר על אוכלוסו שהוא אינו פחותה**

[יט] זוהר פרשת ויצא דף קנ עמוד א: אלא הכא אתכליל דרגא בדרגא דרגא עלאה בדרגתא תתאה בגין דעד כען שלמה לא הוה שלים כיון דאשתלים כתיב (מלכים א׳ ה) ויי׳ נתן חכמה לשלמה וכתיב (שם ד׳) ותרב חכמת שלמה דקיימא סיהרא באשלמותא ובי מקדשא יתבני וכדין הוה חמי שלמה עינא בעינא חכמתא ולא אצטריך לחלמא לבתר דחטא אצטריך ליה לחלמא כקדמיתא ועל דא כתיב (שם י״א) הנראה אליו פעמים וכי פעמים הוה ולא יתיר אלא סטרא דחלמא הוה ליה פעמים סטרא דחכמתא כל יומא הוה ועם כל דא סטרא דחלמא הוה יתיר על כל שאר בני נשא דאתכליל דרגא בדרגא מרא״ה במרא״ה והא השתא בסוף יומוי חשיך יתיר, ודא בגין דחטא וסיהרא קיימא לאתפגמא מאי טעמא בגין דלא נטיר ברית קדישא באשתדלותיה בנשים נכריות ודא הוא תנאי דעבד קודשא בריך הוא עם דוד דכתיב (תתהלים קל״ב) אם ישמרו בניך בריתי וגו׳, גם בניהם עדי עד ישבו לכסא לך, מאי עדי עד היינו דכתיב (דברים י״א) כימי השמים על הארץ ובגין דשלמה לא נטר האי ברית כדקא יאות שריא סיהרא לאתפגמא ועל דא בסופא אצטריך חלמא וכן יעקב אצטריך ליה לחלמא כדאמרן.

[כ] שם משמואל בראשית פרשת תולדות: אך רבקה שלא היתה במעלה גבוהה ונשאה כ״כ כיצחק היא הבינה את זדון עשו שלא תצמיח לו תועלת מהברכות ואדרבה ירשיע יותר, וכל העולם יהי׳ ח״ו נכנע לנחש הקדמוני, וע״כ היתה עצתה שיעקב יטול את הברכות ויתקיים בו בסוף יומיא, שאז ישובו כל האומות עבדים לישראל, ואזי כתיב (יחזקאל כ׳) ונקוטותם בפניכם, היינו שיתקיימו בהם היעודים הטובים ויעשו אז ישראל תשובה שלימה, ובזוה״ק דמשיח עתיד לאתבא צדיקיא בתיובתא, ובעת ההיא כל האומות שיהיו אז עבדים לישראל יתעלו וכל ארבע המלכויות יכניעו עצמם לקדושה, ובסוף המעשה תתקיים מחשבת יצחק תחילה ע״י זרעו של יעקב.

גלא עמיקתא

ובאור הענין דבימי שלמה הוה [יט]סיהרא באשלמותא בחינת שלמות יחוד זו״ן בבחינה שתתגלה לעתיד לבוא, דהאירה אז בחינת ״אור הגאולה״. והנה חושבן שמהן דט״ו צדיקיא דשלמה הוא הט״ו בחינת סיהרא באשלמותא: אברהם – יצחק – יעקב – יהודה – פרץ – חצרון – רם – עמינדב – נחשון – שלמה – בועז – עובד – ישי – דוד – שלמה סליקו כולהו לחושבן (3473) ט״ז פעמים ״בני העולם הבא״ (217) עם הכולל. ובאור הענין ד״בני העולם הבא״ אינון הני צדיקיא– וכלל ישראל דהוו קשורים עמם בשעתם– והאי דכפלינן ט״ז פעמים והרי אינון ט״ו. יש לומר, ד–ט״ז היינו משיחא [כ]דמשיחא אתא לאתבא צדיקיא בתיובתא– והוא ה–ט״ז בסוד

למטה מס"ר. וכן אמר רננו צדיקים בי"י (תהל' ל"ג,א') לקבל החשבון צ' אלפים רבבות של מעלה בד' דייקא לישרים על חשבון ישר שלמטה. והנה צריך ליתן טעם הלא על כסא שלמטה לא היו יושבין רק ע' סנהדרין והוא אומר (דה"א כ"ט,כ"ג) וישב שלמה על כסא ה' שהוא ממש לכסא שלמעלה והלא רחוקה מהם כרחוק מזרח מן המערב [כמ"ש (תהל' ק"ג,י"ב) כרחוק מזרח ממערב] אבל רזא עילאה הוא ומכון לשבתך פעלת ה' שאמר משה (שמות ט"ו) ומכון שבתך עולמים שאמר שלמה (מ"א ח',י"ג) מכוון ענין זה בפסוק

[**כא**] **ר' צדוק הכהן מלובלין - פרי צדיק דברים פרשת ראה:** ומתחילין מי שעשה נסים וכו' הוא יגאל אותנו בקרוב. ואחרי זה אומרים ויקבץ נדחנו מארבע כנפות הארץ ובנוסח התפילה בשמונה עשרה בברכת תקע אומרים וקבצנו יחד מארבע כנפות וכו'. ואיתא מהאר"י הקדוש שתפילה זו רומז על תיקון פגם הברית שאותיות שקודם האחרונות בהתיבות יחד מארבע כנפות הוא השם הקדוש חב"ו וראשי תיבות חיל בלע ויקיאנו וסופי תיבות אותיות דעת שלתיקון פגם זה צריך הופעה מבחינת דעת שהוא פנימיות הכתר. דשורש היצר הרע הוא היצר הרע של תאוה ואיתא (קידושין ל' ב) בראתי יצר הרע בראתי לו תורה תבלין היינו שה' יתברך ברא באדם יצר שהוא לשון חשק ובכוונה שיהיה חשקו וחפצו רק לדברי תורה תמיד וזה יושאר גם לעתיד וכמו שמובא (זוהר ח"א קל"ח א) אלמלא יצר הרע חדוותא דשמעתא לא ליהוי וזה שאמרו ובראתי לו תורה תבלין כמו שאמרו שם משכהו לבית המדרש למשוך החשק הזה לדברי תורה רק אתה עושה אותו רע וכמו שאמרו (תנחומא בראשית ז') למה תינוק היית ולא חטאת וכו'. וזה שנאמר (בראשית ח', כ"א) כי יצר לב האדם רע מנעוריו ודרשו חז"ל (בראשית רבה ל"ד, י') משעה שהוא ננער לצאת ממעי אמו. וכן אמרו בגמרא (סנהדרין צ"א ב) משעת יציאה וכו' ואף שאז אינו יודע משום רע רק שנברא בו החשק להיות חומד תמיד והיינו להיות לו חמידו דאורייתא ואתה עשית אותו רע. [**כב**] **זוהר בראשית פרשת וירא דף קו עמוד א:** ועל דא לא הוה בעלמא בר נש דיגין על דריה כמשה דאיהו רעיא מהימנא.

גלא עמיקתא

[כא]חב"ו (גימ' ט"ז) ראשי תיבות (איוב כ',ט"ו) ח'יל ב'לע ו'יקיאנו מבטנו יורישנו א-ל. ובאור הענין: דמשיחא יעביד מלחמות ה' בסטרא אחרא בדרך נס לעיני כל ישראל ויוציא מהסטרא אחרא בלעם מפיהם ויאבדו כמץ אשר תדפנו רוח. ומביא דאדם הראשון קודם החטא היה כלול מן "ס' רבוא פרצופים" גימ' (775) "ויכולו השמים והארץ" (בראשית ב',א') דאדם הוא תכלית הבריאה- וכולל כל הבריאה בחינת עולם קטן- וזכה להאי בחינה [כב]משה רעיא מהימנא. ולכן ס' רבוא פרצופים גימ' (775) "ויפרוש כפיו אל ה'" (שמות ט',ל"ג-פרשת וארא) והוא במכת ברד, ואז "ויחדלו הקולות והברד ומטר לא נתך ארצה" וכו'. וכנודע גאולה העתידה מעין גאולת מצרים כדכתיב (מיכה ז',ט"ו) "כימי צאתך מארץ מצרים אראנו נפלאות" ויהי רצון דקוב"ה יראה בענינו כי רב שבענו בוז וכו' ויגאל אותנו בקרוב ויקבץ נדחינו מארבע כנפות הארץ אכי"ר.

אדם אחד מאלף מצאתי ואשה בכל אלה לא מצאתי (קהלת ז׳,כ״ח) והענין כי ע׳ סנהדרין היו לקביל ע׳ אלפים כי כל אחד הוא כלול מאלף ואח״כ היו ב׳ כסאות לגד ונתן והם היו נביאים והנבואה הוא בסוד י׳ נמצא כל אחד מהם הי׳ כלול מי׳ אלפים. נמצא שגד החוזה לקבלו היו י׳ אלפים קטדראות ונתן הנביא ג״כ לקבלו היו י׳ אלפים קטדראות שכל אחד מהם מאחר שהיתה לו הנבואה שהוא בסוד יו״ד [כג]י׳ לשונות של נבואה. לכן כל אחד מהם

גלא עמיקתא

ומביא רבינו בסוף האופן הפסוק (קהלת ז׳,כ״ח): [כד]אדם אחד מאלף מצאתי, ואשה בכל אלה לא מצאתי וכותב מעל כסא שלמה ומימינו ושמאלו ישבו: נתן הנביא – גד החוזה – בת שבע – שלמה סליקו כולהו לחושבן (1755): ד׳ פעמים ״גלוי השכינה״ (439) עם הכולל – דערך ממוצע דכל שם הוא ״גלוי השכינה״ כנ״ל. ומסיים בברכת משה לישראל (דברים א׳,י״א): [כה]ה׳ אלהי אבותכם יסף עליכם ככם אלף

[כג] **אלשיך ישעיהו פרק ב:** אך הנה בא להוכיח את יהודה הבלתי מחזיקים בבית מקדשם, אשר ה׳ שוכן בתוכם לידבק בו ית׳, כי אם אדרבא בילדי נכרים כאשר יפרש בסמוך, וזהו הדבר אשר חזה על יהודה וירושלים.

והוא כי הנה בב״ר ארז״ל כי י׳ לשונות נבואה והשנים הם של קושי דבור וחזון, דבור כד״א דיבר האיש אדוני הארץ אתנו קשות, חזון דכתיב חזות קשה וכו׳. והנה סמך שתי הבחינות דיבור וחזון באומרו הדבר אשר חזה.. [כד] **ויקרא רבה פרשת ויקרא פרשה ב:** דבר אל בני ישראל ואמרת אליהם אדם כי יקריב מכם קרבן לה׳ זש״ה (ירמיה לא) הבן יקיר לי אפרים, י׳ נקראו יקרים ואלו הן, התורה, והנבואה, והתבונה, והדעת והסכלות, והעושר, והצדיקים, ומיתתן של חסידים, והחסד, וישראל, התורה מנין שנאמר (משלי ג) יקרה היא מפנינים, הנבואה מנין (שמואל א׳ ג׳) ודבר ה׳ היה יקר בימים ההם, התבונה מנין (משלי יז) יקר רוח איש תבונה, הדעת מנין (שם /משלי/ כ) וכלי יקר שפתי דעת, הסכלות מנין (קהלת י) יקר מחכמה ומכבוד סכלות מעט, העושר מנין (משלי יב) והון אדם יקר חרוץ, צדיקים מנין (תהלים קלט) ולי מה יקרו רעיך אל, מיתתן של חסידים מנין (שם /תהלים/ קיז) יקר בעיני ה׳ המותה לחסידיו, החסד מנין (שם /תהלים/ לו) מה יקר חסדך אלהים, ישראל מנין (ירמיה לא) הבן יקיר לי אפרים, ביוקר ישראל עומדים לי, בנוהג שבעולם אלף בני אדם נכנסין למקרא יוצא מהן ק׳, ק׳ למשנה יוצאין מהן י׳, י׳ לתלמוד יוצא מהן א׳ הה״ד (קהלת ז) אדם אחד מאלף מצאתי, ד״א אדם א׳ מאלף מצאתי זה אברהם, ואשה בכל אלה לא מצאתי זו שרה, ד״א אדם אחד מאלף מצאתי זה עמרם, ואשה בכל אלה לא מצאתי זו יוכבד, ד״א אדם אחד מאלף מצאתי זה משה, ואשה בכל אלה לא מצאתי אלו נשי דור המדבר, ר׳ אומר נשי דור המדבר כשירות היו כיון ששמעו שהן אסורות לבעליהן מיד נעלו דלתותיהן, אמר הקדוש ברוך הוא ישראל ביוקר עומדין לי, רבי אבא בר כהנא ורבי יצחק, רבי אבא בר כהנא אמר אילו ביקש פרעה משקל כל אחד ואחד מישראל אבנים טובות ומרגליות לא הייתי נותן לו אמר ר׳ יצחק והלא בדמים נטלן משפחות משפחות של כנים משפחות משפחות של ערוב אין לו דמים הוי ביוקר ישראל עומדים לי. [כה] **ספרי במדבר פרשת בהעלותך פיסקא פד:** ובנחה יאמר שובה ה׳ רבבות אלפי ישראל, מגיד הכתוב כשהיו ישראל נוסעים אלפים וחונים רבבות כביכול אמר משה לפני המקום אינני מניח את השכינה [לשרות] עד שתעשה לישראל אלפים

כלול מי' אלפים וע' סנהדרין והיו לקבליהון ע' אלפים קטדראות להודיע שכל אחד מהם כלול מאלף איכה ירדופו אחד אלף. ונמצא שהיו הקטדראות מכוונים צ' אלפים לקבליהן והם לקביל צ' אלפים רבבות שסביב הכסא למעלה שאין הקב"ה שוכן פחות מהם אבל למעלה הם רבבות אבל למטה (שמות ל"ד, ז') נוצר חסד לאלפים לא היו רק אלפים. וזה פירוש הפסוק בדניאל (דניאל ז', י') אלף אלפין ישמשוניה ורבוא רבבן קדמוהי יקומון וקשה ליערבינהו וליתנינהו אלף אלפין ורבוא רבבן. אבל האלפים הם למטה שעשו דוגמתן לשמש אצלינו [כו] כדמות המשמשין במרום אבל הרבבות הם למעלה. ומשה התפלל (במדבר י', ל"ה) שובה ה' שיהיו רבבות אלפי ישראל שגם אלפי ישראל יהיו

ורבבות שמתשובה שאמר אתה יודע מה אמר להם ה' אלהי אבותיכם יוסף עליכם ככם אלף פעמים (דברים א יא) אמרו לו משה רבינו הרי אנו מובטחים בברכות הרבה [שכך הבטיחנו ככוכבי השמים וכחול הים וכצמחי אדמה] ואתה נותן קצבה לברכותינו אמר להם אני בשר ודם יש קצבה לברכותי זו משלי אבל הוא יברך אתכם כאשר דבר לכם כחול ימים וכצמחי אדמה וכדגי הים וככוכבי השמים לרוב: ובנחה יאמר, מגיד הכתוב שאין שכינה שורה למעלה אלא באלפים ורבבות שנא' רכב אלהים רבותים אלפי שנאן (תהלים סח יח) וכשם שאין שכינה שורה למעלה אלא באלפים וברבבות כך אין שכינה שורה למטה אלא באלפים ורבבות [לכך נאמר ובנחה יאמר שובה ה' רבבות אלפי ישראל] (סליק פיסקא).

[כו] תלמוד בבלי מסכת ראש השנה דף כד עמוד ב: ושל שבעה - לא יעשה, אפילו של שאר מיני מתכות. רבי יוסי בר יהודה אומר: אף של עץ לא יעשה, כדרך שעשו מלכי בית חשמונאי. אמרו לו: משם ראייה? שפודין של ברזל היו, וחיפום בבעץ. העשירו - עשאום של כסף, חזרו העשירו - עשאום של זהב. ושמשין שאי אפשר לעשות כמותן מי שרי? והתניא: לא תעשון אתי - לא תעשון כדמות שמשי המשמשין לפני במרום! - אמר אביי: לא אסרה תורה אלא דמות ארבעה פנים בהדי הדדי. - אלא מעתה, פרצוף אדם לחודיה תשתרי! אלמה תניא: כל הפרצופות מותרין, חוץ מפרצוף אדם! - אמר רב הונא בריה דרב אידי, מפרקיה דאביי שמיעא לי: לא תעשון אתי - לא תעשון אותי. - ושאר שמשין מי שרי? והא תניא: לא תעשון אתי - לא תעשון כדמות שמשי המשמשין לפני במרום, כגון אופנים ושרפים וחיות הקודש ומלאכי השרת! - אמר אביי: לא אסרה תורה אלא שמשין שבמדור העליון. - ושבמדור התחתון מי שרי? והתניא: אשר בשמים - לרבות חמה ולבנה כוכבים ומזלות, ממעל - לרבות מלאכי השרת! - כי תניא ההיא - לעבדם. - אי לעבדם - אפילו שלשול קטן נמי! - אין הכי נמי, דתניא: אשר בארץ - לרבות הרים וגבעות, ימים ונהרות, אפיקים וגאיות. מתחת - לרבות שלשול קטן. - ועשייה גרידתא מי שרי? והתניא: לא תעשון אתי - לא תעשון כדמות שמשיי המשמשין לפני, כגון חמה ולבנה, כוכבים ומזלות! - שאני רבן גמליאל דאחרים עשו לו. - והא רב יהודה, דאחרים עשו לו, ואמר ליה שמואל לרב יהודה: שיננא, סמי עיניה דדין! - התם חותמו בולט הוה, ומשום חשדא, כדתניא: טבעת, חותמו בולט - אסור להניחה ומותר לחתום בה. חותמו שוקע - מותר להניחה ואסור לחתום בה. ומי חיישינן לחשדא? והא ההיא בי כנישתא

דשף ויתיב בנהרדעא, דהוה ביה אנדרטא, והוו עיילי רב ושמואל ואבוה דשמואל ולוי ומצלו התם, ולא חיישי לחשדא! - רבים שאני. - והא רבן גמליאל יחיד הוא! - כיון דנשיא הוא - שכיחי רבים גביה. איבעית אימא: דפרקים הוה, ואיבעית אימא: להתלמד עבד, וכתיב לא תלמד לעשות - אבל אתה למד להבין ולהורות. [כז] **ספר קהלת יעקב** - ערך יק: יקר לשון נבואה, וכן הוא אומר (שמואל א׳ ג׳ א׳) ודבר הוי״ה היה יקר בימים ההם אין חזון נפרץ, תנחומא מקץ (אות ב׳), כי הנבואה שורשה מחכמה ובינה ומבינה נביאים, והחכמה כלולה בסוד וחכם בבינה, ובחכמה ובינה בחינת יש בסוד קנה חכמה קנה בינה, שני פעמים קנה גימטריא יש גימטריא יקר **[כח] משנה מסכת שבת פרק יא משנה ג:** הזורק ארבע אמות בכותל למעלה מעשרה טפחים כזורק באויר למטה מעשרה טפחים כזורק בארץ הזורק בארץ ארבע אמות חייב זרק לתוך ארבע אמות ונתגלגל חוץ לארבע אמות פטור חוץ לארבע אמות ונתגלגל לתוך ארבע אמות חייב. **[כט] תלמוד בבלי מסכת שבת דף ז עמוד ב:** גופא, אמר רב חסדא: נעץ קנה ברשות היחיד וזרק ונח על גביו,

רבבות וכן (בראשית כ״ד,ס׳) את הי׳ לאלפי רבבה שיהיה רבבה (יחזקאל ט״ז,ז׳) כצמח השדה. וא״כ לזאת יהיה פירוש הפסוק (קהלת ז׳,כ״ח) אדם א׳ מאלף מצאתי שאמר קהלת על המרכבה של מעלה שהיא דיוקנא של יעקב בכסא הכבוד. ראה שזה אמר קהלת כשראה דמות כסא הכבוד של מעלה שישב שלמה למטה מכוון על כסא ה׳ [כמ״ש (דה״א כט,כג) וישב שלמה על כסא ה׳] של מעלה: אדם אחד מאלף מצאתי שאדם אחד מסנהדרין כלול מאלף נמצא שהיו מכוונין הקתדראות של מטה שהם האלפים לקבל כסאות של מעלה שהם רבבות שגד החוזה ונתן הנביא כ״א היה כלול לקבל רבבות של מעלה. אבל הכסא שעשה שלמה לבת שבע אמו לא מצא כנגדו כסא מכוון למעלה. ז״ש אשה בכל אלה לא מצאתי. אלה דייקא שאו מרום עיניכם וראו מי ברא אלה (ישעי׳ מ׳,כ״ו) אלה ראשי אבות (שמות ו׳,כ״ה) ולפי זה יהיה פירוש הפסוק ויקר אל משה שהראה הקב״ה למשה כסא הכבוד שלמעלה דתמן אלף אלפין ישמשוניה וריבוא ריבבן (דניאל ז׳,י׳) אבל למטה אלף זעירא רומזת שאין למטה רק אלף אבל למעלה רבבות. גם נרמז בו שהנבואה הרמוזה במילת יקר [כמ״ש [כז]נבואה נקראת יקר שנאמר (ש״א ג,א) ודבר ה׳ היה יקר וכו׳] הנבואה היא

גלא עמיקתא

פעמים ויברך אתכם כאשר דבר לכם סליק לחושבן (2808) ד׳ פעמים ״שבת״ (702) ויש לרמוז כאן ענין [כח]טלטול ד׳ אמות בשבת ברשות הרבים, דהוא רשות דסיטרא אחרא אלהים אחרים, ורשות היחיד היא רשות דיחידו של עולם, ולכן [כט]אוירה עולה עד

אפילו גבוה מאה אמה - חייב, מפני שרשות היחיד עולה עד לרקיע. לימא רב חסדא דאמר כרבי? דתניא, זרק ונח על גבי זיז כל שהוא, רבי מחייב, וחכמים פוטרים. [ל] מגלה עמוקות על א' זעירא דויקרא אופן ו': בזוהר פ' בשלח לאחר עשיית העגל נסתלקו המאורות ממשה ולא נשארו אצלו רק אלף זיווין ע"ד רמז משה אמר יוסף עליכם אלף פעמים זו היא משלי ועי"ז יהי' פי' הפסוק ויקר אל משה ומה הוא היקר אלף ר"ל אלף זיווין שנתמעטו מכל האורות ולא נשארו רק אלף זיווין שהוא אלף זעירא.

כלול י' אלפים שכן אלף הוא צורות יוד. שמזה הטעם היו כל אחד מב' נבואות גד החוזה כלול מי' אלפים. וזה נרמז באלף זעירא קרי בי' ויקר ר"ל מי שהוא נביא שדבר ה' יקר בו הוא כלול מי' אלף כי כלול ושכינה למטה מי' ז"ש (דברים א', י"א) יוסף ה' עליכם ככם אלף פעמים.

גלא עמיקתא

לרקיע (שבת ז:) ורשות הרבים עד י' טפחים ותו לא – ובכאן מרמז אלף פעמים אאלופו של עולם, ופשוט. ויש לקשרו נמי לחושבן הנ"ל: גד הנביא – נתן החוזה – בת שבע – שלמה ד' פעמים דאינון ג"כ כל אחד ואחד מהם בחינת שבת. "ה' אלהי אבותכם" גימ' (541) "ישראל". "ה' אלהי אבותכם יסף עליכם" גימ' (861) "בית המקדש". "ויברך" גימ' (238) מלכותא קדישא "רחל". ולכן א' זעירא רמיזא הני אלף פעמים אלף אורות שנותן משה לכל אחד ואחד מבני ישראל כמו שכתב רבינו לעיל [ל]אופן ו' עיין שם.

אופן מז

בכנפי יונה ג' שמות הם בג' עולמות בריאה יצירה עשיה שהם ג' שמות אל שדי, אל הויה, אל אדני, וכולם כלולים כבריאה, לכן מגן אלף אלפין תריסין, תרגום של תריס מגן, שהוא ג' פעמים אל, שבג' עולמות בריאה יצירה עשיה, וחושבן אלף אלפין הוא יוצא מאל שדי כזה: אלף למד שין דלת יוד הרי אלף, ו(עם) ריבוע שדי כזה: שין שין דלית שין דלית יוד הוא בגימ' ב' אלפים חסר א', ומזה הטעם העולם הזה ב' אלפים תורה, ב' אלפים תוהו, לפי שנוצר חסד לאלפים, וכן המן שהוא מצד החסד יורד כל יום ויום מזון ב' אלפים שנה, שנאמר דבר יום ביומו, ומזון של ב' אלפים הוא ב' ימים של הקב"ה, זה שאמר למען אנסנו הילך בתורתי, כי העולם הזה נברא בשם של שדי ושם שדי נתפשט עד ב' אלפים. וכן בשעת הקמת המשכן בצל שדי יתלונן, וכן בצלאל שעשה המשכן היה לו תבונה משם של שדי. הנה ג' דרגין בהאי קרא לקביל ג' עולמות בריאה יצירה עשיה נרמזין, בר"ת יושב בסתר עליון בריאה יצירה עשיה.

ויקר אל משה שאותו היקר אל משה שהיא אל שדי בגי' משה, ולכן א' זעירא, כי מספר אלף הוא יוצא מאל שדי

במילואו שהיא עולה אלף בא׳ זעירא שא׳ חסר מאלף, ומספר אלפים יוצא משם [אל ו]שדי בריבוע שהוא עולה ב׳ אלפים חסר א׳, לכן א׳ זעירא מורה גם כן על שאחד חסר מן ב׳ אלפים. ולפי שישראל בשעת עשיית עגל גרמו פגימת שם אל שדי, ואמרו כי זה משה האיש שהוא כולל חשבון ג׳ אלפים, לכן נהרגו כשלשת אלפי איש בעגל, כשלשת דייקא, שחסר מן ג׳ אלפים שנים. ועתה שאחר שהוקם המשכן זכה משה ליקר, והראה לו כסא כבודו כמו שכתוב כבוד ה׳ מלא את המשכן, את דייקא, על מילוי אותיות שם של שדי שהיא סוד המשכן, שהמשכן הוא נעשה משם של שדי כמו שנתבאר.

אופן מז

בכנפי יונה ג' שמות הם בג' עולמות בי"ע שהם ג' שמות אל שדי אל הויה אל אדני וכולם כלולים בבריאה. לכן מגן אלף אלפין תריסין [א]תרגום של תריס מגן שהוא ג"פ אל שבג' עולמות בי"ע וחושבן אלף אלפין הוא יוצא מאל שדי כזה אלף למד שין יוד דלת הרי אלף וריבוע שדי כזה שין שין דלית שין דלית יוד הוא בגימ' ד' אלפים חסר א'. ומזה הטעם העו"הז [ב]ב' אלפים תורה ב'

גלא עמיקתא

והנה מביא המגלה עמוקות דכתיב במן (שמות ט"ז,ד'): דבר יום ביומו למען אנסנו הילך בתורתי אם לא וכל יום של הקב"ה שנה כדכתיב (תהל' צ',ד') "כי אלף שנים בעיניך כיום אתמול כי יעבור ואשמורה בלילה" ב' ימים דקוב"ה הרי אלפיים תורה. והוא בגמרא (סנהדרין דף צ"ז ע"א) [ג]תנא דבי אליהו ששת אלפים שנה הוי עלמא: שני אלפים תוהו שני אלפים תורה שני אלפים ימות המשיח. ומביאה הגמרא וכפירוש רש"י שם: יומו של הקב"ה אלף שנה שנאמר (תהל' צ',ד') "כי אלף שנים בעיניך כיום אתמול כי יעבור ואשמורה בלילה". ובנסיון אחר דעברו בני ישראל במצרים גם בו כתיב דבר יום ביומו (שם ה',י"ג): [ד]והנגשים אצים לאמר כלו מעשיכם דבר יום ביומו כאשר בהיות התבן סליק לחושבן (3089) ג' אלפין "חנוכה" (89). רמיזא הני ג' אלפין ד–ג' עולמות בריאה

מקורות

[א] עיין בתרגום יונתן לפסוק דברים לג,כט מגן עזך ואשר חרב גאותך: טוּבְכוֹן יִשְׂרָאֵל מַן כְּוָותְכוֹן בְּכָל עַמְמַיָּא עַמָּא דְּמִתְפָּרְקִין בְּשׁוּם מֵימְרָא דַיְיָ וְהוּא תְּרִיס סְעוּדְכוֹן וְדִי חַרְבֵּיהּ תְּקוֹף גֵּיוְתָנוּתְכוֹן וְיִתְכַּדְבוּן סַנְאֵיכוֹן לְקוּבְלֵיכוֹן מִן רְתֵיתָא וְאַתּוּן עַל פִּירְקַת צַוְורֵי מַלְכֵיהוֹן תִּדְרוֹךְ: **[ב] תלמוד בבלי מסכת סנהדרין דף צז עמוד א:** אמר רב קטינא: שית אלפי שני הוו עלמא וחד חרוב, שנאמר ונשגב ה' לבדו ביום ההוא. אביי אמר: תרי חרוב, שנאמר יחיינו מימים ביום השלישי יקמנו ונחיה לפניו, תניא כותיה דרב קטינא: כשם שהשביעית משמטת שנה אחת לשבע שנים, כך העולם משמט אלף שנים לשבעת אלפים שנה, שנאמר ונשגב ה' לבדו ביום ההוא, ואומר: מזמור שיר ליום השבת - יום שכולו שבת. ואומר: כי אלף שנים בעיניך כיום אתמול כי יעבר. תנא דבי אליהו: ששת אלפים שנה הוי עלמא, שני אלפים תוהו, שני אלפים תורה, שני אלפים ימות המשיח. **[ג] תלמוד בבלי מסכת סנהדרין דף צז עמוד א:** אמר רב קטינא: שית אלפי שני הוו עלמא וחד חרוב, שנאמר ונשגב ה' לבדו ביום ההוא. אביי אמר: תרי חרוב, שנאמר יחיינו מימים ביום השלישי יקמנו ונחיה לפניו, תניא כותיה דרב קטינא: כשם שהשביעית משמטת שנה אחת לשבע שנים, כך העולם משמט אלף שנים לשבעת אלפים שנה, שנאמר ונשגב ה' לבדו ביום ההוא, ואומר: מזמור שיר ליום השבת - יום שכולו שבת. ואומר: כי אלף שנים בעיניך כיום אתמול כי יעבר. תנא דבי אליהו: ששת אלפים שנה הוי עלמא, שני אלפים תוהו, שני אלפים תורה, שני אלפים ימות המשיח. **[ד] שמות רבה פרשת שמות פרשה א:** ד' גזירות גזר עליהם פרעה. תחלה גזר וצוה לנוגשים שיהיו דוחקים בהם כדי שיהיו עושין סכום שלהם ושלא יהיו ישנים בבתיהם, והוא חשוב למעטן מפריה ורביה. אמר: מתוך זה אינן מולידין. אמרו להם הנוגשים: אם אתם הולכין לישן בבתיכם, עד שאנחנו משלחים אחריכם בבקר, היום הולך לשעה לשתים ואין אתם משלימין הסכום שלכם. והנגשים אצים לאמר כלו מעשיכם [דבר יום ביומו]

אלפים תוהו לפי שנוצר חסד לאלפים וכן המן שהוא מצד החסד יורד כל יום ויום מזון ב' אלפים שנה שנאמר (שמות

גלא עמיקתא

יצירה עשיה דתמן ג' א"ל. וי"ל דאצילות שרש לכולן והוא גם כן א' דאצילות שם א-היה דאמא עילאה כתרא דז"א, ואכמ"ל.

והאי פסוקא דהבאנו והנגשים וכו' משעבוד מצרים סליק לחושבן (3089) ח' פעמים "דוד בן ישי" (386) ע"ה – רמיזא גאולתא שלמתא באלף השמיני ותחית המתים בסוד א"ז ישיר משה [ה]מכאן לתחית המתים מן התורה – וכנודע "משה דוד" גימ' (359) משיח"א, א"נ משי"ח עם הכולל [ו]כדאיתא בספר חסידים (סימן שנ"ה) [ז]ועיין במדרש שכורך שלשתם בחדא מחתא וזה לשון המדרש: ותפלת ישרים רצונו (משלי ט"ו,ח') זה משה דוד ומשיח] והוא נמי חושבן (359) שט"ן [גם זה מובא בספר

(/שמות/ ה'). והיו ישנים על הארץ. אמר האלהים: אני אמרתי לאברהם אביהם שאני מרבה את בניו ככוכבים, שנאמר: כי ברך אברכך [והרבה ארבה את זרעך ככוכבי השמים] (בראשית כב), ואתם מתחכמים להם שלא ירבו? נראה אי זה דבר עומד, שלי או שלכם? מיד: וכאשר יענו אתו כן ירבה וכן יפרץ (/שמות/ א'). [ה] **תלמוד בבלי מסכת סנהדרין דף צא עמוד ב:** תניא, אמר רבי מאיר: מניין לתחיית המתים מן התורה שנאמר אז ישיר משה ובני ישראל את השירה הזאת לה', שר לא נאמר, אלא ישיר - מכאן לתחיית המתים מן התורה. [ו] **ספר חסידים ברית עולם ושומר הברית סימן שנה:** משה ודוד היו שוין וכו' כדמפרש בסימן זה ובסימן שאחריו. וכן אתה מוצא דבזכות משה רבינו ע"ה וזכות דוד המלך ע"ה ניצלנו מהמן הרשע כמ"ש רז"ל וביארנו בעניותנו בזה כמה ענינים בס"ד בדרושים, ויש לרמוז משה בן עמרם ס"ת המן כי בזכותו נצלו מהמן. (ועי"ל דבזכותו ירד המן לישראל) ועוד יש לרמוז כי משה דוד גימ' משיח עם הכולל כי הגואל ראשון הוא גואל אחרון גם הוא גימ' נחש והוא גימט' שטן כי בזכות משה ודוד נהיה נצולים מן נחש ושטן. [ז] **אגדת בראשית פרק ו:** תפלה לדוד שמעה ה' צדק (תהלים יז א). זש"ה זבח רשעים תועבת ה' ותפילת ישרים רצונו (משלי טו ח), מי הוא, זה משה דוד ומשיח, משה דכתיב תפלה למשה (תהלים צ א), בדוד כתיב תפלה לדוד (תהלים יז א), במשיח כתיב תפלה לעני כי יעטוף וגו' (שם /תהלים/ קב א). ותפלת ישרים רצונו, אעפ"י שלשתן מתפללים, אלא דוד מתפלל באומנות, האיך תפלה לדוד שמעה ה' צדק (שם /תהלים/ יז א), אמר הקדוש ברוך הוא עד מתי אתה מתפלל, אמור צרכיך מה שאתה צריך, הרי אמרת שמעה ה' צדק, א"ל חייך כל אלו שאמרתי בשביל דבר אחד מלפניך משפטי יצא וגו' (שם שם /תהלים י"ז/ ב), למה שאמרת אשר נשיא יחטא (ויקרא ד כב), נשיא שאין על גביו מושל אלא ה', הואיל שאין על גבי מושל אלא אתה דן אותי, מלפניך משפטי יצא. אומן גדול הי' דוד כשהי' מבקש דבר מן הב"ה מנגנו (פי' אינגיניו בלע"ז פי' הי' מעמיק מחשבתו כמו הנהו נגאני דארעא מיקרו (ב"ק דף ק"ג ב"ב דף ס"א) בורות עמוקות) היה שואל תחילה את הקלות, ואח"כ את החמורות. למה הי' דוד דומה, לאדם שהיה מבקש ללוות כור חיטים מצא את הדניסטוס (פי' המלוה), וא"ל בבקשה ממך מפני שאני בדוחק השאילני כור של חרובין, א"ל בא וטול, הולכין ליטול, א"ל השאילני כור של שעורים והנח כור של חרובים, א"ל בוא וטול, הולכין ליטול, א"ל בבקשה ממך הואיל שבפנים טובים אתה נותן עשה אותו כור של חיטים והשאילני תחתיו חרובין ושעורים, א"ל טול, ומי גרם לו, ששאל תחילה הקלות ואח"כ החמורות, הה"ד תפלה לדוד, [שמעה ה' צדק] הרי הקלות, ואח"כ החמורות מלפניך משפטי יצא [עיניך תחזינה מישרים] אמר לו הקדוש ברוך הוא ואני עושה, שנאמר הנני רב את ריבך וגו' (ירמי' נא לו) ואת יריבך אנכי אריב (ישעי' מט כה). סליק.

ט"ז,ד') דבר יום ביומו ומזון של ב' אלפים הוא ב' ימים של הקב"ה. ז"ש (שם) למען אנסנו הילך בתורתי כי העו"הז נברא

גלא עמיקתא

חסידים שם] דהשטן מעכב ביאת משיח צדקנו כאמרם (ברכות יז.) [ח]גלוי וידוע שרצוננו לעשות רצונך אבל שאור שבעיסה מעכב.

והנה הפסוק דמביא המגלה עמוקות לגבי נסיון המן דהיינו (שם ט"ז,ד'): [ט]ויאמר ה' אל משה הנני ממטיר לכם לחם מן השמים, ויצא העם ולקטו דבר יום ביומו למען אנסנו הילך בתורתי אם לא סליק לחושבן (3937) ח' פעמים "בשוב ה' ציון" (492) עם הכולל (ישעי' נ"ב,ח') וכפלינן ח' זימנין רמיזא גאולתא שלמתא ושיבת ציון באלף השמיני. ושני הפסוקים יחד דרמיזא בהון גאולתא שלמתא באלף השביעי והשמיני: א'. ויאמר ה' אל משה הנני ממטיר לכם לחם מן השמים, ויצא העם ולקטו דבר יום ביומו למען אנסנו הילך בתורתי אם לא ב'. והנגשים אצים לאמר כלו מעשיכם דבר יום ביומו כאשר בהיות התבן סליק לחושבן (7026) ז' אלפים עם שם הוי' ברוך הוא רוכב על גביהן. והוא נמי חושבן (7026) ו' פעמים "1[י]עץ הדעת טוב ורע" (1171) (בראשית ב',ט'). ובאור הענין: דהנסיונות דעמדו בהם ישראל

1. שבירת הלוחות: א' זעירא רמיזא שבירת הלוחות, וכמ"ש (מלאכי ג',כ"ה) "זכרו תורת משה" גימ' (1584) כ"ב פעמים ע"ב, ורמיזא שבירת הלוחות דהוו בהון כ"ב אותיות תורתינו הק' דפרחו לעילא וחזרו לשרשם בשבירת הלוחות, והוא חסד ה' וכמו שכתוב ברש"י האחרון עה"ת עיי"ש, וזלשה"ק "והסכימה דעת הקב"ה לדעתו" בגימ' (1790) ה"פ משיח (358) עם המלים והכוללות, ואכן מייד לאחר ג' התיבות בפסוק הנ"ל במלאכי "זכרו תורת משה" שתי האותיות הבאות "עב" של "עבדי" וע"ב גימ' חס"ד כנודע, ומביא בלקוטי מוהר"ן סי' רי"ז וזלשה"ק זכרו תורת משה ר"ת תמז חסר וו שנשתברו הלוחות אז, וכמו כן זמן מתן תורתינו ר"ת תמז חסר וו

[ח] **תלמוד בבלי ברכות דף יז עמוד א:** איכא דאמרי: הא רב המנונא מצלי לה, ורבי אלכסנדרי בתר דמצלי אמר הכי: רבון העולמים, גלוי וידוע לפניך שרצוננו לעשות רצונך, ומי מעכב? שאור שבעיסה ושעבוד מלכיות; יהי רצון מלפניך שתצילנו מידם, ונשוב לעשות חוקי רצונך בלבב שלם. [ט] **מדרש תנחומא פרשת בשלח:** (כ) [טז, ד] ויאמר ה' אל משה הנני ממטיר לכם לחם מן השמים ויצא העם ולקטו דבר יום ביומו למען אנסנו הילך בתורתי אם לא, רבן שמעון בן גמליאל אומר בא וראה כמה חביבין ישראל לפני הקדוש ברוך הוא ששנה להם מעשה בראשית עשה להן הקדוש ברוך הוא העליונים תחתונים והתחתונים עליונים לשעבר היה לחם עולה מן הארץ והטל יורד מן השמים ועכשיו ירד הלחם מן השמים והטל עולה מן הארץ, הנני ממטיר לכם לחם, ותעל שכבת הטל ויצא העם ולקטו שלא היו יוצאין לחצרות ומלקטין אלא למדברות, דבר יום ביומו, מי שברא יום ברא פרנסתו, מכאן היה רבי אלעזר המודעי אומר כל מי שיש לו מה יאכל היום ואומר מה אוכל למחר הרי זה מחוסר אמנה, למען אנסנו הילך בתורתי אם לא רבי יהושע אומר שונה אדם שתי הלכות בשחרית ושתי הלכות בערבית ועוסק במלאכתו כל היום מעלין עליו כאלו קיים את כל התורה כולה וקיים והגית בו יומם ולילה (יהושע א) מכאן היה ר"ש בן יהושע אומר לא נתנה התורה לדרוש אלא לאוכלי המן שלא היה להם צורך לא למלאכה ולא לסחורה, הא כיצד היה יושב ודורש ולא היה יודע מהיכן היה אוכל ושותה ומהיכן ללבוש ולכסות, הא לא נתנה תורה לדרוש אלא לאוכלי המן ושניים להם אוכלי תרומה. [י] **צל"ח מסכת ברכות דף לד עמוד ב:** ואמרו שיין הזה הוא משומר בענביו מששת ימי בראשית, כי הוא סוד עולם הבא, והוא משומר אפי' מששת ימי בראשית, כי בששת ימי בראשית כבר הוא ערב ובוקר בכל יום יש ערב ובוקר, כי כבר התחיל

בשם של שדי ושם שדי נתפשט עד ב' אלפים וכן בשעת הקמת המשכן (תהל' צ"א,א') בצל שדי יתלונן וכן בצלאל שעשה

גלא עמיקתא

היו תקון חטא אדם הראשון דפגם באכילתו מעץ הדעת טוב ורע. ואחיזתנו בעץ החיים– התורה הקדושה– מסייעת לישראל לעבור הגלות הממושך ולקבל פני משיח צדקנו. ומביא המגלה עמוקות הפסוק (תהל' צ"א,א'): [יא]ישב בסתר עליון בצל ש–די יתלונן גימ' (2122) אהי"ה (21) פעמים מלוכ"ה (101) עם הכולל. א"נ גימ' (2122) ג' פעמים השב"ת (707) עם הכולל – רמיזא אלף השביעי גלוי אור הכתר שם אהי"ה

עץ הדעת טוב ורע, ויש ימין ושמאל ואמצעי שהוא חסד ודין ורחמים, והם כלולים זה בזה, והוא יין שעדיין מעורב בשמרים, ובשביעי היה שבת ושימש האור כל היום, כי השבת ההוא היה מקבל משבת העליון שלמעלה משֵשת ימים. ואמוראי שנחלקו בפרק כלל גדול [שבת ס"ט ע"ב] במהלך במדבר ואינו יודע אימת שבת אם מקדש יום אחד ומונה ששה או מונה ששה ומקדש יום אחד, אחד דיבר כנגד שבת העליון ואחד דיבר כנגד שבת שאחר ששת ימים. ובשבת בראשית היה מעין שניהם, ושימש האור בלי חושך כלל, ועל האור הזה כתיב וירא אלקים את האור כי טוב [בראשית א', ד'], והבדילו לצדיקים לעתיד לבוא, והוא עצמו עולם הבא שצדיקים זוכים לשמוע דברי עתיק יומין סודות התורה. וזהו יין גימטריא סוד המשומר בענביו, כי חוה סחטה ענבים מעץ הדעת טוב ורע, ונתנה לאדם הראשון תיכף כשסחטה בעודו היה מעורב בשמריו, והיין הזה משומר בענביו כמו שכתבתי שאפילו בענביו הוא מנוקה מן השמרים, ולכן כתב עין וגו' אלקים זולתיך, ששם למעלה משֵשת ימי בראשית שם אלקים הוא ג"כ רחמים גמורים, ואנו מתפללים בראש השנה זכרנו לחיים וכו' למענך אלקים חיים, ושם הוא מקום הזכירה, ואנו אומרים כי אין שכחה לפני כסא כבודך, כי האבות הם הכסא, ומשה רבינו אמר על האבות כסא של שלש רגלים לעיל דף ל"ב ע"א, ושלש רגלים הם חסד וגבורה ורחמים, ולפני הכסא הזה דהיינו למעלה מהכסא אין שכחה. וגם זה כיוונו רז"ל בשבת בקידוש על היין, ודרשו זה מדכתיב זכור זכרהו על היין, כדי לזכות בשבת לנשמה יתירה משבת העליון. **[יא] תלמוד בבלי מסכת סוטה דף ט עמוד א:** היא כחלה לו עיניה, לפיכך עיניה בולטות; היא קלעה לו את שערה, לפיכך כהן סותר את שערה; היא הראתה לו באצבע, לפיכך ציפורניה נושרות; היא חגרה לו בצילצול, לפיכך כהן מביא חבל המצרי וקושר לה למעלה מדדיה; היא פשטה לו את ירכה, לפיכך ירכה נופלת; היא קיבלתו על כריסה, לפיכך בטנה צבה; היא האכילתו מעדני עולם, לפיכך קרבנה מאכל בהמה; היא השקתהו יין משובח

מאותו טעם. והנה י"ה פעמים אלף (111) עולה גימ' עם האותיות (1670) הפס' "זכרו תורת משה עבדי" ויחד עם "זמן מתן תורתינו" (1649) בגימ' (3319) והוא המספר הראשוני ה-473 גימ' (473) "כי יעקב בחר לו י"ה" והן י"ה פעמים אלף (111) גימ' "זכרו תורת משה עבדי" כנ"ל, וכידוע מהאריז"ל "משה מלגו יעקב מלבר" גימ' (878) "עץ החיים ועץ הדעת" דרמיזא תורה שבכתב (עץ החיים) ותורה שבע"פ (עץ הדעת) ובלשם שבו ואחלמה ספר הדעה שרש עולם התהו דף מ"ד ע"ב כתב דעץ הדעת נמשך מעץ החיים והוא מחובר עמו, עיין שם באריכות.

והנה הפס' הנ"ל (מלאכי ג',כ"ה) כולו דהיינו "זכרו תורת משה עבדי אשר צויתי אתו בחרב על כל ישראל חקים ומשפטים" גימ' (4646) ק"א פעמים "מאה" (46) וכמו שאמרו חז"ל אינו דומה שונה פרקו מאה פעמים לשונה פרקו מאה ואחת פעמים- והיא א' זעירא דנוספת על ס' ו-מ' דבנס היו עומדין בלוחות, ולפי אחת הדעות הן האותיות שפרחו באוויר וגרמו "שבירת הלוחות" גימ' (1355) ה"פ (271) "הבוטח בה' חסד יסובבנו" (תהלים ל"ב,י') דהיינו בוטח בה' ב-ה' בחי' נרנח"י דיליה- ומתגלה דהכל חסד גמור- ויהי רצון דיתגלה הקב"ה עלינו ויגאלנו בגאולה האמיתית והשלמה, וביאת משיח צדקנו, במהרה בימינו אמן.

המשכן היה תבונה משל שדי. הנה ג' דרגין בהאי קרא לקביל ג' עולמות בי"ע נרמזין בר"ת י"ושב ב"סתר ע"ליון (תהל' צ"א,א') ב"ריאה י"צירה ע"שיה ויקר אל משה שאותו היקר אל

גלא עמיקתא

[[יב]כמבואר בספה"ק דשם אהי"ה בכתר] כי להוי' המלוכה (תהל' כ"ב,כ"ט). והאי פסוקא ברבועו כזה: ישב ישב בסתר ישב בסתר עליון ישב בסתר עליון בצל ישב בסתר עליון בצל ש-די ישב בסתר עליון בצל ש-די יתלונן סליק לחושבן (7386) ז' אלפים עם "דוד בן ישי" (386). והוא נמי חושבן (7386) ו' פעמים "עשרת הדברים" (1231) והן עשרת הדברות כדאמר משה רבנו ע"ה (דברים י',ד') "ויכתב על הלוחות כמכתב הראשון את עשרת הדברים אשר דבר ה' אליכם בהר מתוך האש ביום הקהל ויתנם ה' אלי". ובאור הענין: דהיא תורתנו הקדושה דניתנה בעשרת הדברות והן לקביל י' מאמרות דבהן נברא העולם. וכתיב בהבראם (בראשית ב',ד') נוטריקון [יג]ב-ה' בראם ודרשו חז"ל

בכוסות משובחים, לפיכך כהן משקה מים המרים במקידה של חרש; היא עשתה בסתר, יושב בסתר עליון שם בה פנים, שנאמר: ועין נואף שמרה נשף לאמר לא תשורני עין וגו'; דבר אחר: היא עשתה בסתר, המקום פירסמה בגלוי, שנאמר: תִּכַּסֶּה שנאה בְּמַשָּׁאוֹן תִּגָּלֶה רעתו בקהל (וגו'). ומאחר דנפקא ליה מאחת לאחת למצא חשבון, כי כל סאון סואן ברעש למה לי? לכמדה. ומאחר דנפקא ליה מכי כל סאון סואן ברעש, בסאסאה בשלחה תריבנה למה לי? לכדרב חיננא בר פפא, דא"ר חיננא בר פפא: אין הקדוש ברוך הוא נפרע מן האומה עד שעת שילוחה, שנאמר: בסאסאה בשלחה וגו'. **[יב] ספר הפליאה ד"ה שאלו את רבי מהו בינה:** כי הה' יש לה ג' נעלמים "הי"א" וה' הנגלה הרי כאן כ"א הוא אהיה כתר עליון, והבטן היא נקודה קטנה ובאה הנקודה ונכנסה במקום הבינה שהיא ר' ונעשת ה' זהו ה"ר ר"ל עתידה כ"י להתעלות בבינה ע"י ת"ת ישראל בגזירת אהיה הוא הכתר ובמקומו יתי' בעז"ה. א"ל ומהו כתר א"ל הגד הוגד לי שהכתר במ"ק א"ז, א"ל ומהו אז, א"ל כשעלה משרע"ה ברקיע א"ל להב"ה מהו אז ישיר משה, א"ל הב"ה אז ימלא שחוק פינו, א"ל עתיד הב"ה שהוא הא' להלביש למשה ז' מדות ר"ל להשפיע ולברך מדתו של משה שהוא הנצח ר"ל במתן תורה ולהסתלק זוהמת הנחש. ויהיו ישראל כמלאכי השרת ועתיד להחזיר הזוהמה בעשיית העגל וילכו בגלות ועתיד לסלקו בזמן הגאולה שנאמר אז ימלא שחוק פינו. **[יג] בראשית רבה פרשת בראשית פרשה יב סימן י:** בהבראם ר' אבהו בשם ר' יוחנן אמר בהבראם בה' בראם ומה ה' זה, כל האותיות תופסין את הלשון וזה אינו תופס את הלשון כך לא בעמל ולא ביגיעה ברא הקדוש ברוך הוא את עולמו אלא (שם /תהלים/ לג) בדבר ה' וכבר שמים נעשו, רבי יודא נשיאה שאליה לר' שמואל בר נחמן אמר מפני ששמעתי עליך שאתה בעל הגדה מאי דכתיב (שם /תהלים/ סח) סולו לרוכב בערבות ביה שמו וגו' א"ל אין כל מקום ומקום שאין לו איש ממונה על בית שלו, אנדיקוס במדינה ממונה על בית שלו, אגוסטוס במדינה ממונה על בית שלו, כך מי ממונה על בית של עולם, הקדוש ברוך הוא ביה שמו על בית של עולמו אמר ליה אוי דמובדין ולא משתכחין שאלית לר"א ולא אמר כן אלא (ישעיה כו) כי ביה ה' צור עולמים בשתי אותיות ברא הקדוש ברוך הוא את עולמו, אין אנו יודעין אם העולם הזה נברא בה"א והעולם הבא ביו"ד, או אם העולם הזה נברא ביו"ד והעולם הבא בה"א, וממה דאמר רבי אבהו בשם רבי יוחנן בהבראם בה"א בראם הוי העוה"ז נברא בה"א, ומה ה"א זה סתום מכל צדדיו ופתוח מלמטה רמז שכל המתים יורדים לשאול, והעוקץ שלו מלמעלה רמז שעתידים לעלות, והחלון הזה שמן הצד רמז לבעלי תשובה, והעולם הבא נברא ביו"ד מה יו"ד זה קומתו כפופה, כך הן

הרשעים קומתן כפופה ופניהם מקדירות לעתיד לבא, הה"ד (שם /ישעיהו/ ב) ושח גבהות אדם ושפל רום אנשים ונשגב ה' לבדו ביום ההוא ואומר (שם /ישעיהו ב'/) והאלילים כליל יחלוף, בהבראם רבי ברכיה בשם ר"י בר סימון אמר בלא עמל ובלא יגיעה ברא הקדוש ברוך הוא את עולמו אלא בדבר ה' וכבר שמים נעשו משל למלך שנזף בעבדו ועמד לו תמיה, כך (איוב כו) עמודי שמים ירופפו ויתמהו מגערתו. [יד] **תלמוד בבלי מנחות דף כט עמוד ב:** מאי שנא דכתיב ביה ולא כתיב יה? כדדרש ר' יהודה בר ר' אילעאי: אלו שני עולמות שברא הקדוש ברוך הוא, אחד בה"י ואחד ביו"ד, ואיני יודע אם העולם הבא ביו"ד והעולם הזה בה"י, אם העולם הזה ביו"ד והעולם הבא בה"י, כשהוא אומר: אלה תולדות השמים והארץ בהבראם, אל תקרי בהבראם אלא בה"י בראם, [הוי אומר: העולם הזה בה"י, והעולם הבא ביו"ד].

משה שהיא אל שדי בגי' משה. ולכן א' זעירא כי מספר אלף הוא יוצא מא"ל שד"י במילואו שהיא עולה אלף בא' זעירא שא' חסר מאלף ומספר אלפים יוצא משם שדי בריבוע שהוא עולה ב' אלפים חסר א'. לכן א'

גלא עמיקתא

(מנחות כ"ט ע"ב) [יד]עולם הזה נברא ב-ה' עולם הבא ב-י' ודורשים מהפסוק (ישעי' כ"ו,ד') "בטחו בהוי' עדי עד כי בי-ה הוי' צור עולמים" ב' עולמים. והן עשרת הדברים- דהעוסק בתורה נוחל עולם הבא דנברא ב-י'. וכפלינן ו' זימנין [טו]**דהלוחות ארכן ורוחבן ו', וכן** 2[טז]ו'

2. באור על מגלה עמוקות ואתחנן אופן ה': ד'. אַתָּה הָרְאֵתָ לָדַעַת כִּי יהוה הוּא הָאֱלֹהִים אֵין עוֹד מִלְּבַדּוֹ (דברים ד,לה) גימ' (1898) הוי' (26) פעמים חכמ"ה (73) כדכתיב (משלי ג',י"יט) "הוי' בחכמה יסד ארץ", ובפסוקא דנן אתה הראת- ראיה בחינת חכמה- ולכן כפלינן הוי' פעמים חכמה. ובמשלי הרי "יסד ארץ" במלוי כזה: "יוד, סמך, דלת - אלף, ריש, צדי" (1299) עם חכמ"ה בחכמ"ה (148) סליק לחושבן (1447) אלף (1000) ואמ"ת (447) אלף (1000) רמיזא אל"ף זעירא דויקרא, דלעתיד לבוא תגדל להיות אלף (1000) בסוד א' רבתי דאד"ם (תחלת דברי הימים) ואמ"ת כדכתיב (תהל' קי"ז,ב') "ואמת הוי' לעולם הללויה" וכדאיתא בזוה"ק ריש פרשת ויקרא: ו' דא אות אמת ודאי- והוא חושבן הפסוק כולו "ה' בחכמה יסד ארץ, כונן שמים בתבונה" (1447).

ומפני מה נברא העולם הזה בה"י? מפני שדומה לאכסדרה, שכל הרוצה לצאת יצא; ומ"ט תליא כרעיה? דאי הדר בתשובה מעיילי ליה. וליעייל בהך! לא מסתייעא מילתא; כדריש לקיש, דאמר ריש לקיש, מאי דכתיב: אם ללצים הוא יליץ ולענוים יתן חן? בא לטהר מסייעין אותו, בא לטמא פותחין לו. ומ"ט אית ליה תאגא? אמר הקדוש ברוך הוא: אם חוזר [בו] אני קושר לו קשר. מפני מה נברא העולם הבא ביו"ד? מפני שצדיקים שבו מועטים. ומפני מה כפוף ראשו? מפני שצדיקים שבו כפוף ראשיהם, מפני מעשיהן שאינן דומין זה לזה. [טו] **שמות רבה פרשת כי תשא פרשה מז סימן ו:** ויכתוב על הלוחות, מלמד שהראשונים והאחרונים היו שוים, עשרת הדברות, כיצד היו עשויין ה' על לוח זה וה' על לוח זה כדברי ר' יהודה, ור' נחמיה אומר י' על לוח זה וי' על לוח זה שנא' (שמות לד) ויהי ברדת משה מהר סיני והכתובים הם טוענים אותן והיו נראין כאלו הם ביד משה שנאמר ושני לוחות העדות ביד משה, ומשה לא ידע כי קרן עור פניו, ומהיכן נטל משה קרני ההוד, רבנן אמרי מן המערה שנא' והיה בעבור כבודי, ר' ברכיה הכהן בשם רבי שמואל אמר הלוחות היו ארכן ו' טפחים ורחבן ו' והיה משה אוחז בטפחיים והשכינה בטפחיים וטפחיים באמצע ומשם נטל משה קרני ההוד, ר' יהודה בר נחמן בשם רשב"ל אומר עד שהיה כותב בקולמוס נשתייר קימעא והעבירו על ראשו וממנו נעשו לו קרני ההוד שנא' ומשה לא ידע כי קרן עור פניו. [טז] **זוהר פרשת ויקרא:** שאל לך אות אות ממש דכלהו הוו נטלין ברזא דאתוון, וכן ברחב מה כתיב (יהושע ב) ונתתם לי אות אמת, דא את ו' דדא אקרי אות אמת, ואי תימא שאר אתוון לאו אינון אמת, אין, אלא אות דא אות אמת אקרי, העמק שאלה, דא אות ה' בתראה דבשמא קדישא, או

זעירא מורה ג"כ על שאחד חסר מן ב' אלפים ולפי שישראל בשעת עשיית עגל גרמו פגימת שם אל שדי ואמרו (שמות לב,א') כי זה משה האיש שהוא כולל חשבון ג' אלפים. לכן נהרגו כשלשת אלפי איש בעגל (שם פסוק כ"ח) כשלשת דייקא שחסר מן ג' אלפים שנים ועתה שאחר שהוקם המשכן זכה משה ליקר. והראה לו כסא

גלא עמיקתא

אות אמת ודאי (זוה"ק תחלת ויקרא) והקב"ה נתן לנו [יז]תורת אמת. וכאשר נחבר הני רבועי פסוקא ישב בסתר עליון וכו' (7386) עם ב' פסוקין הנ"ל דכתיב בהו דבר יום ביומו (7026) דהן ז' אלפין עם שם הוי' ברוך הוא: ויאמר ה' אל משה הנני ממטיר לכם לחם מן השמים, ויצא העם ולקטו דבר יום ביומו למען אנסנו הילך בתורתי אם לא והנגשים אצים לאמר כלו מעשיכם דבר יום ביומו כאשר בהיות התבן ישב ישב בסתר ישב בסתר עליון ישב בסתר עליון בצל ישב בסתר עליון בצל ש-די ישב בסתר עליון בצל ש-די יתלונן סליקו כולהו לחושבן (14,412): אלף (1000) פעמים דו"ד (14,000) עם בי"ת (412) דהן ב' אלפין דחסרו א' ממלוי אל ש-די ו-א' מרבוע שם ש-די, וחושבן אלף הן [3][יח]אלף אורות

3. באור על מגלה עמוקות ואתחנן אופן ל"ט: א'. "והנחש היה ערום מכל חית השדה אשר עשה ה' אלהים ויאמר אל האשה אף כי אמר אלהים לא תאכלו מכל עץ הגן" (בראשית ג,א) גימ' (4348) ד' פעמים "אלף (1000) לבנה (87)" דחטא אדם הראשון הוא המשך ויונק מחטא הלבנה דקטרגה (חולין ס: עה"פ בראשית א',ט"ז) דתחילה כתיב (שם) את שני המאורות הגדולים- דהיינו א' רבתי (1000) ובתר דא את המאור הגדול וכו' ואת המאור הקטן וכו' בבחינת א' זעירא דויקרא- שניתנה למשה באותו פרק דהקמת המשכן בסוד לכי ומעטי את עצמך (שם בגמרא) - וזכה לאלף אורות בסוד הגדלת האי א' זעירא דלעתיד לבוא תהפך ל-א' רבתי דאדם (תחלת דברי הימים) איהו משה בבחינת אדם הראשון

הגבה למעלה דא את יו"ד, רישא דבשמא קדישא, ודא איהו רזא דכתיב שאל לך אות מעם יי' אלהיך אות משמא קדישא משמע דכתיב מעם יי' דדא איהו שמא דקודשא בריך הוא את חד דביה, ומשכנא קאים על דא, תא חזי כד סליק עננא על משכנא ושרא עלוי כל אינון רתיכין וכל [דף ב עמוד ב] אינון מאני משכנא דלעיל כלהו הוו גו עננא מה כתיב (שמות מ) ולא יכול משה לבוא אל אהל מועד כי שכן עליו הענן, וכתיב (שם כד) ויבא משה בתוך הענן ויהי משה בהר ארבעים יום וארבעים לילה, אי משה לא הוה יכיל לאעלא למשכנא אמאי הוה יתיב בטורא כל אינון ארבעין יומין, אלא (ס"א אינו) (בגין לקבלא אורייתא זמנא אחרא דהא תרין לוחין אתברו בקדמיתא השתא הוה בטורא כמלקדמין.

[יז] **מסכתות קטנות מסכת סופרים פרק יג הלכה ו:** והיכי מברך, בעשרה אומר, ברכו את יי' המבורך, ביחיד כשהוא משכים לקרוא אומר, ברוך אתה יי' אלהינו מלך העולם הנותן תורה מן השמים חיי עולמים ממרומים, ברוך אתה יי' נותן התורה, וגולל ואומר, ברוך אתה יי' אלהינו מלך העולם אשר נתן לנו תורת אמת וחיי עולם נטע בתוכנו, ברוך אתה יי' נותן התורה.

[יח] **פני דוד דברים פרשת דברים:** רב לכם שבת. כתב מהר"ש בגימט' הנז' אלו לא נתן לנו אלא מצות שבת דיינו עכ"ל וכפי רמז זה שרמז רבינו שמשון ז"ל אפשר לומר ה' אלהינו דיבר אלינו בחרב לאמר רב לכם שבת בהר הזה במ"ש המקובלים בפ' ויתנצלו בני ישראל את עדיים מהר חורב ומשה יקח את האהל כי יען משה רבינו לקח אלף אורות וכשנאמר לו לך רד לא נשאר לו אלא אחד מאלף וז"ס אות א' זעירא דויקרא ונמצא דהפסיד בעבור ישראל

כבודו כ"ש (שמות מ', ל"ד) כבוד ה' מלא את המשכן א"ת דייקא על מילוי אותיות שם של שדי שהיא סוד משכן שהמשכן הוא נעשה משם של שדי כ"ש.

גלא עמיקתא

דזכה להם משה בסוד אל ש-די גימ' (345) מש"ה ובמלואו גימ' אלף (1000), כמובא בדברי האר"י הקדוש ([יט]ספר מחברת

לכן לקח כל האורות של ישראל ובשבת מחזירין למשה כל אלף אורות ואז נותן עדיים של ישראל וז"ס נשמה יתירה זהת"ד וזה רמז ה' אלהינו דיבר אלינו בחורב דיבור קשה הורד עדייך מעליך אך לאמר יש אמירה רכה רב לכם שבת דבשבת תזכו לעדי הנז': [יט] ספר מחברת הקודש (לאר"י הקדוש) - **שער הושענא רבא:** והנה חותם הב' נעשה בליל הו"ר והוא חותם חיצון והוא נעשה מן הארת חותם א' הפנימי דיסוד לכן הוא גרוע ממנו. והענין כי חותם היסוד הוא מן ג' אהי"ה עצמן העולים חותם אך עתה אינו חותם גמור כי ג' אהי"ה הנזכר כשתסיר שרשם ישארו מלוים שלה' עם ג' כוללים עולין משנה והוא משנה למלך כי חותם עיקרי הוא ביסוד אך זה הוא במלכות דנוקבא סוד העטרה שלה והוא משנה למלך גרוע מחותם א' וז"ס דלית לה מגרמא כלום כי כמו שכל פרצוף נוקבא נקרא לית לה מגרמ' בערך שאר הספי' ג"כ מל' דיסוד נוקבא נקרא לית לה מגרמא והוא כי יסוד שבה לוקח ג' אהי"ה ממש אך מל' שבה אינה לוקחת רק הארתם לבד שהם המלוים ולפי שגם מלואים אלו הם מן אהי"ה דבינה לכן גם הם נקרא חותם כי יש בהם כח לדחות החיצונים כי אין נידחין אלא ע"י הבינה כנודע וז"ס משנה תורה כי תורה הוא ד' ספרים ראשונים וספר ה' נקרא משנה תורה והוא כולל כל הדינין דד' ספרים ראשונים והוא סוד מה שאמרנו כי כשמאיר ז"א בנוקבא נותן לה הארת התורה כי תורה הוא ז"א ונותן הארתו בנוק' ביסוד שבה ושם נק' תורה ממש כי כל מקרא הוא בנוק' כנודע וכאשר נחתם חותם זה במל' שבה אז נק' משנה תורה כי ג' מלואים אלו עולים משנה כנזכר. ופשוט הוא כי משנה תורה הוא במלכות כנזכר בזוהר אמנם חותם הזה הוא מתחיל מליל הו"ר הוא זמן חתימה של כל העול' אם לחיים אם למות כנזכר בזוהר לכן נבאר עתה ענין ליל הו"ר. והוא כי אז נעשה חותם החיצון הזה לכן נדונין בו כל הנשמות בלילה הזאת לכן סדר הלילה זאת הוא שבחצי לילה הראשונה תקרא ספר משנה תור' כולה (ונלע"ד כי ספר משנה תורה גי' א"ל שד"י פשוט ומלא להורות כי אל שדי גי' משה וז"ס אדם א' מאלף מצאתי כי הוא גי' אלף חסר א' וז"ס משנה תורה מפי הגבורה משה אמרו שהוא מפי ז"א ששם מתגלה יסוד אבא בסוד ותורת חסד על לשונה ויסוד אבא נק' אל שדי פשוט ומלא) אמנם אם תקרא ותסיים קודם חצות תעסוק בתורה ובסתרי קבלה אם תרצה ולא בדבר אחר ותכוין לעשות חות' דמל' שהוא גי' משנה לכן תמצא כי עיקר הדין הוא בחצי הלילה א' כי לכן יוצאין אחר חצות לראות הצל לאור הלבנה כי אז כבר נגמר הדין כי נסתיים לעשות חותם הזה והנה סוד הדין הזה הוא סוד מסירת הפתקין ביד השלוחים אבל עכ"ז לא ניתן רשות בידם לגמרי לפעול הדין הנמסר בפתקין רק עד ש"ע כי עדיין הדבר תלוי שאם יחזור בתשובה גמורה יחזרו ליקח הפתקין מהם. אמנם לכן אנו אומרים כי ביום ה"ר יש ג"כ דין וז"ס הנזכר בזוהר במ"א אמר כי מסירת הפתקין הוא ליל ה"ר לכן אז אתעדי צולמא מעל רישא ובמ"א אמר כי הוא בש"ע והביאור הוא כי אחר שנמסרו הפתקין ליל הו"ר עדיין הדבר תלוי עד ש"ע אם יחזרו בתשובה אמנם להיות כי מעט מזעיר ימצאו מי שלא תיקן עצמו בתשובה מר"ה ויה"כ וכל החג שיתקן עצמו בהו"ר ולפי שלא ימצא זה אלא על צד ההרחק לכן א' בזוהר פקודי כי אחר מסיר' הפתקין לא הדרי לבי מלכא אבל ודאי אם ישוב בתשובה גמורה ודאי שיקרע גזר דינו וכנזכר ברקנט"י באיש א' שלא ראה צל על ראשו והתפלל ושב בתשובה וחזר וראה הצל על ראשו ע"ש.

קודם החטא- וללא שיעור יותר מכך, דכלום אדם (העליון) זורע כור על מנת לקצור כור וכו'.

ובכאן כפלינן ד' פעמים אלף לבנה רמיזא להאי פגם דלבנה דהיה ביום הרביעי לבריאת העולם, ביום כ"ח לחודש אלול [דהעולם נברא בכ"ה באלול ואדם נברא בראש השנה שהוא יום הששי לבריאה, ויום הרביעי הוא כ"ח אלול] בבחינת כ"ח מעשיו הגיד לעמו (רש"י הראשון על התורה).

גלא עמיקתא

הקודש שער הושענא רבא) והמגלה עמוקות (באופן דנן ועיין עוד בדברי רבינו [כ]**בפירושו על ואתחנן אופן ק"ט). וכן מש"ה ראשי תיבות** "[כא]**מחלוקת שמאי הלל" וראשי תיבות** "[כב]**מט"ט שר הפנים" חושבנא דדין כחושבנא דדין, והוא חושבן אלף (1000). וכאן הוא אלף פעמים דוד (14,000) דהיינו מש"ה פעמים דו"ד כנ"ל עם בית (412) דהן ב' אלפין דחסרו. והוא נמי חושבן [עם ב' האלפין] (414) "אור אינסוף"– דיאיר בגלוי ונגלה כבוד הוי' (ישעי' מ',ה') ואתא משיח"א [גימ' (359) "משה דוד" כנ"ל] ויגאלנו במהרה בב"א.**

[כ] מגלה עמוקות על ואתחנן אופן ק"ט: השיב הקב"ה רב לך, ל"ך דייקא, בשם שלך נרמזו גם כן סוד עולם הבריאה, ששם מנהיג העולם שם א"ל שד"י שהוא בעולם הבריאה, והוא בגימטריא משה. ונמצא שקרא הקב"ה למשה ב' פעמים מש"ה מש"ה (שמות ג ד), שנרמזו בו ארבעה שמות, דהיינו הוי"ה חשבון מ"ה, אלהי"ם חשבון ש', הרי חד פעם משה. עוד פעם שני משה, מורה על חשבון א"ל שד"י, ב' פעמים משה בגימטריא שר"י פני"ם. **[כא] משנה מסכת אבות פרק ה:** כל מחלוקת שהיא לשם שמים סופה להתקיים ושאינה לשם שמים אין סופה להתקיים איזו היא מחלוקת שהיא לשם שמים זו מחלוקת הלל ושמאי ושאינה לשם שמים זו מחלוקת קרח וכל עדתו: **[כב] משך חכמה שמות פרק לב:** ובאמת שהעיקר שלבורא יתברך ראוי להתפלל ואין ראוי להתפלל לזולתו, עם העיקר שהבורא יתברך בורא ומנהיג לכל הברואים, המה עיקר אחד. כי כל עיקרי הטעותים שלהם היה בחשבם כי הבורא יתברך אינו מנהיג בשפלים, ומשאתו יעצו להדיח כי אי אפשר למשכיל לאמר כי כל הענינים נפלו במקרה כדעת האוילים. ועל כרחך כי יש מנהיגים בנבראים אשר הבורא לגודל זכות בריאתם מסר להם ההנהגה בתבל, ואם יעבדום וימסרו נפשם בפעולות וענינים אשר מראה כי כוסף הנפש להם ודבוק להם בכל כונתו, אז ימשוך להם טוב וכל שמן, וכדברי הנשים הארורות. אבל באמת כל התבל מושגחת כולה בהשגחה פרטית מעתיק יומין, הבורא יתעלה בעצמו. ולו אין חילוק בין תולעת קטן שבים לכל הנבראים ואישים העליונים, מט"ט שר הפנים ומיכאל לבוש הבדים, כי רחוקים המה מאתו בתכלית ההשואה. ומי שיכול להשיג מציאות הבורא יתברך מושגח מאתו שוה עם מט"ט שר הפנים, ולא נופל זה מזה, ולא יכול שום מלאך לעשות לנו דבר בלתי רצון הבורא בפרטיות מאומה. וכמו שלא נופל דג קטן מדג גדול בעצם בריאתו, וכן לא נופל המורכב בד' יסודות מהשמש המורכבת ביסודות מזהירים, ככה לא נופל בן תמותה, איש כמונו בעצם ולא נכנע מאישים העליונים הפשוטים ונבראים מעצם רוחני פשוט, וכולנו כאחד שוים ומושגחים בפרט ונבראים מהנמצא האמיתי בהחלט, הבורא יתברך שמו. אם כן, אין שום תפילה ושום קדושה בעצם מבלי הבורא יתברך ברצונו והשגחתו הפרטית בכל עת בלי הפסק, וכולם בטלים במציאותן אל הבורא יתברך ממלא כל עלמין ומסבב כל עלמין. ואמר בפשוט (חגיגה יא, ב): מה למעלה מה שהוא למטה, מה לפנים מה שהוא לאחור - שהבורא יתברך הוא ראשון והוא אחרון, הוא לפנים ולפני ולפנים. וזה שאמר (דברים ו, ד) "שמע ישראל ה' אלקינו" היינו הבורא יתברך משגיח בפרטיות והוא "אלקינו" בכל פרט ופרט, לכן תדע כי "ה' אחד", ואין אלקים זולתו, כאשר ביארנו. ויש להאריך בזה, ואין כאן מקומו.

אופן מח

עיין בכנפי יונה סימן ס' בחלק ראשון שכתב שם ג' שמות שאמרנו שבג' עולמות בריאה יצירה עשיה הם הם יוצאים משם של אהי"ה במלוי אלפין שהוא ביצירה דזעיר תמן עיין שם בארוכה. ולפי זה אמר ויקר אל משה שמשה שמקנן בזעיר שגילה לו הקב"ה כשאמר לו מה שמו גילה לו שם של אהי"ה וביצירה תמן מלוי א' בבריאה מלוי יו"ד בעשיה מלוי ההין, ולפי שהמשכן נתכווין בצל אל בשם אהי"ה לפי שפגמו ישראל בשעת עגל כזה השם לכן מעשה עגל בפרשת כי תשא היא פרשה כ"א בתורה שהוא סוד שם אהי"ה.

זה שכתוב ויקר אל משה, שחזר אותו היקר שהיה אצל משה שם של אהי"ה שגילה לו הקב"ה מתחילה אותו היקר חזר אליו מאוהל מועד על עסקי אוהל מועד שנבנה בשם של אהי"ה. ואמר ג' דרגין בהאי קרא: ויקרא אל משה בריאה, וידבר ה' אליו יצירה, מאוהל מועד עשייה, שג' שמות בריאה יצירה עשיה יוצאות משם של אהי"ה במלוי אלפין, תמן מקנן זעיר ביצירה, לכן א' זעירא, אותו יקר הוא בשם אהי"ה שבמלוי אלפין שהוא ביצירה דתמן זעיר דרגיה דמשה זה שכתוב ויקר אל משה.

אופן מח

עיין [א]בכנפי יונה סימן ס' בחלק ראשון שכתב שם ג' שמות שאמרנו שבג' עולמות בי"ע הם יוצאים משם של

גלא עמיקתא

והנה ג' השמות דמביא באופן זה ובאופן הקודם "א-ל ש-די, א-ל הוי', א-ל א-דני" סליקו לחושבן (498) ו' פעמים [ב]אבי"ע (83) – ר"ת אצילות בריאה יצירה עשיה, דהן כללות ד' עולמות והוא ערך ממוצע דכל שם גימ' אבי"ע כנ"ל. א"נ ג' פעמים עליון (166) דכל זוג שמות למהוי שמא חד, והוא יושב בסתר עליון כנ"ל, ממזמור צ"א רמיזא יחוד הוי' א-דני, דיתגלה בשלמותו לעתיד לבוא. והפסוק נכתב [1]במראה הסנה דגלה לו הקב"ה שם אהי"ה שהוא שרש ל-ג' שמות הנ"ל. ולכן בהאי פסוקא מוזכר ג' פעמים שם אהי"ה. והיא הפעם היחידה בכ"ד ספרים דמוזכר שם אהי"ה: ויאמר אלהים אל משה אהיה אשר אהיה, ויאמר כה תאמר לבני ישראל אהיה שלחני אליכם עם ט"ו תיבין והכללות סליק לחושבן (3354) ג' פעמים "שמע ישראל ה' אלהינו ה' אחד" (1118) דהוא פסוקא

1. באור על מגלה עמוקות ואתחנן אופן קל"ה: אקדמות מילין: רצה משה רבינו להשיג סוד "קרית ארבע" גימ' (983) "אברהם - יצחק - יעקב - משה" דמשה רבינו כליל מן תלת אבהן קדישין כמבואר בזוה"ק בענין ש' רבתי דשי"ר השירי"ם, והוא סוד מאמר יעקב אבינו (בראשית כ"ח,י"ז): "וזה שער השמים" (983) חושבנא דדין כחושבנא דדין. ומביא המגלה עמוקות דהוא סוד "חקל תפוחין קדישין" גימ' (1166) כ"ב (22) פעמים ב"ן (52) דאינון כ"ב אתוון דאורייתא קדישא תמן דעת דקדושה - "קדישין" גימ' (474) "דעת", ולכן יש צורך להיכנס לארץ ישראל תמן "לבנון" גימ' (138) "חקל". ואמר ליה קוב"ה: ר"ב ל"ך- השגת רב מכך במראה הסנ"ה נוטריקון "סיני נבו הר ההר" גימ' (603) "בני ישראל" דמסרת שם נפשך על בני ישראל ע"י שסיפרת עליהם לשון הרע לשם שמים, ובכך קיבלת לחובתך העבירות שלהם [כמו שבארנו במקום אחר ע"פ דברי חובת הלבבות], והשגת אף יותר מכך תמן כתיב והסנ"ה נוטריקון "סיני נבו הר ההר והלבנן" גימ' ע"ה (747) "משה איש האלהים" (דברים ל"ג,א'), ולכן רב לך אל תוסף דבר וכו' דהשגת רב מכך, וכלל נקוט הוא בידינו דבכלל מאתיים מנה.

[א] כנפי יונה חלק ראשון סימן ס': וצריך אתה לדעת כי משם אהי"ה שבבינה במילוי אלפין יוצא מספר כל אלו עולמות אל"ף ה"א יו"ד ה"א ואלף במלואה הוא אלף כנגד עלמא קדמאה אלף אלפין עלמא תניינא רמוז בשני אותיות ראשונות של האלף וכו' **[ב] בן איש חי שנה ראשונה פרשת חיי שרה:** אחותינו את היי לאלפי רבבה. נ"ל בס"ד דידוע שיש ארבע עולמות שהם אבי"ע, וכנגדן ד' מדרגות המספר שהם אחדים עשיה, עשרות יצירה, מאות בריאה, אלפים אצילות, ידוע דבאצילות אין רע ועליו נאמר לא יגורך רע, וכתיב ג"כ בע"ח על אצילות נאמר אני ה' הוא שמי וכבודי לאחר לא אתן, ולז"א אחותינו את דוקא היי לאלפי רבבה שתניקי גם מן האצילות שה"ס אלפים, וגם מן בחי' הרבבה שהוא למעלה יותר שה"ס הכתר ונרמזה בקוצו של יו"ד, יען דאת מסטרא דקדושה, משא"כ הם מסט"א אין להם מגע ויניקה מבחי' האלפים וכ"ש מבחי' הרבבות, דעל אצילות נאמר וכבודי לאחר לא אתן: ובזה יובן בס"ד ממ"ש רז"ל וראו כל עמי הארץ כי שם ה' נקרא עליך ויראו ממך. תנא דבי ר"א הגדול אלו תפילין שבראש. והיינו כי תפילין ש"ר הוא סוד האצילות דעלה אתמר וכבודי לאחר לא אתן, שאין מגע לקליפה שם ולכך הם נכנעים יותר מתש"ר שלובשים ישראל, ועל כן מקום תש"ר הוא מקום שער ששם סוף הגלגולת שהוא עיקר חלק הראש הנגלה.

אהי"ה במלוי אלפין שהוא ביצירה דזעיר תמן עיין שם בארוכה. ולפ"ז אמר ויקר אל משה שמשה שמקנן בזעיר

גלא עמיקתא

דתכלית אמונתנו ביחוד השי"ת בכל העולמות. וניתן לנו כח זה לאמונתנו בו יתברך ממנו יתברך מכתר עליון דתמן תלת רישין אמונה תענוג רצון– דאמונה הגבוה מכולם.

וכתב בספר הקדוש [ג]לקוטי מוהר"ן סימן ס"ב אות ה' וזלשה"ק: "אצל המאמין הדבר גלוי כאילו רואה בעיניו את הדבר שהוא מאמין בו מחמת גודל אמונתו השלמה" עכד"ק, ואי"ה נעביד חושבן דבריו הנפלאים במקום אחר. ובהמשך אופן מ"ח מביא ג' מלויי שם אהי"ה: [א] דיצירה במלוי אלפין לקביל שם מ"ה דאיהו הוי' דאלפין. [ב] דבריאה במלוי יודין לקביל שם ס"ג. [ג] ודעשיה במלוי ההין לקביל שם ב"ן הוי' דההין. ו–ג' מלויים אלו עולים לחשבון (455) תנ"ה. והוא גימ' מלוי שמו של משה ביודין "מם שין הי" דאיהו בחינת חכמה. ולכן גם חכמה במלוי יודין גימ' (613) "משה רבינו". וזהו דאמרו המלאכים קמיה קוב"ה כשעלה משה למרום לקבל תורה תנ"ה הודך על השמים (תהל' ח,ב') מלוי שמו של משה כנ"ל.

והנה פסוק ראשון דקריאת שמע: שמע ישראל ה' אלהינו ה' אחד גימ' (1118) "הוי'" (26) פעמים "טוב הוי'" (43) – ובפסוקא דסנה אמרינן דסליק לחושבן ג' פעמים "שמע ישראל ה' אלהינו ה' אחד" דהיינו "הוי'" פעמים "טוב הוי'" – דלעתיד לבוא יתגלה דכולו טוב ויברכו על הרעה כמו על הטובה הטוב והמטיב. [ד]וכדאיתא בגמרא (פסחים נ.) על הפסוק (זכרי' י"ד,ט') "ביום ההוא יהיה ה' אחד ושמו אחד", דהקשו חז"ל: מאי אחד – אטו האידנא לאו אחד הוא? ותירצו: א"ר אחא בר חנינא לא כעולם הזה העולם הבא– העולם הזה על בשורות טובות אומר ברוך הטוב והמטיב ועל בשורות רעות אומר ברוך

[ג] **ליקוטי מוהר"ן תורה סב**: וזה בחינות (סבא משפטים דף צ"ה) עולימתא שפירתא דלית לה עיינין. עולימתא שפירתא, זה בחי' אמונה, בחי' (ש"ה ו') יפה את רעיתי, בחי' ורעה אמונה: דלית לה עיינין, היינו אלו הקושיות הנ"ל, שאין לעיין בהם, וצריך לחזק באמונתו: גופא טמירתא ואתגלי, כי היא טמירא, כי אם תשאל את המאמין איזה טעם באמונה, ודאי אינו יודע להשיב לך טעם, כי אמונה אינו שייך אלא בדבר שאינו יודע טעם. ואעפ"כ, וגליא. היינו שאצל המאמין הדבר גלוי, כאלו רואה בעיניו את הדבר שהוא מאמין בו, מחמת גודל אמונתו השלימה: נפקת בצפרא ומתכסיא בימא, כי האמונה מתחדשת אצל האדם בכל בוקר, בחי' (איכה ג') חדשים לבקרים וכו'. ומתכסיא בימא, מחמת טרדת עסקי עולם, נתכסה האמונה: מתקשטת בקישוטין דלא הוו, היינו עיקר קישוטי האמונה, כשמקרבין אצלה בני אדם שלא היו מקורבין לה.

[ד] **תלמוד בבלי פסחים דף נ עמוד א**: והיה ה' למלך על כל הארץ ביום ההוא יהיה ה' אחד ושמו אחד, אטו האידנא לאו אחד הוא? - אמר רבי אחא בר חנינא: לא כעולם הזה העולם הבא; העולם הזה, על בשורות טובות אומר ברוך הטוב והמטיב, ועל בשורות רעות אומר ברוך דיין האמת. לעולם הבא - כולו הטוב והמטיב. ושמו אחד, מאי אחד, אטו האידנא לאו שמו אחד הוא? - אמר רב נחמן בר יצחק: לא כעולם הזה העולם הבא; העולם הזה - נכתב ביו"ד ה"י ונקרא באל"ף דל"ת, אבל לעולם הבא כולו אחד - נקרא ביו"ד ה"י, ונכתב ביו"ד ה"י. סבר רבא למדרשה בפירקא. אמר ליה ההוא סבא: לעלם כתיב, רבי אבינא רמי: כתיב, זה שמי לעלם, וזה זכרי לדר דר. אמר הקדוש ברוך הוא: לא כשאני נכתב אני נקרא, נכתב אני ביו"ד ה"א, ונקרא אני באל"ף דל"ת.

שגילה לו הקב"ה כשאמר לו מה שמו (שמות ג',י"ג) גילה לו שם של אהי"ה וביצירה תמן מלוי א' בבריאה מלוי יו"ד

גלא עמיקתא

דיין האמת, ולעולם הבא כולו הטוב והמטיב. וכמ"ש בפרק שירה חיות השדה אומרים ברוך הטוב והמטיב. ובארנו בפירוש פרק שירה:[2] "חיות השדה" גימ' (738) "ברוך דין האמת" – דהן גופא חיות בהאי עלמא דסליקו ברוך דין האמת ואומרות ברוך הטוב והמטיב. "השדה" גימ' "ש-די", "חיות" גימ' "[ה]רחמנא לבא בעי" (סנהדרין קו:). ובאור הענין דאת חיותו של האדם יתן בעבודת השי"ת. "ברוך הטוב והמטיב" גימ' (322) "חיה" (23) פעמים "דוד" (14). ולכן הן חיו"ת השדה חיו"ת דווקא רבוי של חי"ה– וכמה חיות– דו"ד פעמים חי"ה. דיעבוד השי"ת בכל כחו וכדוגמת דוד מפזז ומכרכר בכל עז לפני ארון ה' (שמואל ב' ו',י"ד-ט"ז). "חיות השדה" (738) "ברוך הטוב והמטיב" (322) גימ' (1060) י' פעמים "המלוכה". ובאור הענין: כאשר יהודי עובד השי"ת בהאי עלמא מגלה מלכות ה' ב-י' כוחות נפשו וממליכו על כל אבריו ונפשו אז זוכה לראות בגאולתא – כדמסיים ספר עובדיה: "[ו]ועלו מושיעים בהר ציון לשפוט את הר עשו והיתה להוי' המלוכה". ומביא דמעשה העגל הובא בפרשת כי תשא

2. פירוש על פרק שירה: חיות השדה: ברוך הטוב והמטיב: גימ' (322) "חלק לעולם הבא", ולע"ל יברכו על הרעה כמו על הטובה, וקשה הרי יהיה כולו טוב, וי"ל דיחזו דכל מה שברכו ברוך דיין האמת היה כולו טוב, כדאמר ר"ע כל מאי דעביד רחמנא לטב עביד.

והוא בגמ' (פסחים נ.) עה"פ "ביום ההוא יהיה ה' אחד ושמו אחד" (זכריה י"ד,ט') "ה' אחד"- מאי אחד אטו האידנא לאו אחד הוא? אמר רבי אחא בר חנינא לא כעולם הזה העולם הבא- העולם הזה על בשורות טובות אומר ברוך הטוב והמטיב ועל בשורות רעות אומר ברוך דיין האמת, ולעולם הבא כולו הטוב והמטיב.

והנה הוא פלא "חיות השדה" גימ' (738) "ברוך דיין האמת"- והן בעצמן מברכות "ברוך הטוב והמטיב" והוא מכוון לדברי הגמרא הנ"ל דבעולם הזה מברכין על בשורות רעות ברוך דיין האמת ולעולם הבא ברוך הטוב והמטיב, וכן "ברוך הטוב והמטיב" גימ' (322) "חלק לעולם הבא" דיתגלה לעתיד לבוא דכולו טוב, במהרה בימינו אמן.

[ה] **תלמוד בבלי מסכת סנהדרין דף קו עמוד ב:** אמר רבא: רבותא למבעי בעיי? בשני דרב יהודה כולי תנויי בנזיקין, ואנן קא מתנינן טובא בעוקצין. וכי הוה מטי רב יהודה אשה שכובשת ירק בקדירה, ואמרי לה זיתים שכבשן בטרפיהן טהורים אמר: הויות דרב ושמואל קא חזינא הכא. ואנן קא מתנינן בעוקצין תלת סרי מתיבתא, ורב יהודה שליף מסאני ואתא מטרא, ואנן צוחינן וליכא דמשגח בן. אלא הקדוש ברוך הוא ליבא בעי, דכתיב וה' יראה ללבב.

[ו] **מכילתא דרבי שמעון בר יוחאי פרק יד:** ואכבדה בפרעה כשהקב"ה נפרע מן הרשעים שמו מתגדל בעולם וכן הוא אומר ושמתי בהם אות ושלחתי מהם פליטים אל הגוים תרשיש פול ולוד מושכי קשת תובל ויון האיים הרחוקים אשר לא שמעו את שמעי ולא ראו את כבודי מהוא אומר והגידו את כבודי בגוים (ישעי' סו יט). כיוצא בו אתה אומר ונשפטתי אתו בדבר ובדם וגשם שוטף מהוא אומ' והתגדלתי והתקדשתי ונודעתי לעיני גוים רבים (יחזקאל לח כב). כיוצא בו אתה אומר ה' עזי ומעזי ומנוסי ביום צרה מהוא אומר אליך גוים יבואו מאפסי ארץ ויאמרו אך שקר נחלו אבותינו הבל ואין בם מועיל (ירמי' טז יט). כיוצא בו אתה אומר כה אמר ה' יגיע מצרים וסחר כוש וסבאים אנשי מדה עליך יעבורו ולך יהיו אחריך ילכו בזקים יעבורו ואליך ישתחוו אליך יתפללו מהוא

בעשיה מלוי ההין. ולפי שהמשכן נתכווין [ז]בצל אל בשם אהי"ה לפי שפגמו ישראל בשעת עגל בזה השם לכן

גלא עמיקתא

דהיא פרשה אהי"ה (21) בתורה. וכד נעביד חושבן אהי"ה פרשיות התורה עד כי תשא: "בראשית, נח, לך לך, וירא, חיי שרה, תולדת, ויצא, וישלח, וישב, מקץ, ויגש, ויחי. שמות, וארא, בא, בשלח, יתרו, משפטים, תרומה, תצוה, כי תשא" סליקו הני אהי"ה פרשיות לחושבן (8296) "חיים" (68) פעמים "בצל" (122). דהוא מלוי שם אהי"ה דאלפין דהוא ביצירה כנ"ל במגלה עמוקות באופן דנן: אלף הא יוד הא "לף א וד א" גימ' (122) קכ"ב וכן גימ' בצ"ל כנ"ל. ומתמן החיים ולכן כפלינן חיי"ם פעמים לחושבן הני אהי"ה פרשיות– דהן לקביל הגלוי דשם קמ"ג אהי"ה במלוי אלפין כנ"ל. וכתב האר"י הקדוש בעץ חיים שער ט"ל פרק י"א וכן הובא [ח]בשער הכונות דרושי חג הסוכות דף ז' וזה לשונו הקדוש: בענין הצללים כי הנה כמה וכמה מיני הארות הצללים יש באדם. כי הנה בענין הצלם כמה בחינות מצינו צלם הוי' צלם אלהים וכיוצא וכבר נתבאר זה בדרוש הצלם דז"א עיין שם. גם בצללים מצינו בחינות רבות צל אהי"ה צל ש–די צל אל וכיו"ב ומצאתי כתוב בקונטרסי כי שמעתי ממורי ז"ל כי מן אהי"ה דאלפין כולו נעשה צל הנקרא

אומר אך בך אל ואין עוד אפס אלהים (ישעי' מה יד). כיוצא בו אתה אומר ועלו מושיעים בהר ציון לשפוט את הר עשו מהוא אומר והיתה לה' המלוכה (עובדיה כא) ואומר ה' מלך עולם ועד אבדו גוים מארצו (תהל' י טז) ואומר יתמו חטאים מן הארץ ורשעים עוד אינם ברכי נפשי את ה' הללויה (תהל' קד לה). ואומר ה' שומר את גרים יתום ואלמנה יעודד ודרך רשעים יעות מהוא אומר ימלוך ה' לעולם אלקיך ציון לדור ודור הללויה (תהל' קמו י). [ז] **תלמוד בבלי מסכת ברכות דף נה עמוד א:** אמר רבי שמואל בר נחמני אמר רבי יונתן: בצלאל על שם חכמתו נקרא. בשעה שאמר לו הקדוש ברוך הוא למשה: לך אמור לו לבצלאל עשה לי משכן ארון וכלים, הלך משה והפך, ואמר לו: עשה ארון וכלים ומשכן. אמר לו: משה רבינו, מנהגו של עולם - אדם בונה בית ואחר כך מכניס לתוכו כלים, ואתה אומר: עשה לי ארון וכלים ומשכן! כלים שאני עושה - להיכן אכניסם? שמא כך אמר לך הקדוש ברוך הוא: עשה משכן ארון וכלים. אמר לו: שמא בצל אל היית וידעת! אמר רב יהודה אמר רב: יודע היה בצלאל לצרף אותיות שנבראו בהן שמים וארץ. כתיב הכא וימלא אתו רוח אלהים בחכמה ובתבונה ובדעת, וכתיב התם ה' בחכמה יסד ארץ כונן שמים בתבונה וכתיב בדעתו תהומות נבקעו. אמר רבי יוחנן: אין הקדוש ברוך הוא נותן חכמה אלא למי שיש בו חכמה, שנאמר יהב חכמתא לחכימין ומנדעא לידעי בינה. שמע רב תחליפא בר מערבא ואמרה קמיה דרבי אבהו, אמר ליה: אתון מהתם מתניתו לה, אנן מהכא מתנינן לה - דכתיב ובלב כל חכם לב נתתי חכמה. [ח] **שער הכונות - דרושי חג הסוכות - דרוש ז:** ונחזור לענין א' בענין הצללים כי הנה כמה וכמה מיני הארות הצללים יש באדם כי הנה בענין הצלם כמה בחי' מצינו צלם ההויה וצלם אלהים וכיוצא וכבר נתבאר זה בדרוש הצלם דז"א וע"ש. גם בצללים מצינו בחי' רבות צל אהיה וצל שדי וצל אל וכיוצא בזה ומצאתי כתוב בקונטריסי כי שמעתי ממורי ז"ל כי מן אהי"ה דאלפין כולו נעשה הצל הנקרא בצל שדי ומן המילוי לבדו נעשה הצל הנקרא בצל בענין חשבון המילוי שהוא קכ"ב. גם מצאתי כתוב שם כי ב' בחי' יש בענין הצלם והם צלם דאימ' וצלם דאבא וכמבואר אצלינו בענין המוחין דז"א שהם הנשמה שלו הבאה מלובש תוך הצלמים האלו שהם נה"י דאימ' ונה"י דאבא ובזה תבין ענין הצלם שבאדם מה

מעשה עגל בפרשת כי תשא והיא פרשה כ"א בתורה שהוא סוד שם אהי"ה. ז"ש ויקר אל משה שחזר אותו היקר שהיה

גלא עמיקתא

בצל ש-די ומן המלוי לבדו נעשה הצל הנקרא בצל בענין חשבון המלוי שהוא קכ"ב [עבד"ק של האר"י הק'].

וזהו דמביא המגלה עמוקות שהמשכן נתכוון בצל אל דהוא מרומז בשמיה דבצלאל בשם אהי"ה. ועתה יובן דמלוי אהי"ה דאלפין הוא חושבן בצ"ל. ולכן מביא באופן הקודם הפסוק ממזמור צ"א "ישב בסתר עליון בצל ש-די יתלונן". והוא בחינת אהי"ה דיצירה בחינתו הפרטית של משה והוא בצל ש-די ומשה הוא בחינת א-ל ש-די. ויש לקשרו לבצלאל דאמרו חז"ל (ברכות נה.) [ט]בצלא"ל נוטריקון בצ"ל א"ל – דאמר משה לבצלאל בצ"ל א"ל היית- היינו בצלו של מי שהוא בחינת אל ש-די דהיינו משה עצמו. ולכן "משה בצלאל" גימ' (498) ג' השמות לקביל ג' עולמות בי"ע דמביא המגלה עמוקות "אל ש-די אל הוי' אל אדני" והוא נפלא. והבאנו בהקדמת אופן דנן דסליק ו' פעמים אבי"ע א"נ ג' פעמים "עליון" דישב בסתר עליון. ומלויו דמשה בההין גימ' ג' שמות אהי"ה עם מלואיהן בסוד תנ"ה הודך על השמים (תהל' ח',ב') כנ"ל. והנה מלוי שמו של בצלאל כזה בית צדי למד אלף למד סליק לחושבן (775) "ויכולו השמים והארץ" (בראשית ב',א') דאמרו חז"ל (שם בגמרא) יודע היה בצלאל לצרף אותיות שנעשו בהם שמים וארץ ועמם עסק במלאכת המשכן. ועם מלוי משה דהיינו מם שין הי דסליק לחושבן תנ"ה (455) סליקו תרוויהו לחושבן (1230) י' פעמים "ענג" (123). ובאור הענין דמשה ובצלאל בעבודתם בהאי עלמא הסבו ענג עליון לקוב"ה והמשיכו שפע ברכה וכל טוב לישראל בסוד כמים הפנים לפנים וכו' (משלי כ"ז,י"ט). והנה כתיב (ירושלמי ראש השנה ספ"א מגילה ספ"ד פסחים פ"י ה"ה) [י]המתחיל במצוה אומרים לו מרק דהיינו גמור. ולכן נעביד חושבן לשאר פרשיות תורתנו הקדושה דאינון נ"ג פרשיות ובסוד הפסוק (בראשית ב',ט"ז): "ויצו ה' אלהים על האדם לאמר מכל עץ הגן אכל תאכל" דסליק לחושבן (1455) "אלף

עניינו. [ט] **תלמוד בבלי מסכת ברכות דף נה עמוד א:** אמר רבי שמואל בר נחמני אמר רבי יונתן: בצלאל על שם חכמתו נקרא. בשעה שאמר לו הקדוש ברוך הוא למשה: לך אמור לו לבצלאל עשה לי משכן ארון וכלים, הלך משה והפך, ואמר לו: עשה ארון וכלים ומשכן. אמר לו: משה רבינו, מנהגו של עולם - אדם בונה בית ואחר כך מכניס לתוכו כלים, ואתה אומר: עשה לי ארון וכלים ומשכן! כלים שאני עושה - להיכן אכניסם? שמא כך אמר לך הקדוש ברוך הוא: עשה משכן ארון וכלים. אמר לו: שמא בצל אל היית וידעת! אמר רב יהודה אמר רב: יודע היה בצלאל לצרף אותיות שנבראו בהן שמים וארץ. כתיב הכא וימלא אתו רוח אלהים בחכמה ובתבונה ובדעת, וכתיב התם ה' בחכמה יסד ארץ כונן שמים בתבונה וכתיב בדעתו תהומות נבקעו. אמר רבי יוחנן: אין הקדוש ברוך הוא נותן חכמה אלא למי שיש בו חכמה, שנאמר יהב חכמתא לחכימין ומנדעא לידעי בינה. שמע רב תחליפא בר מערבא ואמרה קמיה דרבי אבהו, אמר ליה: אתון מהתם מתניתו לה, אנן מהכא מתנינן לה - דכתיב ובלב כל חכם לב נתתי חכמה. [י] **תלמוד ירושלמי פסחים פרק י:** אמרו להן בית הלל אילו ממתין עד קרות הגבר אדיין לא הגיעו לחצי גאולה היאך מזכירין גאולה ואדיין לא נגאלו והלא לא יצאו אלא בחצי היום שנאמר [שמות יב נא] ויהי בעצם היום הזה הוציא ה' את בני ישראל וגו'. אלא מכיון שהתחיל במצוה אומר לו מרק.

גלא עמיקתא

תנ"ה". דהוא כולו משה– דאלף הוא משה כדאמרינן מש"ה גימ' א"ל שד"י והן במלויין גימ' (1000) אל"ף, ותנ"ה הוא משה במלוי יודין דמשה זכה לתקן חטא אדם הראשון. והפסוק הבא (שם פסוק י"ז) גם הוא מרמז משה: "ומעץ הדעת טוב ורע לא תאכל ממנו כי ביום אכלך ממנו מות תמות" גימ' (3181) ג' פעמים "אלף אין" (1061). באור הענין: ד"אלף" הוא משה כמבואר לעיל. וכן "אין" כמאמר משה (שמות ל"ב,ל"ב) ואם אין מחני נא מספרך וכו'. וכן משה הוא בחינת שבת "ומעץ הדעת טוב" גימ' (702) "שבת". ומשה הוא הדעת דקבל לוחות העד"ת אתוון הדע"ת כדביאר רבינו לעיל [יא]אופן י"ט עיין שם. ושני הפסוקים יחד עולים בגימ' (4638) ו' פעמים "מי כעמך ישראל גוי אחד בארץ" (773) (דברי הימים א' י"ז,כ"א) [יב]דכתיב בתפלין דמרי עלמא (ברכות ו' ע"א). ואם כן מג"ן פרשיות הסר אהי"ה עד כי תשא כנ"ל, ונותרו ל"ב פרשיות בסוד את קדמאה ובתראה דתורתנו הקדושה, והני ל"ב פרשיות דהיינו: (שמות) ויקהל, פקודי (ויקרא) ויקרא, צו, שמיני, תזריע (687=תרפ"ז ד' מלויי שם הוי'), מצורע, אחרי, קדשים, אמר, בהר, בחקתי (במדבר) במדבר, נשא, בהעלתך, שלח, קרח, חקת, בלק, פינחס, מטות (455=תנ"ה משה במלוי כנ"ל), מסעי (דברים) דברים, ואתחנן, עקב, ראה, שפטים, כי תצא, כי תבוא, נצבים, וילך, האזינו, ברכה סליקו לחושבן (10,275): "באהבה" (15) פעמים "נחמו נחמו עמי יאמר אלהיכם" (685) (ישעי' מ',א'). וכן [3]בבאור פרק שירה רציפי (אונכי) אומר נחמו נחמו עמי

מקורות

[יא] מגלה עמוקות על א' זעירא דויקרא אופן י"ט: כתבתי לעיל פ' פקודי שממשכן עד מקדש היו שנים כמנין ת"פ חסר א' וכן ג"כ ממקדש ראשון עד מקדש שני ג"כ ת"פ שנה וכן ג"כ משכן העדת בהפוך אתוון הדעת ז"ש אלה פקודי המשכן משכן העדת ת"פ אשר פוקד על פי משה וכן ג"כ תיבת מעשה בראשית עד ארץ ושמים הם ת"פ כמנין שנים מיציאת מצרים ועד בנין המקדש שאז אתמר ותשלם כל המלאכה לא אמר ותכל כי בשעת המקדש נשלמו מלאכת שמים וארץ ללמדך ששקולה מלאכת המשכן כשמים וארץ לכן אמר אלה פקודי אלה תולדות השמים ויקרא אל משה ס"ת אלה שקולה מלאכת המשכן כשמים וארץ אבל א' זעירא ר"ל חסר א' שבמעשה שמים וארץ ת"פ תיבות בכאן תע"ט חסר א' לכן א' זעירא.

[יב] תלמוד בבלי ברכות דף ו עמוד א: אמר רבי אבין בר רב אדא אמר רבי יצחק: מנין שהקדוש ברוך הוא מניח תפילין - שנאמר נשבע ה' בימינו ובזרוע עזו; בימינו - זו תורה, שנאמר: מימינו אש דת למו, ובזרוע עזו - אלו תפילין, שנאמר: ה' עז לעמו יתן. ומנין שהתפילין עוז הם לישראל - דכתיב: וראו כל עמי הארץ כי שם ה' נקרא עליך ויראו ממך, ותניא, רבי אליעזר הגדול אומר: אלו תפילין שבראש. אמר ליה רב נחמן בר יצחק לרב חייא בר אבין: הני תפילין דמרי עלמא מה כתיב בהו? אמר ליה: ומי כעמך ישראל גוי אחד בארץ. ומי משתבח קודשא בריך הוא בשבחייהו דישראל? - אין, דכתיב: את ה' האמרת היום (וכתיב) וה' האמירך היום. אמר להם הקדוש ברוך הוא לישראל: אתם עשיתוני חטיבה אחת בעולם, ואני אעשה אתכם חטיבה אחת בעולם; אתם עשיתוני חטיבה אחת בעולם, שנאמר: שמע ישראל ה' אלהינו ה' אחד. ואני אעשה אתכם חטיבה אחת בעולם, שנאמר: ומי כעמך ישראל גוי אחד בארץ. אמר ליה רב אחא בריה דרבא לרב אשי: תינח בחד ביתא, בשאר בתי מאי? - אמר ליה: כי מי גוי גדול ומי גוי גדול אשריך ישראל או הנסה אלהים ולתתך עליון.

עיונים

3. פירוש על פרק שירה: רצפי (נ"א אונכי): נחמו נחמו עמי יאמר אלהיכם (ישעי' מ',א') גימ' (685): ה"פ (דברים י',י"ז) "אלהי האלהים" (137) ועיין לעיל אופן קל"ג-תהלים ח' בקצור- דכולא מזמורא סליק לחושבן אל פעמים נחמו נחמו עמי יאמר אלהיכם, והוא בצורת מנורה בת ח' קנים לקביל האלף השמיני.

אצל משה שם של אהי"ה שגילה לו הקב"ה מתחילה אותו היקר חזר אליו מאוהל מועד על עסקי אוהל מועד שנבנה בשם של אהי"ה. ואמר ג' דרגין בהאי קרא: ויקרא אל משה בריאה. וידבר ה' אליו יצירה. מאוהל מועד עשייה.

גלא עמיקתא

יאמר אלהיכם. רציפ"י גימ' (390) י' פעמים ט"ל רמיזא [יג]טל תחית המתים [וכפלינן י' זימנין דהתחיה תהיה ב-י' ספירות כללות הקומה]. והוא ב' נחמות על אובדן הקלי' ועל תחית המתים לחיים נצחיים. ולכן באהב"ה נוטריקון ב' (2) אהב"ה (13) גימ' (26) שם הוי' ברוך הוא [י-ה-ו-ה]. ויחד עם אהי"ה פרשיות הראשונות דמביא המגלה עמוקות (8296) סליקו כולהו ד"ן פרשיות תורתנו הקדושה לחושבן (18,571): "באהבה" (15) פעמים "מלאה הארץ דעה את ה' כמים לים מכסים" (1238) (ישעיה י"א,ט') עם הכולל דאיתמר בגאולתא שלמתא ונגלה כבוד הוי' וכו' (שם מ',ה'). וכאן מוסיפים הכולל בסוד א' זעירא דויקרא דהוא אלופו של עולם עושה כל אלה (שם מ"ה,ז') [יד]דאסתכל באורייתא וברא עלמא. וממילא רצה לזכות את ישראל דבעבורם נבראו כל העולמות. ולעתיד לבוא ונגלה כבוד הוי' וכו' ומלאה הארץ דעה את הוי' וכו' ובלע המות לנצח וכו' ונקום בתחית המתים לחיים נצחיים בעגלא דידן ובזמן קריב ונאמר אמן. וכמ"ש רבינו בסוף אופן הקודם [מ"ז]: ועתה אחר שהוקם המשכן זכה משה ליקר והראה לו כסא כבודו [עבד"ק] וזכה ליקר הנ"ל כעין אותו יחוד נפלא של בורא ונברא שיהיה לעתיד לבוא בגלוי [טו]אור הגנוז ונגלה כבוד הוי' בתחית המתים והתפשטות הגשמיות. דגוף יהיה כנשמה דעתה ונשמה תהיה בחינת אור הגנוז, ובצדיקים אמיתיים גוף בחינת אור הגנוז ונשמה בחינת פנימיות אור הגנוז.

[יג] **שולחן ערוך הרב אורח חיים סימן קיד סעיף ו:** בימות הגשמים אם לא אמר מוריד הגשם (אפילו אמר משיב הרוח) מחזירין אותו והוא שלא הזכיר טל אבל אם הזכיר טל אין מחזירין אותו (אפילו לא סיים הברכה) שאף שהטל אינו נעצר מכל מקום שבח הוא להקב"ה בהזכרתו כמו בהזכרת הגשם שכשם שהגשמים חיים לעולם כך הטל הוא חיים לעולם שעל ידי כך מתברכת התבואה (ובכמה מקומות קראו חכמים להטל טל תחיה משא"כ הרוח שאף שאי אפשר לעולם בלא רוחות אינו נקרא חיים לעולם כמו גשם וטל. לכך יש בני אדם שמזכירין הטל כל ימות החמה כדי שאם ישכחו לומר מוריד הגשם בימות הגשמים חזקה שאמרו מוריד הטל כמו שהם רגילים בימות החמה ואין מחזירין אותן): [יד] **זוהר פרשת תרומה דף קסא עמוד ב:** קודשא בריך הוא אסתכל באורייתא וברא עלמא, בר נש מסתכל בה באורייתא ומקיים עלמא, אשתכח דעובדא וקיומא דכל עלמא אורייתא איהי, בגין כך זכאה איהו בר נש דאשתדל באורייתא דהא איהו מקיים עלמא, בשעתא דסליק ברעותא דקודשא בריך הוא למברי אדם קאים קמיה בדיוקניה וקיומיה כמה דאיהו בהאי עלמא ואפי' כל אינון בני עלמא עד לא ייתון בהאי עלמא כלהו קיימין בקיומייהו ובתקונייהו כגוונא דקיימין בהאי עלמא בחד אוצר דתמן כל נשמתין דעלמא מתלבשן בדיוקנייהו, ובשעתא דזמינין לנחתא בהאי עלמא קרי קודשא בריך הוא לחד ממנא די מני קוב"ה ברשותיה כל נשמתין דזמינין לנחתא להאי עלמא ואמר ליה זיל אייתי ליה רוח פלוני. [טו] **תלמוד בבלי חגיגה דף יב עמוד א:** ואור ביום ראשון איברי? והכתיב ויתן אתם אלהים ברקיע השמים וכתיב ויהי ערב ויהי בקר יום רביעי! - כדרבי אלעזר. דאמר רבי אלעזר: אור

שג' שמות בי"ע יוצאות משם של אהי"ה במלוי אלפין תמן מקנן זעיר ביצירה לכן א' זעירא אותו יקר הוא בשם אהי"ה שבמלוי א' שהוא ביצירה דתמן זעיר דרגיה דמשה ז"ש ויקר אל משה.

גלא עמיקתא

נמשך מדברינו שאף אהי"ה פרשיות הראשונות בתורתנו הקדושה נכפלין בחושבן "באהבה" (15) והן בגימ' (8296) "באהבה" (15) פעמים "מחיה מתים" (553) עם הכולל. והוא חושבן "באהבה" (15) פעמים "בני אדם בצל כנפיך יחסיון" (553) עם הכולל כדכתיב (תהל' ל"ו,ח') "מה יקר חסדך אלהים ובני אדם בצל כנפיך יחסיון" [וכנ"ל בתחלת האופן בענין בצל עיין מה שבארנו שם] דאמרינן בעטיפת הטלית קודם שחרית. ותחלתו מה יקר חסדך אלהים: ענין היקר דזוכה לו בכל יום כל יהודי בעטיפת הטלית. וכדוגמת (ראש השנה י"ז ע"ב) [טז]נתעטף הקדוש ברוך הוא כשליח צבור והראה לו למשה סדר תפלה וכו'. וממשיכה הגמרא (שם): אמר רב יהודה ברית כרותה ל–י"ג מדות [י"ג גימ' (13) "אהבה" כנ"ל] שאינן חוזרות ריקם שנאמר וכו'. ובארו בתוספות דיבור המתחיל שלש עשרה מדות: [יז]אומר רבינו תם בשני שמות הראשונים (הוי' הוי') הם שני מדות וכו'. ועיין באריכות בהגהה שם על דברי התוספות (ד"ה הגה"ה והכי איתא במדרש וכו'). וזהו ב' ב'אהבה דכפלינן לכולהו פרשיות דהן ד"ן פרשיות. ולעתיד לבוא יתגלה דכולהו באהבת ה' יתברך לעמו דהוא מיניה וביה ואכמ"ל.

שברא הקדוש ברוך הוא ביום ראשון - אדם צופה בו מסוף העולם ועד סופו, כיון שנסתכל הקדוש ברוך הוא בדור המבול ובדור הפלגה וראה שמעשיהם מקולקלים - עמד וגנזו מהן, שנאמר וימנע מרשעים אורם. ולמי גנזו - לצדיקים לעתיד לבא שנאמר וירא אלהים את האור כי טוב, ואין טוב אלא צדיק, שנאמר אמרו צדיק כי טוב. כיון שראה אור שגנזו לצדיקים שמח, שנאמר אור צדיקים ישמח. כתנאי: אור שברא הקדוש ברוך הוא ביום ראשון אדם צופה ומביט בו מסוף העולם ועד סופו, דברי רבי יעקב. וחכמים אומרים: הן הן מאורות שנבראו ביום ראשון ולא נתלו עד יום רביעי. [טז] **תלמוד בבלי מסכת ראש השנה דף יז עמוד ב:** ויעבר ה' על פניו ויקרא, אמר רבי יוחנן: אלמלא מקרא כתוב אי אפשר לאומרו, מלמד שנתעטף הקדוש ברוך הוא כשליח צבור, והראה לו למשה סדר תפלה. אמר לו: כל זמן שישראל חוטאין - יעשו לפני כסדר הזה, ואני מוחל להם. ה' ה' - אני הוא קודם שיחטא האדם, ואני הוא לאחר שיחטא האדם ויעשה תשובה. אל רחום וחנון, אמר רב יהודה: ברית כרותה לשלש עשרה מדות שאינן חוזרות ריקם, שנאמר הנה אנכי כרת ברית. [יז] **תוספות ראש השנה דף יז עמוד ב:** שלש עשרה מדות - אומר רבינו תם דשני שמות הראשונים הם שני מדות כדאמרינן הכא אני ה' קודם שיחטא לרחם עליו ואני מרחם לאחר שיחטא אם ישוב ה' מדת רחמים הוא ולא כאלהים שהוא מדת הדין עון ופשע וחטאה ונקה הם נמנים בד' כדאית' ביומא בפ' שני שעירים (דף לו: ושם) דעונות אלו זדונות פשעים אלו המרדים וחטאות אלו השגגות ובמגלת סתרים דרבינו נסים אין מונה שם הראשון שיש פסיק בין השמות משום דהכי קאמר קרא הקדוש ברוך הוא ששמו ה' קרא ה' רחום וחנון ונוצר חסד לאלפים מונה בשתי מדות דנוצר חסד היינו מדה אחת לאלפים מדה אחרת שמדה טובה מרובה חמש מאות על מדת פורענות דהתם כתיב על רבעים והכא כתיב לאלפים.

אופן מט

בהקמת המשכן ניתקן קומה של אדם הראשון שהעמידו על ק׳ אמה, לכן ק׳ אדנים שכנגדן מאה ברכות, הוקם המשכן בהיפוך אתוון קומה שבאותו פעם ניתקנה מאה ברכות משה איש האלהים ר״ת מאה, שאותו התפילה למשה אמר בשעת הקמת המשכן. מה ידידות משכנותיך אל תקרי מה אלא מאה מה טובו אוהליך יעקב על מה אדניה הוטבעו על מאה אדנים. והנה כתיב מה וקרינן מאה ותרוייהו איתניהו כי כל ברכה היא י׳. זה שאמר בכאן ויקר אל משה, שנתן הקב״ה יקר אל משה, מה היא היקר איתא בזוהר מה שם בנו, לכן א׳ זעירא דקריין אלף, מאוהל מועד על עסקי אוהל מועד שהוקם על מאה אדנים והוא כלול מאלף. גם מלוי שם של מ״ה הוא ביצירה דתמן מקנן זעיר דרגיה דמשה לכן א׳ זעירא.

אופן מט

בהקמת המשכן ניתקן [א]קומה של אדם הראשון שהעמידו על [ב]ק' אמה. לכן ק' אדנים [כמ"ש

גלא עמיקתא

והנה מביא המגלה עמוקות בתחלת האופן ד' פסוקים לקביל ד' אתוון דשמא

[א] בראשית רבה פרשת בראשית פרשה יב: תולדות, א"ר שמואל בר נחמן כל תולדות שנאמרו בתורה חסרין בר מן תרין אלה תולדות פרץ וגו' והדין, ומפני מה אינון חסרין, רבי יודן בשם רבי אבין אמר כנגד ו' דברים שנטלו מאדם הראשון, ואלו הן זיוו, חייו, וקומתו, ופרי הארץ, ופירות האילן, ומאורות, זיוו מנין שנאמר (איוב יד) משנה פניו ותשלחהו, חייו מנין, כי עפר אתה, קומתו מנין, שנאמר ויתחבא האדם ואשתו, א"ר אבהו באותו השעה גזעה קומתו של אדם הראשון ונעשית של מאה אמה, פרי האילן ופרי הארץ מנין שנאמר ארורה האדמה בעבורך, מאורות, רבי שמעון ב"ר יהודה איש כפר עכו אמר משם ר"מ אף על פי שנתקללו המאורות מערב שבת לא לקו עד מוצאי שבת, אתיא כרבנן ולא אתיא כרבי יוסי דא"ר יוסי אדם הראשון לא לן כבודו עמו, מאי טעמיה (תהלים מט) אדם ביקר בל ילין וגו', ורבנן אמרי במוצאי שבת ניטל זיוו ממנו וטרדו מגן עדן, הה"ד ויגרש את האדם וכתיב משנה פניו ותשלחהו, אר"י בר סימון אותה האורה שנברא בה העולם, אדם הראשון עמד והביט בה מסוף העולם ועד סופו, כיון שראה הקדוש ברוך הוא מעשה דור אנוש ומעשה דור המבול ומעשה דור הפלגה שהן מקולקלים עמד וגנזו מהם שנאמר (איוב לח) וימנע מרשעים אורם, ולמה גנזו, אלא גנזו לצדיקים לעתיד לבא, שנאמר וירא אלהים את האור כי טוב, ואין טוב אלא צדיקים שנאמר (ישעיה ג) אמרו צדיק כי טוב, ומנין שגנזו לצדיקים שנאמר (משלי ד) ואורח צדיקים כאור נוגה, וכיון שראה אור שהוא גנוז לצדיקים שמח שנאמר (שם /משלי/ יג) ואור צדיקים ישמח, רבי לוי בשם רבי נזירא אמר שלשים ושש שעות שמשה אותה האורה, שתים עשרה של ע"ש, ושתים עשרה של ליל שבת, ושתים עשרה של שבת, כיון שחטא אדם הראשון בקש לגנזה, חלק כבוד לשבת שנאמר ויברך אלהים את יום השביעי, ובמה בירכו באור כיון ששקעה החמה בלילי שבת שמשה האורה התחילו מקלסין להקב"ה הה"ד (איוב לז) תחת כל השמים ישרהו, מפני מה ואורו על כנפות הארץ, האירה אותה האורה כל היום וכל הלילה כיון ששקעה חמה במוצאי שבת התחיל החושך ממשמשת ובא באותה שעה נתיירא אדה"ר אמר שמא אותו שכתוב בו הוא ישופך ראש ואתה תשופנו עקב, בא להזדווג לי ואומר אך חשך ישופני, אתמהא, מה עשה לו הקדוש ברוך הוא זמן לו שני רעפים והקישן זה לזה ויצאת האור ובירך עליה, הה"ד (תהלים קלט) ולילה אור בעדני, אתיא כהיא דתני דבי רבי ישמעאל מפני מה מברכין על האור במוצאי שבת בורא מאורי האש, מפני שהוא תחלת ברייתו, רב הונא בשם רבי איבו בשם רבי יוחנן אמר אף במוצאי יום הכפורים מברכין עליו, מפני ששבת באותו היום, רבי ברכיה בשם רבי שמואל אמר אף על פי שנבראו הדברים על מליאתן כיון שחטא אדה"ר נתקלקלו, ועוד אינן חוזרין לתקונן עד שיבא בן פרץ שנא' (רות ד) אלה תולדות פרץ מלא, בשביל ו' דברים שיחזרו, ואלו הן, זיוו, חייו, קומתו, פירות הארץ, ופירות האילן, ומאורות, זיוו מנין, שנאמר (שופטים ה) ואוהביו כצאת השמש בגבורתו, חייו מנין, שנא' (ישעיה סה) כי כימי העץ ימי עמי וגו', תני ר"ש בן יוחאי אומר אין עץ אלא תורה, היך מה דאת אמר (משלי ג) עץ חיים היא למחזיקים בה, קומתו מנין שנאמר (ויקרא כו) ואולך אתכם קוממיות, תני רבי חייא בקומה זקופה ולא יראים מכל בריה, רבי יודן אומר מאה אמה כאדם הראשון, ר"ש אמר מאתים אמה, ר"א בר ר"ש אמר שלש מאות, קוממאה, מיות מאתים, רבי אבהו אמר תשע מאות אמה, רבי ברכיה בשם רבי דוסא אמר טעמיה דרבי אבהו מהכא כי כימי העץ ימי עמי כשקמה הזו שהיא עושה בארץ שש מאות שנה, והוולד יוצא ממעי אמו באמה גדומה, צא וחשוב אמה ומחצה בכל שנה, הרי תשע מאות אמה, פירות הארץ ופירות האילן מניין, שנא' (זכריה ח) כי זרע השלום הגפן תתן פריה וגו', מאורות מנין שנאמר (ישעיה ל) והיה אור הלבנה כאור החמה וגו'

[ב] בראשית רבה פרשת בראשית פרשה יט: וישמעו, אל תקרי וישמעו אלא וישמיעו שמעו קולן של אילנות, שהיו אומרים

שמות לח,כז מאת אדנים למאת הככר ככר לאדן] שכנגדן [ג]מאה ברכות הוקם המשכן (שמות מ',י"ז) בהיפוך אתוון קומה. שבאותו פעם

גלא עמיקתא

קדישא מעילא לתתא: משה איש האלהים לקביל י'. מה ידידות משכנותיך לקביל ה' עילאה. מה טובו אהליך יעקב לקביל ו' דשם ה'. על מה אדניה הטבעו לקביל ה' תתאה דשם ה'. ובכולם דורש אל תיקרי מה אלא מאה. והוא לענין מאה ברכות ומבאר דכל ברכה היא בחינת י'. וממילא י' כלול מ–י' הרי מאה ברכות. והנה ברכ"ה א' גימ' (227) זכ"ר. מאה פעמים ברכ"ה גימ' (22,700): כ"ה פעמים "כי מלאה הארץ דעה את ה'" (908) (ישעי' י"א,ט'). והוא בחינת שלמות דכורא ונוקבא– הארץ: דז"א ממשיך דעת לנוק' להגדילה לפרצוף ליחדא קוב"ה ושכינתיה. וכפלינן כ"ה פעמים כדכתיב (במדבר ו',כ"ג) "כה תברכו את בני ישראל". ומביא ארבעת הפסוקים זה לצד זה [כל אחד לקביל אות משם הוי' ב"ה]:

א'. [ד]**תפלה למשה איש האלהים א–דני מעון אתה היית לנו בדר ודר**

הא גנבא דגנב דעתיה דברייה, ד"א שמעו קולן של מלאכים אומרים ה' אלהים הולך לאותן שבגן, ר' לוי ור' יצחק, ר' לוי אמר מת אותו שבגן, רבי יצחק אמר מת הלך /מתהלך/ לו, אתמהא, א"ל הקדוש ברוך הוא לרוח היום לריוח היום הריני מחיה לו את היום כך אמרתי לו כי ביום אכלך ממנו מות תמות, אין אתם יודעים אם יום משלי, אם יום א' משלכם, אלא הרי אני נותן לו יום א' משלי שהוא אלף שנים, והוא חי ט' מאות ול' שנה ומניח לבניו ע', הה"ד (שם /תהלים/ צ) ימי שנותינו בהם שבעים שנה, לרוח היום רב אמר לרוח מזרחית דנו לרוח שהיא עולה עם היום, זבדי בן לוי אמר לרוח מערבית דנו לרוח שהיא שוקעת עם היום, על דעתיה דרב הקשה עליו כל שהיום עולה הוא מרתיח, ועל דעתיה דזבדי בן לוי ריתה עליו כל שהיום שוקע הוא צונן, ויתחבא האדם ואשתו א"ר איבו גרעה קומתו ונעשה של ק' אמה, בתוך עץ הגן, א"ר לוי רמז לתולדותיו שיהיו ניתנין בארונות של עץ [ג] **תלמוד בבלי מסכת מנחות דף מג עמוד ב**: תניא, היה רבי מאיר אומר: חייב אדם לברך מאה ברכות בכל יום, שנאמר: ועתה ישראל מה ה' אלקיך שואל מעמך. רב חייא בריה דרב אויא בשבתא וביומי טבי טרח וממלי להו באיספרמקי ומגדי. תניא, היה ר"מ אומר: חייב אדם לברך שלש ברכות בכל יום, אלו הן: שעשאני ישראל, שלא עשאני אשה, שלא עשאני בור. רב אחא בר יעקב שמעיה לבריה דהוה קא מברך שלא עשאני בור, אמר ליה כולי האי נמי? אמר ליה: ואלא מאי מברך? שלא עשאני עבד, היינו אשה! עבד [ד] **פסיקתא זוטרתא דברים פרשת וזאת הברכה דף סב עמוד א**: חזר ואמר וזאת הברכה. אילו אחרים בירכו את ישראל היו ראויין לכך על אחת כמה וכמה שבירכם משה. ראוי היה משה לברך את ישראל וראויין היו ישראל להתברך לפני משה. איש האלהים. זה אחד מעשרה שנקראו איש האלהים. משה דכתיב כאן איש האלהים ואומר (תהלים צ) תפלה למשה איש האלהים. אלקנה נקרא איש האלהים שנאמר (שמואל א ב) ויבא איש האלהים אל עלי ויאמר לו כה אמר ה' הנגלה נגליתי לבית אביך בהיותם במצרים לבית פרעה. שמואל נקרא איש האלהים שנא' (שם ט) הנה נא איש אלהים בעיר הזאת [וגו'] כל אשר ידבר בוא יבוא. דוד נקרא איש האלהים שנאמר (דה"ב ח) כמצות דוד איש האלהים. שמעיה נקרא איש האלהים שנאמר (מלכים א יב) ויהי דבר ה' אל שמעיה איש האלהים לאמר. עדו נקרא איש האלהים שנאמר (שם יג) והנה איש אלהים בא מיהודה בדבר ה' לבית אל. אליהו נקרא איש האלהים שנאמר (מלכים א יז) ותאמר אל אליהו הנביא (הנה נא) עתה זה ידעתי כי איש אלהים אתה ודבר ה' בפיך אמת. (אלישע) נקרא איש האלהים שנאמר

ניתקנה מאה ברכות (תהל' צ',א') משֶ"ה אִ"יש הָ"אלהים ר"ת מאה. שאותו התפילה למשה אמר בשעת הקמת המשכן (שם פ"ד,ב') מה ידידות משכנותיך [ה] אל תקרי מה אלא

גלא עמיקתא

(תהל' צ',א') גימ' (2856) י"ב פעמים "רחל" (238) א"נ כ"ד פעמים "כסא כבודו" (119) ואם כן האי פסוקא בחינת י' דשם הוי' ברוך הוא- דזעיר דמלכות, דכל ענין מאה כאן במלכות כנסת ישראל בחינת נוק' לקוב"ה בחינת "שעשני כרצונו" גימ' (1102) "ברוך שם כבוד מלכותו" בחינת דעת תחתון יהודא תתאה.

ופסוקא תנינא דמביא המגלה עמוקות: ב'. [ו] מה ידידות משכנותיך ה'

(דה"ב כה) ואיש האלהים בא אליו וגו'. את בני ישראל. בזכות ישראל אביהן וכן הוא אומר (בראשית מט) הקבצו ושמעו וגו'. לפני מותו. סמוך למיתה. וכן הוא אומר (מלאכי ג) הנה אנכי שולח לכם את אליה הנביא וגו': [ה] **זוהר - רעיא מהימנא במדבר פרשת קורח דף קעט עמוד א:** רמ"ח אברים דב"נ עליהו אתמר (חבקוק ג) ברגז רחם תזכור בתר דכעיס ב"נ ומחרים ההוא בעירא לגביה הא שריא אל אחר נחש דאתמר ביה (בראשית ג) ארור אתה מכל הבהמה ואיהו לשמאלא דב"נ בגין דא מני קודשא בריך הוא למיהב לכהנא דאיהו רחמי ברכה לאתכפייא רגז דאתער בההוא ב"נ מרה חרבא דמלאך המות ואתער ימינא לגביה ברחמי ואתכפייא רוגזא דשמאלא והאי איהו ברגז רחם תזכור, מאן דכעיס דאית ליה בכעס סם המות דעליה אוקמוה מארי מתניתין כל הכועס כאילו עובד ע"ז בגין דסטרא אחרא אתוקדת בב"נ ובההיא בעירא דיהיב לכהנא אתפרש חרם מניה וסמאל אל אחר חרם ונוקבא דיליה קללה כלולה מכל קללות שבמשנה תורה וקודשא בריך הוא בריך בכל אורייתא כלא וכל ברכאן מימינא דאחיד בה כהן ובגין דא כל חרם צריך למיהב ליה לכהנא דאיהו אכיל ליה בנורא ושצי ליה מעלמא ושכיך אשא משמאלא בימינא דאיהו מייא וביה וחמת המלך שככה, פקודא בתר דא להפריש תרומה גדולה ואוקמוה תרי ממאה מאי תרומה רבנן דמתיבתא האי תרומה דצריכין לאפרשא תרי ממאה בסתרי תורה מאי ניהו מאן דבעי למטעם אי הוא זר יומת והיינו אל זר סמא"ל דקודשא בריך הוא אמר (שמות כה) ויקחו לי תרומה תרי ממאה ליחדא ליה תרין זמנין ביומא דהיינו תרי ממאה במ"ט אתוון דשמע וברוך שם כבוד מלכותו לעולם ועד דערבית ובמ"ט אתוון דשחרית חסרין תרין ממאה אינון שכינתא עלאה ותתאה בתרווייהו צריך ליחדא לקודשא בריך הוא אמה דתרווייהו, מדה דתרווייהו מאה באמה אמ"ה באתווי מא"ה איהו ואיהו בהפך אתוון הא"ם ועוד (במדבר טו) והיה באכלכם מלחם הארץ תרימו תרומה ליי' תרימו כגון (חבקוק ג) רום ידיהו נשא ואינון עשר אצבעאן דסליקו דלהון לעשר ספירן דאינון יו"ד ה"א וא"ו ה"א דסליקו מ"ה ובאתוון דאלפא ביתא מה סליק מא"ה י"ם ה"צ והאי איהו דאוקמוה רבנן מארי מתניתין (דברים י) ועתה ישראל מ"ה יי' אלהיך שואל מעמך ואמרו אל תקרי מה אלא מאה לקבל מאה ברכאן דמחייב ב"נ לברכא למאריה בכל יומא והאי איהו דצריך ב"נ למטעם בכל יומא למאריה ובג"ד ויקחו לי תרומה וכמה תרומות אינון אית תרומה מדאורייתא תורה מ' והאי איהו תרומה תורה דאתייהיבת בארבעים יום ואי תימרון דאכילנא מנה (נ"א מנא) הא כתיב (שמות לד) ויהי משה בהר ארבעים יום וארבעים לילה לחם לא אכל ומים לא שתה, נטירת הוה עד השתא האי תרומה לקודשא בריך הוא, וכיון דמלכא לא אכל איך אכלין עבדי דהא לבתר דאמר (שיר ה) אריתי מורי עם בשמי לבתר אכלו רעים, ייכלון עבדוי. [ו] **ילקוט שמעוני תורה פרשת שמות רמז קסו:** ותהר האשה ותלד בן [ב, ב] והא הות מעברא ביה תלת ירחי מעיקרא, אלא מקיש לידתה להורתה מה הורתה שלא בצער אף לידתה שלא בצער מכאן לנשים צדקניות שלא היו בפתקה של חוה, ותרא אותו כי טוב הוא [ב, ב] רבי מאיר אומר טוב שמו, רבי יהודה אומר ראוי

לנביאות, רבי נחמיה אומר טוביה שמו, אחרים אומרים נולד כשהוא מהול וחכמים אומרים בשעה שנולד משה נתמלא כל העולם כולו אורה כתיב הכא כי טוב הוא וכתיב התם וירא אלהים את האור כי טוב, אמרי ליה רבנן לרבי פרידא רבי זעירא בר בריה דרבי אבטולס דהוא עשירי לרבי אלעזר בן עזריה דהוא עשירי לעזרא קאי אבבא א"ל מאי כולי האי אי בר אוריין הוא יאי אי בר אבהן ובר אוריין יאי ויאי, בר אבהן ולאו בר אוריין אשא תכליה, א"ל בר אוריין הוא אמר ליה ליעול וליתי חזייה דהוה עכירא דעתיה פתח ואמר וכו' כיון דשמע דקאמר אדיר פתח ואמר יבא אדיר ויפרע לאדירים מאדירים באדירים, אדיר זה הקדוש ברוך הוא שנאמר אדיר במרום ה', ויפרע לאדירים אלו ישראל דכתיב ואדירי כל חפצי בם, מאדירים אלו מצריים דכתיב צללו כעופרת במים אדירים, באדירים אלו מים שנאמר אדירים משברי ים, יבא ידיד בן ידיד לידיד ובחלקו של ידיד ויתכפרו בו ידידים, יבא ידיד זה שלמה דכתיב וישלח ביד נתן הנביא ויקרא את שמו ידידיה, בן ידיד זה אברהם דכתיב מה לידידי בביתי, ויבנה ידיד זה בית המקדש דכתיב מה ידידות משכנותיך, לידיד זה הקדוש ברוך הוא דכתיב אשירה נא לידידי, בחלקו של ידיד זה בנימין שנאמר לבנימן אמר ידיד ה', ויתכפרו בו ידידים אלו ישראל דכתיב נתתי את ידידות נפשי בכף אויביה, יבא טוב ויקבל טוב מטוב לטובים, יבא טוב זה משה דכתיב ותרא אותו כי טוב הוא [ב, ב], ויקבל טוב זה תורה דכתיב כי לקח טוב וגו'. מטוב זה הקדוש ברוך הוא דכתיב טוב ה' לכל, לטובים אלו ישראל דכתיב הטיבה ה' לטובים, יבא זה ויקבל זאת מזה לעם זו, יבא זה זה משה דכתיב כי זה משה, ויקבל זאת זו תורה דכתיב וזאת התורה, מזה זה הקדוש ברוך הוא דכתיב זה אלי ואנוהו, לעם זו אלו ישראל דכתיב עם זו קנית, ותצפנהו שלשה ירחים [ב, ב] דלא מנו לה מצראי אלא משעתא דאהדרה והות מעברא ביה ג' ירחי מעיקרא ולא יכלה עוד הצפינו [ב, ג] אמאי תצפניה ותזיל, אלא כל היכא דשמעי מצראי דמתיליד ינוקא ממטי ינוקא להתם ומעוו כי היכי דלישמעוה ומעוי בהדיה דכתיב אחזו לנו שועלים, ותקח לו תבת גמא [ב, ג] מ"ש גמא אמר ר' אלעזר מכאן לצדיקים שממונן חביב עליהן מגופן כל כך למה שאין פושטין ידיהם בגזל, ורבי שמואל בר נחמני אמר דבר רך שיכול לעמוד בפני רך ובפני קשה, ותחמרה בחמר ובזפת [ב, ג] חמר מבפנים וזפת מבחוץ כדי שלא יריח אותו צדיק ריח רע (כתוב ברמז נ"ג) [ז] **תלמוד בבלי מסכת סנהדרין דף קה עמוד ב:** וישם דבר בפי בלעם - רבי אלעזר אומר: מלאך, רבי יונתן אמר: חכה. אמר רבי יוחנן: מברכתו של אותו רשע אתה למד מה היה בלבו, ביקש לומר שלא יהו להם בתי כנסיות ובתי מדרשות - מה טבו אהליך יעקב, לא תשרה שכינה עליהם - ומשכנתיך ישראל, לא תהא מלכותן נמשכת

גלא עמיקתא

צבאו-ת (תהל' פ"ד,ב') גימ' (1850) י"פעמים "אני לדודי ודודי לי" (185) (שיר השירים ו',ג') ה' **עילאה דז"א דמלכות**- בחינת **יהודא דאו"א** (**דז"א דמלכות**) בחינת (שם ה',א') "אכלו רעים שתו ושכרו דודים" וכו'. ג'. [ז]**מה טבו אהליך יעקב משכנתיך ישראל** (במדבר כ"ד,ה') גימ' (1691) "**חוה**" (19) פעמים "**חנוכה**" (89) **תקונא שלים של חטא חוה כללות הנוק'** [1ועיין מה שבארנו במקום אחר בפירוש ענין תקון **חטא חוה**] **כאמרם**

1. באור על מגלה עמוקות ואתחנן אופן ג': ג'. וְזֹאת הַבְּרָכָה אֲשֶׁר בֵּרַךְ מֹשֶׁה אִישׁ הָאֱלֹהִים אֶת בְּנֵי יִשְׂרָאֵל לִפְנֵי מוֹתוֹ (דברים לג,א) גימ' (3742) "חוה" (19) פעמים "אלף אלהים" (197) ויש לקשרו לבאורנו לאופן הקודם [אופן ב'] פסוק ג' - דבארנו דסליק לחושבן טו"ב (17) פעמים "אלף אלהים" [כמ"ש (תהל' ס' ב'-ג') "למנצח על שושן עדות מכתם לדוד ללמד וכו' שנים עשר אלף אלהים זנחתנו פרצתנו" וכו'] - וכאן הוא תיקון חוה דשינתה מציווי ה' דאמר רחמנא הוי' אלהים [ויצו הוי' אלהים על האדם (בראשית ב',ט"ז)] והיא אמרה אלהים [ומפרי העץ אשר בתוך הגן אמר אלהים (שם ג',ג')] כלומר כולו גבורות ללא מיתוק בחסדים וממילא נטתה לצד הנחש [דפתח באף ואמר אף כי אמר אלהים (שם פסוק א') כולו בחינת דין] וכנגד בעלה להילחם [כאמרם אעשה לו עזר כנגדו (שם ב',י"ח) זכה עזר לא זכה כנגדו] וכד'כתיב בחוה "ויסגר בשר תחתנה" והיא ס' הראשונה בתורה- ולעתיד לבוא "אנכי מנחמכם" (ישעי' נ"א,י"ב) גימ' (279) "ויסגר"- דנחזה דכולו הטוב והמטיב.

מא"ה מה טובו אוהליך יעקב (במדבר כ"ד,ה') על מה אדניה הוטבעו (איוב ל"ח,ו') על מאה אדנים. והנה כתיב מה וקרינן מאה ותרוייהו איתנייהו כי כל ברכה היא י'. ז"ש בכאן ויקר

גלא עמיקתא

(בבא בתרא נח.) [ח]כל נשי עלמא בפני חוה כקוף בפני אדם.

בהארת אור הגנוז באלף השביעי והשמיני נרמז ב–ח' נרות חנוכה בחינת פני המנורה כדכתיב (במדבר ח',ב') "אל מול פני המנורה יאירו שבעת הנרות".

וכן בפסוקא קמאה "תפלה למשה" גימ' (890) י' פעמים "חנוכה" (89). והוא בחינת ו' דשם הוי' ברוך הוא. ד'. [ט]על מה אדניה הטבעו או מי ירה אבן פנתה

- כנחלים נטיו, לא יהא להם זיתים וכרמים - כגנת עלי נהר, לא יהא ריחן נודף - כאהלים נטע ה', לא יהיו להם מלכים בעלי קומה - כארזים עלי מים, לא יהיה להם מלך בן מלך - יזל - מים מדליו, לא תהא מלכותן שולטת באומות - וזרעו במים רבים, לא תהא עזה מלכותן - וירם מאגג מלכו, לא תהא אימת מלכותן - ותנשא מלכתו. אמר רבי אבא בר כהנא: כולם חזרו לקללה, חוץ מבתי כנסיות ומבתי מדרשות. שנאמר ויהפך ה' אלהיך לך את הקללה לברכה כי אהבך ה' אלהיך, קללה, ולא קללות. אמר רבי שמואל בר נחמני אמר רבי יונתן: מאי דכתיב נאמנים פצעי אוהב ונעתרות נשיקות שונא - טובה קללה שקילל אחיה השילוני את ישראל, יותר מברכה שברכם בלעם הרשע. אחיה השילוני קילל את ישראל בקנה, שנאמר והכה ה' את ישראל כאשר ינוד הקנה במים וגו' [ח] **תלמוד בבלי בבא בתרא דף נח עמוד א**: אמר רבי בנאה: נסתכלתי בשני עקיביו, ודומים לשני גלגלי חמה; הכל בפני שרה כקוף בפני אדם, שרה בפני חוה - כקוף בפני אדם, חוה בפני אדם - כקוף בפני אדם, אדם בפני שכינה - כקוף בפני אדם. שופריה דרב כהנא (מעין שופריה דרב, שופריה דרב) מעין שופריה דרבי אבהו, שופריה דר' אבהו מעין שופריה דיעקב אבינו, שופריה דיעקב אבינו מעין שופריה דאדם הראשון. [ט] **ילקוט שמעוני איוב רמז תתקכג**: על מה אדניה הטבעו, תנא ר' אליעזר אומר עולם מאמצעיתו נברא שנאמר בצקת עפר למוצק ורגבים ידובקו, ר' יהודה אומר עולם מן הצדדים נברא שנאמר כי לשלג יאמר הוא ארץ, ר' יצחק נפחא אומר אבן ירה הקדוש ברוך הוא בים וממנו הושתת העולם שנאמר על מה אדניה הטבעו או מי ירה אבן פנתה, ר' יהודה אומר מציון נברא שנאמר מזמור לאסף אל אלהים ה' דבר ויקרא ארץ, ואומר מציון מכלל יופי ממנו הוכלל יפיו של עולם, ברן יחד כוכבי בקר, לאחר שקלסו אותו זרעו של יעקב (כתוב ברמז ש"ח וברמז שמ"א): ויסך בדלתים ים בגיחו מרחם יצא, ר' אליעזר ור' יהושע ור' עקיבא, ר' אליעזר אומר כשם שיש דלתות לבית כך יש דלתות לאשה, הדא הוא דכתיב כי לא סגר דלתי בטני, ר' יהושע אומר כשם שיש מפתחות לבית כך יש מפתחות לאשה הדא הוא דכתיב ויפתח את רחמה, ר' עקיבא אומר כשם שיש צירים לבית כך יש צירים לאשה, הדא הוא דכתיב כי נהפכו עליה ציריה, בגיחו מרחם יצא על ידי שמתגאה לצאת, בשומי ענן לבושו זה השפיר, וערפל חתולתו זה השליא, ואשבור עליו חקי אלו שלשה חדשים הראשונים, ודלתים אלו שלשה חדשים האמצעיים, ואומר עד פה תבא ולא תוסיף אלו שלשה חדשים האחרונים, ופא ישית בגאון גליך, רבי אבהו אומר בעוז גלליך לפי שהולד הזה כשהוא יוצא הוא מלא גללים וכל מיני סרחון והכל מחבקין אותו ומנשקין אותו, בשומי ענן לבושו מדור הלבנה בין ענן לערפל עשויים כמין שתי קערות כסויות זו על זו והוא בין שניהם, כשהוא מוליד לבנה אלו שני עננים הופכים פניהם לרוח מערבית ויוצא מבין שניהם בלילה הראשון מדה אחת ובלילה השני מדה שנית, וכן עד חציו של חדש עד שיגלה כלו, ומחציו של חדש אלו שני עננים הופכים פניהם לרוח מזרחית פני הלבנה שיוצאה [מתחלה] מתחיל ונכנס ומתכסה בין שניהם בלילה הראשון מדה אחת ובלילה השני מדה שנית וכן עד סוף החדש עד שמכסה כלו, ומנין שהוא בין עננים שנאמר בשומי ענן לבושו

ערפל חתולתו, ומנין שהוא מתכסה כלו שנאמר בכסה ליום חגנו ביום שהוא מתכסה כלו: [י] **זוהר - רעיא מהימנא - דברים - פרשת כי תצא דף רעט עמוד ב:** ומשה איהו אדם בדיוקנא דההוא אדם קדמאה דלעילא, (משלי ל) מה שמו ומה שם בנו, ובגין דא כהנייא וליואי מזוניהון על ידא דמלכא אכיל בפתוריה ושאר חיילין דמלכא כל חד יהבין ליה למיכל בבית מושב דיליה, ורעיא מהימנא איהו כברא דמלכא קריב למלכא יתיר מאלין דאכלין לפתוריה דלית מאן דקריב למלכא מכל בני מלכותא כבריה, קם בוצינא קדישא ואמר סבא סבא במלין דילך אשתמודע מאן אנת, אנת הוא אדם קדמאה מה שמו אתמר עלך מה שם בנו אתמר על רעיא מהימנא ובגין דאיהו חדש כמה חדושין באורייתא חדוה זמינא לגבך דבן חכם ישמח אב. [יא] **זוהר שמות פרשת תצוה:** מה בין דינא עילאה להאי דינא, דינא עילאה שירותא וסופא קשה ולית מאן דיקום ביה וכל מה דאזיל אתתקף ובתר דשארי לא סליק מניה עד דאכיל ושצי כלא דלא אשתאר כלום.

אל משה שנתן הקב"ה יקר אל משה מה היא היקר [י]איתא בזוהר מה שם בנו (משלי ל',ד') לכן א' זעירא דקריין אלף.

גלא עמיקתא

(איוב ל"ח,ו') גימ' (1167) ג' פעמים "דוד שלמה" (389) בחינת מלכות שבמלכות [יא]דשציא כולה ואכליה כולה (עיין זוה"ק תצוה קפ"ז ע"א) בחינת ה' תתאה מלכותא קדישא.

והנה תרין פסוקין קדמאין לקביל י"ה [יב]תרין רעין דלא מתפרשין לעלמין יחודא עילאה דאו"א גימ' (4706) הוי' (26) פעמים "ובן דוד עבדך יבא" (181) [כמ"ש בפיוט צור משלו אכלנו: ובן דוד עבדך יבא ויגאלנו רוח אפינו משיח ה']. וממילא הוא חושבן הוי' (26) פעמים "יהיו כמץ" (181) (תהל' ל"ה,ה') לפני רוח ומלאך ה' דוחה – דבגאולתא שלמתא יכלו ויבוערו כל הקלי' כדכתיב (במדבר כ"ד,כ') "ראשית גויים עמלק ואחריתו עדי אובד".

ותרין פסוקין בתראין בסוד ו"ה יחודא תתאה דזו"ן במלכות בחינת ו"הנגלות סליקו לחושבן עם הכולל (2859) ג' פעמים "בית ישראל" (953) בחינת יחוד נה"י דמלכות, וכאמרם (תחלת יומא) [יג]אשתו היא ביתו.

[יב] **זוהר ויקרא פרשת ויקרא:** רבי אלעזר אמר כל אינון דלתתא דכיון דאינון שית אתברכאן כלהו דלתתא מתברכאן ר"ש אמר כלא שפיר אבל רזא דמלה אכלו רעים לעילא שתו ושכרו דודים לתתא, אמר ליה ר' אלעזר מאן אינון לעילא ומאן אינון לתתא, אמר ליה יאות שאילתא דא אתר עלאה דאינון באחדותא בחדוותא דלא מתפרשין לעלמין אלין אקרון רעים הדא הוא דכתיב (בראשית ב) ונהר יוצא מעדן, ועדן וההוא נהר לא מתפרשן לעלמין ואשתכחו לעלמין ברעותא באחדותא בחדוותא, שתו ושכרו דודים אלין אינון לתתא דאקרון דודים לזמנין ידיען והא אוקימנא. [יג] **תלמוד בבלי יומא דף ב עמוד א:** משנה. שבעת ימים קודם יום הכפורים מפרישין כהן גדול מביתו ללשכת פרהדרין, ומתקינין לו כהן אחר תחתיו, שמא יארע בו פסול. רבי יהודה אומר: אף אשה אחרת מתקינין לו, שמא תמות אשתו. שנאמר וכפר בעדו ובעד ביתו, ביתו זו אשתו. אמרו לו: אם כן אין לדבר סוף. [יד] **ספר מסילת ישרים לרמח"ל פרק א:** ואם תעמיק עוד בענין תראה כי העולם נברא לשימוש

וארבעת הפסוקים יחד בחינת שמא שלים הוי' ברוך הוא – גימ' (7564) ד' פעמים "ויהי ביום כלות משה להקים את המשכן" (1891) (במדבר ז',א') והוא בפרשת נשא מיד לאחר ברכת כהנים– המשכת הארת עתיקא סתימאה בחינת [יד]אור הגנוז דמתגלה בחנוכה.

מאוהל מועד על עסקי אוהל מועד שהוקם על מאה אדנים והוא כלול מאלף. גם מלוי שם של מ"ה הוא ביצירה דתמן מקנן זעיר דרגיה דמשה לכן א' זעירא.

גלא עמיקתא

ולכן "ויהי ביום" גימ' (89) "חנוכה" "ויהי ביום כלות משה" גימ' (890) י' פעמים "חנוכה" (89). והוא חושבן (890) "תפלה למשה" דאמרינן לעיל. ונמשך דתיבין "כלות משה" סליקו לחושבן (801) ט' פעמים "חנוכה" (89). והוא חושבן ד' פעמים דערך הממוצע דכל אחד ואחד מ-ד' הפסוקים שהביא הגאון המחבר הוא "ויהי ביום כלות משה להקים את המשכן" כנ"ל.

ומסיים האופן: ולכן א' זעירא דקריין אלף מאהל מועד על עסקי אהל מועד שהוקם על מאה אדנים.

והנה כולא פסוקא (במדבר ז',א'): [טו]ויהי ביום כלות משה להקים את

האדם. אמנם הנה הוא עומד בשיקול גדול. כי אם האדם נמשך אחר העולם ומתרחק מבוראו, הנה הוא מתקלקל, ומקלקל העולם עמו. ואם הוא שולט בעצמו ונדבק בבוראו ומשתמש מן העולם רק להיות לו לסיוע לעבודת בוראו, הוא מתעלה והעולם עצמו מתעלה עמו. כי הנה עילוי גדול הוא לבריות כולם בהיותם משמשי האדם השלם המקודש בקדושתו יתברך, והוא כענין מה שאמרו חכמינו זכרונם לברכה בענין האור שגנזו הקדוש ברוך הוא לצדיקים וזה לשונם (חגיגה יב): כיון שראה הקדוש ברוך הוא אור שגנזו לצדיקים, שמח, שנאמר (משלי יג): אור צדיקים ישמח. ובענין אבני המקום שלקח יעקב ושם מראשותיו אמרו (חולין צא): אמר רבי יצחק: מלמד שנתקבצו כולן למקום אחד והיתה כל אחת אומרת, עלי יניח צדיק ראשו.

[טו] תלמוד ירושלמי מסכת יומא פרק א הלכה א: א"ר זעירא זאת אומרת שהקמת הלילה פסולה לעבודת היום אשכחת אמר על דעתיה דר' יוחנן כר' יוסי בר ר' יודה היה שם ארבע עשרה עמידות ושלש עשרה פירוקין על דעתיה דרבי חייה בר יוסף כר' יוסי בי רבי יודה היה שם עשרים ואחת עמידות ועשרים פירוקין מניין לפירוקין א"ר זעירה [במדבר ז א] ויהי ביום כלות משה להקים את המשכן ביום שכלו הקמותיו. רשב"ל אמר [ויקרא ח לד] כאשר עשה ביום הזה צוה ה' וגו' ולא כבר תניתה חדא בשם ר' יוחנן וחדא בשם רשב"ל בשמיני אית תניי תני נמשח ואית תניי תני לא נמשח אית תניי תני נתפרק אית תניי תני לא נתפרק א"ר חנין פשט הוא לן מאן דאמר נמשח נתפרק ומ"ד לא נמשח לא נתפרק מ"ד נמשח ניחא דכתיב [במדבר ז א] וימשחם ומ"ד לא נמשח מה מקיים וימשחם מעלה אני עליכם כאילו שהוא מחוסר משיחה ומשחתם אותו מ"ד נתפרק ניחא דכתיב [שמות כט לז] שבעת ימים יכפרו את המזבח מ"ד לא נתפרק מה מקיים שבעת ימים יכפרו על המזבח כפרה שהיא בדם כהדא דתני על זה ועל זה היו מזין עליו מכל החטאות שהיו שם כדי שיכנסו המים תחת הדם דברי ר' יהודה ר' יוסי אומר תחת הדם ותחת שמן המשחה פירש בן בתירה שמא יבא על אשתו נידה וידחה כל שבעה וישראל חשודין על הנידות כיי דתנינן תמן היה משמש עם הטהורה אמרה לו נטמאתי פירש מיד חייב שיציאתו הנייה לו כביאתו אשכחת אמר מאן דא"ר יוחנן צריכה לבן בתירה מ"ד בן בתירה צריכה לר' יוחנן אילו א"ר יוחנן ולא אמרה בן בתירה הוינן אמרין ישמש מטתו וישן לו בלשכת פלהדרין הוי צורכה להיא דאמר בן בתירה אילו אמר בן בתירה ולא א"ר יוחנן הוינן אמרין יפרוש ממטתו וישן לו בתוך ביתו הוי צורכה להיא דא"ר יוחנן וצורכה להיא דאמר בן בתירה. תני כל הלשכות שהיו במקדש היו פטורות מן המזוזה חוץ מלשכת פלהדרין שהיא דירה לכהן גדול שבעת ימים בשנה א"ר יהודה אף היא גזירה גזרו עליה [דברים יא כ] בשעריך אית תניי תני פרט לשערי הר הבית והעזרות אית תניי תני לרבות מ"ד פרט ר' יהודה מ"ד לרבות רבנן.

גלא עמיקתא

המשכן וימשח אתו ויקדש אתו ואת כל כליו ואת המזבח ואת כל כליו וימשחם ויקדש אתם עם הכולל סליק לחושבן (6270): יהי"ה אי נמי כ"י (30) פעמים "יד על כס י-ה" (209). כדכתיב (שמות י"ז,ט"ז) "כי יד על כס י-ה". וכדכתיב (זכריה י"ד,ט'): "ביום ההוא יהיה ה' אחד ושמו אחד" שם שלם וכן "כי יד על כס י-ה" וכו'. והני תרין פסוקין מבוארים בדברי חז"ל בענין שם שלם: "כי יד על כס י-ה" דרשו חז"ל (מובא ברש"י שם) [טז]מכאן שאין השם שלם ואין הכסא שלם עד שימחה שמו של עמלק. "ביום ההוא יהיה ה' אחד ושמו אחד" מבואר בגמרא (פסחים נ.): [יז]דמקשה הגמרא: ביום ההוא יהיה ה' אחד ושמו אחד- אטו האידנא לאו שמו אחד הוא? ומתרצת הגמ': לא כעולם הזה העולם הבא- העולם הזה נכתב בי"ה ונקרא אדנ"י, אבל לעולם הבא נכתב בי"ה ונקרא בי"ה. ועולה מדברי הגמרא דלעתיד לבוא יהיה השם שלם דהיינו י-ה-י-ה כמאמר הנביא ביום ההוא יהיה ה' אחד ושמו אחד- משום שאותיות ו"ה יתעלו לבחינת י"ה והוא ענין שם שלם שדרשו חז"ל אין השם שלם וכו' עד שימחה שמו של עמלק. וענין כ"י פעמים יד על כס י-ה מבואר מיניה וביה בפסוק עצמו: "כי יד על כס י-ה" הרי כי דכפלינן ביד על כס י-ה. והיינו הכאת עמלק מיניה וביה בכ"י דיליה- מכה כ"י פעמים "יד על כס י-ה". כ"י היינו תירוצי המחקרים האפיקורסים וכופרים דטוענים דהדבר כך הוא כי וכו' על ידי נסיבות ומקרים ולא בהשגחה אלהית. וכל מהותם להפקיע מאלהותו יתברך מסובב כל הסיבות. כן יכה אותם לעתיד לבוא בכ"י דילהון ויתגלה דכולו טוב- ויעלו זו"ן בחינת ו"ה לבחינת י"ה ומלאה הארץ דעה את ה' כמים לים מכסים. דכל המציאות תעלה לבחינת האתכסיא דעתה ואז יקוים מאמר הנביא (ישעי' מ',ה') "ונגלה כבוד הוי' וראו כל בשר יחדו כי פי הוי' דבר". כ"י דפי הוי' לעומת כי דמחקרים דכתיב בהו כ"י יד על כס י-ה מלחמה להוי' בעמלק מדר דר כנ"ל. והוא בביאת משי"ח צדקנו אתוון וימש"ח אתו וכן אתוון וימשח"ם ב' פעמים משי"ח גימ' (716) "ה' אלהי אברהם יצחק ויעקב" יתגלה ויגאלנו ב"ב אכי"ר.

[טז] **רש"י שמות פרק יז פסוק טז:** כי יד על כס יה - ידו של הקדוש ברוך הוא הורמה לישבע בכסאו להיות לו מלחמה ואיבה בעמלק עולמית, ומהו כס, ולא נאמר כסא, ואף השם נחלק לחציו, נשבע הקדוש ברוך הוא שאין שמו שלם ואין כסאו שלם עד שימחה שמו של עמלק כולו, וכשימחה שמו יהיה השם שלם והכסא שלם, שנאמר (תהלים ט ז) האויב תמו חרבות לנצח, זהו עמלק שכתוב בו (עמוס א יא) ועברתו שמרה נצח, (תהלים שם) וערים נתשת אבד זכרם המה, מהו אומר אחריו (תהלים ט ח) וה' לעולם ישב, הרי השם שלם, (תהלים שם) כונן למשפט כסאו, הרי כסאו שלם.

[יז] **תלמוד בבלי פסחים דף נ עמוד א:** והיה ה' למלך על כל הארץ ביום ההוא יהיה ה' אחד ושמו אחד, אטו האידנא לאו אחד הוא? - אמר רבי אחא בר חנינא: לא כעולם הזה העולם הבא; העולם הזה, על בשורות טובות אומר ברוך הטוב והמטיב, ועל בשורות רעות אומר ברוך דיין האמת. לעולם הבא - כולו הטוב והמטיב. ושמו אחד, מאי אחד, אטו האידנא לאו שמו אחד הוא? - אמר רב נחמן בר יצחק: לא כעולם הזה העולם הבא; העולם הזה - נכתב ביו"ד ה"י ונקרא באל"ף דל"ת, אבל לעולם הבא כולו אחד - נקרא ביו"ד ה"י, ונכתב ביו"ד ה"י. סבר רבא למדרשה בפירקא. אמר ליה ההוא סבא: לעלם כתיב, רבי אבינא רמי: כתיב, זה שמי לעלם, וזה זכרי לדר דר. אמר הקדוש ברוך הוא: לא כשאני נכתב אני נקרא, נכתב אני ביו"ד ה"א, ונקרא אני באל"ף דל"ת.

אופן נ

בשעת החורבן פרחה א׳ של אהי״ה למעלה, כדאיתא בזוהר חדש על פסוק היה היה דבר ה׳, שהם ב׳ אלפין של אהי״ה אשר אהי״ה, וכן א׳ של ארני נשאר דין משמים השמעת דין, רוצה לומר כשתסלק אות א׳ שהיא סוד שמים בסוד האלף לך שלמה, אדם אחד שהוא תפארת מאלף מצאתי, קרי ביה אלף מצאתי שהוא רזא דדכורא ואז נשאר דין. וזה יהיה פירוש הפסוק ויקרא אל משה א׳ זעירא, שנסתלקה לעילא מאוהל מועד דזמין לאתמשכן בחובייהו דישראל, וזה יהיה פירוש הפסוק הא׳ לעילא מן אהיה ומן ארני.

אופן נ

בשעת החורבן פרחה א' של אהי"ה למעלה [א]כדאיתא בזוהר חדש על פסוק היה היה דבר ה' (יחזקאל א',ג') שהם ב' אלפין של אהי"ה אשר אהי"ה

גלא עמיקתא

והנה מביא המגלה עמוקות הפסוק מיחזקאל (א',ג'): [ב]היה היה דבר ה' אל יחזקאל בן בוזי הכהן בארץ כשדים על נהר כבר, ותהי עליו שם יד ה' גימ' (2777) ח' פעמים במש"ה (347) עם הכולל, ובאור הענין דאלף זעירא דויקרא רמיזא הארת פנימיות הכתר דתתגלה בס"ד באלף השמיני בגלוי ממש בתחית המתים. ולא רק בבחינה כמו שיהיה באלף השביעי שני ימות המשיח [ג]דעולם כמנהגו נוהג– ורק ירגישו הארתה בחינת יום שכולו שבת.

[א] **זוהר חדש שמות פרשת יתרו דף סב עמוד ב:** פתח רבי אלעזר ואמר ויהי בשלשים שנה ברביעי בחמשה לחדש ואני בתוך הגולה על נהר כבר נפתחו השמים ואראה מראות אלהים [יחזקאל א]. האי קרא לא אתמר מאן אמרה אי יחזקאל הא כתיב אבתריה היה היה דבר ה' אל יחזקאל בן בוזי הכהן. והאי קרא אצטריך למיכתב בקדמיתא דהא ברשותא קאמר ולבתר ויהי בשלשים. אלא יחזקאל קאמר ליה וברשותא דקב"ה קאמר כל מה דקאמר וגלי כל מה דגלי. והאי קרא אוקמוה חברייא. אבל נבואה דא הוות בזמנא דנחתת שכינתא עמהון דישראל בגלותא ויקרא עילאה מנצצא סתימא אסתכלותא [נ"א אסתלקות] דההוא דאיקרי זהר שכינתא דמההוא זוהרא אתזנת לא אזדהרא. ושכינתא עילאה אסתלקת מעל בנין ואתיהב רשו לשבעין שנין אחרנין דמלכות בבל לשלטאה. אדהכי נחתת אשא מלעילא וסחרא לון והוו שמעין קל משריין עילאין מגו אשא. חדי ר"ש א"ל פתח פומך וינהרין מלין: פתח ואמר ברביעי דא דוד מלכא דאיהו סמכא רביעאה לכורסייא עילאה בהדי אינון תלת סמכין עילאין דאינון רזא דשלשים שנה והאי סמכא רביעאה איהו בחיבורא חדא עמהון ובגין דאיהו עמהון בלא פירודא אתמר ברביעי (ולא אמר וברביעי). בחמשה לחדש אלין דרגין לתתא דאינון תיקונא דסיהרא לאתחברא בהו ולית לכלהו דרגין באסתלקות שכינתא עילאה מעל בנין נייחא ונהורא וכדין לבשו שמים קדרות ושק הושם כסותם וכדין כתיב ואני בתוך הגולה דהא נחתת שכינתא בגלותא ואתגלייא יקרא עילאה ושמשא אתחשך. [ב] **פסיקתא דרב כהנא פיסקא יג – דברי ירמיהו:** [ב] ר' אחא פתח עד מתי פתאים תאהבו פתי ולצים לצון חמדו להם (משלי א: כב). א"ר שמע' בן נזירה בנוהג שבעול' אדם אוכל צחנה שנים שלשה ימים ונפשו קניטה עליו ממנה, אתם כמה שנים אתם עובדים ע"ז, אותה שכתו' בה צא תאמר לו (ישעיה ל: כב), ציאה תאמר לו, ואין נפשכם קמוטה ממנה. א"ר יודן שני בני אדם נתנבאו על הליצנות, ואילו הן, שלמה וישעיה. שלמה א' ולצים לצון חמדו להם (משלי שם /א'/), ויש' אמ' ועתה אל תתלוצצו פן יחזקו מוסריכם (ישעיה כח: כב). ר' פנחס ר' ירמיה בש' ר' שמו' בר רב יצחק, קשה הוא הליצנות שתחילה ייסורין וסופה כלייה. תחילתה יסורים, פן יחזקו מוסריכם (שם /ישעיהו כ"ח/). וסופה כלייה, כי כלה ונחרצה שמעתי (שם /ישעיהו כ"ח/). תשובו לתוכחתי הנה אביעה לכם רוחי אודיעה דברי אתכם (משלי א: כג). אם תשובו לתוכחתי אביעה לכם רוחי, על ידי יחזקאל, היה היה דבר י"י אל יחזקאל בן בוזי הכהן וג' (יחזקאל א: ג). ואם לאו, אודיעה דברי אתכם (משלי שם /א'/), על ידי ירמיה. לפיכך צריך הכת' לומר דברי ירמיהו בן חלקיהו (ירמיה א: א). [ג] **תלמוד בבלי מסכת עבודה זרה דף נד עמוד ב:** ת"ר, שאלו פלוסופין את הזקנים ברומי: אם אלהיכם אין רצונו בעבודת כוכבים, מפני מה אינו מבטלה? אמרו להם: אילו לדבר שאין העולם צורך לו היו עובדין הרי הוא מבטלה, הרי הן עובדין לחמה וללבנה ולכוכבים ולמזלות, יאבד עולם מפני השוטים? אלא עולם כמנהגו נוהג, ושוטים שקלקלו עתידין ליתן את הדין. דבר אחר: הרי שגזל סאה של חטים [והלך] וזרעה בקרקע, דין

(שמות ג׳,י״ד) וכן א׳ של א-דני נשאר דין (תהל׳ ע״ו,ט׳) משמים השמעת דין ר״ל כשתסלק אות א׳ שהיא סוד שמים בסוד (שיר

גלא עמיקתא

והוא בסוד א״ז ישיר משה– א׳ רוכב על ז׳ הטבע. וכאן הן ח׳ פעמים במש״ה רמיזא דהני ב׳ אלפין דסלקו לעילא טמונים היו במשה בבחינת [1][ד]אלף זעירא דויקרא אל משה. ולכן מוזכר

הוא שלא תצמח, אלא עולם כמנהגו נוהג והולך, ושוטים שקלקלו עתידין ליתן את הדין. דבר אחר: הרי שבא על אשת חבירו, דין הוא שלא תתעבר, אלא עולם כמנהגו נוהג והולך, ושוטים שקלקלו עתידין ליתן את הדין. והיינו דאמר ריש לקיש, אמר הקדוש ברוך הוא: לא דיין לרשעים שעושין סלע שלי פומבי, אלא שמטריחין אותי ומחתימין אותי בעל כרחי. שאל פלוסופוס אחד את ר״ג, כתוב בתורתכם: כי ה׳ אלהיך אש אוכלה הוא אל קנא, מפני מה מתקנא בעובדיה ואין מתקנא בה? אמר לו: אמשול לך משל, למה״ד? למלך בשר ודם שהיה לו בן אחד, ואותו הבן היה מגדל לו את הכלב והעלה לו שם על שם אביו, וכשהוא נשבע - אומר: בחיי כלב אבא, כששמע המלך, על מי הוא כועס, על הבן הוא כועס או על הכלב הוא כועס? הוי אומר: על הבן הוא כועס. אמר לו: כלב אתה קורא אותה? והלא יש בה ממש! אמר לו: ומה ראית? אמר לו: פעם אחת נפלה דליקה בעירנו, ונשרפה כל העיר כולה ואותו בית עבודת כוכבים לא נשרף! אמר לו: אמשול לך משל, למה״ד? למלך ב״ו שסרחה עליו מדינה, כשהוא עושה מלחמה, עם החיים הוא עושה או עם המתים הוא עושה? הוי אומר: עם החיים הוא עושה. א״ל: כלב אתה קורא אותה, מת אתה קורא אותה, א״כ יאבדנה מן העולם! אמר לו: אילו לדבר שאין העולם צריך לו היו עובדין הרי הוא מבטלה, הרי הן עובדין לחמה וללבנה, לכוכבים ולמזלות, לאפיקים ולגאיות, יאבד עולמו מפני שוטים? [ד] **של״ה מסכת פסחים מצה עשירה - דרוש ששי**: תקו. הכלל העולה, כי נתקן במצרים חטאו של אדם הראשון. וזהו סוד שלא היו יכולים להגאל כי אם בזכות דם הפסח ודם מילה (שמות רבה פט״ו סי״ב). כי כאשר חטא אדם הראשון, ונתפתה לנחש שעליו נאמר (משלי טז, כח) ׳נרגן מפריד אלוף׳, כאשר כתבו המקובלים (זהר ח״א דף ל״ד ע״א, וכ״ה בבראשית רבה פ״כ ס״ב). וסוד הדבר, כי הנחש שהיה נקרא נרגן, והוציא שקר מפיו לאמר, מן העץ הזה אכל וברא עולמו (בראשית רבה פי״ט ס״ד), הפריד ה׳אלף׳ מן ׳אמת׳. וכשתפריד ה׳אלף׳ מן ׳אמת׳, נשאר - ׳מת׳, כי גרם מיתה לעולם. וה׳אלף׳ זו שהופרד, הוא ה׳אלף׳ ד׳כתנות אור׳ ב׳אלף׳ שכתבתי בפתיחתי. וכאשר הופרד ה׳אלף׳ זו מן תיבת ׳אדם׳, נשאר - ׳דם׳. וזהו שאמר פרעה (שמות י,

1. באור על מגלה עמוקות ואתחנן אופן א׳: ב׳. וַיֹּאמֶר יהוה אֶל מֹשֶׁה עֲלֵה אֶל הַר הָעֲבָרִים הַזֶּה וּרְאֵה אֶת הָאָרֶץ אֲשֶׁר נָתַתִּי לִבְנֵי יִשְׂרָאֵל (במדבר כז,יב) גימ׳ (4247) א״ל (31) פעמים אלה״י האלהי״ם (137) והוא בסוד מיתוק שם אלהי״ם שהוא הגבורות בחסד א״ל, דמשה רבינו איקרי איש האלהים [כדכתיב (דברים ל״ג,א׳) וזאת הברכה אשר ברך משה איש האלהים] דזכה למתוק זה בשלמות. וכאן בפסוק נרמז ענין אלף זעירא דויקרא- דאזעירת גרמיה ענינו שפלות ובמקום ענוה שם שורה השכינה, וכדחזינן בשיר הכבוד בתר צלותא דשחרית בשבת: דלא מזכיר הפייטן שם הוי׳ ברוך הוא רק אצל הענותן והוא משה רבינו: קשר תפילין הראה לענו [דהראה לו קשר ד׳ של תפילין] תמונת הוי׳ לנגד עיניו [כדכתיב במשה רבינו (במדבר י״ב,ח׳) ותמונת ה׳ יביט]. ותיבין דפסוקא ״ויאמר ה׳ אל משה עלה אל הר״ סליקו לחושבן (1000) ״אלף״- רמיזא דמעלהו השי״ת מעלה מעלה לבחינת כתרא עילאה, ורש״י מאריך לבאר שחשב משה שהותר לו הנדר ולכן יוכל להיכנס לארץ ישראל- והוא יסוד בהבנת דברי המגלה עמוקות ענין השתדלות משה בהתרת נדרו של הקב״ה באופנים שונים, ועל כל פנים ויאמר ה׳ אל משה הוא מעין ויקרא אל משה- והוא ללא שם הוי׳ רמיזא בחינת עצמותו יתברך דלמעלה משם וכינוי והוא הקורא ויקרא אל משה- ותמן אלף זעירא- ובכאן חושבן תיבין ״ויאמר ה׳ אל משה עלה אל הר״ הוא אלף רבתי (1000) בחינת כתר דיתגלה לעתיד לבוא בחינת אלף רבתי דאדם (תחלת דברי הימים).

השירים ח',י"ב) האלף לך שלמה (קהלת ז',כ"ח) אדם אחד שהוא תפארת מאלף מצאתי קרי ביה אלף מצאתי שהוא

גלא עמיקתא

יחזקאל בן בוזי על הים– [ה]ראתה שפחה על הים מה שלא ראה יחזקאל בן בוזי הכהן כדכתיב בתחלת יחזקאל (א',ג') "היה היה דבר ה' אל יחזקאל בן בוזי הכהן בארץ כשדים" וכו'. והנה חושבן ב' שמהן: משה בן עמרם – יחזקאל בן בוזי – כ' (של כהן) סליק (1000) **אל"ף** – רמיזא **אל"ף** דפרחה לעילא ונותר "היה היה דבר ה'" והיא נגנזה במש"ה כנ"ל. ומביא בסמוך הפסוק (תהל' ע"ו,ט'): [ו]משמים השמעת דין ארץ יראה ושקטה

י) 'ראו כי רעה נגד פניכם', שראה דם. וזהו 'שופך דם האדם' וגו' (בראשית ט, ו), ודם זה שנשאר מתיבת 'אדם', הוא כתיבת 'מת' שנשאר מן 'אמת'. (הג"ה, הנכתב בצדו, סוד 'אדם כי יקריב' (ויקרא א, ב). בדברי הימים, מתחיל מבריאת עולם, ונכתב בספר הדורות שהלכו, לרמוז 'מה שהיה הוא שיהיה' (קהלת א, ט). ו'אלף' ד'אדם' (דברי הימים - א א, א) רבתי, כי כן היה אדם מתחלת בריאתו, א' דאור רבתי, וכן יהיה לעתיד. וכאשר קלקל, נסתלקה ה'אלף'. ואחר כך היה ראוי ליתקן במתן תורה, ונתקלקלו בעגל. ונתקן קצת כשנגמר המשכן, ואז נעשה 'אלף' זעירא ד'ויקרא', וסמיך ליה 'אדם כי יקריב' (שם שם, ב), ודוק, דהיינו א'דם, ד'וד, מ'שיח).

[ה] מכילתא בשלח פרק טו סימן ב: עזי. עוז שנתתי לו. כדכתיב תנו עוז לאלהים (תהלים סח לה), וננקד בחטף קטן, להודיעך כי הוא שם דבר והיו"ד טפל בו, כמו (מעברם) [מעסים] רמוני (שה"ש ח ב), שכני בחגוי סלע (עובדי' א ג), והיא תוקף, וכן וזמרת, זמר הוא יסוד המלה, והוא שם דבר שבח והתי"ו לסמיכה: וזמרת יה. וזמרה שהייתי מקלס לפניו, לפיכך ויהי לי לישועה לשעבר, כדכתיב ויושע ה' את ישראל ביום ההוא (שמות יד ל), ומעתה יהי לי לישועה בכל דור ודור, יהי לי לישועה לעתיד, כדכתיב ישראל נושע בה' תשועת עולמים (ישעי' מה יז), ואיזה זה, זה אלי. ר' אליעזר אומר ראתה שפחה על הים מה שלא ראו יחזקאל וישעי', שנא' וביד הנביאים אדמה (הושע יב יא), שלא היו רואין אלא מתוך מראות, שנאמר נפתחו השמים ואראה מראות אלהים (יחזקאל א א), ומתוך שראו שרפים וחיות הקודש מימין ומשמאל, לפיכך לא היו מכירין כבוד יוצרם, אבל כשנגלה הקדוש ברוך הוא על הים לא נגלה עמו לא מלאך ולא שרף ולא חיות הקודש, לפיכך רואין בראיית נשמה ובראיית הלב ומכירין כבוד יוצרם דומה להם כאילו רואים בעיניהם, ואפי' עוללים ויונקי שדים היו רואין כבוד יוצרם, ומראין אותו באצבע, ואומרים זה אלי, וכן יהא לעתיד, שנא' ואמר ביום ההוא הנה אלהינו זה וגו' (ישעי' כה ט).

[ו] מכילתא דרבי שמעון בר יוחאי פרק יט פסוק טז: (טז) [ויהי ביום השלישי] בהיות הבקר בזמן [שנאמר לו מלמד שהזמן והמעשה מסייעין את] השעה שחיים נין[תנין] [בה לכל באי העולם]. יכול ניתנה בלילה ת"ל ביום ביום ולא בלילה. יכול ניתנה בשתיקה ת"ל ויהי קולות וברקים קולות וקולי קולות ברקים וברקי ברקים קולות משונין זה מזה וברקים משונין זה מזה וכן הוא אומר קול ה' על המים אל הכבוד הרעים ה' על מים רבים קול ה' בכוח קול ה' בהדר קול ה' שובר ארזים קול ה' חוצב להבות אש קול ה' יחולל אילות ויחשף יערות ובהיכלו כולו אומר כבוד (תה' כט ג - ט) מגיד הכת' שביום מתן תורה היו עננים וברקים וירידת גשמים וכן הוא אומר ה' בצאתך משעיר בצעדך משדה אדום ארץ רעשה גם שמים נטפו גם עבים נטפו מים (שופ' ה ד) ואומר קול רעמך בגלגל האירו ברקים תבל (תה' עז יט) נתקבצו כל אומות העולם אצל בלעם בן בעור אמרו לו דומה שהמקום מאבד את עולמו במים כענין שנ' ה' למבול ישב (תה' כט י) אמר להן שוטים שבעולם כבר נשבע שאינו מביא מבול לעולם כענין שנ' כי מי נח זאת לי אשר נשבעתי מעבר מי נח עוד על הארץ (ישע' נד ט). אמרו לו ודאי מבול שלמים אינו מביא אבל מביא הוא מבול שלאש אמר להם אינו מביא לא מבול שלמים ולא מבול שלאש. אמרו לו והקול הזה למה אמר להם

רזא דדכורא ואז נשאר דין וזה יהיה פירוש הפסוק ויקרא אל משה א' זעירא שנסתלקה לעילא מאוהל מועד [ז]דזמין לאתמשכן בחובייהו דישראל וזה יהיה פירוש הפסוק הא' לעילא מן אהי"ה ומן א-דני.

גלא עמיקתא

גימ' (2236) ב' פעמים "שמע ישראל ה' אלהינו ה' אחד" (1118) והוא ענין השמיעה בדין ויראה.

ותרגם יונתן בן עוזיאל: "מן שמיא [(441) אמת] **אשמעתא דין** [עד כאן גימ' (1317) "אלף ויקרא" **רמיזא אלף זעירא דויקרא**] ארעא דעממי דחילת ארעא דישראל שדוכת" סליק לחושבן (3752) ד' פעמים "**אני ה' בעתה אחישנה**" (938) והוא בנבואת הגאולה (ישעי' ס',כ"א "הקטן יהיה לאלף (**רמיזא אלף זעירא דויקרא**) והצעיר לגוי עצום **אני ה' בעתה אחישנה**" ודרשו חז"ל על הפסוק (סנהדרין צח.) [ח]**זכו אחישנה לא זכו בעתה** וכו' עיין שם. **ואנן בדרא עקבתא דמשיחא** [עיין מה שביאר בזה [ט]בספר ערבי נחל פרשת וישלח] **ואחישנה עבר**

תורה הוא נותן לעמו שנ' ה' עוז לעמו יתן (תה' כט יא) ואין עוז אלא תורה שנ' עמו עוז ותושיה (איוב יב טז). אמרו לו אם כן ה' יברך את עמו בשלום (תה' כט יא). ויחרד כל העם אשר במחנה נזדעזעו והלא דברים קל וחומר ומה ישראל שעתידין ומעותדין לפני הר סיני נזדעזעו אומות העולם על אחת כמה וכמה וכן הוא אומר משמים השמעת דין ארץ יראה ושקטה (תה' עו ט). [ז] **זוהר ויקרא פרשת ויקרא דף ד עמוד ב:** תא חזי בההוא יומא דאשתכלל בי משכנא קודשא בריך הוא אקדים ושארי ביה מיד ויקרא אל משה וידבר יי' אליו מאהל מועד לאמר, וידבר יי' אליו ואודע ליה דזמינין ישראל למיחב קמיה ולאתמשכנא האי אהל מועד בחובייהו ולא יתקיים בידייהו (ס"א בהדייהו) הדא הוא דכתיב וידבר יי' אליו מאהל מועד לאמר, מאי א"ל, מאהל מועד מעסקי אהל מועד דזמין לאתמשכנא בחובייהו דישראל ולא יתקיים בקיומיה אבל אסוותא להאי אדם כי יקריב מכם קרבן ליי' הרי לך קרבנין דאגין על כלא. [ח] **תלמוד בבלי מסכת סנהדרין דף צח עמוד א:** אמר רבי אלכסנדרי: רבי יהושע בן לוי רמי, כתיב בעתה, וכתיב, אחישנה! זכו - אחישנה, לא זכו - בעתה. אמר רבי אלכסנדרי: רבי יהושע בן לוי רמי, כתיב וארו עם ענני שמיא כבר אנש אתה, וכתיב עני ורכב על חמור! - זכו - עם ענני שמיא, לא זכו - עני ורוכב על חמור. אמר ליה שבור מלכא לשמואל: אמריתו, משיח על חמרא אתי, אישדר ליה סוסיא ברקא דאית לי! - אמר ליה: מי אית לך בר חיור גווני? רבי יהושע בן לוי אשכח לאליהו, דהוי קיימי אפיתחא דמערתא דרבי שמעון בן יוחאי, אמר ליה: אתינא לעלמא דאתי? - אמר ליה: אם ירצה אדון הזה. אמר רבי יהושע בן לוי: שנים ראיתי וקול שלשה שמעתי. - אמר ליה: אימת אתי משיח? - אמר ליה: זיל שייליה לדידיה. - והיכא יתיב? - אפיתחא דרומי. - ומאי סימניה? - יתיב ביני עניי סובלי חלאים, וכולן שרו ואסירי בחד זימנא, איהו שרי חד ואסיר חד. אמר: דילמא מבעינא, דלא איעכב. אזל לגביה, אמר ליה: שלום עליך רבי ומורי! - אמר ליה שלום עליך בר ליואי. - אמר ליה: לאימת אתי מר? - אמר ליה: היום. אתא לגבי אליהו. - אמר ליה: מאי אמר לך? - אמר ליה: שלום עליך בר ליואי. - אמר ליה: אבטחך לך ולאבוך לעלמא דאתי. - אמר ליה: שקורי קא שקר בי, דאמר לי היום אתינא, ולא אתא! - אמר ליה: הכי אמר לך היום אם בקלו תשמעו. [ט] **ערבי נחל בראשית וישלח - דרוש ב:** ובזה מבואר ג"כ מאמר בעקבתא דמשיחא כו'. כי נודע ענין עקבתא דמשיחא, שאז הנשמות הם מסוד עקביים דאדה"ר, והן נשמות שפלות, והנה באמת דורות הראשונים שהיו נשמותיהן גבוהות, היה יכולת בידם להלחם נגד יצרם לינצל מן החטא, משא"כ נשמות של עיקבא אין ביכולתם כלל להלחם עם תאוותם אם יהיה היצה"ר מתגבר אצלם, בהיותם רחוקים בדעתם

גלא עמיקתא

וגם בעתה חלף הלך לו ואנה אנחנו באים ויהי רצון שהקדוש ברוך הוא יגאלנו במהרה ברחמיו וברוב חסדיו. והוא חושבן ד' פעמים "ועץ הדעת טוב ורע" (938) כדכתיב בחטא אדם הראשון (בראשית ב',ט') "ועץ החיים בתוך הגן ועץ הדעת טוב ורע". ומרמז חטאו של אדם הראשון, דבההוא זימנא אסתלקת א' משמיה ונותר ד"ם והרגו קין להבל וכתיב (שם ד',י') "קול דמי אחיך" וכו'.

ונהיתה בקרבו שמיעה דסטרא אחרא ויראה נפולה כדכתיב (שם ג',ח') "וישמעו את קול ה' אלהים מתהלך בגן לרוח היום" וכו'– שמיעה דסטרא אחרא. ואחרי כן (שם פסוק י') "ויאמר את קולך שמעתי בגן ואירא" וכו'– יראה נפולה [ועיין מש"כ [י] בספר לקוטי מוהר"ן סימן קנ"ד בענין יראות נפולות].

והתיקון על ידי בני ישראל שאומרים ב' פעמים בכל יום בתמימות ופשיטות פעמיים באהבה שמע אומרים וכו' שמע ישראל ה' אלהינו ה' אחד. ולכן הוא בפסוק בלשון הקודש ב' פעמים שמע ישראל ה' אלהינו ה' אחד ובלשון תרגום ד' פעמים ועץ הדעת טוב ורע. וכאמרם (סנהדרין לח:) [יא] עלו למעלה שנים וירדו ארבע.

מעשיית החטא, הן מצד שישראל מצווים ועושים, הן מחמת הבושה מבני אדם כמו שאמרו רז"ל (נדרים כ א) כל המתבייש לא במהרה הוא חוטא, כי הבושת מבני אדם אין מניחו לחטוא, וממילא עי"ז אין לו פת בסלו, ויתגבר היצה"ר בקרבו, ומצד קדושת נשמתו אין כח להלחם נגדו כי הם נשמות תחתונות מאד כאמור, לכן מה עשה השי"ת, הטביע בהם שיהיה חוצפא יסגא ואין בושת לא מה' יתברך ולא מבני אדם, והמלכות תהפך למינות, וכל העבירות נעשו כהיתר בעו"ה כאשר אנו רואין בעינינו היום, ועי"ז יש לבני אדם פת בסלו ואינם עושים כ"כ העבירות, וזה חסד מהשי"ת, והבן. [י] **ליקוטי מוהר"ן תורה קנד:** דע, כי יש יראות נפולות, וכל היסורין והדינים שיש לאדם, כולם הם מהיראות הנפולות שנפלו לתוך זה הדבר שהוא מתפחד ויש לו יסורין ממנו. והם בחי' (שבת עז ע"ב) ה' אימות אימת חלש על הגיבור, שאף שהוא נגד הטבע, שהגבור יפחד מהחלש, אך שהוא מחמת היראה העליונה שנפלה ונתלבשה באלו הדברים. וע"כ הם במספר ה', כנגד ה' גבורות, שהם ה' אותיות מנצפך כפולים. וצריך להעלות היראות הנפולות, לשרשם למקומם. ומקום היראה היא בלב, כמו שפרש"י דבר המסור ללבו של אדם נאמר בו ויראת (קדושים יט). והיראה צריכה להיות עם דעת, כי בלא דעת נאמר (איוב ד) הלא יראתך כסלתך. והדעת צריך להיות בלב, כי גם עכו"ם יש לו דעת, אך הוא בלא לב. אך עיקר הדעת כשהוא בלב, כמ"ש (דברים ד') וידעת היום והשבות אל לבבך, כ"ש (שם כט) ולא נתן לכם לב לדעת דייקא. וכשמחבר הדעת שבלב עם היראה ששרשה ומקומה בלב, אזי נאמר (משלי ב) אז תבין יראת ה' ודעת אלקים תמצא: והנה כתיב (שם כט) מלך במשפט יעמיד ארץ, היינו ע"י משפט מעמיד ומעלה היראה, שהיא בחי' ארץ, כמ"ש (תהלים עו) ארץ יראה. ומשפט, הוא מה שהאדם שופט ודן עצמו על כל דבר ודבר שעושה, טרם שידינו אותו למעלה. וע"י מה שהוא בעצמו שופט א"ע ניצול מדין שלמעלה, כי כשיש דין למטה אין דין למעלה (מ"ר שופטים פ"ה). וכיון שאין עליו דין אין צריכה היראה ליפול ולהתלבש למטה, ואין צריך לירא משום דבר, ואין לו רק יראה העליונה, יראת הרוממות: (עיין כל זה לעיל בהתורה, מי שרוצה לטעום טעם אור הגנוז, בסי' טו, שם מבואר כ"ז באריכות). [יא] **תלמוד בבלי מסכת סנהדרין דף לח עמוד ב:** אמר רבי יוחנן בר חנינא: שתים עשרה שעות הוי היום; שעה ראשונה - הוצבר עפרו, שניה - נעשה גולם, שלישית - נמתחו אבריו, רביעית - נזרקה בו נשמה, חמישית - עמד על רגליו, ששית - קרא שמות, שביעית נזדווגה לו חוה, שמינית - עלו למטה שנים וירדו ארבעה, תשיעית - נצטווה שלא לאכול מן האילן, עשירית - סרחה, אחת עשרה - נידון, שתים

עשרה - נטרד והלך לו. שנאמר אדם ביקר בל ילין. [יב] **ר' צדוק הכהן מלובלין - פרי צדיק במדבר פרשת פינחס:** ואמר הנני נותן לו את בריתי שלום ושלום הוא מדריגת יוסף הצדיק דנטיר ברית שמזה בא השלום וכמו שאמרו (בראשית רבה צ"א, ז') ויכר יוסף את אחיו בשעה שנפלו בידו ויכר יוסף את אחיו וכו'. וכתיב ו' קטיעה שהוא כמו שלים ויעקב איש תם מתרגמינן גבר שלים. והיינו שעל יוסף היה עוד טענה בזה כמו שאמרו (שם פ"ז, ז') ויצא דרך צפורניו שנאמר (בראשית מ"ט, כ"ד) ויפוזו זרועי ידיו ופנחס זה אליהו שהוא היה שלם במדת ברית ונקרא מלאך הברית. [יג] **ילקוט שמעוני תורה פרשת מטות רמז תשפו:** עטרות ודיבן [לב, ג], לעולם ישלים אדם פרשיותיו עם הצבור שנים מקרא ואחד תרגום ואפילו עטרות ודיבון, שכל המשלים פרשיותיו עם הצבור שנים מקרא ואחד תרגום מאריכין לו ימיו ושנותיו, אמר רבי יהושע לבריה אשלימו פרשתא בהדי ציבורא שנים מקרא ואחד תרגום כי היכי דתוריכון חיי, רב ביבי בר אביי סבר לאשלמינהו לפרשתא דכולא שתא במעלי יומא דכפורא, תנא ליה רבי חייא בר רב מדפתי ועניתם את נפשותיכם וגו' וכי בתשעה מתענין והלא בעשרה מתענין, אלא לומר לך כל האוכל ושותה בתשעה בו מעלה עליו הכתוב כאלו התענה תשיעי ועשירי, סבר לאקדומינהו, תנא ליה ההוא סבא ובלבד [שלא] יקדים ובלבד שלא יאחר יותן את הארץ הזאת, זש"ה טוב מלא כף נחת רבי יצחק פתר קריא בשבט ראובן וגד, בשעה שנכנסו לארץ וראו כמה זרע יש בה וכמה נטע יש בה אמרו טוב מלא כף נחת בארץ הזאת ממלא חפנים בעבר הירדן, אלא ורעות רוח רעותהון הות יותן את הארץ הזאת, חזרו ואמרו לאו אנן בחרנן לן. [יד] **פענח רזא שמות פרשת שמות:** ובעזרת האל בתעצומות, נתחיל ספר וסדר ואלה שמות: ואלה" שמות" בני" ישראל", ס"ת תהי"ל לומר שלבסוף יהיל אורם אור הגאולה בזכות ואלה שמות שלא שינו את שמם כדאיתא במדרש, שמות יש בו אותיות שמת"ו, כלומר אף על גב שמנאם בחיים חזר ומנאן לאחר מותן, "שמות "בני "ישראל "הבאים ר"ת שבי"ה, לומר שאז כשמת יוסף וכל הדור ההוא הי' ראש שבים וגלותם, לכן בא הרמז בראשי תיבות. [טו] **פסיקתא זוטרתא שיר השירים פרק ח סימן יב:** (יב) כרמי שלי לפני. אמר הקדוש ברוך הוא עלי לבנות את כרמי כבראשונה: האלף לך שלמה ומאתים לנוטרים את פריו. אלו תלמידיהם. מכאן אמרו הלמד נוטל חלק אחד והמלמד נוטל ה' חלקים, כשם שהמאתים והאלף כעשר חלקים. [טז] **מהרש"א חידושי אגדות מסכת עבודה זרה דף נה עמוד א:** כי מתברי כו' כך יסורין בשעה שמשגרין אותם על האדם משביעין אותם שלא תלכו

2. באור על מגלה עמוקות ואתחנן אופן ד': ה'. אֶעְבְּרָה נָּא וְאֶרְאֶה אֶת הָאָרֶץ הַטּוֹבָה אֲשֶׁר בְּעֵבֶר הַיַּרְדֵּן הָהָר הַטּוֹב הַזֶּה וְהַלְּבָנֹן (דברים ג,כה) גימ' (2702) "תשובה ותפלה וצדקה מעבירין את רע

גלא עמיקתא

והנה חושבן האי פסוקא (תהל' ע"ו,ט') בפשוט (2236) ובלשון תרגום (3752) סליק לחושבן (5988) ו' פעמים "בריתי שלום" (998) כדכתיב בפנחס (במדבר כ"ה,י"ב) "לכן אמר הנני נותן לו את בריתי שלום".

ובאור הענין: דעל ידי שמירת ברית קודש מתקנים חטא אדם קדמאה ומחזירים אות א' דאסתלקת, וכפלינן ו' פעמים רמיזא [יב]ו' קטיעה במלה "שלום". א"נ חושבן (5988) י"ב פעמים "צב-אות" (499) רמיזא דיצאו צבאות ה' ממצרים ביד רמה בריש גלי לקבל תורת ה' תמימה ביד משה. וכד נעביד האי פסוקא (תהל' ע"ו,ט') בלשון הקודש ב' פעמים (4472 דהיינו ד' פעמים שמע ישראל וכו') עם לשון תרגום (3752) בסוד [יג]שנים מקרא ואחד תרגום - סליק פסוקא לחושבן (8224) ל"ב פעמים "[יד]אור הגאולה" (257) והוא במיתוק הדין בשרשו אותיבת א' לאתרה לשם אהי"ה ולשם אדנ"י ומתגלה אור הגאולה.

ומביא בהמשך דבריו הפסוק (שיר השירים ח',י"ב): [טו]כרמי שלי לפני האלף לך שלמה ומאתים לנטרים את פריו גימ' (2854) ב' פעמים "תשובה תפלה צדקה" (1427) כדאמרינן בתפלת ראש השנה [טז]2ותשובה ותפלה וצדקה מעבירין את רוע

הגזרה"- דאומר משה רבינו לקב"ה: הנה עשיתי תשובה- ולא זו בלבד אלא שהחזרתי את כל ישראל בתשובה שלמה כמה פעמים- וכן תפלה דהתפללתי לפניך תקט"ו תפילות כמנין ואתחנ"ן- וכן עשיתי צדקה עם בני ישראל דפירנסתי אותם במדבר ארבעים שנה- ועתה אני מתחנן שתעביר את רוע הגזירה ותניח לי להיכנס לארץ ישראל- ושם אלחם בעמים ובעמלק דתיבה קמאה ותיבה אחריתי "אעברה-הלבנן" סליקו לחושבן (421) "מלחמה לה' בעמלק" (שמות י"ז,ט"ז) [כמבואר במדרש דקיום מצות מחית עמלק הוא רק בארץ ישראל כדכתיב (דברים כ"ה,י"ט) והיה בהניח וכו' בארץ אשר ה' אלהיך נותן לך נחלה לרשתה- תמחה את זכר עמלק יעויין בפרי צדיק לר' צדוק הכהן מלובלין הבאור בזה]. והשיב לו הקב"ה: רב לך וכו' כלומר לגדולה מזו אתה מתוקן, ויהושע יכנס לארץ וילחם מלחמת עמלק- וכשם שבמלחמת עמלק לא נלחמת בגשמיות אלא ברוחניות בכח התפלה [כמ"ש ויהי ידיו אמונה (שמות י"ז,י"ב) פרש"י ידיו פרושות השמים בתפלה נאמנה ונכונה וכן תרגם אונקלוס והוה ידוהי פרישן בצלו] כך עתה תתפלל מן השמים ויהושע ילחם בארץ. אי נמי יש לפרש רב לך- צריך אתה להקבר בעבר הירדן להכניע רב החובל דסיטרא אחרא [כדאיתא בזוה"ק] והוא חרו"ן א"ף לקביל מש"ה חושבנא דדין כחושבנא דדין (345) דהאי חרון אף בא מחמת עוון שכתוב (במדבר כ"ה,ג') ויצמד ישראל לבעל פעור וממשיך שם: ו'. וַיֹּאמֶר יְהֹוָה אֶל מֹשֶׁה קַח אֶת כָּל רָאשֵׁי הָעָם וְהוֹקַע אוֹתָם לַיהֹוָה נֶגֶד הַשָּׁמֶשׁ וְיָשֹׁב חֲרוֹן אַף יְהֹוָה מִיִּשְׂרָאֵל (במדבר כה,ד) גימ' (4506) ו' פעמים "יסף ה' עליכם אלף פעמים" (751) (דברים א',י"א) - פסוק זה אמרו משה רבינו לבני ישראל- דמשה רבינו בחינת ו' [כדכתיב כי בושש משה (שמות ל"ב,א') נוטריקון בו שש] עמודא דאמצעיתא- על כן בא הרמז בכפילת ו' פעמים- והן אלף אורות דזכה להן משה רבינו במעמד הר סיני, ונותנן לישראל בכל שבת קודש בסוד ישמח משה במתנת חלקו.

וכו' ולא תצאו וכו'. הקושיות בדברי המאמר נראה לקצר בהם ומתוך הביאור יבין אותם המעיין והביאור שמשביעין שר הממונה על היסורים ליסר האדם ושלא ילכו להתחיל ליסרו כי אם ביום פלוני ולא קודם לו והשניה שלא יצאו היסורין עד יום פלוני ושעה וכו' כפי חטאו לפי אותו זמן ונקט יום ושעה בסוף היסורין לפי שאדם מרגיש אף באיזהו שעה בסוף היסורין משא"כ בתחלתן דאין אדם מרגיש באיזהו שעה ממש באו בתחלתן רק ביום. וכן על ידי פלוני הרופא וסם פלוני לא שייך למנקט בתחלת היסורין כשבאו על האדם רק בסופן שיפסקו על ידו. ואמר כיון שזמנן הגיע לצאת וכו'. ר"ל דודאי תשובה תפלה וצדקה מעבירין את רוע הגזרה שתתבטל אף בתוך זמן לבטל אף השבועה שנשבע שר היסורין אבל זה האיש שלא עשה כן ובאו היסורין עליו עד זמן שבועתן כיון שהגיע זמנן לצאת ולא חזר בתשובה הולך זה לבית עבודת כוכבים וכו' סמך בזה אהא דקאמר לקמן בא לטמא פותחין לו וכו' דהא דמייתי לקמן והיינו דקאמר ר"ל מ"ד אם ללצים וכו' קאי אהני תרתי עובדא דמייתי לקמן ואהך דהכא ר"ל כיון שלא חזר בתשובה בתוך זמן זה כפי חטאו שישובו ממנו היסורין פותחין לו ליטמא ומזדמנין לו להלוך אז לבית עבודת כוכבים ושיטעה בהם שבהליכתו שם נתרפא ע"י עבודת כוכבים ומפני שלפי ענין ולשון השבועה שלא תלכו אלא ביום פלוני לא בא רק למעט שלא ילכו ליסרו מקודם זמן ויום פלוני אבל שלא יתחילו ולא ילכו ליסרו לאחר זמן זה לא נתמעט דשמא יחזור בתשובה בזמן האיחור וכן שלא תצאו אלא ביום פלוני וכו' לא משמע להתמעט אלא שלא יפסקו ממנו עד יום פלוני כפי חטאו אז אבל שלא יבואו עליו היסורים עוד יותר מיום פלוני לא נתמעט באם לא ישוב וע"כ אמר שאמרו היסורין כיון שזה לא שב והלך לבית עבודת כוכבים דין הוא שלא נצא שלא בא לנו שבועה על זאת אבל חוזרין ואומרין וכי מפני ששוטה זה עשה שלא כהוגן נאבד שבועתנו שאנו נייסרו עוד ונאבד שבועתנו שלא יאמרו שלא משום קיום שבועתנו יסרנו אותו עד יום פלוני שהרי גם לאחר שבועה נייסרו וע"ז קאמר רעים בשליחותם שלפי לשון השבועה בתחלת היסורין לא נתמעט אלא שלא יתחילו מקודם כפי החטא אבל שלא יתאחרו אינו בלשון השבועה דשמא יחזור בתשובה בזמן האיחור אבל הם רעים בשליחותם ומתחילין מאותו יום פלוני ולא מתאחרין וגם נאמנין בשבועתן דלפי השבועה לא נתמעט אם לא ישוב שייסרו אותו אף לאחר זמן כמ"ש לעיל והם נאמנין בשבועתן שיאמרו מצד קיום שבועתן נייסרו עד אותו זמן ולא יותר כמ"ש לעיל ודו"ק.

גלא עמיקתא

הגזירה. [[3]ועיין מה שבארנו פסוק זה במקומו בפירושנו לשיר השירים פרק ח']. ויש לומר דעל ידי תשובה ותפלה מחזירין ב' האלפין דסליקו מב' שמות אהי"ה כנ"ל בפסוק היה היה דבר ה' אל יחזקאל וכו'. ועל ידי צדקה מחזירין ה-א' דאסתלקת משם אדנ"י למהוי דין- כדמביא רבינו הפסוק "משמים השמעת דין". והוא ב' זמנין, דבהני תלת אינון ב' בחינות: כגון תשובה תתאה ותשובה עילאה. וכן הוא בתפלה ובצדקה בחינה תתאה- דיוצא ידי חובת המצוה, ובחינה עילאה- דמוסר נפשו וממונו יותר מכפי יכולתו למען חברו וממתק את הדין. וכדאמרינן [4]במקום אחר

והן י"א בסך הכל, וזהו "ואלה המלכים אשר מלכו בארץ אדום לפני מלך מלך לבני ישראל"- כולא פסוקא י"א תיבין לפי הנ"ל הוא מבואר. פסוק י"ב פשוט וא"ת ב"ש גימ' (4965) "י-ה" (15) פעמים "טמיר וגנוז" (331) - דאינון י-ה או"א עילאין ועל אלין כתיב "הנסתרות לה' אלהינו" (פתח אליהו תקו"ז יז:).

3. באור שיר השירים פרק ח': פסוק י"ב: כרמי שלי לפני האלף לך שלמה ומאתים לנטרים את פריו גימ' (2854) ב' פעמים "תשובה תפלה צדקה" (1427). ורמיזא בפסוק י"ב ל-י"ב שבטי י-ה שרש לנשמות ישראל דעבדין כולא שתא תשובה ומצלאין ועבדין צדקה וגמ"ח- ועל ידי כך מקרבין הגאולה במהרה בימינו אמן. ומשיח מזרעו דשלמה יזכה לעתיד לבוא להאי א' רבתי דאדם (תחלת דברי הימים) וזהו דתיבין "האלף לך שלמה" סליקו לחושבן (541) "ישראל". והבאור דמשיח הוא כללות נשמות ישראל כמ"ש (מדרש שיר השירים רבה א',ס"ד) אשה אחת ילדה במצרים ששים ריבוא בכרס אחת- וזהו משה. "ומאתים לנטרים את פריו" גימ' (1533) ג' פעמים "אל דעות" (511) (ש"א ב',ג') דהוא יתברך סובל ב' דעות דעת עליון ותחתון, ורמיזא התגלות שלמות הכתר- "האלף", ואח"כ כמו שהוא מתלבש בחו"ב מאתים- דכשיורד נפחת עשרת מונים, ואכמ"ל. ובפסוקא אינון י' תיבין לקביל י' ספיראן וט"ל אתוון רמיזא טל תחיה דתחית המתים כדכתיב (ישעי כ"ו,י"ט) "יחיו מתיך נבלתי יקומון הקיצו ורננו שכני עפר כי טל אורות טלך וארץ רפאים תפיל" בגאולתא שלמתא בב"א. פסוק י"ב בא"ת ב"ש "לגימ (83=אביע) בכמ (62) כוטמ (75) צתכו (516) כל (50) בכיצ (122) פיתאמי (541=ישראל) כטנגמי (132) תא (401) וגמפ (129)" גימ' (2111) "ואלה המלכים אשר מלכו בארץ אדום לפני מלך מלך לבני ישראל" (סוף פרשת וישלח-בראשית ל"ו,ל"א). והוא מקרה המלכים דהאריך בו האר"י הקדוש ז' ספיראן מחסד עד מלכות דתוהו דהיו חד סמכא בקו ישר זה מתחת זה והעבירו כל האור ונשברו זה אחר זה. ויחד עם ד' אחוריים דאו"א שירדו אך לא מתו- דלא עברו מעולם לעולם, אלא נשארו באצילות-

4. באור על מגלה עמוקות ויקרא אופן ו' והנה חלק מדברי קדשו של האר"י הקדוש שם: גם תכוין [בקבלת שבת] אל מה שבארנו בענין ישמח משה [אתוון משה משי"ח גימ' שבת"א כנודע] במתנת חלקו כי כשעלה משה רבנו עליו השלום אל הר סיני לקבל התורה נתנו אליו אלף חלקי אורה הנרמזים ב"אלף רבתי" [גימ' (723) "יעקב ישראל"- דמשה פנימיות דיעקב ישראל בחינת אור הגנוז- דיחד "יעקב ישראל משה" סליקו לחושבן (1068) י"ב פעמים "חנוכה" (89) בחינת אור הגנוז דעתיד להתגלות לעתיד לבוא וכל ישראל יש להם חלק לעולם הבא]. דאדם שת אנוש בדברי הימים וכשחטאו ישראל בעגל נסתלקו ממנו בעון ישראל ולא נשתייר בו אלא "חלק אחד מן האלף" [גימ' (357) "ישמח" חסר א'] והיא סוד האלף זעירא דויקרא אל משה ולפי שמשה לא אבדם על ידי חטא עצמו אלא בעון ישראל לכן הקדוש ברוך הוא משלים אליו אלו האלף חלקים מחלקם של ישראל שהם בחי' אותם "האורות והעטרות והעדיים" [גימ' (1459) "אני מאמין באמונה שלמה בביאת המשיח" העיקר ה-י"ב מ-י"ג עיקרי האמונה לרמב"ם- וכולן פתחין אני מאמין באמונה שלמ"ה אתוון למש"ה וכמו שכתב שם גם תכוין כי ר"ת מזמור שיר ליום השבת הם אותיות למש"ה]. שקבלו ישראל בהר סיני ואח"כ נתנצלו ונתפרקו מהם כמ"ש ויתנצלו בני ישראל את עדים מהר חורב, ומשה נטלם ונתנם בחלקם של ישראל ושם

גלא עמיקתא

"לזכות את הרבים" סליק לחושבן (1121) "(ויאמר) כי יד על כס י-ה מלחמה לה' בעמלק מדר דר" (שמות י"ז,ט"ז) ומחזיר ה-א' לכם למהוי [5]כבסא שלם בגאולתא שלמתא בעגלא דידן ובזמן קריב אכי"ר. והני ג' בחי' לקביל ג'

כותב רבנו שמואל [בנו של האר"י הקדוש וזלשה"ק: אמר שמואל מדסמך לפסוק ויתנצלו בני ישראל את עדים מהר חורב עם הפסוק ומשה יקח את האהל שמע מינה ויתנצלו בני ישראל וכו' "ומשה יקח" [עכד"ק] "ומשה יקח" סליק לחושבן (469) "הידים ידי עשו" (בראשית כ"ז,כ"ב-פרשת תולדות), ולעיל מהזוהר הקדוש "אלף חולקין מההוא זיוא" סליק לחושבן (400) "ידי עשו" כדכתיב (בראשית כ"ז,כ"ב) "הקל קול יעקב והידים ידי עשו" ובאורו כדאיתא במדרש דכשחטאו ופסק הקול קול יעקב אז והידים ידי עשו [וכדאיתא התם (זוה"ק בשלח נ"ח ע"ב) א"ר אלעזר ודאי הכי הוא, דכל זימנא דקליהון דישראל אשתמע בבתי כנסיות ובבתי מדרשות וכו' כמה דתנינא (בראשית כ"ז,כ"ב) הקול קול יעקב ואי לאו הידים ידי עשו, והא אוקימנא] והנה בכל ערב שבת בבוא ליל שבת חוזר משה לקחת אותם האורות של אלף חלקים שלו עצמם שנאבדו ממנו ולוקחם בסוד תוספת קדושת שבת וכיון שלוקחם משלו הוא מחזיר לישראל אותם ההארות שלקח מחלקם וכו' וז"ס ישמח משה במתנת חלקו עצמו האלף שנאבדו ממנו ועתה נתנו לו במתנה בשבת והכונה לומר ולהגיד מעלת משה כי אע"פ שנתנו לו בתחלה האורות והכתרים מחלקם של ישראל הנה הוא שמח בחלקו ודי לו בזה ותכף מחזיר הארותיהם של ישראל להם ואינו נוטלם לעצמו כי חפץ הוא "לזכות את הרבים" [סליק לחושבן (1121) "כי יד על כס י-ה מלחמה לה' בעמלק מדור דור" על פי הקריא (שמות י"ז,ט"ז-סוף פרשת בשלח)] ואינו אומר כיון שאני לא חטאתי והם חטאו בעגל ובעבורם אבדתי את שלי א"כ גם עתה אעכב את שלהם וכו'. עכלשה"ק. וכן מאריך באר"י הקדוש שם בשבחו דמשה רעיא מהימנא, עיין שם בשער הכונות דף ס"ו ע"א דבריו הקדושים, ועיין עוד בענין זה באורו הנפלא של הבני יששכר בספרו אגרא דכלה פרשת ויקהל ד"ה ויקהל. ומבוארים על נכון דברי קודשו של המגלה עמוקות דהאי אלף זיווין הן היקר אל משה, ולכן מביא בדבריו "יוסף עליכם ככם אלף פעמים"- דאמרו חז"ל (ומביאו רש"י שם) "זו משלי היא" [גימ' (409) "אלף זעירא" עם האותיות והתיבות "אבל הוא יברך אתכם כאשר דבר לכם" [גימ' (1555) "והברכה אשר תשמעו" (דברים י"א,כ"ז) בתוספת ו' אות אמת]. ועיין במגלה עמוקות בפירושו על ואתחנן אופן קי"ד דמבאר דהני אלף זיוון הן דרגא דמשה ובבאורנו שם.

5. עשר ספירות בלי מה ועשרים ושתים אותיות יסוד: א' צורתה י' וו י' והן יו' לעילא יו' לתתא בסוד ל"ב שיניים דטחנין מן לצדיקיא- והן הן שלשים ושתים נתיבות חכמה בסוד אאלפך חכמה, ובס' יצירה פ"א מ"ב מחלקן עשר ספירות בלי מה ועשרים ושתים אותיות יסוד וכו' והן א' זעירא לעילא במג"ע הק' א' זעירא צורת י', והן עשר ספירות בלי מה- היינו א' דלעילא, ו-א' פשוטה היינו עשרים ושתים וכו' ד-א' רגילה צורתה י' וו י', וו בלשון יווני תרין הרי כ"ב [ועיין מש"כ לעיל תחלת אופן ע"ב-אותיות תשר"ק ביקשו דיברא בהן הקב"ה את העולם וכו']. והנה "עשר ספירות בלי מה" הן בגימ' ע"ה (1413) "פסח שבועת סוכת" וסליק לחושבן "ברך ה' את יום השבת" (שמות כ',י"א) דכליל בהאי י' ספי' שבת קודש, וכתיב ושמחת בחגיך וכמו כן בשבת לפי דעה אחת יש מצוה לשמוח- ואכן "עשר ספירות בלי מה" בגימ' (1412) ד' פעמים "שמחה" (353), וזהו יסוד ושרש השמחה שנמשכת לכל השנה כולה, והעובד ה' שלא בשמחה אינה עבודה וכמו שכתוב (דברים כ"ח,מ"ז) "תחת אשר לא עבדת את הוי' אלהיך בשמחה ובטוב לבב מרב כל" גימ' (3015) ה' פעמים "בני ישראל" (603), דעניין עבודת ה' בשמחה נוגע לכל הקומה דכלל ישראל-בנרנח"י, ולא יאמר אדם דפשוט הוא ואין נוגע לו כלל מדרגה כזאת, או חולה אני רח"ל וכד'- אלא דנוגע עבודת ה' בשמחה בכל מצב ובכל אדם, ומרומז פסח שבועת סוכת ס"ת "תחת" היינו התיבה הראשונה בהאי פסוקא דהבאנו לעיל "תחת אשר לא עבדת את הוי' אלהיך בשמחה ובטוב לבב מרב כל". העולה מכאן הוא דחייב אדם לעבוד את בוראו בשמחה ב"עולם שנה נפש" דיליה ומצילו מעברה, דאמרם בגמ' (סוטה ג.) ריש לקיש אומר "אין אדם עובר עברה אלא אם כן נכנס בו רוח

[יז] **תלמוד בבלי מסכת יומא דף פו עמוד א:** אמר רבי חמא ברבי חנינא: גדולה תשובה שמביאה רפאות לעולם, שנאמר ארפא משובתם אהבם נדבה. רבי חמא ברבי חנינא רמי: כתיב שובו בנים שובבים, דמעיקרא שובבים אתם, וכתיב ארפא משובתיכם! לא קשיא; כאן - מאהבה, כאן - מיראה. רב יהודה רמי: כתיב שובו בנים שובבים ארפא משובתיכם וכתיב כי אנכי בעלתי בכם ולקחתי אתכם אחד מעיר ושנים ממשפחה! - לא קשיא, כאן - מאהבה או מיראה, כאן - על ידי יסורין. אמר רבי לוי: גדולה תשובה שמגעת עד כסא הכבוד, שנאמר שובה ישראל עד ה' אלהיך. [יח] **ילקוט שמעוני תורה פרשת חקת רמז תשסה:** ויאמר ה' אל משה אל תירא אותו, מכדי סיחון ועוג אחי הוו דאמר מר סיחון ועוג בני אחייה ושמחזאי היו, מאי שנא מסיחון דלא מסתפי ומעוג קא מסתפי, אמר רבי יוחנן משום רבי שמעון בן יוחאי מתשובתו של אותו צדיק אתה יודע מה היה בלבו, אמר שמא תעמוד לו זכות של אברהם אבינו דכתיב ויבא הפליט ויגד לאברם העברי, ואמר רבי יוחנן זה עוג שפלט מדור המבול, זש"ה שני רשעים שברת א"ת שברת אלא שרבבת, שנו רבותינו הרואה אבן שזרק עוג מלך הבשן חייב לברך, אמר מחנה ישראל כמה הוי תלתא פרסי איזיל ואיעקר טורא בר תלתא פרסי ואישדי עלייהו ואיקטלינון, אזל ועקר טורא בר תלתא פרסי ואייתי על רישיה בהדי דדרי ליה ואתא אייתי הקדוש ברוך הוא קמצי ונקביה ונחית (ברישיה) בצואריה ובעי למישלפה משכו שיניה להאי גיסא ולהאי גיסא ולא מצי למשלפיה, משה כמה הוי עשר אמות שקל נרגא בת עשר אמות שוור עשר אמות ומחייה בקרסוליה וקטליה והיינו דכתיב אל תירא אותו, תניא אבא שאול אומר קובר מתים הייתי פעם אחת רצתי אחר

גלא עמיקתא

אבהן: אברהם – ויאמן בה' ויחשבה לו צדקה (בראשית ט"ו,ו'), תפלה – יצחק העלאה מתתא לעילא, ותשובה יעקב דמגעת עד כסא הכבוד (יומא פו.)[יז] תמן חקוקה דמות דיוקנו של יעקב, וזהו ג' הפסוקים דמביא המג"ע: א'. "היה היה דבר ה' אל יחזקאל" וכו' (2777).

ב'. "משמים השמעת דין" וכו' (2236). ג'. "כרמי שלי לפני" וכו' (2854). סליקו לחושבן (6440): י"פ "אברהם יצחק ויעקב" (644) ומשה בסוד שלשתם יחד, ומשה כמה הוה? י' אמין (כמבואר במדרש)[יח] ולכן כפילת י' פעמים, א"נ שלימות הקומה ב-י' ספירות. ובזכות אבות תושיע בנים בביאת משיח צדקנו בב"א.

שטות" גימ' (1932) ע"ה "מאין יבא עזרי מעם ה' עושה שמים וארץ" (תהלים קכ"א,א') ורמיזא "אין" דא"ר לקיש היינו "מאין יבא עזרי" וכו' היינו מבחי' הכתר, דאין הדין נמתק אלא בשרשו, ושם כולא קמיה כלא חשיבי וכו'- ועשה תשעה מאהבה- ותו עזרי היינו זעיר- דהוא ט' ת"ד דזעיר דאינון קשישין, וכתיב (דה"ב ט"ז,ט') "כי ה' עיניו משטטות בכל הארץ" גימ' ו' פעמים "טהרה" (219) והן ו' תבות דערך ממוצע דכל תבה "טהרה"- ודהע"ה התפלל "מאין יבא עזרי"- דיומשך חסדים עליונים מכתר עליון "מאין" ל-"עזרי" היינו לזעיר כנ"ל, ויומתקו הדינים של ישראל ב"עולם שנה נפש" דילהון אפילו אלו שנכנס בהם "רוח שטות" גימ' ע"ה (930) "עולם שנה נפש", ושלמה המלך ע"ה אמר "ושבחתי אני את השמחה" (קהלת ח',ט"ו) גימ' (1546) "אלף שנים בעיניך כיום אתמול כי יעבור" (תהלים צ',ד') ורמיזא עניין א' זעירא דאיהי אלף שנים- והיא האי א' עילאה דכתר עליון בסוד איהו רב איהו זעיר (זוה"ק תחלת פרשת חיי שרה) והן עשר ספירות בלי מה כדלעיל, ו-א' תתאה לקביל כ"ב אותיות תורתינו הק'- ועשיית המצוות כמ"ש גדול תלמוד שמביא לידי מעשה- בשמחה ובטוב לבב מקרבים ביאת משיח צדקנו וכמ"ש (ישעי' מ') "ונגלה כבוד ה' וראו כל בשר יחדו כי פי ה' דבר", ורמיזה בדברי קהלת "ושבחתי אני את השמחה" "השמחה" גימ' "משיח" דאותיות משח בשתי התיבות (והן גם גימ' "משה" עם שלשת אותיותיו, וד"ל) וה-י' דמשיח הן ב' ההין דשמחה, ועבודתינו היא לחברם יחד ל-י' בסוד המחאת כף [עיין מש"כ לעיל אופן ח' אות ז'], וכמו שאמרו בס"י (פ"א מ"ג) עשר ספירות בלי מה מספר עשר אצבעות חמש כנגד חמש עיי"ש, ובסוד האי י' דשרי

דמתחלקא ל-ב׳ ההין דשרה ואברהם כמבואר באריז״ל בכ״מ. והאי א׳ דלעילא דצורתה י׳ ו-א׳ לתתא איהי כ״ב כנ״ל- והן כמים הפנים לפנים, דכולא כ״ב אתוון דאורייתא אתחלתא דילהון מ-י׳ דאיקרי גולם בסוד נקודה, וממנה נמשכת האי את, וזהו דאמר דוד המלך ע״ה ״מאין יבא עזרי״ כנ״ל- היינו א׳ זעירא דלעילא- יבא עזרי המשכה לזעיר, ואז יקוים ״נתתה שמחה בלבי״ (תהלים ד׳,ח׳) גימ׳ ע״ה (1253) ״וזרקתי עליכם מים טהורים״ (יחזקאל ל״ו) והיא הנבואה על הגאולה דתקוים בב״א, ומקושר ל-א׳ י׳ תתאה לקביל האי פסוקא ״תחת אשר לא עבדת וכו׳״ כדלעיל סליק לחושבן ה׳ פעמים ״בני ישראל״ - ו׳ האי פסוקא ״כי ה׳ עיניו משטטות וכו׳״ דהבאנו לעיל, דסליק לחושבן ו׳ פעמים טהרה ואיהי ו׳, דבכללות איהי רקיע דמבדיל בין מים עליונים למים תחתונים היינו דנתלבשו בבני ישראל שלעבדו שלא בשמחה ח״ו, הרקיע עצמו האי ו׳ ד-א׳ בכללות בחי׳ דין זהו עיני ה׳, ו-י׳ עילאה בכללות- והיא היא האי א׳ זעירא דויקרא- מרומזת בהאי פסוקא דלעיל ביחזקאל ״וזרקתי עליכם מים טהורים״ ואז יקוים ״נתת שמחה בלבי״ חושבנא דדין כחושבנא דדין [דהיינו 1253], ותהיה את א׳ בשלימו ועל מנת למיהוי שם שלם וכסא שלם בגאולה האמיתית והשלמה וביאת משיח צדקנו, במהרה בימינו אמן.

קצור: א׳ בכללות- י׳ עילאה היינו א׳ זעירא דויקרא- מאן דאיהו זעיר איהו רב, והן מים עליונים, ו׳ איהו הרקיע כמ״ש ״יהי רקיע בתוך המים (ו)יהי מבדיל בין מים למים״ גימ׳ (1111) אלף אל״ף, ורמיזא דבתוך הרקיע גופא בחי׳ מים עליונים ותחתונים, י׳ תתאה איהי א׳ דמים תתאין,

צבי ונכנס (לי) בקולית של מת ורצתי אחריו שלש פרסאות וצבי לא הגעתי וקולית לא כלתה כשחזרתי לאחורי אמרו לי של עוג מלך הבשן היה, פעם אחת נפתחה מערה מתחתי ועמדתי בגלגל עינו של מת עד חוטמי [כשחזרתי לאחורי] אמרו לי עין של אבשלום היה, ושמא תאמר אבא שאול ננס היה, אבא שאול ארוך בדורו היה ורבי טרפון מגיע לכתפו, ורבי טרפון ארוך בדורו היה ורבי עקיבא מגיע לכתפו, רבי עקיבא ארוך בדורו היה ורבי מאיר מגיע לכתפו, רבי מאיר ארוך בדורו היה ורבי מגיע לכתפו, רבי ארוך בדורו היה ורבי חייא מגיע לכתפו, רבי חייא ארוך בדורו היה ורב מגיע לכתפו, רב ארוך בדורו היה ורב יהודה מגיע לכתפו, רב יהודה ארוך בדורו היה ואדא דיילא מגיע לכתפו, אדא דיילא ארוך בדורו היה פושתבינא דפומבדיתא קאי לאדא דיילא עד חרציה וכולי עלמא קאי לפושתבינא עד פלגיה, עוג הוא אליעזר ופרסות רגליו ארבעים מיל ואברהם היה טומנו בכף ידו, פעם אחת גער בו ומיראתו נפל שינו ממנו ונטלו אברהם ועשאו מטת שן והיה ישן שם, ויש אומרים כסא עשאו וישב בו כל ימי חייו, ומי נתנו לאברהם נמרוד והלך עוג ובנה ששים עירות, הקטן שבהן היה גבהו ששים מיל שנאמר ששים עיר כל חבל ארגוב וגו׳, ומה היתה אכילתו אלף שוורים וכן מכל חיה ושתיתו אלף וטיפת זרעו ל״ו ליטרא, אמרו חכמים קשין היו סיחון ועוג יותר מפרעה וחיילותיו, וכשם שאמרו שירה על מפלת פרעה כך היו ראויין לומר שירה על מפלתו, אלא שבא דוד ואמר עליהן שירה שנאמר למכה מצרים בבכוריהם וגו׳ למכה מלכים גדולים כי לעולם חסדו וגו׳.

ורמיזא תחת (היינו י׳ תתאה) אשר לא עבדת וכו׳ בשמחה- וע״י עבודה של בנ״י בשמחה ובטוב לבב ב-ה׳ נרנח״י ו-ג׳ בחי׳ עש״ן מביאים לתכלית- לשלמות ה׳ א׳ ולמיהוי השם שלם וכסא שלם.

אופן נא

דוד קודם שחטא היה ממית בכל יום אלף בפעם אחת ואחר כך על שמנה מאות חלל, לכן בשמואל אמר תשמרני לראש גוים ובתהלים אמר תשימני לראש גוים, כי קודם שחטא היה ממית אלף כמנין תשמרני לראש גוים, אבל לאחר שחטא לא הרג רק כמנין תשימני ונחסרה רי"ש, ונרמז ושלם אתו בראשו, כשיתקן האשם אזי וחמישיתו יוסף עליו.

וכן האלף לך שלמה מתי יכה אלף בשלימות דהיינו שמאתים בכלל האלף לנוטרים את פריו, אבל כשאינו נוטר את פריו נחסר מאתיים.

ומזה הטעם אברהם נקרא על שם אב המון ומה ענין ר' בשמו, אלא רומז על אותן המאתים, כמו שעשה משותלח הצדיק שמתו בשלח שהוא החרב נקרא שלח, כל האלף בשלימות, כן גם כן אברהם.

וזהו סוד אלף כסף שנתן פרעה לשרה אשת אברהם לקביל יפול מצדך אלף וכן גם כן משה אדם אחד זה משה מאלף מצאתי שביטל אלף קליפות. וכן גבי דוד כמגדל דוד צווארך אלף המגן תלוי עליו.

ולפי זה יהיה פירוש הפסוק ויקר אל משה ומהו היקר שהיה

אל משה, אלף זעירא רומז על אלף יאורים כוחות הטומאה. ועליו נאמר באיוב בצורות יאורים בקע הן כל יקר ראתה עיני. לכן אמר איכה אשא לבדי נוטריקון אלף יאורים כוחות הטומאה. ומזה הטעם נשא שלמה אלף נשים.

[א] **תלמוד בבלי מועד קטן דף טז עמוד ב:** אמר רבי שמואל בר נחמני אמר רבי יונתן: מאי דכתיב נאם דוד בן ישי ונאם הגבר הקם על - נאם דוד בן ישי, שהקים עולה של תשובה. אמר אלהי ישראל לי דבר צור ישראל מושל באדם צדיק מושל יראת אלהים, מאי קאמר? אמר רבי אבהו, הכי קאמר: אמר אלהי ישראל: לי דבר צור ישראל, אני מושל באדם, מי מושל בי - צדיק. שאני גוזר גזרה ומבטלה. אלה שמות הגברים אשר לדוד ישב בשבת וגו׳, מאי קאמר? - אמר רבי אבהו, הכי קאמר, ואלה שמות גבורותיו של דוד: יושב בשבת - בשעה שהיה יושב בישיבה לא היה יושב על גבי כרים וכסתות, אלא על גבי קרקע. דכל כמה דהוה רביה עירא היאירי קיים - הוה מתני להו לרבנן על גבי כרים וכסתות, כי נח נפשיה - הוה מתני דוד לרבנן, והוה יתיב על גבי קרקע. אמרו ליה: ליתיב מר אכרים וכסתות! - לא קביל עליה. תחכמני - אמר רב: אמר לו הקדוש ברוך הוא, הואיל והשפלת עצמך - תהא כמוני, שאני גוזר גזרה - ואתה מבטלה. ראש השלישים - תהא ראש לשלשת אבות. הוא עדינו העצני - כשהיה יושב ועוסק בתורה - היה מעדן עצמו כתולעת, ובשעה שיוצא למלחמה - היה מקשה עצמו כעץ. על שמנה מאות חלל בפעם אחת - שהיה זורק חץ ומפיל שמונה מאות חלל בפעם אחת, והיה מתאנח על מאתים. דכתיב איכה ירדף אחד אלף יצתה בת קול ואמרה: רק בדבר אוריה החתי. [ב] **תוספות הרא״ש מסכת מועד קטן דף טז עמוד ב:** והיה מתאנח על מאתים. והיינו דכתיב בחד קרא תשמני לראש גוים שהוא בגימטריא שמונה מאות שהוא עורר עליהם חניתו, ובאידך קרא, תשמרני לראש גוים שהוא בגימ׳ אלף שהיה מתפלל על המאתים החסרים לו. [ג] **שו״ת ציץ אליעזר חלק טו סימן נו:** ולענ״ד יש לומר עפ״י הגמ׳ במו״ק שם (דף ט״ז) שאומרת לפני כן ע״ז שפרק זה מתחיל בלשון ואלה דברי דוד האחרונים, מכלל דאיכא ראשונים, מאי היא? וידבר דוד לה׳ את דברי השירה הזאת וכו׳. וכן בתורה שבעל פה שם מביא דברי התנדב״א שדוד בקש לפני הקדוש ברוך הוא: כשם שמחלת לי על עונות ראשונים כך מחול על האחרונים לכך נאמר ואלה דברי דוד האחרונים, ומבאר ברמז בהמלוא ס״ק י״ב שהכוונה שימחול לו על עון בת שבע ואוריה, והנה שם בדברי דוד הראשונים כתוב (בכ״ב - מ״ד): תשמרני לראש גוים, ותיבת תשמרני עולה במספר אלף, וידועים דברי הגר״א ז״ל שפי׳ שזה אמר לפני חטא בת שבע שאז קוים בו ירדוף אחד אלף, ואילו בספר תהלים (י״ח - מ״ד) כתוב: תשמני לראש גוים, ותיבת תשמני עולה במספר שמונה מאות, מפני שזה אמר כבר לאחר החטא שהוחסר במאתים, וכעת אני רואה בפי׳

אופן נא

[א]דוד קודם שחטא היה ממית בכל יום אלף בפעם אחת ואח״כ על שמנה מאות חלל [כמ״ש (ש״ב כ״ג,ח׳) על שמנה מאות חלל בפעם אחת] [ב]לכן

גלא עמיקתא

והנה מביא המגלה עמוקות ריבוי הפסוקים באופן דנן, ונעביד בס״ד חושבן פסוקא פסוקא מאי דרמיזא לן רבינו ואחר כך נשלב הפסוקים זה בזה. ויהי רצון דה׳ יתברך יאיר עינינו בתורתו הקדושה דנזכה אנחנו וזרענו וכל ישראל לכוון כל מעשינו לשם שמים ונזכה לראות פני משיח צדקנו בעיני הבשר.

ומביא הפסוק משמואל ב׳ פרק כ״ב (פסוק מ״ד) ולעומתו הפסוק המקביל מתהלים פרק י״ח (פסוק מ״ד) דהם שני פרקים מקבילים עם מעט שינויים [ובברכת המזון נקטו חז״ל הקדושים בשתי הלשונות בפסוק האחרון: מגדיל - ובשבת ויו״ט: מגדול - ישועות מלכו ועושה חסד למשיחו לדוד ולזרעו עד עולם וכו׳]. פסוק א׳: [ג]ותפלטני מריבי עמי, תשמרני לראש גוים, עם לא ידעתי יעבדני (שמואל ב׳ כ״ב,מ״ד) גימ׳ (3338)

בשמואל אמר (ש"ב כ"ג,מ"ד) תשמרני לראש גוים ובתהלים אמר (תהל' י"ח,מ"ד) תשימני לראש גוים. כי קודם שחטא

גלא עמיקתא

עם הכולל (3339): **אהי"ה** (21) **פעמים** **"העולם הבא"** (159) **ורמיזא הארת הכתר** משם **אהי"ה לעתיד לבוא** וכדכתיב בגאולתא (זכריה ח',כ"ג): **"כה אמר ה' צב-אות בימים ההמה אשר יחזיקו עשרה אנשים** מכל לשונות הגויים **והחזיקו בכנף איש** יהודי **לאמר** נלכה **עמכם** כי **שמענו אלהים עמכם"**. וכאמרם (שבת לב:) [ד]**אלפיים ו-ח' מאות גויים יאחזו בציצית של יהודי וכו' וזהו דאמר דוד המלך "עם לא ידעתי יעבדוני". פסוק ב':** [ה]**תפלטני מריבי עם, תשימני לראש**

תוספות הרא"ש ז"ל מו"ק שכותב ג"כ לבאר בכזאת ע"ש, וא"כ בזה שכתוב בדברי דברי האחרונים האלה כי היה מפיל על שמנה מאות חלל בפעם אחת ספון בחובו של פסוק זה העונש על פיחות המאתים ואנחתו של דוד על כך גם יחד, ורק לא נדע מזה על איזה עון בא לו זה, ועל כך יצתה הבת קול כלשונו של הכתוב במל"א ט"ו - ה', וידעו כולם מזה כי הוא רק בדבר אוריה החתי, כי שם מעיד הכתוב ואומר: אשר עשה דוד את הישר בעיני ה' ולא סר מכל אשר צוהו כל ימי חייו רק בדבר אוריה החתי, והיינו שהכתוב מעיד ובא שאם לתלות עונש עליו יש לתלות רק בדבר אוריה החתי. [ד] **תלמוד בבלי מסכת שבת דף לב עמוד ב:** תניא, רבי נתן אומר: בעון נדרים מתה אשה של אדם, שנאמר אם אין לך לשלם למה יקח משכבך מתחתיך. רבי אומר: בעון נדרים בנים מתים כשהן קטנים, שנאמר אל תתן את פיך לחטיא את בשרך ואל תאמר לפני המלאך כי שגגה היא למה יקצף האלהים על קולך וחבל את מעשה ידיך. איזה הן מעשה ידיו של אדם - הוי אומר: בניו ובנותיו של אדם. תנו רבנן, בעון נדרים בנים מתים - דברי רבי אלעזר ברבי שמעון, רבי יהודה הנשיא אומר: בעון ביטול תורה. בשלמא למאן דאמר בעון נדרים - כדאמרן, אלא למאן דאמר בעון ביטול תורה - מאי קראה? - דכתיב לשוא הכיתי את בניכם מוסר לא לקחו. רב נחמן בר יצחק אמר: למאן דאמר בעון נדרים נמי מהכא - לשוא הכיתי את בניכם - על עסקי שוא. מכדי, רבי יהודה הנשיא היינו רבי, ורבי בעון נדרים קאמר! - בתר דשמעה מרבי אלעזר ברבי שמעון. פליגי בה רבי חייא בר אבא ורבי יוסי, חד אמר: בעון מזוזה, וחד אמר: בעון ביטול תורה. למאן דאמר בעון מזוזה - מקרא נדרש לפניו ולא לפני פניו, ולמאן דאמר בעון ביטול תורה - מקרא נדרש לפניו ולפני פניו. פליגי בה רבי מאיר ורבי יהודה; חד אמר: בעון מזוזה, וחד אמר: בעון ציצית. בשלמא למאן דאמר בעון מזוזה - דכתיב וכתבתם על מזוזות ביתך וכתיב בתריה למען ירבו ימיכם וימי בניכם. אלא למאן דאמר בעון ציצית, מאי טעמא? אמר רב כהנא ואיתימא שילא מרי: דכתיב גם בכנפיך נמצאו דם נפשות אביונים נקיים. רב נחמן בר יצחק אמר: למאן דאמר בעון מזוזה נמי מהכא, דכתיב לא במחתרת מצאתים - שעשו פתחים כמחתרת. אמר ריש לקיש: כל הזהיר בציצית זוכה ומשמשין לו שני אלפים ושמונה מאות עבדים, שנאמר כה אמר ה' [צבאות] בימים ההמה אשר יחזיקו עשרה אנשים מכל לשנות הגוים [והחזיקו] בכנף איש יהודי לאמר נלכה עמכם וגו'. [ה] **ילקוט שמעוני שמואל ב רמז קסג:** ארבעה מלכים מה שתבע זה לא תבע זה, ואלו הם, דוד, ואסא, יהושפט, וחזקיהו. דוד אמר ארדוף אויבי ואשיגם וגו', אמר לו הקדוש ברוך הוא אני עושה כן שנאמר ויכם דוד מהנשף ועד הערב. עמד אסא ואמר אין בי כח להרוג אלא אני רודף ואתה עושה אמר הקדוש ברוך הוא אני עושה כן שנאמר וירדפם אסא והעם אשר עמו וגו' כי נשברו לפני אסא אין כתיב כאן אלא כי נשברו לפני ה'. עמד יהושפט ואמר אין בי כח לא להרוג ולא לרדוף אלא הריני אומר שירה ואתה עושה אמר ליה הקדוש ברוך הוא אני עושה כן שנאמר ובעת החלו ברנה נתן ה' מארבים. עמד חזקיה ואמר אין בי כח לא להרוג ולא לרדוף ולא לומר שירה אלא הריני ישן במטתי ואתה עושה. א"ל הקדוש ברוך הוא אני עושה כן שנאמר ויצא מלאך ה' ויך במחנה אשור. ותזרני חיל למלחמה. ר' אבהו רמי כתיב ותזרני חיל

היה ממית אלף כמנין תשמרנ"י לראש גוים אבל לאחר שחטא לא הרג רק כמנין תשימנ"י ונחסרה רי"ש. ונרמז

גלא עמיקתא

גוים, עם לא ידעתי יעבדוני (תהלים י"ח,מ"ד) גימ' (3138) ו' פעמים "בחר בנו מכל העמים" (523) ולכן אנן בני העולם הבא כאמרם (ריש פרק חלק) [ו]כל ישראל יש להם חלק לעולם הבא. ויש לקשרו לפסוק א'. שני הפסוקים יחד גימ' (6467) "יהודי" (35) פעמים "אני לדודי ודודי לי" (185) (שה"ש ו',ג') ע"ה. ובאור הענין דתשוקתו הפנימית של כאו"א מישראל להדבק בו ית' ולזכות לראות בחיי חיותו בביאת משיח ובגלוי כבוד הוי' בעולם רק [ז]שאור שבעיסה מעכב. פסוק ג': [ח]או מכל אשר ישבע עליו

למלחמה וכתיב המאזרני חיל, אמר דוד לפני הקדוש ברוך הוא זריתני וזרזתני, והיינו דכתיב ארחי ורבעי זרית. דרש ר' חנינא בר פפא מלמד שלא מכל טפה כלה אדם נוצר אלא מן הברור שבה, תאנא דבי ר' ישמעאל משל לאדם שזורה תבואה בבית הגרנות נוטל את האוכל ומניח את הפסולת: ואויבי תתה לי עורף. א"ר יהושע כל הפסוק הזה מדבר ביהודה. מסורת הגדה היא יהודה הרג את עשו אימתי בשעה שמת אבינו יצחק הלכו יעקב ועשו וכל השבטים לקבור אותו שנאמר ויקברו אותו עשו ויעקב בניו והיו כלם במערה עומדים ובוכים והשבטים עומדים וחולקים כבוד ליעקב ויצאו חוץ למערה כדי שלא יהא יעקב בוכה ומתבזה לפניהם, התחיל עשו נכנס במערה נסתכל יהודה וראה שנכנס אחריו אמר שמא הורג את אבא בפנים נכנס ומצא את עשו שהוא מבקש להרוג את אביו, מיד עמד יהודה והרגו מאחריו, והוא שאביו מברכו ידך בעורף אויביך, ולמה לא הרגו מכנגד פניו מפני שהיה קלסתר פניו דומה לאביו לפיכך חלק לו כבוד והרגו מאחריו, לפיכך ברכו בעורף. כמה נתחבט יהושע לפני הקדוש ברוך הוא שינתן לו עורף ולא נתן, מנין שכן הוא אומר בי ה' מה אומר אחרי אשר הפך ישראל עורף לפני אויביו ואעפ"כ לא הועיל כלום ולמי נתן העורף לשבטו של יהודה שנאמר ידך בעורף וגו'. וכן דוד אומר ואויבי תתה לי עורף אמר דוד פזמריקון שלי הוא שנאמר וזאת ליהודה, וממי את למד מגלית שנאמר ותטבע האבן במצחו ויפול על פניו: ישעו ואין מושיע, אמר דוד לפני הקדוש ברוך הוא רבש"ע כשיהיו עובדי אלילים באים להתפלל לפניך אל תענה אותם לפני שאינם באים אצלך בלב שלם אלא הולכים אצל ע"א שלהם ואינה עונה אותם וכשהם רואים צרתם באים אצלך אף אתה לא תענה אותם שנאמר ישעו ואין מושיע אל ע"א שלהם ולכשיבאו אצלך אל ה' ולא ענם, אבל כשאנו קוראים אליך מיד שמע תפלתנו שנאמר בקראי ענני אלהי צדקי, אמר להם הקדוש ברוך הוא חייך עד שלא תקראו אני אענה אתכם שנאמר והיה טרם יקראו ואני אענה. ותפלטני מריבי עמי מריבי עם שלא יהא לי דין עמהם ושלא יהא להם דין (לפני) [אצלי]. אמר בן עזאי אמר דוד נוח לי למלוך על כל העולם כלו ולא למלוך על שני עטופי סדינים, א"ל הקדוש ברוך הוא לדוד (הטילם) [לך אצלם כבר מניתיך מלך עליהם], ועוד אמר לפניו רבש"ע תשימני לראש גוים כו'. מפלטי מאויבי בבבל, אף מקמי במדי, תרוממני ביון, מאיש חמסים במלכות רביעית.

[ו] **תלמוד בבלי מסכת סנהדרין דף צ עמוד א**: כל ישראל יש להם חלק לעולם הבא, שנאמר ועמך כלם צדיקים לעולם יירשו ארץ נצר מטעי מעשה ידי להתפאר.

[ז] **תלמוד בבלי ברכות דף יז עמוד א**: איכא דאמרי: הא רב המנונא מצלי לה, ורבי אלכסנדרי בתר דמצלי אמר הכי: רבון העולמים, גלוי וידוע לפניך שרצוננו לעשות רצונך, ומי מעכב? שאור שבעיסה ושעבוד מלכיות; יהי רצון מלפניך שתצילנו מידם, ונשוב לעשות חוקי רצונך בלבב שלם.

[ח] **תלמוד בבלי מסכת בבא מציעא דף מח עמוד א**: אמר רבא: קרא ומתניתא מסייע ליה לריש לקיש. קרא - דכתיב וכחש בעמיתו בפקדון או בתשומת יד או בגזל או עשק את עמיתו. תשומת יד - אמר רב חסדא: כגון שיחד לו כלי להלואתו, עשק - אמר רב חסדא; כגון שיחד לו כלי לעשקו. וכי אהדריה קרא כתיב והיה כי יחטא

ואשם והשיב את הגזלה אשר גזל או את העשק אשר עשק או את הפקדון אשר הפקד אתו ואילו תשומת יד לא אהדריה. מאי טעמא - לאו משום דמחסרא משיכה? - אמר ליה רב פפא לרבא: אימא מעושק הוא דהדר קרא. - הכא במאי עסקינן - כגון שנטלו ממנו וחזרו והפקידו אצלו. - היינו פקדון! - תרי גוני פקדון. - אי הכי תשומת יד נמי ליהדריה, ולוקמיה כגון שנטלו הימנו וחזר והפקידו אצלו. - אי אהדריה קרא - לא תיובתא ולא סייעתא, השתא דלא אהדריה קרא - מסייע ליה. - ותשומת יד לא אהדריה קרא? והתניא, אמר רבי שמעון: מנין ליתן את האמור למעלה למטה - דכתיב או מכל אשר ישבע עליו לשקר, ואמר רב נחמן אמר רבה בר אבוה אמר רב: לרבות תשומת יד להישבון. - בהדיא מיהא לא אהדריה קרא. מתניתא מנלן - דתניא: נתנה לבלן - מעל, ואמר רב: דוקא בלן הוא, דלא מחסרא משיכה. אבל מידי אחריתא, דמחסרא משיכה - לא מעל עד דמשיך. והתניא: נתנה לספר - מעל, וספר הא בעי למימשך תספורת! - הכא במאי עסקינן - בספר נכרי, דלאו בר משיכה הוא. תניא נמי הכי: נתנה לספר או לספן או לכל בעלי אומנות - לא מעל עד דמשך. - קשיין אהדדי! - אלא לאו שמע מינה: כאן - בספר נכרי, כאן בספר ישראל, שמע מינה. [ט] **חידושי הרשב"א מסכת שבועות דף לה עמוד ב:** כל שלמה האמור בשיר השירים קודש. לאו למימרא שאינן נמחקין אלא שהמשביע

(ויקרא ה׳,כ"ד) ושלם אתו בראשו כשיתקן האשם אזי וחמישיתו יוסיף עליו. וכן (שיר השירים ח׳,י"ב) האלף לך

גלא עמיקתא

לשקר ושלם אתו בראשו וחמשתיו יסף עליו, לאשר הוא לו יתננו ביום אשמתו (ויקרא ה׳,כ"ד) גימ׳ (5954) הוי׳ (26) פעמים "האחד מני אלף" (229) [כדכתיב (איוב ל"ג,כ"ג) אם יש עליו מלאך מליץ אחד מני אלף להגיד לאדם ישרו וכו׳] ויש לקשרו לפסוק הבא [אות ד׳] "האלף לך שלמה" ובמגלה עמוקות כתב הכאת אלף בשלמות דהיינו שמאתיים בכלל האלף לנוטרים את פריו, רמיזא שמירת ברית קודש ענין פריה ורביה, וכן פירות אלו הבנים – וחמישיתו יוסף עליו (ויקרא ה׳,כ"ד) היינו מאתיים מן האלף. פסוק ד׳: [ט]כרמי שלי לפני, האלף לך שלמה, ומאתים לנטרים את פריו (שיר השירים ח׳,י"ב) גימ׳ (2854) עם הכולל (2855) ה׳ פעמים "אני ה׳ מקדשם" (571) (ויקרא כ"ב,ט"ז) ורמיזא קדושת הברית דהיא כולה בסייעתא דשמיא, וכאמרם (קדושין ל:) [י]אם אין הקדוש ברוך הוא

בו חייב, וכן הדין במלכיא האמורים בדניאל, דאפילו מלך גדול אני אי נמי מלך מלכי המלכים אין אדם נזהר מלמחוק מלך. והא דאמרינן כל מלכותא דקטלא חד משיתא דעלמא לא מיענשא דכתיב האלף לך שלמה מלכותא דרקיעא, פי׳ דהיינו ארבעה חולקי דעלמא מתים בדרך כל הארץ או על פי סנהדרין דשכינה עליהם ואין רשות למלך לדונן להרגן בדיני המלכות וכדכתיב האלף לך שלמה דסבר שמואל שהוא קודש, ומאתים לנוטרים את פריו מלכותא דארעא שיכול להרגן בדיני המלכות והוא חלק חד משיתא, וכן פי׳ הרב רבנו מאיר הלוי ז"ל בי"ב מאות מאתים חלק ששי. הכי קאמר אף זה קודש ואידך חול. פי׳ דהא דקאמר יש אומרים אף זה [אף זה] קודש קאמר ואשאר שלמה דספרא קאי שהם קדש ולומר שאף זה האלף לך שלמה קדש כמותם [והנה מטתו] חול. [י] **תלמוד בבלי מסכת סוכה דף נב עמוד ב:** אמר רבי שמעון בן לקיש: יצרו של אדם מתגבר עליו בכל יום ומבקש להמיתו, שנאמר צופה רשע לצדיק ומבקש להמיתו, ואלמלא הקדוש ברוך הוא שעוזר לו - אינו יכול לו, שנאמר ה׳ לא יעזבנו בידו ולא ירשיענו בהשפטו. תנא דבי רבי ישמעאל: אם פגע בך מנוול זה - משכהו לבית המדרש. אם אבן הוא - נימוח, אם ברזל הוא - מתפוצץ. אם אבן הוא - נימוח, דכתיב הוי כל צמא לכו למים, וכתיב אבנים שחקו מים. אם ברזל הוא - מתפוצץ, דכתיב הלא כה דברי

שלמה מתי יכה אלף בשלימות דהיינו שמאתים בכלל האלף לנוטרים את פריו אבל כשאינו נוטר את פריו נחסר מאתיים.

גלא עמיקתא

עוזרו אין יכול לו. פסוק ה': [יא]ולשרה אמר הנה נתתי אלף כסף לאחיך, הנה הוא לך כסות עינים לכל אשר אתך, ואת כל ונכחת (בראשית כ', ט"ז) גימ' (4773) ובהוספת הכולל (4774): כ"ב פעמים "לחיי העולם הבא" (217) רמיזא דעל ידי עסק כ"ב אתוון דאורייתא קדישא זוכין לחיי העולם הבא ותחית המתים בעגלא דידן ובזמן קריב אכי"ר. וכן אבימל"ך גימ' (103) נחמ"ה ויהי רצון דנזכה לנחמה שלמה בראותנו הקלי' כלים ומלכותו יתברך בכל משלה.

ומעשה אבימלך חוזר בהמשך (פרשת תולדות) עם יצחק ורבקה, ואז כתיב (בראשית כ"ו, י"ב) "וימצא בשנה ההיא מאה שערים ויברכהו ה'" וכלולים מ–י' הרי אלף והיינו אלף זעירא דויקרא. [יב]ופירש רש"י (שם כ"ו, י"ג) [יג]ומקורו

כאש נאום ה' וכפטיש יפוצץ סלע. אמר רבי שמואל בר נחמני אמר רבי יונתן: יצר הרע מסיתו לאדם בעולם הזה, ומעיד עליו לעולם הבא. שנאמר מפנק מנוער עבדו ואחריתו יהיה מנון, שכן באטב"ח של רבי חייא קורין לסהדה מנון. רב הונא רמי: כתיב כי רוח זנונים התעה וכתיב בקרבם! - בתחילה התעם, ולבסוף בקרבם. אמר רבא: בתחילה קראו הלך ולבסוף קראו אורח ולבסוף קראו איש, שנאמר ויבא הלך לאיש העשיר ויחמול לקחת מצאנו ומבקרו לעשות לאורח, וכתיב ויקח את כבשת האיש הרש ויעשה לאיש הבא אליו. אמר רבי יוחנן: אבר קטן יש לו לאדם, מרעיבו - שבע, משביעו - רעב, שנאמר כמרעיתם וישבעו וגו'. אמר רב חנא בר אחא, אמרי בי רב: ארבעה מתחרט עליהן הקדוש ברוך הוא שבראם, ואלו הן: גלות, כשדים, וישמעאלים, ויצר הרע. גלות - דכתיב ועתה מה לי פה נאם ה' כי לקח עמי חנם וגו'. כשדים - דכתיב הן ארץ כשדים זה העם לא היה. ישמעאלים - דכתיב ישליו אהלים לשודדים ובטוחות למרגיזי אל לאשר הביא אלוה בידו. יצר הרע - דכתיב ואשר הרעתי. אמר רבי יוחנן: אלמלא שלש מקראות הללו נתמוטטו רגליהם של שונאיהן של ישראל, חד - דכתיב ואשר הרעתי, וחד - דכתיב הנה כחומר ביד היוצר כן אתם וגו'. ואידך - והסרתי את לב האבן מבשרכם ונתתי לכם לב בשר. רב פפא אמר: אף מהאי נמי ואת רוחי אתן בקרבכם וגו'. **[יא] דרשות ר"י אבן שועיב פרשת וירא אליו:** אחר זה הודיענו הכתוב ענין שרה עם אבימלך. להודיענו, זכות אברהם ושרה כי הצילם השם ולא באה להם שום תקלה, ועוד כי אף על פי שהיתה זקנה המלכים חושקים אותה ושנתעברה, וכי אבימלך היה צדיק לא כפרעה הרשע כי זה נמנע מעצמו ולא קרב אליה, שהיה לו מונע, אבל בפרעה לא הצריך הכתוב להעיד עליו כי הנגעים מנעוהו, וכן היו כל דורותיו כי בדברים לא יוסר עבד, עד שבאו להם המכות, אבל בכאן עצרם השם להודיע זכות הצדיק כי עיני יי' אל צדיקים. ורז"ל דרשו על הכתוב כי עצור עצר יי', עצירה בפה ובאזן ובעינים. ויתכן שיהיו עומדות פרקם כמו שכתב הרב רבינו משה בר נחמן ז"ל ושלחה בכבוד ובממון כמו שכתוב ולשרה אמר הנה נתתי אלף כסף לאחיך, שאת קוראה אותו כן, הנה הוא לך כסות עינים, כלומר שיעשו לך מהם כסות עינים, כלו' מעיין בערבי שהו' עשוי לעניים וטוב הוא להסתיר שמו לכל אשר אתך המכירים לכם. ואת כל, כלו' עם הנכרים שאינם מכירכם ונוכחת, התייסרי ולא תאמר עוד כן פן תביא תקלה לך ולהם. והרב משה ז"ל אמר ועם כל הפיוסין והריצוין לא נתפייסה והיתה מתוכחת עמו. ויש פירוש אחרים. **[יב] רש"י בראשית פרק כו פסוק י"ג:** כי גדל מאד - שהיו אומרים זבל פרדותיו של יצחק ולא כספו וזהבו של אבימלך. **[יג] בראשית רבה פרשת תולדות פרשה סד:** ז [כו, יא] ויצו אבימלך את כל העם, א"ר אייבו אפילו צרור אל יזרוק בהם אדם, הה"ד (תהלים נו) יגורו יצפנו המה עקבי ישמורו כאשר קוו נפשי, ויגדל האיש וילך הלוך וגדל, א"ר חנין

ומזה הטעם אברהם נקרא על שם אב המון [כמ"ש (בראשית י"ז,ה') כי אב המון גויים נתתיך] ומה ענין ר' בשמו אלא רומז על

גלא עמיקתא

במדרש שהיו אומרים: "זבל פרדותיו של יצחק ולא כספו וזהבו של אבימלך" גימ' (1945) ה' פעמים "דוד – שלמה" (389) ורמיזא פרק שירה דחיברו דוד ושלמה בנו, דתיבין "זבל פרדותיו של" סליקו לחושבן (1075) "שיר השירים" אשר לשלמה (שיר השירים א',א'). וממילא שאר תיבין "יצחק ולא כספו וזהבו של אבימלך" סליקו לחושבן (870) ה' פעמים "חיי עולם" (174) [כמ"ש [יד]וחיי עולם נטע בתוכנו] לקביל עסק התורה שבעל פה, כי היא חיינו ואורך ימינו. א"נ סליק לחושבן (870) י' פעמים "לבנה" (87) דכנסת ישראל נמשלה ללבנה בסוד מה שאמר הקב"ה ללבנה (חולין ס' ע"ב) [טו]לכי ומעטי את עצמך, ובישראל כתיב [טז]שממעטין עצמן לפני וכו'. פסוק ו': [יז]יפל מצדך אלף ורבבה מימינך,

עד שהיו אומרים זבל פרדותיו של יצחק ולא כספו וזהבו של אבימלך, ויהי לו מקנה צאן ומקנה בקר ועבודה רבה, דניאל חייטא אמר ועבדה כתיב אם אין אדם עושה עצמו כמו עבד לעבדו אינו קונה אותו כענין שנא' (משלי יב) טוב נקלה ועבד לו, בנוהג שבעולם אדם צריך לטרוח ולבקש יציאות ביתו והם יושבים בביתו, ויאמר אבימלך אל יצחק לך מעמנו כי עצמת ממנו, אמר לו כל אותן עצמות שעצמת לא ממנו היה לך, לשעבר היה לך חדא קוקיא וכדון אית לך קוקיא סגין. **[יד] מסכתות קטנות מסכת סופרים פרק יג הלכה ו**: והיכי מברך, בעשרה אומר, ברכו את יי' המבורך, ביחיד כשהוא משכים לקרוא אומר, ברוך אתה יי' אלהינו מלך העולם הנותן תורה מן השמים חיי עולמים ממרומים, ברוך אתה יי' נותן התורה, וגולל ואומר, ברוך אתה יי' אלהינו מלך העולם אשר נתן לנו תורת אמת וחיי עולם נטע בתוכנו, ברוך אתה יי' נותן התורה. **[טו] תלמוד בבלי מסכת חולין דף ס עמוד ב**: רבי שמעון בן פזי רמי, כתיב: ויעש אלהים את שני המאורות הגדולים וכתיב: את המאור הגדול ואת המאור הקטן! אמרה ירח לפני הקדוש ברוך הוא: רבש"ע, אפשר לשני מלכים שישתמשו בכתר אחד? אמר לה: לכי ומעטי את עצמך! אמרה לפניו: רבש"ע, הואיל ואמרתי לפניך דבר הגון, אמעיט את עצמי? אמר לה: לכי ומשול ביום ובלילה, אמרה ליה: מאי רבותיה, דשרגא בטיהרא מאי אהני? אמר לה: זיל, לימנו בך ישראל ימים ושנים, אמרה ליה: יומא נמי, אי אפשר דלא מנו ביה תקופותא, דכתיב והיו לאותות ולמועדים ולימים ושנים, זיל, ליקרו צדיקי בשמיך: יעקב הקטן שמואל הקטן דוד הקטן. חזייה דלא קא מיתבא דעתה, אמר הקדוש ברוך הוא: הביאו כפרה עלי שמיעטתי את הירח! והיינו דאמר ר"ש בן לקיש: מה נשתנה שעיר של ראש חדש שנאמר בו לה' - אמר הקדוש ברוך הוא: שעיר זה יהא כפרה על שמיעטתי את הירח. **[טז] רש"י דברים פרק ז פסוק ז**: לא מרבכם - כפשוטו. ומדרשו לפי שאין אתם מגדילים עצמכם כשאני משפיע לכם טובה לפיכך חשקתי בכם: כי אתם המעט - הממעטין עצמכם, כגון אברהם, שאמר (בראשית יח, כז) ואנכי עפר ואפר, וכגון משה ואהרן שאמרו (שמות טז, ח) ונחנו מה, לא כנבוכדנצר שאמר (ישעיה יד, יד) אדמה לעליון, וסנחריב שאמר (שם לו, כ) מי בכל אלהי הארצות, וחירם שאמר (יחזקאל כח, ב) אל אני מושב אלהים ישבתי. כי אתם המעט - הרי כי משמש בלשון דהא. **[יז] זוהר במדבר פרשת בלק דף ריא עמוד ב**: רבי אבא אמר אלף אינון דסטר שמאלא דכתיב (תהלים צא) יפול מצדך אלף כמה דכתיב (שם קמט) יעלזו חסידים בכבוד וגו' (שם) רוממות אל בגרונם וגו' לעשות נקמה וגו' הדא הוא דכתיב לא ישכב וגו' ודא הוא לעשות בהם משפט וגו', אמר רבי חזקיה לקבלי תלת זמנין דהוא מחא לאתניה ואטעין לה בחרשוי אתברכון ישראל תלת זמנין, רבי חייא אמר לקבליה אתברכון ישראל תלת זמנין דסלקין ישראל לאתחזאה קמי מלכא קדישא, וירא בלעם כי טוב

בעיני יי' וגו' ולא הלך כפעם בפעם לקראת נחשים וגו', מאי לקראת נחשים, א"ר יוסי דהני תרין זמנין קדמאי הוה אזיל בכל חרשוי ובעא למילט לישראל כיון דחמא רעותיה דקודשא בריך הוא דאמר שוב אל בלק דהא מלולך לא בעיין בני, מלולא אוחרא זמין מהאי כה כמה דכתיב וכה תדבר, כה תדבר ולא אנת, כה תדבר דשלטא על כל שליטין חרשין וקסמין וזינין בישין דלא יכלין לאבאשא לבני, כדין בעא לאסתכלא בהו בעינא בישא, ת"ח האי רשע כד אסתכל בהו בישראל הוה מסתכל באלין תרין דרגין יעקב וישראל לאבאשא לון או בהאי או בהאי בחרשוי בגין כך כל ברכן וברכן יעקב וישראל אתבריכו, וירא בלעם כי טוב וגו', במה חמא חמא די בשעתא דאנפי מלכא נהירין זינין בישין לא קיימי בקיומייהו וכל חרשין וכל קסמין לא סלקאן בחרשייהו, ת"ח בהני תרי זמני כתיב ויקר, ויקר אלהים, ויקר יי' אל בלעם וגו', וכתיב וכה תדבר והשתא כיון דחמא דהא לא אשתכח רוגזא וחרשוי לא סלקין כדין ולא הלך כפעם בפעם וגו', כיון דאפריש ואסתלק גרמיה מחרשוי שארי (ברוחא אחרא) באתערותא אחרא לשבחא לישראל, א"ר יהודה מאי אתערותא הכא, א"ל (רוח אלהים ולא רוח יי' אלא) אתערותא דרוחא חדא מסטרא דשמאלא ההוא דאתקשרו תחותוי אינון זינין וחרשין דיליה, א"ר אלעזר הכי אוליפנא דאפילו האי זמנא לא שריא ביה רוחא דקודשא, א"ל ר' יוסי אי הכי הא כתיב ותהי עליו רוח אלהים ובכל אינון זמנין אחרנין לא כתיב בהו הכי, א"ל הכי הוא, ת"ח כתיב (משלי כב) טוב עין הוא יבורך והא אוקמוה אל תקרי יבורך אלא יברך ובלעם הוה רע עין דלא אשתכח רע עין בעלמא כוותיה דבכל אתר דהוה מסתכל בעינוי הוה מתלטייא ועל דא אמרו האי מאן דאעבר בריה בשוקא ומסתפי מעינא בישא יחפי סודרא על רישיה בגין דלא יכיל עינא בישא לשלטאה עליה, אוף הכא כיון דחמא בלעם דלא יכיל בחרשוי וקסמוי לאבאשא לישראל בעא לאסתכל בהו בעינא בישא בגין דבכל אתר דהוה מסתכל בעינוי בישין הוה מתלטייא, ת"ח מה רעותיה דיליה לקבלהון דישראל כתיב וישת אל המדבר פניו כתרגומו (ושוי (ס"א לקבל עגלא) לעגלא די עבדו ישראל במדברא אפוהי) בגין דיהא ליה סטר סיועא לאבאשא להו השתא חמי מה כתיב וישא בלעם את עיניו וירא את ישראל, בעא לאסתכלא בהו בעינא בישא ביה שעתא אלמלא דאקדים לון קודשא בריך הוא אסוותא הוה מאבד לון באסתכלותא דעינוי ומאי אסוותא יהב קודשא בריך הוא לישראל בההיא שעתא דא הוא דכתיב ותהי עליו רוח אלהים, ותהי עליו על ישראל קאמר כמאן דפריש סודרא על רישיה דינוקא בגין דלא ישלוט בהו עינוי כדין שארי ואמר מה טובו אהליך יעקב, ת"ח כל מאן דבעי לאסתכלא בעינא בישא לא יכיל אלא כד משבח ואוקיר לההוא מלה דבעי לאלטייא בעינא בישא ומה ארחיה אמר חמו כמה טבא דא כמה יאה דא בגין דישלוט ביה עינא בישא, אוף הכא אמר מה טובו אהליך יעקב כמה אינון יאן וכו' [יח] **הכתב והקבלה במדבר פרק יב**: ענו מאד. לא מגופו כ"א מדעתו (ספרי) כי ישנם כמה סבות גשמיות הגורמים כניעה ושפלות לאדם, כגון חלישת כח הגוף מפני החלאים או ממזג רע וחלישות הרכבתו, או כשימצאוהו פגעים או ריש עד שהוא מצטרך לבריות, המעצבים את הרוח ומשברים את הלב ומכניעים אותו, וכל אלה לא היו במשה, אבל מדעתו ורצונו התנהג בדרך ענוה, ואף שלא היה נעלם ממנו סגולותיו היקרות, ידע שהוא אב

אותן המאתים כמו שעשה משותלח הצדיק שמתו בשלח שהוא החרב נקרא (איוב ל"ו, י"ב) שלח כל האלף

גלא עמיקתא

אליך לא יגש (תהלים צ"א,ז') גימ' (1175) ה' פעמים "אהבה ויראה" (235) דאלף מצדך- צד שמאל לקביל יראה, ורבבה מימינך- לקביל אהבה מימין כדכתיב (ישעי' מ"ח,ח') "אברהם אהבי" והיינו בימין קו החסד מדתו של אברהם- כמ"ש (סוף מיכה) "חסד לאברהם", וכפלינן ה' זימנין רמיזא שלמות נרנח"י ביראת הרוממות ואהבת ה'. פסוק ז': [יח]אשר עוד בקשה נפשי ולא מצאתי, אדם אחד מאלף מצאתי

לחכמים ולנביאים, בכל זה היו כל זולתם הפחותים ממנו נחשבים מאד בעיניו, העביר זכרון סגולותיו ומעלותיו הנפלאות מנגד עיני לבו והטה עיניו לטובת כל זולתו, ונפש כל אחד מישראל היה יקר בעיניו יותר מנפש עצמו, עד שבחר להמחות מספר החיים למען הציל נפשות ישראל, וזה הפלא ופלא ומעלה שאין אחרי' עוד, ועל זה העיד הכתוב שלא היה כמהו במדת ענוה, ומזה יתבאר לנו מה שנקרא כאן בתואר איש, ובמקום אחר בתואר אדם, כמאמרם (במדרש קהלת) אדם אחד מאלף מצאתי, אדם זה משה שבא לאלף דור, כי מצד בריאת מזג טבעו היה נוטה לרע יותר מלטוב, והוא תאר אדם, אמנם הוא זיכך וטיהר חלק חומריותו כ"כ עד שנתהפך בו לטבע שניה להיות נטיית חומריותו רק לטוב, והוא תאר איש, (עמ"ש בבלק לא איש אל ויכזב בהבדל שבין אדם לאיש, ובר"פ וזאת הברכה משה איש האלהים). **[יט] תלמוד בבלי מסכת בבא בתרא דף כח עמוד א:** אמר ר' יוחנן, שמעתי מהולכי אושא שהיו אומרים: מנין לחזקה ג' שנים? משור המועד, מה שור המועד כיון שנגח ג' נגיחות - נפק לי' מחזקת תם וקם ליה בחזקת מועד, ה"נ כיון דאכלה תלת שנין - נפק לה מרשות מוכר וקיימא לה ברשות לוקח. **[כ]**

בשלימות כן ג"כ אברהם. וזהו סוד אלף כסף שנתן פרעה לשרה אשת אברהם [כמ"ש (בראשית כ',ט"ז) ולשרה אמר

גלא עמיקתא

ואשה בכל אלה לא מצאתי (קהלת ז',כ"ח) גימ' (3278) ח' פעמים "קודש לה'" (466) (שמות ט"ז,כ"ג) ומביא רבינו **זהו משה שבטל אלף קליפות כחות הטומאה וכו' והוא ע"י קדושתו הנוראה עד שהגיע למדרגת משה איש האלהי"ם** (דברים ל"ג,א'). ורמיזא מדרגת **ישראל** "מצאתי" גימ' (541) "ישראל" [וכמ"ש כענבים במדבר מצאתי ישראל (הושע ט',י')] חוזרת ג' פעמים להדגיש החזקה ([יט] ג' פעמים הוי חזקה) דקדושים הם רק [כ] שאור שבעיסה מעכב.

ומאריך המדרש (קהלת רבה שם) **אדם אחד מאלף זה אברהם ואשה זו שרה ד"א אדם זה עמרם ואשה זו יוכבד ד"א אדם זהו משה ואשה אלו נשי המדבר. ד"א אדם זהו משה שבא לאלף דור ואשה זו התורה שנתנה לאלף דור שצפה הקדוש ברוך הוא בכל הקנקנים ולא מצא קנקן מזופת מקנקנו של משה שפשט ידו וקבל את התורה.** ונעביר חושבן שמות האנשים דמביא המדרש כפירוש לפסוק אדם אחד מאלף מצאתי, ומשה מוזכר שם ב' פעמים בענינים שונים לכן מובא כאן ב' פעמים: "אברהם – עמרם – משה – משה" גימ' (1288) ד' פעמים "ה' דבר" (322)

תלמוד בבלי מסכת ברכות דף יז עמוד א: רבי אלכסנדרי בתר צלותיה אמר הכי: יהי רצון מלפניך ה' אלהינו שתעמידנו בקרן אורה ואל תעמידנו בקרן חשכה, ואל ידוה לבנו ואל יחשכו עינינו. איכא דאמרי: הא רב המנונא מצלי לה, ורבי אלכסנדרי בתר דמצלי אמר הכי: רבון העולמים, גלוי וידוע לפניך שרצוננו לעשות רצונך, ומי מעכב? שאור שבעיסה ושעבוד מלכיות; יהי רצון מלפניך שתצילנו מידם, ונשוב לעשות חוקי רצונך בלבב שלם. רבא בתר צלותיה אמר הכי: אלהי, עד שלא נוצרתי איני כדאי ועכשיו שנוצרתי כאלו לא נוצרתי, עפר אני בחיי, קל וחומר במיתתי, הרי אני לפניך ככלי מלא בושה וכלימה, יהי רצון מלפניך ה' אלהי שלא אחטא עוד, ומה שחטאתי לפניך מרק ברחמיך הרבים אבל לא על ידי יסורין וחלאים רעים. והיינו וידוי דרב המנונא זוטי ביומא דכפורי. מר בריה דרבינא כי הוה מסיים צלותיה אמר הכי: אלהי, נצור לשוני מרע ושפתותי מדבר מרמה ולמקללי נפשי תדום ונפשי כעפר לכל תהיה, פתח לבי בתורתך ובמצותיך תרדוף נפשי, ותצילני מפגע רע מיצר הרע ומאשה רעה ומכל רעות המתרגשות לבא בעולם, וכל החושבים עלי רעה מהרה הפר

הנה נתתי אלף כסף לאחיך וכו'] לקביל יפול מצדך אלף (תהל' צ"א,ז') וכן ג"כ משה אדם

גלא עמיקתא

כדכתיב בגאולתא (ישעי' מ',ה') "ונגלה כבוד ה' וראו כל בשר יחדו כי פי ה' דבר". ונמשך דערך ממוצע דכאו"א מהם **הוא "פי ה' דבר"**, ובמשה כפליים לקביל משנה תורה "שכינה מדברת בתוך גרונו" ראשי תיבות בשג"ם [עיין בסוגיא חולין (קלט:) [כא]משה מן התורה מנין? בשג"ם הוא בשר בשג"ם גימ' (345) מש"ה]. "שכינה מדברת בתוך גרונו" גימ' (1724) ד' פעמים "משה עבדי" (431) כדכתיב (סוף מלאכי) "זכרו תורת משה עבדי" וכו'. ובחינות הנוק' שמביא המדרש שם: "שרה – יוכבד – נשי המדבר – התורה" גימ' (1774) כ"ה פעמים "הודו לה'" (71) – ונוק' בחינת **אור חוזר מתתא לעילא. הדכורא עם הנוקבא דהיינו:** "אברהם עמרם משה משה, שרה יוכבד נשי המדבר התורה" סליקו כולהו לחושבן (3062) ב' פעמים "אורה – שמחה – ששן – ויקר" (1531) כדכתיב בגאולת פורים ליהודים היתה אורה ושמחה וששן ויקר (אסתר ח',ט"ז) – וכן יהיה בגילוי [כב]אור הגנוז לעתיד לבוא בגאולתא שלמתא ב"ב אכי"ר.

פסוק ח': [כג]**כמגדל דויד צוארך בנוי לתלפיות, אלף המגן תלוי עליו כל שלטי הגברים** (שיר השירים ד',ד') גימ' (2892) ד' פעמים "יעקב ישראל" (723) **ובאור הענין דיעקב–ישראל הוא עמודא**

עצתם וקלקל מחשבותם, יהיו לרצון אמרי פי והגיון לבי לפניך ה' צורי וגואלי. **[כא] תלמוד בבלי מסכת חולין דף קלט עמוד ב:** אמרי ליה פפונאי לרב מתנה וכו' משה מן התורה מנין? בשגם הוא בשר (בראשית ו') המן מן התורה מנין? המן העץ (בראשית ג') אסתר מן התורה מנין? ואנכי הסתר אסתיר (דברים ל"א) מרדכי מן התורה מנין? דכתיב (שמות ל') מר דרור ומתרגמינן: מירא דכיא. **[כב] תלמוד בבלי חגיגה דף יב עמוד א:** ואור ביום ראשון איברי? והכתיב ויתן אתם אלהים ברקיע השמים וכתיב ויהי ערב ויהי בקר יום רביעי! – כדרבי אלעזר. דאמר רבי אלעזר: אור שברא הקדוש ברוך הוא ביום ראשון – אדם צופה בו מסוף העולם ועד סופו, כיון שנסתכל הקדוש ברוך הוא בדור המבול ובדור הפלגה וראה שמעשיהם מקולקלים – עמד וגנזו מהן, שנאמר וימנע מרשעים אורם. ולמי גנזו – לצדיקים לעתיד לבא שנאמר וירא אלהים את האור כי טוב, ואין טוב אלא צדיק, שנאמר אמרו צדיק כי טוב. כיון שראה אור שגנזו לצדיקים שמח, שנאמר אור צדיקים ישמח. כתנאי: אור שברא הקדוש ברוך הוא ביום ראשון אדם צופה ומביט בו מסוף העולם ועד סופו, דברי רבי יעקב. וחכמים אומרים: הן הן מאורות שנבראו ביום ראשון ולא נתלו עד יום רביעי. **[כג] תלמוד בבלי מסכת ברכות דף ל עמוד א:** תנו רבנן: סומא ומי שאינו יכול לכוין את הרוחות – יכוין לבו כנגד אביו שבשמים, שנאמר והתפללו אל ה'; היה עומד בחוץ לארץ – יכוין את לבו כנגד ארץ ישראל שנאמר: והתפללו אליך דרך ארצם; היה עומד בארץ ישראל – יכוין את לבו כנגד ירושלים, שנאמר: והתפללו אל ה' דרך העיר אשר בחרת; היה עומד בירושלים – יכוין את לבו כנגד בית המקדש, שנאמר: והתפללו אל הבית הזה; היה עומד בבית המקדש – יכוין את לבו כנגד בית קדשי הקדשים, שנאמר: והתפללו אל המקום הזה; היה עומד בבית קדשי הקדשים – יכוין את לבו כנגד בית הכפורת; היה עומד אחורי בית הכפורת – יראה עצמו כאילו לפני הכפורת; נמצא: עומד במזרח – מחזיר פניו למערב, במערב – מחזיר פניו למזרח, בדרום – מחזיר פניו לצפון, בצפון – מחזיר פניו לדרום; נמצאו כל ישראל מכוונין את לבם למקום אחד. אמר רבי אבין ואיתימא רבי אבינא: מאי קראה – כמגדל דויד צוארך בנוי לתלפיות, תל שכל פיות

אחד (קהלת ז׳,כ״ח) **זה משה מאלף מצאתי שביטל אלף קליפות. וכן גבי דוד** (שיר השירים ד׳,ד׳) **כמגדל דוד**

גלא עמיקתא

דאמצעיתא והוא בחינת הצואר והשדרה באדם ומבריח מן הקצה אל הקצה בסוד כתר מלכות. פסוק ט׳: [כד]**בצורות יאורים בקע, וכל יקר ראתה עינו** (איוב כ״ח,י׳) גימ׳ (2245) ה׳ פעמים ״המקדש״ (449) וזהו יקר ראתה עינו בחינת ״שלש פעמים בשנה יראה כל זכורך״ (שמות כ״ג,י״ז) מצות עליה לרגל לבית המקדש. וכפלינן ה׳ זימנין רמיזא דהתעוררות של ישראל בשעת עלית הרגל לבית המקדש היתה בכל ה׳ בחינות הנפש נרנח״י- נפש רוח נשמה חיה יחידה. וכמ״ש (דברים י״ד,כ״ב) ״עשר תעשר וכו׳ ואכלת לפני ה׳ אלהיך וכו׳ למען תלמד ליראה את ה׳ אלהיך כל הימים״ וביארו המפרשים [כה]עיין בפירוש רשב״ם על התורה] שע״י עליה לירושלים נכנסת בלבו אהבת ויראת ה׳ ולכן ציוותה התורה לעלות ולאכול מעשר בירושלים. דהיות וירושלים הוא מקום השראת השכינה- כמ״ש (שם) ״במקום אשר יבחר לשכן שמו שם״- שם מורגשת הקדושה יותר. פסוק י׳: [כו]**איכה אשא לבדי, טרחכם ומשאכם וריבכם** (דברים א׳,י״ב) גימ׳ (1346) ב׳

פונים בו. [כד] **רבינו בחיי במדבר פרק יט:** ובמדרש תנחומא: (תנחומא ח) ״ויקחו אליך פרה אדומה״, אמר הקדוש ברוך הוא למשה: אליך פרה, לך אני מגלה טעם פרה, אבל לאחרים חוקה, דאמר רב הונא כתיב: (תהילים עה, ג) ״כי אקח מועד אני מישרים אשפוט״, וכתיב: (זכריה יד, ו) ״והיה ביום ההוא לא יהיה אור יקרות וקפאון״, דברים המכוסים מכם בעוה״ז עתידין להיות צפויין לכם לעוה״ב, כהדין סמיא דצפי, שנאמר: (ישעיה מב, טז) ״והולכתי עורים בדרך לא ידעו בנתיבות לא ידעו אדריכם וגו׳ אלה הדברים עשיתים ולא עזבתים״, אעשם לא נאמר אלא ״עשיתים״, שכבר עשיתים לרבי עקיבא וחבריו. דבר אחר דברים שלא נגלו למשה נגלו לר׳ עקיבא וחבריו: (איוב כח, י) ״וכל יקר ראתה עינו״, זה ר׳ עקיבא. [כה] **רשב״ם דברים פרק יד פסוק כג:** למען תלמד ליראה - כשתראה מקום שכינה וכהנים בעבודתם ולוים בדוכנם וישראל במעמדם. [כו] **איכה רבה פתיחתות ד״ה יא רבי יצחק:** רבי יצחק פתח (דברים כ״ח) תחת אשר לא עבדת את ה׳ אלהיך בשמחה ובטוב לבב מרוב כל ועבדת את אויביך וגו׳, אלו זכיתם הייתם קוראים בתורה (שמות ט״ו) תבאמו ותטעמו בהר נחלתך, ועכשיו שלא זכיתם הרי אתם קוראים תבא כל רעתם לפניך, אלו זכיתם הייתם קוראים בתורה, (שם /שמות ט״ו/) שמעו עמים ירגזון, ועכשיו שלא זכיתם, הרי אתם קוראים שמעו כי נאנחה אני, אלו זכיתם הייתם קוראים בתורה (שם /שמות/ ג׳) ראה ראיתי את עני עמי אשר במצרים, ועכשיו שלא זכיתם, הרי אתם קוראים ראה ה׳ כי צר לי מעי חמרמרו, אלו זכיתם הייתם קוראים בתורה (ויקרא כ״ג) וקראתם בעצם היום הזה, ועכשיו שלא זכיתם, הרי אתם קוראים קראתי למאהבי, אלו זכיתם הייתם קוראים בתורה (דברים ט״ז) צדק צדק תרדוף, ועכשיו שלא זכיתם הרי אתם קוראים, צדיק הוא ה׳ כי פיהו מריתי, אלו זכיתם הייתם קוראים בתורה (שם /דברים/ ט״ו) פתח תפתח את ידך, ועכשיו שלא זכיתם הרי אתם קוראים, פרשה ציון בידיה, אלו זכיתם הייתם קוראים בתורה (ויקרא כ״ג) אלה מועדי ה׳, ועכשיו שלא זכיתם הרי אתם קוראים, על אלה אני בוכיה, אלו זכיתם הייתם קוראים בתורה (במדבר כ׳) במסלה נעלה, ועכשיו שלא זכיתם הרי אתם קוראים, סלה כל אבירי ה׳, אלו זכיתם הייתם קוראים בתורה (ויקרא כ״ו) ואשבור מוטות עולכם, ועכשיו שלא זכיתם הרי אתם קוראים, נשקד עול פשעי בידו, אלו זכיתם הייתם קוראים בתורה (שם /ויקרא/ ו׳) אש תמיד תוקד על המזבח, ועכשיו שלא זכיתם הרי אתם קוראים,

צווארך אלף המגן תלוי עליו. ולפי זה פי' הפסוק ויקר אל משה ומהו היקר שהיה אל משה אלף זעירא רומז על אלף יאורים כוחות הטומאה. ועליו נאמר באיוב בצורות יאורים בקע (איוב כ"ח,י') הן כל יקר ראתה עיני. לכן אמר איכ"ה אשא לבדי (דברים א',י"ב) נוטריקון א"לף י"אורים כ"וחות ה"טומאה ומזה הטעם [כז] נשא

גלא עמיקתא

פעמים "אלף שנים בעיניך" (673) (תהל' צ',ד') דבפסוק הקודם (בדברים שם) אמר משה רבינו עליו השלום יוסף עליכם ככם אלף פעמים, ומקשרו רבינו לפסוק הקודם איכ"ה נוטריקון אלף יאורים כוחות הטומאה. והנה כל עשרת הפסוקים שמביא המגלה עמוקות סליקו לחושבן: (31,443): "ליל הפסח" (223) פעמים "מצוה" (141) ובאור הענין דבזכות מצות פסח ודם מילה נגאלו

ממרום שלח אש בעצמותי, אלו זכיתם הייתם קוראים בתורה (דברים א') בכל הדרך אשר הלכתם, ועכשיו שלא זכיתם הרי אתם קוראים לא אליכם כל עוברי דרך, אלו זכיתם הייתם קוראים בתורה (ויקרא כ"ו) ואכלתם לחמכם לשובע, ועכשיו שלא זכיתם הרי אתם קוראים, כל עמה נאנחים מבקשים לחם, אלו זכיתם הייתם קוראים בתורה (שמות ל"ד) לא יחמוד איש את ארצך, ועכשיו שלא זכיתם הרי אתם קוראים, ידו פרש צר על כל מחמדיה, אלו זכיתם הייתם קוראים בתורה (ויקרא ט"ז) כי ביום הזה יכפר עליכם וגו', ועכשיו שלא זכיתם הרי אתם קוראים, טומאתה בשוליה, אלו זכיתם הייתם קוראים בתורה (שם /ויקרא ט"ז/) מכל חטאתיכם לפני ה' תטהרו, ועכשיו שלא זכיתם הרי אתם קוראים, חטא חטאה ירושלים, אלו זכיתם הייתם קוראים בתורה (במדבר י') ונזכרתם לפני ה' אלהיכם, ועכשיו שלא זכיתם הרי אתם קוראים, זכרה ירושלים ימי עניה, אלו זכיתם הייתם קוראים בתורה (ויקרא כ"ו) והתהלכתי בתוככם, ועכשיו שלא זכיתם הרי אתם קוראים ויצא מן בת ציון כל הדרה, אלו זכיתם הייתם קוראים בתורה (דברים כ"ח) ונתנך ה' לראש, ועכשיו שלא זכיתם הרי אתם קוראים, היו צריה לראש אויביה שלו, אלו זכיתם הייתם קוראים בתורה (שם /דברים/ ט"ז) שלוש פעמים בשנה, ועכשיו שלא זכיתם הרי אתם קוראים, דרכי ציון אבלות, אלו זכיתם הייתם קוראים בתורה (ויקרא כ"ו) וישבתם לבטח, ועכשיו שלא זכיתם הרי אתם קוראים, גלתה

יהודה מעוני, אלו זכיתם הייתם קוראים בתורה (שמות י"ב) ליל שמורים הוא לה', ועכשיו שלא זכיתם הרי אתם קוראים, בכה תבכה בלילה, אלו זכיתם הייתם קוראים בתורה (דברים א') איכה אשא לבדי, ועכשיו שלא זכיתם הרי אתם קוראים איכה ישבה בדד. [כז] **תלמוד בבלי מסכת בבא מציעא דף פו עמוד ב:** ומעשה נמי ברבי יוחנן בן מתיא. שאמר לבנו צא שכור לנו פועלים, הלך ופסק להן מזונות. וכשבא אצל אביו אמר לו: בני, אפילו אתה עושה להן כסעודת שלמה בשעתו לא יצאת ידי חובתך עמהן, שהן בני אברהם יצחק ויעקב. למימרא דסעודתא דאברהם אבינו עדיפא מדשלמה? והכתיב ויהי לחם שלמה ליום אחד שלשים כר סלת וששים כר קמח, עשרה בקר בראים ועשרה בקר רעי ומאה צאן לבד מאיל וצבי ויחמור וברברים אבוסים! ואמר גוריון בן אסטיון משמיה דרב: הללו לעמילן של טבחים, ורבי יצחק אמר: הללו לציקי קדירה. ואמר רבי יצחק: אלף נשים היו לשלמה, כל אחת ואחת עשתה לו בביתה כך. מאי טעמא? זו סבורה: שמא אצלי סועד היום, וזו סבורה: [שמא] אצלי סועד היום. ואילו גבי אברהם כתיב ואל הבקר רץ אברהם ויקח בן בקר רך וטוב, ואמר רב יהודה אמר רב: בן בקר - אחד, רך - שנים, וטוב - שלשה! - התם תלתא תורי לתלתא גברי, הכא - לכל ישראל ויהודה, שנאמר יהודה וישראל רבים כחול אשר על (שפת) הים. מאי ברבורים אבוסים? אמר רב: שאובסים אותן בעל כרחן. ושמואל אמר:

שלמה אלף נשים [[כח]כדאיתא במדרש].

גלא עמיקתא

אבותינו ממצרים [כט]כדרשת חז"ל ואמר לך בדמייך חיי דם פסח ודם מילה. וכן לעתיד לבוא דאיתמר בגאולתא (מיכה ז', ט"ו) "כימי צאתך מארץ מצרים אראנו נפלאות" [ל]דמכאן למדו חז"ל במדרש דגאולת מצרים תהיה כעין הגאולה האמיתית והשלמה בעגלא דידן ובזמן קריב ונאמר אמן.

שאבוסים ועומדים מאליהם. ורבי יוחנן אמר: מביאין תור ממרעיתו בדלא אניס, ותרנגולת מאשפתה בדלא אניסא. אמר רבי יוחנן: מובחר שבבהמות - שור, מובחר שבעופות - תרנגולת. אמר אמימר: זגתא אוכמתא בי בטניתא, דמשתכחא ביני עצרי, דלא מציא פסיא קניא. **[כח] ילקוט שמעוני משלי רמז תתקסב:** דברי אגור בן יקה המשא וגו' א"ר חייא בר אבא למה נקרא שמו אגור שאגר את התורה, בן יקה שהקיאה לאיתיאל שכתוב בתורה ולא ירבה לו נשים ולא יסור לבבו, ואוכל אמר שלמה אני ארבה ולא אסור, ד"א דברי אגור בן יקה אלו דבריו של שלמה, אגור שאגר חלציו לחכמה, בן יקה שהיה נקי מכל חטא ועון, המשא שנשא עולו של הקדוש ברוך הוא, נאם הגבר ששרתה עליו רוח הקדש, לאיתיאל שהבין [אותיותיו של אל, ד"א לאיתיאל שהבין] אותיותיהן של מלאכי השרת, ואוכל שהיה יכול לעמוד בדין, הא כיצד מלך על העליונים ועל התחתונים שנא' וישב שלמה על כסא ה' למלך, ואחרי כל אותה חכמה ובינה ושבח היה צריך לומר כי בער אנכי מאיש זה נח, אמר שלמה היה לי ללמוד מנח ששכר ביין פעם אחת ונקרא איש צדיק, ולא בינת אדם לי זה אדם הראשון והיה לי ללמוד ממנו שלא היה לו אלא אשה אחת והטתו ואני נשאתי אלף נשים שנאמר ויהי לו נשים שרות שבע מאות ופילגשים שלש מאות לכך נשיו הטו את לבבו. מי עלה שמים וירד, זה הקדוש ברוך הוא עלה אלהים בתרועה וירד ה' על הר סיני, מי אסף רוח בחפניו אשר בידו נפש כל חי, מי צרר מים בשמלה, צורר מים בעביו, מי הקים כל אפסי ארץ, ה' ממית ומחיה, מה שמו צור שמו, ה' צבאות שדי שמו, ומה שם בנו בני בכורי ישראל. **[כט] פסיקתא רבתי פיסקא יז - ויהי בחצי הלילה:** ד"א משפטי צדקך על המשפטים שהבאת על המצרים במצרים, ועל צדקה שעשית עם אבותינו במצרים, שלא היו בידם אלא שתי מצות דם פסח ודם מילה הה"ד ואעבור עליך ואראך מתבוססת בדמייך ואומר לך בדמייך חיי (יחזקאל ט"ז ו') זה דם פסח ודם מילה. **[ל] מכילתא דרבי ישמעאל בשלח - מסכתא דשירה פרשה ח:** ד"א עושה פלא עשה עמנו פלא ועושה עמנו בכל דור ודור שנ' אודך על כי נוראות נפלאתי נפלאים מעשיך ונפשי יודעת מאד (תהלים קלט יד) ואומר רבות עשית אתה ה' אלהי נפלאותיך ומחשבותיך אלינו (שם מ ו). ד"א עושה פלא, עושה פלא עם אבות ועתיד לעשות עם בנים שנא' כימי צאתך מארץ מצרים אראנו נפלאות (מיכה ז טו) אראנו מה שלא הראתי אל אבות שהרי נסים וגבורות שאני עתיד לעשות עם הבנים יותר הם ממה שעשיתי לאבות וכה"א לעושה נפלאות גדולות לבדו כי לעולם חסדו, ואומר ברוך ה' אלהים אלהי ישראל עושה נפלאות לבדו וברוך שם כבודו לעולם וימלא כבודו את כל הארץ אמן ואמן.

אופן נב

במדרש אמר שכרן של צדיקים נקרא יקר שנאמר יקר בעיני י"י המותה לחסידיו. וידוע שכל צדיק וצדיק נוחל ש"י עולמות ונרמז לא לן שכרו אתו ופעולתו לפניו ביקר פדיון נפשם הרי שפדיון הנפש הוא יקר. והנה בכאן רמוז שהראה הקב"ה למשה שכרו של צדיקים שלעתיד לכן אמר ויקר אל משה שהראה הקב"ה למשה שכרן של צדיקים שאפילו קטן שבישראל זוכה אל הש"י עולמות שהוא יקר והון אדם יקר חרוץ.

וידוע שמכל דבר שמחדש אדם בתורה בורא עולם חדש. וזהו שאמר הליכות עלם לו אל תקרי הליכות אלא הלכות על כל קוץ וקוץ תלי תילים של הלכות בורא עולם חדש. וזה טעם שמצינו בספר סודי רזא שברא הקדוש ברוך הוא קצ"ו עולמות שנאמר כי ביה י"י צור עולמי"ם כמנין עולמים ברא עולמות וטעם זה המספר לפי שהתורה נדרשת מ"ט פנים טהור ומ"ט פנים טמא בנגלה וכן בנסתר גם כן. זה שאמר והשביע בצחצחות נפשך ב' פעמים צ"ח שהם קצ"ו וזה נרמז במלת קו"ץ.

ומפרש בכאן מהיכן בא לו היקר שהוא השכר לעולם הבא.

ועל זה אמר וידבר ה׳ אליו מאוהל מועד לאמר רוצה לומר שהשכר בא אל הצדיקים מן עולמות החדשות. מאוהל מועד ממה שמחדשים הלכות שנתנה באוהל מועד שמשם נצטוו ישראל על ההוראה אל חדר הורתי זה אוהל מועד מאהל מועד בגימטריא קצ״ו שהוא קוץ וקוץ תילי תילים של הלכות וזה אדם כי יקריב שזכה להון אדם יקר חרוץ.

אופן נב

[א]במדרש אמר שכרן של צדיקים נקרא יקר שנאמר (תהל' קט"ז,ט"ו) יקר בעיני י"י

גלא עמיקתא

והנה מביא בענין יקר הצדיק בעיני ה' הפסוק (תהל' קט"ז,ט"ו): [ב]"יקר בעיני הוי' המותה לחסידיו" גימ' (1062): ו' פעמים "גן עדן" (177) ויש לקשרו למאי

[א] שמות רבה פרשת פקודי פרשה נב: ג ד"א ויביאו את המשכן, הה"ד (משלי לא) עוז והדר לבושה ותשחק ליום אחרון, מהו ליום אחרון, שכל מתן שכרן של צדיקים מתוקן להם לעוה"ב הוי ותשחק ליום אחרון, מעשה בר' אבהו שהיה מסתלק מן העולם וראה כל הטוב שמתוקן לו לעולם הבא התחיל שמח ואמר כל אלין דאבהו (ישעיה מט) ואני אמרתי לריק יגעתי לתוהו והבל כחי כליתי אכן משפטי את ה' ופעולתי את אלהי הוי ותשחק ליום אחרון, ד"א אימתי התורה משחקת למי שהוא עמל בה ליום אחרון הוי ותשחק ליום אחרון, זבדי בן לוי ורבי יוסי בן פטרוס ור' יהושע בן לוי קראו כל אחד ואחד מהן בשעת סילוקן מן העולם, אחד מהן קרא (תהלים לב) על זאת יתפלל כל חסיד אליך לעת מצוא רק לשטף מים רבים אליו לא יגיעו, והאחד קרא (שם /תהלים/ לא) מה רב טובך אשר צפנת ליראך פעלת לחוסים בך נגד בני אדם, והאחד קרא (שם /תהלים/ לג) כי בו ישמח לבנו, הוי בשעת סילוקן של צדיקים הקדוש ברוך הוא מראה להם מתן שכרן ומשמחן, אמר בן עזאי (שם /תהלים/ קטז) יקר בעיני ה' המותה לחסידיו אימתי הקדוש ברוך הוא מודיע לצדיקים היקר שמתוקן להם סמוך למיתתן שנאמר המותה לחסידיו, אותה שעה הם רואין ושוחקים לפיכך ותשחק ליום אחרון, מעשה בתלמיד אחד של ר"ש בן יוחאי שיצא חוצה לארץ ובא עשיר והיו התלמידים רואין אותו ומקנאין בו והיו מבקשים הן לצאת לחוצה לארץ וידע ר"ש והוציאן לבקעה אחת של פגי מדון ונתפלל ואמר בקעה בקעה מלאי דינרי זהב התחילה מושכת דינרי זהב לפניהן, אמר להם אם זהב אתם מבקשים הרי זהב טלו לכם אלא היו יודעין כל מי שהוא נוטל עכשיו חלקו של עוה"ב הוא נוטל שאין מתן שכר התורה אלא לעוה"ב הוי ותשחק ליום אחרון, מעשה בר"ש בן חלפתא שבא ערב שבת ולא היה לו מאן להתפרנס יצא לו חוץ מן העיר והתפלל לפני האלהים וניתן לו אבן טובה מן השמים נתנה לשולחני ופרנס אותה שבת אמרה אשתו מהיכן אלו אמר לה ממה שפרנס הקדוש ברוך הוא אמרה אם אין אתה אומר לי מהיכן הן איני טועמת כלום, התחיל מספר לה אמר לה כך נתפללתי לפני האלהים וניתן לי מן השמים, אמרה לו איני טועמת כלום עד שתאמר לי שתחזירה מוצאי שבת, אמר לה למה אמרה לו אתה רוצה שיהא שולחנך חסר ושולחן חבירך מלא, והלך ר' שמעון והודיע מעשה לרבי, אמר לו לך אמור לה אם שולחנך חסר אני אמלאנו משלי הלך ואמר לה אמרה לו לך עמי למי שלמדך תורה, אמרה לו ר' וכי רואה אדם לחבירו לעוה"ב לא כל צדיק וצדיק הוה ליה עולם בעצמו שנאמר (קהלת יב) כי הולך האדם אל בית עולמו וסבבו בשוק הסופדים, עולמים אין כתיב אלא עולמו, כיון ששמע כן הלך והחזיר, רבותינו אמרו הנס האחרון היה קשה מהראשון, כיון שפשט ידו להחזירו מיד ירד המלאך ונטלה הימנו, למה שאין מתן שכרה של תורה אלא לעוה"ב ליום אחרון הוי ותשחק ליום אחרון, ד"א עוז והדר לבושה זה משה שנאמר (שמות לד) ומשה לא ידע כי קרן עור פניו, ותשחק ליום אחרון אלו ליצני ישראל שמליצין אחריו ואומרים אלו לאלו אפשר שהשכינה שורה על ידיו של בן עמרם, לא עשה אלא כיון שאמר לו האלהים להקים את המשכן התחיל שוחק עליהם שנאמר ותשחק ליום אחרון, א"ל בואו שנקים את המשכן, התחילו טוענין ובאין אצלו שנאמר ויביאו את המשכן.

[ב] מדרש תנחומא פרשת ויחי: ויאמר ליוסף הנה אביך חולה. (ד) ילמדנו רבינו מהו לברך על הנר ועל הבשמים של מתים, כך שנו רבותינו אין מברכין לא על האור ולא על הבשמים של מתים מ"ט שכתוב לא המתים יהללויה (תהלים קטו) אר"מ מתי עובדי עכו"ם מתין אבל מתיהן של ישראל אינן מתים מפני שבזכותן החיים עומדין שכן אתה מוצא כשעשו ישראל אותו מעשה אלולי שהזכיר משה רבינו זכות האבות כבר היו אבודין ישראל מן העולם שנאמר (שמות לב) זכור לאברהם ליצחק ולישראל עבדיך, לפיכך קשה לפני הקדוש

המותה לחסידיו. וידוע [ג]שכל צדיק וצדיק נוחל ש"י עולמות ונרמז (סנהדרין ריש פרק חלק) [ד]כל ישראל יש להם חלק לעוה"ב י"ש דייקא וזהו שכרן

גלא עמיקתא

דכתב דכל צדיק וצדיק נוחל ש"י עולמות בגן עדן. וכפלינן ו' זימנין ו' היינו הספירה השישית– היסוד– והיינו הצדיק כדכתיב (משלי י',כ"ה) "וצדיק יסוד עולם". ורמיזא יקר בעיני ר"ת י"ב היינו י"ב שבטי י–ה שרש לנשמות ישראל, דכל ישראל י"ש להם חלק לעולם הבא– י"ש דייקא היינו ש"י עולמות. ור"ת דתיבין ה' (י–ה–ו–ה) המותה לחסידיו גימ' (45) **אד"ם**– כאמרם (יבמות סא.) [ה]**אתם קרויין אדם ואין עכו"ם קרויין אדם.**

והאי פסוקא בא"ת ב"ש גימ' (1362) ו' פעמים ברכ"ה (227). ונמשך דפשוט וא"ת ב"ש סליק לחושבן (2424) כ"ד פעמים מלוכ"ה (101) ובאור הענין: דכאשר תתגלה מלכותו יתברך על כל

ברוך הוא לגזור מיתה על הצדיקים שנא' (תהלים קטז) יקר בעיני ה' המותה לחסידיו, מה הקדוש ברוך הוא עושה מראה להן מתן שכרן כדי שיתבעו מיתה בפיהן, רבי אבהו כשנטה למות הראה לו הקדוש ברוך הוא מתן שכרו ותמה ואמר כל אלה לאבהו קרא על עצמו ואני אמרתי לריק יגעתי לתהו והבל כחי כליתי אכן משפטי את ה' (ישעיה מט) מיד נתאוה למיתה, ואף אברהם תבע מיתה בפיו שנאמר (בראשית טו) ואנכי הולך ערירי, לכך א"ל הקדוש ברוך הוא ואתה תבוא אל אבותיך בשלום (שם /בראשית ט"ו/), יצחק תבע מיתה בפיו שנאמר (שם /בראשית/ כז) ואברכך לפני ה' לפני מותי, לכך כתיב ויגוע יצחק וימת (שם /בראשית/ לה), יעקב תבע מיתה שנאמר אמותה הפעם (שם /בראשית/ מו) א"ל הקדוש ברוך הוא אתה אמרת אמותה הפעם תשב י"ז שנה וחלה ונאסף. [ג] **מדרש תהלים מזמור ה:** דבר אחר [ה, א] למנצח אל הנחילות. זהו שאמר הכתוב להנחיל אוהבי יש (משלי ח כא), אמר ר' חנין בר אדא התורה אמרה אורך ימים בימינה בשמאלה עושר וכבוד (שם ג טז), ובני עניים עוסקים בתורה מתוך עניותם, הריני מנחילם ש"י עולמות, שנאמר להנחיל אוהבי יש ואוצרותיהם אמלא (שם ח כא), ולמה הם עניים בעולם הזה, כדי שלא יעסקו בדברים בטלים וישכחו את התורה, שחייב לבטל סחורתו ולעסוק בתורה, שהתורה קודמת לכל, שנאמר ה' קנני ראשית דרכו קדם מפעליו מאז (שם). [ד] **תלמוד בבלי מסכת סנהדרין דף צ עמוד א:** כל ישראל יש להם חלק לעולם הבא, שנאמר ועמך כלם צדיקים לעולם יירשו ארץ נצר מטעי מעשה ידי להתפאר. ואלו שאין להם חלק לעולם הבא: האומר אין תחיית המתים מן התורה ואין תורה מן השמים, ואפיקורוס. רבי עקיבא אומר: אף הקורא בספרים החיצונים, והלוחש על המכה ואומר כל המחלה אשר שמתי במצרים לא אשים עליך כי אני ה' רפאך. אבא שאול אומר: אף ההוגה את השם באותיותיו. שלשה מלכים וארבעה הדיוטות אין להן חלק לעולם הבא. שלשה מלכים: ירבעם, אחאב, ומנשה. רבי יהודה אומר: מנשה יש לו חלק לעולם הבא, שנאמר ויתפלל אליו וישמע תחנתו וישיבהו ירושלים למלכותו. אמרו לו: למלכותו השיבו, ולא לחיי העולם הבא השיבו. ארבעה הדיוטות – בלעם, ודואג, ואחיתופל, וגחזי. [ה] **תלמוד בבלי יבמות דף סא עמוד א:** קברי עובדי כוכבים אינן מטמאין באהל, שנא': ואתן צאני צאן מרעיתי אדם אתם, אתם קרויין אדם, ואין העובדי כוכבים קרויין אדם. מיתיבי: ונפש אדם ששה עשר אלף! משום בהמה. אשר יש בה הרבה משתים עשרה רבוא אדם אשר לא ידע בין ימינו לשמאלו (ובהמה רבה)! משום בהמה. כל הורג נפש וכל נוגע בחלל תתחטאו! דלמא איקטיל חד מישראל. ורבנן? לא נפקד ממנו איש. ור' שמעון בן יוחי? לא נפקד ממנו איש לעבירה. רבינא אמר: נהי דמעטינהו קרא מאטמויי באהל, דכתיב: אדם כי ימות באהל, ממגע ומשא מי מעטינהו קרא?

של צדיקים שנקרא יק"ר בגי' ש"י. ולפי שאדם ביקר בל ילין (תהל' מ"ט,י"ג) לא לן שכרו אתו ופעולתו לפניו [כלשון הפסוק ישעי' מ,י הנה שכרו אתו ופעלתו לפניו] ביקר פדיון

גלא עמיקתא

העולם כולו יתגלו ש"י עולמות דנחלו צדיקיא וכל אחד נכוה מחופתו של חבירו וכו' והן כ"ד קשוטי כלה וד"ל. ומביא הפסוק (תהל' מ"ט,י"ג): [ו]"ואדם ביקר בל ילין, נמשל כבהמות נדמו" גימ' (1488) ג' פעמים מלכו"ת (496) א"נ ח' פעמים אברה"ם (248) ויש לקשרו דא לדא דאברהם הוא הראשון שגילה מלכותו יתברך בעולם, [ז]וקראו אדון וכן הקריאו בפי הבריות ויש לקשרו ל–א' זעירא דויקרא. והנה תיבין ילי"ן נדמ"ו חושבנא דדין דחושבנא דדין (100) ובשניהם ד' אתוון, ובהכאה אות באות–דהיינו: "י' פעמים נ' – ל' פעמים ד' – י' פעמים מ' – נ' פעמים ו'" גימ' (1320): ד' פעמים "אלפי רבבה" (330) כדאמר לבן הרשע לרבקה (בראשית כ"ד,ס'): "אחותנו את היי לאלפי רבבה" – והוא בחינת (איוב כ',ט"ו) "חיל בלע ויקיאנו" – דסוף דבר הכל נשמע והקלי' תודה לקדושה ותוציא בלעה מפיה בכפל כפליים ואף את חיותה תמסור – כגון בתואל שאכל הרעל שהכין לבן לעצמו ומת [ח]כדאיתא בפסיקתא פרשת חיי שרה].

[ו] **ר' צדוק הכהן מלובלין - דברי חלומות אות יז:** יז) ליל שבת קודש בא הברכו"ת. ואדם ביקר בל ילין נמשל כבהמות נדמו (תהלים מ"ט, י"ג). שהמיתה נקרא לינה כמו שאמרו ז"ל (סוטה כ"א. ואבות ו', י') על פסוק (משלי ו', כ"ב) בשכבך תשמור עליך בקבר והקיצות וגו' בעולם הבא [וכן נקרא בירושלמי ומדרש המיתה בכל מקום בלשון שינה כד דמך ר' פלוני ועיין בירושלמי (פרק ב' דחגיגה הלכה א') ובמדרש רות (ו', ד') על פסוק (רות ג', י"ג) ליני הלילה על אחר בקבר] ויש אדם שזכה לכבוד ויקר בעולם הזה שהכל חרדים לקראתו ועוסקים במלאכתו להזמין לו פרנסתו ולשמשו ולכבדו בכל מיני כבוד ויקר אבל אם לא ילין יקר זה עמו גם בקבר ואחר מיתה להיות גם שם המלאכים והנשמות חרדים לקראת בואו ועוסקים בכבודו ויקרו כבעולם הזה אין היקר דעולם הזה אלא נמשל כבהמות שגם כן פרנסתם וכל צרכיהם מעופף להם על ידי הבעלים המשתדלים בצרכיהם וממנים עליהם רועה לרעותם במרעה טוב ושמן וכיוצא ואין זה קרוי כבוד ויקר להם כלל: [ז] **תלמוד בבלי מסכת ברכות דף ז עמוד ב:** אמר רבי יוחנן משום רבי שמעון בן יוחי: מיום שברא הקדוש ברוך הוא את העולם לא היה אדם שקראו להקדוש ברוך הוא אדון, עד שבא אברהם וקראו אדון, שנאמר: ויאמר אדני (אלהים) במה אדע כי אירשנה. אמר רב: אף דניאל לא נענה אלא בשביל אברהם, שנאמר: ועתה שמע אלהינו אל תפלת עבדך ואל תחנוניו והאר פניך על מקדשך השמם למען אדני. למענך מבעי ליה! אלא - למען אברהם שקראך אדון. ואמר רבי יוחנן משום רבי שמעון בן יוחי: מנין שאין מרצין לו לאדם בשעת כעסו? - שנאמר: פני ילכו והנחותי לך. ואמר רבי יוחנן משום רבי שמעון בן יוחי: מיום שברא הקדוש ברוך הוא את עולמו לא היה אדם שהודה להקדוש ברוך הוא עד שבאתה לאה והודתו, שנאמר הפעם אודה את ה'. [ח] **פסיקתא זוטרתא בראשית פרשת חיי שרה פרק כד סימן לג:** לג) ויושם לפניו לאכול. ויישם כתיב, מלמד ששמו לפניו סם המות להאכילו, עד שהם מדברים הפך גבריאל את הקערה וטעם ממנו בתואל ומת, תדע לך שהרי שוב לא נזכר שמו בתורה, דכתיב ויאמר אחיה ואמה, ואילו בתואל לא קאמר מידי: לא אוכל עד אם דברתי דברי. מיכן שאין משיחין בתוך הסעודה שמא יוקדם קנה לושט, ויבא לידי סכנה, לפי שהקנה מוציא קול והושט מכניס את המאכל, שלא יפתח הקנה ויכנס בו המאכל.

נפשם (שם) הרי שפדיון הנפש הוא יקר. והנה בכאן רמוז שהראה הקב"ה למשה שכרו של צדיקים שלעתיד לכן אמר ויקר אל משה שהראה הקב"ה

גלא עמיקתא

והנה הני תרין פסוקין יחד: "יקר בעיני הוי' המותה לחסידיו" (1062) "ואדם ביקר בל ילין, נמשל כבהמות נדמו" (1488) סליקו לחושבן (2550): כ"ה פעמים אמונ"ה (102) והוא בחינת (במדבר ו',כ"ג) כ"ה תברכו את בני ישראל – דכמים הפנים לפנים כן לב האדם לאדם – כמו שאנו מאמינים בו יתברך – כן הוא כביכול מאמין בנו דנשמור תורתו ונגלה מלכותו יתברך בעולם. ולעתיד לבוא ונגלה כבוד הוי' וראו כל בשר וכו' (ישעי' מ',ה') ראו דייקא ולא בבחינת אמונה, ברם הראיה דכאו"א לפום מאי דמשער בליביה– לפי גודל אמונתו כך תהיה ראיתו– דהיא ראיה רוחנית ולא גשמית כלל ועיקר, כדכתיב (משלי י"ב,י"ז): "יפיח אמונה יגיד צדק, ועד שקרים מרמה" גימ' (1446) ה' פעמים "[ט]א' זעירא" (289) עם הכולל – ורמיזא [י]משה רעיא מהימנא דזריע בעם ישראל זרע אדם מאמינים בני

[ט] **פענח רזא ויקרא פרשת ויקרא**: ויקרא אל"ף זעירא לומר שאף שקראו הש"י ועשה לו כל הכבוד הזה ונדבר עמו תדיר אעפ"כ הקטין עצמו לפניו ית' ולפני ישראל, ואל"ף של אדם שת הבל רבתי, לומר שלא הי' אדם גדול כמותו (כי נודע שאף שאחר שמיעטו השי"ת העמידו על ק' אמה. או על רוב חכמה שהי' בו עד שקרא שמות, וגם אם כונת הכתוב על משה לומר שלא הי' אדם גדול כמשה יבא ג"כ על נכון שנכתבה א' של אדם רבתי בשביל זה לומר דעם כל חכמתו וגדלו של אדם הראשון לא הי' מגיע למדרגת משה, וזה נבין מאל"ף זעירא דהכא לפי הפירוש הזה, שהרי להבינה כמשמעה אי אפשר אלא כנזכר שהתענוו מאד מאד עם כל גדולתו א"כ ממילא נבין גם את זה לעומת זה שתרמוז גם אל"ף רבתי של אדם עליו, ועוד אני אומר מטעם אל"ף זעירא הזאת, כי האלוף האמתי ית' אלוף נעורי צמצם והקטין קול קריאתו לאזניו של משה לבד וכל ישראל לא שמעו ואף למ"ד כל ישראל שמעו הלא מ"מ כתיב ויקרא אל משה לחלוק כבוד לו לומר כאלו היתה לאזניו לבד א"כ גם בזה יתכן טעם זה לאל"ף זעירא, ד"א כי הוא ית' צמצם עצמו לתוך המשכן ולא זו אלא אף זו שקרא גם למשה שמה עד שהוצרך כביכול להקטין ולצמצם שכינתו עוד יותר לכן על נכון בא א' זעירא במלת ויקרא, ד"א מכיון שבא כאן לעורר על כל משפטי ה' אמת שבקרבנות אשר הטעם והתועלת המוסכמי בהם כדעה אחת שבספר המורה לשיכנע האדם ויקטין עצמו לפני בוראו, והנה אלו"ף הוא כנוי לו ית' כנזכר, וכן הוא כנוי לאדם חשוב קצין ומושל כדכתיב אלה אלופי וגו' וכיוצא וכן לת"ח כמו אלופי ומיודעי, וכן למספר גדול שהוא אלף ואלפי אלפים, וכן למספר קטן כי האל"ף הוא אחת במספר כדאיתא באותיות דר' עקיבא, וכן הוא כנוי לבהמה גסה באין אלפים אבוס בר, וכן לבהמה דקה ככבש אלוף, לכל זה באה כאן זעירא לומר מי שהיה אם ת"ח אם שארי שרים וחשובים אף אם יקריב כל אילי נביות וקדר ואלפי אילים אם רב ואם מעט גסות או דקות כולם כאין ואפס נחשבו לו אם לא שיכוין בזה המכוון האמתי דהיינו שיקטין עצמו או אז יכנע לבבו לפני האלוף האמתי והגמור ית' כזבחי אלהים רוח נשברה, לתפוס כ"ז כאחד ברמז על נכון נתקטנה א' של ויקרא, ובכל הדרכים הנ"ל יתיישב ג"כ מה שנתרחקה האזכרה מזה ולא כתיב ויקרא ה' אל משה וידבר אליו אלא ויקרא אל משה וידבר ה' אליו כדי שלא לחשוב ח"ו מחשבות און בהתקטנות הזה מצדו ית' חלילה כשהיתה אל"ף זעירא סמוכה אל ה' לכן סמכה לאל משה). [י] **זוהר בראשית פרשת וירא דף קו עמוד א**: ועל דא לא הוה בעלמא בר נש דיגין על דריה כמשה דאיהו רעיא מהימנא.

למשה שכרן של צדיקים שאפילו קטן שבישראל זוכה אל הש"י עולמות שהוא יקר (משלי י"ב,כ"ז) והון אדם יקר

גלא עמיקתא

מאמינים וכן יש בהם זרע בהמה [וכמ"ש זרע אדם וזרע בהמה (ירמי' ל"א,כ"ו)] וכמו שבהמה תלך רק אם תראה המאכל מול עיניה וכו'. ר"ת **יפיח אמונה יגיד צדק** גימ' (111) **אל"ף** וגם כאן רמיזא **א' זעירא.**

ומביא המגלה עמוקות הפסוק ממשלי (י"ב,כ"ז): [יא]"**לא יחרך רמיה צידו, והון אדם יקר חרוץ**" גימ' (1360): כ' פעמים חיי"ם (68) דקוב"ה יהיב לן חיים נצחיים מכתר עליון בחינת פרדשק"א גימ' תרפ"ז ד' מלויי שם הוי' ב"ה עם ג' מלויי שם אהי"ה [יב]כמ"ש רבינו בכמה מקומות. וכדכתיב (תהל' ל',ו') "חיים ברצונו" ורמיזא י"ג מכילן דרחמי דמסיימין (שמות ל"ד,ז') "ונקה לא ינקה" [יג]ופרש"י: **מנקה הוא לשבים ואינו מנקה לשאינם שבים.** והנה הני תרין פסוקין ממשלי– הפסוק דהבאנו "יפיח אמונה יגיד צדק ועד שקרים מרמה" עם הפסוק דמביא המגלה עמוקות "**לא יחרך רמיה צידו והון אדם יקר חרוץ**" סליקו תרוויהו לחושבן (2806) ג' פעמים "מרדכי אסתר" (935) עם הכולל.

[יא] מדרש ילמדנו ילקוט תלמוד תורה - בראשית אות קכג: דף ע"ז, ע"ב (לבר' כ"ז, ל'). אך יצא יצא יעקב, זה יוצא וזה נכנס, היאך הדבר, אלא מי שנתון באורה אינו רואה למי שנתון בחשכה, אבל מי שנתון בחשכה רואה מי שנתון באורה, ועשו נכנס מן השוק ולא ראה ליעקב בפנים, ונטמן אחרי הדלת, כיון שנכנס עשו יצא יעקב. ועשו אחיו בא מצידו, וכן שיער את השעות שלא יבא עשו ויטול את הברכות, אלא שהיה עשו רץ וצד צבי וקושרו ומניחו, ורץ לצד אחר וקושרו ומניחו, והשטן מבריחן ומתירן. הה"ד הפקד עליו רשע ושטן יעמוד על ימינו (תה' ק"ט, ו'), ואו' לא יחרך רמיה צידו (מש' י"ב, כ"ז). ילמדנו. **[יב] מגלה עמוקות ואתחנן אופן צ"ה:** ידוע שד' מלואי השם, הם בד' עולמות אצילות בריאה יצירה עשיה ע"ב ס"ג מ"ה ב"ן, בג' מלואי אהי"ה קס"א קמ"ג קנ"א, ויש בהם ס"ט אותיות, כי ב' פעמים קס"א הם, אבל הם שווים ולא קחשבינן להו רק ז' מלואי המרגלא, כמו שהאריך האר"י בענין שק ואפר, הם בגימטריא תרפ"ז, וכן רפאו"ת תהי לשריך (משלי ג ח), וכן עזרת"י הייתי (תהלים כז ט), וכן שמי"ם ואר"ץ. ולכן נקראת השכינה בת שבע (זוהר ח"ג ק"ח ע"ב), שהיא כלולה מז' מלואים אלו. ועל זה כתב האר"י ז"ל בתיקוני תשובה שיעקב אמר לבניו קחו מזמרת הארץ בכליכם (בראשית מ"ג [בראשית מג יא]). ומטעם זה רצה משה לכנוס לארץ ישראל להשיג סודות אבני מלואים אלו, לדעתי במלת מלואים נרמז סוד זה, שכן מלואים בא' רבתי של אי"ק, בגימטריא תרפ"ז. **[יג] רש"י שמות פרק לד:** (ו) ה' ה' - מדת הרחמים היא, אחת קודם שיחטא, ואחת אחר שיחטא וישוב: אל - אף זו מדת רחמים, וכן הוא אומר (תהלים כב ב) אלי אלי למה עזבתני, ואין לומר למדת הדין למה עזבתני כך מצאתי במכילתא ארך אפים - מאריך אפו ואינו ממהר ליפרע, שמא יעשה תשובה ורב חסד - לצריכים חסד, שאין להם זכיות כל כך ואמת - לשלם שכר טוב לעושי רצונו (ז) נצר חסד - שהאדם עושה לפניו לאלפים - לשני אלפים דורות עון ופשע - עונות אלו הזדונות. פשעים אלו המרדים, שאדם עושה להכעיס ונקה לא ינקה - לפי פשוטו משמע, שאינו מוותר על העון לגמרי, אלא נפרע ממנו מעט מעט. ורבותינו דרשו מנקה הוא לשבים ולא ינקה לשאינן שבים פקד עון אבות על בנים - כשאוחזים מעשה אבותיהם בידיהם, שכבר פירש במקרא אחר (שמות כ ה) לשונאי ועל רבעים - דור רביעי, נמצאת מדה טובה מרובה על מדת פורענות אחת לחמש מאות, שבמדה טובה הוא אומר נוצר חסד

חרוץ וידוע שמכל דבר שמחדש אדם בתורה בורא עולם חדש. וזהו שאמר (חבקוק ג,ו) הליכות עלם לו [יד]אל תקרי הליכות אלא הלכות

גלא עמיקתא

כנודע מדברי האר"י הקדוש [[טו]פרי עץ חיים שער פורים] "מרדכי אסתר" גימ' עם הכולל (936) י"ג ע"ב– דאינון י"ג מכילן דרחמי מלאים בשם ע"ב גימ' חס"ד – דכל ההשפעה בחינת (תהל' נ"ב,ג') "חסד אל כל היום". ובתרין פסוקין דנן כפלינן ג' זימנין "מרדכי אסתר" דהוי חזקה. "מרדכי אסתר" עם "משה" [כאמרם [טז]מרדכי בדורו כמשה בדורו] גימ' (1280) מ' פעמים ל"ב דאיהי [1]אורייתא קדישא דמתחלא ב' ומסיימא ל': בראשית – לעיני כל ישראל, וכפלינן

לאלפים. [יד] **תלמוד בבלי מגילה דף כח עמוד ב:** תנא דבי אליהו: כל השונה הלכות מובטח לו שהוא בן עולם הבא, שנאמר הליכות עולם לו, אל תקרי הליכות אלא הלכות. [טו] **ספר פרי עץ חיים -שער ראש חודש חנוכה ופורים - פרק ו:** ולהיות שמרדכי ואסתר היו מבחי' אלו י"ג ת"ד, ואלו י"ג ת"ד הם י"ג הויות דשמות ע"ב כמנין תתקל"ו, שכן הוא מנין מרדכי ואסתר ע"ה, ומרדכי מצד ה"ח, ואסתר מצד ה"ג, ולזה הם כולל ביחד י' הויות, וה' הויות שהם ה"ח, כולם בניקוד קמץ, והם כ' קמצין, וקמץ הוא י"ו, ס"ה הקמצין של הכ' אותיות, גי' ש"ך, וה' הויות עצמן גי' ק"ל, הרי הכל ת"ן, וז"ס י"י יתן הטוב, ר"ל - שגם זה הויה שהוא בז"א, כשהוא מלא מן המוחין, שהם בסוד יודי"ן, בסוד ג' טפין, אזי הוא מקבל ה"ס, שהם ה' הויות הנ"ל עולים ת"ן, והם בחי' טוב, שהוא היסוד, והיינו שאמר ה' יתן הטוב, וטוב גי' י"ז, היינו היסוד: וה"ג הם ה' הויות בניגוד אלהים, גי' שי"ן, ועם ה' הויות עצמן העולין ק"ל, עולה תלמוד, שהוא מצד הגבורות, איסור והיתר, קלים וחמורים. ושניהם יחד הם ה"ח וה"ג, שהם ת"ן ות"פ, ושורש החסדים שממתקין הה"ג, הכל עולה תתק"לה, כמנין מרדכי ואסתר. [טז] **שפתי צדיקים ויקרא פרשת צו:** מדרש רבה (אסתר ב, ה) במגילת אסתר (ו, ב) איש יהודי היה כו' שקול היה מרדכי כמשה רבינו ע"ה נאמר במשה (במדבר יב, ג) והאיש משה כו'. ונאמר במרדכי איש יהודי. נאמר במשה (ויקרא י, טז) דרוש דרש משה. ונאמר במרדכי דורש טוב לעמו כו' (אסתר י, ג). ויש לדקדק היאך תולה זה בפסוק איש יהודי כו'. ונראה כי משה רבינו ע"ה היה רעיא מהימנא של ישראל והיה מוסר נפשו תמיד על ישראל להחזירם למוטב

1. באור תהלים פרק י"ז - תפלה לדוד שמעה ה' צדק: פסוק ג': בחנת לבי פקדת לילה צרפתני בל תמצא זמתי בל יעבר פי גימ' (3415) ה"פ "לילה ללילה יחוה דעת" (תהל' י"ט,ג') (683) - ובגמ' (ברכות ג:) א"ר שמעון חסידא "כנור היה תלוי למעלה ממטתו של דוד וכיון שהגיע חצות לילה בא רוח צפונית ונושבת בו ומנגן מאליו" גימ' (4676): ד"פ "חרות על הלוחות" (1169) ואמרו חז"ל (אבות פ"ו,מ"ב) אל תיקרי חרות על הלוחות (שמות ל"ב,ט"ז) אלא חירות (ממלאך המות) - וכאן "תלוי" גימ' (446) "מות". ובהמשך הגמ' (שם) מיד היה עומד ועוסק בתורה וכו' וכנודע ספור הסתלקותו דשאל לקב"ה מתי יסתלק ולא גלה אלא רמז דבשב"ק, וכל השבתות היה עוסק בתורה וכאמרם א"ת חרות אלא חירות (ממלאך המות כנ"ל), וכשפסק לרגע וכו'. "כנור" היינו "נר כו" היינו "נר הוי'" הה"ד "נר ה' נשמת אדם" (משלי כ',כ"ז) גימ' (1111) אלף אל"ף, ורמיזא בהאי "כנור" אלף זעירא בזעירותא בסוד לכי ומעטי את עצמך (חולין ס:), ובהגדלתה בסוד סיהרא באשלמותא כדהוה בימי שלמה. והנה "בחנת לבי" רישא דפסוקא דנן (ג') סליק לחושבן (502) "שלום לעבדך" דאמרינן לעיל בחושבן תרין פסוקין קדמאין "אם כה יאמר טוב שלום לעבדך" וכו'. והוא נפלא דרחמנא לבא בעי (סנהד' קו:) ובחנת לבי עצמו ר"ת ל"ב, וכן עוד ב"פ לב (בל) בהאי פסוקא- בל תמצא, בל יעבר (ועיין לעיל אופן קמ"ז "מכתם לדוד" גימ' "לב" פ' "טוב") והוא בר"ת ב"ל דהיינו ב'חנת ל'בי, וכמתכוון ב'חנת ל'בי תמצא (כי ישר אני) ב'חנת ל'בי יעבר פי (כי תמים אנכי) והוא חותם המתהפך: בל תמצא היינו לא תמצא- בחנת לבי

[יז]**על כל קוץ וקוץ תלי תילים של הלכות בורא עולם חדש.**

גלא עמיקתא

מ' זימנין דהתורה ניתנה ל–מ' יום – [יח]כדאיתא בזוה"ק: תרומ"ה אתוון תורה מ' [2יעויין באורנו בזה במקום אחר]. והנה "חסד ה'" גימ' צ"ח כמבואר בסוף האופן.

תמצא- בחיוב. וזהו דבהאי פסוקא י"א תיבין רמיזא לסט"א י"א כתרין דמסאבותא "אחד עשר יום מחרב" (דב' א') עלמא דאתחריבו, ובסוד "עשתי עשרה יריעות עזים" (שמ' כ"ו,ז') [ועיין לעיל אופן קמ"א-תהלים י"א בענין הכנעתם דהני י"א כתרין דמסאבותא]. ולכן בהאי פסוקא ג"פ "בל" ולא "לב" דאיהו חלל השמאלי מלא דם עכור וכו' ובראתי יצר הרע בראתי לו תורה תבלין (קדושין ל:) דמתחילה ב' ומסיימת ל' ב"ל. ותיבה "צרפתני" רמיזא האי דוחקיה דדוד, ומתחלק: צר-פת-ני, "צר"- כמו שכתוב "מן המצר קראתי י-ה" וכו' (תהל' קי"ח) "פת"- גימ' (480) "לילית" - נוק' דס"מ, ני- גימ' (60) ס' את ראשונה דשמיה דס"מ. "צרפתני" גימ' (830) "מדת החסד והרחמים"- דקוב"ה רחמן וסלחן- ודוד המלך מראה בטחונו בקב"ה: צרפתני בל תמצא דאמרינן לעיל "בחנת לבי תמצא בחנת לבי יעבר פי" גימ' (1907) (תהל' קי"ח,ה') "מן המצר קרתי י-ה ענני במרחב י-ה, ה' לי לא אירא" וכו'- והוא נפלא מאד.
2. באור תהלים פרק כ"ב: פסוק י"ח: אספר כל עצמותי המה יביטו יראו בי גימ' (1323): ג"פ "אמת" (441), ובפסוק "אספר כל המה" גימ' (441) "אמת", "אספר כל" גימ' (391) "יהושע" בחי' סיהרא בחי' דוד ואסתר. תיבה קדמאה ובתראה "אספר בי" גימ' (353) "שמחה", וכן בפסוק הבא "לבושי" גימ' (348) "שמח". ונעביד חושבן פסוקא דנן באתוון א"ל ב"ם, והוא ממדרש אלפא ביתות שדרש מאמצעי לראשו ולסופו- ובמקום א' כתבינן ל', במקום ב'-מ' וכו', ואותו אופן בא"ת ב"ש, א"ט ב"ח וכו'- פסוקא דנן בא"ל ב"ם גימ' (1040): מ"פ הוי' (26) דיהב לנא אורייתא ל-מ' יום, וכמ"ש הבעה"ט הק' תרומה- תורה מ'- תורה שניתנה ל-מ' יום.

ולהמתיק מהם הדינים הקשים על ידי פעולות מעשים ויחודים שעשה בעולמות העליונים וידוע כי עיקר המתקות הדינים נעשים על ידי שמירת שבת קודש, ולכן הראשי תיבות של ושמרו בני ישראל את השבת הם אותיות ביא"ה שהוא מורה על יחוד וזווג העליון כביכול, וזה היה גם כן מעשה מרדכי הצדיק שלבש שק ואפר ומסר נפשו להחזיר את ישראל למוטב ולהמתיק מהם הדינים הקשים על ידי היחודים שלו, וזה הוא ראשי תיבות של איש יהודי היה בשושן הם גם כן אותיות ביא"ה, ולכן שפיר דייקו חז"ל בזה הפסוק שקול היה מרדכי כמשה רבינו ע"ה. ע"כ בשם הרב הק' מראפשיץ. [יז] **תלמוד בבלי מנחות דף כט עמוד ב:** אמר רב יהודה אמר רב: בשעה שעלה משה למרום, מצאו להקב"ה שיושב וקושר כתרים לאותיות, אמר לפניו: רבש"ע, מי מעכב על ידך? אמר לו: אדם אחד יש שעתיד להיות בסוף כמה דורות ועקיבא בן יוסף שמו, שעתיד לדרוש על כל קוץ וקוץ תילין תילין של הלכות. אמר לפניו: רבש"ע, הראהו לי, אמר לו: חזור לאחורך. הלך וישב בסוף שמונה שורות, ולא היה יודע מה הן אומרים, תשש כחו; כיון שהגיע לדבר אחד, אמרו לו תלמידיו: רבי, מנין לך? אמר להן: הלכה למשה מסיני, נתיישבה דעתו. חזר ובא לפני הקדוש ברוך הוא, אמר לפניו: רבונו של עולם, יש לך אדם כזה ואתה נותן תורה על ידי? אמר לו: שתוק, כך עלה במחשבה לפני. אמר לפניו: רבונו של עולם, הראיתני תורתו, הראני שכרו, אמר לו: חזור [לאחורך]. חזר לאחוריו, ראה ששוקלין בשרו במקולין, אמר לפניו: רבש"ע, זו תורה וזו שכרה? א"ל: שתוק, כך עלה במחשבה לפני. [יח] **זוהר - רעיא מהימנא במדבר פרשת קורח דף קעט עמוד א:** רמ"ח אברים דב"נ עלייהו אתמר (חבקוק ג) ברגז רחם תזכור בתר דכעיס ב"נ ומחרים ההוא בעירא לגביה הא שריא אל אחר נחש דאתמר ביה (בראשית ג) ארור אתה מכל הבהמה ואיהו לשמאלא דב"נ בגין דא מני קודשא בריך הוא למיהב לכהנא דאיהו רחמי ברכה לאתכפייא רגז דאתער בההוא ב"נ מרה חרבא דמלאך המות ואתער ימינא לגביה ברחמי ואתכפייא רוגזא דשמאלא והאי איהו ברגז רחם תזכור, מאן דכעיס דאית ליה בכעס סם המות דעליה אוקמוה מארי מתניתין כל הכועס כאילו עובד ע"ז בגין דסטרא אחרא אתוקדת בב"נ ובההיא בעירא דיהיב לכהנא אתפרש חרם מניה

וזה טעם שמצינו בספר סודי רזא שברא הקדוש ברוך הוא [יט]קצ"ו עולמות שנאמר (ישעי' כ"ו,ד') כי ביה י"י צור עולמי"ם כמנין עולמים ברא עולמות וטעם זה המספר לפי [כ]שהתורה נדרשת מ"ט פנים

גלא עמיקתא

ומביא הפסוק מחבקוק (ג',ו'): [כא]"עמד וימדד ארץ, ראה ויתר גוים ויתפצצו הררי עד שחו גבעות עולם, הליכות עולם לו" גימ' (4115) ה' פעמים "אמת ושלום" (823) ובדברי חז"ל

וסמאל אל אחר חרם ונוקבא דיליה קללה כלולה מכל קללות שבמשנה תורה וקודשא בריך הוא בריך בכל אורייתא כלא וכל ברכאן מימינא דאחיד בה כהן ובגין דא כל חרם צריך למיהב ליה לכהנא דאיהו אכיל ליה בנורא ושצי ליה מעלמא ושכיך אשא משמאלא בימינא דאיהו מייא וביה וחמת המלך שככה, פקודא בתר דא להפריש תרומה גדולה ואוקמוה תרי ממאה מאי תרומה רבנן דמתיבתא האי תרומה דצריכין לאפרשא תרי ממאה בסתרי תורה מאי ניהו מאן דבעי למטעם אי הוא זר יומת והיינו אל זר סמא"ל דקודשא בריך הוא אמר (שמות כה) ויקחו לי תרומה תרי ממאה ליחדא ליה תרין זמנין ביומא דהיינו תרי ממאה במ"ט אתוון דשמע וברוך שם כבוד מלכותו לעולם ועד דערבית ובמ"ט אתוון דשחרית חסרין תרין ממאה אינון שכינתא עלאה ותתאה בתרווייהו צריך ליחדא לקודשא בריך הוא אמה דתרווייהו, מדה דתרווייהו מאה באמה אמ"ה באתווי מא"ה איהו ואיהו בהפך אתוון הא"ם ועוד (במדבר טו) והיה באכלכם מלחם הארץ תרימו תרומה ליי' תרימו כגון (חבקוק ג) רום ידיהו נשא ואינון עשר אצבעאן דסליקו דלהון לעשר ספירן דאינון יו"ד ה"א וא"ו ה"א דסליקו מ"ה ובאתוון דאלפא ביתא מה סליק מא"ה י"ם ה"צ והאי איהו דאוקמוה רבנן מארי מתניתין (דברים י) ועתה ישראל מ"ה יי' אלהיך שואל מעמך ואמרו אל תקרי מה אלא מאה לקבל מאה ברכאן דמחייב ב"נ לברכא למאריה בכל יומא והאי איהו דצריך ב"נ למטעם בכל יומא למאריה ובג"ד ויקחו לי תרומה וכמה תרומות אינון אית תרומה מדאורייתא תורה מ' והאי איהו תרומה תורה דאתייהיבת בארבעים יום ואי תימרון דאכילנא מנה (נ"א מנא) הא כתיב (שמות לד) ויהי משה בהר ארבעים יום וארבעים לילה לחם לא אכל ומים לא שתה, נטירת הוה עד השתא האי תרומה לקודשא בריך הוא, וכיון דמלכא לא אכל איך

אכלין עבדי דהא לבתר דאמר (שיר ה) אריתי מורי עם בשמי לבתר אכלו רעים, ייכלון עבדוי. **[יט] פירושי סידור התפילה לרוקח [כז] אשרי עמוד קנג**: מלכותך, מלכות, מלכות, הרי סיים הפסוק במלכות והתחיל פסוק האחר במלכות, לרבות מלך מלך ימלוך. ועוד מלכותו על כל הגאים, מלכותך מלכות כל עולמים, עולמים הם ב' כל לרבות ג', כנגד העולם הזה והעולם הבא לה' ולימות המשיח, כל עולמים יש לו להקב"ה קצ"ו עולמות כמנין עולמי"ם. **[כ] תלמוד ירושלמי מסכת סנהדרין פרק ד הלכה ב**: מתני' דיני ממונות מטין על פי אחד בין לזכות בין לחובה ודיני נפשות מטין על פי אחד לזכות ועל פי שנים לחובה: גמ' א"ר ינאי אילו ניתנה התורה חתוכה לא היתה לרגל עמידה. מה טעם וידבר ה' אל משה אמר לפניו רבונו של עולם הודיעני היאך היא ההלכה אמר לו [שמות כג ב] אחרי רבים להטות רבו המזכין זכו רבו המחייבין חייבו כדי שתהא התורה נדרשת מ"ט פנים טמא ומ"ט פנים טהור מיניין ודגל"ו. וכן הוא אומר [תהילים יב ז] אמרות ה' אמרות טהורות כסף צרוף בעליל לארץ מזוקק שבעתים ואומר [שיר השירים א ד] מישרים אהבוך: **[כא] תלמוד בבלי מסכת בבא קמא דף לח עמוד א**: שור של ישראל שנגח שור של כנעני - פטור. אמרי: ממה נפשך? אי רעהו דוקא, דכנעני כי נגח דישראל נמי ליפטר! ואי רעהו לאו דוקא, אפילו דישראל כי נגח דכנעני נחייב! א"ר אבהו, אמר קרא: עמד וימודד ארץ ראה ויתר גוים, ראה שבע מצות שקיבלו עליהם בני נח, כיון שלא קיימו, עמד והתיר ממונן לישראל. רבי יוחנן אמר, מהכא: הופיע מהר פארן, מפארן הופיע ממונם לישראל. תניא נמי הכי: שור של ישראל שנגח שור של כנעני - פטור; שור של כנעני שנגח שור של ישראל, בין תם בין מועד - משלם נזק שלם, שנאמר: עמד וימודד ארץ ראה

טהור ומ"ט פנים טמא בנגלה וכן בנסתר גם כן. ז"ש (ישעי' נ"ח,י"א) והשביע בצחצחות נפשיך ב"פ צ"ח שהם קצ"ו וזה נרמז במלת קו"ץ. ומפרש בכאן מהיכן בא לו היקר שהוא השכר לעוה"ב. ועז"א וידבר ה'

גלא עמיקתא

"הליכות עולם לו" (חבקוק ג',ו') [כב]**אל תיקרי הליכות אלא הלכות וכו'. וזהו דאומר תלמידי חכמים מרבים שלום בעולם שנאמר "הליכות עולם לו" ומבאר אל תיקרי הליכות אלא הלכות כדאמרינן בסיפא דצלותא. ולכן סליק האי פסוקא לחושבן ג' זמנין "אמת ושלום". ורמיזא נמי גאולתא שלמתא דכתיב (זכריה ח',י"ט): "כה אמר ה' צב–אות: צום הרביעי וצום החמישי וצום**

ויתר גוים, ואומר: הופיע מהר פארן. מאי ואומר? וכי תימא, האי עמד וימודד ארץ מבעי' ליה לכדרב מתנה וכדרב יוסף, ת"ש: הופיע מהר פארן, מפארן הופיע ממונן לישראל. מאי דרב מתנה? דא"ר מתנה: עמד וימודד ארץ ראה וכו' - מה ראה? ראה שבע מצות שנצטוו עליהן בני נח ולא קיימום, עמד והגלה אותם מעל אדמתם. ומאי משמע דהאי ויתר לישנא דאגלויי הוא? כתיב הכא: ויתר גוים, וכתיב התם: לנתר בהן על הארץ, ומתרגם: לקפצא בהון על ארעא. מאי דרב יוסף? דא"ר יוסף: עמד וימודד ארץ ראה וכו' - מה ראה? ראה שבע מצות שקיבלו עליהם בני נח ולא קיימום, עמד והתירן להם. איתגורי אתגר? א"כ, מצינו חוטא נשכר! אמר מר בריה דרבנא: לומר, שאפילו מקיימין אותן - אין מקבלין עליהן שכר. ולא? והתניא, ר"מ אומר: מנין שאפילו נכרי ועוסק בתורה שהוא ככהן גדול? ת"ל: אשר יעשה אותם האדם וחי בהם, כהנים ולוים וישראלים לא נאמר אלא אדם, הא למדת, שאפילו נכרי ועוסק בתורה הרי הוא ככהן גדול! אמרי: אין מקבלים עליהן שכר כמצווה ועושה אלא כמי שאינו מצווה ועושה, דא"ר חנינא: גדול המצווה ועושה יותר ממי שאינו מצווה ועושה. ת"ר: וכבר שלחה מלכות רומי שני סרדיוטות אצל חכמי ישראל למדונו תורתכם, קראו ושנו ושלשו. בשעת פטירתן, אמרו להם: דקדקנו בכל תורתכם ואמת הוא, חוץ מדבר זה שאתם אומרים: שור של ישראל שנגח שור של כנעני - פטור, של כנעני שנגח שור של ישראל, בין תם בין מועד - משלם נזק שלם, ממ"נ? אי רעהו דוקא, אפילו דכנעני כי נגח דישראל ליפטר! ואי רעהו לאו דוקא, אפילו דישראל כי נגח דכנעני

לחייב! ודבר זה אין אנו מודיעים אותו למלכות. רב שמואל בר יהודה שכיבא ליה ברתא, אמרו ליה רבנן לעולא: קום ניזל נינחמיה, אמר להו: מאי אית לי גבי נחמתא דבבלאי? דגידופא הוא, דאמרי מאי אפשר למיעבד, הא אפשר למיעבד עבדי. אזל הוא לחודאי גביה, א"ל: ויאמר ה' אלי אל תצר את מואב ואל תתגר בם מלחמה, וכי מה עלה על דעתו של משה לעשות מלחמה שלא ברשות? אלא נשא משה ק"ו בעצמו, אמר: ומה מדינים שלא באו אלא לעזור את מואב, אמרה תורה: צרור את המדינים והכיתם אותם,

[כב] תלמוד בבלי מגילה דף כח עמוד ב: תנא דבי אליהו: כל השונה הלכות מובטח לו שהוא בן עולם הבא, שנאמר הליכות עולם לו, אל תקרי הליכות אלא הלכות. ומבואר בספר תורת המגיד תורה פרשת וישב חותמך ופתילך ומטך אשר בידיך [לח, יח]. במדרש (ב"ר פה, ט) חותמך זה מלכות, ופתילך אלו הסנהדרין, ומטך זה מלך המשיח. וא"ל ע"פ מ"ש רז"ל (מגילה יח א) הקדוש ברוך הוא קראו ליעקב אל, וכבר ידעת שהוא לשון יכולת, מפני שיעקב הוא בריח התיכון מראשית החכמה עד מדריגה תחתונה, וזהו (תהלים קלט, ה) אחור וקדם צרתני, שהוא ראשון במחשבה ואחרון למעשה כנז' לעיל במק"א (פרשת וישלח עה"פ ויהי לי שור), והוא ממשיך השפע מחכמה שהוא י' שהוא עיוני, וזהו נקרא עין יעקב, וזהו לשון טביעת עין, כי החכמה שהיא נטבעה ונתלבשה בתוך העין ולכך נקרא עין. והנה אמרו בזוה"ק (זח"ג רכה א) קב"ה לעילא מכל עלמין, ומתוך כל עלמין, וממלא כל עלמין ומסבב כל עלמין, והנה אפליגו בגמרא (יומא נד ב), חד אמר עולם מן הצדדין נברא, וחד אמר

אליו מאוהל מועד לאמר ר"ל שהשכר בא אל הצדיקים מן עולמות החדשות. מאוהל מועד ממה שמחדשים הלכות שנתנה באוהל מועד שמשם נצטוו

גלא עמיקתא

השביעי וצום העשירי יהיה לבית יהודה לששון ולשמחה ולמועדים טובים, והאמת והשלום אהבו". וכן בתחלת פרקי אבות (פ"א,מ"ב) שמעון הצדיק וכו' הוא היה אומר [כג]על שלשה דברים העולם עומד– על התורה, ועל העבודה, ועל גמילות חסדים. ובסוף פרק א' שם: [כד]על שלשה דברים העולם קיים: על הדין ועל האמת ועל השלום. ומביא שם הפסוק [וגם הוא מנבואת זכריה הנביא (ח',ט"ז)]: [כה]"אמת ומשפט שלום שפטו בשעריכם".

והפסוק דמביא המגלה עמוקות מנבואת ישעיהו (נ"ח,י"א): "ונחך הוי' תמיד, והשביע בצחצחות נפשך, ועצמתיך יחליץ, והיית כגן רוה, וכמוצא מים אשר לא יכזבו מימיו" גימ' (4462) "לב דוד" (46) פעמים "לבינה" (97). "לב דוד" כדכתיב (ש"א כ"ד,ו') "ויך לב דוד על אשר כרת את כנף אשר לשאול" [כו]ופירשו חז"ל משום שביטל ממנו מצות ציצית. "לבינה" כדכתיב (משלי

מאמצעיתו נברא. ונ"ל כי אלו ואלו דברי אלקים חיים כביכול, ומר אמר חדא ומר אמר חדא ולא פליגי, כי הם מדברים מבריאת העולם וקיומו עיקר האור א"ס המאיר מן הצדדין ומתוכו, כי מלא כל הארץ כבודו, ואלו ואלו דברי אלקים חיים המחי' כל העולמות. ר"ל, שכל אחד מהמאן דאומרים מדברים מדברי אלקים חיים וקיום העולם, וכן אפשר לומר בכל הפלוגתות שקיימא לן אלו ואלו וכו', הוא פירושו כך שכל אחד אמר לפי מדתו ומדריגתו שהוא חיות העולם וקיומו. ומה שאמרו רז"ל הלכה כפלוני, הוא לשון הליכות עולם וקיומו. וזהו מה שאמרו רז"ל (מגילה כח ב) אל תיקרי הליכות, אלא הלכות. [כג] **משנה מסכת אבות פרק א:** שמעון הצדיק היה משירי כנסת הגדולה הוא היה אומר על שלשה דברים העולם עומד על התורה ועל העבודה ועל גמילות חסדים. [כד] **משנה מסכת אבות פרק א:** רבן שמעון בן גמליאל אומר על שלשה דברים העולם עומד על הדין ועל האמת ועל השלום שנאמר (זכריה ח) אמת ומשפט שלום שפטו בשעריכם. [כה] **תוספתא מסכת סנהדרין פרק א הלכה ג:** דבר אחר ובוצע ברך ניאץ יי' אילו אחי יוסף שהיו אומ' מה בצע כי נהרוג את אחינו ר' יהושע בן קרחה אומ' מצוה לבצוע שנ' אמת ומשפט ושלום שפטו בשעריכם והלא כל מקום שיש משפט אמת אין שלום וכל מקום שיש שלום אין משפט אמת ואיזהו משפט אמת שיש בו שלום הוי אומ' זה הביצוע וכן הוא אומר בדוד ויהי דוד עושה משפט וצדקה לכל עמו והלא כל מקום שיש משפט אין צדקה וכל מקום שיש צדקה אין משפט אלא איזהו משפט שיש בו צדקה הוי אומ' זה הביצוע [כו] **מדרש תהלים מזמור ז:** [ז, ב] ה' אלהי בך חסיתי. אמר ר' יעקב בך בתורתך, שכתוב בה כ"ב אותיות אלפא ביתא. פן יטרוף כאריה נפשי. מה האריה הזה יושב על טרפו ומפספסו, כך היו דואג ואחיתופל עלי לפספסני. פורק ואין מציל, אין אחד מכל אוכלוסין שלו מלמדין עלי זכות. ה' אלהי אם עשיתי זאת וגו'. [לשון שבועה, כיוצא בדבר אתה אומר אם כחה אכלתי בלי כסף וגו' תחת חטה יצא חוח (איוב לא לט מ)]. אם גמלתי שולמי רע. בישראל. ואחלצה צוררי ריקם. באומות העולם. ויכרות את כנף המעיל (שמואל א' כד ה), מה כתיב שם, ויך לב דוד אותו (שם שם /שמואל א' כ"ד/ ו). ר' יהודה אומר אמר דוד מה בין קטע ציציתא לקטע רישא, אמר ר' נחמיה שביטלו ממצות ציצית שעה אחת, כיון שנכרתה לא היה יודע בקש ולא מצא אותו, אמר לו לאבנר היכן הוא כנף מעילי, אמר לו בסירה הועדת, כיון ששמע דוד כך אמר ליה ואבי ראה גם ראה את כנף מעילך בידי (שם שם /שמואל א' כ"ד/ יב), מיכן שחייב אדם בכבוד

ישראל על ההוראה אל חדר הורתי (שיר השירים ג,ד') זה אוהל מועד מאהל מועד בגי' קצ"ו שהוא קוץ וקוץ תילי תילים של הלכות וזה אדם כי יקריב שזכה להון אדם יקר חרוץ.

גלא עמיקתא

ב,ג') "כי אם לבינה תקרא" ודרשו חז"ל (במדבר רבה נשא פרשה י') [כז]אל תיקרי אם אלא אם מלשון ג' אמהות ומבואר באריכות בספר לקוטי מוהר"ן בכמה מקומות (לקוטי מוהר"ן ח"א סימן ל"ה, ל"ו, ל"ח, מ"ח, רס"ו). והוא בסוד מ"י זא"ת עולה מן המדבר- דכתב בצחצחו"ת היינו ב"פ צ"ח גימ' קו"ץ- [כח]דרבי עקיבא על כל קוץ וקוץ דרש תלי תלים של הלכות. ואמרינן צ"ח גימ' חס"ד הוי' – ב' פעמים הה"ד (איכה ג',כ"ב) "חסדי הוי' כי לא תמנו" וכו'.

וממשיך (שם) "חדשים לבקרים רבה אמונתך"- ענין ההודאה לקב"ה בכל יום ויום על התחדשות החיות. ולכן תיקנו חכמים לומר בכל יום תכף כשנעור משנתו הנוסח "מודה אני לפניך מלך חי וקים שהחזרתי בי נשמתי בחמלה רבה אמונתך". והנה כל ששת הפסוקים יחד: א'. "יקר בעיני הוי' המותה לחסידיו" ב'. "ואדם ביקר בל ילין, נמשל כבהמות נדמו" ג'. "יקר בעיני הוי' המותה לחסידיו" ד'. "ואדם ביקר בל ילין, נמשל כבהמות נדמו" ה'. "לא יחרך רמיה צידו, והון אדם יקר חרוץ" ו'. "עמד וימדד ארץ, ראה ויתר גוים ויתפצצו הררי עד שחו גבעות עולם, הליכות עולם לו" גימ' (13933) אה"ל (36) פעמים בשכינ"ה (387) עם הכולל, וזהו "ויקרא אל משה וידבר ה' אליו מאהל מועד"- דמשה הגיע למדרגת יחודא שלים דבורא ונברא, וכן יהיה לעתיד לבוא בתחית המתים ונזכה כולנו יחד להתעלות לבחינת משה איש האלהים אמן נצח סלה ועד.

חמיו כבכבוד אביו, ר' יהודה אמר אבי ראה גם ראה, אבי ראה אמר לשאול, גם ראה אמר לאבנר, ורבנן אמרי אבי ראה אמר לאבנר, דהוה אריה בתורה, גם ראה אמר לשאול. כד אתי למעגל מה אמר ליה, הלוא תענה אבנר (שמואל א' כו יד), אמרת בכנף המעיל בסירה הועדה, שמא חנית וצפחת בסירות הועדו, הדא הוא דכתיב וישיבו אותו מבור הסירה (שמואל ב' ג כו), בור וסירה גרמו לאבנר ליהרג. **[כז] ליקוטי מוהר"ן תורה מח**: וזה בחי' בינה, ששם נוצר הולד, כמ"ש (משלי ב') כי אם לבינה תקרא. ושם שני בחינות חסד ודין, כי משם דינין מתערין(ב). והיא בחי' סוכה, כמ"ש (תהלים קל"ט) תסוכיני בבטן אמי. ליקוטי מוהר"ן תורה רסו על בנין (תיקונים ד"ג) בחינות אם לבינה תקרא (משלי ב). **[כח] תלמוד בבלי מנחות דף כט עמוד ב**: אמר רב יהודה אמר רב בשעה שעלה משה למרום, מצאו להקב"ה שיושב וקושר כתרים לאותיות, אמר לפניו: רבש"ע, מי מעכב על ידך? אמר לו: אדם אחד יש שעתיד להיות בסוף כמה דורות ועקיבא בן יוסף שמו, שעתיד לדרוש על כל קוץ וקוץ תילין תילין של הלכות. אמר לפניו: רבש"ע, הראהו לי, אמר לו: חזור לאחורך. הלך וישב בסוף שמונה שורות, ולא היה יודע מה הן אומרים, תשש כחו; כיון שהגיע לדבר אחד, אמרו לו תלמידיו: רבי, מנין לך? אמר להן: הלכה למשה מסיני, נתיישבה דעתו. חזר ובא לפני הקדוש ברוך הוא, אמר לפניו: רבונו של עולם, יש לך אדם כזה ואתה נותן תורה על ידי? אמר לו: שתוק, כך עלה במחשבה לפני. אמר לפניו: רבונו של עולם, הראיתני תורתו, הראני שכרו, אמר לו: חזור [לאחורך]. חזר לאחוריו, ראה ששוקלין בשרו במקולין, אמר לפניו: רבש"ע, זו תורה וזו שכרה? א"ל: שתוק, כך עלה במחשבה לפני.

אופן נג

איתא בסודי רזא שיש בחללו של עולם תש"ך אלפים מלאכים וטעם הדבר לדעתי אמרתי עולם חסד יבנה והכל כלול מי' יוד פעמים חס"ד הרי תש"ך.

וכן מהלך עולם כולו הוא קמ"ד אלפים ימים וסימן חדש ימינו כקדם ד' רוחות יש בעולם הרי ד' פעמים קמ"ד ומן הארץ עד לרקיע גם כן מהלך ת"ק שנה שהוא ג"כ קמ"ד אלפים ימים נמצא ה' פעמים קמ"ד הוא תש"ך.

וכשהיו ישראל במצרים אתמר הוצאתי את צבאותי שהם תש"ך צרופין של צבאותי כדין תיבה של ששה אותיות.

לכן חלל המשכן גם כן תש"ך אלפים אמות שהוא מכוון כנגד עולם בכללו וזה טעם שבעה ימי מילואים שכסה הענן את משה.

אחר כך אמר ויקר אל משה שזכה משה ליקר כמה דאיתמר מה יקר חסדך ואמר א' זעירא שהיא צורת יוד למעלה ד' למטה ו' באמצע לרמוז שזכה משה למדת החסד שנקראת יקר בכללות עשר שכן משה כמה הוה עשר ומטה שבידו הי' עשר ובזה זכה לתש"ך שהוא סוד ארבע אמות של הלכה ארבע אמות בגימטריא תש"ך.

וידבר ה' אליו מאוהל מועד שחלל אוהל מועד היה גם כן תש"ך מזה הטעם כל ששהא שלשים יום באדם אינו נפל הטעם כי בשלשים יום יש תש"ך שעות וכזה היקף האדם את מדת החסד בכללות יו"ד לכן אינו נפל.

וזה אמר אדם כי יקריב מכם שגם אדם צריך לזה המספר של תש"ך הוא קרבן לה' לקיים ופדויו מבן חודש תפדה אבל פחות מבן חודש אין לו יקר פדיון נפשו.

אופן נג

אִיתָא בסודי רזא שיש בחללו של עולם תש"ך אלפים מלאכים וטעם הדבר לדעתי (תהל' פ"ט,ג') אמרתי עולם חסד יבנה והכל כלול מי' יוד פעמים חס"ד הרי תש"ך וכן

גלא עמיקתא

והנה מבאר המגלה עמוקות חושבן תש"ך בכמה מצרופיו והקשריו, והוא באור דברי בעל הרוקח ר' אלעזר מגרמיזא זיע"א בספר סודי רזא שמביאם בתחלת האופן – שיש בחללו של עולם תש"ך אלפים מלאכים, ומביא לכל צרוף פסוק אחד בהתאמה. וחושבן תש"ך (720) הוא בסוף שיר השירים: "ודמה לך לצבי או לעפר האילים" (720), וכן הוא חושבן (720) ו' פעמים "בכסא הכבוד" (120) דלעתיד לבוא יכרית הקב"ה זכר עמלק למהוי שם שלם וכסא שלם.

ומבואר בסוף פרשת בשלח [א]ובפירוש רש"י שם, דכתיב בתר מלחמת עמלק (שמות י"ז,ט"ז): "ויאמר כי יד על כס י–ה, מלחמה להוי' בעמלק מדר דר". [ב]ומבאר רש"י (שם) וזלשה"ק: "כי יד על כס י–ה"– ידו של הקב"ה הורמה לישבע בכסאו, להיות לו מלחמה ואיבה בעמלק עולמית, ומהו כס ולא נאמר כסא, ואף השם נחלק לחציו – נשבע הקב"ה שאין שמו שלם ואין כסאו שלם עד שימחה שמו של עמלק כולו, וכשימחה שמו יהיה השם שלם והכסא שלם וכו'. ועיין [ג]בפירש"י בסוף שיר השירים: "ברח דודי"– מן הגולה הזאת ופדנו מביניהם. "ודמה לך לצבי"– למהר הגאולה, והשרה שכינתך. "על הרי בשמים"– הוא הר המוריה ובית המקדש יבנה ויכונן בב"א.

[א] רש"י שמות פרק יז פסוק טז: כי יד על כס יה - ידו של הקדוש ברוך הוא הורמה לישבע בכסאו להיות לו מלחמה ואיבה בעמלק עולמית, ומהו כס, ולא נאמר כסא, ואף השם נחלק לחציו, נשבע הקדוש ברוך הוא שאין שמו שלם ואין כסאו שלם עד שימחה שמו של עמלק כולו, וכשימחה שמו יהיה השם שלם והכסא שלם, שנאמר (תהלים ט ז) האויב תמו חרבות לנצח, זהו עמלק שכתוב בו (עמוס א יא) ועברתו שמרה נצח, (תהלים שם) וערים נתשת אבד זכרם המה, מהו אומר אחריו (תהלים ט ח) וה' לעולם ישב, הרי השם שלם, (תהלים שם) כונן למשפט כסאו, הרי כסאו שלם. **[ב] רש"י שמות פרק יז פסוק טז:** כי יד על כס יה - ידו של הקדוש ברוך הוא הורמה לישבע בכסאו להיות לו מלחמה ואיבה בעמלק עולמית, ומהו כס, ולא נאמר כסא, ואף השם נחלק לחציו, נשבע הקדוש ברוך הוא שאין שמו שלם ואין כסאו שלם עד שימחה שמו של עמלק כולו, וכשימחה שמו יהיה השם שלם והכסא שלם, שנאמר (תהלים ט ז) האויב תמו חרבות לנצח, זהו עמלק שכתוב בו (עמוס א יא) ועברתו שמרה נצח, (תהלים שם) וערים נתשת אבד זכרם המה, מהו אומר אחריו (תהלים ט ח) וה' לעולם ישב, הרי השם שלם, (תהלים שם) כונן למשפט כסאו, הרי כסאו שלם. **[ג] רש"י שיר השירים פרק ח:** (יג) היושבת בגנים - הקדוש ברוך הוא אומר לכנסת ישראל את הנפוצה בגולה רועה בגנים של אחרים ויושבת בבתי כנסיות ובבתי מדרשות חברים מקשיבים לקולך - מלאכי השרת חביריך בני אלהים דוגמתך מקשיבים ובאים לשמוע קולך בבתי כנסיות השמיעני - ואחר כך יקדישו הם שאמר (איוב ל"ח) ברן יחד כוכבי בקר אלו ישראל ואחר כך ויריעו כל בני אלהים (יד) ברח דודי - מן הגולה הזאת ופדנו מביניהם ודמה לך לצבי - למהר הגאולה והשרה שכינתך על הרי בשמים הוא הר המוריה ובית המקדש שיבנה במהרה בימינו אמן.

[ד]מהלך עולם כולו הוא קמ"ד אלפים ימים וסי' (סוף איכה) חדש ימינו כקדם ד' רוחות יש בעולם הרי ד' פעמים קמ"ד ומן

גלא עמיקתא

ומובא בספה"ק שהמגלה עמוקות חיבר תש"ך (720) **אופנים** על תיבת בראשי"ת ו' אבנים בונות תש"ך (720) בתים (ספר יצירה) כנ"ל– דהיינו אופן ובאור על כל צרוף וצרוף, והלך כולו לאיבוד, וחבל על דאבדין. ובאופן דנן פותח רבינו בפסוק (תהל' פ"ט,ג'): "[ה]כי אמרתי עולם חסד יבנה, שמים תכן אמונתך בהם" גימ' (2390) י' פעמים "כי יד על כס י–ה" (239) כנ"ל. והוא במכוון חושבן הפסוק (משלי ב',י"א) "מזימה תשמר עליך, תבונה תנצרכה" [ו]ופרש"י: "מזימה תשמר עליך": התורה תשמור עליך. עכלשה"ק. והתורה הקדושה נקראת "תורת חסד" כדכתיב (סוף משלי) "ותורת חסד על לשונה" – וזהו דכתב חס"ד (72) כלול מ–י' הרי תש"ך (720). ונעביד תור"ה (611) כלולה מ–י' – סליק לחושבן (6110): הוי' (26) פעמים אהב"ה ויראא"ה (235) כדכתיב (דברים ו',ה') "ואהבת את הוי' אלהיך" וכתיב (שם י',כ') "את הוי' אלהיך תירא". ובגמרא (פסחים כב:) [ז]שמעון העמסוני היה דורש כל אתין שבתורה, כיון שהגיע לאת הוי' אלהיך תירא פירש, אמרו לו תלמידיו רבנו כל אתין שדרשת מה תהא עליהן, אמר להם כשם

לא תענון אם ענה תענה וגו' וחרה אפי והרגתי וגו' (שמות כ"ב כ"א עד כ"ג), מיכן אמרו, יעשה אדם תורתו בשמחה ותחשב לו לצדקה, יפריש אדם תרומתו בשמחה ותחשב לו לצדקה, יתן אדם מעשרותיו בשמחה ותחשב לו לצדקה, שנאמר כי אמרתי עולם חסד יבנה (תהלים פ"ט ג'), אין העולם מתגדל אלא בצדקה, שנאמר בצדקה תכונני וגו' (ישעיה נ"ד י"ד), ועליה אמר דוד, אנא ה' מלטה נפשי וגו' (תהלים קט"ז ד' וה'), ואומר כי אל רחום ה' אלהיך (דברים ד' ל"א).

[ד] **ספר השם עמוד מג**: השם ד' אותיות, וד' אמות רשות היחיד, וקמ"ד פעמים כל אות עם השם, וקמ"ד שערות בטפח. וכנגד היום כ"ד שעות ביום ובלילה, וכ"ד עונות וכ"ד עיתים וכ"ד רגעים. ולפי שקמ"ד פעמים א' עם הש"ם וא' אחד וא' אלף, לכך וקמ"ד ד' אלפים אצבעות קטנות תחום שבת. וכן העולם קמ"ד אלפים ימים, וקמ"ד שעות בו' ימים ולילות. הנה תהפוך השם בל"ו קולות כשאותיות של שם מצטרפות עם אותן אחד שקדמו, ואם אות אחד באחרונה ואות מן השם מקדים אז השם קמ"ד פעמים, לכך (ישעי' ו, ב) שרפים עומדים ממעל לו, עומדי"ם ממע'ל ל'ו ש'ש כנפי"ם להפך משול"ם, שכל מי שהוא משולם הרי הוא כשרפים. [ה] **אליהו רבה פרשה כז**: מתוך הרחמים, כאיזה צד, כשם שהקב"ה יהי שמו הגדול מבורך לעולם ולעולמי עולמים רחמן על ישראל בכל מקומות מושבותיהן, רחמן על עניים ועל אביונים ועל דלים ורשין, על יתומים בזמנן ועל אלמנות בכל מקום, כך יהא אדם רחמן על ישראל בבל מקומות מושבותיהן, רחמן על עניים ועל אביונים ועל דלים ורשים, על יתומים בזמנן ועל אלמנות בכל מקום, כדי שלא תהא אשתו אלמנה ובניו יתומים, שנאמר כל אלמנה ויתום

[ו] **רש"י משלי פרק ב פסוק יא**: מזימה תשמור עליך - התורה תשמור עליך. [ז] **תלמוד בבלי פסחים דף כב עמוד ב**: ולהנך תנאי דמפקי ליה להאי קרא לדרשה אחרינא, לחצי כופר ולדמי וולדות, הנאת עורו מנא להו? - נפקא להו מאת בשרו - את הטפל לבשרו. - ואידך: את לא דריש. כדתניא: שמעון העמסוני, ואמרי לה נחמיה העמסוני, היה דורש כל אתים שבתורה. כיון שהגיע לאת ה' אלהיך תירא - פירש. אמרו לו תלמידיו: רבי, כל אתים שדרשת מה תהא עליהן? - אמר להם: כשם שקבלתי שכר על הדרישה, כך אני מקבל שכר על הפרישה. עד שבא רבי עקיבא ודרש: את ה' אלהיך תירא - לרבות תלמידי חכמים.

1. א' זעירא מרמזת על אלופו של עולם ה' אחד: י"ג אותיות ראשונות (אחד גימ' י"ג) של הפסוק "ויקרא אל משה ויד" גימ' (713) תשובה. השאר- כ"ב אותיות לקביל כ"ב אותיות התוה"ק גימ' (742) "אספקלריא דנהרא", מדרגת משה, כמאמרם ז"ל כל הנביאים נתנבאו ב"כה" ומשה רבנו ב"זה".

הארץ עד לרקיע ג"כ מהלך ת"ק שנה שהוא ג"כ קמ"ד אלפים ימים נמצא ה"פ קמ"ד הוא תש"ך. וכשהיו ישראל במצרים אתמר (שמות ז',ד') **הוצאתי את צבאותי שהם תש"ך צרופין של צבאותי כדין תיבה של ששה אותיות. לכן חלל המשכן ג"כ תש"ך אלפים**

גלא עמיקתא

שקיבלתי שכר על הדרישה כך אקבל שכר על הפרישה, עד שבא רבי עקיבא ודרש: את ה' אלהיך תירא- לרבות תלמידי חכמים. וחזינן דע"י אהבת ויראת ה' מתקשרים אליו ולתורתו הקדושה למתקא לדינין ולמקרבא גאולתא שלמתא.

ומבאר ענין קמ"ד ה' פעמים ל-ד' רוחות השמים ו-א' מארץ לרקיע ת"ך שנה דהן קמ"ד ימים והן ה' פעמים קמ"ד הרי תש"ך (720). ומביא הפסוק מסוף מגילת איכה: "[ח]השיבנו ה' אליך ונשוב (כתיב חסר), חדש ימינו כקדם" גימ' (1416) ח"פ "גן עדן" (177) רמיזא א' שמעל ז' ימי הבנין והטבע. והא ענין אלפא תמינאה- תחית המתים. והנה תיבין "השיבנו הוי'" גימ' (399): "אלף זעירא" דויקרא אל משה. ורמיזא ענין התשובה- וכאמרם (סנהדרין צז:-פרק חלק) [ט]כלו כל הקיצין ואין הדבר תלוי אלא בתשובה- [1]וכדאמרינן במקום אחר דאתוון דפסוקא ויקרא אל משה עד וי"ד דוידבר: "ויקרא אל משה ויד" סליקו לחושבן (713) תשוב"ה- ואינון י"ג אתוון גימ' אח"ד- רמיזא בכללות ל-א' זעירא- דאות א' גימ' (1) אח"ד וכן אח"ד גימ' (13) דרמיזא בהאי חושבן (713), ובחושבן הן ז' מאות (700) וה-י"ג דהיינו אח"ד

[ח] **איכה רבה פרשה ה:** כא השיבנו ה' אליך ונשובה, אמרה כנסת ישראל לפני הקדוש ברוך הוא רבש"ע שלך הוא השיבנו, אמר להם שלכם הוא שנאמר (זכריה א') שובו אלי ואשובה אליכם נאם ה', אמרה לפניו רבש"ע שלך הוא שנא' (תהלים פ"ה) שובנו אלהי ישענו לכך נאמר השיבנו ה' אליך ונשובה, חדש ימינו כקדם, כאדם הראשון כמד"א (בראשית ג') ויגרש את האדם וישכן מקדם לגן עדן, ד"א חדש ימינו כקדם כמד"א (מלאכי ג') וערבה לה' מנחת יהודה וירושלים כימי עולם וכשנים קדמוניות, כימי עולם זה משה דכתיב (ישעיה ס"ג) ויזכור ימי עולם משה עמו, וכשנים קדמוניות כשנות שלמה, רבי אומר כימי עולם כימי נח שנא' (שם /ישעיהו/ נ"ד) כי מי נח זאת לי, וכשנים קדמוניות כשנות הבל שלא היתה עבודת כוכבים עדיין בעולם.

[ט] **תלמוד בבלי מסכת סנהדרין דף צז עמוד ב:** אמר רב: כלו כל הקיצין, ואין הדבר תלוי אלא בתשובה ומעשים טובים. ושמואל אמר: דיו לאבל שיעמוד באבלו. כתנאי, רבי אליעזר אומר: אם ישראל עושין תשובה - נגאלין, ואם לאו - אין נגאלין. אמר ליה רבי יהושע: אם אין עושין תשובה - אין נגאלין? אלא, הקדוש ברוך הוא מעמיד להן מלך שגזרותיו קשות כהמן, וישראל עושין תשובה ומחזירן למוטב. תניא אידך: רבי אליעזר אומר: אם ישראל עושין תשובה - נגאלין, שנאמר שובו בנים שובבים ארפא משובתיכם. אמר לו רבי יהושע: והלא כבר נאמר חנם נמכרתם ולא בכסף תגאלו, חנם נמכרתם - בעבודה זרה, ולא בכסף תגאלו - לא בתשובה ומעשים טובים. אמר לו רבי אליעזר לרבי יהושע: והלא כבר נאמר שובו אלי ואשובה אליכם. אמר ליה רבי יהושע: והלא כבר נאמר כי אנכי בעלתי בכם ולקחתי אתכם אחד מעיר ושנים ממשפחה והבאתי אתכם ציון.

אמות שהוא מכוון כנגד עולם בכללו וזה טעם שבעה ימי מילואים שכסה הענן את משה. אח"כ אמר ויקר אל משה שזכה משה ליקר כמה דאיתמר (תהל' ל"ו,ח') מה יקר חסדך ואמר [י]א' זעירא שהיא צורת יוד למעלה ד' למטה ו' באמצע

גלא עמיקתא

(13) רוכב על גביהן, ורמיזא כנ"ל אלפא תמינאה– תחית המתים. והנה הני תרין פסוקין דמביא המגלה עמוקות בריש אופן נ"ג דיליה: "כי אמרתי עולם חסד יבנה, שמים תכן אמונתך בהם" (2390) "השיבנו ה' אליך ונשוב (כתיב חסר), חדש ימינו כקדם" (1416) גימ' (3806): י"א פעמים רצו"ן (346) דבהארת הכתר בחינת רצון יכלו ממילא י"א כתרין דמסאבותא ויוציאו בלעם מפיהם ואף את חיותם יוציאו בחינת תשלומי כפל של הגנב ישלם שנים לרעהו (עיין לקוטי הלכות הלכות גניבה). וממשיך רבינו דביציאת מצרים כתיב (שמות ז',ד'): "[יא]ולא ישמע אליכם פרעה, ונתתי את ידי במצרים והוצאתי את צבאתי את עמי בני ישראל מארץ מצרים בשפטים גדולים" גימ' (6361) י"ב פעמים "פני השכינה" (530) עם הכולל.

ובאור הענין: דהקב"ה קרע לישראל הרקיעים וראו פני השכינה באופן שאף יחזקאל לא זכה– כאמרם [יב]ראתה שפחה על הים מה שלא ראה יחזקאל וכו'. ובמקום

[י] **מגלה עמוקות על א' זעירא דויקרא אופן ע"ח:** רמז הקב"ה בכאן בצורת א' שהיא צורת י' סוד המקוה שהוא סוד שיעור קומה בהיפך אתוון הוקם המשכן אז נשלמה המקוה של מעלה. שיש ר"ם קבין במקוה. לכן היו ישראל ד' פעמים ס' רבוא שהם ר"ם רבוא.

[יא] **שמות רבה פרשת כי תשא פרשה מב:** ו לך רד כי שחת עמך העם אין כתיב כאן אלא עמך, אמר משה רבון העולם מנין הם עמי, אמר לו הקדוש ברוך הוא עמך הם שעד שהיו במצרים אמרתי לך (שמות ז) והוצאתי את צבאותי את עמי אמרתי לך שלא לערב בהם ערב רב, אתה שהיית עניו וכשר אמרת לי לעולם מקבלים השבים ואני הייתי יודע מה הם עתידין לעשות אמרתי לך לאו, ועשיתי רצונך והם הם שעשו את העגל שהיו עובדים עבודת כוכבים והם עשו אותו וגרמו לעמי לחטא, ראה מה כתיב אלה אלהינו אין כתיב כאן אלא אלה אלהיך שהגרים שעלו עם משה הם עשאוהו ואמרו לישראל אלה אלהיך, לכך הקדוש ברוך הוא אמר למשה לך רד כי שחת עמך.

[יב] **מכילתא בשלח פרק טו סימן ב:** עזי. עוז שנתתי לו. כדכתיב תנו עוז לאלהים (תהלים סח לה), וננקד בחטף קטן, להודיעך כי הוא שם דבר והיו"ד טפל בו, כמו (מעברם) [מעסים] רמוני (שה"ש ח ב), שכני בחגוי סלע (עובדי' א ג), והיא תוקף, וכן וזמרת, זמר הוא יסוד המלה, והוא שם דבר שבח והתי"ו לסמיכה: וזמרת יה. וזמרה שהייתי מקלס לפניו, לפיכך ויהי לי לישועה לשעבר, כדכתיב ויושע ה' את ישראל ביום ההוא (שמות יד ל), ומעתה יהי לי לישועה בכל דור ודור, יהי לי לישועה לעתיד, כדכתיב ישראל נושע בה' תשועת עולמים (ישעי' מה יז), ואיזה זה, זה אלי. ר' אליעזר אומר ראתה שפחה על הים מה שלא ראו יחזקאל וישעי', שנא' וביד הנביאים אדמה (הושע יב יא), שלא היו רואין אלא מתוך מראות, שנאמר נפתחו השמים ואראה מראות אלהים (יחזקאל א א), ומתוך שראו שרפים וחיות הקודש מימין ומשמאל, לפיכך לא היו מכירין כבוד יוצרם, אבל כשנגלה הקדוש ברוך הוא על הים לא נגלה עמו לא מלאך ולא שרף ולא חיות הקודש, לפיכך רואין בראיית נשמה ובראיית הלב ומכירין כבוד יוצרם דומה להם כאילו רואים בעיניהם, ואפי' עוללים ויונקי שדים היו רואין כבוד יוצרם, ומראין אותו באצבע, ואומרים זה אלי, וכן יהא לעתיד, שנא' ואמר ביום ההוא

לרמוז שזכה משה למדת החסד שנקראת יקר בכללות עשר שכן משה כמה הוה עשר ומטה שבידו הי' עשר ובזה זכה לתש"ך שהוא סוד [יג]ארבע אמות של הלכה ארבע אמות בגימ' תש"ך. וידבר ה' אליו מאוהל מועד שחלל אוהל מועד הי' ג"כ תש"ך מזה הטעם [יד]כל

גלא עמיקתא

אחר בארנו דכולהו פסוקין דמכת צפרדע סליקו לחושבן (52,241): "כסא כבודו" (119) פעמים "גלוי השכינה" (439) ויש לקשרו לכאן – דפסוקא דמביא המגלה עמוקות הוא לפני עשרת המכות וכו'. והתם כתיב צבאות"י לפי הקריא עם ו'– ואז הן תש"ך (720) צרופים. ונבאר בס"ד כמה מהצרופים: יצ"ב או"ת: יצ"ב גימ' (102) אמונ"ה [מש"ה בא"ת ב"ש אתוון יצ"ב בשנוי סדר כנודע דמש"ה בא"ת ב"ש גימ' אמונ"ה]. ולפי זה פירושו יצ"ב או"ת היינו אות של אמונה וכדאמר לו הקב"ה למשה בסנה (שמות ד',ח'): "והיה אם לא יאמינו לך ולא ישמעו לקל האת הראשון והאמינו לקל האת האחרון" גימ' (2810) ב"פ "מה רב טובך אשר צפנת" כדאמר דוד (תהל' ל"א,כ'): "מה רב טובך אשר צפנת ליראיך, פעלת לחוסים בך נגד בני אדם" והיינו [טו]טוב הגנוז לצדיקים לעתיד לבוא. ורמיזא באתוון יצ"ב ג'

הנה אלהינו זה וגו' (ישעי' כה ט). **[יג] תלמוד בבלי מסכת ברכות דף ח עמוד א:** אמר ליה רבא לרפרם בר פפא: לימא לן מר מהני מילי מעלייתא דאמרת משמיה דרב חסדא במילי דבי כנישתא! אמר ליה, הכי אמר רב חסדא: מאי דכתיב אהב ה' שערי ציון מכל משכנות יעקב - אוהב ה' שערים המצויינים בהלכה יותר מבתי כנסיות ומבתי מדרשות. והיינו דאמר רבי חייא בר אמי משמיה דעולא: מיום שחרב בית המקדש אין לו להקדוש ברוך הוא בעולמו אלא ארבע אמות של הלכה בלבד. ואמר אביי: מריש הוה גריסנא בגו ביתא ומצלינא בבי כנישתא, כיון דשמענא להא דאמר רבי חייא בר אמי משמיה דעולא: מיום שחרב בית המקדש אין לו להקדוש ברוך הוא בעולמו אלא ארבע אמות של הלכה בלבד - לא הוה מצלינא אלא היכא דגריסנא. רבי אמי ורבי אסי אף על גב דהוו להו תליסר בי כנישתא בטבריא לא מצלו אלא ביני עמודי, היכא דהוו גרסי. **[יד] תלמוד בבלי מסכת שבת דף קלה עמוד ב:** תניא, רבן שמעון בן גמליאל אומר: כל ששהה שלשים יום באדם - אינו נפל, שנאמר ופדויו מבן חדש תפדה. שמנת ימים בבהמה אינו נפל, שנאמר ומיום השמיני והלאה ירצה לקרבן וגו'. - הא לא שהה - ספיקא

הוי **[טו] זוהר - רעיא מהימנא במדבר פרשת נשא דף קכג עמוד א:** בכל יומא תשכח נטירא, ואינון נטירין אינון כגון קוצים לכרם, ואית נטירין אחרנין כגון נחשים ועקרבים ושרפים ונטרין ההוא טוב דלא ייעול תמן דלאו איהו ראוי למיעל, ואי לאו, כל חייביא הוו עאלין ברזין דאורייתא, ובג"ד מאן דאיהו חייבא ויעול למנדע רזין דאורייתא כמה מלאכי חבלה דאתקריאו חשך ואפלה נחשים ועקרבים חיות ברא אתקריאו ומבלבלין מחשבתיה דלא ייעול לאתר דלאו דיליה, אבל מאן דאיהו טוב כל אלין נטירין אינון לממריה וקטיגור נעשה סניגור, וייעלון (ליה) לטוב הגנוז ויימרון ליה מרנא הא בר נש טוב וצדיק ירא שמים בעי לאעלא קדמך ואמר לנו (תהלים קיח) פתחו לי שערי צדק אבא בם אודה יה ההוא טוב הגנוז יימא לון פתחו ליה בהאי תרעא דאתקרי אהבה או בהאי תרעא דאיהי תשובה, כל צדיק ייעול כפום דרגא דיליה ורזא דמלה (ישעיה כו) פתחו שערים ויבא גוי צדיק וגו' כען צריך לאהדרא על פתח התשובה, וכי מכמה מינין איהו תשובה דעבדין בני נשא כלהו טבין אבל לאו כל אפייא שוין, אית ב"נ דאיהו רשע גמור כל ימיו ואיהו עובר על כמה פקודין דלא תעשה ומתחרט ומודה עלייהו ולבתר כן

ששהא שלשים יום באדם אינו נפל הטעם כי בשלשים יום יש תש"ך שעות ובזה היקף האדם את מדת החסד בכללות יו"ד לכן אינו נפל. וזה אמר אדם כי

גלא עמיקתא

האותות שנתן הקב"ה למשה סנה: י': עם הא"ת ב"ש מ' הרי נ' נ'חש. צ': הפשוט צ'רעת. ב': בא"ל ב"ם היינו מ' ועם ב"פ ב' הרי ד"ם. נח"ש (גימ' משי"ח כנודע) עם צרע"ת גימ' (1118) "שמע ישראל ה' אלהינו ה' אחד" בחינת יחודא עילאה בחינתו של משה. ועם ד"ם– שלושת האותות יחד: נח"ש צרע"ת ד"ם סליקו לחושבן (1162) הפסוק (ישעי' כ"ה,ט'): "ואמר ביום ההוא הנה אלהינו זה קוינו לו ויושיענו". "ביום ההוא הנה אלהינו" ר"ת גימ' אח"ד– ביום ההוא יהיה ה' אחד ושמו אחד (זכרי' י"ד,ט'). והאי פסוקא משתעי בגאולתא שלמתא כאמרם (תענית לא.): [טז]עתיד הקב"ה לעשות מחול לצדיקים, והוא יושב ביניהם בגן עדן, וכל אחד ואחד מראה באצבעו, שנאמר (ישעי' כ"ה,ט'): "ואמר ביום ההוא הנה אלהינו זה קוינו לו ויושיענו, זה ה' קוינו לו נגילה ונשמחה בישועתו".

ומביא בהמשך האופן הפסוק (תהל' ל"ו,ח'): "מה יקר חסדך אלהים, ובני אדם בצל כנפיך יחסיון" גימ' (1092): י"ב פעמים "הוי' א–דני" (91) דאיהו חושבן צ"א מתיבה צבאות"י, ונותרו אתוון בית"ו והוא צרוף צבאות"י צ"א בית"ו. צ"א בית"ו: דעל ידי יחוד הוי' א–דני נעשה דירה בתחתונים [יז]כדאיתא במדרש דנתאוה הקב"ה להיות לו יתברך דירה בתחתונים. ועם ישראל פועל על ידי תורה ותפלה ומעשים טובים לאקמא

לא עבד לא טב ולא ביש, לדא ודאי ימחול ליה קודשא בריך הוא, אבל לא דיזכה לתשובה עלאה, אית ב"נ לבתר דייתוב מחטאיו ומתכפר ליה איהו אזיל בדרך מצוה ומתעסק בכל כחו בדחילו ורחימו דקודשא בריך הוא, דא זכי לתשובה תתאה דאתקרי ה', ודא איהו תשובה תתאה, ואית ב"נ לבתר דמתחרט מחובוי ויעביד תשובה ויתעסק באורייתא בדחילו ורחימו דקודשא בריך הוא ולא ע"מ לקבל פרס, דא זכי לאת ו' ואיהו בן י"ה ועל שמיה אתקרי בינה, ודא גרים דתשוב ו' לגבי ה', ומלת תשובה כך היא תשוב ו' לה'. [טז] **תלמוד בבלי תענית דף לא עמוד א**: אמר עולא ביראה אמר רבי אלעזר: עתיד הקדוש ברוך הוא לעשות מחול לצדיקים, והוא יושב ביניהם בגן עדן, וכל אחד ואחד מראה באצבעו, שנאמר ואמר ביום ההוא הנה אלהינו זה קוינו לו ויושיענו זה ה' קוינו לו נגילה ונשמחה בישועתו. [יז] **מדרש תנחומא פרשת בחקותי**: [ה] [ד"א אם בחקותי תלכו. מה כתיב שם, ונתתי משכני בתוככם (ויקרא כו יא), אם תקיימו מצותי מניח

אני את העליונים, וארד ואשכון ביניכם, שנאמר ושכנתי בתוך בני ישראל (שמות כט מה), שעל מנת כן יצאו ממצרים שיעשו את המשכן ותשרה שכינה ביניהם, שנאמר וידעו כי אני ה' אלהיהם אשר הוצאתי אותם מארץ מצרים לשכני בתוכם (שם שם /שמות כ"ט/ מו), ואם יעשו רצוני אין שכינתי זזה מביניהון, למה אמר ר' שמואל בר אבא נתאוה הקדוש ברוך הוא כשם שיש לו דירה למעלה, כך יהא לו דירה למטה, שכך הוא אומר לאדם הראשון, אם זכית, כשם שאני מלך על העליונים, כך אני עושה אותך מלך על התחתונים, שנאמר ויקח ה' אלהים את האדם (בראשית ב טו), ואין לשון ויקח אלא לשון עילוי, כשם שאת אומר ותוקח האשה בית פרעה (שם /בראשית/ יב טו), וכה"א ותלקח אסתר אל המלך אחשורוש אל בית מלכותו (אסתר ב טז), והוא לא עשה כן, אלא כיון שחטא אדם סילק שכינתו ממנו, וכיון שעמדו ישראל, אמר להם הקדוש ברוך הוא לא יצאתם ממצרים אלא על מנת שתעשו לי משכן, ואשרה שכינתי ביניכם, שנאמר ועשו לי מקדש (שמות כה ח),

יקריב מכם שגם אדם צריך לזה המספר של תש"ך הוא קרבן לה' לקיים ופדויו מבן חודש (במדבר י"ח,ט"ז) תפדה אבל פחות מבן חודש אין לו יקר פדיון נפשו [כלשון הפסוק (תהל' מ"ט,ט') ויקר פדיון נפשם].

גלא עמיקתא

שכינתא מעפרא וליחדא קוב"ה ושכינתיה היינו הוי' וא-דני כנ"ל למהוי האי עלמא בחינת ביתו. וכדכתיב בשלמה (דה"ב ז,י"א): "ויכל שלמה את בית ה' ואת בית המלך, ואת כל הבא על לב שלמה לעשות בבית ה' ובביתו הצליח".

ובסוף האופן מביא הפסוק (במדבר י"ח,ט"ז): "[יח]ופדויו מבן חדש תפדה בערכך כסף חמשת שקלים בשקל הקדש, עשרים גרה הוא" גימ' (4386) ב"פ "הוצאתי את צבאותיכם מארץ מצרים" (2193) (שמות י"ב,י"ז) ויש לקשרו לפסוקא דלעיל "והוצאתי את צבאותי את עמי בני ישראל" וכו'. שם הוא קודם י' מכות שלקו המצרים וקודם יציאת מצרים, וכאן בפרשת החודש- הכתובה באמצע מכת בכורות- ובארנוהו [2]בפירוש עשרת המכות - מכת בכורות. וכד נעביד חושבן כל הפסוקים שמביא המגלה עמוקות

וכן אמר לשלמה, הבית הזה אשר אתה בונה אם תלך בחוקתי (ואם את) [ואת] משפטי תעשה ושמרת את כל מצותי ללכת בהם והקימותי [את דברי] אתך אשר דברתי (את) [אל] דוד אביך (מלכים א' ו יב), ושכנתי בתוך בני ישראל ולא אעזוב וגו' (שם שם /מלכים א' ו'/ יג), אם שוב תשובון אתם ובניכם מאחרי וגו' (שם /מלכים א'/ ט ו), מה אני עושה, והכרתי את ישראל מעל [פני] האדמה אשר נתתי להם, ואת הבית (הזה) [אשר הקדשתי לשמי אשלח וגו'] (שם שם /מלכים א' ט'/ ז). [יח] **ספרי במדבר פרשת קרח פיסקא קיח**: ופדויו מבן חדש תפדה, כלל בערכך כסף חמשת שקלים פרט כלל ופרט אין בכלל אלא מה שבפרט וכל בכור אדם בבניך תפדה (שם /שמות י"ג/ יג) חזר וכלל או כלל בכלל ראשון אמרת לאו אלא כלל ופרט וכלל אין אתה דן אלא כעין הפרט

2. באור על עשרת המכות: והנה בפרשת החודש כ"ח פסוקים (שמות י"ב,א'-כ"ח והוא בפרשת בא) ונבארם בס"ד פסוקא פסוקא בתכלית הקצור: פסוק א': ויאמר ה' אל משה ואל אהרן בארץ מצרים לאמר: גימ' (1896) כ"ד פעמים "בן דוד יבא" (79) לקביל כ"ד צרופי אדנ"י כ"ד קשוטי כלה. פסוק ב': החדש הזה לכם ראש חדשים ראשון הוא לכם לחדשי השנה: גימ' (2658) ו"פ "באמת" (443) כדאיתא בזוה"ק ר"פ ויקרא ו' דא אות אמת ודאי. פסוק ג': דברו אל כל עדת ישראל לאמר בעשר לחדש הזה ויקחו להם איש שה לבית אבת שה לבית: גימ' (4923) ט"פ "וישראל" (547) ט' ת"ד דז"א. פסוק ד': ואם ימעט הבית מהיות משה ולקח הוא ושכנו הקרב אל ביתו במכסת נפשת איש לפי אכלו תכסו על השה: גימ' (5429) "חיה" (23) פעמים רל"ו (236) ע"ה שעור קומה ויתבאר לקמן בבאורי אופנים למגלה עמוקות. פסוק ה': שה תמים זכר בן שנה יהיה לכם מן הכבשים ומן העזים תקחו: גימ' (2758) "דוד" (14) פעמים "דם הפסח" (197) רמיזא גאולת מצרים כעין גאולה דלע"ל דמשיחא מזרעיה דדוד מלכא משיחא דכתיב (מיכה ז',ט"ו) "כימי צאתך מארץ מצרים אראנו נפלאות" בגאולה האמיתית והשלמה בב"א. פסוק ו': והיה לכם למשמרת עד ארבעה עשר יום לחדש הזה ושחטו אתו כל קהל עדת ישראל בין הערבים: גימ' (4788) ג"פ "מזמור שיר ליום השבת" (1596) דפסחא איקרי שבת דכתיב (ויקרא כ"ג) "וספרתם לכם ממחרת השבת" "שבת עם פסח" גימ' (850) י"פ "פה" פה סח, ולא יהיה דבורך בשבת כבחול. פסוק ז': ולקחו מן הדם ונתנו על שתי המזוזות ועל המשקוף על הבתים אשר יאכלו אתו בהם:

לומר לך מה הפרט מפורש נכסין המטלטלים שאין להם אחריות אף הכלל אין לי אלא נכסים המטלטלין שאין להם אחריות מיכן אמרו בכל פודים בכור אדם חוץ מעבדים ומשטרות ומקרקעות. רבי אומר אף בכל פודים בבכור אדם [חוץ מן השטרות]. **[יט] פסיקתא רבתי פיסקא מא - תקעו:** תקעו שופר בציון זה שאמר הכתוב מי יתן מציון ישועות ישראל [וגו'] יגל יעקב ישמח ישראל (תהלים י"ד ז' ונ"ג ז'), לפי שבשעה שעמדו ישראל בסיני ואמר להם משה מבקש הקדוש ברוך הוא ליתן לכם [התורה] אמרו לו רבינו משה כל אשר דבר ה' נעשה ונשמע (שמות כ"ד ז') מיהו מבקשים אנו לשמוע מפיו, אמר רב חנן בשם רבי אחא ערב לפני הקדוש ברוך הוא התשובה שהשיבו למשה ומיד נעקר כל יצר הרע שהיה בהם, הוא שהקדוש ברוך הוא אומר מי יתן והיה לבבם זה להם ליראה אותי (דברים ה' כ"ו) [לבם] אינו אומר אלא לבבם, יצר הטוב יצה"ר שהיה בהם נעשו שניהם לב אחד של יצר טוב, אמר רבי יוחנן הקדוש ברוך הוא עומד ואומר מי יתן והיה לבבם זה להם ולא לומר הן של מי לא שלך לעקור יצר הרע מבינותינו, שאילו שאלו אותה שעה שלא למות לא היה מתים, שאילו [שאלו] שיעקר יצר הרע היה נעקר מהם, אלא ולא נתן ה' לכם לב לדעת (שם /דברים/ כ"ט ג') אתמה, [אמר הקדוש ברוך הוא] לפי שאני אמרתי מי יתן והיה לבבם זה אף אתם סופכם להיות מתאוים ואומרים מי יתן מציון, דבר אחר מי יתן בשני מקומות, א"ר הונא לפי ששני פעמים התינוקות אומרים בבית הכנסת

גלא עמיקתא

דהבאנו לעיל: "כי אמרתי עולם חסד יבנה, שמים תכן אמונתך בהם" (2390) "השיבנו ה' אליך ונשוב (כתיב חסר) חדש ימינו כקדם" (1416) "ולא ישמע אליכם פרעה, ונתתי את ידי במצרים והוצאתי את צבאתי את עמי בני ישראל מארץ מצרים בשפטים גדולים" (6361) "והיה אם לא יאמינו לך ולא ישמעו לקל האת הראשון והאמינו לקל האת האחרון" (2810) "מה יקר חסדך אלהים, ובני אדם בצל כנפיך יחסיון" (1092) "ופדויו מבן חדש תפדה בערכך כסף חמשת שקלים בשקל הקדש, עשרים גרה הוא" (4386) סליקו כולהו לחושבן (18455): ה' פעמים "[יט]מי יתן והיה לבבם זה להם ליראה אתי ולשמר את כל מצותי כל הימים, למען ייטב להם ולבניהם לעלם" (3691) (דברים ה',כ"ה) רמיזא ענין יראת ה' שהוא תכלית כל דבר כדמסיים שלמה המלך ספר קהלת: "סוף דבר הכל נשמע, את האלהים ירא ואת מצוותיו שמור כי זה כל האדם" ומדגיש האד"ם ב-א' רבתי כדפותח

גימ' (4292) "טוב הוא" (29) פעמים "פסח" (148). פסוק ח': ואכלו את הבשר בלילה הזה צלי אש ומצות על מררים יאכלהו: גימ' (2700) כ"ה פעמים "חק" (108) ולקמן (י"ז) חקת עולם וכו'. פסוק ט': אל תאכלו ממנו נא ובשל מבשל במים כי אם צלי אש ראשו על כרעיו ועל קרבו: גימ' (3306) ו"פ "דבר משה" (551) דמשה הוא הדעת אות ו'. פסוק י': ולא תותירו ממנו עד בקר והנתר ממנו עד בקר באש תשרפו: גימ' (4033) "ואודה י-ה" פעמים "דוד המלך" דשרף יצה"ר דיליה ולא הותיר. פסוק י"א: וככה תאכלו אתו מתניכם חגרים נעליכם ברגליכם ומקלכם בידכם ואכלתם אתו בחפזון פסח הוא לה': גימ' (3846) ו"פ "ימלא שחוק פינו" (641) (תהל' קכ"ו,ב') וכן הוא בסוף מכת ברד עיין שם. פסוק י"ב: ועברתי בארץ מצרים בלילה הזה והכיתי כל בכור בארץ מצרים מאדם ועד בהמה ובכל אלהי מצרים אעשה שפטים אני ה': גימ' (4460) י"פ "מות" (446) מכת בכורות הספי' העשירית ב-י' בחי' דיליה. פסוק י"ג: והיה הדם לכם לאת על הבתים אשר אתם שם וראיתי את הדם ופסחתי עלכם ולא יהיה בכם נגף למשחית בהכתי בארץ מצרים: סליק לחושבן (6396) י"ב פעמים "מה יקר חסדך אלהים" (תהל' ל"ו,ח') יש לקשר לא' דויקרא בכמה מקומות במגלה עמוקות. פסוק י"ד: והיה היום הזה לכם לזכרון וחגתם אתו חג לה' לדרתיכם חקת עולם תחגהו: גימ' (3218) ג"פ "אילת אהבים ויעלת חן" (משלי ה',י"ט). פסוק ט"ו: שבעת ימים מצות תאכלו אך ביום הראשן תשביתו שאר

מבתיכם כי כל אכל חמץ ונכרתה הנפש ההיא מישראל מיום הראשן עד יום השבעי: גימ׳ (7789) עם הכולל (7790) י״פ ״בכורי ישראל״ (779) (שמות ד׳,כ״ב) דבכורי מצרים מתו ולבכורי ישראל לא קרה דבר. פסוק ט״ז: וביום הראשון מקרא קדש וביום השביעי מקרא קדש יהיה לכם כל מלאכה לא יעשה בהם אך אשר יאכל לכל נפש הוא לבדו יעשה לכם: גימ׳ (4928) ח״פ ״התורה״ (616) מפסח הלכו בני ישראל לקבל התורה בהר סיני ח״פ רמיזא תחית המתים באלף השמיני. פסוק י״ז: ושמרתם את המצות כי בעצם היום הזה הוצאתי את צבאותיכם מארץ מצרים ושמרתם את היום הזה לדרתיכם חקת עולם: גימ׳ (7254) ח״י (18) פעמים ״כבוד ה׳ עליך זרח״ (403) (ישעי׳ ס׳,א׳) בגאולתא שלמתא בב״א. פסוק י״ח: בראשן בארבעה עשר יום לחדש בערב תאכלו מצת עד יום האחד ועשרים לחדש בערב: גימ׳ (4452) ו״פ ״משה איש האלהים״ (742) דהוא הדעת אות ו׳ ובזוה״ק תחלת ויקרא ו׳ דא אות אמת ודאי. פסוק י״ט: שבעת ימים שאר לא ימצא בבתיכם כי כל אכל מחמצת ונכרתה הנפש ההיא מעדת ישראל בגר ובאזרח הארץ: גימ׳ (5641) י״פ ״והיה מחניך קדוש״ (564) (דברים כ״ג,ט״ו) עם הכולל קדושת ישראל. פסוק כ׳: כל מחמצת לא תאכלו בכל מושבתיכם תאכלו מצות: גימ׳ (2979) ט״פ ״טמיר וגניז״ (331) לקביל ט׳ ת״ד דז״א. פסוק כ״א: ויקרא משה לכל זקני ישראל ויאמר אלהם משכו וקחו לכם צאן למשפחתיכם ושחטו הפסח: גימ׳ (3910) י״פ ״יהושע״ (391) פני לבנה כללות כנסת ישראל מבחי׳ מקבלים. פסוק כ״ב: ולקחתם אגדת אזוב וטבלתם בדם אשר בסף והגעתם אל המשקוף ואל שתי המזוזות מן הדם אשר בסף ואתם לא תצאו

אחת בבוקר ואחת בערב הושיענו ה׳ אלהינו (תהלים ק״ו מ״ז) (הושיעה ה׳ אלהינו) לפיכך הקדוש ברוך הוא אומר שני פעמים מי יתן מציון ישועת, מי יתן שיגיע הקץ שאקרב גאולתכם, ר׳ יהודה בי רבי שלום בשם רבי שמעון בן לקיש אומר לאו [מן השם הוא זה] אלא שכתוב בשני מקומות, בתהלים הושיענו ה׳ אלהינו וקבצנו והצילנו מן הגוים (שם) ובדברי הימים נאמר הושיענו [אלהי] ישענו [וקבצנו והצילנו מן הגוים וגו׳] (דברי הימים א׳ ט״ז ל״ה) לפיכך הקדוש ברוך הוא אומר מי יתן מציון שני פעמים. דבר אחר מי יתן [וגו׳] יגל יעקב ישמח ישראל לא היה צריך לומר אלא יגל אברהם יצחק ויעקב וישמחו ישראל, אלא למה יגל יעקב, לפי שיעקב מצטער כשישראל מצטערים וכשהם בצרה לפיכך כשתבוא הגאולה לישראל הוא שמח עמהם יגל יעקב ישמח ישראל, אימתי יגל יעקב, כשישמח ישראל, כשם שדרש ריש לקיש (דבר קשה הוא), כשישראל חוטאים כאן יעקב לוקה במערת המכפלה, לפיכך כשתבוא הגאולה הוא שמח עמהם יגל יעקב ישמח ישראל, אבל ר׳ אלכסנדרי׳ דריש דעת אחרת, למה יגל יעקב, אלא אדם שיש לו בן למול או נטל אשה מי שמח, מי שהוא מזומן לסעודה, [וכן יעקב הוא מזומן לסעודת] הקדוש ברוך הוא שהוא עתיד [לעשות] לצדיקים לעתיד לבא שמע אלי ישראל מקוראי (ישעיה מ״ח י״ב) [מהו מקוראי] מזומני, לפיכך כשתבוא (סעודה) [סעודת] גאולה הוא שמח שהוא מזומן לסעודה יגל יעקב, אימתי כל אילו, כשיתקע שופר בציון שנאמר תקעו שופר בציון הריעו בהר קדשי [וגו׳] כי בא יום ה׳ כי קרוב, כך דריש ר׳ תנחומא ב״ר.

איש מפתח ביתו עד בקר: גימ׳ (7872) ״דין״ (64) פעמים ״ענג״ (123) כשישראל עושים רצונו של מקום בדין נתהוה ענג עליון לקוב״ה. פסוק כ״ג: ועבר ה׳ לנגף את מצרים וראה את הדם על המשקוף ועל שתי המזוזת ופסח ה׳ על הפתח ולא יתן המשחית לבא אל בתיכם לנגף: גימ׳ (6554) ״כבוד ה׳״ (58) פעמים ״באלף״ (113) דהיינו א׳ זעירא אלופו של עולם. פסוק כ״ד: ושמרתם את הדבר הזה לחק לך ולבניך עד עולם: גימ׳ (2141) כ״פ ״אנכי ה׳״ (107) עם הכולל הארת הכתר דהוא הנוגף. פסוק כ״ה: והיה כי תבאו אל הארץ אשר יתן ה׳ לכם כאשר דבר ושמרתם את העבדה הזאת: גימ׳ (4482) ו״פ ״ומי כעמך ישראל״ (747) (דה״א י״ז,כ״א) דכתיב בתפלין דמרי עלמא (ברכות ו׳ ע״א). פסוק כ״ו: והיה כי יאמרו אליכם בניכם מה העבדה הזאת לכם: גימ׳ (1170) י״פ ״אל אלהים״ (117) שמאל דוחה וימין מקרבת לבן הרשע. פסוק כ״ז: ואמרתם זבח פסח הוא לה׳ אשר פסח על בתי בני ישראל במצרים בנגפו את מצרים ואת בתינו הציל ויקד העם וישתחוו: גימ׳ (5969) עם הכולל י״פ ״אור פנימי קדמון״ (597) א״נ י״פ ״מצות יאכל״ (597). פסוק כ״ח: וילכו ויעשו בני ישראל כאשר צוה ה׳ את משה ואהרן כן עשו: גימ׳ (3169) עם הכולל י״פ ״ויקרא״ (317) רמיזא ויקרא אל משה א׳ זעירא.

[כ] **פענח רזא ויקרא פרשת ויקרא:** ויקרא אל״ף זעירא לומר שאף שקראו הש״י ועשה לו כל הכבוד הזה ונדבר עמו תדיר אעפ״כ הקטין עצמו לפניו ית׳ ולפני ישראל, ואל״ף של אדם שת הבל רבתי, לומר שלא הי׳ אדם גדול כמותו (כי נודע שאף שאחר שמיעטו השי״ת העמידו על ק׳ אמה. או על רוב חכמה שהי׳ בו עד שקרא שמות, וגם אם כונת הכתוב על משה לומר שלא הי׳ אדם גדול כמשה יבא ג״כ על נכון שנכתבה א׳ של אדם רבתי בשביל זה לומר דעם כל חכמתו וגדלו של אדם הראשון לא הי׳ מגיע למדרגת משה, וזה נבין מאל״ף זעירא דהכא לפי הפירוש הזה, שהרי להבינה כמשמעה אי אפשר אלא כנזכר שהתענוו מאד מאד עם כל גדולתו א״כ ממילא נבין גם את זה לעומת זה שתרמוז גם אל״ף רבתי של אדם עליו, ועוד אני אומר מטעם אל״ף זעירא הזאת, כי האלוף האמתי ית׳ אלוף נעורי צמצם והקטין קול קריאתו לאזניו של משה לבד וכל ישראל לא שמעו ואף למ״ד כל ישראל שמעו הלא מ״מ כתיב ויקרא אל משה לחלוק כבוד לו לומר כאלו היתה לאזניו לבד א״כ גם בזה יתכן טעם זה לאל״ף זעירא, ד״א כי הוא ית׳ צמצם עצמו לתוך המשכן ולא זו אלא אף זו שקרא גם למשה שמה עד שהוצרך כביכול להקטין ולצמצם שכינתו עוד יותר לכן על נכון בא א׳ זעירא במלת ויקרא, ד״א מכיון שבא כאן לעורר על כל משפטי ה׳ אמת שבקרבנות אשר הטעם והתועלת המוסכמי בהם כדעה אחת שבספר המורה לשיכנע האדם ויקטין עצמו לפני בוראו, והנה אלו״ף הוא כנוי לו ית׳ כנזכר, וכן הוא כנוי לאדם חשוב קצין ומושל כדכתיב אלה אלופי וגו׳ וכיוצא וכן לת״ח כמו אלופי ומיודעי, וכן למספר גדול שהוא אלף ואלפי אלפים, וכן למספר קטן כי האל״ף הוא אחת במספר כדאיתא באותיות דר׳ עקיבא, וכן הוא כנוי לבהמה גסה באין אלפים אבוס בר, וכן לבהמה דקה ככבש אלוף, לכל זה באה כאן זעירא לומר מי שהיה אם ת״ח אם שארי שרים וחשובים אף אם יקריב כל אילי נביות וקדר ואלפי אילים אם רב ואם מעט גסות או דקות כולם כאין ואפס נחשבו לו אם לא שיכוין בזה המכוון האמתי דהיינו שיקטין עצמו או אז יכנע לבבו לפני

גלא עמיקתא

דברי הימים ״אדם שת אנוש״ [3][כ]אד״ם ב-א׳ רבתי. והיא א׳ זעירא דויקרא- דלעתיד לבוא תגדל ל-א׳ רבתי כמבואר אצלנו [54]בכמה מקומות- ואז יקוים מאמר הנביא (ישעי׳ מ׳,ה׳) ונגלה

3. באור על מגלה עמוקות ואתחנן אופן ס׳: ג׳. תְּחִלַּת דִּבֶּר יהוה בְּהוֹשֵׁעַ וַיֹּאמֶר יהוה אֶל הוֹשֵׁעַ לֵךְ קַח לְךָ אֵשֶׁת זְנוּנִים וְיַלְדֵי זְנוּנִים כִּי זָנֹה תִזְנֶה הָאָרֶץ מֵאַחֲרֵי יהוה (הושע א,ב) גימ׳ (4578) ז׳ פעמים ״ראש הפסגה״ (654) והוא ז׳ פעמים כנגד אלף השביעי יום שכולו שבת, וכאן מזכיר אשת זנונים וכו׳ כחטא בנות מואב שנכשלו בו שבט שמעון- דמהאי טעמא לא הזכירן משה רבינו בברכותיו רק בהבלעה בברכת שבט יהודה [כמ״ש שמע ה׳ קול יהודה (דברים ל״ג,ז׳) שמע מלשון שמעון דנקרא כן על שם השמיעה כמו שאמרה לאה בלידתו: כי שמע ה׳ כי שנואה אנכי וכו׳ ותקרא את שמו שמעון] ולילי״ת היא הגורמת לאותו עוון- מחמת חידושי תורה שלא לשמה. והנה בהאי פסוקא אית רמזין טובא: ״תחלת דבר״ גימ׳ (1044) אד״ם באלף רבתי (1000) והוא רמז לנפילת קומתו של אדם הראשון דבספר דברי הימים כתיב באלף רבתי, ונפל ל-ק׳ אמה וכו׳. ״תחלת דבר ה׳״ גימ׳ (1070) י׳ פעמים ״אנכי הוי׳״ (107) שרש התורה כולה- דלא שמרו התורה כדכתיב בפסוקא ״כי זנה תזנה הארץ״ גימ׳ (840) מ׳ פעמים שם אהי״ה (21) דפגמו בתורה שניתנה ל-מ׳ יום מכתר עליון היינו מבינה שם אהי״ה כתרא דז״א.

4. באור על מגלה עמוקות ויקרא אופן י״ב: וזהו י״ג חסד הארת א״א בכל קומתו מלא חסד, ויובן מעתה דכתב המגלה עמוקות ״סיטרא דרחמי״ (542) גבר על ״סיטרא דדינא״ (349). סליקו תרוויהו לחושבן (891) י״פ ״חנוכה״ (89) עם הכולל דהיינו א׳ יותר והיא הא׳ זעירא פנימיות אור הגנוז המשפעת י״ס הגנוזות לעלמא בגאולה האמיתית והשלמה בעגלא דידן ובזמן קריב ונאמר אמן. ומסיים דבריו הקדושים המגלה עמוקות: וזה שכתוב ״אדם כי יקריב מכם״ (ויקרא א׳,ב׳) סליק לחושבן (487) ״בתהלים״. והוא עצה דע״י שמירה בתכלית דרגא ד״יוסף הצדיק״ גימ׳ שס״ה (לא תעשה) ושירות ותשבחות והלל להשי״ת מלכות דוד מלכא משיחא ע״י רבוי אמירת תהלים מקרבים הגאולה והוא לזכות להקרא אדם ב-א׳ רבתי.

5. באור פרק שירה: הני ב׳ פרקין קדמאין יחד סליקו לחושבן (57057): ורמז לעולם הבא דכולו

טוב דאינון "אל הוי'" (57) מהאי גיסא ומהאי גיסא- ובתוך עגול הס' רמיזא דצמצם עצמו לצורת עגול בתחי' הבריאה ועיין מה שכתבנו לעיל אופן ט"ו-סוד הצמצום. והאי חושבן גופא רמיזא א' זעירא בב' אופנים: דאיהו חושבן "אלף אל"ף" (1001) פעמים "אל הוי'" (57) שמות הרחמים- וזהו א' זעירא תגדל בזמן התחיה לא' רבתי היינו אלף (1000) בסוד סיהרא באשלמותא בגאולה האמיתית והשלמה, במהרה בימינו אמן.

א"נ י"ל דאיהו חושבן (57057): "אלף זעירא" (399) פעמים "אל אלהים הוי'" (143) (תהל' נ' רמיזא שער ה-נ') והוא השלמות דלע"ל דיתגלה כי הוי' הוא האלהים וכולו חד וכולו טוב, בגאולה האמיתית והשלמה וביאת משיח צדקנו, במהרה בימינו אמן.

גלא עמיקתא

כבוד הוי' וראו כל בשר יחדו כי פי ה' דבר בגאולה האמיתית והשלמה ב"ב אכי"ר.

האלוף האמתי והגמור ית' כזבחי אלהים רוח נשברה, לתפוס כ"ז כאחד ברמז על נכון נתקטנה א' של ויקרא, ובכל הדרכים הנ"ל יתיישב ג"כ מה שנתרחקה האזכרה מזה ולא כתיב ויקרא ה' אל משה וידבר אליו אלא ויקרא אל משה וידבר ה' אליו כדי שלא לחשוב ח"ו מחשבות און בהתקטנות הזה מצדו ית' חלילה כשהיתה אל"ף זעירא סמוכה אל ה' לכן סמכה לאל משה).

אופן נד

גילה הקב"ה למשה שענין הקרבנות הן על ניצוצות הנשמות טהורות שהם עולים בגלגול מדומם לצומח מצומח לחי שנתגלגל בבהמה מבהמה למדבר שהוא אדם ובהמה תושיע ה'.

וכן בקהלת אמרתי על דברת בני אדם לברם אלהים שהקב"ה רוצה לברר הנשמות ובמה מצרפן בהמה המה להם רוצה לומר שנתגלגל בבהמה ובזה מצורף הנשמה שבתוך בהמה ולפעמים כשמתכוין השוחט בברכת השחיטה כשהנשמה מכוין בעניית אמן על הברכה בזה נתעלית הנשמה שבבהמה. כעובדא דהוי בימי אר"י ז"ל שבא לחלום אותו אדם שזרק אבן ראשון על זכריהו.

וזה סופר מברך ובור יוצא מזה הטעם נקראת שחיטה מלשון זהוב שחוט שהוא פירוש משוך וקיימא לן התיז את ראש בבת אחת נבילה כל שנפסלה בשחיטה איקרי נבילה. לפי שהנשמה בתוך הבהמה עדיין הוא תחת מלאך המות ושחיטתו נבילה ועדיין נבל הוא ונבילה עמו אבל צריך להיות השחיטה בהולכה ובהובאה למשוך במשיכת הנפש בתוכה יודע צדיק נפש בהמתו.

על דרך [זה] יהיה פירוש הפסוק אלף זעירא לקרות ויקר אל משה להוציא יקר מזולל מאוהל מועד על עסקי אוהל מועד שהוצרכו להקריב כל מ׳ שנה שהיו במדבר זבחי שלמים ונאסרו בשר תאוה מזה הטעם בשחוטי חוץ ונכרתה הנפש ההיא שכל הקרבנות שקריבו היו להוציא יקר מזולל ונתן טעם למה יהיו במדבר הקרבנות דוקא בפתח אוהל מועד.

לזה אמר אדם כי יקריב מכם עיקר קרבן הוא מכם על הנשמה התקוע בבהמה ואי אפשר לאדם שיהיה קרבן לה׳ לעלות למעלה עד שמתחילה מן הבהמה ומן הבקר תקריבו אזי באותו הפרק הנשמה שהיתה בתוך הבהמה מיכאל כהן גדול מקריב אותו למעלה.

אופן נד

גילה הקב"ה למשה שענין הקרבנות הן על ניצוצות הנשמות טהורות שהם עולים בגלגול [א]מדומם לצומח

גלא עמיקתא

ואין אנו יכולים להשיג כונת המגלה עמוקות, אמנם בסייעתא דשמיא ננסה לבאר מעט מזעיר מדבריו הקדושים, ויהי רצון שהקדוש ברוך הוא יאיר עינינו בתורתו שלא נוציא מתחת ידינו דבר שאינו מתוקן.

וחזינן אופן דיליה דעיקר להוציא יקר מזולל בשחיטה בחינת (מ"א י',ט"ז) "זהב שחוט" בחינת (איוב ל"ז,כ"ב) "מצפון זהב יאתה". ומביא הפסוקים כדלקמן: בתחלה מביא ב' פסוקים והוא ברוח קודשו של רבינו שכן שניהם בעלי אותה גימטריא (3102), והן שני פסוקים דמביא המג"ע בסמיכות זה לזה, והן במכוון באותו חושבן, דהיינו: [ב]צדקתך כהררי אל משפטיך תהום רבה אדם ובהמה תושיע ה' (תהלים ל"ו,ז') אמרתי אני בלבי על דברת בני האדם לברם האלהים ולראות שהם בהמה המה להם (קהלת ג',י"ח) גימ' (3102) י"א פעמים "אלפי אלפים" (282) רמיזא א' זעירא אלף אלפי אלפים וכו' דאמרינן בנשמת בשחרית בשבת קודש, ובארנוהו במקום אחר. וכפלינן י"א פעמים דהן[1]

1. ויהי ביום השמיני קרא אהרן - המשכה מפנימיות הכתר לבינה: א' זעירא פנימיות הכתר והמשכת האור מאצי'- חכמה דכללות- לבי"ע בינה ז"א ונוק' דכללות- בגאולה האמיתית והשלמה וביאת משיח צדקנו, בב"א. משה ואהרן, היינו חכמה ובינה תרין רעין דלא מתפרשין לעלמין, ברבוע כזה: "מ - מש - משה - משה א - משה אה - משה אהר - משה אהרן" גימ' (2574) "גדלו לה'" (99) (תהל' ל"ד,ד') פ' "הוי'" (26), וכולא פסוקא, דהיינו: "גדלו לה' אתי, ונרוממה שמו יחדו"- סליק לחושבן (1231): י"פ "ענג" (123) ע"ה, ומשה ואהרן המשיכו מפנימיות הכתר כנ"ל והוא הנקרא תענוג בסוד תלת רישין בכתר אמונה-תענוג-רצון. "משה" (345) עולה גימ' "רצון" (346) ע"ה [בלקוטי מוהר"ן מש"ה (345) עומד בין שמ"ד (344) לרצו"ן (346)], "משה" בא"ת ב"ש עולה גימ' "אמונה" (102), "משה ואהרן" ברבוע עולה גימ' (2574) "גדלו לה'" פ' "הוי'" כנ"ל, כל האי פסוקא, דהיינו "גדלו לה' אתי ונרוממה שמו יחדו" גימ' (1231) י"פ "ענג" (123) ע"ה כנ"ל. וביאור הענין הוא דמשה ואהרן סליקו לפנימיות הכתר להאי ג' בחי' דכתר, והוא נפלא דיחד עם היסוד-יוסף כמ"ש "ויקח משה את עצמות יוסף עמו" (שמ' י"ג,י"ט)

[א] **פנים יפות (לר' פנחס הורוויץ זצ"ל) שמות פרק ג פסוק א**: ומבואר כוונתו בזה שע"י המעשה שהמשיכו ברעיית הצאן מן האזוב הצומח מן האדמה להעלות מדומם לצומח ומצומח לחי ומחי לקדושת האדם הרועה אותו, וזהו וינהג את הצאן אחר המדבר, ובכח כוונה זו יעלה את הקדושה השורה על ישראל ממעלה למעלה בנפש רוח ונשמה להתדבק בשורשה בה' אלהים חיים. ומבואר בזוהר [פ' שמות כא א] כי כאשר בא משה אל קדושת הר אלהים הרחיק את הצאן, כי היתה קדושת ההר במעלה יותר ואינו ראוי שיתעלה ע"י חיות הצאן, כמו שאמר הכתוב [להלן לד, ג] גם הצאן והבקר אל ירעו ע"כ הנהיגם אחר המדבר וענין קדושת ההר יבואר בפרשת יתרו בס"ד. [ב] **במדבר רבה פרשת במדבר פרשה א**: א [א, א] וידבר ה' אל משה במדבר סיני זהו שאמר הכתוב (תהלים לו) משפטיך תהום רבה אר"מ משל את הצדיקים בדירתן ואת הרשעים בדירתן, משל את הצדיקים בדירתן (יחזקאל לד) במרעה טוב ארעה אותם ובהרי מרום ישראל יהיו נויהם, ומשל את הרשעים בדירתן (שם /יחזקאל/ לא) כה אמר ה' אלהים ביום רדתו שאולה האבלתי כסיתי עליו את תהום במה רשעים מתכסים

[ג]מצומח לחי שנתגלגל בבהמה מבהמה למדבר שהוא (תהל' ל"ו,ז') אדם ובהמה תושיע ה'. וכן בקהלת (קהלת ג',י"ח) אמרתי על דברת בני אדם לברם אלהים שהקב"ה

גלא עמיקתא

י"א סטרין אחרנין דלעתיד לבוא יוציאו בלעם מפיהם בחינת להוציא יקר מזולל דהוא עיקר ענינו דאופן דנן. בבחינת (בראשית כ"ד,ס') "את היי לאלפי רבבה" דברך לבן הארמי לרבקה, ובבחינת האי דאמר אבימלך לשרה (שם כ"א,ט"ז) "ולשרה אמר הנה נתתי אלף כסף לאחיך הנה הוא לך כסות עינים לכל אשר אתך ואת כל ונכחת". "ולשרה" גימ' (541) "ישראל" אתוון עיקריין ש"ר בשר"ה דבתחלה נקראה שר"י וכן מהאי ש"ר נתהוה עם ישרא"ל ובחזרה עם י' ברישא יש"ר משר"י בבחינת אז ישי"ר [ד]שר לא נאמר וכו' מכאן לתחית המתים מן התורה (סנהדרין צ:). דכל העוסק בתורה הוא בבחינת תחית

עיונים

גימ' (1748) ד"פ "אור פני מלך" (437) (משלי ט"ז,ט"ו) וחזינן דהאי המשכה מחכמה לבינה דמשה צריכא ליסוד-יוסף דהיינו הצדיק יסוד עולם. ונחברא האי פסוקא "ויקח משה את עצמות יוסף עמו" (1748) יחד עם רבוע משה ואהרן (2574), סליק כולהו לחושבן (4322): י"א פ' "אלף אלפי אלפים" (393) ע"ה - כדאמרינן בנשמת כל חי "על אחת מאלף אלפי אלפים וכו'". והמלים "אלף אלפי אלפים" כדוגמת רבוע דתיבת "אלפים" אלא שצריך בהתחלה "א אל" גימ' ל"ב נתיבות חכמה כמ"ש דאורייתא מחכמה עילאה נפקת, ויחד עם הני "א אל" סליק לחושבן, דהיינו: "א - אל - אלף - אלפי - אלפים" גימ' (425) כה"ת ר"ת "כל הנשמה תהלל" (ס"ת הל"ל) גימ' (915) "אדם ובהמה תושיע ה'" (תהל' ל"ו,ז') בגאולה האמיתית והשלמה וביאת משיח צדקנו, בב"א.

מקורות

כשהן יורדין לשאול בתהום חזקיה בר ר' חייא אמר הגיגית הזו במה מכסין אותה בכלי חרס ממהי בה כשם שהיא של חרס כך מכסין אותה בכלי חרס כך הן הרשעים מה כתיב בהם (ישעיה כט) והיה במחשך מעשיהם ויאמרו מי רואנו ומי יודענו ולפי שהן חשוכין הקדוש ברוך הוא מורידן לשאול שהיא חשוכה ומכסה עליהם את התהום שהוא חשך שנאמר (בראשית א) וחשך על פני תהום הוי (תהלים לו) צדקתך כהררי אל צדקה שאתה מביא על העולם מפורסמת כהרים הללו משפטיך תהום רבה משפט שאתה עושה בעולם הזה תהום רבה מה התהום בסתר אף משפט שאתה מביא בסתר, כיצד כיון שחרבה ירושלים בתשעה באב חרבה וכשמראה ליחזקאל הוא מראה לו בעשרים בחדש למה שלא לפרסם באי זה יום חרבה אבל מי שהוא בא לגדל ישראל מפרסם אי זה יום אי זה מקום אי זה חדש אי זו שנה אי זו אופטיאה לצאתם מארץ מצרים לאמר מה אמר להם שאו את ראש כל עדת בני ישראל. [ג] **בעל שם טוב בראשית פרשת מקץ:** ונודע כי כל ניצוץ שבתוך דומם וצומח וכו' יש בו קומה שלימה מן רמ"ח איברים ושס"ה גידים רוחניים וכשהוא בתוך הדומם והצומח וכו' הוא בבית האסורין שאינו יכול לפשוט ידיו ורגליו, כי אם ראשו על כרעיו ועל קרבו, ומי שיוכל בטוב מחשבתו וכוונתו להעלות הניצוץ הקדוש מצומח לחי מדבר, הוא מוציאו לחירות, ואין לקב) פדיון שבוים גדול מזה, וכמו ששמעתי ממורי וכו', ובפרט אם בן המלך בבית האסורין, ובא אדם אחד בהשתדלותו, והוציאו מבית האסורין מעבדות לחירותג) ששכרו כפול ומכופל, אמנם כל זה הוא בדין ומשפט עליון אשר קץ שם לחושך, עד מתי יהיה בבית האסורין, ואימתי יזכה לצאת חפשי, ועל ידי מי יהיה היציאה לחירות וכו': (בן פורת יוסף דף ע"ד ע"ב) [ד] **תלמוד בבלי מסכת סנהדרין דף צא עמוד ב:** תניא, אמר רבי מאיר: מניין לתחיית המתים מן התורה שנאמר אז ישיר משה ובני ישראל את השירה הזאת לה', שר לא נאמר, אלא ישיר - מכאן לתחיית המתים מן התורה.

רוצה לברר הנשמות ובמה מצרפן בהמה המה להם ר"ל שנתגלגל בבהמה ובזה מצורף הנשמה שבתוך בהמה ולפעמים כשמתכוין השוחט בברכת השחיטה כשהנשמה מכוין בעניית אמן על הברכה

גלא עמיקתא

המתים דמתקשר לחי החיים, וכדכתיב (משלי ג', י"ח) "עץ חיים היא למחזיקים בה" דייקא, ותומכיה מאוש"ר אך לא בבחינת עץ חיים וישאלו אותו [ה]קבעת עתים לתורה וכו' (שבת לא.). "ולשרה אמר הנה נתתי" גימ' (1702) שבת"א ב–א' רבתי דהיינו אלף (1000) בחינת אלף השביעי יום שכולו שבת [ועיין בסוף האופן בחושבן כל הפסוקים יחד] שני ימות המשיח בגאולתא שלמתא במהרה בימינו אמן.

ומביא בפירושו אדם ובהמה תושיע ה' בחינת האדם המגולגל רח"ל בבהמה– דאדם איש או אשה שעשה מעשה בהמה רח"ל צריך להתגלגל בבהמה [ו]דאיהו דאזיק אנפשיה (בבא קמא כ"ח ע"א) ולהיות מתוקן בשחיטה כשרה והנשמה– דהיינו היהודי המגולגל בבהמה מכוון אמן על הברכה ומסתמא גם השוחט ראוי שיכון עליו, ואז הוא נגאל מהאי גלגולא, ויתגלגל אי"ה באדם כשר וישלים תקונו בסייעתא דשמיא. [ז]ורש"י על הפסוק אדם ובהמה תושיע ה' מביא מדברי חז"ל הקדושים בגמ' אלו הם בני אדם שהם ערומים בדעת כאדם הראשון (קודם החטא) ומשימין עצמן כבהמה בענוה– תושיע ה'. ומזכיר אדם הראשון וידעו כי עירומים הם והוא לאחר החטא והנחש היה ערום מכל חית השדה אשר עשה הוי' אלהים, דהנחש אכל ראשון מעץ הדעת טוב ורע ונהיה ערום וכמו אדם וחוה ותתן גם לאישה עמה ויאכל וכו' וידעו כי עירומים הם וכו' ויאמר מי הגיד לך כי עירום אתה.

[ה] **תלמוד בבלי שבת דף לא עמוד א**: אמר ריש לקיש: מאי דכתיב והיה אמונת עתיך חסן ישועות חכמת ודעת וגו' - אמונת - זה סדר זרעים, עתיך - זה סדר מועד, חסן - זה סדר נשים, ישועות - זה סדר נזיקין, חכמת - זה סדר קדשים, ודעת - זה סדר טהרות. ואפילו הכי יראת ה' היא אוצרו. אמר רבא: בשעה שמכניסין אדם לדין אומרים לו: נשאת ונתת באמונה, קבעת עתים לתורה, עסקת בפריה ורביה, צפית לישועה, פלפלת בחכמה, הבנת דבר מתוך דבר? ואפילו הכי: אי יראת ה' היא אוצרו - אין, אי לא - לא. משל לאדם שאמר לשלוחו: העלה לי כור חיטין לעלייה. הלך והעלה לו. אמר לו: עירבת לי בהן קב חומטון? אמר לו: לאו. אמר לו: מוטב אם לא העליתה. [ו] **תלמוד בבלי בבא קמא דף כח עמוד א**: ת"ש: המניח את הכד ברה"ר, ובא אחר ונתקל בה ושברה - פטור; טעמא דנתקל בה, הא שברה - חייב! אמר רב זביד משמיה דרבא: הוא הדין אפי' שברה, והאי דקתני נתקל? איידי דקבעי למיתני סיפא: אם הוזק - בעל חבית חייב בנזקו, דדוקא נתקל, אבל שבר לא, דהוא אזיק נפשיה, קתני רישא נתקל. [ז] **רש"י תהלים פרק לו פסוק ז**: צדקתך - יקרה מן הבריות כהררי אל בשביל מעשי הרשעים ומשפטיך באים לעול' עד תהום רבה, ד"א צדקתך כהררי אל מי שאתה רוצה לעשות צדקה עמו אתה מגביהו ומתקפו כהררי אל, לשון תוקף כמו (יחזקאל י"ז) ואת אילי הארץ לקח משפטיך תהום רבה - מי שאתה רוצה לדון אותו וליקח נקמתך ממנו אתה מורידו עד תהו' רב' משפטיך - יושטיצ"א בלעז אדם ובהמה תושיע ה' - בני אדם שהם ערומים בדעת כאדם הראשון ומשימין עצמן כבהמה בענוה תושיע ה'.

בזה נתעלית הנשמה שבבהמה. כעובדא דהוי בימי אר"י ז"ל שבא לחלום אותו אדם שזורק אבן ראשון על זכריהו וזה [ח]סופר מברך ובור יוצא מזה הטעם נקראת שחיטה מלשון זהוב שחוט (מ"א י',ט"ז) שהוא פירוש משוך וק"ל (חולין ל:) [ט]התיז את ראש בבת אחת נבילה כל

גלא עמיקתא

והנה בהני תלת פסוקין דכתיב בהו שרש ערום (בר מפסוקא קדמאה והנחש היה ערום וכו' נח"ש גימ' משי"ח כנודע) רמיזא ביאת משיח צדקנו העיקר ה-י"ב מ-י"ג עיקרי אמונה [י]**אני מאמין באמונה שלמה בביאת המשיח וכו'**. דהיינו הפסוקים (בראשית פרק ג' פסוקים ז',י',י"א): ותפקחנה עיני שניהם וידעו כי **עירמים** הם ויתפרו עלה תאנה ויעשו להם חגרת (=תורה) (ז') (4066) **ויאמר את קולך שמעתי בגן ואירא כי עירם** אנכי ואחבא (י') (2350) **ויאמר מי הגיד לך כי עירם** אתה, המן העץ אשר צויתיך לבלתי אכל ממנו אכלת (י"א) (3542) סליקו לחושבן (9958) הוי' (26) פעמים "לאור עולם" (383) כדכתיב לעתיד לבוא (ישעי' ס',י"ט): "לא יהיה לך עוד השמש לאור יומם ולנגה הירח לא יאיר לך, והיה לך הוי' לאור עולם ואלהיך לתפארתך". ובתוספת תרין פסוקין קדמאין עם שרש "ערם" (בראשית ב' כ"ה, ג' א'): ויהיו שניהם **ערמים** האדם ואשתו ולא יתבששו (2626) והנחש היה **ערום** מכל חית השדה אשר עשה ה' אלהים, ויאמר אל האשה אף כי אמר אלהים לא תאכלו מכל עץ הגן (4348) סליקו כולהו ה' פסוקין לחושבן (16932) י"ב פעמים "אלהינו ואלהי אבותינו אלהי אברהם אלהי יצחק ואלהי יעקב" (1411) דאמרינן ג' זימנין בכל יומא ברישא דצלותא – וכפלינן י"ב זימנין לקביל י"ב שבטיא עמא קדישא דישראל [א"נ משום דהוא הקדמה ל-י"ב ברכות אמצעיות שענינם בקשת צרכיו] ועיין י"ב[2] באורנו בענין י"ב עצות בעבודת השי"ת באריכות – וזהו דמחטא אדם הראשון נמשכה אריכות הגלות וכו'.

[ח] **תלמוד בבלי מסכת ברכות דף מה עמוד ב:** אמר אביי, נקיטינן: שנים שאכלו כאחת - מצוה ליחלק. תניא נמי הכי: שנים שאכלו כאחת - מצוה ליחלק; במה דברים אמורים - כששניהם סופרים, אבל אחד סופר ואחד בור - סופר מברך, ובור יוצא. אמר רבא, הא מילתא אמריתא אנא, ואיתמרה משמיה דרבי זירא כוותי: שלשה שאכלו כאחת - אחד מפסיק לשנים ואין שנים מפסיקין לאחד. ולא? והא רב פפא אפסיק ליה לאבא מר בריה, איהו וחד! - שאני רב פפא דלפנים משורת הדין הוא דעבד. [ט] **תלמוד בבלי מסכת חולין דף ל עמוד ב:** מתני'. השוחט ב' ראשין כאחד - שחיטתו כשרה. שנים אוחזין בסכין ושוחטים, אפילו אחד למעלה ואחד למטה - שחיטתו כשרה. התיז את הראש בבת אחת - פסולה. היה שוחט והתיז את הראש בבת אחת, אם יש בסכין מלא צואר - כשרה. היה שוחט והתיז ב' ראשין בבת אחת, אם יש בסכין מלא צואר אחד - כשרה; בד"א - בזמן שהוליך ולא הביא או הביא ולא הוליך, אבל אם הוליך והביא, אפי' כל שהוא, אפי' באיזמל - כשרה. [י] **י"ג עיקרי אמונה לרמב"ם:** אני מאמין באמונה שלמה

---

2. י"ב עצות בעבודת ה': א' זעירא עניין בטול המסכים - "מחצתי ואני ארפא" (דברים ל"ב,ל"ט) א' רפא - ע"י השלמת הכסא שלם "כי יד על כס י-ה" עם א' גימ' עמלק, דהיינו מבטלו ובאופן שנעשה ב"קריעת ים סוף" גימ' "שמונה עשרה" (976) וזהו שא' זעירא מרמזת לתפילת שמונה עשרה - א' כתבינן י' וו י' ו-י' נחלקת ל-ג' עצם הי',

שנפסלה בשחיטה איקרי נבילה. לפי שהנשמה בתוך הבהמה עדיין הוא תחת מלאך המות ושחיטתו נבילה ועדיין נבל הוא ונבילה עמו אבל צריך להיות השחיטה בהולכה ובהובאה למשוך במשיכת

גלא עמיקתא

ומביא הפסוק בענין העלאת הנשמה דשחיטה, דשחיטה מלשון זה שחוט, כדכתיב (מלכים א' י',ט"ז): [יא]ויעש המלך שלמה מאתים צנה זהב שחוט, שש מאות זהב יעלה על הצינה האחת גימ' (3669) ג"פ "(ו)הקרבתם מנחה חדשה להוי'" (1223) (ויקרא כ"ג,ט"ז) דקאי אספירת העומר תמן מקריבים מנחת שעורים דהוא מאכל בהמה, וביום החמשים מנחה חדשה היא באה מן החטים דהיא מאכל אדם כמבואר [יב]בספה"ק (שפת אמת במדבר לחג השבועות שנת תרמ"ו), ותיקון חטא

קוץ עליון וקוץ תחתון, ובדמות סולם יעקב כדכתיב (בראשית כ"ח, י"ב) "ויחלם והנה סלם מצב ארצה וראשו מגיע השמימה" גימ' (1754) "קדוש קדוש קדוש ה' צבא-ות" (ישעי' ו',ג') ואמרינן בגמרא "חביבין ישראל לפני הקב"ה יותר ממלאכי השרת - דישראל מזכירין את שם ה' אחרי שתי תיבות שנ' שמע ישראל ה' וגו' ומלאכי השרת אין מזכירין את השם אלא לאחר ג' תיבות שנ' קדוש קדוש קדוש ה' צבא-ות" וגו', ורמז נפלא ממו"ר יוסף צבי חשין שליט"א מרומז בתיבה "ישראל" יש ר"ת שמע ישראל (גימ' 951) היינו דמזכירין ישראל ה' אחרי שתי אותיות, ראל גימ' (1230) ג"פ קדוש כנ"ל, דמזכירים המלאכים ה' אחרי ג' אותיות, וביחד גימ' (2181) "והתקדשתם והייתם קדושים", ואם כן: י' עילאה ד-א' זעירא מרמז ג' ראשונות דשמונה עשרה, י' תתאה ג' אחרונות ו' נחלקת לתרין ווין: י"ב אמצעיות- בקשת צרכיו - והנה הן י"ב עצות לקריעת המסכים דעמלק ובדומה לקריעת ים סוף נקרע הים לי"ב השבטים, ומקשר י"ב הברכות דשמונה עשרה לי"ב נביאים דתרי עשר אחד לאחד בהתאמה ולי"ב טעמים י' ע"י תנאים ו-ב' ע"י אמוראים בגמ' מגילה טו: בענין מה ראתה אסתר שזימנה את המן אל המשתה וכו' והן בכללות י"ב עצות בעבודת ה' וכנגד י"ב שבטי י-ה וכדנבאר בעזהי"ת לקמן אחד לאחד.

בביאת המשיח ואף על פי שיתמהמה עם כל זה אחכה לו בכל יום שיבא. **[יא] תלמוד בבלי מסכת חולין דף ל עמוד ב**: מתני'. השוחט ב' ראשין כאחד - שחיטתו כשרה. שנים אוחזין בסכין ושוחטים, אפילו אחד למעלה ואחד למטה - שחיטתו כשרה. התיז את הראש בבת אחת - פסולה. היה שוחט והתיז את הראש בבת אחת, אם יש בסכין מלא צואר - כשרה. היה שוחט והתיז ב' ראשין בבת אחת, אם יש בסכין מלא צואר אחד - כשרה; בד"א - בזמן שהוליך ולא הביא או הביא ולא הוליך, אבל אם הוליך והביא, אפי' כל שהוא, אפי' באיזמל - כשרה. גמ'. מה"מ? אמר שמואל, דאמר קרא: חץ שחוט לשונם מרמה דבר. תנא דבי רבי ישמעאל: ושחט - אין ושחט אלא ומשך, וכן הוא אומר: זהב שחוט, ואומר חץ שחוט לשונם מרמה דבר: מאי ואומר? וכי תימא, זהב שחוט - שנטווה כחוט הוא, ת"ש: חץ שחוט לשונם. רבא הוה בדיק ליה גירא לר' יונה בר תחליפא, ושחט בה עופא בהדי דפרחה. **[יב] ספר שפת אמת על התורה - במדבר - לחג השבועות (שנת תרמ"ו)**: איתא במדרש וברש"י הביאו מ"ש אנכי ה' אלקיך בלשון יחיד ליתן פתחון פה למרע"ה כו'. פי' הענין כמ"ש צדיק יסוד עולם כאשר ראינו שמשה רבינו ע"ה בכחו תיקן כל בנ"י ולעולם יש בישראל צדיק אחד עכ"פ אשר בכחו לקבל הדברות. כי הנה אנכי ה' אלקיך הוא לשון גזירה כמו יהי רקיע ואינו מצוה בלבד. א"כ לעולם אין לזה ביטול לכן יש תמיד צדיקים מיוחדים בתוך בני ישראל ענין קריאת רות בשבועות. דהנה כתיב אדם ובהמה תושיע. והוא בחי' עבד ובן. דכתיב ואתן צאני צאן מרעיתי אדם אתם. היינו מקודם בחי' בהמה

כמ"ש עבדי אתה. אח"כ אדם אתם. אשר בך אתפאר. וכן הי' הענין מיצ"מ עד קבלת התורה. וכן מפסח עד שבועות. מקודם מנחת שעורים מאכל בהמה עד שזוכין לבחי' אדם מנחת חטים. ומ"מ צריכין לאחוז במדריגת עבד ג"כ להיות אדם ובהמה כמ"ש בהמות הייתי עמך כו' וכן הי' בחי' דוד המע"ה דלית לי' מגרמי' כלום.

הנפש בתוכה (משלי י"ב, י') יודע צדיק נפש בהמתו. ע"ד יהיה פירוש הפסוק אלף זעירא לקרות ויקר אל משה להוציא יקר מזולל [כמו שכתוב (ירמיהו

גלא עמיקתא

אדם הראשון לשיטת רבי יהודה דסובר עץ הדעת חטה היה [עיין [יג]בסוגיא ברכות מ' ע"א]. ומביא הפסוק ממשלי (י"ב, י'): [יד]יודע צדיק נפש בהמתו ורחמי רשעים אכזרי גימ' (2299) י"א פעמים י"א פעמים "חוה" (19) דהוא תיקון חטא חוה דמחטאה וחטא אדם הראשון נתהוו ונשתלשלו י"א סטרין אחרנין בחינת י"א כתרין דמסאבותא בסוד י"א יריעות עיזים (שמות כ"ו, ז'). וכאן כפלינן בהכאה כפולה י"א פעמים י"א לרמוז תקונא שלים דחוה, בהקרבת זבחי שלמים ארבעים שנה במדבר.

ומביא הפסוק מפרשת צו (ויקרא ז', כ'): [טו]והנפש אשר תאכל בשר מזבח השלמים אשר לה' וטמאתו עליו ונכרתה הנפש ההיא מעמיה גימ' (5169) ג' פעמים "אלף יעקב ישראל" (1723) ומבואר בפסוק ענין כר"ת [ונכרתה] היינו פגם כת"ר אתוון דרין כאתוון דדין, וכן אד"ם במלוי "אלף דלת מם" גימ'

[יג] **תלמוד בבלי מסכת ברכות דף מ עמוד א:** על פירות הארץ וכו'. פשיטא! - אמר רב נחמן בר יצחק: לא נצרכה אלא לרבי יהודה דאמר חטה מין אילן היא; דתניא אילן שאכל ממנו אדם הראשון, רבי מאיר אומר: גפן היה, שאין לך דבר שמביא יללה על האדם אלא יין, שנאמר: וישת מן היין וישכר; רבי נחמיה אומר: תאנה היתה, שבדבר שנתקלקלו בו נתקנו, שנאמר ויתפרו עלה תאנה; רבי יהודה אומר: חטה היתה, שאין התינוק יודע לקרות אבא ואמא עד שיטעום טעם דגן. סלקא דעתך אמינא, הואיל ואמר רבי יהודה חטה מין אילן היא, ליברך עליה בורא פרי העץ - קמשמע לן: היכא מברכינן בורא פרי העץ - היכא דכי שקלת ליה לפירי איתיה לגוווא והדר מפיק. [יד] **תלמוד בבלי מסכת נדרים דף נ עמוד א:** ר' עקיבא איתקדשת ליה ברתיה (דבר) דכלבא שבוע, שמע (בר) כלבא שבוע אדרה הנאה מכל נכסיה, אזלא ואיתנסיבה ליה. בסיתוא הוה גנו בי תיבנא, הוה קא מנקיט ליה תיבנא מן מזייה, אמר לה: אי הואי לי, רמינא ליך ירושלים דדהבא. אתא אליהו אידמי להון כאנשא וקא קרי אבבא, אמר להו: הבו לי פורתא דתיבנא, דילדת אתתי ולית לי מידעם לאגונה. אמר לה ר' עקיבא לאנתתיה: חזי גברא דאפילו תיבנא לא אית ליה. אמרה ליה: זיל הוי בי רב, אזל תרתי סרי שנין קמי דר' אליעזר ור' יהושע. למישלם תרתי סרי שנין קא אתא לביתיה, שמע מן אחורי ביתיה דקאמר לה חד רשע לדביתהו: שפיר עביד ליך אבוך, חדא, דלא דמי ליך! ועוד, [שבקך] ארמלות חיות כולהון שנין! אמרה ליה: אי צאית לדילי, ליהוי תרתי סרי שנין אחרנייתא. אמר: הואיל ויהבת לי רשותא איהדר לאחורי. הדר אזל הוה תרתי סרי שני אחרנייתא. אתא בעשרין וארבעה אלפין זוגי תלמידי, נפיק כולי עלמא לאפיה. ואף היא קמת למיפק לאפיה, אמר לה ההוא רשיעא: ואת להיכא? אמרה ליה: יודע צדיק נפש בהמתו. אתת לאיתחזויי ליה, קא מדחן לה רבנן, אמר להון: הניחו לה, שלי ושלכם שלה הוא. שמע (בר) כלבא שבוע, אתא ואיתשיל על נידריה ואשתריי ואשתרי. [טו] **ספרא ברייתא דרבי ישמעאל פרשה א פרק א:** (א) כל דבר שהיה בכלל ויצא מן הכלל ללמד לא ללמד על עצמו יצא אלא ללמד על הכלל כלו יצא כיצד והנפש אשר תאכל בשר מזבח השלמים אשר לה' וטומאתו עליו ונכרתה הנפש ההיא והלא שלמים בכלל כל הקדשים היו דכתיב זאת התורה

ט"ו, י"ט) ואם תוציא יקר מזולל] מאוהל מועד על עסקי אוהל מועד שהוצרכו להקריב כל מ' שנה שהיו במדבר זבחי שלמים

גלא עמיקתא

(625) "הכתר" לרמוז דמחבר עליונים ותחתונים וכשפוגם בעברה שיש בה כר"ת פוגם בבחינה שנועד לה לקשר כל הבריאה לכת"ר ולהחזיר באור חוזר הכל לשרשו ואף למעלה משרשו הראשון. ועיין [טז]בפרש"י על הפסוק ג' כריתות אמורות הכא שנים ו–א' בפרשת אמור וכו'. וזהו דכפלינן ג' זימנין אלף (1000–בחינת כתר עליון) יעקב ישראל (723–בחינת קטנות וגדלות בעם ישראל), דתלת רישין אינון בכתר [כדאיתא [יז]בזוה"ק (האזינו רפח:)]. ומובן שפסוק עיקרי בכל הדרוש הוא (ויקרא א',ב'): [יח]דבר אל בני ישראל ואמרת אלהם אדם כי יקריב

לעולה ולמנחה ולחטאת ולאשם ולמלואים ולזבח השלמים וכשיצאו מן הכלל ללמד לא ללמד על עצמו יצאו אלא ללמד על הכלל כלו יצאו לומר לך מה שלמים מיוחדין קדשים שקדושתן קדושת מזבח אף אין לי אלא כל דבר שקדושתו קדושת מזבח יצאו קדשי בדק הבית. [טז] רש"י **ויקרא פרק ז פסוק כ:** וטומאתו עליו - בטומאת הגוף הכתוב מדבר, אבל טהור שאכל את הטמא, אינו ענוש כרת, אלא באזהרה והבשר אשר יגע בכל טמא וגו' (פסוק יט). ואזהרת טמא שאכל את הטהור אינה מפורשת בתורה, אלא חכמים למדוה בגזרה שוה. שלש כריתות אמורות באוכלי קדשים בטומאת הגוף, ודרשוה רבותינו בשבועות (ז א) אחת לכלל ואחת לפרט ואחת ללמד על קרבן עולה ויורד, שלא נאמר אלא על טומאת מקדש וקדשיו. [יז] **זוהר - האדרא זוטא - דברים - פרשת האזינו - דף רפח עמוד א:** תלת רישין אתגלפן דא לגו מן דא, ודא לעילא מן דא, רישא חדא חכמתא סתימאה דאתכסייא ולאו מתפתחא וחכמתא דא סתימאה רישא לכל רישיה דשאר חכמות, רישא (ראשית קמז א) עלאה עתיקא קדישא סתימא דכל סתימין. [יח] **של"ה שער האותיות אות הקו"ף - קדושת האכילה (א):** קנג. הכלל העולה, אדם שהוא צדיק ואוכל מן המותר לו, אז האכילה במקום קרבן, כי הצדיק מדמה צורה ליוצרה כביכול, ואז אכילתו מקודשת כאכילת מזבח, כי אינו אוכל רק בשביל נפשו שתשאר)ה) דביקה בגוף לעבודת בוראו. אבל הנתרחק מהקדוש ברוך הוא, שפגם בנשמתו, אז צריך הוא לעשות קרבן לעצמו, לקיים שלום

לרחוק, שנעשה קרוב (סנהדרין צט א). וזהו התענית, שמקריב את עצמו, כי הוא הבהמה בעצמו, מאחר שנתרחק 'נמשל כבהמות נדמו' (תהלים מט, יג). וזהו סוד 'אדם כי יקריב מכם קרבן לה' מן הבהמה מן הבקר ומן הצאן תקריבו את קרבנכם' (ויקרא א, ב). הרמז, אדם שנתרחק צריך להקריב את עצמו, וזהו 'יקריב מכם'. אבל מי שהוא קרוב ודבק בידו"ד, אז כביכול שם ידו"ד עליו, ואז 'מן הבהמה וגו' תקריבו את קרבנכם', רצוני לומר, מה שאוכלים אתם זהו קרבן, וזהו 'קרבנכם', וקל להבין. ואמר 'אדם' ולא 'איש', רומז על אדם הראשון כדפירש רש"י ז"ל (שם) לפי דרכו. ולפי דרכי הרמז, אדם אם לא חטא היה מצוה 'מכל עץ הגן אכל תאכל', כי מוריד השפעות רוחניות האוכל מלמעלה, כמו שכתבתי לעיל (אות קנא) כל אוכל יש לו רוחניות, וכשחטא אדם אז היה תקונו תענית. ובספר עשרה מאמרות (מאמר חקור דין, חלק ד' פרק ג') כתב, שהתענה אדם כל ימי חייו, ושהזכירו רבותינו ז"ל (עירובין יח ב) ק"ל שנה, היינו לענין שאר תשובה שעשה, וכן היה חי תתק"ל שנים כמנין תעני"ת, ודבר זה יבוא בארוכה לקמן במסכת תענית (ח"ב אות קפב - קפג) אם ירצה השם. כי מכח שחטא במאכל, והמאכל הביא מיתה לעולם, תקונו תעני"ת. אמנם 'טוב מאד' (בראשית א, לא) זה המיתה (בראשית רבה פ"ט ס"ה), ולעתיד יוחזר האכילה רוחניית, שחקים שבו שוחקים מן לצדיקים (חגיגה יב ב). ועל זה רומז שם קריאת חוה, 'כי הוא היתה אם כל חי' (בראשית ג, כ), מתחלה גרמה חוה מיתה במאכל, ולעתיד יוחזר להיות חי. וזהו סוד 'אם כל' אותיות 'מאכל',

גלא עמיקתא

מכם קרבן לה', מן הבהמה מן הבקר ומן הצאן תקריבו את קרבנכם גימ' (4785) ג"פ "בהעלותך את הנרות" (1595) (במדבר ח',ב'). דהוא ענין העלאת נשמות ישראל לשרשן דהן ז' נרות לקביל ז"א דאצילות דכללות דמתמן נמשכו נשמות עם ישראל. והוא כענין העלאת נשמות המגולגלות בדצ"ח ע"י ברכות ועסק התורה והמצוות לשם שמים. וכתיב נר הוי' נשמת אדם (משלי כ',כ"ז) דנשמה נמשלה לנר [יט]ואיתא בגמרא (שבת ל"ב ע"א) דאמר הקב"ה לישראל: שלכם אצלי ושלי אצלכם וכו' – שלי אצלכם זו התורה הקדושה– עסקו בה ושמרו עליה (דהיינו מיניקת החיצונים), ושלכם אצלי זו הנשמה– וכך אשמור אני את נשמתכם. וכדאמרינן בברכות השחר נשמה שנתת בי טהורה היא וכו' ואתה משמרה בקרבי וכו'.

ומסיים המגלה עמוקות האופן וזלשה"ק: אזי באותו הפרק (שמקריב הקרבן) הנשמה שהיתה בתוך הבהמה מיכאל כה"ג מקריב אותה למעלה. עכלשה"ק. והוא כמים הפנים לפנים וכו' וכיום שאין לנו בית מקדש וקרבנות– מקיימים ע"י "[כ]ונשלמה פרים שפתינו" (י"ד,ג') וכו' [וכדאמרינן בשחרית אחר סדר הקרבנות: "ריבונו של עולם גלוי וידוע לפניך בזמן שבית המקדש קים אדם חוטא ומקריב קרבן ומתכפר לו וכיום גלינו מארצנו ונתרחקנו מעל אדמתנו ואין אנחנו יכולים להראות ולהשתחוות לפניך וכו' ואתה אמרת ונשלמה פרים שפתינו וכו' לכן יהי רצון שיהא שיח שפתותינו חשוב ומקובל ומרוצה לפניך כאילו הקרבנו קרבן התמיד במועדו" וכו']. [3]וכמו שבארנו

ו'מאכל' עולה צ"א, ביחוד השם של שמונה אותיות יאהדונה"י. וקודם התיקון אז אדם חי תעני"ת שנה כדלעיל, ובתיקון, אז המאכל קרבן אליו. ואף עתה מי שהוא צדיק, אז בצדקתו ובטוהר מחשבתו מוריד השפע של מאכל, וגבוה מעל גבוה, והאוכל והשותה יכוון לזה, כגון אם שותה מים לצמאו, יחשוב שמימי 'חסד' מכבין אש 'הגבורה', וכששותה יין, יחשוב על יין המשומר בענביו משׁשת ימי בראשית. **[יט] תלמוד בבלי מסכת שבת דף לב עמוד א:** נשמה שנתתי בכם קרויה נר - על עסקי נר הזהרתי אתכם. אם אתם מקיימים אותם - מוטב, ואם לאו - הריני נוטל נשמתכם. ומאי שנא בשעת לידתן? אמר רבא נפל תורא - חדד לסכינא. אביי אמר: תפיש תירוס אמתא - בחד מחטרא ליהוי. רב חסדא אמר: שבקיה לרויא, דמנפשיה נפיל. מר עוקבא אמר: רעיא חגרא ועיזי ריהטן, אבב חוטרא - מילי, ואבי דרי - חושבנא, רב פפא אמר: אבב חנואתא נפישי אחי ומרחמי, אבב בזיוני - לא אחי ולא מרחמי. **[כ] שיר השירים רבה פרשה ד:** ו ד"א כחוט השני שפתותיך, זה לשון של זהורית, ומדברך נאוה, זה שעיר המשתלח, אמרו ישראל לפני הקדוש ברוך הוא רבש"ע אין לנו לשון זהורית ושעיר המשתלח, אמר להם כחוט השני שפתותיך, רחישת פיך חביבה עלי כחוט השני של זהורית, ר' אבהו אמר עלה (הושע י"ד) ונשלמה פרים שפתינו, מה נשלם תחת פרים ותחת שעיר המשתלח שפתינו, ומדברך נאוה, מדברך יאי, מדברתיך יאיא, א"ר אבא בר כהנא אף על פי שהוא מדבר חייבין על מחיצתו עכשיו כשהוא חרב

---

3. באור תהלים פרק י"ט: פסוק ד': אין אמר ואין דברים בלי נשמע קולם גימ' (1302): "מגן" (93) פעמים "דוד" (14) וזהו דאמרינן בברכות ההפטרה שמחנו וכו' ובמלכות בית דוד משיחך במהרה יבא ויגל לבנו וכו' ברוך אתה ה' מגן דוד. ואמרינן (שם) כי בשם קדשך נשבעת לו שלא יכבה נרו לעולם ועד- וזהו ד-ג' פסוקין קדמאין סליקו לחושבן נ"ר פעמים דו"ד כדלעיל, ורמיזא אין אמר ס"ת נ"ר, ר"ת אין אמר ואין דברים בלי סליק לחושבן (14) דו"ד. הני ד' פסוקין יחד גימ' (4803): ג"פ "ונשלמה פרים שפתינו" (הושע י"ד,ג') ר"ת נפ"ש, וכדכתיב (פס' ח') תורת

ה' תמימה משיבת נפש, ודרשו חז"ל דעתה משחרב בית המקדש ושכינתא בגלותא נשלמה פרים שפתינו- תפלות במקום תמידין וכו', והוא ג"פ לקביל ג' תפלות דתקנו אבות הק'- אברהם תקן שחרית וכו', נפש דא אתתא דהיינו חוה- וזהו דהני תפלות הן תקון חוה- נפש דאדם קדמאה.

ונאסרו בשר תאוה מזה הטעם בשחוטי חוץ (ויקרא י"ז,ד') ונכרתה הנפש ההיא שכל הקרבנות שקריבו היו להוציא יקר מזולל ונתן טעם למה יהיו במדבר הקרבנות דוקא בפתח אוהל מועד. לז"א אדם כי יקריב מכם עיקר קרבן הוא מכם על הנשמה התקוע בבהמה ואי אפשר לאדם שיהי' קרבן לה' לעלות למעלה

גלא עמיקתא

במקום אחר [כא]דכיום משחרב בית המקדש תפילות במקום קרבנות כמאמר הנביא (הושע י"ד,ג') "ונשלמה פרים שפתינו" כנ"ל. והנה כולהו פסוקין דמביא המגלה עמוקות: "צדקתך כהררי אל משפטיך תהום רבה אדם ובהמה תושיע ה' (3102) אמרתי אני בלבי על דברת בני האדם לברם האלהים ולראות שהם בהמה המה להם (3102) ויעש המלך שלמה מאתים צנה זהב שחוט, שש מאות זהב יעלה על הצינה האחת (3669) יודע צדיק נפש בהמתו ורחמי רשעים אכזרי (2299) והנפש אשר תאכל בשר מזבח השלמים אשר לה' וטמאתו עליו ונכרתה הנפש ההיא מעמיה (5169) דבר אל בני ישראל ואמרת אלהם אדם כי יקריב מכם קרבן לה', מן הבהמה מן הבקר ומן הצאן תקריבו את קרבנכם (4785)" סליקו לחושבן (22,126): הוי' (26) זימנין "בעתה אחישנה" (851) כדכתיב אני הוי' בעתה אחישנה (ישעי' ס',כ"ב) – דבזכותיה דמו"ר בעל המגלה עמוקות נזכה

כשם שמחויבין על מחיצתו כשהוא בנוי, אמר רבי לוי אמר הקדוש ברוך הוא בחורבנה העמידה לי צדיקים, ובבנינה העמידה לי רשעים, בחורבנה העמידה לי צדיקים, דניאל וחבורתו, מרדכי וחבורתו, עזרא וחבורתו, בבנינה העמידה לי רשעים, כגון אחז וחבורתו, מנשה וחבורתו, אמון וסייעתו, ר' אבא בר כהנא בשם ר' יוחנן על הדא דר' לוי אמר (ישעיה נ"ד) כי רבים בני שוממה מבני בעולה, הוי צדיקים העמידה לי בחורבנה יותר מצדיקים שהעמידה לי בבנינה, כפלח הרמון רקתך, רבי אבא בר כהנא ורבי אחא, חד אמר הריקן שבשלש שורות רצוף תורה כרמון הזה, ואין צריך לומר מבעד לצמתך, על היושבין בסנהדרין עצמה, וחד אמר הריקן שבסנהדרין רצוף תורה כרמון הזה, ואין צריך לומר מבעד לצמתך, על היושבין תחת הזית ותחת הגפן והתאנה ועוסקין בדברי תורה, כמגדל דויד צוארך זה בית מקדש ולמה מדמהו בצואר, שכל ימים שהיה בית המקדש בנוי וקיים היו צוארן של ישראל פשוט בין אומות העולם, וכיון שחרב בית המקדש כביכול נכפף צוארן של ישראל, הה"ד (ויקרא כ"ו) ושברתי את גאון עזכם, זה בית המקדש

[כא] במדבר רבה פרשת קרח פרשה יח: הוקם על כנגד מאה ברכות שבכל יום היו מתים מישראל מאה אנשים בא דוד ותקן להם מאה ברכות כיון שתקנם נתעצרה המגפה על עולה של תורה ועולה של קצרה (הושע יד) כל תשא עון וקח טוב ונשלמה פרים שפתינו, אמרו ישראל רבש"ע בזמן שבית המקדש קיים היינו מקריבים קרבן ומתכפר ועכשיו אין בידינו אלא תפלה טו"ב בגימטריא י"ז תפלה י"ט ברכות הוצא משם ברכת המינין שתקנוה ביבנה ואת צמח דוד שתקנו אחריו על שום (תהלים כו) בחנני ה' ונסני ורבי סימון אומר קח טוב בגימטריא נפ"ש אמרו ישראל כשבית המקדש קיים היינו מקטירים חלבים ואמורין ומתכפרין ועכשיו הרי חלבנו ודמינו ונפשותינו יהי רצון מלפניך שתהא כפרה עלינו, (הושע יד) ונשלמה פרים שפתינו

עד שמתחילה מן הבהמה ומן הבקר תקריבו אזי באותו הפרק הנשמה שהיתה בתוך הבהמה [כב]**מיכאל כהן גדול מקריב אותו למעלה.**

גלא עמיקתא

לגאולה האמיתית והשלמה באופן של אחישנה דכלו כל הקיצין, ואנו בשלהי אלף השביעי, דהוא נמי חושבן (22,126): י"ג פעמים "אלף (1000) שבת (702)" ונזכה לגלוי י"ג מכילן דרחמי ביום שכולו שבת בב"א. וכד מוספינן להני פסוקין דמביא המגלה עמוקות (22,126) חושבן הפסוקים דהבאנו מתחלת התורה בענין שרש ער"ם דתמן התחלת חטא אדם וחוה והנחש היה ערום וכו' (16,932) – סליק כולהו לחושבן (39,058): "כי טוב הוא" (59) זימנין "אלפי ישראל" (662), דאיתמר במשה ותרא אותו כי טוב הוא (שמות ב',ב'), וזכה לרזא ד–א' זעירא ויהיב לישראל בסוד אלפי ישראל בחינת נקודת האהבה המסותרת בלב כל יהודי דתתגלה ותתפשט בכל גופו בביאת משיח צדקנו, וביותר בתחית המתים דנשמה נזונית מגוף, בב"א. ויהיו נא אמרינו לרצון לפני אדון כל להחיש גאולתנו ולגלות משיח צדקנו דיוליכנו קוממיות לארצנו יחד עם כל אחינו בני ישראל ונזכה להקריב קרבן תודה בבית המקדש השלישי בעגלא דידן ובזמן קריב ונאמר אמן.

[**כב**] **של"ה פרשת וירא תורה אור**: כה. הדרך השלישי, שענין סעודת אברהם היה מדוגמת הסעודה העתידה. ואז נתבשר ביצחק, כי יצחק הוא בסוד ראשית המחשבה בני עליה, אשר תגמר ראשית המחשבה לעתיד בסוף המעשה, והוא קודש ראשית ראשון הנימולים מילה בזמנה, ואז נתקדש בקדושת הגוף. על כן כשאמר לו הקדוש ברוך הוא (בראשית כב, ב) 'והעלהו [שם] לעלה' שמח אברהם במאוד וגם יצחק, בראותם כי הוא קודש לה', זכה בחייו מה שאין זוכים שאר הצדיקים אלא לאחר מותם, להיותם קרבן לה' על ידי מיכאל כהן גדול (מנחות קי א תוד"ה ומיכאל). ואברהם אבינו היה ירא במאוד, אולי יצחק מחמת צערא דמותא לא יקבל באהבה, ויהיה חס ושלום מום בקרבנו ולא ירצה. וזה היה ענין תפילה שלו, שיהיה עזר מעם ה' והקדוש ברוך הוא ישלח עזרו, כענין הבא לטהר מסייעין (לו [אותו] (יומא לח ב). וכל תפילתם היה במעשה עבודה הזו שיקויים בהם 'עבדו את ה' בשמחה' (תהלים ק, ב), שיהיה במעשה זה מדת האהבה, ולעבוד את ה' בשמחה ובטוב לבב.

וזהו הענין הנאמר באברהם (בראשית כב, יב) 'כי [עתה] ידעתי כי ירא אלהים אתה', ובמסכת סוטה פרק כשם (לא א) אמרו, 'ירא אלהים' הנאמר באברהם היא מאהבה. וקשה, בפסוק כתיב 'ירא אלהים' היא מיראה, והם אמרו שהיא מאהבה. אלא הענין הוא שיש יראה ואהבה, יראה דהיינו יראה המביאה לידי אהבה, ואהבה המביאה לידי יראה. וביאור הענין הזה ארוך ביארתיו תהלה לאל בארוכה (בחלק א') בפרק בעשרה מאמרות במאמר דרוש אהבה ויראה (אות קלז), ושם נאמר כי יש יראה המביאה לידי אהבה, ואחר כך אהבה מביאה לידי יראה. נמצא שיש יראה שהיא למטה ממדרגת אהבה, ויש יראה שהיא למעלה ממדרגת אהבה. וזהו שאמרו 'ירא אלהים' הנאמר באברהם היא היראה הבא מאהבה. וכן היה, מאחר שנשתקע באהבת השם לעבדו בשמחה בא לידי יראה, והיה ירא במאוד אולי יצחק מחמת צערא לא יהיה בשמחה ובטוב לבב, ונתדבק ביראה פנימי דפנימית אשר ביארתי סודה במקום הנזכר (שם בעשרה מאמרות).

אופן נה

ידוע שמשה עלה אל האלהים שהוא כלול מיו"ד פעמים [אלהים] ותחסרהו מעט מאלהים. זה שאמרו משה מן התורה מנין שהוא בא להמתיק י"פ אלהים בשגם הוא בשר בגימטריא תתנ"ט חסר א' מי"פ אלהים.

וזה סוד תכלית כי משה רזא תכלית הבריאה והוא ראשית ותכלית לכן אמר גבי לידתו ותשם בסוף סף כפ' רבתי י' פעמים אלהים שהיא תכלית.

לכן אמר כאן ויקר אל משה מההוא היקר שבא להמתיק מדת אלהים שתהיה חסד מה יקר חסדיך אלהים משה שנקרא מה שם בנו לא ידענו מה היה לו, להוציא יקר מזולל להמתיק מידת חסד על שם של אלהים.

אבל אלף זעירא ותחסרהו מעט מאלהים שנחסר לו אחד מן תת"ס ולא עלו רק תתנ"ט מנין בשגם הוא בשר.

אופן נה

ידוע שמשה עלה אל האלהים [כמ"ש (שמות י"ט,ג') ומשה עלה אל האלהים] שהוא כלול מיוד פעמים (תהל' ח',ו') ותחסרהו מעט מאלהים. ז"ש [א]משה מן התורה (חולין קלט:

גלא עמיקתא

והנה עוסק האי אופן נ"ה למגלה עמוקות בענין מיתוק דיני אלהי"ם בסוד מש"ה אי"ש האלהי"ם (דברים ל"ג,א') גימ' (747) מד"ת הרחמי"ם. והוא חושבן (747) ט' פעמים אבי"ע (83) דהמיתוק הוא בכללות העולמות [ב]אבי"ע ראשי תיבות אצילות בריאה יצירה עשיה. ובאברהם כתיב (בראשית י"ב,ד') ואברם בן חמש שנים ושבעים שנה בצאתו מחר"ן– ובאר"י הקדוש כתב חר"ן גימ' (258) ג' פעמים שם אלהי"ם (86) וכתיב בתריה ואת הנפש אשר עשו בחר"ן– והוא בסוד מיתוק הני ג' אלהי"ם. וביעקב כתיב (בראשית כ"ח,י') ויצא יעקב מבאר שבע וילך חרנה וכו' למתק הני ג' אלהי"ם מיתוק שני לאחר שמיתקו אברהם זקנו– ולבנות את בנין עם ישראל.

[א] **תלמוד בבלי מסכת חולין דף קלט עמוד ב:** אמרי ליה פפונאי לרב מתנה וכו' משה מן התורה מנין? בשגם הוא בשר (בראשית ו') המן מן התורה מנין? המן העץ (בראשית ג') אסתר מן התורה מנין? ואנכי הסתר אסתיר (דברים ל"א) מרדכי מן התורה מנין? דכתיב (שמות ל') מר דרור ומתרגמינן: מירא דכיא. [ב] **מלבי"ם שמות פרק לד פסוק ו:** ויעבר. עתה מפרש דבריו מ"ש וירד ה' בענן ויתיצב עמו שם, שסכך אותו בענן שזה היה בעת ההעברה מן הא"ס אל הוית העולם דרך הצמצום ונקרת הצור, זה היה עד שעבר ה' על פניו במעבר שיש בין הא"ס והבלתי גבול אל הבע"ת וגבול, שבזה סכך עליו עננו כמ"ש ושכותי כפי עליך עד עברי, ויל"פ שעל פניו ר"ל פני ה' שהוא המדרגה שנקרא פניו שהוא המהות שאמר עליו לא תוכל לראות את פני, ועבר מן פניו אל אחוריו שהוא הבריאה שנשתלשלה מאתו שאמר ע"ז וראית את אחורי, מעבר הזה השיג דרך הענן והערפל שסכך עליו בל יביט אל האלהים, ויקרא ה' זה מפרש מ"ש ויקרא בשם ה', שאחרי ההעברה שהתחיל גלוי העולמות התחילו להתגלות שמותיו של הקדוש ברוך הוא, וקרא לפניו השמות שהם חיות וקיום של העולמות כמ"ש וקראתי בשם ה' לפניך. והנה העולמות שנתהוו במקום הצמצום הם ד' עולמות אבי"ע, ונגד עולם האצילות בא שם הוי"ה הראשון, והוי"ה השני הוא נגד עולם הבריאה [וחז"ל אמרו אני ה' קודם שיחטא ואני ה' לאחר שיחטא, כי השם השני ששולט בעולם הכסא מקבל בעלי תשובה כמ"ש גדולה תשובה שמגעת עד כסא הכבוד, כי תשובה באה מן הבינה כמ"ש (ישעיה ו') ולבבו יבין ושב, ואמא מקננת בכרסיא, והשם הראשון שהוא בעולם האצילות הוא קודם שיחטא כי שם תקון ספירת חכמה שהיא אינה מקבלת תשובה, כמ"ש במדרש שאלו לחכמה נפש החוטאת מה תקנתה אמרה נפש החוטאת היא תמות כי שם הוא מה"ד, ועז"א שעלה במחשבה לבראות במה"ד כי חכמה מוחא היא מחשבה מלגו, ועל מיתת ר"ע אמר שתוק כך עלה במחשבה לפני], ושם אל שולט בעולם היצירה שהמלאכים נלוה אל שמם שם אל כנודע. ומן רחום וחנון מתחיל הנהגת עולם העשיה לא בעולמות שלמעלה שלא יצדק שם רחמים וחנינה וארך אפים, ובעולם העשיה יש מדת רחום ומדת חנון, הרחמים הוא מצד דכאות האיש שמעורר רחמים, וחנינה הוא מצד מציאת חן כמ"ש (תהלים קב) אתה תקום תרחם ציון [מצד דכאותם ושפלותם בעת שיהיה קושי השעבוד] כי עת לחננה [מצד החנינה אף בלא קושי השעבוד], הרחמים שייך על הגוף והחנינה על הנפש כמ"ש על כן לא ירחמנו עושהו ויוצרו לא יחוננו (ישעיה כ"ד) כמש"פ בפירושי שם, ארך אפים בעת שהדין נותן להעניש אינו

מעניש תכף רק מאריך אף, שמא יחזור בתשובה, והוא פחות מן הסליחה, כמש״פ בפסוק (משלי יט) שכל אדם האריך אפו ותפארתו עבור על פשע, עיין שם [ג] **אבן עזרא בראשית שיטה אחרת - פירוש פרק א פסוק א:** הגאון אמר, כי בראשית בריאה ברא ה׳ השמים, שהם כמו הקו הסובב בעגול, והארץ שהיא הנקודה האמצעית. ואחר שהקו והמוצק נבראים הנה האש והמים שהם בין הקו ובין הנקודה נבראים על כן לא הזכירם הכתוב. וטעם והארץ היתה תהו ובהו - כאשר בראה היתה ככה. ואין טענה ממלת לא תהו בראה (ישע׳ מה, יח) כי לא דבר הנביא על עת הבריאה רק על קצת נצח ותמיד. והאומר כי פירושו ׳בראשית ברוא האלהים, והארץ היתה תהו׳. איננו נכון, כי היה ראוי שיחל ׳ראשית׳, כמו: ה׳ קנני ראשית דרכו (משלי ח, כב). ועוד, מה טעם לו״ו והארץ? ועוד, למה הזכיר הארץ לבדה והניח השמים? ועוד ראינו, כי הנביא אומר ראיתי את הארץ והנה תהו (ירמ׳ ד, כג). והנעדר איננו נראה. גם הנביא פירש דבריו, והוא כי אין אדם ולא בהמה ועוף, כי משפט הנביאים לדבר ככה, כמו יהיה שבעתים (ישע׳ ל, כז) שפירושו כאור שבעת ימים. ועוד, כי אין מלת ברא כאשר חשבו רבים לעשות את שאינו ישנו. והמוכיח ויברא אלהים את האדם (ברא׳ א, כז); ויברא אלהים את התנינים (שם כא). והנה מצאנו ואם בריאה יברא ה׳ (במד׳ טז, ל), שהוא כמו גזרה שגזר. וככה הכתוב: ולכבודי בראתיו (ישע׳ מג. ז), שהוא הכח בעצם ואח״כ יצרתיו (שם) שהוא הצורה ואח״כ עשיתיו שהוא התיקון, כמו וימהר לעשות אותו (ברא׳ יח, ז). ומלת [ברא כמו] וברא אותהן (יחזק׳ כג, מז) - לשון חתוך וגזרה, ואם זאת הגזרה מבנין הכבד, על כן כתוב בורא קצות הארץ (ישע׳ מ, כח) בעבור כי הקצות אינן גופות, וככה ובורא חשך (שם מה, ז) כי החשך איננו דבר (והוא מקרה על דעת רבים) רק הוא העדרת דבר. ובעל ספר יצירה [ג, ט] יקראנה תמורה: תמורת חיים - מות, תמורת עושר - עוני, תמורת חכמה - אולת. והצל איננו דבר רק דמות העדרת דבר. ואנשי המחקר מתחלקים. יש אומרים, כי הש״י בורא תמיד התורה, וכסא הכבוד

גלא עמיקתא

ובהאי אופן עסיק במיתוק י׳ פעמים שם אלהי״ם- ונבארו בס״ד פסוקא פסוקא לפי סדר הפסוקים שמביא המגלה עמוקות: [ג]ותחסרהו מעט מאלהים, וכבוד והדר תעטרהו (תהלים ח,ו) גימ׳ (1873) ב׳ פעמים ״מרדכי

ואין להם ראשית זמן ולא יהיה להם סוף. ואחרים מכחישים הכסא גם התורה ואומרים כי ה׳ לבדו הוא, וברא את העולם בעת הראויה בחכמתו להברא בה. ואלה לא דברו נכונה. כי העת תנועת הגלגל היא. ואם אין גלגל אין עת. ואם כן אין לחקור למה נברא היום קרוב מחמשת אלפים שנה ולא טרם זה המספר, כי אין טרם - קודם שיברא העולם - בחפץ. ולא יהיה החפץ קדמון. והוא מקרה איננו נשוא בעצם. ואלה דברי תהו ובהו. ועתה כלל אתן לך. דע, כי משה אדוננו לא נתן התורה לחכמי לב לבדם כי אם לכל. ולא לאנשי דורו לבדם כי אם לכל דור ודור. והוא לא דבר במעשה בראשית כי אם בעולם השפל שנברא בעבור האדם, על כן לא הזכיר המלאכים הקדושים. ואמר אחד מן הגאונים, כי המלאכים נבראו בעבור האדם גם ככה הכוכבים והגלגלים. וסמך על דברי אחד מקדמונינו. והוא לא עמד על סוד האמת. ואלה הם ראיותיו: אמר, כי הכתוב אמר הנה אנכי שולח מלאך לפניך לשמרך בדרך (שמו׳ כג, כ), והשמור נכבד מהשומר. והנה שכח, כי יעקב אבינו ומשה אדוננו ודוד מלכנו היו שומרי צאן. ועוד כתוב: הנה לא ינום ולא יישן שומר ישראל (תהל׳ קכא, ד), ושמרתיך בכל אשר תלך (ברא׳ כח, טו). ואם ישראל נכבדים ממיכאל למה נקרא כי אם מיכאל שרכם (דניאל י, כא), השר הגדול (שם יב, א). ולמה כתוב: השמר מפניו (שמו׳ כג, כא). ועוד: כי לא ישא לפשעכם [שם]. ויהושע היה מהנביאים הגדולים, והוא אמר: מה אדוני מדבר אל עבדו (יהושע ה, יד), ודניאל אמר: והיך יוכל עבד אדוני זה לדבר עם אדוני זה (דניאל י, יז), והתקועית אומרת: ואדוני חכם כחכמת מלאך האלהים (ש״ב יד, כ). ולא באה לחרף את דוד. ובאיוב: ובמלאכיו ישים תהלה אף שוכני בתי חומר (איוב ד, יז), ועוד אפרש כי המלאכים נקראים אלהים והכוכבים בני אלהים: ויריעו כל בני אלהים (איוב לח, ז) ובאיוב: הן עד ירח לא יאהיל וכוכבים לא זכו בעיניו אף כי אנוש רמה (שם כה, ו), וזה אמת בראיות גמורות מחכמי המחקר, כי המניעים הגלגלים נכבדים ועומדים, ולא יחסרו, ולא יכלו. ואיך יבראו הנכבדים שהם משרתי השם הנכבד והם במעלה

העליונה בעבור הנמשל לציץ (תהל' קג, טו) ולחציר גגות (שם קכט, ו). ועוד כי לחכמי המזלות ראיות כי האחד מחמשה עשר כוכבים גדולים שהם מהכבוד הראשון גדול מכל הארץ הנושבת ושאינו נושבת תשעים פעמים. גם חכמינו אמרו: כל העולם כולו תחת כוכב אחד עומד (פסחים צד, א), ואיך יברא צבא גדול אין מספר לו אצל האדם בעבור נוצר מעפר וכלה שניו כמו הגה (תהל' צ, ט). והנה יוכיח המזמור האחרון מספר תהלות שאמר: הללוהו במרומים (תהל' קמח א), והזכיר המלאכים ואחר כן הצבא הגדול, ואחר כן המאורות, ואחר כן כוכבי אור שהם המשרתים. והזכיר הגלגלים והמים אשר על הרקיע. ועל אלה אמר: כי הוא צוה ונבראו ויעמידם לעד לעולם (שם ו). ואחר כן הזכיר המורכבים הנולדים מארבעה שרשים. גם הזכיר באחרונה האדם, ואמר בסוף כי נשגב שמו לבדו (שם יג), כי יאבדו הכל. ועוד אמר: יי אדוננו מה אדיר שמך בכל הארץ אשר תנה הודך על השמים (שם ח, ב), שהוא הבריאה הגדולה שאין גוף בריאה גדול ממנו ואחר כן הזכיר הירח והכוכבים. ואמר אחריהם: מה אנוש כי תזכרנו (שם ה). והטעם, הנה יש לך בריאות גדולות ונכבדות שאין מספר להם. והתמה איך שמת כבוד לבן אדם שהוא נבזה כנגדם. ואמר: ותחסרהו מעט מאלהים (תהל' ח, ו), שהם המלאכים, והנה הוא חסר. וכבוד והדר תעטרהו (שם), בעבור כח הנשמה העליונה שנפח בקרבו. תמשילהו במעשה ידיך (שם ז) על אלה השפלים כאשר כתוב בתורה: ורדו בדגת הים (ברא' א, כח). וכפי דבריו תהיה הארץ נכבדת מהשמים. והנה הכתוב יכחיש דעתו. השמים כסאי והארץ הדום רגלי (ישעי' סו, א), כי גבהו שמים וארץ (שם נה, ט). ועוד כתוב בדניאל עיני לשמיא נטלת (ד, לא). ובאבות (אבות א, ג), ויהי מורא שמים עליכם. ואשר הזכיר כי הנכבד בפרי התפוח הוא הזרע שהוא שומר המין. גם זאת איננה ראיה, בעבור כי זה מורכב ואין השמים ככה. ועוד, כי פרי התפוח שיצא למעשה נכבד מההוה בכח להיות, ואשר אמר כי האדום בביצה הוא החלמון ממנו יצא האפרוח הוא כזב, כי החלמון מאכל הוא לו. ומה אוסיף עוד לדבר. והנה כתוב בספר הגאון בעצמו, כי האדם אמצעי בין המלאך ובין הבהמה, כי הוא דומה בנשמתו למלאך ובגופתו לבהמה. והנה מה שיש למלאך יש לו, ולא יוסיף עליו כי אם הגוף. אם כן תהיה הבהמה נכבדת מהאדם. ובספר אחר אמר, אם שאל שואל איך השכין כבודו עם בשר ודם שהם מלאים טנוף, והניח המלאכים הקדושים. והשיב כי הכבוד שהשכין עם המלאכים כפל הכבוד שהשכין למטה. ואשר הזכירו קדמונינו, שהאדם נכבד מהמלאך (סנהדרין צג, א), לא אמרו זה על מיכאל וגבריאל והמלאכים המשרתים לכסא הכבוד, רק על הנבראים מאש ורוח בעבור צורך האדם. והם אינם עומדים. ואל יעלה על לבך, שהמלאכים הקדושים הם גופות כלל, והכתוב אמר: עושה מלאכיו רוחות (תהל' קד, ד). ואין פירושו רק הרוחות הם מלאכיו ישלחם למקום חפצו כמו רוח סערה עושה דברו (שם קמח, ח). אולי יטעון טוען בעבור המאורות שהם עליונים והם נזכרים בפרשה הזאת, והכתוב למה הזכירם. רק בעבור היותם למאורות ברקיע השמים ולאותות ולמועדים לצורך האדם כאשר אפרש במקומו. ואנחנו נסמוך על דברי משה שנתן כמה אותות ומופתים, שהוא שליח השם יתברך, ולא נוסיף ולא נגרע. רק אם מצאנו דברים לאנשי המחקר שיתנו ראיות על דבריהם והם כדברי משה אדונינו נשמח בהם. וככה אם מצאנו סודות בדברי קדמונינו שהם דומים לסודות חכמי המחקר אז נשמח. על כן לא נחקור מתי נבראו מלאכים או שדים ואם השמים נבראו תחלה או הארץ. רק נאמין כי הרקיע והיבשה והדשאים והמאורות ברקיע ושרץ המים ועוף וחיה ואדם בראם [השם] היום קרוב מחמשת אלפים שנה, ולא נחפש אם נבראו מיש. ומצאנו בדברי חכמינו (ע"ז ג, ב), כי שמונה עשר אלף עולמות ברא השם יתברך, גם זה נכון. רק איננו כמשמעו. והמשכיל יבין. וככה: שית אלפי שני הוי עלמא וחד חריב (שם ט, א, סנהדרין צז, ב), רק זה אחר הבריאה. והכתוב [אף ידי יסדה ארץ וימיני טפחה שמים] קורא אני עליהם יעמדו יחד (ישע' מח, יג). פשוטו, כי אני יסדתי ארץ, בעבור כי היסוד למטה. והנה הארץ, אם היא הנקודה היא למטה מטה, וכל השמים מכל צד עליה. ואל תחשוב הדבר כנגדך, כי יש שמים תחתך. וחכמי המדות מורים כן. ואמר על השמים שהם נכבדים בימין. ובעת שיקראום לעשות רצון שליחותו יעמדו יחד כעבדים לפני השם יתברך. וכמוהו לעולם יי דברך נצב בשמים (תהל' קיט, פט). ודבר השם הם גזרותיו וכלם מהשמים. ואחר כן הזכיר הארץ, ואמר כוננת ארץ ותעמוד (שם צ), כי אין לה תנועה, והיא לעולם עומדת כנגד הדורות כאשר אמר שלמה (קהלת א, ד). ואחר זה כתוב למשפטיך עמדו היום (תהל' קיט, צא). והעד: כי

מנין שהוא בא להמתיק י"פ אלהים בשג"ם הו"א בש"ר (בראשית ו',ג') בגי' תתנ"ט חסר א' מי"פ אלהים. וז"ס

גלא עמיקתא

אסתר" (936) עם הכולל. [ד]ובאר"י הקדוש בשער פורים "מרדכי אסתר" עם הכולל גימ' (תתקל"ו) י"ג ע"ב – והוא

איך יקרא אליהם והנה אינם. והנה פירוש בראשית שיש להם ראשית זמן, או בעבור היותם גוף כי מה שאינו גוף אין לו ראשית. ועתה שים לבך לדברי הכתוב, כי כתוב במעשה בראשית עד סוף ויכלו (ברא' ב, ג) אלהים, ואחר כך יי אלהים. ומעת שנולד קין תמצא השם הנכבד לבדו (ברא' ד, א). ומלת אלהים צורות אמת שאינם גופות ולא בגופות. וכן אמר דניאל אלהין די מדרהון עם בשרא לא איתוהי (דניאל ב, יא). והעד: והיה הוא יהיה לך לפה, ואתה תהיה לו לאלהים (שמו' ד, טז). ועוד, ואתם תהיו לי לעם (ויקר' כו, יב), שמעמדם בשם כמו ארזים לא עממוהו (יחז' לא, ח). וקדושי הארץ המקימים משפטי אלהים בארץ גם הם נקראו אלהים ובני עליון (תהל' פב, ו), ובעבור כי מעשה ה' על ידי המלאכים. וכן כתוב במהפכת סדום ועמורה (ברא' יט, יב), וכן: וישלח מלאך ויוציאנו ממצרים (במד' כ, טז). ואיננו משה, כי הוא דבר זה, ומלאך פניו הושיעם (ישע' סג, ט). וכתוב: הנה אנכי שלח מלאך (שמו' כג, כ), ולפני זה ויסע מלאך האלהים (שם יד, יט). ואברהם אמר ישלח מלאכו לפניך (ברא' כד, ז). ובספר דניאל מפורש ומבואר באר היטב. גם המלאכים יקראו אלהים, והכוכבים בני אלהים. והעד: ברן יחד כוכבי בקר ויריעו כל בני אלהים (איוב לח, ז), כי הטעם שוה במלות כפולות. והנה השם הוא אלהי האלהים שהם המלאכים. גם יקרא אלהים, כי כן הוא להם, כמו מקום קדש הקדשים שקרא קדש, כמו ואל יבא בכל עת אל הקדש (ויקר' טז, ב). ואחר שמעשה השם יראה על ידם יקרא אלהים, כמו הלשון והשפה. איש ללשונו (ברא' י, ה) ושפה אחת לכלם (שם יא, ו) בעבור שיראו האותיות יוצאות מהשפה והלשון חותך מקצתם נקראו כן. ואתן לך משל. ידוע בראיות גמורות שאין אור ללבנה כי אם מהשמש. והרואה אור הלבנה אם יאמר האומר ככה, או ראיתי אור השמש הדבור שוה בטעם. על כן כתוב: ויסע מלאך האלהים ההולך לפני מחנה ישראל (שמו' יד, יט), וכתוב ויי הולך לפניהם יומם (שם יג, כא). ומנהג כל לשון איננו כמנהג לשון אחרת, כי הנה יש לשון שלא ידבר אדם לגדול ממנו רק בלשון רבים. גם בלשון עברית יאמר הגדול נעשה תחת אעשה, ולא כן בלשון הקדש, רק אם יספר על גדול ממנו יאמר בלשון רבים, כמו ביד אדונים קשה (ישע' יט, ד), אם בעליו עמו (שמו' כב, יד), כי בועליך עושיך (ישע' נד, ה), אף על פי שהוא אחד. והנה בעבור השני דרכים אמר הכתוב בראשית ברא אלהים. ופירוש את השמים הם העליונים על הרקיע. ואת הארץ, שהיתה מכוסה במים, כי גלגל האש למעלה על גלגל הרוח, והוא למעלה על גלגל המים, והארץ היתה תחת תהום. ובחפץ השם יבשה הרוח קצת מהמים המכסים את הארץ. וכן כתוב: בל ישובון לכסות הארץ (תהל' קד, ט), והשמים העליונים נקראו על לשון שנים בעבור שני מקומות התחברות הגלגלים הגבוהים הנקראים ראש התלי וזנבו, או בעבור היות חצי השמים לעולם למעלה מהארץ וחצי למטה, או בעבור הסדנים. והנה הפירוש בתחילת בריאת השם השמים והארץ

[ד] **בני יששכר מאמרי חודש אדר מאמר ב - שקל הקודש, דרוש ו:** ואפשר לומר שזה היה כוונת יוסף בצוותו להשים הגביע באמתחת בנימין [בראשית מד ב], והוא עפ"י מה שכתב הרב הקדוש במגלה עמוקות [עה"ת פר' ויגש, ובואתחנן אופן קע"ב] לדרכו גבי"ע הוא י"ג ע"ב, היינו י"ג מדות חס"ד ורחמים, הנה יש לומר לרמז זה צוה להשים גבי"ע באמתחת בנימין שממנו יצא חוטר ב' גואלים הנ"ל מרדכ"י אסת"ר מספרן גבי"ע היינו י"ג ע"ב, וזהו שאמרו במדרש [ב"ר פצ"ב ט'] בשעה שאמר יוסף ואתם עלו לשלום יצתה בת קול ואמרה שלום רב לאוהבי תורתך [תהלים קיט קסה], והוא ג"כ כמו שכתב הרב הקדוש במגלה עמוקות [אופן קע"ב שם] לדרכו, אית שלום ואית שלום רב, שלום רב היינו בהחשב המ"ם סתומה במספר רבתי היינו ם' דאי"ק בכ"ר שהוא מספר ת"ר, אז יהיה מספר שלו"ם תתקל"ו, י"ג ע"ב (הנרמז בגבי"ע), וזה לדרכינו, שלום רב (כנ"ל יהיה) לאוהבי תורתך, היינו כשיאמרו רק תורת י"ג מדות אפילו ח"ו לא יקיימו

תכלי"ת כי משה רזא תכלית הבריאה והוא ראשית ותכלית לכן אמר גבי לידתו (שמות ב',ג') ותשם בסוף ס"ף בפ' רבתי י"פ אלהים שהיא תכלית. לכן אמר כאן ויקר אל

גלא עמיקתא

בסוד גבי"ע דיוסף [[ה]ומבואר באריכות בספרים הקדושים] – ומכל מקום הן י"ג מכילן דרחמי מלאים חסד דהיינו י"ג פעמים חסד. וכאן הוא חושבן פעמיים תתקל"ו בסוד פנימיות והיצוניות י"ג תקוני דיקנא דמשה ודמיכה [[1]ומבואר אצלנו במקום אחר בפירוש ענין אנכי – י"ג מדות דמשה ודמיכה]. וזהו תכלית

1. אנכי - י"ג מדות דמשה ודמיכה: י"ג תקוני דיקנא דמשה, דהיינו "אל רחום וחנון ארך אפיים ורב-חסד ואמת נצר-חסד לאלפים נשא-עון ופשע וחטאה ונקה" גימ' (3210) "אנכי ה'" (107) פעמים "יהיה" (30), וכדאמרו חז"ל עה"פ "ביום ההוא יהיה ה' אחד ושמו אחד" (זכריה י"ד) והאידנא לאו אחד הוא וכו'. והני י"ג ת"ד בא"ת ב"ש בסוד או"ח הן גימ' (4878) ו"פ תתי"ג (813), ומתחלקים כך- ג"פ "ויאמר אלהים יהי אור ויהי אור" (813) ו-ג"פ "ויבדל אלהים בין האור ובין החשך" (813) חושבנא דדין כחושבנא דדין, וג"פ הוי חזקה והוא בעניין המשכת האור- שתמיד תהיה קדושה בעולם, והוא ע"י הני תלת קשרין קוב"ה אורייתא וישראל, ולא יהא העולם חרב כהני כוכביא דלא נבראו אלא להפיס דעתה דלבנה (בגמ' חולין ס:), ותמיד תהיה הבדלה בין אור לחשך ובין ישראל לעמים וכו', ד"ישראל" גימ' (541) "אור וחשך" אולם באיש הישראלי חייבת להיות הפרדה בין ענייני הקדושה לענייני הרשות והחול דיליה, וכך מעלה אותם מחול לקודש, ולכן "ישראל" גימ' "אור וחשך", ובעניין הברור כתיב (דברים ד',ל"ד) "לקחת לו גוי מקרב גוי" גימ' (954) "משה ובני ישראל", וה-ד' מלים "לקחת לו גוי מקרב גוי" גימ' (954) י"ג פעמים "חסד", דאמר האריז"ל הן י"ג ת"ד דבכאו"א מהן "חסד", והוא בנס דפורים י"ג "חסד" גימ' (936) "מרדכי אסתר" ע"ה עכ"ל וזהו בדרוש פורים בפע"ח ע"ש, ומקושר להני י"ג ת"ד דלעתיד לבא יהיו כולן רק חסד ובסוד גבי"ע דיוסף גבי"ע י"ג ע"ב. י"ג תקוני דיקנא דמשה פשוט וא"ת ב"ש גימ' (8088) כ"ד פעמים "בהר סיני" (337) ומרמז דכל כתבי הקדש דהיינו כ"ד ספרים הן "בהר סיני" בהשגחתו הפרטית בהשי"ת וכל הכתוב בהם הוא אמת לאמיתה וברוה"ק- אמת תורתינו הקדושה. י"ג

בפועל והלכת בדרכיו, רק יזכירו באהבה את הדברי תורה א"ל רחום וחנון וכו', אזי יושפע עליהם שלום רב כנ"ל, ואין למו מכשול. [ה] **בני יששכר מאמרי חודש אדר מאמר ב - שקל הקודש, דרוש ו:** כל העובר על הפקודים וכו' [שמות ל יד]. ראשי תיבות כל הפסוק בגימטריא תתקל"ו, על פי האמור בפע"ח [שער חנוכה ופורים פ"ו] מרדכ"י אסת"ר בגימטריא תתקל"ה, והנה עם הכולל בגימטריא תתקל"ו מנין י"ג תיקוני דיקנא) שהם י"ג מדות החסדים היינו י"ג ע"ב (חס"ד), והנה אמרו רז"ל גלוי וידוע היה לפני הקדוש ברוך הוא שעתיד המן לשקול שקליו על ישראל על כן הקדים הקדוש ברוך הוא שקלי ישראל באדר [מגילה יג ב], ואם כן על ידי השקלים יהיה התעוררות הרחמים על ישראל, על כן מרומז בזה הפסוק בראשי תיבות י"ג פעמים ע"ב, היינו י"ג תיקוני דיקנא, ותעמיק הדבר דהנה בזמן ההוא בזמן גזירת המן לא היו נותנים שקלים כי לא היה בית המקדש, ואם כן לא היה מצות שקלים בפועל לעמוד נגד שקלי הצר הצורר, ואם הכוונה שזכות השקלים שהיו נותנים בבית המקדש עמדה להם, אם כן גם כל שארי המצות שעשו וסיגלו ישראל כל זמן שהיו בחצרות בית אלקינו תעמוד להם, ולמה נתחייבו שונאיהם של ישראל וכו' כמבואר בגמרא [שם יב א], אלא על כרחך שכח מדת הדין נתגבר מחמת העבירות ולא הועילה זכות, ואם כן מאי רבותא דשקלים. אבל תשכיל ותדע, דהנה אמרו רז"ל בפסוק ויעבור י"י על פניו וכו' [שמות לד ו] מלמד שנתעטף הקדוש ברוך הוא כשליח צבור ואמר אם יעשו בני לפני כסדר הזה אני מוחל וכו' [ר"ה יז ב], והנה יש במשמעות לשון הזה (שנתקבל בו בלשון בודאי בסיני) אם יעשו בני לפני כסדר הזה, היינו על דרך הדבק במדותיו מה

משה מהוא היקר שבא להמתיק מדת אלהים שתהי' חסד מה יקר חסדיך אלהים

הוא רחום וכו' מה הוא חנון וכו' [שבת קלג ב], ויש במשמעות לשון זה כפשוטו, אם יעשו בני לפני כסדר הזה שיקראו במו פיהם בתפלתם בדבור בעלמא הי"ג מדות א"ל רחום חנון וכו', והנה מאן מוכח איזה הפירוש הוא אמיתיי, הנה יש להוכיח מן המדה הראשונה הנקראת א"ל (כמו שכתב הרב הגדול בעל הפלאה [פנים יפות פ' כי תשא]) דאי אפשר לומר מה הוא אל אף אתה וכו', על כרחך הפירוש הנכון הוא כפשוטו כשידברו ישראל במו פיהם ויצעקו אל הש"י בהזכרת י"ג מדות בדבריהם, הש"י ימחול להם על וכו' ואינן חוזרות ריקם, ופירש בזה הרב הקדוש בעל הפלאה נוסח הפיוט בסליחות, אל הורית לנו לומר שלש עשרה, רצ"ל במדת אל אשר הוא רק לומר שלש עשרה באמירה בעלמא, די לנו להשמיע במרום קולינו ולא נשוב ריקם מלפניו. ובזה יש לפרש מה שאמרה אסתר בתפלתה [מגילה טו ב] אל"י אל"י למה עזבתני רחוק מישועתי דברי שאגתי [תהלים כב ב], דלכאורה יש להתבונן למה הזכירה דוקא זה השם, וגם מה הוא הפירוש רחוק מישועתי דברי שאגתי, ולפי הנ"ל יונח, דהנה גם בדורות הראשונים בודאי כפי הנראה היתה הלכה זו רופפת, היינו פירושן של הדברים המקובלים מסיני בשעה שיעשו בני לפני כסדר הזה וכו', אם הפירוש באמירה לחוד סגי, או דוקא יעשו לפני היינו בעשיה לקיים והלכת בדרכיו [דברים כח ט], והנה דבר המסופק אין פוסקין הלכה בשמים כי לא בשמים היא עד אשר יפסקו ההלכה בית דין של מטה על ידי איזה הוכחה ואיזה סברא, והנה בזמן הגזירה כאשר צעקו מרדכי ואסתר וגם כל ישראל בימי הצום, בודאי הזכירו הי"ג מדות של רחמים, והנה הזכירה אסתר שם א"ל בתפלתה, והוכיחה מזה להלכה דדי בהזכרה בעלמא, דאי אפשר לומר דהכוונה יעשו לפני דוקא בעשיה מה הוא רחום וכו', אם כן איך אפשר לומר מה הוא א"ל, על כרחך מן השם א"ל שבי"ג מדות מוכח אשר רק בהזכרת י"ג מדות בדבור בעלמא תצמח על ידם תשועה לישראל, והנה מרדכי ואסתר עם כל ישראל הזכירו בתפלתם הי"ג מדות, הנה אמרה אסתר, אל"י אל"י למה עזבתני, למה תהיה רחוק מישועתי דברי שאגתי, הרי מן שם א"ל מוכח דבדבור בעלמא אושע, וכנ"ל, ועוד יתבאר אי"ה להלן בסמוך. ולפי"ז, עם היות שהוא מצוה בתורה והלכת בדרכיו מה הוא רחום וכו', עם כל זה היתה טענת אסתר על ישראל, הגם שח"ו לא הספיקו לעשות המצוה הזאת בפועל לילך במדותיו ית"ש, עכ"ז מוכח להלכה אשר תספיק האמירה והזכירה במקום המעשה, והנה כי כן הנה נזכר אז לפניו ית"ש גם כן מצות שקלים, הגם שהעונות גרמו ונחרב הבית המקדש ולא שקלו אז בני ישראל את שקליהם, עם כל זה האמירה והזכירה פרשת שקלים עלתה לרצון לפניו ית"ש מה שישראל קורין באדר פרשת שקלים כאילו שוקלים בבית המקדש, והן המה היו לישועה לבטל שקלי המן בהתעוררות מדת הרחמים י"ג מדות העליונים על ידי הגואלים מרדכ"י אסת"ר מספרם י"ג ע"ב כנ"ל, ועל כן הפסוק כל העובר וכו' ראשי תיבות בגימטריא י"ג ע"ב, והוא הרומז כל העובר על הפקודים, אפילו אם ח"ו עברו על הפקודים, ותהיה הבית המקדש חרב ולא ישקלו השקלים, יזכר להם על ידי מדותיו מדות הרחמים זכרון השקלים במו פיהם בחדש הזה ויתבטלו השקלים אשר אמר המן לשקול ותהיה להם גאולה על ידי הב' גואלים מרדכי אסתר (וכן בכל שנה בימי גלותינו זכרון השקלים בחדש הזה הן המה לרצון ולזכרון לפני י"י, כאשר יתבאר להלן בדרושים אי"ה). ואפשר לומר שזה היה כוונת יוסף בצוותו להשים הגביע באמתחת בנימין [בראשית מד ב], והוא עפ"י מה שכתב הרב הקדוש במגלה עמוקות [עה"ת פר' ויגש, ובואתחנן אופן קע"ב] לדרכו גבי"ע הוא י"ג ע"ב, היינו י"ג מדות חס"ד ורחמים, הנה יש לומר לרמז זה צוה להשים גבי"ע באמתחת בנימין שממנו יצא חוטר ב' גואלים הנ"ל מרדכ"י אסת"ר מספרן גבי"ע היינו י"ג ע"ב, וזהו שאמרו במדרש [ב"ר פצ"ב ט'] בשעה שאמר יוסף ואתם עלו לשלום יצתה בת קול ואמרה שלום רב לאוהבי תורתך [תהלים קיט

תקוני דיקנא דמיכה דהן פנימיותן דאלו דמשה וכתובים בסוף ספר מיכה ע"ש, דהיינו "מי אל כמוך, נשא עון, ועבר על פשע, לשארית נחלתו, לא החזיק לעד אפו, כי חפץ חסד הוא, ישוב ירחמנו, יכבוש עונותינו, ותשליך במצלות ים כל חטאתם, תתן אמת ליעקב, חסד לאברהם, אשר נשבעת לאבתינו, מימי קדם" הכל יחד סליק לחושבן (10152) כ"ד פעמים (423) "(ו)נשגב ה' לבדו (ביום ההוא)" (ישעי' ב'), והוא כ"ד פעמים לקביל כ"ד שעות היממה והן כ"ד צרופי א-דני דבכל שעה שולט צרוף אחר כנודע מהאר"י הקדוש.

(תהלי' ל"ו,ח') משה [ו]**שנקרא מה שם בנו** [כמ"ש (משלי ל',ד') מה שם בנו וכו'] **לא ידענו מה**

גלא עמיקתא

המיתוק בחינת ונהפוך הוא (אסתר ט',א') דנס דפורים– בחינת [ז]**אתהפכא חשוכא לנהורא. ובהאי מזמורא ח' רמיזא טובא עיין** [2]**באור תהלים מזמור ח' דבארנוהו שם בהרחבה. ונוסיף כאן**

2. באור תהלים פרק ח': "למנצח על הגתית" גימ' (1136) ה"פ בק"ם (שד-י בא"ת ב"ש) ס"ת שם ג' האבות הקדושים: אברהם, יצחק, יעקב. ויקרא א' זעירא רמיזא יחודא שלים דלע"ל באלף השמיני- והאי מזמורא ח'- "למנצח על הגתית" גימ' (1136) ח"פ בק"ם כנ"ל רמיזא האי אלפא תמינאה, "ויקרא" א' זעירא רמיזא יהושע-לבנה בסוד לכי ומעטי את עצמך (בגמ' חולין ס:), ולע"ל - והיה אור הלבנה כאור החמה וכו' דהיינו א' זעירא אגדילת גרמה לאלף ובסוד אשת חיל עטרת בעלה, והאי פסוקא בתראה בתרי עשר מבשרא לגאולתא (סוף מלאכי) "הנה אנכי שלח לכם את אליה הנביא לפני בוא יום ה' הגדול" גימ' (1391) "אלף יהושע", ובאר"י הקדוש משה גימ' אל שד-י, ו"אל שד-י" במלואו גימ' ע"ה אלף (1000), והן אלף אורות דזכה להן מרע"ה ונותנן לנו בכל שבת כדכתיב "ה' אלהי אבותיכם יוסף עליכם ככם אלף פעמים" (דברים א'). וכד מוספינא להאי פסוקא דגאולתא בסוף תרי עשר את התיבה האחרונה דהיינו: "הנה אנכי שלח לכם וכו' הגדול והנורא" סליק לחושבן (1659): "ברכי נפשי את ה' ה' אלהי גדלת מאד" (תהל' ק"ד) ואיהו חושבן ג"פ "מחיה מתים" (553) - דבאלף השמיני תחית המתים והארת אור הכתר בגלוי ולכן ובלע המות לנצח וכו' וע"ע לעיל אופן ק"ל י' פסוקין קדמאין סליקו לחושבן "אחד" (13) פעמים "הנה אנכי שלח לכם את אליה הנביא לפני בוא יום ה' הגדול והנורא" (סוף מלאכי ותרי עשר) עיין שם. ורמיזא בתיבת "ויקרא" בהכאה, וכגון "והכית בצור ויצאו ממנו מים ושתה העם" (שמות י"ז,ו') גימ' ח"פ "כל חיי העולם הבא" (237) באלף השמיני- וא"כ נכה אות באות אתוון דויקרא, דהיינו: ו"פ י' (60) י"פ ק' (1000) ק"פ ר' (20000) ר"פ א' (200) סליק כולהו לחושבן (21260): כ"פ "אליהו הנביא אליהו התשבי אליהו הגלעדי" (1063) דאליהו מרמז ביאת משיח, וכפלי' ב-כ' (20) רמיזא הארת הכתר דלית כתר בלא כ' (שבת ק"ד ע"א). והנה בהאי מזמורא (ח') י' פסוקים ויש

קסה], והוא ג"כ כמו שכתב הרב הקדוש במגלה עמוקות [אופן קע"ב שם] לדרכו, אית שלום ואית שלום רב, שלום רב היינו בהחשב המ"ם סתומה במספר רבתי היינו ם' דאי"ק בכ"ר שהוא מספר ת"ר, אז יהיה מספר שלו"ם תתקל"ו, י"ג ע"ב (הנרמז בגבי"ע), וזה לדרכינו, שלום רב (כנ"ל יהיה) לאוהבי תורתך, היינו כשיאמרו רק תורת י"ג מדות אפילו ח"ו לא יקיימו בפועל והלכת בדרכיו, רק יזכירו באהבה את הדברי תורה א"ל רחום וחנון וכו', אזי יושפע עליהם שלום רב כנ"ל, ואין למו מכשול. [ו] **זוהר** - **רעיא מהימנא דברים פרשת כי תצא דף רעט עמוד ב:** ומשה איהו אדם בדיוקנא דההוא אדם קדמאה דלעילא, (משלי ל) מה שמו ומה שם בנו, ובגין דא כהנייא וליואי מזוניהון על ידא דמלכא אכיל בפתוריה ושאר חיילין דמלכא כל חד יהבין ליה למיכל בבית מושב דיליה, ורעיא מהימנא איהו כברא דמלכא קריב למלכא יתיר מאלין דאכלין לפתוריה דלית מאן דקריב למלכא מכל בני מלכותא כבריה, קם בוצינא קדישא ואמר סבא סבא במלין דילך אשתמודע מאן אנת, אנת הוא אדם קדמאה מה שמו אתמר עלך מה שם בנו אתמר על רעיא מהימנא ובגין דאיהו חדש כמה חדושין באורייתא חדוה זמינא לגבך דבן חכם ישמח אב. [ז] **תניא איגרת הקודש פרק ח:** וככה ממש עד"מ כל מעשה הצדקה שעושין ישראל עולה למעלה בבחינת העלאת מ"נ לשורש נשמותיהן למעלה הנקרא בשם כנ"י ואימא תתאה בלשון הזהר ושכינה בלשון הגמרא הכלולה מכל מדותיו של הקדוש ברוך הוא ומיוחדת בהן בתכלית וראשיתן היא מדת החסד וע"י העלאה זו מתעורר חסד ה' ממש שהוא גילוי אורו יתברך לירד ולהאיר למטה לנשמות ישראל בבחי' גילוי רב ועצום בשעת התפלה עכ"פ כי אף שלגדולתו אין חקר עד דכולא קמיה כלא חשיבי הרי במקום שאתה מוצא גדולתו שם אתה מוצא ענותנותו כמים שיורדין כו'. וז"ש זרח בחשך אור לישרים חנון ורחום וצדיק דע"י שהאדם חנון ורחום וצדיק צדקות אהב גורם

הי' לו [כמ"ש (שמות ל"ב,א') כי זה משה האיש וכו' לא ידענו מה היה לו] להוציא יקר מזולל [כמ"ש (ירמי' ט"ו,י"ט) ואם

גלא עמיקתא

דמתחלת המזמור עד תיבה "וכבוד" בהאי פסוקא (ו') ועד בכלל סליקו כולהו תיבין לחושבן (13100) ק' פעמים "סמאל" (131) דממתקו והוא כבוד השי"ת– ולכן האי חושבן עד תיבה "וכבוד". וכתיב (משלי כ"ה,ב') "כבוד אלהים הסתר דבר"– בחינת מרדכי אסתר כנ"ל. ומביא הנקודה של האופן– בשג"ם הוא בש"ר גימ' תתנ"ט י"פ אלהים חסר א' בסוד האי א' זעירא שנותנה לו בהאי פרקא ויקר א' אל משה– ואז הושלם לשלמות י"פ אלהים בחינת משה איש האלהים כנ"ל. וכל הפסוק (בראשית ו',ג'): [ח]ויאמר ה' לא ידון רוחי באדם לעולם בשגם הוא בשר והיו ימיו מאה ועשרים שנה גימ' (2804) ד' פעמים "חונה מלאך ה' סביב ליראיו ויחלצם" (701) (תהל' ל"ד,ח') והוא בסוד המיתוק והישועה. ומיד (פסוק ט') "טעמו וראו כי טוב ה'" וכו' בחינת האור כי טוב וכו'. ובארנוהו בענין האי דאמרה שרה לאברהם אבינו עליו השלום חמס"י עליך ראשי תיבות חונה מלאך ה' סביב, והוא [3]במקום אחר באריכות עיין שם. וכאן

לאור ה' שיזרח לנשמתו המלובשת בגופו העומד בחשך שהוא משכא דחויא וזה נקרא בשם ישועה כד אתהפכא חשוכא לנהורא וזהו מצמיח ישועות שישועה זו צומחת מזריעת הצדקה שזורעין בארץ העליונה ארץ חפץ היא השכינה וכנ"י שנקראת כן ע"ש שמתלבשת בתחתונים להחיותם כמ"ש מלכותך מלכות כל עולמים ובפרט מן הפרט כשזורעין באה"ק התחתונה המכוונת כנגדה ממש שהזריעה נקלטת תיכף ומיד בארץ העליונה בלי שום מניעה ועיכוב בעולם מאחר שאין שום דבר חוצץ ומפסיק כלל בין ארצות החיים כי זה שער השמים משא"כ בחו"ל וד"לץ

[ח] **ר' צדוק הכהן מלובלין - דברי חלומות אות ג:** חלם לי [בהיותי באיזביצא] שהיו מגלין לי איזה דברים משורש נשמתי ובכלל הדברים היו אומרים לי כי הדור של משיח יהיה אותם הנפשות עצמן של דור המדבר [ומשיח נשמת משה רבינו ע"ה כנזכר ברעיא מהימנא (זוהר ח"ג רמ"ו ב)] והם עצמן אותן הנפשות של דור המבול [דגם משה רבינו ע"ה היה שם כדאיתא בזוהר (ח"ג רט"ז ב) וכמו שאמרו בחולין (קל"ט ב) בשגם גימטריא משה] ואז השחיתו דרכם וחטא זה נקרא בספרים חטאת נעורים וכן אמרו בהם (בראשית ח', כ"א) כי יצר וגו' מנעוריו ותיקנו זה בדור המדבר והיה נקרא אז חסד נעורים [כנודע

לקשרו לא' זעירא צורת י', ונחזי בהני פסוקין אחד לאחד עד דנעביד חושבן דכולא מזמורא. הני י' פסוקין דהיינו כולא מזמורא ח' סליקו כולהו לחושבן (21236): א"ל (31) פעמים "נחמו נחמו עמי יאמר אלהיכם" (ישעי' מ',א') ע"ה, והוא באלף השביעי והשמיני- הן ב' נחמות- בנין בית המקדש חדש ימינו כקדם ותחית המתים הנחמה האמיתית- בגאולה האמיתית והשלמה וביאת משיח צדקנו, במהרה בימינו אמן.

3. באור תהלים פרק ד': וכד נחברא הני ט' פסוקין דהיינו כולא האי מזמורא ד' סליק כלא מזמורא לחושבן (16767): כ"ז (אתוון דאורייתא קדישא) פעמים "גואלנו ה' צב-אות" (621) (ישעי' מ"ז) דאמרינן קדם צלותא בשחרית, וכאמרם (בגמרא ברכות ד:) דסומך גאולה לתפלה מביא גאולה לעולם, ואנן סמכינן האי גאולתא לצלותא דורי דורות, והנה בא מועד, וחלפו להן בעתה ואחישנה כמ"ש (ישעי' ס',כ"ב) "אני ה' בעתה אחישנה". והנה שרי אמרה אל אברם (בראשית ט"ז,ה') "חמסי עליך" גימ' (248) "אברהם", וכתיב (שם ו',י"א) "ותשחת הארץ לפני האלהים, ותמלא הארץ חמס" גימ' ע"ה (2555): ה"פ (511) "חנה מלאך ה' סביב ליראיו" [ר"ת חמס"י, והוא תקון להאי דאמרה שרי חמסי עליך] (תהל' ל"ד,ח')

וממשיך "ויחלצם", וכפלינן ב-ה' לקביל ה' בחי' נרנח"י דכללות נשמות ישראל: נפש, רוח, נשמה, חיה, יחידה, וכמו שכתבנו לעיל. ומסיים האי חבורא יקירא בישעי' (ס',י"ח) לא ישמע עוד חמס בארצך וכו' לא יהיה לך עוד השמש לאור יומם וכו' "והיה לך ה' לאור עולם ואלהיך לתפארתך" - גימ' (1688): "והייתי לכם לאלהים ואתם תהיו לי לעם" (ויקרא כ"ו,י"ב - ורמיזא כ"ו גימ' הוי', י"ב היינו י"ב שבטי י-ה), ובריש דפסוקא כתיב "והתהלכתי בתוככם" ופרש"י "אטייל עמכם בגן עדן כאחד מכם ולא תהיו מזדעזעים ממני, יכול לא תיראו ממני ת"ל והייתי לכם לאלהים", והשי"ת יגאלנו ונתהלך עמו בגן עדן לעשות לו יתברך נחת רוח, בגאולה האמיתית והשלמה וביאת משיח צדקנו, במהרה בימינו אמן.

תוציא יקר מזולל] להמתיק מדת חסד על שם של אלהים. אבל אלף זעירא ותחסרהו מעט מאלהים (תהל' ח',ו') שנחסר לו

גלא עמיקתא

בשגם הוא בשר והיו ימיו מאה ועשרים שנה- רמיזא שנותיו של משה רבינו בסוד מיתוק מאה ועשרים צרופי שם אלהי"ם [ט]כמבואר באריכות בדברי המגלה עמוקות בפירושו על ואתחנן אופן ק"א עיין שם. בשג"ם ראשי תיבות "שכינה מדברת בתוך גרונו" (כך שמעתי ממו"ר הרב צבי חשין שליט"א). והוא חושבן עם הכולל (1725) ה"פ מש"ה (345) דהגלוי- ר"ת בשג"ם גימ' מש"ה אחד, והנסתר עוד ד"פ מש"ה אמנם עם הכולל- והוא בסוד א' זעירא דויקרא. וכן י"ל דסליק לחושבן (1724) ב' פעמים שם הוי' במלוי ומלוי דמלוי דיודין (682) בסוד [י]שם ע"ב גימ' חס"ד, והוא מיתוק כזה: "יוד - הי -ויו - הי, יוד ויו דלת - הי יוד - ויו יוד ויו - הי יוד" (682).

בסוד (משלי י"ט, כ"ב) תאות אדם חסדו] כמו שכתוב (ירמיה ב', ב') זכרתי לך חסד נעוריך. והדור של משיח יהיה בסוד תתחדש כנשר נעורייכי שיהיה גם כן אותו הדור של חסד נעורים שיתחדש שנית. עד כאן תורף הדברים מה שאני זוכר עדיין. [ט] **מגלה עמוקות על ואתחנן אופן ק"א**: ואז באותו פרק הראה לו את ידך החזקה, ר"ל במראה הסנה הראה לו שיחיה כמנין הסנ"ה שהוא כמנין חזק"ה שהוא ק"ך, וטעם שקצץ הקב"ה שנותיו ק"ך, להמתיק ק"ך בתים של אלהים, אשר על זה נאמר ומשה עלה אל אלהים (שמות י"ט [יט ג]), ר"ל ומשה אשר היה שנותיו ק"ך, עלה ק"ך יום למרום ג' פעמים מ' עולה ק"ך, אל אלהים להמתיק ק"ך צירופי אלהים, ואז ויקרא אליו ה' שהוא רחמים. ז"ש אשר יעשה כמעשיך וכגבורותיך, על כחות הדינים שהם ק"ך כמנין שנותיו של משה, ואם כן כבר נשלמו שנותיו, אבל אין אני מבקש רק להסתלק באור נגה, כמ"ש אורח צדיקים כאור נגה (משלי ד'), לקיים קרא (איוב כב כח) ותגזור אומר ויקם לך ועל דרכיך נגה אור. וזה נרמז במ"ש אעברה נא, רוצה אני להעביר מזה העולם בנוטריקון נ"א 'נגה 'אור, שהוא סוד חלון נגה לסוף ו' חדשים, וזה שאמר 'ואראה את הארץ בתוספת ו', שבו' חדשים אלו אזכה גם כן לראות בחלון נגה שהוא בתחלת תקופת תשרי, וכשאהיה שם ו' חדשים, אז אזכה גם כן לראות שלש פעמים בשנה יראה (שמות כג יז). זה שאמר ואראה, שאקיים מצות ראייה שלש פעמים בשנה, שזה תכלית כל העולם שלשה רגלים שהעולם עומד עליהם. [י] **זוהר - רעיא מהימנא במדבר פרשת פנחס דף רכג עמוד ב**: קום ר"ש ויתחדשון מלין מפומך בהאי קרא דמלקדמין למנצח תמן נצח נגון צח וביה אתקרי ידוד מארי נצחן קרבין לגבי אומין עכו"ם דעלמא ורחמין ודינא לישראל ורזא דמלה (משלי יא) ובאבוד רשעים רנה, מ"ל שבעין שמהן אית ליה ועם נצח והוד ע"ב כחושבן חס"ד ורזא דמלה (תהלים טז) נעימות בימינך נצח, הוד ביה (ד"ה א טז) הודו לייי, צדיק ביה (תהלים לג) רננו צדיקים בידוד וביה (ירמיה לא) רנו ליעקב שמחה, תפארת ביה הללו אל הללויה הללו יה דתמן ידו"ד בנגון ובזמר חסד וגבורה בשיר ובברכה חכמה ובינה באשרי כתר בתהלה מלכות, מזמור ביה ר"ז וביה מו"ם מסטרא דזמר

דאורייתא וזמר דצלותא, זמר מסטרא אחרא איהי מו"ם ז"ר, זמרא בביתא חרבא בביתא נדה שפחה בת עכו"ם זונה ודא אתוון מזמו"ר, נגו"ן, תמן ג"ן הכי שפירו דנגונא ביה הלל כגון (שמות יב) ליל שמורים הוא ליי' להוציאם מארץ מצרים, אשרי דביה שרי עלמא משבחין (תהלים קמד) אשרי העם שככה לו, בברכה (שם לג) אברכה את ה' בכל עת, בתהלה תמיד תהלתו בפי, (שם ס) על שושן עדות דא הוד דאיהו שושן סומק שליט על חוור דנצח שליט איהו חוור על סומק, מאי עדות דא צדיק איהו ברית דאיהו אחיד לשמיא וארעא הדא הוא דכתיב (דברים ד) העידותי בכם היום את השמים ואת הארץ.

[יא] מהרש"א חידושי אגדות מסכת סוטה דף יב עמוד א: ולא יכלה עוד הצפינו אמאי תצפניה כו'. פירש"י שצפון במסתרים היה כדכתיב ותצפנהו כו' עכ"ל היינו מסברא אבל ממה שהיתה יכולה להצפינו ג' חדשים אין ראיה דג' חדשים הראשונים לא בדקו אחריה כדלעיל לא מנו כו' ושאמר דהוו שמעו מצראי דאתיילד כו' לאו דוקא אלא שהרגישו שעת לידתה כי הכא במשה דכבר נולד מקודם זה ג' חדשים אלא שהרגישו בה לסוף ט' שהולידה לפי דעתם וק"ל:

אחד מן תת"ס ולא עלו רק תתנ"ט מנין בשג"ם הו"א בש"ר (בראשית ו',ג').

גלא עמיקתא

ויש לקשרו לפסוקא הנ"ל (תהל' ח',ו') ותחסרהו מעט וכו', דסליק לחושבן ב"פ י"ג ע"ב בסוד מרדכי אסתר עם הכולל כנ"ל. ומביא הפסוק ותשם בסף ס"ף במנצפ"ך גימ' (860) י"פ שם אלהים. כפלינן י"פ רמיזא שלמות המיתוק ב-י' בחינות. והפסוק כולו (שמות ב',ג'): [יא]ולא יכלה עוד הצפינו ותקח לו תבת גמא ותחמרה בחמר ובזפת ותשם בה את הילד, ותשם בסוף על שפת היאר גימ' (6416) חב"ו (16) פעמים "[4]ימי הפורים" (401) חב"ו כנודע מכתבי האריז"ל ראשי תיבות הפסוק (איוב כ') "חיל בלע ויקיאנו מבטנו יורישנו אל" ענין ברור רפ"ח נצוצין שנפלו בשבירת הכלים. ימי הפורים כדכתיב (אסתר ט') "לקים את ימי הפורים האלה בזמניהם"

4. באור שיר השירים פרק ג' פסוק ו': מי זאת עלה מן המדבר כתימרות עשן מקטרת מר ולבונה מכל אבקת רוכל גימ' (4337): ח"פ "א-היה אשר א-היה" (עם ב' כוללים). והיינו אור הכתר דעתידא לאתגלאה באלפא תמינאה- רמיזא דכפלינן ח"פ, ורמיזא מי- בינה, זאת- מלכות עולה עד לבינה בחי' תחית המתים. והיינו דלא יהיו עוד רגליה יורדות מות שכן ובלע המות לנצח וכו', וכעשן תכלה כל זרע עמלק, שכן הני תיבין "מי זאת עולה מן המדבר כתימרות עשן" סליקו לחושבן (2400): י"פ "עמלק", ורמיזא כליונו ומיד אח"כ "מר" גימ' "עמלק". ובפסוקא דנן אינון י"ג תיבין לקביל י"ג מכילן דרחמי דמתמן גאולתא שלמתא ואיהו פסוק ו' רמיזא המשכה דרך יסודא עד מלכותא קדישא- "מי זאת" גימ' (458) "בנות" דאמר בפסוק הקודם בנות ירושלים. וזהו הקמת המלכות כדאמרינן בלשם יחוד ולאוקמא שכינתא מעפרא ובפיוט לכה דודי [עיין בבאורנו הפיוט לעיל אופן קט"ז-לכה דודי] התנערי מעפר קומי לבשי בגדי תפארתך עמי וכו' [בארנוהו שם בספי' התפארת]. וכאן "המדבר" גימ' (251) "רזא דה' אחד" דאמרינן בצלותא שבת קודש בסוד עלית העולמות והוא בחי' הגאולה העתידה בב"א. ותיבין "מקטרת מר ולבונה מכל אבקת רוכל" גימ' (1937) י"א פעמים "אודה" (16) דכל העמים יודו דה' אחד ושמו אחד- והן הן קשוטי כלה דתחלה מעטרת בהן מן המדבר מבין החוחים בגלות, ולבסוף גאולה האמיתית והשלמה בב"א. ובפסוקא אינון מ"ט אתוון כ-מ"ט ימי ספירת העומר דעלו בני ישראל- מדבר, לקבל התורה הק', ועברו זיכוך מ"ט יום, ורמיזא "עלה מן המדבר" גימ' (446): "האמת" היינו בני ישראל שעלו מן המדבר לקבל תורת אמת. ובעמלק כתיב (דב' כ"ה,י"ח) "ויזנב בך" ורמיזנא דאינון בפסוק י"א פעמים עמלק- וכולא פסוקא גימ' ח"פ א-היה אשר א-היה דאינון י"א אתוון- כל אות מכה בבחי' אחרת של עמלק והן כדוגמת נס דפורים

גלא עמיקתא

וכו'. והוא בסוד שלמות המיתוק דפורים ונהפוך הוא אתהפכא חשוכא לנהורא כנ"ל. וכפלינן חב"ו פעמים ראשי תיבות חיל בלע ויקיאנו וכו' דבגלוי [יב]אור הגנוז לעתיד לבוא הקלי' יוציאו בלעם מפיהם ואף את חיותם בסוד תשלומי כפל בביאת משיח צדקנו במהרה בימינו אמן. ומביא הפסוק (תהל' ל"ו,ח'): מה יקר חסדך אלהים, ובני אדם בצל כנפיך יחסיון גימ' (1092) ד' פעמים "אור גנוז" (273) ורמיזא תכלית הכל גילוי כבוד ה' יתברך בעולם אור הגנוז ותחית המתים לחיי נצח ביחוד נפלא עם בוראם בגאולתא שלמתא. ורמיזא טובא בהאי פסוקא: "ובני" גימ' (68) "חיים", "ובני אדם" גימ' (113) "באלף" רמיזא א' זעירא פנימיות הכתר, "כנפיך" גימ' (180) י' פעמים ח"י (18) ותכלית המיתוק "בצל כנפיך יחסיון" גימ' (446) [יג]חס"ד

ונהפוך הוא דהכו בהמן ועשרת בניו (אופן כ"א). ונבאר להאי פסוקא בסוד א"ל ב"ם- והוא בגמ' שבת קד. מלין דאמרו דרדקי לריב"ל דאפילו בימות יהושע בן נון לא אתמר כוותייהו. ושם בגמ' בסוף סדר א"ת ב"ש אמר שר של גיהנם י"ם כ"ל רבונו של עולם לי"ם (דהיינו הוא עצמו) תן כ"ל- ואפילו את ישראל. וענה לו הקב"ה אח"ס בט"ע וכו'. אמר ליה ומרז"ן ש"ת מרי זונני מזרעו של שת (וישראל בכללם) אמר ליה א"ל ב"ם אל תגע בם ג"ן ד"ס אוליכם לגן הדס (גן עדן) וכו' עיין שם כל הסוגיא. ונבאר תיבה תיבה בהאי א"ל ב"ם בסוד אל תגע בהם, וכדלקמן: מי זאת גימ' (442): "ימי הפורים האלה" רמיזא נס פורים ונהפוך הוא תחית המתים, ואינון י"ג אתוון רמיזא דניסא דגאולתא יהא מכתרא עילאה בב"א. עלה מן גימ' (81): "אנכי"- כתר עליון דמתמן גאולתא. המדבר גימ' (181): "ובן דוד עבדך יבא" (מפיוט צור משלו אכלנו) בב"א. כתימרות עשן גימ' (549): "כבוד מלכותך"- שם שלם וכסא שלם במחית שמו של עמלק, והרשעה כעשן תכלה וכו'. מקטרת גימ' (239): "כי יד על כס י-ה" (שמ' י"ז,ט"ז) - כדלעיל במחית עמלק. מר גימ' י"א (11) דהיינו י"א כתרין דמסאבותא. ולבונה גימ' (274): "מרדכי"- יבוערו הקלי' בזכותו של הצדיק מלך המשיח- מרדכי מן התורה מר דרור וכו'. מכל גימ' (403): "בשמחה גדולה" כדכתיב (ישעי' נ"ה,י"ח) "כי בשמחה תצאו" וכו'. אבקת רוכל גימ' (588): "בשופר" כדכתיב (ישעי' כ"ז,י"ג) "יתקע בשופר גדול" וכו'. וכולא פסוקא בא"ל ב"ם סליק לחושבן (2768): "איה" (16) פעמים "אנכי ה' אלהיך" (173) דכעת האור גנוז, ברם לעתיד לבוא תתגלה בחי' איה ונגאל מחשכת גלותנו בגאולה האמיתית והשלמה בב"א.

[יב] תלמוד בבלי חגיגה דף יב עמוד א: ואור ביום ראשון איברי? והכתיב ויתן אתם אלהים ברקיע השמים וכתיב ויהי ערב ויהי בקר יום רביעי! - כדרבי אלעזר. דאמר רבי אלעזר: אור שברא הקדוש ברוך הוא ביום ראשון - אדם צופה בו מסוף העולם ועד סופו, כיון שנסתכל הקדוש ברוך הוא בדור המבול ובדור הפלגה וראה שמעשיהם מקולקלים - עמד וגנזו מהן, שנאמר וימנע מרשעים אורם. ולמי גנזו - לצדיקים לעתיד לבא שנאמר וירא אלהים את האור כי טוב, ואין טוב אלא צדיק, שנאמר אמרו צדיק כי טוב. כיון שראה אור שגנוז לצדיקים שמח, שנאמר אור צדיקים ישמח. כתנאי: אור שברא הקדוש ברוך הוא ביום ראשון אדם צופה ומביט בו מסוף העולם ועד סופו, דברי רבי יעקב. וחכמים אומרים: הן הן מאורות שנבראו ביום ראשון ולא נתלו עד יום רביעי. **[יג] שם משמואל שמות פרשת בשלח:** והנה כמו הגשמים הגשמיים מתגלות פעולתם באילנות אחר שליש השנה שעלה השרף באילנות ונמצאו הפירות חונטים מעתה, כן נמי מראש השנה ואילך לצדיקים שנכתבים ונחתמין לאלתר לחיים, או מיוה"כ ויום ראשון של סוכות ואילך שהוא חסד שבחסד, שמתקרבים גם הבלתי ראויים מצד הדין, נכנסות באדם יום אחר יום הארה אלקית והתעוררות כנ"ל, והאיש שאיננו שוטה המאבד מה שנותנין לו מתוספים בו חיות ורגש הנפש, וכשהגיע שליש השנה כבר נשלמה בחי' הלב שבאדם כבמדרש (פ' שמות) שהלב ניתן בשליש העליון שבאדם, והיא

גלא עמיקתא

שבחס"ד. ומביא בסוף האופן ג' פסוקים בחדא מחתא: משה שנקרא: (א') מה שם בנו (ב') לא ידענו מה היה לו (ג') להוציא יקר מזולל להמתיק מדת החסד על שם אלהים וכו'. ונבארם אחד אחד בסייעתא דשמיא, דפעמים שכותב רבינו משפט אחד ומורכב מכמה פסוקים דמבליעם יחד בחדא מחתא. אמנם אנן בתמימותא מסגינן [[יד]כמובא בגמרא (שבת פח.) המעשה באותו המין שראה את רבא שלומד וכו' אמר לו עמא פזיזא אתון כלומר שהסכמתם לקבל התורה אמר לו אנן בתמימותא מסגינן שהקדמנו נעשה לנשמע וכו'] ולא באנו אלא להבין מעט מזעיר מדבריו הקדושים. והפסוק הראשון במשלי (ל',ד'): [טו]מי עלה שמים וירד מי אסף רוח בחפניו מי צרר מים בשמלה מי הקים כל אפסי ארץ מה שמו ומה שם בנו כי תדע גימ' (4374) ד"ן (54) פעמים אנכ"י (81), וכדכתיב (בראשית ט"ו) "וגם את הגוי אשר יעבודו דן אנכי, ואחרי כן יצאו ברכוש גדול" וכאמרם

כדמיון השרף שעלה באילנות שהפירות חונטין מעתה, כן באדם כתיב (משלי י"ז) למה זה מחיר ביד כסיל לקנות חכמה ולב אין, אך כאשר עבר שליש השנה ונשלמה בו בחי' הלב, מתחיל זמן יותר בהיר לתורה ועבודה אחר שעברו ירחין דעשו ומכינים עצמם לארבע הפרשיות שבאדר ופורים וניסן ופסח וספירה ושבועות, שהימים מתעלין והולכים יום אחר יום, והם ימי עבודה בתורה ומצוות באופן יותר נעלה מכל השנה בחיות ורגש והתעוררות הלב. ובכן כמו שהוא ר"ה לאילן המחבר כנ"ל, כן הוא באדם הדומה לאילן שאז מתחילה תקופה חדשה בהתפעלות הלב יותר ויותר מאשר עד כה, ואף לאנשים שמיעטו בעבודה עד הנה ואינם מרגישים, מ"מ ההארה אלקית בודאי עשתה את שלה בהעלם עכ"פ וניתנת בו בחי' לב, ואם עוד יתישב בדעתו עוד ימצא בעצמו את בחי' הלב והרגש יותר מאשר עד הנה.

[יד] תלמוד בבלי מסכת שבת דף פח עמוד א: אמר רבי אלעזר: בשעה שהקדימו ישראל נעשה לנשמע יצתה בת קול ואמרה להן: מי גילה לבני רז זה שמלאכי השרת משתמשין בו? דכתיב ברכו ה' מלאכיו גברי כח עשי דברו לשמע בקול דברו, ברישא עשי, והדר לשמע. אמר רבי חמא ברבי חנינא: מאי דכתיב כתפוח בעצי היער וגו' למה נמשלו ישראל לתפוח - לומר לך: מה תפוח זה פריו קודם לעליו, אף ישראל - הקדימו נעשה לנשמע. ההוא מינא דחזייה לרבא דקא מעיין בשמעתא, ויתבה אצבעתא דידיה תותי כרעא, וקא מייץ בהו, וקא מבען אצבעתיה דמא, אמר ליה: עמא פזיזא דקדמיתו פומייכו לאודנייכו, אכתי בפחזותייכו קיימיתו! ברישא איבעיא לכו למשמע, אי מציתו - קבליתו, ואי לא - לא קבליתו. - אמר ליה: אנן דסגינן בשלימותא [נ"א בתמימותא] - כתיב בן תמת ישרים תנחם הנך אינשי דסגן בעלילותא - כתיב בהו וסלף בוגדים ישדם.

[טו] במדבר רבה פרשת נשא פרשה יב: להקים את המשכן הה"ד (משלי ל) מי עלה שמים וירד וגו' מי עלה שמים זה הקדוש ברוך הוא דכתיב ביה (תהלים מז) עלה אלהים בתרועה ה' וגו', וירד, וירד ה' על הר סיני, (משלי שם /ל'/) מי אסף רוח אשר בידו נפש כל חי מי צרר מים בשמלה צורר מים בעביו מי הקים כל אפסי ארץ ה' ממית ומחיה וגו' מה שמו צור שמו שדי שמו ה' צבאות שמו (שם /משלי ל'/) ומה שם בנו כי תדע בני בכורי ישראל, ד"א מי עלה שמים זה אליהו דכתיב ביה (מלכים ב ב) ויעל אליהו בסערה השמים וירד רד אותו אל תירא, מי אסף רוח בחפניו (מלכים א יז) חי ה' אשר עמדתי לפניו אם יהיה השנים האלה טל ומטר וגו' מי צרר מים בשמלה (שם /מלכים/ ב ב) ויקח אליהו את אדרתו וגו' מי הקים כל אפסי ארץ ויאמר אליהו ראי חי בנך, ד"א מי עלה שמים וירד מי הוא זה שתפלתו עולה לשמים והיא מורידה את הגשמים ובזכותו רוחות טובות מנשבות לגדל את העשבים שנאמר מי אסף רוח זה שמחלק מעשרותיו בחפניו הוי בחפניו וכה"א (מלאכי ג) הביאו את המעשר אל בית האוצר ויהי טרף בביתי ובחנוני נא בזאת אמר ה' צבאות אם לא אפתח להם את ארובות השמים והריקותי לכם ברכה עד בלי די

גלא עמיקתא

(ברכות ט:) [טז]דבר נא באזני העם אין נא אלא לשון בקשה שלא יאמר אותו צדיק (אברהם) ועבדום וענו אותם קיים ואחרי כן יצאו ברכוש גדול לא קיים. ובאור הענין דהוא בסוד מיתוק הדינים בבחינת הכתר "אנכי" והן [יז]ד"ן פרשיות התורה- [יח]בראתי יצר הרע בראתי לו תורה תבלין (קדושין ל:) [ועיין

עד שיבלו שפתותיכם לומר די ומנין שהרוחות צורך התבואה שכך כתיב (דברים לב) יערוף כמטר לקחי תזל וגו' מי צרר מים בשמלה מי שאינו מחלק מעשרותיו בחפניו אין תפלתו עולה לשמים ואינה מורדת את הגשמים אלא צורר המים בעבים ואינם יורדים לארץ, מי הקים כל אפסי ארץ כמה דתימא (שם /דברים/ כח) יתן ה' את מטר ארצך אבק ועפר, מה שמו ומה שם בנו כי תדע מה שמו אברהם הפריש מעשר תחלה שנאמר (בראשית יד) ויתן לו מעשר מכל והקנה לו הקדוש ברוך הוא שמים וארץ ולמה בירכו שיקנה לו האלהים שמים וארץ לזרעותיו ומה שם בנו זה יצחק שנתן מעשר ונתברך שנאמר (שם /בראשית/ כו) ויזרע יצחק וגו' מהו וימצא בשנה ההיא מאה שערים מלמד שמדדן לעשרן כי תדע וכן הזהיר הקדוש ברוך הוא את ישראל שאם יעשרו תבואתם יברכם בעושר שנאמר (דברים יד) עשר תעשר וגו' עשר בשביל שתתעשר, ד"א מי עלה שמים זה משה דכתיב ביה (שמות יט) ומשה עלה אל האלהים, וירד משה מן ההר אל העם, מי אסף רוח בחפניו כצאתי את העיר אפרוש וגו' מי צרר מים בשמלה כמה דתימא (שם /שמות/ טו) נצבו כמו נד נוזלים, מי הקים כל אפסי ארץ וכי משה הקים כל אפסי ארץ אלא שהקים אוהל מועד שהעולם הוקם עמו, ריב"ל בשם רשב"י להקים המשכן אין כתיב כאן אלא להקים את המשכן משכן אחר הקים עמו שנקרא אוהל כשם שהמשכן נקרא אוהל מועד כמה דתימא (ישעיה מ) וימתחם כאוהל לשבת שעד שלא הוקם המשכן היה העולם רותת משהוקם המשכן נתבסס העולם לכך נאמר להקים את המשכן. [טז] **תלמוד בבלי ברכות דף ט עמוד ב**: דבר נא באזני העם וגו' - אמרי דבי רבי ינאי: אין נא אלא לשון בקשה, אמר ליה הקדוש ברוך הוא למשה: בבקשה ממך, לך ואמור להם לישראל; בבקשה מכם, שאלו ממצרים כלי כסף וכלי זהב, שלא יאמר אותו צדיק: ועבדום וענו אתם - קיים בהם, ואחרי כן יצאו ברכוש גדול - לא קיים בהם. אמרו לו: ולואי שנצא בעצמנו. משל לאדם שהיה חבוש בבית האסורים, והיו אומרים לו בני אדם: מוציאין אותך למחר מבית האסורין ונותנין לך ממון הרבה, ואומר להם: בבקשה מכם, הוציאוני היום ואיני מבקש כלום. [יז] **חומת אנך שמות פרשת תצוה**: א. ואתה תצוה את בני ישראל. אמרו רז"ל דבפרשה זו לא נז' משה משום שאמר מחני נא מספרך אשר כתבת ונתקיים מיהא שלא נזכר שמו בפרשה זו. ואפשר דיען דמרע"ה מסר עצמו להצלת ישראל והפליא לעשות בעידן רתחא. לכן דיבורו נתקיים איזה דבר שלא נזכר שמו בפרשה זו. וגם זה המעט לכבוד מרע"ה נאמרה פרשה זו בלשון הזה ואתה תצוה דנראה שזאת הפרשה היא סיום פ' תרומה ואינה פרשה בפני עצמה אלא היא מחוברת עם פרשת תרומהלב) וכבר נזכר כמה זמני שמו הטוב בפרשת תרומה. ועל פי זה אפשר לישב חקירה גדולה כי אמרו רז"ל בזהר ובמדרשים כי הפרשיות הם ג"ן פרשיות. והרב עיר וקדיש מהר"ם זכותו ז"ל הוקשה לו דהם נ"ד פרשיות והרב החסיד מהר"ש אבוהב ז"ל תירץ דפ' וזאת הברכה דל מהכא דנקראת בשמחת תורה ועל הרוב הוא בחוללג) ואינה כשאר פרשיות שנקראות בשבתות עכ"ד ולא ריוה צמאונינו בזה ואינו טעם מספיק. אמנם לפי האמור דלכבוד מרע"ה רצה הקדוש ברוך הוא דפרשת תצוה נחשבת בסיום פ' תרומה י"ל דהיינו דאמרו רז"ל שהם ג"ן פרשיות דתרומה ותצוה נחשבות אחת ובמ"א כתבתי עוד בזה גם ברמז הכתוב זה כתבתי בעניותי באורך בקונטריס אהבת דוד סוף דרוש י"ד בס"ד. [יח] **תלמוד בבלי קידושין דף ל עמוד ב**: ת"ר: ושמתם - סם תם, נמשלה תורה כסם חיים; משל, לאדם שהכה את בנו מכה גדולה והניח לו רטיה על מכתו, ואמר לו: בני, כל זמן שהרטיה זו על מכתך, אכול מה שהנאתך ושתה מה שהנאתך, ורחוץ בין בחמין בין בצונן ואין אתה מתיירא, ואם אתה מעבירה הרי היא מעלה נומי; כך הקדוש ברוך הוא אמר להם לישראל: בני, בראתי יצר הרע ובראתי לו תורה תבלין, ואם אתם עוסקים בתורה - אין אתם נמסרים בידו, שנאמר: הלא אם תטיב שאת, ואם אין אתם עוסקין בתורה

- אתם נמסרים בידו, שנא׳: לפתח חטאת רובץ, ולא עוד, אלא שכל משאו ומתנו בך, שנאמר: ואליך תשוקתו, ואם אתה רוצה אתה מושל בו, שנאמר: ואתה תמשל בו. **[יט] מגלה עמוקות על ואתחנן אופן קמ״ג:** וזה סוד מ״ש בגמרא (שבת דף קי״ט ע״א) שהשיב ר׳ עקיבא יש לנו תבלין ושבת שמה, ומזה ריחו נודף מי שמשמר את השבת וכו׳. וקשה וכי סנאי לר׳ עקיבא לומר בלשון המקרא בשמים, ואמר תבלין. אבל רמז קרמז נרמז במלת תבלי״ן, שהוא בגימטריא ד׳ מחנ״ה שכינ״ה, וז״ש שב״ת שמה, תדייק בשם של שבת ותמצא בו ממש תבלי״ן, שאמרנו שהם סוד ד׳ מחנות השכינ״ה הנרמזין בשם של שבת, ש׳ על ג׳ אבות, ב״ת על שכינה שהיא בת עין (זוהר ח״א כ״ג ע״ב). **[כ] תלמוד בבלי מסכת שבת דף קיט עמוד א:** אמר לו קיסר לרבי יהושע בן חנניא: מפני מה תבשיל של שבת ריחו נודף? - אמר לו: תבלין אחד יש לנו, ושבת שמו, שאנו מטילין לתוכו - וריחו נודף. אמר לו: תן לנו הימנו! - אמר לו: כל המשמר את השבת - מועיל לו, ושאינו משמר את השבת - אינו מועיל לו. אמר ליה ריש גלותא לרב המנונא: מאי דכתיב ולקדוש ה׳ מכבד? - אמר ליה: זה יום הכפורים, שאין בו לא אכילה ולא שתיה. אמרה תורה: כבדהו בכסות נקיה. וכבדתו רב אמר: להקדים, ושמואל אמר: לאחר. אמרו ליה בני רב פפא בר אבא לרב פפא: כגון אנן דשכיח לן בישרא וחמרא כל יומא, במאי נישנייה? - אמר להו: אי רגיליתו לאקדומי - אחרוה, אי רגיליתו לאחרוה - אקדמוה. **[כא] רש״י משלי פרק ל פסוק ד:** (ד) מי עלה שמים - כמשה מי אסף רוח - פיח הכבשן מי צרר מים -

גלא עמיקתא

בדברי רבינו בפירושו על ואתחנן [יט]**אופן קמ״ג דהביא דברי הגמרא** (שבת קיט:) [כ]**דשאל קיסר את רבי יהושע בן חנניא: מפני מה תבשיל של שבת ריחו נודף? ואמר לו: יש לנו תבלין ושבת שמה,** ומה שכתב רבינו לבאר סוד תבלי״ן]. ובהאי מיתוק סליק האי **פסוקא** (משלי ל׳,ד׳) לחושבן כנ״ל (4374): **ו׳ פעמים ״קרע שטן״** (729) [כא]**ועיין אריכות דברי רש״י על הפסוק. הפסוק השני** (שמות ל״ב,א׳-חטא העגל): [כב]**וירא העם כי בשש משה לרדת מן ההר ויקהל העם על אהרן ויאמרו אליו קום עשה לנו אלהים אשר ילכו לפנינו כי זה משה האיש אשר העלנו מארץ מצרים לא ידענו מה היה לו** גימ׳ (7009) **״טוב ה׳״ (43) פעמים ״ויהי ידיו אמונה״** (163) (שמות י״ז,ט״ז) בסוד הבטחון – **טעמו וראו כי טוב ה׳** (תהל׳ ל״ד,ט׳) והאמונה– דמשה איקרי

קפאו תהומות (שמות טו) נצבו כמו נד בתפלתו של משה מי הקים - את המשכן שבהקמתו נתבססו כל אפסי ארץ כך נדרש בפסיקתא מה שמו ומה שם בנו - אם תאמר כבר היה דוגמתו אמור מה שם בנו איזו משפחה יצאה ממנו ונדע מי הוא כי תדע - אם תדע מי הוא ואיך לא יראת לעבור על דבריו: **[כב] פרקי דרבי אליעזר פרק מה:** רַבִּי שִׁמְעוֹן בֶּן יוֹחַאי אוֹמֵר כְּשֶׁנִּגְלָה הַקָּדוֹשׁ בָּרוּךְ הוּא לְמֹשֶׁה מִתּוֹךְ הַסְּנֶה שְׁלָחוֹ לְמִצְרָיִם. אָמַר מֹשֶׁה לִפְנֵי הַקָּדוֹשׁ בָּרוּךְ הוּא, רִבּוֹן כָּל הָעוֹלָמִים הִשָּׁבְעָה לִי שֶׁכָּל מַה שֶּׁאֲנִי מְבַקֵּשׁ לַעֲשׂוֹת אַתָּה עוֹשֶׂה, שֶׁלֹּא אֲדַבֵּר דָּבָר לִפְנֵי פַּרְעֹה וְלֹא תַעֲשֶׂה וְיַהַרְגֵנִי. וְנִשְׁבַּע לוֹ שֶׁכָּל מַה שֶּׁהוּא מְבַקֵּשׁ הוּא עוֹשֶׂה, חוּץ מִשְּׁנֵי דְּבָרִים, מִלְּהִכָּנֵס בָּאָרֶץ, וּמִיּוֹם הַמָּוֶת. וּמִנַּיִן שֶׁנִּשְׁבַּע לוֹ, שֶׁנֶּאֱמַר [בראשית כב, טז] בִּי נִשְׁבַּעְתִּי נְאֻם ה׳. וּכְשֶׁקִּבְּלוּ יִשְׂרָאֵל אֶת הַדִּבְּרוֹת, לְאַחַר אַרְבָּעִים יוֹם שָׁכְחוּ אֶת אֱלֹהֵיהֶם, וְאָמְרוּ לְאַהֲרֹן, הַמִּצְרִים הָיוּ נוֹשְׂאִין אֶת אֱלֹהֵיהֶם וְהָיוּ מְשׁוֹרְרִים וּמְזַמְּרִים לְפָנָיו וְרוֹאִין אוֹתוֹ לִפְנֵיהֶם, עֲשֵׂה לָנוּ אֱלֹהִים כֵּאלֹהֵי מִצְרַיִם וְנִרְאֶה אוֹתוֹ לְפָנֵינוּ, שֶׁנֶּאֱמַר [שמות לב, א] וַיֹּאמְרוּ לוֹ קוּם עֲשֵׂה לָנוּ אֱלֹהִים וְגוֹ׳. הָלְכוּ לָהֶם אֵצֶל חֲבֵרָיו שֶׁל מֹשֶׁה, אַהֲרֹן וְחוּר בֶּן אֲחוֹתוֹ. וּמִנַּיִן שֶׁהָיָה חוּר בֶּן אֲחוֹתוֹ, שֶׁנֶּאֱמַר [דברי הימים א, ב, יט] וַתָּמָת עֲזוּבָה וַיִּקַּח לוֹ כָלֵב אֶת אֶפְרָת וַתֵּלֶד לוֹ אֶת חוּר. וְלָמָּה נִקְרָא שְׁמָהּ שֶׁל מִרְיָם אֶפְרָת. בַּת פַּלְטִינִי בַּת מְלָכִים מִגְּדוֹלֵי הַדּוֹר, שֶׁכָּל נָשִׂיא וְגָדוֹל שֶׁעָמַד בְּיִשְׂרָאֵל נִקְרָא שְׁמוֹ אֶפְרָת, שֶׁנֶּאֱמַר [מ״א יא, כו] יָרָבְעָם בֶּן נְבָט אֶפְרָתִי, וְדָוִד בֶּן אִישׁ אֶפְרָתִי [ש״א יז, יב]. וְכִי אֶפְרָתִי הָיָה, וַהֲלֹא מִשֵּׁבֶט יְהוּדָה הָיָה. אֶלָּא בֶּן פַּלְטִינִי בֶּן מְלָכִים, מִגְּדוֹלֵי הַדּוֹר הָיָה.

וּלְפִי שֶׁהָיָה חוּר מִשֵּׁבֶט יְהוּדָה וּמִגְּדוֹלֵי הַדּוֹר, הִתְחִיל מוֹכִיחַ לְיִשְׂרָאֵל דְּבָרִים קָשִׁים. וְהַבְּזוּיִים שֶׁבְּיִשְׂרָאֵל עָמְדוּ עָלָיו וַהֲרָגוּהוּ. וְרָאָה אַהֲרֹן לְחוּר שֶׁנֶּהֱרַג, וּבָנָה מִזְבֵּחַ, שֶׁנֶּאֱמַר [שמות לב, ה] וַיַּרְא אַהֲרֹן. מָה רָאָה, שֶׁנֶּהֱרַג חוּר בֶּן אֲחוֹתוֹ. וּבָנָה מִזְבֵּחַ, שֶׁנֶּאֱמַר [שם ה] וַיִּבֶן מִזְבֵּחַ. דָּן אַהֲרֹן דִּין בֵּינוֹ לְבֵין עַצְמוֹ, אָמַר אִם אֲנִי אוֹמֵר לָהֶם תְּנוּ לִי כֶּסֶף וְזָהָב, מִיָּד הֵם מְבִיאִים, אֶלָּא הֲרֵינִי אוֹמֵר לָהֶם תְּנוּ נִזְמֵי נְשֵׁיכֶם בְּנֵיכֶם וּבְנוֹתֵיכֶם, וּמִיָּד הַדָּבָר בָּטֵל, שֶׁנֶּאֱמַר [שם ב] וַיֹּאמֶר [אֲלֵהֶם] אַהֲרֹן פָּרְקוּ וְגוֹ'. שָׁמְעוּ הַנָּשִׁים, וְלֹא רָצוּ, וְלֹא קִבְּלוּ עֲלֵיהֶן לִתֵּן נִזְמֵיהֶן לְבַעֲלֵיהֶן, אֶלָּא אָמְרוּ לָהֶם לַעֲשׂוֹת שִׁקּוּץ וְתוֹעֵבָה שֶׁאֵין בּוֹ כֹּחַ לְהַצִּיל לֹא נִשְׁמַע לָכֶם. וְנָתַן לָהֶן הַקָּדוֹשׁ בָּרוּךְ הוּא שְׂכָרָן בָּעוֹלָם הַזֶּה, שֶׁהֵן מְשַׁמְּרוֹת רָאשֵׁי חֳדָשִׁים יוֹתֵר מִן הָאֲנָשִׁים. וְנָתַן לָהֶם שָׂכָר לָעוֹלָם הַבָּא, שֶׁהֵן עֲתִידוֹת לְהִתְחַדֵּשׁ כְּמוֹ רָאשֵׁי חֳדָשִׁים, שֶׁנֶּאֱמַר [תהלים קג, ה] הַמַּשְׂבִּיעַ בַּטּוֹב עֶדְיֵךְ וְגוֹ'. רָאוּ הָאֲנָשִׁים שֶׁלֹּא שָׁמְעוּ הַנָּשִׁים לָהֶם לִתֵּן נִזְמֵיהֶן לְבַעֲלֵיהֶן, מָה עָשׂוּ, עַד אוֹתָהּ הַשָּׁעָה הָיוּ הַנְּזָמִים בְּאָזְנֵיהֶם, כְּמַעֲשֵׂה הַמִּצְרִים וּכְמַעֲשֵׂה הָעַרְבִיִּים, פָּרְקוּ אֶת נִזְמֵיהֶם אֲשֶׁר בְּאָזְנֵיהֶם וְנָתְנוּ לְאַהֲרֹן, שֶׁנֶּאֱמַר [שמות לב, ג] וַיִּתְפָּרְקוּ כָּל הָעָם אֶת נִזְמֵי הַזָּהָב אֲשֶׁר בְּאָזְנֵיהֶם. אֲשֶׁר בְּאָזְנֵי נְשֵׁיהֶם אֵין כְּתִיב כָּאן, אֶלָּא אֲשֶׁר בְּאָזְנֵיהֶם. וּמָצָא אַהֲרֹן בֵּין הַנְּזָמִים צִיץ שֶׁל זָהָב, שֶׁכָּתוּב עָלָיו שֵׁם הַקֹּדֶשׁ וַחֲרוּת עָלָיו צוּרַת עֵגֶל. וְאוֹתוֹ לְבַד הִשְׁלִיךְ בְּכוּר שֶׁל אֵשׁ, שֶׁנֶּאֱמַר [שם כד] וַיִּתְּנוּ לִי. וָאַשְׁלִיכֵם בָּאֵשׁ אֵין כְּתִיב כָּאן אֶלָּא וָאַשְׁלִכֵהוּ בָאֵשׁ. וַיֵּצֵא הָעֵגֶל הַזֶּה גּוֹעֶה, וְרָאוּ אוֹתוֹ יִשְׂרָאֵל. רַבִּי יְהוּדָה אוֹמֵר, סַמָּאֵל [נ"א: שטן] נִכְנַס לְתוֹכוֹ, וְהָיָה גּוֹעֶה לְהַתְעוֹת אֶת יִשְׂרָאֵל, שֶׁנֶּאֱמַר [ישעיה א, ג] יָדַע שׁוֹר קֹנֵהוּ. וְרָאוּ אוֹתוֹ כָּל יִשְׂרָאֵל וּנְשָׁקוּהוּ וְהִשְׁתַּחֲווּ לוֹ וַיִּזְבְּחוּ לוֹ. אָמַר הַקָּדוֹשׁ בָּרוּךְ הוּא לְמֹשֶׁה, מֹשֶׁה, שָׁכְחוּ יִשְׂרָאֵל אֶת כֹּחַ גְּבוּרָתִי שֶׁעָשִׂיתִי עִמָּהֶם בְּמִצְרַיִם וּבְיַם סוּף, וְעָשׂוּ לָהֶם עֲבוֹדָה זָרָה, שֶׁנֶּאֱמַר [שמות לב, ז] לֶךְ רֵד כִּי שִׁחֵת עַמְּךָ. אָמַר לוֹ לְמֹשֶׁה לֵךְ רֵד כִּי שִׁחֵת עַמְּךָ, לֵךְ רֵד מִגְּדֻלָּתְךָ. אָמַר מֹשֶׁה לְפָנָיו רִבּוֹנוֹ שֶׁל עוֹלָם, עַד שֶׁלֹּא חָטְאוּ לְפָנֶיךָ הָיִיתָ קוֹרֵא אוֹתָם עַמִּי, שֶׁנֶּאֱמַר [שם ז, ד] וְהוֹצֵאתִי אֶת צִבְאֹתַי אֶת עַמִּי. וְעַכְשָׁו שֶׁחָטְאוּ לְפָנֶיךָ אַתָּה אוֹמֵר לִי לֵךְ רֵד כִּי שִׁחֵת עַמְּךָ, עַמְּךָ וְנַחֲלָתְךָ הֵם, שֶׁנֶּאֱמַר [דברים ט, כט] וְהֵם עַמְּךָ וְנַחֲלָתֶךָ. לָקַח מֹשֶׁה אֶת הַלּוּחוֹת וְהָיָה יוֹרֵד, וְהָיוּ הַכְּתוּבִין סוֹבְלִין אֶת עַצְמָן וְאֶת מֹשֶׁה עִמָּן. וּכְשֶׁרָאוּ אֶת הַתֻּפִּים וְאֶת הַמְּחוֹלוֹת וְאֶת הָעֵגֶל, בָּרְחוּ הַכְּתוּבִים וּפָרְחוּ מִן הַלּוּחוֹת, וְנִמְצְאוּ כְּבֵדִין עַל יְדֵי מֹשֶׁה. וְלֹא יָכוֹל מֹשֶׁה לִסְבּוֹל אֶת עַצְמוֹ וְלֹא אֶת הַלּוּחוֹת, וְהִשְׁלִיכָן מִיָּדָיו וְנִשְׁתַּבְּרוּ, שֶׁנֶּאֱמַר [שמות לב, יט] וַיְשַׁבֵּר אֹתָם תַּחַת הָהָר. אָמַר מֹשֶׁה לְאַהֲרֹן מֶה עָשִׂיתָ לָעָם הַזֶּה, פָּרַעְתָּ אוֹתָם כְּאִשָּׁה פְּרוּעָה מְזֻנּוֹת, אָמַר לוֹ רָאִיתִי מֶה עָשׂוּ לְחוּר, וְיָרֵאתִי הַרְבֵּה מְאֹד: רַבִּי אוֹמֵר כָּל הַנְּשִׂיאִים לֹא נִשְׁתַּתְּפוּ בְּמַעֲשֵׂה הָעֵגֶל, שֶׁנֶּאֱמַר [שם כד, יא] וְאֶל אֲצִילֵי בְּנֵי יִשְׂרָאֵל לֹא שָׁלַח יָדוֹ, וְאֵין אֲצִילֵי אֶלָּא הַנְּשִׂיאִים. לְפִיכָךְ זָכוּ לִרְאוֹת פְּנֵי הַשְּׁכִינָה, שֶׁנֶּאֱמַר [שם י] וַיִּרְאוּ אֵת אֱלֹהֵי יִשְׂרָאֵל. רַבִּי יְהוּדָה אוֹמֵר אַף שֵׁבֶט לֵוִי לֹא שִׁתֵּף עַצְמוֹ בְּמַעֲשֵׂה הָעֵגֶל, שֶׁנֶּאֱמַר [שם לב, כו] וַיַּעֲמֹד מֹשֶׁה בְּשַׁעַר הַמַּחֲנֶה וְגוֹ' וַיֵּאָסְפוּ אֵלָיו כָּל בְּנֵי לֵוִי. רָאָה מֹשֶׁה שֶׁשֵּׁבֶט לֵוִי לֹא נִשְׁתַּתֵּף עִמָּהֶם, מִיָּד נִתְחַזֵּק וְנִתְגַּבֵּר, וְלָקַח אֶת הָעֵגֶל וּשְׂרָפוֹ בָּאֵשׁ וּכְתָתוֹ כַּעֲפַר הָאָרֶץ, וְהִשְׁלִיךְ אֶת עֲפָרוֹ עַל פְּנֵי הַמַּיִם, שֶׁנֶּאֱמַר [שם כ] וַיִּקַּח אֶת הָעֵגֶל אֲשֶׁר עָשׂוּ. וְהָיָה מַשְׁקֶה לְיִשְׂרָאֵל, וְכָל מִי שֶׁהָיָה נוֹשֵׁק אֶת הָעֵגֶל בְּכָל לִבּוֹ, הָיוּ שְׂפָתָיו נַעֲשׂוֹת שֶׁל זָהָב, וְשֵׁבֶט לֵוִי הָיוּ הוֹרְגִין אוֹתוֹ, עַד שֶׁנָּפְלוּ מִיִּשְׂרָאֵל כִּשְׁלֹשֶׁת אַלְפֵי אִישׁ. שָׁלַח הַקָּדוֹשׁ בָּרוּךְ הוּא חֲמִשָּׁה מַלְאָכִים לְהַשְׁחִית אֶת כָּל יִשְׂרָאֵל, וְאֵלּוּ הֵן: קֶצֶף, אַף, חֵימָה, מַשְׁחִית, חָרוֹן. שָׁמַע מֹשֶׁה וְיָצָא לִקְרַאת אַבְרָהָם יִצְחָק יַעֲקֹב וְאָמַר, אִם אַתֶּם מִבְּנֵי הָעוֹלָם הַבָּא עִמְדוּ לְפָנַי בְּשָׁעָה הַזֹּאת, שֶׁהֲרֵי בְּנֵיכֶם נִתְּנוּ כְּצֹאן לְטִבְחָה, וְעָמְדוּ שָׁם לְפָנָיו שְׁלֹשֶׁת הָאָבוֹת. אָמַר מֹשֶׁה לְפָנָיו, רִבּוֹן כָּל הָעוֹלָמִים, לֹא כָּךְ נִשְׁבַּעְתָּ לָאֵלּוּ לְהַרְבּוֹת אֶת זַרְעָם כְּכוֹכְבֵי הַשָּׁמַיִם, שֶׁנֶּאֱמַר [שם יג] זְכֹר לְאַבְרָהָם לְיִצְחָק וּלְיִשְׂרָאֵל וְגוֹ'. וּבִזְכוּת שְׁלֹשֶׁת הָאָבוֹת נֶעֶצְרוּ שְׁלֹשָׁה מַלְאָכִים מִיִּשְׂרָאֵל, קֶצֶף אַף וְחֵימָה, וְנִשְׁתַּיְּרוּ שְׁנַיִם. אָמַר לְפָנָיו רִבּוֹנוֹ שֶׁל עוֹלָם, לְמַעַן הַשְּׁבוּעָה שֶׁנִּשְׁבַּעְתָּ לָהֶם עֲצֹר מַשְׁחִית מִיִּשְׂרָאֵל, שֶׁנֶּאֱמַר [שם] אֲשֶׁר נִשְׁבַּעְתָּ לָהֶם בָּךְ, וְנֶעֱצַר הַמַּשְׁחִית, שֶׁנֶּאֱמַר [תהלים עח, לח] וְהוּא רַחוּם יְכַפֵּר עָוֹן וְלֹא יַשְׁחִית. וְעוֹד אָמַר מֹשֶׁה לְפָנָיו, לְמַעַן הַשְּׁבוּעָה שֶׁנִּשְׁבַּעְתָּ לִי עֲצֹר חָרוֹן מִיִּשְׂרָאֵל, שֶׁנֶּאֱמַר [שמות לב, יב] שׁוּב מֵחֲרוֹן אַפֶּךָ. מֶה עָשָׂה מֹשֶׁה, חָפַר בָּאָרֶץ כְּבֵית דִּירָה גְּדוֹלָה, בְּנַחֲלַת בְּנֵי גָּד, וְטָמַן חָרוֹן אַף בָּאָרֶץ כְּאָדָם שֶׁהוּא חָבוּשׁ בְּבֵית הָאֲסוּרִים. וּבְכָל זְמַן שֶׁהָיוּ יִשְׂרָאֵל חוֹטְאִין, הוּא עוֹלֶה וּפוֹעֵר אֶת פִּיו לִנְשׁוֹךְ בְּרוּחוֹ וּלְהַשְׁחִית אֶת יִשְׂרָאֵל, לְפִיכָךְ נִקְרָא שְׁמוֹ פְּעוֹר. וְהָיָה מֹשֶׁה מַזְכִּיר עָלָיו אֶת הַשֵּׁם, וּמוֹרִידוֹ לְמַטָּה לָאָרֶץ. וּכְשֶׁמֵּת מֹשֶׁה, מֶה עָשָׂה הַקָּדוֹשׁ בָּרוּךְ הוּא, נָתַן אֶת קִבְרוֹ כְּנֶגְדּוֹ, וְכָל זְמַן שֶׁיִּשְׂרָאֵל חוֹטְאִין וְהוּא פּוֹעֵר אֶת פִּיו לִנְשׁוֹךְ בְּרוּחוֹ וּלְהַשְׁמִיד אֶת יִשְׂרָאֵל, הוּא רוֹאֶה קִבְרוֹ שֶׁל מֹשֶׁה כְּנֶגְדּוֹ, הוּא

מִתְפַּחֵד וְחוֹזֵר לַאֲחוֹרָיו, שֶׁנֶּאֱמַר [דברים לד, ו] וַיִּקְבֹּר אֹתוֹ בַגַּיְ מוּל בֵּית פְּעוֹר **[כג] זוהר בראשית פרשת וירא דף קו עמוד א:** ועל דא לא הוה בעלמא בר נש דיגין על דריה כמשה דאיהו רעיא מהימנא. **[כד] ליקוטי מוהר"ן תניינא תורה יט:** ובאמת הוא איסור גדול מאד להיות מחקר ח"ו, וללמוד ספרי החכמות ח"ו. רק הצדיק הגדול מאד, הוא יכול להכניס עצמו בזה, ללמוד השבע חכמות. כי מי שנכנס בתוך החכמות הללו ח"ו, יכול ליפול שם. כי יש אבן נגף בכל חכמה וחכמה, שהיא בחי' עמלק. שע"י האבן הנגף הזה, יכולין ליפול ח"ו. כי עמלק היה פילוסוף ומחקר, וכפר בעיקר, כ"ש (דברים כה) ולא ירא אלקים, דהיינו שהוא רק נוהג ע"פ חכמות, ואין לו יראה כלל. אבל הצדיק, כשנכנס באלו השבע חכמות, הוא מחזיק עצמו ונשאר קיים על עמדו, ע"י אמונה, בבחי' (חבקוק ב). וצדיק באמונתו יחיה. כי שבע יפול צדיק וקם (משלי כד), היינו שהצדיק הגדול, הולך דרך אלו השבע חכמות, ואף על פי ששם יכולין להחליק וליפול ע"י האבן נגף, בחי' עמלק כנ"ל, אבל הצדיק, שבע יפול, וקם, ע"י אמונה כנ"ל. וזה שבע יפול צדיק וקם ס"ת עמלק, שהוא האבן נגף של השבע חכמות, שעל ידו נופלין ח"ו, אך הצדיק שבע יפול, וקם ע"י אמונה כנ"ל. וז"ש במשה רבינו (שמות יז) ויהי ידיו אמונה, במלחמת עמלק. כי ע"י אמונה, החליש את עמלק, דהיינו החכמות והחקירות כנ"ל. וזה ויהי ידיו אמונה, ידיו, היינו בחי' מצוות מעשיות, שהם בחי' אמונה, כ"ש (תהלים קיט) כל מצותיך אמונה. שע"י אמונה ומצוות מעשיות, שהם היפך בחי' עמלק, החלישו כנ"ל. ואמונה זה תפילה, כמו שתרגם פרישן בצלו. כי התפילה משנה הטבע, ונתבטלין החכמות והחקירות, שהם הולכים ע"פ הטבע. וזהו עיקר התכלית אצלינו, שתהיה התפילה נכללת באחדותו ית'. בבחי' (דברים י) הוא תהלתך והוא אלקיך, שהתפילה והש"י אחד כביכול, וזהו עיקר התכלית באמת. **[כה] עבודת ישראל ויקרא ליום שביעי של פסח:** ונחזור לענינו, כיון שביום הששי נתקטנו המוחין והיה ירידת המדריגות מזה עצמו הרגישו המצרים בטומאתם ובכישופם ולא הבינו הדבר לאמיתו, רק שהעלו בדעתם כי בני ישראל נבוכים הם בארץ וירדו ממדריגתם לגמרי עד שרדפו אחריהם. והנה כל זה היה מחסדי הבורא יתברך שמו, וקטנות המוחין היה ירידה צורך עליה, כי לולא קטנות המוחין של ישראל לא חזקו המצרים את רוחם לרדוף אחריהם בים ולא טובעו בים ולא נתכבד כבוד שמים כי איך נואלו שרי צוען אחרי כל המכות שהוכו ואחרי כל הנסים שראו שיצאו ביד

גלא עמיקתא

[כג]רעיא מהימנא- לימד לישראל דגם בנפילתם שיחזיקו במדת האמונה בחינת "שבע יפול צדיק וקם" (משלי כ"ד) ס"ת עמל"ק [כד]כמובא בספרים, [5]וכמבואר אצלנו במקום אחר, דנופל ממדת הבטחון לבחינת מדת האמונה- מבחינת צדיק גמור לבחינת בינוני- ומשם חוזר שוב למדת בטחון גדולה בבחינת [כה]ירידה שהיא לצורך עליה.

5. באור על מגלה עמוקות ואתחנן אופן ז': ג'. הַצֹּאן וּבָקָר יִשָּׁחֵט לָהֶם וּמָצָא לָהֶם אִם אֶת כָּל דְּגֵי הַיָּם יֵאָסֵף לָהֶם וּמָצָא לָהֶם (במדבר יא,כב) גימ' (2070) י' פעמים או"ר (207) באור הענין: דמשה רבינו בחינת אור [דכתיב במשה (שמות ב',ב') "ותרא אותו כי טוב הוא"] והוריד לנו מן שמיא אורייתא קדישא בחינת אור [כדכתיב (משלי ו',כ"ג) "כי נר מצוה ותורה אור"] וכן כי קרן עור פני משה (שמות ל"ד,ל"ה) וכאן נתערער בטחונו בהשי"ת בחינת שבע יפול צדיק וקם סופי תיבות עמל"ק כדאיתא בספרים - דנפל מבחינת בטחון לבחינת אמונה דמש"ה בא"ת ב"ש גימ' (102) אמונ"ה לקביל הני ס"ת עמל"ק דמביא בספה"ק: "עמלק אמונה" גימ' (342) ו' פעמים "אל הוי'" (57) שמות הרחמים- והן זה לעומת זה: דעמלק עומד מול תפארת ישראל- ולכן ו' פעמים אמונ"ה (102) גימ' (612) ברי"ת- היינו שמירת קדושת הברית במחשבה דיבור ומעשה וכו'. ו' פעמים עמל"ק גימ' (1440) אמ"ת- דהוא עומד כנגד "תתן אמת ליעקב" (סוף מיכה) כנ"ל. וכאן ירד משה מבחינת בטחון בהשי"ת לבחינת אמונה בו שהיא מדרגתו העצמית אמונה דאיקרי רעיא מהימנא- ולכן לה"ם גימ' (75) בטחו"ן- וחוזר ד' פעמים בפסוק: "הצאן ובקר ישחט להם ומצא להם אם את כל דגי הים יאסף להם ומצא להם" לקביל ד' אתוון דשם הוי' ברוך הוא- בבחינת "יראי ה' בטחו בה'" (תהל' קט"ו,י"א) גימ' (300) ד' פעמים בטחו"ן (75) כנ"ל.

גלא עמיקתא

ומוסיף לבאר הפסוק השלישי (ירמי' ט"ו, י"ט): [כו]לכן כה אמר ה' אם תשוב ואשיבך לפני תעמד ואם תוציא יקר מזולל כפי תהיה ישבו המה אליך ואתה לא תשוב אליהם גימ' (5337) ט' פעמים "ברצון יראיו" (593) דאמרינן קדם קריאת התורה על הכל יתגדל ויתקדש וכו' ברצונו וכרצון יראיו וכרצון כל בית ישראל וכו', וכלשון הפסוק (תהל' קמ"ה, י"ט) "רצון יראיו יעשה" ומוספינן כ' רמיזא דיראי ה' באמת סליקו עד לבחינת כתר עליון יראת הרוממות וכו'.

רמה ועתה ראו קריעת ים סוף ויתחזקו עוד לשוט במצולה, אלא הענין כנ"ל מחמת שהרגישו על ידי איצטגנינותם את קטנות המוחין אמרו בלבם שמושיען של ישראל היה רק על פי שמות אלהים והוא אלהא דאלהיא ונתן הממשלה לכח אחד בשמים המנהיג את ישראל ולפעמים יורד הכח וקצרה ידו מהושיע וכאשר הארכנו בטעותם כמה פעמים, אבל כאשר טבעו בים וראו כל הגבורות שהם חסדים לישראל הבינו כי שם הוי"ה הוא האלהים ואין עוד, ואמרו מצרים אנוסה מפני ישראל כי ה' נלחם להם במצרים (שמות יד, כה) ה' דייקא, דהיינו כי כל המלחמות היו על ידי שם הוי"ה.

[כו] ספר האמונה הרמה לראב"ד מאמר ב עיקר ו: ונשוב עתה אחר הצעתי אלה ההקדמות לבאר אמונתנו, ונאמר: שכל נבואה, וכל שלמות, וכל סדור מסדורי הטובות אמנם הם מאת האל ית' וית', וברצונו, ובמאמרו, וחפצו הקדום מני עד. אכן מהם מה שיצא באמצעי או באמצעיים. ומן היותר ראוי בענינים הגדולים כבריאת השמים והארץ שיצאו מאתו יציאה ראשונה, ובמה שלמטה מזה, מן החדושים העולמיים והעתקת המלכיות, שיצאו באמצעיים, וכל שכן עניני האישים והנמצאים השפלים הנמצאים בהם סדורים, כציורי הטווסים ורבים מהבעלי חיים והצמחים אשר להם ציורים נמנים מסודרים. כי הם אינם מפעל המזג, כי המזג אין לו כונה, ואינם בכונה ראשונה מן הראשון, אבל ממשפיעי הצורות ברצונו ית' ושהכל שב אליו בהשתלשלות כמו שקודם זכרו, במאמר סדור המציאות. וכתוב ביאר זה ההשתלשלות ג"כ במאמר אל ית': והיה ביום ההוא נאם ה' אענה את השמים והם יענו את הארץ והארץ תענה את הדגן ואת התירוש ואת היצהר והם יענו את יזרעאל [הושע ב כג]. והנבואה גם היא מן הענינים המתחדשים בעולם, וכל החדושים שבעולם אמנם ותחדשו על ידי מלאך ממונה עליהם. אמנם בעלי משפט הכוכבים יאמרו, שהמצבים שלהם המתחדשים בכל רגע, יתחייבו התחדשות ענינים במה שלמטה מהם בכל רגע. ואמנם מי שהוא יותר עליון מהם בעיון, ויראה שאין דרך שתהיה תנועה אלא ממניע, ייחס כל מה שיתחדש בעולם אליהם, ואל מניעי השמים ראשונה, ובהשתלשלות אל האל ית' וית'. ומניעי שמים יקרא אחד מהם: השר הגדול העומד על בני עמך [דניאל יב א], ואחר: שר יון, ואחר: ושר מלכות פרס [שם י יג]. והאל ית' וית' כבר קדמו בידיעתו כל הדברים הכלליים והחלקיים, ומנה בהם ממונים יוציאום מן הכח אל הפועל. מהם מה שיקראו: מלאכיו גבורי כח עושי דברו, ומהם מה שיקראו, צבאיו משרתיו עושי רצונו, עד שיש לו ממונים עושים תכונות מה בנפשות הבעלי חיים. כי מה שיש בזכרים מהבעלי חיים מן החריצות לבא אל הנקבות, יחייב הגעת העוברים בבטן וכאשר יצאו העוברים ימונה מן ממונים, כדי שיהיה להם השארות שיאהבו האבות בניהם. ושני אלה הממונים החרוצים יתמנו על השארות המינים, מוסף על ממונים אחרים נותני הצורות מן מלאכים יניעו השמים. ומצבי הכוכבים הושמו מתחלת הענין, שכאשר יהיה ככה, יצא מהם כך, וכאשר יהיה כך, יצא מהם כך. ומי שעיין במלאכת משפטי הכוכבים ג"כ, רצוני עם ידיעה בשהם עבדי האל ונבראיו וממונים על נבראים אחרים, אין היזק בזה. ועוד שלא יחתיך הדין בהוראות מצביהם, אבל לא יתרשל מהתפלל בלב טהור לבוראם, לדחות נזקיהם כאשר חוייבו, ולגלגל סבותם כאשר חוייבו, ויאמין אמונה אומן ובטחון חזק, כי הוא ית' יכול על זה. אמנם בדורות הקודמים ובימי הפילוסופיות המדומות, לא היו מדמים מציאות למה שאין לו גשם, וראו גשמי הכוכבים יותר נכבדים, ויחסו להם הכח והיכלת עד שטעו ועבדום. אמנם מי שיראה שכוחותם נשפעים ברצון האל, וישנה הגשמיים הטבעיים אם ירצה יוצרם, ולא ימנע מגזרותיו, הנה אצלי שוה מי שיאמר כי שבתי יושפע ממנו כח

מרדים ממית, או מי שיאמר זה על האפיון, ומי שיאמר שמאדים יושפע ממנו כח חד חותך, או שיאמר זה מן היורדים, זולת כי לגשמים השמימיים להם כבודם שנתן להם בוראם ית' וית'. ואחר זה העיון ראו ראשוני חכמינו היות משפט הכוכבים אפשרי, באמרם: לא מזל יום גורם אלא מזל שעה גורם, ושאר מאמרם בזה. ודע שהפילוסופים למה שנתן להם מן החכמה שיעור, נסתלקו ממדרגת מורגשיהם אל מדרגת מושכליהם, חשבו היות אפשרי להם ידיעת כל דבר, ושתו לשונם בכל דבר, ולקח הגרזן שלהם בעץ ידיעתו היא עצמותו, ואחר שידיעתו היא עצמותו, הנה אם יתרבו ידועיו תתרבה עצמותו, והגיע ענינם אל שהאמינו קצתם, שהאל ית' לא ידע דבר זולת עצמותו. וקצתם הגיעו אל בטולים אחרים, האל ית' וית' יודע היותינו נקיים מאמונותיהם. אבל נאמין שהאדם בכח הוא יודע רוב ידיעותיו, ואינו יודע בפועל אלא הענין אשר הוא בו לבד. אמנם מה שזולתו, הנה מהם מה שהוא מובדל מהם, ומהם מה שלא ידעם ואפשר לו לידע אותם בקרוב, ומהם מה שאפשר לו ידיעתם בארך זמן. ואין בידיעת האל ית' וית' דבר בכח, אבל הוא יודע הדברים כלם ידיעה בפועל. ואנחנו אי אפשר לנו שנצייר, איך ידע יודע מה ידיעות כלם בפועל, כי אנחנו לא ראינו זה לעולם. וכן אי אפשר לנו שנדע, איך לא יחסר מידיעתו דבר ממה שבשמים ובארץ, ולא יחייב זה רבוי בעצמותו, אבל נדע שאי אפשר שיחסר מידיעתו דבר, כי זה חסרון, והחסרון לא יאות בצדי קדושתו. ואי אפשר שיהיה בעצמותו רבוי, ולא נדע איך זה, כמו שלא נדע דברים רבים שהם פחותי המציאות, כל שכן זה הענין הגדול. ומי שלא ידע גדר עשרה ואין דרך שידעהו לעולם, איך יקשה עליו, אם לא ידע איך לא יחסר מידיעת האל ית' דבר ממה שבשמים והארץ, ומבלתי שיחייב זה רבוי בעצמותו? - ובזה יאמר צופר: החקר אלוה תמצא, אם עד תכלית שדי תמצא, גבהי שמים מה תפעל, עמוקה משאול מה תדע. ועל המתעסק להתבונן בכמו אלה הענינים הנכבדים יאמרו רז"ל כל שלא חס על כבוד קונו ראוי לו שלא בא לעולם. והאל יודע כונותינו ותם לבבנו. וכן לא יטעה טועה בסבתנו ויחשוב מפני אמרנו שהמלאך יקרא אלהים ואלהי העברים, שאנחנו כשנתחיל ונאמר: ברוך אתה השם אלהינו ואלהי אבותינו, שאליו אנו מכוונים, או יחשוב שמאמר יעקב אבינו ע"ה: האלהים אשר התהלכו אבותי לפניו עד המלאך הגואל אותי מכל רע יברך את הנערים, שהתפלל אל המלאך, אבל פירוש דבריו, האלהים אשר התהלכו אבותי לפניו ישלח את המלאך הגואל אותי מכל רע לברך את הנערים. ומאמר משה ע"ה: כי מי גוי גדול אשר לו אלהים קרובים אליו כה' אלהינו, ישלח מלאכו בכל קראנו אליו. וכן כל תפלה אמנם היא אל האל ית' לבדו, מאין מחשבה בזולתו, וכל פועל אמנם יצא באמצעיים מאתו. ומי שיחשוב זולת זה, תבא אליו קללת אלהים, ומארת המארים. וכן למה שאמר דריוש לדניאל: התנצל ע"ה ובאר, שהנעבד ית' וית', זולת הממונה על הצלתו, והורה בהגיע המעשה על ידי המלאך, ואמר: אלהי שלח מלאכיה וסגר פום אריותא ולא הבלונני. עוד נשוב ונקשה על עצמינו מה שאולי יקשה עלינו מקשה, ונניח שהוא יאמר, למה אמרת שהעצמים הנכבדים ממונים בכל מה שיתחדש, ולא תאמר כל מה שיתחדש, אמנם יתחדש מן הראשון בלי אמצעי? נאמר למאמר הכתובים: ברכו ה' מלאכיו, גבורי כח עושים דברו, ברכו ה' כל צבאיו משרתיו עושי רצונו, וזה על דרך כלל. אמנם על דרך פרט נאמר: יעמוד מיכאל השר הגדול העומד על בני עמך [דניאל יב א], והנה שר יון בא, ושר מלכות פרס. ועל דרך הפרט האישי: אמר אברהם אבינו ע"ה ה' אלהי השמים עד אמרו ישלח מלאכו אתך, ובהפך זה: ויתיצב מלאך ה' בדרך [במדבר כב כב], ובהסתרות והצלות: המלאך הגואל אותי, ומלאך פנו הושיעם [ישעיה סג ט], חונה מלאך ה' [תהלי' לד ח], ורבים כמו אלה. ולמה שהיה זאת כונת

גלא עמיקתא

והנה כולהו פסוקין יחד דהיינו: א'. ותחסרהו מעט מאלהים, וכבוד והדר תעטרהו (תהלים ח',ו') (1873) **ב'. ויאמר ה' לא ידון רוחי באדם לעולם בשגם הוא בשר, והיו ימיו מאה ועשרים שנה** (בראשית ו',ג') (2804) **ג'. ולא יכלה עוד הצפינו ותקח לו תבת גמא ותחמרה בחמר ובזפת ותשם בה את הילד, ותשם בסוף על שפת היאר** (שמות ב',ג') (6416) **ד'. מה יקר חסדך אלהים, ובני**

הכתוב, והוא מסכים לדעת בעלי ההגדלה, לקחנו דעת שאין בו מחלוקת, וכל שכן בהיות בנמצאות האישיות עדיות על זה מאין תכלית. מהם מה שימצא באישי הצמחים, ומצב העלים שלהם, וצבעי פרחיהם ונקודותיהם, ומה שימצא ג"כ ברחשים, בעופות ובדגים מפליאות הולכות כולם על סדר מוגבל, ועל מספרים בעצמם, ואיך יאמר שהם מפעלי הטבע, והטבע לא ישכיל? - הנה הוא בלי ספק מפעל בטבע תחת צווי דבר מאלה העצמים הפשוטים, והכל משתלשל מרצון הראשון ית'. וכבר ביאר זה ראש הפילוסופים, וזאת ההגדלה יותר גדולה ממה שיאמר שבכוונת הראשון ית' וית' ימצאו אלה הפרטים השפלים. ואם יאמר למה אמרת שהמלאך יקרא ה' והמפורסם היא שזהו שם הראשון? אמרנו למאמר המלאך ליעקב: אנכי האל. אמנם אמרו: אשר משחת שם מצבה אשר נדרת לי, ענינו, אשר משחת לה' אשר נדרת לה'. ולמה שהיה שמו כשמו אמר: לי. ואם יאמר למה אמרת שמלאך הוציאם ממצרים? אמרנו למאמר האומה: וישלח מלאך ויוציאנו ממצרים [במדבר כ כז], ושאר הכתובים המעידים על זה. ואם יאמר למה אמרת שהוא יקרא, אלהי העברים? נאמר על צד שהוא ממונה בהם בהשפעת האל ית' וית' עליו. ואם יאמר א"כ אותו אתה עובד, כי הכתוב אומר השמר לך פן תשכח את ה' אלהיך וכו', את ה' אלהיך תירא ואותו תעבוד וכו', נאמר: אין באמרנו שהמלאך הוציאם ממצרים מה שיתחייב שהאל ית' לא הוציאם ממנה, אבל הוא ית' הוציאם והמלאך אמצעי. ואם יאמר, אחר שיהיה אלה העצמים הפשוטים הם הממונים בהצלחות האנשים ורעותיהם, א"כ למה זה תעבוד דבר אחר זולתם? נאמר הכתובים יבארו, בשכל מה שנצטוינו אין לאמצעיים בה דבר קטון או גדול, וכי מה שנזכר בכתוב מן ולא יהיה לך אלהים אחרים, לא תשא את שם ה' אלהיך לשוא, שמור את יום השבת לקדשו וכו' ויום השביעי שבת לה' אלהיך, כל זה מאת הראשון ית' וית'. הלא תראה מאמר הכתוב כי ששת ימים עשה ה', וזה דבור לא יסופר בו על השניים, וכן אנכי ה' אלהיך, אמנם הוא ספור מן הראשון, לפי שזה וזולתו מן השמים והארץ ישוב אליו אם בכונה ראשונה, ואם בהשתלשות. ובכתובים: השמים כסאי ואת כל אלה ידי עשתה [ישעיה סו א], וכמו אלה הכתובים רבים מאד מורים, שאין יציאת הנבואה (?) מן השניים לבד מבלי שיהיה מן הראשון ית', אבל הוא ממנו ית' באמצעות השניים ואם יאמר למה אמרת שהמלאך אי אפשר מבלתי שתתקיים מצותו בפעולות העולם? אמרנו, הנה יורה זה באמרו: חי ה' אשר עמדתי לפניו [מלכי' א' יז א]. ויאמר: שמש בגבעון דום [יהושע י יב], אחרי כן אמר, ולא היה כיום ההוא לפניו ואחריו לשמוע ה' בקול איש, ולא היה רצונו על התפלה, כי התפלה כבר נתקבלה קודם זה היום ואחריו, וגם הוא לא הוציא דבורו בלשון תפלה אלא בלשון צווי, וחלילה שתהיה כוונת הכתוב לומר שהצד האלהי יקבל צווי מבן אדם כי הוא כפירה, ואמנם קרא הנה ה' הגרמים השמימיים, ואמר שאלה הגרמים לעולם לא קבלו צווי מבן אדם לא קודם זה, ולא אחריו. ואם יאמר מה הביאך אל כל זה, אשר הוא מאמר בלתי מפורסם אצל ההמון? נאמר ההכרח אל זה כבר אמרנוהו בתחלת הפרק. ונשארו ענינים שלא ביארנום, וזה כי אנחנו נמצא בכתובים מאמרים, שאם ייוחסו כמותם אל השניים, לא יהיה בו גנות, ואם ייוחסו אל הראשון יהיה גנות, כמו: וירד ה' לראות את העיר ואת המגדל: ארדה נא ואראה: כי עתה ידעת כי ירא אלהים אתה: לולי כעס אויב אגור [דבר' לב כז]: ותקצר נפשו בעמל ישראל [שופטי', י' טז]: הנה אנכי מעיק תחתיכם [עמוס ב' יג], וכמו אלה רבים מאד, אשר הוא יותר ראוי ליחס אותם אל זולת הצד העליון. ולא יגנה מוציא דבה מה שאמרנוהו, אבל ראוי שיראה שאנחנו הסירונו בטולים גדולים. ולכן אני רואה כי המפרש הכתובים לא פירש יפה בפרשו כל וידבר ה', וירד ה', ויחר אף ה' והדומים

גלא עמיקתא

אדם בצל כנפיך יחסיון (תהל' ל"ו,ח') (1092) **ה'. מי עלה שמים וירד - מי אסף רוח בחפניו - מי צרר מים בשמלה - מי הקים כל אפסי ארץ - מה שמו ומה שם בנו כי תדע** (משלי ל',ד') (4374) **ו'. וירא העם כי בשש משה לרדת מן ההר, ויקהל העם על אהרן ויאמרו אליו, קום עשה לו אלהים אשר ילכו לפנינו, כי זה משה האיש אשר העלנו מארץ מצרים לא ידענו מה היה לו** (שמות ל"ב,א')

לאלה מבלתי כנוי, אבל היה היותר ראוי שיאמר, יצא צווי מן האל, והיה קצף מצד האל, וכמו אלה הכנויים, כמו שיעשה בלשון ארמי שיאמר בו, והוה ממרא מן קדם ה׳, ויתרגם השמים כסאי, שמיא כורסי יקרי, וארעא כביש קדמי, אידן ביתא דתבנון קדמי ואידין אתר בית אשריות שכנתי, וית כל אילן גבורתי עבדת, וכזה כל דבריהם ומה שדומה לזה, עד שיתרגם, לולא כעס אויב אגור: רוגזא דשנאה כניס. א״כ הדבור הנאה והמאמר האמיתי המזוקק אשר יסכימו עליו הקבלה והפילוסופיא הוא, שאלה הם תארי השניים לבד, לא תארי אל ית׳ וית׳, ומן השניים, לאשר הם כנפשות לגלגלים לבד, לא לאשר הם כשכלים, כי אלה אחר שהם התחלות תנועות גשמים, אין היזק בשישתנו, ויהיה באמצעותם הרצון אל עם, ושיתראו בגשמים חמריים, אחר שהם צורות לגשמים חמריים מתחלת מציאותם. וזה כלו כבר ביאר אותי אחד מחשובי משוררינו ובדבור מיוחס אליו, יזכור בו צורות גלגל המזלות ותנועותיו והוא אמרו: דגלי מרכבה הקימות לעד ולאות, כי הדבר מעם ה׳ צבאות, הם הנעלמים בעיני ברואיך, הם הנראים לעיני נביאיך, הכל עבדיך משרתי פניך, גבורי כח עושי רצונך, להם יקראו רחוקים קרובים, ומאין הליכה רצים ושבים, והליכותם הליכות אלי מלכי בקדש, ה׳ בם סיני בקדש, וידברו אכן ברשיונך, ויעשו ואולם ברצונך, בזאת אמרו שומעי מליהם, כי פיך המדבר אליהם. ואחר זה הנה באמרו: וגם נצח ישראל לא ישקר ולא ינחם, דבר מן הראשון, ובאמרו: נחמתי כי המלכתי את שאול, דבר מן קצת השניים. אמנם פרשת [שמות לג יב] ראה אתה אומר אלי העל את העם הזה הנה זה ביארוה: כי משה דבר לממונה על האומה דבור אם בחלום ואם בהקיץ, ובכלל בצד שלא הפחידהו, וזה אשר היתה עמו זאת המראה הוא הנגלה אליו בחורב, ועליו נאמר: [שם ג ו], ויסתר משה פניו כי ירא מהביט אל האלהים, וממנו היה מושפע אור הולך לפני העם, כמו שאמר וה׳ הולך לפניהם יומם, ויסע מלאך האלהים ההולך [שם יג כא]. ולהיותו יודע, כי עוד יגיע ענינים

גלא עמיקתא

(7009) ז׳. לכן כה אמר ה׳ – אם תשוב ואשיבך לפני תעמד –ואם תוציא יקר מזולל כפי תהיה – ישבו המה אליך ואתה לא תשוב אליהם (ירמי׳ ט״ו,י״ט) (5337) סליקו לחושבן (28,905): י״ה (15) פעמים "ויעמד משה בשער המחנה ויאמר מי לה׳ אלי, ויאספו אליו כל בני לוי" (1927) (שמות ל״ב,כ״ו). ורמיזא

לחטוא חטא אשר יחייב הרחקת זה העצם הנכבד מהם, ייעד לו תחלה זה, באמרו: הנה אנכי שולח מלאך לפניך לשמרך בדרך השמר מפניו עד אמרו כי שמי בקרבו [שם כג כ], לפי שזה השם יאמר למלאך הממונה באומה, ולמלאך שני מושפע מאתו. וכאשר חטאו נאמר לו זה בביאור: ועתה לך נחה את העם על אשר דברתי לך, הנה מלאכי ילך, ונאמר לו ג״כ: עלה מזה אתה והעם, עד ושלחתי לפניך מלאך, עד כי לא אעלה בקרבך. ובעבור זה שאל ע״ה שתי שאלות, אחת מהם שיסיר מהם החרון הנמשך מאמרו, כי לא אעלה בקרבך, ורמז תחלה על זאת השאלה, ואתה לא הודעתני את אשר תשלח עמי, עד שפירש אותה אחר כן שאמר: ילך נא ה׳ בקרבנו. והשאלה השנית שיתראה לו המלאך הממונה באומה בחומר גשמי, כדי שיביט אליו, אחר שלא הביט אליו בחורב, כמאמר הכתוב: כי ירא מהביט אל האלהים. ורמז על זאת השאלה באמרו: הודיעני נא את דרכיך, עד שפרשה אחר כן באמרו: הראני נא את כבדך והושיבו על השאלה הראשונה בשאמר לו: פני ילכו, ר״ל היותר נכבד שבמלאכים אשר למטה הם מהמלאך הממונה באומה, והוא הנקרא פנים, ואשר למטה ממנו נקרא אחורים, ואמר הוא: אם אין פניך הולכים אל תעלינו מזה, ירצה, אם לא יגלה לנו היותר נכבד שיהיה לפניך, לא יאות לנו העלייה מזה, אך התחנה אמנם היתה שתהיה אתה זה, והוא אמרו: ובמה יודע איפה כי מצאתי חן בעיניך, ירצה, שכל אומה ממונה עליה מלאך, ואיננו השר הגדול ולא יתראה אליהם. ואחר כן השיבו אל השאלה השנית והוא ראיית המלאך פנים בפנים, באמרו, גם את הדבר הזה אשר דברת אעשה. ואמרו אחר זה: ויאמר הראני נא את כבודך, זאת הוא״ו אשר ענינה: אחר כן, כמו: וישא אהרן את ידיו אל העם ויברכם, וירד מעשות החטאת, ירצה אחר שירד מעשות החטאת [ויקרא ט כב], וכן: וגבר ימות ויחלש [איוב יד ט], ימות אשר שיחלש, כן בכאן נאמר לו גם את הדבר אשר דברת אעשה, אחר שאמר הראני נא את כבודך. אכן דע שהוא לא יראה לעין אלא המלאך

או המלאכים הנקראים אחורים, לא הממונה באומה, ולא אשר תחתיו מאותם הנקראים פנים. אמנם הראשון ית' וית', הנה אין דבור בו בכל אלה השינויים, ולזה אמר לו: והסירותי את כפי וראית את אחורי ופני לא יראו.

ולפי שהנקרא אחורים יקרא ג"כ ה', אפשר שיאמר: ותמונת ה' יביט [במדבר יב ז]. ומפני שהממונה באומה, והנקרא פנים, אי אפשר שיגלו בחומר גשמי, יאמר: כי לא יראני האדם וחי, ואין שני המאמרים סותרים זה את זה. ומי שחשב שכל ה' בלשון העברי ירצה בו האל ית', יהיה אצלו הכתובים סותרים זה את זה, ויגשש כעורים קיר, וישא משאות שוא, ויטיח דברים ושבושים עצומים נגד הראשון ית' וית', ולא ילך בדרך מדרכי הפרישות. הנה האל ית' צוה אל המלאך הממונה באומה, והמלאך הממונה באומה דבר עמו, ואותו שתחתיו ממי שיקרא אחורים נראה אליו. וזה כלו בלתי חולק אל הכתובים, ואיננו זר בפילוסופיא, אבל אפשר או מחוייב בה. ולפי שחזר להתחנן באמרו: ילך נא ה' בקרבנו, נענה באמרו: נגד כל עמך אעשה נפלאות, כמו ששאל: ונפלינו אני ועמך. ומי שירצה להכחיש כל מה שאמרנוהו, ויטעון, כי האל ידבר אל הנביאים בלי אמצעי, ושכל ה' הנאמר בכתובים היא האל ית', יעיין תחלה בהסכמת אלה הפסוקים, ואיך לא יתכן זה על הצד הנכבד, ויתרחק מן הבטולים בכלל, ואנחנו נודה לדבריו, אם יוכל לעשות כן. ואף האומות אשר לא מבני ישראל המה, לא ירצו להמיר השם באלה הפרטים הפחותים והגרועים. אמנם הנוצרים יעתיקו כל: ויאמר ה', וירד ה': אמר האדון, ונגלה האדון. אמנם הישמעלים לא אמרו לעולם שהאל ית' ידבר עם הנביאים, או נראה לו, אלא נמצא יקראוהו: גבריאל והרוח הנאמן, וכמו אלה שמות. אמנם מי שבחינתו מעוטה מאנשי אמונתינו, לא די להם שיחסו אליו ית' נשוי ותנועה, אלא ששמוהו יותר בעל שינוי מכל שאר הנמצאות. כי איש איש מעבדיו ישתנה מחסידות על רשע, ומרשע אל חסידות, והוא ית' וית' ישתנה כמספר רשעיותיהם וצדקותיהם, אשר כמעט שהם בלתי בעלות תכלית. וכבר נתגלגל דבורנו בהתחלת תנועת נפש והתחלת תנועת גשם, ואולי לא יובן זה, ונבארהו, ונאמר: שאיש ממנו אם עלה בדעתו ללכת ממדינה אחת על מדינה אחרת מבלתי שתהיה זאת ההסכמה נמצאת בנפשו קודם לכן, הנה כבר התנועע, ותנועה לא תהיה אלא ממניע, ומניע הנפש אל זה הוא הרצון. אחר כן הנפש תשתמש בכחה המניע לגשם, מעתיק אותה פסיעה אחר פסיעה, ולפעמים תסכים הנפש ללכת דרך מה, אחר כן יראה לה עזיבת אותו הדרך ולקיחת זולתו, ותעתק מדבר אל דבר, ומן הכוונה אל כוונה, ולא תעתק ההסכמה בכלל, לנסוע אל אי זה דרך שיהיה. והנעתק איננו זה אשר לא יעתק, אבל הנעתק דבר מה והבלתי נעתק דבר אחר, ואחד מהם והוא הנעתק, הוא התחלת תנועות הגשם, והבלתי נעתק, הוא התחלת תנועת הנפש. ונקראת התחלת תנועת הנפש, שכל, והתחלת תנועת הגשם, נפש. וכן מניעי השמים נפשות, והתחלות תנועות נפשותיהם שכלים, ומניעי השמים הם הנגלים לאנשים, לא אשר הם שכלים מופשטים. ואלה העצמים הנגלים לאנשים עשו מן היסודות צורות נבראות לשעתן כדי שיקרב זה אל חוש הנביא, והיא צורה בדויה לא אמתית. ודע שאנשים מה מסכלי אומתנו נתבלבלו ונבוכו במאמר האל ית': נעשה אדם בצלמינו כדמותינו, ופירשו נעשה אדם על צורותנו ודמותנו. והנה אצל ההמון הצורה היא הגשם, באמרם צורת ראובן צורה נאה, וצורת שמעון צורה כעורה, וירצו בזה הפנים, ועל כן חשבו שזה הכתוב יחייב, שהאל עשה האדם בגשמיותו ודמותו, ולכן טעו טעות גמור. אמנם החולקים עלינו מן האומות גזרו עלינו בזה שאנחנו מגשימים, והוקשה על חכמי אומתנו לצאת ממה שהשיגו עליהם בעלי מחלוקתם, עד שהשבעים אנשים אשר העתיקו התורה לתלמי

גלא עמיקתא

גאולתא שלמתא דמשה הוא גואל ראשון הוא גואל אחרון כמבואר בדברי האור החיים פרשת ויחי ד"ה אוסרי לגפן (כמובא בסמוך), ומדייק דבריו הקדושים: שהוא [משה] עצמו מלך המשיח עכד"ק. דלעתיד לבוא כל עם ישראל בבחינת שבטי י"ה יאספו כולם אל משיח צדקנו בבחינת מי לה' אלי ולא רק שבט לוי ונראהו עין בעין כדכתיב (ישעי' נ"ב,ח') "כי עין בעין יראו בשוב ה' ציון" בגאולה האמיתית והשלמה במהרה בימינו אמן.

המלך אמרו, ויברא אלהים את האדם בצלם ודמות. וכל זה אמנם קרה להיותם חושבים שפני האדם הוא צורתו, וכאלו הם עשו הקש כזה, הבורא ית׳ ברא האדם כצורתנו, וכל צורה גשם, הנה לבורא ית׳ גשם. וכל זה קרה מסכלותם בענין הצורה, ושהיא עצם פשוט בלתי גשמי, והוא לנמצאות נקי מן החומר בכלל, וכבר יגיה אורו על גשם ויהיה בו בעל צורה, לא צורה. ובזה יאמר משוררנו המתפלסף, מקונן לאביו: בעת בא במגורה, מסעף פורה, ולקח הצורה, ועזב הדמיון. ומאמר האל נעשה האדם בצלמנו כדמותנו, הנה ענינו, שיזרח עליו מבין כל מה שתחת השמים צורה שכלית, מדברת, מלאכיית, יהיה דומה בה למלאכים. ואינו מחוייב שמה שידמה לדבר יהיה בהכרח כמוהו מכל צד, אבל יהיה לו ממנו דמיון, אם חזק ואם חלוש. ובין האדם והמלאכים דמיון חלוש, אבל יראה שיהיה הענין כמו שזכרו קצת החכמים באמרם, שידמה שיהיה יחס שכלנו אל שכלי השמים, השמש והכוכבים, יחס גשמנו בגדלם אל גשמיהם, וזכות חמרנו אל זכות חמריהם. והאדם בעל ארבע אמות והשמש כמו הארץ מאה וששים וששה פעמים ויותר. אך האדם איך שיהיה, הוא מכל מה שתחת השמים משכיל עצמותו, והאל ית׳ וית׳ והמלאכים, והשכל הפועל, ולזה יש לו צורה דבריית. אבל אומר שמלת צלם ומלת דמות הם נרדפים, ומעולם לא נרצה בהם בלשון העברי, אלא חקוי דבר מה, כאמרו ועשיתם צלמי טחוריכם [שמואל א׳ ו ה]: ואת כל צלמי מסכותם. ואם היה הדבר אשר נתחקקה בו דבר אחר גשם, הנה ענין גשמיותו הוא ענין אחר זולת היות לו צלם, ר״ל חקוי. וכבר יפול צלם על בלתי גשם רצוני על הדמיון, והמשורר יאמר: ליל אשר לא יראה מתמונות צלמך הנראה בחלומות. ואין במלת צלם מה שיורה על גשם אלא על חקוי, ונתחקו המלאכים באדם להיות מדבר. וכן המציאות בכללו נתחקה בו, וכאלו הוא קצור המציאות כלו, ומקובציו ככדור בעל הכסא לגלגל העליון וגלגל המזלות וגלגל הארץ, ומי שיצא מזה הדרך אל ההגשמה, הוא סכלות ממנו. וכן יקרה להם בדברים רבים, כמו האמינם שיש מים למעלה מן השמים, למה שאמר הכתוב: והמים אשר מעל לשמים [תהלים קמח ד], והענין הוא כן: כי האדם כאשר הבחין השמים והיסודות מצד מעלה, מצא למטה מאלה, הגשמים והארץ, ולמעלה ממנה המים, ולמעלה מן המים האויר, ולמעלה ממנו האש, ולמעלה מהם התשעה הגלגלים. וכאשר יבחין זה מצד מטה, ימצא היותר עליונה שבהם הארץ ותחתיה המים, ותחתיה האויר, ותחתיו האש ותחתיהם הגלגלים התשעה. ובזה יהיו המים למעלה מן השמים, ויהיה הירח למעלה משבתאי, ולמעלה מגלגל המזלות, ואמר האל ית׳: ויעש אלהים הרקיע ויבדל בין המים אשר מתחת לרקיע ובין המים אשר מעל לרקיע, וענינו שהשמים הם אשר הגבילו הצדדים, ועשו צד המעלה וצד המטה, ולכן היו קצת המים למעלה מן השמים וקצתם תחת השמים כמו שאמרנו. אמנם אמרו ית׳: יהי רקיע בתוך המים יהיה ענינו, יהי רקיע בתוכו המים, ושם הכתוב הגשם המקיף מוקף, כמו ששם במקום אחר הגשם הנוגע נגוע, באמרו: והבשר אשר יגע בכל טמא לא יאכל [ויקרא ד יט], ואין מדרך הבשר שיהיה הוא הולך על הטמא, אבל הטמא ילך אליו, ופירושו והבשר אשר יגע בו כל טמא. אבל ההמון יאמנו, שלא יהיו כתובי התורה מלאים הזיות, לא יאמין האדם בהם, אם לא בעוד היותו בער וכסיל, וכאשר ישתבש בו השכל היה מכחיש מה שטענוהו ההמון, ויעתק מן הסכלות אל האפיקורסים, מבלתי שילך בדרך ההבחנה והתבוננות. הנה כבר התבאר מה שאמרנוהו במציאות אלה העצמים הנכבדים הנקיים מן החומר, ושהם שופטים בעולם במצות האל ית׳ עליהם, וגם במציאות נפשות בני אדם, אשר ישימו מגמתם והשתדלותם להפסיק ההחלות בחומר או לחסור רובו, ושהתאחדות בני אדם עם אלה העצמים הנכבדים בטוב הסכמה והמעשה הוא בהגדול אותן הנפשות, ושאבדן גשמיהם הוא הצלחה להם. ואם השגיחו עם זה לתקן דבר מעניני

גלא עמיקתא

ונביא תמצית דבריו הקדושים של האור החיים שם: **ולא יקשה בעיניך** שאנו מחלקים דברי הכתוב חלק בימי משה וחלק בימי המשיח, כי הלא ידעת דברי הזוהר הקדוש (ח״ב קכ.) כי משה **הוא הגואל אשר גאל את אבותינו הוא יגאל אותנו** וישיב בנים לגבולם דכתיב (קהלת א׳) **מה שהיה הוא שיהיה** ר״ת משה. **ולא יקשה בעיניך** דבר זה

האנשים או קהל או יחיד, הנה טובתם איננו מכוונת לעצמם אבל להשפיע על זולתם, ובזה יאמר הכתוב: אם תוציא יקר מזולל [ירמיה טו יט], ואמר: מוכיח אדם אחרי חן ימצא ממחליק לשון [משלי כח כג], ירצה באומרו אחרי, סוג לב הפכפך, ואמר: ומצדיקי הרבים ככוכבים לעולם ועד [דניאל יב ג]. ואמר בפירוש היותו בכלל אלה העצמים הנכבדים, באמרו: כי שפתי כהן ישמרו דעת ותורה יבקשו מפיהו כי מלאך ה' צבאות הוא [מלאכי ב ג]. אמנם אותם אשר נפשם גוזרת ומכרחת לנמצאות העולם, הנה הוא אף על פי שתפעל כל מה שתפעל ברצון האל ית' ומצותו, הנה יש צווי יותר עליון מצווי, וכמו שאפשר למלאך שיחליט המאמר בזה העולם, ויאמר: הנה נשאתי פניך גם לדבר הזה לבלתי הפכי את העיר, כן יאמר הנביא הנכבד: חי ה' אלהי ישראל אשר עמדתי לפניו, אם יהיה השנים טל ומטר כי אם לפי דברי, ויאמר: ואם איש אלהים אני תרד אש מן השמים [מלכים ב' א י] וכדומה לזה. ובכמו אלה יאמר הכתוב: ותחסרהו מעט מאלהים [תהלי' ח ו], ויסכים הכתוב עם הפילוסופיא בזה. וכבר מצאנו ארסטו שיאמר בזה הלשון: הנה אנחנו באופן מה השכל הפועל. ואיננו זר שהנפשות אשר הם בקצה העליון מהחשיבות ישנו הנמצאות, כי כבר נמצא שגם נפשות אשר הם בקצה השפל מן הפחיתות ישנו אותם, ויהיה נמשך מהתכונה אשר בנפשם כח יבוא אל הגשמים וישנה אותם, כמו שנמצא בעל העין הרע שיעשה זה. והאיש החשוב אשר הגיע אל גבול אשר יהיה בו גוזר על הנמצאות, ויכול לשנות עצמותם שנוי אמתי עצמותי לא במה שידמה אל אשר יראהו, הוא כאלו הוא מלאך. כי ההפרש בין הכשוף והפלאים, שהכשוף דמיון, והפלאים ענין קיים. ולזה כאשר חשבו מכשפי מצרים לחקות פלאי הנביא, נעזר בהראות ענין קיים, וזה במאמר הכתוב: וישליכו איש מטהו ויהיו לתנינים ויבלע מטה אהרן את מטותם [שמות ד יב]. ולפי שנעדרו מטותם העדר נצחי, הורה להם זה שפעולתו איננו בדמיון, אבל שנה הצורה בכל פעם שינוי אמתי. ואשר הוא בזה האופן, הנה היות האדם סר למשמעתו, היא אמונה טובה, והמרות בו היא כפירה, לפי שהוא ממלא מקום האל בארץ, וחסד ממנו ית' בנבראים, אחר שחושי כלם ושכלי רובם לא ישיגוהו, והקים להם מהם עצמם מי שעזרו להישירם ולהנהיגם. ולא יתישר שום דבר למי שיחלוק עליו, אבל ילחמו עליו השמים והארץ, ויחוייב לבל מלך שיהיה נעתר אליו, ונכנע מפניו, וסר אל משמעתו, כי בזה יסודר ענינו, ותנשא מלכותו

גלא עמיקתא

באומרך הלא מלך המשיח משבט יהודה מזרעו של דוד המלך ע"ה וי"א (סנהדרין צח:) [כז]דוד עצמו מלך המשיח דכתיב (יחזקאל ל"ז) ועבדי דוד מלך עליהם כמשמעו ואם כן היאך אנו אומרים שהוא משה הבא משבט לוי. יש לך לדעת כי בחינת נשמת משה ע"ה היא כלולה מי"ב שבטי ישראל כי כל הס' ריבוא היו ענפיה ע"ה וענף שבטו של דוד במשה הוא. ולזה תמצאנו בארץ מדבר שהיה מלך וכהן ולוי ונביא וחכם וגבור שהיה כולל כל הענפים שבקדושה ולעתיד לבא תתגלה בעולם שורש המלכות שבמשה שהוא עצמו מלך המשיח והוא דוד והוא ינון ושילה. עבד"ק.

[כז] תלמוד בבלי מסכת סנהדרין דף צח עמוד ב: אמר רב גידל אמר רב: עתידין ישראל דאכלי שני משיח. אמר רב יוסף: פשיטא! ואלא מאן אכיל להו? חילק ובילק אכלי להו? - לאפוקי מדרבי הילל דאמר: אין משיח לישראל, שכבר אכלוהו בימי חזקיה. אמר רב: לא אברי עלמא אלא לדוד. ושמואל אמר: למשה. ורבי יוחנן אמר: למשיח. מה שמו? דבי רבי שילא אמרי: שילה שמו, שנאמר עד כי יבא שילה. דבי רבי ינאי אמרי: ינון שמו, שנאמר יהי שמו לעולם לפני שמש ינון שמו. דבי רבי חנינה אמר: חנינה שמו, שנאמר אשר לא אתן לכם חנינה. ויש אומרים מנחם בן חזקיה שמו, שנאמר כי רחק ממני מנחם משיב נפשי. ורבנן אמרי: חיוורא דבי רבי שמו שנאמר אכן חליינו הוא נשא ומכאבינו סבלם ואנחנו חשבנהו נגוע מכה אלהים ומענה. אמר רב נחמן: אי מן חייא הוא - כגון אנא, שנאמר והיה אדירו ממנו ומשלו מקרבו יצא. אמר רב: אי מן חייא הוא - כגון רבינו הקדוש, אי מן מתיא הוא - כגון דניאל איש חמודות. אמר רב יהודה אמר רב:

עתיד הקדוש ברוך הוא להעמיד להם דוד אחר, שנאמר ועבדו את ה׳ אלהיהם ואת דוד מלכם אשר אקים להם, הקים לא נאמר, אלא אקים. אמר ליה רב פפא לאביי: והכתיב ודוד עבדי נשיא להם לעולם! - כגון קיסר ופלגי קיסר.

אופן נו

בזוהר חדש איתא בזמן שהיה בית המקדש קיים היה דודי ירד לגנו ללקוט שושנים נותן טעם, אבל אחר החורבן מלקטין שושנים בכל יום. ועל זה יהיה פירוש הפסוק יקר בעיני ה' המותה לחסידיו לרמוז על אינון זעירין שושנים שמתים אלף בכל יום ומתי יהיה זה מאוהל מועד דזמין לאתחרב.

זה שאמר אדם כי יקריב מכם קאי על למעלה כשנחרב הבית אמר הקב"ה למיכאל לא תקריב לי שור שה עז רק נשמות הצדיקים כי נשבע שלא לכנוס בירושלים של מעלה ושיעור הכתוב כשיחרב הבית אזי אדם כי יקריב אבל קודם החורבן מן הבקר ומן הבהמה.

אופן נו

[א]בזוהר חדש איתא בזמן שהיה בית המקדש קיים היה (שיר השירים ו',ב') דודי ירד לגנו ללקוט שושנים נ"ט אבל

גלא עמיקתא

ובכללות דבריו מביא שלושה פסוקים, ונבאר בס"ד כל אחד ואחד מהם: א'. והנה מביא משיר השירים הפסוק הראשון (ו',ב'): "[ב]דודי ירד לגנו לערוגת הבשם לרעות בגנים וללקט

[א] **זוהר חדש ויקרא פרשת אחרי מות דף עט עמוד א:** ובההוא שעתא קב"ה ירד אל גנו דאיהו ג"ע עילאה דאית ליה לקב"ה ובההיא שעתא אתער תרנגולא דלעילא ואמר קומו כל אינון דשינתא בחוריהון הא שעתא איהי לאתחברא איילתא בבעלה. זכאה איהו כל ב"נ דיקום בפלגות ליליא לאתעסקא באורייתא. דקב"ה וכל צדיקייא אציתו לקליה הה"ד היושבת בגנים חברים מקשיבים לקולך השמיעיני [שם ח]. ובהאי שעתא מאן דאתעסק באורייתא איתרק עליה חד חוטא דחסד. ובהאי שעתא קב"ה ירד לגנו למי ירד לערוגות הבושם ומאן אינון ערוגות הבושם הה"ד בשמים ראש ומאן אינון צדיקים. לרעות בגנים בגן עדן דלעילא וגן עדן דלתתא דאיקרי העולם הזה והעולם הבא. ללקוט שושנים מאן אינון שושנים אלין צדיקייא דאתעסקו באורייתא ואינון דמרחשן אורייתא בשפוותייהו הה"ד שושנים אל תקרי שושנים אלא ששונים שאפי' בקבר רוחשות תורה. א"ל וכי לאינון דאתעסקי באורייתא קטיל לון קודם זמנם ואינון צדיקים דלא חבו. ת"ח ירבעם בשעתא דהוה ינוקא הוה זכאי ולא הוה ליה חובה אמר הקדוש ברוך הוא למלאך המות זיל ואייתי לירבעם בן נבט בההוא שעתא אמרו מלאכי השרת ה' אדונינו מה אדיר שמך בכל הארץ. מה דשמך איהו אדיר ביה והוא צדיק [אנח ליה] ועל זכותא דיליה ייתי שפע לנא. אמר להון קב"ה אי רעוא דילכון דאשבוק ליה אנא שביק ליה. ובתר כן נפק לתרבות רעה ועביד תרי עגלי דדהבא וחטא והחטיא את ישראל. אמר להון קב"ה הרי כל שפע דהוה יהיב לכון אתהפך לכון בזוהמא [לא] הוה טב לכון דתייתי ליה הכא בשעתא דהוה זכאי והוה אוליף ליה מטטרו"ן אורייתא בשעתא ההיא פתחו כלהו ואמרו צדיק אתה ה' וישר משפטיך [תלים קיט] וע"ד קב"ה ירד לגנו ללקוט שושנים. [ב] **ילקוט שמעוני תורה פרשת בראשית רמז כז:** כי יודע אלהים [ג, ה] כי יודעים אלהים אין כתיב כאן התחיל אומר דלטוריא על בוראו א"ל מאילן זה אכל וברא את העולם והוא אמר לכם לא תאכלו ממנו [ג, ג] שלא תבראו עולמות אחרות דכל אנש סני בר אומנותיה, כל מה שנברא אחר חברו שליט בחברו שמים בראשון ורקיע בשני אינו סובלן. רקיע בשני דשאים בשלישי אינן מספקין את מימיו. דשאים בשלישי מאורות ברביעי וכו' עופות בחמישי. זיז שדי עוף טהור הוא בשעה שהוא פורח מכהה גלגל חמה ואתם נבראתם אחר הכל לשלוט בכל קדמו ואכלו עד שלא יברא עולמות אחרות וישלטו בכם הה"ד ותרא האשה כי טוב [ג, ו] ראתה דבריו של נחש. כי טוב העץ למאכל ג' דברים נאמרו בעץ הדעת טוב למאכל ויפה לעינים ומוסיף חכמה. נחמד העץ להשכיל כד"א משכיל לאיתן האזרחי. ותקח מפריו ותאכל סחטה ענבים ונתנה לו א"ל מה אתה סבור שאני מתה וחוה אחרת נבראת לך אין כל חדש וגו' מה אתה סבור שאני מתה ואתה יושב אטליס לא תהו בראה וגו' התחילה מיללת עליו בקולה. גם ריבוי. האכילה את הבהמה חיה ועוף הכל שמעו לה חוץ מעוף א' ושמו חול הה"ד וכחול וגו' אלף שנים הוא חי ולבסוף אש יוצאה מתוך קנו ושורפתו ומשתייר בו כביצה והוא חוזר ומגדל אברים וחי רבי יודן אומר בסוף אלף שנים גופו כלה וכנפיו מתמרטים ומשתייר בו כביצה והוא חוזר ומגדל אברים ותפקחנה עיני שניהם [ג, ז] וכי סומין היו לעירוני שהיה עובר לפני חנותו של זגג והיתה לפניו קופה מלאה כוסות ודייטרוטין והפשיל מקלו ושברן עמד ותפסו א"ל ידע אנא דלית אנא מהני מינך כלום אלא בוא וראה כמה טובות איבדת. כך הראה להם כמה דורות אבדו. כי עירומים הם אפילו מצוה אחת שהיתה בידם נתערטלו ממנה. ויתפרו עלה תאנה עלה שהביא תואנה לעולם. אמר ר' יצחק קלקלת עובדך סב חוט וחייט. ויעשו להם חגורות [ג, ז] חגורה אין כתיב כאן אלא חגורות איסטכיון גליון סדינין ולאשה צלצלין דקיסלון

סבכיון. עשר ירידות ירד הקדוש ברוך הוא על הארץ אחת בגן עדן ואחת בדור הפלגה ואחת בסדום ואחת בסנה ואחת במצרים ואחת בסיני ואחת בנקרת הצור ושתים באהל מועד ואחת לעתיד לבא, אחת בגן עדן דכתיב וישמעו את קול ה' אלהים מתהלך בגן [ג, ח] וכתיב דודי ירד לגנו ישב לו בדין א"ל מפני מה ברחת מלפני א"ל כי ערום אנכי [ג, י] ממעשים מפועל ומצווי, מה היה לבושו של אדם הראשון עור צפורן וענן כבוד מכסה עליו וכיון שאכל הפרי נפשט עור צפורן ונסתלקה ענן כבוד מעליו וראה את עצמו ערום הביא שלשתן ונתן עליהם גזר דין מתשע קללות ומות והפיל את סמאל ואת כת שלו ממקום קדושתו מן השמים וקצץ רגליו של הנחש ופקד עליו להיות מפשיט את עורו ומצטער אחת לשבע שנים בעצבון גדול, וארור שיהא שואף במעיו על הארץ ומזונו נהפך במעיו לעפר ומרורת פתנים בפיו ונתן שנאה בין בניו ובין בני אשה שיהו רוצצים את ראשו ואחר כל קללה מות, ונתן לאשה תשע קללות ומות עינוי דם נדתה ועינוי דם בתולים עינוי הריון הבטן עינוי לידה עינוי גידול בנים ומכסה את ראשה כאבל ומגדלת שער כלילית ואינה מגלה ראשה כי אם בלילות ורצע את אזנה כעבד עולם וכשפחה משרתת את בעלה ואינה נאמנת בעדות ואחר כל אלה מות, והוציא דמים לאדם בתשע קללות ומות קצר כחו קצר קומתו טומאת הזב טומאת קרי טומאת תשמיש המטה זורע חטים וקוצים קוצר ומאכלו בעשב הארץ כבהמה לחמו בדאגה ומזונותיו בזיע ואחר כל אלה מות, אם אדם חטא הארץ מה חטאה שלא הגידה את המעשה ובשעה שאדם חוטא היא מנכה פירותיה שנא' ארורה האדמה בעבורך [ג, י"ז] וישמעו את קול ה' אלהים מתהלך בגן [ג, ח] שמענו שיש הלוך לקול הלוך לאש לא שמענו והיכן שמענו להלן ותהלך אש ארצה, מהלך אין כתיב כאן אלא מתהלך מקפץ ועולה, עיקר שכינה בתחתונים היתה כיון שחטא אדם הראשון נסתלקה לרקיע ראשון עמד קין וחטא נסתלקה לרקיע שני עמד דור אנוש נסתלקה לרקיע ג' דור המבול נסתלקה לרקיע ד' דור הפלגה נסתלקה לרקיע ה' סדומיים נסתלקה לרקיע ו' מצרים נסתלקה לרקיע ז' ועמדו ז' צדיקים והורידו אותה לארץ אברהם יצחק ויעקב לוי קהת עמרם ומשה דכתיב צדיקים יירשו ארץ וגו' ורשעים מה עושים פורחין באויר אלא צדיקים ישכינו שכינה בארץ, וישמעו קולן של אילנות אומרים הא גנבא דגנב דעתיה דברייה שמע קולן של מלאכי השרת אומרים מתהלך מת הלך לו אותו שבגן א"ל הקדוש ברוך הוא לרוח היום הרויחו לו את היום כך אמרתי לו כי ביום אכלך ממנו מות תמות אי אתם יודעים אם יום אחד משלי או יום אחד משלכם הריני נותן לו יום אחד משלי שהוא אלף שנים והוא חי תתק"ל שנה ומניח ע' לבנים הה"ד ימי שנותינו בהם שבעים שנה, לרוח היום לרוח מזרחית דגן, לרוח שהוא עולה עם היום, זבדי בן לוי אמר לרוח מערבית דגן לרוח שהיא שוקעת עם היום על דעתיה דרב הקשה עליו כל שהיום עולה הוא מרתיח על דעתיה דזבדי ריתח עליו כל שהיום שוקע הוא צונן, ויתחבא האדם [ג, ח] גרע קומתו ונעשה מאה אמה, בתוך עץ הגן [ג, ח] רמז לתולדותיו שיהו נתונין בארונות של עץ, אל יכנס אדם פתאום לבית חברו וילמדו כל אדם דרך ארץ מן המקום שעמד על פתח הגן וקרא לו לאדם שנא' ויקרא ה' אלהים אל האדם ויאמר לו איכה [ג, ט], רבי יוחנן כד הוה סליק למשאל בשלמיה דרבי חנינא הוה מבבעע על שם ונשמע קולו, אמר רבי שמעון ד' דברים הקדוש ברוך הוא שונאן ואני אין אני אוהבן האוחז באמתו ומשתין והמשמש מטתו ערום והאומר דברים שבינו ובין אשתו בפרהסיא והנכנס לביתו פתאום וכל שכן לביתו של חבירו, רבי אבהו בשם רבי יוסי ברבי חנינא והמה כאדם עברו ברית אמר הקדוש ברוך הוא אדם הראשון הכנסתיו לגן עדן וצויתיו ועבר על צוויי ודנתיו בגרושין ובשלוחין וקוננתי עליו איכה, הכנסתיו לגן עדן ויקח ה' אלהים את האדם וגו' [ב, ט"ו] וצויתיו שנא' ויצו ה' אלהים על האדם [ב, ט"ז] ועבר על צוויי המן העץ אשר צויתיך [ג, י"א], ודנתיו בשלוחין וישלחהו ה' אלהים [ג, כ"ג], ודנתיו בגרושין ויגרש את האדם [ג, כ"ד], וקוננתי עליו איכה ויאמר לו איכה [ג, ט] איכה כתיב, אף בניו הכנסתים לארץ ישראל דכתיב ואביא אתכם אל ארץ הכרמל וצויתים צו את בני ישראל ועברו על צוויי וכל ישראל עברו תורתך ודנתי אותם בגרושין

אחר החורבן מלקטין שושנים בכל יום. וע"ז יהיה פירוש הפסוק יקר (תהלים קט"ז,ט"ו) בעיני ה' המותה לחסידיו

מביתי אגרשם ודנתי אותם בשלוחים שלח מעל פני ויצאו וקוננתי עליהם איכה ישבה בדד. [ג] **זוהר פרשת ויקרא דף ד עמוד ב:** תא חזי בההוא יומא דאשתכלל בי משכנא קודשא בריך הוא אקדים ושארי ביה מיד ויקרא אל משה וידבר יי' אליו מאהל מועד לאמר, וידבר יי' אליו ואודע ליה דזמינין ישראל למיחב קמיה ולאתמשכנא האי אהל מועד בחובייהו ולא יתקיים בידייהו (ס"א בהדייהו) הדא הוא דכתיב וידבר יי' אליו מאהל מועד לאמר, מאי א"ל, מאהל מועד מעסקי אהל מועד דזמין לאתמשכנא בחובייהו דישראל ולא יתקיים בקיומיה אבל אסוותא להאי אדם כי יקריב מכם קרבן ליי' הרי לך קרבנין דאגין על כלא. [ד] **שער הכונות - דרושי הפסח - דרוש יב:** ענין הגילוח במ"ט ימים אלו לא היה מוז"ל מגלח ראשו אלא בערב פסח ובערב חג השבועות ולא היה מגלח לא ביום ר"ח אייר ולא ביום ל"ג לעומר בשום אופן ענין ל"ג לעומר שאסו' בהספד ותענית ובנפילת אפים דע כי הנה מ"ט ימי העומר הם ימי הדין כנ"ל שהם סוד הש"ך דינים המתמתקים בימים האלו בענין העומר והטעם הוא לפי שעדיין ז"א הוא כל מ"ט ימים אלו בבחי' קטנות עד חג השבועות. ובזה יתבאר טעם ענין מיתת כ"ד אלף תלמידי ר"ע בימים האלו והטעם למה פסקו למות בל"ג לעומר דע כי ר"ע ע"ה שורש נשמתו היתה מן הה' גבו' בהיות' בשרשם למעלה בדעת דז"א ולא בבחי' התפשטותם למטה לגופא והנה הוא בסוד הדעת בין בסוד הגדלו' בין בזמן הקטנות כמש"ל בענין מרע"ה שנאמר בו וינס משה מפניו וע"ש בענין קריעת י"ס. והנה נודע כי הדעת דקטנות גם הוא כלול מחסד וגבורה וב' עטרין אלו הם שם אלהים דמילוי אלפין אלא שהאלהים דחסד האלף דמילוי ההא שבו הוא בציור יו"י ושל הגבו' בציור יו"ד כנ"ל בדרו' א' בענין ב' כוסות דליל פסח הג' והד' וע"ש ולכן נקרא עקיבא כי ג' אותיות עקב הם בגי' ב' שמות אלהים דחסד וגבורה וב' אותיות י"א מן עקיבא הוא בחי' שני ציורי האלפין כנז' כי של החסד הם ציור יו"י שהוא צורה אות א' ושל הגבורה הוא בציור יו"ד דעקיבא במילואה ונמצא כי ב' אותיות י"א של עקיבא הם ב' ציורי אלפין של ב' אלהים הרמוזים בג' אותיות עק"ב מן עקיבא והנה רבי עקיבא הוא היה אב ורבי לכל הנשמות הנמשכות מאלו הגבו' המתפשטים בגופא דז"א לפי שהו' כללות הדעת העליון למע' בשרשו ובמקומו. אבל תלמידיו הם בחי' הגבו' המתפשטו' ממנו ומתפשטים בגופא דז"א ולפי שהקטנות קודם אל זמן הגדלות לכן הקדימו בתחי' אותם הכ"ד אלף תלמידים שהיו לו בבחרותו מגבת ועד אנטיפרס כמש"ר רז"ל וטעם היות מספרם כ"ד אלף לפי שהדעת של הקטנות הוא שם אלהים כנז' והוא מצטרף לק"ך צירופים כנודע כי כל תיבה בת ה' אותיו' בונה ק"ך בתים ונמצא כי יש בהם כ"ד צירופים מתחיל באות אלף וכ"ד מתחי' באות למד כו' ואלו הכ"ד אלף תלמידים כולם היו מבחי' כ"ד צירופים הא' של אלהים הא' שבעטרא דגבו' המתפשט בגופא דז"א וכול' מתחי' באות אלף כי אלף ואלף הכל א'. גם זולת זה נודע כי שם אלהים במילוי ההין בריבועו עולה בגימט' אלף והרי ב' טעמים למה היה מספרם כ"ד אלף ולסיבת היותם ממוחין דקטנות לכן היו מבחינת הדינין הקשין והיו קנטרנין ושונאין זה את זה כמשז"ל שלא היו נוהגין כבוד זל"ז וכאשר באו ימי העומר שבין פסח לעצרת שאז הוא זמן קטנות ז"א והם ימי הדין כנ"ל ואז הוא זמן יניקת החיצונים לכן פגעה בהם אז מדה"ד של הקט' על שלא נהגו כבוד זל"ז ומתו בימים ההם בהיותם קטנים ולא הגיעו להגדיל ולהאריך ימים לסיבה הנז' ובבוא יום ל"ג לעומר אז נתגלה קטנות ב' של אימ' שהוא שם אכדט"ם אשר באי' והנה הוא חילוף שם אלהים אשר הוא בחי' רחמים בסוד אלהים חיים כנ"ל בדרוש הא' של פסח. והנה ה' אותיו' אכדט"ם הם סוד ה' גבו' דגדלות וע"ז אמר הכתוב בטחו בה' עדי עד כי הוא באימ' עילאה

לרמוז על אינון זעירין שושנים שמתים אלף בכל יום ומתי יהיה זה מאוהל מועד [ג]דזמין לאתחרב. ז"ש (ויקרא א',ב')

גלא עמיקתא

שושנים" גימ' (3075) א"ם (41) פעמים בטחו"ן (75) והוא מכוונות ספירת העומר לאר"י הקדוש [עיין [ד]שער הכונות דרושי הפסח דרוש י"ב באריכות] אותיות קודמות לשם אלהי"ם הם

אדם כי יקריב מכם קאי על למעלה כשנחרב הבית [ה]אמר הקב"ה למיכאל לא תקריב לי

והוא רחמים ולכן בו תלוי הבטחון וכבר נת"ל כי נדרש בס"ה בפר' וארא על בינה עילאה שהוא שם אכדט"ם והוא רחמים. והנה כבר נת"ל בדרוש הא' של פסח בענין ד' כוסות כי שם אכדט"ם נתחלק לב' בחי' ג' אותיות אמצעיות והם כד"ט הם בגי' ג"ל והם מתחלפים בג' אותיות להו"י דאלהים וב' אותיו' א"ם אינם מתחלפות ונמצא כי נחלק לב' תיבות א"ם ג"ל כי אותיות ג"ל כיון שהם מתחלפות נעשים רחמים כי אותיות להו"י שהם דין דאלהים נתחלפו ונעשו רחמים משא"כ בב' אותיות א"ם וז"ס מ"ש יעקב אע"ה ע"ד הג"ל הזה רמז אל השם הנז' שהוא בגי' ע"ד. ואמנם האותיות המתחלפות בו הם בגימ' גל והנה בהגלות נגלות השם הנז' ביום ל"ג לעומר שהוא סוד אותיות המתחלפות שהוא יותר רחמים כנז' אז פסקו מלמות: והנה אחר זמן הקטנות בא זמן הגדלות ואז מתבטלים דיני הקטנות ומתקיימים בחי' הגדלות ולכן סמך אח"כ ר"ע את חמשה תלמידיו הגדולים מבחינת ה' גבו' דגדלות שהם כנגד חמשה אותיות אכדט"ם שהם רחמים ואלו נתקיימו בעולם והרביצו תורה ברבים והם ר' מאיר ור' יהודא ור' אלעזר בן שמוע ור"ש ור' נחמיה. ואמנם ר' עקיבא איננו כל בחי' ה' גבור' שבדעת רק בחי' גבורה הנקרא הוד האחרו' שבהם כמבואר אצלנו במקומו אבל תלמידיו הם הה' גבו' המתפשטות בגופא ולהיות כי הוא בחי' עליונה גבורת ההוד שבדעת עצמו היה רבי לכולם אעפ"י שהם כוללים כל הה' גבורות לפי שהם התחתונים המתפשטות בגוף. וכבר ביארנו כי ר"ע הוא גבורת ההוד שבדעת דקטנות וגם דגדלות. ודע כי אעפ"י שביארנו שה' החכמים האלו ר"מ וחבריו הם ה' גבו' האלו המתפשטות הנה זה הוא השורש של נשמתם בעת לידתם ואחר שגדלו במעשיהם עלו והגדילו יותר כל א' כפי מציאותו ובחינתו.

[ה] **ספר סודי רזיא חלק א אות ס:** מיכא"ל וגבריא"ל מוכנים לשליחות הקדוש ברוך הוא על כן הם לפני הכבוד, ומיכא"ל בישר לשרה וגבריא"ל היפך סדום, וזה שאמרו (חולין ז, ב) כשפים מכחישים פמליא של מעלה, דוקא אותם הנשלחים למטה. לכך באבכיר יוחנא וממרא ב' אחים היו והיו בעלי כשפים ועשו להן כנפים ופרחו באויר, והיו מיכא"ל וגבריא"ל רואין אותן ולא יכלו להם, מיד צעקו ואמרו רבש"ע הללו ששיעבדו בניך וכביכול עליך, שנאמר (שמות טו, ז) וברוב גאונך תהרס קמיך, ועכשיו אי אתה עושה להן דין, מיד אמר הקדוש ברוך הוא לשר הפנים רד ועשה מהן נקמה ירד וטבען שנאמר נשפת ברוחך כסמו ים, לכך אמר משה ילך נא אדנ"י בקרבנו, לכך אמרו ישראל (שם, יא) מי כמוכה באלים ה' מי כמוכה נאדר בקודש, ולא הוזכר כאן השם נורא תהלות עושה פלא לעושה גדולות לבדו. מיכאל הכהן הגדול עד שלא חרב הבית היה מקריב כדמות קרבן ישראל לרצון הקדוש ברוך הוא, לאחר חורבן הבית אמר לו הקדוש ברוך הוא לא תקריב לי דמות שור וכשב ועז כי לא אכנס במקדש של מעלה עד שאבנה הבית לשמי, דכתיב (הושע יא, ט) בקרבך קדוש ולא אבוא בעיר, וכתיב (מ"א ח, יג) בנה בניתי בית זבול לך מכון לשבתך עולמים, מכון לשבתך זה ירושלים הבנויה כעיר שחוברה לה יחדיו, ומה שבזבול ז' מזבחות כנגד ז' מזבחות עד משה רבינו. ואמרנו סמך זהו מיכאל שמקריב על המזבח, ועד סמ"ך אמה יכול להרחיב המזבח כדאמר בזבחים (סב, א) כבית והבית היה כמנין סמ"ך אמה, ששים, ארבעים, ועשרים, והבית ששים אמה ארכו (מלכים א ו, ב - ג), וכשתקח כ' אמה לדביר ישארו מ' אמה להיכל, והאולם ק"כ אמה כמנין סמ"ך, יבוא סמ"ך על סמ"ך. בן אדם כתוב לך את עצם היום הזה סמ"ך מלך בבל על ירושלים (יחזקאל כד, ב) לכך אין סמך במעשה בראשית עד הסובב (בראשית ב, יא), רמז לנבוכדנצר שיעשה צלם ס' אמות ארכו, ומלכות בבל סוב"ב שנה. ועוד המזבח ס' אמות יכול לעשותו שהרי כתיב (במדבר ז, פח) כבשים בני שנה ששים זאת חנוכת המזבח, הרי ששים אצל המזבח ללמד מזבח כבית, המזבח של מטה כנגד המזבח של זבול ומיום שנהרס המזבח למטה, אמר הקדוש ברוך הוא אינני מבקש לא דמות שור ולא שה להקריב במזבח מעלה כי אם נפשות צדיקים ותינוקות שלא חטאו, והם עולים לריח ניחוח בכל יום מיד עם התפלה בלא איחור, זהו שאנו אומרים ברצה, ואישי ישראל ותפלתם מהרה באהבה תקבל ברצון, ואותו המזבח ירד למטה בבנין המקדש שיבנה במהרה בימינו אמן כן יהי רצון. סמ"ך בגמטריא זהו"א מיכא"ל, לומר שהוא סומך את ישראל כי הוא שר שלהם

וסומכם בדבריו, כדכתיב בדניאל שאמר לו לבוש הבדים (דניאל י, כא) ואין אחד מתחזק עמי על אלה כי אם מיכא״ל שרכם, לפי שהוא בצרה עם ישראל, כמו שאמרו רז״ל באיכה זוטא (סי׳ כ״א) השיב אחור ימינו, כפת הקדוש ברוך הוא יד ימינו של מיכאל השר הגדול, ימינו בגימט׳ יד מיכאל לפי שניטל לו חוזק שלו בכפיפת ידו. ולכך נעלם בזה הפסוק חז״ק ובעת ההוא יעמוד מיכא״ל השר הגדול העומד על בני עמך, והיתה צרה אשר כמוה לא נהיתה מהיות גוי עד העת ההוא, ובעת ההוא ימלט עמך כל הנמצא כתוב בספר (דניאל יב, א), הרי ד׳ עת בפסוק כנגד ד׳ גליות, ג׳ בעת ההיא כנגד ג׳ פעמים שגלו ישראל מארצם, סנחריב נבוכדנצר טיטוס, ב׳ פעמים עמך כנגד ב׳ יהודה וישראל, ובזה הפסוק כל הא״ב חוץ מן חז״ק לפי שחוזקו של מיכאל לוקח ממנו בגלות ישראל מארצם עד עת קץ שיחיש מהרה. והנה בעת אשר היו בני עמינו שרים והיה השם עמהם היה גדלו ותפארתו רב, שהרי כתיב (שמות כג, כ) הנה אנכי שולח מלאך לפניך לשמרך בדרך זה מיכאל, לפי שמיכאל בישר את שרה לאמור כעת הזאת את חובקת בן, וכתיב (בראשית יח, ח) ויקח חמאה וחלב ובן הבקר אשר עשה ויתן לפניהם, ולפי שבישר את שרה שתלד את יצחק שהיה ראש לנימולים לכן הוא שר של ישראל, וכשעלה משה למרום ואמרו להקב״ה מה אנוש כי תזכרנו תנה הודך על השמים (תהלים ח, ב) אמר משה למיכאל אחד מן השרים הראשונים נתנו לו לב ובשר ואכל, ואיך תאמרו תנה הודך על השמים, לכך סמך (שמות כג, יט - כ) לא תבשל גדי בחלב אמו, הנה אנכי שולח מלאך לפניך, וכתיב (שם, כג) ואיבתי את אויבך כי ילך מלאכי לפניך והביאך, מלאכי אותיות מיכאל, ולפי שאברהם נתן לפניו לאכול סמך לו וברך את לחמך ואת מימיך (שם, כה) כי בכל מקום שיש שינוי וסת תחלת חו לי היו צריכים שילך עמהם מלאך להמתיק מאכלם ושיקויים להסיר מהם מחלה. והנה בעת באו אל הארץ בא מיכאל, דכתיב (יהושע ה, יג - יד) ויהי בהיות יהושע ביריחו וישא עיניו וירא והנה איש עומד לנגדו וחרבו שלופה בידו וגו׳ כי שר צבא ה׳ עתה באתי, פירוש עתה באתי לגרש האומות כמה שאמר הקדוש ברוך הוא למשה רבך כי ילך מלאכי לפניך והביאך אל האמורי, ולפי שאמר הקדוש ברוך הוא הנה אנכי שולח מלאך א, כי ילך מלאכי ב, אמר לו ב׳ פעמים שר צבא ה׳, ולפי שהיה לו לילך על צבא רב ז׳ עממין אמר לו אני שר צבא ה׳, אל תירא רבים אשר אתנו (מלכים ב ו, טז), וכתיב למעלה (שם, יא) ויאכלו מעבור הארץ וסמיך ליה עתה באתי לברך לחמך ומימיך, ולפי שנאמר למשה ועבדתם את ה׳ אלקיכם והם לא הקריבו התמיד ולא למדו אמר לו עתה באתי להזהיר אתכם, ולפי שאז היה יהושע מוליך את ישראל לארץ והיו בתוקפם נאמר שר צבא ה׳, אבל בדניאל בגלות לא נאמר שר צבא ה׳, שכתיב (דניאל ח, יא) ועד שר הצבא הגדול וממנו הורם התמיד והושלך מכון מקדשו, הורם קרי וכתיב הרים, על שם הרם העבודה, ולפי שישראל בגלות כביכול נתמעט הצבא, ונקרא מלאכי המיוחד לי והוא כהן גדול ועומד בזבול, כהן גדול בגימט׳ זהו מיכאל, שר צבא ה׳ בגמטריא זה מיכאל השר. בעוד שהיה צבא ישראל במקומו וכהן גדול מקריב על מזבח ה׳ היה לו צבא ומקריב עולות להב, אבל לא עכשיו, ונקרא מיכאל על שם שמעיד להקב״ה מי כאל והוא מליץ יושר לישראל, אשריך ישראל מי כמוך (דברים לג, כו) אין כאל ישורון. ג׳ מיכאל בדניאל כנגד יעקב ישראל ישורון, מיכאל ישראל הרי יא״ל במיכאל יא״ל בישראל, נמצא מ״כ לא נאמר בישראל ש״ר אין במיכאל, זהו כי אם מיכאל שרכם, אין בקרייה שרכם כי אם זה, ש״ר בישראל כ״ם במיכאל, זכו ישראל שר כלומר הם שרים, כ״ם לשון רבים כמו אדנות אם אדוניו (שמות כא, ד), בעליו אין עמו (שם כב, יג), לא זכו הפוך שר ויהיה ר״ש, הפוך כ״ם ויהיה מ״ך כמו עתה בגלות. ומתחלה הפיל הקדוש ברוך הוא גורלות על ע׳ שרי מעלה לידע מי יפול לו עם ועם כי ע׳ אומות הם, ונפל חבלו של מיכאל על ישראל, והפיל גורל על מי יבוא הקדוש ברוך הוא ונפל חבלו על יעקב זהו יעקב חבל נחלתו (דברים לב, ט), חבלים נפלו לי בנעימים (תהלים טז, ו). ולפי שיעקב כהן כך שרו מיכאל לבוש בגדי כהונה, מה יעקב ניתן לו נחלה בלי מצרים שנא׳ (בראשית כח, יד) ופרצת ימה וקדמה צפונה ונגבה, כן שרו פורח בפעם אחת מסוף העולם ועד סופו, כדאמ׳ בפ״ק דברכות (ד, ב) כתיב הכא והנה מיכאל אחד השרים (דניאל י, יג) וכתיב התם (ישעי׳ ו, ו) ויעף אלי אחד מן השרפים בעפיפה אחת, מן׳ השרפים׳ ובידו׳ רצפה׳ סופו בגימטריא מיכאל, לכך א״ת ב״ש מיכאל, ימלתך בגימט׳ ת״ק שבעפיפה אחת פורח ת״ק. מיכאל בפשוט ובא״ת ב״ש ימלתך מיכאל בגמטרי׳ הוא טוב אל ישראל בשתל״א מיכאל, ובאלב״ם

בגמט׳ המליץ טוב על ישראל, כן כל שם גורם. אשר שם שמות בארץ (תהלים מו, ט) אל תקרי שמות אלא שמות (ברכות ז, ב), בתשל״א מיכא״ל באלב״ם בשתל״א בגמטריא תשל״ג, יעקב ישראל בגמט׳ תשכ״ג הרי פחות י׳ נגדו נתנו לישראל י׳ דברות להשלים תשל״ג, בשתל״א מיכאל השר באלב״ם עי״ש, בשתלא עיש בגמט׳ זה מליץ על ישראל. ונקרא שר כמ״ש (דניאל יב, א) ובעת ההיא יעמוד מיכאל השר הגדול, על שם יעקב כי שרית עם אלקים (בראשית לב, כט), מיכאל השר בגמט׳ זהו מיכאל כהן גדול מליץ יעקב. [ו] **שם משמואל דברים פרשת כי תבוא:** והנה בפרקי דר״א דשבת היא היפוך מעמלק. ויש לומר נמי לפי דרכנו דבאשר ידוע דשבת היא נשמת הבריאה ע״כ היא נותנת בנבראים כח החיות והתשוקה היפוך עמלק, וכמו שאנו אומרים ומניח בקדושה לעם מדושני עונג. ויש לומר נמי דשבת היא דוגמת ביכורים, וששת ימי המעשה הם דוגמת עבודת השדה, ותשוקת האדם מונחת בצרכי עוה״ז ובשבת שמעלין התשוקה לשמים הוא דוגמת ביכורים. והנה איתא באור החיים שמצות ביכורים רמז להא דמיכאל מקריב נשמות הצדיקים לפני הקדוש ברוך הוא, יש לומר דכן הוא בשבת, דהנה הענין דמיכאל מקריב הנשמות היינו דנשמה העולה מעוה״ז א״א שלא יהי׳ דבוק בה מה מעניני עוה״ז, וזוהי המניעה לעלות לרצון לפני הש״י, והמלאכים הם שלוחים לצחצח את הנשמה עד שתשאר נקי׳ וטהורה: [ז] **אור החיים בראשית פרק א:** עוד יתבאר הכתוב על זה הדרך כי דבר ידוע כי מצינו להקב״ה שבחר לשכון בערפל, וחבב לשכון בתוכנו. ועוד לו שמצינו (תענית ה א) כביכול שנשבע שלא יכנס לירושלים של מעלה עד שיכנס לירושלים של מטה הרי זה מגיד שחביבה לו של מטה יותר משל מעלה, גם כשנשכיל בטעם בריאת כל העולם נדע כי העיקר הם התחתונים שהם עמו ונחלתו ולפי זה יכוין הכתוב לומר סדר הבריאה לא זו אף זו בדרך חיבה, בראשית ברא אלהים את השמים, ועוד ברא בריאה יותר חביבה אצלו ומעולה יותר והיא את הארץ שהשמים אדרבה תלויים בה וכל זה באמצעות בני ישראל עם קדושו כי בהם תלוי קיום העולמות גם העליונים כידוע לבקיאים בחדרי

החכמה האמיתית ולדרך זה יתבאר אומרו והארץ היתה תהו כאן רמז בעונות לגליות ישראל שהיא סיבת מניעת דירתו יתברך בארץ. גלות האחד הוא גלות מצרים אשר נשארו בו ת׳ ושלשים כמנין תה״ו ת׳ ואחד עשר ובהו חשבונו י״ט הרי ת״ל, ומשמעות ובהו גם כן ירמוז לגלות שלאחריו שהוא גלות בבל נקרא גלות בבל בהו כי תרגום בהו ריקניא וכתיב בירמיה סימן נ״א על גלות בבל אכלני הממני נבוכדנאצר מלך בבל הציגני כלי ריק, ואומרו וחשך על פני תהום ירמוז על הגלות המר אשר אנו בו שקועים בתהום אשר אין לו סוף זה לנו אלף ותרע״א שנה, ולא די אורך הגלות אלא חשך שירמוז לב׳ דברים, הא׳ לשיעבוד העמים וכובד עול המסים עד כי חשך משחור תארם זה רודה וזה מרדה אשרי מי שלא ראה ובפרט במערב שלנו, והב׳ הוא על היצר הרע אשר החשיך העולם, ובעונותינו רבו פריצי עמו ישראל והותר להם נבלות הפה ושבועת שוא ולשון הרע וגזל ומונעם מלעשות תשובה לשוב שבותם, ולא יאמר אדם בראותו כל כך ירידת ישראל כל אורך הזמן כי חס ושלום אבדה תקוה מבנים, לא כן הוא אלא ויאמר אלקים יהי אור הוא אור הגאולה העתידה המופלא, ואומרו ויהי אור על דרך אומרם בתיקוני הזוהר (תיקון כ״א) ויהי רז שאור בגימטריא רז, הכוונה שגזר ה׳ יתעלה שמו שאור זה של מלך המשיח לא יתגלה בעולם ויהיה סוד טמון אצלו כאומרם (שם) ללבי גליתי מלבא לפומא לא גלי, ואומרו וירא אלהים את האור כי טוב חוזר על האור מצד עצמו כי טוב הוא אשרי עין ראתה, וחוזר גם על מה שרמז שיעשהו בסוד נסתר כי טוב שכן צריך להיות כאומרם ז״ל (יומא ט) מכמה טעמים, ואומרו רוח אלהים וגו׳ אמרו במדרש (ב״ר פ״ב) זה רוחו של משיח, מרחפת על פני המים אין מים אלא תורה על דרך אומרם בזוהר (בהשמטות לחלק א׳ י״ג) שלא יגאלו ישראל אלא בזכות התורה שנמשלה למים והנה ידוע הוא כי בעונותינו הרבים הרבה נצוצות של קדושה הוטבעו בתוך הקליפות וגם הרבה ערב רב נשתקעו בתוך הקדושה כאומרם בספר תיקוני הזוהר הקדוש (תיקון ס״ו) ומעורבים רע בטוב וטוב ברע לזה צריך כביכול להבדיל הטוב מהרע והאור מהחשך

שור שה עז רק [ו]נשמות הצדיקים כי [ז]נשבע שלא לכנוס בירושלים של מעלה ושיעור הכתוב כשיחרב הבית

אזי אדם כי יקריב אבל קודם החורבן מן הבקר ומן הבהמה.

גלא עמיקתא

1[ח]**אכדט"ם לפני א' אין אות רמיזא אלופו של עולם וכדכתיב (ישעי' מ"א,ד'): "מי פעל ועשה קורא הדורות מראש אני ה' הוא ראשון ואת אחרונים אני הוא" ולפני מ' סתומה מ' פשוטה ואז אותיות פנימיות אכדטם גימ' ל"ג רמיזא [ט]ל"ג בעומר יומא דהלולא רבא**

1. באור על מגלה עמוקות ואתחנן אופן ו': ח'. מִי אֵל כָּמוֹךָ נֹשֵׂא עָוֹן וְעֹבֵר עַל פֶּשַׁע לִשְׁאֵרִית נַחֲלָתוֹ לֹא הֶחֱזִיק לָעַד אַפּוֹ כִּי חָפֵץ חֶסֶד הוּא (מיכה ז,יח) [גימ' (3551) נ' פעמים הגנו"ז (71) ע"ה] יָשׁוּב יְרַחֲמֵנוּ יִכְבֹּשׁ עֲוֹנֹתֵינוּ וְתַשְׁלִיךְ בִּמְצֻלוֹת יָם כָּל חַטֹּאתָם (שם פסוק יט) [גימ' (3454) י' פעמים מש"ה (345) עם ג' אותיות והכללות- דמשה גבהו י' אמין וכו'] תִּתֵּן אֱמֶת לְיַעֲקֹב חֶסֶד לְאַבְרָהָם אֲשֶׁר נִשְׁבַּעְתָּ לַאֲבֹתֵינוּ מִימֵי קֶדֶם (שם פסוק כ) [גימ' (3919) ג' פעמים "אמת ליעקב" (653) והוא נפלא דהם הם תיבין דפסוקא דנן] סליקו כולהו י"ג מכילן דרחמי דספר מיכה לחושבן (10924): כד"ט (33) פעמים "טמיר וגנוז" (331) בסוד המיתוק בצירופי שם אלהי"ם כנ"ל. כמבואר בספה"ק דשם קדוש אכדט"ם הוא שם היוצא מאותיות הקודמות לאותיות שם אלהי"ם, והוא שם הבטחון- דתיבה אכדט"ם גימ' (74) ועם הכולל [רמיזא ענין הבטחון באלופו של עולם שהוא יחידו של עולם] גימ' (75) בטחו"ן [ועיין באורנו במקום אחר בענין י"ג מדות דמשה ודמיכה].

אשר נתערבו, והנה ידוע כי הקליפה חיותה היא יניקתה מהקדושה דוקא וזולת זה אין לה חיות, ולכן אז בהבדילו ה' את האור שהיא הקדושה ונשאר הרע מובדל ואין לו מקום חיות לינק ממנו ממילא יבטל, וזה הוא אומרו (זכרי' י"ג) ואת רוח הטומאה אעביר מן הארץ כי ידמה לקציצת האילן ממקום יניקתו ושורשו אשר יונק ממנו שיבש ולא יצלח עוד ולא ישאר כי אם האור הטוב, וזה הוא שאמר ויקרא אלהים לאור יום פירוש ויקרא לשון יקר וגדולה, כי אין מעלת הקדושה נכרת אלא בהפיל הקליפה הנקראת חשך, והודיע הכתוב כי ביום ההוא הידוע לפניו במרום יקרא ה' לאור ביקר וגדולה, וזה יהיה ביום יודע לה' שיהיה בו ה' אחד, ואומרו ולחשך קרא לילה לשון מקרה הוא בלתי טהור, ולזה לא סמך הכתוב על תיבת ויקרא שאמר בתחילה כי אין יקר וכבוד עוד לחשך אלא מקרהו יהיה דוקא בלילה והוא סוד אומרו (תצא כ"ג) מקרה לילה, אבל כשיעבור הלילה שהוא זמן הגלות כמו שאמר הכתוב (ישעי' כ"א) משא דומה וגו' שומר מה מלילה כי הגלות דומה ללילה, ואז בעלות השחר אין עוד חושך ולא לילה אלא ויהי ערב ויהי בוקר יום אחד כי בחינת הרע נסתלקה ואינה ולילה כיום יאיר והיה אור הלבנה כאור החמה, והוא אומרו יום אחד, והוא שרמז הכתוב באומרו (זכרי' י"ד) ביום ההוא יהיה ה' אחד ושמו אחד. **[ח] של"ה מסכת פסחים ספירת העומר:** ולפי שבאלו ימים שולט סוד אלהים, אנו מחשבין מהבינה תמורה לשלש אותיות האמצעיות, כדי למתק דיניו, והחילוף הוא 'כט"ד', נוטריקון: 'כי טובים דודיך' (שה"ש א, ב). ואותיות 'אמ', שהם תחלה וסוף לשם זה, אין להם תמורה, מפני ש'כט"ד', הן אותיות הקודמות לאותיות לה"י, בסדר אלפא ביתא הישרה, שמחפה על הדין, ומושיבין אותו אחור להחלישו ולמתקו. והנה, א' אין לה עוד אות קודמת כלל. ועוד אין דינה קשיא. והמ"ם סתומה, הרי מ' אחרת קדמה לה, לפיכך גם היא במקומה עומדת, 'אכדט"ם'. כט"ד, נוטריקון 'כי טובים דודיך'. 'מיין' מורה שורש השם הזה ברחמי הבינה, אשר שם היין משומר בענביו. ובכל יום אנו ממשיכין זה המתוק מן האם העליונה, שהיא מתפשטת בעשרים ימים ראשונים, לאות הכ"ף, ובד' ימים האחרים לאות הד', ובט' ימים לאות ט', אשר בהצטרפם יעלו למספר ל"ג בעומר, כמנין 'כד"ט' שבו פסקה המיתה. וכן רבו יתירה אשתכח ליום מ"ה של ספירת העומר, והוא ראש חודש סיון, דכתיב ביה (שמות יט, א) 'ביום הזה באו מדבר סיני', ובו נשלמו אותיות 'לה"י' ממש, עם שם מ"ה כו'. עד כאן מצאתי. **[ט] עבודת ישראל ליקוטים:** אלה אזכרה ואשפכה עלי נפשי כי אעבור בסך אדדם עד בית אלהים וגו' (מב, ה). דהנה אדמו"ר מוהדו"ב זלה"ה אמר בפירוש הפסוק צמאה נפשי לאלהים לאל חי מתי אבוא ואראה פני אלהים (פסוק ג), כי כל ימי הספירה אנו מיחלים ליום ל"ג בעומר שבו הרחמים גוברים על פי שם אכדט"ם שנתגלה בו, והוא האותיות בא"ב לפני

אותיות אלהים, ונקרא פני אלהים שבכל מדת דין צריך להיות בו פנים של רחמים ופנימיות שבו, וזה אמר בפסוק זה אל חי גימטריא מ״ט הם ימי העומר, [כמו שכתב האריז״ל כי שם כד״ט עולה ל״ג], וצמאה נפשי מתי אבוא ואראה פני אלהים, הפנים שלו שהוא שם הנ״ל שיוצא מראשי תיבות כי טובים דודיך מיין (שיר השירים א, ב), שנתגלה הטוב הגנוז עכ״ל. ולפי דעתי גם הקפיטל מורה על ימי הספירה שהוא קפיטל מ״ב שבו ניתקן שם מ״ב של אנא בכח וכו׳ והנה

גלא עמיקתא

דרשב״י [ועיין עוד [2]פירוש פזמון בר יוחאי לרבי שמעון לביא]. ואותיות החיצונים אכדטם היינו א״ם רמיזא אמא עילאה שרש למיתוק הדינים. דבזכותיה דרשב״י פסקו תלמידי רבי עקיבא מלמות בל״ג בעומר- יומא דהילולא רבא דרשב״י- כנודע דאמא עד הוד אתפשטת- ויומא דל״ג בעומר הוא

איתא בזוה״ק ברעיא מהימנא פרשת בהעלותך (ח״ג קנב ב) בד״ה פקודא שלושים וזה לשונו, כיון דכנסת ישראל מתעטרא בעטרהא בניסן לא אתעדיאת כתרהא ועטרהא מינה תלתין יומין וכל אינון תלתין יומין וכו׳ מאן דבעי למחמי למטרוניתא יכול למחמי, כרוזא כריז כל מאן דלא יכול למחמי למטרוניתא ייתי ויחמי עד לא ינעלון תרעי, אימתי כרוזא כריז בארבעה עשר לירחא תנינא דהא מתמן עד שבעה יומין תרעין פתיחן מכאן ולהלאה תרעי ינעלון עכ״ל וצריך הענין ביאור, מפני מה שני שבועות קודם חג הקדוש הבא ינעלון תרעי, ואדרבא כל אשר יקרב הזמן לקדושת החג מהראוי שיפתחו השערים למיחמי למטרוניתא. אלא דיש לומר שכיון דאמרו חז״ל (פסחים ו א) שואלין ודורשין לפחות שני שבועות קודם יום טוב מענינו של יום, מסתמא הכלה העליונה מתקשטת בקישוטיה בימים הללו, ולכן ניחא נעילת שערים בזמן ההוא, כי אין רשות לאדם ליכנס ולא דרך ארץ הוא, וכמו שכתוב בזוה״ק (בפרשת פקודי בד״ה ויביאו את המשכן אל משה) על פסוק (שמות מ, לה) ולא יכול משה לבוא אל אוהל מועד וגו׳ וכבוד ה׳ מלא את המשכן וגו׳ עיין שם ואפשר עוד לומר, הגם דננעלין התרעין, כי מבשרי אחזה אלוה, שאין מדרך ארץ להסתכל בשעת הקישוטין, מכל מקום כשהצדיק מקטין את עצמו והוא בעיני עצמו אפס ואין בהחלט מחשבתו וקטן בעיני עצמו יש לו רשות ליכנס גם בימים הללו. כי מבשרי אחזה, כי לפני הקטן אין בושה לעשות שום דבר, ואדרבא דרך האם להניק לולד ולקשט את עצמה. וכן הענין כשמקטין האדם את עצמו אז כל השערים פתוחין וזה הענין נרמז בפסוק אלה אזכרה, כשאני בא ליום ששה ושלושים בעומר שהוא גימטריא אלה, אזכרה ואשפכה עלי נפשי, כי אז ננעלו השערים ואיך אעבור בסך ב׳ סך, ב׳ רומז לב׳ שבועות אלו שאז ימי קטנות כנודע, ואז אני צריך להשפיל עצמי ולהקטין, ואז אני בסוד אדדם צירוף א״ם ד״ד בסוד היניקה, ואז הצירוף אמג״ל שהאם מגלה את עצמה לפני בנה בתכשיטיה ועיין בכתבי האר״י והבן. (עד כאן) אני אמרתי אלהים אתם וגו׳ אכן כאדם תמותון וכאחד השרים תפולו קומה אלהים שפטה הארץ וגו׳ (פב, ו - - ח). הנה

2. פירוש על פזמון בר יוחאי לרבי שמעון לביא: ויקרא א׳ זעירא דא אלופו של עולם, דאיהו אחד ושמו אחד ומורה באות אל״ף זעירא דבגלות אינו נגלה לעיני בשר, אבל לעתיד לבוא כתיב מראה באצבעו וכו׳. וזמש״כ ״ביום ההוא יהיה ה׳ אחד ושמו אחד״ (זכריה י״ד,ט׳) עולה בגימ׳ (509) ״שמעון לביא״ בעל המחבר לפיוט ״בר יוחאי״ לכבוד התנא הק׳ רשב״י, ומסודר לפי י׳ ספירות מתתא לעילא. ובשמו יש ט׳ אותיות ואיך יכלול י״ס בט׳ אותיות, והוא כדוגמת ט׳ תקוני דיקנא דז״א, והתי׳ דבפתח אליהו כתיב נצח והוד תרין שוקין- הרי חשבינן כחדא. ונבאר בעז״ה הפיוט אחד לאחד לפי סדר הספירות (והספירות מלמטה למעלה כנ״ל), ונביא רמז מפתיח דכל בית. והנה כותרת הפיוט היינו הפזמון החוזר: ״בר יוחאי, נמשחת אשריך, שמן ששון מחבריך״ עולה גימ׳ (2892) י״ב פעמים ״יפוצו אויביך״ (241) לקביל י״ב גבולי אלכסון (ס״י) י״ב שבטי י-ה והן מרכבה שלמה לקדושה, והאי דבגמ׳ כתוב יוחי בלא א׳- מרמז לא׳ זעירא דויקרא דכמאן דבטלה דמי, ואם נוריד א׳ מכל הני י״ב פעמים ״יפוצו אויביך״ הנ״ל (241) הרי י״ב פעמים עמלק (240), והוא דרבי שמעון בר יוחאי משברו מכל כיווניו- וכמ״ש באגג (שמואל א׳ ט״ו,ל״ג) ״וישסף שמואל את אגג״ ופירשו חז״ל חתכו ל-ד׳, וכ״א כלול מג׳ בסוד ראש-תוך-סוף הרי י״ב פעמים עמלק דרשב״י בחינת שמואל חתכו להני י״ב כנ״ל.

איתא במדרש (מדרש תהלים כא) מלך בשר ודם אין קורין אחר בשמו אבל הקדוש ברוך הוא קורא את ישראל בשמו שנאמר אני אמרתי אלהים אתם. ואף על פי שכתוב אחר כך אכן כאדם תמותון וגו׳ משמע שבאמת לא נקראו בשמו, אבל באמת יש לומר בפירושו של הפסוק אני אמרתי אלהים אתם ובני עליון כולכם, מפני מה, ומפרש הפסוק אכן כאדם תמותון, שיש לכם יצר הרע שמפיל אתכם לידי חמדות ותאוות גשמיות, וזה נקרא מיתה שנופל ממדריגתו כמו שכתוב (שמות ד, יט) כי מתו כל האנשים המבקשים את נפשך, ופירש רש״י שירדו מנכסיהם, ואתם לוחמים כנגד היצר הרע ומנצחים אותו, לזה אמרתי אלהים אתם. וזהו קומה אלהים, כשמקימין הישראל הנקרא אלהים ועובדין את ה׳ בכל לבם, אז שפטה הארץ, צדיק גוזר והקב״ה מקיים ומשפיע להם בני חיי ומזוני אמן נצח סלה: [י׳] **ליקוטי מהרי״ל ויקרא פרשת תזריע:** וידבר ה׳ וכו׳, אשה כי תזריע וילדה זכר וטמאה שבעת ימים כימי נדת דותה תטמא, וביום השמיני ימול בשר ערלתו [יב, א - ג]. יש לדקדק הלא הכתוב וכל הענין מדבר מדין אשה יולדת, ומה שייכות יש כאן וביום השמיני וכו׳, וכי שייך להזכיר דין מילה שחיוב מוטל על הבעל, הלא הענין אינו מדבר אלא מן האשה. ונראה לי, דאיתא בגמרא (סוטה ה א) תלמיד חכם מותר להיות לו גאות שמינית שבשמינית, וקשה מה זה שמינית, האיך אנו יודעים כמה הוא שמינית שבשמינית, היה לו לכתוב תלמיד חכם מותר להיות לו מעט גיאות מעט מזער. וכתב מהרש״א ז״ל בחדושי אגדות, גיאות היא ג״ס, גימטריא ס״ג, ושמינית שבשמינית הוא חלק מס״ד, נמצא שאסור להיות לו גיאות כלום ולי נראה על זה הענין, זאת הוא ידוע מתחילה כשאדם מתחיל לחנך את עצמו לעבודת הבורא ילמוד ויתפלל ואל ישגיח על עצמו כלום, בין שיש לו גאות ממעשיו או ענווה, אלא יעשה כל מה שיש בידו לעשות, כדאמרינן (פסחים נ ב) לעולם ילמוד אדם שלא לשמה שמתוך וכו׳, [ו]כשבא בימים וכבר הרגיל את עצמו בעבודות הבורא אז ישגיח על עצמו בעינא פקיחא שלא יהיה לו שום גיאות ממעשיו הטובים או מתורתו שילמוד, אלא אדרבה שימצא בעצמו תמיד כמו חסרונות שלא עשה כראוי לעשות באמת, עד שיהיה שפל בעיניו, אבל כשצריך לעשות עבודת הבורא ית״ש אזי ישכח כל החסרונות והשפלות, כדי שיוכל להתפלל ולעשות העבודות בשמחה, ומותר להיות לו מעט גבהות, כמו שכתוב (דברי הימים - ב יז, ו) ויגבה לבו בדרכי ה׳ וכו׳, כמו שאיתא בספר ליקוטי מהרי״ל (פר׳ בהעלותך ד״ה וזהו ועתה) של אדומו״ר בפסוק (במדבר יא, טו) הרגני נא הרוג ואל אראה ברעתי, רצ״ל דדוד אמר (תהלים קט, כב) ולבי חלל בקרבי, ודרשו חז״ל (ירושלמי ברכות פ״ט ה״ה) שהרג היצר הרע, ולכאורה היצר הרע הוא מלאך ואיך אפשר שהרגו, אלא פירושו שהעבירו מאומנתו שהיה מסית אותו. וכן כל צדיק וצדיק הורג היצר הרע, היינו שמעביר מאומנתו שלא להסיתו, ודרך היצר הרע כיון שרואה שאינו יכול להתגבר על האדם באיזו דבר שמסיתו, וירא כי לא יכול לו, אז הוא מתהפך לאומנות אחרת ונעשה מוכיח להצדיק ומראה לו תמיד חסרונות איך שמעשיו אינו עולה כהוגן, וכוונתו בזה למען יבוש הצדיק וירא מלהתפלל. וזה שהתפלל משה הרגני נא הרוג, היינו היצר הרע שנקרא הרג, שהרגו כבר כנ״ל, רק שנתהפך עליו למוכיח ומראה בו חסרונות ורעות כדי שיבוש ויירא מלהתפלל, לכן הרגהו גם אתה בזה, שלא יראני שאני מקלקל, ואהיה מתפלל לפניך בכל לב ובכל נפש, וזו ואל אראה ברעתי, שלא אמצא בי

גלא עמיקתא

[י׳] הוד שבהוד. וכל השם אכדט״ם גימ׳ עם הכולל (75) בטחו״ן וזהו דפסוקא סליק לחושבן א״ם (אותיות חיצוניות של אכדטם) פעמים בטחו״ן (גימטריא של כל השם אכדט״ם) כנ״ל. ובסוף האופן הקודם [לבאור מגלה עמוקות על א׳ זעירא ויקרא אופן נ״ה] כתבנו: דשבע יפול צדיק וקם הוא נפילתם של ישראל ממדת הבטחון לבחינת האמונה וחוזר ע״י עבודתו שוב למדת הבטחון גבוה מקודם לכן דהיא ירידה לצורך עליה. ורמיזא ענין זה בפסוקא דנן: דודי ירד בחינת הירידה כביכול מבטחון בקדוש ברוך הוא דעושין רצונו של מקום. לגנו לבחינת אמונה דתיבה "לגנו" גימ׳ (89)

חסרונות, עד כאן ולהבין, שספירת הוד הוא שמיני מכתר, ועיקר הספירה שאסור בתספורת הוא עד ל״ג יום, כמו שאיתא בשלחן ערוך (או״ח סי׳ תצג) מי שנוהג באיסור עד ראש חודש מותר אחר ל״ג בעומר, וכל מי שנוהג וכו׳, וכל הספירה בגימטריא ל״ב טו״ב, שהוא בגימטריא מ״ט, היינו שיהיה לנו לב טוב לקבלת התורה, ובל״ג בעומר הסוד של ספירה הוד שבהוד, והוא הלולא דרבי שמעון בר יוחאי, כי איתא בזהר (עי׳ שער הגלגולים הקדמה לו עמ׳ קכג) רבי שמעון בר יוחאי הוה ליה אותו אור שהיה למשה רבינו ע״ה בלוחות אחרונות, היינו הוד שבהוד, ונתת מהודך עליו (במדבר כז, כ), אבל למשה רבינו ע״ה היה עוד אור בלוחות ראשונות, תפארת שבתפארת, והוד ותפארת הם לשון יפה ונאה, וזה שאיתא בזהר הק׳ (תקוני זהר, תקון יג, כט א) משה מלגיו יעקב מלבר, רצ״ל כי יעקב היה לו גם בחינת תפארת, אבל למשה היה לו בחינת תפארת שבתפארת, היינו מלגיו. וזהו כליל תפארת בראשו נתת לו בעמדו על הר סיני, רצ״ל כל התפארת. ובשבעה עשר בספירה הוא תפארת שבתפארת, האור שהיה למשה במתן תורה, וזהו (שמות ב, ב) ותרא אותו כי טוב, ודו״ק. ולהבין, הוד הוא לשון שבח והודאה. היוצא לנו מזה, כי אדם צריך כל היום להיות שפל בעיניו, אבל כשבא להתפלל מותר להיות לו מעט גבהות, להודות לה׳ בשמחה באמת, ולא להתפאר ח״ו. וזה הוד שבהוד, היינו הודאה באמת לשם שמים. וזהו רימז לנו בגמרא תלמיד חכם מותר להיות לו שמיני שבשמינית גיאות, רצ״ל בכל המצות ומדות טובות צריך להיות שפל בעיניו, אבל במדה שמיני שבשמינית, היינו הוד שבהוד, כשצריך להודות לה׳ באמת, מותר להיות מעט גבהות כנ״ל וזהו רמז לנו התורה הקדושה אשה כי תזריע וילדה זכר, פירוש

גלא עמיקתא

״חנוכה״ בבחינת ״[יא]אור הגנוז״ כלומר דמאמין דיזכו לבחינת אור הגנוז לעתיד לבוא, ואינו אלא באופן מושאל מבשרי אחזה אלוה דקוב״ה הוא עלת העלות ואין לגשמו כלל וכו׳. והוא מבחינת כמים הפנים לפנים כן לב האדם [העליון] לאדם [התחתון] (משלי כ״ז, י״ט) וכמו שבני ישראל למטה נופלים וקמים מבחינת בטחון לאמונה וחוזר חלילה, כך הוא כביכול למעלה ועד למעלות עליונות עד שנבלע ונעלם כביכול בעצמותו יתברך בבחינת הפשיטות דקוב״ה מתענג דעם ישראל בוטחים בו ומיחלים לגלוי הדר כבוד מלכותו בגאולתא שלמתא בב״א. ב׳. ממשיך

כשאדם מתחיל לעבוד את הבורא ב״ה ע״י אתערותא דלתתא, וילדה זכר, רצ״ל שיהיה קיים במעשיו, בחינת דכורא, כדאמרינן (ברכות ס א) אשה מזרעת תחלה, היינו אתערותא דלתתא ע״י תורה ומעשים טובים, וילדה זכר וטמאה שבעת ימים, כלומר בכל השבע מידות מחויב להיות שפל וטמא בעיניו, כימי נדת דותה תטמא, פירוש כאילו עשה איזה דברים ההיפך מרצון הבורא ית״ש, כי אדם אין צדיק בארץ אשר יעשה טוב ולא יחטא (קהלת ז, כ), כי כשאדם משגיח באמת על עצמו יראה שכמעט בכל רגע ורגע הוא עובר על רצון הבורא ית״ש, או במעשה או בדיבור או בהרהור, ואם אדם משגיח על עצמו כשיראה שהיה לו איזה דבר שלא כרצון הבורא ב״ה ישוב מיד בחרטה גדולה, ויקבל מיד שלא לעשות עוד, ואין לך דבר שעומד בפני התשובה (ירושלמי פאה פ״א ה״א), בפרט מיד שישוב בכל רגע שזו תשובה מעולה. אבל ביום השמיני, פירוש במדה שמינית, היינו הוד שבהוד, כשצריך להודות לשם ב״ה, ימול בשר ערלתו, רצ״ל ישליך מעליו כל הדאגות שיש לו מה שלא עשה רצון הבורא ית״ש כראוי, כדי שיוכל להתפלל ולהודות ולהתפאר להשי״ת בשמחה רבה ועצומה, אמן ודו״ק: **[יא] תלמוד בבלי חגיגה דף יב עמוד א:** ואור ביום ראשון איברי? והכתיב ויתן אתם אלהים ברקיע השמים וכתיב ויהי ערב ויהי בקר יום רביעי! - כדרבי אלעזר. דאמר רבי אלעזר: אור שברא הקדוש ברוך הוא ביום ראשון - אדם צופה בו מסוף העולם ועד סופו, כיון שנסתכל הקדוש ברוך הוא בדור המבול ובדור הפלגה וראה שמעשיהם מקולקלים - עמד וגנזו מהן, שנאמר וימנע מרשעים אורם. ולמי גנזו - לצדיקים לעתיד לבא שנאמר וירא אלהים את האור כי טוב, ואין טוב אלא צדיק, שנאמר אמרו צדיק כי טוב. כיון

גלא עמיקתא

ומביא הפסוק השני (תהל' קט"ז,ט"ו): "[יב]יקר בעיני ה' המותה לחסידיו" גימ' (1062) ו' פעמים "גן עדן" (177). [יג]ופרש"י שם– וזה לשונו הקדוש: יקר בעיני ה'– הראני הקב"ה שדבר קשה וכבד הוא בעיניו להמית את חסידיו.

וכן תרגם יונתן יקיר בעיני ה' לשון כובד וקושי כביכול, ועיין פרושנו אופן י"ד א"ר יוחנן עשר מיתות נאמרו בו במשה – וכן במגילת אסתר י"פ יקר עיין שם באריכות. והוא חושבן ו' זימנין "גן עדן" דנוחלים הצדיקים לאחר מיתתם והיא כביכול נחמה לקב"ה שיושב בגן עדן ומשתעשע עם אותם צדיקים ועוסקים בתורה וכו'. וכגון (בבא מציעא פו.) [יד]עסקו בדיני נגע הצרעת ברקיעא

שראה אור שגנוז לצדיקים שמח, שנאמר אור צדיקים ישמח. כתנאי: אור שברא הקדוש ברוך הוא ביום ראשון אדם צופה ומביט בו מסוף העולם ועד סופו, דברי רבי יעקב. וחכמים אומרים: הן הן מאורות שנבראו ביום ראשון ולא נתלו עד יום רביעי. **[יב] יד רמ"ה מסכת בבא בתרא דף ח עמוד ב:** א"ל רבא לרבה בר מארי מנא הא מילתא דאמור רבנן פדיון שבוים מצוה רבה היא דכתיב והיה כי יאמרו אליך אנה נצא ואמרת אליהם כה אמר ה' אשר למות למות ואשר לרעב לרעב ואשר לשבי לשבי. וא"ר יוחנן כל המאוחר בפסוק זה קשה מחבירו. חרב קשה ממות איבעית אימא סברא ואיבעית אימא קרא, אי בעית אימא סברא האי קא מינוול והאי לא קא מינוול. ואי בעית אימא קרא יקר בעיני ה' המותה לחסידיו. רעב קשה מחרב איבעית אימא סברא ואי בעית אימא קרא, אי בעית תימא סברא האי קא מצטער והאי לא קא מצטער. ואיבעית תימא קרא טובים היו חללי חרב מחללי רעב. שבי כולהו איתנהו בגויה. **[יג] רש"י תהלים פרק קטז פסוק טו:** יקר בעיני ה' - הראני הקדוש ברוך הוא שדבר קשה וכבד הוא בעיניו להמית את חסידיו המותה - המות כמ' הביתה החוצה (בראשי' ל"ט). **[יד] תלמוד בבלי בבא מציעא דף פו עמוד א:** אמר רב כהנא: אישתעי לי רב חמא בר ברתיה דחסא: רבה בר נחמני אגב שמדא נח נפשיה. אכלו ביה קורצא בי מלכא, אמרו: איכא חד גברא ביהודאי דקא מבטל תריסר אלפי גברי מישראל ירחא בקייטא וירחא בסתווא מכרגא דמלכא. שדרו פריסתקא דמלכא בתריה ולא אשכחיה. ערק ואזל מפומבדיתא לאקרא, מאקרא לאגמא, ומאגמא לשחין, ומשחין לצריפא, ומצריפא לעינא דמים, ומעינא דמים לפומבדיתא. בפומבדיתא אשכחיה. איקלע פריסתקא דמלכא להוא אושפיזא דרבה, קריבו תכא קמיה ואשקוהו תרי כסי ודליוה לתכא מקמיה - הדר פרצופיה לאחוריה. אמרו ליה: מאי נעביד ליה? גברא דמלכא הוא! - אמר להו: קריבו תכא לקמיה, ואשקיוהו חד כסא, ודליוהו לתכא מקמיה, ולתסי. עבדו ליה הכי ואתסי. אמר: מידע ידענא דגברא דקא בעינא הכא הוא. בחיש אבתריה ואשכחיה. אמר: אזלינא מהא, אי מקטל קטלו לההוא גברא - לא מגלינא, ואי נגידי מנגדין ליה - מגלינא. אתיוהו לקמיה, עייליה לאדרונא וטרקיה לבבא באנפיה. בעא רחמי, פרק אשיתא, ערק ואזיל לאגמא. הוה יתיב אגירדא דדקולא וקא גריס. קא מיפלגי במתיבתא דרקיעא אם בהרת קודמת לשער לבן - טמא, ואם שער לבן קודם לבהרת - טהור. ספק, הקדוש ברוך הוא אומר: טהור, וכולהו מתיבתא דרקיעא אמרי טמא. ואמרי: מאן נוכח - נוכח רבה בר נחמני. דאמר רבה בר נחמני: אני יחיד בנגעים, אני יחיד באהלות. שדרו שליחא בתריה, לא הוה מצי מלאך המות למקרב ליה, מדלא הוה קא פסיק פומיה מגרסיה. אדהכי נשב זיקא ואויש ביני קני, סבר גונדא דפרשי הוא. אמר: תינח נפשיה דההוא גברא, ולא ימסר בידא דמלכותא. כי הוה קא ניחא נפשיה אמר: טהור, טהור. יצאת בת קול ואמרה: אשריך רבה בר נחמני שגופך טהור, ויצאתה נשמתך בטהור. נפל פתקא מרקיעא בפומבדיתא: רבה בר נחמני נתבקש בישיבה של מעלה. נפקו אביי ורבא וכולהו רבנן לאיעסוקי ביה, לא הוו ידעי דוכתיה. אזלו לאגמא חזו צפרי דמטללי וקיימי, אמרי: שמע מינה התם הוא. ספדוהו תלתא יומי ותלתא לילותא. נפל פתקא: כל הפורש יהא בנידוי. ספדוהו שבעה יומי, נפל פתקא: לכו לביתכם לשלום. ההוא יומא דנח נפשיה דלייה זעפא ודרי להוא טייעא כי רכיב

גלא עמיקתא

ואף באו למחלוקת כולהו מתיבתא דרקיעא עם הקב"ה כביכול ורבה בר נחמני יצאה נשמתו בטהור דפסק כמו הקדוש ברוך הוא עיין שם. והאי פסוקא בא"ת ב"ש דהיינו: "מדג – שזמטמ – מצפצ – ציפאצ – כסחמקמפ (348=שמ"ח)" גימ' (1362) ו' פעמים "ברכה" (227). והוא לקביל ו' פעמים "גן עדן" בחושבן הפשוט. ונמשך מכאן דהפסוק בפשוט וא"ת ב"ש סליק לחושבן (2424) ו"פ "קדש" (404) רמיזא קדושת ישראל דישראל עם קדש עלו במחשבה הקדומה לפני כל דבר– והן קדש לה' דלאחר החורבן מקריב מיכאל נשמותיהן של צדיקים ע"ג המזבח וכו' [כמ"ש [טו]התוספות סוף מנחות (דף קי.) ד"ה ומיכאל שר הגדול עומד ומקריב עליו קרבן בשם המדרש]. ג'. ומסיים האופן בפסוק השלישי וכתיב בתר פסוקא דנן ויקרא אל משה וכו' בריש ספרא דויקרא – [טז]דנקרא תורת כהנים כדאיתא במדרש לפי שבו עיקר הלכותיהן של כהנים בהקרבת קרבנות וכו' (ויקרא א',ב'): "[יז]דבר אל בני ישראל ואמרת אלהם, אדם כי יקריב מכם קרבן לה' מן הבהמה מן הבקר ומן הצאן תקריבו את קרבנכם" גימ' (4785)

גמלא מהאי גיסא דנהר פפא ושדייה בהך גיסא, אמר: מאי האי? - אמרי ליה: נח נפשיה דרבה בר נחמני. אמר לפניו: רבונו של עולם, כולי עלמא דידך הוא, ורבה בר נחמני דידך, את דרבה ורבה דידך - אמאי קא מחרבת ליה לעלמא? נח זעפא. רבי שמעון בן חלפתא בעל בשר הוה, יומא חד הוה חמימא ליה, הוה סליק ויתיב אשינא דטורא. אמר לה לברתיה: בתי, הניפי עלי במניפא ואני אתן ליך ככרין דנרד. אדהכי נשבא זיקא, אמר: כמה ככרין דנרד למרי דיכי. **[טו] תוספות מסכת מנחות דף קי עמוד א:** ומיכאל שר הגדול עומד ומקריב עליו קרבן - מדרשות חלוקין יש מי שאומר נשמותיהן של צדיקים ויש מי שאומר כבשים של אש והיינו דאמרינן בשמונה עשרה בעבודה ואשי ישראל ותפלתם מהרה באהבה תקבל ברצון ויש אומרים דקאי אדלעיל והשב את העבודה לדביר ביתך ואשי ישראל, לא מצאתי יותר. **[טז] שיר השירים רבה פרשה ה סימן ב:** חנניה בן אחי ר' יהושע אמר בין כל דבור ודבור פרשיותיה ודקדוקיה של תורה היו כתובין, ר' יוחנן כד הוה פשיט קרייה והוה מטי בדין פסוקא ממולאים בתרשיש, הוה אמר יפה למדני בן אחי ר' יהושע מה גלים הללו בין גל גדול לגל גדול גלים קטנים, כך בין כל דבור ודבור פרשיותיה ודקדוקיה של תורה היו כתובים, ממולאים בתרשיש, זה התלמוד שהוא כים הגדול, הדא דאת אמר תרשישה, הדא מה דאת אמר כל הנחלים הולכים אל הים; מעיו עשת שן, זו תורת כהנים, מה הכרס הזה הלב מכאן והכרעים מכאן והוא בתוך, כך תורת כהנים שני ספרים מכאן ושנים מכאן והוא באמצע, עשת שן, מה עשת שן זה את עושה ממנה כמה יתדות, כמה רמחים, כך תורת כהנים יש בה כמה מצות, כמה דקדוקין, כמה קלים וחמורים, כמה פיגולים, כמה נותרות, כתובים בתורת כהנים. **[יז] תולדות יעקב יוסף ויקרא פרשת צו:** בפסוק זאת תורת העולה היא העולה על מוקדה וגו' (ו, ב). ויש להבין, כי זאת הוא מיעוט, ותורת הוא ריבוי, היא העולה חזר ומיעט. וכתבתי מזה במקום אחר. וכעת נראה לי לבאר על פי מדרש (ויק"ר ז, ו) אמר רבי לוי נימוס קלוסין כל המתגאה אינו נידון אלא באש. והוא תמוה. ונבאר תחלה פסוק פ' צו (ו, טז) והוא מצוה מתרי"ג מצות - וכל מנחת כהן כליל תהיה לא תאכל. נבאר טעם מצוה זאת. ונבאר פסוק (ב, יא - יב) מצוה - כל שאור וכל דבש לא תקטירו ממנו אשה לה', קרבן ראשית וגו'. להבין זה נ"ל דכתב בכלי יקר ביאר פסוק (ויקרא א, ב) אדם כי יקריב מכם קרבן. דקשה התחיל בלשון יחיד ומסיים בלשון רבים. וביאר כי המקריב קרבן צריך ליזהר שלא יהי' נכש(ו)ל בב' דברים שנכשלו קין והבל, א' שלא להביא קרבן מן הגרוע, ובזה נכשל קין. והבל, אף על פי שהביא מבכורות צאנו מכל מקום לא נתעורר מעצמו עד שראה קין שהקריב, וזהו שאמר והבל הביא גם הוא

גלא עמיקתא

י"ה (15) פעמים "יהי ה' אלהינו עמנו" (319) והוא כדצלי שלמה (מלכים א' ח', י"ז) "יהי ה' אלהינו עמנו כאשר היה עם אבותינו".

והנה שלשת הפסוקים יחד: א'. דודי ירד לגנו לערגות הבשם לרעות בגנים וללקט שושנים (3075) ב'. יקר בעיני ה' המותה לחסידיו (1062) ג'. דבר אל בני ישראל ואמרת אלהם, אדם כי יקריב מכם קרבן לה' מן הבהמה מן הבקר ומן הצאן תקריבו את קרבנכם (4785) סליקו לחושבן (8922) י"א פעמים "שקר החן והבל היפי" (811) (סוף משלי) ובאור הענין דאינון י"א כתרין דמסאבותא [עיין מש"כ [יח]בספר אגרא דכלה פרשת לך לך] דכולן שקר וכזב וקליפה, וכשיבוא משיח ויקוים דודי ירד לגנו בחינת ונגלה כבוד ה' ובלע המות לנצח ויבנה בית מקדשנו השלישי הנצחי – יכלו כל הקלי' לי"א בחינותיהן בחינת י"א יריעות עיזים (שמות כ"ו, ז') דהוו על גבי המשכן וממילא תכלה האי בחינה של שקר החן והבל היופי דמקוננת השכינה הקדושה בגלותא.

ונרמז בחושבן (8922) דהן ק' פעמים "חנוכה" (89) עם כ"ב אותיות תורתנו הקדושה בגלוי [יט]אור הגנוז מכתר עליון ק' פעמים חנוכה. כמו שבארנו בכמה

(בראשית ד, ד), להשוות עצמו אליו וכו'. ובזה יובן אדם כי יקריב מכם, שנתעורר להקריב מצד עצמו ולא מזולתו זהו קרבן לה', לאפוקי מי שאינו מתעורר מעצמו שהוא אינו מכם, רק מזולתו, ודפח"ח. **[יח] אגרא דכלה בראשית פרשת לך לך:** ויאמר עוד, ונברכו ב"ך בגימטריא תק"ב בהחשב הך' רבתי דאותיות מנצפ"ך לת"ק כנודע, כמו מנין שנות האבות, והנה כתוב אצלינו בפסוק תהלת ד' ידבר פי ויברך כל בשר [תהלים קמה כא], דהנה אמרו רז"ל חייב אדם לבסומי בפוריא עד דלא ידע בין ארור המן לברוך מרדכי [מגילה ז ב], והנה כתבו התוס' דלא ידע לחשוב החשבון כי המספר שוה ארו"ר המ"ן, ברו"ך מרדכ"י, כל אחד בגימטריא תק"ב, והנה כתב האר"י ז"ל להיות המן ובניו הם י"א כתרין דמסאבותא, ושם גם כן גנוז ניצוץ הק' המחיה את כולם, וצריכין אנחנו להחיות את ניצוץ הק' הלז, ואם כן צריכין אנחנו לומר בדרך השילוח גם לשם ברוך, אך אי אפשר לומר כן בדיעה מיושבת, כי הנה הוא מברך הקליפה, וצריך לומר זה בלא דעת רק בשכרות. והנה ברו"ך מרדכ"י שהוא בגימטריא בש"ר קודש (וידוע דבחינת היסוד נקרא כל בשר [תיקו"ז מ"א ע"ב] והבן), ובהיפך בסט"א ארו"ר המ"ן בגימטריא בש"ר טמא, ולעתיד במהרה בימינו ימלא כבוד השם את כל הארץ, והניצוצות הקדושות שבקליפות יתפרדו ויוכללו בקדושה והס"א תתבטל, ואז תהלת השם ידבר פי, דיבור ממש בדיעה שלימה, ויברך כל בשר שם קדשו, והבן כי אי אפשר להרחיב הביאור בזה. וכמנין זה היו שני חיי האבות, להיותן עיקר היחוד בעולם, וזה יבואר ונברכו מלשון הברכ"ה, ב"ך כמנין תק"ב בהחשב הך' לת"ק בגימטריא דאי"ק בכ"ר שהוא בגימטריא בש"ר, כל משפחות האדמה אפילו מה שהוא בבחינת אדמה תוקף הדין של הקליפות יתבטל, רק מה שהוא משפחות האדמה, ר"ל שמחובר לאדמה היינו הניצוץ המחיה, משפחות לשון חיבור מלשון ונספחו על בית יעקב [ישעיה יד א] יוכללו בקדושה על ידי זרע אברהם אוהבו. **[יט] זוהר ויקרא פרשת אמור דף פח עמוד א:** ויאמר יי' אל משה אמור אל הכהנים בני אהרן ואמרת אליהם לנפש לא יטמא בעמיו, א"ר יוסי מ"ט דא לקבל דא דכתיב לעילא ואיש או אשה כי יהיה בהם אוב או ידעוני מות יומתו וסמיך ליה אמור אל הכהנים, אלא (משמע) כיון דאזהר להו לישראל לקדשא להו בכלא אזהר להו לכהני לקדשא לון וכן ללוים, לכהני מניין דכתיב אמור אל הכהנים, ללואי מנין דכתיב (במדבר יח) ואל הלוים תדבר ואמרת אליהם, בגין דישתכחון כלהו זכאין קדישין דכיין, אמור אל הכהנים בני אהרן מ"ט הכא בני אהרן וכי לא ידענא דבני אהרן נינהו, אלא בני אהרן ולא בני לוי, דאהרן דהוא שירותא דכל כהני דעלמא דביה אתרעי קודשא בריך הוא

מכלא בגין למעבד שלמא בעלמא ובגין דאהרן ארחוי סליקו ליה להאי, דכל יומוי דאהרן הוה משתדל לאסגאה שלמא בעלמא, ובגין דארחוי כך סליק ליה קודשא בריך הוא להאי למיעל שלמא בפמליא דלעילא, ובגין כך אמור אל הכהנים בני אהרן, אמור אל הכהנים בני אהרן ואמרת אליהם, רבי יהודה פתח (תהלים לא) מה רב טובך אשר צפנת ליראיך וגו', מה רב טובך כמה עלאה ויקירא ההוא נהורא עלאה דאקרי טוב דכתיב וירא אלהים את האור כי טוב ודא הוא אור הגנוז דביה עביד קודשא בריך הוא טב בעלמא ולא מנע ליה בכל יומא בגין דביה מתקיים עלמא וקאים עליה, אשר צפנת ליראיך דתנן נהורא עלאה עבד קודשא בריך הוא כד ברא עלמא וגניז ליה לצדיקיא לזמנא דאתי, הדא הוא דכתיב אשר צפנת ליראיך פעלת לחוסים בך, פעלת בזמנא דאתברי עלמא ההוא נהורא הוה קאים ונהיר מרישא דעלמא לסייפי דעלמא, כד אסתכל קודשא בריך הוא לאינון חייבין דזמינין לקיימא בעלמא גניז ליה לההוא נהורא דכתיב (איוב לח) וימנע מרשעים אורם, וזמין לאנהרא לצדיקיא לעלמא דאתי ודא הוא אשר צפנת ליראיך וכתיב (מלאכי ג) וזרחה לכם יראי שמי שמש צדקה ומרפא בכנפיה, ת"ח בשעתא דבר נש קאים למיהך לההוא עלמא והוא בבי מרעיה אתיין עליה ג' שלוחין וחמי תמן מה דלא יכיל בר נש למחמי כד איהו בהאי עלמא, וההוא יומא יומא דדינא עלאה הוא דמלכא בעי פקדונא דיליה, זכאה ההוא בר נש דפקדוניה אתיב למלכא כמה דאתיהיב ליה בגויה, אי ההוא פקדונא אתטנף בטנופי גופא מה יימא למארי פקדונא, זקף עינוי וחמי למלאך המות קאים קמיה וסייפיה שליפא בידיה קסטר בקטרין בקומטא דההוא בר נש ולית לה לנפשא קשיו בכלא כפרישו דילה מן גופא ובר נש לא מית עד דחמי לשכינתא. **[כ] ספר תפארת שלמה - חנוכה:** בענין הפלוגתא בין הפוסקים בהדלקת נר חנוכה במוצאי שבת אם הוא קודם הבדלה או אח"כ. אנו נוהגין כשיטת הט"ז (שו"ע אורח חיים תרפא) להבדיל מקודם הדלקת נ"ח. הנראה לבאר הענין כי כן נכון לעשות. ונקדים דברי הזוה"ק (פ' בראשית כא) וז"ל. בר נש לא יסתכל באצבען בשעתא דאמר בורא מאורי האש דכתיב וראית את אחורי ופני לא יראו אילין שלטי בשבתא ואילו שלטו בחול. מאורי אור מסטרא דימינא דאיהי אור קדמאה דהוה ביומא קדמאה דביומא דשבתא נהרין אלו מאורי אור בלחודיהון ושלטין ומנייהו נהרין כלהו לתתא וכד נפיק שבתא גניזין מאורי האור דלא אתגליין ומאורי האש שלטי כל חד וחד על דוכתיהו אימתי שלטו במוצ"ש עד מעלי שבתא וע"ד אצטרך לאנהרא מהאי שרגא במו"ש. וכן אי' בסידור האר"י ז"ל סוד החשמ"ל בגימט' מלבוש הנשאר באצבען להגן על הקליפות שלא ינקו וכו' וכולם נכנעים מפני השכינה שנקרא אש ולכן אנו מראים אותם לפני האבוקה של נר מצוה הרמז לשכינה ולהכניעם ואנו מברכין בורא מאורי האש כלומר אין לנו חלק בהם רק בבורא אותם. וכבר בארנו בפנים ענין מעלת הדלקת נר חנוכה אשר בשעת הדלקה נתעורר אור הגנוז מששת ימי בראשית להאיר על כל יום הבא כמ"ש (שבת כא, ב)

גלא עמיקתא

מקומות ענין [3]גלוי אור הגנוז שמתגלה בחנוכה [[כ]ועיין עוד מה שכתב בזה בספר תפארת שלמה] והוא מעין הארת במקום אחר בענין דירה בתחתונים על ידי עשרת הדברות ועשרה מאמרות דאמרינן התם "עשרת הדברות" בא"ת ב"ש גימ' "אור פנימי קדמון" ויש לקשרו לכאן כדאמרו חז"ל (סוכה ב.) צא מדירת קבע ושב בדירת עראי. והוא נפלא דנמשך מדברינו דאף בנטילת ד' מינים ממשיכים אור הגנוז להאי עלמא כדוגמת האי דעבדינן בנרות חנוכה, רק שבחנוכה זהו אור הגנוז עצמו. דאין לנו השגה בו ולכן אין לנו רשות להשתמש בהם, והוא יום חול ולא עשאוהו ליום טוב ואינו אלא מדרבנן- דתורה שבע"פ בשרש גבוהה יותר מתורה שבכתב, אבל בסוכות הוא דאורייתא ויש השגה מעט בהמשכת ד' מינים כמבואר בכונות. ויש לקשרו האי א"ת ב"ש ד' מינים גימ' ד"פ "אור פנימי קדמון" דערך הממוצע דכאו"א מהם הוא "אור פנימי קדמון" לאופן קמ"ט-תהלים י"ח בפסוק ל' דהבאנו מאותיות דר"ע למ"ד ר"ת "לבך מלא דעת" גימ' (597) "אור פנימי קדמון" והוא נפלא דמתחיל לבך וכאן עיקר המינים לולב שיש לו לב לאביו שבשמים.

3. סוכות: ונעביד בא"ת ב"ש אתרג לולב ג"פ הדס ב"פ ערבה סליק לחושבן (2388): ד"פ "אור פנימי קדמון" (597) ונאמר ג"פ הדס גימ' "אור" (207) ורמיזא אור שגנזו הקב"ה לצדיקים לעתיד לבוא, והיכן גנזו "בתורה" גימ' (וירא אלהים) "את האור" (613) וכמו שכתב בעל הטורים הקדוש (שם). ויש לקשרו למה שכתבנו

קבעו שמונת ימי חנוכה כי גם (תהלים קלט, יב) הלילה כיום יאיר וזה הוא ג"כ בחי' מאורי אור. וא"כ ע"כ צריך להבדיל מקודם כי אם ידליק מקודם הנ"ח איך יהי' שייך לברך אח"כ בורא מאורי האש. כי ע"י הדלקת נר חנוכה נתעורר בחי' אור הגנוז בבחי' מאורי אור ואיך יברך אח"כ בורא מאורי האש שהוא בחי' הקטנה מזה לכן הנכון להבדיל מקודם ולברך בורא מאורי האש כי הוא דבר הנצרך לתיקון עולם כנ"ל. ואח"כ ידליק הנר חנוכה לעורר בחי' אור הגנוז מאורי האור להאיר על כל יום הבא כנ"ל.

גלא עמיקתא

אור הגנוז שיתגלה לעתיד לבוא בגאולה השלמה. ואז יקוים מאמר הבעל שם טוב דשאלו אימתי קאתי מר? וענה לכשיפוצו מעינותיך חוצה [והוא כלשון הפסוק יפוצו מעינותיך חוצה ברחובות פלגי מים (משלי ה',ט"ז)] ופשוטי העם יוכלו ליחד יחודין כמותך כן יקוים בנו ונזכה לקרב ביאת משיח צדקנו ב"ב אכי"ר.

אופן נז

איתא בסודי רזא שהנבואה היתה בעולם אל"ף שמ"ה שנים משנולד יעקב עד חגי זכריה מלאכי אחר כך נסתלקה הנבואה.

וזה נרמז בפסוק ויקר אל משה הנבואה נקראת יקר כמה שנים תהיה הנבואה אלף זעירא נרמז אלף אל משה הרי אלף שמ"ה. וזהו וידבר ה' אליו אותן השנים היו משתמשין בנבואה.

בזוהר באדרת נשא לא ידעתי דבר לאכרזא מלה דנבואה. אבל אחר כך מאוהל מועד לאמר אמירה בלחישה שנסתלק הדיבור שהיא הנבואה ולא נשתמש רק באמירה שהיא בלחישה וברמז. וטעם הדבר שהנבואה מתחלת מן יעקב שיעקב הוא כסא הכבוד מאשר יקרת בעיני נכבדת כמה יקר אתה בעיני שקבעתי זיו איקונין שלך בכסא כבודי והנבואה נקראת יקר.

אופן נז

איתא בסודי רזא [א]שהנבואה הית' בעולם אל"ף שמ"ה שנים משנולד יעקב עד חגי זכריה

גלא עמיקתא

ופותח בפסוקא דנן ויקרא אל משה: [ב]**ויקרא אל משה וידבר ה' אליו מאהל מועד לאמר** גימ' (1455) **אלף** (1000) **עם משה** במלוי יודין דחכמה "מם שין הי" (455). **והוא** חושבן (1455) ג' פעמים "תהלים" (485) **ספרא דדוד מלכא והוא** בחינת מלכות- י' **תתאה דאות א'. ומשה עצמו** בחינת י' **עילאה דאות א'** בחינת חכמה. **ואות ו"ו באמצע** בחינת יעקב-ישראל כדכתיב (סוף מיכה) **תתן אמת ליעקב ואיתא** בזוה"ק (תחלת ויקרא) [ג]**ו' דא אות אמת ודאי וכו'. וזהו** "משה - ישראל - יעקב - דוד" גימ' (1082) ב' פעמים "ישראל" (541) **דהיינו** "משה יעקב דוד" גימ' (541) "ישראל".

ומביא בסיפא דאופן נ"ז דיליה הפסוק (ישעי' מ"ג,ד'): [ד]**מאשר יקרת**

[א] **ילקוט חדש משה ומעלתו ודורו ומעלתם ומעלת כל הנביאים אות שכו:** מיום שנולד יעקב עד סוף נבואת חגי זכריה ומלאכי היתה הנבואה משמשת אלף שמ"ה שנים. וכשמתחילין משנולד יצחק, היתה הנבואה משמשת אלף ת"ה שנים. וזהו [ישעיה סג, טז] כי אתה אבינו הנאמר על יצחק, ומלת אתה רמז על אלף ת"ה. [ב] **כסף משנה הלכות עבודה זרה פרק יא הלכה יב:** [יב] הלוחש על המכה וכו'. בפ' חלק (שם צ'.) אלו שאין להם חלק לעולם הבא וכו' ר"ע אומר אף הקורא בספרים החיצונים והלוחש על המכה ואומר כל המחלה אשר שמתי במצרים לא אשים עליך ואתמר עלה בגמ' [שם ק"א.] וברוקק בה לפי שאין מזכירים שם שמים על הרקיקה אתמר רב אמר אפילו בנגע צרעת ורבי חנינא אמר אפילו ויקרא אל משה. ומדלא הזכיר רבינו רוקק נראה דמשמע ליה דרב ורבי חנינא פליגי ארבי יוחנן דיהיב טעמא משום דאין מזכירין ש"ש על הרקיקה וקאמר רב דאפילו בנגע צרעת דלית בההוא קרא שם שמים אסור ורבי חנינא אומר דאפילו באין בתיבות הללו שם שמים וגם אין עניינם רפואת נגע ומכה אעפ"כ אסור וממילא משמע דאפילו שאינו רוקק נמי אסור. אבל קשה מדגרסינן בפ"ב דשבועות (דף ט"ו:) ריב"ל הוה אמר להנהו קראי וגני היכי עביד הכי והאמר ריב"ל אסור להתרפאות בדברי תורה להגן שאני ואלא כי אמר אסור דאיכא מכה אי דאיכא מכה אסור ותו לא והתנן הלוחש על המכה אין לו חלק לעוה"ב הא אתמר עלה א"ר יוחנן ברוקק שנו שאין מזכירין שם שמים על הרקיקה משמע דאוקימתא דר' יוחנן ברוקק לריב"ל נמי איתא ועוד דאפילו את"ל דרב ור' חנינא פליגי עלייהו ה"ל למפסק כריב"ל ור' יוחנן לגבייהו ועוד מדקאמר הא אתמר עלה א"ר יוחנן ברוקק שנו משמע דליכא מאן דפליג עליה בהא דאל"כ הל"ל סבר לה כר' יוחנן דאמר ברוקק שנו ועוד דבתוספתא דסנהדרין פ' י"ב מוקי לה ברוקק ועוד דבירושלמי פ' חלק משמע דלכ"ע בעינן רוקק וצ"ע: [ג] **זוהר פרשת ויקרא:** שאל לך אות אות ממש דכלהו הוו נטלין ברזא דאתוון, וכן ברחב מה כתיב (יהושע ב) ונתתם לי אות אמת, דא את ו' דדא אקרי אות אמת, ואי תימא שאר אתוון לאו אינון אמת, אין, אלא אות דא אות אמת אקרי, העמק שאלה, דא אות ה' בתראה דבשמא קדישא, או הגבה למעלה דא את יו"ד, רישא דבשמא קדישא, ודא איהו רזא דכתיב שאל לך אות מעם יי' אלהיך אות משמא קדישא משמע דכתיב מעם יי' דדא איהו שמא דקודשא בריך הוא את חד דביה, ומשכנא קאים על דא, תא חזי כד סליק עננא על משכנא ושרא עלוי כל אינון רתיכין וכל [דף ב עמוד ב] אינון מאני משכנא דלעיל כלהו הוו גו עננא מה כתיב (שמות מ) ולא יכול משה לבוא אל אהל מועד כי שכן עליו הענן, וכתיב (שם כד) ויבא משה בתוך הענן ויהי משה בהר ארבעים יום וארבעים לילה, אי משה לא הוה יכיל לאעלא למשכנא אמאי הוה יתיב בטורא כל אינון ארבעין יומין, אלא (ס"א אינו) (בגין לקבלא אורייתא זמנא אחרא דהא תרין לוחין אתברו בקדמיתא השתא הוה בטורא כמלקדמין. [ד] **ספרי דברים פרשת**

מלאכי אח"כ נסתלקה הנבואה. וזה נרמז בפסוק ויקר אל משה הנבואה נקראת יקר [כמו שכתוב (ש"א ג',א') ודבר

גלא עמיקתא

בעיני נכבדת ואני אהבתיך ואתן אדם תחתיך ולאמים תחת נפשך גימ' עם הכולל (5100): נ' פעמים "אמונה" (102) – "משה" בא"ת ב"ש גימ' (102) "אמונה". [ה]והוא נקרא בזוה"ק "רעיא מהימנא" – וזכה בהסתלקותו לשער ה–נ' בהר נבו [ו]נוטריקון נ' בו. ולכן הוא חושבן נ' פעמים "אמונה" חסר א' – דהיא א' זעירא שניתנה לו בהסתלקותו ואז נ' בו שלמות נ' פעמים אמונה שנטע בכאו"א מישראל לכל הדורות עד ביאת משיח צדקנו במהרה בימינו אמן.

ושני הפסוקים יחד גימ' (6181): "יהיה" (30) פעמים "[ז]בן עולם הבא" (206) עם הכולל. והוא כדכתיב (זכריה י"ד,ט') "ביום ההוא יהיה ה' אחד ושמו אחד". [ח]ודרשו חז"ל (פסחים נ.) ביום

האזינו פיסקא שלג: וכפר אדמתו עמו, מנין שהריגתם של ישראל ביד אומות העולם כפרה להם לעולם הבא שנאמר (תהלים עט א) מזמור לאסף אלהים באו גוים בנחלתך נתנו את נבלת עבדיך שפכו דמם כמים. דבר אחר וכפר אדמתו עמו, מנין אתה אומר שירידתם של רשעים לגיהנם כפרה היא להם שנאמר (ישעיה מג ג) נתתי כפרך מצרים כוש וסבא תחתיך מאשר יקרת בעיני נכבדת ואני אהבתיך. [ה] **זוהר בראשית פרשת וירא דף קו עמוד א:** ועל דא לא הוה בעלמא בר נש דיגין על דריה כמשה דאיהו רעיא מהימנא. [ו] **ספר קהלת יעקב ערך מש:** י"א. משה זכה מתחילה לכל נ' שערי בינה, רק אחר כך כשחטאו ישראל בערב רב שקיבל, נעלם ממנו שער הנ', וזה (שמות ל"ב ז') לך רד שתרד מגדולתך (ברכות ל"ב.) ותחסר שער הנ' כמניין לך, ועל כן אמרו רז"ל (ראש השנה כ"א ע"ב נדרים ל"ח.) בלשונם נ' שערי בינה ניתנו למשה חסר א', ולא אמרינן מ"ט שערי בינה ניתנו למשה, רק שמתחילה ניתנו לו כל הנון, ואחר כך נחסר אחד על ידי העגל שעשו ישראל, ואחר כך בשעת פטירתו זכה לכל הנ' שערי בינה, ועל כן נאמר (דברים ל"ד א') אל הר נב"ו נון בו, שיש בו שער הנ' ונכנס הנ' בשמו, ונעשה ממשה אותיות נשמה, וידוע כי נשמה בבינה, גם זה מהרח"ו שם, והנה נודע דשער הנ' כולל כולם, ועל כן רמוז בתיבת לך על שער הנון, לך ראשי תיבות כולל לכולם. [ז] **תלמוד בבלי מסכת ברכות דף ד עמוד ב:** אמר מר: קורא קריאת שמע ומתפלל. מסייע ליה לרבי יוחנן, דאמר רבי יוחנן: איזהו בן העולם הבא? - זה הסומך גאולה לתפלה של ערבית. רבי יהושע בן לוי אומר: תפלות באמצע תקנום. במאי קא מפלגי? אי בעית אימא קרא, אי בעית אימא סברא. אי בעית אימא סברא, דרבי יוחנן סבר: גאולה מאורתא נמי הוי, אלא גאולה מעלייתא לא הויא אלא עד צפרא; ורבי יהושע בן לוי סבר: כיון דלא הויא אלא מצפרא, לא הויא גאולה מעלייתא. ואיבעית אימא קרא - ושניהם מקרא אחד דרשו, דכתיב: בשכבך ובקומך, רבי יוחנן סבר: מקיש שכיבה לקימה - מה קימה קריאת שמע ואחר כך תפלה, אף שכיבה נמי קריאת שמע ואחר כך תפלה; רבי יהושע בן לוי סבר: מקיש שכיבה לקימה - מה קימה קריאת שמע סמוך למטתו, אף שכיבה נמי קריאת שמע סמוך למטתו. מתיב מר בריה דרבינא: בערב מברך שתים לפניה ושתים לאחריה; ואי אמרת בעי לסמוך, הא לא קא סמך גאולה לתפלה, דהא בעי למימר השכיבנו! אמרי: כיון דתקינו רבנן השכיבנו, כגאולה אריכתא דמיא. דאי לא תימא הכי - שחרית היכי מצי סמיך? והא אמר רבי יוחנן, בתחלה אומר: ה' שפתי תפתח, ולבסוף הוא אומר: יהיו לרצון אמרי פי! אלא: התם כיון דתקינו רבנן למימר ה' שפתי תפתח - כתפלה אריכתא דמיא, הכא נמי, כיון דתקינו רבנן למימר השכיבנו - כגאולה אריכתא דמיא. [ח] **תלמוד בבלי פסחים דף נ עמוד א:** והיה ה' למלך על כל הארץ ביום ההוא יהיה ה' אחד ושמו אחד, אטו האידנא לאו אחד הוא? - אמר רבי אחא בר חנינא: לא כעולם הזה העולם הבא; העולם הזה, על בשורות טובות

ה' היה יקר בימים ההם אין חזון נפר"ץ] כמה שנים תהי' הנבואה אלף זעירא נרמז אלף אל משה הרי אלף שמ"ה. וזהו וידבר ה' אליו אותן השנים היו משתמשין בנבואה [ט]בזוהר באדרת נשא לא ידעתי דבר [כמו שכתוב (ירמי' א',ו') הנה לא ידעתי דבר כי נער אנכי] לאכרזא מלה דנבואה. אבל

גלא עמיקתא

ההוא יהיה ה' אחד "ושמו אחד", ומקשה: מאי אחד האידנא לאו שמו אחד הוא? ומתריץ: בעולם הזה נכתב בי"ה ונקרא א-דני אבל לעולם הבא נקרא בי"ה ונכתב בי"ה.

אומר ברוך הטוב והמטיב, ועל בשורות רעות אומר ברוך דיין האמת. לעולם הבא - כולו הטוב והמטיב. ושמו אחד, מאי אחד, אטו האידנא לאו שמו אחד הוא? - אמר רב נחמן בר יצחק: לא כעולם הזה העולם הבא; העולם הזה - נכתב ביו"ד ה"י ונקרא באל"ף דל"ת, אבל לעולם הבא כולו אחד - נקרא ביו"ד ה"י, ונכתב ביו"ד ה"י. סבר רבא למדרשה בפירקא. אמר ליה ההוא סבא: לעלם כתיב, רבי אבינא רמי: כתיב, זה שמי לעלם, וזה זכרי לדר דר. אמר הקדוש ברוך הוא: לא כשאני נכתב אני נקרא, נכתב אני ביו"ד ה"א, ונקרא אני באל"ף דל"ת. **[ט] זוהר - האדרא רבא במדבר פרשת נשא דף קלג עמוד א:** דבור בעי לארמא קלא ולאכרזא מלין, דכתיב (שמות כ) וידבר אלהים את כל הדברים האלה לאמר, ותאנא כל עלמא שמעו ההוא דבור וכל עלמא אזדעזעו, ובגין כך כתיב וידבר ולא כתיב ויאמר אוף הכא כתיב הנה לא ידעתי דבר לאכרזא מלה ולאוכחא ברוח קדשא לעלמא אי הכי הא כתיב וידבר יי' אל משה לאמר, אלא מאן הוא נביאה עלאה כמשה דלא זכה ב"נ כוותיה, דהוא שמע דבור בהכרזה ולא דחיל ולא אזדעזע ושאר נביאים אזדעזעו אפי' באמירה ודחלין בדחילו, ותאנא תקונא קדמאה דדיקנא ותניינא לאתבא (ס"א לאקפא) (נ"א לאייתאה) לתליתאה דכתיב (איוב לג) הן כל אלה יפעל אל פעמים שלש עם גבר, (תרי נוסחי) ות"ח דתרין תקונין קדמאין למיתי לתליתאה הוו דהוא תקונא תליתאה מאמצעיתא דתחות חוטמא מתחות תרין נוקבין, נפיק חד ארחא, ושערא אפסיק (ס"א אתפסק) בההוא ארחא, אמאי אתפסק משום (דכתיב (מיכה ז) ועובר על פשע) דהאי אורחא אתתקן לאעברא ביה, ובגין כך יתיב תחות נוקבי חוטמא האי אורחא, ושערא לא אתרבי בהאי אורחא משום (נ"א כובש עונות וכתיב) דכתיב ועובר על פשע למיהב אעברא עד (ס"א על) פומא קדישא דיימא סלחתי, תאנא כמה ערקיסאות מחכאן לההוא פומא ולא אתגלי לחד מנייהו, דהא אסתלק ואתעטר, ידיע ולא ידיע, תאנא בצניעותא דספרא מהו דכתיב פשע, זכו עובר לא זכו פשע, (מאי משמע עובר על פשע, שפע, דאקדים שי"ן לפ"א לא זכו עומד ולא עובר) (האי) בזעיר אפין, מאי בין האי להאי בזעיר אפין, כד נחית ההוא אורחא מתחות נוקבי חוטמי כתיב (במדבר יב) ויחר אף יי' בם וילך מאי וילך דנפיק רוחא דרוגזא מאינון נוקבי ומאן דאשכח קמיה אזיל ולא אשתכח הדא הוא דכתיב (ישעיה מ) כי רוח יי' נשבה בו ואיננו (ס"א כי רוח עברה בו ואיננו), באריך אפין כתיב (מיכה ז) ועובר על פשע, וכתיב (איוב לז) ורוח עברה ותטהרם, ותאנא הכא כתיב עובר על פשע בההוא ארחא, התם (שמות יב) ועבר יי' לנגוף את מצרים, זכאה חולקיה דמאן דזכי להאי, ודא הוא תקונא תליתאה (דאורחא) דדיקנא יקירא קדישא עלאה עתיקא דעתיקי, אמר ר"ש ודאי קודשא בריך הוא יסגי לאוטבא לך ויחדי לאגנא עלך, ותאנא מאי דכתיב (ישעיה סא) שוש אשיש ביי' בעתיק יומין אתמר, דהא הוא חדוותא דכלא, תאנא בשעתא דאתגלי האי אורחא דדיקנא דעתיק יומין, כלהו מארי דיבבא ויללה ומאריהון דדינא סתימין ושתיקין ולית דיפתח פטרא לאבאשא, משום דהאי אורחא אתגלייא לתקנא, ומהאי, מאן דאחיד (נ"א דאחית) ואזהר (ס"א משום דהאי אורחא סימנא לשתיקותא ומהאי הוא מאן דאחזי ואזהר) לשתקאה, להאי אורחא רשים, דהוא סימנא דעתיקא קדישא, תקונא רביעאה מתתקן שערא

אח"כ מאוהל מועד לאמר אמירה בלחישה שנסתלק הדיבור שהיא הנבואה ולא נשתמש רק באמירה שהיא בלחישה וברמז. וטעם הדבר שהנבואה מתחלת מן יעקב שיעקב הוא כסא הכבוד מאשר יקרת בעיני נכבדת (ישעי' מ"ג,ד') כמה יקר אתה בעיני [יב]שקבעתי זיו איקונין שלך

גלא עמיקתא

ועל פי זה יובן "יהיה" פעמים "בן עולם הבא": דלעתיד לבוא בגאולתא שלמתא בחינת עולם הבא דאתוון וי"ה יעלו לבחינת י"ה ואז יהיה השם יהי"ה כאמרם [י]אין השם שלם ואין הכסא שלם עד שימחה שמו של עמלק וכו' (עיין רש"י שמות י"ז,ט"ז). והוא כדאיתא בספרים הקדושים [יא]שלמות תורה שבכתב ע"י תורה שבעל פה: תורה שבכתב- דברי הנביא (זכריה י"ד,ט') ביום ההוא יהיה ה' אחד ושמו אחד. ותורה שבעל פה- דברי הגמרא (ברכות ד:) כל האומר תהלה לדוד ג' פעמים בכל יום מובטח לו שהוא בן עולם הבא – וזהו יהיה פעמים בן עולם הבא.

(ונחית) תחות פומא מרישא חדא לרישא חדא, הדא הוא דכתיב (מיכה ז) לשארית נחלתו, כמה דאת אמר (מלכים ב יט) ונשאת תפלה בעד השארית הנמצאה הנמצאה ממש, שארית דכתיב (צפניה ג) שארית ישראל לא יעשו עולה, תקונא חמישאה נפיק אורחא אחרא מתחות פומא הדא הוא דכתיב (מיכה ז) לא החזיק לעד אפו, קום ר' יוסי, קם ר' יוסי פתח ואמר (תהלים קמד) אשרי העם שככה לו אשרי העם שיי' אלהיו, אשרי העם שככה לו, מהו שככה לו, כמה דאת אמר (אסתר ז) וחמת המלך שככה שכיך מרוגזיה, ד"א שכיך ברוגזיה הדא הוא דכתיב (במדבר יא) ואם ככה את עושה לי הרגני נא הרוג דא הוא דינא דדייני, אשרי העם שיי' אלהיו, רחמי דרחמי, ד"א שככה שמא דכליל כל שמהן, וקודשא בריך הוא מעבר רוגזיה ואנח ביה לזעיר אנפין ומעביר על כל אינון דלבר, דתניא ארחא עלאה דדיקנא קדישא (עלאה עתיקא דעתיקי) דאיהו נחית (בדיקניה) תחות נוקבי דחוטמא דעתיקי, והאי ארחא דלתתא, שקילן אינון בכלא [י] **רש"י שמות פרק יז פסוק טז:** כי יד על כס יה - ידו של הקדוש ברוך הוא הורמה לישבע בכסאו להיות לו מלחמה ואיבה בעמלק עולמית, ומהו כס, ולא נאמר כסא, ואף השם נחלק לחציו, נשבע הקדוש ברוך הוא שאין שמו שלם ואין כסאו שלם עד שימחה שמו של עמלק כולו, וכשימחה שמו יהיה השם שלם והכסא שלם, שנאמר (תהלים ט ז) האויב תמו חרבות לנצח, זהו עמלק שכתוב בו (עמוס א יא) ועברתו שמרה נצח, (תהלים שם) וערים נתשת אבד זכרם המה, מהו אומר אחריו (תהלים ט ח) וה' לעולם ישב, הרי השם שלם, (תהלים שם) כונן למשפט כסאו, הרי כסאו שלם. [יא] **דגל מחנה אפרים בראשית פרשת בראשית:** ויש לפרש כי ידוע תורה שבכתב ותורה שבעל פה הכל אחד ואין אחד נפרד מחבירו כלל כי אי אפשר לזה בלא זה דהיינו התורה שבכתב מתגלה צפונותיה על ידי תורה שבעל פה ותורה שבכתב בלא תורה שבעל פה אינו תורה שלימה והוא רק כמו חצי ספר עד שבאו חז"ל ודרשו התורה וגילו דברים הסתומים ופעמים הם עוקרין דבר מן התורה והיינו בענין מלקות שכתוב בתורה ארבעים ובאו רבנן ובצרו חדא (מכות כ"ב ב) והכל על ידי הופעת רוח קדשם שהופיע עליהם והיה כח בידם לעשות זה נמצא תלוי שלימות תורה שבכתב בתורה שבעל פה ולכן האומר אין קל וחומר מן התורה או שחולק על מאמר אחד מחז"ל כאילו כופר בתורת משה רבינו ע"ה (סנהדרין צ"ט א) כי הכל תלוי בדרושי חז"ל והם עיקר שלימות התורה שבכתב. [יב] **ילקוט שמעוני תורה פרשת במדבר רמז תרצב:** רבן שמעון בן גמליאל אומר כל שאינו חי שלשים יום אינו

לחדשיו אלא נפל הוא, ובמה סמכה דעתו של רבן שמעון בן גמליאל לדברי תורה לפי שאין הבכורות נפדין אלא לאחר שלשים יום, [שנאמר] ופדויו מבן חדש תפדה, זה שאמר הכתוב מאשר יקרת בעיני, אמר הקדוש ברוך הוא (לישראל) [ליעקב] הרבה אתה יקר בעיני, למה כביכול שקבעתי איקונין שלך בכסא כבודי, ובשמך המלאכים מקלסין אותי ואומרים ברוך ה׳ אלהי ישראל [הוי מאשר יקרת בעיני], ד״א אמר הקדוש ברוך הוא יקר אתה בעיני שכביכול אני ומלאכי נצבים עליך בשעה שיצאת לילך לפדן ארם ובביאתך, [ביציאתך מנין] שנאמר ויצא יעקב וגו׳ ויפגע במקום וגו׳ והנה ה׳ נצב עליו וגו׳. א״ר אושעיא אשריו לילוד אשה שראה את המלך ופמליא שלו נצבים עליו ומשמשין אותו.

בכסא כבודי והנבואה נקראת יקר.

אופן נח

על דרך מה שאמרו רז"ל בגמרא במסכת שבת אמר רבי יהושע בן לוי: בשעה שהקדימו ישראל נעשה לנשמע היה לכל אחד ב' כתרים. וכשחטאו באו ק"ך רבוא ופרקו ומשה זכה לכולם. נמצא שזכה משה לק"ך רבוא כתרים וליכא מילי דלא אתרמיזו באורייתא.

ולדעתי בזה הפסוק מבואר זה הענין ולכן א' זעירא ויקר אל משה תצרף אותיות ויקר בזה האופן ו' פעמים יו"ד הרי ס', ס' פעמים ק' הרי ו' אלפים, ר' פעמים ו' אלפים הרי ק"ך רבוא, ואותו יקר היה למשה שזכה לק"ך רבוא ומהיכן זכה משה לאותו יקר וידבר ה' אליו מאוהל מועד ומשה יקח את האוהל שהיה ק"ך ימים בהר סיני כמנין מועד, לכן יקר מאוהל מועד מן מועד דהיינו מן אותו ק"ך יום שהיה על הר סיני כמנין מועד זכה לאוהל. ואמר יקר על זה מה יקר חסדיך אלהים שיש בשם אלהים ק"ך צירופים ובק"ך יום זכו לרכב אלהים רבותים שהם ק"ך רבוא כתרים.

אופן נח

ע"ד מ"ש רז"ל בגמרא במסכת שבת (פ"ח ע"א) אמר רבי יהושע בן לוי [אצלנו בגמרא הגירסא דרש ר' סימאי וכו']: [א]בשעה שהקדימו ישראל נעשה לנשמע [כדכתיב (שמות

גלא עמיקתא

ויש להקדים בבאור דברי הגמרא (חולין קלט:) [ב]משה מן התורה מנין? בשג"ם הוא בשר והיו ימיו מאה ועשרים שנה (בראשית ו',ג') בשג"ם גימ' מש"ה, וכן והיו ימיו מאה ועשרים שנה רמיזא לשנותיו דמשה כדכתיב (דברים ל"ד,ז'–סוף התורה) "ומשה בן מאה ועשרים שנה במותו" וכו' ורמיזא הני [1]ק"כ צרופי שם אלהים– דזכה משה למתקן בק"כ שנותיו, כדכתיב "ויקבר

1. ויקרא - ויקרא אל - ויקרא אל משה - וכו' לאמר: א' זעירא דויקרא- א' ריש לכולא אתוון, ואיהי צורת י' דכולי אתוון לא מתחלן אלא מאת י' דאיקרי גולם. וכד כתבינא האי פסוקא דהיינו ויקרא אל משה וכו' באחוריים, סליק לחושבן כדלקמן: ויקרא ויקרא אל ויקרא אל משה ויקרא אל משה וידבר ויקרא אל משה וידבר ה' ויקרא אל משה וידבר ה' אליו ויקרא אל משה וידבר ה' אליו מאהל ויקרא אל משה וידבר ה' אליו מאהל מועד ויקרא אל משה וידבר ה' אליו מאהל מועד לאמר ויקרא גימ' (317) "אברהם אבינו" כד קבל מרע"ה תורה צר קוב"ה פניו כפניו דאברהם אבינו עליו השלום. ויקרא אל גימ' (348) "משה" עם ג' אותיות, דאברהם ומשה אזלינן כחדא, וכן שמיה דאברהם אבינו ע"ה גימ' (248) ח"פ "אל". ויקרא אל משה גימ' (693) ג"פ רל"א, דהן רל"א שערים פו"א לקוב"ה יהיה השפע להאי עלמא, וכדכתיב (ס"י פ"ב מ"ד) "עשרים ושתים אותיות יסוד קבועות בגלגל ברל"א שערים וחוזר הגלגל פנים ואחור וזהו סימן לדבר אין בטובה למעלה מענג ואין ברעה למטה מנגע" ורמיזא להאי י"ס בלימה כמו שכתוב בספר יצירה דאין "בטובה למעלה מענג" אי נמי "ברעה למטה מנגע" ר"ת בל"מ- בל"מ עליון ובל"מ תחתון, והוא דעת עליון ודעת תחתון. ויקרא אל משה וידבר גימ' (915) "מקדש מלך עיר מלוכה" (מפיוט לכה דודי לרה"ק שלמה אלקבץ זיע"א ועיין לקמן אופן קט"ז-לכה דודי), ורמיזא ענין המלכות בהאי פסוקא דדבור במלכות כדכתיב מלכות פה. ויקרא אל משה וידבר ה' גימ' (941) (בר' א') "(ויברך) אתם (אלהים ויאמר להם אלהים) פרו ורבו" רמיזא יחוד ז"א (הוי') ומלכות (ויקרא אל משה וידבר), "וידבר" - גימ' (222) ב"פ "אלף" (111), בסוד ב' טיפין חד דכורא חד נוק', והוא הצווי ברם עדיין לא זמנו, וכגון מה שכתוב בספה"ק- ענין הנסירה בראש השנה הטיפה בשמיני עצרת והיחוד בשבועות בכתר במוסף. ויקרא אל משה וידבר ה' אליו גימ' (988) "בחוקותי תלכו" (לפי הקרי דבכתיב אין ווין כלל, וכאן עסקינן בקריאת ה' אל משה- ולכן אזלינן בהאי חושבן לפי ענין הקריא, וד"ל) ופרש"י "שתהיו עמלים בתורה" (ובמצוות שכן בתורה היינו תריג) והאי "שתהיו עמלים בתורה" -

[א] תלמוד בבלי מסכת שבת דף פח עמוד א: דרש רבי סימאי: בשעה שהקדימו ישראל נעשה לנשמע, באו ששים ריבוא של מלאכי השרת, לכל אחד ואחד מישראל קשרו לו שני כתרים, אחד כנגד נעשה ואחד כנגד נשמע. וכיון שחטאו ישראל, ירדו מאה ועשרים ריבוא מלאכי חבלה, ופירקום. שנאמר ויתנצלו בני ישראל את עדים מהר חורב. אמר רבי חמא ברבי חנינא: בחורב טענו, בחורב פרקו. בחורב טענו - כדאמרן, בחורב פרקו - דכתיב ויתנצלו בני ישראל וגו'. אמר רבי יוחנן: וכולן זכה משה ונטלן, דסמיך ליה ומשה יקח את האהל. אמר ריש לקיש: עתיד הקדוש ברוך הוא להחזירן לנו, שנאמר ופדויי ה' ישבון ובאו ציון ברנה ושמחת עולם על ראשם - שמחה שמעולם על ראשם. **[ב] תלמוד בבלי מסכת חולין דף קלט עמוד ב:** אמרי ליה פפונאי לרב מתנה וכו' משה מן התורה מנין? בשגם הוא בשר (בראשית ו') המן מן התורה מנין? המן העץ (בראשית ג') אסתר מן התורה מנין? ואנכי הסתר אסתיר (דברים ל"א) מרדכי מן התורה מנין? דכתיב (שמות ל') מר דרור ומתרגמינן: מירא דכיא.

כ"ד,ז') כל אשר דבר ה' נעשה ונשמע] הי' לכל אחד ב' כתרים. וכשחטאו באו ק"ך רבוא ופרקו ומשה זכה לכולם נמצא שזכה משה לק"ך רבוא כתרים [ג]וליכא מילי דלא אתרמיזו באורייתא. ולדעתי

[ג] **פני דוד דברים פרשת האזינו:** ויבא משה וידבר את כל דברי השירה הזאת באזני העם הוא והושע בן נון. אפשר לתת טעם שכתב הושע וחיסר יוד משמו כמ"ש בסוף ערכין על פסוק נחמיה סימן ח' וישבו בסוכות כי לא עשו מימי ישוע בן נון דבעו רחמי איצר' דע"ז ובטלוה והיינו דקפיד קרא עילוי דיהושע דבכל דוכתא כתיב יהושע והכא כתיב ישוע בשלמא משה לא בעא רחמי דלא ה"ל זכותא דארץ ישראל אלא יהושע דה"ל זכותא דא"י אמאי לא בעי רחמי עד כאן והנה אי הוה בעי רחמי יהושע על יצרא דע"ז לא נחרב הבי' ולא גלו ישראל וכמו שהאריך הרב פרשת דרכים ע"ש באורך. והכא כל דברי השירה הזו בעוה"ר נתקיימה בעבור שעבדו ע"ז ומתוך עון ע"ז דחמיר עבירה גוררת עבירה ונלכדו בשאר עבירות אבל אי הוה יהושע מבטל יצרא דע"ז לא נתקיים בישראל כל דברי השירה ומי גרם שיתקיימו יהושע דלא בעי רחמי איצרא דע"ז ולכן הכא דכתיב שאמרו משה ויהושע השירה הזאת חיסר אות יוד משמו של יהושע כי הוא גרם ח"ו לכל הרעות האלה. וכמו שהכתוב בנחמי' חיסר אות משמו על רזא דנא ליכא מידי דלא רמיז באוריתא והכא נמי הכתוב חיסר אות משמו כי הוא היה קצת גרמא לכל השירה שתתקיים כדבר האמור:

גימ' (1524) - "התעוררי כי בא אורך קומי אורי" (מהאי פיוטא דהרב אלקבץ זצוק"ל ועיין אופן קט"ז) והוא בסוד הנסירה (שה"כ רה"ש) ונכתוב בקצור ז"א ונוק' נבראו אב"א בסוד מוחין דקטנות ולמנוע יניקה ח"ו מהאי מוחין, ז"א מקבל המוחין דיליה ודילה מאו"א ומאיר אליה דרך אחוריו להגדילה לי"ס, ואז נעשית הנסירה בסוד דורמיטא - וכדכתיב "ויפל ה' אלהים תרדמה על האדם" גימ' (1037) "הודו - לגוזר ים סוף לגזרים כי לעולם חסדו" (תהל' קל"ו,י"ג) והוא רמז לסוד הנסירה, דקוב"ה גזר לאיתתא מאדם קדמאה, והיינו "קומי אורי" כלומר דלא ע"י ז"א, דבעת הדורמיטא מקבל הנוק' אורותיה ישירות מאמא עילאה, וזהו דברה"ש דינא קשיא - שפרצופי הנוק' בכללות הן דינין- וכאן אמא וברתא, וז"א דממתקא לדינא - בדורמיטא כדכתיב "ויישן" גימ' (376) "עשו", דמהאי דינין קשיין נשתלשל מציאות עשו, דאמר הקב"ה הא שוא שבראתי בעולמי (ב"ר ס"ג,ח').

ונמשיך מדברינו- דהאי פס' "ויקרא אל משה וידבר ה' אליו" הוא בסוד הנסירה, דלפני היחוד פב"פ, והוא בסוד מה שכתוב (ויהי ביום) "כלת משה" - בגימ' "חג השבועות" (795) והוא היחוד העליון, וכמ"ש באופן יב"ק תקון ליל שבועות, עיי"ש. ויקרא אל משה וידבר ה' אליו מאהל גימ' (1064) "א-דני", דמלכות נק' א-דני ולית לה מגרמה כלום והיא א' זעירא, וכעת - כשקבלה אורותיה - בסוד הגדלת הנוק' לי"ס, הרי היא אלף (1000) אורות דזכה להן מרע"ה ונהיתה א-דני באלף רבתי, ורמיזא "ויקרא אל משה" ס"ת "אהל", דהנוק' בקטנות אב"א עם ז"א ולכן בס"ת, ברם אתמר סוף מעשה במחשבה תחלה (שם בפיוט) ועיין אופן קט"ז-לכה דודי. ויקרא אל משה וידבר ה' אליו מאהל מועד גימ' (1184) "הבל" (37) פעמים "לב" (32) וזהו הבל הלב קול פשוט בסוד קול שופר, דקדמא לכל ה' מוצאות הפה, ורמיזא א' זעירא להבל הלב, ד-א' ראש לכולי אתוון, ומאי טעמא אזעירת משה- רמיזא האי הבל הלב דקדם לה' מוצאות, וכמ"ש "בראשית נמי מאמר" - ואיהו מאמר סתום, האי הבל דקדם לתורה דאת קדמאה ובתראה אינון ל"ב - הה"ד (שה"ש ד',ט') "לבבתני אחתי כלה", ופרש"י הק' שם וז"ל משכת את לבי אליך עכ"ל, וזהו דישראל עם קדוש עוסקים בתוה"ק דאיהי שמותיו של הקב"ה יממא ולילא משכין את ליביה אליהון, ומקרבן גאולתא וביאת משיחא בב"א, וזהו מאי דאמר קהלת (קהלת א') "הבל הבלים הכל הבל" עולה גימ' (1116) "בראשית ברא", וכנודע מהאר"י הקדוש דהן ז' הבלים- הבל-חד הבלים-תרין וכו', ורמיזא הב-ל הרי ז' ל' אורייתא קדישא ענין הלמוד בתורה, ורמיזא הבל במלוי "הי בית למד" גימ' (501) "ראש", ועם הבית- דבית רמיזא שמושא ב' פעמים דהאי את, א"נ בראשית ב' רבתי ב"פ בית, וא"כ "בית הי למד" גימ' "בראשית" דאיהו נק' מאמר

סתום, ורמיזא בא׳ זעירא דויקרא, והאי נתוספה בהאי רבוע דפס׳ תבה ״מועד״ גימ׳ ק״כ שנותיו דמרע״ה, וכמ״ש משה מן התורה מנין (דהיינו לפני שמוזכר בתורה בהדיא) בשג״ם הוא בשר, והן ק״כ צרופי אלהים דזכה משה ומתקן. ויקרא אל משה וידבר ה׳ אליו מאהל מועד לאמר גימ׳ (1455) ״אל ש-די״ במלוי (אלף ע״ה) עם ״משה״ במלוי (455), והוא השלמות דזכה לה מרע״ה, דכתב האר״י הק׳ אל ש-די גימ׳ (345) ״משה״, ״אל ש-די״ מלא גימ׳ אלף (ע״ה) אורות דזכה להן מרע״ה, ו״משה״ עצמו במלוי גימ׳ ״תנה״, כדאמרו מלאכי השרת כד סליק מרע״ה ליהיב לן אורייתא ״ה׳ אדונינו מה אדיר שמך בכל הארץ אשר תנ״ה (משה במלוי) הודך על השמים״ (תהל׳ ח׳,ב׳) גימ׳ ע״ה (2601) ק״פ שם הוי׳ ב״ה (26), והוא א׳ יותר ובמשה גימ׳ אל ש-די ובמלואו הוא א׳ פחות מאל״ף (999), והוא בסוד דכורא ונוק׳ ובסוד חותם בולט וחותם שוקע בדרוש התפלין לצמח צדק בספה״ק דרך מצותיך ע״ש, וזהו ״כלת משה״ בחי׳ כלה והקב״ה כביכול החתן, ויחד סליק לחושבן (ה׳ אדונינו וכו׳ כל הפס׳-2601) עם ״אל ש-די״ במלוי (999) גימ׳ (3600) ק״פ ״אהל״ (36), שלמות היחוד דקוב״ה עם כנס״י, וכדכתיב ״ומשה יקח את האהל״ (שמ׳ ל״ג,ז׳) דאתמר בתר חטא העגל, וסליק לחושבן (911) ״יתמו חטאים מן הארץ״ ע״ה (תהל׳ ק״ד,ל״ה) ר״ת ימח״ה- היינו ה׳ איש מלחמה ה׳ שמו- ״איש מלחמה״ בדלוג אות אשל״ם ימח״ה, וכדכתיב (ישעי׳ כ״ה,ח׳) ״בלע המות לנצח, ומחה א-דני ה׳ (אלהים) דמעה מעל כל פנים, וחרפת עמו יסיר מעל כל הארץ, כי ה׳ דבר״ (״בלע״ גימ׳ ״משה״ בא״ת ב״ש (102) וגימ׳ ״אמונה״) וכולי האי פסוקא גימ׳ (3208) ב״פ ״אנא ה׳ הושיעה נא, אנא ה׳ הושיעה נא, אנא ה׳ הצליחה נא, אנא ה׳ הצליחה נא״ (1604) וכדאמרינן חזן וקהל בהלל, ואמרינן ח״פ ״נא״ (כולל ״נא״ מ״אנא״) חו״ק דהיינו ט״ז פעמים ״נא״ עולה גימ׳ (816) ״ישיש עליך אלהיך״ מהפיוט לכה דודי דחברו הרה״ק שלמה אלקבץ זיע״א- וממשיך כמשוש חתן על כלה, ורמיזא זווג שלים פב״פ דקוב״ה וכנס״י למיהוי בגאולה האמיתית והשלמה וביאת משיח צדקנו, בב״א.

בזה הפסוק מבואר זה הענין ולכן א׳ זעירא ויקר אל משה תצרף אותיות ויקר בזה האופן ו״פ יוד הרי ס׳ ס״פ ק׳ הרי ו׳ אלפים ר״פ ו׳ אלפים הרי ק״ך

והנה כד נעביד אחוריים דהאי פסוקא, דהיינו: ויקרא ויקרא אל ויקרא אל משה ויקרא אל משה וידבר ויקרא אל משה וידבר ה׳ ויקרא אל משה וידבר ה׳ אליו ויקרא אל משה וידבר ה׳ אליו מאהל ויקרא אל משה וידבר ה׳ אליו מאהל מועד ויקרא אל משה וידבר ה׳ אליו מאהל מועד לאמר סליקו כולהו לחושבן (7905) ה״פ ״שויתי ה׳ לנגדי תמיד, כי מימיני בל-אמוט״ (תהל׳ ט״ז,ח׳) (1581) לקביל נרנח״י דכללות הקומה, ורמיזא בל-אמוט לקביל הבל-לב ואיהי תורתינו הקדושה דמתחלא ב׳ ומסיימא ל׳, וכן בהאי מזמורא (תהל׳ ט״ז) ״בל-עליך (פס׳ ב׳), ובל אשא (פס׳ ד׳), בל-אמוט (פס׳ ח׳)״ גימ׳ (590) ה״פ ״כבוד אלהים״ (118) (משלי כ״ה,ב׳), ושם בפסוק כתיב ״כבד״ חסר, והוא גימ׳ הוי׳ דממתקא לאלהים, היינו דכתיב (דב׳ ד׳,ל״ה) ״אתה הראת לדעת כי ה׳ הוא האלהים, אין עוד מלבדו״ ופרש״י הראת כתרגומו אתחזיתא, כשנתן הקב״ה את התורה פתח להם ז׳ רקיעים וכו׳ וראו שהוא יחידי לכך נא׳ אתה הראת לדעת וכו׳. והנה יש לקשר האי להאי א׳ זעירא, ד״הראת לדעת״ גימ׳ (1110) י״פ ״אלף״ (111), וכד מוסיפנא יב״ק דאיהו יחוד הוי׳ אלהים דהיינו - ״הראת לדעת הוי׳ האלהים״ גימ׳ (1222) ב״פ ״תורה״ (611), לקביל תורה שבכתב (הוי׳) תורה שבע״פ (אלהים) וזהו א׳ זעירא: א׳ תורה שבכתב, אלופו של עולם זעיר-א׳ תורה שבע״פ מלכותא קדישא דאזעירת גרמה, ועי׳ אופן צ״ח דברי תורה דנמשלו למים יין וחלב, והוא ר״ת ימ״ח כדאמרי׳ לעיל ״יתמו חטאים מן (הארץ)״ גימ׳ (614) ״ה׳ מלך ה׳ מלך ה׳ ימלך לעולם ועד״- ויתגלה בביאת משיח צדקנו בב״א, ויקוים בנו ״אך טוב וחסד ירדפוני כל ימי חיי״ (614) חושבנא דדין כחושבנא דדין, ומסיים (תהל׳ כ״ג,ו׳) ״ושבתי בבית ה׳ לארך ימים״ (1509) גימ׳ ע״ה ״קדשים תהיו כי קדש אני ה׳ אלהיכם״ (ויק׳ י״ט,ב׳-תחלת פרשת קדושים) וכל האי פסוקא (תהל׳ כ״ג,ו׳) ״אך טוב וחסד ירדפוני כל ימי חיי, ושבתי בבית ה׳ לארך ימים״ גימ׳ (2123) י״א פעמים ״אני ה׳ אלהיכם״ (193) דאמרינן בסוף קריאת שמע, ב״פ ברישא ובסיפא

רבוא ואותו יקר היה למשה שזכה לק"ך רבוא ומהיכן זכה משה לאותו יקר וידבר ה' אליו מאוהל מועד ומשה יקח את

גלא עמיקתא

אותו בגי' חסר כתיב– נתעלה ונגנז בי"ג תקוני דיקנא קדישא בפנימיותם בחינת [ד]רישא דלא אתידע. וכדכתיב (שם פסוק ו') "ולא ידע איש את קבורתו עד היום הזה".

ולבאור הדברים הבאנו הפסוק: "[ה]ומשה בן מאה ועשרים שנה במתו, לא כהתה עינו ולא נס לחה" וסליק

[ד] **שו"ת רב פעלים חלק ג - סוד ישרים סימן י:** כלל העולה צריך שתדע שרש כל דברים האלו כי האין סוף למעלה מן הכל ותחתיו הוא ההיא רישא דלא אתידע שהיא נקראת אצלינו תמיד בשם עתיק יומין ותחתיו הוא אלו התשעה ספירות השרשיות אשר כולם הם בא"א המתפשט ומתלבש תוך עולם האצילות כולו עד סוף נוקבא דז"א דאצילות בכל ענין התפשטותם עד למטה עד הנוקבא וכו', ועיין בשער ההקדמות בדרוש המתחיל וז"ל, ונחזור לבאר בפרטות ענין אלו העשר נקודים איך היו קודם התיקון, ואיך היו אחר התיקון וכו', כל ההקדמה הזאת היטב ושם תראה כי כל אלו התשעה ספירות שרשיות הם הנקראים א"א שהוא ספירת הכתר של כללות עולם האצילות וכו' וכו' ע"ש. [ה] **מדרש תנחומא פרשת תצוה:** (ט) [כט, א] וזה הדבר אשר תעשה להם, זש"ה כבוד חכמים ינחלו (משלי ג), נאה הכבוד לחכמים היגעין בתורה אמרה תורה

דפסוקא (במדבר ט"ו,מ"א)- ובצלותא דשחרית וערבית חול דאמרינן ב"פ קריאת שמע מדאורייתא מחברינן "אני ה' אלהיכם" עם אמת דליהוי רמ"ח תיבין, ועבדינן י"א "אני ה' אלהיכם" נעביד י"א אמת עמהון, סליק כולהו לחושבן דהיינו י"א פעמים "אני ה' אלהיכם אמת" סליק לחושבן (6974) כ"ב (אתוון דאורייתא קדישא) פעמים "ויקרא" (317), והוא נפלא מאד- דא' זעירא דויקרא איהי רישא לכל כ"ב אתוון דאורייתא קדישא, ואיהי שכינתא קדישא דמיחדא עם קוב"ה, ויהא רעוא קדם רבון עלמא דנזכי לאעסק באורייתא קדישא יממא ולילא ולחדתא מלין למען שמו יתברך, ולעשות לו ית' נחת כל ימי חיינו אנחנא וזרע זרענא עד עולם, ונזכי לחזות בנעם ה' בביאת משיח צדקנו בב"א.

קצור: מרע"ה רעיא מהימנא זכה במסירות נפשו על כלל ישראל פעם אחר פעם ובענותנותו הרבה למתק הדינים מעל כלל ישראל, ולהוריד השכינה מרקיע לארץ כדכתיב (שמ' י"ט,כ') "וירד ה' על הר סיני אל ראש ההר" גימ' (1423) "ואנכי הסתר אסתיר" (דב' ל"א,י"ח) זל"ז, עם מתוק, ובלי מתוק כאשר ח"ו אין עושין רצונו ש"מ, ולכן כתיב (שמ' כ',א') "וידבר אלהים" דהן גבורות ממותקות, וכנודע מהאר"י הק' דהן ק"כ צרופי אלהים נחלקים לג"פ מ' צרופים לקביל כל הקומה חב"ד חג"ת נה"י, ומרע"ה מתק לכולן, וזמש"כ - משה עומד בין שמ"ד לרצו"ן - שמד (344) משה (345) רצון (346) ומהפך מדינים (שמד) לרחמים (רצון), ובאופן ט"ו סוד הצמצום לשונו דע"ח - "קו אחד ישר" גימ' (629) "נחל נובע מקור חכמה" (משלי י"ח,ד'), "דק כעין" גימ' (254) "צדיקים", "צנור" אתוון "רצון" ואינון צדיקיא דממתקא לדינא, וכמבואר בנעם אלימלך הקדוש בכמה מקומות. וזהו דהני מ' צרופי אלהים גימ' (3440) י"פ שמ"ד, והן ג"פ בכל הקומה כאשר דינין שלטין בעלמא ח"ו, ומשה דהוה מ' יום ג"פ על הר סיני מתק הני ג"פ מ' צרופי אלהים וכד יהב לנא אורייתא קדישתא ממתקא הני רבוע דאלהים, ונכתוב בקצור: א אל אלה אלהי אלהים. א': היינו א' זעירא דאזעירת הדיני דאלהים בשרשו בבינה. אל: לא תשתחוה לאל אחר (שמ' ל"ד,י"ז). אלה: אלה אלהיך ישראל (שמ' ל"ב,ד'). אלהי: אלהי מסכה לא תעשה לך (שמ' ל"ד,י"ז). אלהים: לא יהיה לך אלהים אחרים על פני (שמ' כ',ג'). ורמיזא דבתבה אל אחר ריש רבתי, ורמיזא האי רבוע אלהים גימ' ר'– ומרע"ה רעיא מהימנא - יהב לנא נקודת האמונה המסותרת בלב כל יהודי ויחן נגד ההר כאיש אחד בלב אחד, משה בא"ת ב"ש גימ' אמונה, והאי נקודת אמונה מהפכא מאחר לאחד, וכדאמרינן ב"פ ביום שמע ישראל ה' אלהינו ה' אחד, והוא יגאלנו שנית בקרוב בגאולה האמיתית והשלמה וביאת משיח צדקנו, בב"א.

האוהל (שמות ל"ג,ז') שהי' ק"ך ימים בהר סיני כמנין מועד לכן יקר מאוהל מועד מן מועד דהיינו מן אותו ק"ך יום שהיה על הר סיני כמנין מוע"ד זכה לאוהל. ואמר יקר ע"ז מה יקר

גלא עמיקתא

לחושבן (2665): י"ג פעמים "בבל מדי יון אדום" (205).

ובספרו חיים והשלום פי' לספר תהלים למוה"ר יוסף חיים זיע"א רמז בפסוק "ומקרני רמים עניתני" (תהל' כ"ב,כ"ב), רמים הם ארבע גלויות בבל מדי יון אדום. שרמוזים בקרנות של הרמים– "אברהם ויעקב" דהקרנות שלהם ר"ת וס"ת אתוון במי"א: בבל מדי יון אדום– עניתני בהם, ובאור הדברים דעל ידי שמשה רבינו מתק ק"כ צרופי שם אלהים מתק לכל הגלויות כנ"ל עד ביאת משיח צדקנו בב"א.

וכפלינן י"ג זימנין לקביל י"ג תקוני דיקנא קדישא דא"א בסוד [1]אתהפכא חשוכא לנהורא ומרירו למתקא. וכגון

עשר וכבוד אתי הון עתק וצדקה, את מוצא ל"ו דורות מאדם ועד יעבץ, ולא כתיב באחד מהן כבוד אלא ביעבץ שנאמר (דברי הימים א ד) ויהי יעבץ נכבד מאחיו, ולמה כתיב בו כבוד שהיה ת"ח מקהיל קהלות ודורש טעמי תורה ברבים שנאמר (דברי הימים א ב) ומשפחת סופרים יושבי יעבץ תרעתים שמעתים שוכתים המה הקינים הבאים מחמת אבי בית רכב, א"ר יהודה בר שלום בשם רבי איבו שני בני אדם ראו כבוד כו', ד"א כבוד חכמים ינחלו זה יהושע שירש כבוד ממשה רבינו שא"ל הקדוש ברוך הוא כאשר הייתי עם משה אהיה עמך, למשה א"ל הקדוש ברוך הוא של נעליך מעל רגליך (שמות ג) וליהושע ויאמר שר צבא ה' אל יהושע של נעלך מעל רגלך (יהושע ה), משה כתוב בו אז ישיר משה ובני ישראל ויהושע אז ידבר יהושע לה' ביום תת ה' (יהושע י), משה הוציאם ממצרים ויהושע הכניסם לארץ, משה הרג לסיחון ועוג ויהושע שלשים ואחד מלכים, משה העמיד גלגל חמה במלחמת עמלק, שנאמר (שמות יז) והיה כאשר ירים משה ואין ירים אלא לשון שהעמיד גלגל חמה שנאמר (חבקוק ג) נתן תהום קולו רום ידיהו נשא, ויהושע כן שנאמר (יהושע י) שמש בגבעון דום וירח בעמק אילון, משה בנה מזבח שנאמר (שמות יז) ויבן משה מזבח, ויהושע כן שנאמר (יהושע ח) אז יבנה יהושע מזבח, משה כתב את התורה שנאמר ויכתוב משה את התורה הזאת (דברים לא), ויהושע כן ויכתוב יהושע את הדברים האלה בספר תורת אלהים (יהושע כד) הרי בכל, אבל אין אנו מוציאין שהיו שנותיו כשנות משה רבינו שמשה כתוב בו ומשה בן מאה ועשרים שנה במותו (דברים לד) ויהושע נגנז בן מאה ועשר, ולמה פחתו לו עשר שנים בשביל שאמר לפני משה רבו עשרה דברים שנא' (במדבר יא) ויען יהושע בן נון משרת משה מבחוריו ויאמר אדוני משה כלאם לפיכך פחתו לו עשר שנים, מכאן את למד שאין תלמיד רשאי לומר דבר לפני רבו שכל המורה דבר לפני רבו או אפילו אינו מורה אלא אומר לאחרים הלכה במקום שרבו מצוי שנותיו מתקצרות (מכמה טעמים הצריכין להדרש בס' אחרי מות סימן ו'), ד"א כבוד חכמים ינחלו זה אהרן ובניו שנתברר הכהונה מידם. [ו] **שם משמואל בראשית פרשת חיי שרה:** וע"כ כמו שהתורה איננה נתלית בזמן ולא משתנית בשינוי העתים, כן האבות לא נשתנו מהותם וצדקתם בשינוי העתים, כי השינוי בא מצד התעוררות חלק הרע שבאדם, שכל אדם מורכב מטוב ורע כידוע, ואפי' אדם שלם יכול להיות שלפעמים יקץ כישן חלק הרע שבו, אך האבות שהפכו חשוכא לנהורא ומרירא למיתקא, ונעתק חלק הרע לטוב, ע"כ אין בהם ענין השינוי. וכמו התורה שכולה טוב, וכמ"ש (משלי ד') כי לקח טוב נתתי לכם, ע"כ אין בה שינוי ולא יחליף האל ולא ימיר דתו, כי השינוי שייך רק בדבר שיש בו תערובת רע. וכן נמי הגוף, באשר נמשך תמיד אחר הנשמה מחמת התבטלותו אלי', השיג נמי מעלה זו להיות בלי שינוי. וזהו הפירוש כשם שהם

חסדיך אלהים שיש בשם אלהים ק"ך צירופים ובק"ך יום זכו (תהל' ס"ח, י"ח) לרכב

גלא עמיקתא

ענין נס פורים ונהפוך הוא את המן ובניו תלו על העץ [ז]אשר הכין לו- לעצמו (כדאיתא בגמרא מגילה ט"ז ע"א). וכנודע מכתבי האר"י הקדוש בכונות פורים: "מרדכי אסתר" גימ' י"ג ע"ב בסוד מיתוק כנ"ל [ח]ומרדכי בדורו כמשה בדורו. ורמז המגלה עמוקות ענין ק"כ צרופים: בכפל ויקר ו"פ י' וכו'. דסליקו לחושבן ק"כ ריבוא כנ"ל. וכאשר נכפיל אותיות אל"ף באותו האופן: א"פ ל' הרי ל"פ פ' הרי (2400) י' פעמים "עמלק" (240). וכשמתק משה ק"כ צרופי שם אלהים דמתמן יניק עמלק ממילא מתק גם אותו. ולכן א' זעירא בסוד מיתוק והקטנה דסליק האי חושבן י' פעמים "עמלק".

וכתב המגלה עמוקות ([ט]בפירושו על א' זעירא דויקרא אופן ע"ח) א' זעירא צורת י'- וכאן רמיזא י' פעמים עמלק. ובבלעם כתיב (במדבר כ"ג,ד'-פרשת בלק) "ויקר אלהים אל בלעם" ללא א' – ובהאי א' זעירא רמיזא עמלק כנ"ל מהכאת אותיות המלוי. וכנודע [י]בלעם-עמלק שלמות הקליפה ענין אחד להם- כאשר תכתוב: ב ל ע ם ע מ

תמימים כך שנותיהם תמימים, היינו כמו שהנפש נעתקות ממנה התכונות הרעות והרע שבה נהפך לטוב, זה נקרא "הם תמימים", "הם" היינו הנפש שזוהי צורת האדם, והגוף נקרא רק בשר האדם והוא כמו לבוש, "כך שנותיהם תמימים" שהגוף שהוא לעולם תחת הזמן נמי קנה מעלה זו שלא ישתנה, וע"כ בת ק' כבת כ' לנוי ובת עשרים כבת ז' לחטא. וזה ונחלתם לעולם תהי', ואין הפירוש הנחלה הגשמית נחלת שדה וכרם, שזה הבל ואינו נקרא נחלה בהחלט, אלא נחלה בהחלט נקראת הנחלה הרוחנית שהיא הארה אלקית ולעולם תהי' בלי השתנות כנ"ל. וזהו שחביב חייהם של צדיקים בעוה"ז ובעוה"ב, היינו שחביבים בעוה"ז כמו בעוה"ב שבעוה"ב אין מציאות הרע כלל כן אצלם בעוה"ז כנ"ל. [ז] **תלמוד בבלי מגילה דף טז עמוד א**: לא נעשה עמו דבר, אמר רבא: לא מפני שאוהבין את מרדכי, אלא מפני ששונאים את המן. הכין לו, תנא: לו הכין. [ח] **שפתי צדיקים - ויקרא - פרשת צו**: מדרש רבה (אסתר ב, ה) במגילת אסתר (ו, ב) איש יהודי היה כו' שקול היה מרדכי כמשה רבינו ע"ה נאמר במשה (במדבר יב, ג) והאיש משה כו'. ונאמר במרדכי איש יהודי. נאמר במשה (ויקרא י, טז) דרוש דרש משה. ונאמר במרדכי דורש טוב לעמו כו' (אסתר י, ג). ויש לדקדק היאך תולה זה בפסוק איש יהודי כו'. ונראה כי משה רבינו ע"ה היה רעיא מהימנא של ישראל והיה מוסר נפשו תמיד על ישראל להחזירם למוטב ולהמתיק מהם הדינים הקשים על ידי פעולות מעשים ויחודים שעשה בעולמות העליונים וידוע כי עיקר המתקות הדינים נעשים על ידי שמירת שבת קודש, ולכן הראשי תיבות של ושמרו בני ישראל את השבת הם אותיות ביא"ה שהוא מורה על יחוד וזווג העליון כביכול, וזה היה גם כן מעשה מרדכי הצדיק שלבש שק ואפר ומסר נפשו להחזיר את ישראל למוטב ולהמתיק מהם הדינים הקשים על ידי היחודים שלו, וזה הוא ראשי תיבות של איש יהודי היה בשושן הם גם כן אותיות ביא"ה, ולכן שפיר דייקו חז"ל בזה הפסוק שקול היה מרדכי כמשה רבינו ע"ה. ע"כ בשם הרב הק' מראפשיץ. [ט] **מגלה עמוקות על א' זעירא דויקרא אופן ע"ח**: רמז הקב"ה בכאן בצורת א' שהיא צורת י' סוד המקוה שהוא סוד שיעור קומה בהיפך אתוון הוקם המשכן אז נשלמה המקוה של מעלה. שיש ר"ם קבין במקוה. לכן היו ישראל ד' פעמים ס' רבוא שהם ר"ם רבוא. [י] **בני יששכר מאמרי חודש אדר מאמר ג' - מלחמה לה' - דרוש ה'**: ופירש בו הקדוש מהר"ש מאוסטרפאליא הי"ד בקשר אחד תמצאנו, היינו לאורכם ולרוחבם, כשתכתבם בשורה זה תחת

אלהים רבותים שהם ק"ך רבוא כתרים.

גלא עמיקתא

ל ק כשתקח שתי אותיות ראשונות מכל שם תקבל תיבת בלע"ם, וכשתקח שתי האחרונות יוצא עמל"ק – חזינן דתרוויהו כחדא אזלין. וכאשר תתגלה מלכותו יתברך בעולם – יכלו שני שרשי הקליפה כדאמר בלעם עצמו על עמלק (במדבר כ"ד,כ') "ראשית גוים עמלק ואחריתו עדי אובד". וזהו דתרוויהו יחד: "בלעם – עמלק" סליקו לחושבן (382) "ה' ימלך לעולם ועד" (שמות ט"ו,י"ח–שירת הים).

ובשחרית קדם ישתבח אמרינן [יא]שנים מקרא ואחד תרגום: ה' ימלך לעולם ועד – ה' ימלך לעולם ועד גימ' (752) ב' פעמים "שלום" (376). ובלשון תרגום אמרינן: ה' מלכותה קאם לעלם ולעלמי עלמיא גימ' (1185) י"ה (15) פעמים "בן דוד יבא" (79) והוא בפיוט צור משלו אכלנו "[2]ובן דוד עבדך יבא ויגאלנו רוח אפינו משיח ה'" [ועיין מה

2. באור תהלים פרק ו' למנצח בנגינות על השמינית - האלף השמיני: והנה בהאי מזמורא י"א פסוקין לקביל ולהכניע י"א כתרין דמסאבותא לתתא ולעילא. וזהו א' צורת י' ו' י' וו בלשון יווני תרין וא"כ יו הרי י"א לעילא וי הרי י"א (כתרין דמסאבותא) לתתא, והיא א' זעירא לרמוז מפלת הסט"א באלף השמיני וכגון (ישעי' י"ד,כ"ג) "וטאטאתיה במטאטא השמד" גימ' (852) "יברכך ה' יאר ה' ישא ה'" (במ' ו',כ"ד) והוא ג' מילים לקביל ג' אופני ברכה, ד-ג' פעמים הוי חזקה (וכגון נגוף למצרים ורפוא לישראל- מגילה יג:) והוא סליק לחושבן (852) "שבעים נפש" (שמ' א',ד') דהן שרש לנשמות ישראל, ואת זה לעומת זה עשה האלהים - ע' אומות עכו"ם. ונחזה בעזהי"ת מאי דגניז דוד המלך ברוה"ק בהאי מזמורא: פסוק א': למנצח בנגינות על השמינית מזמור לדוד גימ' (1991) י"א פעמים "ובן דוד עבדך יבא (ויגאלנו)" (והוא מהפיוט צור משלו אכלנו), והוא פתיחא להאי מזמורא רמיזא ענין המזמור דאלף השמיני ולכן פותח למנצח על השמינית.

זה כזה בלעם עמלק יהיו מקושרים גם לרחבם בלעם עמלק, זה יורה דלשניהם שורש אחד [זוה"ק בראשית כ"ה ע"א], ובלעם היה מתפאר בעצמו ויודע דעת עליון [במדבר כד טז], ועל כן אמרו רז"ל ולא קם נביא עוד בישראל כמשה אשר ידעו י"י וכו' [דברים לד י], ודרשו בישראל לא קם אבל באומות העולם קם ומנו בלעם [במד"ר פי"ד י"ט], ואמרו בזוהר שמות דף כ"א [ע"ב] כד אתא ר' שמעון בן יוחאי אתו שאילו קמיה האי מלה (שהוא באמת תימה גדולה) פתח ואמר, קטיפא דקרנטי אתערבא באפרסמונא טבא ח"ו, אלא ודאי כך הוא, באומות העולם קם ומנו בלעם, משה עובדוי לעילא ובלעם לתתא, משה אשתמש בכתרא קדישא דמלכא עילאה לעילא, ובלעם אשתמש בכתרין תתאין דלא קדישין לתתא, ובההוא גוונא ממש כתיב [יהושע יג כב] ואת בלעם בן בעור הקוסם הרגו בחרב, ואי סלקא דעתך יתיר זיל שאיל לאתניה, עכ"ל, הרי לך מבואר דבלעם היה שורשו מן הדעת דס"א, והנה עמלק הוא עמו בקשר אחד אחיזת שורשו הוא גם כן בדעת דס"א (עיין בדברי הקדוש הרמ"ע ז"ל [מאמר חיקור דין ח"ה פ"ח], כתב בלעם ועמלק בקליפה הוא כמו להבדיל בין טומאה וטהרה יעקב ומשה בקדושה, משה לגו ויעקב לבר [תיקו"ז כ"ט ע"א], כמו כן בדעת דטומאה בלעם לגו עמלק לבר, עיין שם). **[יא] זוהר שמות פרשת תרומה דף קלב עמוד ב:** וסימן לרזא דא שנים מקרא ואחד תרגום, שנים לישנא דסגיאין איהו דודאי קדושה דלשון הקדש אסיר איהי (קכט) ביחיד, קדושת תרגום אסיר איהו בסגיאין אלא ביחיד לעולם, אחד תרגום תנינן ולא תרין ולא יתיר, תרגום אתיא למיעוטא והכי אצטריך, לשון הקודש אתיא לרבוייא והכי אצטריך, דמעלין בקודש ולא מורידין, ובתרגום מורידין ולא מעלין, אחד תנינן ולא יתיר ולא מעלין כלל, קודשא דא קדושתא דאתקדשת שכינתא וכל אינון רתיכין דילה לאתתקנא לגבי מלכא עלאה, ובגין דאיהי קדושת עלמא תתאה איהי מיושב ולא

בעמידה. [יב] **תלמוד בבלי מסכת סנהדרין דף קי עמוד א:** איתתיה דקרח אמרה ליה: חזי מאי קעביד משה! איהו הוה מלכא, לאחוה שוויה כהנא רבא, לבני אחוהי שוינהו סגני דכהנא, אי אתיא תרומה - אמר תיהוי לכהן, אי אתו מעשר דשקילתו אתון - אמר הבו חד מעשרה לכהן, ועוד דגייז ליה למזייכו ומיטלל לכו כי כופתא, עינא יהב במזייכו. - אמר לה: הא איהו נמי קא עביד! - אמרה ליה: כיון דכולהו רבותא דידיה, אמר איהו נמי תמת נפשי עם פלשתים. ועוד: דקאמר לכו עבידיתו תכלתא, אי סלקא דעתך תכלתא חשיבא [מצוה] - אפיק גלימי דתכלתא וכסינהו לכולהו מתיבתך! היינו דכתיב חכמות נשים

גלא עמיקתא

שכתבנו בזה [3]בבאור עשרת המכות תחלת מכת ברד]. ויחד השנים מקרא ואחד תרגום – סליקו לחושבן (1937) י"ג פעמים "כבוד אל אלהים" (149) כדכתיב (משלי כ"ה,ב') "כבוד אלהים הסתר דבר" וכו' רמיזא לעתיד לבוא הארת פנימיות הכתר מ–י"ג תקוני דיקנא ונגלה כבוד הוי' וראו כל בשר יחדו כי פי ה' דבר (ישעי' מ',ה') בגאולתא שלמתא בב"א.

ומביא המגלה עמוקות להני פסוקין, ונבארם בס"ד אחד אחד, ולאחר מכן שני הפסוקים יחד, שלושת הפסוקים יחד, וכן על זה הדרך: א'. ויקרא אל משה וידבר ה' אליו מאהל מועד לאמר (ויקרא א',א') גימ' (1455) ה"פ שם אלהים במלוי אלפין כזה: "אלף למד הא יוד מם" (291) רמיזא מיתוק שם אלהים כנ"ל. ובמלוי אינון י"ג אתוון בסוד י"ג תקוני דיקנא קדישא כנ"ל. וחזינן ג' מלויי שם אלהים: מלוי אלפין גימ' אר"ץ כנ"ל. מלוי יודין גימ' ש'. מלוי ההין גימ' צר"ה רחמנא ליצלן. ושלשתם יחד "ש' צרה ארץ" גימ' (886) "מלכות שמים" וכדאמרינן בשחרית: "וכולם מקבלים עליהם עול מלכות שמים זה מזה, ונותנים באהבה רשות זה לזה להקדיש ליוצרם בנחת רוח" וכו'. ובאור הענין: דמשה רבינו ע"ה גילה מלכות שמים וקידש שם שמים בהאי עלמא– וכן יעביד משיח צדקנו בב"א.

ומביא הפסוק השני: ב'. ומשה יקח את האהל ונטה לו מחוץ למחנה הרחק מן המחנה וקרא לו אהל מועד, והיה כל מבקש ה' יצא אל אהל מועד אשר מחוץ למחנה (שמות ל"ג,ז') גימ' (3914) "חוה" (19) פעמים "בן עולם הבא" (206) והוא תיקון חטא חוה– דאחר שחשדוהו מאשת איש דכתיב והביטו אחרי משה (שמות ל"ג,ח') [עיין [יב]סנהדרין ק"י ע"א] ומשה יקח את האהל. תרוויהו

3. עשרת המכות: ברד: לקביל ספירת החסד מתתא לעילא. ופרש"י (שמות ט',כ"ד) ואש מתלקחת בתוך הברד: נס בתוך נס האש והברד מעורבין והברד מים הוא ולעשות רצון קונם "עשו שלום ביניהם" סליק לחושבן (869) י"א פעמים "בן דוד יבא" (79) ויגאלנו במהרה בימינו אמן.

וכן יהיה לעתיד לבוא כדכתיב (ישעי' י"א,ו') "וגר זאב עם כבש ונמר עם גדי ירבץ" וכדוגמת מים ואש שוכנים יחד בשלום- ורמיזא תיבין בדברי רש"י "עשו שלום"- דכעת הוא בחינת "עשו" גימ' (376) "שלום".

ולעתיד לבוא גם הרשעים (חוץ מאלה שאין להם חלק לעוה"ב רח"ל וכמבואר בפרק חלק וכו') יהיו מבחי' "עשו" לבחי' (376) "שלום"- חושבנא דדין כחושבנא דדין. ואז יתגלה שהכל היה חסד ה'- ולכן מתאים להאי מכה להיות בחינת חסד.

ויש לומר דבכללות המכות הן בחי' א' זעירא מפנימיות הכתר, ותמן י' ספיראן דנתגלו בעשרת המכות דלקו המצרים.

ובסוד מה שכתוב (ישעי' נ"ח,ד') "ולהכות באגרף רשע" גימ' (1323) ג"פ "אמת" (441) והביאו הרה"ק ר' שמשון מאוסטרופולי זיע"א.

ונביא אי"ה דבריו בסוף חבורנו והן פלאי פלאות האי אגרתא דיליה- ויהי רצון דהשי"ת יזכנו ברוב רחמיו להבין אפילו אות אחת מהאי איגרתא אכי"ר.

גלא עמיקתא

יחד גימ' (5369) ז' פעמים "ומי כעמך כישראל" (767) (שמואל ב' ז',כ"ג) [עיין בסוגיא [יג]**ברכות ו' ע"א בענין תפלין דקוב"ה דכתיב ביה האי פסוקא] וכפלינן ז' זימנין לקביל כללות נשמות ישראל מז"ת דז"א דמלכות דאצילות, א"נ לקביל** [יד]**שלשה אבות וארבעה אמהות מרכבה שלמה** [טו]**חגת"ם.**

ומביא הפסוק השלישי: מה יקר חסדך אלהים, ובני אדם בצל כנפיך יחסיון (תהל' ל"ו,ח') גימ' (1092) ב' פעמים "יבא דודי לגנו ויאכל פרי מגדיו" (546) (שיר השירים ד',ט"ז). והוא בסוד ענין מיתוק הדינים: דתיבה "לגנו" עולה בגימ' (89) "חנוכה"– הארת [טז]**אור הגנוז לעתיד לבוא דאז יכלו ויאבדו כל**

בנתה ביתה - זו אשתו של און בן פלת, ואולת בידה תהרסנה - זו אשתו של קרח. ויקמו לפני משה ואנשים מבני ישראל חמשים ומאתים - מיוחדים שבעדה, קראי מועד - שהיו יודעים לעבר שנים ולקבוע חדשים, אנשי שם - שהיה להם שם בכל העולם. וישמע משה ויפל על פניו, מה שמועה שמע? - אמר רבי שמואל בר נחמני אמר רבי יונתן: שחשדוהו מאשת איש, שנאמר ויקנאו למשה במחנה. אמר רבי שמואל בר יצחק: מלמד שכל אחד ואחד קנא את אשתו ממשה, שנאמר ומשה יקח את האהל ונטה לו מחוץ למחנה. [יג] **תלמוד בבלי ברכות דף ו עמוד א:** אמר רבי אבין בר רב אדא אמר רבי יצחק: מנין שהקדוש ברוך הוא מניח תפילין - שנאמר נשבע ה' בימינו ובזרוע עזו; בימינו - זו תורה, שנאמר: מימינו אש דת למו, ובזרוע עזו - אלו תפילין, שנאמר: ה' עז לעמו יתן. ומנין שהתפילין עוז הם לישראל - דכתיב: וראו כל עמי הארץ כי שם ה' נקרא עליך ויראו ממך, ותניא, רבי אליעזר הגדול אומר: אלו תפילין שבראש. אמר ליה רב נחמן בר יצחק לרב חייא בר אבין: הני תפילין דמרי עלמא מה כתיב בהו? אמר ליה: ומי כעמך ישראל גוי אחד בארץ. ומי משתבח קודשא בריך הוא בשבחייהו דישראל? - אין, דכתיב: את ה' האמרת היום (וכתיב) וה' האמירך היום. אמר להם הקדוש ברוך הוא לישראל: אתם עשיתוני חטיבה אחת בעולם, ואני אעשה אתכם חטיבה אחת בעולם; אתם עשיתוני חטיבה אחת בעולם, שנאמר: שמע ישראל ה' אלהינו ה' אחד. ואני אעשה אתכם חטיבה אחת בעולם, שנאמר: ומי כעמך ישראל גוי אחד בארץ. אמר ליה רב אחא בריה דרבא לרב אשי: תינח בחד ביתא, בשאר בתי מאי? - אמר ליה: כי מי גוי גדול ומי גוי גדול אשריך ישראל או הנסה אלהים ולתתך עליון. [יד] **תלמוד בבלי ברכות דף טז עמוד ב:** תנו רבנן: אין קורין אבות אלא לשלשה, ואין קורין אמהות אלא לארבע. אבות מאי טעמא? אילימא משום דלא ידעינן אי מראובן קא אתינן אי משמעון קא אתינן - אי הכי, אמהות נמי - לא ידעינן אי מרחל קא אתינן אי מלאה קא אתינן! אלא: עד הכא - חשיבי, טפי - לא חשיבי. תניא אידך: עבדים ושפחות אין קורין אותם אבא פלוני ואמא פלונית, ושל רבן גמליאל היו קורים אותם אבא פלוני ואמא פלונית. מעשה לסתור? - משום דחשיבי. [טו] **שו"ת תורה לשמה סימן תלג:** תשובה הדבר הזה מפורש יוצא בדברי רבינו זצ"ל בשער מאמרי רז"ל שסידר מהרש"ו ז"ל במאמר בראשית רבא פ' מ"ג פסיעותיו של אברהם אבינו היו שלשה מילין וכו' והוא ביאור ארוך ורחב הרבה ושם כתב וז"ל ונודע כי סדר היסודות העליונים הם חגת"ם שהם מים אש רוח עפר אף על פי שבעוה"ז אינו כן כסדרם ולכן מיכאל הנגלם באויר זה אינו נגלם אלא ביסוד המים כנגד החסד ולכן בקפיצה אחת יכול לקפוץ כל העולם אחרי רדתו והתלבשו בו וגבריאל ברדתו לעוה"ז מתלבש במים ובאש שהם חו"ג שמדתו מצד הגבורה ואם נגלם באש מכ"ש במים כי לעולם שמאלא אצטריכא לימינא אך ימינא לא אצטריכא לשמאלא כנז' בזוהר ולכן מוכרח הוא להתלבש בשני יסודות מים ואש וכו' עכ"ל נמצא סדר זה של ארמ"ע הוא בעוה"ז אך למעלה הם מאר"ע שהם סוד חגת"ם ודי בזה. והיה זה שלום ואל שדי ה' צבאות יעזור לי. כ"ד הקטן יחזקאל כחלי נר"ו. [טז] **תלמוד בבלי חגיגה דף יב עמוד א:** ואור ביום ראשון איברי? והכתיב ויתן אתם אלהים ברקיע השמים וכתיב ויהי ערב ויהי בקר יום רביעי! - כדרבי אלעזר. דאמר רבי אלעזר: אור שברא הקדוש ברוך הוא ביום ראשון - אדם

גלא עמיקתא

הסטרא אחרא כדכתיב (במדבר כ"ד,כ') "ואחריתו עדי אובד".

ומסיים רבינו בפסוק הרביעי – דמתמן זכה משה לק"כ כתרים בסוד: ד'. רכב אלהים רבתים אלפי שנאן, א-דני בם סיני בקדש גימ' (2125) "טוב" (17) פעמים "יום ה' גדול" (125). כדמסיים ספר מלאכי: "הנה אנכי שלח לכם את אליה הנביא לפני בוא יום ה' הגדול והנורא, והשיב לב אבות על בנים ולב בנים על אבותם פן אבוא והכיתי את הארץ חרם". וכאמרם [יז]אין גיהנם לעתיד לבוא אלא הקב"ה מוציא חמה מנרתיקה צדיקים מתרפאין בה ורשעים נידונין בה וכו' (עיין נדרים ח:).

והנה כולהו ד' פסוקין יחד: א'. ויקרא אל משה וידבר ה' אליו מאהל מועד לאמר (1455) ב'. ומשה יקח את האהל ונטה לו מחוץ למחנה הרחק מן המחנה וקרא לו אהל מועד, והיה כל מבקש ה' יצא אל אהל מועד אשר מחוץ למחנה (3914) ג'. מה יקר חסדך אלהים, ובני אדם בצל כנפיך יחסיון (1092) ד'. רכב אלהים רבתים אלפי שנאן, א-דני בם סיני בקדש (2125) סליקו לחושבן (8586): "טוב" (17) פעמים "מן – באר – ענני כבוד" (505) עם הכולל – דאמרו חז"ל [יח]דהיו לישראל במדבר בזכות משה [מן] אהרן [ענני כבוד] ומרים [באר]. ולאחר הסתלקות אהרן ומרים נסתלקו באר וענן וחזרו בזכות משה. וחזינן דמשה הוא כללות שלשתם: מ' דמשה רמיזא מרים. ש' דמשה אות עיקרית בשמו לקביל משה. ה' דמשה לקביל אהרן.

צופה בו מסוף העולם ועד סופו, כיון שנסתכל הקדוש ברוך הוא בדור המבול ובדור הפלגה וראה שמעשיהם מקולקלים - עמד וגנזו מהן, שנאמר וימנע מרשעים אורם. ולמי גנזו - לצדיקים לעתיד לבא שנאמר וירא אלהים את האור כי טוב, ואין טוב אלא צדיק, שנאמר אמרו צדיק כי טוב. כיון שראה אור שגנזו לצדיקים שמח, שנאמר אור צדיקים ישמח. כתנאי: אור שברא הקדוש ברוך הוא ביום ראשון אדם צופה ומביט בו מסוף העולם ועד סופו, דברי רבי יעקב. וחכמים אומרים: הן הן מאורות שנבראו ביום ראשון ולא נתלו עד יום רביעי. [יז] **תלמוד בבלי נדרים דף ח עמוד ב:** א"ר שמעון בר זביד א"ר יצחק בר טבלא א"ר חייא אריכא דבי ר' אחא א"ר זירא א"ר אלעזר א"ר חנינא א"ר מיאשה משמיה דרבי יהודה בר אילעאי, מאי דכתיב: וזרחה לכם יראי שמי (שמש צדקה וגו')? אלו בני אדם שהן יראין להוציא שם שמים לבטלה. שמש צדקה ומרפא - אמר אביי: ש"מ, חרגא דיומא מסי. ופליגא דר"ש בן לקיש, דאמר: אין גיהנם לעולם הבא, אלא הקדוש ברוך הוא מוציא חמה מנרתיקה, צדיקים מתרפאין בה ורשעים נידונין בה, שנאמר: וזרחה לכם יראי שמי שמש וגו'; ולא עוד, אלא שמתעדנין בה, שנאמר: ויצאתם ופשתם כעגלי מרבק; והרשעים נידונין בה, שנא': הנה היום בא בוער כתנור וגו'. [יח] **תלמוד בבלי תענית דף ט עמוד א:** רבי יוסי ברבי יהודה אומר: שלשה פרנסים טובים עמדו לישראל, אלו הן: משה, ואהרן, ומרים. ושלש מתנות טובות ניתנו על ידם, ואלו הן: באר, וענן, ומן. באר - בזכות מרים, עמוד ענן - בזכות אהרן, מן - בזכות משה. מתה מרים - נסתלק הבאר. שנאמר ותמת שם מרים, וכתיב בתריה ולא היה מים לעדה, וחזרה בזכות שניהן. מת אהרן - נסתלקו ענני כבוד, שנאמר וישמע הכנעני מלך ערד, מה שמועה שמע - שמע שמת אהרן ונסתלקו ענני כבוד, וכסבור ניתנה לו רשות להלחם בישראל. והיינו דכתיב ויראו כל העדה כי גוע אהרן. אמר רבי אבהו: אל תקרי ויראו אלא וייראו. כדדריש ריש לקיש, דאמר ריש לקיש, כי משמש בארבע לשונות: אי, דלמא, אלא, דהא. חזרו שניהם בזכות משה, מת משה - נסתלקו כולן, שנאמר ואכחד את שלשת הרעים בירח אחד. וכי בירח אחד מתו? והלא מרים מתה בניסן, ואהרן באב, ומשה באדר! אלא: מלמד שנתבטלו שלש מתנות טובות שנתנו על ידן, ונסתלקו כולן בירח אחד.

גלא עמיקתא

והנה שלשתם יחד "משה – אהרן – מרים" גימ' (891) ג"פ "**ירא אלהים**" (297) כמו שאמר הקב"ה לאברהם אחר שעמד בנסיון העקדה (בראשית כ"ב,י"ב) "עתה ידעתי כי ירא אלהים אתה" וכו'. ובעמלק כתיב להיפך (דברים כ"ה,י"ח) "ואתה עיף ויגע ולא ירא אלהים" [יט] ופירש"י ואתה עיף ויגע אבל עמלק לא ירא אלהים מלהרע לך. ומהאי טעמא הוא חושבן (891) ג"פ "כי הנה אויביך ה' כי הנה אויביך יאבדו" (תהל' צ"ב,י') והוא בסוד מתוק שם אלהי"ם כנ"ל באופן דנן, וזהו חר"ן גימ' (258) ג"פ שם אלהי"ם– והני צדיקיא ומשה כללות שלשתם מתקו דיני שם אלהי"ם. וכן עולה גימ' עשר פעמים חנוכ"ה (89) עם הכולל ורמיזא הארת [כ] אור הגנוז לצדיקים לעתיד לבוא בעשר ספירות ומוספינן הכולל דאיהו אלופו של עולם עושה כל אלה.

והנה הפלא ופלא– ג' תיבין בתראין דאופן דנן: ק"ך רבוא כתרים גימ' (999) "אל ש–די" במלוי כזה: "אלף למד – שין דלת יוד", "אל ש–די" הפשוט גימ' (345) "משה", וזהו שכתב תיבה קודם לכן שה"ם אתוון מש"ה והוא במכוון, וממילא תיבין "שהם ק"כ רבוא כתרים" סליקו לחושבן (1344) מש"ה ב–א' רבתי, ואם תקשה דאות א' ליכא בתיבה משה לא קשיא דהוא בסוד ירדוף אחד אלף, ובהחזרת הגלגל אלף (1000) נהפכת ל–א' (1) והחושבן הוא מש"ה כנ"ל, דלית אדם בלא א', ואמרו חז"ל (יבמות סא.) עה"פ אדם אתם (יחזקאל ל"ד,ל"א)

[יט] **רש"י דברים פרק כה:** אשר קרך בדרך - לשון מקרה. דבר אחר לשון קרי וטומאה, שהיה מטמאן במשכב זכור. דבר אחר לשון קור וחום, צננך והפשירך מרתיחתך, שהיו כל האומות יראים להלחם בכם ובא זה והתחיל והראה מקום לאחרים. משל לאמבטי רותחת שאין כל בריה יכולה לירד בתוכה, בא בן בליעל אחד קפץ וירד לתוכה. אף על פי שנכוה, הקרה אותה בפני אחרים ויזנב בך - מכת זנב, חותך מילות וזורק כלפי מעלה כל הנחשלים אחריך - חסרי כח מחמת חטאם, שהיה הענן פולטן ואתה עיף ויגע - עיף בצמא, דכתיב (שמות יז ג) ויצמא שם העם למים, וכתיב אחריו ויבא עמלק ויגע - בדרך ולא ירא - עמלק, אלהים, מלהרע לך:

[כ] **זוהר חדש - בראשית - פרשת בראשית דף כז עמוד א:** א"ר אבהו [מארת] למה חסר ו"ו א"ל על מה דאמרן בקדמיתא דלאו נהירותיה שלים דלית נהירותיה בר מה דמקבל כחד חוטא בתר כותלא מההוא נהירותא דלעילא ובגיניה לא אתקרי נהורותא שלימתא ולא יאות לאתקרי שלימתא אלא ההוא נהורא דאתקרי ונהורא עמיה שרא [דניאל ב'] וההוא דאתגניז לצדיקי' הוא חד מס' אלפין ושבעין וחמש חולקין מנהירותא דשרי' עם קב"ה ונהירותא דשמשא הוא חד משתין אלפין ושבעין וחמש חולקין מנהירותא דגניז לצדיקיא לעלמא דאתי. ועל כדין לא אתקרי נהירותא שלימתא האי נהירותא דשמשא ולא יאות לאתקרי. ולפיכך אמר קב"ה לא תקשי לכו דכתיב מארת ולא שלים דאנא לא עבדית ליה אלא למה דכתיב להאיר על הארץ לשמשא לבני ארעא ודי לכו לבני ארעא לבוצינא דא לשמשא לכו. א"ר אלעזר ומה זעירא דא לא יכלין בני נשא לאסתכלא ביה נהוריתא דגניז לצדיקיא עאכו"כ. א"ר אבהו וכל שכן נהירותא דבוצינא דשרי קמי מלכא עילאה. אתא לנשקא ידיה דרבי אלעזר אמר כען ידענא די בקושטא האי מארת חסר ויאות לו למהוי חסר יתיר מהאי. אמר ווי לעלמא כד (תקפו) [תפוק] מניה דעד יומא דא שאילנא דא ולא אשכחנא עיקרא דמילתא בר כען. ההוא אורחא דנפקת ביה יהא סימנא דברכה לי על דערעית לך. יתיב עמיה תלתין יומין ואוליף כל ספקא וקושיא דהוה ליה ואוליף ליה שתין טעמי בפרשתא דבראשית אזל לאורחי' אשכח לרבי חייא אמר ליה במטו מינך רבי אבהו דאטעום מההיא מיתקא דדובשא דאמצית מגזירת קדישין

עילאין א״ל חררתא דאפיקותא וסובתא דדובשא לא מתיישבי (נ״א מיישרי) כחדא ואעפ״כ אוליף ליה בכה ר׳ חייא ואמר נדרנא עלי דעד דאוליף קמי מאריהון דמתניתא עילאה לא איתיב הכא. יתיב תמן תריסר שנין כד אתא קארו ליה ר׳ חייא רבה. א״ר יצחק אור גנוז לצדיקיא לעתיד לבא ההוא דהוא גנוז הה״ד אור זרוע לצדיק ולישרי לב שמחה [תלים צז].

[כא] תלמוד בבלי יבמות דף סא עמוד א: קברי עובדי כוכבים אינן מטמאין באהל, שנא׳: ואתן צאני צאן מרעיתי אדם אתם, אתם קרויין אדם, ואין העובדי כוכבים קרויין אדם. מיתיבי: ונפש אדם ששה עשר אלף! משום בהמה. אשר יש בה הרבה משתים עשרה רבוא אדם אשר לא ידע בין ימינו לשמאלו (ובהמה רבה)! משום בהמה. כל הורג נפש וכל נוגע בחלל תתחטאו! דלמא איקטיל חד מישראל. ורבנן? לא נפקד ממנו איש. ור׳ שמעון בן יוחי? לא נפקד ממנו איש לעבירה. רבינא אמר: נהי דמעטינהו קרא מאטמויי באהל, דכתיב: אדם כי ימות באהל, ממגע ומשא מי מעטינהו קרא?

[כב] תלמוד בבלי מסכת ברכות דף סג עמוד ב: דבר אחר: הסכת ושמע ישראל - כתתו עצמכם על דברי תורה, כדאמר ריש לקיש. דאמר ריש לקיש: מנין שאין דברי תורה מתקיימין אלא במי שממית עצמו עליה - שנאמר זאת התורה אדם כי ימות באהל.

גלא עמיקתא

[כא]**אתם קרויים אדם ולא עכו״ם**, י״ל **דהוא** בזכותיה **דמשה רעיא מהימנא**, דעלה למרום והוריד לנו התורה הקדושה, **דאדם** איקרי מי שעוסק בתורה וממית **עצמו** עליה [כב]כדרשת חז״ל (ברכות סג:) על הפסוק **אדם** כי ימות באהל (במדבר י״ט,י״ד) – ולכן א׳ זעירא לרמוז על כל דא – ומיד בפסוק הבא **אדם** כי יקריב מכם וכו׳ ובספה״ק **אתם** מקריבים **עצמכם** על התורה ועל שמו יתברך ויתעלה לעד ולנצח נצחים. וזהו דמיתקן משה ק״ך צרופי שם אלהים לקביל ״ק״ך רבוא כתרים״ שזכה להם בחורב כשחטאו ישראל. ויהי רצון דניגאל ברחמים בעגלא ובזמן קריב אכי״ר.

אופן נט

איתא בסודי רזא שהנבואה הבאה לנביא הולכת דרך ז׳ מלאכים ולכן ז׳ קולות במזמור הבו לה׳ בני אלים וכן ביחזקאל ואשמע את קול כנפי הכרובים קחשיב ז׳ דרגין.

לפי זה קאי על למעלה שכסה הענן את משה שבעה ימי המלואים הם לקביל ז׳ דרגין אלו ואחר כך אמר ויקרא בא׳ זעירא לרמוז שהנבואה באה לו אחר ז׳ מלאכים קרי ביה ויקר אל משה שהיא הנבואה לזה רמזו ז׳ ימי המילואים חצבה עמודיה שבעה ז׳ ימי המילואים מטעם שלחה נערותיה תקרא שהן הן שבע הנערות הראויות לתת לה מבית המלך.

אופן נט

[א]איתא בסודי רזא שהנבואה הבאה לנביא הולכת דרך ז' מלאכים ולכן ז' קולות במזמור (תהלים כ"ט) הבו לה' בני אלים

גלא עמיקתא

ומביא המגלה עמוקות: דבמזמור כ"ט ז' פעמים קו"ל (136) גימ' (952) [ב]נ"ר שב"ת רמיזא [1]אלף השביעי

1. באור תהלים פרק ט' למנצח על מות לבן מזמור לדוד: א' זעירא מרמז הארת הכתר דאמרינן באלף השביעי ובעיקר בשמיני יאיר אור הגנוז מפנימיות הכתר, ונתבאר לעיל אופן קל"ג-תהלים ח' באריכות בסוד ענין חנוכיה של חנוכה מנורה בת ח' קנים והשמש על גבי כולן בסוד פנימיות אור הגנוז דאף הוא לא יתגלה לעתיד לבוא באלף השמיני אלא למתי מעט, וכתבנו שנתגלה כבר עתה לרשב"י הקדוש וגנזו באתון הזוהר הקדוש. ועבדינן האי מזמורא (ח') בצורת המנורה דחנוכה בת ח' קנים ונר אמצעי שמש ע"ג כולנה- והאי מנרתא (ללא הכותרת למנצח על הגתית) מרמזא להאי מזמורא ט'- דמספר המזמור הוא ט' ומרמז ג"פ על ט' הקנים כנ"ל.

ובמזמור זה אהי-ה פסוקים כשם הכתר, ואם נחשבינהו ללא הכותרת "למנצח על מות" [דהוא גימ' (764) "דוד בן ישי משיחך"], והרי הן כ' פסוקים, ג"כ ענין הכתר כדכתיב (שבת קד. סוד האותיות) אלף בית וכו' ז' ח' ט' י' כ': הקדוש ברוך הוא זן אותך (זין) וחן אותך (חית) ומיטיב לך (טית) ונותן לך ירושה (יוד) וממשיך שם באות כ"ף: וקושר לך כתר לעולם הבא.

הני מלין "הקדוש ברוך הוא קושר לך כתר לעולם הבא" סליקו לחושבן (2115): "י-ה" (15) פעמים "בגן אלהים" (141) (יחזק' ל"א,ח') והוא בתוכחתו של יחזקאל הנביא לפרעה שרצה לעלות השמימה (י-ה) וכפר בעקר. ורמיזא דכפלינן בי-ה דחזינן דהנבואה נאמרה בחמשה עשר לחדש כמ"ש שם (ל"ב,י"ז) "ויהי בשתים עשרה שנה בחמשה עשר לחדש, היה דבר ה' אלי לאמר".

ופרעה הרשע אמר (שם כ"ט,ג') "לי יארי ואני עשיתני" גימ' (1168): ב"פ (584) "אור הלבנה כאור החמה" (ישעי' ל',כ"ו) דאתמר בנבואה לאחרית הימים האלף השמיני- וכנודע במקום שהקדושה גדולה כך הטומאה בהתאם מכסה ומסתירה אותה, דקליפה קדמה לפרי וכו'- ולכן במקום שהאור גדול כל כך כגון אור הלבנה כאור

[א] **ספר סודי רזיא חלק א אות ט:** וגם ישראל לא היו צריכים לא לאור החמה ביום ולא לאור הלבנה בלילה, שנאמר (שמות יג, כא - כב) וה' הולך לפניהם יומם, לא ימיש עמוד הענן יומם וגו'. ואף לעולם הבא אין צריכין לא לאור החמה ביום ולא לאור הלבנה בלילה שנאמר (ישעי' ס, יט - כ) לא יהי' לך עוד השמש וגו' לא יבא עוד שמשך וגו'. מכאן אמרו מנהג החמה וחוק הלבנה, ועדן המזלות וחשבון התקופות, ומידות הימים ומחלקות השעות, תרו הראשונים דרשו וחקרו בעוז בינתם. כוכב חמה מיכא"ל, לבנה גבריא"ל, שבתי קפציא"ל, צדק צדקיא"ל, מאדים סמא"ל, חמה רפא"ל, נוגה ענא"ל, ז' מלאכים לז' שעות. שבתי משמש עם כל מזל ומזל ב' שנים ומחצה, נמצא גומר ומשמש עם כל המזלות כולן בל' שנה. צדק משמש עם כל מזל ומזל ל' יום נמצא גומר ומשמש עם כולן י"ב חדש. מאדים משמש עם כל מזל ומזל ל' יום נמצא משמש עם כולן י"ב חדש. חמה משמש עם כל מזל ומזל ל' יום נמצא גומר ומשמש עם כולן י"ב חדש. נוגה משמש עם כל מזל ומזל כ"ח שנים נמצא משמש עם כולן של"ו שנים. כוכב חמה משמש עם כל מזל ומזל כ"ה ימים נמצא משמש עם כולן ש' יום. לבנה משמש עם כל מזל ומזל ב' ימים ומחצה נמצא משמש עם כולם ל' יום. [ב] **בראשית רבה פרשת בראשית פרשה יז:** שאלו את רבי יהושע מפני מה האיש יוצא פניו למטה, ואשה יוצאת פניה למעלה אמר להם האיש מביט למקום ברייתו, ואשה מבטת למקום ברייתה, ומפני מה האשה צריכה להתבשם ואין האיש צריך להתבשם, אמר להם אדם נברא מאדמה והאדמה אינה מסרחת לעולם, וחוה נבראת מעצם, משל אם תניח בשר ג' ימים בלא מלח מיד הוא מסריח, ומפני מה האשה קולה הולך ולא האיש אמר להם משל אם תמלא קדרה בשר אין קולה הולך, כיון שתתן לתוכה עצם מיד קולה הולך, מפני מה האיש נוח להתפתות ואין האשה נוחה להתפתות אמר להן אדם נברא מאדמה וכיון

וכן ביחזקאל (א',כ"ד) ואשמע את קול כנפי הכרובים קחשיב ז' דרגין. לפ"ז קאי על למעלה שכסה הענן את משה שבעה

גלא עמיקתא

[ג]יום שכולו שבת נר ה' נשמת אדם (משלי כ',כ"ז) – ויהי רצון דנזכה כולנו במהרה לאורו. ואז יחזיר יעקב ה' ווין

שאתה נותן עליה טפה של מים מיד היא נשרית וחוה נבראת מעצם ואפילו אתה שורה אותו כמה ימים במים אינו נשרה, ומפני מה האיש תובע באשה ואין האשה תובעת באיש, אמר להן משל למה הדבר דומה לאחד שאבד אבידה הוא מבקש אבידתו ואבידתו אינה מבקשתו, ומפני מה האיש מפקיד זרע באשה ואין האשה מפקדת זרע באיש, אמר להם דומה לאחד שהיה בידו פקדון ומבקש אדם נאמן שיפקדנו אצלו, ומפני מה האיש יוצא ראשו מגולה והאשה ראשה מכוסה, אמר להן לאחד שעבר עבירה והוא מתבייש מבני אדם, לפיכך יוצאת וראשה מכוסה, ומפני מה הן מהלכות אצל המת תחלה אמר להם על ידי שגרמו מיתה לעולם, לפיכך הן מהלכות אצל המת תחלה, הה"ד (איוב כא) ואחריו כל אדם ימשוך, ומפני מה ניתן לה מצות נדה, על ידי ששפכה דמו של אדם הראשון לפיכך ניתן לה מצות נדה, ומפני מה ניתן לה מצות חלה, על ידי שקלקלה את אדם הראשון שהיה גמר חלתו של עולם, לפיכך ניתן לה מצות חלה, ומפני מה ניתן לה מצות נר שבת, אמר להן על ידי שכבתה נשמתו של אדם הראשון לפיכך ניתן לה מצות נר שבת. [ג] **מסכתות קטנות מסכת אבות דרבי נתן נוסחא א פרק א**: כיצד נברא אדם הראשון שעה ראשונה הוצבר עפרו. שניה נברא צורתו. שלישית נעשה גולם. רביעית נתקשרו אבריו. חמישית נתפתחו נקביו. ששית נתנה בו נשמה. שביעית עמד על רגליו. שמינית נזדווגה לו חוה. תשיעית הכניסו לגן עדן. עשירית צוהו. אחד עשר סרח. שתים עשר נטרד והלך לו לקיים מה שנאמר ואדם ביקר בל ילין (תהלים מ"ט כ"ד): יום ראשון מהו אומר לה' הארץ ומלואה תבל ויושבי בה (שם כ"ד א') כי הוא קנה ויקנה והוא ידין את העולם. ביום שני מהו אומר גדול ה' ומהולל מאד בעיר אלהינו (שם מ"ח ב') חילק את כל מעשיו ונעשה מלך על עולמו. בשלישי מהו אומר אלהים נצב בעדת אל בקרב אלהים ישפוט (שם פ"ב) ברא את הים ואת היבשה ונכפלה ארץ למקומה ונעשה מקום לעדתו. ברביעי מהו אומר

החמה דאיהו אור הגנוז דעתיד לאתגלאה וכו'- שם פרעה הרשע כמו שכתוב שם (כ"ט,ג') "התנים הגדול הרובץ בתוך יאוריו, אשר אמר לי יארי ואני עשיתני". וזהו דהאי אות כ' היינו הני כ' פסוקין בהאי מזמורא ט' (ללא הכותרת) רמיזא לאור הכתר ואיהו חושבן (לפי האי דאמרו הני דרדקי שבת קד. וכמו שכתבנו (2115): י-ה פעמים "בגן אלהים" (141), ורמיזא חזרה לגן עדן כמו שהיה קודם חטא אדה"ר וקודם קטרוג הלבנה ביום הרביעי כמבואר באריכות בגמ' חולין דף ס: ר"ש בן פזי רמי כתיב ויעש אלהים את שני המארת הגדולים וכתיב המאור הקטן וכו' עיי"ש, ועיין לעיל אופן ס'-קטרוג הלבנה. וכעת נבאר בעזהי"ת המזמור (ט') פסוק לפסוק: פסוק א': למנצח על מות לבן, מזמור לדוד: סליק לחושבן (1183) "אחד" (13) פעמים "הוי' א-דני" (91) ורמיזא דכל האי מזמורא ענינו דלעתיד לבוא יתגלה שהכל אחד, וכדאמרינן בעלינו לשבח (זכריה י"ד,ט') "והיה ה' למלך על כל הארץ ביום ההוא יהיה ה' אחד ושמו אחד" גימ' (1127) ז"פ קס"א (161) דהוא שם א-היה במלוי יודין כזה "אלף הי יוד הי", וכדמרינן לעיל דשם א-היה איהו שם הכתר, ובמלוי יודין רמיזא כתר שבכתר, וכפלינן ז"פ קס"א כדאמר הנביא (ישעי' ל',כ"ו) "ואור החמה יהיה שבעתים כאור שבעת הימים". ודרשו חז"ל (פסחים נ.) עה"פ הנ"ל בזכריה "ביום ההוא יהיה ה' אחד ושמו אחד" ותירצו וכו' ויבואר לקמן פסוק ב', והוא נפלא מאד דרמיזא אחדות ה' דתתגלה לעתיד לבוא באלף השביעי, ויותר מכך באלף השמיני דאז הוא זמן תחית המתים- וזהו דהפסוק הנ"ל (שם) הוא בן "אחד" (13) תיבין, ו-מ"ו אותיות, וכנודע דהמלוי דשם ע"ב (הוי' דיודין) גימ' מ"ו, וד"ל. פסוק ב': אודה ה' בכל לבי אספרה כל נפלאותיך: גימ' (1129) האי פסוקא בזכריה (י"ד,ט') "והיה ה' למלך על כל הארץ ביום ההוא יהיה ה' אחד ושמו אחד" עם ב' כוללים, דאמרינן (שם) "ה' אחד ושמו אחד" והן ב' כוללים- והוא נפלא מאד, דאמרו חז"ל (פסחים נ.) "ה' אחד"- מאי אחד אטו האידנא

לאו אחד הוא? אמר רבי אחא בר חנינא לא כעולם הזה העולם הבא- העולם הזה על בשורות טובות אומר ברוך הטוב והמטיב ועל בשורות רעות אומר ברוך דיין האמת, ולעולם הבא כולו הטוב והמטיב.

"ושמו אחד"- מאי אחד האידנא לאו שמו אחד הוא? בעולם הזה נכתב בי"ה ונקרא א-דני, אבל לעולם הבא נקרא בי"ה ונכתב בי"ה (והוא בסוד ענין עלית זו"ן לאו"א ואכמ"ל ונבארו אי"ה במקום אחר). והוא נפלא דלקמן פסוק ד' אומר דהע"ה "אודה ה' בכל לבי" ונמשך מדברינו דאיהי גופא ההודאה דאמרו חז"ל דלעולם הבא כולו הטוב והמטיב. והני תרין פסוקין קדמאין סליקו לחושבן (2312) א-היה (21) פעמים ק"י (110) עם ב' כוללין דתרין פסוקין, וזהו ד-ק"י הן י"א כתרין דמסאבותא כלולין מ-י', ויוכו מכה נצחת ויאבדו כלא היו ע"י אור הכתר- אור הגנוז שיתגלה לעתיד לבוא. א"נ האי חושבן (2312) א-היה (21) פעמים "אלף" (ק"י ע"ה הרי קי"א) ורמיזא אלף זעירא דאיהי אור הכתר בהכאה מיניה וביה, וכדכתיב (ישעי' ל',כ"ו) "ואור החמה יהיה שבעתיים" וכו'.

ימי המלואים הם לקביל ז' דרגין אלו ואחר כך אמר ויקרא בא' זעירא לרמוז שהנבואה באה לו אחר ז' מלאכים קרי

גלא עמיקתא

שלקח מאליהו: [ד]דאיתא במדרש דכתיב ה"פ אליה חסר וה"פ יעקוב מלא ודרשוהו רבותינו ז"ל שלקח יעקב ה' ווין מאליהו ועתיד להחזיר לו כשיבשר על גאולת בניו וכו'. ובהאי מזמורא אינון ו' פסוקין דתמן כתיבי ז"פ "קול" דבפסוק ד' אינון ב"פ "קול": (פסוק ג') (1) קול ה' על המים אל הכבוד הרעים, ה' על מים רבים (פסוק ד') (2) קול ה' בכח (3) קול ה' בהדר (פסוק ה') (4) קול ה' שבר ארזים, וישבר ה' את ארזי הלבנון (פסוק ז') (5) קול ה' חצב להבות אש (פסוק ח') (6) קול ה' יחיל מדבר, יחיל ה' מדבר קדש (פסוק ט') (7) קול ה' יחולל אילות ויחשף יערות ובהיכלו כלו אמר כבוד סליקו כולהו לחושבן (8408): ז' פעמים "תקע בשופר גדול" (1201) ע"ה – דאמרינן שלש פעמים בכל יום בצלותא.

וזהו בכל אחד מהפסוקים "קול" אחד, ובפסוק ד' בשני חלקי הפסוק כ"א "קול". כלומר דערך הממוצע דכל אחד ואחד מהם הוא "תקע בשופר גדול" כנ"ל. ורמיזא דכפלינן ז' פעמים לאלף השביעי הגאולה האמיתית והשלמה- "תקע בשופר גדול" נוטריקון שב"ת- יום שכולו שבת ומנוחה לחיי העולמים.

והני תיבין דברכת קבוץ גלויות "תקע בשופר גדול" הן כדאיתמר בגאולתא: "והיה ביום ההוא יתקע בשופר גדול, ובאו האובדים בארץ אשור והנדחים בארץ מצרים, והשתחוו לה' בהר הקדש בירושלים" (ישעי' כ"ז,י"ג). ושאר אתוון בר משב"ת "תקע

אל נקמות ה' אל נקמות הופיע (שם צד) ברא את החמה ואת הלבנה והכוכבים והמזלות שהן מאירין בעולם ועתיד ליפרע מעובדיהם. בחמישי מהו אומר הרנינו לאלהים עוזנו הריעו לאלהי יעקב (שם פ"א) ברא עופות ודגים ואת התנינים שהם מרננים בעולם. בששי מהו אומר ה' מלך גאות לבש לבש ה' עוז התאזר אף תכון תבל בל תמוט (שם צ"ג) גמר את כל מעשיו ונתעלה וישב במרומיו של עולם. בשביעי מהו אומר מזמור שיר ליום השבת (שם צ"ב) יום שכולו שבת שאין בו לא אכילה ולא שתיה ולא משא ומתן אלא צדיקים יושבין ועטרותיהן בראשיהן ונזונין מזיו השכינה שנאמר ויחזו את האלהים ויאכלו וישתו (שמות כ"ד) כמלאכי השרת: וכל כך למה כדי שיכנס לסעודת שבת מיד: [ד] **רבינו בחיי ויקרא פרק כו:** ומה שנכתב "יעקוב" מלא בוא"ו. מצינו בחמשה מקומות שנכתב "יעקוב" מלא ובחמשה מקומות נכתב "אליה" חסר, ודרשו רז"ל: יעקב נטל אות אחת משמו של אליהו ערבון עד שיבא ויבשר לבניו.

ביה ויקר אל משה שהיא הנבואה לזה רמזו ז' ימי המילואים חצבה עמודיה שבעה (משלי ט',א') ז' ימי

גלא עמיקתא

בשופר גדול" סליקו לחושבן (499) "צבאות". דאיתמר בגאולת מצרים (שמות י"ב,מ"א): "ויהי בעצם היום הזה יצאו כל צבאות ה' מארץ מצרים" וכנודע [ה]גאולה דלעתיד לבוא מעין גאולת מצרים כדכתיב (מיכה ז',ט"ו): "**כימי צאתך מארץ מצרים אראנו נפלאות**" וכן יגאלנו הקב"ה מגלותנו מאפלה לאורה ונזכה לראות בבנין בית המקדש השלישי בב"א. וממשיך ומבאר המגלה עמוקות: דגם ביחזקאל פרק א' אינון ז"פ "קול" קחשיב ז' דרגין: "(פסוק כ"ד) **ואשמע את** (1) **קול כנפיהם** (2) **כקול מים רבים** (3) **כקול ש-די בלכתם** (4) **קול המלה** (5) **כקול מחנה, בעמדם תרפינה כנפיהן** (פסוק כ"ה) **ויהי** (6) **קול מעל לרקיע אשר על ראשם, בעמדם תרפינה כנפיהן** (פסוק כ"ח) **כמראה הקשת אשר יהיה בענן ביום הגשם כן מראה הנגה סביב, הוא מראה דמות כבוד ה', ואראה ואפל על פני ואשמע** (7) **קול מדבר**" סליק לחושבן (11953) "טוב" (17) פעמים "שבתא" (703) עם ב' כוללים. ורמיזא נמי אלף השביעי– דאינון ז"פ "קול" והחושבן "טוב" פעמים "שבתא"– רמיזא [ו]יום שכולו טוב באלף השביעי ["שבתא" הוא לשון

[ה] **מכילתא דרבי ישמעאל בשלח - מסכתא דשירה פרשה ח:** ד"א עושה פלא עשה עמנו פלא ועושה עמנו בכל דור ודור שנ' אודך על כי נוראות נפלאתי נפלאים מעשיך ונפשי יודעת מאד (תהלים קלט יד) ואומר רבות עשית אתה ה' אלהי נפלאותיך ומחשבותיך אלינו (שם מ ו). ד"א עושה פלא, עושה פלא עם אבות ועתיד לעשות עם בנים שנא' כימי צאתך מארץ מצרים אראנו נפלאות (מיכה ז טו) אראנו מה שלא הראתי אל אבות שהרי נסים וגבורות שאני עתיד לעשות עם הבנים יותר הם ממה שעשיתי לאבות וכה"א לעושה נפלאות גדולות לבדו כי לעולם חסדו, ואומר ברוך ה' אלהים אלהי ישראל עושה נפלאות לבדו וברוך שם כבודו לעולם וימלא כבודו את כל הארץ אמן ואמן.

[ו] **פנים יפות (לר' פנחס הורוויץ זצ"ל) שמות פרק כ פסוק יב:** בב"ק דף נ"ד ע"ב. שאל ר' חנינא בן עגיל את ר' חייא בר אבא, מפני מה בדיברות הראשונות לא נאמר בהם טוב, ובדיברות אחרונות נאמר בהם טוב, א"ל עד שאתה שואלני למה נאמר בהם טוב, שואלני אם נאמר בהם טוב שאיני יודע וכו'. לכאורה יפלא, וכי לא ידע המפורש בתורה. ותו יש לדקדק למה נקיט ר' חייא בר אבא סוף דבריו למה נאמר טוב בדיברות האחרונות, ולא נקט תחלת דבריו מפני מה לא נאמר וכו'. ויש לפרש עפ"י מה דאיתא בסוף פ"ק דקידושין [לט ב], אמר ר' יעקב, אין לך כל מצוה ומצוה שבתורה וכו', שאין תחיית המתים תלויה בה וכו', אלא למען ייטב לך ליום שכולו טוב ולמען יאריכון ימיך לעולם שכולו ארוך וכו', והיינו למען ייטב לך שיחיה בתחיית המתים בעולם שכולו טוב. וכן מצינו שאמר מרע"ה [דברים ל, טו] הנה נתתי לפניך את החיים ואת הטוב וגו' ולמען יאריכון ימיך היינו אריכות בעולם התחיה, וכיון שאחז"ל במס' ע"ז [ה א] אלמלא לא חטאו לא הוי מתו דכתיב [תהלים פב, ו] אני אמרתי אלהים אתם וגו' חבלתם מעשיכם אכן כאדם תמותון וכו'. לפ"ז יש ליתן טעם בדיברות הראשונות שהיה קודם החטא ולא היו מתים, לא היה שייך לומר למען ייטב לך שיחיו בתחית המתים. אלא אריכות ימים בעולם התחיה בלבד, משא"כ בדיברות האחרונות שהיו לאחר החטא יתכן בו למען ייטב לך שיחיו בתחית המתים, אלא דאכתי קשה, כיון דכתיב [דברים ה, יט] את הדברים האלה דיבר ה' וגו' ויכתבם על שני לוחות אבנים, ובלוחות שניות לא היה דיבור עוד הפעם אלא כתיבה אחרת, א"כ קשה כיון

המילואים מטעם שלחה נערותיה תקרא (שם פסוק ג')

גלא עמיקתא

ארמי– משום דיחזקאל התנבא בבבל]. והפסוקים בתהלים וביחזקאל יחד דבהן ז"פ קול סליקו לחושבן (20359) "טוב הוא" (29) פעמים "שבת" (702) ע"ה. "טוב הוא" דאיתמר במשה "ותרא אותו כי טוב הוא" (שמות ב',ב') ודרשו חז"ל [ז]שנתמלא הבית כולו אורה (סוטה י"ב ע"א), וכפלינן "טוב הוא" פעמים "שבת" רמיזא ביאת משיחא באלף השביעי יום שכולו שבת, דטוב הוא איתמר במשה ומשה רבינו הוא גואל ראשון והוא גואל אחרון, [ח]כמבואר באריכות בדברי האור החיים פרשת ויחי ד"ה אוסרי לגפן, ויתירה מזו מדייק האור החיים דבריו שם: שהוא [משה] עצמו מלך המשיח עבד"ק. והוא חושבן (20,359): כ' פעמים "אלף" (20,000) עם "משיחא" (359). רמיזא הארת הכתר דלית כתר בלא כ' [עיין שבת קד. [ט]דביארו הני

שהדיבור מפי השי"ת היה קודם החטא למה יאמר למען ייטב לך. אלא די"ל כיון דאמרינן במס' ע"ז [שם] למימרא דאי לא חטאו לא הוו מייתי והכתיב פרשת יבמות ופ' נחלות ומשני על תנאי, א"כ י"ל למען ייטב ג"כ נאמר על תנאי, והיינו דאמר עד שאתה שואלני למה נאמר בהם טוב, כיון שהיה הדיבור קודם החטא היה לך לשואלני יותר אם נאמר טוב מפי השי"ת או לא.

ובזה מיושב מה שהשיב לפי שסופן להשתבר, דהיינו דבאמת נאמר מפי השי"ת על תנאי, אבל לא הוצרך לכתוב בלוחות הראשונות, לפי שסופן להשתבר בשעת החטא. אלא דהש"ס מדקדק, וכי סופן להשתבר מה הפסד בזה אם היה כתוב בהן על תנאי לאחר החטא. ומשני לפי שח"ו פסקה טובה מעולם, והיינו לפי שלא היה שייך לפי שעה, אלא לאחר החטא אם היה כתוב בו ונשתבר היה ח"ו וכו', משא"כ למען יאריכון ימיך שהיה שייך לפי שעה, אין בזה חשש אפילו נשתברו. **[ז] שמות רבה פרשת שמות פרשה א:** כ [ב, ב - ג] ותהר האשה ותלד בן, א"ר יהודה מקיש לידתה להורתה, מה הורתה שלא בצער אף לידתה שלא בצער מכאן לנשים צדקניות שלא היו בפיתקה של חוה, ותרא אותו כי טוב הוא, תני ר"מ אומר טוב שמו, רבי יאשיה אומר טוביה שמו, רבי יהודה אומר הגון לנביאות, אחרים אומרים שנולד כשהוא מהול, ורבנן אמרי בשעה שנולד משה נתמלא כל הבית כולו אורה, כתיב הכא ותרא אותו כי טוב הוא, וכתיב התם (בראשית א) וירא אלהים את האור כי טוב, ותצפנהו שלשה ירחים, שלא מנו המצרים אלא משעה שהחזירה והוה מיעברא ביה תלתא ירחי מתחלתו, ולא יכלה עוד הצפינו, למה לפי שהמצריים היו הולכין בכל בית ובית שהיו חושבין בו שנולד שם תינוק ומוליכין לשם תינוק מצרי קטן והיו מבכין אותו כדי שישמע תינוק ישראל קולו ויבכה עמו, והיינו דכתיב (שיר השירים ב) אחזו לנו שועלים שועלים קטנים וגו' **[ח] אור החיים פרשת ויחי ד"ה אוסרי לגפן:** ולא יקשה בעיניך שאנו מחלקים דברי הכתוב חלק בימי משה וחלק בימי המשיח, כי הלא ידעת דברי הזוהר הקדוש (ח"ב קכ.) כי משה הוא הגואל אשר גאל את אבותינו הוא יגאל אותנו וישיב בנים לגבולם דכתיב (קהלת א') מה שהיה הוא שיהיה ר"ת משה. ולא יקשה בעיניך דבר זה באומרך הלא מלך המשיח משבט יהודה מזרעו של דוד המלך ע"ה וי"א (סנהדרין צח:) דוד עצמו מלך המשיח דכתיב (יחזקאל ל"ז) ועבדי דוד מלך עליהם כמשמעו ואם כן היאך אנו אומרים שהוא משה הבא משבט לוי. יש לך לדעת כי בחינת נשמת משה רבינו עליו השלום היא כלולה מי"ב שבטי ישראל כי כל הס' ריבוא היו ענפיה ע"ה וענף שבטו של דוד במשה הוא. ולזה תמצאנו בארץ מדבר שהיה מלך וכהן ולוי ונביא וחכם וגבור שהיה כולל כל הענפים שבקדושה ולעתיד לבא תתגלה בעולם שורש המלכות שבמשה שהוא עצמו מלך המשיח והוא דוד והוא ינון ושילה. **[ט] תלמוד בבלי שבת דף קד עמוד א:** אמרי ליה רבנן לרבי יהושע בן לוי: אתו דרדקי האידנא לבי מדרשא ואמרו מילי דאפילו בימי יהושע בן נון לא איתמר כוותיהו: אל"ף בי"ת - אלף בינה, גימ"ל

שהן הן שבע הנערות הראויות לתת לה מבית המלך (אסתר ב׳,ט׳).

גלא עמיקתא

דרדקי כל סדר הא"ב, וכשהגיעו לאות כ׳ דרשו: כ׳ – הקדוש ברוך הוא קושר לך כתר לעולם הבא וכו׳] בביאת משיח צדקנו בעגלא ובזמן קריב אכי"ר.

ומביא בסוף האופן הפסוק (משלי ט׳,א׳): "חכמות בנתה ביתה, חצבה עמודיה שבעה" גימ׳ (1965) י"ה (15) פעמים "סמאל" (131). באור הענין: בהארת הכתר לעתיד לבוא כדכתיב (זכריה י"ד,ט׳) "ביום ההוא יהיה ה׳ אחד ושמו אחד". [י]ודרשו חז"ל על הפסוק (פסחים נ.) אטו האידנא לאו שמו אחד הוא? ותירצו: לא כעולם הזה העולם הבא– העולם הזה נכתב בי"ה ונקרא אדנ"י, אבל לעולם הבא נכתב בי"ה ונקרא בי"ה. והיינו דאתוון ו"ה סליקו לבחינת י"ה. ואמרו חז"ל (סוכה נ"ב ע"א) [יא]עתידא קב"ה למשחטיה למלאך המות היינו סמאל ובלע המות לנצח ויקומו מתים לתחיה במהרה בימינו אמן. [יב]ופירש רש"י שם במשלי: חכמות בנתה ביתה– בחכמה בנה הקדוש ברוך הוא את העולם. חצבה עמודיה שבעה– שבעת ימי בראשית. ד"א ז׳ ספרים שיש בתורה וכו׳ [כי ויהי בנסע הארון ספר בפני עצמו (עיין [יג]שבת קטז.) ולכן ספר

דל"ת - גמול דלים, מאי טעמא פשוטה כרעיה דגימ"ל לגבי דל"ת - שכן דרכו של גומל חסדים לרוץ אחר דלים. ומאי טעמא פשוטה כרעיה דדל"ת לגבי גימ"ל - דלימציה ליה נפשיה. ומאי טעמא מהדר אפיה דדל"ת מגימ"ל - דליתן ליה בצינעה, כי היכי דלא ליכסיף מיניה. ה"ו - זה שמו של הקדוש ברוך הוא, ז"ח ט"י כ"ל - ואם אתה עושה כן, הקדוש ברוך הוא זן אותך, וחן אותך, ומטיב לך, ונותן לך ירושה, וקושר לך כתר לעולם הבא וכו׳. **[י] תלמוד בבלי פסחים דף נ עמוד א:** והיה ה׳ למלך על כל הארץ ביום ההוא יהיה ה׳ אחד ושמו אחד, אטו האידנא לאו אחד הוא? - אמר רבי אחא בר חנינא: לא כעולם הזה העולם הבא; העולם הזה, על בשורות טובות אומר ברוך הטוב והמטיב, ועל בשורות רעות אומר ברוך דיין האמת. לעולם הבא - כולו הטוב והמטיב. ושמו אחד, מאי אחד, אטו האידנא לאו שמו אחד הוא? - אמר רב נחמן בר יצחק: לא כעולם הזה העולם הבא; העולם הזה - נכתב ביו"ד ה"י ונקרא באל"ף דל"ת, אבל לעולם הבא כולו אחד - נקרא ביו"ד ה"י, ונכתב ביו"ד ה"י **[יא] תלמוד בבלי סוכה דף נב עמוד א:** וספדה הארץ משפחות משפחות לבד משפחת בית דוד לבד ונשיהם לבד. אמרו: והלא דברים קל וחומר. ומה לעתיד לבא - שעוסקין בהספד ואין יצר הרע שולט בהם - אמרה תורה אנשים לבד ונשים לבד, עכשיו שעסוקין בשמחה ויצר הרע שולט בהם - על אחת כמה וכמה. הא הספידא מאי עבידתיה? פליגי בה רבי דוסא ורבנן. חד אמר: על משיח בן יוסף שנהרג, וחד אמר: על יצר הרע שנהרג. בשלמא למאן דאמר על משיח בן יוסף שנהרג - היינו דכתיב והביטו אלי את אשר דקרו וספדו עליו כמספד על היחיד. אלא למאן דאמר על יצר הרע שנהרג - האי הספידא בעי למעבד? שמחה בעי למעבד! אמאי בכו? - כדדרש רבי יהודה: לעתיד לבא מביאו הקדוש ברוך הוא ליצר הרע ושוחטו בפני הצדיקים ובפני הרשעים וכו׳. **[יב] רש"י משלי פרק ט פסוק א:** חכמות בנתה ביתה - בחכמה בנה הקדוש ברוך הוא את העולם חצבה עמודיה שבעה - שבעת ימי בראשית, ד"א ז׳ ספרים שיש בתורה ויהי בנסוע הארון ספר לעצמו במסכת שבת. **[יג] תלמוד בבלי מסכת שבת דף קטז עמוד א:** רבי אומר: לא מן השם הוא זה, אלא מפני שספר חשוב הוא בפני עצמו. כמאן אזלא הא דאמר רבי שמואל בר נחמן אמר רבי יונתן: חצבה עמודיה שבעה - אלו שבעה ספרי תורה. כמאן - כרבי. מאן תנא דפליג עליה דרבי - רבן שמעון בן גמליאל הוא, דתניא, רבן שמעון בן גמליאל אומר: עתידה פרשה

זו שתיעקר מכאן ותכתב במקומה. ולמה כתבה כאן - כדי להפסיק בין פורענות ראשונה לפורענות שנייה. פורענות שנייה מאי היא? - ויהי העם כמתאננים. פורענות ראשונה - ויסעו מהר ה'; ואמר רבי חמא ברבי חנינא: שסרו מאחרי ה'. והיכן מקומה? - אמר רב אשי: בדגלים. [יד] **ויקרא רבה פרשת מצורע פרשה יח: א** [טו, ב] דבר אל בני ישראל ואמרת אליהם איש כי יהיה זב מבשרו וגו' הה"ד (קהלת יב) וזכור את בוראיך בימי בחורותיך, תנן עקביא בן מהללאל אומר הסתכל בשלשה דברים ואין אתה בא לידי עבירה, דע מאין באת מטפה סרוחה, ולאן אתה הולך לעפר רמה ותולעה ולפני מי אתה עתיד ליתן דין וחשבון לפני מלך מלכי המלכים הקדוש ברוך הוא וכו' ר' אבא בר כהנא אמר בשם רב פפי ור' יהושע דסכנין בשם ר' לוי שלשתן דרש ר' עקיבא מתוך פסוק אחד וזכור את בוראך, בארך זו ליחה סרוחה בורך זו רמה ותולעה בוראך זה ממ"ה הקדוש ברוך הוא שעתיד ליתן לפניו דין וחשבון, בימי בחורותיך, ביומי טליותך עד דחילך עלך, עד אשר לא יבואו ימי הרעה אלו ימי זקנה, והגיעו שנים אשר תאמר אין לי בהם חפץ אלו ימי המשיח שאין בהם לא זכות ולא חובה, עד אשר לא תחשך השמש והאור וגו' השמש זה קלסתר פנים, והאור זה המצח, והירח זה החוטם, והכוכבים אלו ראשי לסתות, ושבו העבים אחר הגשם ר' לוי אמר תרתי חדא לחברייא וחדא לבוריא חדא לחבריא בא לבכות זלגו עיניו דמעות, חדא לבוריא בא להטיל מים הגללין מקדמין אותו, ביום שיזועו שומרי הבית וגו', ביום שיזועו שומרי הבית אלו ארכבותיו, והתעותו אנשי החיל אלו צלעותיו, רבי חייא בר נחמן אמר אלו זרועותיו, ובטלו הטוחנות זה המסס, כי מעטו אלו השינים, וחשכו הרואות בארובות אלו העינים, ר' חייא בר נחמן אמר אלו כנפי הריאה שמשם יוצא הקול, וסגרו דלתים בשוק אלו נקביו של אדם שהן כמו דלת הפותח והסוגר, בשפל קול הטחנה בשביל שאין המסס טוחן ויקום לקול הצפור, הדין סבא כד שמע קול צפרין מציצין אמר בליביה ליסטין אתאן למקפחא יתי, וישחו כל בנות השיר אלו שפתותיו ר' חייא בר נחמיה אמר אלו הכליות שהן חושבות והלב גומר, גם מגבוה יראו וגו', גם מגבוה יראו הדין סבא דצווחין ליה זיל לאתר פלן והוא שאיל ואמר אית תמן מסקין, אית תמן מחתין, וחתחתים בדרך ר' אבא בר כהנא ור' לוי ר' אבא בר כהנא חיתיתא של דרך נופל עליו וחרנא אמר התחיל מתאווה תוואים אמר עד אתר פלן אית לי מהלך באתר פלן לית לי מהלך, וינאץ השקד, אילין קרסולות, ויסתבל החגב, זה לוז של שדרה, אדרינוס שחיק עצמות שאל את ר' יהושע בר חנניא אמר לו מהיכן הקדוש ברוך הוא מציץ את האדם לעתיד לבא אמר לו מלוז של שדרה אמר לו מן הן את מודע לי אייתי יתיה קומוי נתנו במים ולא נמחה טחנו בריחים ולא נטחן נתנו באש ולא נשרף נתנו על הסדן והתחיל מכה עליו בפטיש נחלק הסדן ונבקע הפטיש ולא הועיל ממנו כלום, ותפר האביונה זו התאוה שהיא מטילה שלום בין איש לאשתו ר' שמעון בן חלפתא הוה סליק שאיל בשלמיה דר' בכל ירח וירח כיון דסב יתיב ליה ולא יכול למיסק, יום חד סליק א"ל מה עיסקך דלית את סליק לגבי היך דהוית יליף אמר ליה רחוקות נעשו קרובות קרובות נעשו רחוקות, שתים נעשו שלש, ומטיל שלום בבית בטל, [ופירושו רחוקות נעשו קרובות

גלא עמיקתא

במדבר יש בו ג' ספרים ועוד ארבעה חומשים הנותרים הרי ז' עכד"ק, ומוסיף המגלה עמוקות: ז' ימי המילואים וכו'.

ומסיים בפסוק נוסף ממשלי (שם פסוק ג'): "שלחה נערתיה תקרא, על גפי מרמי קרת" גימ' (2962) ז' פעמים "ימי המשיח" (423) עם הכולל [כאמרם [יד] **ימים אשר אין בהם חפץ (י"ב,א') אלו ימי המשיח שאין בהם לא זכות ולא חובה** וכו']. ולכן הן שבע הנערות כדמביא הפסוק (אסתר ב',ט'): "ותיטב הנערה בעיניו ותשא חסד לפניו, ויבהל את תמרקיה ואת מנותה לתת לה, ואת שבע הנערות הראויות לתת לה מבית הנשים עד בית המלך, וישנה ואת נערתיה לטוב בית הנשים" גימ' (10775) כ"ה (25) פעמים "משה עבדי" (431) כדכתיב (סוף מלאכי) "זכרו תורת משה עבדי" וכו'. באור הענין: דמשה איהו

גלא עמיקתא

שושבינא דמלכא [טו]**כדאיתא בזוה"ק** (מצורע נ"ג ע"ב): **משה שושבינא דמלכא, אהרן שושבינא דמטרוניתא, ולכן סליק האי פסוקא לחושבן כ"ה פעמים "משה עבדי".**

והנה כל הפסוקים שמביאם ורומז להם המגלה עמוקות: הפסוקים מתהלים כ"ט עם ז"פ קול (8408) **הפסוקים מיחזקאל א' עם ז"פ קול** (11953) **ממשלי ט' פסוק א' חכמות בנתה ביתה וכו'** (1965) **ושם פסוק ג' שלחה נערותיה תקרא וכו'** (2962) **עם הפסוק שבע נערות מאסתר** (ב',ט') (10775) **סליקו כולהו לחושבן** (36063): **"הוי"** (26) **פעמים "לםרבה המשרה"** (1387) **כדכתיב** (ישעי' ט',ו') **"לםרבה המשרה ולשלום אין קץ על כסא דוד ועל ממלכתו להכין אתה ולסעדה במשפט ובצדקה מעתה ועד עולם קנאת ה' תעשה זאת".**

אילין ענייא דהוו חמיין מרחוק כדו אפילו מקרוב לית אינון חמיין, קרובות נעשו רחוקות אילין אודניי' דהוו שמעין בחד זמן בתרי זמני כדו אפילו במאה זימנין לית אינון שמעין, שתים נעשו שלש חוטרא ותרתין ריגלי, ומטיל שלום בבית בטל זו התאוה שמטיל שלום בין איש לאשתו], כי הולך האדם אל בית עולמו בית העולם לא נאמר אלא בית עולמו מלמד שכל צדיק וצדיק יש לו עולם בפני עצמו, משל למלך שנכנס למדינה ועמו דוכסין ואיפרכין ואיסטרטיוטין אף על פי שהכל נכנסין בפולין אחד כל אחד ואחד שרוי לפי כבודו כך אף על פי שהכל טועמין טעם מיתה כל צדיק וצדיק יש לו עולם בפני עצמו, וסבבו בשוק הסופדים אלו התולעים, עד אשר לא ירתק חבל הכסף זה חוט השדרה, ותרוץ גולת הזהב זו גולגולת, רבי חייא בר נחמיא אמר זו גרגרת שמכלה את הזהב ומריקה את הכסף, ותשבר כד על המבוע זו כרס ר' חייא בריה דר' פפי ור' יהושע דסכנין בשם ר' לוי לאחר ג' ימים כריסו של אדם נבקעת ומוסרת לפה ואומרת לו הילך מה שגזלת וחמסת ונתת לי רבי חגי בשם ר' יצחק מייתי לה מן הדין קריא (מלאכי ב) וזריתי פרש על פניכם פרש חגיכם רבי אבא בריה דר' פפי ור' יהושע דסכנין בשם ר' לוי כל תלתא יומין נפשא טייסא על גופה סברה דהיא חזרה ליה וכיון דהיא חמיא ליה דאישתני זיוהון דאפוי היא אזלת לה דכתיב (איוב יד) אך בשרו וגו' בר קפרא אמר עד שלשה ימים תוקפו של אבל קיים למה שצורת הפנים ניכרת דתנן אין מעידין אלא על פרצוף פנים עם החוטם ואין מעידין לאחר ג' ימים, ונרוץ הגלגל אל הבור תרין אמוראין חד אמר כאילין גלגליא דצפורי וחורנא אמר כאילין רגבייא דטבריא כמה דתימא (שם /איוב/ כא) מתקו לו רגבי נחל וישב העפר על הארץ כשהיה וגו' ר' פנחס ור' חלקיה בשם ר' סימון אימתי הרוח תשוב אל האלהים אשר נתנה כששב העפר אל הארץ כשהיה ואם לאו (שמואל א כה) ואת נפש אויביך יקלענה וגו' ר' ישמעאל ב"ר נחמן מתני לה בשם ר' אבדימי דמן חיפא לכהן חבר שמסר לכהן עם הארץ ככר של תרומה אמר לו ראה שאני טהור וביתי טהור וככר שנתתי לך טהור אם אתה נותנת לי כדרך שאני נתתי לך מוטב ואם לאו הריני זורקה לפניך כך אמר הקדוש ברוך הוא לאדם זה ראה שאני טהור ומעוני טהור ומשרתי טהורים ונשמה שנתתי לך טהורה אם אתה מחזירה לי כדרך שאני נותנה לך מוטב ואם לאו הריני טורפה לפניך כל אלו בימי זקנותו אבל בימי בחרותו אם חטא לוקה בזיבות ובצרעת לפיכך משה מזהיר את ישראל ואומר להם איש כי יהיה זב מבשרו. **[טו] זוהר ויקרא פרשת מצורע דף נג עמוד ב:** רבי יצחק פתח ויקרא אל משה וידבר יי' אליו מאהל מועד לאמר ויקרא אלף זעירא אמאי, אלא בגין לאחזאה מאן הוא ההוא דקרא ההוא דשרי במקדשא וכדין זמין למשה כמאן דזמין אושפיזא, הכא א' זעירא התם א' רבתא אדם שת אנוש, (ס"א אדם) דא שלימו דכלא, ת"ח מה בין משה לאהרן הי מנייהו עלאה אלא משה עלאה משה שושבינא דמלכא אהרן שושבינא דמטרוניתא, מתל למלכא דה"ל מטרוניתא עלאה מה עבד יהב לה שושבינא לתקנא לה ולאסתכלא במלי דביתא ועל דא כד עייל שושבינא דא למלכא לא עייל אלא עם מטרוניתא הדא הוא דכתיב (ויקרא טז) בזאת יבא אהרן וגו', משה שושבינא למלכא בגין כך אזדמן כאושפיזא

גלא עמיקתא

[טז]ודרשו חז"ל על הפסוק ביקש הקב"ה לעשות חזקיהו משיח וסנחריב גוג ומגוג והוא באריכות בגמרא בסנהדרין עיין שם כל הסוגיא, ולכן חשבינן ם במנצפ"ך חושבן ת"ר (600). וכפירוש רש"י שם: [יז]למרבה המשרה: למי יקרא השם למלך המרבה המשרה של הקב"ה על עצמו לירא מפניו משרה לשון שררה וכו' עיין שם.

והיא תיבה היחידה במקרא אות סופית באמצע תיבה [בקושיית הגמרא שם: מפני מה כל מ' שבאמצע תיבה פתוחה וזו סתומה? ועיין עוד בזוה"ק פרשת בראשית (דף ל"ד ע"ב) [יח]למרבה המשרה מ' סתימא וכו'] לרמוז שזוהי הגאולה האחרונה שלא תהיה עוד גלות אחריה – דיכלו כל הסטרא אחרא ובלע המות לנצח (ישעי' כ"ה,ח'), בביאת משיח צדקנו ב"ב אכי"ר.

ולבתר וידבר יי' אליו, אהרן הוא שושבינא למטרוניתא וכל מלוי הוו לפייסא למלכא במטרוניתא ויתפייס מלכא בהדה ועל דא בגין דאיהו שושבינא לה שוי מדוריה בהדה לתקנא ביתא ולעיינא תדיר במלי דביתא, ועל דא אתתקן כגוונא דלעילא ואקרי כהן גדול, מנ"ל דכתיב (תהלים קי) אתה כהן לעולם על דברתי מלכי צדק, ובגין כך כל מה דאצטריך מבי מלכא נטיל, ולית מאן דימחי בידיה ועל דא הוא קאים לדכאה לכל אינון דעאלין לבי מטרוניתא. **[טז] תלמוד בבלי מסכת סנהדרין דף צד עמוד א:** למרבה המשרה ולשלום אין קץ וגו' אמר רבי תנחום, דרש בר קפרא בציפורי: מפני מה כל מ"ם שבאמצע תיבה פתוח, וזה סתום? ביקש הקדוש ברוך הוא לעשות חזקיהו משיח, וסנחריב גוג ומגוג. אמרה מדת הדין לפני הקדוש ברוך הוא: רבונו של עולם! ומה דוד מלך ישראל שאמר כמה שירות ותשבחות לפניך - לא עשיתו משיח, חזקיה שעשית לו כל הנסים הללו ולא אמר שירה לפניך - תעשהו משיח? לכך נסתתם. מיד פתחה הארץ ואמרה לפניו: רבונו של עולם, אני אומרת לפניך שירה תחת צדיק זה, ועשהו משיח. פתחה ואמרה שירה לפניו שנאמר מכנף הארץ זמרת שמענו צבי לצדיק וגו'. אמר שר העולם לפניו: רבונו של עולם, צביונו עשה לצדיק זה! - יצאה בת קול ואמרה: רזי לי רזי לי. אמר נביא: אוי לי, אוי לי, עד מתי? יצאה בת קול ואמרה: בגדים בגדו ובגד בוגדים בגדו. ואמר רבא ואיתימא רבי יצחק: עד דאתו בזוזי ובזוזי דבזוזי. משא דומה אלי קרא משעיר שמר מה מלילה שמר מה מליל וגו'. אמר רבי יוחנן: אותו מלאך הממונה על הרוחות דומה שמו, נתקבצו כל הרוחות אצל דומה, אמרו לו: שמר מה מלילה שמר מה מליל אמר שמר אתא בקר וגם לילה אם תבעיון בעיו שבו אתיו. תנא משום רבי פפייס: גנאי הוא לחזקיה וסייעתו שלא אמרו שירה, עד שפתחה הארץ ואמרה שירה שנאמר מכנף הארץ זמרת שמענו צבי לצדיק וגו', כיוצא בדבר אתה אומר ויאמר יתרו ברוך ה' אשר הציל אתכם. תנא משום רבי פפייס: גנאי הוא למשה וששים ריבוא שלא אמרו ברוך עד שבא יתרו ואמר ברוך ה'. ויחד יתרו, רב ושמואל, רב אמר: שהעביר חרב חדה על בשרו, ושמואל אמר: שנעשה חדודים חדודים כל בשרו. אמר רב, היינו דאמרי אינשי: גיורא, עד עשרה דרי לא תבזה ארמאי קמיה **[יז] רש"י ישעיהו פרק ט:** למרבה המשרה - למי יקרא השם למלך המרבה המשרה של הקדוש ברוך הוא על עצמו לירא מפניו משרה לשון שררה זו לתשובת אחרים, אך יש לומר שאף שר שלום משמותיו של הקדוש ברוך הוא וקריאת שם זה אינה לשם ממש אלא לשם גדולה ושררה כמו וקרא שם בבית לחם וכמו ועשיתי לך שם, אף כאן ויקרא שמו ויתן לו שם וממשלה ולשלום הניתן לו אין קץ שהיה לו שלום מכל עבריו ואין קץ זה לשון הפסק עולמית אלא אין קץ לסביביו, על כסא מלכות דוד יהיה שלום זה במשפט וצדקה שעשה חזקיהו ולשלום וי"ו זה תיקון המלה הוא הרבה משרה על שכמו ומה גמול ישלם לו הנה לשלומו אין לו קץ ואין קצבה. **[יח] זוהר בראשית פרשת בראשית דף לד עמוד ב:** תו נעשה אדם קודשא בריך הוא אמר לאלין תתאי דאתו מסטרא דלעילא רזא דשמא דא דסליק אדם, אדם מרזא סתימא עלאה, אדם רזא דאתוון דהא אדם כליל לעילא וכליל לתתא אדם

אחד לעילא לעילא ם סתימא דאיהי ם מלםרבה המשרה, ד' תתאה דסתימא במערב ודא כללא דלעילא ותתא אתתקן לעילא אתתקן לתתא אלין אתוון כד נחתא לתתא כלהו כחדא באשלמותיה אשתכח דכר ונוקבא ונוקבא בסטרוי אתדבקת עד דאפיל עליה שנתא ודמוך, והוה רמי באתר דבי מקדשא לתתא ונסר ליה קודשא בריך הוא ותקין לה כמה דמתקנין לכלה ואעלא ליה הדא הוא דכתיב ויקח אחת מצלעותיו ויסגור בשר תחתנה ויקח אחת דייקא, בספרי קדמאי אשכחנא (ויקרא י"ט ע"א) דא לילית קדמית' דהות עמיה ואתעברת מניה ולא הות לקיבליה עזר כמה דכתיב ולאדם לא מצא עזר כנגדו, מאי עזר סמך עד ההיא שעתא דכתיב לא טוב היות האדם לבדו אעשה לו עזר כנגדו, ת"ח אדם בתראה דכלא הוה הכי אתחזי למיתי על עלמא שלים.

גלא עמיקתא

ועיין עוד ביאורנו על פסוק "יכין וצדיק ילבש וכסף נקי יחלוק (איוב כ"ז, י"ז) באופן קס"ב על ואחתנן ענין חצבה עמודיה שבעה, וקשרהו לכאן[2].

2.ג'. **"יכין וצדיק ילבש וכסף נקי יחלוק"** (איוב כ"ז,י"ז) גימ' (1116) "בראשית ברא", דכל העולם לא נברא אלא לצדיק [כמ"ש (סוף קהלת) סוף דבר הכל נשמע וכו' כי זה כל האדם כל העולם לא נברא אלא בשביל זה, וי"א כל העולם לא נברא אלא לצוות לזה (עיין שבת ל' ע"ב)] וכדמביא רבי פנחס בן יאיר במדרש תדשא וזלש"ק: כנגד השמים והארץ והים נבראו (נ"א נברכו) ג' אבות: אברהם יצחק ויעקב - "והרביתי את זרעך ככוכבי השמים" (בראשית כ"ו,ד') ושמתי את זרעך כעפר הארץ" (שם י"ג,ט"ו) וכחול אשר על שפת הים (שם כ"ב,י"ז)" עכלש"ק.

כנודע "שמים וארץ" גימ' (687) תרפ"ז דהן ד' מלויי הוי' רל"ב - שמים, עם ג' מלויי אהי"ה תנ"ה בחינת ארץ, ומוספינן "וים" (56) הרי "שמים - וארץ - וים" גימ' "אל אברהם אל יצחק ואל יעקב" (שמות ו',ג' - ריש פרשת וארא) (743) והוא נפלא מאד וברוח קדשו של התנא הא-להי רבי פנחס בן יאיר חמוהי דרשב"י זיע"א. וכולהו פסוקא תמן "וארא אל אברהם אל יצחק ואל יעקב בא-ל שד-י ושמי הוי' לא נודעתי להם" סליק לחושבן (2320) י"פ רל"ב - מלויי שם הוי' ב"ה.

ועם הפסוק הקודם לו, דהיינו: "וידבר א-להים אל משה ויאמר אליו אני הוי'" (1075="שיר השירים" ובארנוהו) סליקו תרוויהו לחושבן (3395): ז"פ "תהלים" (485) ספרו דדוד מלכא משיחא בספירת המלכות [כגון מה שמצינו באושפיזין דסוכות דדוד הוא השביעי כנגד ספירת מלכות כמ"ש בספר פרי צדיק (לר' צדוק הכהן מלובלין) לסוכות אות כ"ב וכו'], ומהאי טעמא כפלינן ז' זימנין מלכותא קדישא איהי בת שבע [כמ"ש בספר שערי אורה פרק ד' וזלש"ק לפיכך נקראת בת שבע, כלומר ספירה המתפרנסת משבע ספירות אשר עליה וכו' וזהו בת שבע ובאר שבע, כלומר באר המתמלאת מז' ספירות. וכן סוד באר שבע נקרא ספירת בינ"ה וכו' זה הכלל בא"ר שבע הוא סוד הבינ"ה להריק ברכה לז' ספירות של מטה, ב"ת שב"ע היא המלכות וכו' עכד"ק [והוא שלמות "תורה - משה, תפלה - דוד" גימ' (1485) "אלף (1000) תהלים (485)" אלף היינו משה בסוד ויקרא אל משה ומהו היקר א' זעירא בסוד אלף אורות דזכה להן על עסקי אוהל מועד היינו התורה הקדושה משם יצא הדבור אל משה וידבר ה' אליו דייקא מאהל מועד, ותהלים היינו דוד בחינת תפלה לעני כי יעטוף וכו' (תהל' ק"ב,א').

וזהו שלימות "תורה ותפלה" גימ' (1132) ד"פ "האור הגנוז" (283) נרמזת בכל פרשיות התורה הקדושה, דתמיד מופיע בכל פרשה מספר שבע בחי' שבע יפול צדיק וקם (משלי כ"ד,ט"ז) כדביארנו במקום אחר, וכמו שדרשו חז"ל על התורה הקדושה חצבה עמודיה שבעה (שם ט',א') דויהי בנסוע הארון (במדבר י',ל"ה) ספר בפני עצמו (שבת קט"ו ע"ב) [ושבע הוא בחינת תפילה כמ"ש מלכות פה (פתח אליהו תקו"ז דף י"ז ע"ב) בחינת תפילה והמלכות הספירה השביעית].

ובכאן נביא מכל פרשה בס"ד מקום א' דאית תמן מספר שבע בחי' כתר תורה [דהרי המספר שבע כתוב בפסוק בתורה א"כ זו בחינת תורה, והנותר בכל פרשה לקשר הפסוק לענין תפלה שהיא בחי' מלכות] המתלבש במלכותא קדישא בת שבע בחינת מש"כ (בבא בתרא י"ד ע"א) לוחות ושברי לוחות - התורה הקדושה - מונחין בארון - מלכותא קדישא, דאיהו חושבן כל נשות האבות גימ' (1250) "א'רן" דהיינו: "שרה - רבקה - רחל - לאה - בלהה - זלפה", והוא חושבן (1250) ב"פ אד"ם מלא כזה "אלף דלת מם"

(625), היינו ב״פ הכת״ר דאדם הוא נזר הבריאה - ובכאן סליק ב׳ פעמים דייקא דהן ב׳ בחינות: לוחות - צדיקים בחינת תורה, ושברי לוחות - בעלי תשובה בחינת תפלה, דאמרו בספה״ק אין לך שלם יותר מלב נשבר, מונחים בארון כנ״ל, והרי הכל תלוי בתורה ותפלה.

ספר בראשית:

[א׳] **בראשית** (ב׳,ב׳): ״ויכל א-להים ביום **השביעי** מלאכתו אשר עשה, וישבת ביום **השביעי** מכל מלאכתו אשר עשה״ גימ׳ (4616) ח״פ ״על פי ה׳ ביד משה״ (577) הרי משה התורה הקדושה, והוא ח״פ ״ה׳ לנגדי תמיד״ (577) (תהל׳ ט״ז,ח׳) הרי תפלה לדוד מלכא משיחא, והרי הכל תלוי בתורה ותפלה.

[ב׳] **נח** (ז׳,ב׳): ״מכל הבהמה הטהורה [עד כאן גימ׳ (377) ״שבעה״] **שבעה שבעה** איש ואשתו, ומן הבהמה אשר לא טהרה הוא שנים איש ואשתו״ גימ׳ ע״ה (5054): ז״פ ״יעקב אבינו לא מת״ (722) (עיין תענית ה׳ ע״ב) הרי יעקב עמוד התורה תתן אמת ליעקב (סוף מיכה) וכפילת ז׳ פעמים מלכותא קדישא בת שבע [כנ״ל בהקדמה], והרי הכל תלוי בתורה ותפלה.

[ג׳] **לך לך** (י״ב,ד׳): ״וילך אברם כאשר דבר אליו ה׳ וילך אתו לוט ואברם בן חמש שנים **ושבעים** שנה בצאתו מחרן״ גימ׳ (4256) ז״פ ״אש - מים - אויר״ (608) דהתורה הקדושה נמשלה לאש כדכתיב הלא כל דברי כאש נאם ה׳ (ירמי׳ כ״ג,כ״ט) ולמים דכתיב הוי כל צמא לכו למים (ישעי׳ נ״ה,א׳) ולאויר דכתיב ונחה עליו רוח הוי׳ (שם י״א,ב׳), וכפילת ז׳ פעמים בחינת מלכותא קדישא בחינת יסוד העפר היא התפילה ונפשי כעפר לכל תהיה (דאמרינן בסוף התפלה), הרי תורה ותפלה בפרשת לך לך. וכן הוא חושבן (4256): ״דוד״ (14) פעמים ״מרים - דוד״ (304), וכן חושבן ״דוד״ (14) פעמים ״עלמא דנוקבא״ (304) הרי מלכותא קדישא בחושבן פסוקא דנן דפרשת לך לך והוא בתורה הקדושה הרי תורה ותפלה רמיזא בפרשת לך לך, והרי הכל תלוי בתורה ותפלה.

[ד׳] **וירא** (כ״א,ל״ג): ״ויטע אשל בבאר **שבע** ויקרא שם בשם ה׳ א-ל עולם״ גימ׳ (2205): ה״פ ״אמת״ (441) דהיא תורתינו הקדושה דאיתמר עלה תתן אמ״ת ליעקב (סוף מיכה) היא התורה הקדושה ה׳ חומשי תורה ומכאן כפילת ה׳ פעמים, ותמן באר שבע מלכותא קדישא [כנ״ל מספר שערי אורה] בחינת תפלה הרי תורה ותפלה בפרשת וירא. וכן הוא חושבן (2205) ז״פ ״ה׳ לי ולא אירא״ (315) דאמרינן בסיומא דצלותא בפיוט אדון עולם ועם רוחי גויתי ה׳ לי ולא אירא, ומקורו בתהלים (קי״ח,ו׳) ה׳ לי לא אירא מה יעשה לי אדם דאמרינן האי פסוקא בהלל הרי תפלה בפרשתא דנן, והרי הכל תלוי בתורה ותפלה.

[ה׳] **חיי שרה** (כ״ג,א׳): ״ויהיו חיי שרה מאת שנה ועשרים שנה **ושבע** שנים שני חיי שרה״ גימ׳ ע״ה (3624): ב״פ ״תפלתי לך ה׳ עת רצון״ (1812) (תהל׳ ס״ט,י״ד) הרי שבע ברישא דפרשת חיי שרה דכתיב שבע שנים ובזוה״ק (ריש פרשתן) מאן דאיהו זעיר איהו רב, והוא חושבן ב׳ פעמים (ואני) תפלתי לך ה׳ עת רצון - הרי תורה ותפלה בפרשת חיי שרה, והרי הכל תלוי בתורה ותפלה.

[ו׳] **תולדות** (כ״ו,ל״ג): ״ויקרא אותה **שבעה** על כן שם העיר באר **שבע** עד היום הזה״ גימ׳ (2622): ג״פ ״תפלה לעני כי יעטף״ (874) (תהל׳ ק״ב,א׳) והוא תפלה ופשוט, הרי תורה ותפלה בפרשת תולדות, והרי הכל תלוי בתורה ותפלה.

[ז׳] **ויצא** (כ״ח,י׳): ״ויצא יעקב מבאר **שבע** וילך חרנה״ גימ׳ (1233) ג״פ ״יש מאין״ (411) דאיברי קוב״ה עולמות בריאה יצירה עשיה מבחינת יש מאין ע״י מלכותא קדישא דאצילות, ואמרו חז״ל בזוה״ק האי בר נש דמחדש מילין חדתין באורייתא אברי שמיא וארעא חדתין הרי תורה, והוא חושבן (1233) ג״פ ״לכו נרננה״ (411) בתהלים (צ״ה,א׳) ספרא דדוד מלכא משיחא [והוא פותח תפלת קבלת שבת, ופשוט ש״רינה״ הוא תפלה כמ״ש לשמוע אל הרינה ואל התפלה (מלכים א׳ ח׳,כ״ח), וכמ״ש אל תתפלל בעד העם הזה וכו׳ כי יצומו אינני שומע אל רינתם (ירמי׳ י״ד,ב׳), וכמ״ש וירא בצר להם בשמעו את רינתם (תהל׳ ק״ו,מ״ד)] הרי תורה ותפלה, והרי הכל תלוי בתורה ותפלה.

[ח׳] **וישלח** (ל״ג,ג׳): ״והוא עבר לפניהם, וישתחו ארצה **שבע** פעמים עד גשתו עד אחיו״ גימ׳ (3025) ״אב בן״ (55) פעמים ״אב בן״ (55) דיעקב כל ענינו הוא להקים את עם ישראל עם קדוש דישראל עלו במחשבה לפני כל דבר, ויעקב הוה שליח דקוב״ה להקים את עם בני ישראל, ולכן בפסוקים דכתיבי קדם פסוקא דנן חזינן דאגתו היתירה לבניו ״ויחץ את **הילדים**, וישם את השפחות ואת **ילדיהן** ראשונה וכו׳, ואת לאה **וילדיה** אחרונים ואת יוסף ואת רחל אחרונים״ (בראשית ל״ג,ב׳) ופרש״י אחרון אחרון חביב הרי

דאגתו לבניו ובארנוהו בסוד משם רועה אבן ישראל (בראשית מ"ט,כ"ד) אבן נוטריקון אב בן [כמו שפירש רש"י שם]. ודרשו בספה"ק דלא השתחוה יעקב אבינו שבע פעמים אלא אל השכינה הקדושה ח"ו שהשתחוה לעשו הרשע וכדוגמת מרדכי לא יכרע ולא ישתחוה (אסתר ג',ב') אל המן-עמלק, דמעשו יצא עמלק - ויש לרמוז בפסוק וישתחו ארצה שבע פעמים דתיבה "פעמים" גימ' (240) "עמלק", "וישתחו ארצה שבע" גימ' (1398) "אלף זעירא" ב-א' רבתי (1000), ומיד "פעמים" גימ' (240) "עמלק" ומכניעו ומאבידו, וכדהאריך בספר ברית כהונת עולם דהביא דברי רבינו האריז"ל המ"ן ע"ה גימ' (96) צ"ו, ואין צו אלא עבודה זרה, ומהיכי תיתי דיוסיף האר"י הק' להמן א' כולל, אלא מבאר דהמן לקח ה-א' מכסא הכבוד ונשאר כ"ס י"ה - וממילא בכאן השתחויה דיעקב אבינו קדושינו קדוש יעקב שבע פעמים לשכינה הקדושה מכניעה את עשו-עמלק והוריד ממנו ז' הקליפות דסיטרא אחרא בחינת שב'ע יפו'ל צדי'ק וק'ם (משלי כ"ד,ט"ז) ס"ת עמל"ק [לקוטי מוהר"ן] ומכניעו ומאבידו בביאת משיח צדקנו בב"א [ועיין עוד ברבינו בחיי שם דהשתחוה דווקא שבע פעמים לרמוז למה שכתוב כי שבע יפול צדיק וקם וכו' עיי"ש], והרי הכל תלוי בתורה ותפלה.

[ט'] **וישב** (ל"ז,ב'): "אלה תלדות יעקב יוסף בן **שבע** עשרה שנה היה רעה את אחיו בצאן והוא נער את בני בלהה ואת בני זלפה נשי אביו ויבא יוסף את דבתם רעה אל אביהם" גימ' (6631): י"פ "זמירות" (663) ע"ה כדאמר דוד מלכא משיחא זמירות היו לי חוקיך (תהל' קי"ט,נ"ד) ומצינו שנענש על זה דאמר הקב"ה לדוד וכי דברי תורה זמירות קרית להו (סוטה ל"ה ע"א) עכ"פ רואים שפה זמירות פירושו תורה, וכן יעקב אבינו שלח ליוסף מזמרת הארץ כמ"ש קחו מזמרת הארץ בכליכם והורידו לאיש מנחה (בראשית מ"ג,י"א)] הרי תורה ותפלה בפ' וישב, והרי הכל תלוי בתורה ותפלה.

[י'] **מקץ** (מ"א,ב'): "והנה מן היאר עלת **שבע** פרות יפות מראה ובריאת בשר, ותרעינה באחו" גימ' (4551): י"פ "בידך אפקיד רוחי" (455) ע"ה (תהל' ל"א,ו') דאמרינן האי פסוקא בקריאת שמע שעל המטה - הרי תפלה, א"כ הרי תורה ותפלה בפרשת מקץ, והרי הכל תלוי בתורה ותפלה.

[י"א] **ויגש** (מ"ו,ה'): "ויקם יעקב מבאר **שבע**, וישאו בני ישראל את יעקב אביהם ואת טפם ואת נשיהם בעגלות אשר שלח יוסף לשאת אתו" גימ' (6711) י"פ א-דני במלוי כזה "אלף דלת נון יוד" (671) ע"ה הרי תפלה - כדאמרינן ברישא דצלותא הפסוק א-דני שפתי תפתח ופי יגיד תהלתך (תהל' נ"א,י"ז), ותורה בפרשת ויגש. ועוד נרמז בזה ענין התורה דכתיב בעגלות אשר שלח יוסף ודרשו חז"ל (מובא ברש"י בראשית מ"ה,כ"ז) שרמז יוסף ליעקב שבפעם האחרונה שלמדו היו עוסקים בפרשת עגלה ערופה, וכן מדגיש הפסוק יעקב אביהם וכו' בחינת אב ובנין כדאמרינן בפסוקא דפרשת וישלח דסליק לחושבן אב בן פעמים אב בן והוא נפלא, והרי הכל תלוי בתורה ותפלה.

[י"ב] **ויחי** (מ"ז,כ"ח): "ויחי יעקב בארץ מצרים **שבע** עשרה שנה, ויהי ימי יעקב שני חייו **שבע** שנים וארבעים ומאת שנה" גימ' (4761) ט"פ "יענך ה' בעת צרה" (תהל' כ',ב') הרי תפלה ותורה בפרשת ויחי, ובפסוקא דנן ב"פ תיבה "שבע" וכדכתיב לגבי שבת קודש דכל מעשיה כפולין [כמ"ש במדרש תהלים (שוחר טוב מזמור צ"ב פסוק א' ד"ה מזמור שיר ליום השבת) כל עיסקא דשבת כפול וכו' עיי"ש], והרי הכל תלוי בתורה ותפלה.

ספר שמות:

[י"ג] **שמות** (א',ה'): "ויהי כל נפש יצאי ירך יעקב **שבעים** נפש ויוסף היה במצרים" גימ' (2450) ז"פ "קול דודי דופק" (350) (שה"ש ה',ב') דנתאוה הקב"ה לתפילתן של צדיקים (עיין מדרש תנחומא פרשת תולדות) ולכן דופק על סגור ליבנו להתפלל אליו ולהתקשר בו בתורה תפלה ואהבת ישראל, וממילא הוא ג"כ חושבן ז' פעמים עמר"ם (350) שהחזיר את יוכבד ומהם נולד מושיען של ישראל, אמנם מפורש בגמרא (סוטה י"ב) ותהר [צירוף תור"ה] האשה ותלד בן, והא הות מיעברא ביה תלתא ירחי מעיקרא, ומאי רבותא דהחזירה עמרם, והא גם בלא שהחזירה היה נולד משה, י"ל דמכך שהחזירה והחזירו כל ישראל נשותיהם, מכח זה נתהוה משה למיהוי נשמה כללית דקודם לכן היה נשמה פרטית, וכדא"ר עקיבא כד חזה דהוו רבנן מתנמנמי אשה אחת היתה במצרים וילדה ששים ריבוא בכרס אחד, זו יוכבד דילדה את משה רבינו שקול כנגד ששים ריבוא מישראל כמבואר בדברי רבינו ישרא"ל נוטריקון יש ששים ריבוא אותיות לתורה, ובמק"א כתב רבינו מש"ה רבינ"ו גימ' תרי"ג, והוא כללות עצם התורה וכולהו מכח החזרת עמרם את יוכבד כנ"ל בחינת יפה כח הבן

מכח האב, הרי תורה ותפלה בפרשת שמות, והרי הכל תלוי בתורה ותפלה.

[י"ד] **וארא** (ו',כ'): "ויקח עמרם את יוכבד דדתו לו לאשה ותלד לו את אהרן ואת משה, ושני חיי עמרם **שבע** ושלשים ומאת שנה" גימ' (6192) "חסד" (72) פעמים אלהי"ם (86) בסוד מתוק שם אלהי"ם בשם הוי' במלוי יודין שעולה חס"ד כנודע, כדכתיב (תהל' נ"ב,י') ואני כזית רענן בבית א-להים, בטחתי **בחסד א-להים** עולם ועד [והאריכו בפירושו בספה"ק ולא נוכל להאריך כאן יותר], וכדאמר השי"ת למשה לגבי אהרן "והיה הוא יהיה לך לפה ואתה תהיה לו לאלהים" (שמות ד',ט"ז) רמז לו על לע"ל דכתיב ביום ההוא יהיה הוי' אחד וכו' דאותיות ו"ה דשם הוי' התעלו לבחינת י"ה, וכן כתיב ועבד הלוי הוא דקאי אלעתיד לבוא, רמז לו השי"ת והיה הוא יהיה וכו' בסוד מתוק כנ"ל, הרי תורה ותפלה בפרשת וארא. וכן חושבן פסוקא דהבאנו בפרשת שמות סליק (2450): ז"פ "עמרם" (350) והרי הוא כפתור ופרח ונפלא מאד, דמפרשת וארא ויקח עמרם וכו' וכדהארנו לעיל אות י"ג, והרי הכל תלוי בתורה ותפלה.

[ט"ו] **בא** (י"ב,ט"ו): "**שבעת** ימים מצות תאכלו אך ביום הראשון תשביתו שאר מבתיכם, כי כל אכל חמץ ונכרתה הנפש ההוא מישראל מיום הראשן עד יום **השבעי**" גימ' ע"ה (7790): י"פ "בכורי ישראל" (779) [כדכתיב בגאולת מצרים שהיא כעין גאולה דלעתיד לבוא: בני בכורי ישראל (שמות ד',כ"ב)] דמתפללין ומקוים לביאת משיח צדקנו בב"א. והוא נמי חושבן (7790): י"פ "ויאמר משה קומה הוי'" (779) כדכתיב בפרשת ויהי בנסוע הארון ויאמר משה קומה הוי' וכו' (במדבר י',ל"ה) ואנו עוסקים בענין חצבה עמודיה שבעה (משלי ט',א') דאיתמר גבי אורייתא משום שהתורה נחלקת ל-ז' ספרים בראשית, שמות, ויקרא, במדבר עד ויהי בנסוע, ויהי בנסוע, במדבר מויהי בנסוע עד הסוף, דברים. כמו שאמרו חז"ל לא מן השם הוא זה אלא מפני שספר חשוב הוא [פרשת ויהי בנסוע] בפני עצמו (שבת קט"ו ע"ב) והכא כפלינן י' זימנין, דמשה כמה גובהו י' אמין, והרי תורה ותפלה בפרשת בא. והוא חושבן (7789): ד"ם (44) פעמים "גן עדן" (177) ע"ה דאמרו חז"ל (פסיקתא רבתי פרשה י"ז אות ג') בזכות דם פסח ודם מילה נגאלו אבותינו ממצרים [שנאמר ואומר לך בדמייך חיי ואומר לך בדמייך חיי (יחזקאל ט"ז,ו')] וגאולת מצרים כעין גאולה דלעתיד לבוא [כמו שדרשו חז"ל (שמות רבה פרשה ט"ו סימן י"א) מהפסוק כימי צאתך מארץ מצרים אראנו נפלאות (מיכה ז',ט"ו)] בחינת גן עדן. מיהו במסירות נפש על התורה ועל התפלה משיגים השגות גן עדן ועולם הבא כאן בהאי עלמא, וכן יתגלה משיח צדקנו ויגאלנו בב"א, והרי הכל תלוי בתורה ותפלה.

[ט"ז] **בשלח** (ט"ז,כ"ז): "ויבאו אילמה ושם שתים עשרה עינת מים **ושבעים** תמרים, ויחנו שם על המים" גימ' (4135): ה"פ "אשרי האיש" (827) אשר פתח דוד מלכא משיחא ספר תהלים דיליה וכתבו ה' ספרים כנגד ה' חומשי תורה [כדאמרינן ביהי רצון שאומרים אחר שמסיימים ספר תהלים: ספר ראשון שהוא כנגד ספר בראשית, ספר שני - שמות, שלישי - ויקרא, רביעי - במדבר, חמישי - דברים] ומכניע ב' כוחות הטומאה דחושבן "אשרי האיש" כחושבן (827) "עשו - ישמעאל" ובביאת משיח צדקנו יכניע ב' הקלי' ויוציאו בלעם מפיהם ואף את חיותם בב"א, והרי תורה ותפלה בפ' בשלח, והרי הכל תלוי בתורה ותפלה.

[י"ז] **יתרו** (כ',י'): "ויום **השביעי** שבת להוי' א-להיך, לא תעשה כל מלאכה אתה ובנך ובתך ועבדך ואמתך ובהמתך וגרך אשר בשעריך" גימ' (5515) ע"ה (5516): ז' פעמים "הבה לי בנים ואם אין מתה אנכי" (788) (בראשית ל',א'), דאמרה רחל ליעקב שהפצירה בו שיתפלל אל השי"ת וישנה הגזירה דהיא עקרה דקוב"ה גוזר וצדיק מבטל כמו שלמדו חז"ל (מועד קטן ט"ז ע"ב) מהפסוק צדיק מושל יראת א-להים (ש"ב כ"ג,ג') דאמר הקב"ה מי מושל בי צדיק שאני גוזר גזירה והוא מבטלה ובארנוהו, והרי פסוקא דנן מעשרת הדברות דיבר דשמירת שבת ואם עם ישראל אין שבת מנין ולכן סליק ז"פ הבה לי בנים וכו' דישמרו שבת בתורה ותפלה ומעשה הצדקה, והרי תורה ותפלה בפרשת יתרו [וממילא הוא חושבן (5516): ז"פ "דוד - בת שבע" (788) המשכת התורה למלכותא קדישא דנקראת בת שבע [כנ"ל], והרי הכל תלוי בתורה ותפלה.

[י"ח] **משפטים** (כ"א,ב'): "כי תקנה עבד עברי שש שנים יעבד **ובשבעת** יצא לחפשי חנם" גימ' (3436) ע"ה (3437): ז"פ "וידבר ה' אליו מאהל מועד" (491) הרי תורה דמאהל מועד יצא הדיבור אל משה בלחודוי, וכפילת ז' פעמים רמיזא מלכותא קדישא בת שבע, והוא בחינת יהושע בן נון נער וכו' (שמות ל"ג,י"א) הרי תורה ותפלה

בפרשת משפטים. והאריכו בספה"ק בענין "עבד עברי" גימ' (358) "משיח", יבא ויגאלנו בב"א. וכן בכאן זכה משה לאלף זערא ויקרא אל משה וממשיך וידבר ה' אליו מאהל מועד כנ"ל הרי א' זעירא בחי' תפלה כדאמר הקב"ה ללבנה לכי ומעטי את עצמך (חולין ס' ע"ב) והיא מתמעטת לבחינת נקודה על היסוד דאיקרי צדיק הרי תורה ותפלה כנ"ל, והרי הכל תלוי בתורה ותפלה.

[י"ט] **תרומה** (כ"ה,ל"ז): "ועשית את נרתיה **שבעה**, והעלה את נרתיה על עבר פניה" גימ' (4150): נ' פעמים "טוב גנוז" (83) והוא יסוד אבא דאיקרי טוב תמן מושרשת נשמת משה רעיא מהימנא דאיקרי טוב כאמרם (עיין מנחות נ"ג ע"ב) יבא טוב זהו משה וגנוז בגו אמא עילאה שער הנון לכן כפילת נון פעמים טוב גנוז. והיא התורה הקדושה דנפקת מבינה ויורדת עד מלכותא קדישא דהן שבעת קני המנורה בחינת תפלה דעולה מתתא לעילא כדכתיב בהעלותך את הנרות (במדבר ח',ב') ופרש"י וזלשה"ק שתהא שלהבת עולה מאליה עכלשה"ק, הרי תורה ותפלה בפרשת תרומה, והרי הכל תלוי בתורה ותפלה.

[כ'] **תצוה** (כ"ט,ל'): "**שבעת** ימים ילבשם הכהן תחתיו מבניו, אשר יבא אל אהל מועד לשרת בקדש" גימ' (4303): י"ג פעמים "טמיר וגנוז" (331) קאי אאור הגנוז דממשיכו הכהן הגדול בעבודת הקדש, וכנרמז בתיבין "שבעת ימים ילבשם הכהן תחתיו מבניו אשר יבא" סליקו לחושבן (2780): י"פ "אור הגנוז" (278) דהן י' ספירות הגנוזות במאצילן וממשיכן להאי עלמא למטה מעשרה טפחים, וכגון נרות חנוכה דנפסקה הלכתא (שבת כ"א ע"ב) דיש להדליקן מתחת לעשרה טפחים, וכן בהכנסו לקדש הקדשים אפילו מלאכים לא יכולים להיות שם כדדרשו חז"ל עה"פ וכל אדם לא יהיה באוהל מועד בבואו לכפר בקדש וכו' (ויקרא ט"ז,י"ז) אפילו מלאכים [כמ"ש בירושלמי (יומא כ"ז ע"א) וכל אדם לא יהיה באוהל מועד אפילו מי שנאמר בו (במעשה מרכבה) ודמות פניהם כמראה אדם (יחזקאל א',י') דהיינו המלאכים]. וכן בפסוק הקודם בפרשת תרומה בענין ועשית נרותיה שבעה וכו' כולהו תיבין דפסוקא לבר מתיבה אחריתי דהיינו: "ועשית את נרותיה שבעה והעלה את נרותיה על עבר" סליקו לחושבן (4005): "אדם" (45) פעמים "חנוכה" (89) אתם קרויין אדם וכו' רמיזא הארת אור הגנוז בבני ישראל לעתיד לבוא ובאופן של נשמות בגופים דייקא, ובארנוהו, והרי הכל תלוי בתורה ותפלה.

[כ"א] **כי תשא** (ל"א,י"ז): "ביני ובין בני ישראל אות הוא לעלם, כי ששת ימים עשה ה' את השמים ואת הארץ וביום **השביעי** שבת וינפש" גימ' (5971): ז"פ "והוצאת מים מן הסלע" (853) (במדבר כ',ח') דציוה השי"ת את משה ואהרן דידברו אל הסלע והם היכו בסלע ועל כן נענשו שלא להיכנס לארץ ישראל, והוא יחס הכפול בין השי"ת אל הצדיק - דכשהקב"ה גוזר הוא מצפה שהצדיק יקיים ציוויו בשלימות כאמרם שהקב"ה מדקדק עם הצדיקים כחוט השערה (עיין בבא קמא נ' ע"א) וכן כאשר הצדיק מתפלל אל השי"ת רוצה שיעשה רצונו כי כולו לשם שמים, ואין לו נגיעות בענין אלא לקדש שם שמים, ועולה דאף הקב"ה כביכול מתפלל שיעשה רצונו כנרמז בדברי חז"ל כשעלה רבי ישמעאל וכו' ושאל להשי"ת מהי תפלתך וכו' וענה לו יהי רצון מלפני שיגולו רחמי על מדותי וכו' (עיין ברכות ו' ע"א), ונמשך דאף תפלתו של משה ואתחנן לא נענתה - דלא יכנוס לארץ ישראל. והנה בכאן הפלא ופלא תיבין "ביני ובין בני ישראל אות הוא לעולם" גימ' במכוון (1332): "ואתחנן אל ה' בעת ההוא לאמר" (דברים ג',כ"ג), ומיד תיבה "ששת" גימ' (1000) "אלף" רמיזא א' זעירא דויקרא דזכה לה משה בחי' אלף אורות מהר חורב [כמו שמביא רבינו במקום אחר] - דממשיך מיד בכאן וירא העם כי בשש משה לרדת וכו' (שמות ל"ב,א') ועבידו לעגל ויתנצלו בני ישראל את עדים וכו' (שמות ל"ג,ו') ומשה זכה בהאי אורה דהן אלף זיוון כמבואר בדברי רבינו במקום אחר, וא"כ רמיזא תורה ותפלה בפרשת כי תשא, והרי הכל תלוי בתורה ותפלה.

[כ"ב] **ויקהל** (ל"ה,ב'): "ששת ימים תעשה מלאכה, וביום **השביעי** יהיה לכם קדש שבת שבתון לה', כל העשה בו מלאכה יומת" גימ' (5462): י"פ "ישראלה" (546) ע"ה, דהן עם בני ישראל דמתפללים אליו יתברך ג' תפילות בכל יום וכדאמר רבי יוחנן הלואי והיה אדם מתפלל כל היום (עיין ברכות כ"א ע"א), ונרמז גם כן ד"ישראלה" הוא השביעי מ-כ"ד משמרות כהונה כדכתיב (דברי הימים א' כ"ה,י"ד) "השביעי ישראלה" וכו', והרי תורה ותפלה בפרשת ויקהל. והנה בפסוקא דנן הוא נפלא "**וביום השביעי יהיה לכם קדש**" ר"ת ויקה"ל - כן שמעתי ממו"ר צבי חשין שליט"א - וממילא אוסיף תבלין משלי ואומר שהוא בגימטריא (985): "מקדש ישראל"

כדמברכינן בא"י מקדש ישראל והזמנים - וביארו חז"ל מקדש ישראל דאינון מקדשין לזמנים, כדאמר השי"ת לכו לישראל שאורלוגין שלי אצלם, וכלשון המדרש (ילקוט שמעוני פרשת בא סימן ק"צ): אמר ריב"ל משל למלך שהיה לו אורלוגין והיה מביט בו וידע איזה שעה ביום, כיון שעמד בנו על פרקו מסר לו אורלוגין שלו, כך אמר הקב"ה עד עכשיו חשבונן של חדשים ושל שנים בידי, מכאן ואילך הרי הן מסורין בידכן וזמש"כ "החודש הזה לכם ראש חדשים" עד כאן לשון המדרש, והרי הכל תלוי בתורה ותפלה.

[כ"ג] **פקודי** (ל"ח,כ"ח): "ואת האלף **ושבע** מאות וחמשה **ושבעים** עשה ווים לעמודים, וצפה ראשיהם וחשק אתם" גימ' (4369): כ"ד פעמים "יעקב" (182) ע"ה, והרי תורה ותפלה - דיעקב עמוד התורה, וכפילת כ"ד פעמים לקביל כ"ד קשוטי כלה דיהיב לה בעלה והיא נקראת כלה מלשון כלתה נפשי (תהל' קי"ט,פ"א) היינו תפלה. ובכאן דרשו חז"ל דשכח משה הווים לעמודים בחשבון [עיין שמות רבה נ"א,ו' עיי"ש] ומבואר בדברי רבינו במקום אחר דבא אליו רבי עקיבא וגילה לו אותן הווין הוא המשקל החסר בזהב שנשתכח ממנו. ודרש (שם) "רבי עקיבה" גימ' (399) "אלף זעירא" עיי"ש, והרי הכל תלוי בתורה ותפלה. סליק חומש שמות.

ספר ויקרא:

[כ"ד] **ויקרא** (ד',ו'): "וטבל הכהן את אצבעו בדם, והזה מן הדם **שבע** פעמים לפני הוי' את פני פרכת הקדש" גימ' ע"ה (3364): ד"פ "בני בכורי ישראל" (841) (שמות ד',כ"ב) וכן בפסוק ט"ו לעיל [פרשת בא] סליק לחושבן י"פ "בכורי ישראל" עיי"ש, הרי תורה ותפלה בפרשת ויקרא. ורמזינן בכולהו הני פסוקי טובא, וכגון תיבין "וטבל הכהן את אצבעו בדם והזה מן הדם שבע פעמים לפני" סליקו לחושבן (1687): אלף תרפ"ז דהוא אלופו של עולם המתלבש ב-ד' שמות הוי' במלואיהן רל"ב עם ג' אהי"ה במלוייהן תנ"ה, ובתוספת תיבה הבאה שם הוי' ב"ה הרי חושבן (1713): "אלף (1000) תשובה (713)" רמיזא דהתקבל הקרבן לרצון - וכן רמיזא טובא היות שבכאן אינו עיקר הני ריבוי פסוקין דמייתינן - לא נרחיב, וכן בכל פרשה אית פסוקי טובא דאית בהו "שבע", ולא הבאנו כולם אע"פ שראוי היה שנביאם, והוא בבחינת תן לחכם ויחכם עוד (משלי ט',ט'), והרי הכל תלוי בתורה ותפלה.

[כ"ה] **צו** (ח',י"א): "ויז ממנו על המזבח **שבע** פעמים, וימשח את המזבח ואת כל כליו, וימשח את המזבח ואת כל כליו ואת הכיר ואת כנו לקדשם" גימ' (3882): ו"פ "שערי בינה" (647) כאמרם (ראש השנה כ"א ע"ב) חמשים שערי בינה הן, ולכולן זכה משה לבר מאחת - דלשער הנון זכה בהסתלקותו ולכן היא אלף זעירא רמיזא אל השער החסר, ומבואר בדברי רבינו במקום אחר, ולכן בפסוקא דנן רמיזא דייקא דתיבין "ויז ממנו על המזבח שבע" סליקו לחושבן (693) "ויקרא אל משה" והוא נפלא מאד - והרי תורה ותפלה בפרשת צו - דמשה התחנן אל השי"ת דיניחו להיכנס לארץ ישראל ושם יזכה לשער החמישים, והרי הכל תלוי בתורה ותפלה.

[כ"ו] **שמיני** (י"א,ל"ב): "וכל אשר יפל עליו מהם במתם יטמא - מכל כלי עץ **או בגד או עור או שק** [ר"ת שב"ע] כל כלי אשר יעשה מלאכה בהם, במים יובא וטמא עד הערב וטהר" גימ' (4313): ז' פעמים "התורה" (616) ע"ה, והיא התורה שמתלבשת במלכותא קדישא בת שבע ולכן כפילת ז' פעמים התור"ה, ופשוט. ובכאן הוא בראשי תיבות שב"ע ולא בהדיא דאנן בפרשת שמיני דהיא הפרשה היחידה בתורה שמוזכר בה מספר היינו שמונה דכורא בסוד א"ז ישיר משה (שמות ט"ו,א') ה-א' שרוכב על ז' דטבע, דשמיני הוא כידוע בחינת עלמא דאתי [בינה שמינית מתתא לעילא] ונעלה ללא ערך משבע דטבע, וממילא באתר דאית דכורא לית נוקבא תמן וכגון לית שמאלא בהאי עתיקא, ולכן רמז השב"ע רק בראשי תיבות, וכן א"ו תלת זימנין כל חדא גימ' שבע, והרי הכל תלוי בתורה ותפלה.

[כ"ז] **תזריע** (י"ב,ב'): "דבר אל בני ישראל לאמר אשה כי תזריע וילדה זכר וטמאה **שבעת** ימים, כימי נדת דותה תטמא" גימ' ע"ה (4749): ג"פ "אלף (1000) לדוד ולזרעו עד עולם (583)" (1583) [כדכתיב ואמרינן בברכת המזון: מגדיל (א"נ מגדול) ישועות מלכו ועושה חסד למשיחו **לדוד ולזרעו עד עולם** (שמואל ב' כ"ב,נ"א)] דאף לדוד הות א' זעירא על דרועיה כדבארנו בדברי הזוה"ק, ובכאן אלף רבתי (1000) בחינת דכר ואלף זעירא בחינת נוקבא לכן וילדה זכר, הרי תפלה [דוד] ותורה [משה] בפרשת תזריע, והרי הכל תלוי בתורה ותפלה.

[כ"ח] **מצורע** (י"ד,ז'): "והזה על המטהר מן הצרעת **שבע** פעמים, וטהרו ושלח את הצפר החיה על פני השדה" גימ' (3777): "כי טוב הוא" (59)

[כדכתיב במשה ותרא אותו כי טוב הוא (שמות ב',ב')] פעמים "דין" (64) ע"ה דזכה משה למתק ק"כ דיני אלהי"ם בק"כ שנותיו כמבואר בדברי רבינו במקום אחר, ובארנוהו בענין בשג"ם הוא בשר והיו ימיו מאה ועשרים שנה (להביא עיונים) והרי רמיזא בתורה ותפלה מיתוק הדין בשרשו, והן תורה ותפלה בפרשת מצורע, והרי הכל תלוי בתורה ותפלה.

[כ"ט] **אחרי** (ט"ז,כ"ט): "והיתה לכם לחקת עולם, בחדש **השביעי** בעשור לחדש תענו את נפשתיכם וכל מלאכה לא תעשו האזרח והגר הגר בתוככם" גימ' (6748): ד"פ "אלף (1000) תרפ"ז (687)" (1687) דהן ד' מלוי הוי' רל"ב עם ג' מלויי אהי"ה תנ"ה כנודע מהאר"י הק', וכן עבדינן האי חושבן בפסוקא כ"ד פ' ויקרא תמן תיבין "וטבל הכהן את **אצבעו** בדם והזה מן הדם שבע פעמים לפני" סליק לחושבן (1687) אלף תרפ"ז כנ"ל, ובכאן ד' פעמים בחינת מלוי שם י-ה-ו-ה כולן באלף תרפ"ז אלופו של עולם המשפיע במלויי שמותיו הקדושין דהן ז' שמות מלאים ד' בהוי' ב"ה ו-ג' באהי"ה, וכנגלה למשה בסנה תמן כתיב ג"פ שם אהי"ה בחד פסוקא ובר דא לא כתיב בשום דוכתא בכולהו כ"ד ספרים, ותמן בלחודוי כתיב שם אהי"ה: "**אהי"ה** אשר **אהי"ה** וכו' **אהי"ה** שלחני אליכם" (שמות ג',י"ד) ובכאן הפסוק בענין צום יום הכפורים יום הקדוש דהוא יום שכולו תפלה הרי תורה ותפלה בפרשת אחרי, והרי הכל תלוי בתורה ותפלה.

[ל'] **קדושים** (י"ט,י"ב): "ולא **תשבעו** בשמי לשקר, וחללת את שם א-להיך אני הוי'" גימ' (3165) ה"פ "לבני ישראל" (633) [כגון אבני זכרון לבני ישראל (שמות ל"ט,ז')] עם קדוש דעסקין באורייתא וצלותא הרי תורה ותפלה בפרשת קדושים, אמנם בכאן שרש שב"ע מובלע בתיבה **תשבעו** ואינו בהדיא, אלא שרש שבועה הוא שבע, וממילא זכינו לדין בפרשתן למהוי שרש שבע אף כאן, והרי הכל תלוי בתורה ותפלה.

[ל"א] **אמור** (כ"ג,ט"ו): "וספרתם לכם ממחרת השבת מיום הביאכם את עמר התנופה, **שבע** שבתות תמימת תהיינה" גימ' (6552): ח"פ "דוד מלך ישראל חי וקיים" (819) [דאמרינן בקדוש לבנה ג' פעמים, ועיין בגמרא ראש השנה דף כ"ה ע"א ושלח ליה סימנא דוד מלך ישראל חי וקים] הוא דוד מלכא משיחא דיגאלנו באלף השביעי והשמיני ונשמת משה רבינו מעוברת בו כמבואר באור החיים הקדוש בבאורו עה"פ אוסרי לגפן (בראשית מ"ט,י"א) ד"ה ואל תתמה עיי"ש.

והוא נמי חושבן (6552): כ"ד פעמים "אור גנוז" (273) דתתקשט הכלה מלכותא קדישא ב-כ"ד אורות יקירין דאור הגנוז עצמות אור אינסוף ב"ה וב"ש. והוא נמי חושבן (6552): ל"ו (36) פעמים "יעקב" (182), כאמרם (תענית ה' ע"ב) יעקב אבינו לא מת, ומהאי טעמא הוא נמי חושבן (6552): הוי' (26) פעמים "רב לך" (252) (דברים ג',כ"ו) דאמר השי"ת למשה זכית לכל הני מדרגות והרי תורה ותפלה בפרשת אמור, והרי הכל תלוי בתורה ותפלה.

[ל"ב] **בהר** (כ"ה,ח'): "וספרת לך **שבע** שבתת שנים **שבע** שנים **שבע** פעמים, והיו לך ימי **שבע** שבתת השנים תשע וארבעים שנה" גימ' (7524) ע"ה (7525): ז"פ "ישראל" במלוי כזה: "יוד שין ריש אלף למד" (1075) הרי כנסת ישראל בחינת מלכותא קדישא ולכן כפילת ז' פעמים דייקא, והוא ישראל מלא דשופע בו שפע התורה הקדושה וממלאו דעם ישראל בעלי אהבה ויראת ה' ולומדים התורה הקדושה באהבה ויראה, וכדאמרינן במקום אחר י"פ "תורה" גימ' (6110): הוי' פעמים "אהבה ויראה" (235), ויחד עם פסוקא דנן (7524) סליקו יחד לחושבן (13,634): ד"ל (34) פעמים "ימי הפורים" (401) [כדכתיב במגילת אסתר לקיים את ימי הפורים וכו' (אסתר ט',ל"א)] דאנו ערב ראש חדש אדר ה'תשע"ח, וימי הפורים קרבים ובאים בשמחה וצהלה, ויהי רצון דיקויים מאמר ונהפוך הוא ויביא השי"ת לגלוי משיח צדקנו יבא ויגאלנו בב"א, והרי הכל תלוי בתורה ותפלה.

[ל"ג] **בחקתי** (כ"ו,כ"א): "ואם תלכו עמי קרי ולא תאבו לשמע לי ויספתי עליכם מכה **שבע** כחטאתיכם" גימ' (3540): כ"פ "גן עדן" (177) בגלוי אור הגנוז מכתרא עילאה נזכה לגן עדן בהאי עלמא נשמות בגופים והוא היקר אל ה' ונתנו למשה ויקרא אל משה דעשאו כלי אל קדושתו יתברך ויתעלה, ומהאי טעמא הוא נמי חושבן (3540): "כלי" (60) פעמים "כי טוב הוא" (59) דאיתמר במשה [כדכתיב ביה ותרא אותו כי טוב הוא (שמות ב',ב')], והרי הכל תלוי בתורה ותפלה.

ספר במדבר:

[ל"ד] **במדבר** (ב',ל"א): "כל הפקדים למחנה דן מאת אלף **ושבעה** וחמשים אלף ושש מאות, לאחרנה יסעו לדגליהם" גימ' (3541): כ"פ "גן עדן" (177) כנ"ל באות הקודמת, והרי חושבן ב'

הפסוקים הללו מאחד את חומש ויקרא ובמדבר וכדוגמת לולאות האהל מקבילות הלולאות (שמות כ״ו,ה׳). וממילא ב׳ הפסוקים יחד סליקו לחושבן מ׳ פעמים ״גן עדן״ - ובאור הענין דבזכות התורה הקדושה דניתנה ל-מ׳ יום זכיין לבחינת **גן עדן** כבר בהאי עלמא לבחינת תענוג העליון בחי׳ תורתך שעשועי (תהל׳ קי״ט,צ״ב) דמכוון לשעשועי המלך בעצמותו, והן חושבן (7081): ק״כ פעמים ״כי טוב הוא״ (59) ע״ה, דאיתמר במשה ותרא אתו כי טוב הוא (שמות ב׳,ב׳) וזכה למתק ק״כ צרופי שם אלהי״ם ב-ק״כ שנותיו [כדכתיב ומשה בן מאה ועשרים שנה במותו (דברים ל״ד,ז׳)], ולכן אמר ליה ית׳ ״רב לך אל תוסף״ (שם ג׳,כ״ו) - לית יתיר מ-ק״כ צרופים דמיתקת בשלמות ונקראת משה איש האלהי״ם (שם ל״ג,א׳) אמנם לזכות לשער הנון הוא רק בסילוק גשמיותך דלא יראני האדם וחי (שמות ל״ג,כ׳), ״איש הא-להים״ גימ׳ (402) ו״פ ״בינה״ (67) ו׳ הוא משה כדכתיב כי בשש משה (שם ל״ב,א׳) בושש נוטריקון בו-שש, וזכה לשער הנון בהסתלקותו בהר נב״ו נוטריקון נון-בו, ובארנוהו. והרי תורה ותפלה בפרשת במדבר, והרי הכל תלוי בתורה ותפלה.

[ל״ה] **נשא** (ז׳,מ״ח): ״ביום **השביעי** נשיא לבני אפרים אלישמע בן עמיהוד״ גימ׳ (1877): משי״ח מלא כזה ״מם שין יוד חית״ (878) והוא ב-א׳ רבתי, ואם תאמר אין א׳ בתיבה משיח הרי בחזרת הגלגל ירדף אחד אלף (דברים ל״ב,ל׳) הרי חושבן משיח מלא כנ״ל. ויש לחדש דהאי פסוקא ביום השביעי נשיא לבני אפרים מרמז ביתר הדגשה לבחינת שבע, כי איתא בספה״ק [עיין אבן עזרא שם עה״פ ביום השביעי נשיא לבני אפרים וכו׳ וזלשה״ק ביום השביעי יש אומרים כי בשבת הקריבו והיא הוראת שעה וכו׳ עיי״ש, וכ״כ בדעת זקנים שם וזלשה״ק ביום השביעי נשיא לבני אפרים ושבת היה שהרי ביום הראשון ראשון היה למעשה בראשית וכו׳ עכד״ק] יום השביעי לקרבן הנשיאים שבת היה והקשו מפני מה זכה שבטו של אפרים להקריב קרבנו בשבת וכו׳ [כמ״ש בדעת זקנים שם וזלשה״ק: ולפי שיוסף היה שומר שבת לפני שניתנה תורה וכו׳ אמר לו הקב״ה שבזכות זה יקריב בנך קרבנו ביום השבת עכד״ק] וממילא יוצא שיום השביעי פה הוא לא רק יום השביעי של הנשיאים, אלא הוא מרמז בעצם לבחינת שבע - שבת. וכן יש לקשר פסוק זה לפסוק שהבאנו לעיל פרשת וירא [אות ד׳] דכתיב ביה שבע: ויטע אש״ל בבאר שבע (בראשית כ״א,ל״ג) אש״ל גימטריא אפרי״ם, והבאנו לעיל ד״באר שבע״ מרמז על בחינת שבת-מלכות, ורואים מפה הקשר בין ביום השביעי נשיא לבני אפרים ל״ויטע אשל בבאר שבע״, והרי הכל תלוי בתורה ותפלה.

[ל״ו] **בהעלותך** (ח׳,ב׳):״דבר אל אהרן ואמרת אליו בהעלתך את הנרת אל מול פני המנורה יאירו **שבעת** הנרות״ גימ׳ (4983): ג״פ ״אלף (1000) האיש משה (661)״ (1661) ומביא רש״י מהגמרא (שבת כ׳ ע״א) שתהא השלהבת עולה מאליה - ״השלהבת עולה״ גימ׳ (853) ״והוצאת מים מן הסלע״ (במדבר כ׳,ח׳) דמשה ואהרן נצטוו לדבר אל הסלע - ומשה הכה בסלע, ונענשו דלא יכנסו לארץ ישראל דיצאו מים רבים [כמ״ש ויצאו מים רבים וכו׳ (במדבר כ׳,י״א)], ולכן אמר ליה השי״ת ״רב לך״ (דברים ג׳,כ״ו) - כנגד הני מים רבים, ובשיר השירים (ח׳,ז׳) ״מים רבים לא יוכלו לכבות את האהבה״, אע״פ שנענש דלא יכנוס לארץ הקדושה ושמע תקט״ו פעמים ״רב לך״ דהתפלל משה תקט״ו תפלות כמנין ואתחנ״ן וכמנין תפל״ה [כדאיתא במדרש (דברים רבה וזאת הברכה י״א,י׳) וזלשה״ק: ומנין שהתפלל משה חמש מאות וחמשה עשר פעמים שנאמר ואתחנן וכו׳ ואתחנ״ן בגימטריא הכי הוי עכלשה״ק] - הרי הני מים רבים רב לך הרבים ששמע לא יוכלו לכבות אהבתו להשי״ת דכולו הטוב והמיטיב, ונטע אהבה זו בלבות כלל ישראל עד סוף כל הדורות - וזהו שתהא שלהבת עולה מאליה - ״עולה״ גימ׳ (111) ״אלף״ דזכה משה ל-א׳ זעירא ויקרא אל משה בסוד תפלה לעני כי יעטף (תהל׳ ק״ב,א׳) ובסוד לכי ומעטי את עצמך (חולין ס׳ ע״ב), ״השלהבת עולה״ גימ׳ (853) ״והוצאת מים מן הסלע״ (במדבר כ׳,ח׳) כנ״ל, ומיד ״מאליה״ גימ׳ (86) אלהי״ם מדת הדין, והרי הכל תלוי בתורה ותפלה.

[ל״ז] **שלח** (י״ג,כ״ב): ״ויעלו בנגב ויבא עד חברון ושם אחימן ששי ותלמי ילידי הענק, וחברון **שבע** שנים נבנתה לפני צען מצרים״ גימ׳ (4689): ״ההלל״ (70) פעמים ״בינה״ (67) בחינת אם הבנים שמחה (תהל׳ קי״ג,ט׳) בתפלתן של בנים ובתורתן - וכן בכאן חברון שבע שנים **נבנתה** – בחינת בינה דממשיכה אור הכתר עד מלכותא קדישא בת שבע ולעתיד לבוא בסוד מי זאת עולה (שה״ש ג׳,ו׳) תעלה המלכות לבחינת בינה - ובינה כתרא דז״א תמשיך שבע בו עצמו דתהיה מעלת הגשמיות על הרוחניות ונקבה תסובב גבר (ירמי׳ ל״א,כ״א)

ובארנוהו במקום אחר, והרי הכל תלוי בתורה ותפלה.

[ל"ח] **קרח** (י"ז,י"ד): "ויהיו המתים במגפה ארבעה עשר אלף **ושבע** מאות, מלבד המתים על דבר קרח" גימ' (3631): ו"פ "בבני ישראל" (605) ע"ה [כמ"ש ולא יהיה בבני ישראל נגף (במדבר ח',י"ט)] דאות ו' בחינת תפארת ישראל [כמ"ש השליך משמים ארץ תפארת ישראל (איכה ב',א')] ישראל אשר בך אתפאר (ישעי' מ"ט,ג') והוא משה בחינת ו' בו-שש כנ"ל סוף אות ל"ד תמן ו"פ "בינה" דמשה הוריד התורה הקדושה מאמא עילאה נפקת מפי הגבורה שמענו אמנם כתיב אורייתא מחכמה עילאה נפקת י"ל דהוא יסוד אבא המלובש באמא עילאה ואיהו ארוך עד סוף יסוד דז"א בחי' התורה הק' והוא ענין חומרת שמירת הברית קדש דאמרו חז"ל כל מקום שאתה מוצא קדושה אתה מוצא גדר ערוה, ושמעתי מפי מו"ר צבי חשין שליט"א גדר ערוה היינו אתוון קדם ובתר אתוון ערוה כזה ס-**ע**-פ ק-**ר**-ש ה-**ו**-ז ד-**ה**-ו הרי הן אתוון ז"ה ס"ף קדו"ש והוא נפלא מאד, ואשרינו שזכינו לשמוע דא"ח מפי קדשו. והרי תורה ותפלה בפ' קרח. ו"פ "בבני ישראל" - ו' דא משה - תורה, בבני ישראל י"ב שבטי י"ה מלכותא קדישא ים של שלמה דהוה מונח על י"ב בקר [כמ"ש לגבי ים של שלמה עומד על שנים עשר בקר (דברי הימים ב' ד',ד')] הרי תפלה, והרי הכל תלוי בתורה ותפלה.

[ל"ט] **חקת** (י"ט,ד'): "ולקח אלעזר מדמה באצבעו, והזה אל נכח פני אהל מועד מדמה **שבע** פעמים" גימ' (1921): "השביעי רצית בו וקדשתו" דאמרינן בצלותא דשבת קדש, הרי תורה ותפלה בפרשת חקת. והוא נמי חושבן (1921): טו"ב (17) פעמים באל"ף (113) טוב בחי' תורה [כמ"ש בפרקי אבות: ואין טוב אלא תורה שנאמר כי לקח טוב נתתי לכם תורתי אל תעזובו (משלי ד',ב')] באלף הרי תפלה דהיא א' זעירא דויקרא אל משה בחי' תפלה ותמן כתיב מאהל מועד בחי' תורה [כמ"ש ויעקב איש תם יושב אהלים (בראשית כ"ה,כ"ז) אהלי שם ועבר וכו', וכן אדם כי ימות באהל (במדבר י"ט,י"ד) באהלה של תורה וכו'] בחי' לעשות מהתורה תפלה [עיין לקוטי מוהר"ן תנינא סימן כ"ה וזלשה"ק וגם טוב לעשות מהתורה תפלה דהיינו כששומע איזה מאמר אזי יעשה מזה תפלה וכו' עיי"ש], והרי הכל תלוי בתורה ותפלה.

[מ'] **בלק** (כ"ג,א'): "ויאמר בלעם אל בלק בנה לי בזה **שבעה** מזבחות, והכן לי בזה **שבעה** פרים **ושבעה** אילים" גימ' (2823): ג"פ "ויקרא אל משה וידבר ה'" (941) (ויקרא א',א') תמן תפלה א' זעירא כנ"ל באות הקודמת ותורה וידבר הוי', ורצה משה לכתוב ויקר כדכתיב בבלעם ויקר ה' אל בלעם בדרך מקרה וארעי, וקשה מה ראה לעשות כן דהרי הקליפה בפני הקדושה כקוף בפני אדם ומה ראה להדמות לאותו רשע, אלא הוא סוד אמרם ז"ל מהו "ולא קם נביא עוד בישראל כמשה" (דברים ל"ד,י') - בישראל הוא דלא קם אבל באומות העולם קם ומנו בלעם (רש"י שם ומקורו בספרי שם), וביארנו במקום אחר דיעקב זכה ליחודא תתאה כדמבאר האדמו"ר מקאמרנא זצ"ל עה"פ "ויעבד יעקב ברחל שבע שנים, ויהיו בעיניו כימים אחדים באהבתו אתה" (בראשית כ"ט,כ') גימ' (2476): "שמע ישראל ה' א-להינו ה' אחד - ברוך שם כבוד מלכותו לעולם ועד" ומשה זכה ליחודא עילאה דהיינו להעלות את יחודא תתאה בחי' ברוך שם וכו' לעילא לבחינת שמע ישראל וכו' וכדיהא לעתיד לבוא בכלל בני ישראל יתגלה א-להותו ית' בגוף הגשמי דיהודי דהוא חלק א-לוה ממעל (איוב ל"א,ב') ממש [עיין תניא ח"א סימן ב' וזלשה"ק ונפש השנית בישראל היא חלק א-לוה ממעל ממש וכו' עכלשה"ק], ויתגלה שלמותו לעתיד לבוא דכל יהודי יהיה בבחינת משה איש הא-להים בבחינה הפרטית דיליה, ומשה בעצמו עין לא ראתה א-להים זולתך (ישעי' ס"ד,ג') [ועיין עוד בזה בסוגיא ברכות ל"ד ע"ב]. והרי פסוקא דהבאנו: "ולא קם נביא עוד בישראל כמשה, אשר ידעו ה' פנים אל פנים" סליק לחושבן (2236): "שמע ישראל ה' א-להינו ה' אחד - שמע ישראל ה' א-להינו ה' אחד" בחי' יחודא עילאה כנ"ל. ובדברינו הוא העלאת התפלה לבחינת תורה ממש - ומעתה יובן דרצה משה למכתב ויקר כגון אצל אותו רשע [ויקר א-להים אל בלעם (במדבר כ"ג,ד')] דביחודא עילאה דכתרא עילאה לית שמאלא [כמ"ש לית שמאלא בהאי עתיקא] וכולהו הטוב והמיטיב כדיתגלה לעתיד לבוא, ויתגלה דכל דעביד רחמנא לטב עביד כדא"ר עקיבא (עיין ברכות דף ס' ע"ב) דהיינו לטובתן של ישראל ולקרב גאולתן על הצד היותר טוב - ובארנוהו באורך במקום אחר - ובכאן קצרה היריעה דעוד פסוקים רבים לפנינו בס"ד - רק נביא רמז מדברי רש"י הק' על הפסוק ולא קם נביא וכו' פרש"י שהיה לבו גס בו ומדבר אליו בכל עת שרוצה [עכלשה"ק] "שהיה לבו" גימ' (358) "משיח"

דמשה הוא גואל ראשון והוא גואל אחרון כדהאריך אור החיים הק' בפירושו עה"ת פרשת ויחי בפסוק אוסרי לגפן (בראשית מ"ט,י"א) ד"ה ואל תתמה עיי"ש - הרי תורה ותפלה בפרשת בלק, והרי הכל תלוי בתורה ותפלה.

[מ"א] **פנחס** (כ"ו,נ"א): "אלה פקודי בני ישראל שש מאות אלף ואלף **שבע** מאות ושלשים" גימ' (3619): ר"פ "בני ישראל" (603) והוא ממש כפתור ופרח דבפרשת קרח מצינו פסוקא דסליק לחושבן ו"פ "בבני ישראל" (605) (לעיל אות ל"ח) ובארנוהו תמן והוא בענין המתים במגפה דקרח ועדתו - וכתב רבינו בחיי דברים נוראים מי הוא קרח ועדתו יעויי"ש ואף בפנחס הוה מגפה כמבואר בסוף פרשת בלק, והציל פנחס את בני ישראל מכליה כדמאריך בזוה"ק וירא פינחס מ' סליק באוירא דהיא מ' דמות ופינחס איהו גימ' (208) ר"ח עם ה-מ' ההיא לקחה ונתהוה רמ"ח, וזהו ויקח רמ"ח בידו (במדבר כ"ה,ז'), ובשתי המגפות - בקרח ובבלק עם בנות מואב כתיב לבתר "ותעצר המגפה" גימ' (899) "**ישמח** ישראל" אתוון משי"ח - והאריכו בגמרא הקדושה הרי הוו ימים טובים טובא ומדוע לא תקון רבנן כולהו ימים טובים וכגון הני ב"פ ותעצר המגפה עיי"ש מה שתירצו.

והרי ב"פ "ותעצר המגפה" (899) גימ' (1798): ג"פ "אלופו של עולם" (599) דלית אתר פנוי מיניה וכולהו הטוב והמיטיב וכפי שיתגלה לעתיד לבוא, ומבואר בחז"ל (פסחים נ' ע"א) מאי ביום ההוא יהיה ה' אחד ושמו אחד והרי אטו האידנא לאו אחד הוא, ובארנוהו באורך במקום אחר. והרי תורה ותפלה בפ' פנחס, וכדביארנו לעיל פ' בלק אות ל"ח, והרי הכל תלוי בתורה ותפלה.

[מ"ב] **מטות** (ל"א,י"ט): "ואתם חנו מחוץ למחנה **שבעת** ימים, כל הרג נפש וכל נגע בחלל תתחטאו ביום השלישי וביום **השביעי** אתם ושביכם" גימ' (5414): ב"פ "וזמירות שירות ותשבחות" (2767) הרי תפלה שהיא שירות ותשבחות וזמירות לקב"ה, וזמירות היינו תורה דדוד המלך העלה בחינת זמירות שהוא תפלה לבחינת תורה כמו שאמר דוד "זמירות היו לי חוקיך" (תהל' קי"ט,נ"ד) ובאמת נענש על זה כמ"ש שהקב"ה אמר לדוד וכי דברי תורה זמירות קרית להו (סוטה ל"ה ע"א) ואולי יל"פ דדוד עבד בטרם עת, דרק לעתיד לבוא יהיו ימי הלל והודאה ולא עתה בעידנא דגלותא, ויש עוד לעיין בזה. והרי תורה ותפלה בפרשת מטות, והרי הכל תלוי בתורה ותפלה.

[מ"ג] **מסעי** (ל"ג,ט'): "ויסעו ממרה ויבאו אילמה, ובאילם שתים עשרה עינת מים **ושבעים** תמרים ויחנו שם" גימ' (4120): א"ז (8) פעמים "ואתחנן" (515), ובא הרמז בכפילת ח' פעמים בסוד א"ז ישיר משה (שמות ט"ו,א') שר לא נאמר אלא ישיר אותו לעתיד לבוא מכאן לתחיית המתים מן התורה (סנהדרין צ"א ע"ב), דלעתיד לבוא תהיה מעלת התפלה בהלל והודאה על התורה בבחינת נקבה תסובב גבר (ירמי' ל"א,כ"א) וזכר לדבר אנן עבדין בקדושין דנקבה סובבת לחתן שבע פעמים קודם הקדושין, דחתן מלשון נחית דרגא יורד ומשפיל עצמו מהתורה אל הכלה התפלה ואיהי מעלה עצמה כלפיו בחינת כלתה נפשי (תהל' קי"ט,פ"א), וכך מכניעים עמלק דכתיב ביה אשר קרך בדרך (דברים כ"ה,י"ח) בבחינת "שב**ע** יפו**ל** צדי**ק** וק**ם**" (משלי כ"ד,ט"ז) ס"ת עמל"ק [כמבואר בספה"ק] גימ' (848) שבע מרגלאן דנפיקו מאתוון י"ה י-ה-ו כמבואר בארי הק': "הוי' - הוי' - מצפ"צ - י"ה - אדנ"י - א"ל - אלהי"ם -מצפ"צ" וכדהארכנו במקום אחר ואין כאן מקומו, והרי הכל תלוי בתורה ותפלה.

[מ"ד] **דברים** (א',ח'): "ראה נתתי לפניכם את הארץ באו ורשו את הארץ אשר **נשבע** ה' לאבתיכם לאברהם ליצחק וליעקב לתת להם ולזרעם אחריהם" גימ' ע"ה (6920): מ"פ "ונהפך הוא" (173) (אסתר ט',א') מ' בסוד גוא"ל דמשה הוא גואל ראשון והוא גואל אחרון [כנ"ל מהאור החיים], ובחומש דברים החל ענין ונהפוך הוא דהות **שכינה מדברת בתוך גרונו** דמשה ר"ת בשג"ם ומיהו "שכינה מדברת בתוך גרונו" גימ' ע"ה (1725): ה"פ "משה" (345) בסוד ה"פ או"ר דיומא קמאה דמעשה בראשית תמן ה"פ או"ר (207) גימ' (1035) ג"פ מש"ה (345), ומצינו בכולהו כ"ד ספרים חד פסוקא בלחודוי תמן ג"פ מש"ה וזהו (שמות ל"ד,ל"ה): "וראו בני ישראל את פני **משה** כי קרן עור פני **משה** והשיב **משה** את המסוה על פניו עד באו לדבר אתו" דסליק לחושבן (5000): ה' אלפין, דהן הן ה' אלפין דה"פ או"ר דיומא קמאה דמעשה בראשית הרי הוא כפתור ופרח ונפלא מאד דהיינו בשג"ם "ש'כינה מ'דברת ב'תוך ג'רונו" גימ' ה"פ מש"ה דהן ה"פ או"ר דיומא קמאה דמעשה בראשית גימ' ג"פ מש"ה, ותמן בפסוקא ג"פ סליקו כולהו פסוקא ה' אלפים דהן הן ה' אלפין כנ"ל. ולעתיד לבוא תחית המתים בסוד ונהפוך הוא דנס דפורים - מתים קמים

לתחיה, וכדהארכנו בפירושנו למגילת אסתר תמן י"ד צרופים דסליקו לחושבן "תחית המתים" בסוד י"ג מכילן דרחמי דאריך עם תיקון ה-י"ד כולל כולן דהיינו פלגותא דשערי דאריך כמבואר באר"י הק', הרי תורה ותפלה בפרשת דברים, והרי הכל תלוי בתורה ותפלה.

[מ"ה] **ואתחנן** (ה',י"ד): "ויום **השביעי** שבת לה' א-להיך, לא תעשה כל מלאכה אתה ובנך ועבדך ואמתך ושורך וחמרך וכל בהמתך וגרך אשר בשעריך למען ינוח עבדך ואמתך כמוך" גימ' (7290): י"פ "קרע שטן" (729) דאמרינן בצלותא בסוד מ"ב אנא בכח וכו' ק'בל ר'נת ע'מך ש'גבנו ט'הרנו נ'ורא ר"ת קר"ע שט"ן [ורק מכוונים אותו ולא מוציאים השם בפה], הרי תורה ותפלה בפרשת ואתחנן. והרי הוא כפתור ופרח דבפרשת יתרו הבאנו הפסוק דיום השביעי וכו' דסליק לחושבן (5515): ה' אלפין עם ואתחנן (515) וכדהבאנו באות הקודם מפרשת דברים פסוקא דמשה דסליק ה' אלפים תמן ג"פ מש"ה בפסוקא חדא וכו' - והרי ב' הפסוקים יחד, דהיינו בפרשת יתרו דהבאנו "ויום השביעי שבת לה'" וכו' (5515) עם פסוקא דנן ויום השביעי שבת לה' וכו' (7290) סליקו יחד לחושבן (12,805): י"ג פעמים "וביום השביעי יהיה לכם קדש" (985) (שמות ל"ה,ב') ר"ת ויקה"ל, והוא בריש פרשת ויקהל כדהבאנו כאן בחיבורינו אות כ"ב. והרי מקבילות הלולאות דתמן בפרשת ויקהל מדבר מענין שמירת השבת קודש, ועיין עוד מה שכתבנו לעיל אות כ"ב, והרי הכל תלוי בתורה ותפלה.

[מ"ו] **עקב** (י',כ"ב): "**בשבעים** נפש ירדו אבתיך מצרימה, ועתה שמך ה' א-להיך ככוכבי השמים לרב" גימ' (3530): ה"פ "ויצעקו אל ה' בצר להם" (706) (תהל' ק"ז י"ג ושם פסוק י"ט) והיא תפלתם של כלל ישראל אל השי"ת בצרתם ל"ע דיגאלנו בס"ד ברחמים אכי"ר והרי תורה ותפלה בפרשת עקב, והרי הכל תלוי בתורה ותפלה.

[מ"ז] **ראה** (ט"ו,א'): "מקץ **שבע** שנים תעשה שמטה" גימ' (2131): "א-לי א-לי" (82) פעמים "הוי'" (26), דאמרה אסתר בתפילתה להשי"ת א-לי א-לי למה עזבתני (תהל' כ"ב,ב') כדאיתא בגמרא מגילה (דף ט"ו ע"ב) עיי"ש והרי תורה ותפלה בפרשת ראה, והרי הכל תלוי בתורה ותפלה.

[מ"ח] **שופטים** (י"ט,ח'): "ואם ירחיב ה' א-להיך את גבלך כאשר **נשבע** לאבתיך ונתן לך את כל הארץ אשר דבר לתת לאבתיך" גימ' (5534) ע"ה (5535): "אדם" (45) פעמים "ענג" (123) כאמרם (עיין יבמות ס"א ע"א) עה"פ אדם אתם (יחזקאל ל"ד,ל"א) אתם קרויין אדם ואין עכו"ם קרויין אדם - והרי יהודי המתנהג על פי רצון הבורא יתברך שמו איקרי אדם וגורם בשמיא עונג בל ישוער, וכמ"ש בזוה"ק כד אתכפיא סיטרא אחרא [היינו יהודי דעביד אתכפיא ומתגבר על יצרו] אסתלק [היינו מתעלה] יקרא דקוב"ה בכולהו עלמין - היינו גורם עונג עליון כנ"ל, דכל צבא מרום רואים דאדם קרוץ מחומר [כמ"ש מחומר קורצתי גם אני (איוב ל"ג,ו') וכמ"ש בפיוט: קרוץ מחומר מה מועיל לון] מקדש שם שמים בגלוי ובסתר וזהו מהותו של יהודי לגרום ענג לבוראו דחזינן בכל הדורות דאפילו קלים שבישראל מסרו נפשם על קדושת שמו יתברך כגון רבי אלעזר בן דורדיא (עיין עבודה זרה י"ז ע"א) שבכה על ריחוקו מה' בהיותו גוי עד שיצאה נשמתו - בכה רבי ואמר אשרי מי שקונה עולמו בשעה אחת, ואף בגויים מצינו כזאת כגון בתליין של רבי חנינא בן תרדיון השליך עצמו לאש ויצאה בת קול ואמרה אשריך שאתה מזומן לעולם הבא (עיין עבודה זרה דף ח' ע"א). ומהני אזובי הקיר ועד עשרת הרוגי מלכות ארזי הלבנון שמתו על קדושת שמו יתברך ותיקנו י' טיפין דאיזדריקו מצפרני ידיו של יוסף הצדיק במעשה אשת פוטיפרע בסוד ויפוזו זרועי ידיו (בראשית מ"ט,כ"ד) [כמבואר בדברי רבינו במקום אחר] ואכמ"ל, והרי תורה ותפלה בפ' ראה, והרי הכל תלוי בתורה ותפלה.

[מ"ט] **כי תצא** (כ"ג,כ"ה): "כי תבא בכרם רעך ואכלת ענבים כנפשך **שבעך**, ואל כליך לא תתן" גימ' (3474): ו"פ "תענוגים" (579) והוא בהמשך לפרשת שופטים תמן חושבן אד"ם פעמים ענ"ג וכאן ו"פ "תענוגים" דהיינו אהבה בתענוגים (שה"ש ז',ז') - תמן אמרינן הענג ע"י אדם דעביד אתכפיא דהיינו בחינת סור מרע, יראת ה'. וכאן ו"פ "תענוגים" היינו אהבת ה' ועד לבחינת אהבה בתענוגים דמתענג על כל מעשה שעושה לשם שמים דעושה בדעת, ומשה הוא הדעת דג"פ מש"ה היינו ה"פ או"ר דיומא קדמאה דמעשה בראשית ומשה הוא הדעת דכלל ישראל הרי חושבן פסוקא דכאן הוא ג' אלפין (3000) דעת (474), ופשוט. וזהו דפסוקא דנן סליק לחושבן (3474): ב"פ "אלף (1000) שת הבל (737)" (1737) אלף בסוד משה א"ל שד"י גימ' מש"ה ובמלואם ע"ה סליקו לחושבן (1000) אלף דהן אלף זיוון דזכה משה

מחורב כמבואר בדברי רבינו במקום אחר. ובאר״י הק׳ ביאר דמשה איהו תיקון בחינת שת והבל כנרמז בשם מש״ה נוטריקון ״משה שת הבל״ גימ׳ (1082): ״ויקבר אתו בגי בארץ מואב״ (דברים ל״ד,ו׳) וממילא סליק משה להר נבו נון בו וזכה לשער הנון תמן מאירים בגלוי י״ג מכילן דרחמי דכתיב ויקבר אתו בגי חסר כתיב דהוא נוטריקון בי״ג דהן י״ג מכילן דרחמי ותיקן בשלמות ענין שת הבל, וממילא סליק לחושבן (1082): ״משה דוד (359=משיחא) יעקב ישראל״ בסוד פנימיות וחיצוניות תפארת ישראל אשר בך אתפאר (ישעי׳ מ״ט,ג׳) בחינת תורה הממשיכה עד למלכות דוד מלכא משיחא ואשתו בת שבע מלכותא קדישא. ״דוד - בת שבע״ גימ׳ (788) ״הבה לי בנים ואם אין מתה אנכי״ כדהארכנו בפ׳ יתרו לעיל אות י״ז - הרי תורה ותפלה בפ׳ כי תצא, והרי הכל תלוי בתורה ותפלה.

[נ׳] **כי תבוא** (כ״ח,ט׳): ״יקימך ה׳ לו לעם קדוש כאשר **נשבע** לך, כי תשמר את מצות ה׳ א-להיך והלכת בדרכיו״ גימ׳ (4487): ז״פ ״ימלא שחוק פינו״ (641) דאמר דוד מלכא משיחא על הזמן דלעתיד לבוא כמ״ש אז ימלא שחוק פינו (תהל׳ קכ״ו,ב׳), וחזינן דנחלק ל-ז׳ פעמים בחינת שבע דמלכות בתפלה, וכן כמה וכמה פסוקים שהבאנו נחלקים למספר שבע כחותם בתוך חותם דבפסוקא מופיע שרש שבע, והוא בחושבן נחלק לשבע. הרי תורה ותפלה בפרשת כי תבוא, והרי הכל תלוי בתורה ותפלה.

[נ״א] **נצבים** (כ״ט,י״ב): ״למען הקים אתך היום לו לעם והוא יהיה לך לא-להים כאשר דבר לך, וכאשר **נשבע** לאבתיך לאברהם ליצחק וליעקב״ גימ׳ (4140): י״פ ״אור אינסוף״ (414) המלובש בעשר ספירות הגנוזות מלכות דאינסוף ויתגלה לעתיד לבוא כאשר יקימנו השי״ת לו לעם בסוד תחית המתים ונהפוך הוא מתים יקומו לתחיה, והוא בהמשך לפסוק הקודם מפרשת כי תבא יקימך ה׳ לו לעם וכו׳ והרי ב׳ הפסוקים מדברים מענין אחד. ונעביד חושבן תרוויהו וסליקו לחושבן ע״ה (8628): י״ב פעמים ״עץ החיים בתוך הגן״ (719) (בראשית ב׳,ט׳) היא תורתינו הקדושה [דאיתמר עלה עץ חיים היא למחזיקים בה (משלי ג׳,י״ח)] דעסקין בה כלל ישראל דשרשם י״ב שבטי י״ה דלכן בא הרמז בכפילת י״ב פעמים, בחינת י״ב גבולי אלכסון (ספר יצירה). ולעתיד לבוא יתגלה אור אינסוף ב״ה בנשמות וגופים דבני ישראל, ואז ימלא שחוק פינו (תהל׳ קכ״ו,ב׳) דמכאן למדו חז״ל (ברכות ל״א ע״א) אסור לאדם למלא שחוק פיו מאז שחרב הבית רח״ל יש שנהגו שלא לשמוע מוסיקה ואפילו בשמחות כמנהג ירושלים, ותתגלה התורה שעסק בה כל אחד מישראל כל חייו וגלגוליו וכו׳ בבחי׳ עץ החיים התורה הק׳ בתוך הג״ן - ג״ן פרשיות התורה, והא הן גנ״א אך תמיד ב׳ הן מחוברות הרי ג״ן פרשיות - והן תורה ותפלה בפרשת נצבים, ויתגלה לעין כל דקוב״ה - השי״ת ואורייתא - התורה הקדושה וישראל - בחינת תפלה - כולהו חד [כדאיתא בזוה״ק (פרשת אחרי מות דף ע״ג ע״א) קוב״ה אורייתא וישראל כולא חד]. וזהו ״הקדוש ברוך הוא (655) תורה - ישראל - תפלה״ סליקו לחושבן (2322): ג״פ ״בת שבע״ (774) כדאמרינן, וכאן כפילת ג׳ פעמים רמיזא ג׳ קוים, והוא דרך ישראל דעושין רצונו של מקום רצו״ן צירוף צנו״ר כנודע, דישראל עוסקים ומחברים התורה והתפלה בחי׳ יסוד - מלכות, וכדביארנו במקום אחר בסוד אמת ואמונה, משה ויהושע דאמר רבי יוחנן עשר מיתות נאמרו בו במשה, וכתבינן התם דהן ח׳ פעמים בתורה הקדושה, ו-ב׳ פעמים בתחלת ספר יהושע, ועבדינן על פי עשר ספיראן הרי ביהושע הן לקביל יסוד-מלכות עיי״ש באורך, והרי הכל תלוי בתורה ותפלה.

[נ״ב] **וילך** (ל״א,ז׳): ״ויקרא משה ליהושע ויאמר אליו לעיני כל ישראל חזק ואמץ כי אתה תביא את העם הזה אל הארץ אשר **נשבע** ה׳ לאבתם לתת להם, ואתה תנחילנה אתם״ גימ׳ (7844): י״א פעמים ״תשובה״ (713) ע״ה דתשובה היא תכלית הכל כאמרם עתיד משיחא לאתבא בתיובתא לצדיקיא, ובכאן בגלוי כבוד הוי׳ אפילו הקלי׳ דהן י״א כתרין דמסאבותא ישובו בתשובה אל השי״ת דהוא האמת הנצחית והן כלא היו יפוצו כמץ לפני רוח ומלאך ה׳ דוחה (תהל׳ ל״ה,ה׳) ויהיו כולהו ימי הלל והודאה להשי״ת, ובבאורנו על עשרת הדברות כתבנו ״אדם קדמון״ בא״ת ב״ש גימ׳ (713) ״תשובה״, רמיזא עד היכן מגיע כוחה של תשובה, והרי הכל תלוי בתורה ותפלה שמביאים לתשובה שלימה.

[נ״ג] **האזינו** (ל״ב,ב׳): ״יערף כמטר לקחי תזל כטל אמרתי, כשעירם עלי דשא וכרביבים עלי **עשב**״ גימ׳ (3751): ו׳ פעמים אד״ם מלא כזה ״אלף דלת מם״ (625) ע״ה, דאדם נברא בקומה זקופה כדמות ו׳ ולעומתו הנחש נברא גם כן בקומה זקופה דאת זה לעומת זה עשה הא-להים, ומשחטא

והחטיא נקצצו רגליו ונהיה על גחונך תלך (בראשית ג׳,י״ד). ברם כל הולך על גחון ו׳ דגחון רבתי אמצע התורה באותיות, ובמקום אחר ביארנו דהאי ו׳ דגחון היא בסוד הקו דמשם דייקא יומשך אור אינסוף לעתיד לבוא להאי עלמא בסוד אל מול פני המנורה יאירו שבעת הנרות (במדבר ח׳,ב׳), חצבה עמודיה שבעה (משלי ט׳,א׳) היא התורה הקדושה, דכל האותיות דשבע ספרי התורה פונות אל מול פני המנורה דהוא ו׳ רבתי דגחון, מתמן יומשך האור הגנוז להאי עלמא בסוד ח׳ נרות חנוכה ותחית המתים בסוד ונהפוך הוא דפורים. ולכן ה-ו׳ רבתי דגחון בפרשת שמיני דייקא, בסוד א״ז ישיר משה (שמות ט״ו,א׳) מכאן לתחית המתים מן התורה, ובפרשת שמיני בארנו [עיין לעיל אות כ״ו] שהשב״ע הוא בראשי תיבות [**ב**גד - **עור - שק**] דלא מדכר נוקבא שב״ע באתר דאית דכורא תמן שמונ״ה, וזהו ״בגד - עור - שק - גחון״ גימ׳ (752) ב׳ פעמים ״שלום״ (376) כדמסיימינן צלותא ברוך אתה ה׳ המברך את עמו ישראל בשלום, וכן שלום שלום לרחוק ולקרוב (ישעי׳ נ״ז,י״ט) ועוד רבים. והא בחינת שלום לתתא שלום לעילא דמלכותא דארעא כעין מלכותא דרקיעא, ולעתיד לבוא לא יהא כעין ב-כ׳ הדמיון אלא יהא דבר אחד ממש בחינת כמים הפנים לפנים (משלי כ״ז,י״ט), וכפי שאדם רואה את פניו במדוייק בהשתקפות המים כן תשתקף המציאות הגשמית אלוקות בגופים במציאות השמימית תמן הוא כפשיטות המים, ועד לאד״ם קדמו״ן בא״ת ב״ש גימ׳ תשוב״ה, והרי הכל תלוי בתורה ותפלה שמביאים לתשובה שלימה.

[נ״ד] **וזאת הברכה** (ל״ג,כ״ג): ״ולנפתלי אמר נפתלי **שבע** רצון ומלא ברכת הוי׳, ים ודרום ירשה״ גימ׳ (3681): ה״פ ״משה יהושע״ (736) ע״ה, בחינת שלמות משה - תורה יהושע - תפלה תפארת משפיעה במלכות - וזהו ״משה - תורה (956=״מן המים משיתיהו״) יהושע - תפלה (906=ב״פ ״מלך המשיח״) סליקו לחושבן (1862): ״דוד״ (14) פעמים ״וחזקהו״ (133) דאמר השי״ת למשה וצו את יהושע **וחזקהו** ואמצהו״ (דברים ג׳,כ״ח) וכו׳, וכפילת דו״ד בסוד מלכות, דהיינו דמשה עמוד התורה יחזק ויאמץ עמוד התפלה דהן יהושע דוד ומשה פנימיות התפארת משפיע בהון, וזהו ״משה - יהושע - דוד״ גימ׳ (750) ג״פ ״נר״ (250) דכתיב נר הוי׳ נשמת אדם (משלי כ׳,כ״ז), דערך הממוצע דכל אחד מהן הוא נר; ״נר״ עם ״כסא דוד״ [כמ״ש על **כסא דוד** ועל ממלכתו וכו׳ (בראשית י׳,י׳)] (95) גימ׳ (345) מש״ה. ״נר מצוה״ [כמ״ש כי **נר מצוה** ותורה אור (משלי ו׳,כ״ג)] גימ׳ (391) ״יהושע״, ״נר דוד״ גימ׳ (264) ״אז ידלג כאיל פסח״ (ישעי׳ ל״ה,ו׳) דאיתמר לעתיד לבוא בחינת מדלג על ההרים מקפץ על הגבעות (שה״ש ב׳,ח׳) בביאת משיח צדקנו בב״א, והוא הוא אותו א״ז דאיתמר א״ז ישיר משה מכאן לתחית המתים מן התורה דנאמר בנס הגדול של פסח, וזהו כאיל פסח אתוון פסח. והרי הכל תלוי בתורה ותפלה שמביאים לתשובה שלימה.

והנה **כל הני נ״ד פסוקין** דאית ב-נ״ד פרשיות התורה תמן שרש שב״ע מלכותא קדישא בת שבע דהיא השביעית דכל השביעין חביבין (ויקרא רבה פרשה כ״ט פיסקא י״א) סליקו לחושבן (240,070): ״ה׳ הוא הא-להים״ (129) פעמים ״אלף - בית המקדש״ (1861) ע״ה, דהוא אלופו של עולם אדיר הוא יבנה ביתו במהרה בימינו בקרוב כדאמרינן בתר הגדה של פסח. ועניך כפילת ״ה׳ הוא הא-להים״ (129) פעמים כדכתיב במשה (דברים ד׳,ל״ה): ״אתה הראת לדעת כי ה׳ הוא הא-להים אין עוד מלבדו״ [גימ׳ (1898) הוי׳ פעמים חכמ״ה] ופרש״י כשנתן הקב״ה את התורה פתח להם ז׳ רקיעים וכו׳ ומכאן השרש שב״ע בתורה כולה על שם ז׳ הרקיעים כנ״ל שערבות הגבוה מביניהם כדכתיב סולו לרוכב בערבות בי״ה שמו (תהל׳ ס״ח,ה׳) דהוא אלופו של עולם דרוכב על ה-ז׳ דטבע בסוד א״ז ישיר משה (שמות ט״ו,א׳) דנאמר לאחר שקרע להם הקב״ה שבעה הרקיעים, דזכה משה ל-א׳ זעירא ויקר**א** **אל** **משה** ס״ת אה״ל, ובכאן **א**תה **ה**ראת **ל**דעת ר״ת אה״ל, דנתייחד לו בלחודוי הדיבור מאהל מועד. וזהו ״ויקרא אל משה (693) - אתה הראת לדעת (1516)״ גימ׳ (2209): הוי׳ אהי״ה (47) פעמים הוי׳ אהי״ה (47) דהדיבור שרשו באהי״ה שם הבינה תמן קול פשוט כמבואר בסוד קול שופר דכתיב עלה א-להים בתרועה (תהל׳ מ״ז,ו׳), ויורד לזעיר דהוא בחינת התורה שם הוי׳, ומתמן למלכות דיבור במלכות בחינת עשרה קבין שיחה ירדו לעולם דהיא מלכותא קדישא, והוא [זעיר] מקומו של עולם ואין העולם מקומו, דמיסודא דז״א נמשך לעשר ספירות דמלכות בחינת הדיבור כנ״ל ונבראים עולמות בריאה יצירה עשיה יש מאין בדיבור המלכות כדכתיב בראשי**ת** **ברא** א-להי**ם** ס״ת אמ״ת בסוד מש״כ ותשלך אמת ארצה (דניאל ח׳,י״ב) היינו

מז"א למלכות באור ישר [תורה] ובתר דא אמת מארץ תצמח (תהל׳ פ"ה,י"ב) בחינת אור חוזר [תפלה]. דתורה אות ו׳ כדביארנו לעיל ו׳ רבתי דגחון אמצע התורה באותיות, ובזוה"ק ויקרא ו׳ דא אות אמת ודאי, ותפלה אות ז׳ מלכותא קדישא בת שבע.

זכינו לדין דהתורה משפיעה במלכות ונותנת בה כח לתפלה, ולכן בכל פרשיות התורה מצינו שרש שב"ע דהתפלה נמצאת מיניה וביה בתורה וכמבואר בספה"ק הסוד של לעשות מתורות תפלות. וזהו תור"ה במלוי יודין כזה "תיו ויו ריש הי" (963) תפל"ה במלוי "תיו פא למד הא" (577) סליקו יחד לחושבן (1540): ישרא"ל באלף רבתי כמו שדרשו חז"ל עה"פ אדם אתם (יחזקאל ל"ד,ל"א) אתם קרויין אדם ואין עכו"ם קרויין אדם (יבמות ס"א ע"א), והוא סוד א׳ רבתי של **אדם** בתחלת דברי הימים, דישראל מחברים שמים [תורה] וארץ [תפלה], דישראל קרויין אדם כנ"ל, וכתיב זאת התורה אדם (במדבר י"ט,י"ד) דאדם הוא התורה, ומילויו דהיינו "(א)לף (ד)לת (מ)ם" צירוף מתפל"ל, וזהו "ישראל - תורה - תפלה" גימ׳ ע"ה (1668) ו׳ פעמים "אור הגנוז" (278) כדביארנו לעיל מ-ו׳ רבתי דגחון יומשך אור הגנוז לכל אותיות התורה, וממילא להאי עלמא דקוב"ה אסתכל באורייתא וברא עלמא בכל רגע ורגע יש מאין המוחלט ובשלב ה-ב׳ יושפע אור מטלא דבדולחא הוא טל התחיה ויחיה מתיא בחינת הקיצו ורננו שוכני **עפר** (ישעי׳ כ"ו,י"ט) מ-ו׳ רבתי דגחון דכתיב ביה ונחש **עפר** לחמו (שם ס"ה,כ"ה) ואזי ננוחם בשוב ה׳ את שיבת ציון עפ"ר במלוי "עין פא ריש" גימ׳ (721) ז׳ פעמים נחמ"ה (103), והוא נמי חושבן "לפום צערא אגרא", דמילוי עפ"ר כזה "(ע)ין (פ)א (ר)יש" צירוף אי"ן י"ש, בדעת עליון למעלה יש ולמטה [עולמות הנבראים] אין, ובדעת תחתון דנבראים למטה יש ולמעלה אין דאין הנברא משיג את בוראו וכדכתיב בספה"ק תכלית הידיעה שלא נדע.

והנה אמרו חז"ל איש ואשה זכו שכינה ביניהם וכו׳ איש - תורה אדם כי ימות באהל (במדבר י"ט,י"ד) דאין התורה מתקיימת אלא במי שממית עצמו עליה, אשה - תפלה דכתיב **א**-דני **ש**פתי **ת**פתח **ו**פי ר"ת אשת"ו [כמבואר באר"י הק׳] ויהי רצון שנזכה ע"י עסק התורה והתפלה לאוקמא שכינתא מעפרא ולקרב ביאת משיח צדקנו בב"א, והרי הכל תלוי בתורה ותפלה שמביאים לתשובה שלימה.

תם ולא נשלם השבח לבורא עולם, דהותרנו עוד פסוקים רבים בפרשיות התורה תמן שרש שב"ע ולקחנו פסוקא חדא מכל פרשתא, ויבא מאן דהו ויעביד חושבן כל השביעיות בתורה בחינת כל השביעין חביבין, ותן לחכם ויחכם עוד (משלי ט׳,ט׳), עד דניגאל בביאת משיח צדקנו בב"א ומלאה הארץ דעה את הוי׳ כמים לים מכסים (ישעי׳ י"א,ט׳) אמן.

אופן ס

איתא תמן מה שאמר לא יראני אדם וחי הוא על הקול שיצא מעל הכפורת אבל הקול שיצא מאוהל מועד על זה נאמר ותמונת ה׳ יביט.

והנה דרך ג׳ מחיצות שמע משה את הקול כמו שאמרו רז״ל ג׳ מחיצות היו שם חשך ענן וערפל ולכן קחשיב בהאי קרא ג׳ דרגין: א׳. ויקרא אל משה דרגא חדא לקביל חושך ישת חשך סתרו ב׳. וידבר ה׳ אליו לקביל ענן הנה אנכי בא אליך בעב הענן ג׳. מאוהל מועד לקביל ערפל כמו שכתוב בשלמה ה׳ אמר לשכון בערפל הערפל בגימטריא שכינה שהוא אוהל מועד.

ולכן אמר א׳ זעירא שעל הקריאה ראשונה כשיצא הקול מעל הכפורת הוצרך להקטין ולהזעיר את עצמו אבל הדבור שמע משה וידבר ה׳ אליו מאוהל מועד מאותו קול לאמר ובמלת משה נוטריקון מ״בין ש״ני ה״כרובים אותו קול היה מתלבש שכן מלת ויקר הוא לבוש יקר.

ובצורת א׳ יש צורת יוד שרומזת על ארון תשעה וכפורת טפח שמשם יצא הקול מעל הכפורת וגם צורת א׳ שהיא י׳ ו׳ י׳ רומזת גם כן ב׳ יודין על שני כרובים י׳ למעלה כרוב א׳ מקצה מזה ו׳ למטה כרוב אחר מקצה מזה ו׳ באמצע הוא הארון שבו היו הלוחות שארכן ו׳.

אופן ס

איתא תמן מה שאמר לא יראני אדם וחי (שמות לג,כ׳) הוא על הקול שיצא מעל הכפורת (שמות כ״ה,כ״ב) אבל הקול

גלא עמיקתא

והנה נקדים דהני ג׳ מחיצות דדרכן שמע משה קול ה׳ מדבר אליו: ״[א]חשך – ענן – ערפל״ סליקו לחושבן (878) משי״ח במלוי כזה: ״מם שין יוד חית״.

והביאור דמשה הוא משיח ה׳, והוא גואל ראשון הוא גואל אחרון [כמבואר בדברי אור החיים פרשת ויחי ד״ה אוסרי לגפן וכו׳]. וראוי להביא כאן מעט מדבריו של האור החיים הקדוש שם: ולא יקשה בעיניך שאנו מחלקים דברי הכתוב חלק בימי משה וחלק בימי המשיח, כי הלא ידעת דברי הזוהר הקדוש (ח״ב קכ.) כי משה הוא הגואל אשר גאל את אבותינו הוא יגאל אותנו ויושיב בנים לגבולם דכתיב (קהלת א׳) מה שהיה הוא שיהיה ר״ת משה. ולא יקשה בעיניך דבר זה באומרך הלא מלך המשיח משבט יהודה מזרעו של דוד המלך ע״ה וי״א (סנהדרין צח:) [ב]דוד עצמו מלך המשיח דכתיב (יחזקאל ל״ז) ועבדי דוד מלך עליהם כמשמעו ואם כן היאך אנו אומרים שהוא משה הבא משבט לוי. יש לך לדעת כי בחינת נשמת משה ע״ה היא כלולה מי״ב שבטי ישראל כי כל הס׳ ריבוא היו ענפיה ע״ה וענף שבטו של דוד במשה הוא. ולזה תמצאנו בארץ מדבר שהיה מלך וכהן ולוי ונביא וחכם וגבור שהיה כולל כל הענפים שבקדושה ולעתיד לבא תתגלה בעולם שורש המלכות שבמשה שהוא עצמו מלך המשיח והוא דוד והוא ינון ושילה. עכלשה״ק.

[א] ספר רזא דמהימנותא (לגרמ״מ משקלוב) – דף ז: ויש ג׳ מחיצות להקדושה חשך ענן ערפל [עי׳ דברים ד] שבהן חצ״י מו״ת, חשך סוד אש, ענן סוד מים, עשו ישמעאל, ב׳ זר״ע ג׳ חצ״י מו״ת, מחיצות המבדילין, ועיקר שורש שלהם בסוד ערפ״ל ברקי״ע המפסיק ומבדיל בין מים למים [בראשית א], סוד עו״ן כי עונותיכם מבדילים כו׳ [ישעיה נט], עד שהחפץ לילך ולעלות מעלה פוגע במשבר״י י״ם, ד׳ חלק של מם סתומה, שכל מאמר סתום יש לו ד׳ חלק להחליק ולפתות להיות מלעיג על דברי חכמים, חיד״ה מש״ל רמ״ז שלהם, שהוא קשר נפ״ש רוח, ומראין שהוא שקר ומהפכין דברי אלקים חיים עד שפוגע בו חצי מות. **[ב] תלמוד בבלי מסכת סנהדרין דף צח עמוד ב:** אמר רב גידל אמר רב: עתידין ישראל דאכלי שני משיח. אמר רב יוסף: פשיטא! ואלא מאן אכיל להו? חילק ובילק אכלי להו? – לאפוקי מדרבי הילל דאמר: אין משיח לישראל, שכבר אכלוהו בימי חזקיה. אמר רב: לא אברי עלמא אלא לדוד. ושמואל אמר: למשה. ורבי יוחנן אמר: למשיח. מה שמו? דבי רבי שילא אמרי: שילה שמו, שנאמר עד כי יבא שילה. דבי רבי ינאי אמרי: ינון שמו, שנאמר יהי שמו לעולם לפני שמש ינון שמו. דבי רבי חנינה אמר: חנינה שמו, שנאמר אשר לא אתן לכם חנינה. ויש אומרים מנחם בן חזקיה שמו, שנאמר כי רחק ממני מנחם משיב נפשי. ורבנן אמרי: חיוורא דבי רבי שמו שנאמר אכן חליינו הוא נשא ומכאבינו סבלם ואנחנו חשבנהו נגוע מכה אלהים ומענה. אמר רב נחמן: אי מן חייא הוא – כגון אנא, שנאמר והיה אדירו ממנו ומשלו מקרבו יצא. אמר רב: אי מן חייא הוא – כגון רבינו הקדוש, אי מן מתיא הוא – כגון דניאל איש חמודות. אמר רב יהודה אמר רב: עתיד הקדוש ברוך הוא להעמיד להם דוד אחר, שנאמר ועבדו את ה׳ אלהיהם ואת דוד מלכם אשר אקים להם, הקים לא נאמר, אלא אקים. אמר ליה רב פפא לאביי: והכתיב ודוד עבדי נשיא להם לעולם! – כגון קיסר ופלגי קיסר.

שיצא מאוהל מועד ע"ז נאמר ותמונת ה' יביט (במדבר י"ב,ח') והנה דרך ג' מחיצות שמע משה את הקול כ"ש רז"ל

גלא עמיקתא

וכתב אדמו"ר הרש"ב בספרו הכביר בשעה שהקדימו [ונקרא בשעה שהקדימו דפותח בבאור דברי הגמרא (שבת פח.) [ג]בשעה שהקדימו ישראל נעשה לנשמע וכו' עיין שם] תער"ב ח"ב דף תתקפ"ה וזה לשונו הקדוש:

ולהבין כל זה יש להקדים מה שנתבאר לעיל דבכללות ההשתלשלות יש ג' פרסאות כלליות. וכמו באדם למטה יש ג' הבדלות כלליות: הא' חצר הכבד שמפסיק בין אברי הנשימה לאברי המזון. הב' מיצר הגרון שמפסיק בין המוחין למדות. והג' קרומא דחפיא על מוחא וכו'. כמו כן למעלה יש ג' פרסאות כלליות, דבפרטיות יש רבוי פרסאות וכו'.

אך בכללות הן ג' פרסאות: הפרסא הראשונה– היא שבין למעלה מאצילות לבין אצילות. והוא מה שהכתר הוא בחינת פרסא בין המאציל לנאצלים. ופרסא זאת היא בבחינת אבני שיש טהור בחינת אספקלריא המאירה שעל ידה מאיר גלוי אור אינסוף וכו'. והפרסא השניה– היא בין הבינה לז"א שעל ידה נמשך גלוי אור הבינה וכו' והיא בחינת אספקלריא שאינה מאירה וכו' ובעבודה וכו'. והפרסא השלישית– היא בין אצילות לבי"ע (ראשי תיבות בריאה יצירה עשיה) שעל ידה נמשך הארת המלכות לבי"ע וכו'. עד כאן לשונו הקדוש, ועיין שם אריכות דבריו הנפלאים שהם בבחינת (ישעי' ס"ד) עין לא ראתה אלהים זולתך וכו'. ויש לקשר הני ג' פרסאות עם הני ג' דברים דכתיב במשה: חשך לקביל פרסא ראשונה [פרסא עילאה] בחינת (תהל' י"ח,י"ב) "ישת חשך סתרו", בחינת אספקלריא המאירה כדכתיב (שמות י"ד,כ') "[ד]ויהי הענן והחשך

[ג] **תלמוד בבלי שבת דף פח עמוד א:** דרש רבי סימאי: בשעה שהקדימו ישראל נעשה לנשמע, באו ששים ריבוא של מלאכי השרת, לכל אחד ואחד מישראל קשרו לו שני כתרים, אחד כנגד נעשה ואחד כנגד נשמע. וכיון שחטאו ישראל, ירדו מאה ועשרים ריבוא מלאכי חבלה, ופירקום. שנאמר ויתנצלו בני ישראל את עדים מהר חורב. אמר רבי חמא ברבי חנינא: בחורב טענו, בחורב פרקו. בחורב טענו - כדאמרן, בחורב פרקו - דכתיב ויתנצלו בני ישראל וגו'. אמר רבי יוחנן: וכולן זכה משה ונטלן, דסמיך ליה ומשה יקח את האהל. אמר ריש לקיש: עתיד הקדוש ברוך הוא להחזירן לנו, שנאמר ופדויי ה' ישבון ובאו ציון ברנה ושמחת עולם על ראשם - שמחה שמעולם על ראשם.

[ד] **מכילתא דרבי ישמעאל בשלח - מסכתא דויהי פרשה ד:** ויבא בין מחנה מצרים ובין מחנה ישראל ויהי הענן והחשך, הענן אל ישראל והחשך אל מצרים מגיד הכתוב שהיו ישראל נתונין באורה ומצרים באפלה שנ' לא ראו איש את אחיו ולא קמו איש מתחתיו שלשת ימים (שמות י כג). וכן אתה מוצא לעתיד לבא הרי הוא אומר קומי אורי כי בא אורך וכבוד ה' עליך זרח (ישעיה ס א) מפני מה כי הנה החשך יכסה ארץ וערפל לאומים ועליך יזרח ה' וכבודו עליך יראה. ולא עוד אלא כל מי שהוא נתון באפלה רואה כל מי שהוא נתון באורה שהיו מצרים שרוים באפלה רואים את ישראל שהיו נתונין באורה אוכלים ושותים ושמחים והיו מזרקים בהם בחצים ובאבני בליסטרא והיה המלאך והענן מקבלן שנ' אל תירא אברם אנכי מגן לך שכרך הרבה מאד (בראשית טו א) ואומר מגיני וקרן ישעי משגבי ומנוסי מושיעי מחמס תושיעני (ש"ב כב ג) ואומר מגן הוא לכל החוסים בו (ש"ב כב לא): ולא קרב זה אל זה כל הלילה, מגיד הכתוב שהיה המצרי עומד ולא היה יכול לישב יושב ולא היה יכול לעמוד

פורק ואינו יכול לטעון טוען ואינו יכול לפרוק מפני שהוא מש באפלה שנאמר וימש חשך. ד"א ולא קרב זה אל זה כל הלילה, לא קרב מחנה מצרים למחנה ישראל ולא מחנה ישראל למחנה מצרים. [ה] **מכילתא דרבי ישמעאל יתרו - מסכתא דבחדש פרשה ט:** ומשה נגש אל הערפל, לפנים משלש מחיצות, חשך ענן וערפל, חשך מבחוץ ענן מבפנים וערפל לפני ולפנים, שנאמר ומשה נגש אל הערפל. [ו] **רש"י שמות פרק כ:** נגש אל הערפל - לפנים משלש מחיצות, חשך ענן וערפל שנאמר (דברים ד יא) וההר בוער באש עד לב השמים חשך ענן וערפל, ערפל הוא עב הענן, שנאמר לו (שמות יט ט) הנה אנכי בא אליך בעב הענן. [ז] **שמות רבה פרשת בא פרשה יד: ב** [י, כב - כג] ויט משה את ידו על השמים ויהי חשך אפילה, מהיכן היה החשך ההוא, רבי יהודה ור' נחמיה, ר' יהודה אומר מחשך של מעלה שנאמר (שם /תהלים/ יח) ישת חשך סתרו סביבותיו סכתו, ר' נחמיה אמר מחשך של גיהנם שנאמר (איוב י) ארץ עפתה כמו אופל צלמות ולא סדרים וגו', אוי לו לבית שחלונותיו פתוחין לתוך חשך שנאמר (שם) ותופע כמו אופל, אור שלח מתוך חשך, וכה"א (יחזקאל לא) ביום רדתו שאולה האבלתי כסיתי עליו את תהום, הובלתי כתיב, ר' יהודה ב"ר אמר במה הרשעים מתכסים בגיהנם בחשך, חזקיה אמר הגיגית הזו

במה מכסין אותה בכלי חרס מינה ובה כשם שהיא של חרס כך מכסין אותה בכלי חרס, כך הרשעים שנאמר (ישעיה כט) והיה במחשך מעשיהם לפיכך הקדוש ברוך הוא מכסה עליהם את התהום שהוא חשך שנאמר (בראשית א) וחשך על פני תהום זה גיהנם הוי אומר חשך שבא על המצרים מתוך גיהנם היה. [ח] **אגרות הרמ"ז (ר' משה זכותא) - אגרת א:** ואפילו אם המצא תמצא איזו כוונה בזוהר, אין כח בידינו לכוין אותם. כי אין אתנו יודע אם הוא דבר שוה לכל נפש [ראה לקמן עמודים ט"ו, קי"ד] או לאיזה זמן מהזמנים. כי יש שנוי בימים ובמועדים. צא ולמד כמה כוונות נזכרו בזוהר על הק"ש, כגון סוד חותמא דגושפנקא דפרשת שלח לך דף קס"ד ע"א] שאינו אלא מן היחודים. ודפרשת פינחס [דף רל"ו ע"ב ודף רנ"ח ע"א] דצירוף אשמ"ח, וכיוצא בסודות העמידה, ובבציעת ככרות שבת שבזוהר עצמו [פרשת עקב דף רע"ב ע"א] ומצאנו חלוקים שונים. ורק לרב ולחביריו זלה"ה הותרה הברירה, כי רוח ה' דבר בם. סוף דבר ירא היראה אנכי בענין הכוונות שלא נזכרו בספר הכוונות המיוחד, כי אין לערבב יחד דרושים עם כוונות, כמו שעשה כבוד הר"ן שפירא ז"ל. אכן המותר והנאה לנו ליהנות מן הדרושים לחקור טעמים ותוכיות הכוונות הנמסרות לנו, ומהם אהנ"ה גם אני חלקי לכתבו בגיליון ספר כוונות שלי.

[ה]ג' מחיצות היו שם חשך ענן וערפל [כמ"ש (דברים ד,יא) וההר בוער באש עד לב השמים חושך ענן וערפל] ולכן קחשיב בהאי קרא ג' דרגין:

גלא עמיקתא

ויאר את הלילה" – דביציאת מצרים החשך עצמו האיר בבחינת אספקלריא המאירה. ענן לקביל פרסא שניה [הפרסא שבין בינה לז"א] – דהיא כבר אספקלריא שאינה מאירה כל כך– וכמו שכתוב (תהל' ק"ו,ל"ט) "פרש ענן למסך"– פרש לשון פרסא– לשון מסך והסתרה. ערפל לקביל פרסא שלישית [בין אצילות לבי"ע] בחינת אור דתולדה שאינו דומה כלל למקורו, והוא בחינת הערפל כדכתיב (שמות כ,י"ח) "ומשה נגש אל הערפל אשר שם האלהים". ופירש רש"י: [ו]נגש אל הערפל: לפנים משלש מחיצות חשך ענן וערפל, שנאמר וההר בוער באש עד לב השמים וכו'.

וזהו דמביא המגלה עמוקות ג' פסוקין ל-ג' בחינות מחיצות אלו: א'. חשך: (תהל' י"ח,י"ב) [ז]ישת חשך סתרו סביבותיו סכתו, חשכת מים עבי שחקים גימ' (4044) ג' פעמים "[ח]א'שמח" (1348). והוא כדכתיב (תהל' ק"ד,ל"ד)

א'. ויקרא אל משה דרגא חדא לקביל חושך ישת חשך סתרו (תהלים י"ח,י"ב) ב'. וידבר ה' אליו לקביל ענן הנה אנכי בא אליך בעב הענן (שמות י"ט,ט') ג'. מאוהל מועד לקביל ערפל כ"ש בשלמה (מלכים א' ח',י"ב) ה' אמר לשכון בערפל הערפל בגי' שכינה שהוא אוהל מועד

גלא עמיקתא

"אנכי אשמח בה'" בחינה עילאה קדם המסכים בחינת שעשועי המלך בעצמותו– והוא בחינה גבוהה מאד דמתמן לקו המצרים. ולכן ערך ממוצע דכל אחת מהמכות הוא חש"ך– דכולן יחד סליקו לחושבן (3280) אגר"פ: ג' אלפין ר"פ– [ט]כמובא באגרת ר' שמשון מאוסטרופולי זיע"א. ב'. ענן: (שמות י"ט,ט') [י]ויאמר ה' אל משה הנה אנכי בא אליך בעב הענן בעבור ישמע העם בדברי עמך וגם בך יאמינו לעולם, ויגד משה את דברי העם אל ה' גימ' (3797) "הוי"" (26) פעמים "מלכנו" (146) עם הכולל. וכדפירש רש"י שם: [יא]אינו דומה השומע מפי שליח וכו' רצוננו לראות את מלכנו עכלשה"ק. והוא נפלא דתיבה אחריתי בפרש"י מלכנו היא כפולת הפסוק הוי' פעמים מלכנו וחזינן שוב רוח קודשו של רש"י. ג'. ערפל: (מלכים א' ח',י"ב) [יב]אז אמר שלמה, ה' אמר לשכן

[ט] **כותב ר' שמשון מאוסטרופולי באגרת שהיא באור ענינים בהגדה של פסח::** מביא הפסוק: ולהכות באגר"ף רשע (ישעי' נ"ח,ד') כי אגר"ף ר"ת ג' אלפים ר"פ. וכותב שם בבאור: י' המכות וכו' עולין לחשבון ג' אלפים ר"פ ממש. [י] **מכילתא דרבי ישמעאל יתרו – מסכתא דבחדש פרשה ב:** ויאמר ה' אל משה הנה אנכי בא אליך בעב הענן. בענן עבה, ואי זה זה, זה ערפל, שנא' (שמות כ יח) ומשה נגש אל הערפל. - בעבור ישמע העם בדברי עמך. רבי יהודה אומר, מניך אתה אומר, שאמר הקדוש ברוך הוא למשה, הריני אומר לך דבר, ואתה מחזירני ואני מודה לך, שיהיו ישראל אומרים, גדול משה שהודה לו המקום, שנ' וגם בך יאמינו לעולם. רבי אומר, אין אנו צריכין לעשות למשה גדול, אלא אם כן עשינו להקב"ה שחזר בו בדבורו, אלא מלמד, שאמר לו המקום למשה, הריני קורא לך מראש ההר ואתה עולה, שנ' (שם יט כ) ויקרא ה' למשה אל ראש ההר ויעל משה. - וגם בך יאמינו לעולם. גם בך גם בנביאים העתידים לעמוד אחריך. [יא] **רש"י שמות פרק יט:** בעב הענן - במעבה הענן וזהו ערפל. וגם בך - גם בנביאים הבאים אחריך. ויגד משה וגו' - ביום המחרת שהוא רביעי לחודש. את דברי העם וגו' - תשובה על דבר זה שמעתי מהם שרצונם לשמוע ממך אינו דומה השומע מפי השליח לשומע מפי המלך, רצוננו לראות את מלכנו. [יב] **פסיקתא זוטרתא שמות פרשת בשלח פרק טו סימן א:** א) אז ישיר משה ובני ישראל יש אז לשעבר, ויש אז לעתיד, אז הוחל (בראשית ד כו), אז אמרה (שמות ד כו), אז ישיר משה, אז ישיר ישראל (במדבר כא יז), אז יבנה יהושע (יהושע ח ל), אז ידבר יהושע (שם י יב), אז אמר שלמה (מ"א ח יב) הרי אלו לשעבר, אז תראי ונהרת (ישעיה ס ה), אז יבקע (שם נח ח), אז תפקחנה, אז ידלג (שם לה ה ו), אז תשמח בתולה במחול (ירמיה לא יב), אז ימלא שחוק פינו אז יאמרו בגוים (תהלים קכו ב), הרי אלו לעתיד. אז שר משה לא נאמר, אלא ישיר, למדנו לתחיית המתים: ד"א ישיר משה יו"ד במקום עבר, כמו אז ידבר יהושע (יהושע י יב), אז יבנה שלמה (מ"א יא ז): משה ובני ישראל. משה שקול כנגד כל ישראל. ד"א אז ישיר משה ובני ישראל. מגיד הכתוב שאמר משה שירה כנגד כל ישראל: את השירה הזאת. עשר שירות הן, ראשונה שנאמרה במצרים, שנאמר השיר יהיה לכם כליל התקדש חג (ישעיה ל כט), שניה אז ישיר משה, שלישית על הבאר אז ישיר

ולכן אמר א' זעירא שעל הקריאה ראשונה כשיצא הקול מעל הכפורת הוצרך להקטין ולהזעיר את עצמו אבל הדבור שמע משה וידבר ה' אליו מאוהל מועד מאותו קול לאמר ובמלת משה נוטריקון מ"בין ש"ני ה"כרובים (שמות כ"ה,כ"ב) אותו קול היה מתלבש שכן מלת ויקר הוא

1. באור על מגלה עמוקות ואתחנן אופן קמ"ח: ד'. כִּי תָצוּר אֶל עִיר יָמִים רַבִּים לְהִלָּחֵם עָלֶיהָ לְתָפְשָׂהּ לֹא תַשְׁחִית אֶת עֵצָהּ לִנְדֹּחַ עָלָיו גַּרְזֶן כִּי מִמֶּנּוּ תֹאכֵל וְאֹתוֹ לֹא תִכְרֹת כִּי הָאָדָם עֵץ הַשָּׂדֶה לָבֹא מִפָּנֶיךָ בַּמָּצוֹר (דברים כ,יט) גימ' (7821) י"א פעמים "ארץ הקדושה" (711) - דטען משה לפני הקב"ה: לכשאכנס לארץ הקדושה אכניע הקלי' דהן י"א כתרין דמסאבותא, ואמר ליה השי"ת: ר"ב ל"ך - עדיין לא הגיעה העת לכך, וזכית כבר לסוד אחוריים ויקרא אל משה ב-א' זעירא סוד אחוריים כנ"ל, וזהו דמביא המגלה עמוקות

ישראל (במדבר כא יז), רביעית שירת האזינו (דברים לב א), חמישית אז ידבר יהושע (יהושע י יב), ששית ותשר דבורה (שופטים ה א), שביעית וידבר דוד (ש"ב כב א), שמינית מזמור שיר חנוכת הבית (תהלים ל א), תשיעית ביהושפט, דכתיב ויעמד משוררים בבית ה' בצאתו לפני החלוץ אמר הודו לה' כי טוב כי לעולם חסדו (דה"ב כ כא), עשירית לעתיד לבא, שנאמר שירו לה' שיר חדש (ישעיה מב י), משונה שיר זה להקרות לשון זכר, וכן השירות כולן קרואים בלשון נקבה כשם שהנקבה יולדת, לפי שכל התשועות היה אחריהן שעבוד, אבל לעתיד לבא תשועה שאין אחריה שעבוד, שנאמר ישראל נושע בה' תשועת עולמים (ישעיה מה יז), לכך נכתב שיר חדש, כשם שאין הזכר

גלא עמיקתא

בערפל גימ' (1673) ז' פעמים "[יג]כי יד על כס י-ה" (239) (שמות י"ז,ט"ז–פרשת בשלח). ותיבה קדמאה א"ז ראשי תיבות א' ז'עירא רמיזא [1][יד]א' זעירא דויקרא.

יוליד, וכה"א שאלו נא וראו אם יולד זכר (ירמיה ל ו): לה'. לה' אמרוה ולא לבשר ודם, כענין שנאמר ותצאן כל הנשים מכל ערי ישראל ותענינה הנשים המשחקות וגו' (ש"א יח ו ז), אבל כאן לה' אמרוה: ויאמרו לאמר. ר' נחמיה אומר רוח הקודש שרת על ישראל והיו אומרים שירה, כבני אדם שהן קורין את שמע, ר' אלעזר בן תרדיון אומר משה היה פותח בדברים בתחלה, וישראל עונין אחריו לאמר עמו, לכך נאמר לאמר: **[יג] מדרש תהלים מזמור צז:** [א] [צז, א] ה' מלך תגל הארץ. ללמדך שאין בעולם גילה כל זמן שמלכות אדום קיימת, ואין השם שלם ואין הכסא שלם, שנאמר ויאמר כי יד על כס יה (שמות יז טז), וכיון שימלוך הקדוש ברוך הוא בתוך גלות רביעית, מיד והיה ה' למלך [על כל הארץ ביום ההוא יהיה ה' אחד ושמו אחד] (זכריה יד ט). ה' מלך תגל הארץ [ישמחו איים רבים]. אז יבא להלחם באומות העולם. ענן וערפל סביביו צדק ומשפט מכון כסאו. לרחם על ישראל, שנאמר צדק ומשפט מכון כסאך וגו' (תהלים פט טו). אש לפניו תלך ותלהט סביב צריו. אלו אומות העולם. האירו ברקיו תבל [וגו'] הרים כדונג נמסו. אלו אומות העולם. **[יד] פירוש הרקאנטי על התורה פרשת ויקרא:** ויקרא אל משה וידבר ה' אליו מאהל מועד לאמר. הזכיר השם המיוחד בדבור ולא הזכירו בקריאה כענין ואל משה אמר עלה אל ה' כי השם הנכבד קראו וזהו סוד אל"ף זעירא דויקרא והדבור אליו מהשם הגדול ובספר הזוהר [האזינו רפ"ה א'] כי שם יי' אקרא מאי אקרא כמה דאת אמר ויקרא אל משה דא שכינתא. ויש מפרשים הפך והראשון עיקר. וטעם מאהל מועד כי באמצעות השכינה היה מדבר עם משה כמו שאנו אומרים במוספים מפי כבודך כאמור. והבן כי באברהם נאמר והוא יושב פתח האהל כי לא נכנס באהל רק בפתח אמנם במשה רבינו ע"ה נאמר מאהל כי נכנס באהל ומשם נסתכל באספקלריאה המאירה זהו בכל ביתי נאמן הוא. והבן אמרו אדם כי יקריב מכם וכבר העירותיך בזה על דעת קצת חכמי הקבלה אך לא ידענו האמת אתם עד יערה עלינו רוח ממרום. ואיפשר עוד שרומז לקרבנות שמקריב מיכאל מנפשותיהן של צדיקים.

לבוש [כדאיתא בגמרא (שבת קיג.) [טו]רבי יוחנן קרי למאניה מכבדותי] יקר [טז]ובצורת א' יש צורת יוד שרומזת על [יז]ארון תשעה וכפורת טפח שמשם יצא הקול מעל הכפורת וגם

גלא עמיקתא

וכמבואר אצלנו במקום אחר בפירוש ענין א' זעירא דהות רשימא על דרועיה דדוד, וכד אגח קרבא הות מכשכשא וכו' עיין שם. ואמרינן התם דהאי א' דסלקת לעילא השלימה כ"ס לכס"א ואז החושבן "כי יד על כסא י–ה" גימ' (240) עמל"ק ומכניעו. ואמרו חז"ל (מובא ברש"י שמות י"ז,ט"ז) [יח]אין השם שלם ואין הכסא שלם וכו'.

[טו] **תלמוד בבלי מסכת שבת דף קיג עמוד א:** וכבדתו מעשות דרכיך, וכבדתו - שלא יהא מלבושך של שבת כמלבושך של חול. וכי הא דרבי יוחנן קרי למאניה מכבדותי. מעשות דרכיך - שלא יהא הילוכך של שבת כהילוכך של חול. ממצוא חפצך - חפציך אסורין, חפצי שמים מותרין. [טז] **כן כתב רבינו לקמן אופן ע"ח:** רמז הקב"ה בכאן בצורת א' שהיא צורת י' סוד המקוה שהוא סוד שיעור קומה בהיפך אתוון הוקם המשכן אז נשלמה המקוה של מעלה. שיש ר"ם קבין במקוה. לכן היו ישראל ד' פעמים ס' רבוא שהם ר"ם רבוא. [יז] **תלמוד בבלי מסכת שבת דף צב עמוד א:** משנה. המוציא בין בימינו בין בשמאלו, בתוך חיקו או על כתיפיו - חייב, שכן משא בני קהת. כלאחר ידו, ברגלו, בפיו, ובמרפקו, באזנו, ובשערו, ובפונדתו ופיה למטה, בין פונדתו לחלוקו, ובשפת חלוקו, במנעלו, בסנדלו - פטור, שלא הוציא כדרך המוציאין. גמרא. אמר רבי אלעזר: המוציא משאוי למעלה מעשרה טפחים - חייב, שכן משא בני קהת. ומשא בני קהת מנלן - דכתיב: על המשכן ועל המזבח סביב, מקיש מזבח למשכן; מה משכן עשר אמות - אף מזבח עשר אמות. ומשכן גופיה מנלן? - דכתיב עשר אמות ארך הקרש וכתיב ויפרש את האהל על המשכן. ואמר רב: משה רבינו פרשו, מכאן אתה למד: גובהן של לויים עשר אמות. וגמירי, דכל טונא דמידלי במוטות - תילתא מלעיל, ותרי תילתי מלתחת - אישתכח דהוה מידלי טובא. ואיבעית אימא - מארון. דאמר מר: ארון תשעה, וכפורת טפח - הרי כאן עשרה. וגמירי, דכל טונא דמידלי במוטות - תילתא מלעיל ותרי תילתי מלרע, אישתכח דלמעלה מעשרה הוה קאי. - וליגמר ממשה? - דילמא משה שאני, דאמר מר: אין השכינה שורה אלא על חכם גבור ועשיר ובעל קומה. אמר רב משום רבי חייא: המוציא משאוי בשבת על ראשו - חייב חטאת, שכן אנשי הוצל עושין כן. ואנשי הוצל רובא דעלמא? אלא, אי איתמר הכי איתמר: אמר רב משום רבי חייא: אחד מבני הוצל שהוציא משוי על ראשו בשבת - חייב, שכן בני עירו עושין כן. - ותיבטל דעתו אצל כל אדם! אלא, אי איתמר הכי איתמר: המוציא משוי על ראשו - פטור [יח] **רש"י שמות פרק יז פסוק טז:** כי יד על כס יה - ידו של הקדוש ברוך הוא הורמה לישבע בכסאו להיות לו מלחמה ואיבה בעמלק עולמית, ומהו כס, ולא נאמר כסא, ואף השם נחלק לחציו, נשבע הקדוש ברוך הוא שאין שמו שלם ואין כסאו שלם עד שימחה שמו של עמלק כולו, וכשימחה שמו יהיה השם שלם והכסא שלם, שנאמר (תהלים ט ז) האויב תמו חרבות לנצח, זהו עמלק שכתוב בו (עמוס א יא) ועברתו שמרה נצח, (תהלים שם) וערים נתשת אבד זכרם המה, מהו אומר אחריו (תהלים ט ח) וה' לעולם ישב, הרי השם שלם, (תהלים שם) כונן למשפט כסאו, הרי כסאו שלם.

מהרמ"ע מפאנו [בספרו כנפי יונה ח"ב סימן ס"ג] כי תצור אל עיר - ריבוע הוי' הפשוט גימ' ע"ר והוא שרש אל ד' המילויים, ומוספינן ריבוע שם ע"ב דעלה קפ"ד ריבוע ס"ג עולה קס"ו ריבוע מ"ה עולה ק"ל ריבוע ב"ן עולה קד"ם הרי ע"ב קפ"ד קס"ו ק"ל קד"ם סליקו לחושבן (696) "תצור", והוא מניין ב' בתי דינים "קשה - רפה" (696), וזכה משה לכל אלו המעלות בהקמת המשכן דסליק לחושבן (696) "ויקרא אל משה" עם ג' התיבות [וממשיך: וידבר ה' אליו מאהל מועד - דזכה לסוד א' זעירא דויקרא בהקמת המשכן], ולכן רב לך - אל תוסף דבר אלי עוד בדבר הזה.

צורת א' שהיא י' ו' י' רומזת ג"כ ב' יודין על שני כרובים י' למעלה כרוב א' מקצה מזה וי' למטה כרוב אחר מקצה מזה [כמ"ש (שמות כ"ה, י"ט) ועשה

גלא עמיקתא

והנה ג' הפסוקים יחד דהיינו: ישת חשך סתרו סביבותיו סכתו, חשכת מים עבי שחקים ויאמר ה' אל משה הנה אנכי בא אליך בעב הענן בעבור ישמע העם בדברי עמך וגם בך יאמינו לעולם, ויגד משה את דברי העם אל ה' אז אמר שלמה, ה' אמר לשכן בערפל גימ' (9514) ט' פעמים "אז תתענג על ה'" (1057) (ישעי' נ"ח, י"ד) והביאור דערך ממוצע דכל פסוק ג"פ "אז תתענג על ה'" דג"פ הוי חזקה– וכאן היא חזקה כפולה– ג"פ ג"פ דהיינו ט"פ. ותיבה א"ז מרמזת גם כאן א' זעירא בראשי תיבות. ורמיזא הארת פנימיות הכתר לעתיד לבוא, דזכה לה משה בחייו בבחינת אספקלריא המאירה– לפני ולפנים מהני ג' מחיצות ג' פרסאות. ואמרינן להאי פסוקא בשבת קודש– ורמיזא יום שכולו שבת באלף השביעי בביאת משיח צדקנו בב"א. וכד מוספינן להני תלת פסוקין פסוקא דנן דריש ספר ויקרא – דהוא עיקר ענינם של כל הני פירושים שחיבר רבינו: ד'. ויקרא אל משה, וידבר ה' אליו מאהל מועד לאמר (1455) סליקו כולהו לחושבן (10969) כ"ד פעמים "ומלאה הארץ דעה" (457) ע"ה כדכתיב לעתיד לבוא (ישעי' י"א,ט') "[יט]לא ירעו ולא ישחיתו בכל הר קדשי, כי מלאה הארץ דעה את ה' כמים לים מכסים" – דהוא ביחוד הגדול דלעתיד לבוא דמלאה הארץ דעה את ה'– המלכות בחינת ארץ בחינת [כ]סיהרא. דכעת המלכות בבחינת חשכות

[יט] ספר התמונה - תמונה שניה: אות ס': וזה הכח הצורה סתומה וחתומה בסוד כח נורא עליון כ"ו בצורתה, הכף רומז לכנסת ישראל ולה' אחרונה, הו' לששה אלפים ומן הששה לקח הוא"ו כי ביום פקדי ופקדתי פוקד עון אבות על בנים ועל רבעים ודור רביעי ישובו הנה ובשנה הרביעית יהיה כל פריו קודש הלולים לה' לשם הגדול ולעתיד ביום השלישי יקימנו ונחיה לפניו. ברביעי שבו נתלו המאורות ושאל לו בצורה מהם והם משפט וצדקה בארץ ע"כ סמ"ך דוגמת צורת החי"ת ציון במשפט תפדה ושביה בצדקה ואמר. החכם ודבר בעתו מה טוב והדבר נעלם וסתום לא ניתן לבאר כי אם זכו אחישנה לא זכו בעתו מה טוב, ועל אותו העת הטוב נאמר והשיב לב אבות על בנים ולב בנים על אבותם ונאמר כי כולם ידעו אותי ונאמר כי מלאה הארץ דעה את ה' ונאמר זאב וטלה ירעו כאחד לא ירעו ולא ישחיתו בכל הר קדשי ואחר כך תהיה אור הלבנה כאור החמה והאות עומד בנס והעיר ירושלים משענתה עליה עד בא יום ה' הגדול והנורא שהוא ציור חי"ת כדוגמת סמ"ך כי בשנה הרביעית שהוא היין הטוב והנעים סומך ד' לכל הנופלים כענין כל פריו וזה הסוד סתום ומוסגר בצורת האות והעיר משענתה על הצורה עד שיפוח היום ונסו הצללים וגו' כי ינטו צללי ערב וכשורפין חמץ תבין כי בפסח עתידין ליגאל מו' שעות ולמעלה כי הוא יום הששי יום של עשר שעות מלא ושלם יום כשר ובדוק מכל חמץ והמשכיל ידום וארז"ל תיפח רוחם של מחשבי קיצין כענין שחשב מים מים דובר שקרים אין תיקון ואין תקנה והמשכיל ידום. ומכח האור אור לנוגה שנאמר ונוגה כאור תהיה ושם חביון דברים הגנוזים לצדיקים ובין תבין.

[כ] פירוש הגר"א לספרא דצניעותא - פרק ד: ואמר ובי' אית ה' - כאן מבאר היאך חו"ב כלילן זה בזה ביו"ד ה"א שאמר בפ"א אחתא ומודעתא כו' ואמר בה' אית ד"ו שהוא מילוי היו"ד הרי י' כלול בה' וכן ה' כלול בי' במילוי שבו וז"ש וביו"ד אית ה"א - והענין כאן כי היו"ד

כרוב אחד מקצה מזה וכרוב אחד מקצה מזה] ו' באמצע הוא הארון שבו היו הלוחות [כא]שארכן ו'.

גלא עמיקתא

רגליה יורדות מות (משלי ה',ה'), **אבל** לעתיד לבוא כתיב [2]בלע המות לנצח (ישעי' כ"ה,ח') וכפלינן כ"ד פעמים לקביל [כב]כ"ד קשוטי כלה.

הוא חכמה ובריאה היא בסוד בינה כמ"ש אמא מקננת בכרסיא. והענין כי ארבעה עולמות הן נגד ד' אותיות הוי"ה ד' פרצופים מחכמה ולמטה כידוע והיו"ד שהוא מאצילות הוא חכמה ובריאה בינה. ואבאר בפרטות הענין כי היו"ד הזאת היא יסוד מלכות דאצילות כמ"ש לעיל (פ"ג) י' זעירא בגווה אשתכח והיא יורדת בבריאה בחינה אחרונה של מלכות דאצילות כידוע שכל פרצוף שמתלבש בתחתון אינו יורד אלא בחינה אחרונה שבה והיא יו"ד זעירא של מלכות ומלכות בכללה נקראת ה' כנ"ל. וז"ס שרי ואח"כ נקראת שרה מלכות בכללה והיא י' של יהושע י' זעירא סיהרא והוא חכמה שבבריאה כנ"ל. והוא חכמת שלמה חכמה זעירא ותרב חכמת שלמה סיהרא באשלמותא והוא חכמה ההיא כידוע וז"ש והמלך שלמה ברוך אמרו בזוהר בדרגא דיסוד שנקרא ברוך וברכות לראש צדיק (משלי י') והוא יסוד דנוקבא כידוע ששלמה בנוקבא והוא בסוד בשכ"מלו כידוע. **[כא] ילקוט שמעוני תורה פרשת כי תשא רמז שצו: כי לא יראני האדם וחי** [לג, כ] אמר רבי יוחנן אלמלא נשתייר במערה שעמד בה משה ואליהו כמלא נקב מחט סדקית לא היו יכולין לעמוד במערה מפני האורה. שאל אנדרינוס קיסר לרבי יהושע א"ל יש אדון לעולם אמר ליה וכי עולם של הפקר הוא אמר לו ומי ברא שמים וארץ אמר לו הקדוש ברוך הוא שנאמר בראשית ברא וגו', אמר לו ולמה אינו נגלה ב' פעמים בשנה כדי שיראו הבריות ותהא אימתו עליהן, א"ל לפי שאין העולם יכול לעמוד בזיוו שנאמר כי לא יראני האדם וחי, א"ל אם אינך מראה איני מאמינך לחצי היום העמידו כנגד השמש אמר לו הסתכל בשמש ואתה רואהו, אמר לו ומי יכול להסתכל בשמש אמר לו ולא ישמעו אזניך מה שפיך מדבר ומה השמש שהוא אחד מאלף אלפים ורבוא רבון ממשמשין שמשמשין לפניו אין כל בריה יכולה להסתכל בו הקדוש ברוך הוא שזיוו מלא עולם על אחת כמה וכמה ואימתי הוא מגלה כבודו כשיאבדו אלילים מן העולם שנאמר והאלילים כליל יחלוף ואחר כך ונשגב ה' לבדו ואומר ונגלה כבוד ה' וגו', אין הנפש יוצאה מן הגוף עד שתראה פני השכינה שנאמר כי לא יראני האדם וחי, הנה מקום אתי (כתוב ברמז קי"ז). פסל לך [לד, א] אמר רבי חמא בר חנינא מפסולת הלוחות העשיר משה שנאמר פסל לך שיהא פסולת שלך, אמר רבי חנן מחצב אבנים טובות ומרגליות גילה לו הקדוש ברוך הוא למשה בתוך אהלו ומשם העשיר משה. בתחלה לא נתנה תורה אלא למשה ולזרעו שנאמר כתב לך פסל לך מה פסולתן שלך אף כתבן שלך, משה נהג בה טובת עין ונתנה לישראל ועליו הכתוב אומר טוב עין הוא יבורך. אמר רבי יוחנן אין הקדוש ברוך הוא משרה שכינתו אלא על גבור ועשיר וחכם ועניו וכולן ממשה, גבור דכתיב ואתפוש בשני הלוחות וגו' ואשברם לעיניכם, ותניא הלוחות ארכן ו' ורחבן ו', עשיר דכתיב פסל לך [לד, א], חכם רב ושמואל דאמרי תרווייהו נ' שערי בינה נמסרו למשה חסר אחת שנאמר ותחסרהו מעט מאלהים עניו דכתיב והאיש משה ענו מאד. **[כב] אגרא דכלה דברים פרשת נצבים: או יאמר,** ושבת עד י"י אלקיך. עד מלשון עדי עדיים [יחזקאל טז ז], מנע קשוטי השכינה, ועל ידי התשובה ושבת עד י"י אלקיך, היינו קישוטי השכינה כ"ד קישוטי כלה על ידי כ"ד ספרין דאורייתא.

2. באור על מגלה עמוקות ואתחנן אופן מ"ג: כ"א. עָשׁוּק אֶפְרַיִם רְצוּץ מִשְׁפָּט כִּי הוֹאִיל הָלַךְ אַחֲרֵי צָו (הושע ה,יא) גימ' (2074) "ליהודים היתה אורה ושמחה וששון ויקר" דאמרינן לעיל סוף אות כ' דאורה זו תורה וכו' והוא חושבן (2074) "טוב" (17) פעמים "חי לעד" (122) דהוא בתחית המתים רמיזא ונהפוך הוא דפורים- מתים קמים לתחיה, וכמו המעשה בש"ס מגילה (ז:) דקם רבה ושחטיה לרבי זירא וכו' ולמחר בעא רחמי ואוקמיה- וקיים בפועל ענין ונהפוך הוא דתחית המתים- ו"טוב" היינו קוב"ה דהוא יגאלנו וישחט למלאך המות, ואז נזכה לקיום הנבואה (ישעי' כ"ה,ח') בלע המות לנצח ומחה ה' אלהים דמעה מעל כל פנים וחרפת עמו יסיר מעל כל הארץ כי הוי' דבר.

וזהו דמבאר רבינו בספרו מגלה עמוקות על ואתחנן דרצה משה להמשיך האי הארה דלעתיד לבוא בעת ההיא דאמר ואתחנן אל ה' בעת ההיא לאמר ומבאר הפסוקים בהאי פרשתא דואתחנן. ורק נבאר מדילן בכאן דכתיב (דברים ג',כ"ד) "ה' א-להים אתה החלות להראות את עבדך את גדלך ואת ידך החזקה אשר מי א-ל בשמים ובארץ אשר יעשה כמעשיך וכגבורותיך" (דברים ג',כ"ד) גימ' (6385) "גדולה" (48) פעמים "כסא כבודך" (133) ע"ה [כמ"ש אל תנבל כסא כבודך (ירמי' י"ד,כ"א) וכן בברכת אשר יצר גלוי וידוע לפני כסא כבודך], דמשה רגל רביעי לכסא שכינתו יתברך וזכה לגדולה כדכתיב גם האיש משה גדול מאד (שמות י"א,ג') ובד בבד כתיב באותה תורה והאיש משה ענו מאד מכל האדם (במדבר י"ב,ג') הרי כדוגמת השי"ת במקום שאתה מוצא גדולתו של משה שם אתה מוצא ענותנותו (מגילה ל"א,א') והוא סוד משיח צדקנו דיהא מצורע נושא חלינו [כדכתיב לגבי משיח: חלינו הוא נשא וכו' ובחבורתו נרפא לנו (ישעי' נ"ג,ה')] ויגאלנו כעני ורוכב על חמור (עיין זכרי' ט',ט'), וילמדנו תורת ה' תמימה היא תורתו של משיח, אשר בדבקותו העצומה להשי"ת דהיא בלא שיעור וביאור כלל ישיג השגת עצם השכל העליון ויעבירה לנו בשפה ברורה ומלאה הארץ דעה את הוי' (ישעי' י"א,ט') למען ילמדו תורת ה' מקטנם ועד גדולם (עיין ירמי' ל"א,ל"ד) מה שאינו בשיעור כיום אלא מעט מזעיר בתורת החסידות אשר הורידה לנו מן שמיא נחית רבינו הבעל שם טוב הקדוש, ומעט מזעיר מצינו בתורת אור החיים הקדוש דצדיקים וקדושים יראו מלעמוד על דבריו ומי אנו אזובי הקיר כי נחקור ונדרוש בקדושת מילותיו ואינן מילין דניתנו להשתעשע בהם דלעתיד לבוא ושעשע יונק על חור פתן (ישעי' י"א,ח') ברם בצוק העתים דזמנינו עקבתא דמשיחא דמשיח עומד אחר כתלנו מציץ מן החרכים (שה"ש ב',ט') נזכיר מעט מזעיר מדברי האור החיים הקדוש בפרשתינו דאנן בחול המועד פסח ה'תשע"ט ת'היה ש'נת ע'שה ט'וב, דכתב על פסוקא קדמאה דפרשתא בנסיונו להתחקות אחר דבקותן הנפלאה של נדב ואביהוא בני אהרן אשר מסרו נפשם ובם נקדש הבית כדאמר משה לאהרן (ויקרא י',ג') "הוא אשר דבר ה' לאמר בקרובי אקדש ועל פני כל העם אכבד" ופרש"י: עכשיו רואה אני שהם גדולים ממני וממך.

וזהו דכתב אור החיים הקדוש משפט דבר פלא שהוא כחידה חתומה, תמן כ"ב פעמים תיבת שרש שכ"ל, דהן כנגד כ"ב אותיות התורה בה מלובש השכל העליון עצמותו ומהותו יתברך כדרשת חז"ל אנכ"י נוטריקון א'נא נ'פשי כ'תבית י'הבית (עיין שבת ק"ה ע"א) דאת עצמות נפשו יתברך הטביעה כביכול בתורתו הקדושה, וכל העוסק בה ובפנימיותה טועם טעמה כצפיחית בדבש, וכדכתב אור החיים הקדוש בעצמו במקום אחר אלמלא טעמו הבריות טעמה ומתיקותה היו רצים כמשוגעים אחריה וכו' [עיין אור החיים פרשת כי תבוא דברים כ"ו,ח' ד"ה, וזלש"ק: גם ירמוז במאמר בכל הטוב אל התורה כאומרם ז"ל (ברכות ה' ע"א) ואין טוב אלא תורה, שאם היו בני אדם מרגישין במתיקות ועריבות טוב התורה היו משתגעים ומתלהטים אחריה ולא יחשב בעיניהם מלא עולם כסף וזהב למאומה כי התורה כוללת כל הטובות שבעולם עכלשה"ק].

ולענייננו פותח בתיבה ולא תושג בהשערת **מושכל** הגשם, ולמשיג חלק מהשגה זו תבדיל ממנו, המונע אותו מהתקבל וכו'... וזהו כלל דבריו דאור החיים הקדוש, ובהן כ"ב פעמים שרש שכ"ל לקביל כ"ב אתוון דאורייתא קדישא:

"**א'**. משכל (390) **ב'**. השכלת (755) **ג'**. המשכל (395) **ד'**. שהשכלת (1055) **ה'**. ההשכל (360) **ו'**. תשכיל (760) **ז'**. ההשכלות (766) **ח'**. ובהשכל (363) **ט'**. בהשכלתו (763) **י'**. ישכיל (370) **כ'**. שמשכל (690) **ל'**. משלל בהשכל (760) **מ'**. וכשישכיל (696) **נ'**. ישכיל (370) **ס'**. שהמשכיל (695) **ע'**. משכל (390) **פ'**. ממשכל (430) **צ'**. בלתי משכל (832) **ק'**. מהשכל (395) **ר'**. והשכילו (377) **ש'**. למשכילים (480) **ת'**. ביחוד השכלתו (791) סליקו יחד לחושבן (12,883): י"ג פעמים "התפעלות" (991), דכל מאמרו עוסק בהתבוננות בגדולתו יתברך ויתעלה ובהתפעלות מתגברת בו אהבת ה' והדבקות בו יתברך וכן הוא חושבן (12,883): י"ג פעמים "וכל אויביך מהרה יכרתו" (991) (תפלת שמו"ע) דחזינן דעבודת ההתפעלות וההתבוננות אינה למגנא אלא מכריתה האויבים והמקטרגים, ולא נוכל להרחיב יותר מכאן, דהדברים סתומים – ונקודת דבריו דכל שישיג המשיג בשכלו את אור השכל העליון בתורה הקדושה הרי שהתקרב אל האור הזה, אך היות שהוא עצמות אינסוף בלי תכלית הרי שהתקדם המתבונן רק לגבי נקודת עצמו דהיינו שנהיה יותר ירא שמים או אוהב השי"ת אך לגבי עצמותו יתברך נותר באותה נקודה דאיהו משוה קטון וגדול וצופה ומביט כל הדורות מביט מראשית אחרית הרי שניתן כביכול להשיגו רק בדרך השלילה, כמה שמשיגים זה אינו וכו' והוא תהליך זיכוך האדם את עצמו להכין הכלי לגילוי הגדול של לעתיד לבוא, דכל חד ישיג לפום מאי דמשער בליביה בהאי עלמא [כמ"ש נודע בשערים בעלה (משלי ל"א,כ"ג) ודרשו חז"ל כל חד לפום מאי דמשער בליביה (זוה"ק וירא דף ק"ג ע"ב)] כאמרם (בבא בתרא ע"ה ע"א) כל צדיק נכוה מחופתו של חבירו, ועוד יש לומר כולהו נכוין מחופתו של משה רבינו דהשיג רב מכולהו, לכן אמר ליה השי"ת רב לך (דברים ג',כ"ו), השגת רב מכולהו כ"ב מדריגות הנ"ל דכתב אור החיים הקדוש לכן אל תוסף דבר אלי עוד בדבר הזה. דאינון ה' מדרגות נוספות על כל הנ"ל לקביל ה' אותיות סופיות [מנצפ"ך] והן נסתרות בעצמותו יתברך הרי שלא ניתן לבטאן אף במילים של מושכלות משכיל ושכל כנ"ל [ורק ברמז נאמר דשרש "שכל" הריהו חושבן (350) "מדת הדין" בא"ת ב"ש, כנודע ה' אתוון דמנצפ"ך הן דינים קשים, בסוד פ"ר דינים, הרי לעתיד לבוא יתגלו כדאמר השי"ת למשה אהי"ה אשר אהי"ה, וכתיב ביום ההוא יהיה ה' אחד ושמו אחד וכו' (זכרי' י"ד,ט') דיתעלה שם י–ה–ו–ה ויהיה שם י–ה–י–ה ב"פ י–ה דהן דינים כנודע, ויהיו דינים ממותקים, הרי "שכל – פר" גימ' (630) אהי"ה (21) פעמים יהי"ה (30) ויקוים בנו פסוקא והמשכילים יזהירו כזוהר הרקיע וכו' (דניאל י"ב,ג') בעגלא דידן ובזמן קריב ונאמר אמן.

וזהו דהבאנו בריש דברינו דברי אדמו"ר הרש"ב בעניין ג' הפרסאות דפרסא הא' בין המאציל לנאצלים אספקלריא המאירה, ופרסא השנית בין

הבינה לז"א שהיא אספקלריא שאינה מאירה, בחינת בורא חושך, וכדכתיב (איוב י',כ"ב) "ארץ עפתה כמו אפל צלמות ולא סדרים ותפע כמו אפל" גימ' (2683) מ' פעמים "בינה" (67) עם ב' התיבות והכללות, דבינה היא עולם הבריאה הנקראת חשך כדאמרינן בצלותא (ומקורו בפסוק ישעי' מ"ה,ז') יוצר אור – לקביל יצירה, ובורא חשך – לקביל בריאה, ומבינה נפקת התורה הקדושה – נובלות חכמה של מעלה תורה – דהשתלשלה התורה ממוחא סתימאה עד לבינה לצייר אותיות התורה, ולכן בכאן מ"פ בינה דייקא בסוד תורה דניתנה ל–מ' יום וכדמביא הרמז בעל הטורים בתחלת פרשת תרומה תרומ"ה נוטריקון תור"ה מ', אמנם בשורשה התורה היא אור רב דאיקרי חשך היינו מלכות דאינסוף לכן ארץ כתיב כאן היא מלכות דאינסוף שם חשך בלא אור דאין מקבלים כגון שכל הרב בעצם נפשו הרי למי ישפיעו – ובחכמה דאצילות מתחלה השפעה עצמית מיניה וביה כברק המבריך לעצמו ובבינה מקבלת ציור הולד מבשרי אחזה א–לוה כאמרם (נדה ל"א,ע"א) ג' שותפין באדם – לענייננו זאת התורה אדם (במדבר י"ט,י"ד) – התורה היא הולד בצורת אדם, אביו היינו אבא עילאה נותן בו לובן, ממשיך בו לובן העליון, אימו נותנת בו אודם היינו אמא עילאה תמן ציור אותיות וסדרים, והקב"ה נותן בו נשמה היינו מעצמותו ומהותו יתברך עצמות אינסוף משפיע באופן של נפיחה כדכתיב ויפח באפיו נשמת חיים (בראשית ב',ז') הרי נופח בתורה חיות וקדושה כדרשם (שבת קה.) אנכ"י נוטריקון א'נא נ'פשי כ'תבית י'הבית, ובארנוהו במקום אחר ועד למקבלים קרוצי חומר כדפתח פרקי אבות משה קיבל תורה מסיני ומסרה ליהושע וכו' אמנם התורה שבכתב בכאן נקראת ולא סדרים, דלא מצאנו בה ידינו ורגלינו עד אשר באו קדמונינו קדושי עליון תנאים אמוראים וכו' ויסדו לנו את התורה שבעל פה תמן ששה סדרי משנה ועד להלכות הלכות למען נדע הדרך נלך בה וכך היה ברצון העליון מקדמותא, והשאיר לנו הפתח לחדש ולתת חלקנו בתורתו הקדושה וכאמרם (בבא מציעא נ"ט ע"ב) נצחוני בני, וכאשר יהודי עוסק בתורה הקב"ה שונה כנגדו (עיין תמיד ל"ב ע"ב) היינו שונה עימו מה שהוא שונה – ובמקום שבעלי תשובה עומדים צדיקים גמורים אינם יכולים לעמוד – וכביכול הוא הדין לאבינו מלכנו הקב"ה ית' ויתע' כדכתיב צדיק ה' בכל דרכיו (תהל' קמ"ה,י"ז), ובני ישראל הם בחינת בעלי תשובה דכל רגע ורגע שבים בתשובה על הרגע הקודם וכל שכן על היום הקודם והשבת הקודמת – ואזי כביכול במקום שהם עומדים אין הקב"ה כביכול דהוא הצדיק העליון, יכול לעמוד אלא יושב ושונה כנגדו בחינת נצחוני בני ואם לא חז"ל מפורש בענין במקום שבעלי תשובה עומדים וכו' (ברכות ל"ד ע"ב) לא ניתן לאומרו – וכן בענין חנינא בני כל העולם אינו ניזון אלא בשביל חנינא בני כל העולם ניזון ממנו וכו' (תענית כ"ד ע"ב) והקב"ה בעצמו אמר בקטרוג הלבנה (חולין ס' ע"ב) הביאו כפרה עלי על שמיעטתי את הירח וכו' וכל זה הוא ברצונו יתברך ויתעלה דעליונים ירדו למטה ותחתונים יעלו כנגדם למעלה בקדושה וכו', ולא זז עד שקרא לכנסת ישראל אמי וכו', ובקליפה רח"ל בדיוק להיפך – ענין ההתנשאות והגאות הפסולה, דעוסק רבינו באופן קע"ט

לואתחנן בגדלות דקדושה שהיא ע"י ענוה וביטול ואז זוכים לגדלות אמיתית כגון והאיש משה גדול מאד (שמות י"א,ג') והוא על ידי והאיש משה ענו מאד (במדבר י"ב,ג') - וכן מביא רבינו לגבי הקדוש ברוך הוא בעצמו שאמרו חז"ל (מגילה ל"א א') במקום שאתה מוצא גדולתו של הקב"ה שם אתה מוצא ענותנותו, ולהבדיל הוא להיפך בקליפה תמן גבהות הלב המביאה לניאוף כגון ישמעאל ולרציחה כגון עשו הרשע, וכן חזינן בגמרא הקדושה (בכורות ח' ע"ב) בעובדא דרבי יהושע בן חנניא עם סבי דבי אתונא, וכבר נרמוז "רבי יהושע בן חנניא" גימ' (774) "מי כעמך ישראל גוי אחד" (ע"ה) (דברי הימים א' י"ז,כ"א) דכתיב בתפלין דמרי עלמא (גמרא ברכות ו' ע"א) ומתחלק שמו כדלקמן: "רבי יהושע" גימ' (603) "בני ישראל", "רבי יהושע בן" גימ' (655) "הקדוש ברוך הוא" - ר"ת ר' י' ב' ח' גימ' (220) י' פעמים כ"ב דהן אותיות התורה דניתנה ל-י' דיברות, ס"ת "י' ע' נ' א'" גימ' (131) "ענוה", הרי בשמו רמז לענין קוב"ה אורייתא וישראל כולהו חד (כדאיתא בזוה"ק פרשת אחרי מות) וצד השוה הוא ענוה - ואמר רבי יהושע בן חנניא לסבי דבי אתונא - אנא חכימא דיהודאי וכו'. וזהו "סבי דבי אתונא" גימ' (546) "הבל בני אדם כזב בני איש" (תהל' ס"ב,י') והרי הוא לא תאמינו כי יסופר (חבקוק א',ה') דכל מעשיהם ודיבוריהם הבל וכזב ונרמזו על ידי דוד מלכא משיחא בספרו תהלים פרק ס"ב פסוק י' הריהו נוטריקון סב"י, ותיבין "דבי אתונא" גימ' (474) "דעת", היינו דעת דקליפה כנגד דעת דקדושה ד"רבי יהושע בן חנניא" גימ' (774) "דעת רוח א-להים" [כדכתיב לגבי בצלאל ואמלא אותו רוח א-להים וכו' ובדעת וכו' (שמות ל"א,ג') וכדכתיב לגבי משיח ונחה עליו רוח דעת וכו' (ישעי' י"א,ב')], והתוכחו יחד והקשו עליו י"ב קושיות דייקא וענה י"ב תירוצים הרי כדי לברר הדעת דקליפה נכנס במקומם ועירבב דעתו בדעתם ובירום, וכגון נפש הא-להית חלק א-לוה ממעל המלובשת בנפש הבהמית המלובשת בדם האדם לבררה ולתקן פגם אדם הראשון, לכן חושבן "רבי יהושע בן חנניא - סבי דבי אתונא" גימ' (1320) י"א פעמים ק"כ, ובאורו: י"א הן י"א כתרין דמסאבותא, ו-ק"כ הן ק"כ צרופי שם אלהי"ם דינים דרבי יהושע בן חנינא מיתק והכניע את הני סבי דבי אתונא דהוו ס' במכוון כנגד ס' ריבוא דישראל, והשאירם רבי יהושע בן חנניא כפגרים מתים וכלשון הגמרא הקדושה (שם בסוף הסוגיא) "עד דשמיט כתפייהו ובלו להו ואזול" ופרש"י "ובלו ואזול: בלו והלכו לאבדון" גימ' (292) ד"פ "חכמה" (73) לקביל ד' אתוון דשם הוי' ב"ה ד-ה' בחכמה יצר ארץ, דרבי יהושע בן חנניא האבידם לנצח נצחים כן יעביד משיח צדקנו לכל הקלי' בהבל פיו בסוד ישקני מנשיקות פיהו (שה"ש א',ב').

והנה שאלו סבי דבי אתונא את רבי יהושע בן חנניא י"ב שאלות כנגד י"ב שבטים, דהן י"ב פתחים ברקיע כנגד כל שבט פתח דלכן יש לבית הכנסת י"ב חלונים-פתחים כנגד הני י"ב פתחים דאית ברקיע כמבואר בזוה"ק וענה להם אחת לאחת וסתם הפתח עד שנאלצו לבוא עמו לקיסר בתחבולה והלכו אל מול הקיסר לאבדון - יש לומר במשל דעתיד משיח צדקנו להביא את הקלי' ושריהם של מעלה לפני הקב"ה בכבודו ובעצמו לדין והן נשמטין והולכין לאבדון מאליהם,

שכן אין בקלי' ממש כלל וכלל כמוץ אשר תדפנו רוח (תהל' א',ד') ובארנוהו במקום אחר דכל תכליתם הוא להעמיד היהודי בנסיון וכשעומד בס"ד בניסיון נעלמים המניעות והמעכבים, דכמה הוו הני סבי דאתונא ששים, וכתב רבינו ישראל נוטריקון יש ששים רבוא אותיות לתורה, והן כנגד ששים ריבוא נשמות ישראל, הרי את זה לעומת זה עשה אלקים, ששים רבוא נשמות ישראל וכנגדם הני ששים סבי דבי אתונא ורבי יהושע בן חנניא דאיהו הצדיק הכולל חכימא דיהודאי הכניעם ובירר הניצוץ הקדוש להוציא בולעם מפיהם ומבטנם יורישנו אל וכו'.

ונבאר בס"ד תמצית שאלותיהם ותמצית תשובות רבי יהושע בן חנניא, והעצות בעבודת ה' היוצאות מהן בס"ד:

א'. "גברא דאזיל ובעי איתתא" גימ' (1148) "אנא אמלוך" ב-א' רבתי [המקור בפסוק ואדוניה בן חגית מתנשא לאמר אני אמלוך (מלכים א' א',ה')] דמורה על גאות פסולה, וכן תיבין "גברא דאזיל" גימ' (258) "חרן" דמעוררים הני סבי חרון אף של מקום [כדכתיב וימת תרח בחרן (בראשית י"א,ל"ב) פרש"י וזלשה"ק: בחרן – עד אברהם חרון אף של מקום עכ"ל], "גברא דאזיל ובעי" גימ' (346) "רצון" דהוא תאוות פסולות ורצונות של הקליפה, ונמשכו כנודע ממקרה המלכים קדמאין דאמרו אנא אמלוך ואיתבירו – כליהם נפלו עד עולם הזה השפל והאורות חזרו למקורן ברצון העליון.

ענה להם ריב"ח: **"שקל סיכתא"** גימ' (921) "זרע אברהם יצחק ויעקב" (ירמי' ל"ג,כ"ו) – אנן מזרע קדש, וכמה שנראה ירודים אנו עולים במדרגות הקדושה בסוד מאן דאיהו זעיר איהו רב (זוה"ק חיי שרה). הרי העצה היוצאת מבירור ראשון דהיינו "גברא דאזיל ובעי איתתא (1148) – שקל סיכתא (921)" גימ' (2069) "לא תסור מן הדבר אשר יגידו לך ימין ושמאל" (דברים י"ז,י"א) – בסוד קיום ההלכות בדקדוק ובפרטי פרטים מכניע להני חכמות חיצוניות דסבי דבי אתונא.

ב'. **"גברא דאוזיף וטריף"** גימ' (619) "אחרית" – דאחרית דבר יטרפו בכח מחשבותיהם דהן שקר וכזב כנ"ל **"גברא דאוזיף"** גימ' (314) שד"י שם היסוד ובקלי' הפגם הנודע. ותשובת ריב"ח: **"גברא אזל לאגמא"** גימ' (319) י"א פעמים "טוב הוא" (29) דאיתמר גבי משה בלידתו, דמשה מכניע ומאביד י"א כתרין מסאבין כנ"ל וכן הוה בנס דפורים מרדכי בדורו כמשה בדורו, וכן רבי יהושע בן חנניא בדורו חכימא דיהודאי, לכן דבריהם "גברא דאוזיף וטריף" סליקו לחושבן (619) "משה מרדכי" זה לעומת זה. והבירור **והעצה** היוצאת מדבריהם:

"גברא דאוזיף וטריף (619) – גברא אזל לאגמא (319)" גימ' (938) "אמת ותמים" ע"ה [כגון מש"כ באמת ובתמים (שופטים ט',ט"ז)] היינו ללכת בפשיטות ותמימות אחרי ה' ותורתו תורת אמת ואחרי החכמים עיני העדה ולא ללכת בתחבולות ובשרירות לבנו כדכתיב ולא תתורו אחרי לבבכם ואחרי עיניכם וכו'.

ג'. **"מילי דבדיאי"** גימ' (121) י"א פעמים י"א – מראה על מהותן של הקלי' י"א כתרין מסאבין דכולהו מילי דבדיאי, וענה להם ריב"ח: **"כודניתא דילידא"** גימ' (550) י"א פעמים נ', דהעלה אותן ה-י"א כתרין דמסאבותא לשער ה-נ' דקדושה שם הלכו לאבדון אבדו-נון.

והעצה היוצאת מדבריהם דהיינו "מילי דבדיאי (121) – כודניתא דילידא (550)" גימ' (671) תרע"א דהוא אדנ"י

במילוי כזה "אלף דלת נון יוד", בסוד תרעא זה השער להוי' צדיקים יבואו בו ללכת בדרכי ה' ובתורתו תורת אמת, דלית בה מילי דבדיאי דעל כל קוץ וקוץ דרש רבי עקיבא תילי תילים של הלכות וכו' (עיין מנחות כ"ט ע"ב).

ד'. "**מילחא כי סריא**" גימ' (390) י"ה (15) פעמים הוי' (26) בסוד פרצוף שלם בו פוגמים סבי דבי אתונא, וענה להם ריב"ח: "**בסילתא דכודניתא**" גימ' (998) "בריתי שלום" היינו שמירת הברית כנגד רצונם לפגום בברית קדש. והברור **והעצה**:

"מילחא כי סריא - בסילתא דכודניתא" גימ' (1388) ד"פ "במשה" (347) דכל מבטחנו בה' ובמשה עבדו לכן כפילת ד"פ במשה דהן ד' אתוון דשמא קדישא י-ה-ו-ה, לקשור עצם נפשו למשה שבדור, ולענין שמירת הברית הלשון ברית המעור - שלא לדבר רכילות ולשון הרע ח"ו.

ה'. "**ביתא באוירא דעלמא**" גימ' (778) ב"פ "אלף זערא" (389) דהיא אלף זעירא דויקרא אל משה בסוד אור הגנוז ושמות הקודש - וכן בכאן אמר ר' יהושע שם ותלא בין רקיעא לארעא - ומדוע לא אמר שם ויהרוג את כל הסבי דבי אתונא וכפי שעשה משה שהיכה את המצרי [באמצעות שם קדוש כמ"ש הלהרגני אתה אומר כאשר הרגת את המצרי הא למדת שהרגו בשם המפורש עיין שמות ב',י"ד וברש"י שם] - דראה ששום אדם דקדושה יצא ממנו - יש לבאר דפני משה כפני חמה, וכשהחמה זורחת נעלמים כל המקטרגים ונהיה אור גמור - אך אינה פוטרת אותם אלא משושקעת ננערים מחדש, ופני יהושע כפני לבנה, וחכימא דיהודאי רבי יהושע בן חנניא בכלל זה, דהלבנה בכוחה להכניע המשטינים בחשך יהלכו טיפין טיפין עד ביאת משיח צדקנו, וכן מבואר באורך במאמר שני המאורות לר' אייזיק מהאמעל.

וענה להם ריב"ח - "**ליבני וטינא**" גימ' (178) ב"פ "חנוכה" (89) בסוד הארת אור הגנוז לצדיקים לעתיד לבוא - והוא האור שממשיכה הלבנה מפנימיות השמש מבעד לנרתק, וכן מבואר במאמר הנ"ל. וממילא הבירור **והעצה**, דהיינו: "ביתא באוירא דעלמא - ליבני וטינא" גימ' (956) "משה תורה" דהיינו להידבק במשה ובתורת אמת, ואז מכניעים עמלק ויהא כסא שלם, דהוא חושבן (956) ד"פ "כי יד על כס י-ה" (239) (שמות י"ז,ט"ז), ד' פעמים דייקא רמיזא שם שלם וממילא כסא שלם בן ד' רגלים, וכן נרמז "ליבני" גימ' (102) "אמונה" והוא חושבן מש"ה בא"ת ב"ש [יב"צ].

ו'. "**מציעתיה דעלמא**" גימ' (770) "יפל מצדך אלף ורבבה מימינך" (תהל' צ"א,ז') היינו נפילת הקלי' לאחר שיוציאו בלעם ניצוצות הקדושה מפיהם, ויוציאוהו בכפל דהיינו גם את ניצוץ הקדוש המחיה אותם והוא בחינת גלות בקרבם ויותרו כפגרים מתים, וכמו דהוה בצבא סנחריב, ובארנוהו במקום אחר.

וענה להם ריב"ח: "**הכא**" גימ' (26) הוי', כדכתיב בעץ חיים בתחילתו צמצם אורו בנקודה אמצעית וכו' הרי הוא ית' אמצע העולם, וכאמרם הוא מקומו של עולם ואין העולם מקומו (עיין רש"י שמות ל"ג,כ"א).

העצה וממילא הבירור: "מציעתיה דעלמא (770) - הכא (26)" גימ' (796) ד"פ "צדקה" (199) והוא ד' פעמים דייקא כנגד שם הוי' בן ד' - וממילא בנתינת צדקה לפני ובזמן התפלה ואף כל היום כולו מתקיים יפל מצדך אלף ורבבה מימינך

דהשי"ת חפץ בצדקה דאיהו טבע הטוב להיטיב, והקלי' בלהיפך בסוד לעלוקה שתי בנות הב הב, והן ב"פ ז' כנרמז בחושבן הנ"ל דאמרו סבי מציעתא דעלמא סליק (770) י"פ "הב" (70) עם ק"פ "הב" (700).

ז'. "**בירא בדברא**" גימ' (422) "צדיק חי עלמין" והני סבי מכסין עליו ומנסים להפילו - כאמרם הביאו אל העיר - דהצדיק הוא באר מים חיים ומצוי בשדה תמן מתבודד ופורש כפיו לא-להיו, כדמצינו בבעל שם טוב הקדוש ובצדיקים נוספים, וכן נרמז ארבי יהושע בן חנניא דבא אליהם לעירם אתונא.

וענה להם "**חבלי מפארי**" גימ' (381) "אהל משה" דהוא הצדיק ומשה יקח את האהל ונטה לו מחוץ למחנה (שמות ל"ג,ז') היינו בדברא כנ"ל.

וממילא הבירור **והעצה** דהיינו "בירא בדברא - חבלי מפארי" גימ' (803) "וחיי עולם נטע בתוכנו" היא התורה שבעל פה כדביארנו במקום אחר, היינו לדבוק בתורה ואף יותר מכך לחדש מילין חדתין באורייתא דאז מקיים ותן חלקנו בתורתך, ומקרב ביאת צדיק חי עלמין הוא משיח צדקינו דעייל למתא לעיר אלהינו לבנות בית הבחירה ולגאלנו מחשכת גלותנו בב"א.

ח'. "**ריחיא דתבירא**" גימ' (846) "אברהם אבינו יצחק אבינו יעקב אבינו" ע"ה אבותינו הקדושים, דסבי דבי אתונא ניסו להפקיע ולשבור קדושתם דהפוסל במומו פוסל דעכו"ם נמשלו לכלי חרס דשבירתן זו היא תקנתם, ובכאן ריחיא כדאמרו חז"ל על הפסוק "לריח שמניך טובים" (שה"ש א',ג') האבות ריחות היו [שה"ש רבה א',ג'], וזהו ריחיא בחינת אבותינו הקדושים, וענה להם ריב"ח: "**גרדי ואחייטיה**" גימ' (286) "האור הגנוז" (עם ב' התיבות והכולל) דהמשיך האור הגנוז כנגדם וביטל טענתם, והבירור **והעצה** דהיינו "ריחיא דתבירא (846) - גרבי ואחייטיה (286)" גימ' (1132) ד"פ "האור הגנוז" (283) דיומשך דרך ד' אותיות שם הוי' ב"ה עד להאי עלמא להחיותנו ויאבדו הקלי' בדרך ממילא. וכן "סבי דבי אתונא" גימ' (546) ב"פ "אור גנוז" (273) - דמסתירים עליו בחכמות חיצוניות שהן הבל וכזב כנ"ל, ובהתגלות האי אורה יהיו הם עצמם ריחיא תבירא ב' ריחיא כנגד ב' בחינות אור הגנוז שמאפילים עליו - פנימיותו וחיצוניותו, לכן נקט ר' יהושע בן חנניא פרוכו לי מיניה גרדי היינו חוטים וצמצומים להמשכת אותו האור דהם בחי' מלכים קדמאין דאתבירו דקיבלו אור בלא צמצום ואתבירו, וזהו אית לן ריחיא דתבירא - מלכאין קדמאין דאמרי אנא אמלוך כנ"ל בתיקון א' ואתבירו.

ט'. "**משרא דסכיני**" גימ' ע"ה (696) ח"פ לבנ"ה (87) דישראל נמשלו ללבנה כנרמז כאן "משרא" גימ' (541) "ישראל" (י' ל' הרי מ'), "דסכיני" גימ' (154) "עולם הבא", דעתיד קוב"ה למשחטיה למלאך המות והקלי' כלים מאליהם דמהיכן יקבלו חיותם ולכן מאוימים בדמיונם הנלוז ע"י משרא דסכיני ושואלים במה קטליה, כיצד נבטל רוע הגזירה, דקיום ישראל הוא כליון לקלי' ולכן רודפים את עם ישראל באריכות הגלות דזו מלחמת קיום בעבורם - והנותן חיים לכל חי בחר בנו ונתן לנו את תורתו תורת חיים לאור באור החיים.

ועונה להם ריב"ח: "**בקרנא דחמרא**" גימ' (606) "עצמות" דהיינו כשיתגלה אור עצמותו יתברך כדכתיב ונגלה כבוד הוי'

וראו כל בשר - אף העכו"ם - כי פי ה' דבר (ישעי' מ',ה'), לא יהא צורך במישרי דסכיני כי יכלו בדרך ממילא, וזהו "משרא דסכיני" גימ' (696) "עתיק יומין", דהקב"ה ימשיך עצמותו ית' דרך עתיק יומין ופרצופים שתחתיו עד להאי עלמא למטה מעשרה טפחים ממש, בב"א.

ובירורם **והעצה** היוצאת מכך: "משרא דסכיני - קרנא דחמרא" גימ' (1301): "נ' פעמים הוי' ע"ה, המשכת אור אינסוף דרך פנימיות בינה לזעיר הוי' דאור אינסוף נרמז כאן בהוסף הכולל - והוא על ידי עסק התורה והמצוות - ובכאן אנו בספירת העומר לקראת שער ה-נ' הוא שער החמישים ובשבועות עת נקבל את תורתנו הקדושה שוב ושוב עד ביאת משיח צדקנו דאז כתיב תורה חדשה מאתי תצא היא תורתו של משיח היינו פירוש מחודש על התורה הקדושה.

י'. "**תרי ביעי**" גימ' (692) ב"פ "רצון" (346) - ביעי הוא לישנא דרצון - היינו חיצוניות הכתר ופנימיות הכתר - דביקשו ממנו שימשוך להם בפלפול ב' הבחינות בכתר דקדושה, דיסתרו אותו דאית להו כתרא דמסאבותא, וענה להם "**תרי גביני**" גימ' (683) י"א פעמים "בכלי" (62) ע"ה דרמז להם כשיגלו אורות דתוהו הגדולים שלהם כגון דהוו לעשו בכלים רחבים דתיקון דיליה, היינו יכנעו לו, אז יגלו מבוקשם סוד הכתר דקדושה, ברם אז יאבדו לדראון עולם.

והתיקון **והעצה** "תרי ביעי (692) תרי גביני (683)" גימ' (1375) י"א פעמים "הודו לה' כי טוב" (125) דלעתיד לבוא אף הקלי' יודו ויהללו להשי"ת, וזהו דיש להודות אף בהאי עלמא על הרעה כעל הטובה ואזי ממשיך על עצמו מעין הארה שתהיה לעתיד לבוא, ורמזינן בבאורנו לפרק שירה חיות השדה אומרות (כיום ברוך הטוב והמיטיב, "חיות השדה" גימ' "ברוך דין האמת" [והוא ע"פ הגמרא בפסחים נ"א ע"א, דמקשה הגמרא מאי ביום ההוא יהיה ה' אחד ושמו אחד? ואטו האידנא לאו אחד הוא? ומתרצת הגמרא: כיום על בשורות טובות אומר ברוך הטוב והמיטיב, ועל בשורות רעות אומר ברוך דין האמת, ולעתיד לבוא על שניהם יברך הטוב והמיטיב, וזה נרמז בחיות השדה שאומרים ברוך הטוב והמיטיב והם עצמם גימ' ברוך דין האמת].

י"א. "**רציצא דמית**" גימ' (847) י"א פעמים "דין אחד" (77) הוא הדין דיעביד קוב"ה בי"א כתרין דמסאבותא, וענה להם ריב"ח: "**מהיכא דעל נפק**" גימ' (410) "קדוש" - רציצא הוא הצדיק העליון - וחוזר לאחר הסתלקותו מן העולם לשרש, והקלי' להיפך הולכים לדראון ואבדון עולם - וכל ענינם אינו אלא להעמיד בנסיון את בני ישראל ועמך כלם צדיקים וכגון מצרים איקרי שרו של מצרים מת על שפת הים (שמות י"ד,ל') ירד ממדרגתו כשר של מעלה והפך ונשתנה שמו לדומה שרו של גיהנם, וזהו "מצרים - דומה" גימ' (435) ה"פ "לבנה" (87), דישראל נמשלו ללבנה, וכל תפקידו של השר הנ"ל אינו אלא למען נסות את עם ישראל ולזככם לקראת גאולתם.

ובכאן התיקון **והעצה** "רציצא דמית - מהיכא דעל נפק" גימ' (1257) ג"פ "אור האינסוף" (419) דיושפע בהאי עלמא דרך תלת כתרין דאינון "רישא דאריך - רישא דאין - רישא דלא אתידע" גימ' (2353) י"ג פעמים "יהיו כמץ" (181) (תהל' ל"ה,ה') דבגלוי אורו יתברך בי"ג מכילן דרחמי ועד להאי עלמא כתיב בקלי' יהיו כמץ לפני רוח ומלאך ה' דוחה דאמרינן בנוסח

האריז"ל בתר צלותא, ומהני תלת רישין נפקא רוחו של משיח כדכתיב רוח אפינו משיח ה' (איכה ד',כ') – וזהו "רציצא דמית – מהיכא דעל נפק (1257) – רישא דאריך – רישא דאין – רישא דלא אתידע (2357)" סליקו יחד לחושבן (3610): י"פ "רוח אפינו" (361) דקאי אמשיחנו יבא ויגאלנו בב"א.

ובכאן העצה ללמוד ענינו של משיח וגאולה בחז"ל ובאחרונים וכולל ספורי צדיקים וכיצד ציפו והכינו עצמם בפועל ממש לגאולה ובכך לקרב גאולתנו בב"א.

י"ב. "**מנא דלא שוי חביליה**" גימ' (507) "בית המן" דהמן הרשע וביתו לא שוו הנזק [כדאמרה אסתר כי אין הצר שוה בנזק המלך (אסתר ז',ד')] שהרי לא גרמו כל נזק לעם ישראל דאחד מישראל לא נפגע ורק התחזקו ביתר שאת וביתר עוז באמונתם כל אותה שנה עד שאמרו חז"ל הדר קבלוה מהאהבה – ונרמז טובא "מנא" גימ' (91) הוי' אדנ"י יהודא שלים של אור בכלי, "דלא" גימ' "יהודי" דכתיב איש יהודי היה בשושן הבירה וכו' "שוי" גימ' (316) "מה טובו אהליך יעקב" (במדבר כ"ד,ה'), "חביליה" גימ' (65) אדנ"י כולהו אבני ישראל דמיחדים שמו ית'.

וענה להם ריב"ח "**בודיא**" גימ' (23) "טובו", כדאמרינן לעיל "שוי" גימ' (316) "מה **טובו** אהליך יעקב", והתיקון והעצה "מנא דלא שוי חביליה – בודיא" גימ' (530) "פני השכינה" – דעתידים כל ישראל לחזות פני השכינה דכתיב ונגלה כבוד הוי' היינו שכינתו וראו כל בשר יחדו כי פי ה' דבר (ישעי' מ',ה') בב"א. והעצה בזה – יהא בבטול עצמו ולב נשבר לעתים על רחוקו מהשי"ת מראות פני השכינה, וממילא יזכך עצמו ויזכה בס"ד לראות פני השכינה עם כלל ישראל בב"א.

והנה כלל הי"ב עצות שיצאו משקלא וטריא דסבי דבי אתונה דהן טענות שקר וכזב לרבי יהושע בן חנניא חכמיא דיהודאי דהינו: "[א] גברא דאזיל ובעי איתתא – שקל סיכתא (2069), [ב] גברא דאוזיף וטריף – גברא אזל לאגמא (938), [ג] מילי דבדיאי – כודניתא דילדא (671), [ד] מלחא כי סריא – בסילתא דכודניתא (1388), [ה] ביתא באוירא דעלמא – ליבני וטינא (956), [ו] מציעתא דעלמא – הכא (796), בירא בדברא – חבילי מפארי (803), [ז] ריחיא דתבירא – גרדי ואחייטיה (1132), [ט] משרא דסכיני – קרנא דחמרא (1301), [י] תרי ביעי – תרי גביני (1375), [יא] רצוצא דמית – מהיכא דעל נפק (1257), [יב] מנא דלא שוי חביליה – בודיא (530)" סליקו יחד לחושבן (13,216) י"ב פעמים "תפארתך" (1101) [כגון ימלא פי תהלתך כל היום **תפארתך** (תהל' ע"א,ח')] עם ד' כוללים ד' אתוון דשמא קדישא [דערך הממוצע דכל אחד ואחד הוא "תפארתך"] וכאשר נוסיף ד' כוללים לחושבן הנ"ל היינו ד' אתוון דשמא קדישא סליקו י"ב העצות לחושבן (13,220) כ"פ "האיש משה" (661) דהוא הענו מכל האדם אשר על פני האדמה (במדבר י"ב,ג'), וכפילת כ' פעמים דסליק לכתרא עילאה כדפתח ספרא דיהושע (יהושע א',א') "ויהי אחרי מות משה" גימ' (1041) "רישא דלא אתיידע" דהוא כתרא עילאה מתלת רישין, ובכלל מאתיים מנה, ולכן אמר ליה השי"ת רב לך – זכית לרב מכולא אל תוסף דבר אלי עוד בדבר הזה, ורמז הקב"ה ענינו בפסוקא קדמאה דספר יהושע כנ"ל, ולעתיד לבוא יתקע בשופר גדול כדאמרינן בצלותא תקע בשופר

גדול [ומקורו בפסוק והיה ביום ההוא יתקע בשופר גדול (ישעי׳ כ״ז,י״ג)], ואז תפול אימתה ופחד על הקלי׳ וילכו לאיבוד לדראון עולם, הרי דחושבן י״ב הברורים סליק לחושבן (13,216): י״א פעמים ״תקע בשופר גדול״ (1201) עם ה׳ הכוללים דהיא ה׳ עילאה דשמא קדישא מתמן תבא התקיעה הגדולה וכדהוה במתן תורתנו הקדושה הקול הולך וחזק וכו׳ (שמות י״ט,י״ט) ונזכה להיגאל מגלותנו הארוכה לאור גדול וכיתרון האור מן החשך (קהלת ב׳,י״ג) בב״א.

אופן סא

זכה משה לז' מרגלאין בזוהר ברעיא מהימנא פרשת יתרו והענין ט"ו דברים היו במשכן לקביל שם של י"ה שהוא סוד נשואין כי בהר סיני היו ארוסין מורשה אל תקרי מורשה אלא מאורסה ובשעת משכן היו נשואין לכן שם של י"ה משכן העדות שבטי יה עדות לישראל.

והנה בשם של י"ה נרמזין ז' שמות דמרגלאין י"ה בא"ת ב"ש מ"ץ, תצרף זה על זה י' פעמים מ' הרי ת', ה' פעמים ץ' הרי ת"ן, הרי סוד תכלת שמבוארין בכנפי יונה.

והנה ז' שמות המרגלאין הם עולים תכלת חסר א' על זה אמר ויקר אל משה שהם ז' ענני הכבוד וז' ימי המילואים שהם סוד ז' שמות המרגלאין שבאים משם של יה לכן אמר א' זעירא שז' שמות הם אבני מילואים שהם באים משם של י"ה שצירופו תכלת חסר א' שהוא סוד לבוש יקר רק שהוא חסר א'.

זה שאמר מאוהל מועד שהיו בו ט"ו דברים שהוא סוד שם של י"ה לכן אדם כי יקריב כדאיתא בזוהר דכר בלא נוקבא פלג גופא יתקרי ואוהל מועד נקרא משכן עדות שהוא שם של י"ה עדות לישראל:

אופן סא

זכה משה [א]לז' מרגלאין [ב]בזוהר ברעיא מהימנא פרשת

[א] שו"ת מנחת אלעזר חלק ג סימן כט: ומה שהתפלא ע"ד הסידור הקדוש הר"ר שבתי זצ"ל (בתפלת שבת) ישמח משה וכו' כליל תפארת בראשו גי' ז' מרגלאין בהתפשטות ל"ב נתיבות עכ"ל ואין פי' להדברים כי כליל תפארת בראשו גי' הרבה יותר וגם מה ענין הל"ב נתיבות לכאן. הנה בסידור הר"ר שבתי שלי כתוב על הגליון שם (לא ידעתי למי) וז"ל (ל"ב נתי') צ"ל לב' בחי' כי ז' אותיות אהי' יה"ו מתפשטים לז' שמות שמספרם תתמ"ט גם לד' מילואים כד' קדישים דערבית גי' תתל"א ועם תתמ"ט גי' אלף תר"פ בשוה כלי"ל תפאר"ת בראש"ו עכ"ל אשר מ"כ בגליון. אך המספר צ"ע קצת כי באמת בפע"ח כ' מהחבירים וז"ל וד' מילואים אלו של ד' קדישים עם י"ט אותיות של טפטפי' אברהם יצחק יעקב גי' תכל"ת ע"ה כמנין ז' מרגלאין הנ"ל עכ"ל והוא יפלא איך מכוון המספר דהא הד' מילואי הוי' הם רל"ב והג' מילואי אהי' תנ"ה ועם עוד אהי' ביודי"ן קס"א (כמ"ש שם בפע"ח ובסידור שכונת הד' מילואי אקי"ק בקדישים דערבית שבת) כולם יחד עולים תתמ"ח וע"כ עולה תתמ"ט כמנין הז' מרגלאין הנז' ולמה צורך למ"ש בפע"ח לחשוב י"ט אותיות של וכו' כנז'. עכ"פ לפי הג"ה שמ"כ כנ"ל זהו בחי' שבת אשר משה ניתן לו כח השבת כמבואר שם בכונת ישמח משה וכמ"ש בסוד אתה הראת קודם קה"ת כי התורה ניתנה בשבת בחי' יסוד אבא ונמצא הוא בחי' משה שהוא יסוד אבא (ובמאמרינו תורת שבת הארכנו בזה בעה"י בכמה אנפין). ומ"ש כת"ה שלא נמצא כונה זו בפע"ח. הנה ידוע כן דרכו בקודש של רבינו הר"ר שבתי ז"ל וכמבואר שם ג"כ בשער הסידור ובהסכמותיו הגדולים והקדושים כי ליקט והביא בכמה מקומות מרבינו הבעש"ט הקדוש זצ"ל כמ"ש כ"פ בשם מורי הריב"ש. וכן בשאר כתבים וספרים קדושים אשר לא פרט שמם בכל דבר להזכיר מקום כבודם אי'. כידוע לכל רואה שמה. וכאשר נדברנו מזה פא"פ. כ"ז כתבתי לפי"ד ההג"ה בכת"י בסידור שלפני. אמנם יותר נ"ל כי נדפס בט"ס קצת שם ושייך הכונה על כליל תפארת בראשו "נת"ת" היינו רק על תיבת "נתת" גי' הז' מרגלאין בדיוק אך לפי"ז עדיין צ"ע ענין הל"ב נתיבות לכאן. **[ב] זוהר – רעיא מהימנא פרשת יתרו דף צב עמוד ב:** וכל אלין שמהן בלטין ונציצין ונפקי ושלטי בהאי יומא, כיון דאלין שלטי נפק ההוא מרגלא עלאה בלטא מנצצא, ומגו נציצו דילה לא אתחזי בה גוון, כד נפקא בטש באלין שמהן חד שמא מנייהו אדני דאיהו שביעאה מתעטרא ועאל במרגלא תתאה ואתיישב שמא אחרא תחותיה ואיהו י"ה, ואסתחר ההוא מרגלא עלאה ביה ומתעטרא ההוא נציצו דנציץ בהאי שמא לבתר דכניס (נ"א דבטש) בהני שמהן נפקין מינייהו שבעים ענפין לכל סטר ומתחברן כלהו כחדא ואתעביד רתיכא וכרסייא חדא לההוא מרגלא עלאה ושלטא בעטרוי מלכא בכרסייא ביומא דא וחדי כלא, כיון דחדי כלא יתיב מלכא על כרסייא וסליק בשבעין ענפין כרסייא כדקאמרן, ואינון תרין (תרומה קלב) אתוון סלקין ונחתין ונהרין ומתעטרן אתוון כ"ב (ס"א בכ"ב אתוון) כללא דאורייתא בטשי בתרי (קל"ב א) אתוון קדמאי וסלקי לחד בשית שבטין ולחד בשית שבטין אחרנין, ואלין אינון י"ב שבטין דישראל עלאה, תו אלין תרין אתוון (ס"א קדמאי סלקין) סלקין ונחתין ובטשי בתרין אתוון דסופא דכ"ב אתוון וסלקי חד בחמש דרגין וחד בחמש דרגין, ואלין עשר אמירן (ס"א לשכללא) לאכללא לכ"ב אתוון י"ב שבטין בתרין אתוון (ס"א קדמאי) כללא דאורייתא ועשר אמירן דתרין אתוון דסופא הא כ"ב אתוון דסופא דאורייתא, ורזא דא ירית מרגלא עלאה בההוא כרסייא דע"ב ונהרין כ"ב אתוון מרגלא תתאה בשעתא דיתיב מרגלא עלאה בההוא כורסייא דע"ב ונהרין כ"ב אתוון, כדין ההוא מרגלא תתאה דהוא בחשוכא מסתכל בההוא נהירו בחילא דתוקפא דאינון אתוון דאתרשים בהון דאקרון אדני וכדין אתנהיר וסליק ההוא נהורא ונטיל כל אינון כ"ב אתוון עלאין ושאיב לון ההוא מרגלא בגויה ונהיר נהירו דנציץ לע"ב עיבר כיון דהאי מרגלא נציץ ושאיב לאינון אתוון בהדה כדין מרגלא עלאה אתמשך בהדייהו ואתדבק מרגלא במרגלא והוי כלא חד ודא איהו רזא חדא דתושבחתא והא אוקימנא, אתוון כד נצצין מהאי סטרא ומהאי סטרא דא איהו סיכתא די בגווייהו בין מרגלא למרגלא כדין אתעבידו רזא דשמא קדישא דמ"ב אתוון בכלא רזא דשמא קדישא דע"ב אתוון דרתיכא עלאה וכלא האי והאי אתקרי שבת ודא איהו רזא

דשבת, ע"כ. [ג] פענח רזא במדבר פרשת נשא: ויהי ביום כלות משה, נסמכה פרשת חנוכת המזבח לברכת כהנים לומר, יבאו ישראל שהתנדבו ט"ו דברים ועשו מהם המשכן ויקבלו ברכת כהנים של ט"ו תיבות. [ד] זוהר כרך א פרשת וירא דף קו עמוד א: ועל דא לא הוה בעלמא בר נש דיגין על דריה כמשה דאיהו רעיא מהימנא. [ה] עיין לעיל אות ב'.: [ו] רבינו בחיי בראשית פרק א: פתיחה לפרשת בראשית דע כי "תורתנו הקדושה" נקשרת עם החכמה העליונה וכל החכמות כלן נכללות בה, ומפני זה נקראת "תמימה". והיא "משיבת נפש" לשרשה, והמצות שנתנו לנו בהר סיני הם תרי"ג, שנאמר: "תורה צוה לנו משה", (דברים לג, ד) מצות כמנין תור"ה קבלנו ממשה, ושתי דברות שמענו והבננו מפי הגבורה, והנה הם תרי"ג (מכות כג ב). ודבר ידוע כי כל המצות כלן אלהיות, ושקולות במאזני החכמה, בנויות על אדני הדעת, מיוסדות על עמודי התבונה, ואין לך כל מצוה שלא יהיה נכלל בה מין אחד ממיני החכמה, ותרי"ג מצות הללו תרי"ג כללים הם, כי פרטי המצות אין להם סוף ותכלית, והדעת נותנת כן, כי כיון שהמצות אלהיות וכלן מורות על חיוב מציאות אלהותו ועל ידיעתו מצד דרכיו ופעולותיו, כשם שאין תכלית מושג לנו מצד ידיעת פעולותיו כך אין תכלית לפרטי המצות, ולזה כוון המלך דוד ע"ה באמרו: "לכל תכלה ראיתי קץ רחבה מצותך מאד" (תהלים קיט, צו), באר כי כל דבר יש לו קץ ולמצות אין קץ, ואם כן כל מצוה ומצוה מתרי"ג מצות היא כללית, כל אחת ואחת כוללת מצות הרבה, וכן כלן, עד לאין קץ, ותרי"ג מצות הללו נחלקות לשני חלקים מושכלות ומקובלות, המצות המושכלות הן אותן מצות שהשכל מעיד עליהן ומבחין בהן שאלו לא נכתבו היה המשכיל מוציא אותן בשכלו, כמצות כבוד אב ואם, והרציחה, והנאוף, והגנבה, ועדות שקר והגזל, וכיוצא בהם. המצות המקובלות, הן אותן מצות שלא ישיגם האדם לעולם, ולא ימצאם בשכלו כלל, אבל הוא צריך בהן אל הקבלה, כמצות השופר והסוכה והלולב, מצות היבום והחליצה, ומצות השמיטה והיובל, והקרבנות והכלאים, וכיוצא בהם. ואלו ואלו

יתרו והענין [ג]ט"ו דברים היו במשכן לקביל שם של י"ה שהוא סוד נשואין כי בהר סיני היו ארוסין (דברים ל"ג,ד')

גלא עמיקתא

והנה מביא המגלה עמוקות בתחלת דבריו הקדושים דזכה [ד]משה רעיא מהימנא ל-ז' מרגלאין, דהן ז' שמות היוצאים מ-ב' שמות א-היה יה"ו.

והוא דרוש ארוך [ה]בזוה"ק רעיא מהימנא פרשת יתרו (צב:) ומובא באריכות בשער הכוונות כונת שבת קודש בענין טבילת שבת קודש ובענין ז' ברכות בצלותא דשבת.

ומבואר שם דכל אחת ואחת מ-ז' הברכות והטבילות כנגד אות אחת משם הנזכר א-היה יה"ו וממילא כנגד אחת מהמרגלאן.

ולא נוכל כאן להאריך בבאורן, רק נכתוב דהן לקביל ז"ת ונעביד חושבניהון:

י - ה - ו - ה [חסד]

י - ה - ו -ה [בנקוד א-להים לקביל גבורה]

מצפצ [תפארת] **י-ה א-דני** [מלכות] **א-ל** [נצח] **א-לחים** [הוד] **מצפצ** [יסוד] סליקו לחושבן (849) תכל"ת חסר א'- כדאמרינן בקריאת שמע "ונתנו על ציצית הכנף פתיל **תכל"ת**" (במדבר ט"ו)

וזהו דכתב ויקרא אל משה- השלים לו ה-א' החסר ורמיזא דזכה להני ז' מרגלאן.

ומביא דבהר סיני היו ארוסין כדכתיב (דברים ל"ג,ד'):

[ו]**תורה צוה לנו משה, מורשה קהלת יעקב**

לתועלת הגוף והנפש, יש במושכלות תועלת גופני בקיום העולם, כמשפטי העמים וכהנהגותיהם וכישובי הארצות והמדינות, ובהן תועלת הנפש גם כן, ויש במקובלות תועלת נפשיי, כי תתעלה הנפש בהן ותשיג בקיומן חיי העולם הבא, ובהן תועלת הגוף גם כן. וכדי לבאר שכל מצות שבתורה יש בהן תועלת הגוף והנפש, העיד משה רבינו ע"ה ואמר: "לטוב לנו כל הימים לחיותנו כהיום הזה" (דברים ו, כד), וכתיב "וצדקה תהיה לנו כי נשמור לעשות וגו' לפני ה' אלהינו" (שם, כה), באר כי קיום המצות הוא כולל שתי תועליות, תועלת כלל הגוף בעולם הזה ותועלת הנפש לעולם הבא, זה שהזכיר בכלל "לטוב לנו כל הימים", ואח"כ הוסיף פירוש כלל ופרט: "לחיותנו כהיום הזה", זהו תועלת הגוף בעולם הזה, "וצדקה תהיה לנו וכו' לפני ה' אלהינו", זהו תועלת הנפש לעולם הבא. וכן ביאר שלמה המלך ע"ה הענין הזה בעצמו, הוא שאמר: "כי חיים הם למוצאיהם ולכל בשרו מרפא" (משלי ד, כב). הא למדת שיש בכל המצות תועלת הגוף והנפש. [ז] **תלמוד בבלי מסכת ברכות דף נז עמוד א:** העונה יהא שמיה רבא מברך - מובטח לו שהוא בן העולם הבא, הקורא קריאת שמע - ראוי שתשרה עליו שכינה, אלא שאין דורו זכאי לכך. המניח תפילין בחלום - יצפה לגדולה, שנאמר וראו כל עמי הארץ כי שם ה' נקרא עליך וגו'. ותניא, רבי אליעזר הגדול אומר: אלו תפילין שבראש. המתפלל בחלום - סימן יפה לו, והני מילי - דלא סיים. הבא על אמו בחלום - יצפה לבינה, שנאמר כי אם לבינה תקרא. הבא על נערה מאורסה - יצפה לתורה, שנאמר תורה צוה לנו משה מורשה קהלת יעקב, אל תקרי מורשה אלא מאורשה. הבא על אחותו בחלום - יצפה לחכמה, שנאמר אמר לחכמה אחתי את. הבא על אשת איש בחלום - מובטח לו שהוא בן העולם הבא, והני מילי - דלא ידע לה ולא הרהר בה מאורתא. [ח] **שכל טוב (בובר) שמות פרשת בא פרק יב:** דברו אל כל עדת בני ישראל לאמר בעשור לחדש הזה ויקחו להם איש שה לבית אבות וגו'. למה פסח מצרים לקיחתו בעשור אלא רמז להם לישראל שעתידין לעבור בירדן בעשור לחדש, שנאמר והעם עלו מן הירדן בעשור לחדש (יהושע ד יט), חבא זכות לקיחת פסח בעשור, ותתחבר עם זכות לקיחת אבנים מן הירדן בעשור. ר' מתיא בן חרש אומר לפי שהגיע זמן השבועה שנשבע הקדוש ברוך הוא לאברהם אבינו בין הבתרים שיגאל את בניו זירזם כדי שיקדימו ויהיו עסוקין במצות, שנאמר ואעבור עליך ואראך והנה עתך עת דודים (יחזקאל טז ח), עת אהבת דודים לזכור אהבת האבות שהיו חביבין לפני, ואפרוש כנפי עליך (שם שם) גליתי לך קצת מצות, ואעפ"כ ד' מצות אחרות היו בידם, שהיו גדורים מן העריות, שנאמר ויצא בן אשה ישראלית והוא בן איש מצרי (ויקרא כד י), לא נמצא בהם אלא היא ופרסמה הכתוב. ולא שינו שמותם, שכדרך שנתייחסו בירידתם למצרים, כך נתייחסו בעלייתם ממצרים, ראובן שמעון לוי ויהודה, וכתיב ששם עלו שבטים שבטי יה עדות לישראל (תהלים קכב ד). ולא גילו את סודם, דכתיב ושאלה אשה משכנתה (שמות ג כב). ולא שינו את לשונם, דכתיב ויבא הפליט ויגד לאברם העברי (בראשית

מורשה [ז]אל תקרי מורשה אלא מאורסה ובשעת משכן היו נשואין לכן שם של י"ה משכן העדות שבטי יה עדות

גלא עמיקתא

גימ' (2742) ו' פעמים "ומלאה הארץ דעה" (457) (ישעי' י"א,ט')

באור הענין: דמתן תורה היה מעין היחוד הגדול דיהיה לעתיד לבוא- דאז כתיב "לא ירעו ולא ישחיתו בכל הר קדשי כי מלאה הארץ דעה את ה' כמים לים מכסים".

ומביא שהוא סוד שם של י"ה כדכתיב (תהל' קכ"ב,ד')

[ח]ששם עלו שבטים שבטי י-ה, להודות לשם ה'

גימ' (3341) י"ג פעמים "אור הגאולה" (257)

רמיזא גאולתא מהארת הכתר י"ג תקוני דיקנא כולם מלאים "אור הגאולה".

לי**שראל** (תהל' קכ"ב,ד') והנה בשם של י"ה נרמזין ז' שמות דמרגלאין י"ה בא"ת ב"ש מ"ץ תצרף זה על זה י"פ מ' הרי ת'

גלא עמיקתא

[ט]ועיין בספר פענח רזא בתחלת פירושו לסדר שמות מה שביאר בענין זה:

דמביא **ואלה** שמו**ת** בני ישרא**ל** ס"ת **תהי"ל**

ומבאר דבזכות ואלה שמות [י]שלא שינו **את** שמם וכו' **תהיל** [כלומר יאיר] לבסוף **אור הגאולה**.

יד יג), ובהם כתיב אלהי העבריים נקרא עלינו (שמות ג יח): והיה לכם למשמרת. לפי שהיו ישראל מניחין את המילה כדמוכח בספרי או הנסה אלהים לבא לקחת לו גוי מקרב גוי (דברים ד לד), מלמד שלא מלו ישראל במצרים, כדי למצוא חן בעיני מצרים, לפיכך הפך לבם לשנוא אותם להתנכל בעבדיו, ועכשיו כששחטו ישראל את פסחיהן, היו המצרים חורקין שן עליהם ואינם יכולין להרע להם, לפי שנפל פחדו של הקדוש ברוך הוא עליהם, אמר להם משה כל ערל לא יאכל בו, אמרו ישראל מה נעשה אם לא נקיים מצוותיו של הקדוש ברוך הוא, הרי הוא מניחנו, ובאין המצריים והורגין אותנו, על ששחטנו את תועבתם, מיד מלו כולם, והיה מתערב דם המילה ודם שחיטת פסחיהם זה בזה, שנאמר ואעבור עליך ואראך מתבוססת בדמייך ואומר לך בדמיך חיי ואומר לך בדמייך חיי (יחזקאל טז ו): ועברתי בארץ מצרים בלילה הזה. אשלח עברתי ויראתי על מצרים, וכה"א ישלח בם חרון אפו עברה וזעם וצרה (תהלים עח מט), וכתיב הנה יום [ה'] בא אכזרי ועברה וחרון אף (ישעיה יג ט) אמר הקדוש ברוך הוא תהא עברתי מלאה עליהם כאשה עברה: ופסחתי עליכם. ר' יאשיה אמר אל תקרי ופסחתי אלא ופסעתי, מלמד שהיה דבר הקודש רוח אלהים חיים מדלג על בתי אבותינו במצרים, בזכות האבות והאימהות, וכה"א מדלג על ההרים (שה"ש ב ח); על זכות האבות שנמשלו בהררי קדם: מקפץ על הגבעות (שם שם). בזכות אימהות שנמשלו בגבעות עולם. ואומר הנה זה עומד אחר כתלינו משגיח מן החלונות מציץ מן החרכים: שבעת ימים מצות תאכלו; אך ביום הראשון תשביתו שאור מבתיכם. ר' יוסי הגלילי אומר אך חלק דהוה ליה מערב יום טוב; יכול מן הבוקר ת"ל אך חלק דהיינו בתחילת שש: ד"א א"ך בגימטריא ח"ץ מן אח"ס בטע [גי"ף דכ"ץ] א' במקום ח', ך' במקום צ'. ויש מפרשים

א' תחלת האותיות כ' חצי האותיות וזהו אך חלק: ביום הראשון. קודם יום טוב, כענין ויכל אלהים ביום השביעי (בראשית ב ב). שפירושו קודם יום השביעי, וזהו מן התורה: ורבותינו עשו משמרת למשמרת מלבם ועשו סייג לתורה, מוטב לפושעים שיעברו על דבריהם ויחזורו, ואל יבואו לעבור על דברי הקדוש ברוך הוא, דכתיב ביה אל קנא ונוקם ה' נוקם ה' ובעל חימה וגו' (נחום א ב). **[ט] פענח רזא שמות פרשת שמות:** ובעזרת האל בתעצומות, נתחיל ספר וסדר ואלה שמות: ואלה" שמות" בני" ישראל", ס"ת תהי"ל לומר שלבסוף יהיל אורם אור הגאולה בזכות ואלה שמות שלא שינו את שמם כדאיתא במדרש, שמות יש בו אותיות שמת"ו, כלומר אף על גב שמנאם בחיים חזר ומנאן לאחר מותן, "שמות "בני "ישראל "הבאים ר"ת שבי"ה, לומר שאז כשמת יוסף וכל הדור ההוא הי' ראש שבים וגלותם, לכן בא הרמז בראשי תיבות. **[י] מכילתא דרבי ישמעאל בא - מסכתא דפסחא פרשה ה:** רבי אליעזר הקפר ברבי אומר וכי לא היה בידם של ישראל ארבע מצות שאין כל העולם כדאי בהם שלא נחשדו על העריות. ולא על לשון הרע ולא שנו את שמם. ולא שנו את לשונם ומנין שלא נחשדו על העריות שנאמר ויצא בן אשה ישראלית (ויקרא כד י) להודיע שבחן של ישראל שלא היה ביניה' אלא זה ופרסמו ופרטו הכתוב. ועליהם מפורש בקבלה גן נעול אחותי כלה (שיר השירים ד יב) גן נעול אלו הזכרים. גל נעול מעין חתום אלו הנקבות. ור' נתן אומר גן נעול אלו הנשואות. גל נעול מעין חתום אלו הארוסות. דבר אחר גן נעול גל נעול אלו שתי ביאות ומנין שלא נחשדו על לשון הרע והיו אוהבין זה את זה תלמוד לומר ושאלה אשה משכנתה (שמות ג כב) כבר היה בידם שנים עשר חדש ואי אתה מוצא אחד מהם שהלשין על חברו ומנין שלא שנו שמם כשם שמייחסן

בירידתן שנאמר ראובן שמעון לוי ויהודה (שם א ב) כך מייחסן בעלייתן ראובן שמעון לוי ואו׳ ויתילדו על משפחותם לבית אבותם וגו׳ (במדבר א יח) ואו׳ המלאך הגאל אותי מכל רע יברך את הנערים ויקרא בהם שמי וגו׳ (בראשית מח טז) ומנין שלא שנו את לשונם שנ׳ כי פי המדבר אליכם (שם מה יב) ואו׳ ויאמרו אלהי העברים נקרה עלינו וגו׳ (שמ׳ ה ג) ואומר ויבא הפליט ויגד לאברם העברי (בראשית יד יג)

[יא] תלמוד בבלי ברכות דף יח עמוד ב: והמתים אינם יודעים מאומה - אלו רשעים שבחייהן קרויין מתים, שנאמר: ואתה חלל רשע נשיא ישראל. ואי בעית אימא, מהכא: על פי שנים עדים או (על פי) שלשה עדים יומת המת. חי הוא! אלא: המת מעיקרא. **[יב] תלמוד**

בבלי ברכות דף יח עמוד א: רבי חייא ורבי יונתן הוו שקלי ואזלי בבית הקברות, הוה קשדיא תכלתא דרבי יונתן. אמר ליה רבי חייא: דלייה, כדי שלא יאמרו למחר באין אצלנו ועכשיו מחרפין אותנו. אמר ליה: ומי ידעי כולי האי? והא כתיב: והמתים אינם יודעים מאומה! אמר ליה: אם קרית - לא שנית, אם שנית - לא שלשת, אם שלשת - לא פירשו לך: כי החיים יודעים שימותו - אלו צדיקים שבמיתתן נקראו חיים, שנאמר: ובניהו בן יהוידע בן איש חי רב פעלים מקבצאל הוא הכה את שני אראל מואב והוא ירד והכה את הארי בתוך הבור ביום השלג בן איש חי, אטו כולי עלמא בני מתי נינהו? אלא, בן איש חי - שאפילו במיתתו קרוי חי; רב פעלים מקבצאל - שריבה וקבץ פועלים

ה״פ ץ׳ הרי ת״ן הרי סוד תכל״ת שמבוארין בכ״י והנה ז׳ שמות המרגלאין הם עולים תכלת חסר א׳. ע״ז אמר ויקר אל משה

גלא עמיקתא

ומהאי שם י–ה מרמז בחושבן ז׳ המרגלאן כנ״ל (849).

והני תרין פסוקין:

תורה צוה לנו משה, מורשה קהלת יעקב (2742)

ששם עלו שבטים שבטי י–ה, להודות לשם ה׳ (3341)

גימ׳ (6083) י״א פעמים ״מחיה מתים״ (553).

באור הענין: י״א כתרין דמסאבותא הם בחינת רשעים בחייהם קרויים מתים. [והוא בסוגיא בברכות יח: [יא]והמתים אינם יודעים מאומה אלו רשעים שבחייהם קרויים מתים שנאמר (יחזקאל כ״א,ל׳) ״ואתה חלל רשע נשיא ישראל״.

ויש לומדים מפסוק אחר: (דברים י״ז,ו׳) ״על פי שנים עדים או על פי שלשה עדים יומת המת״ וכו׳ חי הוא אלא המת מעיקרא.

ולפני כן שם בסוגיא (ברכות יח.) [יב]כי החיים יודעים שימותו אלו צדיקים שבמיתתן נקראים חיים שנאמר (ש״ב כ״ג,כ׳) ״בניהו בן יהוידע בן איש חי״ וכו׳ אטו כולי עלמא בני מיתה נינהו אלא בן איש חי שאפילו במיתתו קרוי חי וכו׳]

ולעתיד לבוא גלוי אור הגנוז ובלע המות לנצח וכו׳ ויקומו ישראל לתחיה לחיים נצחיים, וכל הסטרא אחרא יכלו ויאבדו מן הארץ כי אין זהו מקומן.

וזהו דכפלינן להני ב׳ פסוקין י״א פעמים ״מחיה מתים״ וכו׳.

וכן הוא חושבן י״א פעמים ״שמעון בן יוחאי״ (553).

דיומא דהלולא רבא דיליה קרב ובא עלינו לטובה [ל״ג בעומר תשע״ה]

וכתב החתם סופר דיום ח״י באייר יום ל״ג בעומר הוא יום דבו החל לרדת המן לבני ישראל במדבר. וביום זה דייקא בזכותיה דיומא דהלולא רבא דבר יוחאי עתידא למהוי שנים רבות אחר כך.

שהם ז' ענני הכבוד וז' ימי המילואים שהם סוד ז' שמות המרגלאין שבאים משם של י"ה. לכן אמר א' זעירא שז'

גלא עמיקתא

וכנודע דהמן שירד לבני ישראל במדבר נפק מפנימיות הכתר ונקרא "לחם אבירים" (תהל' ע"ח,כ"ה) והוא בחינת מזונא דנשמתא כבחינת תחית המתים– בחינת אכילה רוחנית.

והנה במן כתיב (שמות ט"ז,ל'):

"וטעמו כצפיחית **בדבש**".

וכתיב במן במקום אחר (במדבר י"א,ח'):

"והיה טעמו כטעם לשד **השמן**".

ושלמה המלך ע"ה אמר (קהלת י"א,ז'):

"ומתוק האור וטוב לעינים (לראות את השמש)".

ופירש רש"י שם בקהלת:

מתוק הוא **אורה** של תורה.

והנה **דבש** הוא עצם המתיקות.

ובנסתר שלו עם המלוי "דלת בית שין" גימ' (1206) "אור" ב–א' רבתי דהיינו אלף (1000).

ולעומתו **השמן**– הוא עצם האור– וכדאמר רבי טרפון [יג]**אין מדליקין אלא בשמן זית בלבד** וכו' (משנה מסכת שבת פרק במה מדליקין).

ובנסתר שלו דהיינו עם המלוי "שין מם נון" גימ' (546) "מתוק".

ותרוויהו כתיבי במן: כצפיחית **בדבש** וכטעם לשד **השמן**.

ונמשך דמן הוא בחינת [יד]לחם מן השמים

[כדכתיב במן (שמות ט"ז,ד') "הנני ממטיר לכם לחם מן השמים"]

והיינו חכמת התורה דאכילו וחכימו.

לתורה; והוא הכה את שני אראל מואב - שלא הניח כמותו לא במקדש ראשון ולא במקדש שני; והוא ירד והכה את הארי בתוך הבור ביום השלג - איכא דאמרי: דתבר גזיזי דברדא ונחת וטבל, איכא דאמרי דתנא סיפרא דבי רב ביומא דסיתוא. [יג] **משנה שבת פרק ב משנה ב:** אין מדליקין בשמן שרפה ביום טוב רבי ישמעאל אומר אין מדליקין בעטרן מפני כבוד השבת וחכמים מתירין בכל השמנים בשמן שומשמין בשמן אגוזים בשמן צנונות בשמן דגים בשמן פקועות בעטרן ובנפט רבי טרפון אומר אין מדליקין אלא בשמן זית בלבד. [**יד**] **פסיקתא דרב כהנא פיסקא יב – בחדש השלישי:** ביום הזה באו מדבר סיני (שמות יט: א). א"ר יהושע בן לוי לבן מלכים שהיה מטייל בשוק ופגע בו אוהבו של מלך ומילא חיקו אבנים טובות ומרגליות. א' המלך, פיתחו לי תיסבריות שלי, שלא יהא בני או' אילולי אוהבו של אבא לא היה לו מה ליתן לי. כך אמ' הקדוש ברוך הוא למשה שלא יהו ישר' אומרי' אילולי שבא יתרו ולימדך את הדינים לא היה לו ליתן לנו את התורה, אלא הרי אני נותן להם את התורה כולה דינים, ואלה המשפטים אשר תשים לפניהם (שם /שמות/ כא: א). א"ר לוי למלך שהיה מבקש ליקח אשה בת טובים ובת גנסים ואמר אל איקי איני תובע בה, משאני עושה עמה כמה טובות ואחר כך אני תובע בה. ראה אותה ערומה והלבישה, ואלבישך ריקמה (יחזקאל טז: י). בים והעבירה, ובני ישראל הלכו ביבשה בתוך הים (שמות יד: כט). שביים באים עליה והצילה, אילו עמלקיים. א"ר לעזר למלך שהיה מבקש ליקח אשה בת טובים ובת גנסים ואמר אל איקי איני תובע בה, משאני עושה עימה כמה טובות אחר כך אני תובע בה. ראה אותה אצל הנחתום ומילא חיקה קלוסקיות, אצל החנוני והשקה אותה קונדיטון, אצל הפטם ומילה חיקה פטומות, אצל פרקדיס ומילא חיקה פרקדיסין. אצל הנחתום ומילא חיק' קלוסקיות, הנני ממטיר לכם לחם מן

שמות הם אבני מילואים שהם באים משם של י"ה שצירופו תכלת חסר א' שהוא סוד לבוש יקר רק שהוא חסר א' ז"ש

גלא עמיקתא

וזהו דתיבין "לחם מן השמים" סליקו לחושבן (563) "בינה מלכות" דהמן ירד מג"ר דעתיק לכתר אריך בחינת בינה כתרא דז"א.

ובמכת חשך כתיב (שמות י',כ"א) "וימש חשך".

ויש לומר דהמכות היו בבחינת "נגוף ורפוא" (ישעי' י"ט,כ"ב) [טו]נגוף למצרים ורפוא לישראל (מגילה י"ג ע"ב) כי את זה לעומת זה עשה הא-להים וכו'.

ואם כן "וימש חשך" עולה במכוון (563) "לחם מן השמים" והיינו זה לעומת זה כמו שבארנו שהמן בחינת ומתוק האור וכו'. והוא בחינת תחית המתים- דבני ישראל הוטעמו טעם תחית המתים במכת חשך- ולכל בני ישראל היה אור במושבותם- וכן מ' שנה במדבר באכילת המן.

והנה האי **לחם מן השמים** מתחלק במלואו כך:

לחם "למד חית מם" גימ' (572) "משיח צדקך" כדאמרינן בקדושת שחרית לשבת "על ידי דוד משיח צדקך" [ועיין מה שכתבנו לעיל **אופן** קנ"ט-שארה כסותה ועונתה **לא יגרע**[1]]

---

1. אופן קנ"ט (גימ' העולם הבא) - שארה כסותה ועונתה לא יגרע א' זעירא איהי היקר דקוב"ה ואיהי כנס"י בסוד נקודה תחת היסוד דז"א דמכנסת כל השפע העליון מאצילות ומעבירתו לעולמות בי"ע באופן של פרסא המעלמת- העלמה לצורך גלוי לתחתונים ושיוכלו לסבול את האור הרב, וכדוגמת זכוכית מפויחת שדרכה ניתן להביט בשמש.

וזהו דכנס"י היא תכלית הכל דנתאוה הקב"ה להיות לו ית' דירה בתחתונים דמבואר באריכות בספה"ק ולעתיד לבוא יתגלה אור הכתר ונגלה כבוד ה' וראו כל בשר יחדו כי פי ה' דבר בגאולה האמיתית והשלמה, בב"א.

והנה כתיב (שמ' כ"א) "(ו)כי ימכר איש את בתו לאמה" גימ' (1496) "אלף-מלכות" והוא דאמרן לעיל אלופו של עולם אל"ף ואיהו א' זעירא דויקרא, ומלכותא קדישא איהי לקביל ויקר, כאמרם ז"ל אוקירו לנשייכו וכו' א"נ כתיב ה' איש מלחמה וד"ל. וממשיך הפס' "לא תצא כצאת העבדים" סליק לחושבן (1164) "ביום שבת קדש" דהיינו כפרש"י- כיציאת עבדים כנענים וכו' אלא עובדת שש ויוצאת- ורמיזא בשנה השביעית היא יוצאת ולכן סליק לחושבן "ביום שבת קדש"- והוא באלף השביעי דאתא משיחא ויגאלנו כדכתיב כי מלאה הארץ דעה את ה' כמים לים מכסים וכו'.

השמים (שם /שמות/ טז: ד). אצל החנווני והשקה אותה קונדיטון, אז ישיר ישראל את השירה הזאת עלי באר ענו לה (במדבר כא: יז). אצל הפטם ומילא חיקה פטומות, ויגז שלוים מן הים (שם /במדבר/ יא: לא). אצל פרקדיס ומילא חיקה פרקדיסים, ויניקהו דבש מסלע ושמן מחלמיש צור (דברים לב: יג). א"ר אבא בר יודן למלך שהיה משיא את בתו וקבע קרטיסין בים ואמ', בני רומי לא יחתון לסוריא, ובני סוריא לא יסקון לרומי, וכיון שהשיא את בתו התיר קרטיסים, כך עד שלא ניתנה התורה, השמים שמים לי"י והארץ וג' (תהלים קטו: טז), אבל משניתנה תורה מן השמים, ומשה עלה אל האלהים (שמות יט: ג), וירד י"י על הר סיני (שם /שמות י"ט/ כ).

[טו] **תלמוד בבלי מגילה דף יג עמוד ב:** אחר הדברים האלה. מאי אחר? אמר רבא: אחר שברא הקדוש ברוך הוא רפואה למכה. דאמר ריש לקיש: אין הקדוש ברוך הוא מכה את ישראל אלא אם כן בורא להם רפואה תחילה, שנאמר כרפאי לישראל ונגלה עון אפרים - אבל אומות העולם אינו כן, מכה אותן ואחר כך בורא להם רפואה, שנאמר ונגף ה' את מצרים נגף ורפוא וכו'.

[טז] זוהר חיי שרה קכ"ב ע"ב: זכאה איהו מאן דאזער גרמיה בהאי עלמא כמה איהו רב ועלאה בההוא עלמא והכי פתח רב מתיבתא, מאן דאיהו זעיר איהו רב, ומאן דאיהו רב איהו זעיר, דכתיב (בראשית כג) ויהיו חיי שרה מאה שנה ועשרים שנה ושבע שנים, מאה דאיהי חשבון רב כתיב ביה שנה זעירו דשנין חד אזעיר ליה, שבע דאיהו חשבון זעיר אסגי ליה ורבי ליה דכתיב שבע שנים, ת"ח דלא רבי קודשא בריך הוא אלא לדאזעיר לא אזעיר אלא לדרבי, זכאה איהו מאן דאזעיר גרמיה בהאי עלמא כמה איהו רב בעלויא בההוא עלמא וכו'.

וכל האי פסוקא (שם) "וכי ימכר איש את בתו לאמה לא תצא כצאת העבדים" גימ' (2666) ב"פ "לא טוב היות האדם לבדו אעשה לו עזר כנגדו" (1333) (בר' ב',י"ח) באדם העליון אתמר, וכגון ויבן ה' א-להים את הצלע וכתב האר"י הק' זהו בענין הנסירה הנעשית ביום ראש השנה בזו"ן וכן בכ"מ באר"י הק' ובשאר ספה"ק.

והוא ב"פ דאין מקרא יוצא מידי פשוטו ואתמר באדם עילאה ובאדם תתאה, דהוו ליה כתנות אור (וכן כתיב בספרו דר"מ) ונתמעט ונהיה כותנות עור- משכא דחויא.

ובפסוקא דאמה עבריה כתיב: "העבדים" גימ' "סמא-ל" (131) ולכן כתיב לא תצא כצאת "העבדים" דעתיד הקב"ה לשחטיה לס"מ (סוכה נב. עיין שם).

והאי אמה עבריה דאיהי כנס"י ובני ישראל עם קדש דעלו במחשבה לפני כל דבר, וכדפרש"י הק' שם: עובדת שש או עד היובל וכו' כל הקודם קודם לחירותה.

וממשיך הפסוק (שם): "ואם לבנו ייעדנה כמשפט הבנות יעשה לה" ופרש"י הק' "שאר כסות ועונה" גימ' (1118) "שמע ישראל ה' א-להינו ה' אחד" והוא יחודא עילאה דקוב"ה ושכינתיה בסוד מוחין

מאוהל מועד שהיו בו ט"ו דברים שהוא סוד שם של י"ה. לכן אדם כי יקריב כדאיתא בזוהר (מדרש הנעלם זוהר

גלא עמיקתא

לחם מן דהיינו "למד חית מם, מם נון" גימ' (758) "מתוק האור" (קהלת י"א,ז') כמו שהבאנו לעיל "ומתוק האור וטוב לעינים לראות את השמש".

לחם מן השמים במלוי כזה: "למד חית מם – מם נון – הי שין מם יוד מם" סליק לחושבן (1313) "תחית המתים". והוא נפלא כיצד נרמז מהלך הגאולה בתיבין "**לחם מן השמים**":

ביאת **משיח** תחלה.

בתר דא התגלות אור הגנוז ונגלה כבוד הוי' בחינת **מתוק האור**.

ולבסוף תכלית הכל **תחית המתים**.

והוא יחוד נורא ונפלא דבורא ונברא בחיים נצחיים דהוא תכלית הכונה העליונה דנתאוה הקדוש ברוך הוא להיות לו יתברך דירה בתחתונים.

וזהו "**שמן דבש**" גימ' (696) "עתיק יומין" דמתמן נפקו כנ"ל מג"ר דעתיק.

"עתיק יומין" במלוי כזה: "עין תיו יוד קוף (752) יוד ויו מם יוד נון (248)"

סליק לחושבן (1000) "אלף".

והוא בסוד אלף זעירא כדאיתא בזוה"ק (תחלת פרשת חיי שרה) [טז]מאן דאיהו זעיר איהו רב – **ובסוד אלופו של עולם.**

"שמן דבש" במלוי:

והוא לקביל א' זעירא דויקרא וכדאמרן: שאר- לקביל י' תתאה מזון וחיות הגוף ובסוד טיפת מ"ן, כסות- לקביל ו' דאיהו פרסא בסוד רקיע המבדיל בין מים עליונים למים תחתונים, עונה- לקביל י' עילאה בסוד טיפת מ"ד, ויחד הן יחודא עילאה דשמע ישראל.

פרשת ויקרא) [יז]**דכר בלא נוקבא פלג גופא יתקרי ואוהל מועד נקרא משכן עדות [בתחלת**

גלא עמיקתא

שין מם נון [גימ' (546) "מתוק" כדבארנו לעיל בפסוק ומתוק האור]
דלת בית שין [גימ' (1206) "אור" כנ"ל והוא דאזעירת אלף (1000) ל–א' (1)]

סליק לחושבן (1752) – **והוא נפלא דמתחלק:**
חלק ראשון: (752) "עתיק" מלא.
חלק שני: (1000) "עתיק יומין" מלא כנ"ל.
וסליק לחושבן (1752) כ"ד פעמים "חכמה" (73) בסוד כ"ד קשוטי כלה– עיין [2]אופן יב"ק תקון ליל שבועות באורנו באריכות בענין זה וקשרהו לכאן.
ונחזור לדברי קדשו של המגלה עמוקות:
דהביא ב' פסוקים כנ"ל:
תורה צוה לנו משה, מורשה קהלת יעקב (2742)
ששם עלו שבטים שבטי י–ה, להודות לשם ה' (3341)
דסליקו לחושבן (6083) י"א פעמים "מחיה מתים", וכאן

והנה הס"מ עומד כנגד ורוצה להפריד היחוד כמ"ש (משלי ט"ז,כ"ח) "ונרגן מפריד אלוף"– מפריד האי א' זעירא מויקרא למהוי ויקר לשון קרי ומקרה ח"ו, וזהו ד–י' עילאה "עונה" גימ' (131) שמיה "סמא-ל", וזהו "שאר כסות ועונה" בא"ת ב"ש גימ' (710) "על ידי דוד משיח צדקך"– דמשיחנו משיח ה' יעביד מלחמתה של תורה וימגר לקלי' וחילותיו, בגאולה האמיתית והשלמה, בב"א.

פשוט (1118) וא"ת ב"ש (710) גימ' (1828): "מגדיל ישועות מלכו ועשה חסד למשיחו" (תהל' י"ח,נ"א) והוא באופן קמ"ט לפרקא י"ח בתהלים, ואמרינן התם דכל המזמור סליק לחושבן "אנכי מנחמכם" פ' "מלחמה בעמלק" עיין מה שכתבנו באריכות שם בסוף האופן- דהוא מלחמתו של משיח בקלי'.

2. הבאנו דברי הזוה"ק דף ח' ע"א בהקדמה: רבי שמעון הוה יתיב ולעי באורייתא בליליא דכלה אתחברת בבעלה (היינו ליל שבועות) וכו' ולמיחדי עמה בתקונא דאיהי אתתקנת למלעי באורייתא מתורה לנביאים ומנביאים לכתובים וכו' ותכשיטא (השמות דנפרט לקמן יוצאים מר"ת וס"ת של המלה השניה מהתחלה ושניה מהסוף של כל פסוק אחרון בכל ספר וכמובא בפע"ח דרוש חה"ש, וכדוגמא הפס' האחרון בס' בראשית "וימת יוסף בן מאה ועשר שנים, ויחנטו אתו ויישם בארון במצרים" קישוט הכלה הראשון יהיה י"פ ב"ן שהוא ר"ת ס"ת המלה השניה מתחלת הפס' "יוסף" - י"פ, ור"ת ס"ת המלה השניה מסוף הפסוק "בארון"- ב"ן, וע"ז הדרך בכל ה-כ"ד ספרים יש כ"ד קשוטי כלה דנבאר לקמן אי"ה חשבונם) וממשיך שם- ואיהי ועולמתא עאלת וקיימת על רישיהון ואתתקנת בהו וחדת בהו (שלומדים בליל שבועות) כל ההוא לילא וליומא אחרא (יום חה"ש) לא עאלת לחופה אלא בהדייהו ואלו אקרון בני חופתה וכיון דעאלת לחופתה קב"ה שאיל עליהו ומברך לון ומעטר לון בעטרא דכלה זכאה חולקהון, והוה רבי שמעון וכלהו חבריא מרנין ברנה דאורייתא ומחדשן מלין דאורייתא (הינו חדושי תורה) כל חד וחד מניהו, והוה חדי רבי שמעון, אמר הני זכאה חולקהון וכו' וזהו ויקרא אל משה ב-א' זעירא דאיהו היקר הני תכשיטין דמקשטאן לכלה- דאיהי האי שכינתא קדישא, האי אלף זעירתא- דאזעירת גרמה בסוד: לכי ומעטי את עצמך (לעיל אופן ס') בליל חופתה ליל חג השבועות.

[יז] **עקידת יצחק בראשית שער כב** (חיי שרה): והנה על כל הדברים האלה והאמת נאמר ויבא אברהם לספוד לשרה ולבכותה כדאמר ליה רב לרב שמואל בר שילת אחים לי בהספדאי דהתם קאימנא (שבת קנ"ג א). ומיד נתעסק בעסקי קבורה ואמר תנו לי אחוזת קבר עמכם וכו' כי בהיות האיש והאשה השלמי' על זה התואר מהאחדות כמה שאמרו במדרש הנעלם (זוהר פ' ויקרא) דכר בלא נוקבא פלג גוף הוי ופלג לא נקרי חד כמו שיבא בשער פ"ג ב"ה הנה לא יתכן שיקברו במקומות מתחלפים.

פרשת פקודי אלה פקודי המשכן משכן העדות (שמות ל"ח,כ"א)] שהוא שם של י"ה עדות לישראל [כמ"ש (תהל'

גלא עמיקתא

"לחם מן השמים" במלוי סליק לחושבן (1313) "תחית המתים".

ויחד עם ב' הפסוקים דמביא בסוף האופן:

ויקרא אל משה וידבר ה' אליו מאהל מועד לאמר (1455)

דבר אל בני ישראל ואמרת אלהם אדם כי יקריב מכם קרבן לה', מן הבהמה מן הבקר ומן הצאן תקריבו את קרבנכם (4785)

ויחד עם **חושבן ה-ז' מרגלאן** (849)

סליקו כולהו ד' פסוקים עם המרגלאן לחושבן עם הכולל (15915):

י"ה (15) פעמים "**ויפח באפיו נשמת חיים**" (1061) (בראשית ב',ז').

והוא בחינת תחית המתים הראשון התחלת הבריאה בסוד נעוץ סופן בתחלתן ותחלתן בסופן (ספר יצירה).

וזכה להאי בחינה [יח]משה רעיא מהימנא בחיי חיותו [יט]דבזכותו היו לבני ישראל במדבר שלשה דברים מן באר ענן וכו'.

והוא שנלחם בעמלק ברוחניות "והיה כאשר ירים משה ידו וגבר ישראל" וכו' (שמות י"ז,י"א) ויהושע בגשמיות שהכניסם לארץ וכו'.

והנה מחטא אדם הראשון נמשך הסטרא אחרא לתוך הקדושה.

ורמיזא בחושבן הפסוקים:

"וייצר ה' א-להים את האדם עפר מן האדמה **ויפח באפיו נשמת חיים** ויהי האדם לנפש חיה" (בראשית ב',ז').

גימ' במכוון (2999) "זכור את אשר עשה לך עמלק בדרך בצאתכם ממצרים" (דברים כ"ה,י"ז-סוף פרשת כי תצא).

ועם הכולל סליק לחושבן (3000):

"והיה כאשר ירים משה ידו וגבר ישראל, וכאשר יניח ידו וגבר עמלק" (שמות י"ז).

ולעתיד לבוא (ירמי' מ"ב) "כי שוב תשבו בארץ הזאת, ובניתי אתכם ולא אהרוס".

חושבנא דדין כחושבנא דדין (3000).

[יח] עיין לעיל אות ו'. [יט] **תלמוד בבלי מסכת תענית דף ט עמוד א:** רבי יוסי ברבי יהודה אומר: שלשה פרנסים טובים עמדו לישראל, אלו הן: משה, ואהרן, ומרים. ושלש מתנות טובות ניתנו על ידם, ואלו הן: באר, וענן, ומן. באר - בזכות מרים, עמוד ענן - בזכות אהרן, מן - בזכות משה. מתה מרים - נסתלק הבאר. שנאמר ותמת שם מרים, וכתיב בתריה ולא היה מים לעדה, וחזרה בזכות שניהן. מת אהרן - נסתלקו ענני כבוד, שנאמר וישמע הכנעני מלך ערד, מה שמועה שמע - שמע שמת אהרן ונסתלקו ענני כבוד, וכסבור ניתנה לו רשות להלחם בישראל. והיינו דכתיב ויראו כל העדה כי גוע אהרן. אמר רבי אבהו: אל תקרי ויראו אלא וייראו. כדדריש ריש לקיש, דאמר ריש לקיש, כי משמש בארבע לשונות: אי, דלמא, אלא, דהא. חזרו שניהם בזכות משה, מת משה - נסתלקו כולן, שנאמר ואכחד את שלשת הרעים בירח אחד. וכי בירח אחד מתו? והלא מרים מתה בניסן, ואהרן באב, ומשה באדר! אלא: מלמד שנתבטלו שלש מתנות טובות שנתנו על ידן, ונסתלקו כולן בירח אחד.

קכ"ב,ד') ששם עלו שבטים שבטי י"ה עדות לישראל]

גלא עמיקתא

והוא בסוד ג' אלפין זעירין דמשה דוד ואסתר [כ]כדאיתא בזוה"ק א' זעירא בדרועיה דדוד וכו' עיין 3אופן ג' כמבואר באריכות לעיל אופן ג'-א' זעירא בדרועיה דדוד, 4ובאופן ד'-א'סתר א' זעירא דאסתר עיין שם.

[כ] **זוהר יתרו רזי דרזין דף ע"ג עמוד ב:** בדרועא ימינא הוה חקיק ורשים רשומא חדא סתים מבני נשא מגדל חקיק באריה ואלף זעירא רשים בגויה וסימנא דא (שיר השירים ד) אלף המגן תלוי עליו, כל זמנא דאגח קרבא ההוא רשימא סלקא ובלטא ועל מגדל מכשכשא האי אלף וכדין אתתקף לאגחא קרבא, כד עאל בקרבא מכשכשא ההוא אריה וכדין אתגבר כאריה ונצח קרבין וההוא מגדל אתרהיט וסימניה (משלי יח) בו ירוץ צדיק ונשגב, ונשגב דוד משנאוי דלא יכלין לגביה.

3. והנה איתא בזהר יתרו (רזי דרזין דף עג:) וזה לשונו הקדוש: בדרוע ימינא (דדוד) ["ימינא" גימ' (111) "אלף"] הוה חקיק ורשים רשומא חדא (אחד כנ"ל) סתים מבני נשא: מגדל חקיק באריה ואלף זעירא רשים בגויה וסימנא "אלף המגן תלוי עליו" (שה"ש ד') [גימ' (771) "בן חמש למקרא" כנ"ל באופן א']. כל זמנא דאגח קרבא ההוא רשימא סלקא ובלטא ועל מגדל מכשכשא האי אל"ף זעירא וכדין אתתקף לאגחא קרבא וגו' עיי"ש, ["מכשכשא" גימ' (681) "אני מאמין באמונה שלמה" בי"ג עיקרי האמונה להרמב"ם ז"ל], וזהו סוד א' זעירא של דוד דהות עלאת ומכנעאת עמלק, ועשתה מכס כסא שלם להיות הפסוק הנ"ל גימ' עמלק.

וזה סוד מחיית עמלק ב' מצוות: זכור (עשה) לא תשכח (לא תעשה) מרומז בתרי אלפין זעירין דמשה ודדוד, ב"פ "אלף זעירא" עולה בגימ' (798) "אתה אחד ושמך אחד", והנה "משה דוד" גימ' (359) "משיחא", רמז לתרין משיחין "משיח בן דוד ומשיח בן יוסף" שיוסף ומשה כחדא כדכתיב "ויקח משה את עצמות (עצמות מלאפום) יוסף עמו", גימ' (990) "מלך מלכי המלכים הקדוש ברוך הוא" וכמנין "חקיק באריה ו-א' זעירא חסד", ותוספת חסד כי "בן דוד בן יוסף" גימ' (274) "מרדכי" היינו "רב חסד", כנודע מהאריז"ל, "מרדכי אסתר" גימ' י"ג חסד (ע"ב) סוד "הכנעת עמלק" בנס פורים, סליק לחושבן (785) "ואל משה אמר עלה אל ה'" (שמות כ"ד,א') העלאת א' זעירא והיה הכסא שלם בב"א.

4. והנה אסתר א' סתר היינו א' זעירא, ובנביא (ישעי' כ"ח, י') "זעיר שם זעיר שם" גימ' (1254) "ושכנתי בתוכם" רמיזא לא' זעירא דאסתר, השכינה הק', וכתיב "יושב בסתר עליון" (ויבואר בהמשך), ובזהר איתא אסתר- "ומפניך אסתר והיה כל מוצאי וגו' והשומר אחי אנכי", ובגמ' (חולין קלט:) אסתר מן התורה מנין- "ואנכי הסתר אסתיר" (דברים ל"א,י"ח) הסתרה בתוך הסתרה- שתי הסתרות של א' זעירא דאסתר:

א'. בדרועא ימינא (דדוד) הוה חקיק וגו' "מגדל אריה אלף זעירא" (לעיל אופן ג') גימ' (692) "אסתר אל", היינו דאמרה אסתר "אלי אלי למה עזבתני" (תהל' כ"ב,ב') גימ' (696) "מגדל אריה אלף זעירא" (עם ד' כוללים).

ב'. ובמשרע"ה בספירת נצח, הרי "אלף זעירא" בא"ת ב"ש גימ' (946) "מלכות שבנצח", ועם "א' זעירא" הפשוט גימ' (1345) "משה" ע"ה, והוא כשמהפכים האלף לאלף (בפתח) בסוד הנ"ל. ובזהר תלת קשרין מתקשראן דא בדא "קודשא בריך הוא אורייתא וישראל" גימ' (1824) "אשה יראת ה' היא תתהלל" אותיות שניות "שרה" (מהאריז"ל) היינו אסתר, והשאר גימ' (1319) "ורוח קדשך אל תקח ממנו", דאמרו חז"ל "אסתר ברוח הקודש נאמרה" (מגילה ז. עיין שם שלומדים מפסוקים) והיינו מילתא דרמיזא להני תלת אלפין:

א'. אלף זעירא **דאסתר** רמיזא "ישב בסתר עליון" גימ' (1140) "ראו כל בשר כי פי ה' דבר" (ישעי' מ',ה'), לקביל קודשא בריך הוא יתברך שמו לעד ולנצח נצחים.

ב'. א"ז **דמשה** "זכרו תורת משה עבדי" (מלאכי ג' כ"ב) [בזכרו "זין רבתי" גימ' (679) "חק לישראל" גימ' (1670) "שרי אלפים" (אלף אזעירת גרמיה). אלף זעירא (399) עם זין רבתי (679) סליקו תרוויהו לחושבן (1078) כ"ב (אותיות התורה הק') פ' "כח אה-יה" לקביל אורייתא קדישא.

גלא עמיקתא

והנה כולא פסוקא דלעתיד לבוא (ירמי' מ"ב):

"אם שוב תשבו בארץ הזאת, ובניתי אתכם ולא אהרס, ונטעתי אתכם ולא אתוש, כי נחמתי אל הרעה אשר עשיתי לכם"

גימ' (6985) י"א פעמים "כי לה' המלוכה ומושל בגוים" (תהל' כ"ב,כ"ט) (635) והוא מבואר[5] באופן קע"א למזמור כ"ב.

דאמרינן תמן דהאי פסוקא סליק לחושבן (635) ה"פ "מלך הכבוד" (127). ונמשך מכאן דכל הפסוק בירמי' סליק לחושבן (6985):

אהי"ה בוכ"ו (55) פעמים "מלך הכבוד" (127).

באור הענין: [כא]אהי"ה בוכ"ו שם הכתר ופנימיות הכתר דמתמן גאולתא שלמתא.

[כא] זוהר פרשת פקודי דף רסא עמוד א: ת"ח היכלא שביעאה דא רזא דמלכא עלאה אתעטר ביה ומתעטרן ביה אבהן כדקאמרן ואתכלילו ביה ועד השתא אתכלילו ובעי לאפקא לון איהו היכלא דא וכד אפיק לון מברכאן (נ"א מתברכאן) בגין האי נערה כדין איהי אחידת בהו בכל אינון ברכאן, ואף על גב דהא אתכלילו היכלין בהיכלין השתא אתאחידו באינון ברכאן כחדא וכד אמר מלך עוזר ומושיע ומגן כדין אפיק לון מברכאן, והאי איהו חד היכלא שביעאה ברזא דשמא קדישא עלאה בוכ"ו, ברכה וחסד כח ומשפט כללא רזא [נ"א דרזא], ורזא דא הוא רזא (ס"א דאיהי) דאהי"ה כללא דכלא, בגין דאלין אתוון כללא דכלא בגין דאלין אתוון אפיקו אלין (ס"א לון) דנפקו מנייהו כללא דאבהן ודא איהו דמתחברא בהדייהו דאקרי ברכה, כיון דאמר בא"י מגן אברהם הא אחידת ברכאן מנייהו ברזא דהיכלא חמשאה אהבה דאיהו ימינא ואיהו חמשאה לאתקשרא ברחימו דברכאן דימינא והכי אצטריך מעילא לתתא לאתברכא.

ג'. א"ז **דדוד** דאמרינן "דוד מלך ישראל חי וקים" (קדוש לבנה) גימ' (819) "קדשא בריך הוא אורייתא ישראל" (1818), אלף אגדילת גרמיה בסוד (ישעי' ס',כ"ב) "הקטן יהיה לאלף" (גימ' "מלך מלכי המלכים" (335 "והצעיר לגוי עצום" (גימ' "שובי שובי" 636), "אני ה' בעתה אחישנה" (גימ' "מרדכי אסתר" 987 ע"ה 938) בב"א, ועיין לקמן אופן י"ב-אהבת ה' לבני"י, ואופן נ"א בעניין סעודתא דדוד מלכא משיחא, ואופן ס"ב בעניין רשות היחיד ורשות הרבים.

5. פסוק כ"ט: כי לה' המלוכה ומשל בגוים: גימ' (635): ה"פ "מלך הכבוד" (127) דאמרינן באופן קמ"ח למזמור י"ז פס' ו' עיי"ש כל האופן וקשרהו לכאן- דכל ספר תהלים מקשה אחת איהו וכל תיבה ואות נכתבו ברוח קדשו דדוד מלכא משיחא.

ופסוקא דנן (כ"ט) מקביל לפסוקא ד' "ואתה קדוש יושב תהלות ישראל" כדבארנוהו באריכות לעיל עיי"ש- דפסוקא דנן הוא ד' פסוקין מסוף המזמור- והוא בן ה' תיבין, ובדיוק כמו פסוק ד'- מתחלת מזמורא ד' פסוקין והוא בן ה' תיבין. אמנם פסוק ד' בן כ"ב אתוון (לקביל אתוון דאורייתא) ופסוקא דנן בן כ"ג תיבין- וגם החושבן שונה.

ונתעורר לחשוב דאם כן כולא דהאי מזמורא לחלק לשני חלקים המקבילים זה לזה- פסוק א' לפסוק ל"ב, פסוק ב' לפסוק ל"א וכן על זה הדרך.

וכדוגמת א"ת ב"ש בסוד או"י ואו"ח, וכל זוג פסוקים מקושר זה לזה באופן אחר- וחזינן דהפס' הפנימיים ביותר בסדר זה הן פסוק ט"ז (יבש כחרש וכו') ופסוק י"ז (כי סבבוני וכו') ואכן שניהם בני ט' תיבין כ"א.

(בגוים) מ מי מיו מיוגב גימ' (226) "נקמה בגויים" (תהל' קמ"ט,ז').

(ומושל) ל לש לשו לשום לשומו גימ' (1454) "ופורש סוכת שלום" כדאמרינן "הפורש סוכת שלום" וכו' דתיבה ד' שלום תיבה ה' ושלום.

(המלוכה) ה הכ הכו הכול הכולם הכולמה גימ' (329) "ויזכר א-להים" (בראשית ח',א') בפס' כ"ח יזכרו אתוון ויזכר.

גלא עמיקתא

[6]ובאופן חק"ל כתבינן דכולא י׳ דבריא דיתרו סליקו לחושבן "א-היה [כמה פעמים] בוכ"ו" פעמים "כי שמש ומגן הוי׳ א-להים" עיין שם ובחנוכיות בסוף האופן.

והנה כבר בדורנו אנו דרא עקבתא דעקבתא דמשיחא מרגישים אור הגאולה האמיתית והשלמה קרב ובא, ויהי רצון דהשי"ת ישלח במהרה משיח צדקנו יבוא ויגאלנו ויוליכנו קוממיות לארצנו בעגלא דידן ובזמן קריב ונאמר אמן.

(לה׳) ה הו הוי הוי׳ה הוי׳הל גימ׳ (119) "כסא הכבוד" ע"ה רמיזא לה׳ המלוכה והיא כבודו כמ"ש לעיל בפסוק כל זרע יעקב כבדוהו וכו׳.

(כי) י יכ גימ׳ (40) "גואל" דהוא דוד מלכא משיחא.

סליקו כולהו רבועין דתיבין מסיפא לרישא לחושבן (1208): "מלך ישראל וגואלו ה׳ צב-אות" (ישעי׳ מ"ד,ו׳) וממשיך אני ראשון ואני אחרון וכו׳- דעוסק בגאולה העתידה דה׳ ימלך לבדו ולא אף מלך מהעכו"ם וידעו כולם "מבלעדי אין א-להים" (סוף הפס׳).

ונעביד ב"ה בדומה להאי דעבדינן בפסוק ד׳ רבוע דכל הרבועים, דהיינו:

בגוים
בגוים ומשל
בגוים ומשל המלוכה
בגוים ומשל המלוכה לה׳
בגוים ומשל המלוכה לה׳ כי

סליקו כולהו לחושבן (8411): י"ג פ׳ "בדוד מלך ישראל" (647).

והוא נפלא דסכום הרבועים דתיבין סליק לחושבן (1208) (כה אמר ה׳) "מלך ישראל וגואלו ה׳ צב-אות" (אני ראשון ואני אחרון ומבלעדי אין א-להים).

ורבוע הרבועים בסוד פנימיות דפנימיות (כדאמרינן בבאור פסוק ד׳) סליק (8411) י"ג פ׳ (לקביל י"ג מכילן דרחמי- כגון י"ג פ׳ ע"ב גימ׳ מרדכי אסתר) "בדוד מלך ישראל", וכדאמרינן בקדוש לבנה "דוד מלך ישראל חי וקים" (עיין אופן קמ"ה).

ותיבין משותפין "מלך ישראל" גימ׳ (631) "בשופר גדול" כדכתיב "והיה ביום ההוא יתקע בשופר גדול ובאו האובדים בארץ אשור והנדחים בארץ מצרים והשתחוו לה׳ בהר הקדש בירושלים" (ישעי׳ כ"ז) דיתקע מאליו ויבשר ביאת משיח צדקנו בב"א.

ב"פ "מלך ישראל" גימ׳ (1262): "על שלשה דברים העולם עומד"- דאמרו שמעון הצדיק [עיין לעיל אופן פ"ד-ד׳ שמות שאינן נמחקין באתוון רברבין].

ושני הבטויים דסליקו לן מרבועי תיבין ורבועי הרבועים, דהיינו: "מלך ישראל וגואלו ה׳ צב-אות (1208) (עם) בדוד מלך ישראל (647)" סליקו לחושבן (1855): ה"פ "שובו אל ה׳" (371) והוא בהושע (י"ד,ג׳) "קחו עמכם דברים **ושובו אל ה׳**" וכן ביואל (ב׳,י"ג) "**ושובו אל ה׳** א-להיכם" ובדה"ב (ל׳,ו׳) "**שובו אל ה׳** א-להי אברהם" וכו׳.

6. והנה הני **ה׳ דבריא דלוח שמאל** יחד סליקו כולהו לחושבן (8154): "דן" (54) פ׳ "א-דני א-להים" (151) - דקו השמאל הוא דין, והן בכללות בין אדם לחברו- ואין הדין נמתק אלא בשרשו [עיין לעיל אופן ל"ח-אין הדין נמתק אלא בשרשו].

וזהו "דן" היינו הדינים פ׳ קנ"א (151) דהיא הבינה שם א-היה במלוי ההין כזה "אלף הה יוד הה" (151) - ותמן ממתקא לדינא, והוא ע"י שמירת הני ה׳ דבריא.

ונמשך מדברינו דכל י׳ דבריא דפרשת יתרו סליקו לחושבן (48455): "א-היה בוכו" (55) פ׳ "כי שמש ומגן הוי׳ א-להים" (תהל׳ פ"ד,י"ב) (881).

והוא מיתוק הדין בשרשו- בשם א-היה בבינה פנים ואחור- דפנים הוא הפשוט ואחור הוא שם בוכ"ו אתוון דאחרי אתוון א-היה.

אופן סב

בהר סיני קבלו ישראל ס׳ רבוא כתרים באוהל מועד איתמר בעטרה שעטרה לו אמו ויש הפרש בין כתר לעטרה כתר דכורא עטרה נוקבא.

והנה בשעת מתן תורה קיבל משה תר״ך אותיות של דברות שאז זכה לעלמא הדכורא עיר גבורים עלה חכם דרגא דדכורא. בשעת אוהל מועד ויקרא בא׳ זעירא שהיא עטרה שעטרה לו אמו עלמא דנוקבא. זה שאמר וידבר ה׳ אליו מאוהל מועד שאז הדיבור היה אליו מאוהל מועד לכן אל משה וידבר ר״ת אמו, בעטרה שעטרה לו אמו ר״ת לבש, ביום שמחת לבו ראשי תיבות לבש. וזה היה היקר לבש יקר.

בהר סיני קבלו תורה שבכתב ה׳ עוז התאזר בגימטריא תריג באוהל מועד אף ערכה שלחנה אף תיכון תבל שאז קבלו תורה שבעל פה והיה העולם מלא שקול כמעשה שמים וארץ שנעשה רגל השלישי בעולם נמצא טרסקל. זה שאמר כל תמוט שכן ס״א מסכתות יש בתורה שבעל פה שעליה אמר כי אקח מועד ביום שהוקם אוהל מועד אני משרים אשפוט אני דייקא שכן אני בא״ת ב״ש תמ״ט וכן

מסכתא בא״ת ב״ש בגי׳ תמ״ט. וכן מלוי של משה כזה מם שין הה שהוא חשבון לוחות רק שהיא חסר א׳ כי משה עלה לחשבון תן לחכם ויחכם עוד ושם חסר א׳. זה שאמר ויקר אל משה מן אותו היקר שהיה למשה שהוא סוד לוחות ובכאן בתורה שבעל פה הוא תמ״ט לכן חסר אלף.

וזה אלף זעירא מן אותו היקר שהיה למשה בכאן אלף זעירא לפי שהדיבור הוא מאוהל מועד שהוא סוד מסכתא ולפי שמשה במילואו הוא עולה י׳ פעמים אדם זה הוא היקר אל משה. מה הוא היקר אלף זעירא שהיא צורת יו״ד ומהיכן בא לו אות יו״ד מאהל מועד שהוא יוסף וזה לך האות נמצא שהוא כלול מיו״ד פעמים אדם לכן אמר אדם כי יקריב.

אופן סב

בהר סיני קבלו ישראל ס׳ רבוא כתרים באוהל מועד איתמר בעטרה שעטרה לו אמו (שיר השירים ג׳,י״א) ויש הפרש בין כתר לעטרה [א]כתר דכורא

גלא עמיקתא

והנה פותח האופן בפסוק (שיר השירים ג׳,י״א): [ב]צאינה וראינה בנות ציון במלך שלמה בעטרה שעטרה לו אמו ביום חתנתו וביום שמחת לבו גימ׳ (4234) חכמ״ה (73) פעמים כבו״ד הוי׳ (58). ״כבוד ה׳״ כדכתיב (שמות מ׳,ל״ד) ״וכבוד ה׳ מלא את המשכן״ דכבוד ה׳ רמיזא בחושבן ״ביום״ (58) חתונתו– וממשיך: ״וביום״ (גימ׳ דין) שמחת לבו וכו׳– ״כבוד״ גימ׳ ל״ב ו׳ רמיזא מדת התפארת שם הוי׳ וזהו לב״ו ל״ב ו׳ היינו כבוד ה׳ וד״ל. וכתיב (משלי כ״ה,ב׳) ״כבוד אלהים הסתר דבר, וכבוד מלכים חקר דבר״ גימ׳ (1669) ו׳ פעמים ״אור הגנוז״ (278) עם הכולל, ואיהו נמי חושבן ד׳ פעמים ״יום הכפורים״ (417) עם הכולל.

[א] **אגרא דכלה בראשית פרשת נח:** אלה תולדות נח. יתֹ׳ על פי מה דידוע יסוד צדיק נקרא נח דעביד נייחא לנוק׳ [זוה״ק ח״א נ״ט ע״ב], והו״ק נקראים אל״ה כי כל אחד כלול מכולם ו׳ פעמים ו׳ בגימטריא אל״ה (עיין בזהר בראשית [ח״א א׳ ע״ב] שאו מרום כו׳ מי ברא אל״ה), דו״ר נקרא נוק׳ המולידת דורות לעולם (עיין בכוונת ראש השנה לדור ודור המליכו כו׳), ובא הפסוק הזה רמיזא דחכמתא ללמד לאדם דעת כי כל תיקוני מדותיו תלויים בתיקון הברית, באם שומר בריתו ואינו מוליד לבהלה ומקדש עצמו במותר משתמש בתגא לשם שמים, אזי בודאי כל הקצוות שלו דהיינו כל המדות יראה אהבה כו׳ הכל יהיה מתוקן, כי כן כתבו המקובלים שעיקר תיקון המדות תלוי בתיקון הברית, וכן בהיפך על ידי הפגם שפוגם ח״ו מתקלקלים כל מדותיו, על כן החמירו בזוהר מאוד ומאוד בחטא הברית והפליגו בעונשו [זוה״ק ח״ב ק״ג ע״א], והמ״י. וז״ש אלה, היינו ו׳ קצוות שהם המדות הנקראים אל״ה, תולדות נח, ר״ל הם כולם תולדות הברית הנקרא נח, שכל המדות מתיילדים מתיקון הברית, ומה הוא תיקון הברית, מפרש, נח איש צדיק תמים היה בדורותיו, ר״ל כשהברית קודש הוא צדיק בצדקו בתמימות ושלימות שאינו מחסר משפעו לזרים לבאר צרה נכריה רק היה בדורותיו, ר״ל שמהווה הויות בנוקבין דיליה הנקראים דורות כמ״ש לעיל (אפילו אין לו אלא נוקבא אחת יוצדק לומר בדורותיו לשון רבים, כי בהשתמש להוליד תולדות גשמיים, אזי נקראת הנוקבא בחינת רחל עלמא דאיתגלייא, ובעת עיבור ויניקה וכוונתו לשם שמים, אזי מוליד נשמתין ורוחין, אזי נקראת בחינת לאה עלמא דאיתכסייא, והש״י יודע, ויהי רצון שלא יאמר פינו דבר שלא כרצונו, עוד ידוע הדבר שבדכורא יש גם כן בחינת נוקבא, חוץ העזר בנוקבא המשלמת בנינו כפשוטו גם כן בחינת עטרה שבפרצוף אדם הוא בחינת המלכות נוקבא שבו, וצריך האדם להיות תמים שלא להשתמש בבחינת עטרה נוקבא שלא לשם שמים כגון להתקשות לדעת ולנעור קשתו אפילו שאינו מז״ל, ואם כן יוצדק בדורותיו לשון רבים אפילו בנוקבא אחת והבן), ואינו משתמש בברית קודש להשפיע ח״ו לבאר צרה נכריה ח״ו, את האלקים התהלך נח, אפילו בהשתמשו בדורותיו כנ״ל בנוקבין דיליה אשר חלק לו השי״ת, אין כוונתו למלאות תאותו ח״ו רק הילוכו בקדושה צורך גבוה לגרום יחודים בעולמות עליונים להשפיע נשמתין ורוחין, את האלקים (היא השכינה) התהלך נח (היינו הברית קודש), לא עביד נייחא רק לצורך עליון ולא הלך אחר תאוות לבו רק את האלקים התהלך, לאיש כזה יתיילדו לו תולדות אל״ה הו׳ קצוות ויתוקנו כל מדותיו. [ב] **רי״ף מסכת תענית דף י עמוד ב:** ולא יאכל בשר ולא ישתה יין: תניא אבל אוכל הוא בשר מליח ושותה יין מגתו בשר מליח עד כמה אמר רב חיננא בר כהנא אמר שמואל כ״ז שהוא

עטרה נוקבא. והנה בשעת מתן תורה קיבל משה תר״ך אותיות של דברות שאז זכה לעלמא דדכורא (משלי כ״א,כ״ב) **עיר**

גלא עמיקתא

והבאור בזה [ג]דאין אכילה ושתיה לעתיד לבוא- דבהארת אור הגנוז ותחית המתים נסתימה עבודת הבכורים ובלע המות לנצח בביאת משיח צדקנו

כשלמים יין מגתו עד כמה כל זמן שהוא תוסס דתניא יין תוסס אין בו משום גלוי וכמה תסיסתו ג׳ ימים אמר רב יהודה אמר רב כך היה מנהגו של ר׳ יהודה בר׳ אלעאי ערב ט׳ באב מביאין לו פת חריבה במלח ושורה אותה במים ויושב בין תנור וכירים ואוכלה ושותה אחריה קיתון של מים ודומה כמי שמתו מוטל לפניו: גרסי׳ בסוף חזקת הבתים [בבא - בתרא ס׳ ע״ב] תנו רבנן כשחרב הבית באחרונה נהגו פרושים שבישראל שלא לאכול בשר ושלא לשתות יין נטפל להן ר׳ יהושע בן חנניה אמר להן בני מנין לכם אמרו לו נאכל בשר שהיו מקריבין ממנו ע״ג המזבח ועכשיו בטל נשתה יין שהיו מנסכין ממנו על גבי המזבח ועכשיו בטל אמר להם א״כ לחם לא נאכל שכבר בטלו מנחות אמרו לו אפשר בפירות אמר להם פירות לא נאכל שכבר בטלו הבכורים. אמרו לו אפשר בפירות אחרות אמר להם מים לא נשתה שכבר בטל ניסוך המים מיד שתקו אמר להם בני בואו ואומר לכם שלא להתאבל כל עיקר א״א שכבר נגזרה גזירה להתאבל יתר מדאי א״א שאין גוזרין גזירה על הצבור אא״כ רוב הצבור יכולין לעמוד בה אלא כך אמרו חכמים סד אדם את ביתו בסיד ומשייר בה דבר מועט וכמה אמר רב יוסף אמה על אמה אמר רב חסדא וכנגד הפתח. עושה אדם כל צרכי סעודה ומשייר בה דבר מועט מאי היא אמר רב פפא כבא דהרסנא. עושה אשה תכשיטיה ומשיירת בה דבר מועט מאי היא אמר רב בת צידעא אם אשכחך ירושלם וגו׳ תדבק לשוני לחכי וגו׳ מאי על ראש שמחתי א״ר יצחק זה אפר מקלה שבראשי חתנים א״ל רב פפא לאביי היכא מנח ליה א״ל במקום תפילין דכתיב לשום לאבלי ציון לתת להם פאר תחת אפר תנן התם מקום שנהגו לעשות מלאכה בתשעה באב עושין מקום שנהגו שלא לעשות אין עושין ובכל מקום תלמידי חכמים בטלין רשב״ג אומר לעולם יעשו כל אדם עצמן כתלמידי חכמים תניא רשב״ג אומר יעשו כל אדם עצמן כתלמידי חכמים כדי שיתענו ר״ג אומר כל העושה מלאכה בתשעה באב אינו רואה סימן ברכה לעולם ר״ע אומר כל האוכל ושותה בתשעה באב כאילו אוכל ושותה ביום הכפורים וחכ״א כל האוכל ושותה בט״ב אינו רואה בשמחתה של ירושלים וכל המתאבל על ירושלים זוכה ורואה בשמחתה שנא׳ שמחו את ירושלים וגילו בה כל אוהביה וגו׳ וכל האוכל בשר ושותה יין בערב ט״ב עונותיו חקוקין לו על עצמותיו שנא׳ ותהי עונותם על עצמותם מתני׳ [דף כ״ו ע״ב] אמר רבן שמעון בן גמליאל לא היו ימים טובים לישראל כחמשה עשר באב וכיום הכפורים שבהם בנות ישראל יוצאות בכלי לבן שאולין שלא לבייש את מי שאין לו וכל הכלים טעונין טבילה ובנות ישראל יוצאות וחולות בכרמים ומה היו אומרות בחור שא עיניך וראה מה אתה בורר לך אל תתן עיניך בנוי תן עיניך במשפחה וכן הוא אומר צאינה וראינה בנות ציון במלך שלמה בעטרה שעטרה לו אמו ביום חתונתו וביום שמחת לבו חתונתו זו מתן תורה וביום שמחת לבו זה בנין בית המקדש יהי רצון שיבנה במהרה בימינו אמן סליקו להו בשלשה פרקים וסליקא לה מסכת תענית. [ג] **אבות דרבי נתן נוסחא א פרק א**: כיצד נברא אדם הראשון שעה ראשונה הוצבר עפרו. שניה נברא צורתו. שלישית נעשה גולם. רביעית נתקשרו אבריו. חמישית נתפתחו נקביו. ששית נתנה בו נשמה. שביעית עמד על רגליו. שמינית נזדווגה לו חוה. תשיעית הכניסו לגן עדן. עשירית צוהו. אחד עשר סרח. שתים עשר נטרד והלך לו לקיים מה שנאמר ואדם ביקר בל ילין (תהלים מ״ט כ״ד): יום ראשון מהו אומר לה׳ הארץ ומלואה תבל ויושבי בה (שם כ״ד א׳) כי הוא קנה ויקנה והוא ידין את העולם. ביום שני מהו אומר גדול ה׳ ומהולל מאד בעיר אלהינו (שם מ״ח ב׳) חילק את כל מעשיו ונעשה מלך על עולמו. בשלישי מהו אומר אלהים נצב בעדת אל בקרב אלהים ישפוט (שם פ״ב) ברא את הים ואת היבשה ונכפלה ארץ למקומה ונעשה מקום לעדתו. ברביעי מהו אומר אל נקמות ה׳ אל נקמות הופיע (שם צד) ברא את החמה ואת הלבנה והכוכבים והמזלות

גבורים עלה חכם [ד]דרגא דדכורא. בשעת אוהל מועד ויקרא בא׳ זעירא שהיא עטרה

שהן מאירין בעולם ועתיד ליפרע מעובדיהם. בחמישי מהו אומר הרנינו לאלהים עוזנו הריעו לאלהי יעקב (שם פ״א) ברא עופות ודגים ואת התנינים שהם מרננים בעולם. בששי מהו אומר ה׳ מלך גאות לבש לבש ה׳ עוז התאזר אף תכון תבל בל תמוט (שם צ״ג) גמר את כל מעשיו ונתעלה וישב במרומיו של עולם. בשביעי מהו אומר מזמור שיר ליום השבת (שם צ״ב) יום שכולו שבת שאין בו לא אכילה ולא שתיה ולא משא ומתן אלא צדיקים יושבין ועטרותיהן בראשיהן ונזונין מזיו השכינה שנאמר ויחזו את האלהים ויאכלו וישתו (שמות כ״ד) כמלאכי השרת: וכל כך למה כדי שיכנס לסעודת שבת מיד. [ד] **ר׳ צדוק הכהן מלובלין - מחשבות חרוץ אות יג:** וזכר ונקבה כי הם שני מיני שחוק עם בריותיו וזהו שחוק דלויתן ועל בריותיו כמו שאמרו בעבודה זרה (ג׳ ב), וזהו שחוק דפורים על מפלת המן שהוא אינו שש ואין שחוק לפניו אלא אותו יום בלבד דיושב בשמים ישחק, כשיתגלה שיקרות העכו״ם בקבלת המצוות דאינו מפלה להם גם כן, רק גילוי האמת שיודו במעלת ישראל ולא ירצו להתדמות להם רק להיות עבדים להם דלכך נוצרו, אבל אחרים משיש גם במפלתן (מגילה י׳ ב) וביותר במפלת עמלק שזהו הראשית גוים שצריך למחותו שלא יהא נשאר ממנו זכר ולא שיהיו עבדים כשאר עכו״ם, כי הוא השורש שיש בעכו״ם שרוצים להתדמות לישראל כי הוא משורש עשו דהלא אח עשו ליעקב. וכן איתא (ויקרא רבה י״ג, ה׳) דלעתיד מתעטף בטליתו ובא לישב אצל יעקב בבית המדרש ומשם יורידו ה׳ כי זה כל כוחו לפשוט טלפיים כחזיר ולומר שהוא טהור וכן המן אמר למי יחפוץ המלך וגו׳ וידוע דרשת חז״ל (זוה״ק ח״ג ק״ט א) דהמלך סתם במלך מלכי המלכים מדבר, וחשב דהוא חשוב אצל ה׳ יתברך גם כן דלא בחנם גידלו ומסר ישראל בידו לאבדם, לפי שהם ישנו מהמצוות ודימה דבחר בו תחתם, והיה לשחוק וללעג אחר כך כששמע דברי המלך כי חפץ הוא במרדכי היהודי ושהוא יהיה עבד לפניו, שעל זה נוצרו האומות והם כשיגולה האמת לעתיד לבוא יתרצו בכך, אבל עמלק אין מתרצה בכך כי הוא התמצית דעשו בפשיטת טלפיים, וכל שורשו הוא מצד השקר הזה שיש לו כח בעלמא דשיקרא וכל זמן שזרעו של עמלק קיים. וכשימחה זכרו היינו שלא יהיה מציאות עוד לשקר ולעלמא דשיקרא שהכל יכירו האמת, הוא הזמן שיושב בשמים ישחק מבירור מעשה אומות העולם שהיה הכל רק שקר ולפנים. ואז ימלא גם כן שחוק פינו כשיתגלה האמת דכל ימי העולם הזה היינו כחולמים והולכים בדמיון כי הוא כולו עולם השקר והדמיון, אלא שבעולם הזה אינו נגלה ועל כן אסור למלא שחוק פיו בעולם הזה כמו שאמרו בריש פרק אין עומדין (ברכות ל״א א) והיינו שמחה יתירה וליבדח טובי וזהו השחוק סתם דכלפי מעלה בעבודה זרה שם וכמו שכתבו בתוס׳ שם (עבודה זרה ד״ה אין) דאחיך דבבא מציעא (נ״ט ב) היינו בדיחותא בעלמא עיין שם, שכשנמשך ממנו למטה לאדם הוא בא במילוי פה על דרך (תהלים ע״א, ח׳) ימלא פי תהלתך, וזהו אילו היה ה׳ יתברך גם כן שש מזה והוא תהלתו כמו לעתיד באותו יום. אבל כיון דהוא אינו שש אף דאחרים משיש אין להיות במילוי פה שאינו כל כך דרך ארץ כלפי מעלה, וזהו בשחוק דעל בריותיו, אבל עם בריותיו הוא הנמשך למטה בלב האדם בשמחה של מצוה זהו גם במילוי פה ולמבדח טובי, כמו שאמר שם (ברכות ל׳ ב) אנא תפילין מנחנא, ולאו דוקא תפילין אלא הוא הדין כל המצוות ועסק התורה שצריך להיות בשמחה כמו שמובא בזוהר ריש פרשת אחרי (נ״ו סוף ע״א) ושחוק זה הוא מהשעשוע והשמחה שבנפשו זהו דרגא דדכורא ועל כן הוא בתוקף, אבל השחוק שעל בריותיו מקבל השעשוע מאחרים דרגא דנוקבא ועל כן אינו בתוקף, ועל כן כל השירות דעולם הזה שנאמרו בעולם הזה על מפלת העכו״ם הוא בלשון נקיבה שהיא התשות כח, רק לעתיד לבוא יושר שיר חדש לשון זכר דימלא שחוק פינו ויהיה בתוקף השמחה, כי יהיה גם שמחה זו בכלל שמחה של מצוה ושעשוע שבעצם, מאחר שיש שחוק ושמחה גם כלפי מעלה מזה הרי השמחה נמשכת ממעלה בעצמיות הנפש, והשחוק הוא התגלות השמחה שבלב וכשהשמחה בעצמיות הלב מתמלא הפה שחוק ולפי שרוב השחוק דעולם הזה שהרע גובר בו הוא שחוק הכסיל ושהשעה משחקת לו הנזכר ברעיא מהימנא (פנחס רל״ב ב), שהוא שחוק דטחול דנטל מפסולת דפסולת דכבד שהוא עשו איש שעיר דנטל כל עכירי וטנופא דלב ונשא

השעיר כל עוונותם עיין שם, והיינו דבעולם הזה גם כן בני ישראל הם לב העולם שממנם תוצאות חיים לכל העולם כולו שגם כל האומות יונקים מהם, דעל כן אמרו בתענית (ג׳ ב) דאי אפשר לעולם בלא ישראל וכן בכמה דוכתי דאם חס ושלום יכלה ישראל יאבד ויכלה כל העולם כולו, וכבעל חי שניטל לבו דאין לו חיות עוד, ועשו הוא נגד הכבד בעולם מצד הרע שבו הכעס והרציחה ועמלק שהוא הפסולת דפסולת דעשו נראה לי שהוא הטחול בעולם מצד הרע שהוא פסולת דפסולת דכבד, וכל עסקו בשחוק וליצנות דעל כן אמרו (שמות רבה כ״ז, ו׳) לץ תכה זה עמלק שזה כל ענינו בשחוק דעל בריותיו, והיפך השחוק האמיתי כי הוא מלעיג על האמת, והשעה משחקת לו בעותרא דהאי עלמא כהמן שהיה עשיר שבאומות העולם (במדבר רבה כ״ב, ו׳), אבל רק לשעה כדרך המשחק וסופו היה הוא לשחוק לכל באי עולם, וכל זמן שזרעו של עמלק מצוי עדיין בעולם הרע והשקר גובר והשחוק המצוי הוא מצד הרע הוא השחוק של קלות ראש המרגיל לערוה, על כן המליך אות ק׳ בשחוק שיהיה הוא המולך ומושל בו, והק׳ מורה קדושה כמו שאמרו בשבת (ק״ד א) והוא המקום שאתה מוצא גדר ערוה כמו שאמרו פרק ב׳ דיבמות (כ׳ א), שהשחוק שיצר ה׳ יתברך בעולם הוא רק שחוק שמצד הקדושה, והאלקים עשה את האדם ישר ושיהיה כולו טוב אף העכירות והפסולת שבו, והכעס שבכבד יהיה רק רוגזא דרבנן דטב בכל סיטרין ובמקום שה׳ יתברך מצווה לכעוס, וזהו הגבורות הקדושות דאורייתא מסיטרה נפקא ויש בה דיני דינין, אבל הכל נגד סיטרא דרע ששורשו בזרע עמלק וכשיבוערו מן העולם יבוקש עוון ישראל ואיננו ויהיה כולו טוב מכל סיטרין דעל כן נמשלו דברי תורה ליין וזהו מצד הגבורה שבה, [כי התורה כוללת הכל ונגד כל תלת אבהן דנקראת גם כן תורת חסד ועל זה נמשלה לחלב, ותורת אמת ועל זה נמשלה לדבש, ושני שמות אלו הוא מצד ההתפשטות וגם תורה שבעל פה בכלל, אבל מצד עצמותה נקראת תורת ה׳ על זה נמשלה ליין שרומז רק לתורה שבכתב כדמשמע ממה שאמרו (שיר השירים רבה א׳, י״ח) חביבים דברי סופרים יותר מיינה של תורה] כי היין יש שותהו וטוב לו ויש וכו׳ כמו באדם הראשון ונח שהביא יללה לעולם ולמשמאילים בה סמא דמותא (שבת פ״ח ב) אבל למיימינים בה יין ישמח לבב אנוש וחמרא פקחין (יומא ע״ו ב) וזהו רק בזרע

ישראל והתחיל ביצחק אבינו ע״ה שהוא ראשית זרע ישראל הנולד מבטן בקדושה ונימול לשמונה, מה שאין כן אברהם אבינו ע״ה דנקרא (סוכה מ״ט ב) תחילה לגרים, וכן יצחק נולד אחר התחלת שני אלפים תורה ובו נאמר (בראשית כ״ז, כ״ה) ויבא לו יין וישת והיה להביא הברכות על יעקב שהוא שורש אומה הישראלית, כי הוא שורש הגבורות הקדושות דלמיימינים בה על כן בלידתו הביא הצחוק לעולם וכן עיקר שמו על שם הצחוק, ולא נמצא בתורה מלת צחוק לפני התבשרות לידת יצחק דשם נאמר (שם י״ז, י״ז) ויפול אברהם על פניו ויצחק, דאז נתעורר ונתחדש התגלות הצחוק דקדושה בעולם, ואז תיכף גילה לו ה׳ יתברך גם כן שמו שהוא יצחק על שם זה, ושחוק זה הוא דעם בריותיו ואחר כך בבשורה שניה שלא היה על ידי ה׳ יתברך עצמו רק על ידי המלאכים נשתנה הלשון, דה׳ יתברך אמר נתתי ממנה לך בן וכן אחר כך יולדת לך בן יחסו אליו שהם הגבורות דמסיטרא דדכורא דשם אין יניקה לרע כל כך, אבל הם אמרו והנה בן לשרה אשתך יחסוהו לסיטרא דנוקבא דרגליה יורדות מות כנודע, דשם הוא יניקת הרע מצד ההתפשטות עד הרגלין שהוא סוף ההתפשטות והיינו שהם ראו שיצא ממנו גם כן הגבורות רעות דעשו, ולא ידעו המעמקים שנתגלה אחר כך בתורה במה שנאמר (שם כ״א, י״ב) כי ביצחק יקרא לך זרע שדרשו חז״ל בנדרים (ל״א ב) ולא כל יצחק דאין עשו קרוי זרעו כלל, ונמצא באמת היה כולו קודש, ולעתיד כשיבורר זה יהיה הוא ראש ההנהגה כנודע מהאריז״ל ונרמז בדברי חז״ל (שבת פ״ט ב) על פסוק (ישעיה ס״ג, ט״ז) כי אתה אבינו והוא מחוי להו אז הקדוש ברוך הוא בעינייהו כדאיתא התם, כי זהו דרגא דיצחק שעל ידי זה היה סומא בעולם הזה החשוב כמת (נדרים ס״ד ב) שנסתלק ממנו חיזו דהאי עלמא על ידי דבשעת מיתתן רואין השכינה (במדבר רבה י״ד, כ״א), וכן הוא על ידי שראה בשעת עקידה כמו שאמרו ז״ל (בראשית רבה ס״ה, י׳) זכה לראייה כזו בעת הזקנה, כשהגיע לתכלית שלימותו חיים שלא בצער ושלא ביצר הרע כמו שאמרו בתנא דבי אליהו רבה (פרק ה׳) שהוא מעין עולם הבא, דעל ידי תוקף היראה זכה לקדושת הראייה דעין בעין, וכן לעתיד עין בעין יראו בשוב ה׳ ציון דאז ימלא שחוק פינו שיתרבה הצחוק בעולם בהתגלות והתפשטות מדריגתו, אבל מכל מקום סוף סוף מצד העולם הזה ותחילת בריאתו מאחר דמכל מקום יצא

ממנו עשו הרי לא היה מטתו שלימה, וכל שכן קודם שיצא ממנו דעדיין היה שורש זה גנוז בו ועל כן נכתבו גם דברי המלאכים שגם דבריהם אמת לשעתיה ועל ידי זה היה התעוררות למדת הצחוק דמצד הרע שהוא השורש דעמלק שמזרע עשו המלעיג על דברי אמת, ומזה נמשך ותצחק שרה בקרבה וגו׳ (בראשית י״ח, י״ב) שזה כבלתי מאמינה וצוחק דרך הלעגה על דברי אמת, וחלילה שלא היתה מאמנת ביכולת ה׳ יתברך, אבל בקרבה דייקא שמצד עצמה היה רחוק אצלה זה שאמרה אחרי בלותי וגו׳, רצה לומר שהחזיקה עצמה שבנעוריה השתדלה הרבה יותר בעבודת ה׳ יתברך מבזקנותה שלא היה לה עוד כח כל כך, ואם בילדותה לא זכתה לזה איך תזכה לכך עתה שאין עובדת ה׳ יתברך כל כך ואין מעשיה כדאים כל כך, והרי זה על דרך יראת יעקב אבינו ע״ה שמא יגרום החטא (ברכות ד׳ ב) אף על פי שהובטח, וכן היא חשבה אף דההבטחה אמת מכל מקום היא צריכה השתדלות לזה גם כן ובשרום שאם עתה גם כן יוגעו בהשתדלותם כבימי נעוריהם יעלה בידם להמשיך שפע הקדושה בנפש יקרה שממנו יבנה אומה קדושה שעל זה היה כל תכלית מבוקשם בהולדת בן, אבל היא הרגישה בנפשה חולשת הכוחות לעבודת ה׳ יתברך מפני הזיקנה ואמרה וגם אדוני זקן (בראשית י״ח, י״ב), שלא אוכל לתלות גם כן שיהיה הוא המתגבר כל כך בהשתדלות ועבודה עתה שגם הוא כבר הזקין ותש כוחו, ואף על פי שזקני תלמידי חכמים מוסיפין חכמה (שבת קנ״ב א), מכל מקום הכח לעבודת ה׳ יתברך שמצד הגוף שזהו העבודה שבעולם הזה שעל ידי זה יוכל לזכות להטובות וברכות שמצד העולם הזה שהוא ברכת ה׳ בנים דגם כן הוא רק בעולם הזה, ומצד הגוף דבר זה נחלש על ידי הזיקנה ועל כן היה אצלה רחוק שיתקיים, ועל זה אמר ה׳ יתברך היפלא מה׳ דבר (בראשית י״ח, י״ד) רצה לומר שלא נעלם ממני דבר זה שגם אני יודע כח השתדלותם, ועל כן חרה לו על זה כי ידע החסרון זה שבאמונתה נמשך לה ונתגלה לפועל בקרבה על ידי הפסולת שעתיד לצאת מיצחק שעדיין לא ניפרש וניברר ועל כן נאמר שם על ידי ה׳ יתברך עצמו גם כן ולשרה בן יחסו לנוקבא מצד זה, והיא הכחישה כי יראה, וחלילה לה לדבר שקר וכל שכן לפני ה׳ יתברך שידעה שהוא בוחן לבות, וגם עיקר הצחוק היה בקרבה ולא נודע לבריות רק מה שה׳ יתברך גילהו לאברהם ואיך תכחישו, רק הכוונה

שהיא התנצלה לומר לא צחקתי דרך מלעיג ובלתי מאמין כלל, אלא כי יראה ומצד היראה שמא לא תוכל להשתדל בעבודת ה׳ יתברך כפי הראוי להבטחה כזו הוא שצחקה, וכן היה האמת כדעתה, אבל מכל מקום נחשב זה הכחשה כלפי ה׳ יתברך שהוא היודע מעמקי לבה וידע שלא היה לה לירא מזה כפי תוקף אמונתה, אלא שהתעוררות מדת הצחוק והתפשטותו עד סיטרא דרע ורגלין היורדות מות לליצנות והלעגה הוא שגרם לזה, על כן אמר לא כי צחקת שהצחוק והתעוררותו הוא היה הגורם זה לא היראה, ואחר שנולד יצחק ונתפשט הצחוק בכל העולם דכל השומע וגו׳, אז תיכף נתפשט בכל סיטרין עד שסיטרא דרע קלט את שלו ונאמר שם מיד אחר שנגמל יצחק שהוא כשנתפשט מדת עצמיותו וניפרש משדי אמו מלהיות גדל עוד על מדת אבותיו, אז ותרא שרה את בן הגר וגו׳ מצחק (בראשית כ״א, ט׳) ודרשו חז״ל (בראשית רבה נ״ג, י״א) אין מצחק אלא עבודה זרה גילוי עריות ושפיכות דמים, והם שלושה מיני צחוק נגד השלושה דעולם שנה נפש הנזכר לעיל, גילוי עריות הוא עם בריותיו, ושפיכות דמים הוא על בריותיו. ועבודה זרה הוא דוגמת טחול שבנפש הכוללם יחד זכר ונקבה, שזהו שורש האל זר שבגופו של אדם שהוא שורש עמלק הראשית גוים שכלול משניהם, דאופיים של כלל האומות וכל מיני רע שבעולם שורשם בכעס ותאוה שעליהם אזהרת לא תרצח ולא תנאף, ושורש שורשם הוא אנכי ולא יהיה לך כי על שניהם מצינו בדברי חז״ל שמביאים לעבודה זרה, על כעס בשבת (ק״ה ב) גבי שובר כלי בחמתו כך דרכו של יצר רע וכו׳ עד וכו׳, וכלשון זה גם כן גבי תאוה בריש פרק כל היד (נדה י״ג ב) וכן איתא בסנהדרין (ס״ג ב) לא עבדו עבודה זרה אלא להתיר עריות ותיכף אמרה שרה לא יירש עם בני עם יצחק דייקא, שאף על פי שהוא הביא הצחוק לעולם ומחמתו היה, הרגישה מיד שצריך להפרידו ולהבדילו שלא יהיה לו שום התחברות ושייכות עמו, כי הוא אין לו שייכות לצחוק זה דרע כלל, כי הוא עורר בעולם רק הצחוק שמסיטרא דקדושה לבד, אלא שמצד ההתפשטות דטוב ורע בעולם מחטא אדם הראשון בכל דבר שמתגלה הטוב מיד מתגלה גם הרע שלעומתו וביצחק נמצא לשון מצחק אחר כך בגרר והנה יצחק מצחק וגו׳ (בראשית כ״ו, ח׳). ואמרו ז״ל (בראשית רבה ס״ד, ה׳) דהיה אחר אריכות ימים דאבילות דאברהם אבינו ע״ה, שביום שמת יצא עשו לתרבות רעה

(שם ס״ג, י״ד) ונפרד מלהיות נקרא עוד זרע יצחק, ובקידושין (י״ח א) איתא דעשו ישראל מומר, והיינו דקודם שיצא לתרבות רעה היה עליו שם ישראל ונימול לשמונה אלא שנשתמד, ואף דבישראל גם מומר אף על פי שחטא ישראל הוא, זהו רק בזרע יעקב שכבר נפקע חבל הנחלה בשלושה חוטין דאין יכול לינתק עוד, אבל בזרע יצחק אף דהיה נקרא תחילה בשם ישראל משנשתמד ויצא לתרבות רעה יצא מכלל ישראל, ואז שכבר נפרד הפסולת שאין לו עוד שייכות עמו התחיל להתגלות קדושתו, אלא שהאבילות עיכב שהוא היפך השמחה והצחוק דיליה שהוא עם בריותיו נמשך מהשמחה ודבר זה הוא בקדושה כמו שאמרו בתנא דבי אליהו רבא (ריש פרק ג׳) אני יראתי מתוך שמחתי ושמחתי מתוך יראתי, כי הגבורות קדושות הוא תוקף היראה מה׳ יתברך בגין דאיהו רב ושליט ויש לו שמחה גם כן מזה, מה שאין כן הגבורה רעה שבכעס ורציחה היא היפך השמחה. והצחוק הנמשך ממנה אינו אלא על בריותיו בליצנות, אלא שמכל מקום כל מיני רע יש להם חיבור והיה עשו פרוץ בעריות גם כן, ועל כן נשא בת ישמעאל אבל זהו רק על דרך עבירה גוררת עבירה, אבל שורש רשעותו ברציחה הוא אדרבא היפך מתאוות, מה שאין כן בקדושה הם כלולים יחד ממש ועל כן נראה שמדת יצחק בכלל העולם הוא נגד שני אברי הכבד וטחול שבעולם קטן שהוא האדם, ואצלו היו כלולים שניהם יחד, וכן בפסולתו יצא הפסולת שבשני איברים אלו אלא דשם לא היו כלולים יחד רק נתחלקו לשנים שמצד הרע הם נפרדים וכמו שנתבאר, והם עשו ועמלק שהם נגד הרע שבשניהם, והכבד הוא אבר שהחיות תלוי בו שאם ניטל כולו טריפה וזהו עיקר מדת הגבורה שהוא מכלל עשר מדות הקומה, והטחול אינו אלא נטפל לו שהרי אין החיות תלוי בו כל כך שהרי אם ניטל כולו כשירה ויכולה לחיות ואז בבן כוזיבא דהיה לו ששים אלף נטולי טחול וחקוקי כפות רגלים, נראה לי לפי שהיה סבור שהוא משיח ויהיה מחיית זרעו של עמלק לגמרי על ידו, וידע דעמלק נגד הטחול והוא ימחה לגמרי שלא ישאר ממנו כלום, סבור שכמו כן זה האבר באדם הוא מהמותרות שסופו למחות, ולעתיד לא יהיה אבר זה באדם ועל כן במלחמתו עמהם חשב דהמנצחים צריכים להיות הפכיים ממש מהם, דעל כן אמרו (בבא בתרא קכ״ג: ובראשית רבה ע״ג, ז׳) אין עמלק נופל אלא ביד זרעה של רחל דביה כתיב ולא

ירא אלקים (דברים כ״ה, י״ח) וביוסף נאמר (בראשית מ״ב, י״ח) את האלקים אני ירא, שהוא הפכו ועל כן יוכל לנצחו והטחול מכביד על האדם כי כל הכובד והעצלות שבאדם לתורה ומצוות בא מעמלק שמכניס הרהורי ליצנות ללב, ועל ידי זה הלב מתרפה ומתעצל מהשתדלות בתורה ועבודת ה׳ יתברך, ותחילה הוא פועל בלב ואחר כך הוא בא ונלחם, כמדתו של יצר הרע יורד ומסית עולה ומקטרג יורד ונוטל נשמה (בבא בתרא ט״ז א), וכך ברפידים שרפו ידיהם מדברי תורה (בכורות ה׳ ב) דדבר זה בא להם מצד השורש עמלק שהיה מצוי בעולם, והם לב העולם וכל מה שיש בעולם מצד העירוב דטוב ורע היצר רע מכניסו גם בלב איש הישראלי, וצריכים לנצחו ואז ינוצח ויכלה אותו כח הרע שבעולם בפועל גם כן, והם שלא נצחוהו ורפו ידיהם שנכנס בלבם כובד ועצלות מיד ויבוא עמלק להלחם בפועל, וידי משה גם כן כבדים כי הכובד שבלבבות דבני ישראל על ידי העכירו דטחול המכביד, פעל גם כן כובד למשה רבינו ע״ה שהפרנס לפי הדור (ערכין י״ז א) וקלקולי הדור גורמים איזה קלקול לפרנס גם כן, אלא שבו לא הגיע הכובד ללב כלל רק לידים ואיברי הפעולה הגופניים, שמצד הגוף שהוא גופני היה לו קצת שייכות וחיבור לעולם הזה הגופני והיה כאשר ירים משה ידו והתחזק נגד כח עמלק המכביד וגבר ישראל, ואמרו ז״ל (ראש השנה כ״ט א) וכי ידיו של משה וכו׳ אלא בזמן שישראל וכו׳, ועדיין קשה אם כן לא היה לקרא לתלותו בידי משה אבל באמת ישראל כפי מדריגתם אז שזה קרוב שיצאו מזוהמת מצרים ועדיין לא קיבלו התורה ולא הוטהרו לגמרי בספירת נקיים דמ״ט ימי הספירה, כאשר התעורר כח עמלק שהוא התעוררות כוחו המכביד הלבבות דבני ישראל בתוקף היצר, לא היה כוחם יפה נגדו רק על ידי סיועת משה רבינו ע״ה דדור לפי פרנס גם כן, כי הוא יכול להכניס גם כן רוח התעוררות לטובה בלבבות בני דורו, וזהו אלמלא הקדוש ברוך הוא עוזרו אינו יכול לו (קידושין ל׳ ב), והעזר הוא לפעמים על ידי אחרים ובפרט על ידי פרנס הדור שהוא לב הדור וממנו תוצאות חיים לכל דורו, ועל כן כאשר משה רבינו ע״ה התגבר נגד כובד שבא לידיו וכוחות הפעולה שלו, גרם גם כן התגברות ללבבות דבני ישראל להסתכל כלפי מעלה ולשעבד לבם לאביהם שבשמים ועל כן נצטוו בזכירה ענין עמלק, כי זה כל ענין עמלק להכניס כובד ללב על ידי הרהורי דברים בטלים של ליצנות וכדומה

שעטרה לו אמו [ה] עלמא דנוקבא. ז"ש וידבר ה' אליו

המשכיח הכל ובזה מתרפה מכל טוב, ועל ידי זה ממילא נעשה הראשית דגוים שהוא ההכנה להיות מוכן להשתקעות של כל מיני רע שבכל שבעים אומות, מאחר שמפנה לבו לבטלה ונתרוקן מדברי קדושה, ובהתעוררות הזכירה לבד די למחות זכר עמלק שכשזוכר ענין זה כבר נסתלק השכחה. וכן המן טען ישנים הם מן המצוות ושינה זו שהוא העצלות והכובד מהשתדלות, בא גם כן מכוחו ואותו כח בעצמו שהיה תחילה יורד ומסית אחר כך הוא עולה ומקטרג וזה ענין נטולי טחול דבן כוזיבא שלא יכביד עליהם דחשב שבזה ינצח עמלק למחותו מן העולם לגמרי, כי חשב דמצד הקדושה הטחול כלול בכבד, ומה שנפרד לשנים הוא רק מצד הסיטרא דרע שבו, וחקיקת כפות הרגלים הוא גם כן מצד דרגליה יורדות מות, והם העוונות שאדם דש בעקביו הבאים מצד השכחה והעצלות והעדר הזריזות, וטעה גם כן לחשוב דהתיקון להסיר זה לגמרי דחשב שבאמת זה מכלל מותרות הגוף שסופן לאבדון, עד שאמרו לו חכמי ישראל שעושה ישראל בעלי מומין, כי חס ושלום שברא ה' יתברך דבר אחד לבטלה והאלקים עשה האדם ישר והכל לצורך קדושה. ואם יחסר דבר הוא בעל מום וחסר ממה שראה ה' יתברך בחכמתו שהוא ראוי לצורת האדם, וכל הכוחות שבו כולם יש בהם צורך לכבוד שמים דכל פעל למענהו לקילוסו, ואדרבא במקום שאצל אומות העולם הוא תוקף הטומאה אצל בני ישראל הוא תוקף הקדושה וכשאומות העולם אוכלים ושותים ומשתכרים הם מדברים דברי ליצנות ושעשועי טיאטראות וכל מיני תיפלות וזנות, כסעודתו של אותו רשע דציוה להביא ושתי ערומה, ובזה הוא התחלת המגילה כי בענין זה היה התחלת התעוררות הכח דהמן שהוא שחוק הכסיל ומי שהשעה משחקת לו, וסופו היה במשתה דאסתר דודאי משתה שעשתה לפני מלך כמוהו ומשנהו מסתמא היה בו גם כן כל מיני שחוק ושעשוע מלכים, ומאחר שהיתה עמהם במשתה גם היא השתעשעה בזה עמהם, וכל זה לא הועיל להשכיחה מעיקר המכוון שבמעמקי לבבה בדביקות ה' יתברך, דלולי כן לא היתה זוכה לניצוח המן ומחיית עמלק בזה, כי ה' יתברך המליך אות הק' בשחוק שיהיה כולו מצד הקדושה אצל מי שהוא חלק ה' ונחלתו, וכך נקבע לזכר הנס

סעודת פורים במשתה ושמחה לברר ששמחת ישראל דבוק בקדושה, ואף על פי שעושין כל מיני שחוק ושעשועים, שהרי אין עושין כן אלא באותו זמן שהמצוה בשמחה ובסומי הרי דכל מעשיהם רק לשם שמים, ועל ידי זה אף על פי שנתבסם עד דלא ידע וכו' שהוא בתכלית ההעלם והשכחה עדיין לא נעקר מדביקותו בקדושה אפילו כמלא נימא, מאחר שביאתו לידי שכחה זו היינו לכוונת מצוה ולשם שמים ובזה נעקר כח עמלק משורשו שכל כוחו הוא בהכנסת השכחה בלב והעדר הידיעה שבזה נבנה הראשית דגוים, אבל זהו אצל העכו"ם, אך אצל בני ישראל נתברר על ידי שמחת פורים שלהם שגם בשמחתם לא יתערב זר דלא כאלה חלק יעקב ולא עשה כן לכל גוי, שהגם שמתבסמים ומשתקעים במיני שחוק אינו שחוק של קלות ראש חס ושלום, רק דבוקים בקדושה על ידי אות הק', שכל אותיות הא"ב ישנם גם כן בשורש כל נפש מישראל, דעל ידי זה יש להם כח הדיבור בלשון הקודש בכל עשרים ושתים אותיות, מה שאין כן עכו"ם שמדבר בלשון הקודש לשונו סרוח כי אין להם אחיזה בשום אות מאותיות הקודש ודיבורם רק כנוערת בהמות וצפצוף עופות, וכל אות יש לו אור מיוחד וקדושה מיוחדת ומאיר באבר מיוחד בגוף ובזמן מיוחד בשנה, וכן מתיחס למקום מיוחד בעולם, וקדושת אות הק' מזכך השחוק שבנפש הישראלית וכח אבר הטחול שבו, ועל ידי זה נמחה זכר עמלק הבא מהרע שבטחול וזהו קדושת כל החודש אדר וימי הפורים ביחוד, ובכל שנה ושנה על ידי הימים האלה הנזכרים ונעשים בכל ישראל, אפילו על ידי עשיית ההמונים המצוות גלומות בלי שום דעת וכוונה רק מצות אנשים מלומדה, סוף סוף הרי עושה זה מפני מנהגן של אבותיו למצוה וכוונה זו, די לו במצוות דסתמא לשמן קיימין להיות נחשב עושה לשם שמים, ונעשה על ידי זה מחיית עמלק מעט מעט היינו שנזדכך הלב בשורש קדושה זו עד עת קץ בפורים ואדר האחרון, שיזדכך הלב לגמרי וימחה זרעו של עמלק מן העולם לגמרי, אז תיכף בניסן שאחריו עתידין ליגאל הגאולה שלימה במהרה בימינו. [ה] **שו"ת וישב הים חלק ג סימן לב:** לשונות האר"י ז"ל המדברים בענין העסק בהלכה בעיון ופלפול, ומראה מקום לכמה סתירות הנראים לכאורה בדברי

קדשו ב. ולענין מה ששאלת, שיש בני אדם הטוענים כי אדרבא, רבינו האר״י ז״ל בעצמו הורה שמי שניסה ידו בחכמת התלמוד חמש שנים, ולא ראה סימן ברכה בעמלו, כי שערי השגה בדרכי הגמרא נשארו נעולים לפניו, זהו סימן מובהק שביאתו לעולם היא ללמוד סודות התורה, ולכן יניח לימודי הנגלה, ויפנה עצמו לגמרי ללימודי הסוד, ומובטח לו שיעשה חיל בלימודיו. ולזה אשיב דאדרבא העסק בפשטי התורה בעיון ובפלפול, לעולם הוא תנאי הכרחי להכנס לפנימיות החכמה, ומי שלא יצליח בלימודי הנגלה, בודאי ומכל שכן שלא יראה מאורות בלימודי הנסתר. אולם כיון שיש קצת מקום אל הלומדים השטחיים והבלתי בקיאים בדברי האר״י ז״ל לטעות בזה בדבריו, לכן אמרתי להעתיק כאן לשונות רבינו האר״י ז״ל המדברים בזה. ולהיות כי בלשונותיו יש לדקדק כמה דקדוקים, והדברים טעונים ביאור וישוב, לכן לאחר העתקת הלשונות נעורר את המעיין בכמה הרגשות ותמיהות, ושוב נבוא אל הישוב בס״ד, וזה החלי בס״ד. כתב רבינו הרח״ו ז״ל בשער המצוות פרשת ואתחנן (דף ל״ג ע״א) וז״ל: גם בענין עסק ההלכהה בעיון עם החברים, ראיתי למורי זלה״ה מתגבר כארי בכח בעת שהיה עוסק בהלכה, עד שהיה נלאה ומזיע זיעה גדולה. ושאלתי את פיו מדוע טורח כל כך, והשיב לי כי הנה העיון [הוא כדי] לשבר הקלי׳ שהם הקושיות שיש בהלכה ההיא, שאין מניחים לאדם להבין אותה, ולכן צריך האדם לטרוח ולהתיש כחו אז, כי לכן נקראת התורה תושיה שמתשת כחו של העוסק בה, ולכן ראוי לטרוח ולהתיש כחו בהיותו עוסק בהלכה. גם בענין הפלפול ועיון ההלכה, היה מורי זלה״ה אומר כי תכלית העיון הוא לשבר הקלי׳ שהם הקושיות, כי הם גרמו לאותם הקושיות שהם בהלכה שלא יובנו תירוציהם כי אם בקושי ובדוחק גדול כנודע. ואמנם עסק התורה ממש אינו העיון, רק קריאת התורה בעצמה בארבע דרכיה שהם ר״ת פרד״ס כנודע. וכמו שמי שרוצה לאכול האגוז צריך תחלה לשבר קליפותיו, כן צריך להקדים העיון בתחלה. והיה מורי ז״ל אומר כי מי ששכלו זך ודק וחריף לעיין ההלכה בשעה או על הרוב בשתי שעות, ודאי הוא שטוב לו מאד שיטרח שעה או שתי שעות בתחילה בעיון לסיבה הנזכרת, אבל מי שמכיר בעצמו שהוא קשה העיון, וטורח בו זמן הרבה עד שיעיין ההלכה, לא טוב הוא עושה, ודומה למי שמשבר כל היום אגוזים ואינו אוכל מה שבתוכם, ויותר טוב לו שיעסוק בתורה עצמה בדינים ובמדרשים ובסודות. ואמנם מורי ז״ל היה מהיר וקל העיון בתכלית, ורוב הפעמים היה מעיין בכל הלכה והלכה ששה דרכים של פלפול כנגד ששת ימי החול, ואחר כך היה מעיין דרך שביעי על דרך הסוד כנגד יום השבתו שאין בו קליפות, עכ״ל. ועיין שם עוד (דף ל״ד רע״ב ד״ה ונבאר). ובשער רוח הקודש (דף י״א ע״ב) כתב שם הרח״ו ז״ל וז״ל: גם אמר לי מורי ז״ל, כי שורש הכל לענין ההשגה הוא העיון בהלכה. ואמר לי כי הטעם הוא, כי הנה ענין עיון ההלכה הוא שיכוין האדם שיש קליפת האגוז החופפת על המוח שהוא ענין הקדושה, וזו הקליפה היא ענין הקושיא שיש בהלכה ההיא, כי הקלי׳ חופפת על ההלכה ואינה מניחה אל האדם שיבין אותה. וכאשר האדם מתרץ הקושיא ההיא, יכוין לשבר כח הקלי׳ ולהסירה מעל גבי הקדושה, ואז יתגלה המוח שהוא ההלכה. ונמצא כי אם אין האדם מתמיד לעיין ולשבר הקלי׳, איך יתגלה לו המוח שהם רזי התורה וחכמת הקבלה. ולכן צריך להשתדל מאד לעיין, ולכוין בכוונה זאת שביארנו. ושמעתי ממורי ז״ל שהיה תמיד מעיין ששה פרושים של פשט בהלכה, ופירוש השביעי על דרך הסוד וכו׳. אמנם אמר לי מורי ז״ל שהאדם שאינו קל העיון, וצריך לטרוח מאד בעיון עד שיפיק מבוקשו, אין ראוי לו שיתבטל מעסק התורה בשביל העיון, ויותר טוב לו שיעסוק בדינים ובמדרשי רז״ל וכיוצא. אבל מי שהוא קל העיון ואינו צריך טורח רב, צריך שיטרח שעה או שתים בכל יום בלבד בעיון, ואחר כך יעסוק בתורה כנזכר בשאר היום, אבל לא יתמיד כל היום בעיון, עכ״ל. ובספר טעמי המצוות פרשת ואתחנן כתב הרח״ו ז״ל וז״ל: כשהיה מורי זלה״ה קורא הלכה בישיבה בין החברים, היה מקשה בכח עד שנלאה מאד ומזיע זיעה גדולה. ושאלתיו למה עשה כן, והשיב לי כי עסק ההלכה [הוא] כדי לשבר הקליפה שהם סוד הקושיות קש ותבן, וזה צריך טורח מאד. ועל זה נקראת התורה תושיה שמתשת כחו של אדם, לכן ראוי להמית עצמו [עליה] ולשבר כחו ולהתישו. ומורי זלה״ה מרוב גודל חריפותו היה מעיין שש דרכים בהלכה כנגד ששת ימי המעשה, ואחד על דרך הסוד כנגד יום השבת. והיה אומר שמי שהוא חריף ויודע לעיין, טוב שיעיין שתי שעות או שלש שעות [בשאר מקומות כתב שעה או שעתיים] בהלכה לשבור הקליפה. ומי שאינו כל כך חריף, עד שילך לו הזמן

בלבושי התורה, טוב שיעסוק בפנימיות ורוחניות [התורה] שהיא חכמת האמת, עכ"ל. וז"ל בספר היחודים (דף ו' ע"א בדפוס קארעץ): גם עיקר אל השגה שיעיין בהלכה. אמנם אל יטריד עצמו רוב היום בעסק הלכה, זולת שעה אחת או שתים, ושאר היום [יעסוק] בנשמת התורה שהיא חכמת הקבלה, כי אין ראוי להיות רוב היום במלבוש התורה. והטעם לזה, כי עיון בפשט הלכה והמלבושים אשר שם דבקה הקליפה, היא קושיא שאינה מנחת להבין ההלכה ומלבושים. וכשמתרץ האדם, הוא משבר הקלי', ויכול להשיג המוח שהוא חכמת האמת, ולכן העיון שורש גדול אל השגה אם יכוין לזה שכתבנו, עכ"ל. וכתב מהרח"ו ז"ל בהקדמתו לעץ חיים [הושמטה מספרי עץ חיים שנדפסו לאחרונה בווארשא ובירושלים, ובמקומה הדפיסו הקדמת שער ההקדמות, אבל היא נמצאת בראש ספר עץ חיים דפוס קארעץ ושאלוניקי וירושלים תרכ"ז] וז"ל: הלומדים בחכמה זאת צריך שילמדו מקרא ומשנה ותלמוד, כל מה שיד שכלם מגעת בעיון קושיות ותירוצים לשבר הקלי', כי זה בלא זה לא יקום, כגוף בלא נשמה. ומי שהוא שכחן בלימוד שאינו מצליח בעסק הגמרא, וכמארז"ל כל תלמיד חכםז שלא ראה סימן ברכה בתלמודו בה' שנים שוב אינו רואה, אז יניח ידו מהתלמוד ויעסוק בחכמת הקבלה, עכ"ל. ובהקדמת שער ההקדמות כתב מהרח"ו ז"ל וז"ל: ואמנם אל יאמר אדם אלכה לי ואעסוק בחכמת הקבלה מקודם שיעסוק בתורה במשנה ובתלמוד, כי כבר אמרו רז"ל אל יכנס אדם לפרדס אלא אם כן מלא כריסו בבשר ויין, והרי זה דומה לנשמה בלתי גוף וכו'. באופן כי התלמידי חכמים העוסקים בתורה לשמה, ולא לשמו, לעשות לו שם, צריך שיעסוק בתחילה בחכמת המקרא והמשנה והתלמוד כפי מה שיוכל שכלו לסבול, ואחר כך יעסוק לדעת את קונו בחכמת האמת וכו'. ואם האיש הזה יהיה כבד וקשה בענין העיון בתלמוד, מוטב לו שיניח את ידו ממנו, אחר שבחן מזלו בחכמה זאת, ויעסוק בחכמת האמת. וזה שאמרו (חולין דף כ"ד ע"א): כל ת"ח שאינו רואה סימן יפה בתלמוד בה' שנים שוב אינו רואה. ואמנם כל איש שהוא קל לעיון, מחויב לתת חלק שעה או שתי שעות ביום בעיון ההלכה, ולכוין לתרץ הקושיות הנופלות בפשט ההלכה. ויכוין כי אין הקליפה הרעה מצד הנחש ס"מ עבד רע נאחזת אלא בקלי' הטובה היא משנה מט"ט עולם היצירה הנקרא עבד ושפחה דמטרוניתא, אבל לא במטרוניתא שהיא המוח הפנימי חכמת האמת ונקרא עץ החיים וכו'. ויכוין בעיונו להסיר הקליפה הרעה שהיא הגורמת קושיות, שלא יבין האדם תירוצם, ויסלקנה מעל גבי עץ הדעת טוב ורע, היא המשנה שפחה דמטרוניתא, ואחר כך יכוין לקשט המטרוניתא עצמה שהיא חכמת הקבלה וכו', עכ"ל. והדקדוקים בכל אלו הלשונות שהעתקנו רבו, כי כמה וכמה סתירות מפורשות ישנן בהן, הנראות כחלוקות מן הקצה אל הקצה. והרי כל אלו הלשונות יצאו מתחת ידי הרח"ו ז"ל בעצמו, והמה בעצם מהדורות שונות של אותן העניינים שכתבם פעם בקיצור ופעם באורך, אבל לא יעלה בדעת שיסתור עצמו מפעם לפעם. ונתחיל לעורר כמה מהתמיהות שישנן בדבריו וזה החלי בס"ד. חדא, דיש מקום לטעות לכאורה בריהטת הדברים, ובפרט במ"ש בהקדמת עץ חיים ובהקדמת שער ההקדמות ובשער היחודים ובשער טעמי המצוות, ולהבין דמשמע מהם, דמי שאינו קל העיון או שהוא שכחן, עדיף שיניח ידו מעסק התלמוד, ויעסוק רק בסודות התורה. ודבר זה אי אפשר להעלות על הדעת דכך יסבור רבינו ז"ל, וכאשר ישפוט כל בעל שכל ישר, דמהא ומדכוותא נפיק חורבא טובא, כנודע מכמה מעשים בעבר ובהוה. ועוד דמאחר שאיש זה לא הצליח בפשטי התורה הנגלות לנו ולבנינו, איך יתכן שישיג ויבין בנסתרות הנעלמות. מאן דבטיהרא לא חזי, יחזי בליליא וחשוכא אתמהא. ואדרבא בלא ספק יטעה בהבנת הסודות הנעלמים, וישתבש בכמה מעיקרי האמונה ב"מ, ויבוא לידי הגשמה, ולקצוץ בנטיעות. וכן אם שכחן הוא, מה תועלת תצא בלימודו בחכמת הקבלה, והלא ישכח בלימודי הנסתרות כמו ששוכח בלימודו בנגלות, דהרי סוף סוף שכחן הוא מטבעו. ואדרבא כפי הנזכר, הרי טפי חיישינן שימשך קלקול מחמת שכחתו בנסתרות, כי הדברים נוגעים לעיקרי האמונה, אשר בסטיה קלה כל דהוא מקו האמת, יחשב לקוצץ בנטיעות, ויבוא ח"ו לכפירה ולאיבוד נפש ב"מ. (ולהלן הבאתי דברי הגאון מהר"מ מאזוז ז"ל שכתב בזה שלא יעלה בדעת בשום אופן לפרש בדברי הרח"ו ז"ל דכאילו הוא סובר שקלושי העיון והסברה מותר להם לעסוק בתורת הקבלה, עי"ש). ועוד, דהרי כבר כתב הרב ז"ל בשער המצוות ריש פרשת ואתחנן (דף ל"ב ע"א) דברי עדוד והתחזקות לכל מי ששוכח תלמודו, שאינו יגע לריק חלילה, כי לעתיד לבא

בעולם הבא יזכירוהו מכל מה שלמד, וז"ל שם: בתחלה אכתוב בענין השכחה אשר באנשים, כי היא נותנת עצלות ותרדמה לימנע מעסק התורה, באמרם כי הנה ח"ו נמצאים יגעים לריק ולבטלה, כיון שהכל נשכח מהם, ולכך נודיעך ענין השכחה מה ענינה. הנה נודע מאמר הזוהר פרשת משפטים בתחלת הפרשה, באומרו כי האדם תחלה נותנים לו נפש, ואי זכי יתיר יהבין ליה רוחא וכו'. הנה הנפש היא מן הנקבה ובה ענין השכחה, וכל זמן שלא השיג האדם חלק רוחו הבאה מן הזכר ובו סוד הזכירה הוא שוכח והולך. והנה [הוא] טורח ומתקן הנפש ע"י טרחו ועמלו בתורה, ואף על פי ששוכח מה שלומד, אינו יגע לריק ח"ו, יען כי בעוה"ב ולעתיד לבא יזכירו לו כל מה ששכח כמ"ש רז"ל. ואם עתה בחיים הוא שוכח, הטעם הוא כי המקום גורם לכך, כי הוא מתקן הנפש הנקראת עלמא דנוקבא, ואינו ח"ו יגע לריק, ומחוייב הוא לתקן בראשונה הנפש ואחר כך יתנו לו הרוח, עכ"ל. ואחר הדברים האלו, דברי עידוד וחיזוק, איך חזר בו בהקדמת עץ חיים לרפות ידי לומדי התורה בפועל, בעצה להניח ידו מעסק התלמוד מאחר שהוא שכחן. אדרבא כפי הנזכר שם, הרי סיבת שכחתו היא להיותו עוסק בתיקון נפשו, ולכן השכחה מוכרחת, אבל סוף סוף יבוא בשכרו בעוה"ב, שיזכירו אותו מכל מה שלמד. ויתכן גם כן שאחר שיתקן הנפש יזכה אל הרוח בחיים חיותו, ויזכה אל הזכירה אפילו בעולם הזה. ועל כל פנים בודאי שיסוד זה הוא אמת הן לגבי עסק הפשט והן לגבי עסק הסוד, שאם אין בו אלא נפש, ישכח מה שלומד. ואם כן למה כתב שם בהקדמת עץ חיים שהשכחן יניח ידו מהגמרא, ויעסוק בקבלה, הרי סוף כל סוף ישכח מה שלומד ומה לי הא או הא. ובאמת איפכא מסתברא, שעדיף שיתמיד בלימוד הגמרא יותר, כדי שלא ישכח הדינים שהם חובת גברא, ושלא יכשל באיסורי התורה ח"ו. דהרי על ידיעת הסודות אינו חייב כל כך, כמו על חיוב קיום התרי"ג מצוות עצמם, והדברים תמוהים לכאורה. עוד צריך לי עיון, דמלשון שער המצוות ושער רוח הקודש נראה שהפרי שהוא העיקר, הוא "ידיעת עיקר התורה" עצמה, ר"ל ללמוד ולדעת הדינים [ש"ס ופוסקים] והמדרשים [וכן סודות התורה, כן כתב בשער המצוות. ובשער רוח הקודש לא הזכיר סודות כלל]. והיינו שילמוד בכל חלקי התורה בעיון ישר באופן שיובנו הדברים בבהירות. וזה שוה בכל אדם, גם למי שהוא כבד העיון, שעיקר ביאת האדם לעולם הוא כדי להשתלם בידיעת כל חלקי התורה ממש עד מקום שיד שכלו מגעת, וכמ"ש בריש שער המצוות, שאם לא יגע וטרח לדעת כל חלקי הפרד"ס בשלימות, נקרא שלא השלים מצות תלמוד תורה, וחוזר עליה בגלגול. אולם, מי שהוא קל העיון, צריך שיקדים בכל יום העיון והפלפול בתחילת הלימוד, לפני הקריאה והשינון לאוקמי גירסא. ויטרח מאד ללבן הסוגיא ולסלק כל הקושיות והתמיהות שבה, עד שתהיה בהירה בתכלית. אולם מי שהוא כבד העיון, הנה, גם בהיותו לומד הדינים והמדרשים [והסודות] כדי להבין הדברים כפי שנאמרו ביושר הפשט, בלא פלפול וחידוש, בכל זאת מקרי עוסק בתורה, כל שמבין הדברים לאשורם על נכון, ואינו משתבש ומגמגם בהבנת הפשטה, כיון שעיקר חיוב לימוד התורה הוא לדעת על נכון את הדברים הכתובים והנאמרים בכל חלקי הפרד"ס, הגם שיש אל הלומד עדיין קושיות וסתירות באותה הסוגיא שטרם יישבם, בכל זאת כאשר ילמד וירכוש ידיעות אלו, נקרא הפרי של תורה. כן מתבאר מלשון רבינו האר"י ז"ל בשער המצוות ובשער רוח הקודש הנ"ל. אולם מהקדמת עץ חיים ומהקדמת שער ההקדמות ומשער היחודים ושער טעמי המצוות הנ"ל, נראה שהפרי הוא דוקא סודות התורה. ועוד נראה מלשונות הנזכרות שבסודות התורה אין אחיזת קלי' כלל, אלא דוקא בהמשנה, דבה יש אסור ומותר טמא וטהור וכו'. וצ"ל אם כן, מה מקום להקושיות והתירוצים והפלפול שישנם גם בלימוד חכמת הקבלה. ועוד יש בלשונות הנ"ל כמה דקדוקים הנראין לעין כל קורא ואין צורך לפרטם.

מאוהל מועד שאז הדיבור היה אליו מאוהל מועד לכן א"ל מ"שה ו"ידבר ר"ת אמ"ו

גלא עמיקתא

דיכין הקרקע לגלוי כבוד הוי' כי [1]כלו כל הקיצין ואין הדבר תלוי אלא בתשובה.

[1] **תלמוד בבלי מסכת סנהדרין דף צז עמוד ב**: אמר רב: כלו כל הקיצין, ואין הדבר תלוי

ב"עטרה ש"עטרה ל"ו אמו ר"ת לב"ש ב"יום ש"מחת ל"בו ראשי תיבות לב"ש. וזה היה היקר לבש יקר בהר סיני קבלו תורה שבכתב (תהל׳ צ"ג) (הפסוק מתחיל: לב"ש) ה׳ עוז

גלא עמיקתא

וממשיך דקיבל משה הלוחות [הראשונות] תמן תר"ך אותיות לקביל כת"ר אורות, ומביא הפסוק (משלי כ"א,כ"ב): [ז]עיר גברים עלה חכם, וירד עז מבטחה גימ׳ (1069) י"ב פעמים "חנוכה" (89) עם הכולל. רמיזא תכלית הכל הארת אור הגנוז – רמיזא הנרות חנוכה כנודע. וכפלינן י"ב פעמים רמיזא י"ב שבטי י"ה, [ח]דכל ישראל יש להם חלק לעולם הבא (סנהדרין ריש פרק חלק). [ט]ופרש"י על הפסוק עיר גברים

אלא בתשובה ומעשים טובים. ושמואל אמר: דיו לאבל שיעמוד באבלו. כתנאי, רבי אליעזר אומר: אם ישראל עושין תשובה - נגאלין, ואם לאו - אין נגאלין. אמר ליה רבי יהושע: אם אין עושין תשובה - אין נגאלין? אלא, הקדוש ברוך הוא מעמיד להן מלך שגזרותיו קשות כהמן, וישראל עושין תשובה ומחזירן למוטב. תניא אידך: רבי אליעזר אומר: אם ישראל עושין תשובה - נגאלין, שנאמר שובו בנים שובבים ארפא משובתיכם. אמר לו רבי יהושע: והלא כבר נאמר חנם נמכרתם ולא בכסף תגאלו, חנם נמכרתם - בעבודה זרה, ולא בכסף תגאלו - לא בתשובה ומעשים טובים. אמר לו רבי אליעזר לרבי יהושע: והלא כבר נאמר שובו אלי ואשובה אליכם. אמר ליה רבי יהושע: והלא כבר נאמר כי אנכי בעלתי בכם ולקחתי אתכם אחד מעיר ושנים ממשפחה והבאתי אתכם ציון. [ז] **מדרש תנאים לדברים פרק לד פסוק ט**: ויהושע בן נון מלא רוח חכמה אין משמע גדול מזה מפני מה כי סמך משה את יד׳ על׳ ואדיין לא ניתן מוראו עליהם מיכן והילך ביום ההוא גדל ה׳ את יהושע (יהוש׳ ד יד): כי סמך משה את יד׳ על׳ למה הוא דומה לנמפיון המשקה את כל המדינה והיו כל אנשי המדינה משבחין אתו אמ׳ להן אחד שבחו למעין שמספיק לו כך היו הכל משבחין ליהושע שהיה משקה מחכמתו לכל ישראל אמ׳ להן שבחו שלמשה שנ׳ כי סמך משה את ידו על׳ ועליו אמ׳ שלמה (משלי כא כ) אוצר נחמד ושמן בנוה חכם וכסיל אדם יבלענו: אוצר זו תורה שנ׳ (ישע׳ לג ו) יראת ה׳ היא אוצרו: ואין יראה אלא תורה שנ׳ (כח י) וראו כל עמי הארץ כי שם ה׳ נקרא עליהן ויר׳ ממ׳ ואומ׳ (שמות כ יז) ובעבור

תהיה יר׳ על פני: נחמד אלו הנביאים שהן מתנבאים בדברי תורה שהן נחמדים שנ׳ (תה׳ יט יא) הנחמ׳ מזהב ומ׳ רב: ושמן אלו הכתובים שהן מתמשחין בגופו שלאדם כשמן שנ׳ (משלי ג ח) ושקוי לעצמתיך: בנוה חכם זה משה רבינו שנקרא חכם שנ׳ (משלי כא כב) עיר גבורים עלה חכם ואין גבורים אלא מלאכי השרת שנ׳ (תה׳ קג כ) ברכו ה׳ מלאכיו גבורי כח: וכסיל אדם יבלענו זה יהושע בן נון שעשה עצמו ככסיל לפני משה רבינו והיה מטריח עליו ללמוד בכל שעה עד שלמד כל התורה כולה ולכך זכה לשררות אחריו שנ׳ וישמעו אליו בני ישראל ויעשו: [ח] **תלמוד בבלי מסכת סנהדרין דף צ עמוד א**: כל ישראל יש להם חלק לעולם הבא, שנאמר ועמך כלם צדיקים לעולם יירשו ארץ נצר מטעי מעשה ידי להתפאר. ואלו שאין להם חלק לעולם הבא: האומר אין תחיית המתים מן התורה ואין תורה מן השמים, ואפיקורוס. רבי עקיבא אומר: אף הקורא בספרים החיצונים, והלוחש על המכה ואומר כל המחלה אשר שמתי במצרים לא אשים עליך כי אני ה׳ רפאך. אבא שאול אומר: אף ההוגה את השם באותיותיו. שלשה מלכים וארבעה הדיוטות אין להן חלק לעולם הבא. שלשה מלכים: ירבעם, אחאב, ומנשה. רבי יהודה אומר: מנשה יש לו חלק לעולם הבא, שנאמר ויתפלל אליו וישמע תחנתו וישיבהו ירושלים למלכותו. אמרו לו: למלכותו השיבו, ולא לחיי העולם הבא השיבו. ארבעה הדיוטות - בלעם, ודואג, ואחיתופל, וגחזי. [ט] **רש"י משלי פרק כא פסוק כב**: עיר גבורים עלה חכם - זה משה רבינו שעלה לבין המלאכים גבורי כח (ויורד וגו׳, תורה).

גלא עמיקתא

עלה חכם וכו': זה משה רבינו שעלה לבין המלאכים וכו'. ולא נתעלם ח"ו ממאמר חז"ל [י]איזהו גבור הכובש את יצרו– עיין [1]פירושנו לענין זה ורמזי הפסוקים דבארנו שם.

וממשיך המגלה עמוקות דזכה בקבלת התורה לעלמא דדכורא ונתעלה מעלמא דנוקבא לעלמא דדכורא– וכגון יצחק אבינו שעלה על המוקד בעקדה ואז נתעלה מעלמא דנוקבא לעלמא דדכורא– ויכל להוליד את יעקב אבינו. והנה חושבן "עלמא דנוקבא" גימ' (304) חב"ו (16) פעמים "חוה" (19) [יא]דחב"ו שם קדוש להוצאת נצוצות הקלי' וכפלינן חוה פעמים דחוה היא הנוקבא הראשונה דממנה נשתלשלה מיתה לעולם רח"ל. "עלמא דדכורא" גימ' (376)

[י] משנה מסכת אבות פרק ד משנה א: בן זומא אומר איזהו חכם הלומד מכל אדם שנאמר (תהלים קי"ט) מכל מלמדי השכלתי איזהו גבור הכובש את יצרו שנאמר (משלי טו /טז/) טוב ארך אפים מגבור ומושל ברוחו מלוכד עיר איזהו עשיר השמח בחלקו שנאמר (תהלים קכ"ח) יגיע כפיך כי תאכל אשריך וטוב לך אשריך בעולם הזה וטוב לך לעולם הבא איזהו מכובד המכבד את הבריות שנאמר (שמואל א' ב') כי מכבדי אכבד ובוזי יקלו. **[יא] תפארת שלמה מועדים פרקי אבות פרק ה:** יתן ויתנו אחרים חסיד. הנה ידוע שעבודת הצדיקים הוא שלא תלך ההשפעה לסט"א לפי הידוע שמכל מצוה ומצוה אתמשך השפעות טובות אך בבוא השפע לעולם העשי' הוא נמשך לסט"א וז"ש הכפירים שואגים לטרף. וזה טרוף טורף יוסף. יוסף הוא הצדיק יסוד עולם מעין הברכה. חי' רעה אכלתהו. וז"פ ותקם בעוד לילה ותתן טרף לביתה. וז"ל הרב נר ישראל המגיד מקאזניץ זלה"ה וז"ל צת"ג הוא ר"ת "צדקה "תרומם "גוי וכו' מעוטי דמעוטי שהם ניזונים בזרוע וצריכין הכל לחסדי הבורא ב"ה וח"ו שלא יהנו ממנו העובדי כוכבים נתן הקדוש ברוך הוא לישראל מצות צדקה וגמ"ח וכמו שהם מתנהגים בצדקה וכו' כן מתנהג עמם השי"ת בצדקה מדה כנגד מדה כו' וזה צת"ג "צדקה "תרומם "גוי ויהיה (השפע) במלואו ואחרים לא יהנו ממנו ולא יכולים ליגע וראה כמה גדולה כח הצדקה עכ"ל. ולהנ"ל אף שכבר טרפו העובדי כוכבים נוכל לקחת מהם בהחזרה כמו נשמות שנשתקעו בקליפות שכל העבודות בתו"מ הוא להעלות הני"ק והנשמות בסוד "חיל "בלע "ויקיאנו בשם חב"ו כמבואר בכל הספרים כן הוא ממש הפרנסה והשפעה שנטלו כבר אנו במעש"ט יכולין לטרוף מהם ועיקר בצדקה וגמ"ח. ובזה נ"ל לפרש המשנה הנ"ל שעל הכוונה הזאת החסיד נותן צדקה. יתן ויתנו אחרים. אחרים היינו הסט"א יתנו בהחזרה מה שלקחו כבר. ובזה פרשתי הגמ' בברכות נכנסו חכמי ישראל אצל דוד המלך עמך ישראל

1. איזהו גבור הכובש את יצרו: תנן (אבות פ"ד) בן זומא אומר איזהו חכם וכו', "איזהו גבור הכובש את יצרו" שנאמר (משלי ט"ז,ל"ב) "טוב ארך אפים מגבור, ומשל ברוחו מלכד עיר". והנה מרמז מרע"ה באותה הא' זעירא על כבוש היצה"ר והקטנתו, שכן "איזהו גבור הכובש את יצרו" גימ' (1282) "ה' אלהי אבותיכם יוסף עליכם ככם אלף פעמים" (דברים א',י"א), וע"י צמצום שמרומזת ב-א' זעירא, וכמבואר בארוכה אופן ט"ו סוד הצמצום, זוכים לשכר פי אלף שכן א' הוא אלף (כמ"ש באריז"ל). והנה בגמ' (סוכה נב.) דרש ר' עוירא ואיתימא ר' יהושע בן לוי שבעה שמות יש לו ליצה"ר ומונה אחד לאחד השמות ושבעת הצדיקים שנתנו השמות ובראשם צדיקו של עולם הקב"ה, וכל אחד ואחד דורשו מפסוק עיין שם.

והנה הוא פלא: ששת שמותיו של היצה"ר "רע, ערל, טמא, שונא, אבן, צפוני" עולים גימ' (1246): "גבור כובש את יצרו", וששת אלו שקראו שמות ליצה"ר "הקדוש ברוך הוא, משה, דוד, שלמה, יחזקאל, יואל" הכל סליק לחושבן (1592) "טוב ארך אפים מגבור ומשל ברוחו מלכד עיר" ששניהם מובאים זה לצד זה במשנה באבות כדלעיל. [והוצאנו את ישעי' דאיהו יוצא דופן דשמיה כחושבנא כשמיה דיצה"ר דיהיב ליה. ועיין בסוף האופן הביאור על זה]. כמו כן "הקדוש ברוך הוא משה" גימ' (1000) "אלף", מרמז אלופו של עולם, אלף זעירא דויקרא אל משה וכו' כדבארנו לעיל.

התאז"ר בגי' תרי"ג באוהל מועד אף ערכה שלחנה (משלי ט', ב') אף תיכון תבל (תהל' צ"ג, א') שאז קבלו תורה שבע"פ

גלא עמיקתא

"שלום". והוא תקונא שלים [יב]דלא מצא הקב"ה כלי מחזיק "ברכה" [גימ' (227) "זכר" והיינו עלמא דדכורא כנ"ל] לישראל אלא השלום. ושניהם יחד "עמלא דדכורא עלמא דנוקבא" גימ' (680) י"פ "חיים" (68). והוא היפך ענין המיתה- דלעתיד לבוא "[יג]בלע המות לנצח" (ישעי' כ"ה, ח'). והוא בזכות

צריכין פרנסה. אמר להם יתפרנסו זה מזה וכו' אמרו לו אין הבור מתמלא מחוליתו ויש לתמוה מה היה כוונת דוד המלך וכי לא ידע קושייתם. אך זה היה כוונתו מתחלה שילכו למלחמה ויפשטו בגדוד אך שאי אפשר להוציא מהם אם לא שיעשו תחלה צדקה וגמ"ח זה עם זה אז יצליחו. וזה שאמר יתפרנסו זה מזה. ובזה יש לפרש דברי הכתוב בפ' בא. דבר נא באזני העם וישאלו איש מאת רעהו ואשה מאת רעותה כלי כסף וכלי זהב. ויתן ד' את חן העם בעיני מצרים גם האיש משה גדול מאד בעיני פרעה ובעיני עבדיו. והנה בכתובים האלו כמה דקדוקים. הא'. ידוע בגמ' רעהו ממעט שור של עובדי כוכבים. הב' למה נאמר ב' פעמים הדבר זה בפרשה כי להלן נמי כתיב ובני ישראל עשו כדבר משה וכו' וד' נתן חן העם וכו'. ועוד דכאן לא ששאלו ממצרים רק על לעתיד נאמר שיתן ד' חן העם בעיני מצרים וא"כ מה ענין הסמיכות גם משה גדול מאד. מה לנו בזה אם הי' חשוב בעיני פרעה. הג'. מה שהקשה האור החיים בפ' שמות וז"ל עדיין צריך לתת לב למה יצוה ד' דברים שאינם מהמוסר לגנוב דעת וכו' בהשאלת חפציהם. והאמת שנטלו שכר עבודתם וכו' למה יעשה ד' הדבר דרך ערמה כי ח"ו לא קצרה ידו מפדות להוציא ממונם ועיניהם כלות [ולפי הנ"ל ניחא שכוונת הקדוש ברוך הוא היה שנאמר למשה שיאמר להם שישאלו איש מאת רעהו דייקא היינו מישראל חבירו רעהו ממש שיהיה להם רחמנות זה על זה ועי"ז יתעורר הרחמנות העליון ממילא יהיה להם חן בעיני מצרים ועי"ז וינצלו את מצרים].

[**יב] משנה מסכת עוקצין פרק ג:** אמר ר' יהושע בן לוי עתיד הקדוש ברוך הוא להנחיל לכל צדיק וצדיק שלש מאות ועשרה עולמות שנאמ' (משלי ח) להנחיל אוהבי יש ואוצרותיהם אמלא אמר רבי שמעון בן חלפתא לא מצא הקדוש ב"ה כלי מחזיק ברכה לישראל אלא השלום שנאמר (תהלים כ"ט)

ה' עוז לעמו יתן ה' יברך את עמו בשלום. [**יג] ספר מחברת הקודש - שער השבת:** דע כי יובל כל מציאות שביעית יש בו ויש בו תוספות אחר והוא שיש עליה באצילות ג"כ כי הז"א עולה עד הבינה שהיא ה' אך משם ולמעלה אין שם עליה כלל הרי כי ג' הפרשים הם א' הוא שביעית שאז עולין עד מלכות דאצילות ב' היובל שעולין עד בינה ג' שבה שאז עולין כל העולמות כולם לכן תמצא שכל הדינין הנוהגים בשביעית נוהג ביובל ומפני עלייה היתירה הנזכר שביובל לכן יש בו תוספות והוא שיוצאים בה עבדים לחירות בסוד יציאת מצרים שיצאו ישראל מבית עבדים ג"כ כי אין זה יכול לעשות אלא ע"י אימא עלאה שתפתח נ' שעריה כמ"ש בסוד פסח ועומר ולטעם זה יובל הוא אחר נ' שנים סוד נ' שערי בינה ושמטה אחר ז' שנים ה' תתאה שהיא בת שבע והענין הוא כי ידוע כי בשבת כל מלאכות שבעולם אסורות ובי"ט אוכל נפש הותר ובשביעית הותרו כל מלאכות ולא נאסרו רק מלאכות קרקע לבד וכדי לבאר כ"ז צריך לבאר טעם איסור מלאכה בשבת הנה נת' כבר כי תחלת הכל חיו ז"מ שמתו בארץ אדום ולפי שמתו אנו צריכין להעלותם למעלה ולהחיותם כי אנו מזדווגים זו"נ ואנו מעלים ע"י תפלתינו ומעשים הטובים לז"מ אלו בבחי' מ"נ למלכות ואז הם מתחדשים וחיים וזה נמשך עד ביאת משיח וכשיכלו להתברר אלו המלכים ויתוקנו ויצרפו ויתלבן כל הטוב שבהם אז תשאר הקליפה לבדה בסוד הסיגים ואז בלע המות לנצח נמצא כי תפלתינו ומעשינו בעה"ז אינו רק לברר וללבן אלו הז"מ והנה בימי החול יש מלאכה כי מלאכה מורה על כי היות הדברים צריכין תקון ע"י מעשים שאלו ברא הקב"ה בעולמו כמו שיהיה לעתיד לבא שנ' יהיה פסת בר בארץ שתוציא הארץ גלוסקאות יפות לא היו בני אדם צריכין לעשות כמה מלאכות כדי לאכול אך עתה צריכן לחרוש ולזרוע כו' ולהוציא

תבן ומוץ וסובין שהן הקליפה ואח"כ כדי לאכול צריך לתקנו ע"י אש שהוא האפיה והבישול ואז נשלם ונתקן וכן כל שאר מלאכות וכמ"ש ר"ע לטורניסריפוס הרשע מענין התורמסין שצריכין להמתיק וחטים לטחון הרי בירנו לך איך כל מה שיש בעולמות כולם הם מסוד ז"מ אלו ואין לך דבר שאין לבו מז"ט אלו והנה אם אלו המלכים לא מיתו ונתבטלו ונעשים קליפות מהם לא היו צריכין בירור כי מעצמן היו מבוררים ולא היו צריכין תיקון כלל אך עתה שמתו וצריכין תיקון אנו צריכין תפלות ומע"ט כדי לתקנם ע"י ולהעלותם בסוד מ"נ וכמי שזה בסוד עליון שהוא הבירור הצריך אל ד"ע עצמן שהם אבי"ע גם לענין הנשמות כי משם יסודה ממה שנשאר אחר הבירור הצריך אל העולמות מלבד זה אפילו כל עניני עוה"ז השפל הם מתכלית הפסולת הנשאר מז"מ אלו לכן אין מתבררים אלא אחר כמה תקונים ומלאכות לכן אין מלאכה שאין בה מצוה כמו לחרוש מקיים לא תחרוש בשור וחמור יחדיו בא לזרוע מקיים שדך לא תזרע כלאים ועד"ז בכל המלאכות בסוד בכל דרכך דעהו וכ"ז היה כדי לברר אותן הז"מ ע"י מלאכות בכח מצות מעשיות שיש בדברים אלו ועי"ז מתבררים וכאשר נתקן ונעשה הפת והאדם אוכלו הוא חוזר להתברר ונעשה חלק חיוני אבר מאיברי האדם וכן בכל הדברים וכל הפרטים וזה מבואר הכלל עולה שאפילו המלאכות שבעוה"ז כולם לצורך בירור הז"מ הם וכל מלאכות אלו הם בעוה"ז בעולם העשיה לכן מלאכה גימטריא א"ל אדני סוד עולם העשיה אמנם אוכל נפש להיותו חוזר אבר רוחני ממש הו' יותר מעולה והוא בסוד יצירה לכן אוכל גימטריא א"ל הויה ואין להאריך בזה. אמנם בימי החול הותרו כל מלאכות שבעולם אך לא באיסור שאל"כ לא יתבררו ואדרבה יתוספו הקליפות אלא רק בהיתר גמור בסוד בכל דרכיך דעהו כדי לברר הז"מ וכ"ז בעניני עוה"ז וגם במה שצריך לברר לצורך עולמות עליונים ולצורך נשמות ג"כ אנו עושים ע"י בכח מעשה ידינו הם התפלות ומצות נמצא שבימי החול א"א להתברר כלל אם לא על ידינו לכן הותרו המלאכות ונצטוינו בכל המצות. ובפרט בסוד התפלות. והנה ודאי שצריך האדם סיוע מעליונים להספיק דברים אלו על ידו וגם העליונים צריכין לסיוע תחתונים בסוד תנו עוז לאלהים לכן בימי החול יורדים העולמות עליונים ומתלבשים למטה ממדרגתם כדי לסייע לברר הז"מ וז"ס היות ד"ת דאצילות יורדת למטה ומתלבשים

בשבעה ימי מעשה כדי לברר כל זה אמנם אין כח רק בז"א לבד שהוא דוכרא לכן הם ו' ימי חול לבד כי ו"ק דז"א הם המבררים כל ימי השבוע אך ביום שבת שהוא נגד מלכות אין כח במלכות לברר כי ע"י כח מה שנתקן בימי השבוע היא עולה ביום שבת שהוא כנגדה ומתחברת עם הז"א ומוציאין נשמות חדשות כמ"ש בע"ה. ובזה יתורץ כי איך אפשר שיום השבת שאין יום קדוש כמהו יהיה נגד מלכות התחתונה וששת ימי מעשה יהיו נגד הז"א כי אדרבה כי מי שהוא יותר עליון אינו ירא לרדת למטה ממקומו משא"כ במלכות ודי למבין. אמנם ביום שבת אז הוא נגד המלכות ואינה יכולה לברר מז"מ לכן אז כל הו"ק עליונים שנתלבשו בו' ימי החול חוזרים להעלות למקומן הראשון כי כשהם למטה הם מבררים ממה שיש למטה אך בהיות למעלה במקומם אין שם מה לברר אך הם מזדווגים שם ונמצאין נשמות חדשות ממש וז"ס קדושת שבת וטעם זווג לת"ח בימי השבת כי אז יוצאין נשמות חדשות ממקום עליון ולא מבורורים אמנם עליות עולמות בשבת אינו ממש עלייה כי הלא כבר ביארנו שבהיותם במקומם שם מספיק להמשיך נשמות חדשות אך כשבאים לברר אז יורדין למטה ממדרגתם ומתלבשים למטה בימי החול א"כ נמצא כי מקומן אמיתי הוא מה שעולין עתה ביום שבת אך מה שהוא בימי החול אין מקומם אלא למטה ממדרגתם שירדו שם כדי לברר הז"מ הנזכר וכ"ז תבין במ"ש בדרוש אדה"ר שהיה תחלה יותר מעולה ממה שהוא עתה מטטרו"ן ע"ש כי בזה תבין איך בעת אצילות היו העולמות באופן שהם עתה ביום שבת נמצא כי בימי החול יורדין למטה כדי לברר ובשבת אנו מעלים למקומם כדי להוציא נשמות חדשות וזה סוד אסור מלאכות בשבת ואפילו של אוכל נפש כי אין בירור בשבת והכל הוא חדש ז"ס שיר חדש ביום שבת שאנו אמרים בשבת. וז"ס שאין בוררין אוכל מתוך הפסולת בשבת כי אין בשבת בירור מתוך הפסולת שהוא בירור הז"מ אך הכל הוא אוכל גמור נשמות חדשות בלי פסולת וכשאדם עושה מלאכה בשבת אז בורר גורם להוריד כוחות עליונים למטה כמו בחול ואז יש יכולת לחצונים לידבק בהם והחצונים נקראים עלמא דמותא לכן מחלליה מות יומת וזה תבין מ"ש לעיל בסוד תחומין כי בחול הקדושה סמוכה לקליפה ובשבת יש ביניהם אלפים אמה סוד תחום שבת ואין חצונים נדבקים בקדושה א"כ העושה מלאכה בשבת גורם ירידת הקדושה לחצונים לכן

הוא חייב מיתה ואולם בי"ט אין העולמות עולים כל כך כמו בשבת לכן הותר מלאכת אוכל נפש ובחה"מ הותרו מלאכות דבר האבד כמ"ש במקומו אמנם בשביעית שהעליה היא יותר מעוטה מן כולם לכן הוא מול גמור ואין איסור אלא מלאכת קרקע. והענין ביארנו לעיל כי בשביעית אין שום עלייה כלל מן מלכות אצילות ולמעלה נמצא שאין מנוחה ושביתה בשביעית אלא למלכות לבד הנקרא ארץ לכן לא נאסרו אלא בעבודת ארץ אך שאר מלאכות השיכים מן מלכות ולמעלה מותרות. והבן זה: [יד] **שו"ת נודע ביהודה מהדורא תניינא - אורח חיים סימן ל:** בע"ה פראג ח"י שבט תקמג"ל ללונדן: תשובה ארי דבי עילאי גבר בגוברין. דבריו מאירין קיימין ושרירין. ה"ה כבוד אהובי א"נ ידידי האלוף התורני הקצין מלא רצון הנגיד השר וטפסר כבוד שמו מוה' ליב הכהן על דבר נשיאת הפאראסאל /מטריה/ בשבת והוא כלי העשוי להגן בחמה מפני החמה ובגשמים מפני הגשמים והאדם נושאו על ראשו והוא מאהיל על ראשו והוא עשוי שיש לו בית יד וקרסים ולולאות לפתחו ולמותחו ולסגרו כרצונו. ומעלתו כתב מכתב לחכם אחד לשאלו למה אינו מוחה בבני ביתו שיוצאים בשבת עם האוהל על ראשם, והחכם השיב לו טעמים להתיר. ומעלתו חזר והשיב לו לסתור טעמי ההיתר ההם ועתה ביקש מעלתו ממני לחוות דעתי בזה והנני משיב לו. ויען שאותו החכם המתיר אינני מכיר כי מעלתו העלים ממני שמו ושם עירו רק כתב חכם אחד מעבר לים. אך יהיה החכם ההוא מי שיהיה אני לא אשא פנים ואף כי מתוך דבריו של החכם ניכר דגברא רבה הוא ודבריו המה דברי תורה ודברי טעם לשבח אך אעפ"כ לדינא אינני מסכים עמו רק עם מעלתו שהאמת אתו. ושורש דברי החכם נשען על שני טעמים להיתר הא' על זה שאמרו בשבת דף קל"ח ע"ב האי סיאנא שרי והא אתמר סיאנא אסור ל"ק הא דאית ביה טפח וכו' אלא מעתה שרבב בגלימא טפח ה"נ שמחייב אלא (זו היא גירסת רש"י) ל"ק הא דמיהדק וכו'. רש"י ד"ה אלא טעמא לאו משום אוהל הוא אלא משום שלא יגביהנו הרוח וכו'. והקשה החכם הנ"ל היא גופא קשיא למה לא יהיה בו איסור אוהל ומ"ט דרש"י בזה א"ו הואיל ואינו מגין על שום דבר רק על האדם הנושאו ואינו קבוע במקום אחד רק הולך בו ממקום למקום אינו חשוב אוהל, והביא ראיה מטומאת אוהל ששנינו בפ"ח דאהלות משנה ה' ואלו לא מביאין ולא חוצצין עוף הפורח וטלית המנפנפת והספינה שהיא שטה על פני המים כי אוהל שאינו רק בדרך הילוך לא שמיה אוהל והטעם השני דלא גרע הפאראסאל שיש בו קרסים ולולאות לפתחו ולסגרו מטלית כפולה במס' שבת דף קל"ח ע"א שאם כרך עליה חוט או משיחה מותר לנטותה לכתחלה. ולתירוץ הב' של התוס' שם בד"ה כרך עליה מיירי אפילו לא שייר בה טפח וכן פסק הרא"ש וגם הרשב"א בשבע שיטות תירץ כן. ואף על פי שבש"ע סימן שט"ו סעיף יו"ד העתיק רק לשון הרמב"ם בלי הכרעה אעפ"כ פאראסאל הנ"ל קיל טפי שאינו קבוע במקום אחד ולכן הוא מותר. והביא גם דברי הרמב"ם בפרק כ"ב הלכה ל"א שכתב ואם הוציא מן הבגד סביב לראשו או כנגד פניו כמו אוהל והיה מהודק על ראשו והיה השפה שהוציא קשה ביותר כמו גג אסור מפני שעושה אוהל עראי. ודקדק החכם הנ"ל מה שכתב הרמב"ם והיה מהודק על ראשו לומר כיון שאינו עשוי אלא להלוך בו אם אינו קבוע על ראשו לא שייך בו איסור אוהל ע"כ דברי החכם. ועיסה זו נחתומה מעיד עליה שהחכם הנ"ל בעצמו כתב על קצת ראיות שלו שיודע שיש לפקפק בו קצת אבל באיסור דרבנן כזה אין להחמיר, וכבוד מעלתו הרמה השיב על דברי ראיות החכם הנ"ל תשובות נכונות והנה אמינא ליה איזי שזה איזה שנים שהובא כלי הנ"ל לקהלתנו והורגלו בו רבים ומתוך כך התחילו להקל בו גם בשבת ומחיתי בהם ודרשתי באותו פעם בבה"כ שהוא איסור גמור ואמרתי שאפילו חוששני לאיסור סקילה ומאז ועד עתה אני מוחה בקהלתנו ורוב העם נזהרים. וכעת נבדקה ראיות החכם הזה. מה שהביא מדברי רש"י בסיאנא יפה השיב מעלתו שטעם רש"י כיון שאינו מכוין לאוהל הוא דבר שאינו מתכוין וגם לא מקרי פסיק רישא שאם אינו צריך לאויר שתחתיו אינו נחשב אוהל ואם אין שם שמש ולא גשם אפילו אח"כ יבוא גשם או שמש לא עביד מידי ובשעה

והיה העולם מלא שקול כמעשה שמים וארץ שנעשה רגל השלישי בעולם נמצא [יד] **טרסקל. ז"ש בל תמוט שכן**

שלבשו לא נתכוין לאוהל1 או דסובר רש"י דסתם סיאנא אינו קשה יותר מגלימא וגם מה שאמרו בגמ' מיהדק לא משמע קשה ולכן אין בו משום אהל רק אם לא מיהדק חיישינן שישליכנו הרוח ויטלטלנו ד' אמות ברה"ר.2 או טעמיה דרש"י כיון שאין בו שיפוע למטה א"כ לא מיחשב אוהל דאוהל בעי גם מחיצת טפח כמו גבי טומאה טפח ע"ט ברום טפח אבל שיהיה גבוה י"ט ודאי לא בעינן לענין חיוב אוהל בשבת כמפורש בתוספות דף קל"ח ע"ב בד"ה שאין בשיפוע וכו' דלא כהריטב"א בסוף עירובין שכתב בשם חכמי הצרפתים להיפוך.3 באופן שמדברי רש"י אין הכרע כלל והתוס' ודאי שפירשו משום אוהל והוא גרסת ר"ח שדבריו דברי קבלה וכן הרמב"ם בפ' כ"ב הלכה ל"א. והרשב"א אף שבמסכת שבת העלה כרש"י הלא בעירובין הכריע כר"ח כמ"ש הרב המגיד שם בשמו וגם זה שהכריע במס' שבת כרש"י אין ראיה על הדין רק על הפירוש כמבואר בדבריו שם שהוכיח מדלא קאמר הכא מיהדק וכו' ועכ"פ לדינא מודה לדברי ר"ח שהרי במס' עירובין כתב כן וא"כ לאיסור שוים כל הנהו רבוותא וגם הרא"ש הביא דעת ר"ח באחרונה וכן הטור בסימן ש"א הביא דעת התוס' באחרונה והש"ע שם סעיף מ' ג"כ החליט הטעם משום אוהל. וכבר כתבתי שגם מדברי רש"י אין ראיה לסתור הדין ולא נחלק רק על הפירוש בגמרא וגם רש"י מודה שאם יש לו כעין מחיצה ג"כ או אם כוונתו לאוהל שייך בו איסור אוהל והרי פאראסאל כולהו איתנהו ביה שיש סמוך לשלשה מגגו יותר מרוחב טפח ויש לו דפנות כי השיפוע למטה שהולך באורך כמה טפחים המה דפנות ולא תחשוב כאן שהולך בשיפוע ואנו חושבין עליונו של השיפוע לגג איך נחשוב יתר השיפוע לדפנות דודאי כן הוא ומידי דהוה אסוכה העשויה כמין צריף דעד גובה עשרה מיחשב השיפוע לדפנות ומשם ולמעלה מיחשב סכך ואוהל ואם יש בגגה טפח או תוך ג' טפחים סמוך לגגה רוחב טפח כשירה בין לר"א ובין לרבנן ועיין מגן אברהם סימן תרל"א ס"ק ט'. וא"כ לא ידעתי על מה סמך החכם המתיר בזה ומה שכתב שהרמב"ם הצריך שיהיה מהודק על ראשו ג"כ לא ידעתי מה הועיל בזה. הלא גם זה הפאראסאל מחזיק בידו על ראשו והרי הוא מהודק על ראשו.4 ועוד כי נלענ"ד טעם הרמב"ם בזה שאם אינו מהודק על ראשו הרוח מפילו מראשו ואין נחשב אפילו אוהל עראי אבל זה פאראסאל בכל מקום שהוא אוהל חזק הוא כשמעמידו ומה שכתב כיון שהולך בו ממקום למקום אינו נחשב אוהל. מלבד שכבר דבריו בטלים מדין סיאנא הנ"ל שהרי ג"כ הולך בו ממקום למקום והרי כל הני רבוותא אסרוהו משום אוהל אלא דבלא"ה לא ידעתי לכוין דבריו וראיותיו. כי מה שהביא מטלית המנפנפת וספינה השטה אין הנדון דומה כי טלית המנפנפת אין לה סמיכה בשום דבר ואין לה שום קיום רק הרוח מעמידה באויר וספינה השטה ועוף הפורח שם הפירוש שלא נחשבו אוהל שמאהיל על דבר זה שהרי התעיף עליו עיניך ואיננו מאהיל על דבר זה ולא חוצץ נגד זה לכך אינו מביא ואינו חוצץ אבל לא שלא נחשבו אהל כי בודאי הם אוהל אבל אינם על דבר זה אבל לענין שבת הרי עשה אוהל ובכ"מ שהוא אוהל הוא. ועוד דמה בכך שהאדם הולך בו ממקום למקום הרי אף על פי כן בכל מקום מאהיל על ראשו וכשאוהל עם מה שתחתיו הולך ממקום למקום אפילו לענין טומאת המת אוהל הוא. וראיה לדבר שהרי שם באהלות באותה משנה ר' יוסי אומר הבית שבספינה אינו מביא את הטומאה. כתב הר"ש אי בכלים שבתוך הבית דבר תימה מאי טעמא דרבי יוסי שאינו מביא את הטומאה. ויש לפרש שהבית בראש ספינה ומאהיל על הכלים שבספינה ועל מת שבים בשעה שמהלכת הרי שאם המת וגם הכלים בבית זה ליכא שום הוה אמינא שלא יטמא באוהל.5 ויותר היה לו להחכם הזה להביא אוהל זרוק דקי"ל דלאו שמיה אוהל אם החכם הזה מדמה שבת לטומאה. אבל גם בזה אין שום חיזוק לדבריו. חדא דאוהל זרוק דלאו שמיה אוהל להיות חוצץ בפני הטומאה להגין על אדם שבתוכו מטומאה שחוצה לו אבל הא ודאי שאם כזית מן המת נתון בשידה תיבה ומגדל ויש כלים באותה שידה או תיבה או מגדל וכי יש שום הוה אמינא שלא נטמאו הכלים באוהל הא ודאי שנטמאו וא"כ אוהל הוא אלא דלענין חציצה לאו שמיה אוהל וא"כ מה ענין זה להלכות שבת. ועוד דלענין חציצה עצמה כשהוא ע"ג אדם או על גב בהמה מיחשב אוהל וכמ"ש התוספות בעירובין דף ל"א ע"א בד"ה ומר סבר וגם הרמב"ם ע"כ סובר כדברי התוס' דאוהל זרוק ע"ג אדם ובהמה הואיל והאדם והבהמה עצמם רחמנא קראם אוהל אף שהם כמו אוהל זרוק הה"ד לדלתות שעל גבם גם הדלתות מיחשבי אוהל שהרי הרמב"ם פסק בפי"א מטומאת המת הלכה א' דאוהל זרוק לא שמיה אוהל ופסק בפ"ב מפרה הלכה ז' שדלתות היו

מניחים ע"ג השוורים. ואף שהתוס' שם בעירובין לא כתבו זה רק בשוורים אבל לא באדם היינו משום שכיון שהאדם מקבל טומאה אינו יכול לחוץ בפני הטומאה דאל"כ מאי אולמא דשוורים מאדם אדרבה מה דשוורים עצמם הם אוהל היינו מקרא דעור ובשר וגו' ועצמות וגידים תסוככני והאי קרא באדם כתיב וכמ"ש התוס' במס' סוכה דף כ"א ע"ב. ואף שכתב התוס' י"ט שם בפ"ב דפרה משנה ב' דלפמ"ש בפ"ו דאהלות לשטת הרמב"ם נסתר ראיות התוס' בזה יע"ש בתוס' י"ט אין זה ענין לסתור מה שכתבתי דמה בכך שאין ראיה דהך מתניתין דנדבך סברה דאוהל זרוק לא שמיה אוהל אבל עכ"פ הרמב"ם פסק בהדיא בפי"א מטומאת מת דלא שמיה אוהל ואפ"ה פסק בפ"ב מפרה דמביאין דלתות וכנ"ל וע"כ סובר כיון שהשוורים עצמם הם אוהל אף שהם אוהל זרוק הה"ד האוהל אחר שעל גביו. א"כ הפאארסאל /הפאראסאל/ שביד האדם ומחזיקו על ראשו כיון שהאדם עצמו נקרא אוהל ואין הזריקה מפסדת שם אוהל ממנו הה"ד האוהל שמחזיק על ראשו. ועוד וכי תמיד הוא מהלך בו והלא בשעה שמעמידו עומד הוא במקומו ותיכף עובר בשבת באיסור שבת. ולכן כל דברי החכם הזה ביסוד הזה אף שדברי חכמה הם אין להם קיום לדינא ועכשיו נדבר מהיתר השני שכתב החכם המתיר דלא גרע הפאראסאל שיש בו קרסים ולולאות מטלית כפולה שמותרת ע"י חוט ומשיחה שיש בה מע"ש שמותר אפילו לא כרך בה טפח מע"ש. ואומר אני להחכם הזה ערבך ערבא צריך וטלית כפולה מי התיר לך ונחזי אנן על מי נשען ועל מי יש לו לסמוך והרי הרי"ף שם בפרק תולין כתב ואם כרך עליה חוט וכו' פירוש כגון טלית כפולה שקשרה בין שני כתלים והיא משולשת ומגעת לארץ ונכנס בין שתי קצוותיה וישן תחתיה בצל ואין בגגה טפח ולא בפחות משלשה סמוך לגגה טפח לפיכך אינו אוהל קבע אלא אוהל עראי ומפני שאין בגגה ולא בפחות משלשה לגגה טפח לפיכך פטור אבל אסור ואם היה עליה חוטים מאתמול ונטה אותה היום מותר עכ"ל הרי"ף. וכמה הלכתא גבירתא אנו למדין מדברי רבינו הרי"ף הללו חדא שאינו מועיל חוט ומשיחה אלא באין בגגה ובפחות משלשה לגגה טפח הא יש בה טפח לא מהני חוט ומשיחה. ועוד אנו למדין חידוש גדול מדבריו שאם יש בגגה או בפחות משלשה לגגה טפח ה"ז אוהל קבע וחייב סקילה במזיד וחטאת בשוגג שהרי כתב שאין בגגה

וכו' לפיכך אינו אוהל קבע ומכלל לאו אתה שומע הן שאם יש טפח הוא אוהל קבע וכן יותר מפורש כתב ומפני שאין בגגה וכו' לפיכך פטור אבל אסור. משמע מפורש שאם יש בה אינו פטור אלא חיוב יש בו וכן כתב הב"י בסימן שט"ו דמשמע מדברי הרי"ף הללו דאם יש בגגה טפח אוהל קבע הוא וחייב חטאת ולקמן נדבר מדברי הב"י הללו. אבל עכ"פ זה מפורש בדברי הרי"ף בטלית כפולה שאם יש בגגה טפח הוה קבע וחייב חטאת ולזה רמזתי כשדרשתי כאן איסור הפעראסאל שחוששני מחיוב סקילה. ואמנם לא החלטתי לחלוטין שחייב סקילה רק חוששני, כי מי לא יחוש לדברי אבי ההוראה הרי"ף ז"ל ועבור זה ג"כ אני תמה על החכם המתיר שהרגיש בעצמו שדבריו חלשים ויש להשיב עליהם אך שכתב דבאיסור דרבנן כזה אין להחמיר והיה פשוט בעיניו שאין כאן חשש איסור תורה ואיך לא חשש לדברי הרי"ף שכיון שיש סמוך לשלשה מגגו טפח הוא חיוב סקילה. ואמנם גוף הדבר אם יש כאן חיוב סקילה אי לאו שאמרה רבינו הגדול הרי"ף אמינא אם לדין יש תשובה שאם אתה אומר שכשיש בגגה טפח הוא אוהל קבע וא"כ אפילו יש בו טפח מבע"י אסור להוסיף עליו דעד כאן לא שמענו היתר אלא להוסיף על אוהל עראי אבל להוסיף על אוהל קבע אסור6 וכן מפורש בעירובין ק"ב ע"א שייר בה טפח ולמחר פושטה מוסיף על אוהל עראי הוא ושפיר דמי וא"כ משמע דאוהל קבע אפי' להוסיף אסור וא"כ היא גופה קשיא שם דקאמר כרוך בודיא ושייר בה טפח למחר פשטה ומוסיף על אוהל עראי וכו'. ואיך נחשוב זה אוהל עראי והלא רוחב גגה כמה טפחים שהרי שייר בה טפח קאמר וכריכת כל הבודיא הוא יותר ויותר מהשיור. ולא עוד אלא שהרי"ף עצמו פסק הך דינא בסוף פרק כל הכלים ומביא הך סוגיא דשילהי עירובין הנ"ל ככתבה וכלשונה. וא"כ דברי הרי"ף סתרי אהדדי דבפרק תולין כתב דאם גגה רחב טפח הוא אוהל קבע ובפרק כל הכלים כתב דהוה מוסיף על אוהל עראי הן אמת שגם רבינו הגדול הרמב"ם בפ' כ"ב משבת הלכה כ"ט כתב כל אוהל משופע שאין בגגה ולא בפחות מג' סמוך לגגה רוחב טפח הרי זה עראי והעושה אותו לכתחלה בשבת פטור טלית כפולה שהיו עלי' חוטין שהיא תלוי' בהן מערב שבת מותר לנטותה ומותר לפרקה וכן הפרוכת. הלכה ל' כילת חתנים שאין בגגה טפח ולא בפחות מג' סמוך לגגה רוחב טפח הואיל והיא מתוקנת לכך מותר לנטותה ומותר לפרקה והוא

שלא תהיה משולשלת מעל המטה טפח עכ"ל רבינו הגדול. והעתקתי כל לשונו לפי שאין בלשונו שום דבר לבטלה ורמז בקצרה לתרץ כל הקושיות ויבואר אח"כ בדברינו אבל עכ"פ ג"כ יהיב כללא דכל שאין בגגה וכו' הוא דמיחשב עראי וכדברי הרי"ף. אמנם באמת אין בדברי הרמב"ם הכרע שהרמב"ם יהיב כלל לצד אחד שאם אין בו רוחב טפח ודאי הוא עראי ולא משכחת בו קבע אבל לא הכריח ההיפך שאם יש בו טפח שודאי הוא קבע רק כך הוא היוצא מדיוקא דיליה שאם יש בו רוחב טפח אינו ודאי עראי אלא יש מקום שמיחשב קבע ויש מקום שהוא עראי. אבל דברי הרי"ף מפורשים היטב שכשיש בו טפח יש בו חיוב חטאת בטלית מכופלת עצמה וא"כ קשה מה הפרש יש בין טלית כפולה ובין הך דכרוך בודיא. ונראה דיש ג"כ לדקדק בלשונו של הרי"ף שכתב שקושרה בין שני כתלים והיא משולשלת ומגעת לארץ ומה בעי בזה שכתב שהיו שני כתלים וכן במה שכתב והיא משולשלת וכו'. ולכן נראה דאם היו שם ד' כתלים שלא היה שם גג והוא שוטח טליתו למעלה להיות גג לעשות צל נמצא שאינו עושה רק הגג למעלה בטליתו ולא דפנות או אם היו שם רק שני כתלים אלא שפירש טליתו למעלה אבל לא היתה משולשלת למטה ונמצא ג"כ שאינו עושה רק הגג הזה מיחשב רק עראי אפילו רחב טפח ויותר אבל בהך טלית כפולה היו רק ב' כתלים ופירש טליתו והיא משולשלת למטה דהיינו אם היו הכתלים מזרח ומערב והיא משולשת למטה לצפון ולדרום נמצא שטליתו זה עושה האוהל עם מחיצות בזה קאמר הרי"ף שאם הוא רחב טפח הוא קבע ובזה אפילו אינו רחב טפח בעינן חוט ומשיחה אבל הך דכרוך בודיא בשילהי עירובין דשם הוא בהנהו דכרי שהוו לרב הונא דביומא בעו טולא וכו' ובודאי היו שם ארבע מחיצות שיהיו הדכרי משומרים אלא שלא הי' גג מלמעלה והך בודיא הי' כרוך עלי' לפשטה עלי' לגג ולא עשה שום מחיצה רק גג לכן מיחשב עראי ומותר ע"י שיור טפח דהוה תוספת אוהל עראי. ונמצא דברי הרי"ף עולים כהוגן בלי סתירה ויצא לנו מזה דבאין שם מחיצות מע"ש והוא עושה בשבת אוהל משופע עם המחיצות יש בו חיוב חטאת וסקילה. ומעתה הפעראסאל /הפאראסאל/ שבעודו סגור ומדובק אין שם שום דבר לא אוהל ולא מחיצה שהכל דבוק יחדיו ולמחר שפושטו נעשים המחיצות עם הגג יש כאן חיוב סקילה לדברי הרי"ף. ואעפ"כ אין אני מחליט החיוב סקילה דאולי הרי"ף דקאמר בטלית והיא משולשלת ומגעת לארץ ג"כ בדוקא קאמר שמגעת לארץ הוא דיש בה חיוב סקילה ברוחב טפח. אלא שדוחק בעיני לחלק בין מגיע לארץ או לא שלא מצינו כיוצא בזה אפילו לענין להפסיק בסוכה לא אמרו אלא חילוק בין גבוה עשרה או לא אבל לחלק בין מגיע לארץ לא שמענו אלא לענין גדיים בוקעין בו וזה לא שייך לענין אוהל.7, 8 והחילוק הזה שביארתי כאן לחלק אם עושה האוהל והמחיצות בשבת ובין עושה רק האוהל והמחיצות כבר ישנם שם הוא מבואר בתוס' במס' ביצה דף ל"ב ע"ב בד"ה מלמטה למעלה וכו' שכתבו ותימא דאמר בשבת מחזירין קדירה ע"ג כירה ואפילו בשבת מחזירין וי"ל דכל הנך אינן אסורין אלא כשמתקן האוהל והמחיצות וכו' והתם גבי כירה המחיצות היו עשויין מתחלה יעי"ש באופן שלדעת הרי"ף פעראסאל הנ"ל אסור וגם קרוב הדבר שיש בו חיוב סקילה. ומאוד אני תמה על הדרישה שרצה לפרש דעת הרי"ף דמה שכתב ואין בגגה טפח קאי רק בשלא כרך עלי' חוט ומשיחה וכו' והוא תמוה דא"כ למה חזר הרי"ף וכתב ואם היו עלי' חוטין מאתמול ונטה אותה היום מותר והלא כבר כתב כן בתחילת דבריו ואם כרך עליה חוט או משיחה מותר לנטותה לכתחלה אלא ודאי דמה שחזר וכתב ואם היו עלי' חוטין וכו' אדלעיל מ"ש לפיכך קאי דלפיכך הואיל ואין בגגה טפח שפטור אבל אסור לכך אם היו עליה חוטין מותר הא אם יש בה טפח לא מהני חוטין. ודעת הרמב"ם מדהתחיל בהל' כ"ט באין בגגה טפח וע"ז תיכף אמר דין טלית כפולה דבר הלמד מעניינו הוא דמיירי באין בגגה טפח ולהכי מהני בה חוטין וכן כתב הב"י שדעת הרמב"ם כדעת הרי"ף וגם עוד מוכר כן מדברי הרמב"ם בהל' למ"ד שכתב כילת חתנים וכו' הואיל והיא מתוקנת לכך מותר לנטותה וכו'. והנה מה שכתב הרמב"ם הואיל והיא מתוקנת לכך טעם זה הוסיף רבינו מדעתו כי לא נאמר בגמ' טעם זה לא במס' שבת ולא במס' עירובין ואין דרכו של רבינו להוסיף דבר אם לא לתרץ איזה סתירה בדבריו וכבר רמזתי שאין בדבריו דבר לבטלה ולכן נלע"ד שדבר גדול דבר רבינו בזה כי הרא"ש שם בפרק תולין הקשה על הרי"ף שפירש טלית כפולה מיירי שאין בגגה טפח ואפ"ה אסור אם אין בה חוט או משיחה דמ"ש כילת חתנים דמותר לנטותה אם אין בגגה טפח ומ"ש טלית כפולה שהיא יותר בנין עראי מכילה ולכן סתר שם הרא"ש דעת הרי"ף

ופירש דטלית כפולה מיירי שיש בגגה טפח. ורבינו הרמב״ם נשמר מקושית הרא״ש ולכן יהיב טעמא דכילת חתנים מתוקנת לכך ולכן מותר באין בגגה טפח בלי שום חוט ומשיחה משא״כ טלית כפולה אין הטלית מתוקנת ועומדת לכך לפורסה כאן תמיד אלא שעכשיו רוצה לפורסה לכך אסורה אפילו אין בגגה טפח ואולי זהו עיקר פעולת החוט ומשיחה שבזה הוא מתקנה לכך. ותדע שכן הוא שהרי התוס׳ בדף קל״ח ע״א בד״ה כרך עלי׳ חוט או משיחה כתב וכגון ששייר בה טפח כדאשכחן בפ׳ בתרא דעירובין כרוך בודיא ושייר בה טפח למחר פשטה ומוסיף על אהל עראי הוא אי נמי כריכת חוט או משיחה מועלת בלא שיור טפח עכ״ל. והנה לפי הדרך הראשון שכתבו דמיירי ששייר בה טפח אם כן היא גופא קשיא דכיון דשייר בה טפח למה לי חוט או משיחה ומ״ש מהך בודיא דשלהי עירובין שמותרת ע״י שיור טפח לחוד א״ו הוא הדבר אשר דברתי שהטלית הזו אינה מתוקנת לכך תמיד לכך לא מהני שיור טפח לחוד בלי חוט ומשיחה משא״כ בשלהי עירובין בדברי רב הונא דבכל יומא הוו בעי טולא וא״כ בכל יום הי׳ כך בודיא פרוס עליה ובלילה היה כורכה והיא מתוקנת לכך. ועלה בידינו שגם דעת הרמב״ם כדעת הרי״ף שניהם שווים דלא מהני חוט ומשיחה ביש בגגה טפח ודעת התוס׳ הדבר מבואר שאין בדבריהם הכרע שלסברא הראשונה שכתבו דמיירי ששייר טפח א״כ חוט ומשיחה לחוד לא מהני ולסברא שניה מהני ואפילו לסברא השניה אין כאן ראי׳ שחולקים לדינא על הרי״ף שהרי״ף מוקי הך דטלית כפולה שעשה בה גם המחיצות משני צדדים ואולי בזה מודים התוס׳ שאסור אלא דהתוס׳ מוקי לה לסברא שני׳ שאינה משולשלת למטה כלל רק למעלה ומדברי רש״י אין הכרע שרש״י לא הזכיר בדבריו גבי טלית כלל אי מיירי ברחב טפח ואף שרש״י פירש שהיא פרוסה על ארבע יתידות מכל מקום בהיתר חוט או משיחה כתב שנתנה על הנס שעל הקינוף וא״כ הנס הוא קצר וגבוה עד שאפשר שאין רוחב טפח בפחות משלשה טפחים סמוך לנס. והב״י כתב שדעת רש״י כדעת הרא״ש שהוא חולק על הרי״ף דהא דתני אביי כילה לא יעשה ואם עשה פטור אבל אסור פירש שיש בגגה טפח ולפי דברי הרי״ף בטלית כפולה נראה דדוקא שאין בגגה טפח הוא דפטור אבל אסור אבל יש בגגה טפח אוהל קבע הוא וחייב חטאת עכ״ל הבית יוסף. ואני אומר אם קבלה היא נקבל ואם לדין יש תשובה ושתי תשובות בדבר. חדא דלו יהיבנא להרב ב״י דרש״י חולק בזה על הרי״ף במה שפוסק דברחב טפח חייב חטאת וסובר רש״י דגם ברחב טפח פטור אבל אסור אבל אכתי מנ״ל להב״י שרש״י סובר כהרא״ש להתיר ע״י חוט ברחב טפח ודלמא רש״י שכתב בתני אביי רחב טפח היינו דגם ברחב טפח אינו חייב אבל גם בפחות מרוחב טפח אינו מותר לכתחלה ובעי חוט ומשיחה וברחב טפח אף שג״כ אין בו חיוב חטאת אפ״ה לא מהני חוט ובעי שיור טפח מבע״י. ואל תתמה הלא גם להרא״ש יש חילוק באוהל עראי עצמו דהרי בבודיא שילהי עירובין גם להרא״ש בעי שיור טפח מבע״י כמבואר בדבריו בפרק כל הכלים ובטלית כפולה סגי במשיחה אף ששניהם הם עראי. ועוד היא גופא מנ״ל להב״י אפילו בחיוב חטאת שחולק רש״י על הרי״ף ואולי מיירי כילה שיריעה הפרוסה סביב המטה לדפנות כבר היא פרוסה מאתמול והיום עושה הכילה למעלה והרי כתבתי לעיל דגם להרי״ף ליכא חיוב חטאת באוהל בלא דפנות ועיין מ״ש רש״י בעירובין דף ק״ב ע״ב בד״ה בשיפועה ולא נשאר לנו חולק על הרי״ף להדיא אלא הרא״ש וגם להרא״ש לדעתי אין שום היתר לפעראסאל. וזה לשון הרא״ש שם בפרק תולין אחר שהביא דברי הרי״ף כתב ואין דבריו נראין בזה כלל אלא מיירי שיש בגגה טפח א״נ לאחר שכלה השיפוע יורד ממנו בשוה וכו׳ ברוחב טפח וכו׳ והא דאמרינן כרך חוט או משיחה מותר אפילו לא היתה פרוסה טפח אלא כולה כרוכה דכריכת חוט או משיחה חשוב כאלו היתה פרוסה טפח עכ״ל. ומדכתב הרא״ש שלא היתה פרוסה טפח אלא כולה כרוכה ולא כתב רבותא יותר שאפילו לא היתה שם כלל אלא שבשבת פורסה שם מכלל דזה להרא״ש אסור דעכ״פ צריך שתהיה שם במקום ההוא מע״ש. וכן מפורש ברש״י ד״ה חוט או משיחה ונתנה על הנס שעל הקינוף וכו׳ הרי מפורש שעכ״פ צריך שתהא נתונה על הנס מאתמול הא לאו הכי לא מהני חוט או משיחה וכל זה לא שייך בפעראסאל שכל מעשה האוהל נעשה בשבת עצמו משא״כ פריסת הטלית כבר הוקבע במקומה אתמול וגם עוד יש לדון בפעראסאל שיודה גם הרא״ש באיסורו שכל עיקר ההיתר של הרא״ש הוא דטלית כפולה הוא יותר עראי מכילת חתנים. ואומר אני כי היכי דבאוהל זרוק דלא שמי׳ אוהל חילקו התוס׳ שאם הוא נתון ע״ג בהמה מקרי אוהל כיון שהבהמה שתחתיו חשובה אוהל דכתיב עצמות וגידים תסוככני גם

הדלת שנתנה עליו מיחשב אוהל אפילו לקולא להיות חוצץ בפני הטומאה וכבר כתבתי דפשיטא שיש לומר סברא זו באדם שהרי עיקר קרא דעצמות וגידים תסוככני באדם כתיב א"כ הכי נמי אוהל עראי דלא שמי' אוהל מן התורה אם הוא נתון להאהיל על האדם כיון שאדם שתחתיו הוא אוהל גם זה האוהל שעליו מקרי אוהל קבוע וא"כ פעראסאל שמאהיל על האדם והאדם נושאו מקרי אוהל מן התורה ה"ז אוהל קבוע אך אמינא שאי אפשר לומר כן שהרי הוכחתי לעיל שהרמב"ם ג"כ ע"כ סובר סברת התוס' באוהל זרוק לחלק בין הוא בפני עצמו ובין הוא נתון ע"ג בהמה והרי הרמב"ם בהלכות שבת שם בפ' כ"ב הלכה ל"א כתב בכובע שעל הראש שאם היתה השפה שהוציאה קשה ביותר כמו גג אסור מפני שהוא עושה אוהל עראי עכ"ל. הרי אף שהאדם נושא ומאהיל על האדם אפ"ה אינו אלא אוהל עראי. ונ"ל דלא דמי לאוהל זרוק דבשלמא אוהל זרוק החסרון שלו הגורם שלא יוחשב אוהל הוא משום שהוא אוהל זרוק והרי חסרון זה ישנו בבהמה עצמה ובאדם שגם הם אוהל זרוק ואפ"ה קרואים אוהל דרחמנא קרינהו אוהל א"כ אם דלתות שעליהם לא יזיק להם חסרון זה שהרי ע"י זה נחשבים הדלתות זרוק ע"י הבהמה הנושאת אותם והרי להבהמה עצמה אינו מזיק מה שהיא זרוק משא"כ אוהל עראי שגרעון שלו הוא שאין קבוע אין חילוק אם הוא על הבעל חי או לא בכל מקום שהוא עראי הוא והנה יש לדון עוד לצד היתר בפעראסאל הנ"ל ולדמותו לכסא טרסקל ואסלא שאמרו שם /שבת/ דף קל"ח ע"א שמותר לנטותם לכתחלה ופירש"י כסא טרסקל עליונו של עור ומקפלין אותו וכשמסלקין אותו סומכין אותו לכותל וכשרוצה לישב עליו נוטהו ויושב על ד' רגלים ואסלא עשוי כעין כסא טרסקל וכו' מותר לנטותו לכתחלה דהא עביד וקאי עכ"ל רש"י. ולכאורה כוונת רש"י בזה דלא תימא דאסור משום שנוטה אוהל ולכן כתב דהא עביד וקאי שהעור למעלה כבר הוא על הרגלים ואינו אלא מרחיב הרגלים זו מזו ולכן אינו מיחשב שעושה עתה אוהל. ואם כן גם הפעראסאל הוא כזה שאינו אלא מרחיב צדדיו זה מזה וממילא נשאר האוהל ולאו מידי עביד דהא עביד וקאי. אבל זה באמת אין כוונת רש"י דהרי לפי זה קשה גם בטלית כפולה הוא באופן זה שהטלית פרוסה באמצעותיה על הנס ושני צדדיו תלוים למטה זה מצד זה של הנס וזה מצד זה סמוכים להדדי ולמחר מושך צד אחד למזרח וצד שני שכנגדו למערב ונשאר החלל ביניהם ממילא ולמה בעינן שם חוט או משיחה הא ג"כ עביד וקאי. ואף שיש לדחות דטלית אינו מיוחד לזה כמ"ש לעיל לכך בעינן חוט או משיחה משא"כ כסא טרסקל שמיוחד לזה מ"מ אי מטעם עביד וקאי הוא ונמצא שאינו עושה עכשיו כלום א"כ מה לי מיוחד לזה ומה לי אינו מיוחד ועוד קשה דהרי רש"י שם בדבור הקדום ד"ה אבל מטה כתב אם היתה זקופה או מוטה על צידה מותר לנטותה לישבה על רגלים אף על גב דהשתא עביד אוהל שרי דלא מידי עביד אלא ליתובא בעלמא עכ"ל רש"י. ובוודאי כוונת רש"י במה דכתב דלאו מידי עביד אף שכתב דהשתא עביד אוהל מ"מ לאו מידי עביד דאין אוהל אלא במה שצריך לאויר שתחתיו וזה אינו עשוי לאויר שתחתיו אלא ליתובא בעלמא וזה פשוט בכוונתו וא"כ למה הוצרך בכסא טרסקל ואסלא ליתן טעם דהא עביד וקאי. א"ו דהאי עביד וקאי לא על אוהל קאי דהאוהל באמת לאו עביד וקאי שעיקר האוהל הוא האויר שבין המחיצות וזה לא עביד וקאי כי בהתכפלו נתקרבו הצדדים ולא נשאר אוהל ועכשיו בהפרידו את הרגלים ומרחיקם זו מזו הוא עושה אוהל אבל אין בזה איסור אוהל שהרי ליתובא עביד. אבל כוונת רש"י דרש"י לשיטתו דאיהו מפרש הני חומרי מתניתא דמינקט אביי שם לאו בדיני אוהל לחוד מיירי שהרי בכסא גלין פירש"י הטעם שמא יתקע ועיין בתוס' ד"ה כסא גלין שבאמת נאדו מפירוש רש"י לפי שהם מפרשים כל הנך מתניתא בדיני אוהל ועכ"פ רש"י לשיטתו והי' קשה לו בכסא טרסקל אף דמשום אוהל ליכא דליתובא עביד מ"מ ליתסר משום האי טעמא גופיה שעושה כסא לישיבה ע"ז יהיב רש"י טעמא שמותר דהא עביד וקאי שרגלים והעור הכל עביד וקאי אלא שמרחיק הרגלים ואין כאן דבר חדש. זה פשוט בעיני בכוונת רש"י. ובמג"א בסק"ח באמת כתב דלאו מידי עביד אלא ליתובא אהך כסא העשוי פרקים. ואמנם מה שהתיר המג"א שם להעמיד החופה לכאורה יש לדחות דהחופה צריך לאויר שתחתיה ועביד אוהל. ולכן נראה דסבר המג"א כיון שאין החופה נעשית להגן מפני שמש או גשם רק לכבוד חתן וכלה ג"כ לא נקרא אוהל עוד יש לדון אם יש למצוא היתר לפעראסאל מצד דנימא דהנך קרסים ולולאות הקבועים בו שעל ידם נפתח ונסגר והיה דינם כמו ציר ולדמות למה שכתב רמ"א בסוף סימן תרכ"ו בהגה"ה בגגות העשויין לפתוח ולסגור שקורין

ס"א מסכתות יש בתורה שבע"פ שעליה אמר (תהל' ע"ה,ג') כי אקח מועד אני מישרים שהוקם אוהל מועד אני משרים אשפוט (שם) אני דייקא שכן אני בא"ת ב"ש תמ"ט וכן [טו] מסכתא בא"ת ב"ש בגי'

שלעק שאפילו בי"ט שרי לפתחן ולסגרן אם יש להם צירים שפותח וסוגר בהם ואין בזה משום סתירה ובנין אוהל ביום טוב וכו' ע"ש. ובאמת מהרי"ל אוסר אלא שרמ"א משיג עליו ומתיר ע"י הצירים דחשיב כמו דלת. ואמנם אין הנדון דומה דשם אמרינן שזה כמו דלת כי עיקר הבית או הבור ודות עומד וזה דלת שלו ובטל אליו אבל כאן עושה את כולו. ועוד דשם אותו שעל הגגים וכן דלת בור ודות שמביא שם בד"מ הוא אוהל לחוד ואינו עושה המחיצות אבל כאן עושה האוהל וגם המחיצות. וכאשר הבאתי בשם התוס' שיש הפרש בין אם המחיצות כבר עשויים והוא עושה רק האוהל למעלה ובין עושה המחיצות וגם האוהל. דרך כלל חפשנו על כל צדדי הפעראסאל ולא מצאנו צד היתר ועד כאן דברנו מאיסור תיקונו בשבת אבל אם העמידו מע"ש אם רשאי בשבת לישא אותו ולהאהיל בו על ראשו להגן מפני החמה או מפני הגשם והא ודאי שמצד מראית העין שיחשדוהו שתיקנו היום ראוי לאסור. לא מיבעי לשטת הרי"ף אליבא דב"י שיש בו חיוב חטאת פשיטא שצריך למנוע ולמחות אפילו הוקם מע"ש מפני מראית עין אלא אפילו אם נימא שודאי לית בו איסור תורה אפילו יקימו בשבת אלא איסור דרבנן ג"כ שייך בו איסור מראית עין. ועד כאן לא נחלקו הפוסקים אלא אם החשד הוא איסור דרבנן אם אמרינן בו כל שאסרו מפני מראית העין אפילו בחדרי חדרים אסור שדעת התוס' דבאיסור דרבנן לא אמרינן אפילו בחדרי חדרים אסור.9 ועי' בסי' ש"א במג"א ס"ק נ"ו, אבל בפרהסיא ודאי אסור שהרי איסור הבהמה לצאת בזוג הוא משום חשדא דאזיל לחינגא שהוא איסור דרבנן ועיין בסימן ש"ה סעיף י"א אבל אם אסור מצד הדין אף בלא חשדא יש לדון שכיון שכבר הוא מאתמול ובכל מקום שהוא עומד אוהל הוא א"כ מה לי שהוא עומד במקומו או שנושאו על ראשו אלא שיש סברא ג"כ לאיסור שזה מאהיל עתה על ראשו מיחשב עשיית אוהל וראי' לדבר סיאנא לדעת ר"ח והרמב"ם שאסור משום אוהל ואטו עושה שום דבר בו הלא אינו נוטהו ולא מפשיטו אלא שלובשו על ראשו

ואפ"ה אסור משום אוהל. ואמנם לשון הרמב"ם בפ' כ"ב הל' ל"א כובע שעושין על הראש ויש לו שפה מקפת שהיא עושה צל כמו אוהל על לבושו מותר ללבשו ואם הוציא מן הבגד סביב לראשו או נגד פניו כמו אוהל והי' מהודק על ראשו והית' השפה שהוציאה קשה ביותר כמו גג אסור מפני שהוא עושה אוהל עראי עכ"ל הרמב"ם. ויש לדקדק למה כתב הרמב"ם ואם הוציא וכן לסוף השפה שהוציאה וכו' ולמה לא כתב בקיצור ואם השפה שהוציאה קשה ביותר כמו גג ומקפת סביב ראשו או כנגד פניו כמו אוהל אסור וכו'. א"ו שהרמב"ם בעי שהוא יוציא מן הבגד ויעשהו כמו אוהל כגון שכופפו מעט למטה שיאהיל אבל אם כבר הבגד הוא כן אינו עושה שום דבר ואין בו איסור שכבר הוא אוהל קודם שיסיימו /שישימו/ על ראשו הא למה זה דומה שהולך בשבת ועומד תחת האוהל וכי יש בו צד איסור. ואפילו אם נימא שלשון הרמב"ם לאו דוקא ויש בו איסור מצד שמשימו על ראשו וכמו שפלפלו האחרונים על הברעטליך /הכובעים/ ג"כ אין ראי' שהברעטל הוא דבר פשוט וכשמונח או תלוי בכותל אינו אוהל כלל ולא נעשה אוהל כי אם כשמשימו בראשו ולכן מיחשב מה שמשימו על ראשו עשיית אוהל בשבת אבל הפארעסאל כשהוא מוערך כבר הוא אוהל בכל מקום שהוא ולכן כשמניחו על ראשו אינו עושה אוהל חדש. דרך כלל כשהוא מוערך מערב שבת יש בו לדון לאיסור ולהיתר אבל עכ"פ מפני מראית עין יש לאסרו כי מי יודע אם ערכו מאתמול ובפרט בדור יתום הזה שנפישי אינן בני תורה יותר מבני בשכר. והנלע"ד כתבתי.

[טו] **שיר השירים רבה פרשה א:** עד שהמלך במסבו, ר' מאיר ור' יהודה, רבי מאיר אומר עד שהמלך מלכי המלכים הקדוש ברוך הוא במסבו ברקיע נתנו ישראל ריח רע, ואמרו לעגל (שמות ל"ב) אלה אלהיך ישראל, אמר ליה ר' יהודה דייך מאיר אין דורשין שיר השירים לגנאי אלא לשבח, שלא נתן שיר השירים אלא לשבחן של ישראל, ומהו עד שהמלך במסבו, עד שהמלך מלכי המלכים הקדוש ברוך הוא במסבו ברקיע, נתנו ישראל ריח

תמ"ט. וכן מלוי של משה כזה מם שין הה שהוא חשבון לוחות רק שהיא חסר א' כי משה עלה לחשבון (משלי ט',ט') [טז]תן

טוב לפני הר סיני ואמרו (שמות כ"ד) כל אשר דבר ה' נעשה ונשמע, היא דעתיה דר' מאיר למימר סיריי נתן ריחו, אלא מסכתא עלתה בידם מן הגולה ושנו בה, שקפץ להם מעשה העגל והקדים להם מעשה המשכן, ר' אליעזר ור' עקיבא ור' ברכיה, ר' אליעזר אומר עד שהמלך במסבו, עד שמלך מלכי המלכים הקדוש ברוך הוא במסבו ברקיע כבר הר סיני מתמר באור, שנאמר (דברים ד') וההר בוער באש, ר' עקיבא אומר עד שמלך מלכי המלכים הקדוש ברוך הוא במסבו ברקיע כבר (שמות כ"ד) וישכן כבוד ה' על הר סיני, ר' ברכיה אומר עד שמשה במסבו ברקיע שנקרא מלך שנאמר (דברים ל"ג) ויהי בישורון מלך בהתאסף ראשי עם, כבר (שמות כ') וידבר אלהים את כל הדברים האלה לאמר, ר' אליעזר בן יעקב ורבנן, רבי אליעזר אומר עד שמלך מלכי המלכים הקדוש ברוך הוא במסבו ברקיע כבר ירד מיכאל השר הגדול מן השמים והציל את אברהם אבינו מכבשן האש, ורבנן אמרי הקדוש ברוך הוא ירד והצילו שנאמר (בראשית ט"ו) אני ה' אשר הוצאתיך מאור כשדים, ואימתי ירד מיכאל בימי חנניה מישאל ועזריה אמר רבי טביומי עד שיעקב אבינו מסב במטתו נצנצה בו רוח הקדש ואמר לבניו והיה אלהים עמכם, אמר להם עתיד הוא להשרות שכינתו ביניכם, אמר רב נחמן כתיב (שם /בראשית/ מ"ו) ויסע ישראל וכל אשר לו ויבא בארה שבע, להיכן הלך, הלך לקוץ ארזים שנטע אברהם אבינו בבאר שבע שנא' (שם /בראשית/ כ"א) ויטע אשל בבאר שבע, אמר רבי לוי כתיב (שמות כ"ו) והבריח התיכון בתוך הקרשים, הבריח שלשים ושתים אמה היה ומהיכן היתה נמצאת בידם לשעה, מלמד שהיו מוצנעים עמהם מימות יעקב אבינו הה"ד (שמות ל"ה) וכל איש אשר נמצא אתו עצי שטים, אשר נמצא עצי שטים אין כתיב כאן אלא אשר נמצא אתו מתחלה, אמר ר' לוי בר חייא במגדלא דצבעייא קצצום והורידום עמם למצרים ולא נמצא בהם קשר ופקע אעין דשטים הוו במגדלא והוו נוהגים בהם באיסור מפני קדושת הארון, אתון ושאלון לרב חנניה חבריך דרבנן ואמר לון אל תשנו ממנהג אבותיכם. [טז] **צרור החיים הלכות כלאים פרק א:** הא נמי לא אפשר חדא דמוכרח דלפירוש זה פליג תלמודא דידן בירושלמי, דהלא מהירושלמי לפירוש זה מוכח דר' עקיבא ס"ל דמקיים שלא ע"י מעשה לוקה ואילו בתלמודא דילן בפ"ק דמכות דף ד' ע"ב אמרינן בהדיא דר"ע ס"ל דלאו שאין בו מעשה אין לוקין עליו. ועוד דמדקאמר בירושלמי אבל אם קיים ע"י מעשה לוקה כהדא דתני החופה בכלאים לוקה משמע דס"ל להירושלמי דהמנכש והמחפה דלוקה הוא משום מקיים, והסוגיא דפ' בתרא דמכות דף כ"א היא בהיפך דהמנכש והמחפה דלוקה הוא משום זורע ולא משום מקיים, וכן הסוגיא דע"ז דף ס"ד מוכחא כן בהדיא כרב יוסף. ועוד דדברי הירושלמי גופיה לכאורה קשים להולמם דהכא ס"ל לר' יוחנן דהוא מאריה דתלמודא אליבא דר"ע דמקיים ע"י מעשה לוקה ואילו לקמן שם בירושלמי גופיה קאמר רבי יוחנן בשם רבי ינאי רבו המחפה בכלאים לוקה ואמר ליה ר' יוחנן לר' ינאי ולאו משנתינו היא, פי' דתנן בפ' בתרא דמכות יש חורש תלם אחד וחייב עליו משום שמונה לאוין החורש בשור ובחמור והן מוקדשין וכלאים בכרם ובשביעית וכו', וקאמר ליה ר' יוחנן כלאים בכרם איך אפשר, פי' האי חורש דמחייב משום כלאים היכי משכחת ליה כלומר חרישה בכלאים מי אסירא, ומשני ר' יוחנן לא במחפה כלומר מוכרח אתה לומר דחורש דמחייב מתני' משום כלאים היינו במחפה דמיכסי בהדיה דאזיל וחריש ומחפה בעפר כזרע היינו כזורע, והוה ר' ינאי מקלס ליה לר' יוחנן "הזלים זהב מכיס וגו' תן לחכם ויחכם עוד ישמע חכם ויוסף לקח" א"ל ר"ש בן לקיש לר' יוחנן בתר כל אילין קילוסיא יכיל אנא פתר לה כר"ע דר"ע אמר המקיים בכלאים עובר בלא תעשה כלומר ומתניתין דמחייב חורש בכלאים לאו משום זורע אלא משום מקיים, ועל דא פריך ר' יוחנן לר"ל כלום אמר ר"ע אלא לעבור שמא ללקות והכא במתני' דיש חורש תלם אחד ללקות אנן קיימין ע"כ, והשתא קשה טובא דהלא מקיים ע"י חרישה אין לך מקיים מעשה גדול מזה ואפ"ה דחה ר"י לר"ל באמרו כלום אמר ר"ע אלא לעבור שמא ללקות. נמצא לפ"ז דס"ל לרבי יוסף הכא אליבא דר"ע דאפילו מקיים ע"י מעשה אינו לוקה כי אם איסורא לחוד איכא משום דעובר בלא

תעשה קאמר וא״כ איך אוקמוה לעיל בירושלמי להיא מתני׳ דריש פ״ח דכלאים כדברי הכל לאיסורא בשלא ע״י מעשה ובשקיים ע״י מעשה ס״ל לר״ע דלוקה. [יז] **תלמוד בבלי מסכת סנהדרין דף צא עמוד ב:** תניא, אמר רבי מאיר: מניין לתחיית המתים מן התורה שנאמר אז ישיר משה ובני ישראל את השירה הזאת לה׳, שר לא נאמר, אלא ישיר - מכאן לתחיית המתים מן התורה. [יח] **מגלה עמוקות על ואתחנן אופן קצ״ח:** חשב משה שהותר לו הנדר בשעה שגילה לו הקב״ה סוד נדרים, שאז קיבל שער החמשים שהוא סוד שער איתן שזכר אותו ביחזקאל (מ טו), ואז סיים באותה פרשה אישה יקימנו ואישה יפירנו (במדבר ל יד), ונעשה משה איש האלהים (דברים לג א) בעלה דמטרוניתא (זוהר ח״א רל״ו ע״ב), צדיק מושל ביראת אלהים (שמואל ב׳ כג ג) מי מושל בי צדיק (מו״ק ט״ז ע״ב), שזכה משה למדת מ״י. ולכן אמר ואתחנן בוי״ו, ואז זכה לנ׳ ארוכה לשער החמשים של בינה, ההוא כתיב, ר״ל באותו עת שעלה משה ממדריגת נוקבא שנקראת ההיא, למדרגת דכורא שנקרא ההוא. וזהו סוד הפסוק עיר גבורים עלה חכם (משלי כא כב), אמרו במדרש רבה (פרשת אמור [ויק״ר פל״א ה׳]) זה משה, בשעת מתן תורה עלה למדריגת מלאכים זכרים. וזהו סוד שהשיב משה למלאכים כשאמרו מה לילוד אשה בינינו (שבת דף פ״ט [פ״ח ע״ב]), ר״ל שהיה משה ממדריגת נוקבא ברזא דגלגולא דהבל דאתמר גביה ותוסף ללדת את אחיו את הבל (בראשית ד׳ [ב]), שהיה הבל מסיטרא דנוקבא. והשיב הקב״ה לקבל תורה בא, ומצד התורה יעלה משה ליסוד אבא ויהיה במדרגת דכורא. וז״ש משה מתיירא אני שמא ישרפוני בהב״ל פיהם, ר״ל שהמלאכים אומרים שאני מגלגול הבל, ומדרגא דנוקבא. והשיב הקב״ה אחוז בכסא כבודי, ר״ל עכשיו שאתה מקבל הלוחות, מלת לח״ת בא״ת ב״ש כס״א, שהם חצובות מתחת כסא הכבוד, ובזה תעלה למדריגת דכורא. נמצא שעיר גבורים עלה חכם זה משה, שעלה למדרגת גברים כשהוריד עוז מבטחה דהיינו הלוחות. ולכן אמר משה אתה החלות להראות בשעה שקבלתי הלוחות, את גדלך מסטרא דדכורא, את ידך החזקה מסטרא דנוקבא, אשר מי אל, שזכה משה עתה למדריגת מ״י. **[יט] רמב״ם הלכות תמידין ומוספין פרק ו הלכה ט:** השיר שהיו הלוים אומרין: ביום הראשון היו אומרין לה׳ הארץ ומלואה, בשני היו

לחכם ויחכם עוד ושם חסר אלף. ז״ש ויקר אל משה מן אותו היקר שהיה למשה שהוא סוד לוחות ובכאן בתורה

גלא עמיקתא

האבות הקדושים ובזכות משה רבינו דמסר נפשו על עם ישראל והכין הקרקע לגלוי כבוד הוי׳ ב״ה בעולם ותחית המתים אז ישיר משה– שר לא נאמר אלא ישיר אותו לעתיד לבוא– [יז]מכאן לתחית המתים מן התורה (סנהדרין צ:). וזהו שבעליתו להר סיני לקבל התורה הק׳ עלה מבחינת עטרה נוקבא לבחינת כתר דכורא, כדמביא המג״ע בריש האופן. וזהו "עטרה נוקבא – כתר דכורא" עם התיבות והכולל גימ׳ (1069): "עיר גבורים עלה חכם, וירד עז מבטחה" – פסוקא דנן [ועיין מש״כ רבינו [יח]בפירושו על ואתחנן אופן קצ״ח בבאור הפסוק עיר גבורים עלה חכם וכו׳].

ומביא מתהלים (צ״ג,א׳) ה׳ עז התאז״ר גימ׳ (613) "משה רבינו" כנודע. והפסוק בשלמותו: [יט]ה׳ מלך גאות לבש, לבש ה׳ עז התאזר, אף תכון תבל בל תמוט גימ׳ (3382) ב׳ פעמים "חוה" פעמים "חנוכה" (89) ורמיזא תקונא שלים דחטא אדם הראשון כנ״ל והוא ע״י תורתנו הקדושה דיהב לן משה מן שמיא. וכדנרמז בפסוק אתוון ל״ב ד׳ פעמים: לבש לבש תבל בל דהאחרונים כסדר בראשית לעיני כל ישראל אתוון

שבע"פ הוא תמ"ט לכן חסר אלף. וזה אלף זעירא מן אותו היקר שהיה למשה בכאן אלף זעירא לפי שהדיבור הוא

גלא עמיקתא

קדמאה ובתראה דאורייתא. ורמיזא בהאי פסוקא [כ]משה רעיא מהימנא: "משה רבינו" גימ' (613) התאז"ר כנ"ל. "תמוט" גימ' (455) משה במלוי יודין "מם שין הה" (455). מלך לבש התאזר נוטריקון מש"ה. י' דהוי' עם ג' דגאות הרי י"ג עם לב"ש גימ' (345) מש"ה. ובעומק הענין הבאור דמשה רבינו במסירת נפשו יהב לן י"ג מכילן דרחמי. וכולא פסוקא ופרקא (תהלים צ"ג) עסיק בימות המשיח. וכפרש"י: ה' מלך: יאמרו לעתיד וכו'. ושני הפסוקים יחד: עיר גברים עלה חכם, וירד עז מבטחה (1069) ה' מלך גאות לבש, לבש ה' עז התאזר, אף תכון תבל בל תמוט (3382) סליקו לחושבן (4451) נ' פעמים "חנוכה" (89) עם הכולל. רמיזא הארת שער ה-נ' דדרכה יאיר בס"ד אור הגנוז דחנוכה. ואז ומלאה ארץ דעה את ה' (ישעי' י"א,ט') וממילא יפוצו אויביך וינוסו משנאיך (במדבר י',ל"ה) ואחריתו עדי אובד (במדבר כ"ד,כ') ויוכשר דרא לתחית המתים ונהפוך הוא דפורים במהרה בימינו אמן.

ומביא הפסוק (תהל' ע"ה,ג'): [כא]כי אקח מועד אני מישרים אשפט גימ' (1310) י' פעמים "סמאל" (131) ענין הדין

אומרין גדול ה' ומהולל מאד בעיר אלהינו הר קדשו וגו', בשלישי היו אומרין אלהים נצב בעדת אל בקרב אלהים ישפוט, ברביעי היו אומרין אל נקמות ה' אל נקמות הופיע, בחמישי היו אומרין הרנינו לאלהים עוזנו הריעו לאלהי יעקב, בששי היו אומרין ה' מלך גאות לבש לבש ה' עוז התאזר וגו', בשבת היו אומרין מזמור שיר ליום השבת, במוספי שבת אומרים שירת האזינו וחולקין אותה לששה פרקים הזי"ו ל"ך כדרך שקוראין אותה ששה בבית הכנסת, ואומרין פרק בכל שבת, גמרו השירה בששה שבתות חוזרין לראש, במנחה של שבת אומר אז ישיר משה ומי כמוכה וגו', במוסף של ראש השנה היו אומרין הרנינו לאלהים עוזנו, ואם חל להיות בחמישי אומר הסירותי מסבל שכמו וגו', במנחה של ראש השנה היו אומרים קול ה' יחיל מדבר וגו'. **[כ] זוהר בראשית פרשת וירא דף קו עמוד א:** ועל דא לא הוה בעלמא בר נש דיגין על דריה כמשה דאיהו רעיא מהימנא. **[כא] ליקוטי מוהר"ן תורה קלה - כי אקח מועד (תהלים עה):** כי אקח מועד אני משרים אשפוט (תהלים עה). סגולה להנצל מגדלות, לכבד את הימים טובים ולקבל יום טוב בשמחה ובהרחבת הלב כפי יכלתו. כי מרע"ה ע"י שזכה למ"ט שערי בינה, זכה להיות עניו מאד מכל האדם (במדבר יב) ויו"ט מוחין דאימא, שהיא בינה. וע"כ כשמקבל את היו"ט, שהיא בינה, זוכה לענוה. כי יום טוב בגי' סג עם הי' אותיות כמובא בכוונות, שהוא היפך גס רוח (ע' תיקונים מן זו"ח). כי יום טוב מבטל הגדלות, כי טבע הקטנות שיתבטל לגבי גדלות. וע"כ כשמקורב להצדיק נתבטל הגדלות, כי ע"י אור הגדול של הצדיק נתבטל לגמרי. והוא בחי' (איוב כט) ראוני נערים ונחבאו, היינו ע"י שרואים פני הצדיק נחבאים הקטנים, כי הקטנות נתבטל לפני גדלות. ועיקר כח קדושת יום טוב הוא תלוי בצדיקים, כמ"ש (ויקרא כ"ג) אלה מועדי ה' אשר תקראו אותם במועדם, ודרז"ל (ר"ה כד) אל תקרי אותם אלא אתם. נמצא שהימים טובים תלוים בצדיקים, וע"כ כשמקבל ומכבד את הימים טובים, ומקבל אור הגדול של יום טוב, שהוא בחי' צדיק כנ"ל, נתבטל הגדלות שלו, כי הקטנות בטל לגבי גדלות. וע"כ חייב אדם להקביל פני רבו ברגל, כי עיקר כח יום טוב תלוי בצדיקים: ובזה מיושב שפיר מה שהקשו בגמרא (סוכה דף כז ע"ב) על ר"א שאמר משבח אני את העצלנים ברגל שנאמר ושמחת בחגיך, והאר"י חייב אדם להקביל פני רבו ברגל, שנאמר מדוע את

הולכת כו' ע"ש היטיב. כי אף שהוא ברחוק מאה פרסה מרבו ביום טוב, ולא אזיל ואתי ביומי', על כ"ז הוא מחויב להקביל פני רבו ברגל, היינו שיכיר פני רבו ברגל, היינו שיכבד את היו"ט, ויקבל אור הגדול של יום טוב, שהוא בחי' פני רבו כו', כי עיקר קדושת היו"ט תלוי בצדיקים כנ"ל. וכשמקבל את היו"ט הוא מקבל פני רבו ממש, ועי"ז נתבטל הגדלות, כי טבע הקטנות שיתבטל לגבי גדלות כנ"ל וז"פ כי אקח מועד, כשאקבל את הימים טובים. אני משרים אשפוט, היינו שאזכה לענוה, שהוא בחי' משרים אשפוט, כמ"ש חז"ל (חולין פט) מ"ד האמנם אלם וכו' מה יעשה כו', יכול אף בדברי תורה ת"ל צדק תדברון, יכול אפי' אם הגיס דעתו ת"ל משרים תשפטו בני אדם. וזה כי אקח מועד אני מישרים אשפוט, ע"י שאקבל את המועדים, עי"ז אזכה לענוה, שהוא בחי' משרים אשפוט כנ"ל: וזהו ג"כ ענין המבואר במ"א על פ' ארץ אוכלת יושביה (לעיל בסי' קכט) כי הקטנות בטל לגבי גדלות, ונאכל ונתהפך למהות הצדיק עוד שמענו בענין זה, אם הוא מקושר להצדיק יוכל להרגיש קדושת יום טוב, כי הצדיק הוא בחי' קדושת יום טוב כנ"ל. והסי' ע"ז אם הוא מקושר להצדיק, הוא אם יש לו שפלות, כי טבע הקטנות שיתבטל לפני גדלות כנ"ל. ועיקר ההתקשרות הוא אהבה, שיאהב את הצדיק אהבה שלימה, כמ"ש (בראשית מד) ונפשו קשורה בנפשו, ותרגומו חביבא לי' כנפשי', וכמ"ש (שמואל א יח) ונפש יהונתן נקשרה בנפש דוד. ואהבתו את הצדיק יהי' יותר מאהבת נשים, כמ"ש (שמואל ב א) נפלאתה אהבתך לי מאהבת נשים. אזי ע"י ההתקשרות להצדיק, יכול לקבל קדושת יום טוב כנ"ל, כי עיקר יום טוב תלוי בצדיקים. כי עיקר בחי' יום טוב הוא, להעלות בחי' מלכות דקדושה מבין הקליפות, לבטל מלכות ד' מלכיות דסט"א. כי מלכות נקראת דלי"ת, בגין דלית לה מגרמה כלום, כי אין מלך בלא עם, ונמצא דלית לה מגרמה כלום. והמלכות דקדושה, שהיא בחינות ד', נפלה ונעשה ממנה ד' מלכיות דקליפה. וביו"ט צריך להעלות המלכות דקדושה מהד' מלכיות דסט"א, וזהו שכתוב (שם יא) ויהי לעת תשובת השנה לעת צאת המלכים, פי' יום טוב נקרא תשובת השנה, כי כל הימים טובים הם ימי דין, כמו שכתוב (ר"ה טז) בד' פרקים העולם נידון בפסח וכו', וצריך לשוב בתשובה. ועי"ז יוצא המלכות מבין הקליפות, ונתבטל ממשלתם, כשארז"ל (יומא פו ע"ב) גדולה תשובה שמקרבת את הגאולה, שנגאלין ע"י תשובה מהמלכות דקליפות. וזהו לעת תשובת השנה לעת צאת המלכים, שאז יוצא מלכות דקדושה, שהיא בחינות ד', מבין הקליפות, ונתבטל כח הד' מלכיות דסט"א. ועיקר לבטל כח מלכות עמלק, כי היא כוללת הד' מלכיות, כמו שכתוב (במדבר כד) ראשית גוים עמלק. וע"כ כשהרג שמואל את אגג מלך עמלק, נאמר (שמואל א טו) וישסף שמואל את אגג, ופרש"י חתכו לד'. שחתך הד' מלכיות דסט"א, לבל יהיה להם כח וממשלה מהמלכות דקדושה, שהיא בחינות ד', כי העלה המלכות דקדושה מהם. וזה נעשה ביום טוב כנ"ל, וזהו וישסף, וי"ו יוד הוא פעולה, ושורש התיבה הוא שס"ף והוא ר"ת שבועות סוכות פסח, שהם הימים טובים, שאז יוצא המלכות דקדושה. כי הימים טובים הם ימי דין, שהיא בחי' יראה, בחי' מלכות, כמ"ש (אבות פ"ג) אלמלא מוראה של מלכות, ועל כן נאמר בעמלק (דברים כה) ויזנב בך כל הנחשלים כו' ולא ירא אלקים, כי עיקר כחו היה מחמת שלא העלו את המלכות דקדושה, מחמת שלא היה להם יראת אלקים, שהוא בחי' מלכות כנ"ל: וע"כ בכל יום טוב יש ד' מצוות, בפסח ד' כוסות, בסוכות ד' מינים, בשבועות לימוד התורה שהוא בד' בחינות, אז ראה ויספר"ה הכינ"ה וגם חקר"ה (איוב כ"ח וע' ב"ר פ' כ"ד תשא פ' מם), כנגד המלכות, שהיא בחי' ד', שיוצאת ביום טוב מבין הקליפות כנ"ל. והת"ח הם בחי' מלכות, כמ"ש רז"ל (גיטין סב) מאן מלכי רבנן, כי הם מעלים את המלכות, ע"כ עיקר קדושת יום טוב נעשה על ידם: וכשמקבלים קדושת יום טוב, יש לו ענוה ושפלות כנ"ל. וזהו (משלי כב) עקב ענוה יראת ה', כי יראה הוא בחי' מלכות כנ"ל: ואברהם אבינו טרח ג"כ ע"ז, ורדף ד' המלכים, להעלות מהם המלכות, ויצא ממנו יצחק וישמעאל יעקב ועשו, כנגד ארבעה בנים אחד חכם וכו': (מן עוד שמענו עד כאן, כל זה מבואר היטב לעיל בהתורה מישרא דסכינא בסי' ל' ע"ש)

מאוהל מועד שהוא סוד מסכתא ולפי שמשה במילואו הוא עולה י"פ אדם זה הוא היקר אל משה. מה הוא היקר

אלף זעירא [כב]**שהיא צורת יוד ומהיכן בא לו אות יוד מאהל מועד שהוא יוסף וזה לך האות (שמות ג',י"ב) נמצא שהוא**

גלא עמיקתא

והמשפט דעתידא קוב"ה למעבד בס"מ. וכמו שראה ישראל את מצרים מת על שפת הים [כמ"ש וירא ישראל את מצרים מת על שפת מצרים זהו [כג]רהב שרו של מצרים– לא מת ממש שכן ירד להיות שרו של גיהנם וכל ירידה בעולמות היא בחינת מיתה כגון במיתת המלכים בראשית ל"ו וימלך וימת וכו' ז' פעמים ובמלך ה–ח' לא כתיב מיתה כבאור האר"י הקדוש שכל ירידה ממדרגה נקראת מיתה]. ולעתיד לבוא ישחט קוב"ה למלאך המות כדבארנו בחד גדיא [[2]כמבואר אצלנו באריכות במקום אחר כל פיוט חד גדיא עיין שם]. ואז כתיב (ישעי' כ"ה,ח') "ובלע המות לנצח" דהיינו תבטל המציאות מכל וכל בגאולתא שלמתא במהרה בימינו אמן.

מקורות

ועי"ז נפתח רחמה של המקשה לילד כמובא בע"ח (שער לה פ"ג) כשם שיש צירים ודלתות לבית כך יש צירים ודלתות לאשה (בכורות מה), ומהב' דלתין נעשה צורת ם' סתומה, ששם נוצר הולד וכו'. ע"ש. וצריך לחתוך הם' לשני דלתין, כדי שיצא הולד, וזהו ויששף חתכו לד' שחתך המ"ם לשני דלתין. והבן: (ביאור ענין זה של המקשה לילד, יתבאר במ"א): **[כב] מגלה עמוקות על א' זעירא דויקרא אופן ע"ח:** רמז הקב"ה בכאן בצורת א' שהיא צורת י' סוד המקוה שהוא סוד שיעור קומה בהיפך אתוון הוקם המשכן אז נשלמה המקוה של מעלה. שיש ר"ם קבין במקוה. לכן היו ישראל ד' פעמים ס' רבוא שהם ר"ם רבוא. **[כג] ספר מעולפת ספירים יום עשרים ושלשה:** אות א: כתב בספר שמות דף י"ח ע"א, אמר רבי יוחנן, כי בשעה שאמר משה רבינו ע"ה (שמות יב,יב) ובכל אלהי מצרים אעשה שפטים, היה שרו של מצרים דומה וקפץ ת' פרסה, אמר לו הקדוש ברוך הוא, כבר נגזרה גזרה לפני, דכתיב (ישעיה כד,כא) יפקד ה' על צבא המרום, באותה שעה נעשה דומה שר של גיהנם לדון נשמת הרשעים, ורבי יהודה אמר, דומה הוא שר המתים.

עיונים

2. פירוש על פיוט חד גדיא: והנה בסוף הגדה של פסח אמרינן הפיוט חד גדיא דכתב החיד"א הקדוש בשו"ת חיים שאל (ח"א סי' כ"ח) על האי פיוטא, וזה לשונו הקדוש: "עוד שמעתי ממגידי אמת, שגאון מופלא בדורו עשה למעלה מעשרה פרושים בפיוט זה בפרד"ס, פירושים נחמדים ומתוקים, ואין ספק כי לא דבר ריק הוא". עד כאן לשונו הקדוש דהחיד"א הקדוש. והאריך בהקדמה לפרוש היעב"ץ, וביאר מדוע הוא בלשון ארמי וכו'. והנה האי פיוטא יש לקשר לפסוקא דנן בחושבן וכדלקמן: כולא פיוטא כזה: "חד גדיא (30) שונרא (557) כלבא (53) חוטרא (224) מיא (51) תורא (607) השוחט (328) מלאך המות (542) הקדוש ברוך הוא (655)" סליקו כולהו לחושבן (3304) עם הכולל ה"פ "האיש משה" (661). ובפסוקא דנן "והפליתי ביום ההוא את ארץ גשן" גימ' (1661) "אלף האיש משה" כנ"ל, ונפלא ביותר די"ב תיבין קדמאין דפסוקא (לקביל י"ב שבטי י–ה): "והפליתי ביום ההוא את ארץ גשן אשר עמי עמד עליה לבלתי היות" גימ' (3404) הני י' דברים בפיוט חד גדיא, והוא נפלא ביותר וכד נעביד חושבן חד גדיא ברבועו, וכמו שמופיע בפיוט, דהיינו: חד גדיא חד גדיא שונרא חד גדיא שונרא כלבא חד גדיא שונרא כלבא חוטרא חד גדיא שונרא כלבא חוטרא מיא חד גדיא שונרא כלבא חוטרא מיא תורא חד גדיא שונרא כלבא חוטרא מיא תורא השוחט חד גדיא שונרא כלבא חוטרא מיא תורא השוחט מלאך המות חד גדיא שונרא כלבא חוטרא מיא תורא השוחט מלאך המות הקדוש ברוך הוא סליקו כולהו לחושבן (14238) "חי" (18) פעמים "נר ישראל" (791) כמ"ש (ש"ב כ"א) "ולא תכבה את נר ישראל" גימ' (1656) ד"פ "אור אינסוף" (414) דעתידא לאתגלאה ולהחיא מתיא־דכלל ישראל הן במשל האי חד גדיא. ובמלויו כזה: "חית דלת גימל יוד אלף" גימ' (1500) "ואני ה' שוכן

בתוך בני ישראל" ואיהו חושבן (1500) ק"פ י-ה, ביום ההוא יהיה, ו-ה סליקו לי-ה, בב"א. ורמיזא האי חד גדיא על בני ישראל דעתידא קוב"ה להחיותם ולגאלם בתחית המתים, וכל בני ח' דברים ביניהון אינון גלויות וסטרין אחרנין לזיניהון. והנה חושבן "חד גדיא" עם ב' אתוון (32), ועם ראשי תיבות דכולהו י' דברים מחד גדיא דהיינו ח"ג (11) מחד גדיא ש' משונרא (300) כ' (20) מכלבא ח' (8) מחוטרא נ' (50) מנורא מ' (40) ממיא ת' (400) מתורא ש' (300) משוחט (עד כאן 1118-שמע ישראל ה' אלהינו ה' אחד) מ"ה (45) ממלאך המות קב"ה (107-אנכי הוי') מקדוש ברוך הוא סליקו כולהו לחושבן (1313) "תחית המתים"- רמיזא תחיתו של האי חד גדיא כנסת ישראל לאחר דיענשו כל הגוים ובלע המות לנצח בב"א.

כלול מיוד פעמי' אדם לכן אמר אדם כי יקריב (ויקרא א',ב').

גלא עמיקתא

ורמיזא תיבה "אשפט" סלקת לחושבן (390) י' פעמים ט"ל (39) דהיינו [כד]טל תחית המתים כדכתיב בתחית המתים (ישעי' כ"ו, י"ט): "יחיו מתיך נבלתי יקומון הקיצו ורננו שוכני עפר כי טל אורות טלך וכו'" והוא לאחר שישחוט לס"מ דכולא פסוקא סליק לחושבן י' זימנין שמיה.

וממשיך רבינו בפלפולו הנפלא בענין חושבן תמ"ט דהוא משה במלוי ההין חסר א'. ועם האי א' זעירא הוא ת"ן. ומביא הפסוק (משלי ט',ט'): [כה]תן לחכם ויחכם עוד, הודע לצדיק ויוסף לקח גימ' (1336) ח' פעמים "ה' אלהינו ה' אחד" (167). והוא האח"ד אלופו של עולם רמיזא בהאי א' זעירא שניתנה למשה ויקרא אל משה להשלימו למלוי שמו שיהיה גימ' ת"ן כנ"ל. ואז

[כד] פתח אליהו תקו"ז הקדמה דף יז עמוד ב: עלאין שמעו אינון דמיכין דחברון ורעיא מהימנא אתערו משנתכון הקיצו ורננו שוכני עפר אלין אינון צדיקייא דאינון מסטרא דההוא דאתמר בה אני ישנה ולבי ער ולאו אינון מתים ובגין דא אתמר בהון הקיצו ורננו וכו' רעיא מהימנא אנת ואבהן הקיצו ורננו לאתערותא דשכינתא דאיהי ישנה בגלותא דעד כען צדיקייא כלהו דמיכין ושינתא בחוריהן מיד שכינתא יהיבת תלת קלין לגבי רעיא מהימנא ויימא ליה קום רעיא מהימנא דהא עלך אתמר קול דודי דופק לגבאי בארבע אתוון דיליה ויימא בהון פתחי לי אחותי רעיתי יונתי תמתי דהא תם עונך בת ציון לא יוסיף להגלותך שראשי נמלא טל מאי נמלא טל אלא אמר קודשא בריך הוא אנת חשיבת דמיומא דאתחרב בי מקדשא דעאלנא בביתא דילי ועאלנא בישובא לאו הכי דלא עאלנא כל זמנא דאנת בגלותא הרי לך סימנא שראשי נמלא טל ה"א שכינתא בגלותא שלימו דילה וחיים דילה איהו ט"ל ודא איהו יו"ד ה"א וא"ו וה"א איהי שכינתא דלא מחושבן ט"ל אלא יו"ד ק"א וא"ו דסליקו אתוון לחשבן ט"ל מלייא לשכינתא מנביעו דכל מקורין עלאין מיד קם רעיא מהימנא ואבהן קדישין עמיה עד כאן רזא דיחודא.

[כה] שמות רבה פרשת ויקהל פרשה נ: הה"ד (משלי ט) תן לחכם ויחכם עוד, זה נח שא"ל הקדוש ברוך הוא (בראשית ז) מכל הבהמה הטהורה תקח לך שבעה שבעה וגו' וכשיצא מה כתיב (שם /בראשית/ ח) ויבן נח מזבח לה', מאי ויבן נתבונן ואמר מה טעם ריבה הקדוש ברוך הוא בטהורים יותר מן הטמאים לא שהיה רוצה להקריב לו מהן מיד ויקח מכל הבהמה הטהורה הוי תן לחכם ויחכם עוד, לפי שהחכם שומע דבר ומקיימו ומוסיף עליו, ד"א תן לחכם ויחכם עוד, זה משה שנאמר (משלי כא) עיר גבורים עלה חכם שהיה למד תורה מפי הגבורה ובא ואמר לישראל ומטיבן והוא מוסיף להם חיים הוי תן לחכם ויחכם עוד, ד"א תן לחכם זה בצלאל, אתה מוצא בשעה שאמר הקדוש ברוך הוא למשה עשה המשכן בא ואמר לבצלאל אמר לו מהו המשכן הזה אמר לו שישרה הקדוש ברוך הוא שכינתו בתוכו ומלמד לישראל תורה, אמר לו בצלאל והיכן התורה נתונה אמר לו משאנו עושים את המשכן אנו עושין הארון, א"ל רבינו משה אין כבודה של תורה בכך אלא אנו עושין הארון ואח"כ המשכן לפיכך זכה שיקרא על שמו שנאמר ויעש בצלאל את הארון.

גלא עמיקתא

הוא בחינת ת"ן לחכם- דמשה משרש החכמה [כו]דאורייתא מחכמה עילאה נפקת ויחכם עוד- מוסיף והולך וכו'. ופרש"י שם במשלי: תן לחכם ויחכם עוד: לתלמיד הגון, ומדרש אגדה נאמר להלן מכל הבמה הטהורה וכו' וכשיצא ויקח מכל הבהמה וכו' אמר מה ראה הקב"ה להרבות מאלו (ז' מכ"א) שרצה להקריב לו מהן. וכן כתיב במשה- כמבואר בספה"ק [כז]דנשמת משה היתה מנח- [כח]דעשה משה שלשה דברים מדעתו והסכים הקב"ה עמו (שבת פ"ז ע"א): א'. הוסיף יום אחד מדעתו. ב'. פירש מן האשה. ג'. שיבר את הלוחות.

[כו] זוהר שמות פרשת בשלח: ויקרא מכלא הוא מזונא דחברייא דמשתדלי באורייתא והוא מזונא דאתי מחכמה עלאה, מ"ט מאתר דא בגין דאורייתא נפקא (בראשית מ"ז ב' ויקרא קפ"ב ב' קצ"ב ב') מחכמה עלאה ואינון דמשתדלי באורייתא עיילי בעקרא דשרשהא ועל דא מזונא דלהון מההוא אתר עלאה קדישא קא אתיא, אתא ר' אלעזר ונשיק ידוי אמר זכאה חולקי דקאימנא במלין אלין, זכאה חולקהון דצדיקייא דמשתדלי באורייתא יממא ולילי דזכי לון בהאי עלמא ובעלמא דאתי דכתיב (דברים ל) כי הוא חייך ואורך ימיך.

[כז] חומת אנך בראשית פרשת נח: ויעבר אלהים רוח. ס"ת רמח גימטריא אברהם כלומר זכר הקדוש ברוך הוא זכות אברהם שהיה ראוי לצאת משם בן נח ועתיד לירד לכבשן האש על קדושת שמו. רבינו אפרים ז"ל בכ"י. ולי הדל אפשר לרמוז עוד כי ר"ת ויעבר אלהים רוח עם הכולל גימט' יצחק גם תיבות ויעבר אלהים רוח גימט' ליעקב למשה עם הכולל שם רמז דבזכות אבותינו הקדושים אברהם יצחק יעקב ומשה רבינו ע"ה ניצולו ונתקיים העולם. ומלבד זכות משה רבינו ע"ה כי רב הוא עוד יש ליתן טעם ויתישבו איזה רמזים בס"ד הנה בס' נצח ישראל כ"י כתב פרשת בראשית בפ' האדם נפש חיה ס"ת משה ר"ת נפש חיה נח. ובפרשתנו נח איש צדיק תמים היה ס"ת איש תמים היה משה וצדיק אינו בכלל כי משה רבינו עליו השלום היה יותר מצדיק וחסיד. ואמרו בזהר הקדוש דהיה פקפוק על נח שלא התפלל על דורו כלל. ומשה רבינו ע"ה תקן שמסר עצמו ואמר מחני נא. ויתישב הכל במ"ש הרב מגלה עמוקות ז"ל בסיום פ' תרומה ותחילת תצוה נחשת ואתה רמז דמשה רבינו ע"ה גלגול נח שת וז"ש נחשת ואתה ר"ל נח שת ואתה זהת"ד וא"כ משה רבינו ע"ה דהיה גלגול נח תקן מה שלא התפלל נח ומסר עצמו ואמר מחני נא. והוא צירוף מנח אני. וא"ש רמז האדם נפש חיה דר"ת נח דבזכותו היה לעולם שארית ועל מה שלא התפלל תקן משה בסוף ולכן רמוז משה בס"ת. וא"ש נח איש תמים היה ס"ת משה דנח בא בסוף במשה. ורמוז בקראין ויעבר אלהים רוח משה בצירוף האבות דמה שלא התפלל נח תקן משה ולכן ניצול הוא ואשר אתו:

[כח] צל"ח מסכת חגיגה דף ד עמוד ב: ועתה חובה עלינו להכריע אי נימא דכללות ופרטות נאמרו בסיני או לא. ונראה דהנה בשבת דף פ"ז ע"א דחשיב ג' דברים עשה משה מדעתו והסכים הקדוש ברוך הוא על ידו, עיין שם. ובמדרש בתורת כהנים [הובא בילקוט שמעוני תשא שצ"ג] מצינו דקחשיב עוד אחד, ארבעה דברים עשה משה מדעתו שלא נכנס לאוהל מועד אלא אם כן היה קורא אליו, וקאמר מה דרש למד ק"ו בעצמו מה סיני שלא נתקדש אלא לפי שעה לא היה בידו לעלות אלא על פי ה' דכתיב ויאמר אליו ה' לך רד ועלית אתה ואהרן עמך והכהנים והעם אל יהרסו לעלות אל ה', אוהל מועד לא כל שכן. ופריך שם איכא למימר מה סיני כי שם נתנה התורה לבני ישראל ומהיכי תיתי יהיה לו יותר שאת מכל ישראל והיה צריך להמתין עד שנצטוה מן השם לעלות, אבל באוהל מועד דלא ניתנה התורה מדוע לא נכנס עד שקרא אליו ה', עיין שם. והקושיא הזו שפיר קשה אי אמרינן כללות ופרטות נאמרו בסיני, ושפיר קשיא דאוהל מועד שאני דלא ניתנה התורה. אבל אי אמרינן דפרטות נאמרו באוהל מועד, הוי אוהל מועד כסיני שניתנה בו תורה, ולכן למד משה ק"ו מסיני על אוהל מועד. ואיכא למימר דבני אהרן לא שמעו ממנו הפרטים כתירוץ המהרש"א, ומתו בחטא מורה הלכה, ולא היה ביד שמואל לומר מי איכא מידי דלא קיימתיה. ומעתה מאוד נמלצו לחיך דברי התוספות, דדבר זה לא נתברר לנו אי נימא ג'

גלא עמיקתא

וכדמסיים רש"י פירושו על התורה (והוא שם בגמרא): [כט]**ישר כחך ששבר"ת גימ' (1202) "בראשית ברא אלהים". ובדרך אפשר: "שלשה דברים מדעתו" ר"ת גימ' (344) משה חסר א'. ויקרא אל משה- נתן לו ה-א' לרמוז דהסכים לדעתו והשלימו למשה. "שלשה דברים מדעתו" גימ' (1411) ג' פעמים "יהי אור ויהי אור" (470) עם הכולל. דערך ממוצע דכל תיבה "יהי אור ויהי אור". וכביאור חז"ל** [ל]**ראה הקב"ה שאינו ראוי לרשעים עמד וגנזו הה"ד ויהי אור. וממשיך את האור- כתב הבעל הטורים "את האור" גימ' (613) "התורה". דגנז את האור אינסוף ברוך הוא בתורה הקדושה. ואמרינן בריש דברינו דהאי חושבן (613) "משה רבינו" כמו שכתב המגלה עמוקות בכמה מקומות. והנה חושבן התיבין: "יום (56) אשה (306) שבר (502)" דהיינו הוסיף יום, פירש מן האשה, שבר את הלוחות. גימ' (864) ג' פעמים רפ"ח (288) והוא ענין העלאת רפ"ח נצוצין לשרשם משבירת הכלים ויושלם בס"ד ע"י משיח צדקנו ב"ב**

דברים עשה משה כמו דחשיב בגמרא, דהך דאוהל מועד לא חשבינן די"ל דפרטים נאמרו באוהל מועד ובני אהרן לא שמעו הפרטים, וי"ל דבני אהרן מתו משום מורה הלכה, ומצינו דמורה הלכה נקרא חטא, ויפלא היאך אמר שמואל ליכא מידי. אבל אי נימא ד' דברים עשה משה מדעתו, ולמד משה שפיר ק"ו דכללות ופרטות נאמרו בסיני, היה ביד שמואל לומר מי איכא מידי וכו'. והשתא אתא תוספות דבר דיבר על אופנו. שמואל אמר למשה קום בהדאי דליכא מילתא וכו', לא בעי למימר שיעיד עליו שקיים, והלא לא היה משה בדורו, אלא היה אומר כך וכך דרשתי ושחט את בן הבקר והדר והקריבו הכהנים, דשחיטה כשירה בזר, וליכא מידי דאורייתא דלא קיימתיה, ואי משום חטא דמורה הלכה בפני רבו, אני סובר מורה הלכה מותר, ובני אהרן לא מתו משום מורה הלכה, כקושיית המהרש"א, שהרי הכל שמעו מפי משה דכללות ופרטות נאמרו בסיני, ועל זה עשיתי מעשה והוריתי הלכה בפני רבי בוא והעידני שכך למדת אתה, כלומר שאף אתה למדת הק"ו מסיני לפני שנאמר כללות ופרטות בסיני, לכן לא נכנסת לאוהל מועד אלא אם כן קרא אליך ה', וממילא מוכח דבני אהרן מתו בחטא אחר ולא משום מורה הלכה, שהרי המה למדו הכל ממשה כקושיית המהרש"א, ויפה שייך להגיד ליכא מידי דלא קיימתיה. **[כט] ר' חיים פלטיאל שמות פרק לב:** וישלך מידו. פרש"י נשא ק"ו בעצמו ומה פסח הקל אמרה תורה כל בן נכר לא יאכל בו, כל התורה כולה וישר'

משומדים לכ"ש. וא"כ למה הורידם מן השמים שהרי שם גילה לו הק' שחטאו או למה [לא] הצניעם תחת ההר, אלא הם הלוחות שנשאו ק"ו בעצמן ופרחו להם האותיות ונשארו הלוחות ונפלו מיד משה ונשברו. אך יש ליישב פרש"י ודברי רבו' שדרשו ישר כחך ששברת שלפיכך הביאם ושברם לפני ישר' כדי שיראה הרואה ויהמו מעיו. (כו) כל בני לוי. לפיכך לא פשעו בעגל לפי שהיו כולם בני תורה כי יעקב למד כל תורתו ללוי ולוי למדה לכל בני שבטו ולכך לא נשתעבדו במצרים כי כאשר בא פרעה על ישר' בפה רך והשכירם שכר כפול לידע כחם שיעשו מתכונת ושבט לוי לא רצה ופרקו עול דרך ארץ ונכנסו בעול תורה. [ל] **תלמוד בבלי חגיגה דף יב עמוד א:** ואור ביום ראשון איברי? והכתיב ויתן אתם אלהים ברקיע השמים וכתיב ויהי ערב ויהי בקר יום רביעי! - כדרבי אלעזר. דאמר רבי אלעזר: אור שברא הקדוש ברוך הוא ביום ראשון - אדם צופה בו מסוף העולם ועד סופו, כיון שנסתכל הקדוש ברוך הוא בדור המבול ובדור הפלגה וראה שמעשיהם מקולקלים - עמד וגנזו מהן, שנאמר וימנע מרשעים אורם. ולמי גנזו - לצדיקים לעתיד לבא שנאמר וירא אלהים את האור כי טוב, ואין טוב אלא צדיק, שנאמר אמרו צדיק כי טוב. כיון שראה אור שגנזו לצדיקים שמח, שנאמר אור צדיקים ישמח. כתנאי: אור שברא הקדוש ברוך הוא ביום ראשון אדם צופה ומביט בו מסוף העולם ועד סופו, דברי רבי יעקב. וחכמים אומרים: הן הן מאורות שנבראו ביום ראשון ולא

[לא] **תלמוד בבלי מגילה דף ז עמוד ב:** אמר רבא: מיחייב איניש לבסומי בפוריא עד דלא ידע בין ארור המן לברוך מרדכי. רבה ורבי זירא עבדו סעודת פורים בהדי הדדי, איבסום, קם רבה שחטיה לרבי זירא. למחר בעי רחמי ואחייה. לשנה אמר ליה: ניתי מר ונעביד סעודת פורים בהדי הדדי! - אמר ליה: לא בכל שעתא ושעתא מתרחיש ניסא. אמר רבא: סעודת פורים שאכלה בלילה לא יצא ידי חובתו, מאי טעמא - ימי משתה ושמחה כתיב. רב אשי הוה יתיב קמיה דאמימר נגה ולא אתו רבנן. אמר ליה: מאי טעמא לא אתו רבנן? - דלמא טרידי בסעודת פורים - אמר ליה: ולא הוה אפשר למיכלה באורתא? - אמר ליה: לא שמיע ליה למר הא דאמר רבא: סעודת פורים שאכלה בלילה לא יצא ידי חובתו. אמר ליה: אמר רבא הכי? [אמר ליה: אין]. תנא מיניה ארבעין זימנין, ודמי ליה כמאן דמנח בכיסיה. [לב] **שפתי צדיקים ויקרא פרשת צו:** מדרש רבה (אסתר ב, ה) במגילת אסתר (ו, ב) איש יהודי היה כו' שקול היה מרדכי כמשה רבינו ע"ה נאמר במשה (במדבר יב, ג) והאיש משה כו'. ונאמר במרדכי איש יהודי. נאמר במשה (ויקרא י, טז) דרוש דרש משה. ונאמר במרדכי דורש טוב לעמו כו' (אסתר י, ג). ויש לדקדק היאך תולה זה בפסוק איש יהודי כו'. ונראה כי משה רבינו ע"ה היה רעיא מהימנא של ישראל והיה מוסר נפשו תמיד על ישראל להחזירם למוטב ולהמתיק מהם הדינים הקשים על ידי פעולות מעשים ויחודים שעשה בעולמות העליונים וידוע כי עיקר המתקות הדינים נעשים על ידי שמירת שבת קודש, ולכן הראשי תיבות של ושמרו בני ישראל את השבת הם אותיות ביא"ה שהוא מורה על יחוד וזווג העליון כביכול, וזה היה גם כן מעשה מרדכי הצדיק שלבש שק ואפר ומסר נפשו להחזיר את ישראל למוטב ולהמתיק מהם הדינים הקשים על ידי היחודים שלו, וזה הוא ראשי תיבות של איש יהודי היה בשושן הם גם כן אותיות ביא"ה, ולכן שפיר דייקו חז"ל בזה הפסוק שקול היה מרדכי כמשה רבינו ע"ה. ע"כ בשם הרב הק' מראפשיץ.

גלא עמיקתא

אבי"ר. והנה חושבן הפסוקים שמביא המגלה עמוקות: צאינה וראינה בנות ציון במלך שלמה בעטרה שעטרה לו אמו ביום חתנתו וביום שמחת לבו (4234) עיר גברים עלה חכם, וירד עז מבטחה (1069) ה' מלך גאות לבש, לבש ה' עז התאזר, אף תכון תבל בל תמוט (3382) כי אקח מועד אני מישרים אשפט (1310) תן לחכם ויחכם עוד, הודע לצדיק ויוסף לקח (1336) ויקרא אל משה וידבר ה' אליו מאהל מועד לאמר (1455) דבר אל בני ישראל ואמרת אלהם אדם כי יקריב מכם קרבן לה', מן הבהמה מן הבקר ומן הצאן תקריבו את קרבנכם (4785) סליקו כולהו לחושבן (17571): "יהודי" (35) פעמים "ברוך מרדכי" (502) ע"ה. דמרדכי נקרא "איש יהודי" ואחר קריאת המגילה אמרינן "ברוך מרדכי היהודי" וזהו דכפלינן ברוך מרדכי ביהודי, ובגמ' מגילה (ז' ע"ב) [לא]אמר רבא מיחייב איניש לבסומי בפוריא עד דלא ידע בין ארור המן לברוך מרדכי. וביארו במפרשים דהני תיבין "ארור המן" ו-"ברוך מרדכי" חושבנא דדין כחושבנא דדין. ומתוך שתיית היין ירדם ולא ידע לחשב הגימ' של שניהם דהיינו "ארור המן" ו-"ברוך מרדכי" שהם באותה גימ'. ורמיזא סוף דבר נס פורים ונהפוך הוא דתחית המתים [לב]דמרדכי בדורו כמשה בדורו ויהי רצון דנזכה לראות בגאולה כבר עתה בחינת אני ה' בעתה אחישנה (ס,כ"ב), ונזכה כולנו ל"כתר דכורא" גימ' (851) "בעתה אחישנה", ולהקרא אדם ב-א' רבתי בב"א.

אופן סג

בכנפי יונה חלק א׳ סימן ס״ב י׳ פעמים אלהים ונתחלקין לב׳ חלוקות: בגדלות יש ד׳ אלהים ב׳ מאבא ב׳ מאמא כי עדיין אין להם דעת, אבל בקטנות הם ו׳ פעמים אלהים ג׳ מאבא ג׳ מאמא. ובשעת הקמת המשכן כלי יקר שפתי דעת וזכה משה להמתיק י׳ פעמים אלהים.

וזה שאמר ויקר אל משה מה יקר חסדיך אלהים שהמתיק בחסד שם של אלהים ומה הוא היקר אלף זעירא צורת יוד שבזו הצורה תמצא ב׳ חלוקות אלו של י׳ אלהים כיצד ו׳ בקטנות ד׳ בגדלות הרי סוד במילואו.

אופן סג

[א]בכנפי יונה חלק א' סי' ס"ב יוד פעמים אלהים ונתחלקין לב' חלוקות בגדלות יש ד' אלהים ב' מאבא ב' מאמא כי

גלא עמיקתא

מבאר רבינו באופן זה ענין גדלות וקטנות דהן ו' פעמים שם אלהי"ם (86) גימ' (516) "יבנה המקדש" ב"ב אכי"ר, והוא מפיוט צור משלו אכלנו "יבנה המקדש עיר ציון תמלא" וכו'.

והוא בחינת קטנות בביאת משיח צדקנו בחינת דור שכולו חייב בחינת "כולו הפך לבן טהור הוא" (ויקרא י"ג, י"ג) שדרשו חז"ל מפסוק זה [ב]א"ר יצחק אין בן דוד בא עד שתהפך כל המלכות למינות (סנהדרין פרק חלק דף צ"ז ע"א).

ומבואר מדברי חז"ל שיש שתי בחינות בביאת משיח צדקנו בחינה של גדלות ובחינה של קטנות: [ג]דשם בסנהדרין פרק חלק (צ"ח ע"א) מביאה הגמרא סתירות בין שני פסוקים ומתרצת זכו וכו' לא זכו וכו': א'. אמר רבי אלכסנדרי רבי יהושע בן לוי רמי: כתיב (ישעי' ס' כ"ב) "בעתה" וכתיב "אחישנה". ומבאר: [ד]זכו– אחישנה, לא

[א] **כנפי יונה חלק ראשון סימן ס"ב:** דע ששם אלהים יש לו ג' מלואים הה"א מלואה ביו"ד כזה ה"י ועוד מלואה בה"א אחרת כזה ה"ה עוד מלואה באלף כזה ה"א וכו' וידעת כי בקטנות הם ג' אלהים בבינה וג' אלהים בחכמה כלולים של חכמה בבינה [ב] **תלמוד בבלי מסכת סנהדרין דף צז עמוד א:** תניא, רבי נהוראי אומר: דור שבן דוד בא בו נערים ילבינו פני זקנים, וזקנים יעמדו לפני נערים, ובת קמה באמה, וכלה בחמותה, ופני הדור כפני כלב, ואין הבן מתבייש מאביו. תניא רבי נחמיה אומר: דור שבן דוד בא בו העזות תרבה, והיוקר יעות, והגפן יתן פריו והיין ביוקר, ונהפכה כל המלכות למינות, ואין תוכחה. מסייע ליה לרבי יצחק, דאמר רבי יצחק: אין בן דוד בא עד שתתהפך כל המלכות למינות. אמר רבא: מאי קרא - כלו הפך לבן טהור הוא. תנו רבנן, כי ידין ה' עמו [וגו'] כי יראה כי אזלת יד ואפס עצור ועזוב - אין בן דוד בא עד שירבו המסורות. דבר אחר: עד שיתמעטו התלמידים. דבר אחר: עד שתכלה פרוטה מן הכיס. דבר אחר: עד שיתייאשו מן הגאולה. שנאמר ואפס עצור ועזוב - כביכול אין סומך ועוזר לישראל. כי הא דרבי זירא, כי הוה משכח רבנן דמעסקי ביה, אמר להו: במטותא, בעינא מנייכו לא תרחקוה. דתנינא: שלשה באין בהיסח הדעת, אלו הן: משיח, מציאה, ועקרב. [ג] **תלמוד בבלי מסכת סנהדרין דף צח עמוד א:** אמר רבי אלכסנדרי: רבי יהושע בן לוי רמי, כתיב בעתה, וכתיב, אחישנה! זכו - אחישנה, לא זכו - בעתה. אמר רבי אלכסנדרי: רבי יהושע בן לוי רמי, כתיב וארו עם ענני שמיא כבר אנש אתה, וכתיב עני ורכב על חמור! - זכו - עם ענני שמיא, לא זכו - עני ורוכב על חמור. אמר ליה שבור מלכא לשמואל: אמריתו, משיח על חמרא אתי, אישדר ליה סוסיא ברקא דאית לי! - אמר ליה: מי אית לך בר חיור גווני? רבי יהושע בן לוי אשכח לאליהו, דהוי קיימי אפיתחא דמערתא דרבי שמעון בן יוחאי, אמר ליה: אתינא לעלמא דאתי? - אמר ליה: אם ירצה אדון הזה. אמר רבי יהושע בן לוי: שנים ראיתי וקול שלשה שמעתי. - אמר ליה: אימת אתי משיח? - אמר ליה: זיל שייליה לדידיה. - והיכא יתיב? - אפיתחא דרומי. - ומאי סימניה? - יתיב ביני עניי סובלי חלאים, וכולן שרו ואסירי בחד זימנא, איהו שרי חד ואסיר חד. אמר: דילמא מבעינא, דלא איעכב. אזל לגביה, אמר ליה: שלום עליך רבי ומורי! - אמר ליה שלום עליך בר ליואי. - אמר ליה: לאימת אתי מר? - אמר ליה: היום. אתא לגבי אליהו. - אמר ליה: מאי אמר לך? - אמר ליה: שלום עליך בר ליואי. - אמר ליה: אבטחך לך ולאבוך לעלמא דאתי. - אמר ליה: שקורי קא שקר בי, דאמר לי היום אתינא, ולא אתא! - אמר ליה: הכי אמר לך היום אם בקלו תשמעו. [ד] **רבינו בחיי ויקרא**

עדיין אין להם דעת אבל בקטנות הם ו׳ פעמים אלהים ג׳ מאבא ג׳ מאמא ובשעת הקמת המשכן כלי יקר שפתי דעת

גלא עמיקתא

זכו– בעתה. ב׳. כתיב (דניאל ז׳,י״ג) ״וארו עם ענני שמיא כבר אינש אתה״ וכתיב (זכרי׳ ט׳,ט׳) ״עני ורוכב על חמור״. ומבאר: זכו– וארו עם ענני שמיא, לא זכו– עני ורוכב על חמור. ועולה מדברי הגמרא שיש שתי בחינות בביאת משיח: בחינה של זכו– גדלות– שהיא בחינה נעלית יותר שבאה בזכות מעשיהם הטובים של ישראל. ובחינת לא זכו– קטנות– שהוא ביאת משיח של בעתה שלא בזכותם של ישראל אלא משום שהגיע הזמן ולא בזכות מעשיהם הטובים אלא אדרבה להיפך בגלל שנהפכה המלכות למינות וכו׳. והוא בחינת מה שנחלקו רבי מאיר ורבי יהודה [ה] במסכת קידושין (ל״ו ע״א): ״בנים אתם לה׳ אלהיכם״ (דברים י״ד,א׳) בזמן שאתם נוהגים מנהג בנים אתם קרוים בנים אין אתם נוהגים מנהג בנים אין אתם קרוים בנים דברי רבי יהודה.

פרק כה: ואמר: אחד מאחיו יגאלנו, והוא משיח בן דוד שהוא משבט יהודה, מיוחד שבכל השבטים, ועוד יכלול ״אחד מאחיו״, כלומר שיהיה הגואל בשר ודם כשאר האחים, נולד מאב ואם כדמיון משה שהיה הגואל הראשון שבמצרים. ואמר: או השיגה ידו ונגאל, כלומר בכסף, והיא הגאולה בתשובה הנמשלת לכסף, כי כשם שהכסף לבן וטהור כך התשובה מטהרת הנפש ומלבנת העונות. ואמר: וחשב עם קונהו, הוא הקדוש ברוך הוא הקונה שמים וארץ שיביא לחשבון כל אומה ואומה ששעבדו לישראל, משנת המכרו לו, כלומר מזמן שהתחילו להשתעבד בהם עד שנת זמן הגאולה, וקרא הגאולה ״שנת היובל״ לפי שהיובל זמן חרות, שנאמר: (ויקרא כה, י) ״וקראתם דרור בארץ לכל יושביה יובל היא״, ועוד על שם: (תהלים עו, יב) ״יובילו שי למורא״, ועל שם שכתוב: (ישעיה סו, כ) ״והביאו את כל אחיכם מכל הגוים מנחה לה׳״. ואמר: אם עוד רבות בשנים, ואם מעט נשאר בשנים, כלומר שהפדיון יהיה לפי השנים, כי לפי גודל התשובה תתקרב הגאולה או תתרחק. ואמר: ואם לא יגאל באלה, שאם לא יגאל על ידי תשובה בשנות הגלות האלה, ויצא בשנת היובל הוא ובניו עמו, כלומר שלא יתאחר זמן הגאולה מן הקץ הקצוב ואילך. וזוהי דעת רבי יהושע שאמר: בין עושין תשובה בין אין עושין תשובה מיד נגאלים, שנאמר: (ישעיה ס, כב) ״אני ה׳ בעתה אחישנה״, זכו אחישנה, לא זכו, בעתה. ואמר: ״הוא ובניו עמו״, רמז לשני הקבוצים העתידים והם הנדחים והנפוצים עמהם, זהו שאמר: ״הוא ובניו עמו״, וזהו שסמך לו: כי לי בני ישראל עבדים, כי בהגיע תור הגאולה הקצוב אינן מתעכבין אפילו שעה אחת ולא יהיו עבדים כי אם להקב״ה, ואמר: עבדי הם אשר הוצאתי אותם מארץ מצרים, להשוות גאולה זו לגאולת מצרים, כי כיון שהגיע הקץ מיד יצאו. אני ה׳ אלהיכם, המבטיח אתכם בזה לעתיד.

[ה] **תלמוד בבלי מסכת קידושין דף לו עמוד א**: ובין לאביי ובין לרבא, האי בנים אתם מאי דרשי ביה? האי מיבעי לכדתניא: בנים אתם לה׳ אלהיכם, בזמן שאתם נוהגים מנהג בנים - אתם קרוים בנים, אין אתם נוהגים מנהג בנים - אין אתם קרוים בנים, דברי ר׳ יהודה; רבי מאיר אומר: בין כך ובין כך אתם קרוים בנים, שנאמר: בנים סכלים המה, ואומר: בנים לא אמון בם, ואומר: זרע מרעים בנים משחיתים, ואומר: והיה במקום אשר יאמר להם לא עמי אתם יאמר להם בני אל חי. מאי ואומר? וכי תימא, סכלי הוא דמקרי בני, כי לית בהו הימנותייהו לא מיקרו בני, ת״ש, ואומר: בנים לא אמון בם; וכי תימא, כי לית בהו הימנותא הוא דמיקרו בנים, כי פלחו לעבודת כוכבים לא מיקרו בנים, ת״ש, ואומר: זרע מרעים בנים משחיתים; וכ״ת, בנים משחיתים הוא דמיקרו, בני מעלייא לא מיקרו, ת״ש, ואומר: והיה במקום אשר יאמר להם לא עמי אתם יאמר להם בני אל חי.

(משלי כ',ט"ו) וזכה משה להמתיק י' פעמים אלהים. וז"ש ויקר אל משה מה יקר חסדיך אלהים (תהל' ל"ו,ח') שהמתיק

גלא עמיקתא

רבי מאיר אומר בין כך ובין כך אתם קרוים בנים וכו'. ובבחינת גדלות ד' פעמים שם אלהים גימ' (344) "משה" חסר א'. וזהו ויקרא א' זעירא אל משה– דנשלם לו בחינת הגדלות כנ"ל. ומביא הפסוק (משלי כ',ט"ו): [ו]יש זהב ורב פנינים, וכלי יקר שפתי דעת גימ' (2412) ד' פעמים "בני ישראל" (603). **באור הענין:** דמשה רבינו הוא נשמת כללות ישראל, ולכן כאן נכפל ד"פ "בני ישראל" לקביל ד"פ שם אלהים בבחינת גדלות. דאיהו משה דזכה בהקמת המשכן לבחינת גדלות ד"פ שם אלהים עם א'. והוא כדוגמת גולה עם א' גאולה וכיו"ב.

[ו] **שם משמואל ויקרא פרשת ויקרא:** שנת תרע"ב במד"ר (פ' א') רבי תנחומא פתח יש זהב ורב פנינים וכלי יקר שפתי דעת וכו' יש זהב הכל הביאו נדבתן למשכן זהב שנאמר וזאת התרומה וגו' ורב פנינים זו נדבתן של נשיאים דכתיב והנשיאים הביאו וגו' וכלי יקר שפתי דעת לפי שהיתה נפשו של משה עגומה עליו ואמר הכל הביאו נדבתן למשכן ואני לא הבאתי אמר לו הקדוש ברוך הוא חייך שדיבורך חביב עלי יותר מן הכל שמכולן לא קרא הדיבור אלא למשה ויקרא אל משה. ויש להבין טעם הדבר שלא הביא ומי עיכב על ידו, ואם אמנם הי' לו טעם בדבר, בתחילה מאי קסבר ולבסוף מאי קסבר ונראה דהנה ענין נדבת המשכן הי' שכל איש מסר בחינת מדותיו ורצונו ותשוקתו להש"י, כענין (תהלים קי"ט ע"ב) טוב לי תורת פיך מאלפי זהב וכסף, כי תכלית מגמתם היא דיבוק שכינה והיו נותנים כל הון ביתם באהבה, ונדבת המשכן היתה פועל דמיוני לזה, שכאשר הרצון והחפץ בא לכלל מעשה יש לו יותר קיום. והנשיאים הביאו את אבני השוהם וגו' שאבנים יקרות מתהוות מניצוץ אור השמש על חומר עכור ומזככו ומהפכו לגוף מאיר, וזה פועל דמיוני על אתהפכא חשוכא לנהורא ומרירא למתקא לעשות מיצה"ר יצה"ט, שעבודה זו נאותה לנשיאים ראשי אלפי ישראל שמדתם ידועה בתקה"ז בהקדמה. אך משרע"ה באשר הי' בתכלית הזיכוך הי' תמיד דבוק בשכינה, ולא הי' לו כלל שום רצון אחר, לא הי' שייך לומר בו שאין לו עוד חפץ בדברים אלו, וגם גופו הי' מזוכך ומאיר, וקירון עור פניו לעד, ובמדרש שגופו של משה הי' מקודש יותר ממלאכי השרת, ע"כ לא הי' שייך אצלו להביא נדבה למשכן. אבל משרע"ה שלא הביט כלל על שלימות עצמו כאמרם ז"ל (מכילתא פרשת יתרו) מלמד שלא הי' משה פונה לעסקיו ולא הי' יורד לביתו אלא מן ההר אל העם, וידוע שלא הי' לו במדבר נחלת שדה וכרם ועסק משא ומתן, ובהכרח שעסקיו הי' ניהו המדרגות שלו, שהוא ע"ה לא השגיח על זה אלא להשלים את ישראל לאביהן שבשמים, היתה נפשו עגומה עליו, כי ידוע שבאם האדם כופה את יצרו ומשעבדו לעבודת הש"י, או מהפך חשוכא לנהורא ומרירא למתקא, לא את עצמו בלבד הוא מתקן אלא על הכלל כולו יצא, שכל הכלל מקבל תועלת מזה ברב או במעט, שאתו עמו נמשכים בצד מה כל השייכים לשורש נשמתו, הקרוב קרוב קודם ואחריו כל קהל ישראל, מה גם ראש ומנהיג הדור, ובזוה"ק (ח"ג קי"ד א) אי רישא דעמא הוא טב כל עמא משתזבן בגיני', ובזוה"ק על דוד המלך ע"ה שבילדותו הי' היצה"ר רודף אחריו והוא ע"ה הרגו בתענית וכוון להדפו מכל הכלל כולו, ואפי' ביחיד ששב מוחלין לכל העולם כולו מה גם מנהיג הדור, וע"כ חשב שיותר טוב הי' באם הי' לו עוד מה לכפות ולהפך, והי' זה תועלת יותר גדולה עבור ישראל, והיתה נפשו עגומה עליו כי מה יתרון להקב"ה ממנו, כי לא הסתפק בשלימות נפשו כנ"ל, אלא כל מגמתו היתה מונחת בהשלמת ישראל לאביהן שבשמים, והי' רוצה יותר שתהי' שייכת בו נדבת המשכן כנ"ל אך הש"י אמר לו חייך שדיבורך חביב עלי יותר מן הכל, ויובן בהקדם מאמר המד"ר (פ' ג') טוב מלא כף נחת ממלא חפנים עמל ורעות רוח, טוב מלא כף נחת זה יום השבת ממלא חפנים עמל אלו ששת

ימי המעשה אלא ורעות רוח רעותי׳ למעבד עבידתי׳ בהון תדע לך שהוא כן שאין ישראל נגאלין אלא בזכות שבת שנאמר בשובה ונחת תושעון, עכ״ל. ויש להבין מה השמיענו בזה שלמה המע״ה, ומי לא ידע שמנוחת שבת היא טובה מטרחת ששת ימי המעשה, ומהו רעותי׳ למעבד עבידתי׳ בהון, ומהי הראי׳ ממה שאין נגאלין אלא בזכות שבת. אבל הפירוש הוא, דהנה בששת ימי המעשה עבודת האדם היא בל״ט מלאכות ובטרדת המו״מ באמונה, לברר את כל חלקי הקדושה המפוזרים בגשמיות זה העולם, כידוע מענין רפ״ח ניצוצין, וכן במה שאדם מרגיז יצה״ט על יצה״ר, ועבודתו בכניעת והתמרמרות הנפש בזה מברר חלקי הטוב מהרע, אך בשבת בורר אסור ואין אז זמן עבודה בבירור רפ״ח, אלא שכל מה שנברר בששת ימי המעשה עולה להכלל למעלה כי העולמות שבים לשורשן, וכן באדם הפרטי לעומת עבודתו בששת ימי המעשה באותה מדה הוא בא לקבל קדושת שבת לא פחות ולא יותר, וכאמרם ז״ל (ע״ז ג׳ א) מי שטרח בערב שבת יאכל בשבת. וכבר פירשנו הפסוק (ישעי׳ ט׳) העם ההולכים בחושך ראו אור גדול יושבי בארץ צלמות אור נוגה עליהם, שההולכים בחושך בששת ימי המעשה, וחושך הגשמיות אינו מונע מהם ההילוך, אלא שוברים את חומות המניעות והולכים ועובדים, שזה מכונה בשם הילוך, ומה״ט האדם נקרא בשם מהלך כמ״ש (זכרי׳ ג׳) ונתתי לך מהלכים בין העומדים האלה, כשמגיע יום השבת רואים אור גדול, אבל מי שהטרדות והמניעות מונעות ממנו ההילוך ונשאר בבחי׳ יושב צלמות אין לו בשבת אלא נוגה בלבד ולא אור גדול ולפי״ז דבר גדול השמיענו שלמה המע״ה שטוב כף נחת הוא יום השבת ממלא חפנים, היינו שכל טובת יום השבת נצמחת ממה שעמל בששת ימי המעשה, ואם הוא יושב בחיבוק ידים ולא עמל בששת ימי המעשה בבירור כנ״ל, לא יהי׳ לו בשבת אור גדול כי טוב אלא מעט נוגה כנ״ל, אלא ורעות רוח שפירש המד״ר מלשון רעותא דליבא היינו לפי עבודתו בחול בבירור הנ״ל ברעותא דליבא ולא כמאן דשדי בתר כתפוי. וכל כמה שאדם עובד עבודתו בימות החול ברעותא דליבא לעומתו זוכה למנוחת שבת ועונג שבת, וא״כ לפי״ז אף שבשבת אין העבודה בבירור רפ״ח, מ״מ זה עצמו הוא תכלית הבירור שעבד בכל ימי החול, והרב זצ״ל בספר תורה אור הסביר ע״פ משל כמו קונה חפץ שהלוקח נותן הכסף תחילה ואח״כ מביאו לביתו, וההבאה לביתו היא בשבת שהעולמות שבין לשורשן, וכן באדם הפרטי מה שעל ידי העבודה זוכה למנוחה ועונג שבת, שזה התכלית מהעבודה, וזה שסיים תדע לך שהוא כן שאין ישראל נגאלין אלא בזכות השבת, היינו כי הגאולה תלוי׳ בקץ בירור הרפ״ח כידוע, ובשבת הלא בורר אסור ומ״מ הגאולה בזכות שבת, הרי שכל הבירור שבששת ימי המעשה תכליתו הוא יום השבת וכאילו הבירור נעשה בשבת ולפי הדברים האלו תובן תשובת הש״י למרע״ה דיבורך חביב עלי יותר מהכל, והוא עפ״י מה ששמעתי מכ״ק אבי אדמו״ר זצללה״ה בהפרש שבין אמירה לדיבור שאמירה היא עצם המאמר הבא מזה לזה, ודיבור הוא חיבור המדבר עם מקבל הדיבור, וע״כ תאמר ראובן אמר לשמעון אבל לא תוכל לומר ראובן אמר עם שמעון, אבל בדיבור תוכל לומר ראובן דיבר עם שמעון שזה מורה חיבור ראובן עם שמעון, עכת״ד והנה משה הוא שבת כידוע, וכמו שאנו אומרים ישמח משה במתנת חלקו, וכמו ששבת הוא תכלית ימי המעשה ששב לשורשו כנ״ל, כן הוא מרע״ה בערך ישראל, שכל מה שישראל עובדין בבחי׳ אתכפיא ואתהפכא, הכל נקשר ונדבק בשרשו ע״י משרע״ה מאז ועד עתה, ומשרע״ה לא מת, והוא מאיר בתוך לבות בני ישראל, ומקשר ומעלה את כל עבודתם לריח ניחוח, וזהו דיבורו של משה היינו החיבור של משה ודיבוקו בהש״י, אבל כמו ששבת הוא טוב רק בשביל ומחמת עמל ששת ימי המעשה, וכל החביבות לפני הש״י דביקות שישראל מתרפקין על אביהן שבשמים ביום השבת נצמחת מן העמל שבששת ימי המעשה, כן היא חביבות הדיבור עם מרע״ה נצמחת ביותר מעבודת ישראל, כי באם ח״ו אינן עושין מצוות ומעש״ט אין שבח וחביבות ודיבוק למרע״ה, כמו שאמרו ז״ל (ברכות ל״ב א) לך רד כלום נתתי לך גדולה אלא בשביל ישראל, וכל ל״ח שנה שהיו ישראל נזופין במדבר בשביל חטא המרגלים לא נתיחד הדיבור עם משה, א״כ הרי כל חביבות הדיבור הכל נצמח מעבודת ישראל וכמו שבת כנ״ל. ולפי״ז שפיר נחמו למשה, שכמו שבת אף שאין בו ענין הבירורין מ״מ באשר הוא תכלית הברורין נחשבו כל הברורין כאלו נעשו בשבת ובזכות שבת ישראל נגאלין כנ״ל, כן היא כל מלאכת המשכן והנדבה שהביאו ישראל והנשיאים בחי׳ אתכפיא ואתהפכא הכל נחשב כאילו משה עשה זה שהרי הוא הוא המדביק

והמקשר ע״י דיבורו כנ״ל בזוה״ק (ח״ א) הקשה הלוא כתיב עבדו את ה׳ בשמחה וגו׳ דכל פולחנא דבעי בר נש למפלח לקב״ה בשמחה בחדותא ברעותא דלבא, בגין דישתכח פולחני׳ בשלימו וכו׳ בר נש דעבר על פקודא דמארי׳ וכו׳ ותב לקמי׳ במאן אנפין יקום קמי׳ הא ודאי ברוח תבירא ברוח עציב אן הוא שמחה אן הוא רננה, עיין שם ויש ליישב דהנה טהרת התשובה היא כעין שאמרו מים שנטמאו משיקן והן טהורין, כן על ידי שהאדם נעשה נכנע מאד ונתבטל לרצון הש״י נעשה טהור, כמו מים שנטהרו בהשקה באשר הם מבוטלין לכלל מי המקוה טהרו כמוהם, כן הוא בנפש האדם. אך הנה כתיב (דברי הימים א׳ ט״ז) עוז וחדוה במקומו, ואיך יכול גבר עציב ומי שהוא מלא עוונות להדבק בהש״י, הלוא אין לבוא אל שער המלך בלבוש שק, והרי הוא דומה למים שאינן נוגעין במקוה שלא סלקא להו השקה אך יש לומר על פי דברי התוספות [חולין ק׳ א] דחתיכה הראוי׳ להתכבד לא בטלה אף שקודם הביטול אינה ראוי׳ להתכבד מחמת האיסור שבה מ״מ אם תאמר שתבטל שוב תהי׳ ראוי׳ להתכבד ע״כ אינה בטלה, עי״ש. ואף אנו נאמר בנ״ד להיפוך, אם תאמר שיתבטל למקור החיים ויהי׳ טהור שוב יהי׳ ראוי להתדבק שהרי עוונותיו פרחו ממנו, ושוב לבבו יהי׳ שמח, כבמדרש (שמ״ר פ׳ ל״ו) שבהמ״ק נקרא יפה נוף משוש כל הארץ מפני שהי׳ אדם נכנס לשם מלא עוונות והי׳ מקריב קרבן ומתכפר לו אין שמחה גדולה מזו שהי׳ יוצא צדיק, וכמו בחתיכה הראוי׳ להתכבד אזלינן בתר אחר הביטול כן נמי בענין בעל תשובה אזלינן בתר אחר הקיבול ושפיר סלקא לי׳ השקה. ובזה יובנו דברי המד״ר (פ״א) תני רשב״י למה נקרא ביהמ״ק לבנון שמלבין עוונותיהם של ישראל וכו׳, ר׳ טביומי אמר על שם שכל הלבבות שמחים בו, ששניהם טעם אחד, כי היינו טעמא דמלבין משום שכל הלבבות שמחין בו ע״כ הוא מלבין וה״ט דשמחין בו משום דמלבין, והכל דבר אחד לפי קושית הזוה״ק יש להבין הא דשבת הוא עיקר זמן תשובה כמו שכתוב בספרים ומרומז בתיבת שבת נוטריקון שבת בו תשוב, עפ״י מה ששמעתי מכ״ק אבי אדומו״ר זצללה״ה בשם כ״ק אדומו״ר הרי״ם זצללה״ה מגור ששבת צריך להיות כל מלאכתך עשוי׳ אפי׳ בעניני חפצי שמים, והיינו שאין לו להצטער אלא להיות שש ושמח בעבודת הש״י ולא ישגיח על עצמו כלל, וע״כ הוא זמן נבחר לתשובה שיכול לעשות תשובה מתוך

שמחה וחדוה, לקבל עליו עול מלכות שמים שלמה אשר מהיום והלאה יהי׳ נמשך לרצון הש״י ולא תזכרנה הראשונות ולא תעלינה על לב וכאלו הוא ברי׳ חדשה וכקטן שנולד, וזהו עיקר תשובה במד״ר (פ׳ א׳) ויקרא אל משה מה כתיב למעלה מהענין פ׳ משכן כאשר צוה ה׳ את משה, משל למלך שצוה את עבדו וא״ל בנה לי פלטין, על כל דבר ודבר שהי׳ בונה הי׳ כותב עליו שמו של מלך וכו׳, לימים נכנס המלך וכו׳, אמר כל הכבוד הזה עשה לי עבדי ואני מבפנים והוא מבחוץ קראו לו שיכנס לפני ולפנים, כך וכו׳ הי׳ כותב עליו כאשר צוה ה׳ את משה אמר הקדוש ברוך הוא כל הכבוד הזה עשה לי משה ואני מבפנים והוא מבחוץ קראו לו שיכנס לפני ולפנים. לכך נאמר ויקרא אל משה. ויש להבין מהו הכבוד שנכתב על כל דבר כאשר צוה ה׳ את משה, וכי אם לא הי׳ כותב לא הי׳ מובן שנעשה עפ״י ציווי ה׳, והרי זו היא מצוה גם לדורות ונראה דהנה השראת השכינה במשכן ע״י מעשה בו״ד זה הוא דבר המתמי׳, שהרי אפילו שום רוח חיים אין בכח האיש למשוך על ידי כלים שיעשה לזה, מה גם השראת השכינה. אבל התירוץ מובן, שבאשר הכל נעשה עפ״י ציווי הש״י ושלוחו של אדם כמותו הרי הוא כאילו כל המשכן הי׳ מעשה שמים. וע״כ יובנו דברי רש״י (שמות כ׳ כ׳) בפסוק לא תעשון אתי אלהי כסף ואלהי זהב, שאם אתה עושה את הכרובים שבמשכן של כסף הרי הן כאלהי כסף וכן אם עושה אותן ד׳ או בבתי כנסיות הרי הן כאלהי זהב. ולכאורה למה יהיו כאלהי כסף, ודי הי׳ לומר שלא קיים המצוה. אבל הוא הדבר, כי הכרובים נעשו להשראת השכינה כמ״ש (שם כ״ה כ״ב) ונועדתי לך שם ודברתי אתך מעל הכפורת, וכתיב (במדבר ז׳ פ״ט) וישמע את הקול מדבר אליו מעל הכפורת אשר על ארון העדות מבין שני הכרובים, וכל זה יתכן רק כשנעשה על פי הציווי יהי׳ שלוחו של אדם כמותו, אבל אם שינה בדבר מה ובטלה השליחות, אי אפשר שתהי׳ בו השראת השכינה, ושוב שורה בו דבר חיצוני כטעם הזוה״ק בענין טומאת מת, וע״כ הוא כאלהי זהב. וכן בנדב ואביהוא שהקריבו אש זרה אשר לא צוה אותם, וידוע בספרים אש זרה מה היא, ואינו מובן שהרי הם התכוונו למצוה. אך הוא הדבר, שבאשר לא צוה אותם ולא היו שלוחים ואי אפשר הי׳ שיחול שם השם במעשה ידיהם שוב שרה בו דבר חיצוני לעומתו. וזה הי׳ הענין שמרע״ה כתב על כל דבר ודבר כאשר צוה ה׳ את משה, להורות

שכל מה שהוא עושה הש״י הוא העושה, ושלוחו של אדם כמותו, ובלעדי השליחות אינו עושה מאומה שאיננו דבר נפרד כלל. וזהו כבודו של מקום, שהכל בטל אליו יתברך בתכלית. וע״כ הי׳ שכרו נמי מדה במדה, שלא יהי׳ נפרד עומד מבחוץ אלא קרא לו שיכנס במד״ר וברש״י שיר השירים (פ׳ ה׳) מעיו עשת שן, זה תורת כהנים באמצע חמשה חומשים כמעיים הללו שהם באמצע הגוף. ביאור הדברים עפ״י דברי הכוזרי שכתב דענין הקרבנות להשראת השכינה הוא כדמיון מזון לנפש אף שאין הנשמה נהנית מהמזון, אלא ע״י המזון נתהוה איד הדם, ואיד הדם הוא נושא לנפש החיונית, ונפש החיונית נושא לנפש השכלית, ובערך זה היו הקרבנות שהם נקראים לחמי, אבל איך הם לחמי מפני שהם לאשי הוא אש של מעלה, ואש של מעלה הוא כסא לענין דק ממנו, וענין דק זה לעוד דק ממנו, עד שהוא כסא להשראת השכינה. והנה אורייתא וקב״ה כולא חד. וע״כ יש לומר שבאמצעות ת״כ מתדבק הענין אלקי והתורה בלב ישראל. כמו שבאמצעות מעשה הקרבנות בפועל נעשה כסא וכסא לכסא עד למעלה למעלה להשראת השכינה, כ״כ התורה והענין אלקי המתדבק בלב ישראל הוא בלימוד ת״כ, והלימוד מביא שיהי׳ הענין האלקי והתורה ממש בלב ישראל ארבעה מיני קרבנות יש בפרשה, עולה ושלמים חטאת ואשם. ונראה דהנה קרבן כשמו, שהוא מקרב את לב ישראל לאביהן שבשמים, והם לעומת ארבע מלכיות שכל ענינם להתנגד לענין זה ושלא תופיע מלכות שמים בעוה״ז באמצעות ישראל, והם כחות רעים שאינם מניחין את ישראל לעסוק בתורה ובמצוות לקרב את לבם להש״י. וידוע שהם לעומת ד׳ אותיות הוי׳, וג׳ אבות ודוד המלך ע״ה. ויש לומר דהנה כבר אמרנו שד׳ מלכיות הם שורש ע״ז ג״ע ושפ״ד, ולה״ר הוא הכולל כל ג׳ העבירות כידוע שלה״ר מגדיל עוונות כנגד שלשתן. וכמו שג׳ האבות הם כנגד ג׳ עבירות אלו, אברהם תיקן חטא ג״ע דאפי׳ בדידי׳ לא הוה מסתכל, יצחק תיקן חטא ע״ז במה שהקריב עצמו לקרבן, יעקב תיקן חטא שפ״ד שלא ראה קרי מימיו שהוא ענין שפ״ד כידוע מש״ס נדה (י״ג א), דוד המלך תיקן חטא הדיבור במה שהרוה להקב״ה בשירות ותשבחות, ואלמלי לא קיבל דוד להה״ר לא נחלקה מלכות בית דוד ולא עבדו ישראל ע״ז ולא גלינו מארצנו (שבת נ״ו ב), כי הי׳ נגמר התיקון לגמרי, ואף כי דברים ניכרים חזא בי׳ ולאיש אחר לא הי׳ נחשב לחטא, מ״מ באשר הוא בא לתקן פגם הדיבור הי׳ צריך שיהי׳ נקי לגמרי עד הקצה האחרון. ובזה יש לפרש פלוגתא דרב ושמואל (שם נ״ו א) אי קיבל דוד לה״ר או לא

בחסד שם של אלהים ומה הוא היקר [ז]אלף זעירא צורת יוד שבזו הצורה תמצא ב׳ חלוקות

דמר אזיל בתר כל עלמא ואינו נחשב לחטא ומר אזיל בתרא דידי׳, ומודים זה לזה אלא שמר אמר חדא ומר אמר חדא ולא פליגי. ויש לומר שד׳ מיני קרבנות אלו, עולה כנגד יצחק שנעשה בעצמו עולה ע״ג מזבח, ובאשר יצחק הוא היפוך קליפת ע״ז שנענש על המחשבה, בזכותו זכו ישראל לקרבן עולה שהיא מכפרת על המחשבה, חטאת כנגד אברהם שהוא תיקון חטא ג״ע שמתיחס למעשה גשמי וחומרי כאמרם ז״ל (סוטה י״ד א) כשם שמעשי׳ מעשה בהמה, וע״כ רוב חטאות שבתורה הן בעריות, והא דנמנו בכריתות חמש עשרה משום דסוגים קחשיב דוק ותשכח, ובכלל החטאת באה על שוגגין שאין בהם אלא מעשה חומרי בלי השכל ע״כ הוא ביותר בחטא ג״ע, שלמים היא מדתו של יעקב כידוע בזוהר והוא הי׳ הראשון שהקריב שלמים כדכתיב (בראשית מ״ו) ויזבח זבחים לאלקי אביו יצחק, אשם הוא קרבן המתדמה במתן דמים לעולה ובבשרו לחטאת [ותמוהים לי דברי הרמב״ן (בראשית ט״ו ט׳) שכתב כי האשם כחטאת הוא אין ביניהם לבד השם, הלוא עיקר הקרבן הוא הדם והוא דומה לעולה, אלא שר׳ אליעזר משוה אשם לחטאת מהקישא] והיא מדתו של דוד המלך ע״ה המקבלת ממדתו של אברהם וממדתו של יצחק שהם עולה וחטאת כנ״ל, ועיקרו שהוא הדם כעולה, ואולי באשר בזכות האבות זכו ישראל לקרבנות אלו לכן הראה לאאע״ה בברית בין הבתרים ואפשר עוד לומר שד׳ מיני קרבנות אלו מקבילים לד׳ הכתות הנזכרות בהפטרה של שבוע זה, זה יאמר לה׳ אני, וזה יקרא בשם יעקב, וזה יכתוב ידו לה׳, ובשם ישראל יכנה, ואין להאריך.

[ז] **מגלה עמוקות על א׳ זעירא דויקרא אופן ע״ח**: רמז הקב״ה בכאן בצורת א׳ שהיא צורת י׳ סוד המקוה שהוא סוד שיעור קומה בהיפך אתוון הוקם המשכן אז נשלמה המקוה של מעלה. שיש ר״ם קבין במקוה. לכן היו ישראל ד׳ פעמים ס׳

1. באור על מגלה עמוקות ואתחנן אופן ס"ד: ג'. כִּי אַתָּה אָבִינוּ כִּי אַבְרָהָם לֹא יְדָעָנוּ וְיִשְׂרָאֵל לֹא יַכִּירָנוּ אַתָּה יהוה אָבִינוּ גֹּאֲלֵנוּ מֵעוֹלָם שְׁמֶךָ (ישעיהו סג,טז) גימ' (2965) ה' פעמים "יצחק שכינה" (593) ויש לבאר הענין על פי דברי הגמרא (שבת פט:) א"ר שמואל בר נחמני א"ר יונתן: מאי דכתיב כי אתה

אלו של י' אלהים כיצד ו' בקטנות ד' בגדלות הרי סוד במילואו.

גלא עמיקתא

ומביא הפסוק (תהל' ל"ו,ח'): [ח]מה יקר חסדך אלהים, ובני אדם בצל כנפיך יחסיון גימ' (1902) ד' פעמים "אור גנוז" (273) בחינת גדלות ונגלה כבוד הוי' וכו' (ישעי' מ',ה') בחינת גלוי [ט]אור הגנוז יהי אור ויהי אור (בראשית א',ג') – עמד וגנזו[1]

רבוא שהם ר"ם רבוא. [ח] **תפארת שלמה פרשת תולדות:** או יאמר ותקח רבקה את בגדי עשו בנה הגדול החמודות אשר אתה בבית ותלבש את יעקב בנה הקטן. יל"ד מה אשמעינן בזה שהיא בעצמה הלבישה את יעקב הלא יעקב בעצמו היה יכול ללבוש הבגדים. הנ"ל לבאר ברמז הדברים הללו גודל מעלת מצות הנחת תפילין לפי המבואר בס' תקוני זוהר תקוני שתין ותשע. וז"ל בתר דהרהר תשובה אדם לתתא הדרא לבושא לגבי מוחא דאיהי קרקפתא דתפילי ואתחבר מוחא דאיהי חכמה באימא מיד (בראשית ג) ויעש ה' אלקי' לאדם ולאשתו כתנות עור וילבישם ואינון תפילין דאיהי מעור בההוא זמנא קמת תשובה דאיהי אימא קרקפתא דתפילי עם אדם לאגנא עליה ולאכסיא עליה דהוה ערום. בגוונא דאיהי כסי על מוחא עלאה וברי. כל מאן דאנח תפילין כאלו כסי על מוחא עלאה ובג"ד שכינתא עלאה לא זזת מיניה ורזא דמלה אם עוונות תשמר י"ה אדני מי יעמוד מי יעמוד וודאי דאיהי אמא עלאה תשובה הא קמת באדם עלאה. ושכינתא דאיהי תפלה של יד באדם תתאה כו' ע"ש. וזהו ג"כ הרמז כי היא כסותה לבדה היא שמלתו לעורו. העולה מדברי קדשו הנ"ל כי מצות הנחת תפילין הוא התיקון לפגם אדם הראשון וגם מצות ציצית רמוזים בפ' ויעש להם חגורו'. וזה הרמז בפ' הנ"ל ותקח רבקה רמז לשכינ' הקדושה את בגדי עשו וגו' החמודות וגו' רמז לדרכי התשובה שיקח האדם מאותן התאוות וחמדת עוה"ז שהם בגדי עשו ובאותו חשק יהיה תשובת המשקל להפוך לטובה לעשות בהם המצות ואז השכינה הקדושה מלבשת את האדם וגם היא מתלבשת בתוך האדם ועי"ז סובב והולך כל ענין התפלה כמו שמתחילין קודם התפלה אדני שפתי תפתח ופי יגיד תהלתך. אדנ"י רמז לשכינה שפתי תפתח לדבר בדברי תפלה. וכבר בארנו מ"ש והטלית יפרוש כנפיו עליה' וכו' שמצות הללו הם אור המקיף ודרך הלבוש להנצל מן החיצונים להיות להם שמירה מעולה. ואחר הברכה על הטלית אומרי' מה יקר חסדך אלהים ובני אדם בצל כנפיך יחסיון וז"פ ברכי נפשי את ה' ה' אלהי גדלת מאד. רומז למדת החסד כמ"ש לך ה' הגדולה וגו' הוד והדר לבשת וגו' שכל זה הוא בדרך לבוש להגן על האדם להיות בשמירה מעולה. וז"פ עקב אשר שמע אברהם בקולי וישמר משמרתי. שמע כו' רומז לק"ש שעושה היחוד בכל יום בק"ש. וישמר משמרתי להיות בשמירה מעולה על ההשפעות היורדים מלמעלה על ידי היחודים לבל יבוזו זרים רק ילכו בדרך השוה לבנ"י זרע אברהם אוהבו. וכדרך שבארנו במ"א ענין הכהנים והלוים שהיו שומרים בבית המקדש מפני כי משם היו יורדים כל השפעות טובות וצריכים שמירה לבל ילכו החוצה לידי זרים. וזה הרמז בפ' על חומותיך ירושלים הפקדתי שומרים תמיד לא יחשו המזכירים את ה' אל דמי לכם. ירושלים היא הנקודה אשר דרך שם תרד השפע משמים כמ"ש יברכך ה' מציון וראה בטוב ירושלים. וזה שמסיים הפ' והמזכירים את ה' אל דמי לכם. מזכירים לשון זכרות רמז לצדיקים העושים יחודים בשם הוי' ב"ה ג"כ בבחי' שמירה מעולה באור המקיף כנ"ל. לבל יבוזו זרים ההשפעות טובות. נחזור לביאור הכתוב ותקח רבקה רמז לשכינה הקדושה היא מלבשת את האדם ע"י ציצית ותפלין בכל יום ועי"ז סובב והולך האדם בכל יום בתפלותיו להיות לו לעזר. אמן. [ט] **תלמוד בבלי חגיגה דף יב עמוד א:** ואור ביום ראשון איברי? והכתיב ויתן אתם אלהים ברקיע השמים וכתיב ויהי ערב ויהי בקר יום רביעי! - כדרבי אלעזר. דאמר רבי אלעזר: אור שברא הקדוש ברוך הוא ביום ראשון - אדם צופה בו מסוף העולם ועד סופו, כיון שנסתכל הקדוש ברוך הוא בדור המבול ובדור הפלגה וראה שמעשיהם מקולקלים - עמד

וגנזו מהן, שנאמר וימנע מרשעים אורם. ולמי גנזו - לצדיקים לעתיד לבא שנאמר וירא אלהים את האור כי טוב, ואין טוב אלא צדיק, שנאמר אמרו צדיק כי טוב. כיון שראה אור שגנזו לצדיקים שמח, שנאמר אור צדיקים ישמח. כתנאי: אור שברא הקדוש ברוך הוא ביום ראשון אדם צופה ומביט בו מסוף העולם ועד סופו, דברי רבי יעקב. וחכמים אומרים: הן הן מאורות שנבראו ביום ראשון ולא נתלו עד יום רביעי.

אבינו וכו׳ לעתיד לבוא יאמר הקב״ה לאברהם: בניך חטאו לי, יאמר לפניו: רבש״ע ימחו על קדושת שמך. וכן ליעקב. ורק יצחק ילמד סנגוריא ויחשב שנותיו של אדם עד לתרתי תרי ומחצה, ויזכיר שעקד את עצמו על קדוש השם - וזהו שאומרים בני ישראל ליצחק: כי אתה [יצחק] אבינו, וממשיך: כי אברהם לא ידענו, וישראל [יעקב] לא יכירנו וכו׳.

ובמקום אחר בענין עקדת יצחק כתבינן דמשם החלה המשכת אורות דעקודים עיין שם, ויקומו כל ישראל לתחיה- ורמיזא בחושבן ״יצחק שכינה״ דהוא ראשי תיבות ש״י עלמין דירתין צדיקיא לעתיד לבוא- והן כלל ישראל ועמך כלם צדיקים (ישעי׳ ס׳,כ״א), וזהו דתיבין ״יצחק סניגור״ גימ׳ (537) ״אצילות״, והוא חושבן (537) ג׳ פעמים ״ונהפוך הוא״ (179) - ענין תחית המתים - כמו שבארנו במקום אחר דתחית המתים הוא עיקר תכלית ונהפוך הוא דפורים - דאז כלל בי״ע [בריאה יצירה עשיה] עם המציאות הגשמית יתעלו לבחינת עולם האצילות, ברם כל חדא וחדא לפום מדרגתו דהשיג בהאי עלמא בסוד (אבות פ״ה,מכ״ב) לפום צערא אגרא ראשי תיבות אצ״ל מן אצילות, דאיקרי אצילות מלשון אצלו ועמו, דהוא כולו אלהות כדאיתא בזוה״ק איהו וחיוהי חד בהון, איהו וגרמוהי חד בהון.

וזהו דכפלינן ה׳ פעמים ״יצחק שכינה״ עם ב׳ התיבות (595) ״יהודי״ (35) פעמים ״טוב״ (17) כדאיתא בגמרא (מנחות נג:) יבא טוב ויקבל טוב מטוב לטובים אלו ישראל שנקראו טובים שנאמר (תהל׳ קכ״ה,ד׳) היטיבה ה׳ לטובים ולישרים בלבותם.

ברם בסוגיא הנ״ל (שבת פט:) לא שאל הקב״ה למשה רעיא מהימנא, ויש לבאר טעם הדבר דמשה כליל מן תלת אבהן קדישין [כמבואר בזוה״ק תחלת שיר השירים], ולכן ביקש להיכנס לארץ ישראל לקדש את שמו יתברך ולהביא לימות המשיח, וכפי שנסיונו של יצחק להפוך דינא קשיא דיליה לרחמי, ועמד בנסיון דהקב״ה גואל ומקים את ישראל, ואומרים בני ישראל ליצחק: כי אתה אבינו, והוא יורה להם באצבע: אתה [לשון נוכח] ה׳ אבינו גואלנו וכו׳ ויקדש שם שמים, וכן בכאן עמד משה בנסיון- דזכה לאור הגנוז דחנוכה כי קרן עור פניו, וזכה לתחית המתים דפורים ונהפוך הוא- דארבעים יום על הר סיני לחם לא אכל ומים לא שתה [כעין תחית המתים דאין אכילה ושתיה לעתיד לבוא].

וזהו ״אור הגנוז - חנוכה, תחית המתים - פורים״ גימ׳ (2016) ו׳ פעמים ״פורים״ (336), וממילא נמשך דתיבין ״אור הגנוז - חנוכה - תחית המתים״ גימ׳ (1680) ה׳ פעמים ״פורים״ (336), וחזינן דתכלית הכל תחית המתים- גלוי אלהותו יתברך בעולם בלא שתתבטל המציאות, ואגלאי מילתא למפרע דהצמצום לא הוה כפשוטו, דלא עזב אלהים את הארץ (יחזקאל ח׳,י״ב) כפשוטו, אלא רק בבחינת הסתר אסתיר פני ביום ההוא (דברים ל״א,י״ח), ועם זאת שיראו אלהות בעיני בשר- יהיה פלא גדול יותר כיצד לא ראו בשית אלפי שנין כי הכל אלהות- וענין האמונה יהיה לפלא- דאז בתחיה (ישעי׳ י״א,ט׳) ומלאה הארץ דעה את ה׳ כמים לים מכסים- ובמקום שיש ידיעה אין אמונה, שהרי רואה הדבר בעיניו, ברם לא תתבטל האמונה [כנ״ל] דיהיו מדרגות בראית אלהות לפום צערא אגרא, ויהיה צדיק נכוה מחופתו של חברו [כאמרם ואש בחופה למה? אלא שכל צדיק נכוה מחופתו של חבירו].

ולכן תמשיך מדרגת האמונה עד לרזא דאינסוף- דאותו ישיג משה רבינו בלבד- דכאן עמד בנסיון, דלמרות שהשיג מדרגות אלו בחיי חיותו- הסכים לוותר עליהן כדי להיכנס לארץ ישראל ולעסוק בענינים גשמיים- ואע״פ שודאי ירד ממדרגתו שם, ומי ערב לו שיחזור להשיג כל אלו המדרגות שויתר עליהן, ואעפ״כ התפלל ואתחנן אל ה׳ וכו׳ אעברה נא אל הארץ הטובה וכו׳.

והנה ״אעברה״ גימ׳ (278) ״אור הגנוז״, נ״א במלוי ״נון אלף״ גימ׳ (217) ״לחיי העולם הבא״, ״ואראה את הארץ הטובה אשר״ גימ׳ (1438) ג׳ פעמים ״עין בעין יראו״ (479) ע״ה, כדכתיב בגאולתא (ישעי׳ נ״ב,ח׳) כי עין בעין יראו בשוב ה׳ ציון- וכעין מש״כ במדבר (במדבר י״ד,י״ד) אשר עין בעין נראה אתה ה׳ וענגך עומד עליהם וכו׳. ״בעבר הירדן״ גימ׳ (543) ״בישראל״, ״ההר הטוב״ גימ׳ (232) רל״ב- ד׳ מלויי שם הוי׳ ברוך הוא, ״הזה והלבנן״ גימ׳ (160) ה׳ פעמים ל״ב- דהן ל״ב נתיבות חכמה, דמחד גיסא

גלא עמיקתא

לצדיקים לעתיד לבוא. כדכתיב (בראשית א,ד) וירא אלהים "את האור" גימ' (613) "משה רבינו" דעתיד לגלות את האור וירד ה' על הר סיני וכו'. ורשב"י דאיהו ניצוץ משה רבינו פתח את ספרו [י]ברי"ש הורמנותא ברי"ש אתוון רשב"י דהתחלנו היום בספירת ההוד- חסד שבהוד [אייר תשע"ה]. וחסד שבהוד בחינת מה יקר חסדך אלהים- מיתוק דיני שם אלהים בחסד. וזהו ויקר אל משה- מ"ה גימ' אד"ם ומשה במלוי ההין גימ' י' פעמים אד"ם. ומביא פסוקא דנן (ויקרא א',א'): [יא]ויקרא אל משה וידבר ה' אליו מאהל

רצה משה להמשיך אורות דיליה בארץ ישראל, ומאידך גיסא ויתר על הכל ובלבד שימשיך לרעות את עמו צאן מרעיתו בארץ הקודש [לולי שמנעו הקב"ה באמרו: רב לך]. וזה פירוש: רב לך - ר"ל כבר זכית לרב, ותזכה לעתיד לבוא לרב טוב הצפון כמ"ש (תהל' ל"א,כ') מה רב טובך אשר צפנת ליראיך, וכמאמר משה (דברים י',י"ב) מה ה' אלהיך שאל מעמך כי אם ליראה וכו' ולכן עלה ראש הפסגה וכו', ולעתיד לבוא בתחית המתים- הוא שכרך האמיתי, והוא בזכות ענותנותך הרבה דרמיזא ב-א' זעירא דויקרא, דלא אכפת ליה דיכתוב אפילו ויקר בלא י'- כעין מה שמצינו בבלעם ויקר אלהים אל בלעם (במדבר כ"ג,ד'). וזהו דאמרינן לעיל "אור הגנוז - חנוכה, תחית המתים - פורים" (2016-ו' פעמים "פורים") עם "משה" (345) גימ' (2361) ג' פעמים "והאיש משה ענו" (787) (במדבר י"ב,ג'), ולעתיד לבוא היא נחמתנו דנזכה לדעת את הוי' בגלוי אור הגנוז ותחית המתים, וננוחם בהתגלות ז' רועינו הקדושים בחינת אושפיזין דסוכות, וזהו: "אור הגנוז - חנוכה, תחית המתים - פורים" (2016) עם "אברהם - יצחק - יעקב - משה - אהרן - יוסף -דוד" (1409) גימ' (3425) ה' פעמים "נחמו נחמו עמי יאמר אלהיכם" (685) (ישעי' מ',א'), והוא גלוי כבוד הוי' ברוך הוא בישראל נשמות בגופים וגלוי בחינת אותיות התורה הקדושה בנשמות ישראל, דמתחילה ב' ומסיימת ל' הרי ל"ב, ומהאי טעמא הוא נמי חושבן (3425) ל"ב (23) פעמים "אנכי הוי'" (107) ע"ה (שמות כ',ב'), דהכללות הוא בחינת עצמותו יתברך דלמעלה מעולמות דיתגלה בכל העולמות בגאולתא שלמתא בעגלא דידן ובזמן קריב אכי"ר.

[י'] **זוהר בראשית פרשת בראשית דף טו עמוד א בראשית:** בריש (נ"א בראשית בחכמתא דמלכא גליף וכו') הורמנותא דמלכא גליף גלופי (נ"א גליפו) בטהירו עלאה בוצינא דקרדינותא ונפיק גו סתים דסתימו מרישא (נ"א מרזא) דאי"ן סו"ף קוטרא (פי' עשן) בגולמא נעיץ בעזקא לא חוור ולא אוכם ולא סומק ולא ירוק ולא גוון כלל כד (נ"א הדר) מדיד משיחא עביד גוונין לאנהרא לגו, בגו בוצינא נפיק (נ"א ונפיק) חד נביעו דמניה אצטבעו גוונין לתתא, סתים גו סתימין דרזא דאין סו"ף בקע ולא בקע אוירא דיליה לא אתיידע כלל עד דמגו דחיקו דבקיעותיה נהיר נקודה חדא סתימא עלאה בתר ההיא נקודה לא אתיידע כלל ובגין כך אקרי ראשית מאמר קדמאה דכלא (עיין בסוף הספר מה שחסר כאן) (דניאל י"ב) והמשכילים יזהירו כזהר הרקיע ומצדיקי הרבים ככוכבים לעולם ועד זהר סתימא דסתימין בטש אוירא דיליה (דמטי ולא מטי) (נ"א ואנהיר) בהאי נקודה (ס"א נהורא) וכדין אתפשט האי ראשית ועביד ליה היכלא ליקריה ולתושבחתיה (יקרא להיכליה ולתושבחתא) (נ"א וליקריה ולהיכליה ולתושבחתיה), תמן זרע זרעא דקודשא לאולדא לתועלתא דעלמא ורזא דא (ישעיה ו') זרע קדש מצבתה: זהר דזרע זרעא ליקריה כהאי זרעא דמשי דארגוון טב דאתחפי לגו ועביד ליה היכלא דאיהו תושבחתא דיליה ותועלתא דכלא, בהאי ראשית ברא ההוא סתימא דלא אתיידע להיכלא דא, היכלא דא אקרי אלהים ורזא דא בראשית ברא אלהים, זהר דמניה כלהו מאמרות אתבריאו ברזא ואתפשטותא דנקודה דזהר סתים דא, אי בהאי כתיב ברא לית תווהא דכתיב (בראשית א') ויברא אלהים את האדם בצלמו: זהר רזא דא בראשית קדמאה דכלא שמיה אהיה שמא קדישא גליפא בסטרוי (נ"א נהיר ונ"א בגלפא נהיר) אלהים גליפא בעיטרא (נ"א בגלופא דעיטרא) אש"ר היכלא טמיר וגניז שריאותא דרזא דראשית אש"ר רא"ש דנפיק מראשית

[יא] **ספר מגיד מישרים פרשת וישלח מהדורא קמא:** והא

גלא עמיקתא

מועד לאמר (1455) והנה שלושת הפסוקים יחד: **יש זהב ורב פנינים, וכלי יקר שפתי דעת** (2412) **מה יקר חסדך אלהים, ובני אדם בצל כנפיך יחסיון** (1902) **ויקרא אל משה וידבר ה' אליו מאהל מועד לאמר** (1455) סליקו כולהו לחושבן (5769): ט' פעמים "ימלא שחוק פינו" (641) (תהל' קכ"ו,ב'). דערך ממוצע דכל פסוק ג"פ "ימלא שחוק פינו" והוא חזקה כפולה ג"פ ג"פ ימלא שחוק פינו דאיתמר בשוב ה' את שיבת ציון בגאולתא שלמתא.

[יב]וכביאור המצודת דוד– וזלשה"ק: הגדיל ה' לעשות עמנו: כאילו ישיבו ישראל (לגויים) הן אמת שהגדיל ה' לעשות עמנו לבעבור בטחון הישועה ההיא היינו שמחים מאז עוד היינו בגולה. עכלשה"ק. ויהי רצון דנזכה לראות ביאת משיח צדקנו דישיב שיבת ציון ויקבץ נדחינו בגשמיות וברוחניות מארבע כנפות הארץ בעגלא דידן ובזמן קריב ונאמר אמן. וכמאמר הנביא (ישעיהו י"א,י"ב): "ונשא נס לגויים ואסף נדחי ישראל ונפוצות יהודה יקבץ [יג]מארבע כנפות הארץ" וכן אנו מתפללים לפני קריאת שמע "והביאנו לשלום מארבע כנפות הארץ" ובשמונה עשרה תיקנו ברכה מיוחדת "תקע בשופר גדול לחרותנו וכו' וקבצנו יחד מארבע כנפות הארץ לארצנו, ברוך אתה ה' מקבץ נדחי עמו ישראל" והאי "תקע בשופר גדול" מקורו בנבואת ישעיהו בענין קיבוץ גלויות (כ"ז,י"ג): "[יד]והיה ביום

השתא בעינא לגלאה לך רזין בהאי פרשתא. ויעקב הלך לדרכו ויפגעו בו מלאכי אלהים כלומר כד יעקב דאיהו תפארת. הלך לדרכו דרך. גבר בעלמא כלומר דאזל לאשפעא בכנסת ישראל, ויפגעו בו כלומר נפקו לקדמותיה לקבל שפעא, מלאכי אלהים איהו נצח והוד ויסוד דאינון שלשה עדרי צאן רובצים עליה דאינון שליחאן דיליה לאייתאה לה שפעא מתפארת ולהכי איקרון מלאכי אלהים כלומר שליחאן דכנסת ישראל דאיקרייא אלהים, ויאמר יעקב כלומר אתחברת תפארת במלכות, דויאמר רמז במלכות ברזא ואת אמרת קדוש ישראל נאצו, כאשר ראם כמו וראיתי אני, או רואה אני את דברי אדמון כלומר דבעי לאשפעא בהון כי היכא דישפעון בכנסת ישראל והיינו דקאמר מחנה אלהים זה כלומר דאינון שליחאן דכ"י דאקרייא אלהים, וקאמר זה כלומר דע"י זה דהוא יסוד אתחברת תפארת במלכות, ויקרא שם המקום ההוא מחנים, ויקרא רמיז במלכות ברזא ויקרא אל משה, שם היינו רזא דויקרא בשם ה', המקום היינו רזא דתלת עילאי ברזא דברוך המקום, ההוא היינו רזא דכתר, מחנים כלומר דתרי מחנות אינון תרי ההין דתפארת

ייניק מלעילא ומשפע לתתא וכיון דתפארת מיחד ובמלכות מיד. **[יב] מצודת דוד תהלים פרק קכו:** הגדיל ה' לעשות עמנו - כאילו ישיבו ישראל לומר הן אמת שה' הגדיל לעשות עמנו ובעבור בטחון הישועה ההיא היינו שמחים מאז עוד היינו בגולה. **[יג] זוהר חדש תיקונים דף צה עמוד א:** אמר ליה ברי אית אתוון דאינון לבושין דקב"ה דאתקריאו על שמיה דאתבריאו הה"ד כל הנקרא בשמי ולכבודי בראתיו [ישעי' מג] ואלין אינון בפירודא וכד אתחברן במניינא תלת עשר לעילא ותלת עשר לתתא וסלקין עשרין ושית יקו"ק כחשבן אח"ד אח"ד כדכתיב [זכרי' יד] ביום ההוא יהיה ה' אחד ושמו אחד. אבל אתוון דיחודא באורח אצילות לאו תמן חושבנא ולא פירודא ובגין דא ונהר יוצא מעדן וגו' ומשם יפרד והיה לארבעה ראשים. בזמנא דייתי פורקנא ויתקיים ונפוצות יהודה יקבץ מארבע כנפות הארץ [ישעי' יא] אתמר [ביה] היא חברון דזמין קב"ה לחברא לון כחדא והאי איהו וקבצנו יחד מארבע כנפות הארץ. **[יד] זוהר בראשית פרשת ויגש דף רי עמוד א:** דצלותא לאו איהי ההיא קלא דאשתמע דההוא קול

דאשתמע לאו היא צלותא, ומאן איהי צלותא דא קלא אחרא דתליא בקלא דאשתמע ומאן הוא קלא דאשתמע דא הוא קול דהוא בוא"ו קלא דתליא ביה דא ההוא קל בלא וא"ו ובגין כך לא אצטריך ליה לבר נש למשמע קליה בצלותיה אלא לצלאה בלחש בההוא קלא דלא אשתמע ודא היא צלותא דאתקבלת תדיר וסימנך והקל נשמע קל בלא וא"ו נשמע דא היא צלותא דהיא בחשאי דכתיב בחנה (ש"א א) וקולה לא ישמע דא היא צלותא דקודשא בריך הוא קביל, כד אתעביד גו רעותא וכוונה ותקונא כדקא יאות וליחדא יחודא דמריה כדקא יאות בכל יומא (והקל נשמע בית פרעה והקל נשמע חסר וא"ו מאי טעמא אמר רבי אלעזר דא היא שכינתא דבכאת על חרוב בי מקדשא ועל גלותהון דישראל, כתיב הכא והקל נשמע וכתיב התם (ירמיה ל"א) קול ברמה נשמע מה להלן שכינתא אף כאן נמי שכינתא) רבי אלעזר אמר קלא בחשאי דא היא קלא עלאה דכל קלין נפקין מתמן, אבל קל בלא ו' דא היא צלותא דלתתא דאיהי אזלא לאסתלקא בוא"ו ולאתחברא ביה, ת"ח והקל נשמע דא הוא קל בלא וא"ו דא היא קלא דבכאת על מקדש ראשון ועל מקדש שני, נשמע כמה דאת אמר קול ברמה נשמע, ברמה מאי ברמה דא הוא עלמא עלאה עלמא דאתי וסימניך מן הרמה ועד בית אל (תהלים ק"ו) מן העולם ועד העולם בכא ברמה דא עלמא עלאה דהא בההיא שעתא די ברמה נשמע כדין מה כתיב (ישעיה כ"ב) ויקרא יי' אלהים צבאות ביום ההוא לבכי ולמספד וגו', והקל נשמע לעילא לעילא מ"ט בגין דוא"ו אתרחק ואסתלק מניה וכדין רחל מבכה על בניה מאנה להנחם על בניה כי איננו, כי איננו כי אינם מבעי ליה אלא כי איננו והא אוקימנא כי איננו דבעלה לא אתשכח עמה דאלמלא בעלה ישתכח עמה תתנחם עלייהו דהא כדין בנהא לא יהון בגלותא ובגין דאיננו לאו איהי מתנחמא על בנהא בגין דבנהא אתרחקו מנה על דאיננו עמה, ת"ח בית פרעה דא הוא סימניך לעילא, ביתא דאתפרעו ואתגליין מניה כל נהורין וכל בוצינין כל מה דהוה סתים מתמן אתגלי ובגין כך קודשא בריך הוא אפיק כל נהורין וכל בוצינין בגין לאנהרא לההוא קול דאקרי קל בלא וא"ו, ת"ח כד יקים קודשא בריך הוא להאי קל מעפרא ויתחבר בוא"ו כדין כל מה דאתאביד מנייהו בזמנא דגלותא יתהדר ויתעדנון בנהורין עלאין דאתוספן מגו עלמא עלאה כמה דאת אמר (שם כ"ז) והיה ביום ההוא יתקע בשופר גדול ובאו האובדים בארץ אשור והנדחים בארץ מצרים והשתחוו ליי' בהר הקדש בירושלם.

גלא עמיקתא

ההוא יתקע בשופר גדול ובאו האובדים בארץ אשור והנדחים בארץ מצרים" ומסיים: "והשתחוו לה' בהר הקודש בירושלים" בבית המקדש השלישי יבנה ויכונן במהרה בימינו אכי"ר.

אופן סד

קודם שחטאו ישראל קבלו ישראל כתר שלם הם תר"ך אותיות של דברות לכן התחלת הדברות באלף שהוא סוד כתר אבל לאחר החטא אע"פ שאמר סלחתי כדבריך מ"מ לא זכו רק לחצי כתר. לכן אמר ויקר אל משה אלף זעירא רומזת שאותו אלף שזכו בהר סיני נתמעט ולא נשאר רק יקר שהוא עולה לחשבון חצי כתר.

מזה הטעם נתנו מחצית השקל כל העובר על הפקודים לפי שהפסידו החצי מן תר"ך נשאר להם יקר. יש זהב ורב פנינים רוצה לומר כשנכנס לפני ולפנים לא היו להם רק יש מן כתר וזה הוא כלי יקר שפתי דעת שלא נשאר להם רק יקר.

אופן סד

קודם שחטאו ישראל קבלו ישראל כתר שלם הם [א]תר"ך אותיות של דברות לכן התחלת הדברות באלף

גלא עמיקתא

ומביא המגלה עמוקות בדבריו הפסוק "סלחתי כדברך" דהיינו (במדבר י"ד,כ'): א'. [ב]ויאמר ה' סלחתי כדברך גימ' (1037) טו"ב (17) פעמים אנ"י (61) אי נמי טו"ב פעמים אי"ן – אתוון דדין כאתוון דדין, כדממשיך ואומר הקב"ה למשה בפסוק הבא (שם פסוק כ"א): "ואולם חי אני וימלא כבוד ה' את כל הארץ". ופרש"י לשון שבועה– ורמיזא הפסד חצי הכתר דהוא בחינת אי"ן כדכתיב (איוב כ"ח) "והחכמה מאין תמצא" וכאן נתהפך הסדר לאנ"י– דחציו ישאר אצלי. וזהו "חי אני" גימ' (79) "בן דוד יבא" בפיוט צור משלו אכלנו ובן דוד עבדך יבא ויגאלנו רוח אפינו משיח ה' (ועיין עוד [1]באור עשרת המכות בתחלת באורנו למכת ברד). ורמיזא בסנה (שמות ג',ד') וירא ה' כי ס"ר לראות ס"ר נוטריקון סלחתי כדברך.

1. עשרת המכות: ברד: לקביל ספירת החסד מתתא לעילא. ופרש"י (שמות ט',כ"ד) ואש מתלקחת בתוך הברד: נס בתוך נס האש והברד מעורבין והברד מים הוא ולעשות רצון קונם "עשו שלום ביניהם" סליק לחושבן (869) י"א פעמים "בן דוד יבא" (79) ויגאלנו במהרה בימינו אמן. וכן יהיה לעתיד לבוא כדכתיב (ישעי' י"א,ו') "וגר זאב עם כבש ונמר עם גדי ירבץ" וכדוגמת מים ואש שוכנים יחד בשלום- ורמיזא תיבין בדברי רש"י "עשו שלום"- דכעת הוא בחינת "עשו" גימ' (376) "שלום". ולעתיד לבוא גם הרשעים (חוץ מאלה שאין להם חלק לעוה"ב רח"ל וכמבואר בפרק חלק וכו') יהיו מבחי' "עשו" לבחי' "שלום"- חושבנא (376) דדין כחושבנא דדין. ואז יתגלה שהכל היה חסד ה'- ולכן מתאים להאי מכה להיות בחינת חסד. ויש לומר דבכללות המכות הן בחי' א' זעירא מפנימיות הכתר, ותמן י' ספיראן דנתגלו בעשרת המכות דלקו המצרים. ובסוד מה שכתוב (ישעי' נ"ח,ד') "ולהכות באגרף רשע" גימ' (1323) ג"פ "אמת" (441) והביאו הרה"ק ר' שמשון מאוסטרופולי זיע"א. ונביא אי"ה דבריו בסוף חבורנו והן פלאי פלאות האי אגרתא דיליה- ויהי רצון דהשי"ת יזכנו ברוב רחמיו להבין אפילו אות אחת מהאי איגרתא אכי"ר.

[א] של"ה שער האותיות אות בי"ת - בריות: והנה כתבו המחברים (תשו' הגאונים, שערי תשובה, סי' קמ"ט), בעשרת הדברות יש תר"ך אותיות כמנין כת"ר תורה, ותרי"ג אותיות הם רומזות לתרי"ג מצות, בכל אות מצוה אחת, ובשבע אותיות הנשארות מה הן משמשות, דיברו מזה הקדמונים, יש אומרים שהן נגד שבע מצוות דרבנן, ויש אומרים עניינים אחרים. אמנם המחוור שבכולם הוא מה שהבנתי מדברי הציוני (פרשת יתרו), שאומר מה הם השבע אותיות שנשארו, הם 'אשר לרעך', הוא הרגל שעליו עומד כל התורה, דהיינו תרי"ג, כההוא דפרק במה מדליקין (שבת לא א) דלימד הלל את הגר כל התורה על רגל אחת, דעלך סני לחברך לא תעביד, זוהי כל התורה כולה, ואידך פירושא היא, זיל גמור. פירש רש"י, דעלך סני לחברך לא תעביד, 'רעך ורע אביך אל תעזב' (משלי כז, י), זה הקדוש ברוך הוא, אל תעבור על דבריו, שהרי עליך שנוי שיעבור חבירך על דבריך. לישנא אחרינא, חבירך ממש, כגון גזילה גניבה ניאוף ורוב המצוות, עכ"ל.

[ב] מדרש ילמדנו ילקוט תלמוד תורה - פרשת שלח: אימתי ירד משה מן ההר? א"ר יהודה בר שלום ק"כ יום עשה משה אצל הב"ה. כיצד, בחדש השלישי לצאת בני ישראל וגו', בששה לחדש נתנו להם (דף נ"ד, ע"ב) עשר הדברות לישראל וכתבן, ומשה עלה אל האלהים ועשה שם ארבעים יום. כיצד הם ארבעים, הרי כ"ד מן סיון וי"ו מן תמוז, הרי

מ'. ירד בי"ז בתמוז, ראה את העגל ושבר את הלוחות וירידה את הסורחין בי"ח וי"ט, וחזר ועלה בעשרים בתמוז, שנ' ויהי ממחרת ויאמר משה אל העם וגו' וישב משה וגו', ועשה שם מ' יום, עשרה מתמוז וכל חדש אב, ועלה בר"ח אלול כשא"ל פסל לך והיה נכון לבקר וגו' ואיש לא יעלה עמך וגו' ויפסל וישכם ויעל, ועשה שם אלול כולו ועשרה מתשרי, וירד בעשרה לחדש והיו ישרא' שרויין בתפלה ותענית, ובו ביום נא' למשה סלחתי כדברך וקבעו הב"ה יום סליחה ומחילה לדורות. הה"ד כי ביום הזה יכפר עליכם וגו'. ילמדנו פ' כי תשא. [ג] **צפנת פענח שמות פרשת תרומה:** ובזה יובן משנה דעוקצין הנ"ל עתיד הקדוש ברוך הוא להנחיל לכל צדיק וצדיק וכו', דכתבתי במקום אחר, דביאר רבי שלמה אלקבץ (אלשיך הק' שמות ל, יג) טעם מחצית השקל ולא מטבע שלימה, להורות שאין האדם שלם כי אם בצירוף חבירו, וכל אחד הוי מחצה וכו', דהיינו לקשט עצמו ואח"כ לקשט אחרים, וזה הי' מעלת משה רבינו עליו השלום שזכה וזיכה את הרבים וזכות הרבים תלוי בו וכו', יעו"ש. אם כן הצדיק שהוציא יקר מזולל, שעשה והיפך לזולתו שהי' בחינת קר"י, ועל ידי מוסר זכה שיהי' גם כן צדיק יקר, אם כן הוי ב' פעמים צדיק, כי זכות זולתו תלוי בו. ונוצר תאנה יאכל פריו, לפי שהוציא יק"ר מזולל, לכך יש לו ש"י עולמות גימטריא יק"ר, וב' פעמים צדיק, שלו ושל זולתו, יש לו ב' פעמים ש"י, גימטריא כתר, אז יש לו כתר שלם, מה שאין כן בלא זולתו יש לו חצי כתר. וז"ש לא מצא הקדוש ברוך הוא כלי מחזיק ברכה אלא שלום, דאמרו בש"ס (תמיד כח א) כל זמן שיש תוכחה בעולם, שנאמר (משלי כד, כה) ולמוכיחים יונעם ועליהם תבא ברכת טוב וכו'. והכי נמי על ידי תוכחת מוסר שזכה וזיכה את אחרים נעשה כלי שלם, וזהו גורם ברכה. מה שאין כן בלאו הכי היה מחצית השקל בלא ברכה, נמצא כלי שלם מחזיק ברכה הוא שלם בשלימות, שנאמר ה' עוז לעמו יתן ה' יברך את עמו בשלום, והבן. [ד] **תולדות יעקב יוסף ויקרא פרשת ויקרא:** ויקרא אל משה וידבר ד' אליו מאהל מועד לאמר (א, א). איתא במדרש (ויק"ר א, א) רבי תנחום פתח ברכו ה' מלאכיו גבורי כח עושי דברו לשמוע בקול דברו וכו' (תהלים קג, כ - כב). וי"ל דמה ענין הפתיחה לכאן, דמשמע דיש איזה קושיא בפסוק זה, ומתרץ על ידי פסוק ההוא. ונ"ל, דקשה בפסוק ההוא, בתחלה כתיב כל מלאכיו ואחר כך כתיב כל צבאיו, ובמדרש (ויק"ר שם) פירש דזה קאי על עליונים וכו'. ולכאורה איפכא הוה לי' למימר, תחלה מעליונים ואחר כך מתחתונים. ועוד, מאי לשמוע בקול דברו, דהוה לי' למימר לשמוע דברו. ועוד מאי בקול, דהוה לי' למימר קול. ועוד, תחלה שייך שמיעה ואחר כך עשיה. ועוד להבין סדרו, שתחלה אמר משרתיו ואחר כך מעשיו. ונ"ל על פי משל מלך אחד שבא בחיל גדול לצור על עיר מוקף חומה דלתיים ובריח ברזל, ודאי שהגבורים הם במחנה ראשונה המרעישים להפיל חומה, ואחר כך בינונים, ואחר כך בנפול החומה יבואו כולם ויבוזו לשלול שלל. כך הוא בענין התפלה, שהוא מלחמה גדולה להפיל חומה של ברזל המפסקת בינינו לבין אלדינו, כי עונותינו המבדילים בינו לבינינו, ובודאי צריך תחלה גבורי כח היודעים לעשות פרצה בחומה זו המפסקת, ולהעלות נצוצי קדושה שיש בכל עולם העשיה, המחיה את הקליפות, כנלמד מפסוק (תהלים קג, יט) [ו]מלכותו בכל משלה, והנצוצות נעשו מיין נוקבין להעלות השכינה לייחדה במקומה הרמתה, ולקבל שם רוב שפע וברכה, ולהוריד אחר כך להשפיע לכל העולמות בריאה יצירה עשיה. ואחר כך יוכלו להתפלל אף הבינונים, מאחר שהפרצה פתוחה ויש מקום לתפלה לעלות דרך הפרצה שפרצו ראשונים. והנה ידוע, לשמוע הוא לפעמים לשון אסיפה וקיבוץ, לייחד מה שהי' נפרדים עד הנה, כמו וישמע שאול את העם, בשמואל א' (י"ז) (טו, ד) וגו'. והנה קשה, דכאן כתיב וידבר ד' אליו מאהל מועד, משמע שנתייחד התפארת במלכות, ושם לעיל (שמות לט, לג) כתיב, ויביאו את המשכן אל משה, שנתייחד

(דאנכי) שהוא סוד כתר אבל לאחר החטא אע"פ שאמר (במדבר י"ד,כ') סלחתי כדבריך מ"מ לא זכו רק [ג]לחצי

גלא עמיקתא

ומביא פסוקא דנן דפותח ספר ויקרא: ב'. [ד]ויקרא אל משה וידבר ה' אליו מאהל מועד לאמר (1455) ומביא

המלכות בתפארת, שעלה לתפארת, כמ"ש בזוהר שם (פקודי רלה א, רלח א). וע"כ צ"ל כמו שפירש בזוהר שם, בתחלה צריכין לסלקא לה לעילא ולאייתאה לה לגביה, ולבתר איהו ייתי לגבה תדיר. וזה ביאר רבי תנחום ופתח ואמר ברכו ד' מלאכיו גבורי כח, כי תחלה צריכין לברכו בתפלה והודאה אלו גבורי כח לעשות פרצה במחיצה. עושי דברו לשמוע ב"קול דבר"ו, ר"ל אלו העושי דברו כדי לייחד בקול תפארת דברו שהוא מלכותו להעלות למעלה על ידי מיין נוקבין הנ"ל. ואחר כך כשיורד תפארת ומלכות למטה להתייחד תפארת עם מלכות, אז ברכו ד' שם הוי"ה שהוא יחוד כנ"ל, משרתיו עושי רצונו, ואחר כך ברכו ד' כל מעשיו בכל מקומות ממשלתו, וק"ל. בפסוק ויקרא אל משה וידבר ה' אליו מאהל מועד לאמר, דבר אל בני ישראל ואמרת אליהם אדם כי יקריב מכם קרבן לה' מן הבהמה מן הבקר ומן הצאן תקריבו את קרבנכם (א, א - ב). וי"ל, א' איך שייך פרשה זו בכל אדם ובכל זמן, שהתורה נצחי. ב' קושיית האלשיך, תחלה כתיב סתם ויקרא אל משה, ואחר כך וידבר ה' וגו', איפכא הל"ל ויקרא ה' אל משה וידבר אליו. ג' דהל"ל ויקרא אל משה מאהל מועד. ד' כפל וידבר ה' וגו' לאמר, ואחר כך אמר דבר וכו'. ה' דבר אל בני ישראל, וחזר ואמר ואמרת אליהם. ו' דיבור ואמירה למשה, ושוב דיבור ואמירה לישראל. ז' תואר אדם כי יקריב, ולא איש. ח' מכם, מיותר. ט' פתח בלשון יחיד אדם כי יקריב וגו', וסיים בלשון רבים תקריבו את קרבנכם. י' תחלה שלא לנוכח אדם כי יקריב, ומסיים לנוכח תקריבו את קרבנכם. י"א למה לי מן הבהמה שהוא כלל, אחר שפרט מן הבקר ומן הצאן תקריבו וגו'. או איפכא, למה לי הפרט אחר הכלל, כי בכלל בהמה הוא בקר וצאן, ודרשת חז"ל ידוע. י"ב למה לי ג' פעמים מן, דהל"ל כי יקריב בקר וצאן קרבן לה' וגו', וגם בזה דרשו חז"ל וכו' (תו"כ עה"פ). אמנם קושיא י', תחלה שלא לנוכח ואחר כך לנוכח, נ"ל, דכתבתי במקום אחר ביאר על זאת יתפלל כל חסיד וכו' (תהלים לב, ו), וז"ש המשכן משכן העדות (שמות לח, כא) ב' פעמים, א' לאנשי החומר וב' לאנשי הדעת בחינת משה וכו', יעו"ש. ובזה יובן ויקרא אל משה וידבר ה' אליו מאהל מועד לאמר, ר"ל כי תפלה עבודה שבלב נקרא אמירה, מחשבה וכוונה, וז"ש אליו מאהל מועד, בחינת משה בפני עצמו באהל מועד, לאמר בתפלה. ולכללות בני ישראל, דבר אליהם אדם כי יקריב מכם קרבן לה', ר"ל שיהיו סוג ומקום בפני עצמ' לכללות העם, ואז תואר אדם מרחוק יוכל לקרב מכם קרבן לה'. וזה שדיבר שלא לנוכח עם תואר אדם, כי אינו שם עמהם, כי אם אחר שיתחברו עם תואר אדם, אז הם ולבם לנוכח ה' כולם, וז"ש תקריבו קרבנכם, והבן. עוד י"ל, על פי ביאר דהקשה מורי מה שאמרו חז"ל (אבות פ"ו מ"ב) בכל יום בת קול יוצאת מהר חורב ומכרזת וכו'. ממה נפשך, אם אי אפשר שישמע שום אדם הכרוז הזה א"כ למה יוצא בת קול כלל, ואם אפשר שישמע, א"כ מ"ט לא נשמע, שאם יאמר אדם ששמע ידונו אותו כנביא השקר. וביאר, כי למעלה אין אומר ואין דברים, רק עולם המחשבה, א"כ מה שמגיע לאדם הרהורי התשובה הוא מן הכרוז וכו', ודפח"ח. הרי כי אם יטה אוזן לשמוע קול הקריאה והכרוז, אפשר לכל אדם שישמע, והיינו במחשבה. אמנם אם הוא בר דעת להבין שזהו המחשבה הוא קול הכרוז, והבת קול ממנו יתברך בעצמו על ידי התפשטותו בעולמות עד שמגיע למחשבת אדם זה, ויטה אזן לשמוע כלמודים לשמוע ולעשות, אזי יוסף ה' דבר עמו איך יתנהג בדרכי ה', כמ"ש (תהלים כה, ח) טוב וישר ה' על כן יורה חטאים בדרך, וכמ"ש בסבא משפטים דף צ"ט (ע"א) אורייתא קרי בכל יומא ברחימו לגבייהו וכו' ולא עבדת דא אלא לאינון דידעין בה, משל לרחימתא וכו', תא חזי ארחא דאורייתא כך הוא, בקדמיתא ברמיזו, אחר כך קראת לי' דיקרב הכא, ואשתעי בהדי' בתר פרוכתא וכו', לבתר אתגליאת לגבי' ומלילת בהדי' כל רזין דילה וכו', יעו"ש. והקדוש ברוך הוא נקרא תורה, וקרי בכל יומא ברחימו ברמיזו, ואחר כך כאמור וכו', והיינו לאינון דידעין בה, מה שאין כן לאחרים, כשבאין לו הרהורי תשובה מהכרוז נתעצב והולך לבית היין, לומר תנו שכר למרי נפש (עי' משלי לא, ו), וכמו ששמעתי מהרב המגיד אל תהיו כסוס כפרד (להבין) [אין הבין] במתג ורסן וכו' (תהלים לב, ט), כי יש ג' סוגים בסוס, א' היודע לילך מעצמו בדרך הישר, ב' על ידי מתג ורסן, ג' על ידי מתג ורסן אדרבה סר מדרך הישר וכו', ודפח"ח. ואני כתבתי בזה דע מה למעלה, ונודע זה ממך (אבות פ"ב מ"א), באיזה בחינה, אם הוא בקו החסד וכו', יעו"ש. וכל זה לבחינת ישראל שעלו במחשבה (בר"ר א, ד), מה שאין כן לבחינת אנשי החומר אנשי מעשה יש הודעה בדיבור או במעשה, כמ"ש רבי משה אלשיך פרשת שמיני (ויקרא ט, א) מוסר השכל, לך ה'

החסד וגו׳ (תהלים סב, יג). ובזה יובן ויקרא אל משה, ר״ל קול הקריאה והכרוז מן הקדוש ברוך הוא שהוא התורה, מגיע אל משה שיש לו דעת, וכמ״ש סבא הנ״ל: ולא עבדת דא - להכריז ולקרוא, כי אם לאינון דידעין בה קריאת לי׳ דיקרב הכא, ואשתעי בהדי׳. אחר כך וידבר ה׳ אליו בתר פרוכתא וכו׳ גופי התורה, עד אחר כך באהל מועד מלילת בהדי׳ כל רזין וכו׳, וזהו לאמר בחשאי - נשמת התורה ורזין דאורייתא. וכל זה מי שהוא בבחינת דעת הנקרא משה, אז התורה בעצמו שהוא הקדוש ברוך הוא מדבר עמו בתחלה בקריאה ורמז, ואחר כך בדיבור בתר פרוכת שהוא הנגלה, וז״ש אליו, למעט אחרים שאינן בבחינת משה, ואחר כך בפנים באהל מועד הסוד והנסתר. מה שאין כן לכללות עם בני ישראל שאינם בבחי׳ זה להבין שידבר עמו התורה וכנ״ל, אתה דבר אל בני ישראל בחי׳ הנגלה של התורה הנק׳ גוף התורה, שהוא דיבור בהכרזה ונגלה. ואחר שילמדו גוף התורה אז ואמרת אליה״ם דייקא, בחשאי, פנימיות ונשמת התורה למי שראוי לפנימית התורה. ומי שאינו ראוי לזה, על כל פנים ילמדו גוף התורה. וז״ש דבר וגו׳, כי יש אנשי החומר והגוף, ויש אנשי הצורה והנשמה, וכמ״ש (שמות יט, ג) כה תאמר לבית יעקב - אנשי החומר, ותגיד לבני ישראל - אנשי הצורה, כל אחד לפי בחינ(ו)תו במתן תורה, וכן לדורות. [ה] **תלמוד ירושלמי מסכת שקלים פרק ב הלכה ג:** מתני׳ המכנס מעות ואמר הרי אלו לשקלי בית שמאי אומרין מותרן נדבה ובית הלל אומרים מותרן חולין שאביא מהן שקלי שוין שהמותר חולין אלו לחטאתי שוין שהמותר נדבה שאביא מהן חטאתי שוין שהמותר חולין אמר רבי שמעון מה בין שקלים לחטאת אלא של שקלים יש להן קיצבה ולחטאת אין לה קיצבה ר׳ יהודה אומר אף לשקלים אין להן קיצבה שכשעלו ישראל מן הגולה היו שוקלין דרכונות חזרו לשקול סלעים חזרו לשקול טבעין ביקשו לשקול דינרין ולא קבלו מהן א״ר שמעון אף על פי כן יד כולן שוה אבל חטאת זה מביא בסלע וזה מביא בשתים וזה מביא בשלש: גמ׳ המכנס וכו׳ ר׳ יוסי בשם ר׳ לעזר מה פליגין במכנס פרוטרוט אבל באומר אלו לשקלי כל עמא מודיי שהמותרן נדבה רבי חייא (חזקיה) ור׳ ביבי בשם ר׳ לעזר מה פליגין במכנס פרוטרוט אבל באומר אלו לשקלי כ״ע מודיי שהמותרן חולין א״ר חייא (חזקיה) מתניתא מסייעא לר׳ ביבי דתנן אמר ר״ש מה בין שקלים לחטאת אלא שהשקלים יש להן קיצבה ולחטאת אין לה קיצבה מה אנן קיימין אם באומר שאביא מהן שקלי כל עמא מודיי שהמותרן חולין אם באומר שאביא מהן חטאתי כל עמא מודיי שהמותר חולין אלא כן אנן קיימין באומר אלו לשקלי שקלים על ידי שקצבתן מן התורה מותרן חולין חטאת ע״י שאין קצבתה מן התורה מותרה נדבה מה עבד לה רבי יוסי בשם רבי לעזר פתר לה במכנס פרוטרוט וכבית הלל והא תנינן מותר שקלים חולין פתר לה במכנס פרוטרוט וכבית הילל המפריש שקלו וסבר שהוא חייב ונמצא שאינו חייב לא קדש המפריש שנים וסבר שהוא חייב שנים ונמצא שאינו חייב אלא אחד אותו השני מה את עביד ליה׳ נשמעינה מן הדא הפריש חטאתו וסבר שהוא חייב ונמצא שאינו חייב לא קדשה הפריש שתים וסבר שהוא חייב שתים ונמצא שאינו חייב אלא אחת אותה שניה מה את עבד לה אלא רועה ה״נ אלו לנדבה וכא היאך אומר אתה אלו: רבי יודא אומר כו׳: דרכונות דינרין חזרו לשקול סלעין כשמועין חזרו לשקול טבעין פלגי סלעין בקשו לשקול דינרין קרטין ולא קבלו עליהן מן הדא [נחמיה י לג] והעמדנו עלינו מצות לתת שלישית השקל בשנה לעבודת בית אלהינו ר׳ חלקיה בשם ר׳ אחא מכאן שצריך אדם לשלש שקלו שלשה פעמים בשנה מכאן שאין מטריחין על הציבור יותר מג״פ בשנה א״ר אבין מכאן לג׳ סאין מכאן לג׳ קופות מכאן לג׳ הפרשות כתיב [שמות ל יג] זה יתנו כל העובר על הפקודים ר׳ יהודה ור׳ נחמיה חד אמר לפי שחטאו במחצית היום יתנו מחצית השקל וחרנה אמר לפי שחטאו בשש שעות ביום

כתר. לכן אמר ויקר אל משה אלף זעירא רומזת שאותו אלף שזכו בהר סיני נתמעט ולא נשאר רק יקר שהוא עולה

גלא עמיקתא

הפסוק בענין צווי מחצית השקל (שמות ל׳,י״ג): ג׳. [ה]זה יתנו כל העבר על הפקדים מחצית השקל בשקל הקדש עשרים גרה השקל מחצית השקל תרומה

יתנו מחצית השקל דעבד שיתא גרמסין ר' יהושע בי ר' נחמיה בשם ר' יוחנן בן זכאי לפי שעברו על עשרת הדברות יהיה נותן כל אחד ואחד עשרה גרה ר' ברכיה ר' לוי בשם רבי שמעון בן לקיש לפי שמכרו בכורה של רחל בעשרים כסף יהיה כל אחד ואחד פודה את בנו בכורו בעשרים כסף ר' פנחס בשם ר' לוי לפי שמכרה בכורה של רחל בעשרים כסף ונפל לכל א' וא' מהם טבעה לפיכך יהיה כל אחד ואחד נותן שקלו טבעה:

[ו] ספר לשם שבו ואחלמה - ספר הדע"ה חלק ב דרוש ד ענף א: אמנם הוא הנה כל פעולותינו בתיקון הבירורים הראוים להאצילות הנה אינו ע"י שום פעולה מעשיית וגופניית אלא רק ע"י הרצון והתשוקה לבד כי כל רצון ותשוקה אשר יש מאתנו אל הקב"ה במעשה כל מצוה ומצוה וכן בעבודת התפילה ולימוד התורה כאשר נעשים בלב ונפש ורצון ותשוקה אליו ית"ש הנה אותו הרצון והתשוקה הוא עולה באצילות עצמו והוא הרצון הפשוט בלי שום מחשבה כלל אלא רק תשוקה לבד ובסוד אני לדודי ודודי לי אני לדודי ועלי תשוקתו והוא התדבקות רוחא ברוחא בסוד ישקני מנשיקות פיהו והוא דרגא דמשה רבינו ע"ה פה אל פה אדבר בו ולכן מת בנשיקה ובשבת במנחה שאז הוא התגלות הרצון רעוא דרעוין. ע' בהגר"א בספר יהל אור בהיכלות בראשית היכל ו' דף כ' ע"ג ובקיצור היכלות פקודי ל"ז רע"ד. היכל הז' טמיר בטמירו כאן אין גוף כלל ק"ק ע"ש. והוא מ"ש בזוה"ק ויקהל רי"ג ע"ב. ובעוד דפומיה ושפוותיה מרחשין. לביה יכוון ורעותיה יסתלק לעילא לעילא כו'. הרי אמר רעותיה יסתלק כו' נוסף על מ"ש לביה יכוון והכוונה הוא על הרצון הפשוט והתשוקה הפנימית אשר נמשך מהעובד בלב ונפש נוסף על הכוונה. הנה זה לבד אשר עולה באצילות ממש. והוא כח הפנימי של האדם וזה אשר עולה למעלה לקרבן אשה ריח ניחוח לה' והוא אכילה דלעילא עינוגה דקוב"ה כו' ישראל מפרנסי לאביהן שבשמים כו' ישראל אחידן ביה והוא אחיד בהו כו' בנים אתם כו'. כמ"ש כ"ז בזוה"ק ויקרא ז' ע"ב. ואלו הכחות פנימיות המופשט מגשם שהם הרצון והתשוקה דהאדם העולים למעלה. הם אורות הניצוצין העולים באצילות מהבירורים בסוד מ"ן. וכאשר עולים שם. ניתוסף בהם אור וברכה מלמעלה למעלה ומתתקנים הם למציאות האצילות המתחדש בכל עת ובסוד המחדש בטובו בכל יום תמיד מע"ב כי הראשונים חוזרים לשרשן כמו שביארנו בהקדו"ש שער ז' פ"ז. אבל פעולת כל המצוות עם כוונותיהם אינם עולים רק בבי"ע ובספירן דבי"ע ורק הרצון הפשוט הנז' העולה מכל מצוה ומצוה הוא אשר עולה מדרגא לדרגא באצילות ממש. והנה הוא נמשך ויוצא ע"י כל הכחות דכל הג' כלים שבגוף כי לא נשלם התשוקה הפנימית בכל הראוי אלא רק אחר שמתמצה מכל הכחות כולם שבכל הגוף. והג' כלים שבגוף הם נגד בחי' הג' עולמות בי"ע וכמו שביארנו בארוכה בזה בספר הקדו"ש שער ג' ולכן מה שנתמצה ונתפשט מהם הוא העולה למעלה בקודש הקדשים שהוא האצילות. ונמצא כי אינו עולה באצילות אלא אחר שנשלם להתתקן בכל תיקוני דהבי"ע וגם רק מה שנתפשט ונזדכך מכל הגופות והחומריות דהבי"ע. והבן כ"ז היטיב והנה אלו הכחות הפנימיות שבהאדם אשר מהם נעשה הרצון והתשוקה הנז' הרי הם נמשכים ונעשים מחלקי הדומם צומח חי שבהעולם ע"י השתמשות האדם והנאתו מהם ועי"ז הם באים בהאדם ונעשו בו חלק מעצמותו ואח"כ כאשר שהוא מקריב אותם להקב"ה אז ועולים לאצילות לבחי' מ"ן ונעשים למציאות האצילות ממש ומתחדש האצילות עי"ז באורות חדשים כמו במעשה בראשית והרי נעשה עתה כל התיקונים רק מלמטה למעלה. אמנם קודם שעולים למעלה והם כלולים עדיין בהאדם עצמו בהכחות הפנימיים שבו והם רק חלק מעצמות האדם גופה אשר הוא כלול ומורכב מטוב ורע הרי עומדים בו עדיין כל אלו הניצוצין רק בבחי' ממוצעים. וכן כל התיקונים דמעשה בראשית המתחדש בכל יום בהעולמות בי"ע מהניצוצין

לחשבון חצי כתר מזה הטעם נתנו מחצית השקל כל העובר על הפקודים [כמ"ש (שמות ל',י"ג) זה יתנו כל העובר על

גלא עמיקתא

לה' גימ' (5921) ל"ב פעמים "[1]אני לדודי ודודי לי" (שיר השירים ו',ג') (185) עם הכולל. וזהו ד"מחצית השקל" גימ' (983) "קומה ה' ויפוצו אויביך וינוסו

הפקודים מחצית השקל בשקל הקודש] לפי שהפסידו החצי מן תר"ד נשאר להם יקר יש זהב ורב פנינים (משלי כ',ט"ו) ר"ל

גלא עמיקתא

משנאיך". [ז]דפרש"י ולא יהיה בהם נגף: שהמנין שולט בו עין הרע וכו'. וחזינן מהאי חושבן שלא זו בלבד שלא ישלוט בהם עין הרע, אלא מצוה זו תגרום ל"יפוצו אויביך"- דלכן מחצית השקל מלמטה, דלא ישלוט בהם עין הרע. והשי"ת ממשיך מעילא המחצית השניה דשקל הקודש בבחינת יפוצו אויביך. וכדוגמת האי אשא דנחתא במעלי שבתא ושורפת לכל הקליפות. ורמז לדבר שהראה לו הקב"ה למשה [ח]מטבע

הנבררים כנ"ל והם מתבררים ומתתקנים ע"י פעולת כל המצוות וכוונתם הנעשים מהאדם ע"י הכח ששואב בכל עת מהשתמשות הדומם צומח חי שאוכל אותם ונהנה מהם הנה קודם שנעשה המצוה הרי הם עדיין כלולים בגוף האדם אשר הוא כלול ומורכב מטוב ורע והרי עומדים בו עדיין כל אלו הניצוצין רק בבחי' ממוצעים ואינם באים לטוב הגמור ולתיקונם ולתכליתם לחדש על ידיהם המעשה בראשית הראוי לכל יום אלא רק בפעולת כל מצוה וכוונתה שאז נעשים כולם קודש לה' והרי לנו עכ"פ כי עוברים על הניצוצין והשברי כלים אשר נפלו ונשברו בעולם הנקודות ג' זמנים היינו זמן בליעתן וטביעתן בהקליפה והרע לגמרי. וזמן שהם עומדים בבחי' ממוצע והוא כל עת עלייתם מהקליפות כל הזמן שעומדים בחלקי הדצח"מ שבהעולם. והזמן שעולים גם מהדצח"מ בפעולת כל תורה ומצוה אז הם נעשים קודש לה' ועולים מעילוי לעילוי עד מקורם הראשון ע"י תוספת אור וברכה שמקבלים תמיד מא"ס ית"ש. ומתחלפים והולכים בדרך זה בכל עת כי כאשר עולים הראשונים למקורם אז עולים הממוצעים במקומן להיות קודש לה' ומתתקנים הם ואז עולים מאותן הבלועים והטבועים בהקליפה ומתבררים הם ועולים במקום הממוצעים ועד"ז מתחלפים תמיד עד שיגמרו להתברר כולם שהוא בזמן ביאת המשיח ואז יתבטל הקליפה מכל וכל והיתה לה' המלוכה בב"א. [ז] **רש"י שמות פרק ל פסוק יב**: כי תשא - לשון קבלה, כתרגומו, כשתחפוץ לקבל סכום מנינם לדעת כמה הם, אל תמנם לגלגולת, אלא יתנו כל אחד מחצית השקל ותמנה את השקלים ותדע מנינם ולא יהיה בהם נגף - שהמנין שולט בו עין הרע והדבר בא עליהם, כמו שמצינו בימי דוד.

[ח] **במדבר רבה פרשת נשא פרשה יב**: א"ר יהודה בר סימון בשם ר' יוחנן ג' דברים שמע משה מן הקדוש ברוך הוא והרתיע לאחוריו כיון שאמר לו ונתנו איש כופר נפשו אמר משה מי יוכל ליתן כופר נפשו (איוב ב) עור בעד עור וכל אשר לאיש יתן בעד נפשו ועדיין אינו מגיע שנאמר (תהלים מט) אח לא פדה יפדה איש לא יתן לאלהים כפרו ויקר פדיון נפשם אמר לו הקדוש ברוך הוא איני מבקש לפי כחי אלא לפי כחן (שמות ל',י"ג) זה יתנו, א"ר מאיר נטל הקדוש ברוך הוא כמין מטבע של אש מתחת כסא הכבוד והראה לו למשה זה יתנו כזה יתנו. ומבואר בשל"ה פרשת משפטים תורה אור כו. והנה היו"ד הזאת הוא השקל השלם, רק שרובא ורובא דרובא אינם מגיעים אלא עד חצי המחנה, לכך ציווה ליתן מחצית השקל. והאריך הפסוק והזכיר (שמות ל, יג) 'עשרים גרה השקל' השלם, ומחציתו תקחו. וכבר כתבתי (אות כד), כי חלק השם בהאדם הוא י', וחלק אב ואם גם כן י' נמצא המחצית קודש לה'. ורמוז זה במטבע, כי האדם נעשה כמטבע שנאמר (איוב לח, יד) 'תתהפך כחמר חותם'. והנה הגוף מטבע ורושם הנשמה ובית קבולה. והנשמה בהתרוממותה מטבע ורושם הקדוש ברוך הוא, כמו שאמרו רבותינו ז"ל (ברכות י א) בחמשה דברים דומה הנשמה להקדוש ברוך הוא. זהו סוד שאמרו רבותינו ז"ל (ירושלמי שקלים פ"א ה"ד) מטבע של אש הראה הקדוש ברוך הוא למשה רבינו ע"ה, כי ה' אלהים אש אכלה הוא, והיו לוקחין ממחציות השקלים קרבנות אשה ריח ניחוח לה', וסוד קרבן הוא קרבן לידו"ד כמבואר במקומו (פרשת ויקרא אות ז). נמצא נעשה ממחצית השקל קרבן אש על גבי המזבח, ומגיע עד האש שיורד מלמעלה, זה מטבע של אש, הרי סוד

כשנכנס לפני ולפנים [דורש פנינים מלשון לפני ולפנים כאמרם סוטה ד: שהתורה יקרה היא מפנינים מכהן גדול הנכנס

גלא עמיקתא

של אש [ט]משנתקשה בהאי מצוה. ונרמז בחושבן ל"ב פעמים: "אני לדודי"– אתערותא דלתתא. "ודודי לי"–[י]אתערותא דלעילא. וע"י זה ממשיך אור רב מ–י"ג מכילן דרחמי. דחושבן (185) שם א"ל במלוי "אלף למד" דהוא שרש י"ג תקוני דיקנא מ–ב' הפיאות נמשכין ב' ההויות ושאר י"ג התיקונים– והא בשער הכונות לאר"י הקדוש. והרמז ברור לענין חצי הכתר ומחצית השקל– וכדמבאר רבינו בהאי אופן. ומסיים בפסוק (משלי כ',ט"ו): ד'. [יא]יש זהב ורב פנינים וכלי יקר שפתי דעת גימ' (2412)

מחצית השקל. [ט] **זוהר - רעיא מהימנא שמות פרשת תרומה דף קנז עמוד ב:** ובגין דא מני לישראל (שמות ל',י"ג) זה יתנו, קם תנא חדא ואמר (ודאי) רעיא מהימנא ודאי הכי הוא ולך מני למעבד כלהו הדא הוא דכתיב ועשית מנורת, ועשית שלחן, והכי בכלא וראה ועשה ומכלא לא אתקשי לך למעבד אלא תלת מלין דרשימין באתוון דשמך מ"נורה ש"קלים ה"חדש אמאי אתקשי לך. [י] **נועם אלימלך - דברים - פרשת ראה:** או יאמר ראה אנכי נותן לפניכם ברכה כו' (יא, כו). ונקדים לפרש פסוק (תהלים קמה, ז) זכר רב טובך יביעו כו', דכבר כתבנו מזה פעמים הרבה שהצדיק הוא מעורר רחמים תמיד על ידי תורתו הקדושה שעוסק בה לשמה ועל ידי מצותיו יתברך שמו ועל ידי השבחים והשירות שמרנן ומשבח להבורא ברוך הוא יתעלה שאתערותא דלתתא הוא אתערותא דלעילא והוא דאמרינן בגמרא (עי' תענית כה: וזוה"ק ח"ג רמז ב) אין טיפה יורדות מלמעלה אלא אם שני טיפות עולות מלמטה. וזהו זכר רב טובך יביעו, מלשון (ישעיה סד, א) מים תבעה אש, כששופכין מים על אש המים מבעבעין. וזהו זכר רב טובך, פירוש שיזכר רב טובך להשפיע לעולם: יביעו, רצה לומר לזה צריך אתערותא דלתתא והוא כמשל המים שמבעבעים ועולים ב' טיפות מלמטה כן הצדיקים מבעבעים קדושתם ואתערותם דלתתא כפי יכולתם, והשם יתברך משפיע לעולם רב טוב ורחמים גדולות ומה הוא אתערותם דלתתא: ואמר וצדקתך ירננו, רצה לומר על ידי צדק וחסד שעושים ושיר ושבח שנותנים לו יתברך ועל ידי זה נמתקים הדינים, אך גם זאת צריך הצדיק לעורר הגבורות והדינים על האומות. [יא] **ר' צדוק הכהן מלובלין - פרי צדיק ויקרא פרשת תזריע:**

ומפרש הזוה"ק (פרשת כי תשא הנזכר) מקודם באחרית הימים עם אחרית הימים כמו שנאמר ומצאוך כל הדברים האלה באחרית הימים וגו' ועמה סבלו כל מה דסבלו בגלותא וכמו שנאמר ובפשעכם שלחה אמכם הכל כמו שמפרש הזוה"ק בפרשת ואתחנן (הנזכר) ואחר כך מפרש באחרית הימים על ידי אחרית הימים דבהאי אחרית הימים יעבוד נסין ונוקמין וכו' היינו אגר טב לצדיקיא ופורעניות לרשיעיא, דישראל יהיו מרכבה למדת מלכות כשיבוא משיח, ואיהי גופא יהיה דינא לאומות העולם, כמו שהביא הזוה"ק (בפרשת ואתחנן) הפסוק אשר יעשה העם הזה לעמך באחרית הימים, וזה שהביא בזוה"ק כאן הפסוק כמה דאת אמר אשר ימצא וכו' להקדמה למה שאמרו אחרי זה ורחוק מפנינים מכרה וכו' לכל אינון דלא אתדבקין בה בשלימו וכו' היא מכרה לון וכו' וכדין כולהו רחיקין מאלין פנינין עילאין קדישין וכו', פנינים היינו אבני אפוד וכמו שהביא במדרש רבה (ויקרא רבה א', ו') יש זהב ורב פנינים וגו' רב פנינים זה נדבתן של נשיאים וכו', והשבטים הם שורש כנסת ישראל איהו אמונה, שעל ידי אמונה משיגין ה' אחד מהימנותא שלימתא כאמור למעלה, ושנים עשר שבטים כנגד שנים עשר חודשים ושנים עשר מזלות ושתים עשרה שעות ביום ושנים עשר אבני אפוד (תנחומא ויחי ט"ו) והם קיימין לעד שתים עשרה הקדושות וכמו שאמרו (בבא בתרא קט"ו ב) גמירי דלא כלה שבטא, וזהו פנינין עילאין קדישין, וזה רק בבית המקדש דשם כתיב ונשא אהרן את שמותם לפני ה' על כתפיו לזכרון. ובגלות לכל אינון דלא אתדבקין בה בשלימו וכו' היא מכרה לון וכו' רחיקין מאלין פנינים עילאין קדישין, דשלימות

לפני ולפנים] לא היו להם רק יש מן כתר וזה הוא כלי יקר שפתי דעת שלא נשאר להם רק יקר.

גלא עמיקתא

ד׳ פעמים "[יב]בני ישראל" (603) – ובארנוהו [2]באופן הקודם. והנה ד׳ הפסוקים בהאי אופן: א׳. ויאמר ה׳ סלחתי כדברך (1037) ב׳. ויקרא אל משה וידבר ה׳ אליו מאהל מועד לאמר (1455) ג׳. זה יתנו כל העבר על הפקדים מחצית השקל בשקל הקדש עשרים גרה השקל מחצית השקל תרומה לה׳ (5921) ד׳. יש זהב ורב פנינים וכלי יקר שפתי דעת (2412) סליקו כולהו לחושבן (10825) כ״ה פעמים "תלג" (433). דכתיב בפסוקא דעסיק בכתרא עילאה (דניאל ז׳,ט׳): "[יג]עתיק יומין יתיב, לבושה כתלג חיור, ושער ראשה כעמר נקא" וכו׳.

כנסת ישראל איהי אמונה שמשיגין כל היחוד ה׳ אחד על ידי אמונה והפנינים נושא רק הכהן הגדול, דכל מדתו חסד, כמו אברהם אבינו שנאמר בו (תהלים ק״י, ד׳) אתה כהן לעולם, וכהן גדול היינו עד השורש כתר עליון, שכן מורה גדול וכמו אברהם שזכה למדת זקן כהנא רבא כמו שמובא בזוה״ק (כי תשא) ובגמרא (הוריות י״ג א) גם כן דרשו יקרה היא מפנינים מכהן גדול שנכנס לפני ולפנים דכהן גדול נכנס לקודש הקדשים ואיתא בזוה״ק (ח״ב קכ״א א) והחכמה מאין תמצא והחכמה נפקת מאתר דאיקרי קודש הקדשים, ובחורבן בית המקדש רחוקין מאילין הפנינים וכו׳. וכאן מדבר משבח כנסת ישראל ועל זה מייתי הקדמה מי ימצא כמה דאת אמר ומצאוך וגו׳ באחרית הימים, ושם סיום הקרא ושבת עד ה׳ אלהיך ושמעת בקולו שבודאי יעשו תשובה, וזהו שאמרו בטח בה לב בעלה דא קודשא בריך הוא כמו שמובא בזוה״ק שבודאי יעשו תשובה, כמו שנאמר ושבת עד ה׳ אלהיך. וזה שנאמר מי ימצא מי בינה כמו שמובא בזוהר (ח״ב קט״ו ב) מ״י גימטריא חמישים שער החמישים המיוחד לבעלי תשובה, אך מי ימצא מאן יזכה למיהוי בה בשלימו וכו׳ שצריך זכות גדול כמה דאת אמר מי יעלה בהר ה׳ וכתיב בתריה נקי כפים ובר לבב, לבב שני לבבות וכעין מה שמובא בתיקוני זוהר (תיקון מ״ח) לדרתם זכאה מאן דעביד לון דירה בשבת בתרי בתי ליבא ואתפני יצר הרע מן תמן שזוכה לשבת עילאה תשובה עילאה. **[יב] ר׳ צדוק הכהן מלובלין – רסיסי לילה אות נח:** וזהו החטא דמי מריבה יען לא האמנתם להקדישני ויקדש בם (במדבר כ, יב) כי ה׳ צילך ובקדושת האדם גם השם יתברך לעומתו נקדש בתוך בני ישראל והיינו על ידי קדושת בני ישראל. דידוע מים רומז לתאוה ומשה רבינו ע״ה היה מרוחק לגמרי מכל מיני תאוה וחמדות עולם הזה כמו שאמר מאין לי בשר דזה אין שייכות לו למדריגתו רק להמטיר לחם מן השמים והוליכם במדבר המנוגב מכל טובה והוציא מים מצור החלמיש המנוגב לגמרי. והשם יתברך אמר שידבר אל הסלע ונתן מימיו היינו שגם לו יש מים כי באמת השם יתברך ברא התאוה ואינו לבטלה רק כשלא יחמוד ויתאוה למה שאינו שלו. ואין לך בריה שאין לו חשק ותאוה לאיזה דבר השייך לו וזהו מימיו השייכים לו. ועל ידי הדיבור לשם ה׳ יהיה הנתינה לשם שמים וזהו קדושת התאוות דבני ישראל שאף על פי שגם בהם יש תאוה אמיתית תאוותם של ישראל הוא השם יתברך וכל תאוותם לשם שמים. **[יג] ספר גנזי מרומים:** ואלו הן הראשון וכו׳. חושב כסדר הי״ס דכללות אצילות שהראשון הוא כתר והוא א״א וידוע כי בו מתלבש רדל״א שהוא עתיק יומין ואריך אנפין ובו תר״ך עמודי אור ועניינם ומהותם לא זכינו לאורם. ורק לרבינו הגדול הגר״א ז״ל נתגלו ולא גילה אותם לשום אדם [עי׳ הקדמת ס׳ פאת השולחן ועי׳ מ״ש אאמ״ו הגאון המחבר ז״ל בביאורו לביאור הגר״א ישעיה ג׳. בתיבת הכרח] ונקרא כתר על ידי תר״ך הנ״ל והוא רצון הראשון של אצילות שלכן נקרא אין והתחלת אצילות כמו שיתבאר. אבל כתר הוא רק הרצון בכלל שבו נכלל הכל

2. באור על מגלה עמוקות ויקרא אופן ס״ג: ומביא הפסוק (משלי כ׳,ט״ו): יש זהב ורב פנינים, וכלי יקר שפתי דעת גימ׳ (2412) ד״פ "בני ישראל" (603). באור הענין: דמשה רבינו הוא נשמת כללות ישראל, ולכן כאן נכפל ד״פ "בני ישראל" לקביל ד״פ שם אלהים בבחינת גדלות. דאיהו משה דזכה בהקמת המשכן לבחינת גדלות ד״פ שם אלהים עם א׳. והוא כדוגמת גולה עם א׳ גאולה וכיו״ב.

גלא עמיקתא

ופסוק קודם שם בדניאל עוסק בענין מלכויות הסיטרא אחרא. ובאופן דנן הוא כ"ה פעמים. באור הענין: [יד]דכל הנביאים נתנבאו בכ"ה בחינת אספקלריא שאינה מאירה. ומשה רבינו נתנבא בז"ה בחינת אספקלריא המאירה. ורמיזא דזכה ל-א' זעירא גלוי אלהותו יתברך בחיי חיותו כדכתיב (דברים ל"ג,א') "משה איש האלהים", ובהסתלקותו זכה לשער ה-נ' בשלמות הר נבו נוטריקון נ' בו. ובני ישראל זכו לחצי הכתר דהיינו חצי נ' דהוא כ"ה. ומהאי טעמא כפלינן תל"ג בחינת כתרא עילאה כ"ה זימנין לרמוז שזכו לחצי הכתר- כ"ה. [טו]ומשה רעיא מהימנא זכה לכתר שלם- שער ה-נ'.

והוא מקושר ברצון עליון שבעליונים מה שלמעלה ממדריגת הנהגת הזמן רק בסוד הנצחיות וע"ז נאמר ועתיק יומין יתיב וכו' שלכן גם א"א נקרא עתיק ע"ש ועליו נאמר (דניאל ז, ט) "לבושיה כתלג חיור" וכו', והם י"ג תיקוני דיקנא שהם מדות הרחמים והחמלה שהם מדות העליונים שהשגת כל אדם ומדריגות הוא ע"פ לבושו. וכן מדות הרחמים העליונים הם לבושו י"ת והם באים ממו"ס המתגלים דרך שערות הדיקנא כידוע שלכן נקראים שערי החכמה והחמלה שהם אותם שהזכיר משה רעה"ש בתורה (שמות לד, ו) "ה' ה'" וכו', שהם בסוד השערות. אבל אותם שהזכיר מיכה הם י"ג נביעין דבהון כמ"ש באד"ר ואד"ז וספד"צ וכמ"ש האריז"ל, ועליו אמרו

(עיין חגיגה יג.) "במופלא ממך" וכו', כמ"ש אמון מופלא ומוצנע ומכוסה שהם בסוד ג' רישין הידועים, מוצנע הוא רדל"א ומופלא הוא בא"א גלגלתא ומכוסה במו"ס כידוע, וע"ז רמזו ג"כ במ"ש רז"ל במופלא וכו' הוא בכתר, ומכוסה וכו' במו"ס, אין לך עסק וכו' ברדל"א. **[יד] רש"י במדבר פרק ל פסוק ב:** זה הדבר - משה נתנבא בכה אמר ה' כחצות הלילה (שמות י"א,ד') והנביאים נתנבאו בכה אמר ה', מוסף עליהם משה שנתנבא בלשון זה הדבר. **[טו] זוהר בראשית פרשת וירא דף קו עמוד א:** ועל דא לא הוה בעלמא בר נש דיגין על דריה כמשה דאיהו רעיא מהימנא.

אופן סה

זכה משה לש"ע נהורין כי משה בהר סיני עשן כלו נוטריקון ש ע נהורין כן גם כן באוהל מועד כלי יקר שפתי דעת כלי יקר בגימטריא ש"ע. לכן אמר ויקר אל משה שרמז על כלי יקר שהוא סוד ש"ע שהם חשבון של י"ח ברכות בז' ימי השבוע כיצד ג' פעמים י"ט בכל יום הרי נ"ז, ו' פעמים נ"ז הרי מנין שמ"ב, ועם כ"ח ברכות בד' תפלות של שבת הרי ש"ע. אבל כשחושבין מניקח"י ברכות, יש בשבוע ברכות מנין קרבן שהוא ארך אפים.

וזכה משה לאותו יקר לפי שזכר י"ח פעמים כאשר צוה ה' באוהל מועד לכן זכה לח"י ברכות.

זה שכתוב מאוהל מועד מן אוהל מועד זכה לאותו יקר ובזה זכה לשיעור קומה הוקם המשכן בהיפך אתוון קומה כי קומת אדם היא תלוי בח"י חוליות שבשדרה ובח"י טריפות שבריאה ומזה הטעם נקרא אדם ח"י.

זה שאמר אדם כי יקריב מכם אדם דייקא שזכה מן אוהל מועד שחבר את השם ח"י פעמים ומשם זכה לח"י ברכות.

איש אמונות זה משה ממשכן שיצאה בת קול ואמרה בכל

ביתי נאמן הוא משם זכה להיות רבן של ישראל בי"ח ברכות שהם בז' ימים מנין קרבן.

וברכת המינים שתקנו ביבנה מצאו לה סמך שיש לאדם חוליא קטנה חוץ מי"ח חוליות גדולות לכן אלף קטנה רומזת על שיעור קומת אדם שהוא ח"י חוליות שמשם זכה משה לאותו יקר שהתפילה במקום קרבן ולכן ברכות הם כמנין קרבן בז' ימי המילואים. אבל כשנחשב ברכות המינים שניתקנה כנגד חוליא קטנה נמצא שיש ש"ע ברכות בז' ימי המילואים משם זכה כל יקר שהוא סוד ש"ע.

אופן סה

זכה משה לש"ע נהורין כי משה בהר סיני עש"ן כלו [כמ"ש (שמות י"ט,י"ח) והר סיני עשן

גלא עמיקתא

בס"ד נקדים הקדמה קצרה בכוונות האר"י הקדוש בענין ש"ע נהורין, אשר מופיע בכמה אופנים, וכאן נביא ברכת שעשה נסים לאבותינו בהדלקת נרות חנוכה. וזלשה"ק: שעשה: יכון להמשיך הארת הפנים העליונים דא"א שהם ב' שמות א"ל מלאים (אלף למד=185, ב"פ=370) העולים ש"ע (370) אל שם אלהים דיודין (אלף למד הי יוד מם=300) העולה ש' (300). וגם אל הפשוט שהם ה' אותיות הרי ש"ה. ובזה יומתק שם אלהים וכו'. עכד"ק.

ובאופנים קודמים האריך המגלה עמוקות דמשה זכה למתק י' בחינות דשם אלהים בבחינת גדלות וקטנות– ואיקרי (דברים ל"ג,א') "משה איש האלהים" ופרשו חז"ל במדרש [א]מחציו ולמטה איש מחציו ולמעלה אלהים. ולקמן הם הפסוקים שמביא רבינו ורמזיהם: "[ב]והר סיני עשן כולו מפני אשר ירד עליו ה' באש, ויעל עשנו כעשן הכבשן, ויחרד כל ההר מאד" גימ' עם הכולל (4050): נ' פעמים "אנכי" (81) דהוה גלוי אור הכתר שער ה–נ' ואמר אנכ"י ה' אלהיך וכו' (שמות כ',ב').

ומביא הפסוק (משלי כ',ט"ו): "[ג]יש זהב ורב פנינים, וכלי יקר שפתי דעת"

[א] דברים רבה פרשת וזאת הברכה פרשה יא: דבר אחר וזאת הברכה אמר רבי שמואל בר נחמן כיון שבא משה לברך את ישראל באה התורה והקב"ה לברך את ישראל וזאת הברכה זו התורה שנאמר בה (דברים ד) וזאת התורה אשר שם משה לפני בני ישראל, [לג, א] אשר ברך משה זה משה, [לג, א] איש האלהים זה הקדוש ברוך הוא שנאמר (שמות טו) ה' איש מלחמה וכל כך למה לקיים מה שנאמר (קהלת ד) והחוט המשולש לא במהרה ינתק, ד"א וזאת הברכה א"ר תנחומא אם אלהים למה איש ואם איש למה אלהים אלא בשעה שהיה הושלך ליאור של מצרים איש ובשעה שנהפך לדם האלהים, ד"א בשעה שברח מלפני פרעה איש ובשעה ששיקעו אלהים, ד"א בשעה שעלה לרקיע איש ומהו איש לפני המלאכים שכולן אש ובשעה שירד מן הרקיע אלהים מנין שכתוב (שמות לד) וייראו מגשת אליו, ד"א בשעה שעלה לרקיע אלהים כשם שאין המלאכים אוכלין ושותין אף הוא לא אוכל ולא שותה מנין שנאמר (שם /שמות/ לד) ויהי שם עם ה' וגו', ד"א מהו איש האלהים א"ר אבין מחציו ולמטה איש מחציו ולמעלה האלהים. **[ב] במדבר רבה פרשת במדבר פרשה א:** וידבר ה' אל משה במדבר סיני למה במדבר סיני מכאן שנו חכמים בג' דברים ניתנה התורה, באש, ובמים, ובמדבר, באש מנין (שמות יט) והר סיני עשן כולו וגו' ובמים מנין שנאמר (שופטים ה) גם שמים נטפו גם עבים נטפו מים ובמדבר מנין וידבר ה' אל משה במדבר סיני ולמה ניתנה בג' דברים הללו אלא מה אלו חנם לכל באי העולם כך דברי תורה חנם הם שנאמר (ישעיה נה) הוי כל צמא לכו למים, ד"א וידבר ה' אל משה במדבר סיני אלא כל מי שאינו עושה עצמו כמדבר הפקר אינו יכול לקנות את החכמה והתורה לכך נאמר במדבר סיני. **[ג] כלי יקר הקדמה:** יקר חסדך אלהים (תהלים לו ח), חסד עולם יבנה, תחתים שנים ושלישים יעשה, ובטרם הרים יולדו ותחולל ארץ ומלואה נשגב שמו לבדו, אין קורא בשמו יתברך, ואדם אין לעבוד את ה', וירא ה' כי אין איש, וישתומם כי אין מכיר כח מלכותו יתברך ושכינה על מי שורה וזרוע ה' על מי נגלתה, אז עלה ברצונו יתברך שמו לברוא במאמרו שחקים וכל צבאם, ואגודתו על ארץ יסדה, ובכל מדור ומדור משרתיו עושי רצונו, ובכל מקום מוקטר ומוגש לשמו יתברך מן רואי פני המלך, ובתחתונים בחר לו באדם אשר יצר בחכמה ותרב משאת חכמתו מכל בני קדם, אשר

קדמוהו ביצירה, ואחרון אחרון חביב האדם שנברא בצלם ובדמות דיוקן יוצרו אשר חלק לו בבינה ביתר שאת ויתר עוז, ומכללם בחר לו יה את יעקב, זרע אברהם אוהבו אשר היה קורא בגרון בשם אל עולם, לאמר כי זה אלהים אלהינו הוא ינהג בעליונים ובתחתונים, אין עוד מלבדו, וממנו האירה כל הארץ, כי הוא האיר ממזרח צדיקו של עולם, והעם ההולכים בחושך ראו אור ה׳, והחזיקו באמונה זו דור אחר דור, ומלאה פני תבל דעת ויראת ה׳ מן יעקב חבל נחלתו, חוט המשולש, וכסא ה׳ עומד על שלוש רגלים. זאת היא שיחתי ופתח דברי מראש אמנה, לשיר את שיר ה׳ כשיר השירים אשר לשלמה (שיר השירים א א) יקר דבר ה׳ בימים ההם אין חזון נפרץ (שמואל - א ג א), ושני אלפים תוהו בגוים אין תורה, והיתה חתומה באוצר יחידי שרידי הדור, ויעבר ה׳ רוח של הנחה על הארץ, רוח דעת יראת ה׳, ויהי אומן את דברו הטוב לזרע אברהם אוהבו, לתת להם נחלת שפרה, אמרי שפר תורת אמת וחוקים ישרים צדיקים ילכו בהם הלוך ונוגה, החפץ ימלא ידו ברכת ה׳ ורצון שוכן בסיני, ואשר עמדה רגלם במישור על הר סיני, כל יקר ראתה עינם מה שלא ראה יחזקאל חכם עדיף מנביא אשר מחזה שדי יחזה, וכל חכם לב, תורה דידיה הוא, מעמל נפשו ישבע שובע שמחות, נעימות בימין אש דת למו, ולו נגלו תעלומות חכמה, דין גליא רזיא וכל רז לא אנס ליה, זו תורה וזו שכרה, אוהביה יאכלו פריה פרי קודש הלולים, לאכול מפרותיהן בעולם הזה וקרנו ירום בכבוד, אשר חכמים ינחלו בבואם אל המנוחה ואל נחלת י״ש עולמות, שם יצמח קרן לדוד, ויערוך נר מצוה ותורה אור לכל בני ישראל במושבותם, כי אמרות ה׳ הטהורות יתנו יקר לבעליהן, בעלי מקרא ומשנה ותלמוד ואגדה, אגודתן על ארץ יסדה, להאכילם מפרי מעשיהם בעולם הזה, ולאין אונים עצמה תרבה, והיה כגבור אפרים (על פי זכריה י ז) יקר מחכמה ומכבוד סבלות מעט (על פי קהלת י א), הנוטה שכמו לסבול משא דבר ה׳, הלא מצער היא ותחי נפשינו בהם, כי אם רחבה היא מיני ים מצוות ה׳ הלא המה קלות העשיה, כי לא העמיס ה׳ עלינו עול כבד, ומילתא זוטרתא שואל ה׳ מעמנו, ליראה את ה׳ והצנע לכת עם ה׳ לחיותינו כיום הזה, ובכל זאת ישראל לא ידע בין קל לכבד, עמי לא התבונן בין עתיד לעבר ובין פתי לנבר, פרקו מעליהם עול מלכות שמים ובהפקרא ניחא להו, זה דור דורשים אהבה בתעונוגים, ותהי המשרה על שכמם לבקש להם גדולות, כי ישתער שעיר על רעהו, ופני ה׳ חלקם, אין דורש ואין מבקש, כי כל איש לבצעו פונה, על כן גלו מבלי דעת, כי אמר אלהים פן ינחם העם בראותם כי ה׳ נלחם עמהם פנים בפנים ושבו בתשובה, ויתנם ביד שוסים, את הקרנות קרן ישראל גדע כאשירה, וירא בצר להם כי שבו אל ה׳, ויצעקו לאמר שובינו אלהי ישענו כי חטאנו לך, עד מהרה ישוב ונחם על הרעה, ישלח דברו וירפאם, וירא ישראל כי היתה הרוחה, והכבד אוזניו משמוע, נזורו אחור, גם ה׳ סר מעליהם, הן כל אלה יפעל אל פעמים שלוש עם גבר יהיר ולא ינוה אל נוה קודשו וישליכם אל ארץ אחרת יקח לו שארו כסותו, ויציגו ערום מכל הצלחה, וידל ישראל מאד, הולכים ודלים באורך גלות החל הזה, כי ארכו לו שם הימים לאמר כולי האי ואולי המצא ימצא איש ישוב ונחם על הרעה גם ה׳ ישוב מחרון אפו, ואשר הלכו קדורנית כאוהלי קדר יהיו כיריעות שלמה (שיר השירים א ה). יקר רוח איש תבונה (משלי יז כז), יבין וישכיל יתבונן בינה בהנהגת עם לא בינות, כמה רחוקים דרכיהם מדרכי ה׳, בדור תהפוכות ההופך הקערה הפך ומחה על פניה, לשפוט על הטוב הרע ועל הרע טוב, לשום שפלים למרום, ועשירים בחכמה בשפל ישבו, וקורא לנבל נדיב להושיבו עם נדיבי עם אלהי אברהם, ועם ה׳ אלה נחלקו לכיתות וחבורות מהם אוהבי הכסף, מהם אוהבי יותרת הכבד המדומי, מהם אוהבי אהבה בתענוגים, מהם בעלי הלשון כרך דכל מום ביה, ואוהבי האמת מבני עליה מועטים ומתי מספר המה ובטילין במעוטם כי הפרוץ מרובה על העומד, זה יאמר לה׳ אני ובקרבי קדוש, ולא אבוא בעיר לישב על גפי מרומי קרת, וזה בשם ישראל יכנה לאמר שריתי עם אלהים ואנשים ואוכל, וזה יכתוב ידו לה׳ לאמר לי האור ואני עשיתיו, וידי בכל החכמות ומי כמוני יגידה ויערכה, וזה יאמר לי תבל ומלואה, ומי יחוש ומי יוכל חוץ ממני לעשות בכסף ובזהב ובחרושת עץ החיים, ויש שיאחז בזה וגם מזה אל ינח ידו, כל אלו וכדומה להם הם חרובי קרתא, יהרסו ולא יבנו, עלה הפרץ לפניהם וגדר בוניו נהרסה, הצקתני רוח בטני ולבי יחיל בקרבי כאסתירא בלגינא קיש קיש קריא, כפעמון ורמון לא אוכל כלכל, ומלתי על לשוני כאש צרבת לאמר, עד מתי תשפטו עול לשום אור לחושך וחושך לאור, העיני האנשים תנקרו להכחיש הידוע, שומו שמים על זאת, ההיתה כזאת כי עם גולה וסורה בזוי בגוים מאד, לא ינחם

על כמה תועבות מפורסמות שהכל מודים בהם, ונגלה עוון אפרים (הושע ז א) יקר בעיני ה׳ העמסה לחסידיו (על פי תהלים קטז טו), עול משמע ומשא ודומה, וזאת אשיב אל לבי, מה לך כי צעקת על קלקול הדורות מראש, הטוב טוב אתה מן כמה נביאים אשר קראו בטבעת הגרון עד כי נחר גרונם, ולא אבו שמוע ויהיו מלעיבים במלאכי ה׳ ויקללום ויבזום, והיית גם אתה כאחד מהם, קום מה לך נרדם יושב ותוהה על דבר אין בידך לתקנו, הלהן תעגן לבלתי היות לאיש חיל רב פעלים, פועל ישועות ודורש טוב לעמו כפעם בפעם, ותיקר נפשם בעיניך לדבר על לבם דברים טובים ונחומים, בפקודי ה׳ ישרים משמחי לב, דוה וכואב, ואל תדאג על עולם שאינו שלך ברשותך, אזור כגבר חלציך והיית זריז ונשכר לפרוש להם על פי ה׳, את אשר תעלה מצודת שכלך, כי אם תאמר לדאוג על דברים שאין בידך לתקנם אין קץ לעמלך ולדאגותיך, קום עשה כי עליך הדבר, ואם יקלוך ויבזוך לאמר מה יושיעני זה, היה כמחריש ומקומך אל תנח, וכדברם אלי יום יום, אמרתי הלא מונע בר יקבוהו לאום, אוסיף שנית ידי כפעם בפעם, לערוך שולחן במדבר, כי יהיה תועלת דברי אלה כשולחן ערוך לרבים, מצע לרבים, הנה מטתו שלשלמה (שיר השירים ג ז) יקרה מפנינים (על פי משלי ג טו) תורת ה׳, כי אם יש זהב ורב פנינים לפיהן תרבה נחלתו ומחלתו, כל היום דוה ודואג על אשר לא השיגה ידו פי שנים כפלים ממה שבידו, ולא ישקוט האיש עד אם אשר כלה בהבל ימיו ושנותיו בבהלות, כמשפט כל נבהל להון אשר כמה תלאות וצרות צרורות על שכמו, לא כן דבר ה׳, כי המה הניחו לעיף כמים קרים על נפש עיפה לא יעף ולא יגע, וזאת המרגוע, כי דדיה ירווך בכל עת למצוא בה דברים חדשים אשר אוזן לא שמעם ועין לא ראתם, וערבים דברי דודים למבקשים להתכסות בשמלה חדשה, עד כי יאמר הרואה ראה זה חדש הוא לא שיערו הקדמונים, ואם מצד רוע הסדר של דור תהפוכות חם לבו בקרבו, בראותו כי אין בידו לתקן ולגדור בדק בית ישראל כי רב הוא, זאת נחמתי בעניי לדרוש מעל ספר ה׳, להיות שעשועי בו יום יום, ודאגה בלב יסיחנה מן הבלי העולם ויעתיקה אל עמל התורה המשמחת לב אדם, וסרה קנאת אפרים (ישעיה יא יג) יקר שפתי דעת (משלי כ טו) ברור מללו, להוציא מן השפה ולחוץ כל אוצר טמון בחדרי לבו, ללמד בני יהודה קשות ודברים סתומים שבתורה איש לפי שכלו,

מגלה צפונות ומטמונות אשר לא נגלו כי אם ליחידי הדור ולשרידים אשר ה׳ קורא ונתן בהם לב מבין ולשון למודים ביתר שאת ויתר עוז, אך בדורות הללו ננעלו שערי חכמה והמה סגורים מה שפתח ה׳ כי אם ה׳ יתן חכמה מפיו דעת ותבונה לאיזה איש ידוע וישם דבר בפיו לאמר כה תדבר אל בני ישראל, המה סוגרים דלתות שפתיו ובהכרח ישים יד לפה כי לדעתם שבחר ה׳ במה שהם בוחרים וכל שאין רוחם נוחה הימנו גם רוח המקום אינה נוחה הימנו, ואין הדבר כן כי על הרוב גם רוחם אין נוחה במה שהם בוחרים, כי רוב הבחירות הם קנאת איש מרעהו ואין רצונו רק לסתור דעת חבירו לבלתי היות לחבירו קורת רוח בבחירתו, והבחירה תלויה בדבר נלוז כי כל אחד בוחר קרובו או מיודעו בין שיהיה ראוי למלאכת ה׳ או לא כמעשה של יהושע בן גמלא (יבמות סא א) ולעולם אינן בוחרים האדם למלאכתו הראויה לו כי מיום שגברה אגרופה של חנופה וגסות רוח שירדו לעולם לא ניכר רש לפני שוע ואף אם הכל מודים כי זה האיש אשר אמר ה׳ הוא ישלח גלותי מבור התלאות ותורתי נתתי בקרבו לשמח בה העם ההולכים בחושך, המה ימאסו בו ומטילין בו דופי ומרחיקין בזרוע את אשר קירב ה׳ ודבק לחכו לשון למודים אשר נתן לו ה׳, ואומרים לעץ אבי אתה, שומו שמים על עם עיור ועינים יש, אשר משפטו כנגד החוש להכחיש הידוע לו לעצמו, על כן אמרתי יהיה מה שיהיה·הנה במקום לשוני, עט סופר מהיר נתן לי ה׳, לכתוב בעטי אשר אתי ממה שחנן אותי אלהים, להוציא היין המשומר בענביו מכרם אשר היה לשלמה (על פי שיר השירים ח יא) יקר יותר ממני (אסתר ו ו) חנני אלהים וכי יש לי כל אוצר חמדה בפירושים ודרושים חדשים גם ישנים צפנתי ליראי ה׳ וחושבי שמו אוהבי האמת ומודים עליו, המה ינחמוני מעצבון ידי ואותי יום יום ידרושון לאמר קום כי עליך הדבר יען כי בעוונינו מיום ליום תורת אמת הלוך וחסור והלבבות מתמעטין והאמת נעדרת וחכמי הדור אשר קטנם עבה ממתני בשפל ישבו והיית כאחד מהם וארשת שפתיך בל תמנע טוב מבעליו בהיות לאל יד שכלך להוציא יין הרקח מענבי שכלך, על כן על משמרתי אעמודה כפעם בפעם לחבר על התורה ביאור יקר, ממנו פינה ממנו יתד שהכל תלוי בו כי בו כלולים ביאור הרבה דברים סתומים והתומים אשר בהם באו רוב המפרשים ללקוט ולא מצאו ביאור מספיק וטעמים מספיקין, וכן נכללו בו הרבה דברי מוסר לאוהבי

כלו וכו'] נוטריקון ש"ין ע"ין נ"הורין כן ג"כ באוהל מועד כלי יקר שפתי דעת [כמ"ש (משלי כ',ט"ו) יש זהב ורב פנינים וכלי יקר שפתי דעת] כלי יקר בגי' שין עין. לכן אמר ויקר אל משה

גלא עמיקתא

גימ' (2412) ג"פ "בית דוד משיחך" (804) כדאמרינן בברכת המזון "רחם נא ה' אלהינו וכו' ועל מלכות בית דוד משיחך" דמגלוי אור הכתר יבא משיח צדקנו ויגאלנו ב"ב אכי"ר.

והנה כותב הגאון המחבר שזכה משה לאותו יקר של אותן ש"ע נהורין כמנין הברכות בתפלת ח"י ותפלות שבת קודש דיחיד עולים למנין ש"ע ברכות- לפי שזכר ח"י פעמים כאשר צוה ה' באהל מועד בפרשת פקודי.

התוכחה ומוסר כלימות, ויהיה תועלת חיבור זה יקר מאד למודים על האמת, אשר על כן קראתיו כלי יקר כי כל הקורא בו יענה ויאמר, הבן יקיר לי אפרים (ירמיה לא יט) יקרו רעיך אל (תהלים קלט יז) אשר מסרו נפשם על תורת ה' להיות עמלם בה יום ולילה לא ישבותו מלהוציא לאור תעלומות חכמה כפלים לתושיה, פשטים ודרושים חדשים משמחים אלהים ואנשים ותוכו רצוף אהבה מסותרת ותוכחת מגולה, הנה אנכי שלמה אפרים בן לאדוני אבי הגאון מוהר"ר אהרן זצ"ל הטרוד והנרדף זה ימים רבים רוב נחמתי בעניי היתה העסק בחיבור כמה ספרים, כי בילדותי חיברתי ספר עיר גבורים ובבואי קצת בימים יותר חיברתי ספר עוללות אפרים ורוב עסקי היה בחיבור רבבות אפרים אשר לגודל כמותו אין בידי די השיב אותו למלאכת הדפוס מחמת חסרון כיס, הנה כעת בשנת שס"א לפ"ק קודם ימי הפורים נפלתי למשכב בחולי מסוכן כמה שבועות עד שהוסיפו לי שם שלמה ובחמלת ה' הוציאני מתוך ההפיכה לחיות אותי כיום הזה נדרתי לה' ואשלמה לחבר חיבור זה לכבוד ה' ותורתו ולגלות מצפוניו, ומנהיגי שלוש ארצות יצ"ו היושבים ראשונה במלכות שמים נודעים בשערים לשם ולתהלה מכוחם החזיקו בידי ומכיסם סייעו למלאכת הדפוס ישלם ה' פעלם ומשכרתם שלימה, וקראתיו כלי יקר על שם הבן יקיר לי אפרים (ירמיה לא יט), ופסוק כלי יקר שפתי דעת אמרו שלמה (משלי כ טו), ובזה נכללו בו שני שמותי, ובהרבה מקומות כשהיה נראה בעיני מעלת הפשט ההוא על זולתו כתבתי בו וזה פירוש יקר כי האמת כן הוא, ומעט מזער אני מביא לפעמים דעת מפרשים אחרים וכתבתי על זה לשון ויש אומרים. ומה שלא הזכרתי בפרוש אותו מחבר, לפי שראיתי שערוריה בדברי רוב המפרשים הנגשים לבאר התורה שכמעט אין חדש בפיהם וברוב מקומות שנמצא בו איזה פשט הקרוב לשמוע נמצא אותו פשט בכמה מפרשים, לא ידעתי אם כולם לדבר אחד נתכוונו או אם קצתם נתעטפו בטלית שאינו שלהם, על כן לא ידעתי לזכור בשם אומרו כי אומריו רבים ואטו כי רוכלא לחשוב וליזיל לזכור כל אומריו על כן אמרתי סתם ויש אומרים, אך במקום שלא מצאתי אותו ענין כי אם במקום אחד או שנים כתבתי שם אומרו, ומכל מקום אמרתי לקצר בדברים של אחרים קיצור מופלג שלא להרחיב ספרי מן דברים אשר לא עמלתי בהם וכל דברי קרובים לפשוטו מאד ולפעמים יש בהם גם קצת רמז כי כן ראיתי בכל המפרשים. וזה חלקי מן עמלי, והמלאכה נכונה ביד שלמה (על פי מלכים - א ב מו) יקר ראתה עיני (על פי איוב כח י) כי עוד חזון למועד אשר דיבר ה' לרחם עניי עמו הנפוצים בכל קצוי ארץ וים רחוקים והולכים מדחי אל דחי, וימים רבים לישראל בכור התלאות המצרף ומזקק כבור סיגינו, ואם כפי מיעוט השגתינו אין אתנו יודע עד מה קץ התלאות והפלאות, אל ה' הוא יודע כי לטובה חשבה האלהים בהדי כבשי דרחמנא למה לי, הלא יקים ה' דברו הטוב אשר דיבר על בית ישראל בהגיע התור הקצוב או בהיטיב ישראל דרכיו, כי יראו כי אזלת יד והצרות מתגברות מי הגבר אשר לא יראה ואיזהו הנפש אשר לא תעונה ישיב אל לבו לשוב אל ה' בכל לב, גם ה' יתן הטוב ישוב נדחי עמו וירום קרן משיחו אשר קרני ראם קרניו והם רבבות אפרים (דברים לג יז):

שרמז על כלי יקר שהוא סוד שין עין שהם חשבון של [ד]י"ח ברכות בז' ימי השבוע כיצד ג"פ י"ט בכל יום הרי נ"ז ו' פעמים נ"ז הרי מנין שמ"ב ועם [ה]כ"ח ברכות בד' תפלות של

גלא עמיקתא

ונעביד חושבן ח"י פסוקין דמדבר תמן כאשר צוה ה' את משה בכמה נוסחין. ויהי רצון דהשי"ת יאיר עינינו בתורתו הקדושה דנזכה לכוון לאמיתה של תורה– ונזכה יחד עם כלל ישראל לאור באורו יתברך לשני ימות המשיח ולתחית המתים– דהוא בסוד אותן ח"י פעמים "[ו]כאשר צוה ה' את משה": (א') שמות ל"ח: פסוק כ"ב: ובצלאל בן אורי בן חור למטה יהודה עשה את כל אשר צוה ה' את משה (3008) (ב') פרק ל"ט: פסוק א': ומן התכלת והארגמן ותולעת השני עשו בגדי שרד לשרת בקדש,

[ד] **בראשית רבה פרשת ויצא פרשה סט:** רבי חנינא בשם רבי פנחס אמר שמנה עשרה פעמים מזכיר האבות בתורה וכנגד כן קבעו חכמים י"ח ברכות שבתפלה, ואם יאמר לך אדם תשעה עשר הם, אמור לו והנה ה' נצב עליו לית הוא מן המנין, ואם יאמר לך אדם י"ז הם אמור לו (שם /בראשית/ מח) ויקרא בהם שמי ושם אבותי אברהם ויצחק חד מנהון, הארץ אשר אתה שוכב עליה לך אתננה ולזרעך, רבי שמעון משום בר קפרא אמר קפלה כפינקס ונתנה תחת ראשו כאינש דאמר מן תחות רישא דידך, ר"ה בשם ר"א אמר ובלבד שיהא נקבר עליה [ה] **ערוך השולחן אורח חיים סימן מו:** סעיף ב בחשבון של ק' ברכות בצמצום טרחו הפוסקים יש חשבו ק"ה ברכות בכל יום [ב"י] ויש שחשבו ק' רק ביום התענית [מג"א סק"ח] ולענ"ד נראה דהוי ק' בצמצום בכל יום לפי הכרח האדם לאכול סעודה אחת בכל מעת לעת דלא סגי בלא"ה והיינו בקומו ממטתו על נטילת ידים ואשר יצר ואלהי נשמה וברכה על טלית קטן וט"ו ברכות השחר וברכת מקדש את שמך ברבים וג' ברכות של ברכות התורה וברכה על טלית גדול ושני ברכות לתפילין הרי כ"ו ברכות ברוך שאמר וישתבח ויוצר אור ואהבה רבה וגאל ישראל וי"ט של שמונה עשרה הרי כ"ד ובכולל נ' י"ט בשמונה עשרה של מנחה וי"ט בשל ערבית וברכת מעריב ערבים ואוהב עמו ישראל וגאל ישראל והשכיבנו ויראו עינינו וברכת המפיל הרי מ"ד ואכילת סעודה ששה ברכות ד' של ברכת המזון ועל נטילת ידים והמוציא הרי נ' ועם נ' הקודמים הרי מאה בצמצום לפי מנהג אשכנז אך לפי מנהג ספרד חסרו ד' ברכות והיינו ברכת הנותן ליעף כח וברכת מקדש את שמך ברבים ויראו עינינו וברכה אחת מתפילין ונ"ל שסוברים דברכת התורה הוי שני ברכות כדעת התוס' והרא"ש שיתבאר בסימן מ"ז ולא ג' ברכות כדעת הרמב"ם וגם אין מברכין על טלית קטן שיוצאים בהטלית גדול וכמ"ש בסי' ח' סעיף ט"ז ע"ש וא"כ נחסר להם ששה ברכות וחושבין שני סעודות אחד ביום ואחד בלילה וג"כ הוי מאה בצמצום אך בשבת ויו"ט חסר הרבה שבחול בג' תפלות יש נ"ז ברכות ובשבת ויו"ט בארבע תפלות כ"ח ברכות ולבד ברכות תפילין ונמצא שחסר ל' לספרדים ול"א לאשכנזים וכנגד זה נתוסף בשבת ג' סעודות ובחול לא חשבנו רק סעודה אחת לאשכנזים ושתים לספרדים ונמצא שנתוסף בשבת לספרדים ששה ברכות ולאשכנזים י"ב ברכות ועוד נתוספו שני ברכות של קידוש בלילה וברכה אחת של קידוש היום נתוסף תשעה לספרדים וט"ו לאשכנזים וחסר לספרדים כ"א ברכות ולאשכנזים ט"ז ברכות ובמנחות שם אמרינן דבשבת ויו"ט ממלינן בפירות ובשמים ע"ש אבל אין לנו לא פירות ולא בשמים ויש שכתבו שישמעו הברכות מפי העולים לתורה ויענה אמן וגדול העונה אמן יותר מן המברך [ב"י בשם גאון ע"ש] וי"א דאפילו אם המברך מברך בלחש שאין שומעין הברכה כיון שיודע מה מברך עונה אמן ויוצא בזה [ב"י] ועי' בסי' קכ"ד: [ו] **מדרש תנחומא פרשת פקודי:** ולמה כתיב כאן כמה פעמים כאשר צוה ה' את משה, לפי שהרהרו ישראל אחרי משה בשעה שהיו מעמידין המשכן ולא היה עומד אמרו שמא דבר קל

אמר לו הקדוש ברוך הוא למשה לעשות לו במשכן ומשה מעצמו הכניסנו בכל הטורח הזה לפיכך אמר הקדוש ברוך הוא הואיל והרהרתם אחריו הריני כותב שמי על כל דבר ודבר שאני צויתי אותו לכך כתיב כאשר צוה ה' את משה בכל פעם ופעם, אמר הקדוש ברוך הוא אם בקש אדם להרהר אחרי משה יהרהר אחרי שאני אמרתי לו כל זאת ושיעשו לי המשכן ואימתי נאמר לו למשה לעשות את המשכן ביום הכפורים, לפי שעלה משה להר ג' פעמים ועשה שם מאה ועשרים יום משׁשה בסיון שעלה לשם עד יום הכפורים שהוא עשרה בתשרי ואותו היום נאמר (שמות לב) וינחם ה' על מעשה העגל, אותו היום אמר לו סלחתי כדבריך, ואותו היום נאמר לו ועשו לי מקדש (שם /שמות/ כה) ובו ביום אמר לו וסלחת לעונינו ולחטאתנו ונחלתנו (שם /שמות/ לד), היום הזה תנחילנו סליחה לדורות, ובו ביום אמר לו הקדוש ברוך הוא כי ביום הזה יכפר עליכם (ויקרא טז), ועשו את המשכן בחדוה ובשמחה, ולכמה חדשים נגמרה מלאכת המשכן, רבי שמואל בר נחמן אמר בשלשה חדשים נגמרה מלאכת המשכן תשרי מרחשון כסליו, והיה מונח ומפורק טבת ושבט ואדר והעמידוהו באחד בניסן שנאמר ביום החדש הראשון בא' לחדש תקים את משכן אהל מועד, ר' חנינא אומר בא' באדר היה נגמרה מלאכת המשכן, למה שהמלאכה שנעשית בקיץ ביום אחד נעשית בחורף בשני ימים,

שבת הרי ש"ע. אבל כשחושבין מנין ח"י ברכות יש בשבוע ברכות מנין קרבן שהוא אר"ך אפי"ם (שמות ל"ד,ו') וזכה משה

גלא עמיקתא

ויעשו את בגדי הקדש אשר לאהרן כאשר צוה ה' את משה (8170) (ג') פסוק ה': וחשב אפדתו אשר עליו ממנו הוא כמעשהו זהב תכלת וארגמן ותולעת שני ושש משזר כאשר צוה את משה (6996) (ד') פסוק ז': וישם אתו על כתפת האפד אבני זכרון לבני ישראל כאשר צוה ה' את משה (4260) (ה') פסוק כ"א: וירכסו את החשן מטבעתיו אל טבעת האפד בפתיל תכלת להית על חשב האפד ולא יזח החשן מעל האפד כאשר צוה ה' את משה (6571) (ו') פסוק כ"ו: פעמן ורמן פעמן ורמן על שולי המעיל סביב לשרת כאשר צוה ה' את משה (4071) (ז') פסוק כ"ט: ואת האבנט שש משזר ותכלת וארגמן ותולעת שני מעשה רקם כאשר צוה ה' את משה (6198) (ח') פסוק ל"א: ויתנו עליו פתיל תכלת לתת על המצנפת מלמעלה כאשר צוה ה' את משה (5162) (ט') פסוק ל"ב: ותכל כל עבדת משכן אהל מועד, ויעשו בני ישראל ככל אשר צוה ה' את משה כן עשו (4433) (י') פסוק מ"ב: ככל אשר צוה ה' את משה כן עשו בני ישראל את כל העבדה (3030) (י"א) פסוק מ"ג: וירא משה את כל המלאכה והנה עשו אתה כאשר צוה ה' כן עשו ויברך אתם משה (4080) (י"ב) פרק מ': פסוק ט"ז: ויעש משה ככל אשר צוה ה' אתו כן עשה (2281) (י"ג) פסוק י"ט: ויפרש את האהל על המשכן, וישם את מכסה האהל עליו מלמעלה כאשר צוה ה' את משה (4201) (י"ד) פסוק כ"א: ויבא את הארן אל המשכן, וישם את פרכת המסך, ויסך על ארון העדות כאשר צוה ה' את משה (5036) (ט"ו) פסוק כ"ג: ויערך עליו לחם לפני ה' כאשר צוה ה' את משה (2380) (ט"ז) פסוק כ"ז: ויקטר עליו קטרת סמים כאשר צוה ה' את משה (2694) (י"ז) פסוק כ"ט: ואת מזבח העלה שם פתח משכן אהל מועד, ויעל עליו את העלה ואת המנחה, כאשר צוה ה' את משה (4620) (ח"י) פסוק ל"ב: בבאם אל אהל מועד ובקרבתם אל המזבח ירחצו, כאשר צוה ה' את משה (2783) סליקו כולהו ח"י פסוקין לחושבן (79,974): ח"י פעמים "ומי יעצר כח לבנות לו בית כי השמים ושמי

לאותו יקר לפי שזכר י"ח פעמים כאשר צוה ה' באוהל מועד לכן זכה לח"י ברכות. ז"ש מאוהל מועד מן אוהל מועד

גלא עמיקתא

השמים לא יכלכלהו, ומי אני אשר אבנה לו בית כי אם להקטיר לפניו" (4443) (דברי הימים ב' ב',ה'). ונמשך דבר פלא דערך ממוצע דכל פסוק הוא הפסוק הנ"ל דאומר שלמה המלך בהתפעלות עצומה בבנותו בית המקדש, ופרש"י: מי יכול לבנות לו בית דוגמת מעלה, והוא נפלא.

ומביא הפסוק (משלי כ"ח,כ') איש אמונות רב ברכות, ואץ להעשיר לא ינקה גימ' (2552) ד' פעמים "אברהם יצחק יעקב" (638) וזהו דמביא המגלה עמוקות המדרש איש אמונות זהו משה שנאמר בו (במדבר י"ב,ז') "בכל ביתי נאמן הוא" [1עיין מה שכתבנו בזה בבאור שיר השירים פרק ו']. וכן אמרינן

1. באור שיר השירים פרק ו': פסוק ב': דודי ירד לגנו לערגות הבשם לרעות בגנים וללקוט שושנים גימ' (3075) ג"פ "ויקחו אליך שמן זית זך" (שמ' כ"ז,כ') דהוא בריש פרשת תצוה. ושם בכל פרשת תצוה לא מוזכר משה רבנו כלל, וכדאמר משה לאחר חטא העגל (שמ' ל"ב,ל"ב) "ואם אין מחני נא מספרך אשר כתבת" ושם קוים דדברי הצדיק אפילו על תנאי מתקימין- וכן ביעקב ורחל כנודע.

וכאן בפסוק דסליק ג"פ הני תיבין- הבש"ם במש"ה אתוון דדין כאתוון דיין, ואיהו תיקונא להאי "מחני נא" וכו', דכאן מדכר ברמז שמיה דמשה רעיא מהימנא. וכן "שמן זך" גימ' (417) "זית"- דישראל נמשלו לזית וכו', ולקמן פסוק ג' סליק לחושבן ג"פ יהושע בהדיא, דכשהוא במש"ה אתוון הבש"ם אזי גם משה מופיע ברמז- ויקחו אליך שמן זית זך, ואין מוזכר שמו בכל הפרשה. והוא בחי' מולד הלבנה דמתמעטת עד לבחי' נקודה תחת היסוד, ואז גדלה עד לסיהרא באשלמותא, וחוזר חלילה עד לגאולה האמיתית והשלמה דאז תישאר סיהרא באשלמותא ובלע המות לנצח וכו' בב"א. ורמיזא בתרין תיבין קדמאין דפסוקא "דודי ירד" גימ' (238) "רחל" דהיינו מלכותא קדישא, ומיד תיבה תליתאה "לגנו" גימ' (89) "חנוכה". דהיא ירידת לצורך עליה, וכגון ירידת הנשמה להאי עלמא לקיים תורה ומצוות ומע"ט, ולברר הנפש הבהמית דתמן נפלו רפ"ח נצוצין קדישין ולהעלותם לשרשם, ולהכין הקרקע בשית אלפי שנין להתגלות אור הגנוז מעתיקא סתימאה. ורמיזא ב-ח' נרות דחנוכה ד-ח' הוא מעל ה-ז' דטבע, וביום השמיני זאת חנוכה שלמות הגלוי, ובכוונות איתא דאז מאירין י"ג ת"ד דא"א. ותיבה הבאה בפסוקא "לערגות" גימ' (709) "אין מזל לישראל" (שבת קנ"ו ע"א) וכחידש רבנו הקדוש "ישראל בעל שם טוב" גימ' (1000) "אלף". דשמו מעיד על מקור חדושיו, אל תיקרי אין בצירה אלא אין בפתח וחיריק, דישראל ינקין מכתרא עילאה וכדכתיב (איוב כ"ח,י"ב) "והחכמה מאין תמצא". דהן מושרשים בעצמותו יתברך דבמי נמלך בנשמותיהן של צדיקים (ב"ר פ"ח,ז') "ועמך כולם צדיקים" (ישעי' ס',כ"א) וישראל הם כביכול בחי' המיניה וביה דקוב"ה.

ולעתיד לבוא יתגלה היחוד הנפלא דבורא ונברא מיניה וביה, דעיקר הגלוי יהיה לישראל, ואף מעט מזעיר לעכו"ם, דכתיב (אסתר ח',י"ז) "ורבים מעמי הארץ מתיהדים כי נפל פחד היהודים עליהם". והוא רק כדוגמת הגלוי דיהיה ללא שעור יותר לעתיד לבוא כדכתיב (סוף מלאכי) "יום ה' הגדול והנורא" בחי' חו"ג דא"א דיתגלו ב"ה ברחמים בהאי עלמא וגם הם יהיו הכנה לגלוי גבוה יותר עד גלוי מלכות דא"ס דהן י' ספירות הגנוזות במאצילן. ורמיזא בלשון הקודש במלוי תיבה "עשר" כזה: "עין שין ריש" גימ' (1000) "אלף"- דאיהו סיפא דאתוון לאחר כ"ז אתוון כ"ב פשוטות ו-ה' מנצפ"ך בסדר כמנפ"צ ואז אות ה-כ"ח א' רבתי דאדם (תחלת דברי הימים גימ' (1000) אלף. בבחינת כתר עליון במלוי "אדם" כזה "אלף דלת מם" גימ' (625) "הכתר" דלית אדם בלא א', וזהו "בראשית ברא אלהים את השמים ואת הארץ"- ז' תיבין לקביל ז"ת דא"ס ו-כ"ח

זכה לאותו יקר ובזה זכה לשיעור קומה הוקם המשכן בהיפך אתוון קומה כי קומת אדם היא תלוי בח"י חוליות שבשדרה ובח"י טריפות שבריאה ומזה הטעם נקרא אדם ח"י. ז"ש אדם כי יקריב

גלא עמיקתא

לעיל בכמה מקומות מש"ה בא"ת ב"ש גימ' (102) אמונ"ה ומשה איקרי בזוהר הקדוש [ז]רעיא מהימנא. [ח]ובזוהר שיר השירים ש' רבתי אלו ג' אבהן דמשה כללות שלשתם, ורמיזא בשמו: מ מימין חסד דאברהם כדכתיב (סוף מיכה)

מקורות

[ז] **זוהר בראשית פרשת וירא דף קו עמוד א:** ועל דא לא הוה בעלמא בר נש דיגין על דריה כמשה דאיהו רעיא מהימנא. [ח] **זוהר חדש מגילות מגילת שיר השירים:** פתח ואמר ועתה אם תשא חטאתם ואם אין מחני נא מספרך אשר כתבת. קללה דא על תנאי וקב"ה מחיל לחוביהון בגיניה דמשה ואעפ"כ אתמחי מפרשתא מעלייתא באורייתא בפיקודא דעובדא דמשכנ' ואיהי פרשת ואתה תצוה דהוה ליה למיכתב שמיה דמשה בכל מלה ומלה ובכל פיקודא ופיקודא דתמן ואתמחי מכל ההיא פרשתא דלא אדכר תמן. הוי קללת חכם אפילו על תנאי אתקיים. כיון דארגישנא ביה קמנא ואותיבנא ליה ברישא דפתורא. אמינא והא לבתר ואתה תצוה אמר משה האי מלה. א"ל אין מוקדם ומאוחר בתורה. שאילנא ליה במקרא במשנה ובתוספתא ובהגדה והוה בקי בכולא. אמינא אמאי בקדמיתא לא אתיבת לי כד בדיקנא בך אמר שינתא אניס לי תרין יומין הוו דלא דמיכנא והשתא דשינתא אתא לעיני לא אתיבנא לך. לבתר דאכל ושתה פתח ואמר שיר השירים ש רברבא והיא תניינא מסופא דאתווי דאלפא ביתא. ב דבראשית רברבא והיא תניינא משירותא דאלפא ביתא מאי טעמא בגין דשי"ן רזא דרתיכא עילאה ועל דא איהי בתלת סמכין דהא אבהן אינון רתיכא וכל שיר השירים רזא דרתיכא עילאה איהי ובג"כ שירותא דיליה בשי"ן. ב איהי ביתא דעלמא דעובדא דעלמא איהי וע"ד [אתוון] דקיימין בשירותא דספרין ד' אינון. דהא כגוונא דאיתעבידו וכההוא רזא דילהון הכי [הני] אתוון רשימין ברישא. ואינון אתוון רברבן דסלקן על כל שאר אתוון. וההוא את רזא וסתרא דכל ספרא. ואלין אינון א דדברי [דף א עמוד ב] הימים ב דבראשית מ דמשלי ש דשיר השירים. אלין ד' אתוון בריש ספרין אינון אתוון רברבן. ומאן דידע בהו ינדע רזא דכל ספרא. וההוא את אוליף רזא דכל ספרא. א תיקונא דיליה דיוקנא וסתרא דאדם בתרין גוונין רישא דלעילא איהו נקודה קדמאה דשלטא על כלא בגליפו דאתעטר לאתפשטא תחותיה. וא"ו דאיהו רזא ודיוקנא דאדם (שלימו) הוא ובת זוגיה דלת דלתתא דאתאחדת מסטרוי ודא איהו שלימו דאדם. בגוונא אחרא באמצעיתא דיוקנא דאדם ואתאחיד' ביה מתרין

עיונים

אתוון דאינון כ"ח אתוון דאורייתא בשלמות ה-א'. והיינו כ"ב פשוטות, ה' כפולות מנצפ"ך, ושלמות ה-א' דעתה היא זעירא ולעתיד לבוא תהיה א' רבתי דאדם (תחלת דברי הימים). ומ-כ"ח ואילך אתוון רבתי בבינה בחינת כתר ואתוון זעירות במלכות ועיין לעיל אופן ז'-כלל אותיות זעירות ורבתי בכ"ד ספרים וכו' בענין אתוון זעירין ורבתין. וכתיב בפסוקא "לערגות הבשם" דהיינו לערגות דאיהו חושבן "אין מזל לישראל" (שבת קנו.) הוטבע ע"י הקב"ה הבש"ם אתוון במש"ה, ותיבה "לרעות" חוזרת לאברהם כאמרם דבמתן תורה צר הקב"ה קלסתר פניו של משה כאברהם וכו'. וזהו מיניה וביה בתיבה "לרעות" דבזוה"ק איקרי משה רעיא מהימנא- רועה נאמן [כדכתיב לגבי משה רבינו (במדבר י"ב,ז') לא כן עבדי משה בכל ביתי נאמן הוא] ותיבה "לרעות" גימ' (706) "והאמין בה' ויחשבה לו צדקה" (בר' ט"ו,ו') דאיתמר באברהם אבינו עליו השלום לאחר ברית בין הבתרים.

וסוף פסוקא ג' "שושנים" ג"כ חושבן (706) "לרעות", ו"שושנים" מעוט רבים שנים ואינון משה ואהרן, ואכן "שושנים" גימ' (706) "משה ואהרן בכהניו" (תהל' צ"ט,ו'). תיבה "בגנים" גימ' (105) "דוד מלכא", והיא לשון רבים דאינון שני ימות המשיח, ותיבה "וללקט" גימ' (175) "בן דוד עבדך יבא" ויגאלנו במהרה בימינו אכי"ר.

מכם אדם דייקא שזכה מן אוהל מועד שחבר את השם ח"י פעמים ומשם זכה לח"י ברכות איש אמונה (בפסוק במשלי כ"ח,כ' איש אמונות רב ברכות) [ט]זה משה ממשכן שיצאה בת קול ואמרה בכל ביתי נאמן הוא משם זכה להיות רבן של ישראל בי"ח

גלא עמיקתא

"חסד לאברהם" ש יעקב באמצע והיא ש' דמשה [י]כדאיתא בזוה"ק דמשה מלגו יעקב מלבר ואתכללית דא בדא

סטרין כגוונא דדרועין מסטרא דא ומסטרא דא. ודא א דיוקנא ורזא דיליה אדם איהו. ועל דא רשימא אל"ף בריש ספרא דדברי הימים דהא לא אתא ההוא ספרא אלא לאשלמא אדם בסתרוי ודרגוי באינון תולדין דיליה למהוי כולא חד [אדם] שלים. ב איהי ביתא דכל עלמא מסחרא לתלת סטרין עילא ותתא וכל עובדין [כלילן] בגווה (סטרא) [סחרא] תלת סטרין דכל עלמא ואשתאר סטרא דצפון דלא אתבני דאיהו מדורא בישא דתמן שרת רעה דכל עלמא כד"א [ירמי' א'] מצפון תפתח הרעה. ועל דא ב' איהי ביתא ובניינא דכל עלמא איהי בריש אורייתא ורברבא רשימא לאחזאה על כל ספרא. וספרא דא כעובדא דבראשית אתעביד ברזא דשמא דארבעין ותרין כליל בעובדא דבראשית ועל דא (רישא) [רזא] דספרא ברישא ב. סיומא דספרא ם. [ספרא] ברזא דארבעין ותרין אתוון אסתלק: מ' פתיחא רזא דנוקבא שלימתא אשת חיל מתעטרא בעטרהא. ועל דכל ספרא דמשלי לאו איהי אלא תושבחתא דהאי אשת חיל ולמיתב דעתא דבני נשא לאסתמרא מאשה רעה כמא דאת אמר לשמרך מאשה רעה ולאתקרבא להאי אשת חיל בפולחנא עילאה. ועל דא מ רברבא בריש ספרא. [דכל ספרא] על ההוא רזא אזלא: ש דא איהי מתייחדא ברזא דרתיכא עילאה. דאבהן אינון רתיכא עליאה ואברהם ויצחק אחידן דא בדא וכלילן דא בדא ויעקב עאל באמצעיתא ואסכים לתרין סטרין ועל דא מתייחדאן כולהו ברזא דעלמא עילאה. ובגין כך תושבחתא דא ברזא דרתיכא עילאה איהי דאתיחדא במלכא דשלמא כולא דיליה ובג"כ איהי רברבא. ובג"כ אתייחדת בריש ספרא לאחזאה דכל ספרא על רזא דא אזלא ואתתקן. ועל דא את דא אתחזיאת שבחא דכל ספרא. בההיא שעתא קמנא ונשיקנא ליה ותבענא מניה דימחול לי ומחל לי. **[ט] שמות רבה פרשת פקודי פרשה נא:** [לח, כא] ואלה פקודי המשכן, כך פתח ר' תנחומא בר אבא (משלי כח) איש אמונות רב ברכות אתה מוצא כל מי שהוא נאמן הקדוש ברוך הוא מביא ברכות על ידיו, מי שאינו נאמן ואץ להעשיר לא ינקה, איש אמונות זה משה שהוא נאמנו של הקדוש ברוך הוא, שנאמר (במדבר יב) לא כן עבדי משה בכל ביתי נאמן הוא, הוי איש אמונות רב ברכות שכל הדברים שהיה גזבר עליהם היו מתברכים לפי שהוא נאמן, ואץ להעשיר לא ינקה, זה קרח שהיה לוי ובקש ליטול כהונה גדולה ומה היה סופו (במדבר טז) ותפתח הארץ את פיה, דבר אחר איש אמונות זה משה שנעשה גזבר על מלאכת המשכן שנו רבותינו אין ממנין שררה על הצבור בממון פחות משנים, והרי אתה מוצא שהיה משה גזבר לעצמו, וכאן אתה אומר אין ממנין פחות מב' אלא אף על פי שהיה משה גזבר לעצמו הוא קורא לאחרים ומחשב על ידיהם, שנאמר (שמות לח) אלה פקודי המשכן אשר פקד משה אין כתיב כאן אלא אשר פקד ע"פ משה ע"י משה ביד איתמר. **[י] תיקוני זוהר תקונא תליסר:** ודא איהו את קשתי נתתי בענן דאיהו ברית ויעקב בההיא ירכא אתמר ביה והוא צולע על ירכו דפרח מניה י' ואשתאר עקב ורזא דמלה הוא ישופך ראש ואתה תשופנו עקב כד אשתלימת סוכה בירך דילה אתמר ביעקב ויבא יעקב שלם ויעקב ודאי איהו דיוקנא דעמודא דאמצעיתא מסטרא דלבר והא משה תמן הוה אלא מסטרא דלגאו הוה דא מגופא ודא מנשמתא ובגין דא תרין ירכין דעמודא דאמצעיתא אינון נצח והוד ומתי יהיה עמודא דאמצעיתא שלים כד אתחבר בשכינתא הדא הוא דכתיב ויעקב נסע סכתה ויבן לו בית הדא הוא דכתיב ויבן י"י אלקי"ם את הצלע בההוא זמנא דאתחבר עמה ויבא יעקב שלם בההוא זמנא תהא סוכה שלימתא.

ברכות שהם בז׳ ימים מנין קרבן [יא]וברכת המינים שתקנו ביבנה מצאו לה סמך שיש

גלא עמיקתא

בסוד עמודא דאמצעיתא- שילוב חסד וגבורה. ה משמאל גבורה דיצחק ה׳ כתבינן ה״ה ויצח״ק במ״ק גימ׳ ה״ה. ורש״י והמפרשים לא הוצרכו לבארו **דאיש אמונות רב ברכות זהו משה, ואם כן הוא באורו של המגלה עמוקות הקדוש. ומקורו** [יב]**בשמות רבה** תחלת פרשת פקודי (פרשה נ״א) **ונביא לשון המדרש:** ״ואלה פקודי המשכן״- כך פתח רבי תנחומא בר אבא: ״איש אמונות רב ברכות״- אתה מוצא כל מי שהוא נאמן הקב״ה מביא ברכות על ידיו וכו׳. ״איש אמונות״- זה משה שהוא נאמנו של הקב״ה שנאמר (במדבר י״ב,ז׳) ״לא כן עבדי משה, בכל ביתי נאמן הוא״ הוי איש אמונות רב ברכות שכל הדברים שהיה גזבר עליהם היו מתברכים לפי שהוא נאמן. וממשיך ״ואץ להעשיר לא ינקה״ זה קרח וכו׳. **אכן במק״א** (ב״ר וישלח פרשה פ״ב) [יג]**איש אמונות רב ברכות זה יעקב, ואץ להעשיר לא ינקה זה עשו, ואכמ״ל. ורק נאמר דר״ת איש אמונות רב ברכות גימ׳ (204) צדי״ק- ודא משה הצדיק הכולל, וס״ת אתוון שב״ת.**

ומביא המגלה עמוקות הפסוק (במדבר י״ב,ז׳): **לא כן עבדי משה, בכל ביתי נאמן הוא גימ׳ (1159) חו״ה (19) פעמים אי״ן (61) דמשה רבינו תקונא דאדם וחוה- וחוה שחטאה גרמה ישות בעולם, וממילא כליון ומיתה, ומשה תיקנה כשאמר לקב״ה אם אין מחני נא מספרך אשר כתבת. והא ענין מסירות נפש על עם ישראל מבלי לעבור על דבר ה׳. בחינת ומי מושל בי- צדיק,**

[יא] תלמוד בבלי מסכת ברכות דף כח עמוד ב: גמרא. הני שמונה עשרה כנגד מי? אמר רבי הלל בריה דרבי שמואל בר נחמני: כנגד שמונה עשרה אזכרות שאמר דוד בהבו לה׳ בני אלים. רב יוסף אמר: כנגד שמונה עשרה אזכרות שבקריאת שמע. אמר רבי תנחום אמר רבי יהושע בן לוי: כנגד שמונה עשרה חוליות שבשדרה. ואמר רבי תנחום אמר רבי יהושע בן לוי: המתפלל צריך שיכרע עד שיתפקקו כל חוליות שבשדרה; עולא אמר: עד כדי שיראה איסר כנגד לבו; רבי חנינא אמר: כיון שנענע ראשו שוב אינו צריך. אמר רבא: והוא - דמצער נפשיה ומחזי כמאן דכרע. הני תמני סרי, תשסרי הויין! אמר רבי לוי: ברכת המינים ביבנה תקנוה. כנגד מי תקנוה? אמר רבי לוי: לרבי הלל בריה דרבי שמואל בר נחמני - כנגד אל הכבוד הרעים, לרב יוסף - כנגד אחד שבקריאת שמע; לרבי תנחום אמר רבי יהושע בן לוי - כנגד חוליא קטנה שבשדרה. תנו רבנן: שמעון הפקולי הסדיר שמונה עשרה ברכות לפני רבן גמליאל על הסדר ביבנה. אמר להם רבן גמליאל לחכמים: כלום יש אדם שיודע לתקן ברכת המינים? עמד שמואל הקטן ותקנה, לשנה אחרת שכחה **[יב] עיין אות ג׳. [יג] בראשית רבה פרשת וישלח פרשה פב:** כתיב (תהלים כד) מי יעלה בהר ה׳ ומי יקום וגו׳, נקי כפים וגו׳ ישא ברכה מאת ה׳ וגו׳, כתיב (ירמיה לא) כה אמר ה׳ צבאות עוד יאמרו יברכך ה׳ נוה צדק הר הקדש וגו׳, כתיב (משלי כח) איש אמונות רב ברכות, זה יעקב, (שם) ואץ להעשיר לא ינקה, זה עשו, כתיב (שם י) ברכת ה׳ היא תעשיר ואץ להעשיר לא יעשיר אין כתיב כאן אלא לא ינקה זה עשו הרשע שנתחתן ביהודית ובשמת ומחלת להרבות עושר שאין לו נקוי עולמים, כתיב (יואל ד) ונקיתי דמם לא נקיתי וגו׳, הה״ד (עמוס א) על רדפו בחרב אחיו ושחת רחמיו, וירא אלהים אל יעקב עוד בבואו, ר׳ יצחק פתח (שמות כ) מזבח אבנים תעשה לי, והרי דברים קל וחומר ומה אם זה שבנה מזבח לשמי הרי אני נגלה עליו ומברכו, יעקב שאיקונין שלו קבועה בכסאי על אחת

לאדם חוליא קטנה חוץ מי"ח חוליות גדולות לכן אלף קטנה רומזת על שיעור קומת אדם שהוא ח"י חוליות שמשם זכה משה לאותו יקר שהתפילה במקום קרבן ולכן ברכות הם כמנין קרבן בז' ימי המילואים.

גלא עמיקתא

שנאמר "צדיק מושל יראת אלהים" (כמובא בסמוך). וכדברי דוד המלך (ש"ב כ"ג,ג') **אמר אלהי ישראל לי דבר צור ישראל מושל באדם "צדיק מושל יראת אלהים".** [יד]ודרשו חז"ל בגמרא (מועד קטן טז:) **אמר רבי אבהו הכי קאמר: אמר אלהי ישראל: אני מושל באדם, ומי מושל בי צדיק, שאני גוזר גזרה והוא מבטלה – אמר הקב"ה לדוד הואיל והשפלת עצמך תהיה כמוני שאני גוזר גזרה ואתה מבטלה** [[2]ומבואר אצלנו באריכות במקום אחר בפירוש ענין צדיק מושל יראת אלהים]. ומשה איש האלהים זכה למתק בחיי חיותו מדת הדין ולגאול עם ישראל ממצרים– כן יגאלנו במהרה בימינו אמן. [טו]דגאולת מצרים שורש לכל הגאולות כדכתיב (מיכה ז') "כימי צאתך מארץ מצרים אראנו נפלאות" ומשה הוא גואל ראשון והוא גואל אחרון– ומקור הדברים בדברי האור החיים (פרשת ויחי ד"ה אוסרי לגפן) ונביא תמצית דבריו הקדושים של האור החיים שם

2. צדיק מושל יראת אלהים: הנה כתיב (ש"ב כ"ג,ג') אמר אלהי ישראל לי דבר צור ישראל מושל באדם "צדיק מושל יראת אלהים" ודרשו בגמרא (מ"ק טז:) אמר רבי אבהו הכי קאמר: אמר אלהי ישראל: אני מושל באדם, ומי מושל בי צדיק, שאני גוזר גזרה ומבטלה. ושם: אמר הקב"ה לדוד הואיל והשפלת עצמך תהיה כמוני שאני גוזר גזרה ואתה מבטלה. ויקרא אל משה- א' זעירא רמיזא "יראת אלהים" גימ' (697): "ברית מילה" וזהו ויקר א'- כמ"ש צדיק איקרי מאן דנטר ברית ואם ח"ו אינו אהפכו אתוון ויקר קרי ח"ו. וזהו דאמר דוד (ש"ב כ"ג,ג') אמר אלהי ישראל לי דבר צור ישראל מושל באדם "צדיק מושל יראת אלהים" היינו צדיק מושל ברית מילה, "צדיק מושל" גימ' (580) "(ו)יאמינו בה' ובמשה עבדו" (שמות י"ד,ל"א). ושם (שמות ג',ד') "ויקרא אליו אלהים" גימ' (450) י"פ "אדם" (45)- דמשה תקונא דאדם קדמאה בי"ס דפגם. א"נ י"פ "מה" כדאמר ונחנו מה, ואהרן מה הוא. "ויקרא אל משה" גימ' (693) "יראת אלהים" (עם ג' תיבות והכללות). "ויקרא אל משה (693) עם ויקרא אליו אלהים" (450) גימ' (1143): "ויקרא את שמם אדם" (בר' ה',ב') דמשה הוה

כמה וכמה. [יד] **תלמוד בבלי מועד קטן דף טז עמוד ב:** אמר רבי שמואל בר נחמני אמר רבי יונתן: מאי דכתיב נאם דוד בן ישי ונאם הגבר הקם על - נאם דוד בן ישי, שהקים עולה של תשובה. אמר אלהי ישראל לי דבר צור ישראל מושל באדם צדיק מושל יראת אלהים, מאי קאמר? אמר רבי אבהו, הכי קאמר: אמר אלהי ישראל: לי דבר צור ישראל, אני מושל באדם, מי מושל בי - צדיק. שאני גוזר גזרה ומבטלה. [טו] **מכילתא דרבי ישמעאל בשלח - מסכתא דשירה פרשה ח:** ד"א עושה פלא עשה עמנו פלא ועושה עמנו בכל דור ודור שנ' אודך על כי נוראות נפלאתי נפלאים מעשיך ונפשי יודעת מאד (תהלים קלט יד) ואומר רבות עשית אתה ה' אלהי נפלאותיך ומחשבותיך אלינו (שם מ ו). ד"א עושה פלא, עושה פלא עם אבות ועתיד לעשות עם בנים שנא' כימי צאתך מארץ מצרים אראנו נפלאות (מיכה ז טו) אראנו מה שלא הראתי אל אבות שהרי נסים וגבורות שאני עתיד לעשות עם הבנים יותר הם ממה שעשיתי לאבות וכה"א לעושה נפלאות גדולות לבדו כי לעולם חסדו, ואומר ברוך ה' אלהים אלהי ישראל עושה נפלאות לבדו וברוך שם כבודו לעולם וימלא

אבל כשנחשב ברכות המינים שניתקנה כנגד חוליא קטנה נמצא שיש ש"ע ברכות בז' ימי המילואים משם זכה כל יקר שהוא סוד ש"ע.

גלא עמיקתא

[והדגשנו התיבות בסוף דבריו הקדושים, שמדייק וכותב: שהוא (משה) עצמו מלך המשיח]: "ולא יקשה בעיניך שאנו מחלקים דברי הכתוב חלק בימי משה וחלק בימי המשיח, כי הלא ידעת דברי הזוהר הקדוש (ח"ב קכ.) כי משה הוא הגואל אשר גאל את אבותינו הוא

תקונא שלים לחטא אדם וחוה. והנה ויכוחו של משה עם הקדוש ברוך הוא בענין שליחותו של מצרים מקביל לדבורו של אברהם בענין מחית סדום: באברהם אומר הקדוש ברוך הוא (בר' י"ח,כ"א) "ארדה נא ואראה הכצעקתה הבאה אלי עשו כלה ואם לא אדעה". ובמשה בסנה (שמ' ג',ז'-ח') "ויאמר ה' ראה ראיתי וכו' ואת צעקתם שמעתי מפני נוגשיו כי ידעתי את מכאוביו, וארד להצילו יד מצרים" וכו'. וחזינן אותם ד' תיבין בשני המקרים: באברהם: "ארדה ואראה הכצעקתה אדעה" סליק לחושבן (1193): "וה' לעולם ישב כונן למשפט כסאו" (תהל' ט',ח'). ובמשה: "ראה ראיתי צעקתם ידעתי" סליק לחושבן (2232): ב"פ "בראשית ברא" (1116) וכמ"ש בשביל התורה ובשביל ישראל ולכן כפלינן ב"פ. ושניהם יחדו דהיינו: "ואראה - ראה ראיתי, הכצעקתה - צעקתם, ארדה - וארד, אדעה - ידעתי" גימ' (3425): ה"פ "נחמו נחמו עמי יאמר אלהיכם" (ישעי' מ',א') ועיין מה שכתבנו לעיל אופן קנ"א-פרק שירה רציפי אומר נחמו נחמו עמי וכו'. והוא לקביל שמא קדישא: י': ואראה - ראה ראיתי [חכמה איקרי ראיה]: סליק לחושבן (1040): ב"פ "משיח בן דוד עבדך" (520) יבוא ויגאלנו במהרה בימינו אמן. ה': הכצעקתה - צעקתם [בינה- שמיעה]: גימ' (1390): ה"פ "אור הגנוז" (278). ו': אדעה - ידעתי [תפארת-יסוד המשכה מעילא לתתא- והאדם ידע את חוה אשתו] סליק לחושבן (574) "במשיח צדקך" יהי רצון דישלח לנו משיחא ויגאלנו אכי"ר. ה': ארדה - וארד [מלכות- רגליה יורדות מות] גימ' (421) "מלחמה לה' בעמלק".

וחזינן דאברהם התחיל ענין הגאולה ומשה סיימה ביציאת מצרים ומתן תורה- ומשיח בן דוד יסיימה בהמשכת אור הגנוז עד למטה מעשרה טפחים ומלחמותיו בסלוק הרע מן העולם והכנעת עמלק וחילותיו, וכדכתיב בשאול דנענש על שלא השמיד הצאן דעמלקים ידעו בכשוף להפוך עצמם לצאן לפשוט וללבוש צורה. והני ד' שרשים "ראה (206) - צעק (260) - ירד (214) - ידע (84)" גימ' (764) "הראני נא את כבדך" (שמ' ל"ג,י"ח) דאמר משה לקב"ה לאחר שסלח לעם ישראל דעבידו לעגל- ועיין אופן קנ"א-פרק שירה פרק שביעי קול שביעי דתרנגולא. ורמיזא בהון גאולתא שלמתא: "ראה צעק" גימ' (466) "כי קדוש ה'" (ויק' י"ט,ב) ועם "ירד" גימ' (680) י"פ "חיים" ויחד עם "ידע" סליק לחושבן "הראני נא את כבדך" (שמ' ל"ג,י"ח) דכתיב (ישעי' מ',ה') "ונגלה כבוד ה' וראו כל בשר יחדו כי פי ה' דבר" בגאולה האמיתית והשלמה במהרה בימינו אמן.

קצור: כד כפלינן להני ב' שורשים דא בדא בסוד יחוד או"א ויחוד זו"ן, דהיינו: או"א "ראה" (206) פעמים "צעק" (260) גימ' (53560): כ"פ "הגן בעדנו והסר מעלינו אויב דבר וחרב ורעב ויגון והסר שטן מלפנינו ומאחרינו" (2678) וכפלינן כ"פ רמיזא הארת אור הכתר דתהיה בימות המשיח ובתחית המתים דתכה ותאביד להני קלי'. ועיין לעיל אופן עק"ד "וישכם אברהם" גימ' "הסר שטן". זו"ן "ידע" (84) פעמים "ירד" (214) גימ' (17976): "א-היה" (21) פעמים "בית המקדש" (856) דאיהי כל תכלית הכונה דנתאוה הקב"ה להיות לו ית' דירה בתחתונים. ולכן הוא ג"כ חושבן ו"פ "ושכנתי בתוך בני ישראל ולא אעזב את עמי ישראל" (2996) (מ"א ו',י"ג) והוא ו"פ לקביל ו"ק דז"א להמשיך למלכות דהיינו ושכנתי. וכד נחברא להני תרין יחודין בסוד זו"ן סליקו לעתיד לבוא לאו"א וכתיב ביום ההוא יהיה ה' אחד ושמו אחד, דהיינו או"א (53560) עם זו"ן (17976) גימ' (71536): "חיים" (68) פעמים "ארץ זבת חלב ודבש" (1052) בגאולה האמיתית והשלמה בב"א.

גלא עמיקתא

יגאל אותנו וישיב בנים לגבולם דכתיב (קהלת א׳) **מה שהיה הוא שיהיה** ר״ת **משה. ולא** יקשה בעיניך דבר זה באומרך הלא מלך המשיח משבט יהודה מזרעו של דוד המלך ע״ה וי״א (סנהדרין צח:) [טז]דוד עצמו מלך המשיח דכתיב (יחזקאל ל״ז) **ועבדי דוד מלך עליהם** כמשמעו ואם כן היאך **אנו** אומרים שהוא משה הבא משבט לוי. **יש** לך לדעת כי בחינת נשמת משה ע״ה היא כלולה מי״ב שבטי ישראל כי כל הס׳ ריבוא היו ענפיה ע״ה וענף שבטו של דוד במשה הוא. ולזה תמצאנו בארץ מדבר שהיה מלך וכהן ולוי ונביא וחכם וגבור שהיה כולל כל הענפים שבקדושה ולעתיד לבא תתגלה בעולם שורש המלכות שבמשה שהוא עצמו מלך המשיח והוא דוד והוא ינון ושילה״. עכד״ק.

ומביא המגלה עמוקות בסוף דבריו הקדושים: ענין ח״י חוליות גדולות **וחוליא אחת קטנה** – וכפלינן חו״ה (19) פעמים חולי״א (55) גימ׳ (1045) **אל״ף** (1000) **אד״ם** (45). והיינו **אד״ם עם אל״ף** רבתי דהיינו **אל״ף** דעתה **היא א׳ זעירא** אמנם לעתיד **לבוא** תהיה **א׳ רבתי** דאד״ם– כדפותח ספר דברי הימים (דברי הימים א׳ א׳,א׳): ״[יז]אדם שת **אנוש״ ב–א׳ רבתי. ונוסיף תיבה קטנ״ה**

כבודו את כל הארץ אמן ואמן. [טז] **תלמוד בבלי מסכת סנהדרין דף צח עמוד ב:** אמר רב גידל אמר רב: עתידין ישראל דאכלי שני משיח. אמר רב יוסף: פשיטא! ואלא מאן אכיל להו? חילק ובילק אכלי להו? - לאפוקי מדרבי הילל דאמר: אין משיח לישראל, שכבר אכלוהו בימי חזקיה. אמר רב: לא אברי עלמא אלא לדוד. ושמואל אמר: למשה. ורבי יוחנן אמר: למשיח. מה שמו? דבי רבי שילא אמרי: שילה שמו, שנאמר עד כי יבא שילה. דבי רבי ינאי אמרי: ינון שמו, שנאמר יהי שמו לעולם לפני שמש ינון שמו. דבי רבי חנינה אמר: חנינה שמו, שנאמר אשר לא אתן לכם חנינה. ויש אומרים מנחם בן חזקיה שמו, שנאמר כי רחק ממני מנחם משיב נפשי. ורבנן אמרי: חיוורא דבי רבי שמו שנאמר אכן חליינו הוא נשא ומכאבינו סבלם ואנחנו חשבנהו נגוע מכה אלהים ומענה. אמר רב נחמן: אי מן חייא הוא - כגון אנא, שנאמר והיה אדירו ממנו ומשלו מקרבו יצא. אמר רב: אי מן חייא הוא - כגון רבינו הקדוש, אי מן מתיא הוא - כגון דניאל איש חמודות. אמר רב יהודה אמר רב: עתיד הקדוש ברוך הוא להעמיד להם דוד אחר, שנאמר ועבדו את ה׳ אלהיהם ואת דוד מלכם אשר אקים להם, הקים לא נאמר, אלא אקים. אמר ליה רב פפא לאביי: והכתיב ודוד עבדי נשיא להם לעולם! - כגון קיסר ופלגי קיסר. [יז] **הכתב**

והקבלה לגרי״צ מיקלנבורג בראשית פרק י: (כא) ולשם יולד גם הוא. בעבור שיאחר תולדות שם וסיפר תולדות אחיו הקטן ממנו כאלו לא היו לו בנים, אמר בו גם הוא (רמב״ן) ורי״א אמר להיות שם עוסק תמיד בעיונים אלהיי׳ היה עול׳ על הדעת שלא נזדווג לאשה כלל. לכן אמר בו גם הוא, ויש מן המפרשים שמחברים מלות גם הוא למה שאחריו, והאתנח במלת הוא לא יאבה בזה. ול״נ אחרי שידענו מקבלת רבותינו כי שם היה אחד מאנשי מעלה הגדולים, עד שאמרו יעקב אבינו למד בבית מדרשו של שם ועבר, ומלכי צדק מלך שלם והוא כהן לאל עליון הוא שם בן נח (ע״ש רש״י ויב״ע) ואמרו שם במדרש גלה שם תורה לאברהם, ובתנא דב״א (ח״א פי״ח) שם התנבא ארבע מאות שנה בכל ארצות, אומר לי לבי כי גם הכתוב לא העלים מלהודיע מעלתו וכללו במלת, גם הוא, וזה מלת גם כפי מה שגדרוה בעלי לשון הוא לשון תוספות ורבוי, אם להוסיף נושא על נושא, או נשוא על נשוא, גם הצאן והבקר אל ירעו, הוא תוספו׳ נושא, ויאכל גם אכל את כספינו הוא תוספות נשוא, ולפי שעיקר הוראתו הוא תוספות ורבוי, לכן אומר אני שלא ישמש גם כאן רק למלה בעלמא, אבל ישמש גם לתואר השם, ויורה על תוספות ורבוי מעלה שישנו בדבר, וטעם גם יתרון מעלה (פאָרצוג), ואחר שהתחיל לומר

גלא עמיקתא

(164) להנ"ל גימ' (1209): **א"ל** (31) פעמים ט"ל (39) **והוא** [יח]**טל תחית המתים דעתיד לרדת מבחינת כתר עליון, וכדכתב ב"פ אל מלא סליק לחושבן ש"ע נהורין, ויבנה הגוף מחדש מאותה חולי"א קטנ"ה ג"פ חכמ"ה** (73) **בחינתו דמשה רעיא מהימנא – בגאולתא שלמתא בב"א. דלעתיד לבוא כתיב** (ישעי' כ"ו,י"ט): "יחיו מתיך נבלתי יקומון, הקיצו ורננו שוכני עפר כי טל אורות טלך" וכו'. **ואמרו חז"ל במשנה** (סנהדרין ריש פרק חלק) [יט]**כל ישראל יש להם חלק לעולם הבא שנאמר** (ישעי' ס',כ"א) "ועמך כולם צדיקים לעולם יירשו ארץ נצר מטעי מעשה ידי להתפאר". **וממשיכה המשנה ואלו שאין להם חלק לעולם הבא וכו' והאומר אין תחית המתים מן התורה. מבואר מכך שהאומר אין תחית המתים מן התורה אפילו מאמין בתחית המתים אבל אומר שאין זה מן התורה אף על פי כן אין לו חלק לעולם הבא. ומבארת הגמרא שם:**

ולשם ילד להודיע תולדותיו, הודיע גם שבח עצמו, עז"א גם הוא ר"ל זה האיש שם הוא מופלג ביתרון מעלותיו (ער דער פאַרציגאַליכער) בכל אנשי דורו, ועל כונה זו יש לפרש גם בשת שנאמר בו (בראשית ד' כ"ו) ולשת גם הוא, כי גם שת היה מופלג ביתרון מעלה, כעדות הכתוב עליו (שם ה' ג') שנולד בדמותו כצלמו, שכתב בו הגר"א, אף שכל מין אדם הם בצלם, מ"מ בעצם לא נבראו בצלם רק אדם ושת, ולכן יצא בת קול (ב"ב נ"ח א') אם בדמות דיוקני וכו', אבל מאנוש ואילך לא נולדו עוד בדמותו וצלמו רק כקוף בפני אדם, ולכן נקראו כל אדם אחריו אנשים לשון רבים על שמו, וכן כשרוצים לגנות אדם קורין אותו אנוש, מה אנוש כי תזכרנו, וע"ש ברמב"ן ואמרו במ"ר פכ"ג בעון קומי אבא כהן ברדלא אדם שת אנוש ושתק (ר"ל פסק בו פסקא) אמר ע"כ בצלם ובדמות מכאן ואילך נתקלקלו הדורות ונבראו קטורון (שאינם אלא דמות אדם, לכן עשה בו פיסקא כי בו בעצמו היה פיסקא בצלם), הנה ליתרון מעלת שת בעצם הצלם אמר עליו גם הוא - ואמר עוד ממעלות שם: אבי כל בני עבר: כלומר כל התלמידים שהיו בבית מדרשו של עבר, הוא היה המלמד והמורה אותם, שם היה המשתדל להבינם ולהורותם הידיעות האמתיות; והמלמד והמורה יקרא אב, כמו (ש"א יו"ד) ומי אביהם וכמו (מ"ב י"ב) אבי אבי רכב ישראל. והתלמידים נקראו בנים, ככתוב בני הנביאים, ועבר במקום זה הוא אבי פלג המפורסם מאד במעלתו, כקבלת חכמינו שנביא גדול היה, ואברהם בעת ברחו מנמרוד למד מעבר דרכי ה' ומוסרים, הנה בבית מדרשו היה שֵׁם המלמד והמורה, והוסיף לומר ממעלות שם, אחי יפת הגדול: ר"ל לא היה לו אחוה וקרבות עם שאר אחיו רק עם יפת שהיה גדול המעל' והשלמות, כמו שתיב"ע אחוי דיפת רבא בדחלתא דהשם, הגדול הוא תואר ליפת, כי אם היה תואר לשם, צריך להיות אחי יפת במרכא טפחא, ודלא כהרמב"ן.

[יח] פתח אליהו תקו"ז הקדמה דף יז עמוד ב: עלאין שמעו אינון דמיכין דחברון ורעיא מהימנא אתערו משנתכון הקיצו ורננו שוכני עפר אלין אינון צדיקייא דאינון מסטרא דההוא דאתמר בה אני ישנה ולבי ער ולאו אינון מתים ובגין דא אתמר בהון הקיצו ורננו וכו' רעיא מהימנא אנת ואבהן הקיצו ורננו לאתערותא דשכינתא דאיהי ישנה בגלותא דעד כען צדיקייא כלהו דמיכין ושינתא בחוריהן מיד שכינתא יהיבת תלת קלין לגבי רעיא מהימנא ויימא ליה קום רעיא מהימנא דהא עלך אתמר קול דודי דופק לגבאי בארבע אתוון דיליה ויימא בהון פתחי לי אחותי רעיתי יונתי תמתי דהא תם עונך בת ציון לא יוסיף להגלותך שראשי נמלא טל מאי נמלא טל אלא אמר קודשא בריך הוא אנת חשיבת דמיומא דאתחרב בי מקדשא דעאלנא בביתא דילי ועאלנא בישובא לאו הכי דלא עאלנא כל זמנא דאנת בגלותא הרי לך סימנא שראשי נמלא טל ה"א שכינתא בגלותא שלימו דילה וחיים דילה איהו ט"ל ודא איהו יו"ד ה"א וא"ו וה"א איהי שכינתא דלא מחושבן ט"ל אלא יו"ד ק"א וא"ו דסליקו אתוון לחשבן ט"ל מלייא לשכינתא מנביעו דכל מקורין עלאין מיד קם רעיא מהימנא ואבהן קדישין עמיה עד כאן רזא דיחודא. **[יט] תלמוד בבלי**

מסכת סנהדרין דף צ עמוד א: כל ישראל יש להם חלק לעולם הבא, שנאמר ועמך כלם צדיקים לעולם יירשו ארץ נצר מטעי מעשה ידי להתפאר. ואלו שאין להם חלק לעולם הבא: האומר אין תחיית המתים מן התורה ואין תורה מן השמים, ואפיקורוס. רבי עקיבא אומר: אף הקורא בספרים החיצונים, והלוחש על המכה ואומר כל המחלה אשר שמתי במצרים לא אשים עליך כי אני ה' רפאך. אבא שאול אומר: אף ההוגה את השם באותיותיו. שלשה מלכים וארבעה הדיוטות אין להן חלק לעולם הבא. שלשה מלכים: ירבעם, אחאב, ומנשה. רבי יהודה אומר: מנשה יש לו חלק לעולם הבא, שנאמר ויתפלל אליו וישמע תחנתו וישיבהו ירושלים למלכותו. אמרו לו: למלכותו השיבו, ולא לחיי העולם הבא השיבו. ארבעה הדיוטות - בלעם, ודואג, ואחיתופל, וגחזי. [כ] **תלמוד בבלי מסכת סנהדרין דף צא עמוד ב**: תניא, אמר רבי מאיר: מניין לתחיית המתים מן התורה שנאמר אז ישיר משה ובני ישראל את השירה הזאת לה', שר לא נאמר, אלא ישיר - מכאן לתחיית המתים מן התורה.

גלא עמיקתא

מנין לתחית המתים מן התורה, ומביאה הגמרא כמה דעות, ולאחת הדעות מהפסוק הנ"ל "יחיו מתיך" וכו'. ואחת הדעות מהפסוק בשירת הים (שמות ט"ו,א'-פרשת בשלח): "אז ישיר משה ובני ישראל" וכו' [כ]**שר לא נאמר אלא ישיר אותו** לעתיד לבוא- מכאן לתחית המתים מן התורה.